Übel Blatt
DRIVALTEC

1

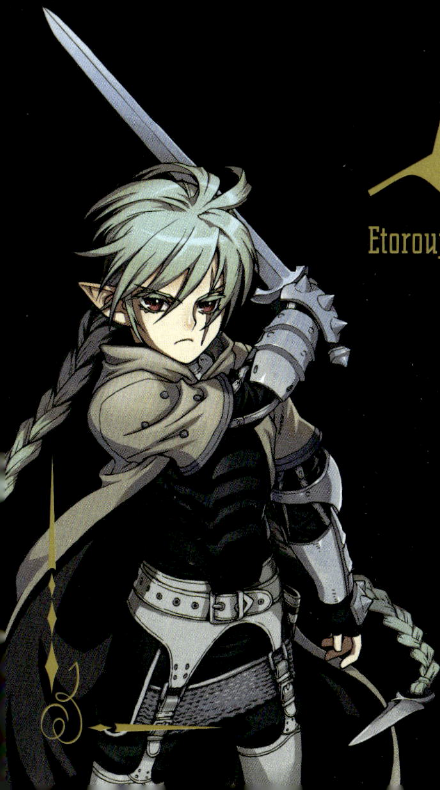

Etorouji Shiono

Inhalt

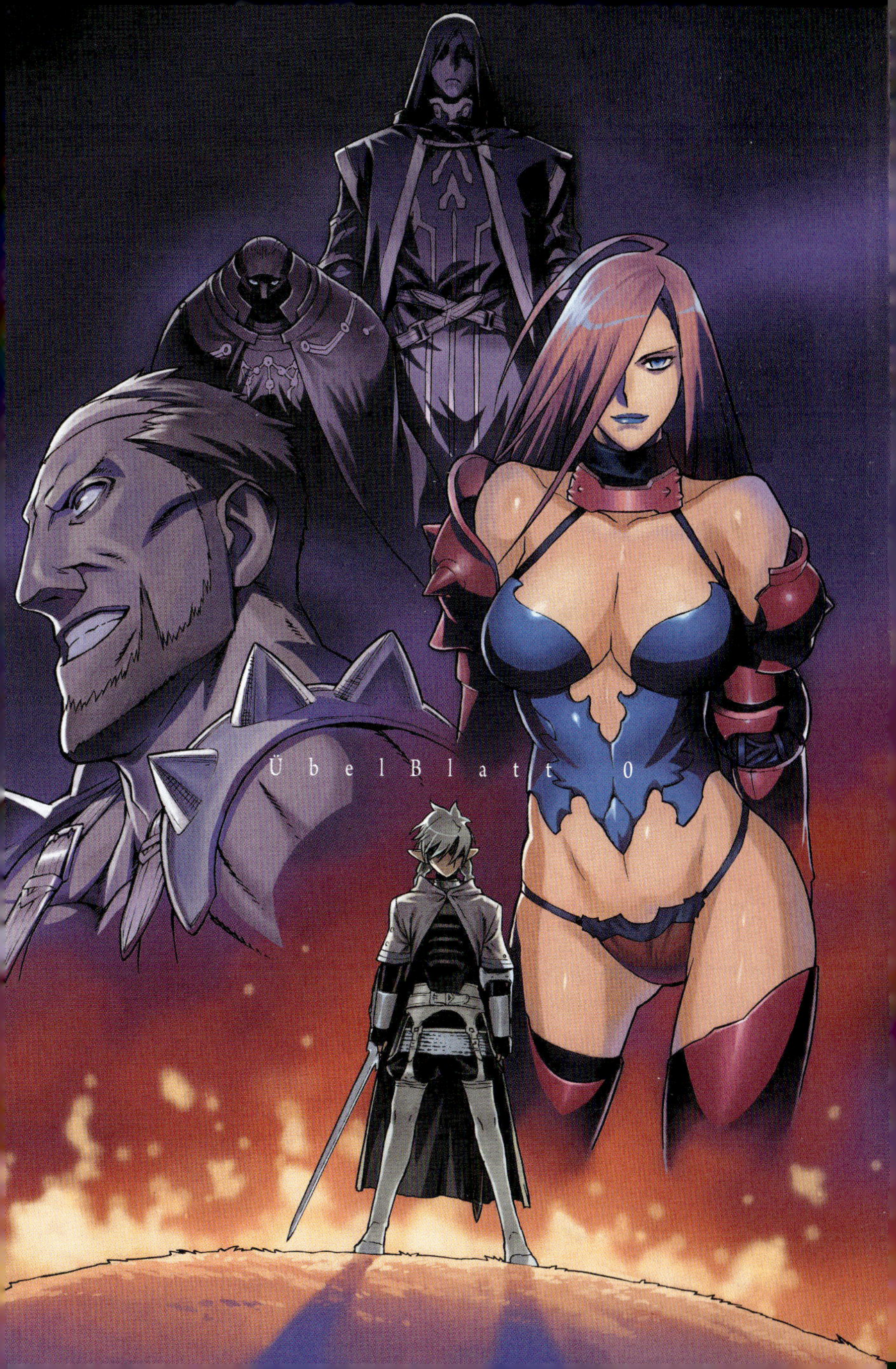
Übel Blatt 0

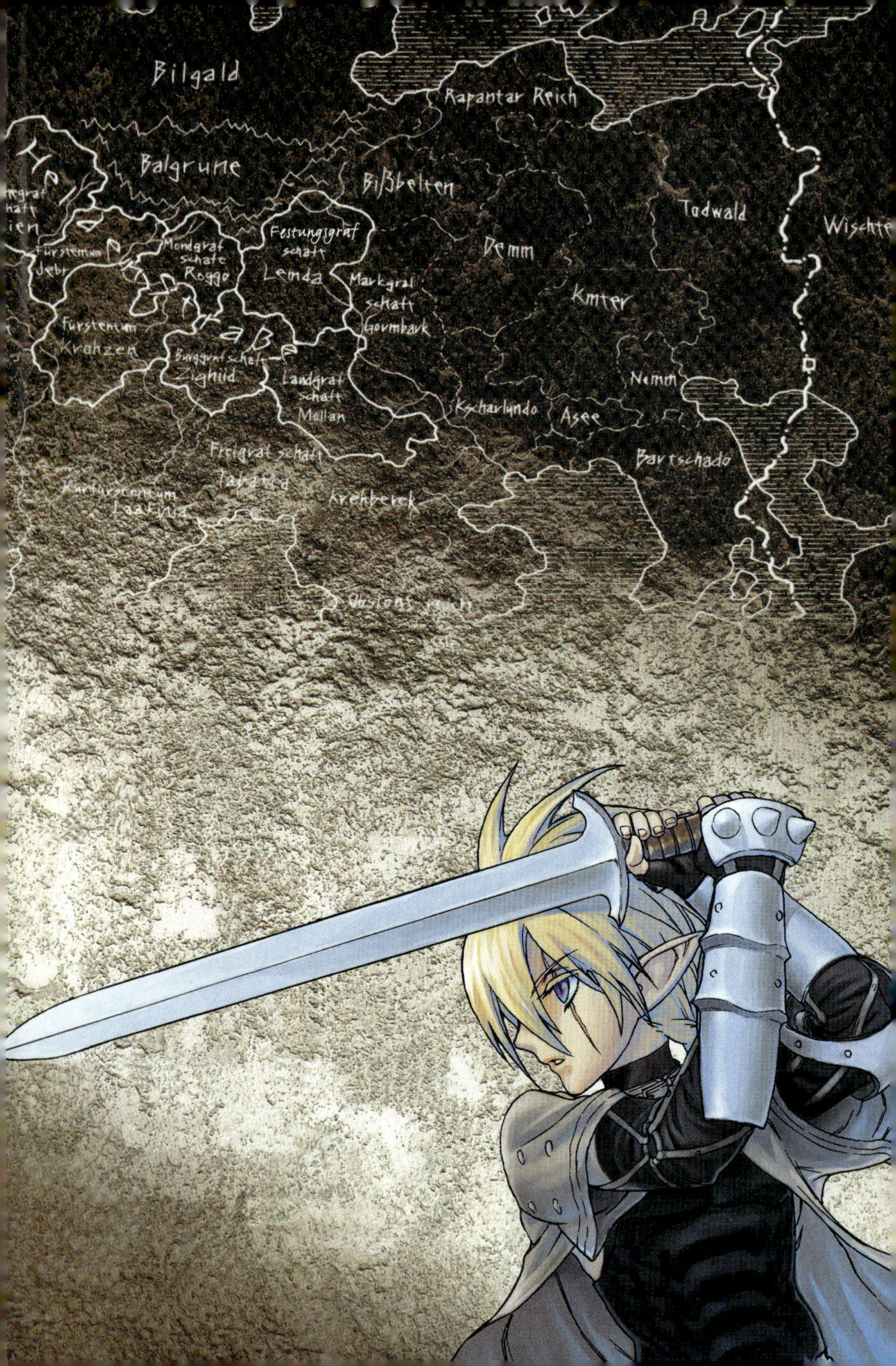
Bilgald
Rapantar Reich
Balgrune
Bißbelten
Todwald
Festungsgrafschaft
Lemda
Mondgrafschaft
Roggo
Markgrafschaft
Gormbauk
Demm
Kmter
Fürstentum
Krohzen
Burggrafschaft
Zighild
Landgrafschaft
Mollan
Nemm
Kscharlundo
Asee
Bartschado
Krehberek

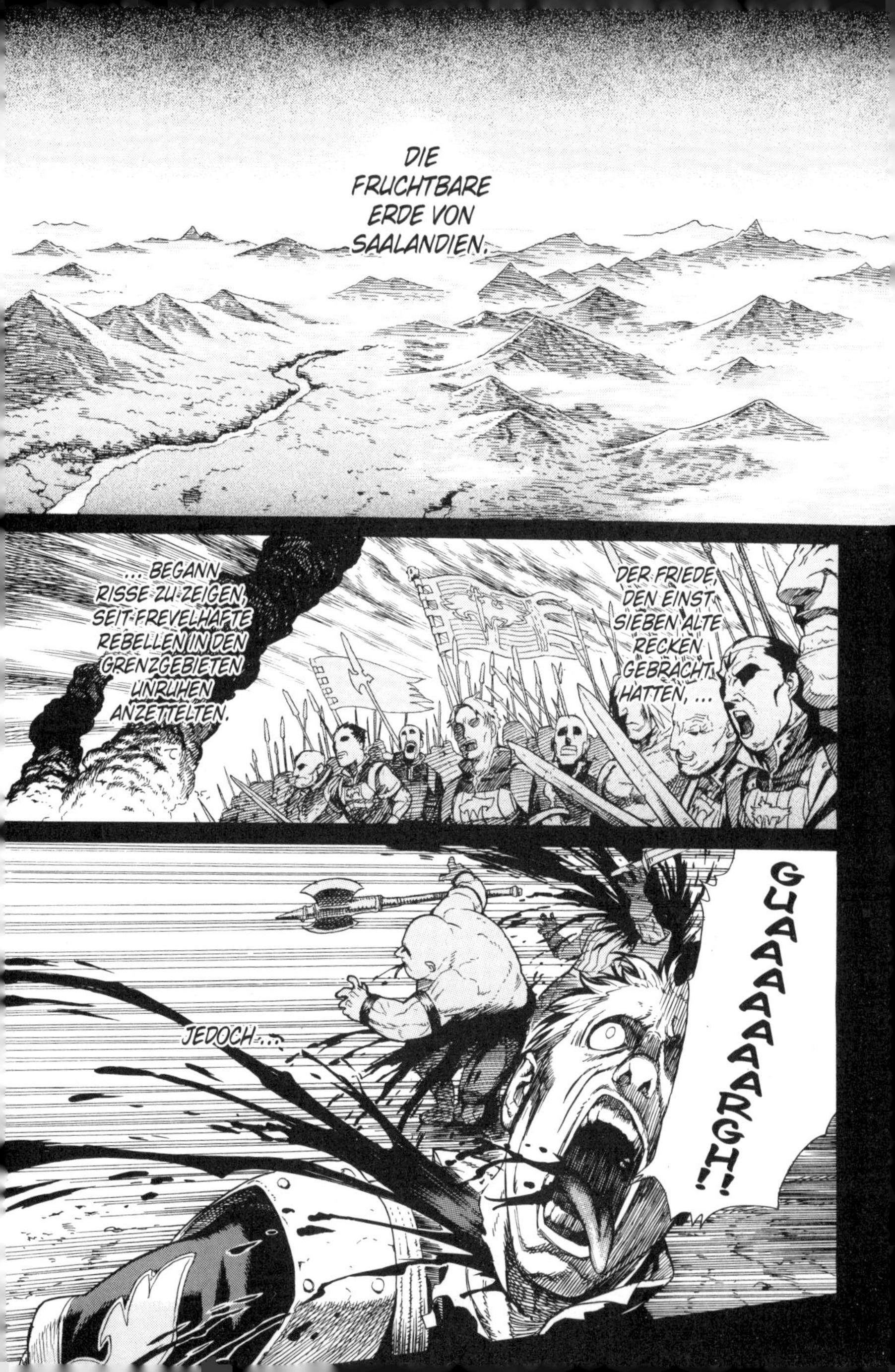
DIE FRUCHTBARE ERDE VON SAALANDIEN.
DER FRIEDE, DEN EINST SIEBEN ALTE RECKEN GEBRACHT HATTEN, ...
... BEGANN RISSE ZU ZEIGEN, SEIT FREVELHAFTE REBELLEN IN DEN GRENZGEBIETEN UNRUHEN ANZETTELTEN.
GUAAAAAAARGH!!
JEDOCH ...

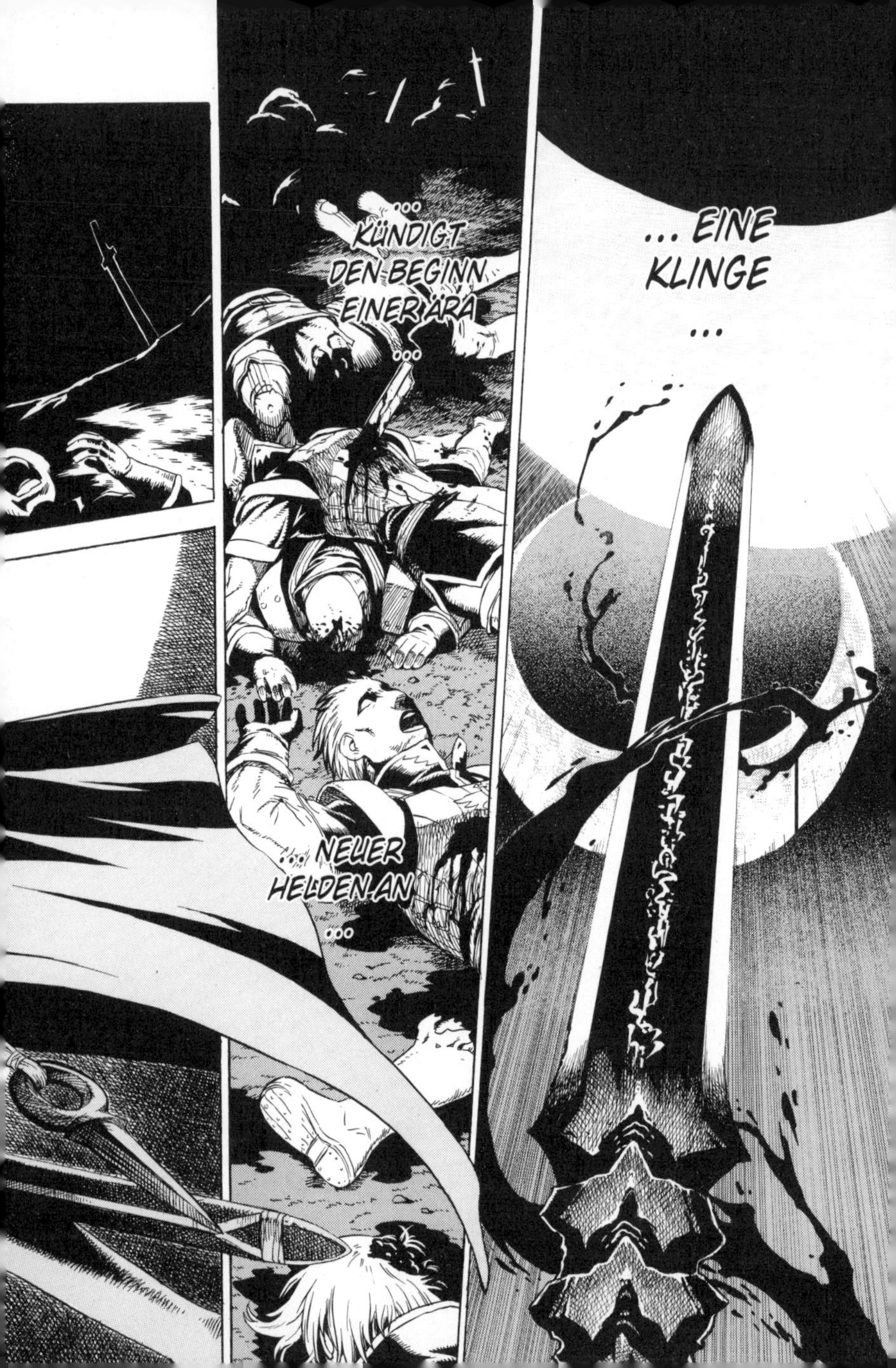
... EINE KLINGE ...
... KÜNDIGT DEN BEGINN EINER ÄRA ...
... NEUER HELDEN AN ...

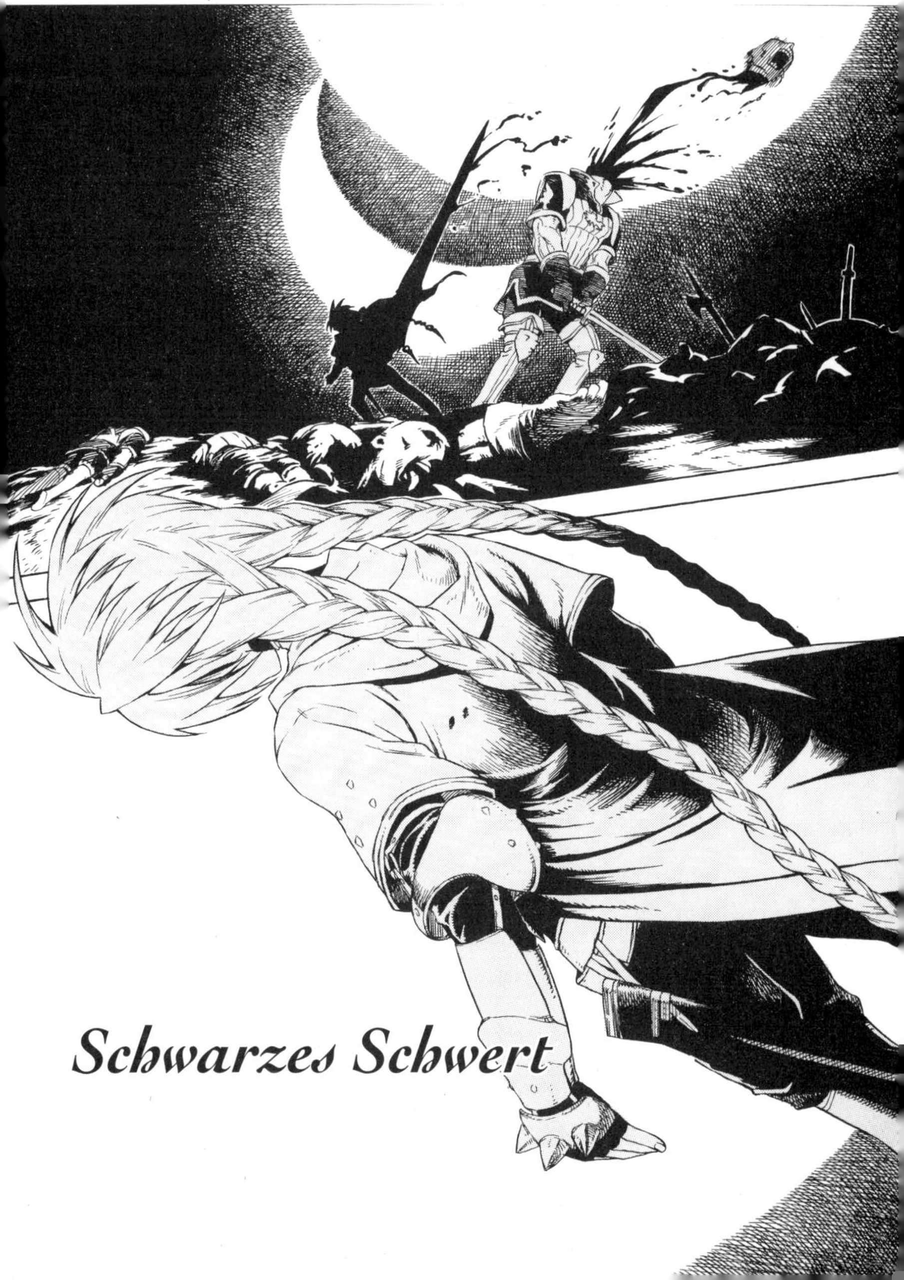
Schwarzes Schwert

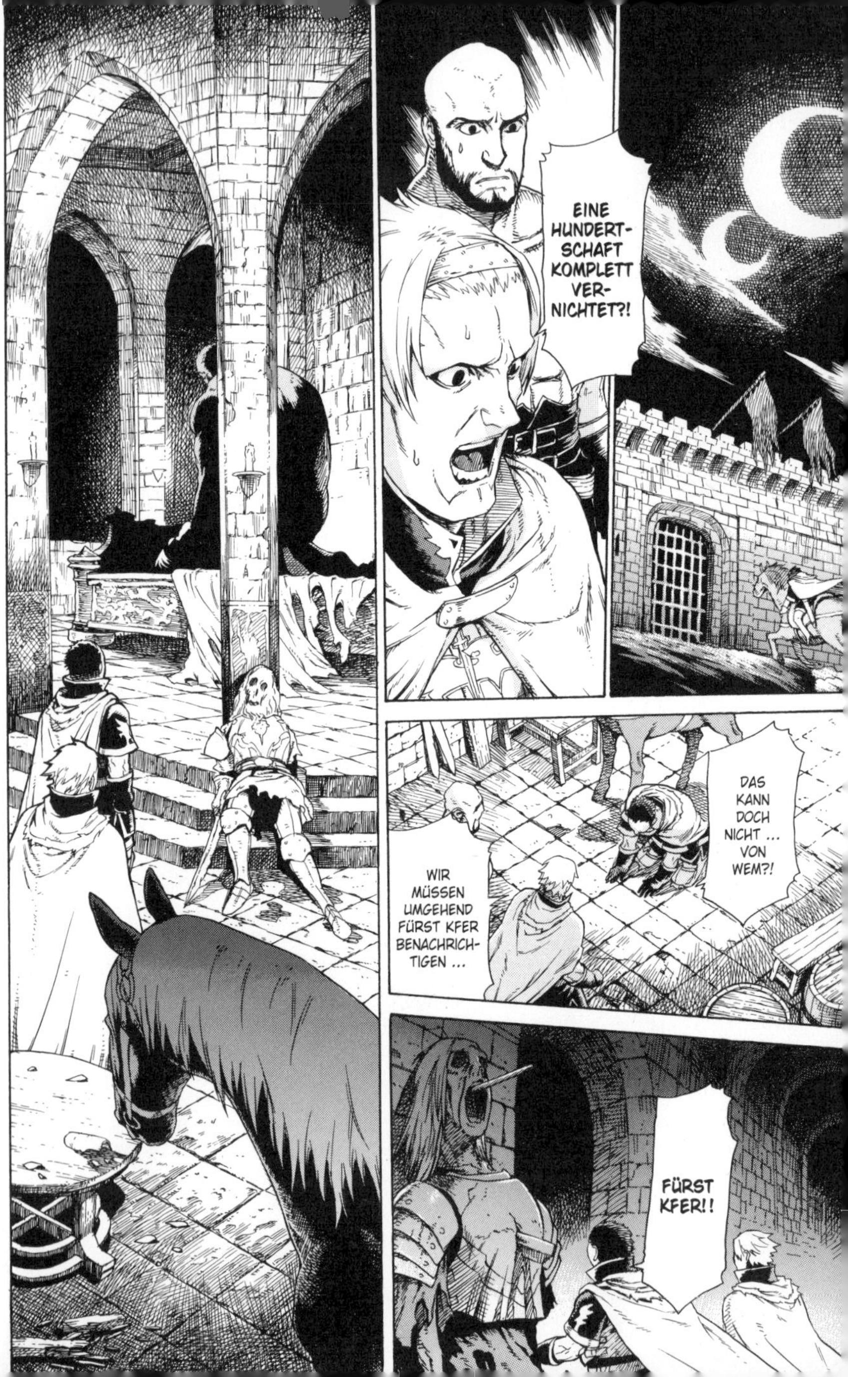
EINE HUNDERT-SCHAFT KOMPLETT VER-NICHTET?!
DAS KANN DOCH NICHT … VON WEM?!
WIR MÜSSEN UMGEHEND FÜRST KFER BENACHRICH-TIGEN …
FÜRST KFER!!

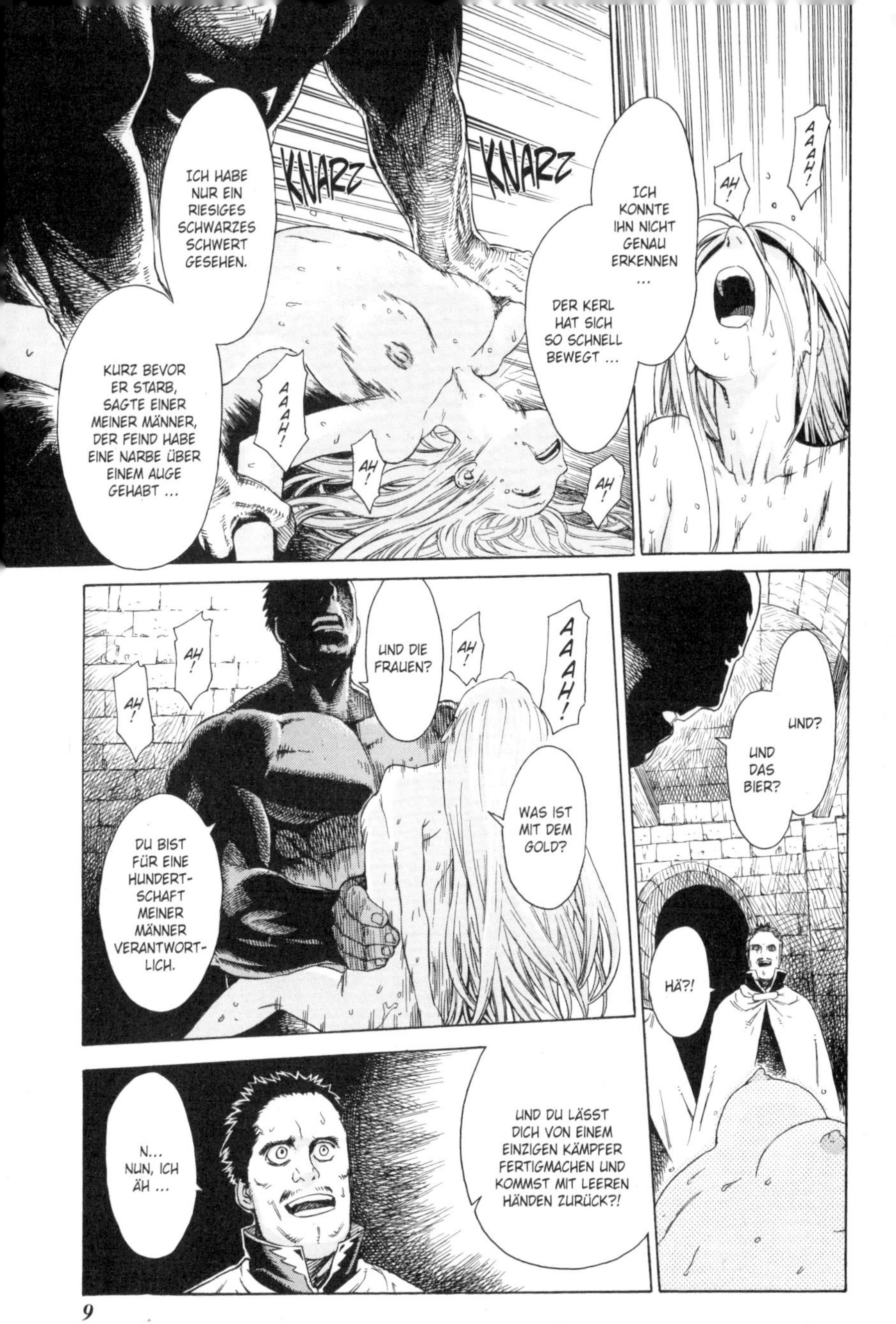
AAAH!
AH!
ICH KONNTE IHN NICHT GENAU ERKENNEN …
DER KERL HAT SICH SO SCHNELL BEWEGT …
KNARZ
KNARZ
ICH HABE NUR EIN RIESIGES SCHWARZES SCHWERT GESEHEN.
KURZ BEVOR ER STARB, SAGTE EINER MEINER MÄNNER, DER FEIND HABE EINE NARBE ÜBER EINEM AUGE GEHABT …
AAAH!
AH!
AH!
UND?
UND DAS BIER?
HÄ?!
AAAAH!
AH!
WAS IST MIT DEM GOLD?
UND DIE FRAUEN?
AH!
AH!
DU BIST FÜR EINE HUNDERT-SCHAFT MEINER MÄNNER VERANTWORT-LICH.
UND DU LÄSST DICH VON EINEM EINZIGEN KÄMPFER FERTIGMACHEN UND KOMMST MIT LEEREN HÄNDEN ZURÜCK?!
N… NUN, ICH ÄH …

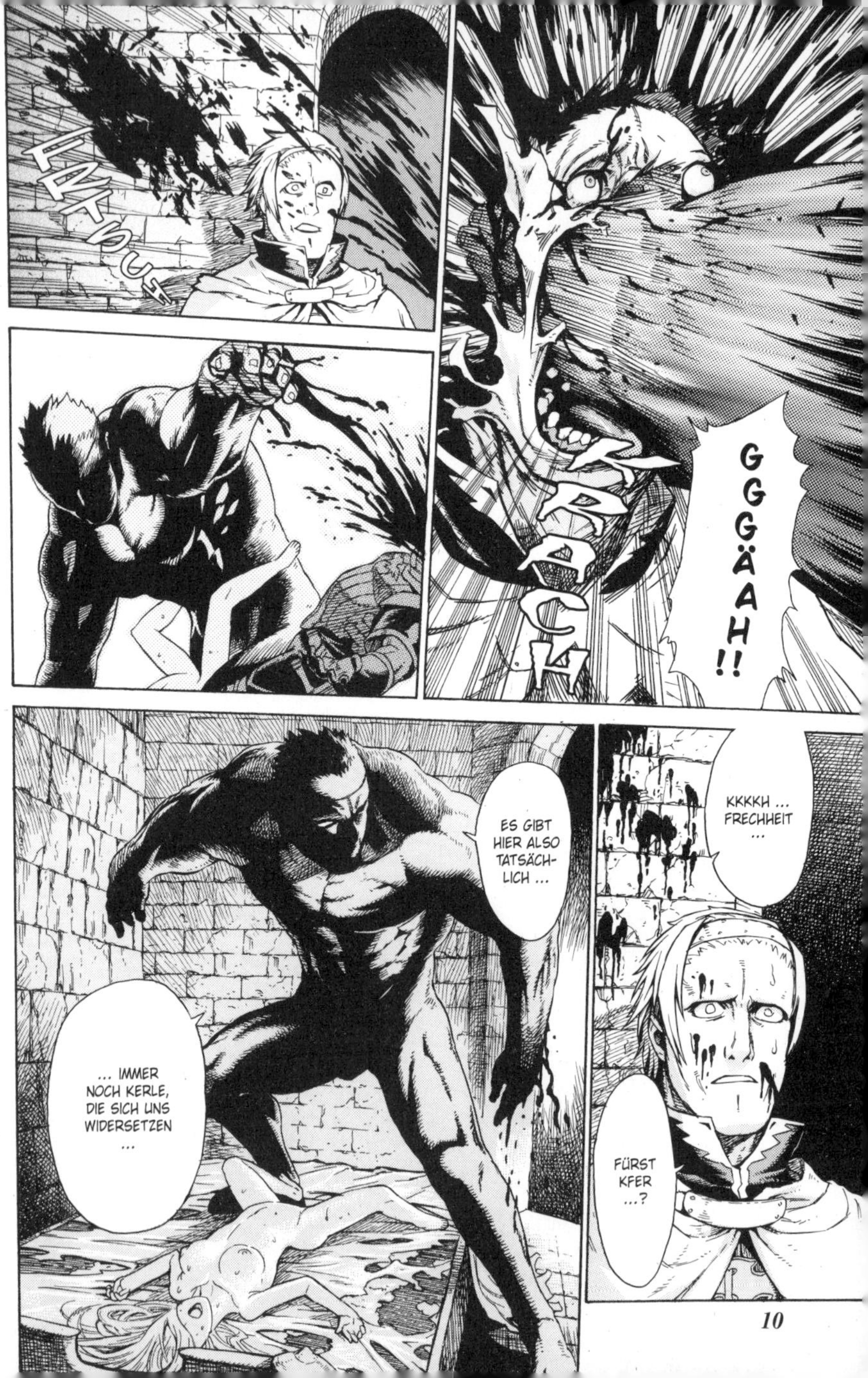
GGGÄAH!!
KKKKH … FRECHHEIT …
FÜRST KFER …?
ES GIBT HIER ALSO TATSÄCHLICH …
… IMMER NOCH KERLE, DIE SICH UNS WIDERSETZEN …
10

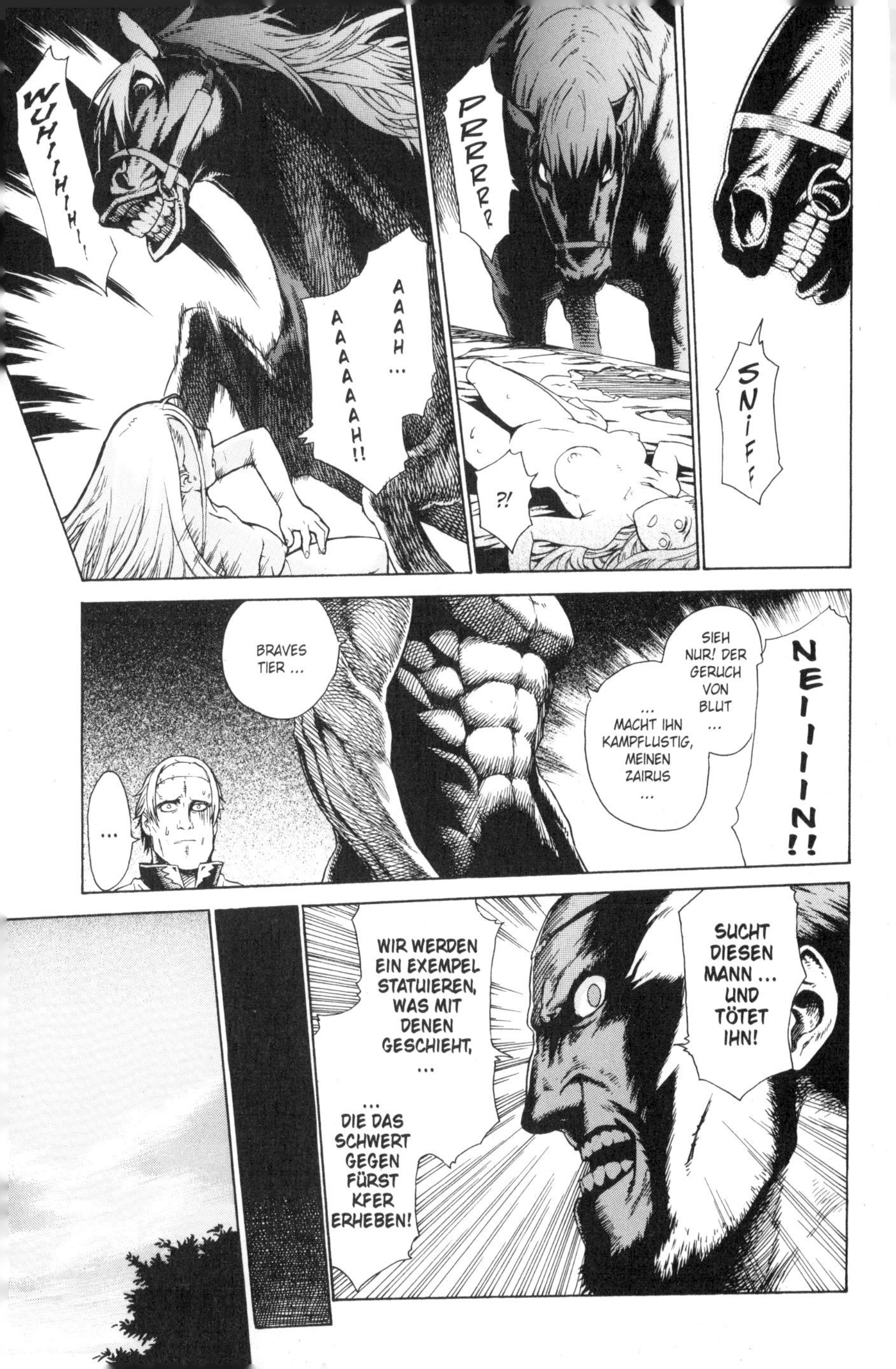
SNIFF
PRRRRR
?!
WUHIIHIHI!!
AAAH … AAAAAAAH!!
NEIIIIIN!!
SIEH NUR! DER GERUCH VON BLUT …
… MACHT IHN KAMPFLUSTIG, MEINEN ZAIRUS …
BRAVES TIER …
…
SUCHT DIESEN MANN … UND TÖTET IHN!
WIR WERDEN EIN EXEMPEL STATUIEREN, WAS MIT DENEN GESCHIEHT, …
… DIE DAS SCHWERT GEGEN FÜRST KFER ERHEBEN!

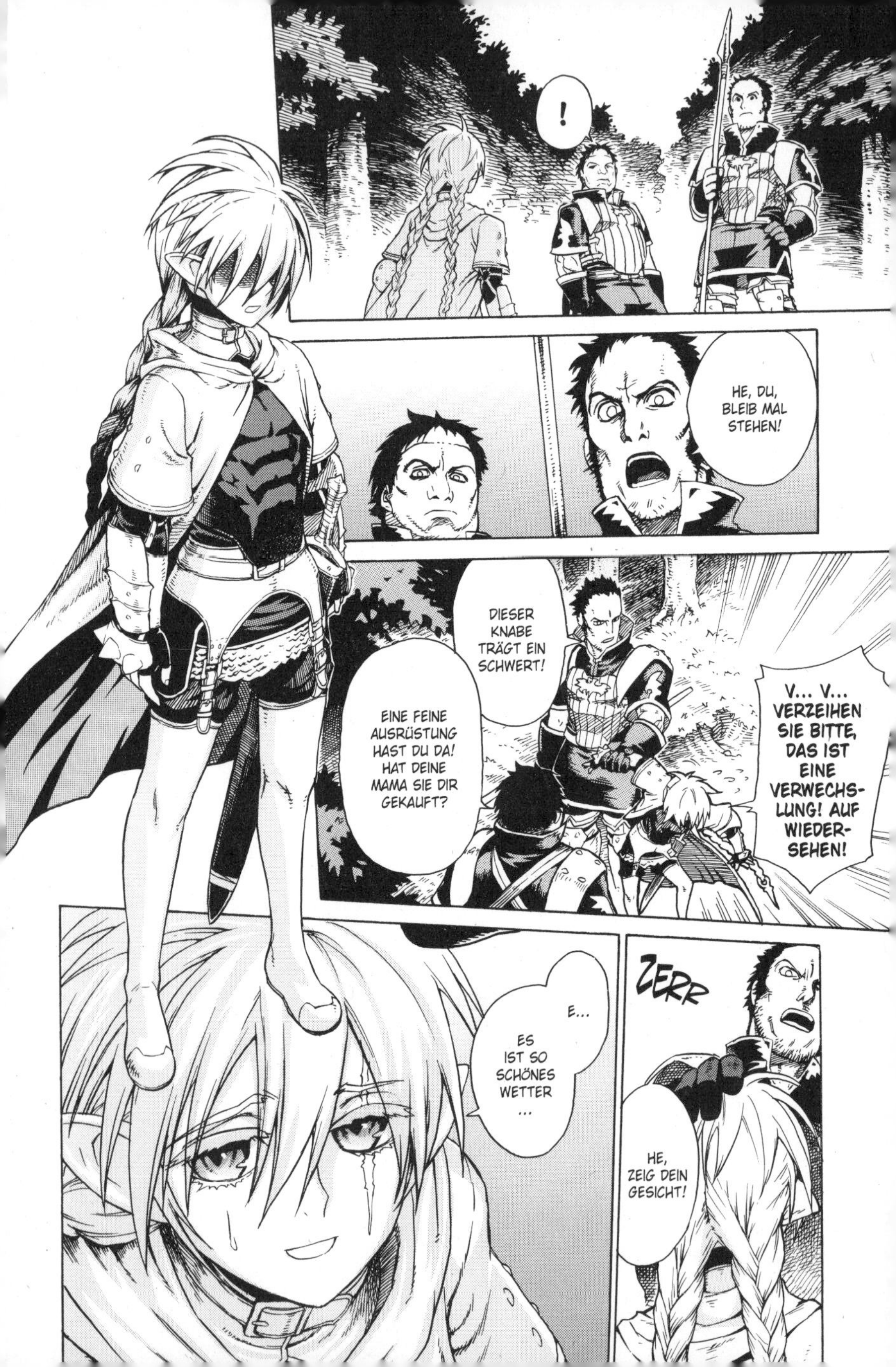
!
HE, DU, BLEIB MAL STEHEN!
DIESER KNABE TRÄGT EIN SCHWERT!
EINE FEINE AUSRÜSTUNG HAST DU DA! HAT DEINE MAMA SIE DIR GEKAUFT?
V... V... VERZEIHEN SIE BITTE, DAS IST EINE VERWECHS-LUNG! AUF WIEDER-SEHEN!
E...
ES IST SO SCHÖNES WETTER ...
ZERR
HE, ZEIG DEIN GESICHT!

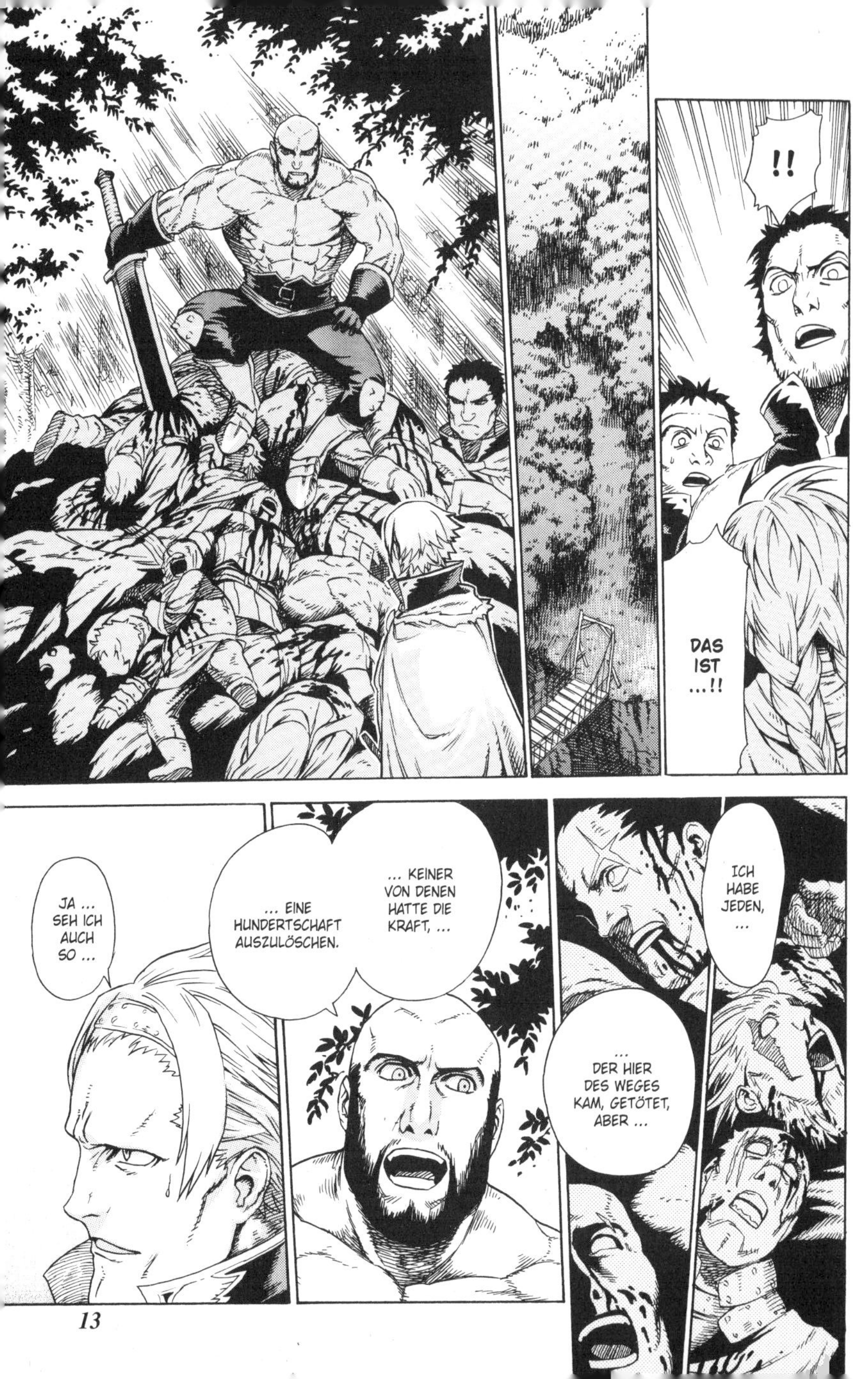
!!
DAS IST ...!!
ICH HABE JEDEN, ...
... DER HIER DES WEGES KAM, GETÖTET, ABER ...
... KEINER VON DENEN HATTE DIE KRAFT, ...
... EINE HUNDERTSCHAFT AUSZULÖSCHEN.
JA ... SEH ICH AUCH SO ...

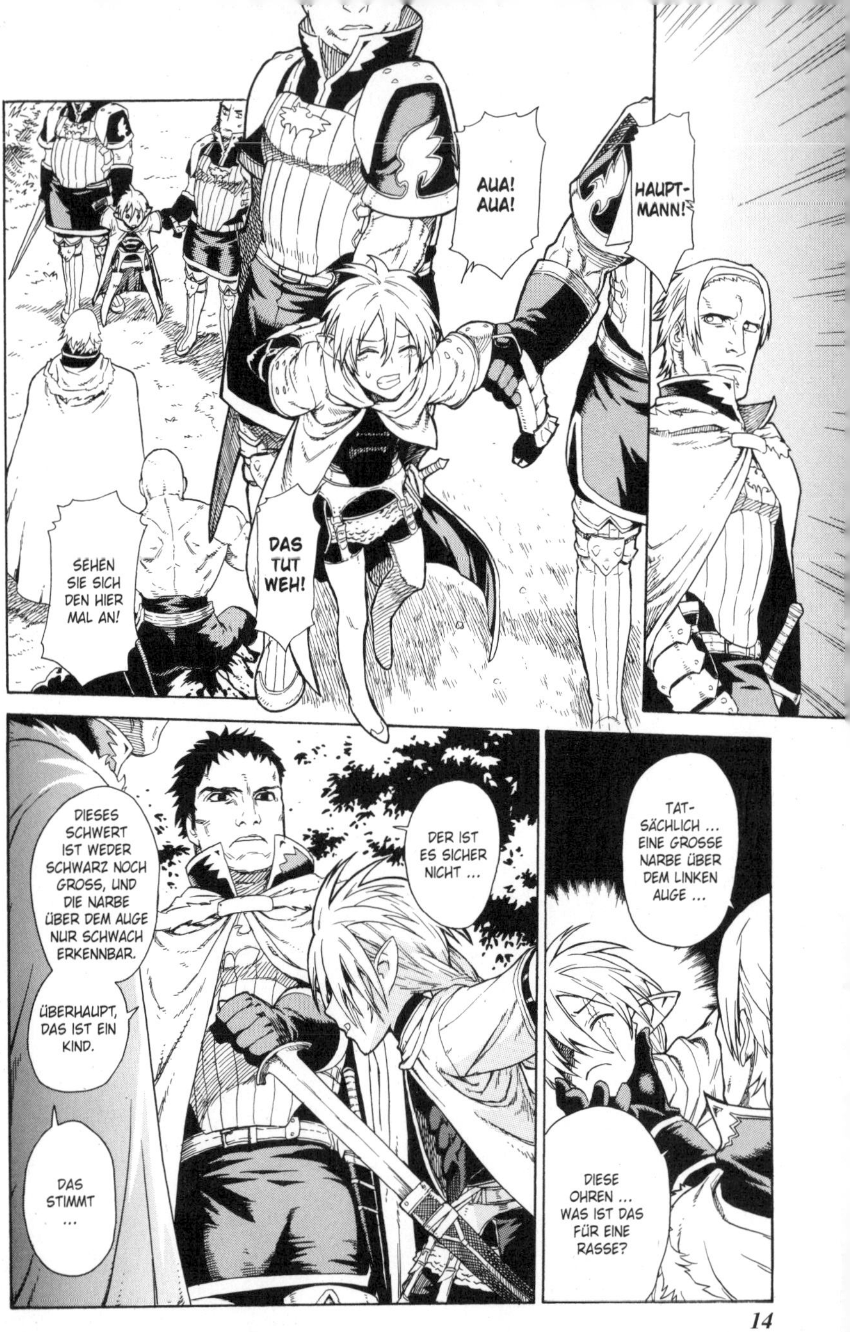
HAUPT-MANN!
AUA! AUA!
DAS TUT WEH!
SEHEN SIE SICH DEN HIER MAL AN!
TAT-SÄCHLICH … EINE GROSSE NARBE ÜBER DEM LINKEN AUGE …
DIESE OHREN … WAS IST DAS FÜR EINE RASSE?
DER IST ES SICHER NICHT …
DIESES SCHWERT IST WEDER SCHWARZ NOCH GROSS, UND DIE NARBE ÜBER DEM AUGE NUR SCHWACH ERKENNBAR.
ÜBERHAUPT, DAS IST EIN KIND.
DAS STIMMT …

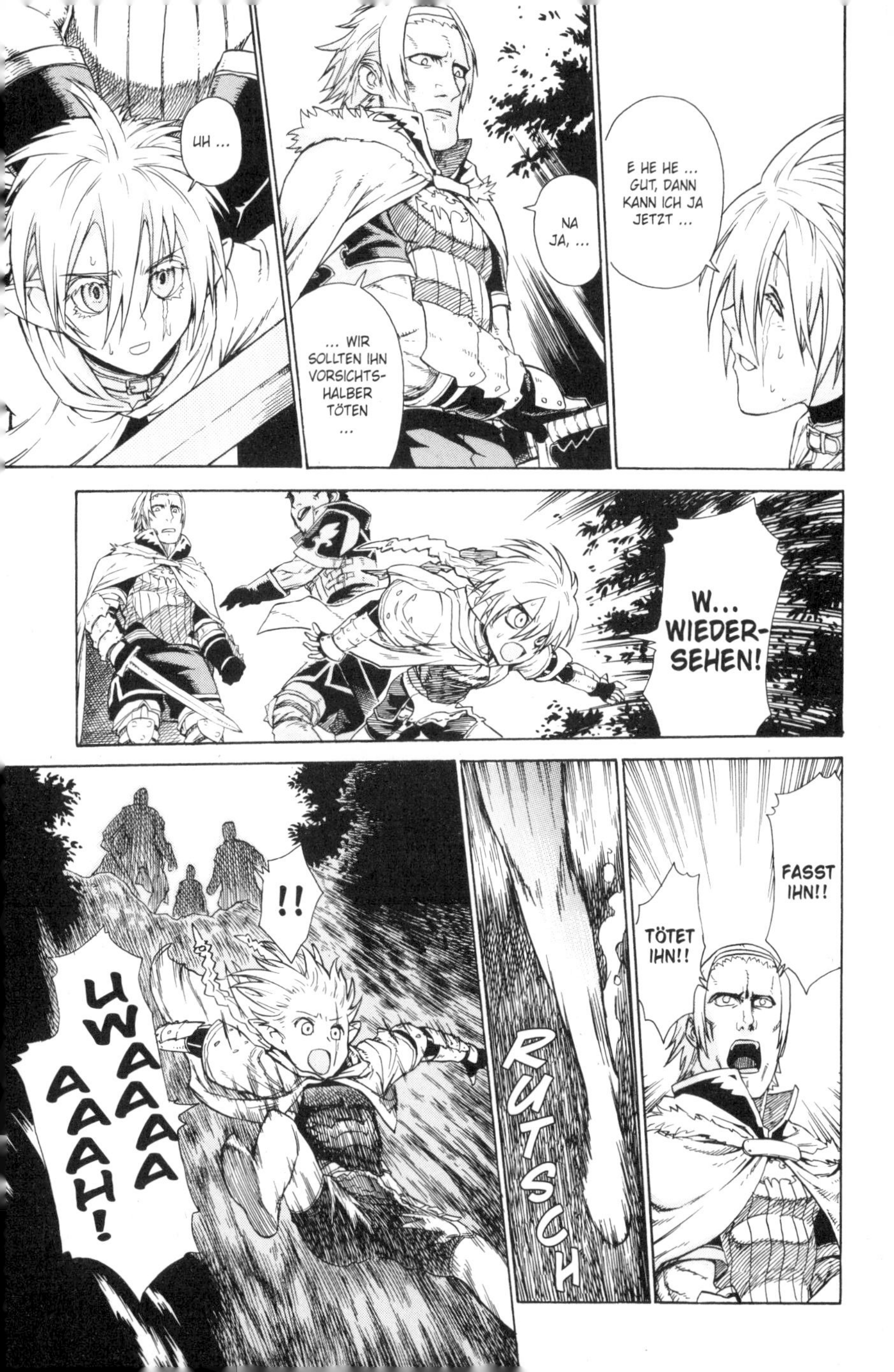
E HE HE ... GUT, DANN KANN ICH JA JETZT ...
NA JA, ...
... WIR SOLLTEN IHN VORSICHTSHALBER TÖTEN ...
UH ...
W... WIEDERSEHEN!
FASST IHN!!
TÖTET IHN!!
RUTSCH
!!
UWAAAAAAAH!

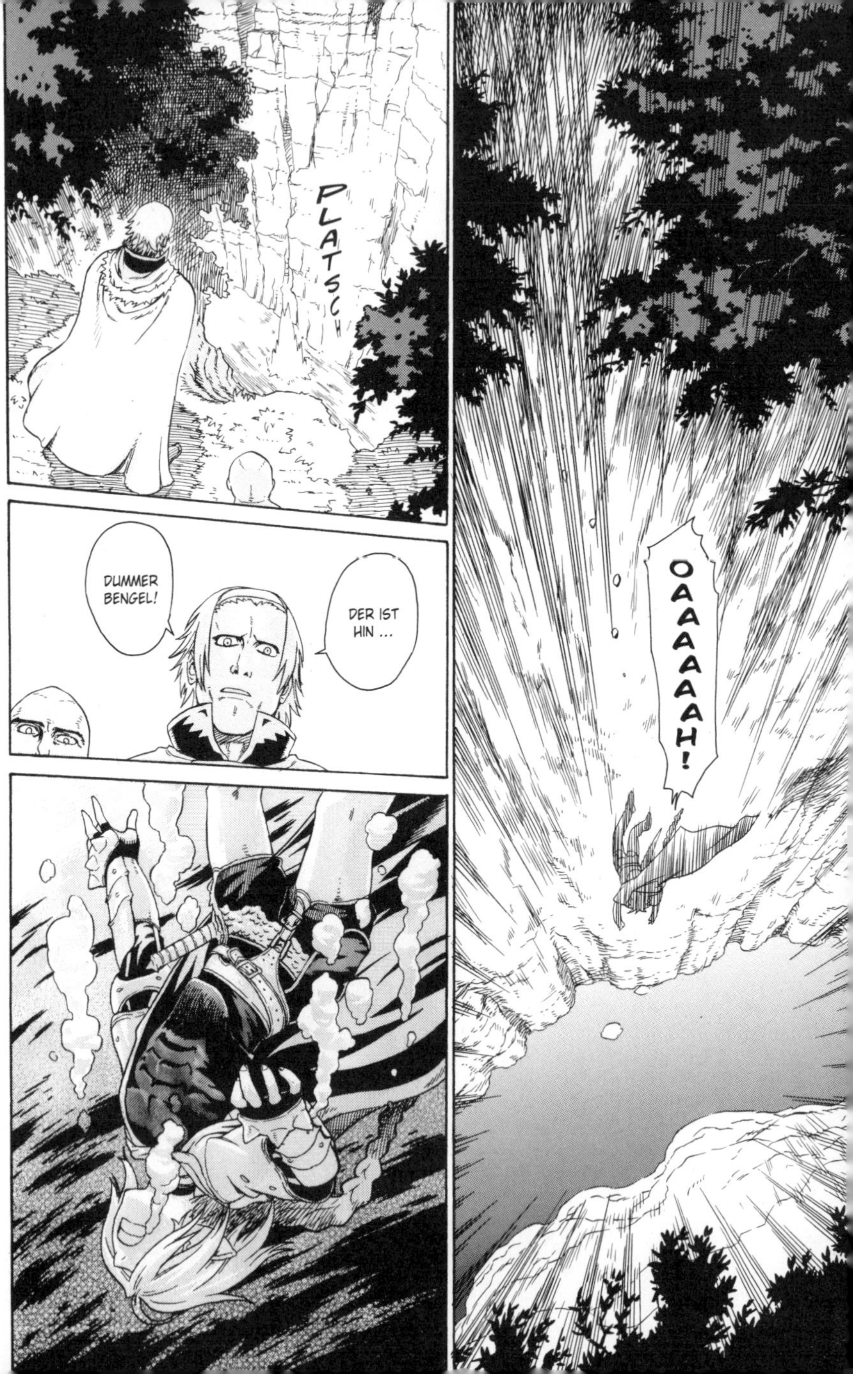
OAAAAAAAH!
PLATSCH
DER IST HIN …
DUMMER BENGEL!

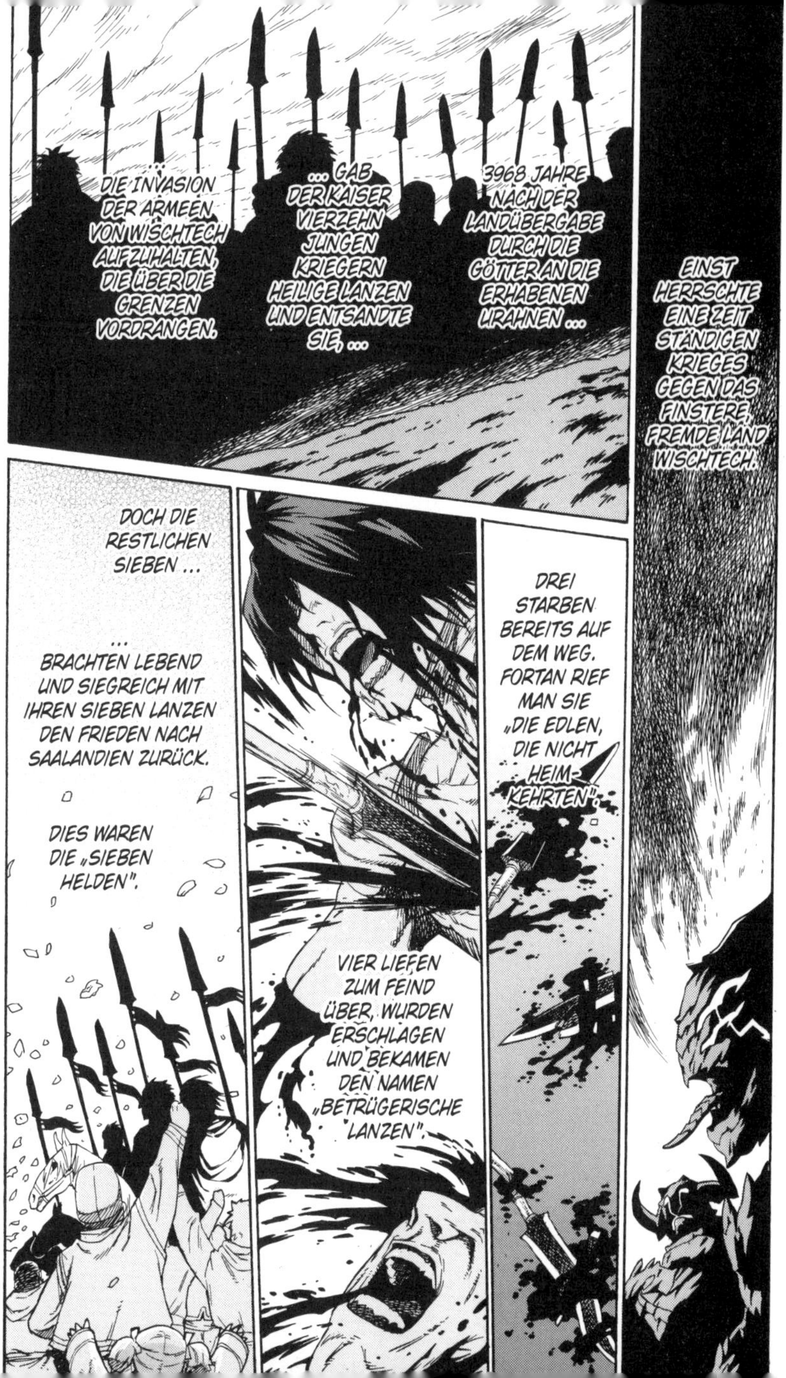

EINST HERRSCHTE EINE ZEIT STÄNDIGEN KRIEGES GEGEN DAS FINSTERE, FREMDE LAND WISCHTECH.
3968 JAHRE NACH DER LANDÜBERGABE DURCH DIE GÖTTER AN DIE ERHABENEN URAHNEN ...
... GAB DER KAISER VIERZEHN JUNGEN KRIEGERN HEILIGE LANZEN UND ENTSANDTE SIE, ...
... DIE INVASION DER ARMEEN VON WISCHTECH AUFZUHALTEN, DIE ÜBER DIE GRENZEN VORDRANGEN.
DREI STARBEN BEREITS AUF DEM WEG. FORTAN RIEF MAN SIE „DIE EDLEN, DIE NICHT HEIMKEHRTEN".
VIER LIEFEN ZUM FEIND ÜBER, WURDEN ERSCHLAGEN UND BEKAMEN DEN NAMEN „BETRÜGERISCHE LANZEN".
DOCH DIE RESTLICHEN SIEBEN ...
... BRACHTEN LEBEND UND SIEGREICH MIT IHREN SIEBEN LANZEN DEN FRIEDEN NACH SAALANDIEN ZURÜCK.
DIES WAREN DIE „SIEBEN HELDEN".

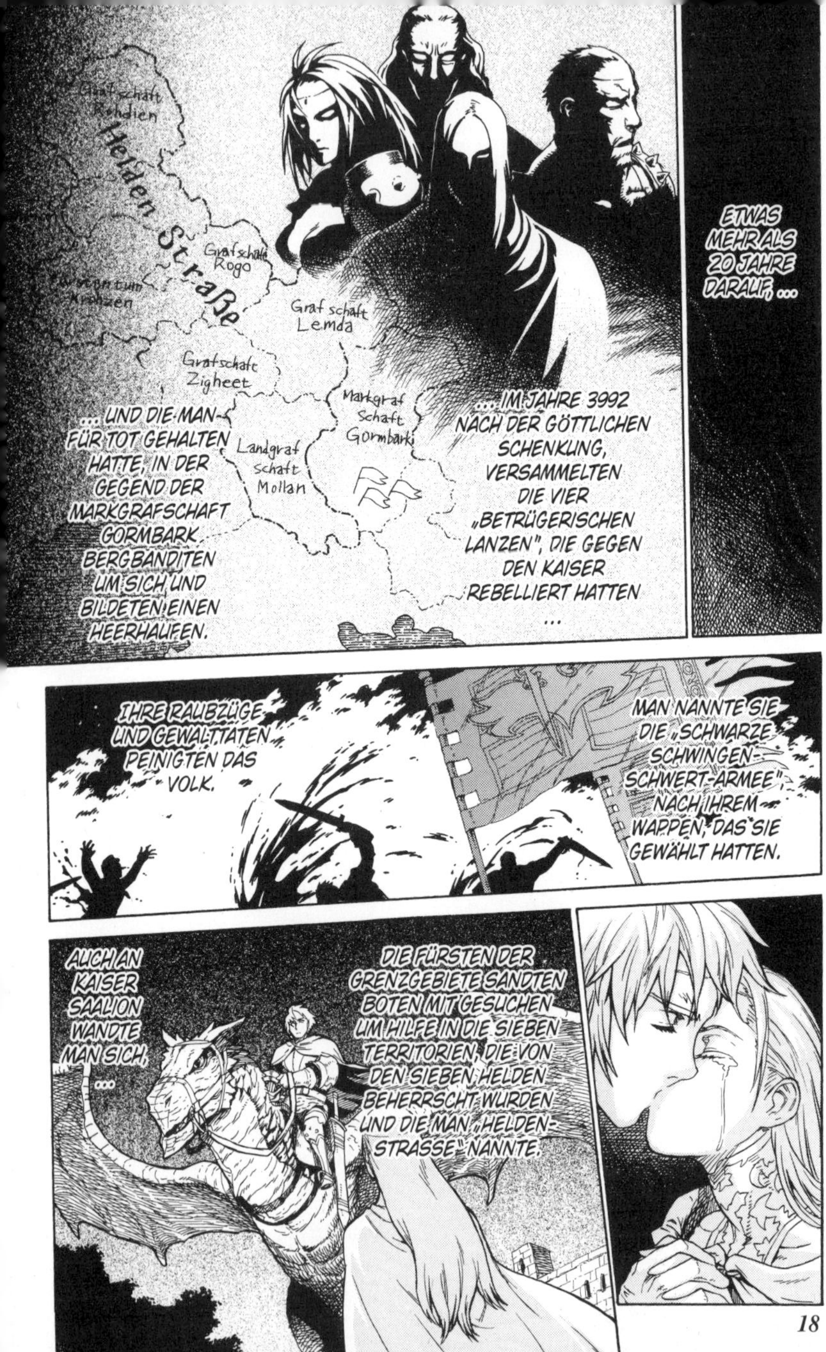

ETWAS MEHR ALS 20 JAHRE DARAUF, ...
... IM JAHRE 3992 NACH DER GÖTTLICHEN SCHENKUNG, VERSAMMELTEN DIE VIER „BETRÜGERISCHEN LANZEN", DIE GEGEN DEN KAISER REBELLIERT HATTEN ...
... UND DIE MAN FÜR TOT GEHALTEN HATTE, IN DER GEGEND DER MARKGRAFSCHAFT GORMBARK BERGBANDITEN UM SICH UND BILDETEN EINEN HEERHAUFEN.
Grafschaft Rohdien
Helden Straße
Grafschaft Rogo
Grafschaft Lemda
Grafschaft Zigheet
Markgraf Schaft Gormbark
Landgraf schaft Mollan
MAN NANNTE SIE DIE „SCHWARZE SCHWINGEN-SCHWERT-ARMEE", NACH IHREM WAPPEN, DAS SIE GEWÄHLT HATTEN.
IHRE RAUBZÜGE UND GEWALTTATEN PEINIGTEN DAS VOLK.
DIE FÜRSTEN DER GRENZGEBIETE SANDTEN BOTEN MIT GESUCHEN UM HILFE IN DIE SIEBEN TERRITORIEN, DIE VON DEN SIEBEN HELDEN BEHERRSCHT WURDEN UND DIE MAN „HELDEN-STRASSE" NANNTE.
AUCH AN KAISER SAALION WANDTE MAN SICH, ...

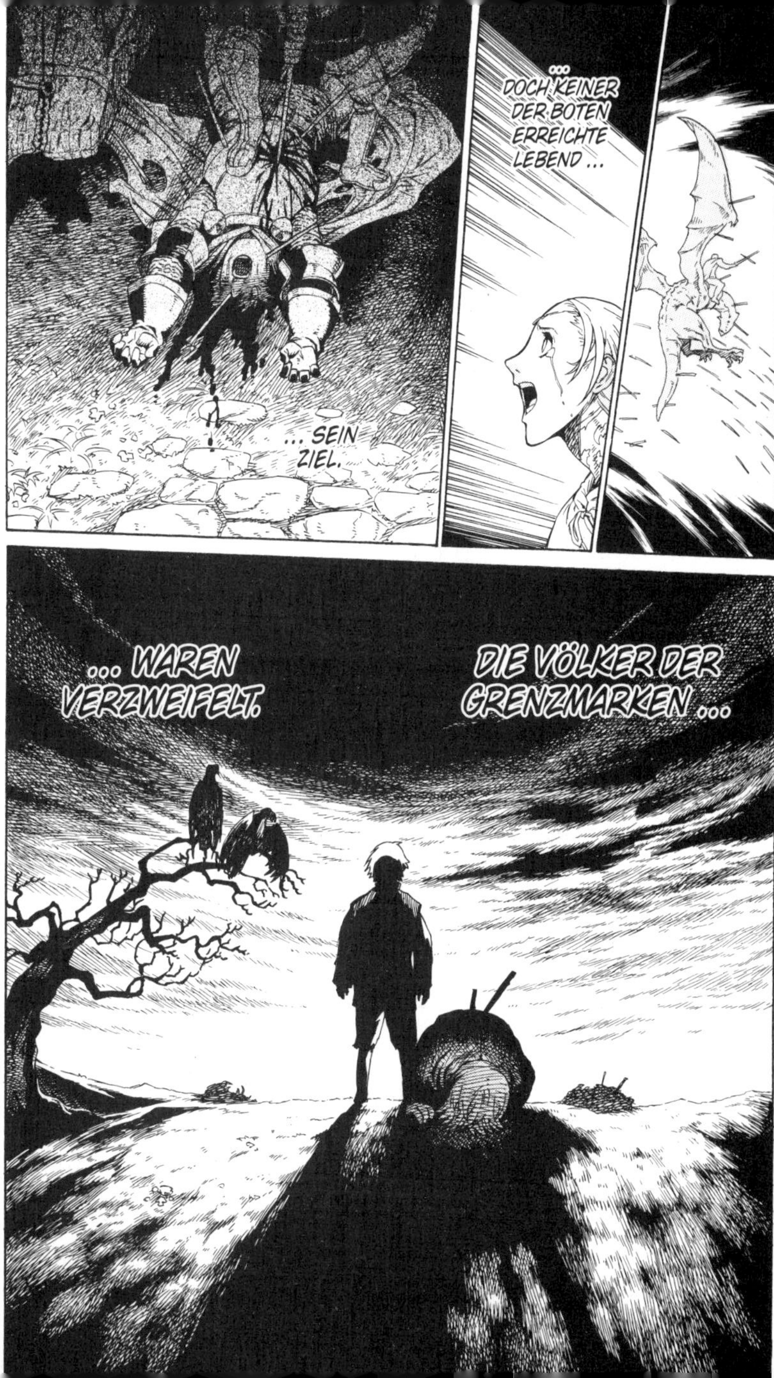
... DOCH KEINER DER BOTEN ERREICHTE LEBEND ...
... SEIN ZIEL.
DIE VÖLKER DER GRENZMARKEN ...
... WAREN VERZWEIFELT.

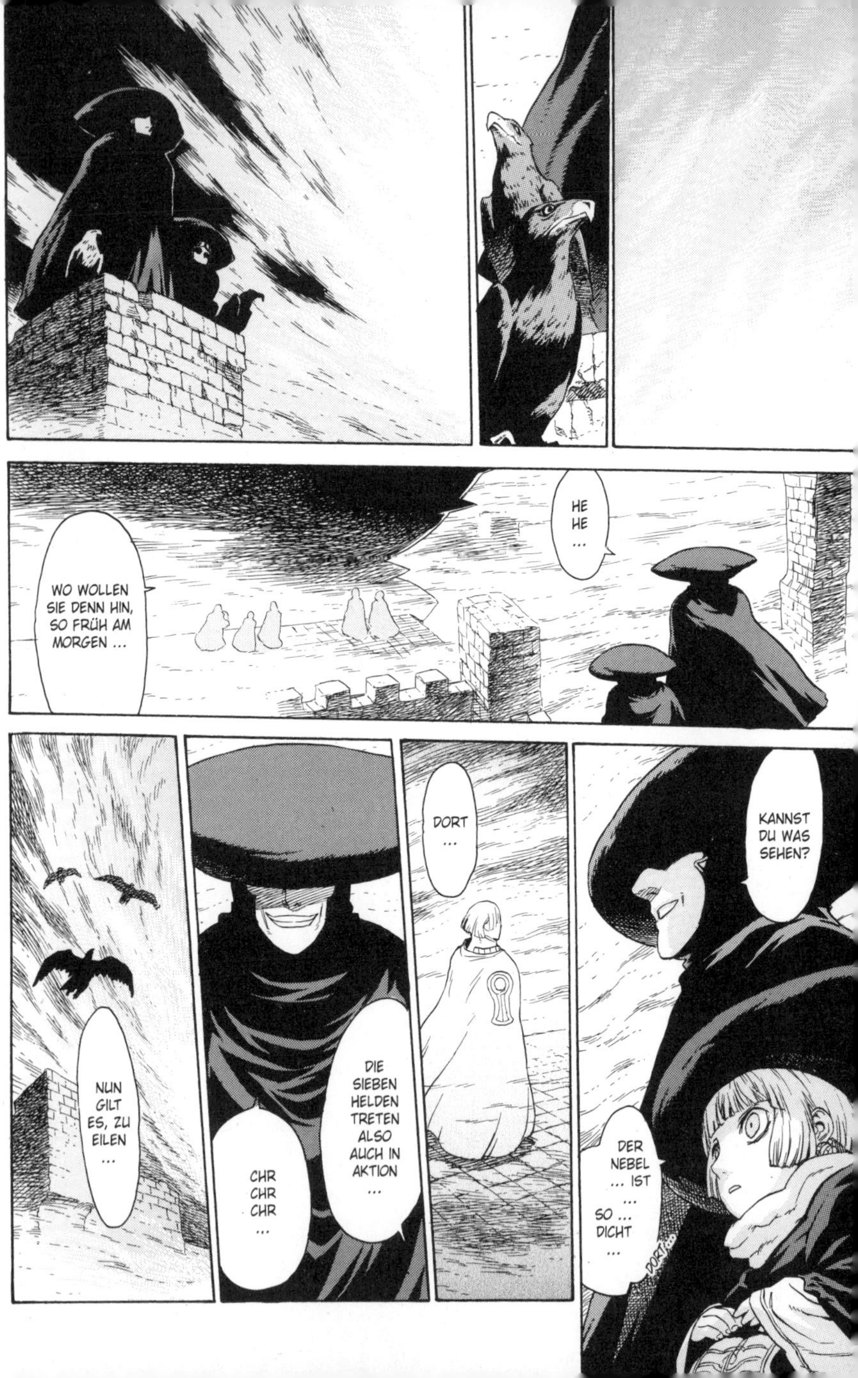
HE HE ...
WO WOLLEN SIE DENN HIN, SO FRÜH AM MORGEN ...
KANNST DU WAS SEHEN?
DER NEBEL ... IST ... SO ... DICHT ...
DORT ...
DORT ...
DIE SIEBEN HELDEN TRETEN ALSO AUCH IN AKTION ...
CHR CHR CHR ...
NUN GILT ES, ZU EILEN ...

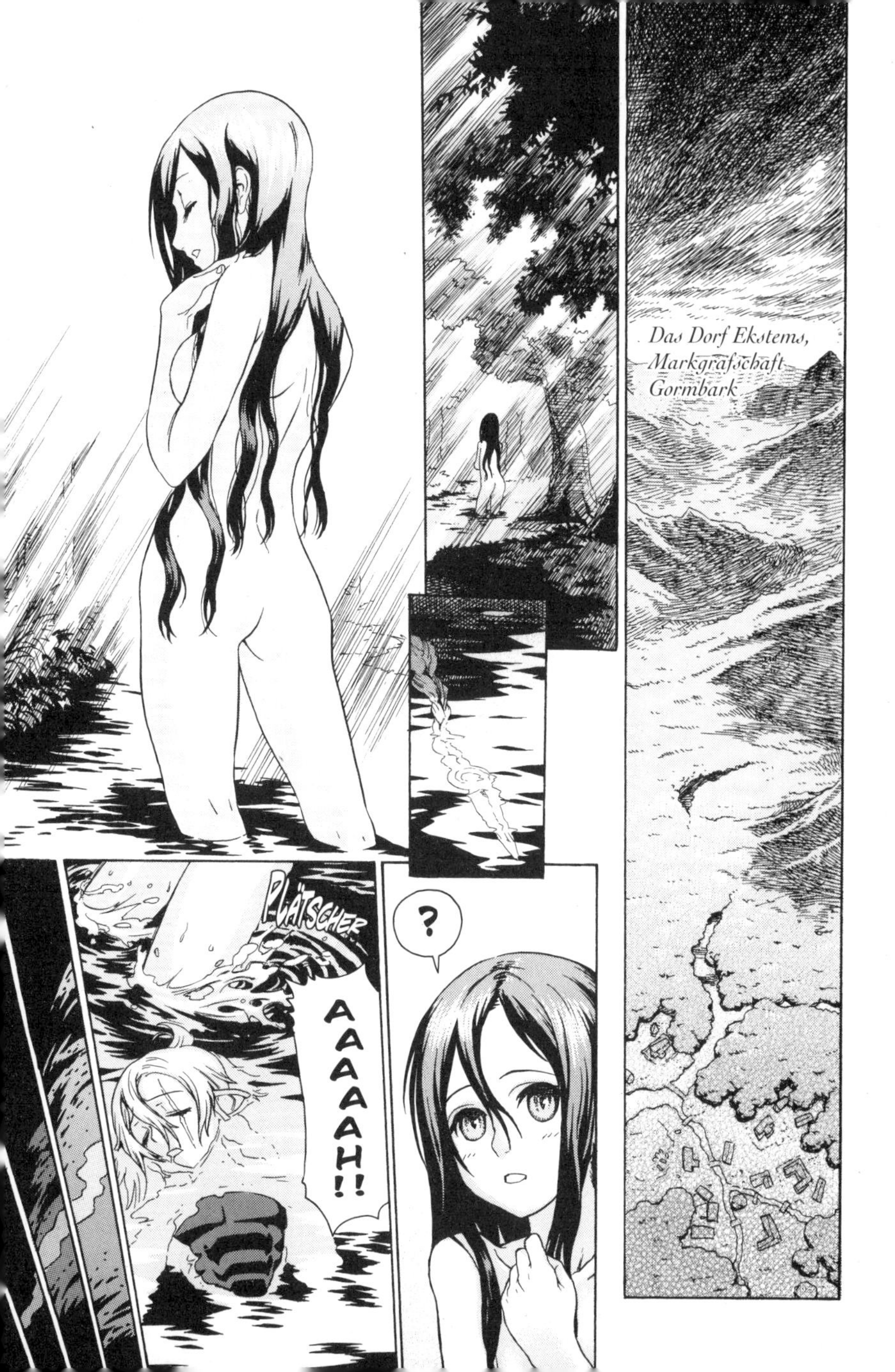
Das Dorf Ekstems,
Markgrafschaft
Gormbark
?
PLÄTSCHER
AAAAAAH!!

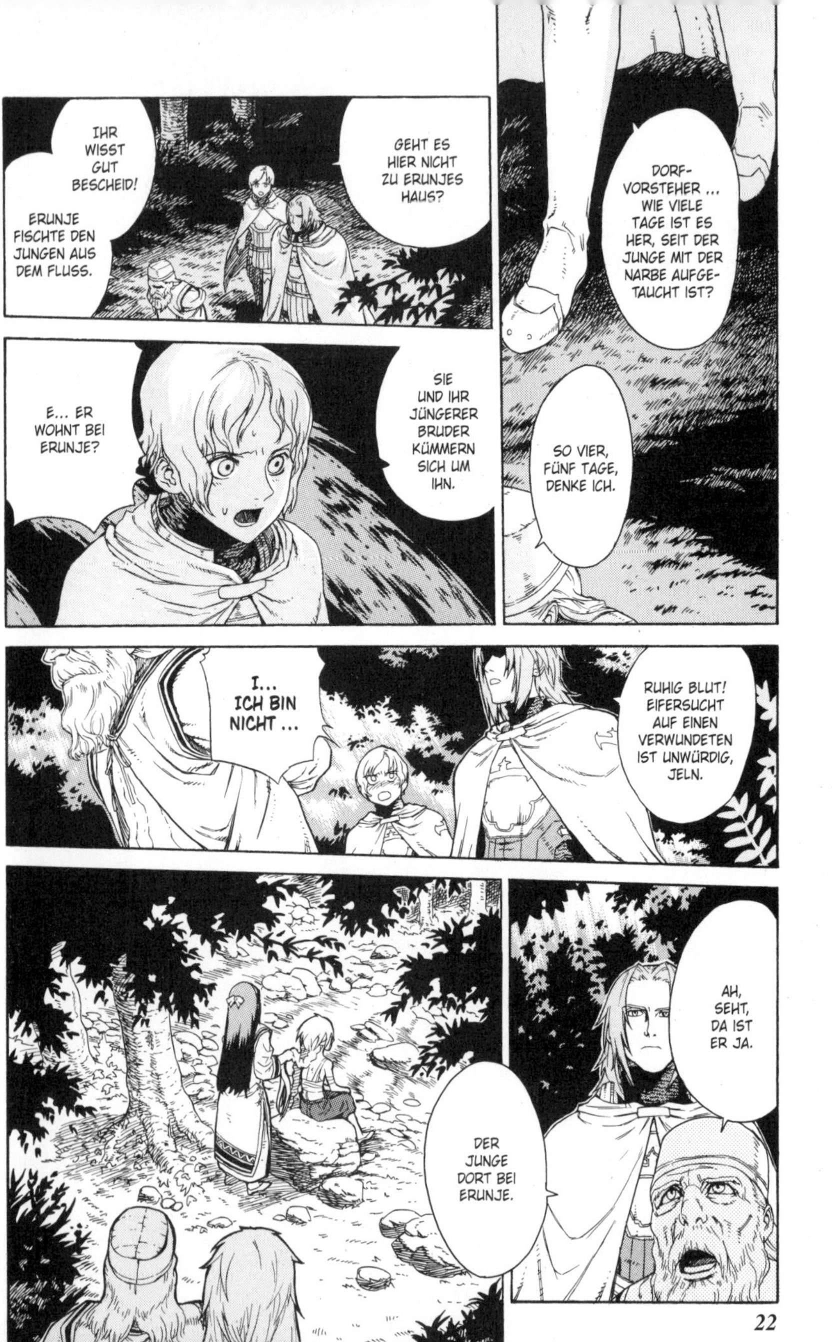
DORF-VORSTEHER … WIE VIELE TAGE IST ES HER, SEIT DER JUNGE MIT DER NARBE AUFGETAUCHT IST?
SO VIER, FÜNF TAGE, DENKE ICH.
GEHT ES HIER NICHT ZU ERUNJES HAUS?
IHR WISST GUT BESCHEID!
ERUNJE FISCHTE DEN JUNGEN AUS DEM FLUSS.
SIE UND IHR JÜNGERER BRUDER KÜMMERN SICH UM IHN.
E… ER WOHNT BEI ERUNJE?
RUHIG BLUT! EIFERSUCHT AUF EINEN VERWUNDETEN IST UNWÜRDIG, JELN.
I… ICH BIN NICHT …
AH, SEHT, DA IST ER JA.
DER JUNGE DORT BEI ERUNJE.

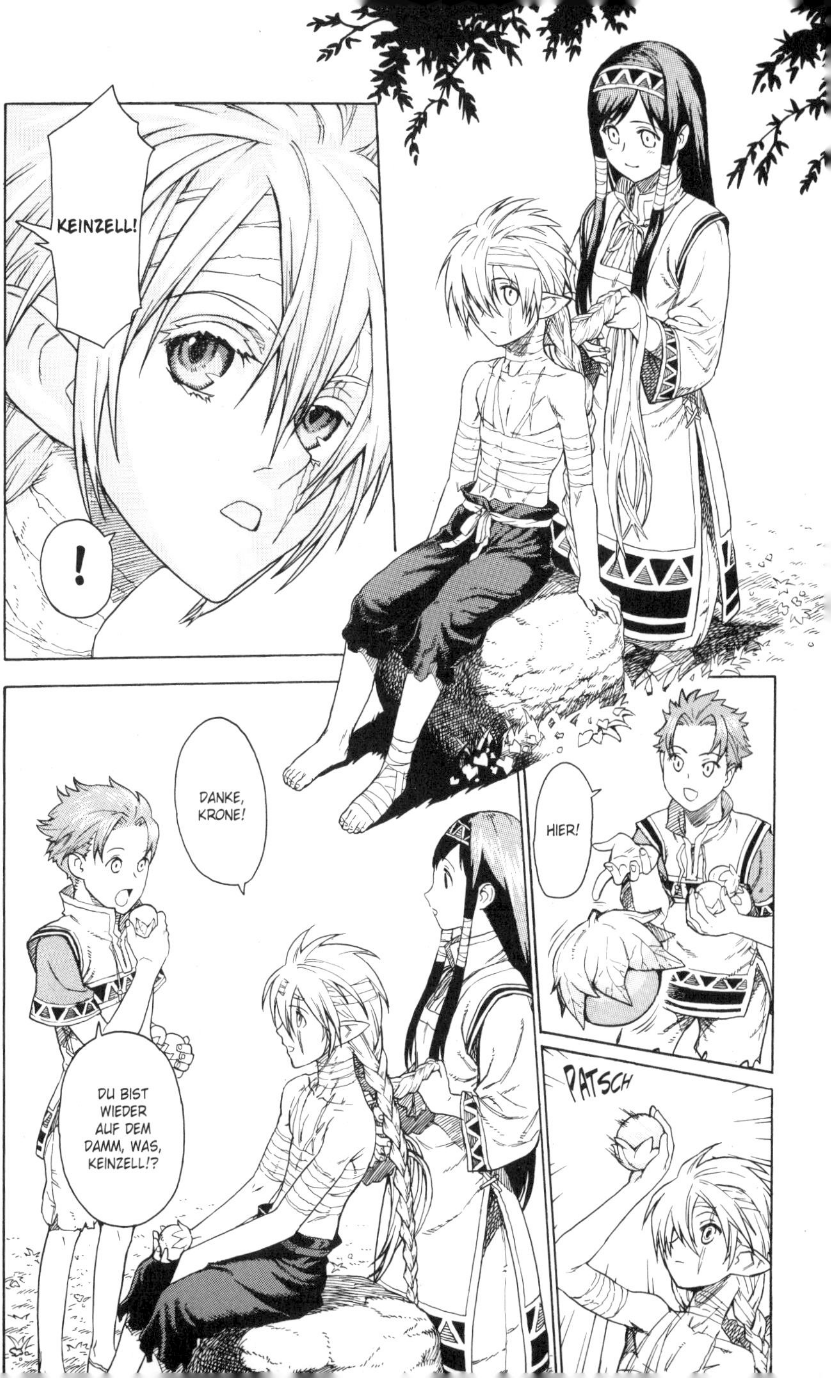
KEINZELL!
!
HIER!
PATSCH
DANKE, KRONE!
DU BIST WIEDER AUF DEM DAMM, WAS, KEINZELL!?

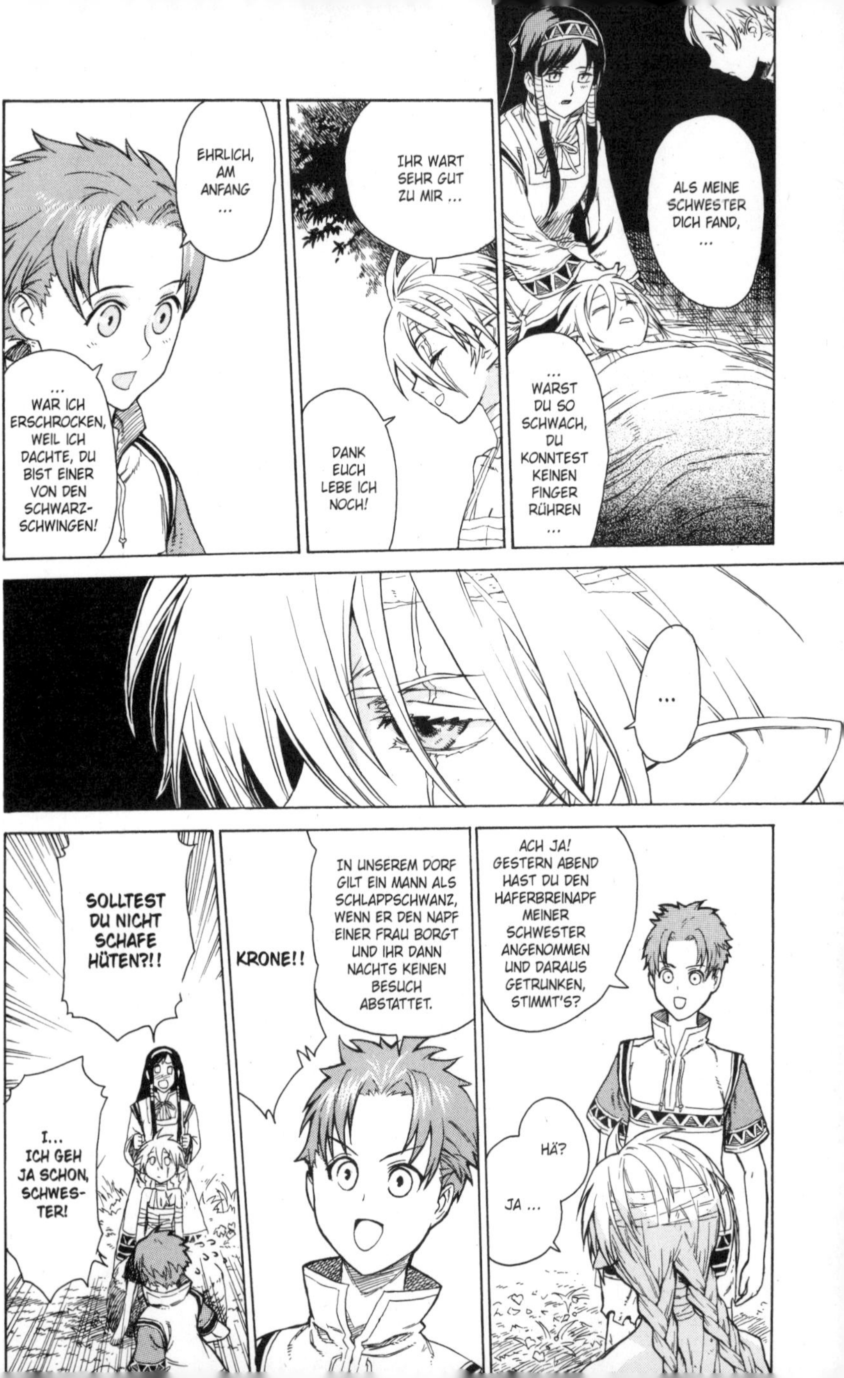
ALS MEINE SCHWESTER DICH FAND, ...
... WARST DU SO SCHWACH, DU KONNTEST KEINEN FINGER RÜHREN ...
IHR WART SEHR GUT ZU MIR ...
DANK EUCH LEBE ICH NOCH!
EHRLICH, AM ANFANG ...
... WAR ICH ERSCHROCKEN, WEIL ICH DACHTE, DU BIST EINER VON DEN SCHWARZ-SCHWINGEN!
...
ACH JA! GESTERN ABEND HAST DU DEN HAFERBREINAPF MEINER SCHWESTER ANGENOMMEN UND DARAUS GETRUNKEN, STIMMT'S?
HÄ?
JA ...
IN UNSEREM DORF GILT EIN MANN ALS SCHLAPPSCHWANZ, WENN ER DEN NAPF EINER FRAU BORGT UND IHR DANN NACHTS KEINEN BESUCH ABSTATTET.
KRONE!!
SOLLTEST DU NICHT SCHAFE HÜTEN?!!
I... ICH GEH JA SCHON, SCHWES-TER!

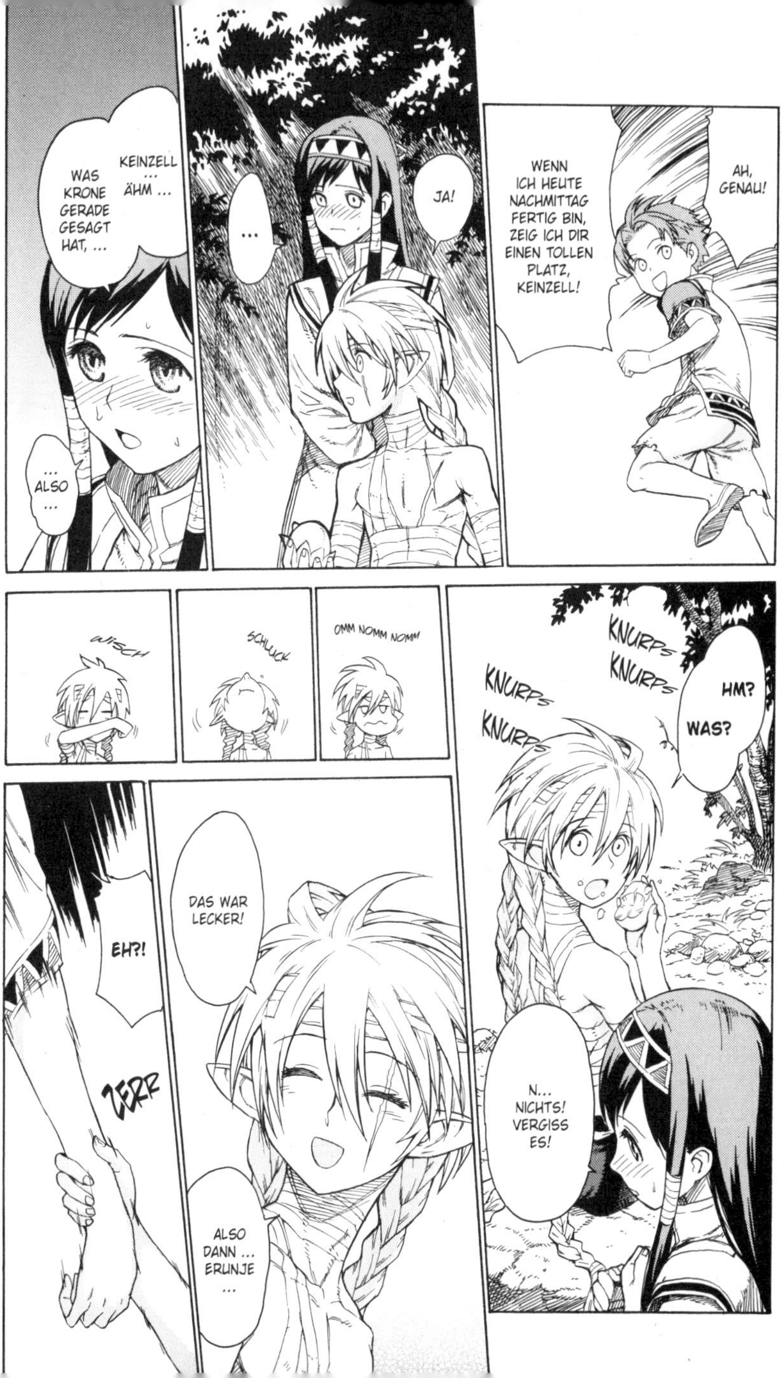
AH, GENAU!
WENN ICH HEUTE NACHMITTAG FERTIG BIN, ZEIG ICH DIR EINEN TOLLEN PLATZ, KEINZELL!
JA!
...
KEINZELL ... ÄHM ...
WAS KRONE GERADE GESAGT HAT, ...
... ALSO ...
KNURPS
KNURPS
KNURPS
KNURPS
HM? WAS?
N... NICHTS! VERGISS ES!
OMM NOMM NOMM
SCHLUCK
WISCH
DAS WAR LECKER!
ALSO DANN ... ERUNJE ...
EH?!
ZERR

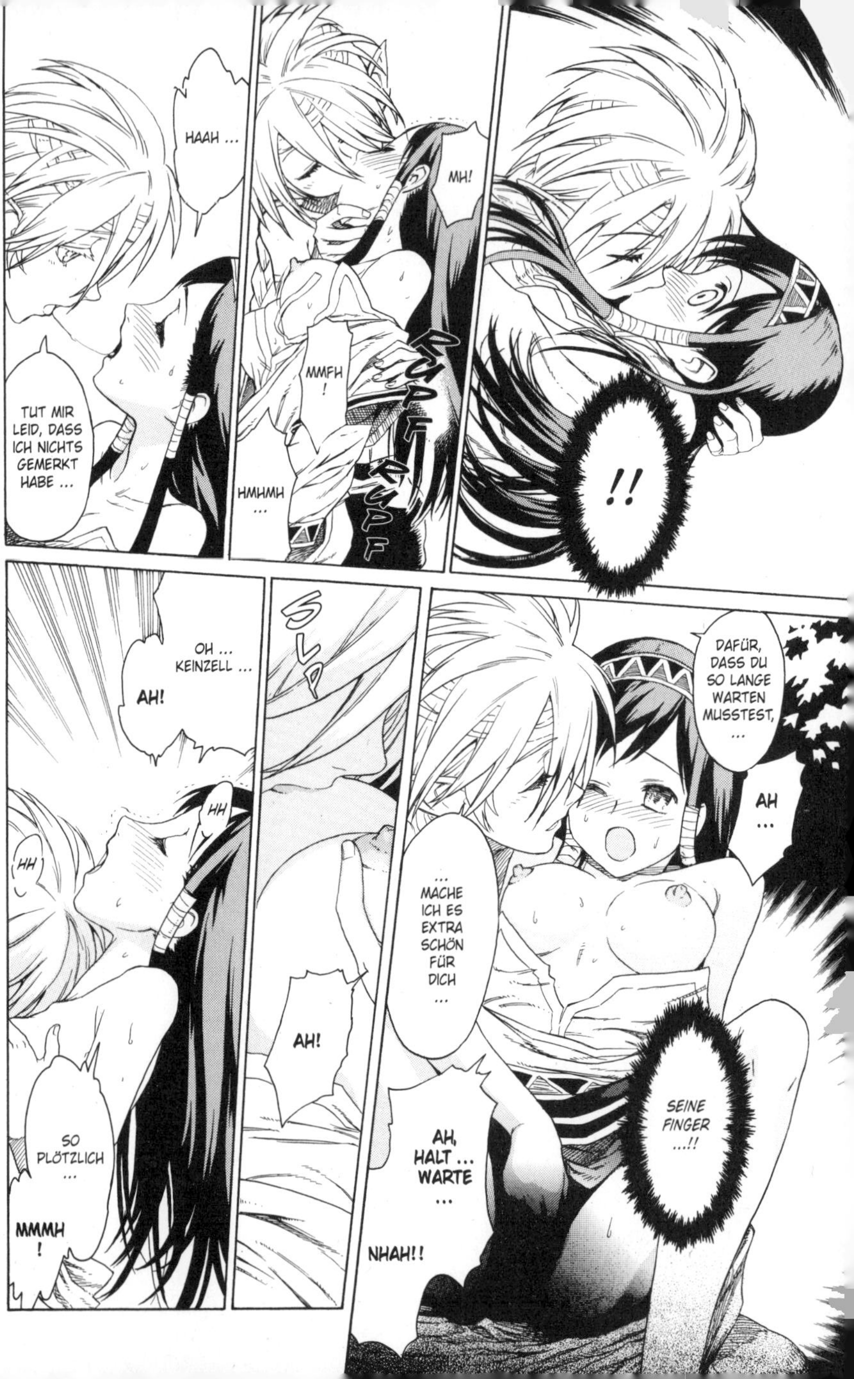

!!
MH!
MMFH !
RUPF
RUPF
RUPF
HMHMH ...
HAAH ...
TUT MIR LEID, DASS ICH NICHTS GEMERKT HABE ...
DAFÜR, DASS DU SO LANGE WARTEN MUSSTEST, ...
AH ...
... MACHE ICH ES EXTRA SCHÖN FÜR DICH ...
SEINE FINGER ...!!
AH, HALT ... WARTE ...
NHAH!!
AH!
OH ... KEINZELL ...
AH!
HH
HH
SO PLÖTZLICH ...
MMMH !

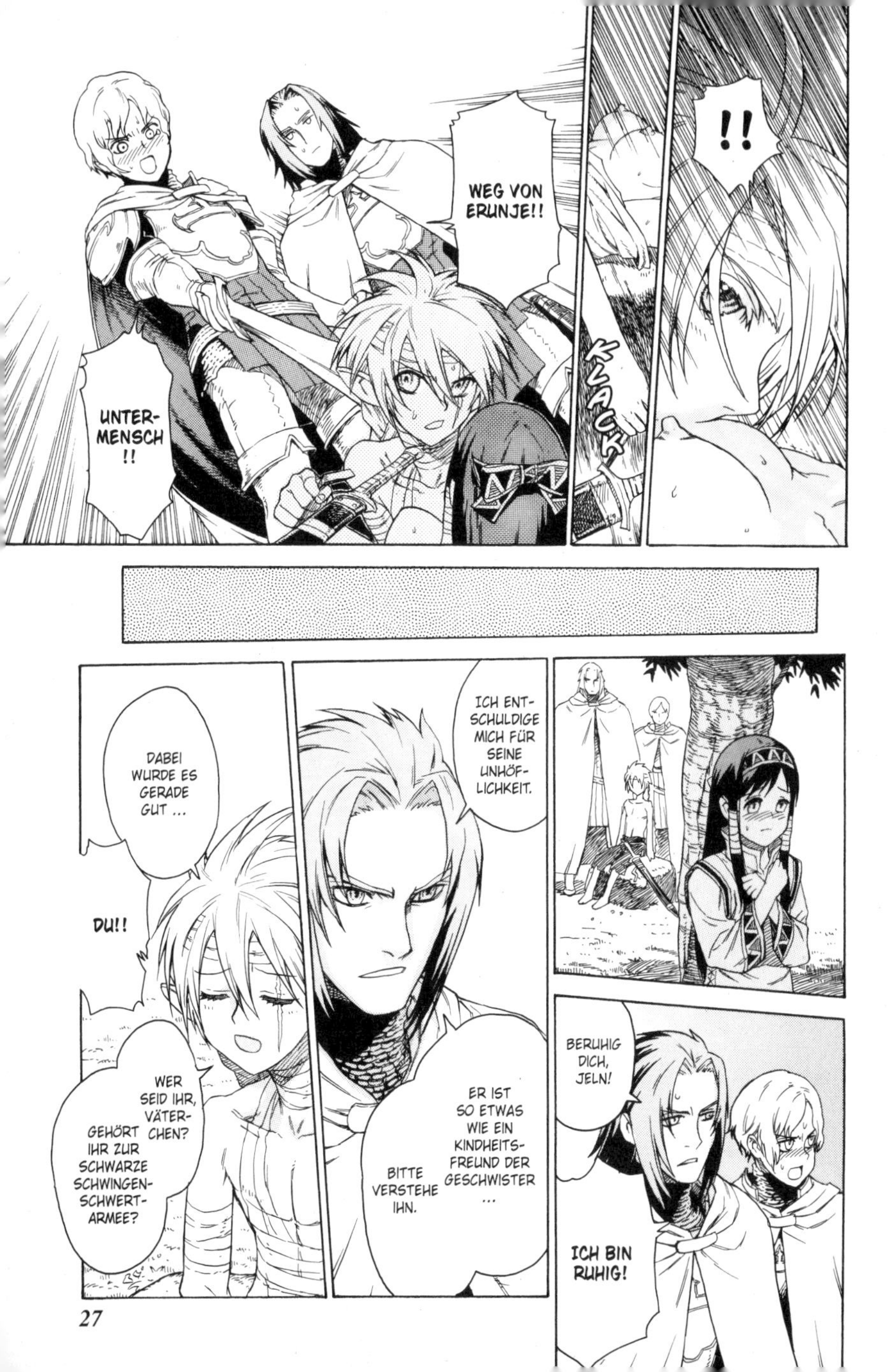

!!
KLACK
WEG VON ERUNJE!!
UNTERMENSCH!!
ICH ENTSCHULDIGE MICH FÜR SEINE UNHÖFLICHKEIT.
DABEI WURDE ES GERADE GUT ...
DU!!
BERUHIG DICH, JELN!
ICH BIN RUHIG!
ER IST SO ETWAS WIE EIN KINDHEITSFREUND DER GESCHWISTER ...
BITTE VERSTEHE IHN.
WER SEID IHR, VÄTERCHEN?
GEHÖRT IHR ZUR SCHWARZE SCHWINGEN-SCHWERT-ARMEE?

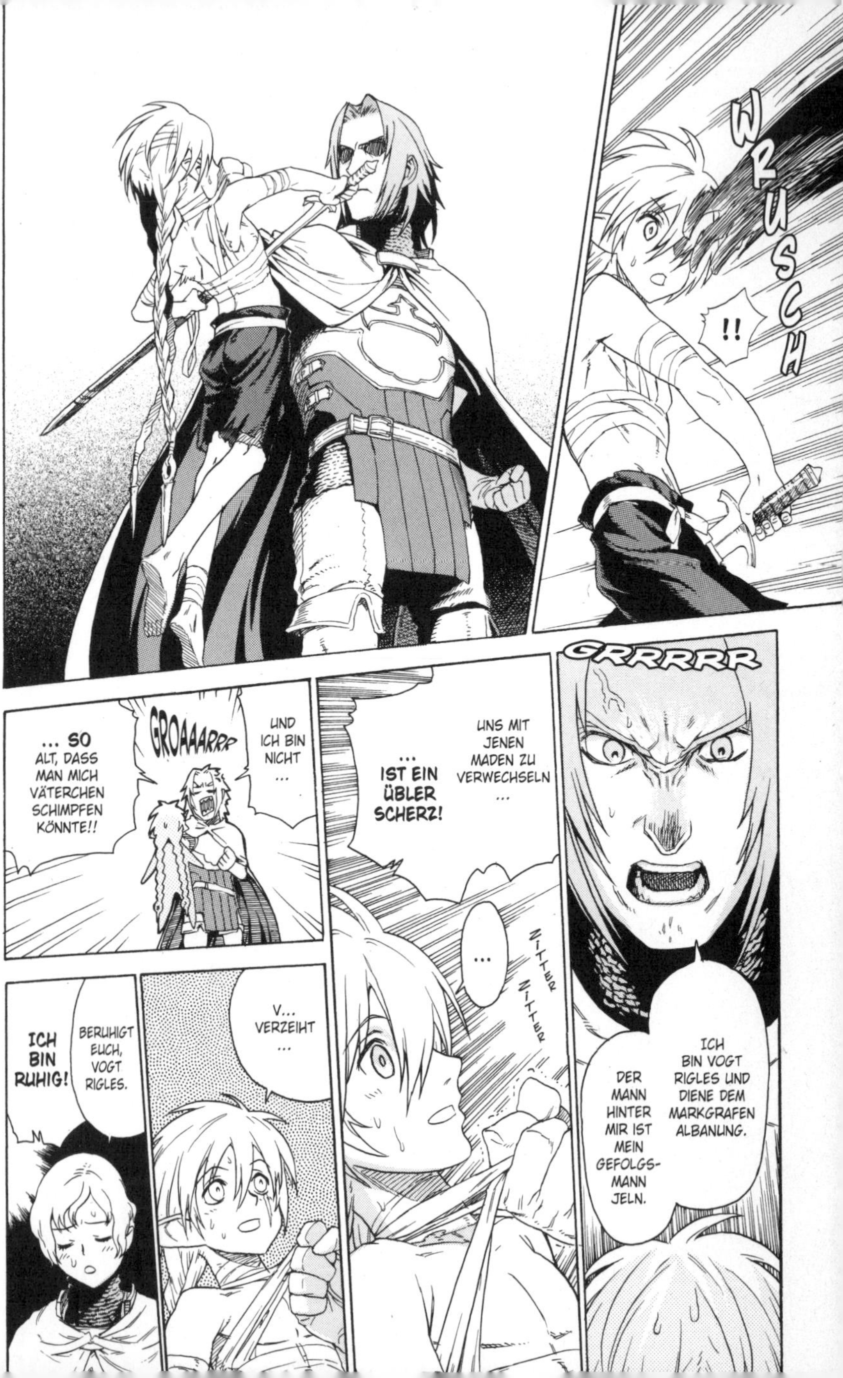
WRUSCH
!!
GRRRRRR
UNS MIT JENEN MADEN ZU VERWECHSELN ...
... IST EIN ÜBLER SCHERZ!
UND ICH BIN NICHT ...
GROAAARRR
... SO ALT, DASS MAN MICH VÄTERCHEN SCHIMPFEN KÖNNTE!!
ICH BIN VOGT RIGLES UND DIENE DEM MARKGRAFEN ALBANUNG.
DER MANN HINTER MIR IST MEIN GEFOLGS-MANN JELN.
...
ZITTER ZITTER
V... VERZEIHT ...
BERUHIGT EUCH, VOGT RIGLES.
ICH BIN RUHIG!

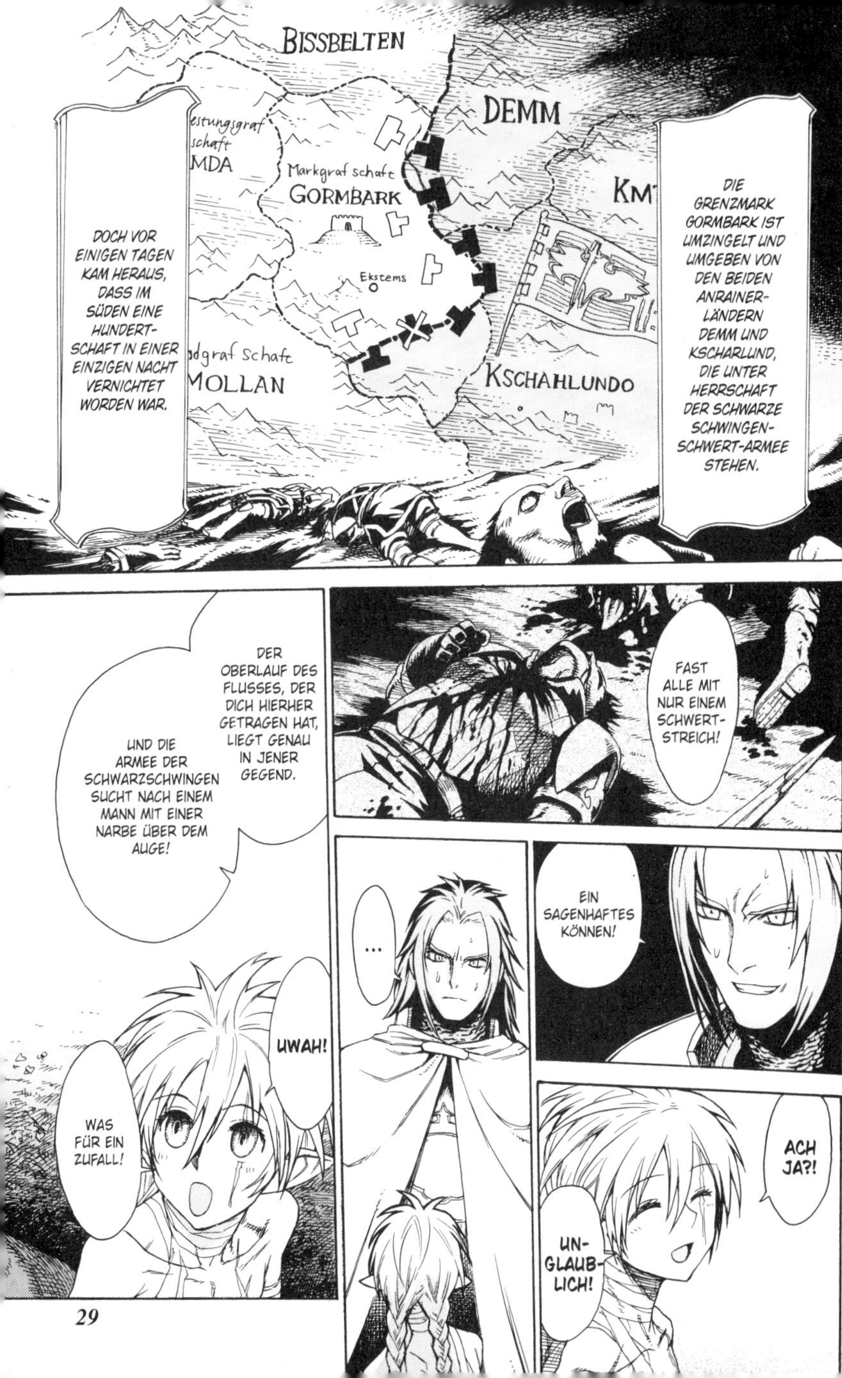
BISSBELTEN
DEMM
KM
Markgrafschaft
GORMBARK
Ekstems
KSCHAHLUNDO
MDA
MOLLAN
DIE GRENZMARK GORMBARK IST UMZINGELT UND UMGEBEN VON DEN BEIDEN ANRAINERLÄNDERN DEMM UND KSCHARLUND, DIE UNTER HERRSCHAFT DER SCHWARZE SCHWINGEN-SCHWERT-ARMEE STEHEN.
DOCH VOR EINIGEN TAGEN KAM HERAUS, DASS IM SÜDEN EINE HUNDERTSCHAFT IN EINER EINZIGEN NACHT VERNICHTET WORDEN WAR.
FAST ALLE MIT NUR EINEM SCHWERTSTREICH!
DER OBERLAUF DES FLUSSES, DER DICH HIERHER GETRAGEN HAT, LIEGT GENAU IN JENER GEGEND.
UND DIE ARMEE DER SCHWARZSCHWINGEN SUCHT NACH EINEM MANN MIT EINER NARBE ÜBER DEM AUGE!
EIN SAGENHAFTES KÖNNEN!
ACH JA?!
UNGLAUBLICH!
...
UWAH!
WAS FÜR EIN ZUFALL!

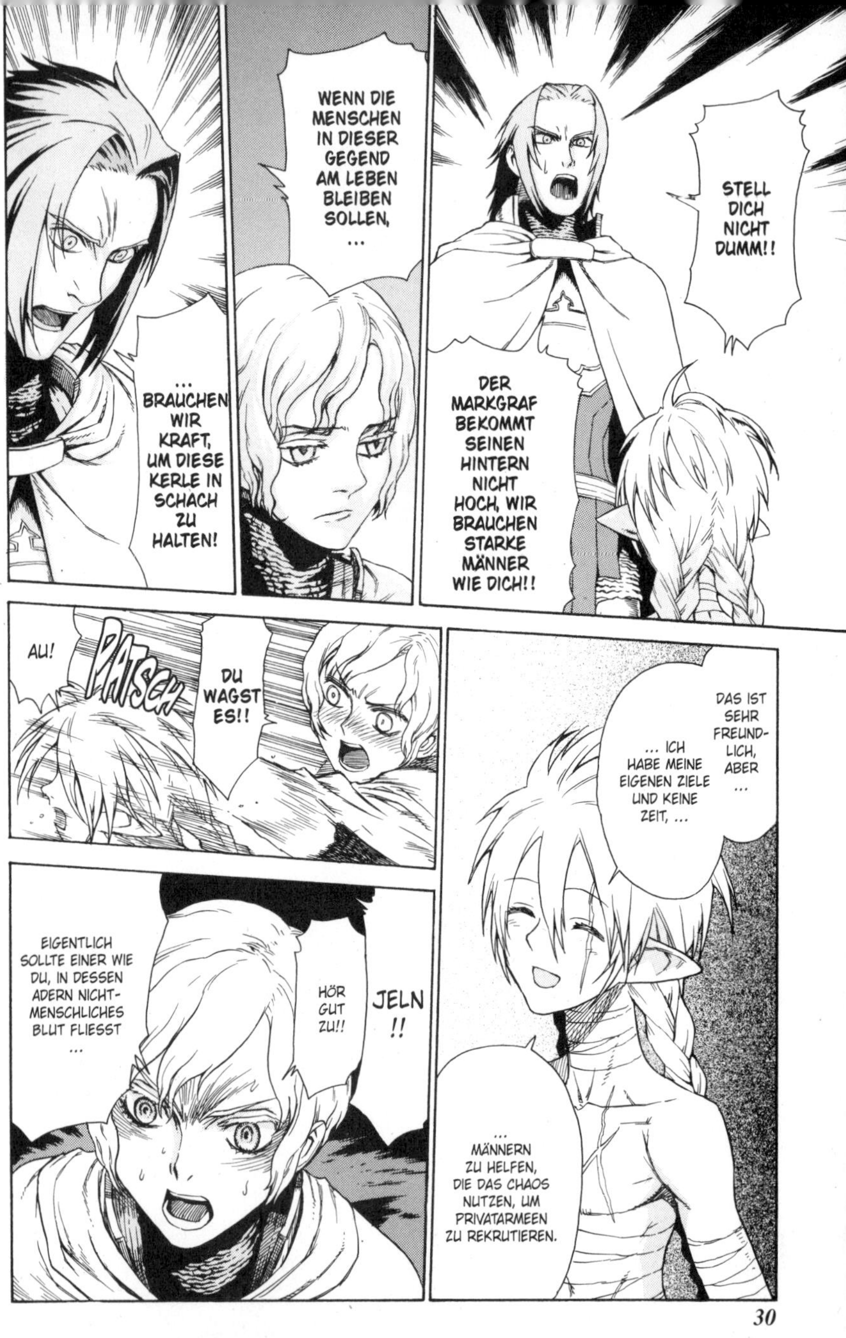
STELL DICH NICHT DUMM!!
DER MARKGRAF BEKOMMT SEINEN HINTERN NICHT HOCH, WIR BRAUCHEN STARKE MÄNNER WIE DICH!!
WENN DIE MENSCHEN IN DIESER GEGEND AM LEBEN BLEIBEN SOLLEN, ...
... BRAUCHEN WIR KRAFT, UM DIESE KERLE IN SCHACH ZU HALTEN!
DAS IST SEHR FREUND-LICH, ABER ...
... ICH HABE MEINE EIGENEN ZIELE UND KEINE ZEIT, ...
... MÄNNERN ZU HELFEN, DIE DAS CHAOS NUTZEN, UM PRIVATARMEEN ZU REKRUTIEREN.
DU WAGST ES!!
PATSCH
AU!
JELN !!
HÖR GUT ZU!!
EIGENTLICH SOLLTE EINER WIE DU, IN DESSEN ADERN NICHT-MENSCHLICHES BLUT FLIESST ...

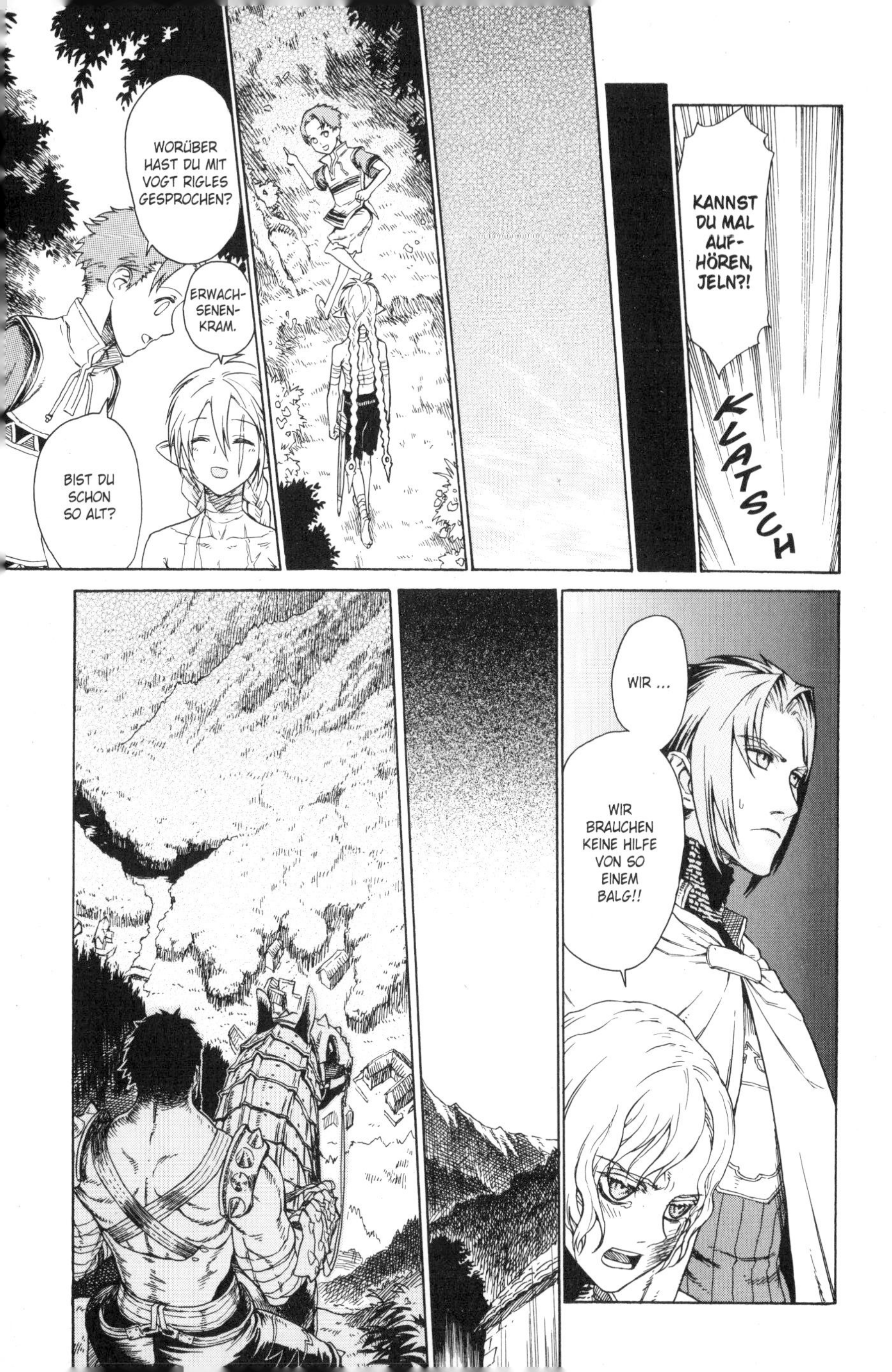
KANNST DU MAL AUF-HÖREN, JELN?!
KLATSCH
WORÜBER HAST DU MIT VOGT RIGLES GESPROCHEN?
ERWACH-SENEN-KRAM.
BIST DU SCHON SO ALT?
WIR ...
WIR BRAUCHEN KEINE HILFE VON SO EINEM BALG!!

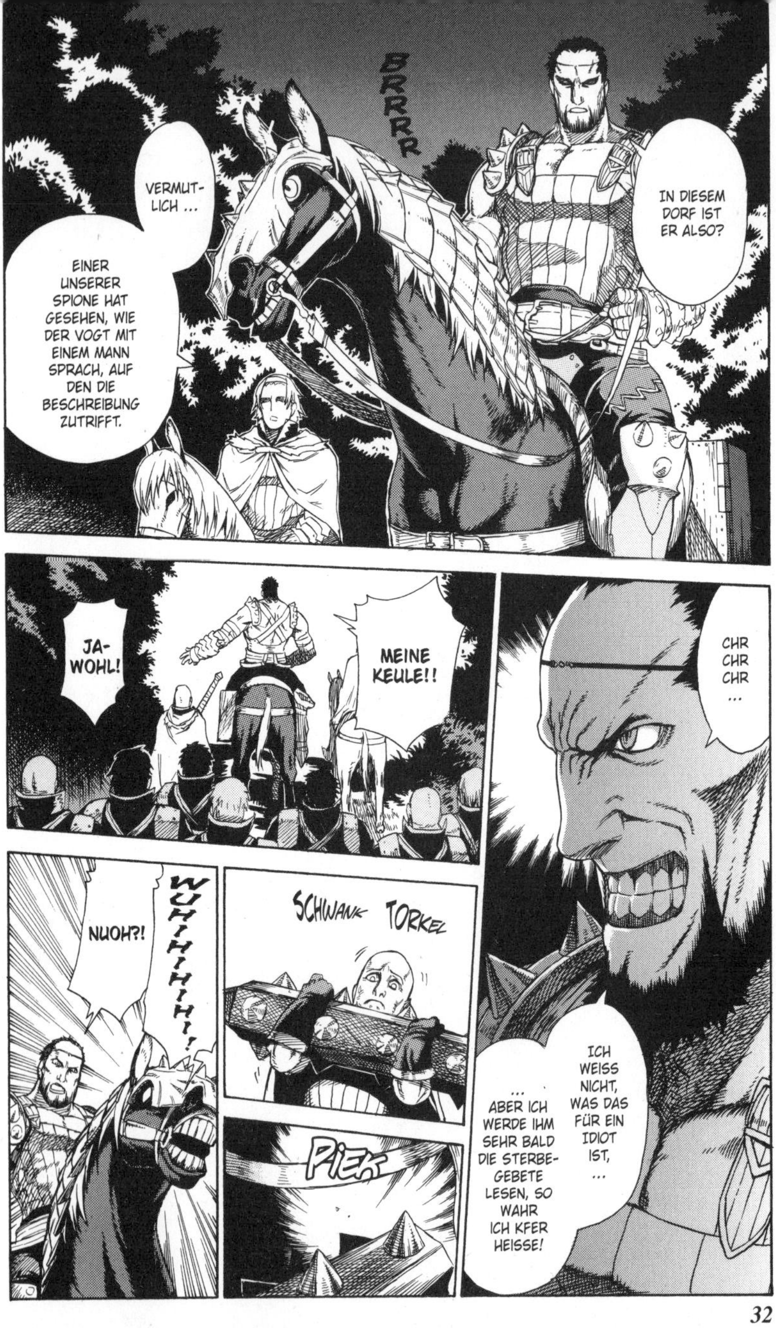

BRRRR
IN DIESEM DORF IST ER ALSO?
VERMUTLICH …
EINER UNSERER SPIONE HAT GESEHEN, WIE DER VOGT MIT EINEM MANN SPRACH, AUF DEN DIE BESCHREIBUNG ZUTRIFFT.
CHR CHR CHR …
MEINE KEULE!!
JAWOHL!
ICH WEISS NICHT, WAS DAS FÜR EIN IDIOT IST, …
… ABER ICH WERDE IHM SEHR BALD DIE STERBEGEBETE LESEN, SO WAHR ICH KFER HEISSE!
SCHWANK TORKEL
PIEK
WUHIHIHIHI!
NUOH?!

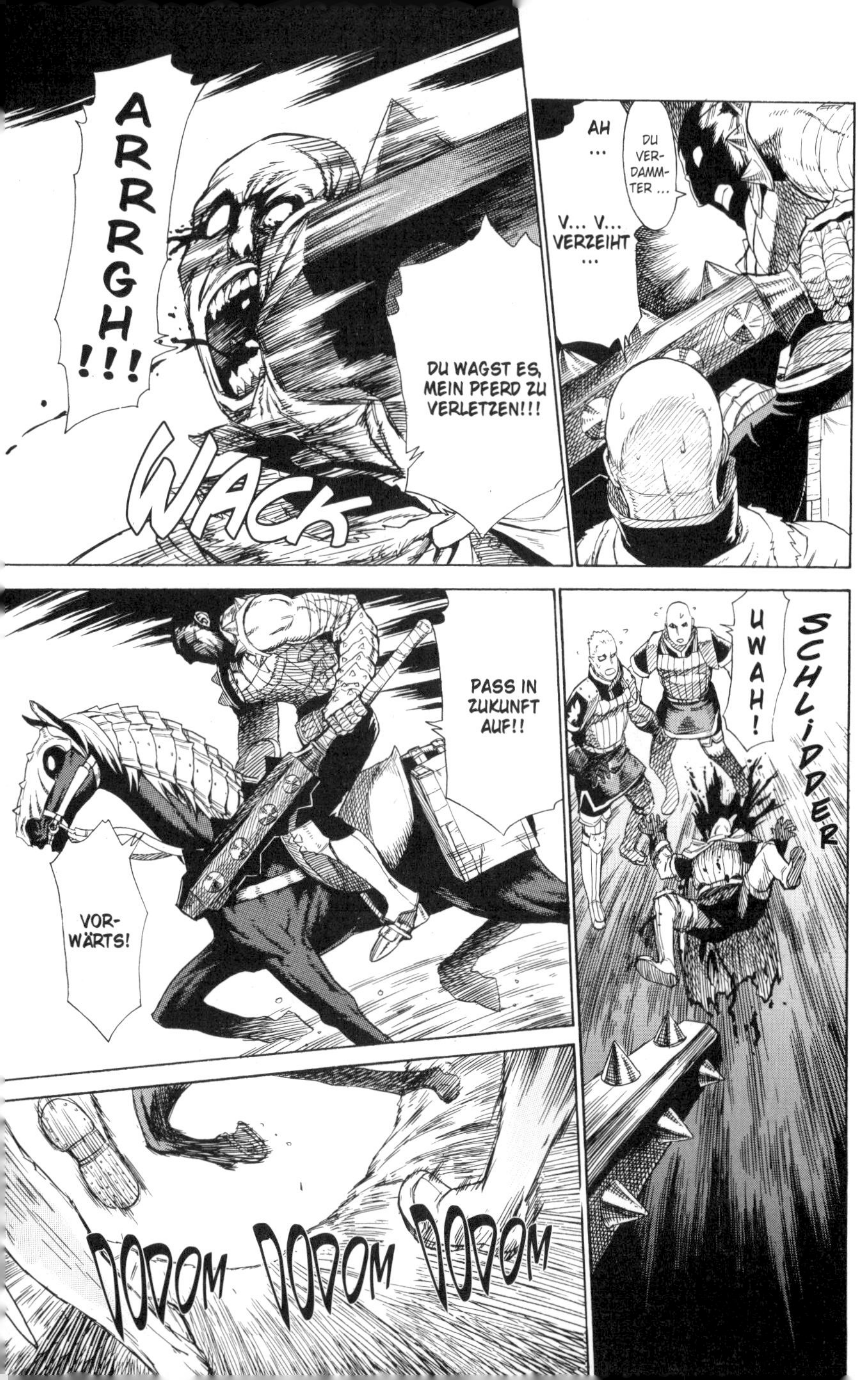
DU VERDAMMTER ...
AH ...
V... V... VERZEIHT ...
ARRRRGH!!!
DU WAGST ES, MEIN PFERD ZU VERLETZEN!!!
WACK
SCHLIDDER
UWAH!
PASS IN ZUKUNFT AUF!!
VORWÄRTS!
DODOM DODOM DODOM

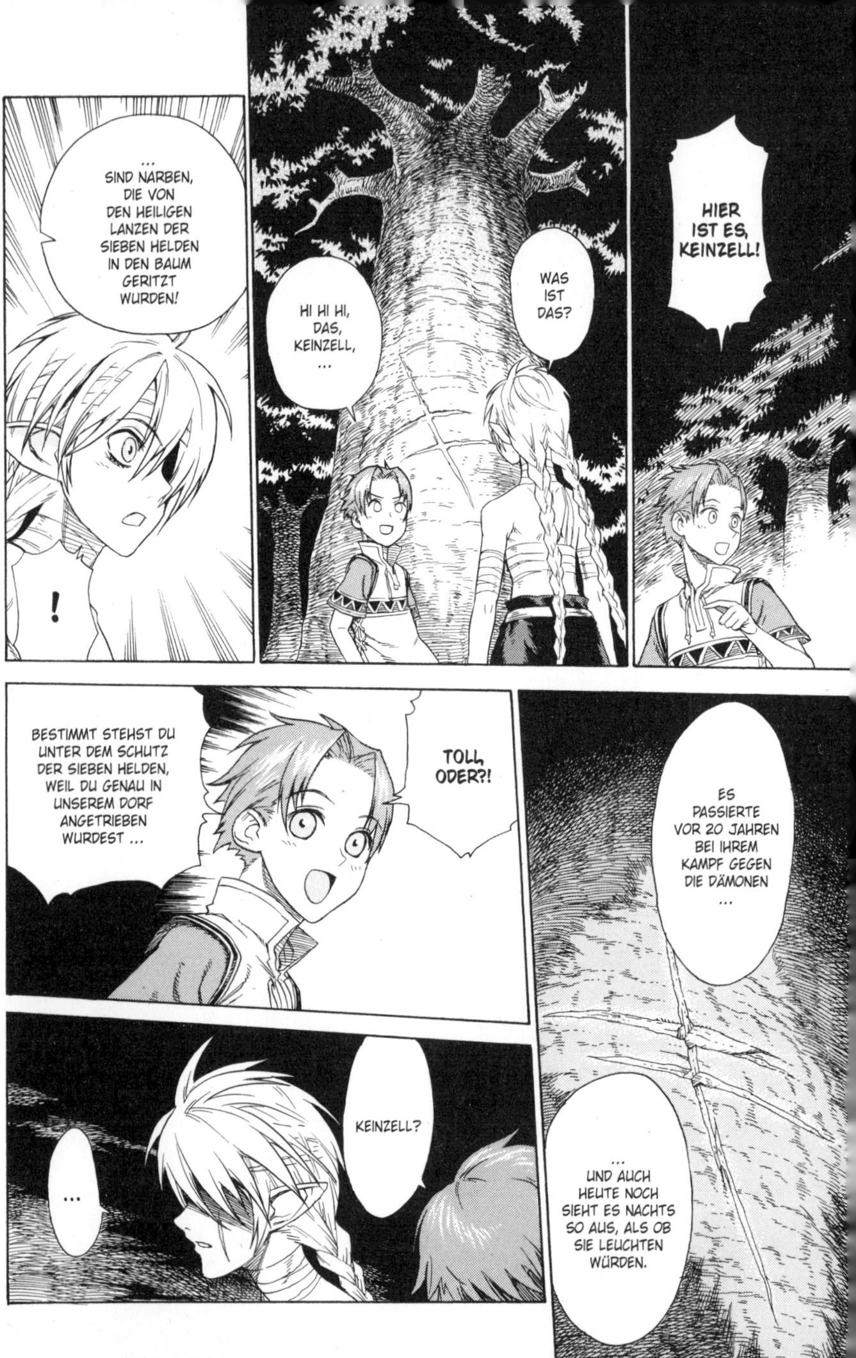
HIER IST ES, KEINZELL!
WAS IST DAS?
HI HI HI, DAS, KEINZELL, ...
... SIND NARBEN, DIE VON DEN HEILIGEN LANZEN DER SIEBEN HELDEN IN DEN BAUM GERITZT WURDEN!
!
ES PASSIERTE VOR 20 JAHREN BEI IHREM KAMPF GEGEN DIE DÄMONEN ...
... UND AUCH HEUTE NOCH SIEHT ES NACHTS SO AUS, ALS OB SIE LEUCHTEN WÜRDEN.
TOLL, ODER?!
BESTIMMT STEHST DU UNTER DEM SCHUTZ DER SIEBEN HELDEN, WEIL DU GENAU IN UNSEREM DORF ANGETRIEBEN WURDEST ...
KEINZELL?
...

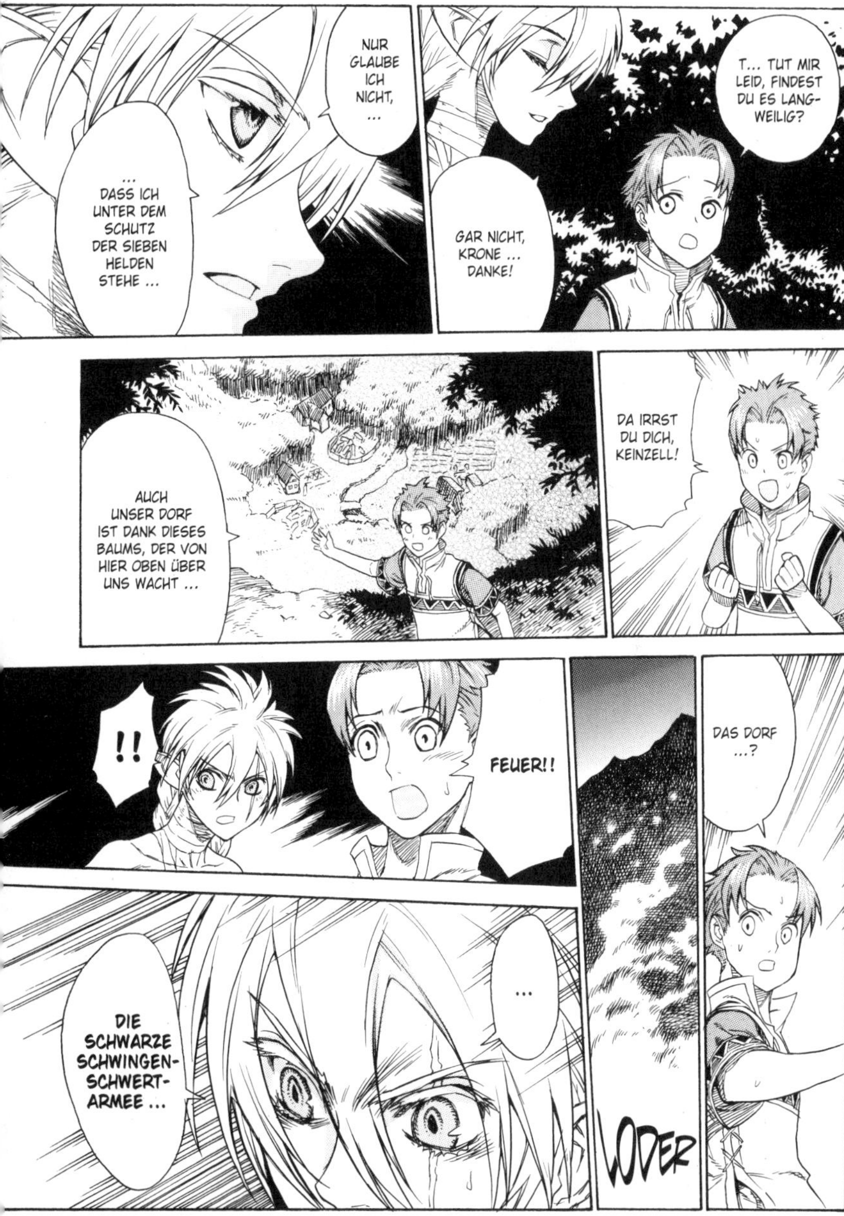
T… TUT MIR LEID, FINDEST DU ES LANG-WEILIG?
GAR NICHT, KRONE … DANKE!
NUR GLAUBE ICH NICHT, …
… DASS ICH UNTER DEM SCHUTZ DER SIEBEN HELDEN STEHE …
DA IRRST DU DICH, KEINZELL!
AUCH UNSER DORF IST DANK DIESES BAUMS, DER VON HIER OBEN ÜBER UNS WACHT …
DAS DORF …?
FEUER!!
!!
…
DIE SCHWARZE SCHWINGEN-SCHWERT-ARMEE …
LODER

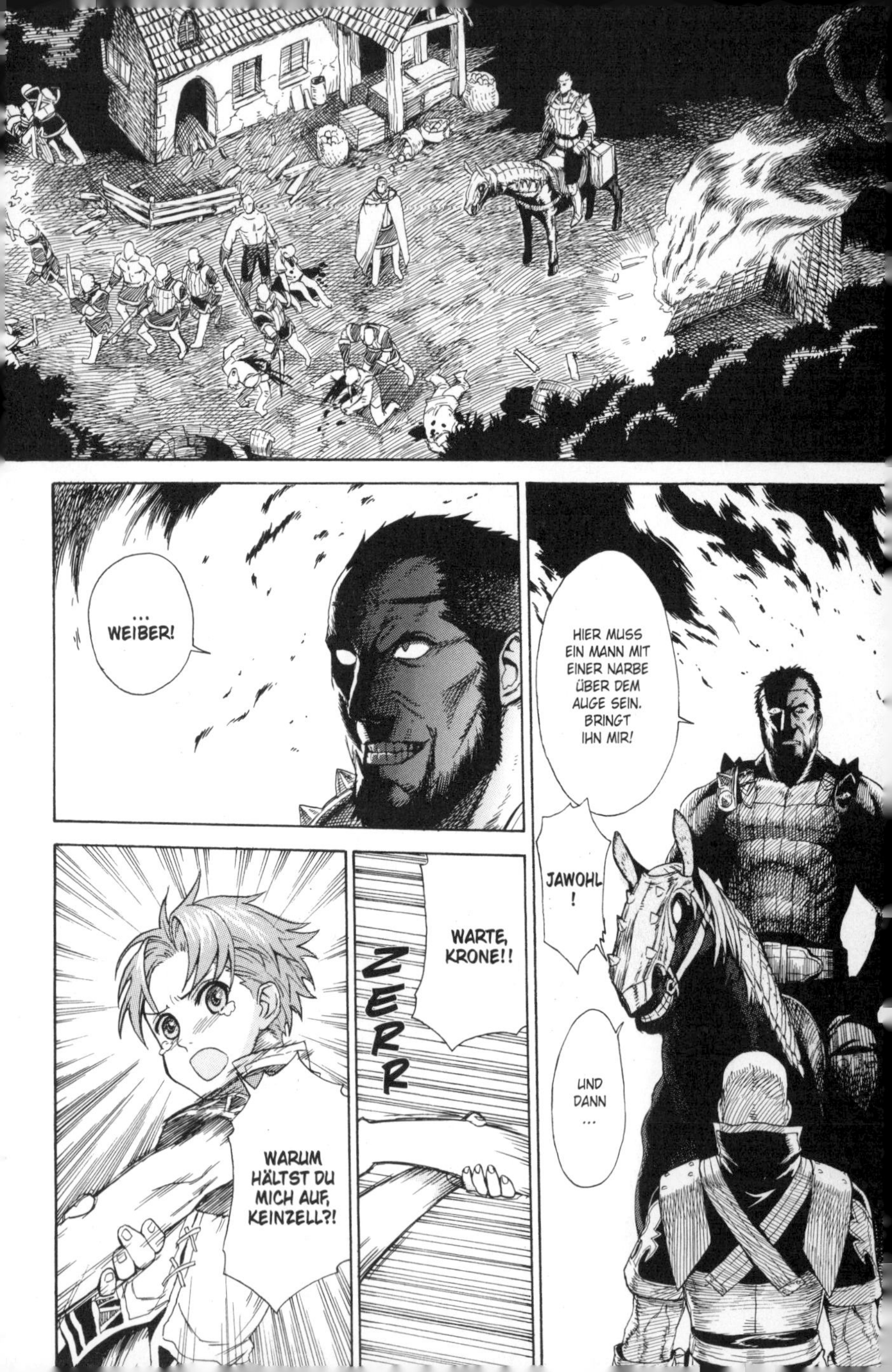
HIER MUSS EIN MANN MIT EINER NARBE ÜBER DEM AUGE SEIN. BRINGT IHN MIR!
JAWOHL!
UND DANN ...
... WEIBER!
WARTE, KRONE!!
ZERR
WARUM HÄLTST DU MICH AUF, KEINZELL?!

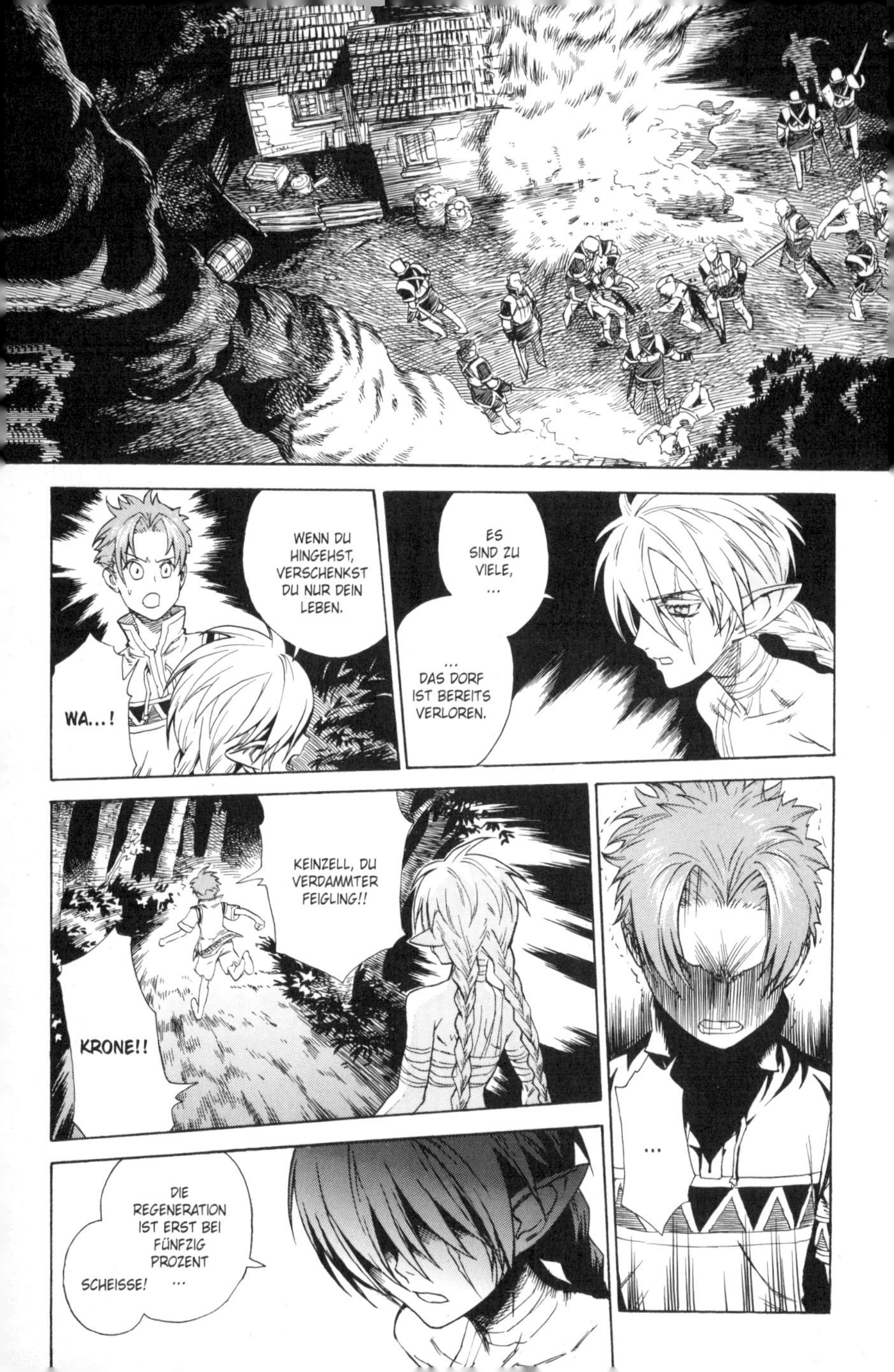
ES SIND ZU VIELE, ...
... DAS DORF IST BEREITS VERLOREN.
WENN DU HINGEHST, VERSCHENKST DU NUR DEIN LEBEN.
WA...!
...
KEINZELL, DU VERDAMMTER FEIGLING!!
KRONE!!
DIE REGENERATION IST ERST BEI FÜNFZIG PROZENT ...
SCHEISSE!

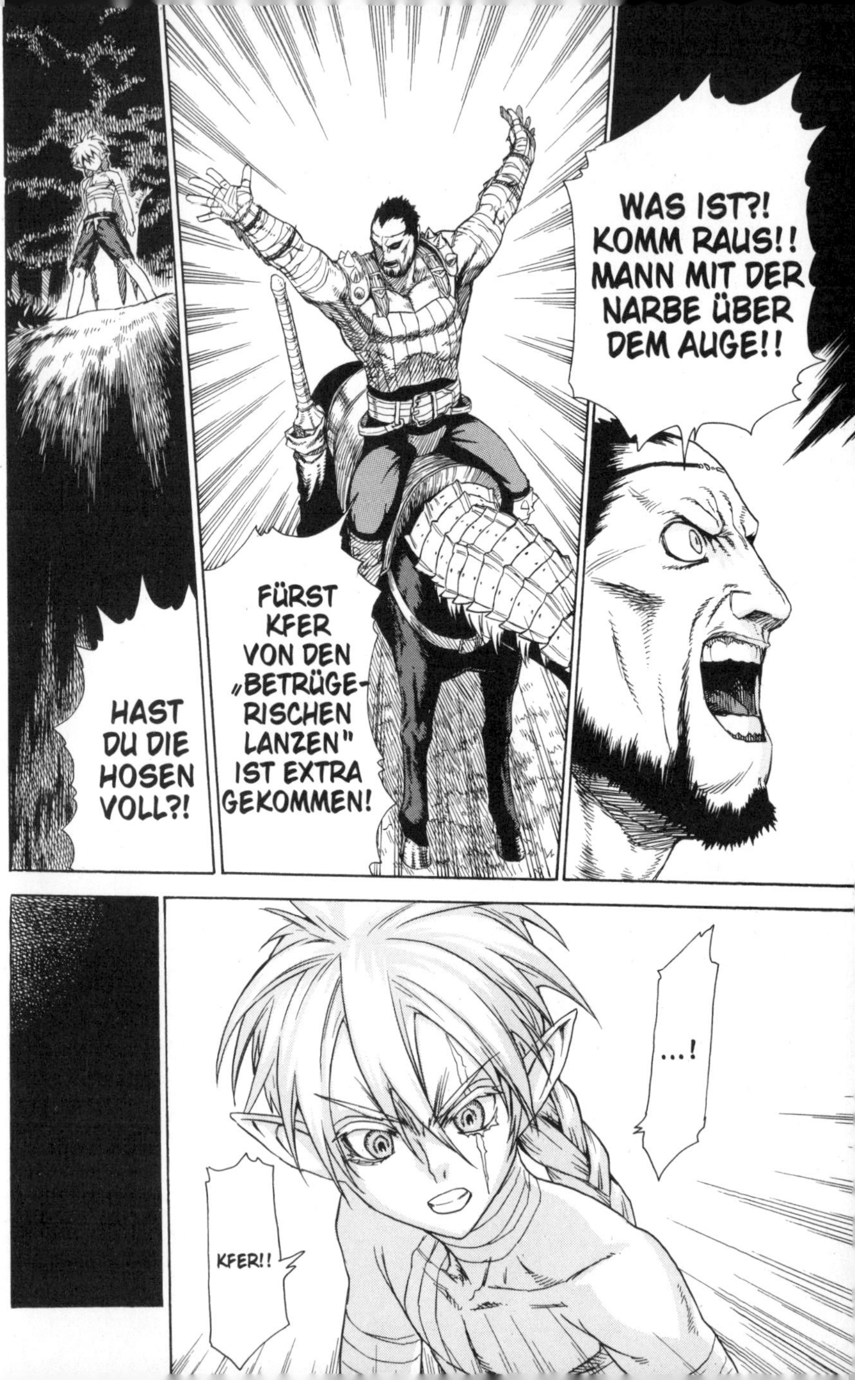
WAS IST?! KOMM RAUS!! MANN MIT DER NARBE ÜBER DEM AUGE!!
FÜRST KFER VON DEN „BETRÜGE-RISCHEN LANZEN" IST EXTRA GEKOMMEN!
HAST DU DIE HOSEN VOLL?!
...!
KFER!!

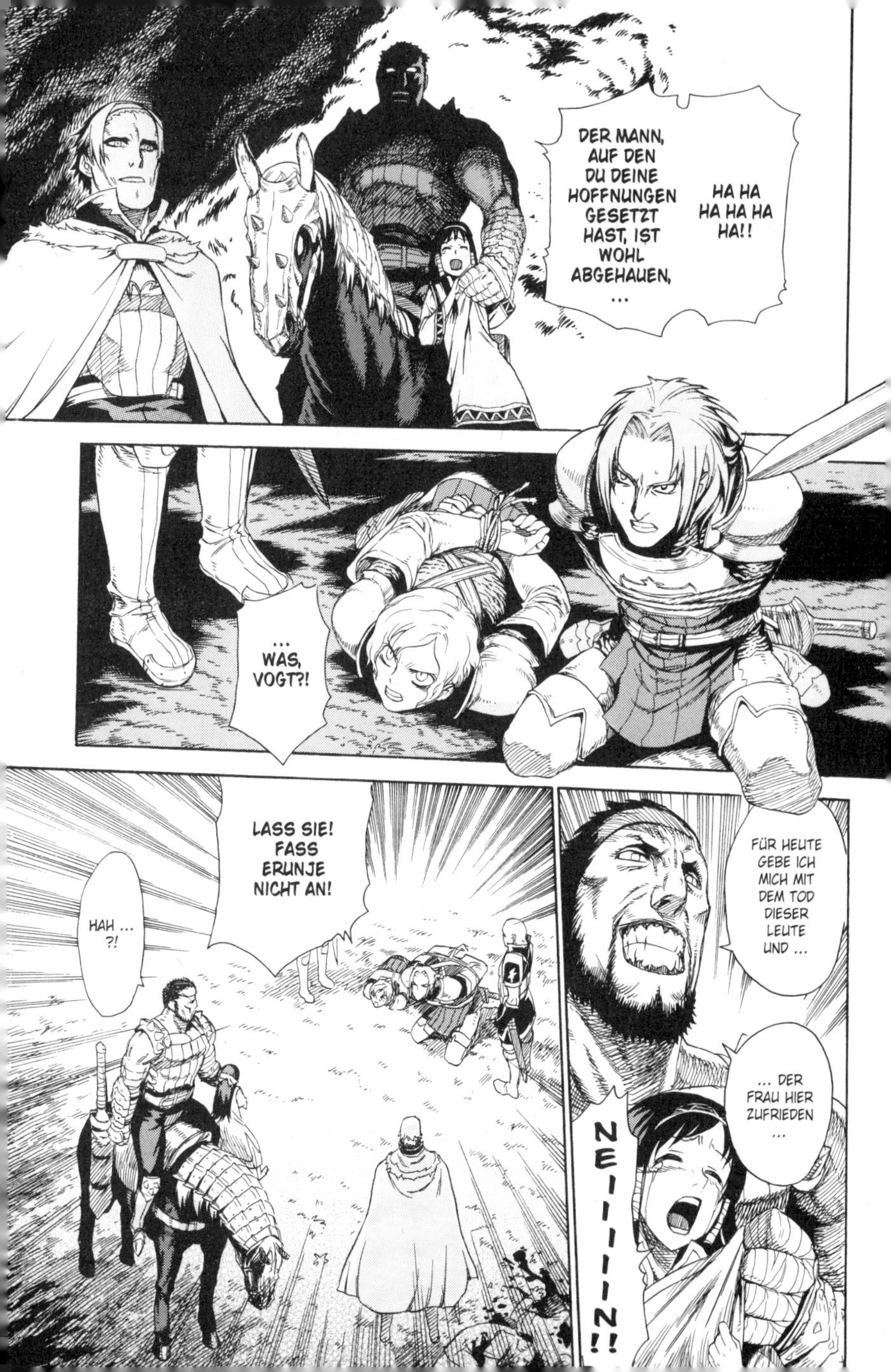
DER MANN, AUF DEN DU DEINE HOFFNUNGEN GESETZT HAST, IST WOHL ABGEHAUEN, …
HA HA HA HA HA HA!!
… WAS, VOGT?!
FÜR HEUTE GEBE ICH MICH MIT DEM TOD DIESER LEUTE UND …
… DER FRAU HIER ZUFRIEDEN …
NEIIIIIIN!!
LASS SIE! FASS ERUNJE NICHT AN!
HAH … ?!

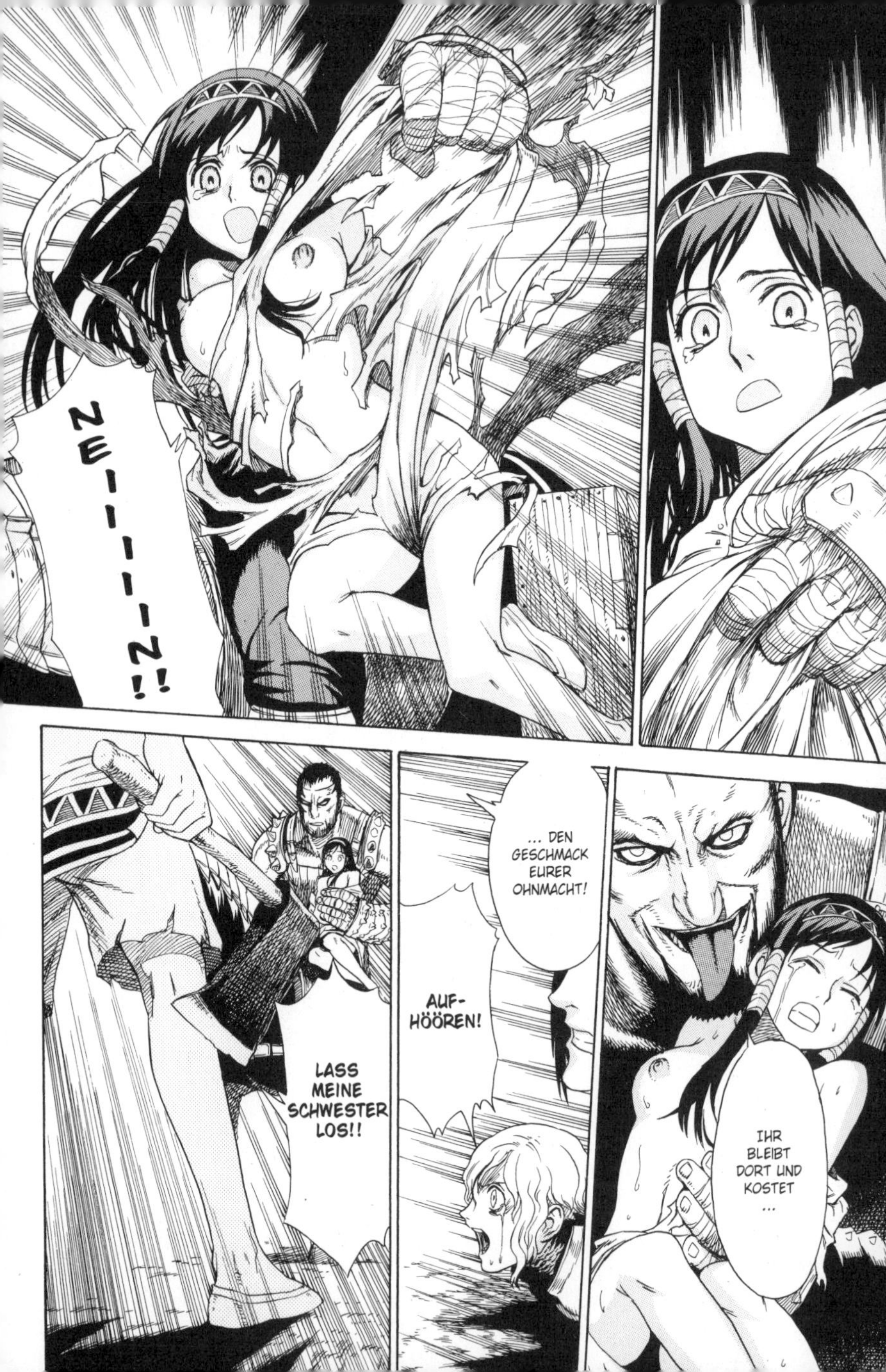
NEIIIIIN!!
IHR BLEIBT DORT UND KOSTET ...
... DEN GESCHMACK EURER OHNMACHT!
AUF-HÖÖREN!
LASS MEINE SCHWESTER LOS!!

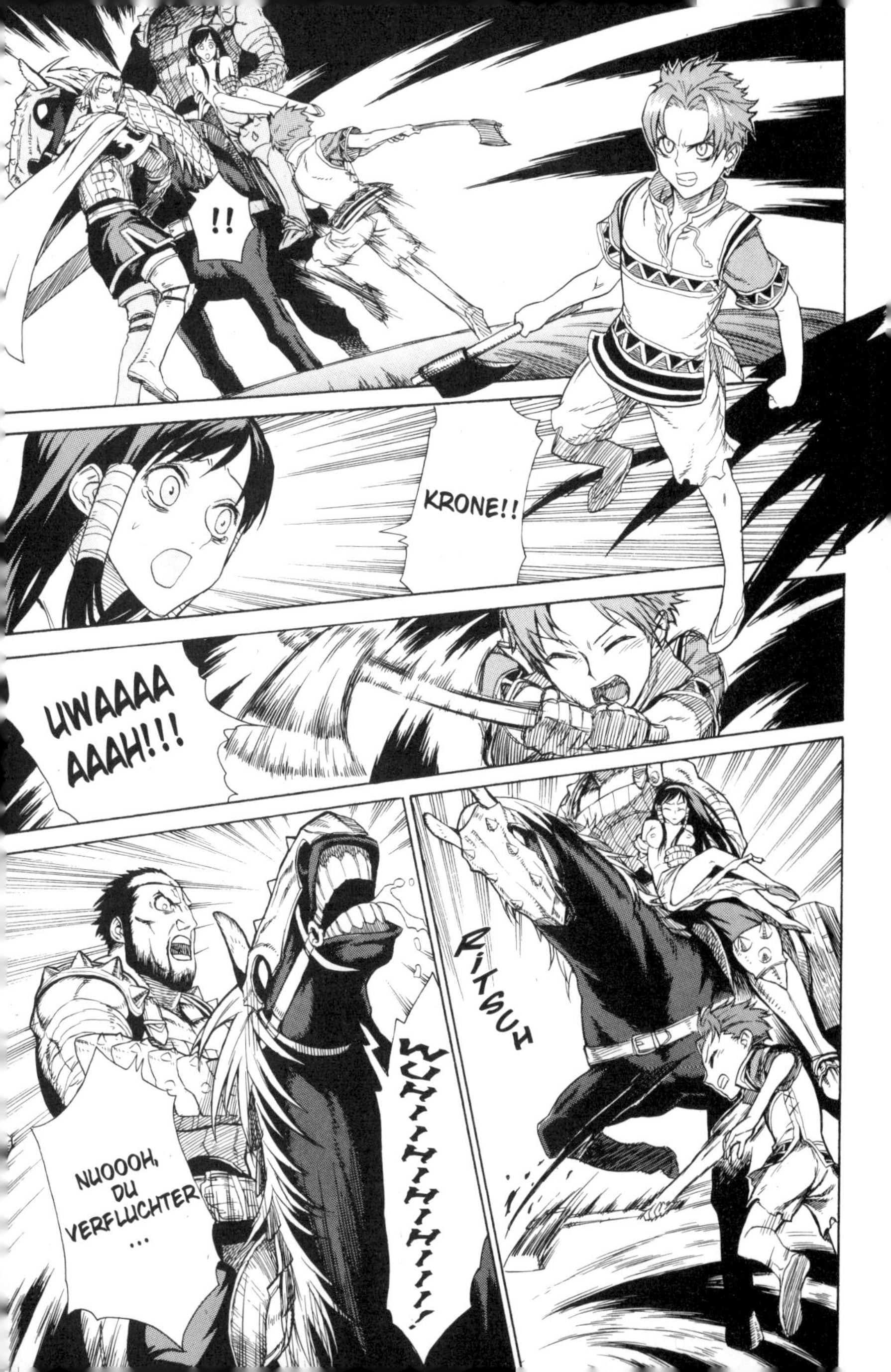
!!
KRONE!!
UWAAAA AAAH!!!
RITSUH
WUHIIIHIHIHIIII!
NUOOOH, DU VERFLUCHTER ...

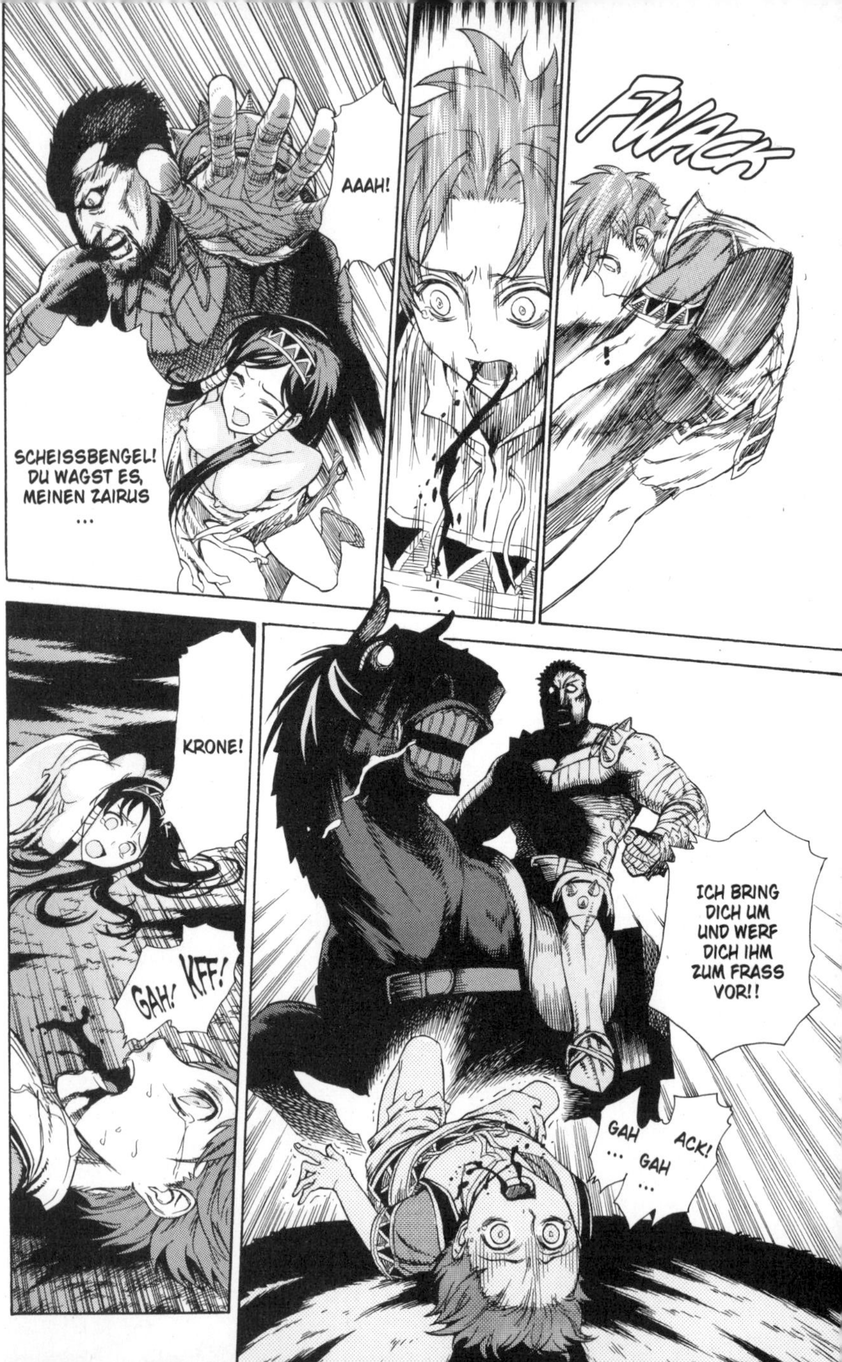
FWACK
!
AAAH!
SCHEISSBENGEL! DU WAGST ES, MEINEN ZAIRUS …
ICH BRING DICH UM UND WERF DICH IHM ZUM FRASS VOR!!
GAH … GAH …
ACK!
KRONE!
GAH!
KFF!

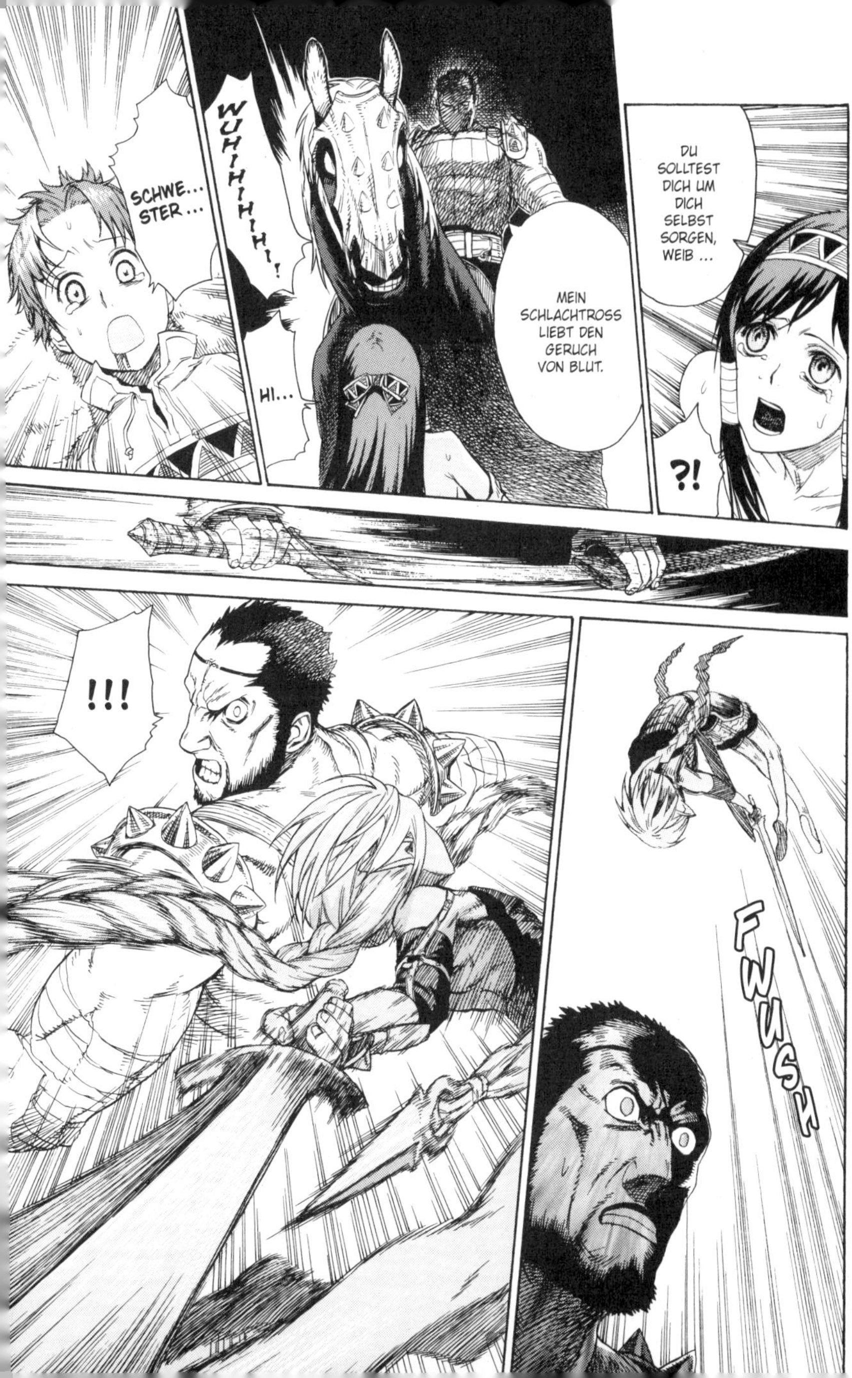
DU SOLLTEST DICH UM DICH SELBST SORGEN, WEIB …
?!
MEIN SCHLACHTROSS LIEBT DEN GERUCH VON BLUT.
WUHIHIHIHI…!
HI…
SCHWE… STER …
FWUSH
!!!

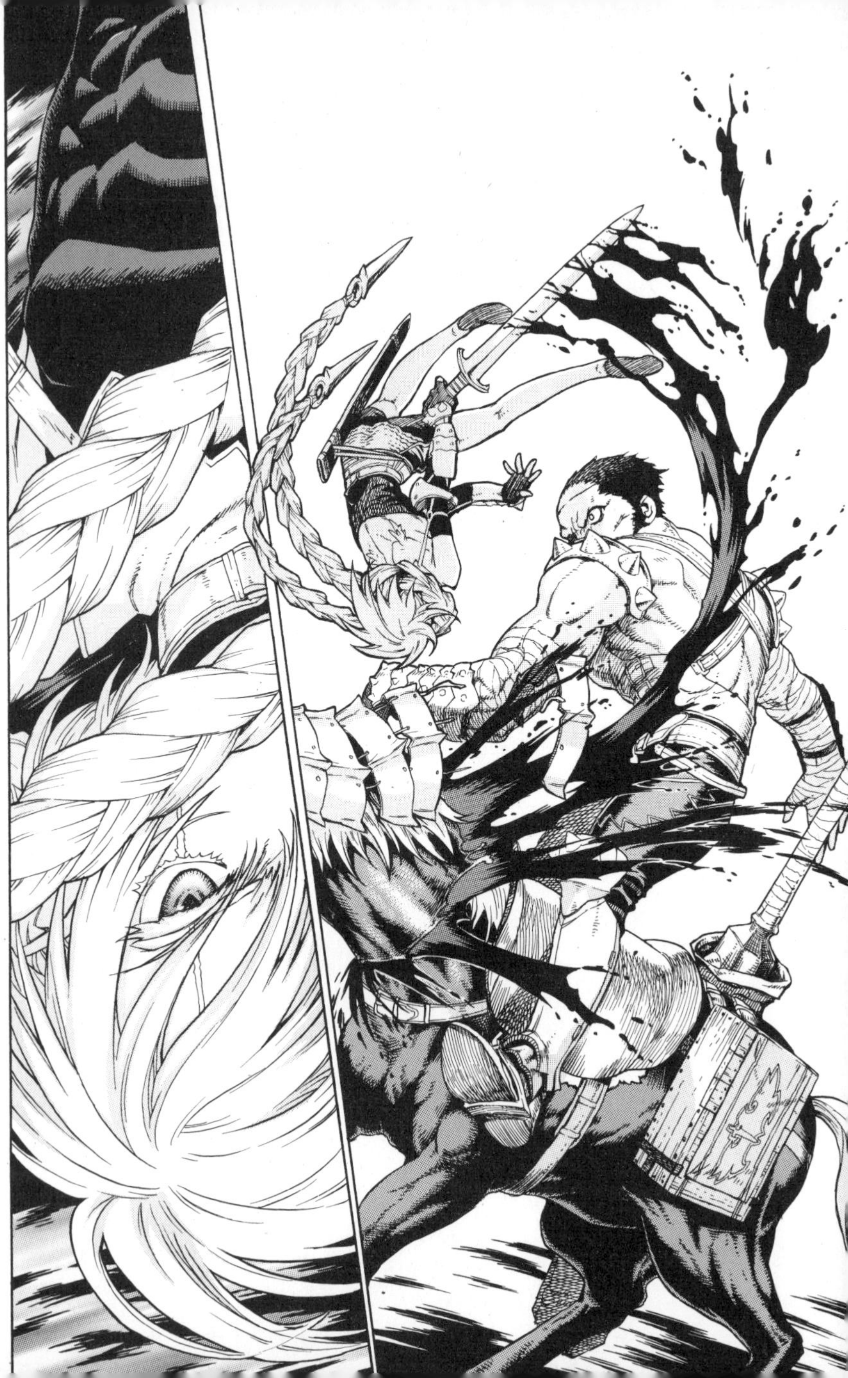

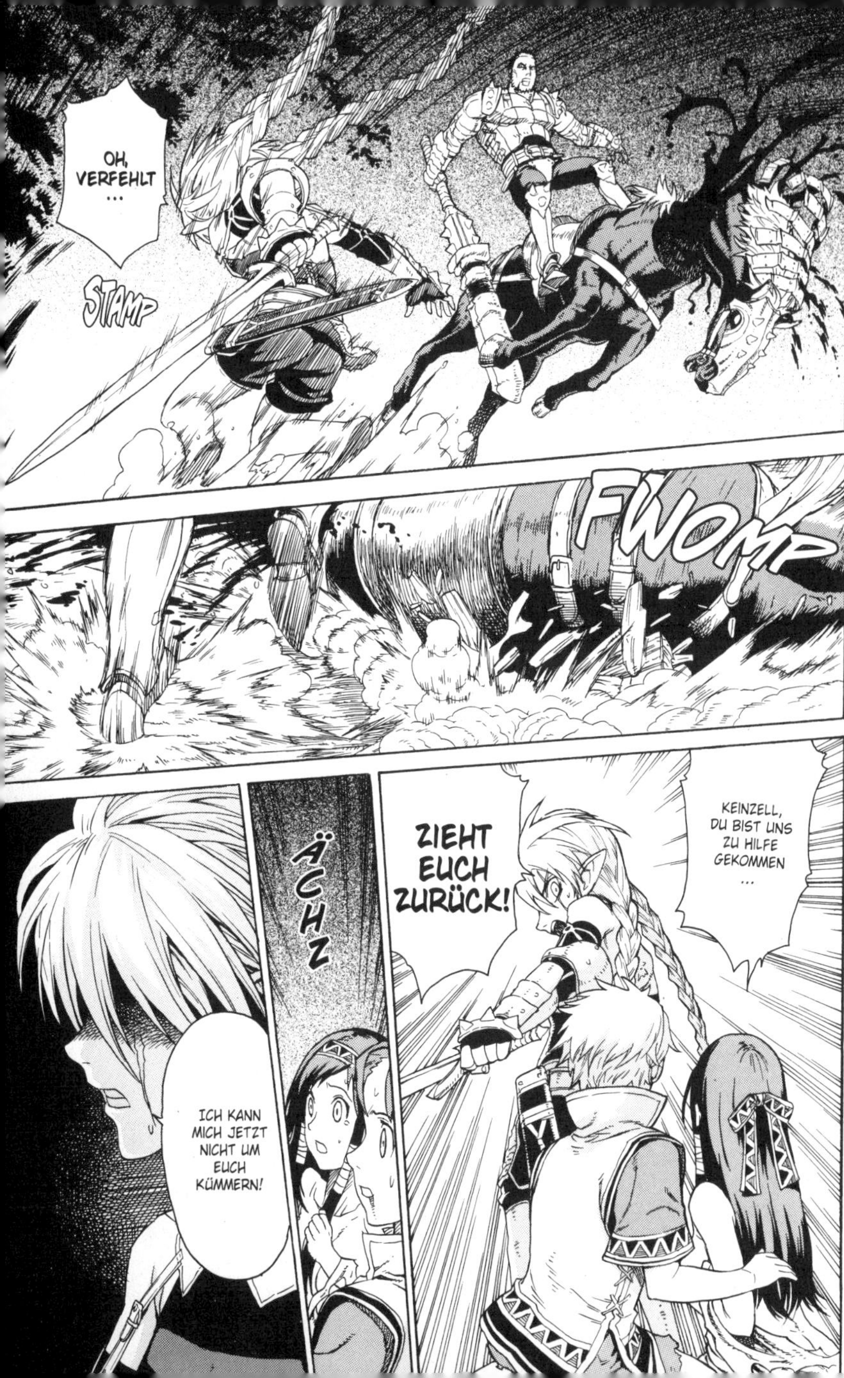
OH, VERFEHLT …
STAMP
FWOMP
KEINZELL, DU BIST UNS ZU HILFE GEKOMMEN …
ZIEHT EUCH ZURÜCK!
ÄCHZ
ICH KANN MICH JETZT NICHT UM EUCH KÜMMERN!

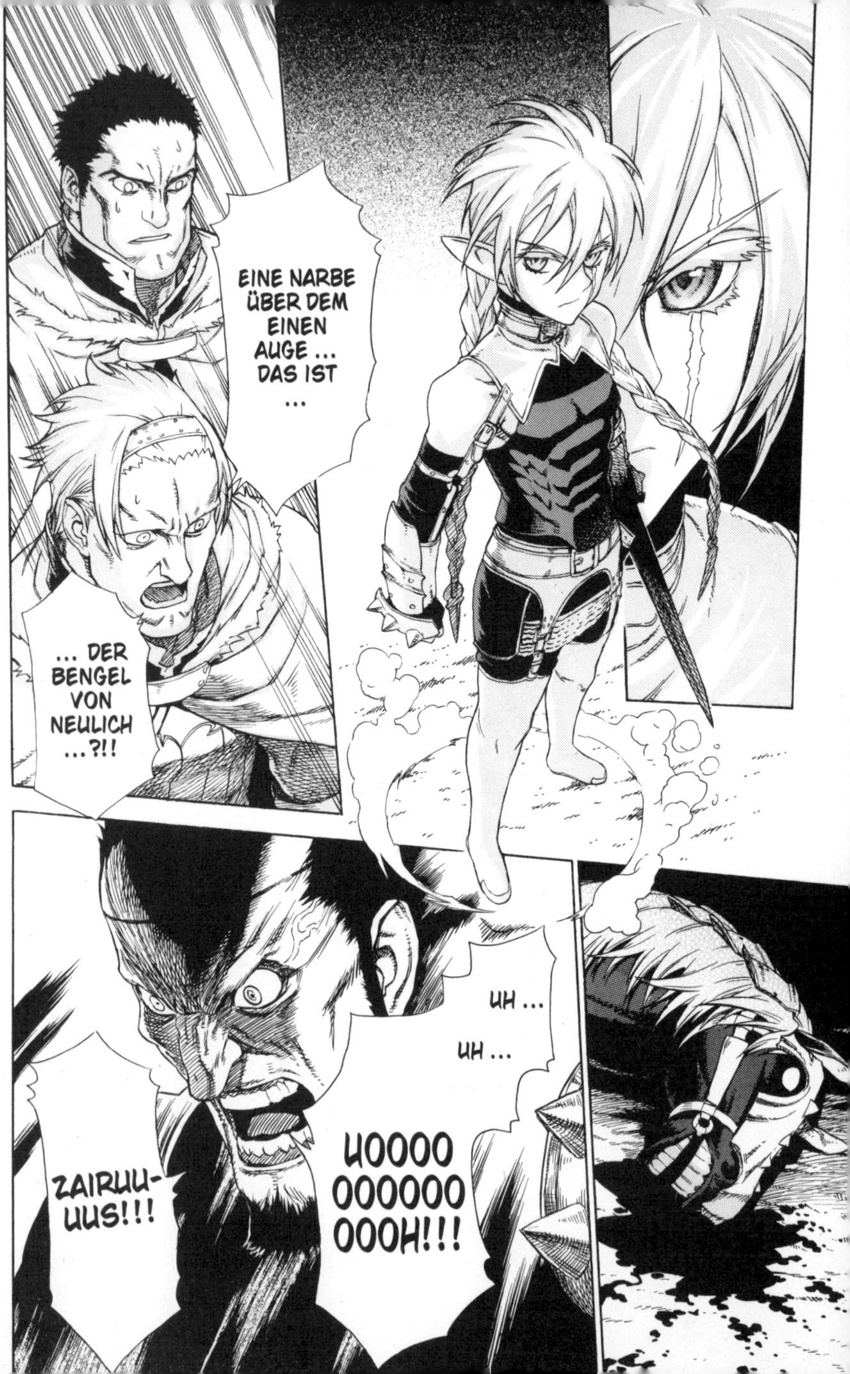
EINE NARBE ÜBER DEM EINEN AUGE ... DAS IST ...
... DER BENGEL VON NEULICH ...?!!
UH ...
UH ...
UOOOO OOOOOO OOOH!!!
ZAIRUU-UUS!!!

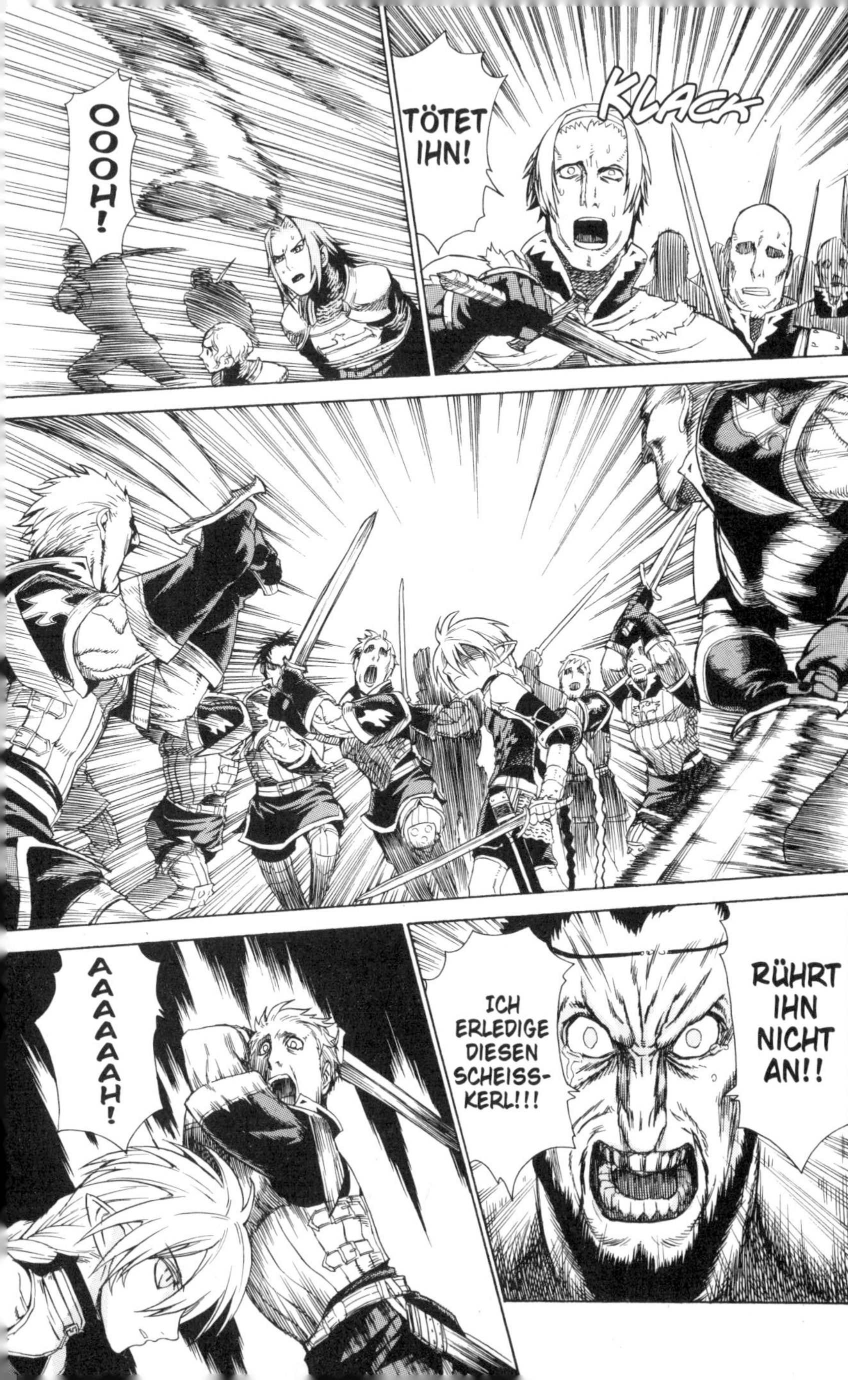
KLACK
TÖTET IHN!
OOOH!
RÜHRT IHN NICHT AN!!
ICH ERLEDIGE DIESEN SCHEISS-KERL!!!
AAAAAAH!

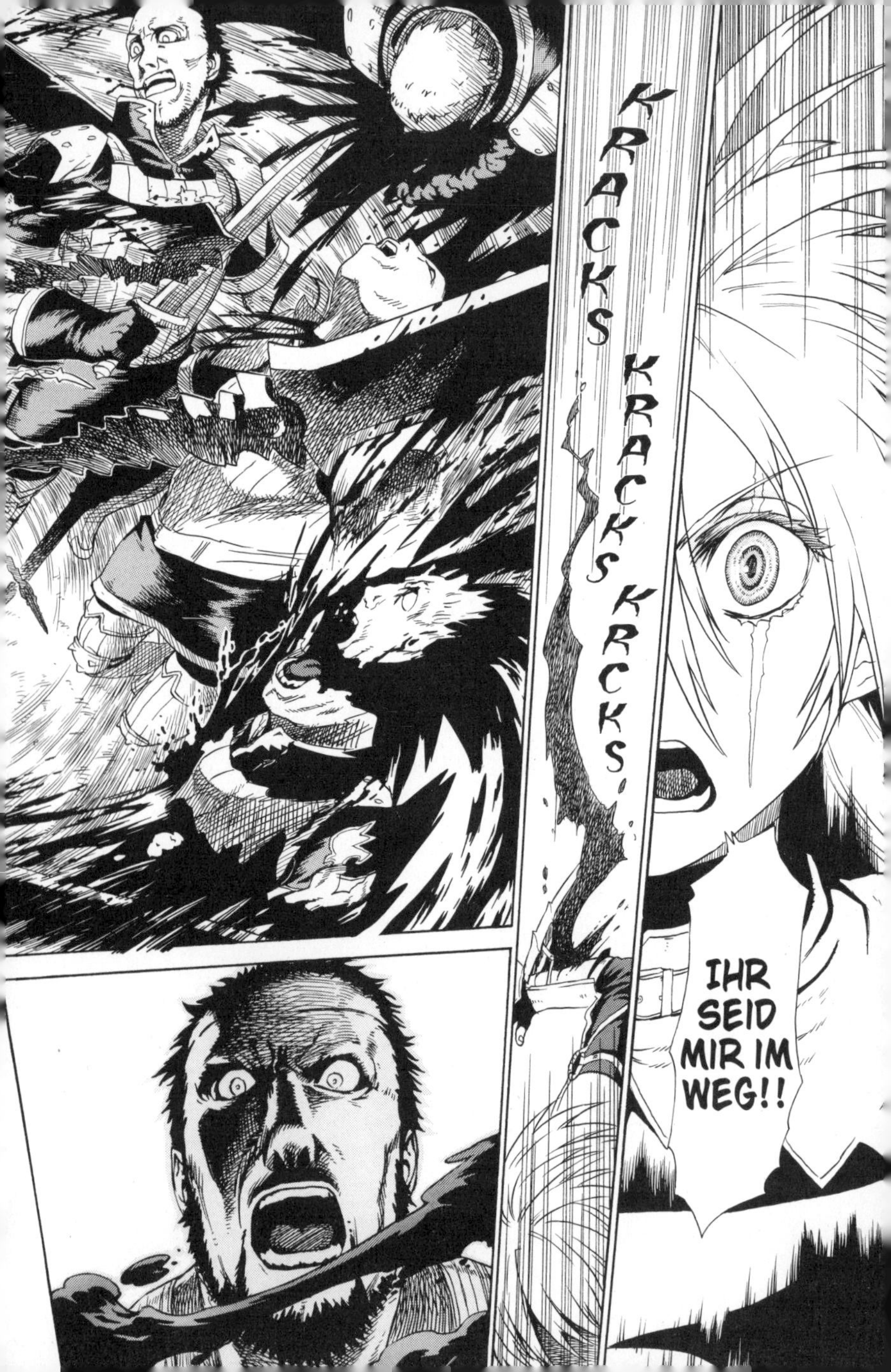
KRACKS
KRACKS
KRCKS
IHR SEID MIR IM WEG!!

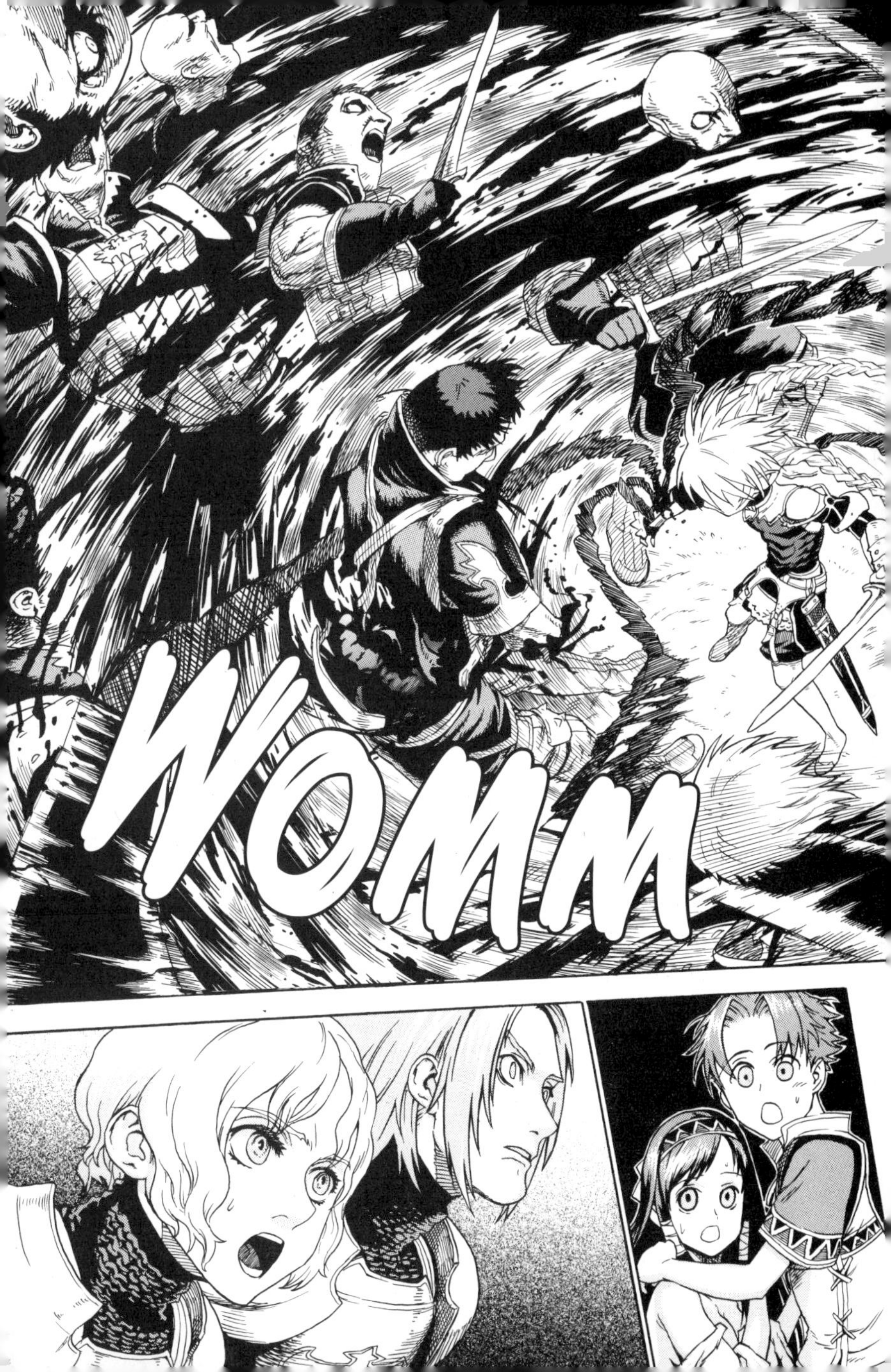
WOMM

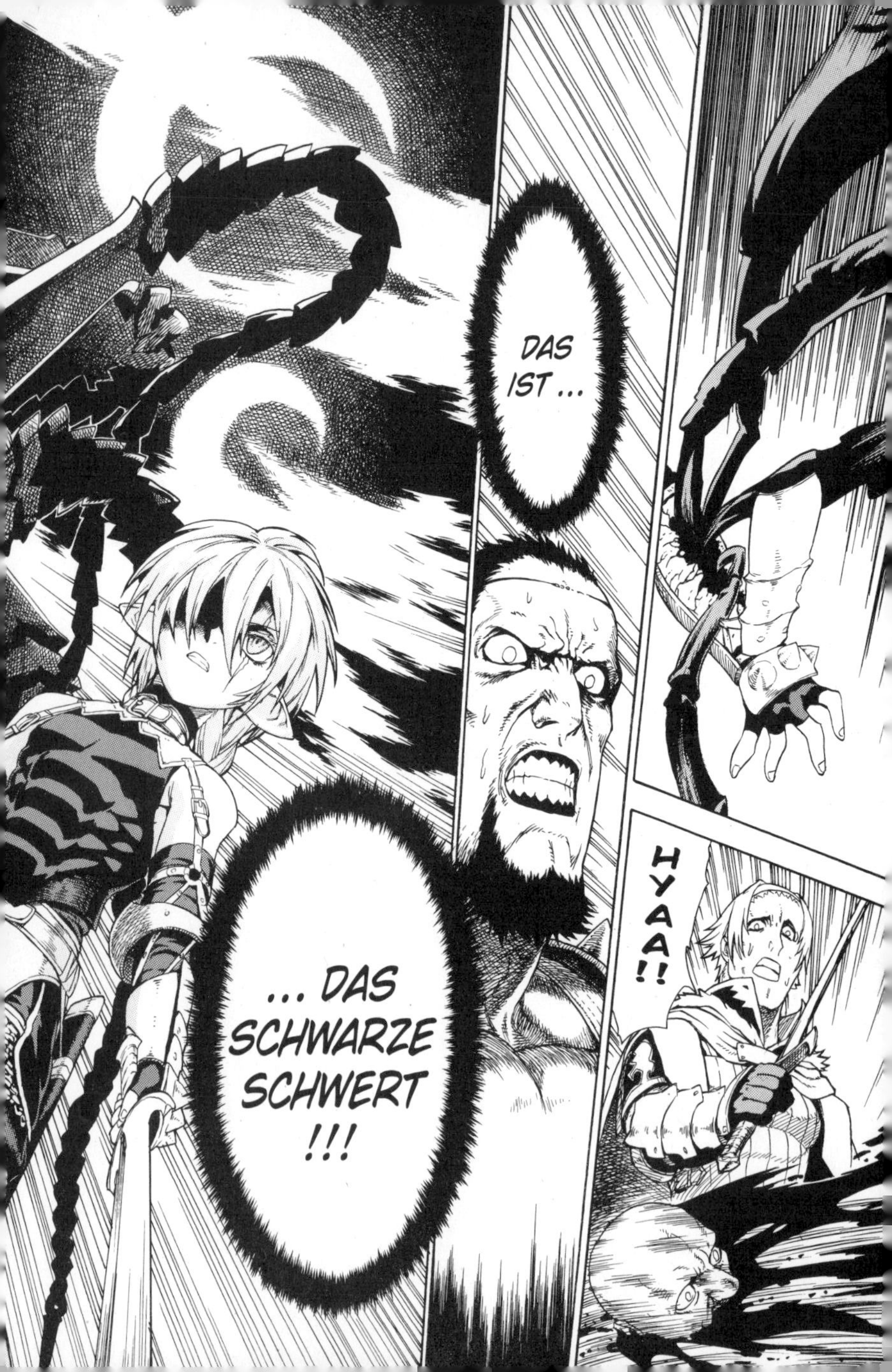
HYAAA!!
DAS IST ...
... DAS SCHWARZE SCHWERT !!!

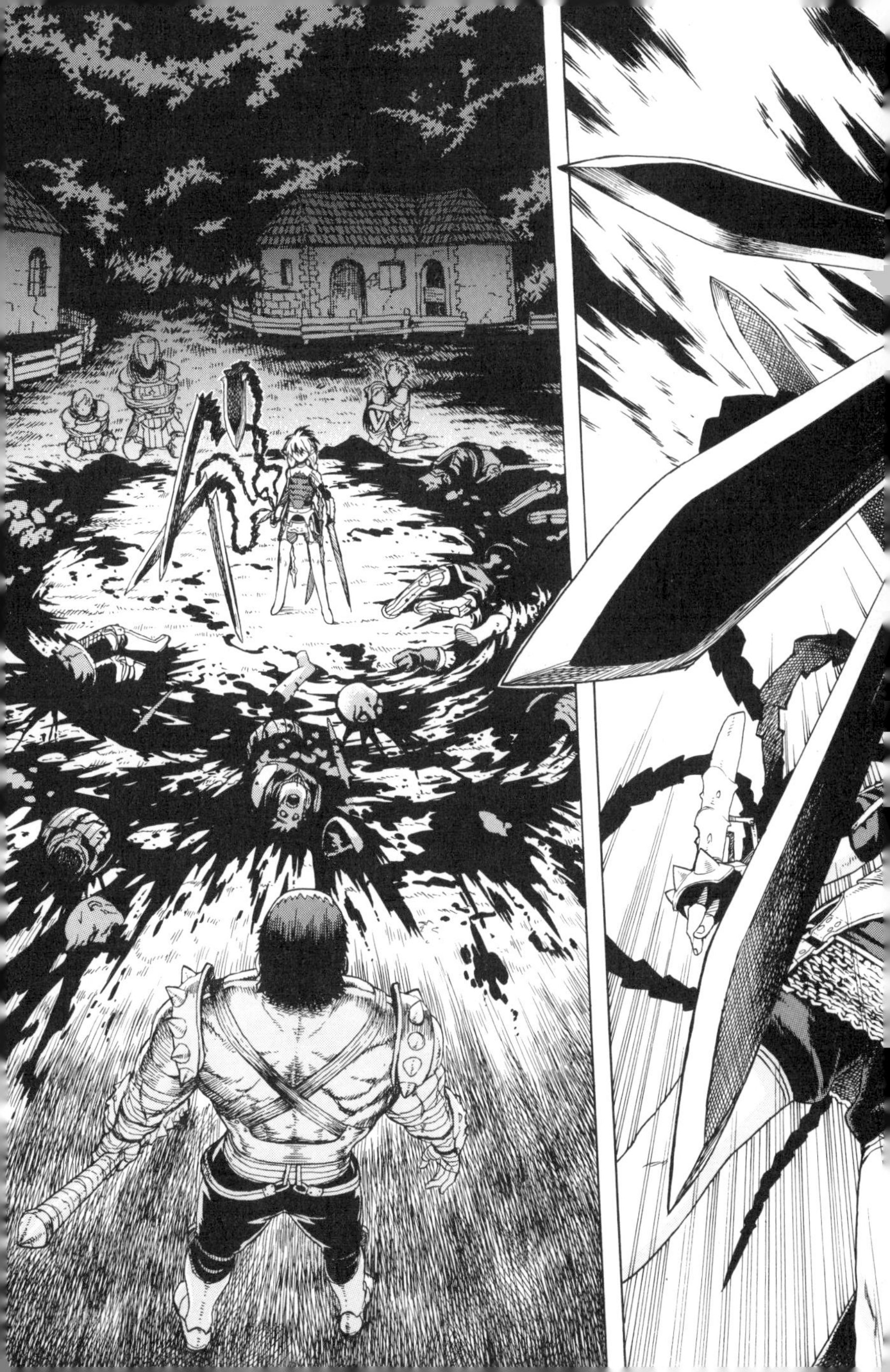

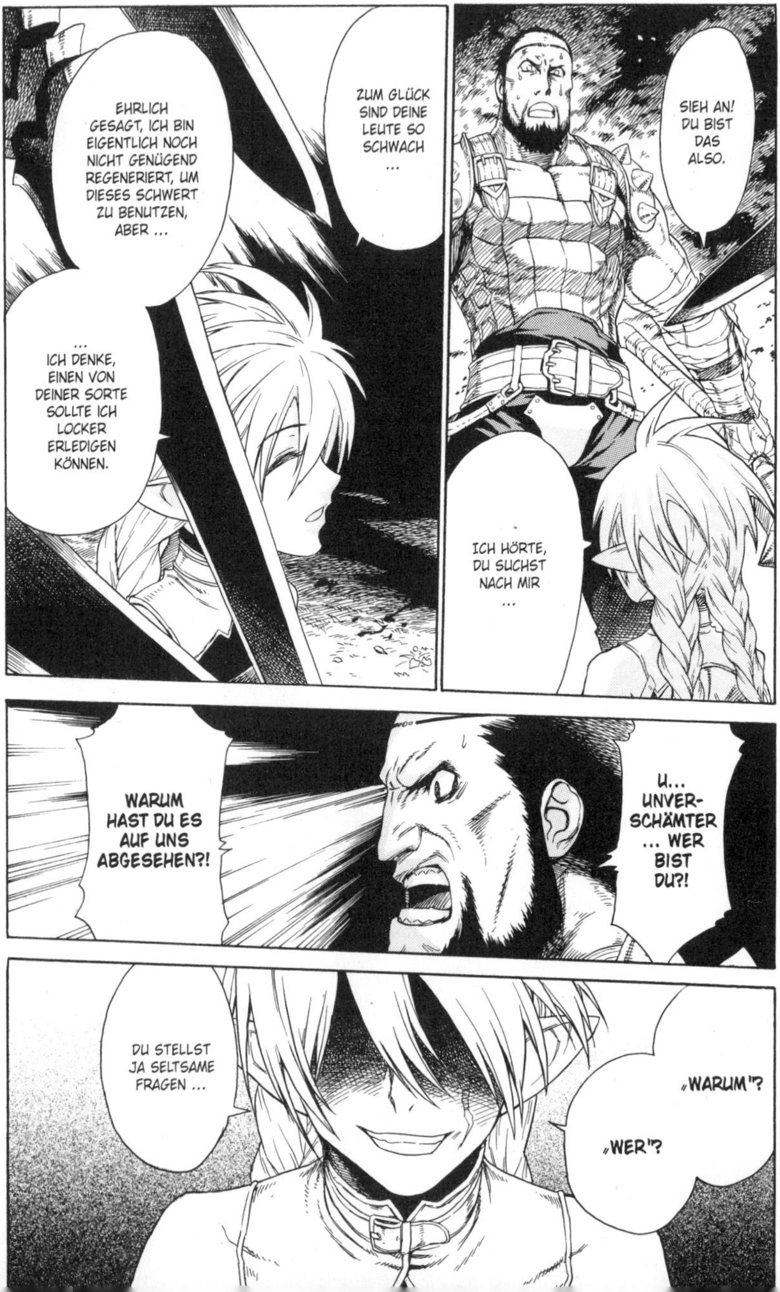
SIEH AN! DU BIST DAS ALSO.
ICH HÖRTE, DU SUCHST NACH MIR …
ZUM GLÜCK SIND DEINE LEUTE SO SCHWACH …
EHRLICH GESAGT, ICH BIN EIGENTLICH NOCH NICHT GENÜGEND REGENERIERT, UM DIESES SCHWERT ZU BENUTZEN, ABER …
… ICH DENKE, EINEN VON DEINER SORTE SOLLTE ICH LOCKER ERLEDIGEN KÖNNEN.
U… UNVERSCHÄMTER … WER BIST DU?!
WARUM HAST DU ES AUF UNS ABGESEHEN?!
„WARUM"?
„WER"?
DU STELLST JA SELTSAME FRAGEN …

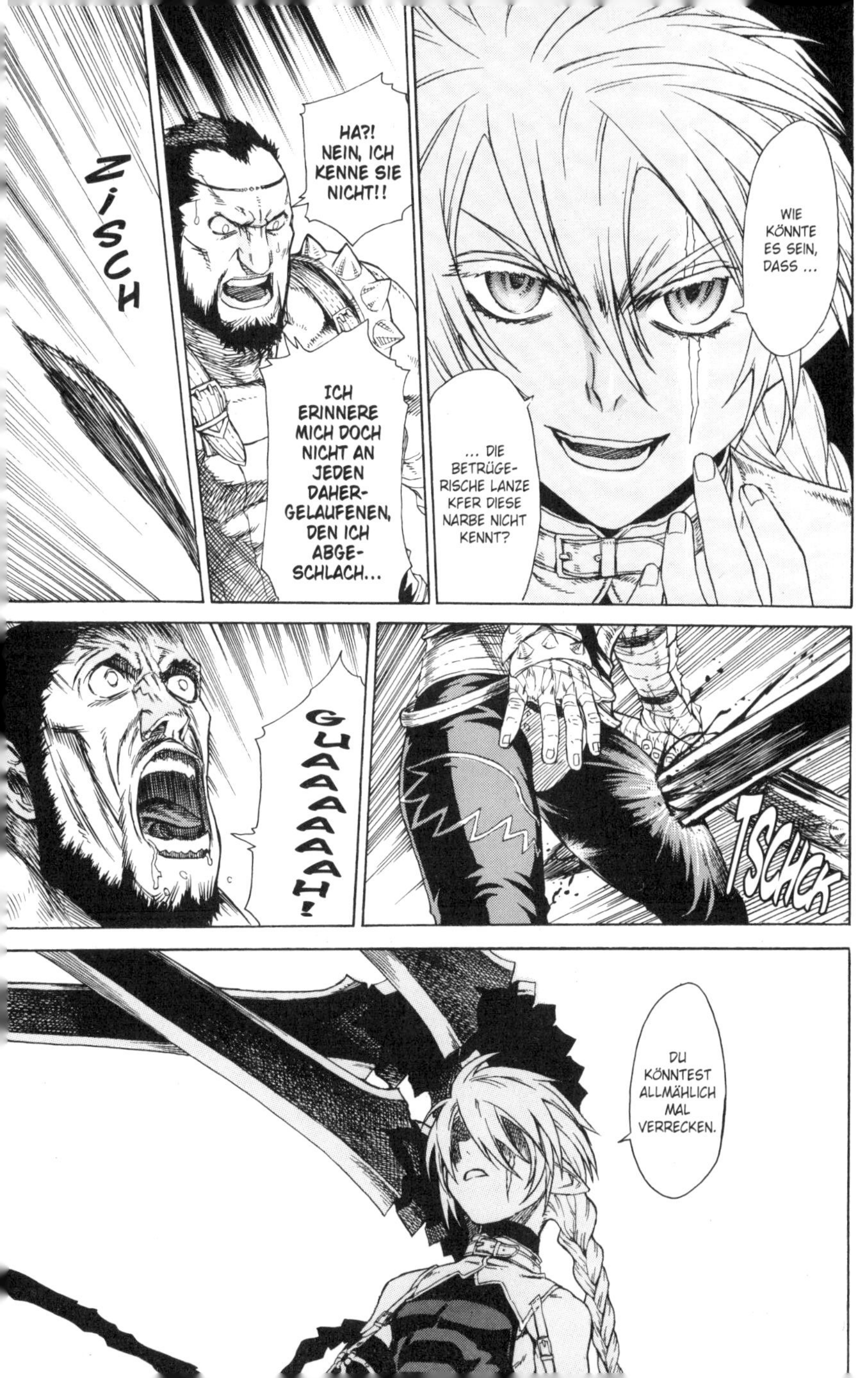
WIE KÖNNTE ES SEIN, DASS …
… DIE BETRÜGERISCHE LANZE KFER DIESE NARBE NICHT KENNT?
HA?! NEIN, ICH KENNE SIE NICHT!!
ICH ERINNERE MICH DOCH NICHT AN JEDEN DAHERGELAUFENEN, DEN ICH ABGESCHLACH…
ZISCH
TSCHCK
GUAAAAAAAH!
DU KÖNNTEST ALLMÄHLICH MAL VERRECKEN.

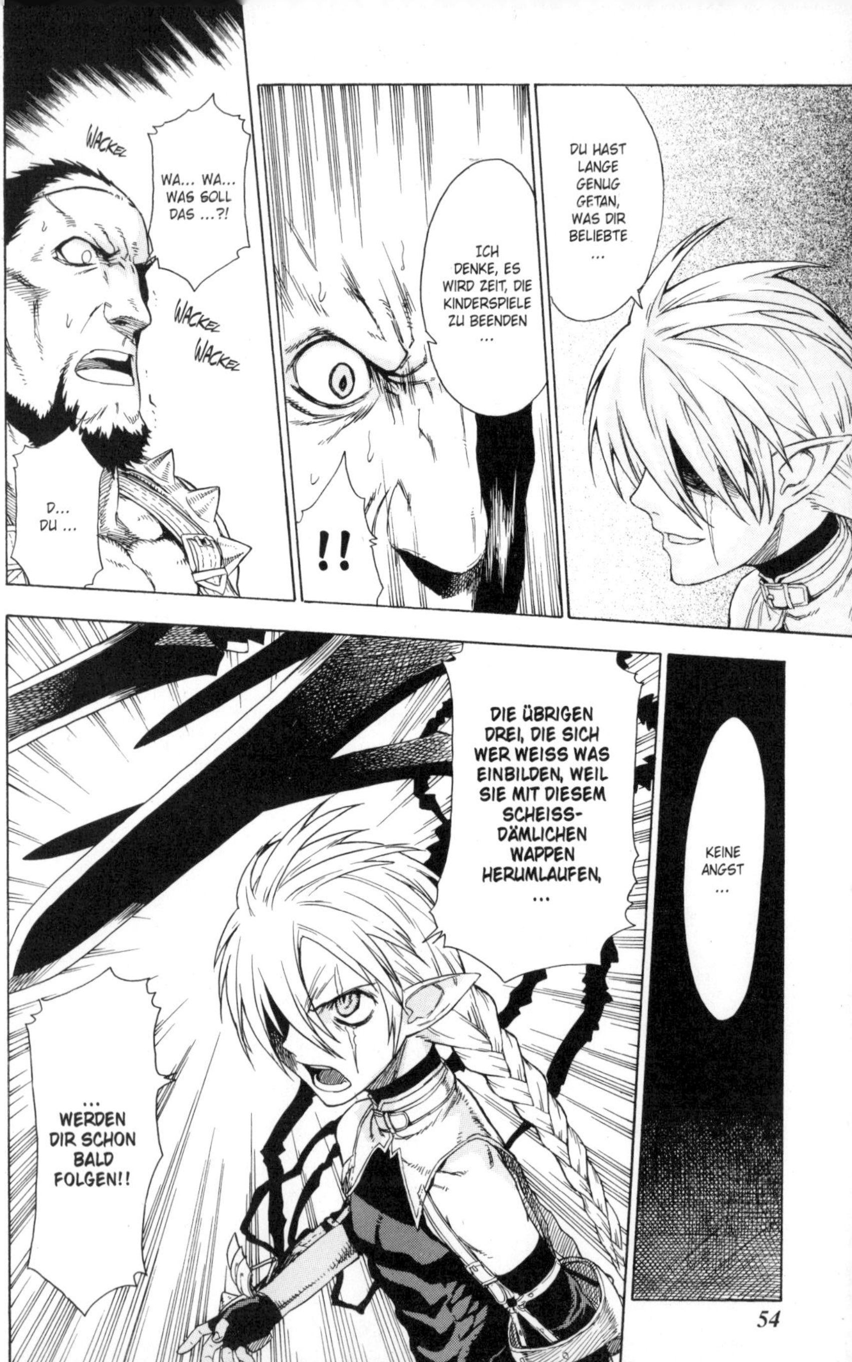
DU HAST LANGE GENUG GETAN, WAS DIR BELIEBTE ...
ICH DENKE, ES WIRD ZEIT, DIE KINDERSPIELE ZU BEENDEN ...
!!
WA... WA... WAS SOLL DAS ...?!
WACKEL
WACKEL
WACKEL
D... DU ...
KEINE ANGST ...
DIE ÜBRIGEN DREI, DIE SICH WER WEISS WAS EINBILDEN, WEIL SIE MIT DIESEM SCHEISS-DÄMLICHEN WAPPEN HERUMLAUFEN, ...
... WERDEN DIR SCHON BALD FOLGEN!!

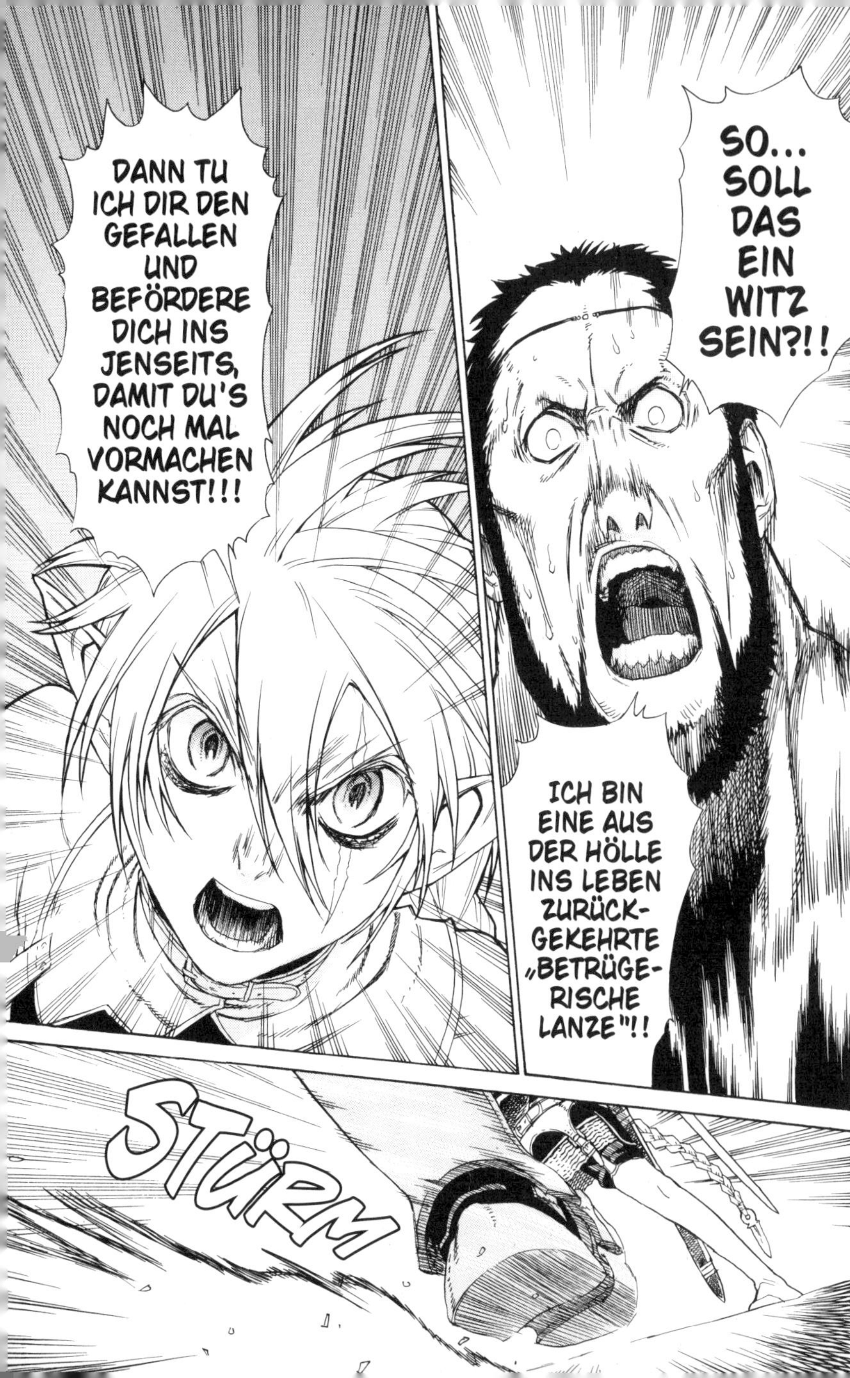
SO... SOLL DAS EIN WITZ SEIN?!!
DANN TU ICH DIR DEN GEFALLEN UND BEFÖRDERE DICH INS JENSEITS, DAMIT DU'S NOCH MAL VORMACHEN KANNST!!!
ICH BIN EINE AUS DER HÖLLE INS LEBEN ZURÜCK-GEKEHRTE „BETRÜGE-RISCHE LANZE"!!
STÜRM

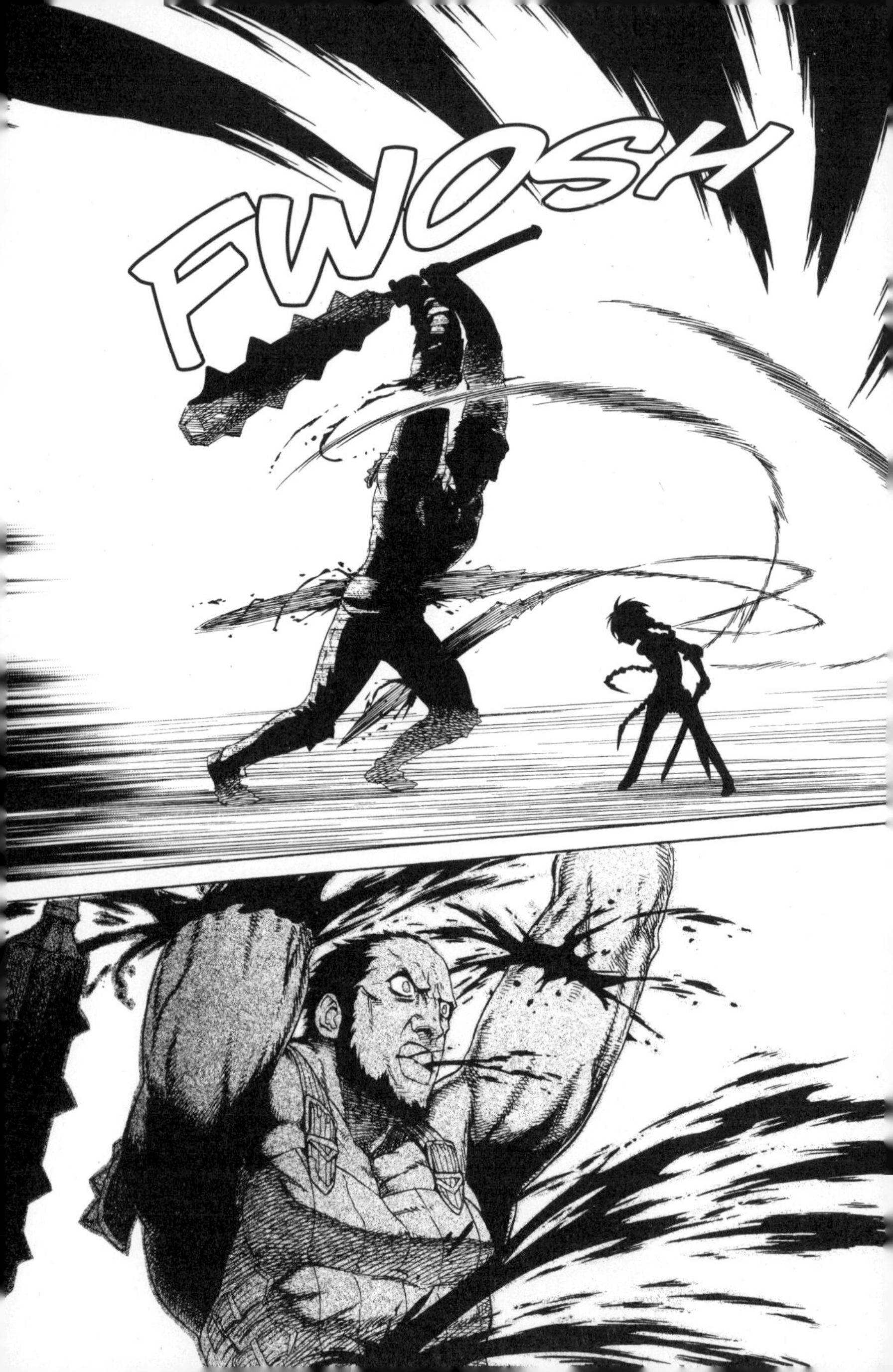
FWOSH

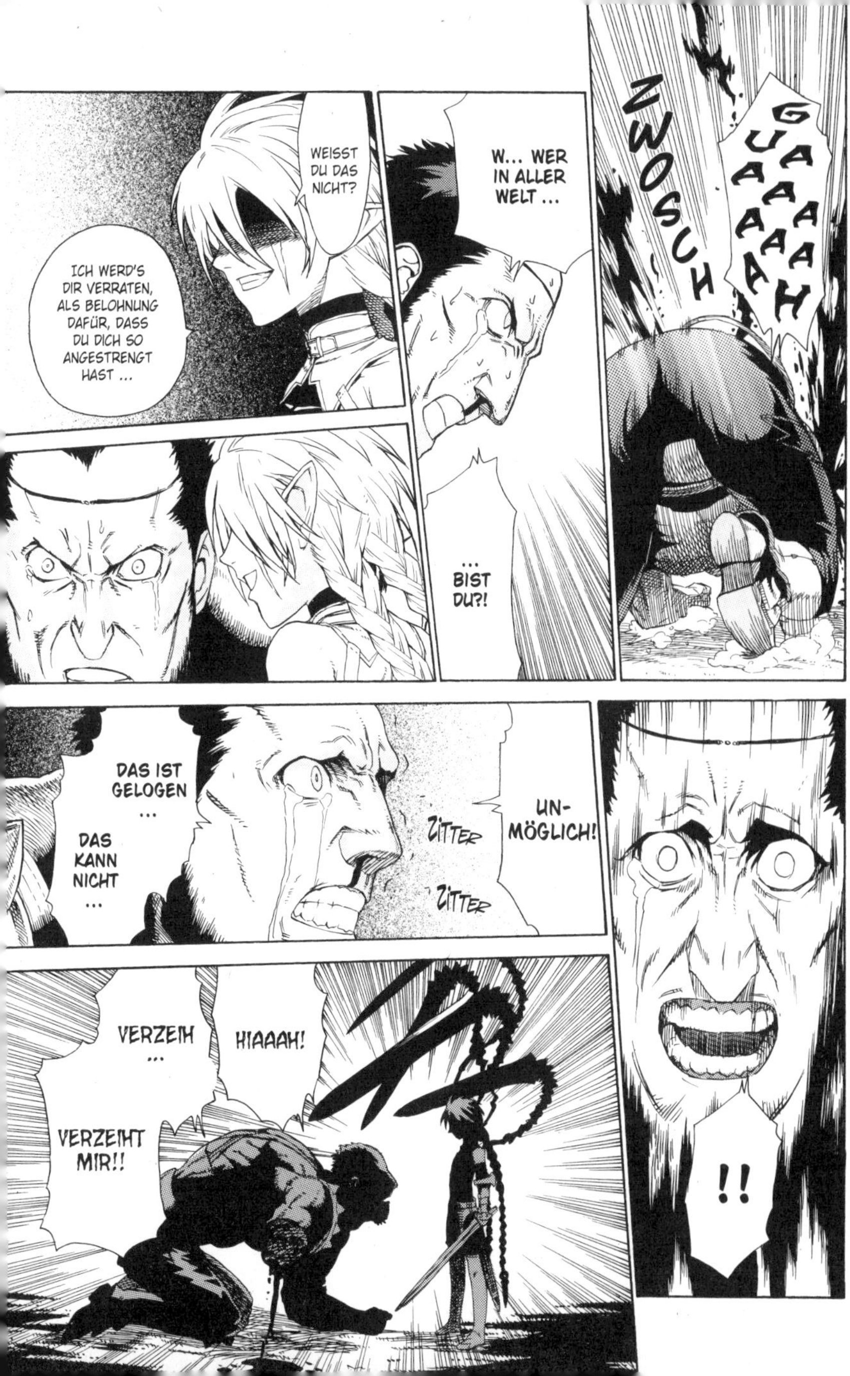
GUAAAAAAAAH
ZWOSCH
W… WER IN ALLER WELT …
… BIST DU?!
WEISST DU DAS NICHT?
ICH WERD'S DIR VERRATEN, ALS BELOHNUNG DAFÜR, DASS DU DICH SO ANGESTRENGT HAST …
!!
UN-MÖGLICH!
ZITTER
ZITTER
DAS IST GELOGEN …
DAS KANN NICHT …
HIAAAH!
VERZEIH …
VERZEIHT MIR!!

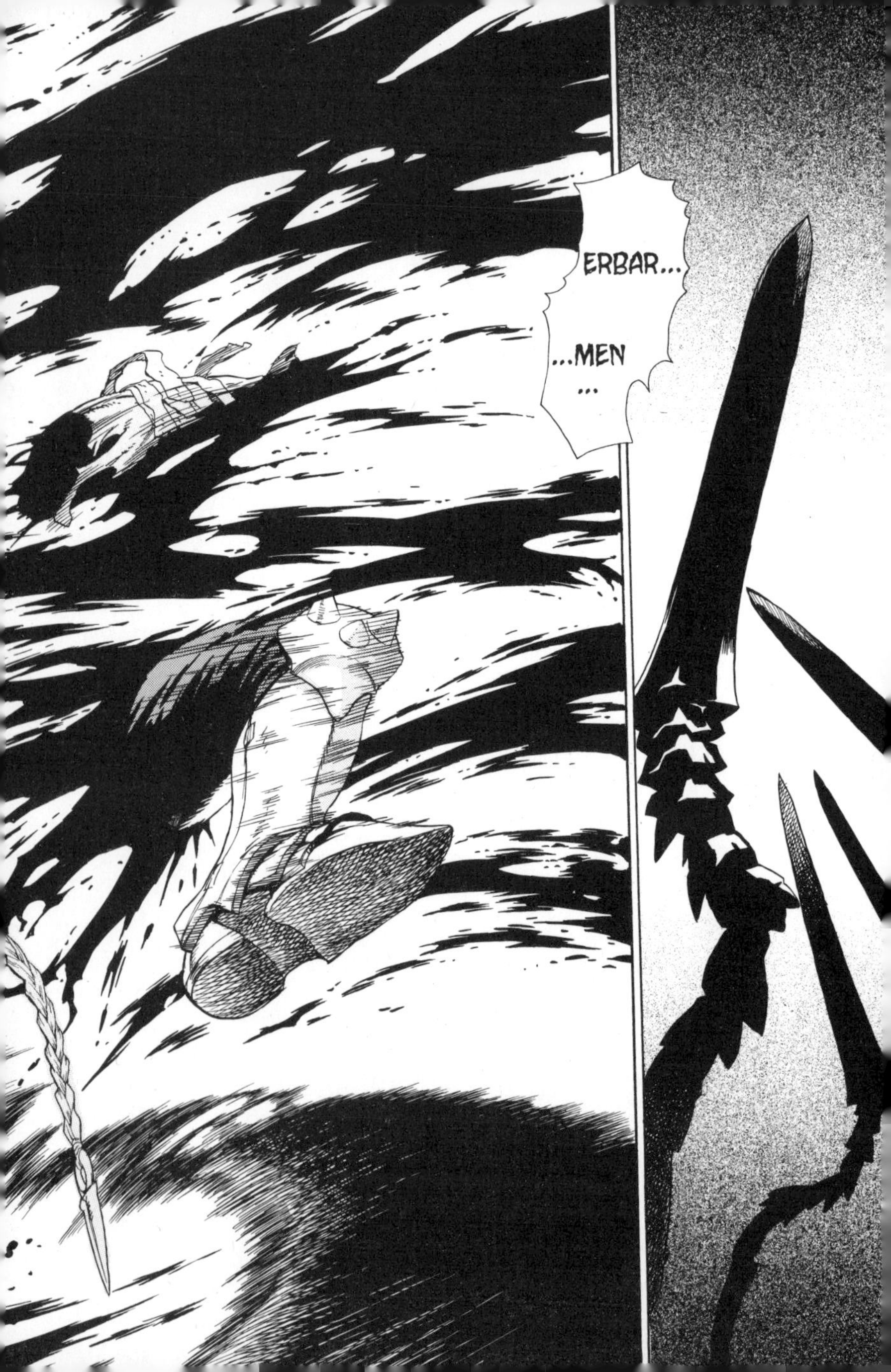
ERBAR...
...MEN
...

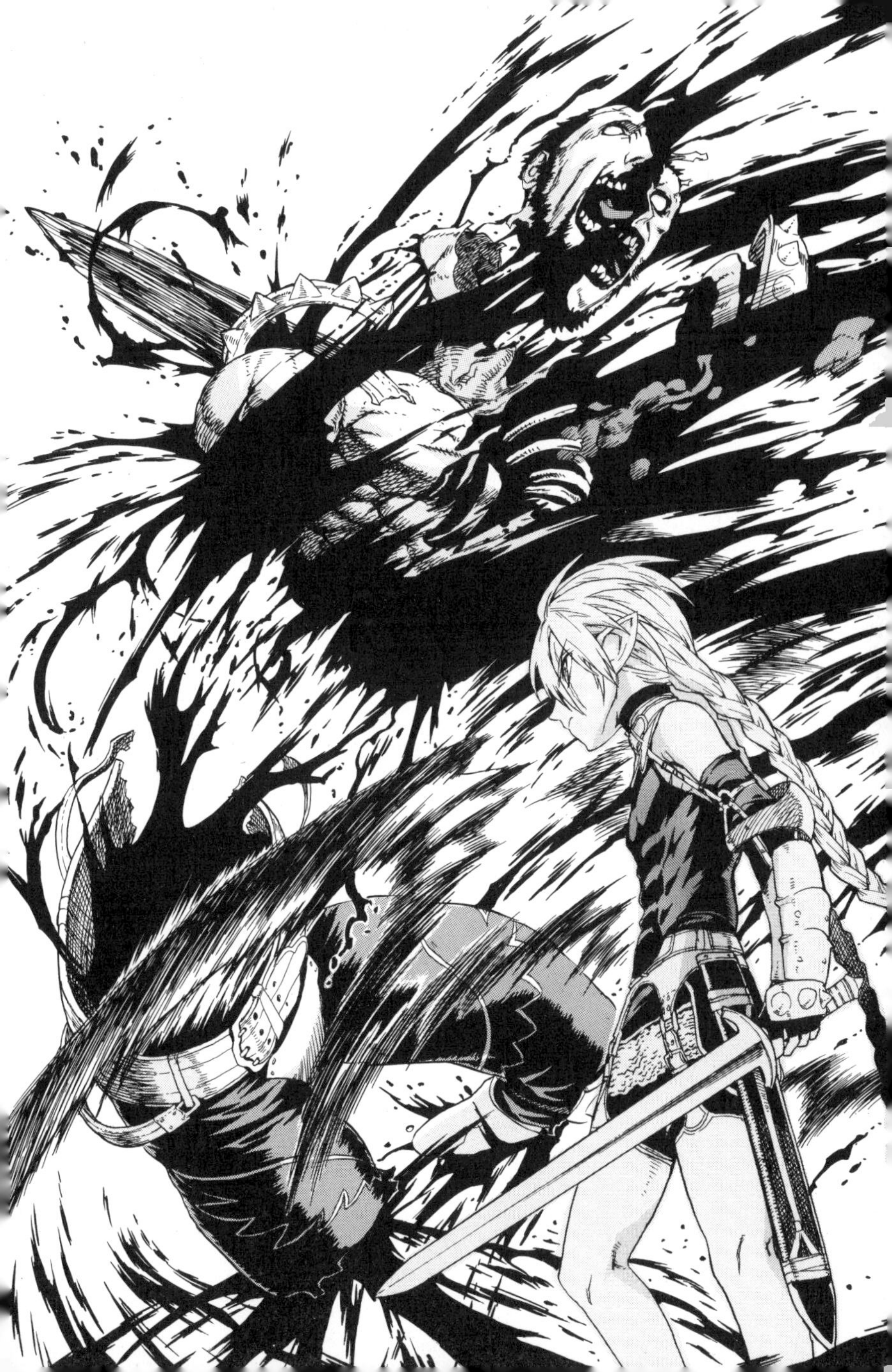

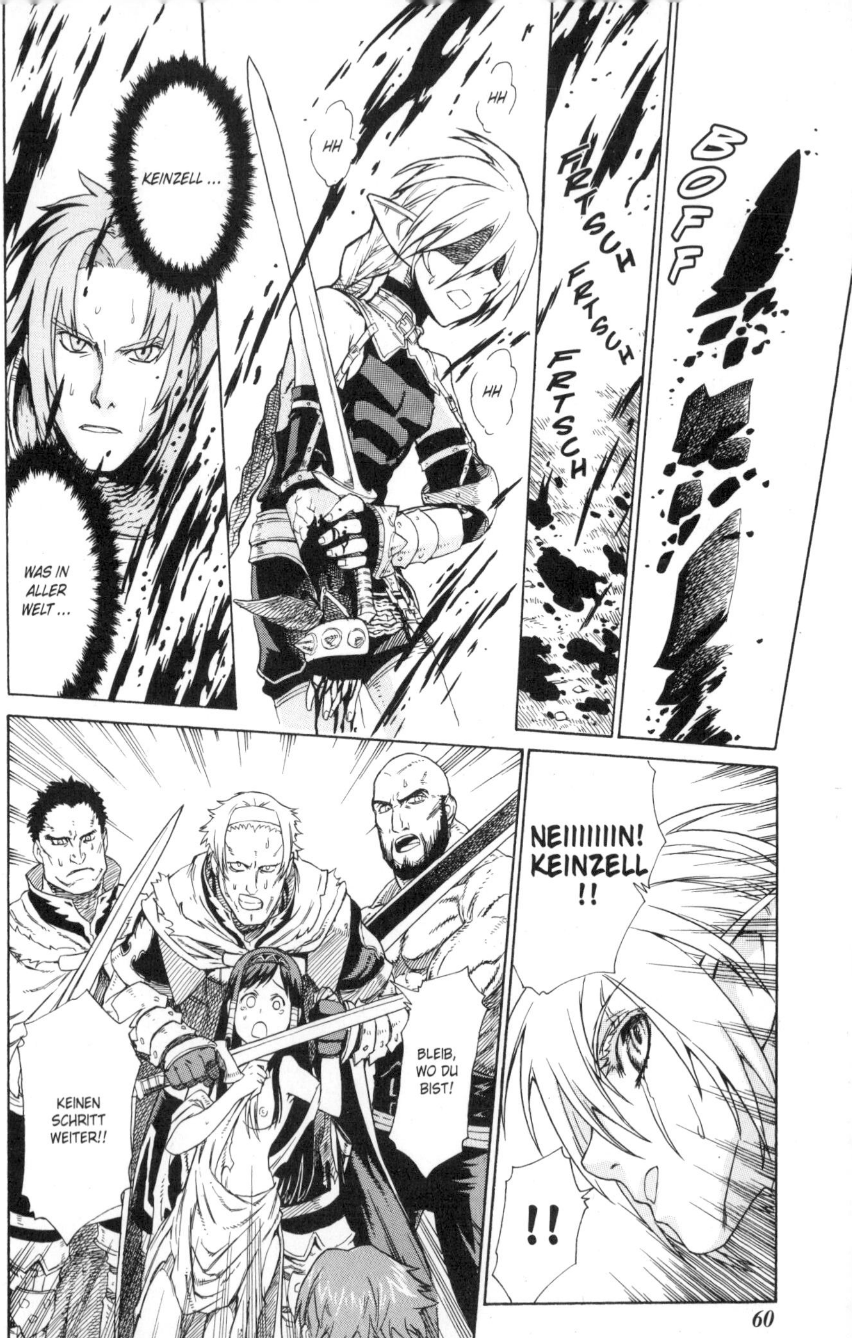

BOFF
FRTSUH
FRTSUH
FRTSCH
HH
HH
HH
KEINZELL ...
WAS IN ALLER WELT ...
NEIIIIIIIN! KEINZELL !!
!!
BLEIB, WO DU BIST!
KEINEN SCHRITT WEITER!!

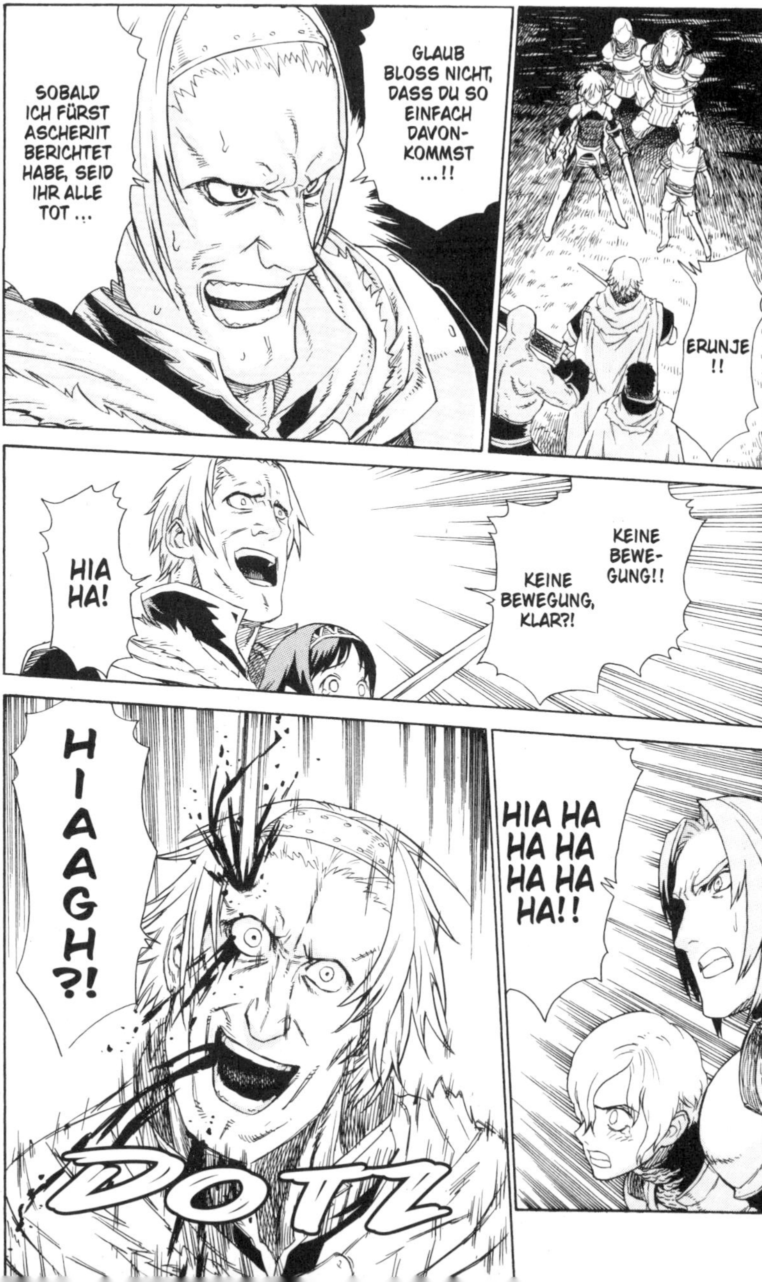
GLAUB BLOSS NICHT, DASS DU SO EINFACH DAVON-KOMMST …!!
SOBALD ICH FÜRST ASCHERIIT BERICHTET HABE, SEID IHR ALLE TOT …
ERUNJE !!
KEINE BEWE-GUNG!!
KEINE BEWEGUNG, KLAR?!
HIA HA!
HIA HA HA HA HA HA HA!!
HIAAAGH?!
DOTZ

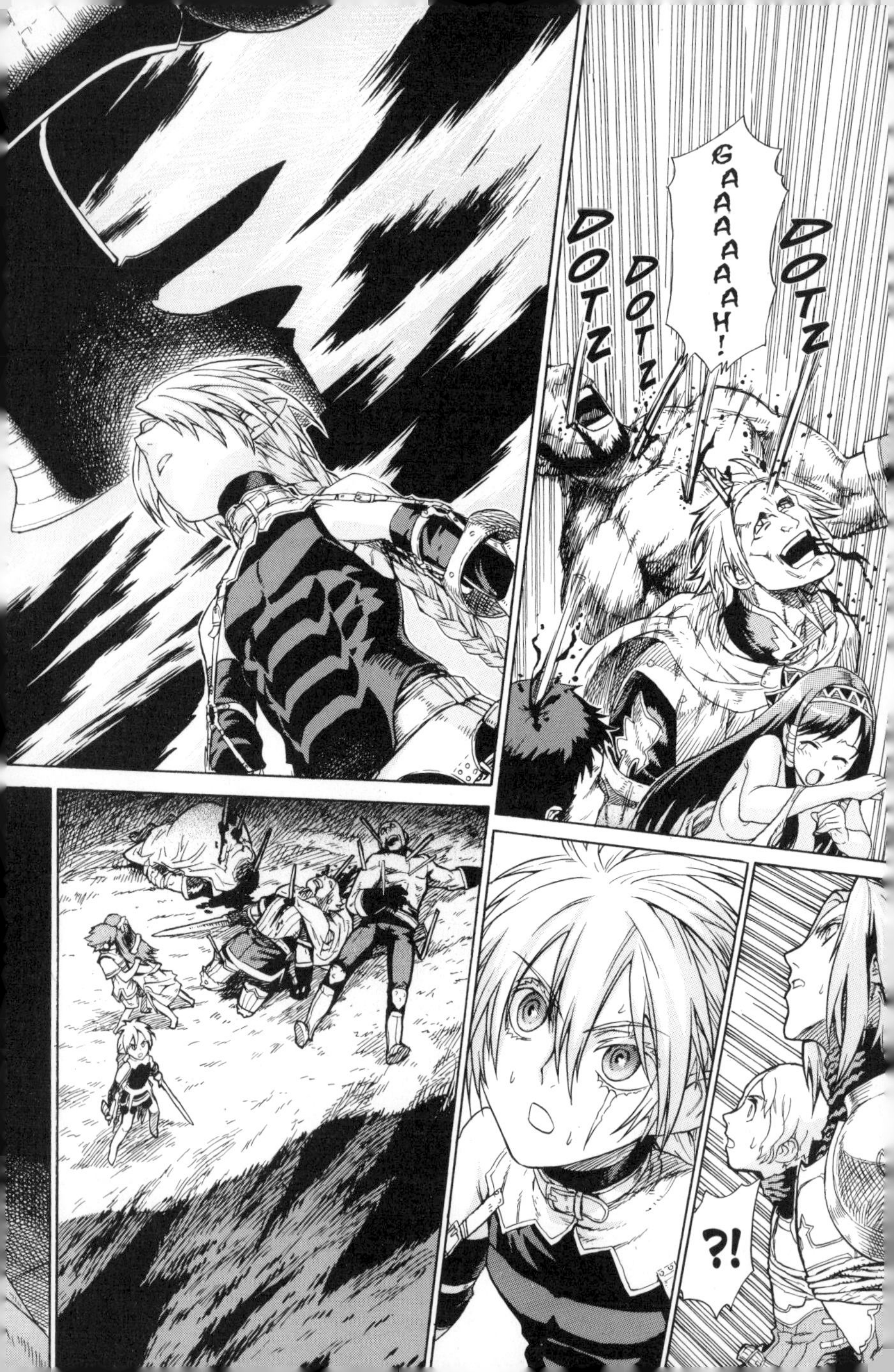
GAAAAAAH!
DOTZ
DOTZ
DOTZ
?!

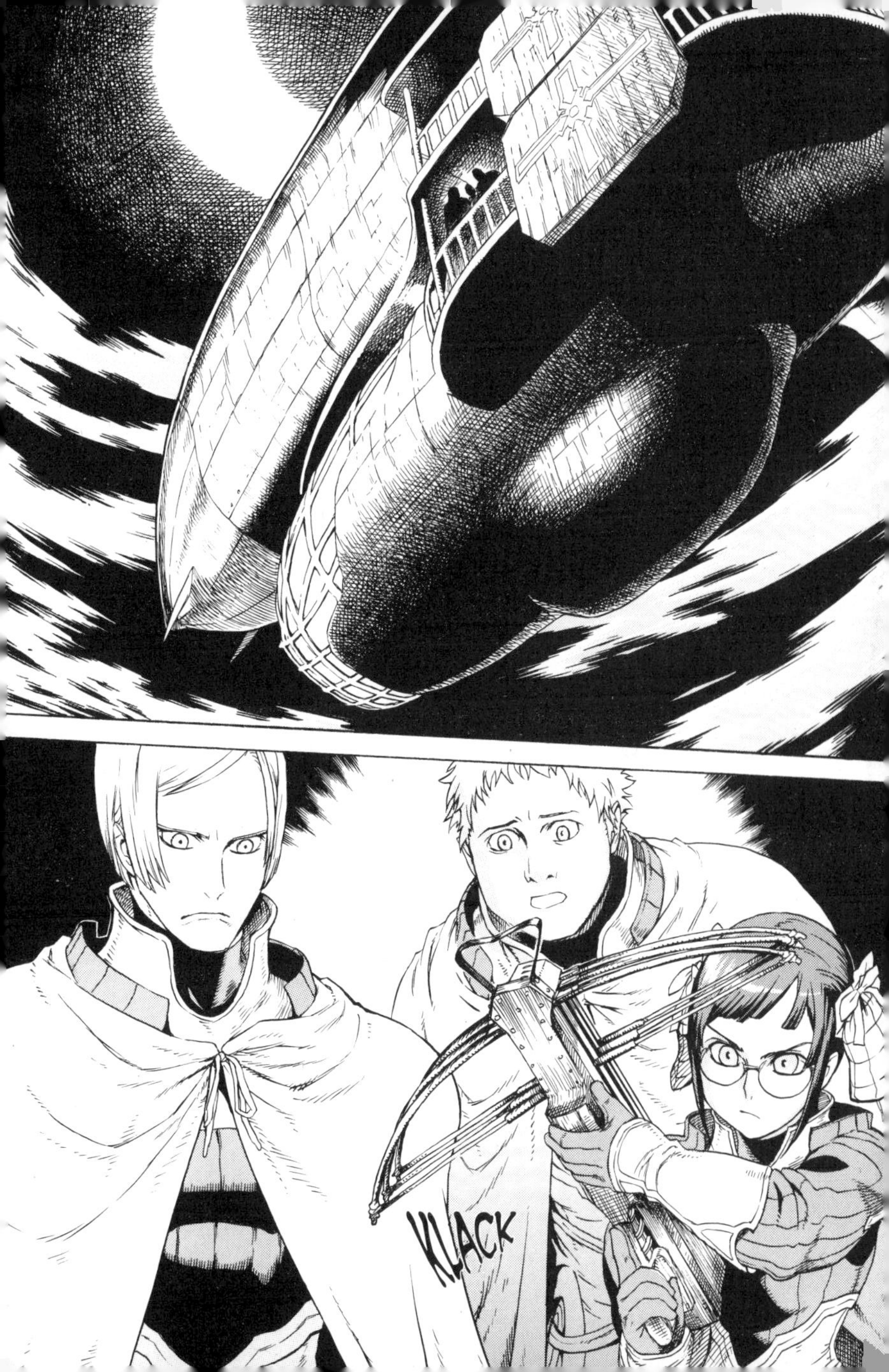
KLACK

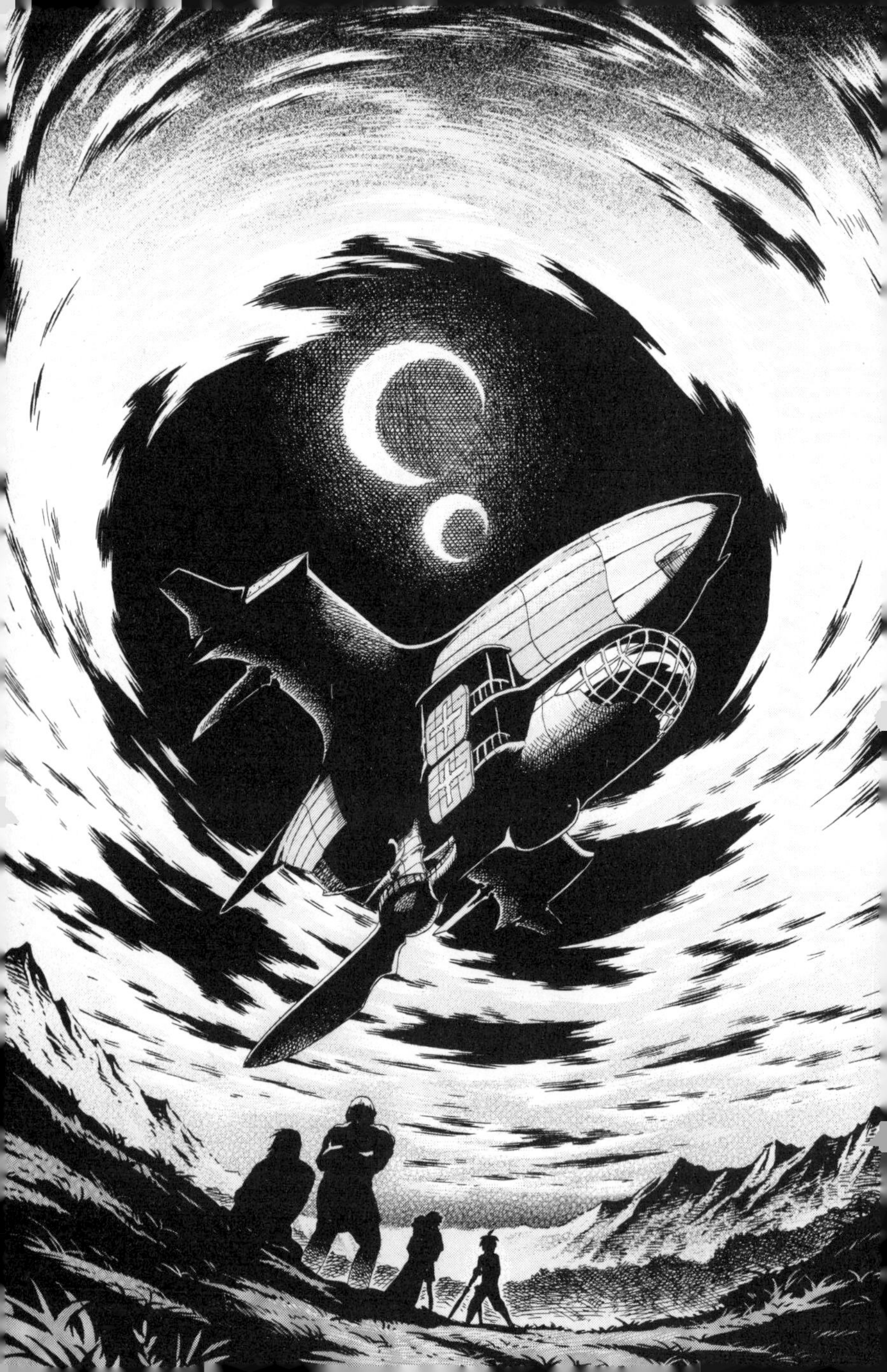

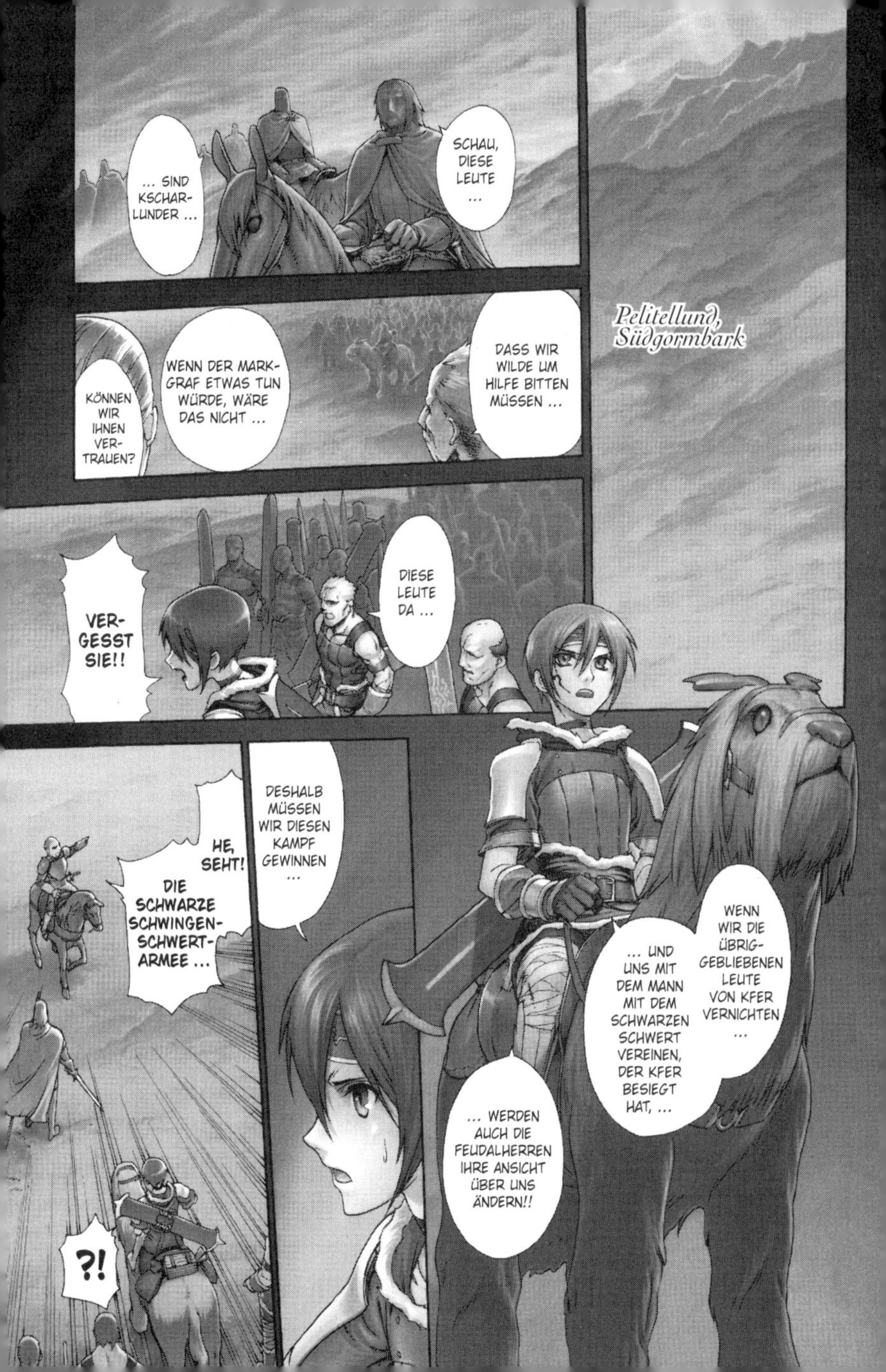

Pelitellund, Südgormbark
SCHAU, DIESE LEUTE …
… SIND KSCHARLUNDER …
DASS WIR WILDE UM HILFE BITTEN MÜSSEN …
WENN DER MARKGRAF ETWAS TUN WÜRDE, WÄRE DAS NICHT …
KÖNNEN WIR IHNEN VERTRAUEN?
DIESE LEUTE DA …
VERGESST SIE!!
WENN WIR DIE ÜBRIGGEBLIEBENEN LEUTE VON KFER VERNICHTEN …
… UND UNS MIT DEM MANN MIT DEM SCHWARZEN SCHWERT VEREINEN, DER KFER BESIEGT HAT, …
… WERDEN AUCH DIE FEUDALHERREN IHRE ANSICHT ÜBER UNS ÄNDERN!!
DESHALB MÜSSEN WIR DIESEN KAMPF GEWINNEN …
HE, SEHT!
DIE SCHWARZE SCHWINGEN-SCHWERT-ARMEE …
?!

Die Klinge der Lüge

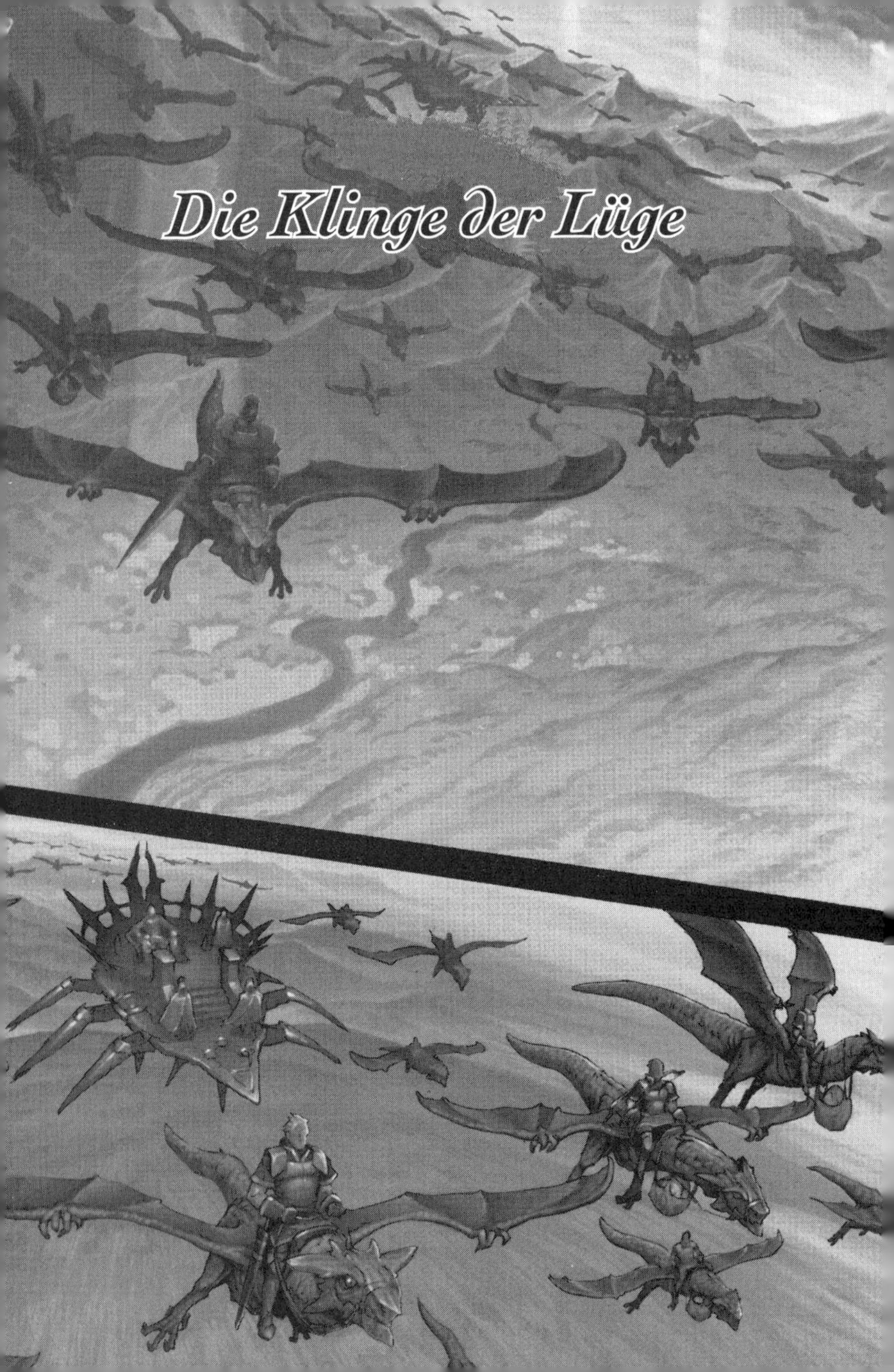

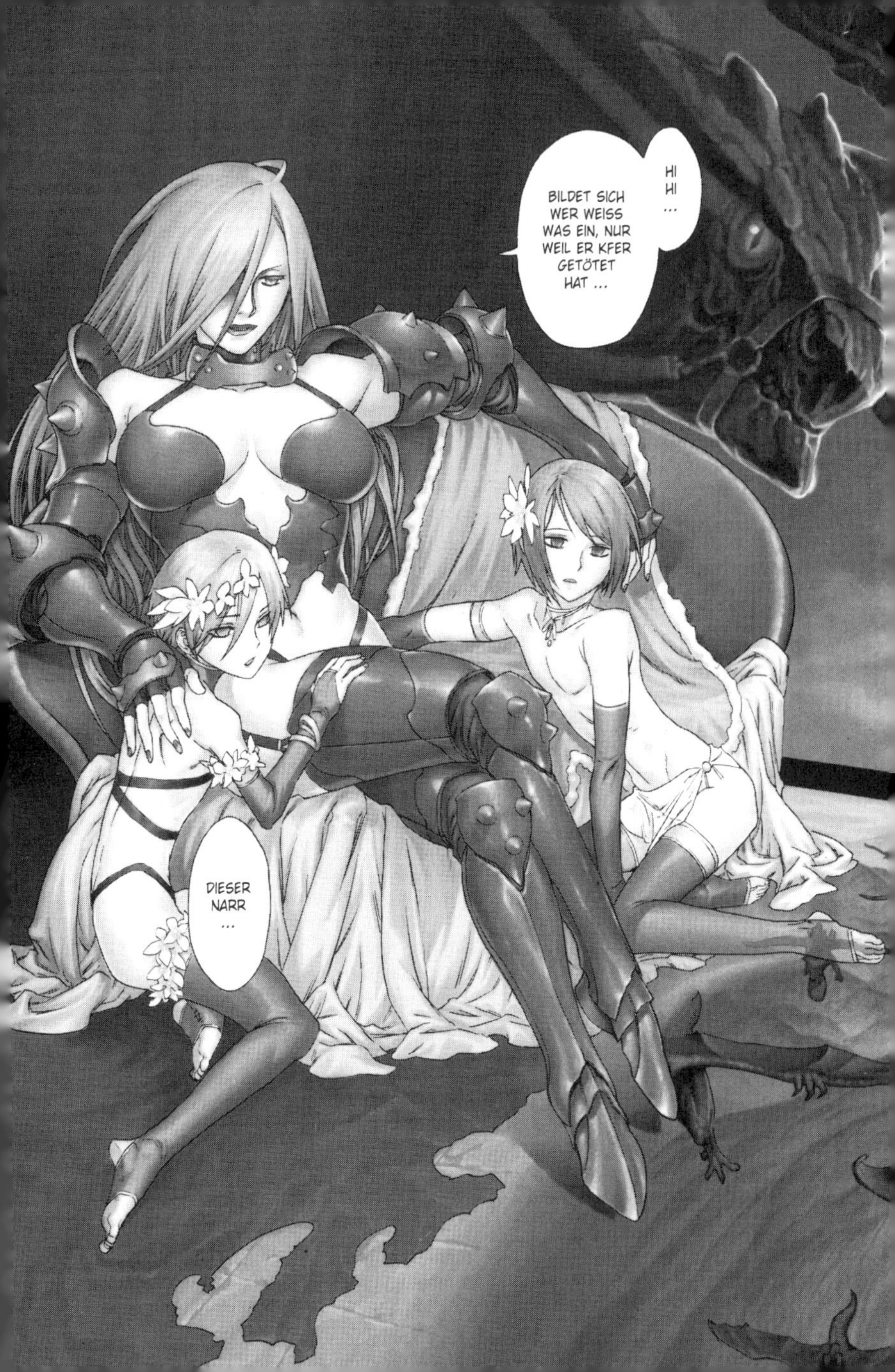
HI HI …
BILDET SICH WER WEISS WAS EIN, NUR WEIL ER KFER GETÖTET HAT …
DIESER NARR …

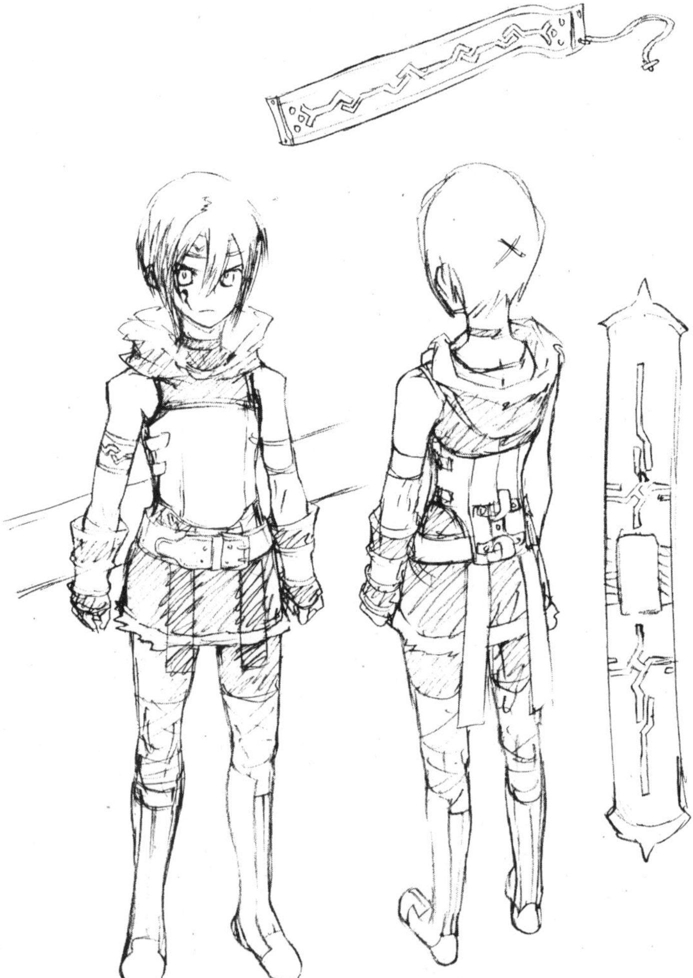

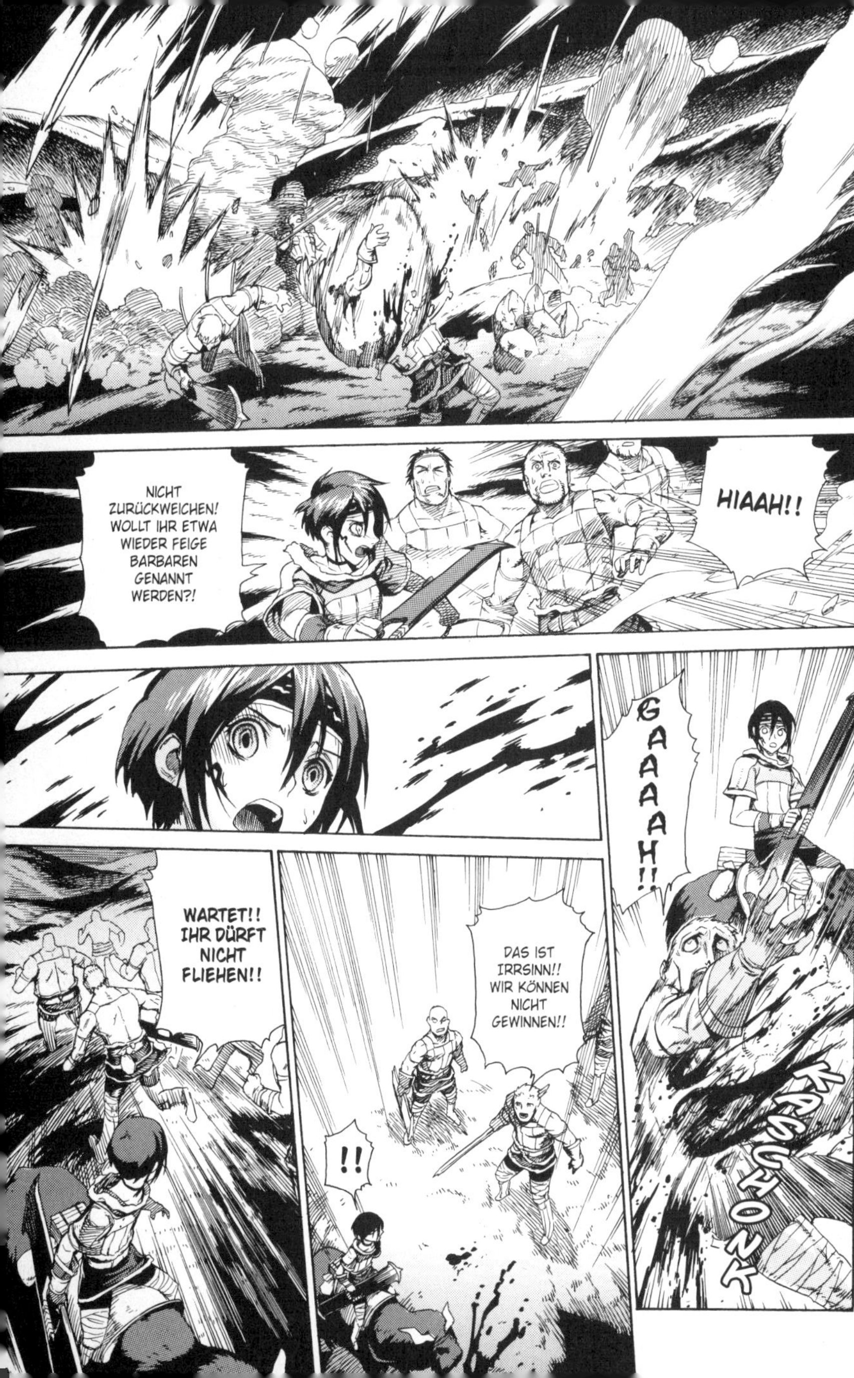
HIAAH!!
NICHT ZURÜCKWEICHEN! WOLLT IHR ETWA WIEDER FEIGE BARBAREN GENANNT WERDEN?!
GAAAAAH!!
KASCHONK
DAS IST IRRSINN!! WIR KÖNNEN NICHT GEWINNEN!!
!!
WARTET!! IHR DÜRFT NICHT FLIEHEN!!

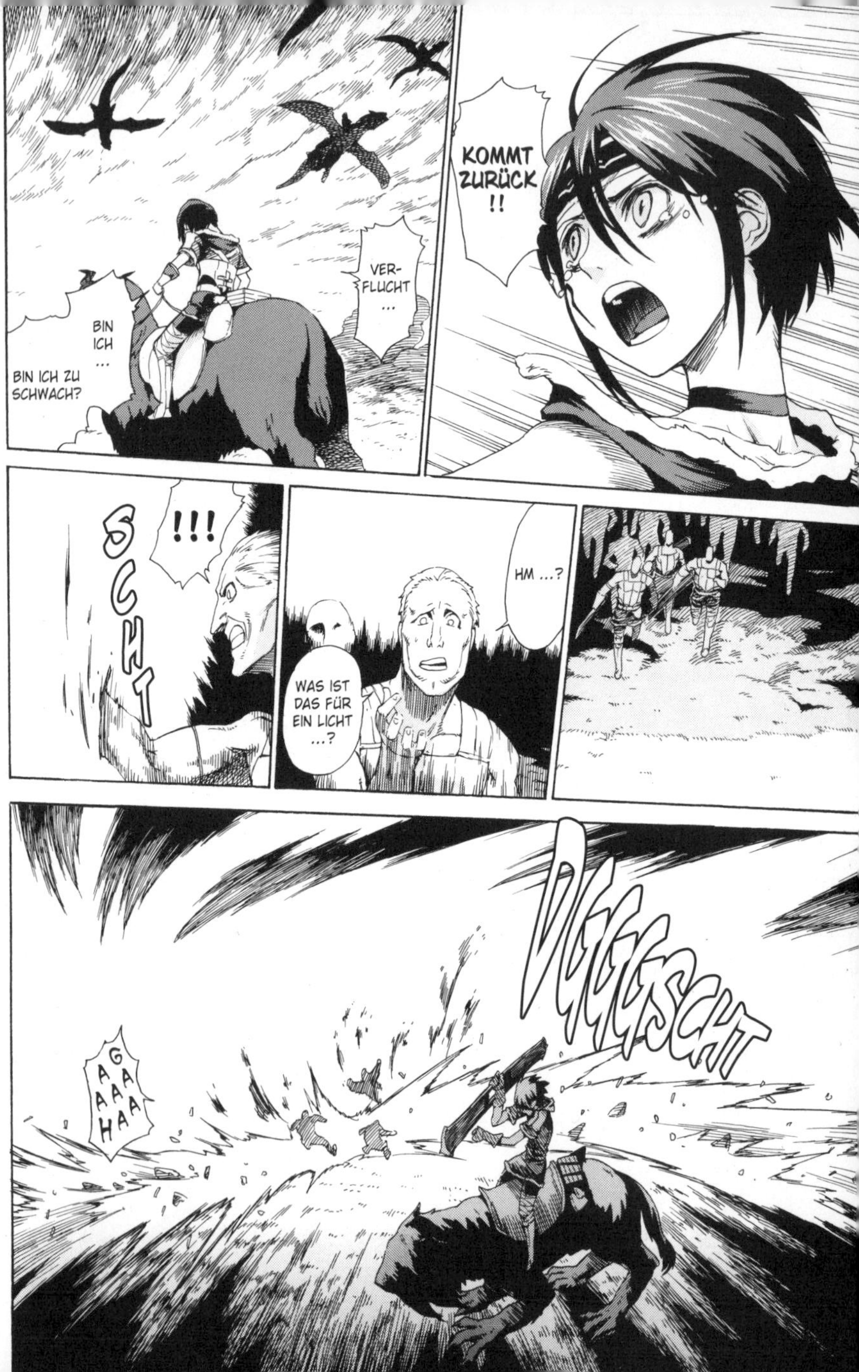
KOMMT ZURÜCK !!
VER-FLUCHT ...
BIN ICH ...
BIN ICH ZU SCHWACH?
HM ...?
WAS IST DAS FÜR EIN LICHT ...?
!!!
SCHT

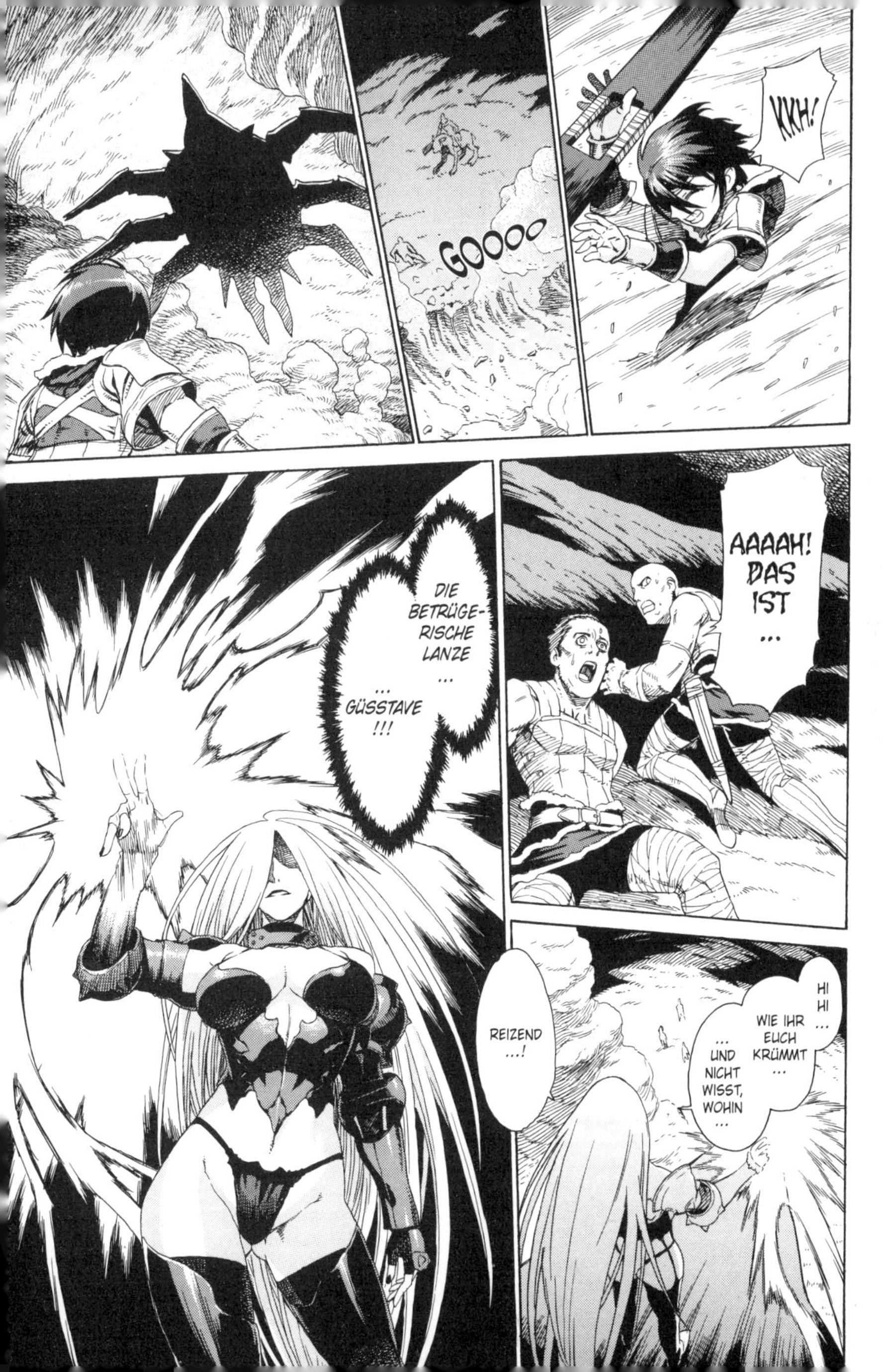
GOOOO
KKH!
AAAAH! DAS IST ...
DIE BETRÜGE-RISCHE LANZE ...
... GÜSSTAVE !!!
HI HI ...
WIE IHR EUCH KRÜMMT ...
... UND NICHT WISST, WOHIN ...
REIZEND ...!

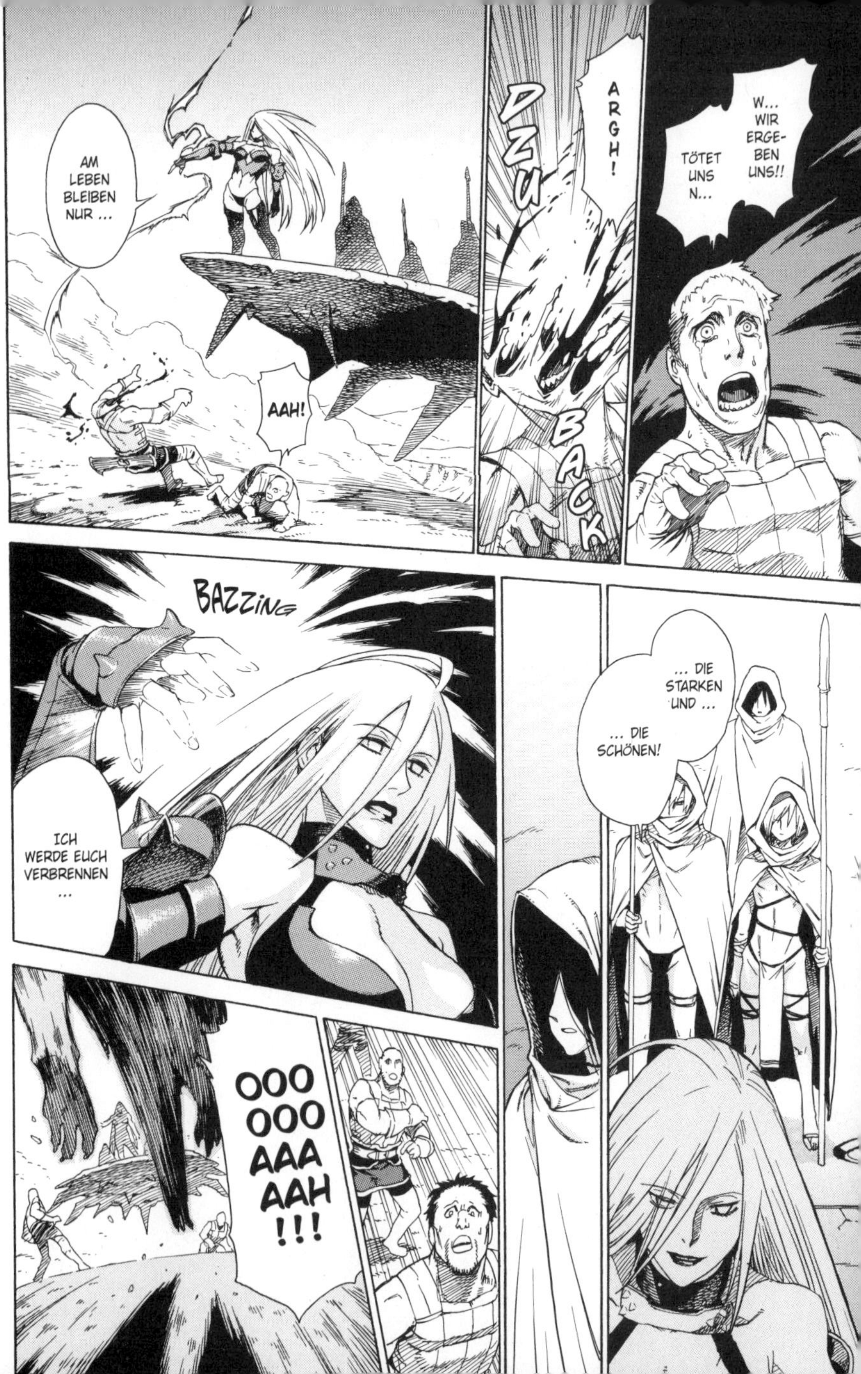
W... WIR ERGEBEN UNS!!
TÖTET UNS N...
ARGH!
DZU
BACK
AM LEBEN BLEIBEN NUR ...
AAH!
... DIE STARKEN UND ...
... DIE SCHÖNEN!
BAZZING
ICH WERDE EUCH VERBRENNEN ...
OOOOOOAAAAAH!!!

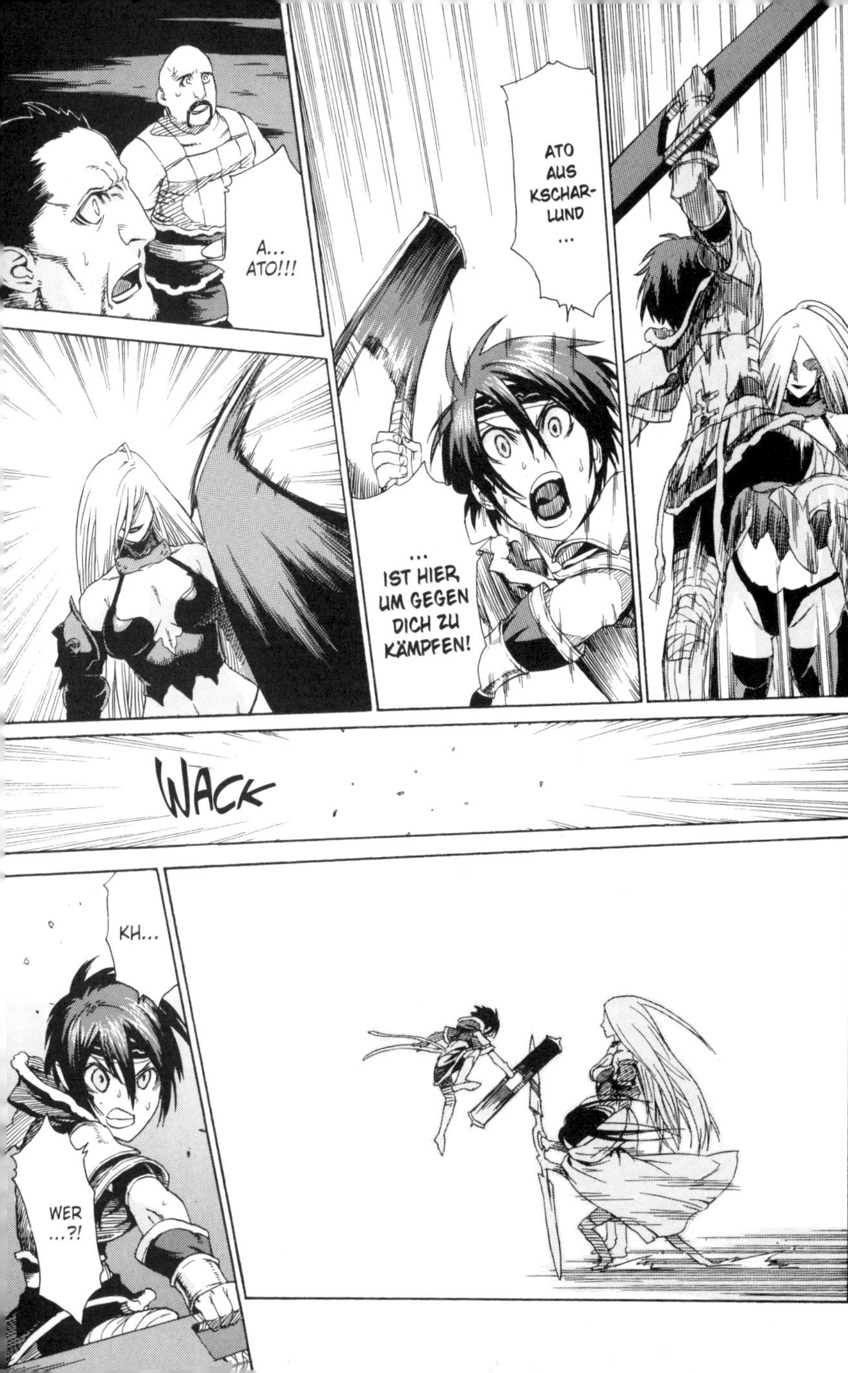
ATO AUS KSCHARLUND ...
... IST HIER, UM GEGEN DICH ZU KÄMPFEN!
A... ATO!!!
WACK
KH...
WER ...?!

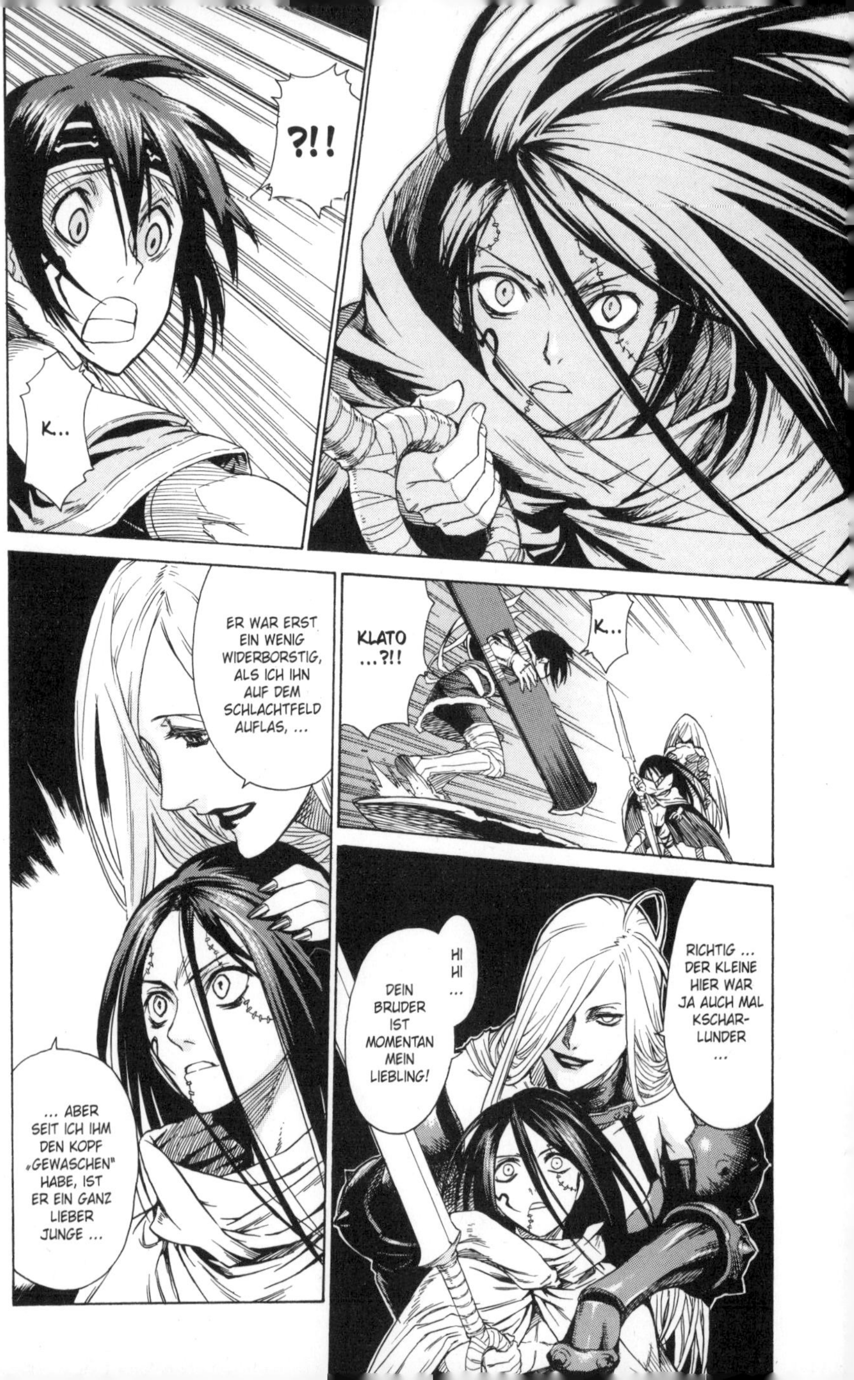

?!!
K...
K...
KLATO ...?!!
RICHTIG ... DER KLEINE HIER WAR JA AUCH MAL KSCHAR-LUNDER ...
HI HI ...
DEIN BRUDER IST MOMENTAN MEIN LIEBLING!
ER WAR ERST EIN WENIG WIDERBORSTIG, ALS ICH IHN AUF DEM SCHLACHTFELD AUFLAS, ...
... ABER SEIT ICH IHM DEN KOPF „GEWASCHEN" HABE, IST ER EIN GANZ LIEBER JUNGE ...

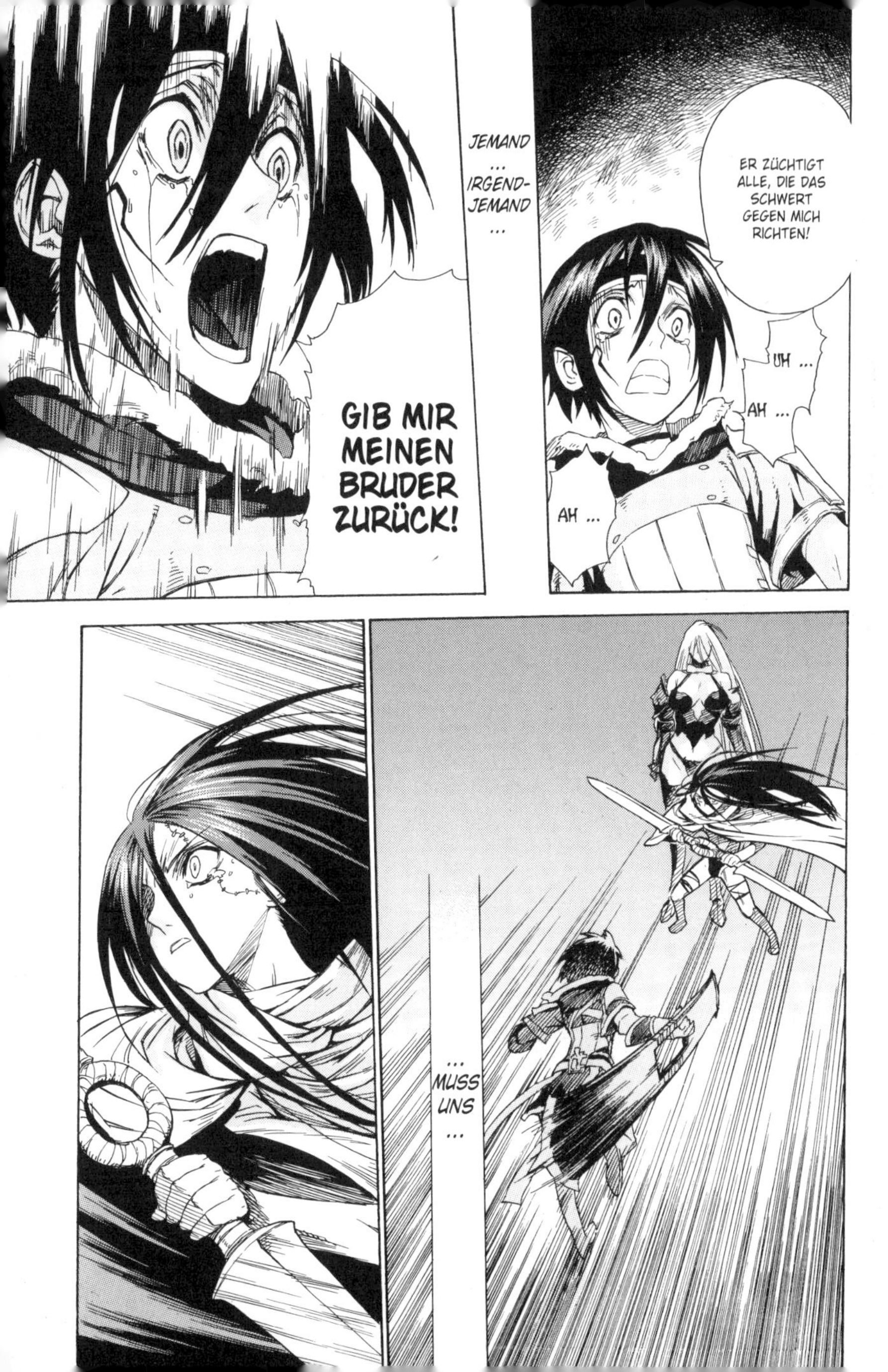
ER ZÜCHTIGT ALLE, DIE DAS SCHWERT GEGEN MICH RICHTEN!
UH ...
AH ...
AH ...
JEMAND ... IRGEND-JEMAND ...
GIB MIR MEINEN BRUDER ZURÜCK!
... MUSS UNS ...

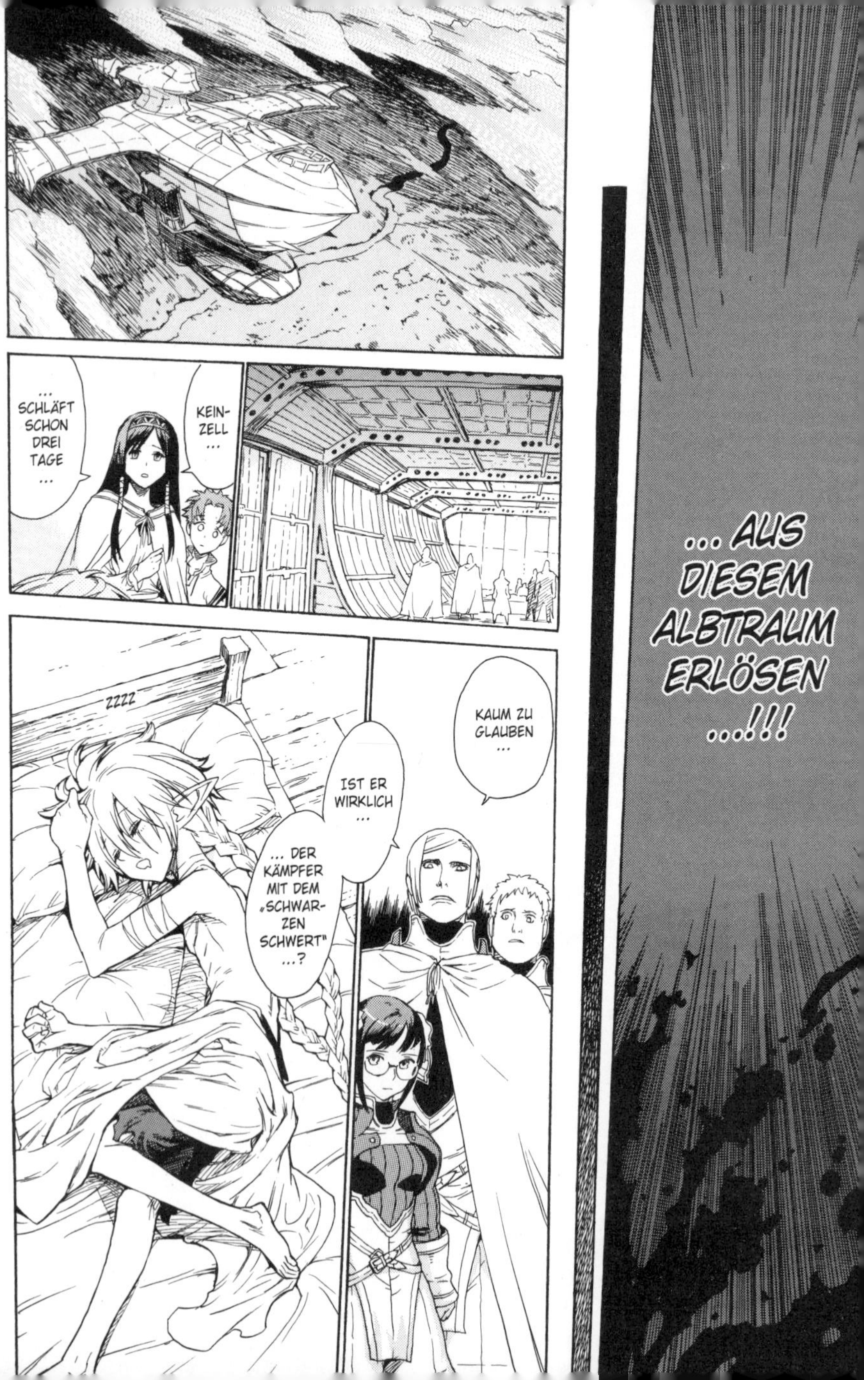
... AUS DIESEM ALBTRAUM ERLÖSEN ...!!!
KEIN-ZELL ...
... SCHLÄFT SCHON DREI TAGE ...
KAUM ZU GLAUBEN ...
IST ER WIRKLICH ...
... DER KÄMPFER MIT DEM »SCHWARZEN SCHWERT« ...?
ZZZZ

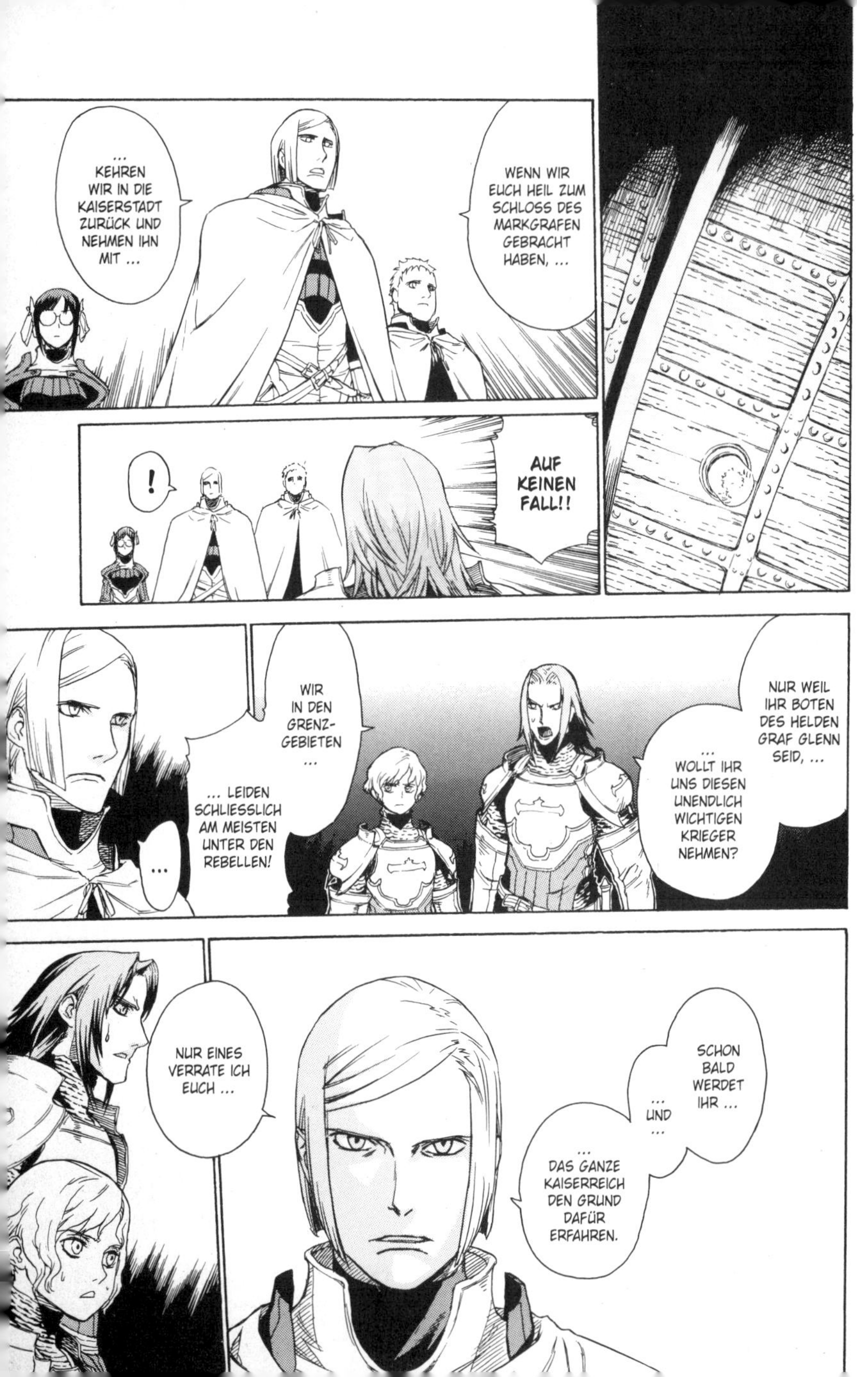

WENN WIR EUCH HEIL ZUM SCHLOSS DES MARKGRAFEN GEBRACHT HABEN, ...
... KEHREN WIR IN DIE KAISERSTADT ZURÜCK UND NEHMEN IHN MIT ...
AUF KEINEN FALL!!
!
NUR WEIL IHR BOTEN DES HELDEN GRAF GLENN SEID, ...
... WOLLT IHR UNS DIESEN UNENDLICH WICHTIGEN KRIEGER NEHMEN?
WIR IN DEN GRENZGEBIETEN ...
... LEIDEN SCHLIESSLICH AM MEISTEN UNTER DEN REBELLEN!
...
NUR EINES VERRATE ICH EUCH ...
SCHON BALD WERDET IHR ...
... UND ...
... DAS GANZE KAISERREICH DEN GRUND DAFÜR ERFAHREN.

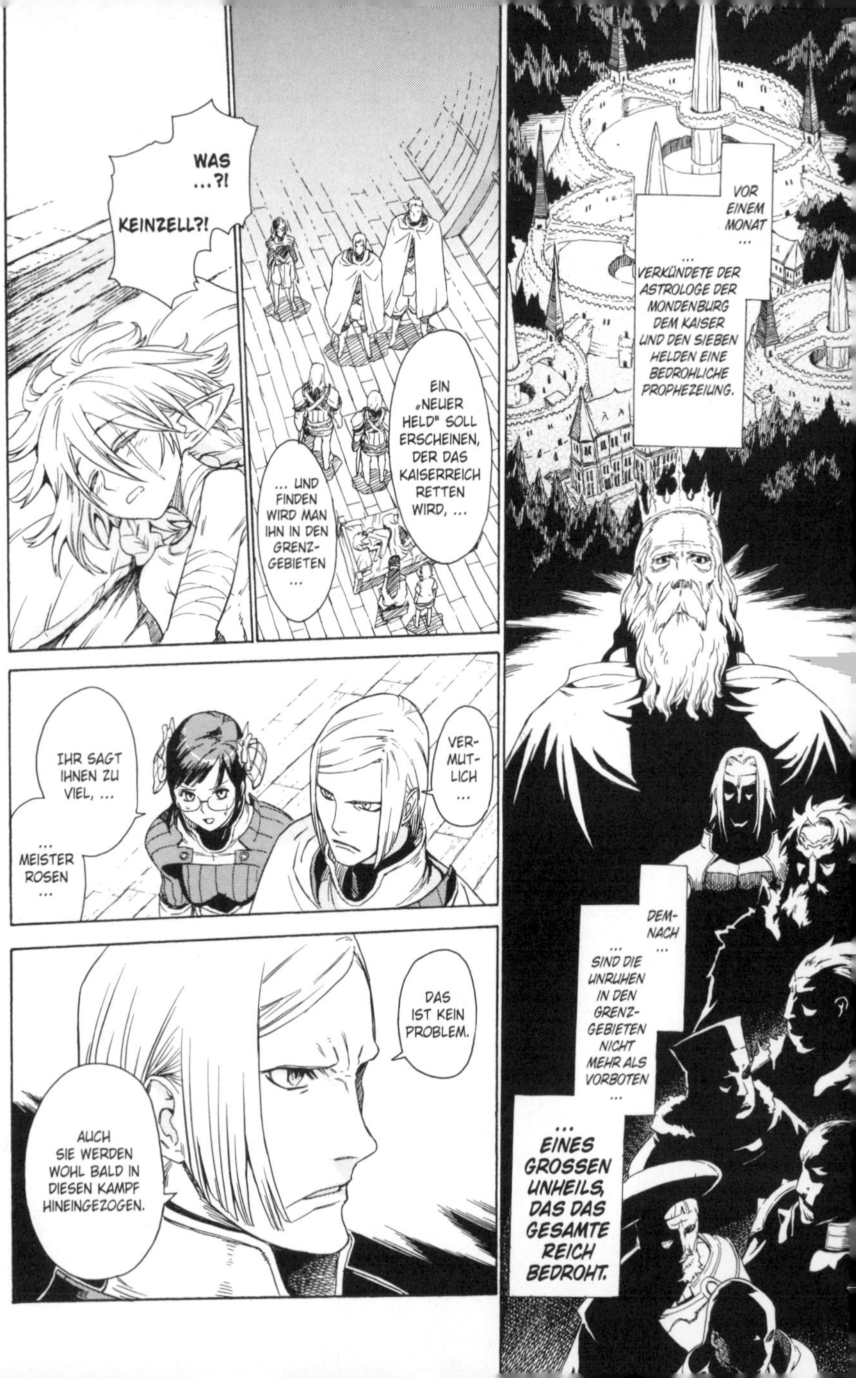
VOR EINEM MONAT …
… VERKÜNDETE DER ASTROLOGE DER MONDENBURG DEM KAISER UND DEN SIEBEN HELDEN EINE BEDROHLICHE PROPHEZEIUNG.
DEM-NACH …
… SIND DIE UNRUHEN IN DEN GRENZ-GEBIETEN NICHT MEHR ALS VORBOTEN …
… EINES GROSSEN UNHEILS, DAS DAS GESAMTE REICH BEDROHT.
EIN „NEUER HELD" SOLL ERSCHEINEN, DER DAS KAISERREICH RETTEN WIRD, …
… UND FINDEN WIRD MAN IHN IN DEN GRENZ-GEBIETEN …
WAS …?!
KEINZELL?!
VER-MUT-LICH …
IHR SAGT IHNEN ZU VIEL, …
… MEISTER ROSEN …
DAS IST KEIN PROBLEM.
AUCH SIE WERDEN WOHL BALD IN DIESEN KAMPF HINEINGEZOGEN.

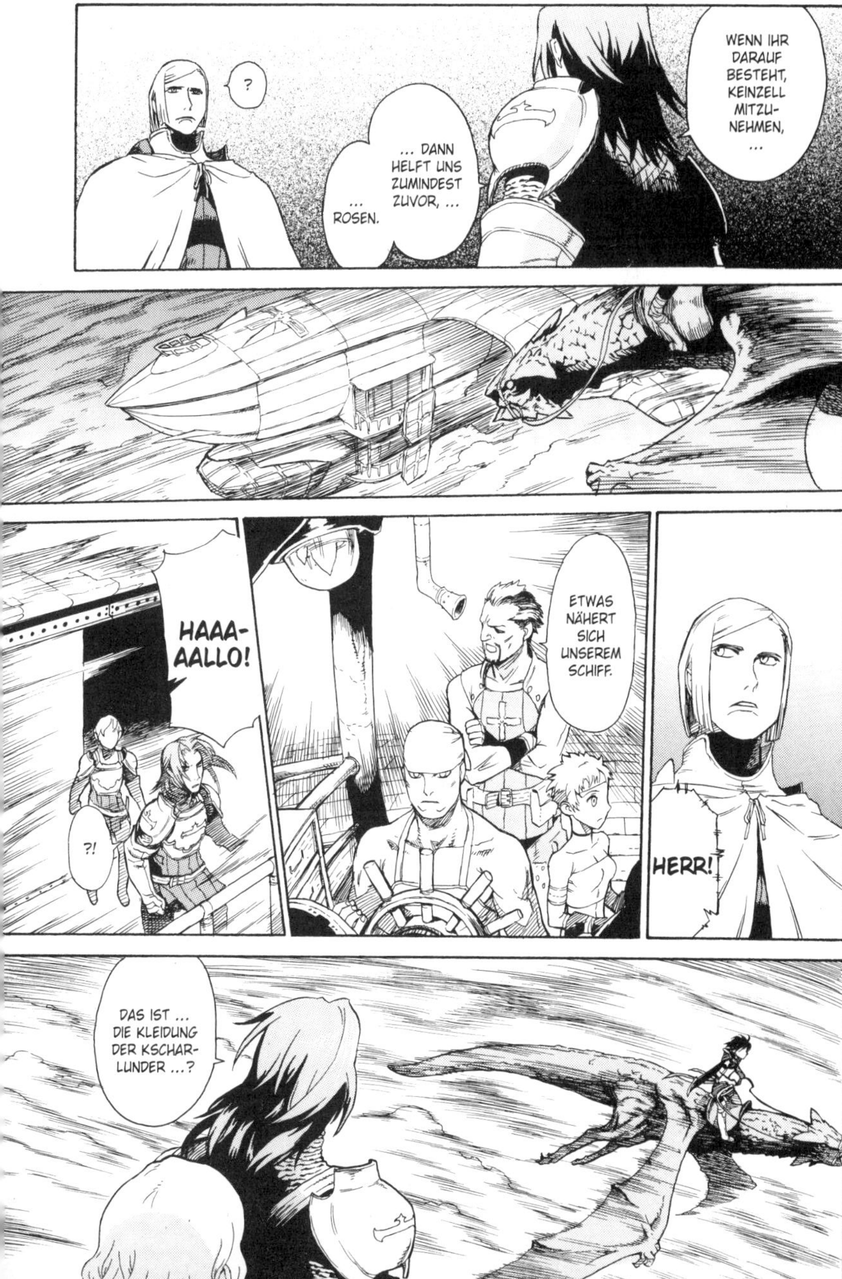

WENN IHR DARAUF BESTEHT, KEINZELL MITZUNEHMEN, ...
... DANN HELFT UNS ZUMINDEST ZUVOR, ...
... ROSEN.
?
HERR!
ETWAS NÄHERT SICH UNSEREM SCHIFF.
HAAA-AALLO!
?!
DAS IST ... DIE KLEIDUNG DER KSCHARLUNDER ...?

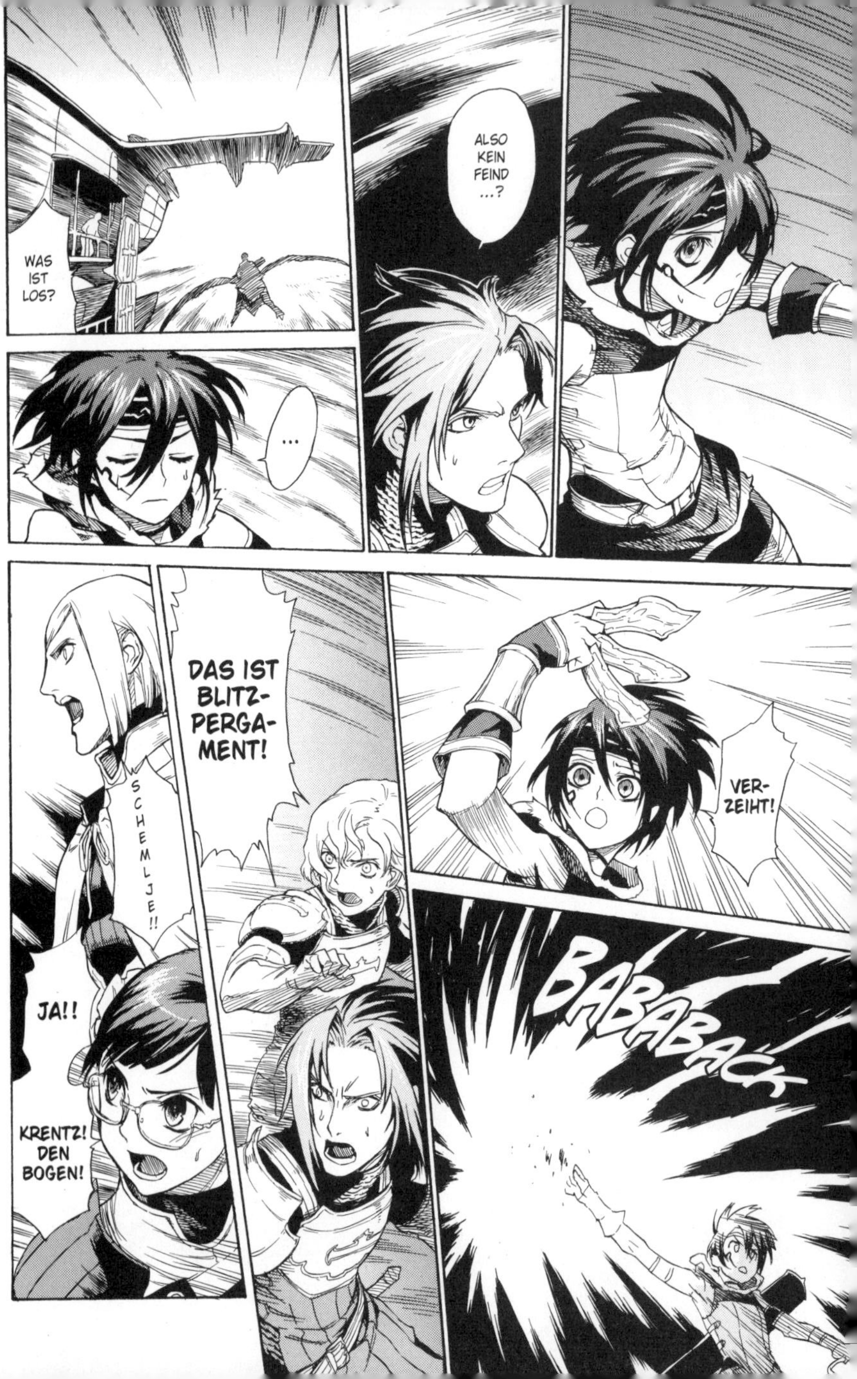
ALSO KEIN FEIND ...?
WAS IST LOS?
...
VER-ZEIHT!
DAS IST BLITZ-PERGA-MENT!
SCHEMLJE!!
BABABACK
JA!!
KRENTZ! DEN BOGEN!

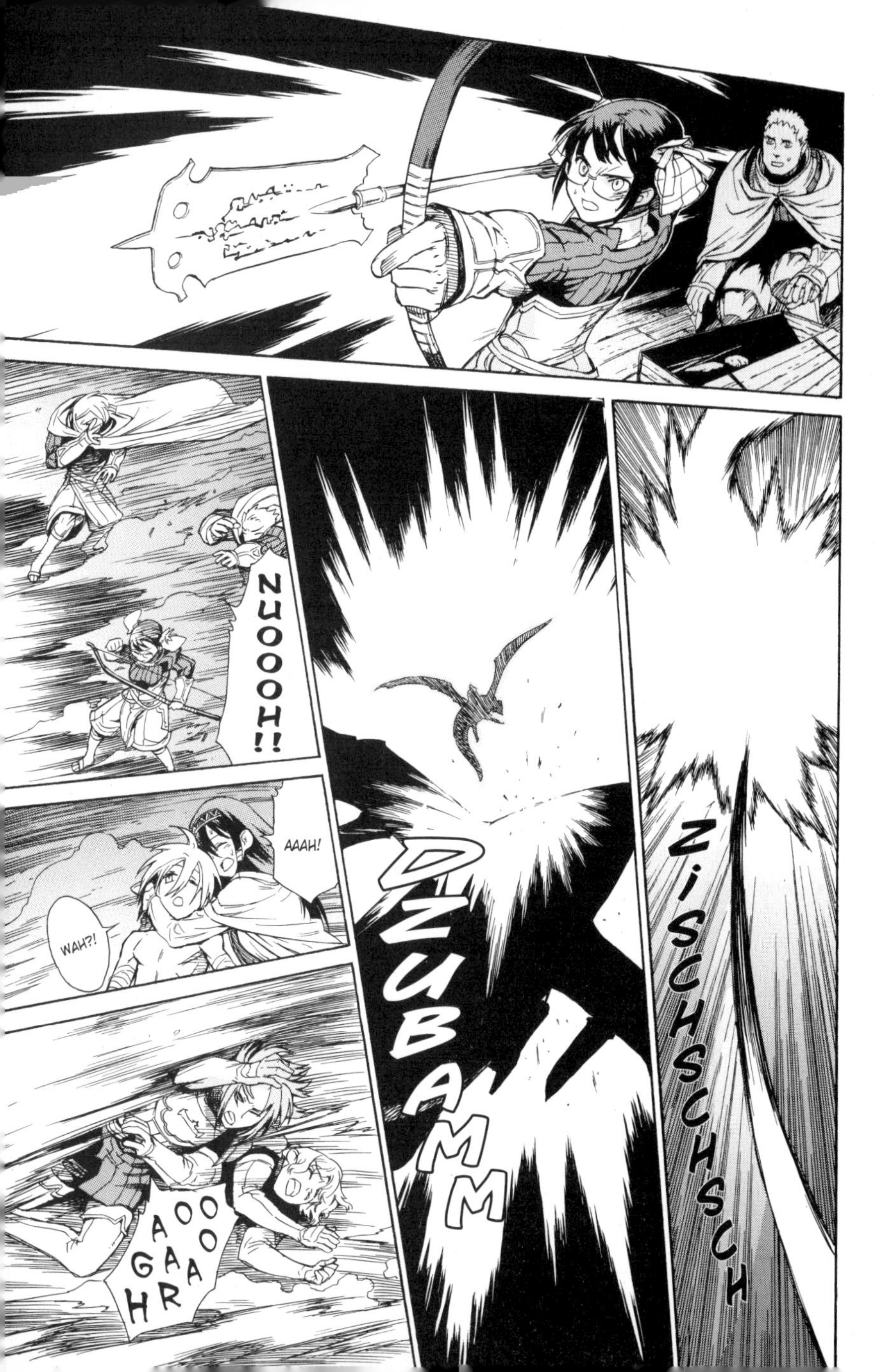
ZISCHSCHSCH
DIZUBAMM
NUOOOOH!!
AAAH!
WAH?!
GAAAHR
OOOO

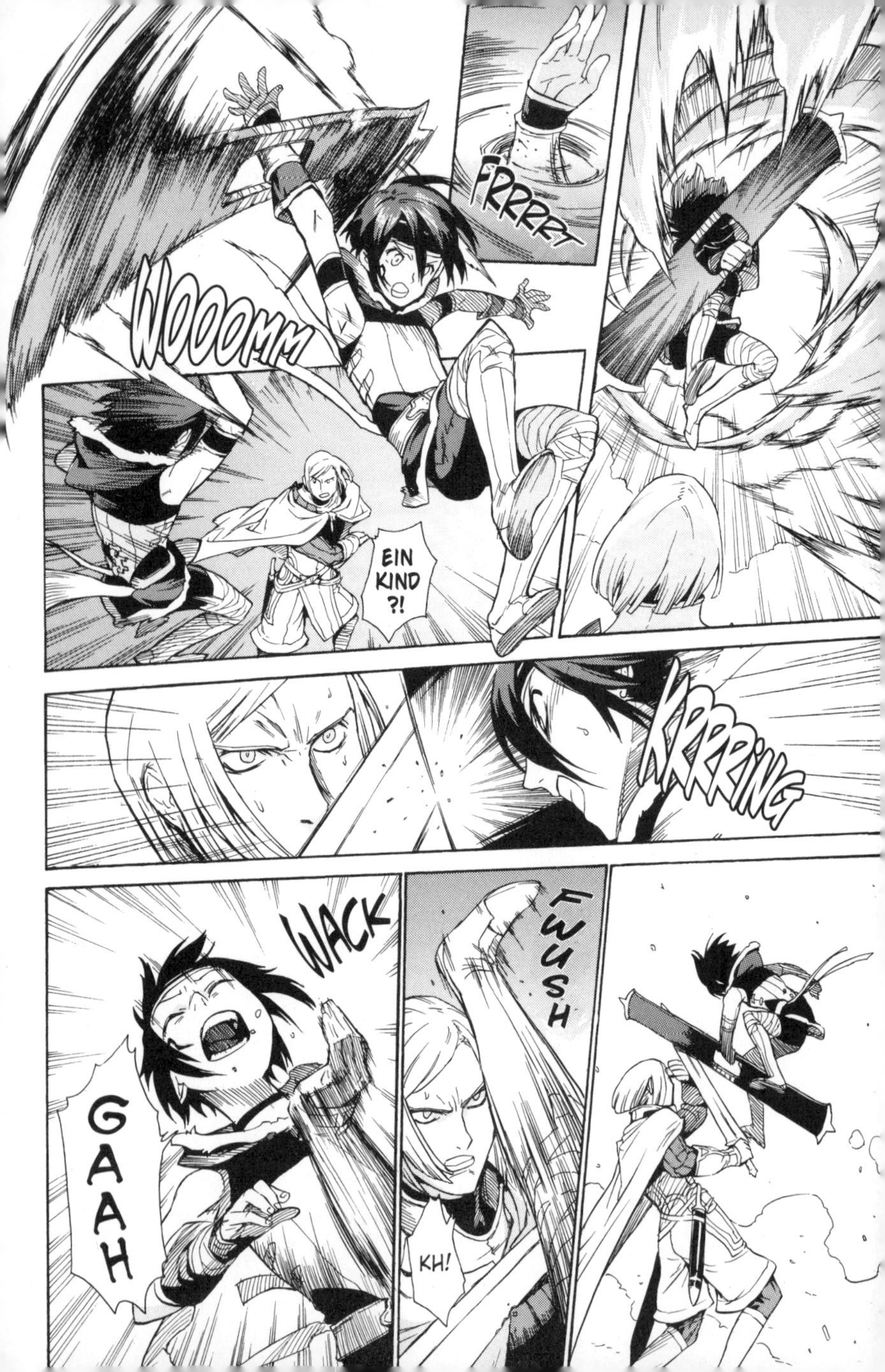
FRRRRT
WOOOMM
EIN KIND ?!
KRRRING
FWUSH
KH!
WACK
GAAH

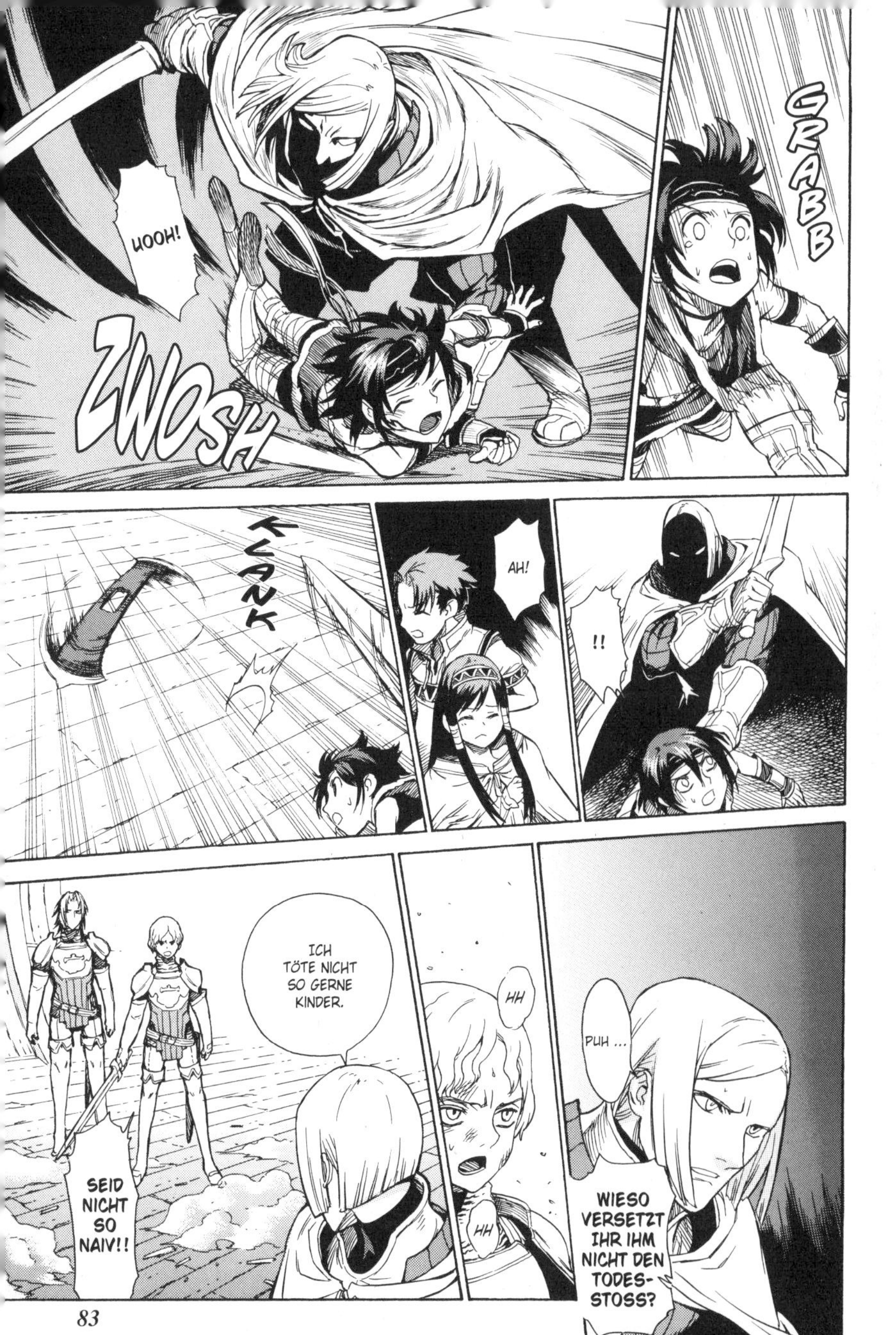
GRABB
UOOH!
ZWOSH
!!
AH!
KLANK
PUH …
WIESO VERSETZT IHR IHM NICHT DEN TODES-STOSS?
HH
HH
ICH TÖTE NICHT SO GERNE KINDER.
SEID NICHT SO NAIV!!

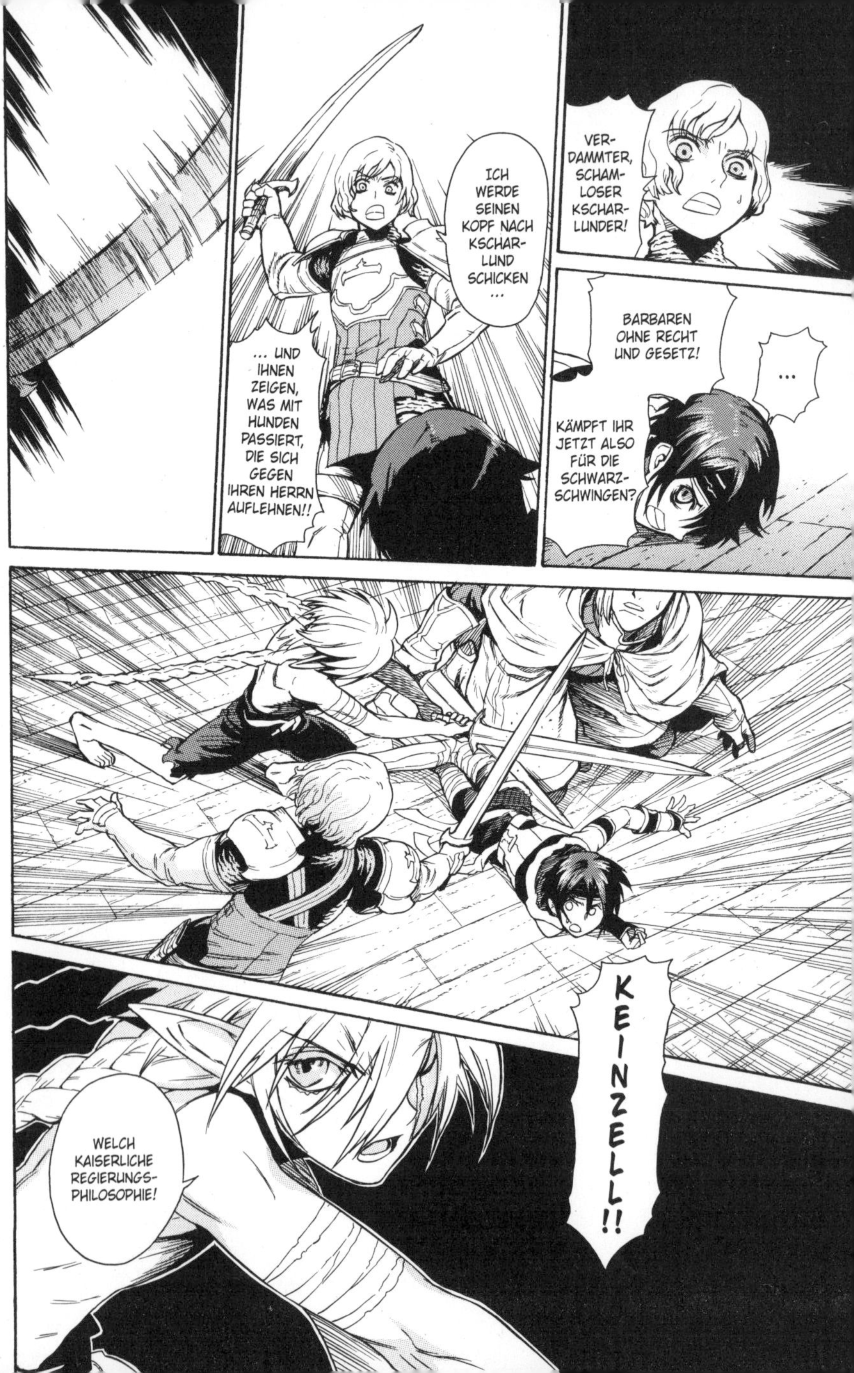

VERDAMMTER, SCHAMLOSER KSCHARLUNDER!
BARBAREN OHNE RECHT UND GESETZ!
...
KÄMPFT IHR JETZT ALSO FÜR DIE SCHWARZSCHWINGEN?
ICH WERDE SEINEN KOPF NACH KSCHARLUND SCHICKEN ...
... UND IHNEN ZEIGEN, WAS MIT HUNDEN PASSIERT, DIE SICH GEGEN IHREN HERRN AUFLEHNEN!!
KEINZELL!!
WELCH KAISERLICHE REGIERUNGSPHILOSOPHIE!

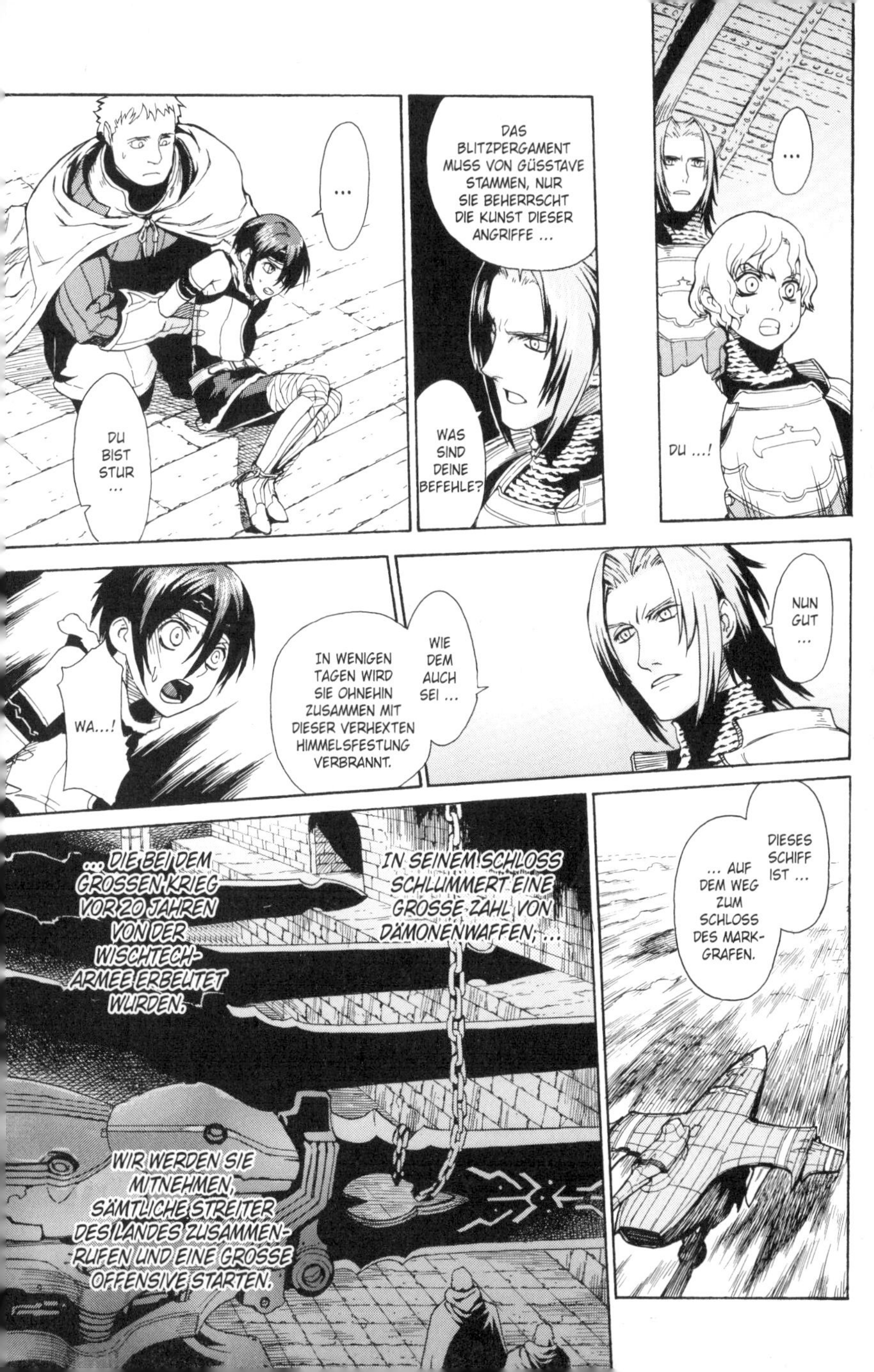

…
DU …!
DAS BLITZPERGAMENT MUSS VON GÜSSTAVE STAMMEN, NUR SIE BEHERRSCHT DIE KUNST DIESER ANGRIFFE …
WAS SIND DEINE BEFEHLE?
…
DU BIST STUR …
NUN GUT …
WIE DEM AUCH SEI …
IN WENIGEN TAGEN WIRD SIE OHNEHIN ZUSAMMEN MIT DIESER VERHEXTEN HIMMELSFESTUNG VERBRANNT.
WA…!
DIESES SCHIFF IST …
… AUF DEM WEG ZUM SCHLOSS DES MARK-GRAFEN.
IN SEINEM SCHLOSS SCHLUMMERT EINE GROSSE ZAHL VON DÄMONENWAFFEN, …
… DIE BEI DEM GROSSEN KRIEG VOR 20 JAHREN VON DER WISCHTECH-ARMEE ERBEUTET WURDEN.
WIR WERDEN SIE MITNEHMEN, SÄMTLICHE STREITER DES LANDES ZUSAMMEN-RUFEN UND EINE GROSSE OFFENSIVE STARTEN.

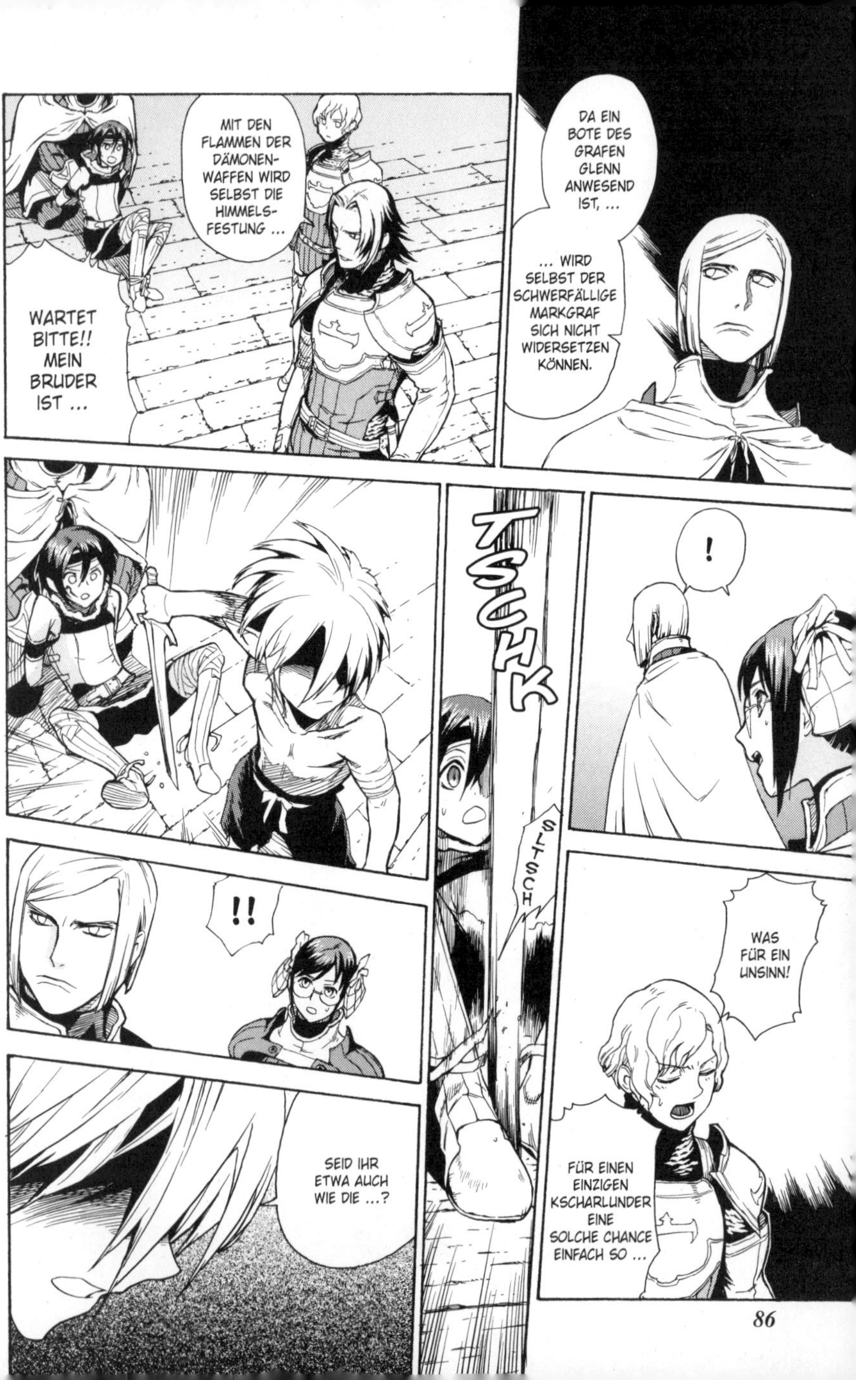
DA EIN BOTE DES GRAFEN GLENN ANWESEND IST, …
… WIRD SELBST DER SCHWERFÄLLIGE MARKGRAF SICH NICHT WIDERSETZEN KÖNNEN.
MIT DEN FLAMMEN DER DÄMONEN-WAFFEN WIRD SELBST DIE HIMMELS-FESTUNG …
WARTET BITTE!! MEIN BRUDER IST …
!
TSCHK
SLTSCH
!!
WAS FÜR EIN UNSINN!
FÜR EINEN EINZIGEN KSCHARLUNDER EINE SOLCHE CHANCE EINFACH SO …
SEID IHR ETWA AUCH WIE DIE …?

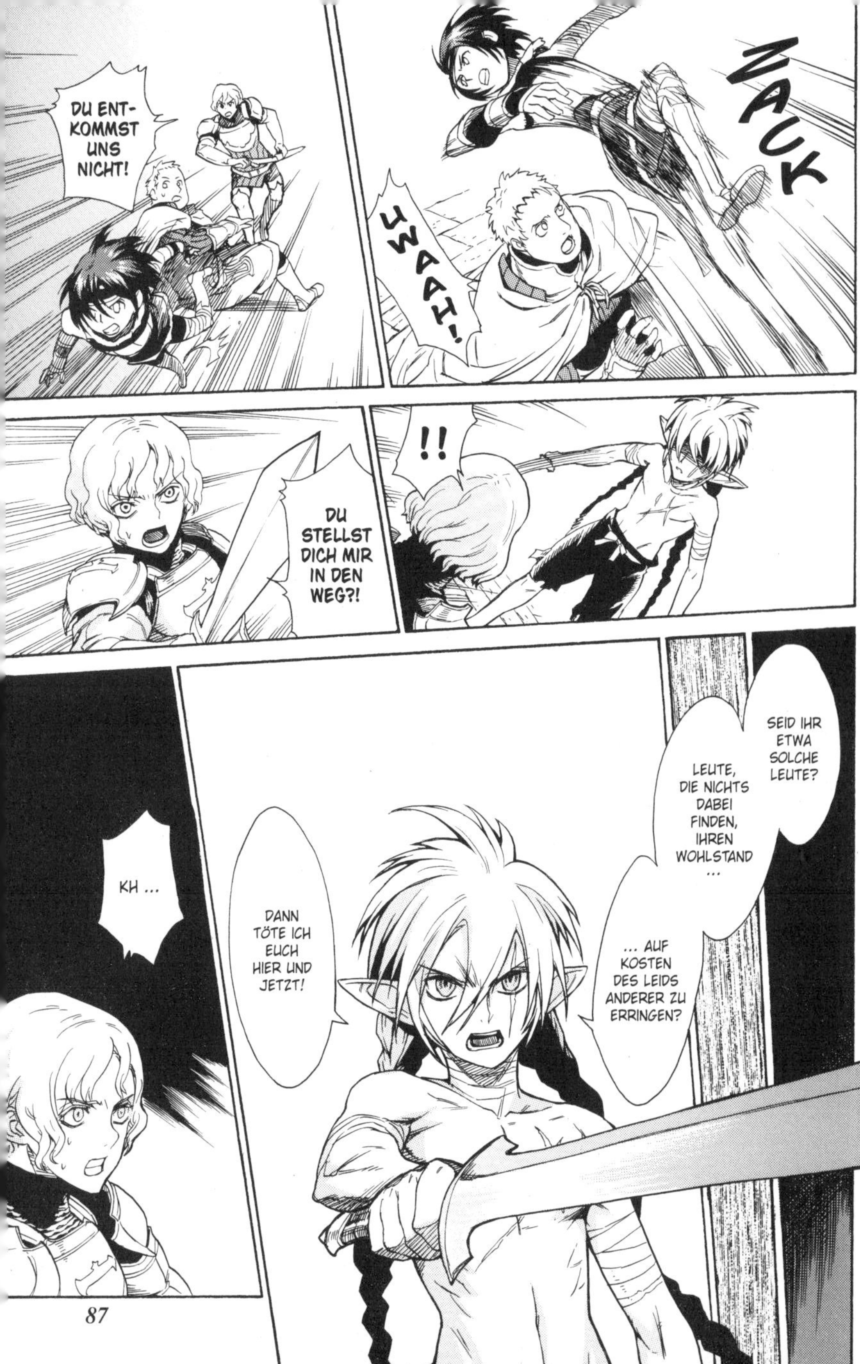
ZACK
UWAAH!
DU ENT-KOMMST UNS NICHT!
!!
DU STELLST DICH MIR IN DEN WEG?!
SEID IHR ETWA SOLCHE LEUTE?
LEUTE, DIE NICHTS DABEI FINDEN, IHREN WOHLSTAND …
… AUF KOSTEN DES LEIDS ANDERER ZU ERRINGEN?
DANN TÖTE ICH EUCH HIER UND JETZT!
KH …

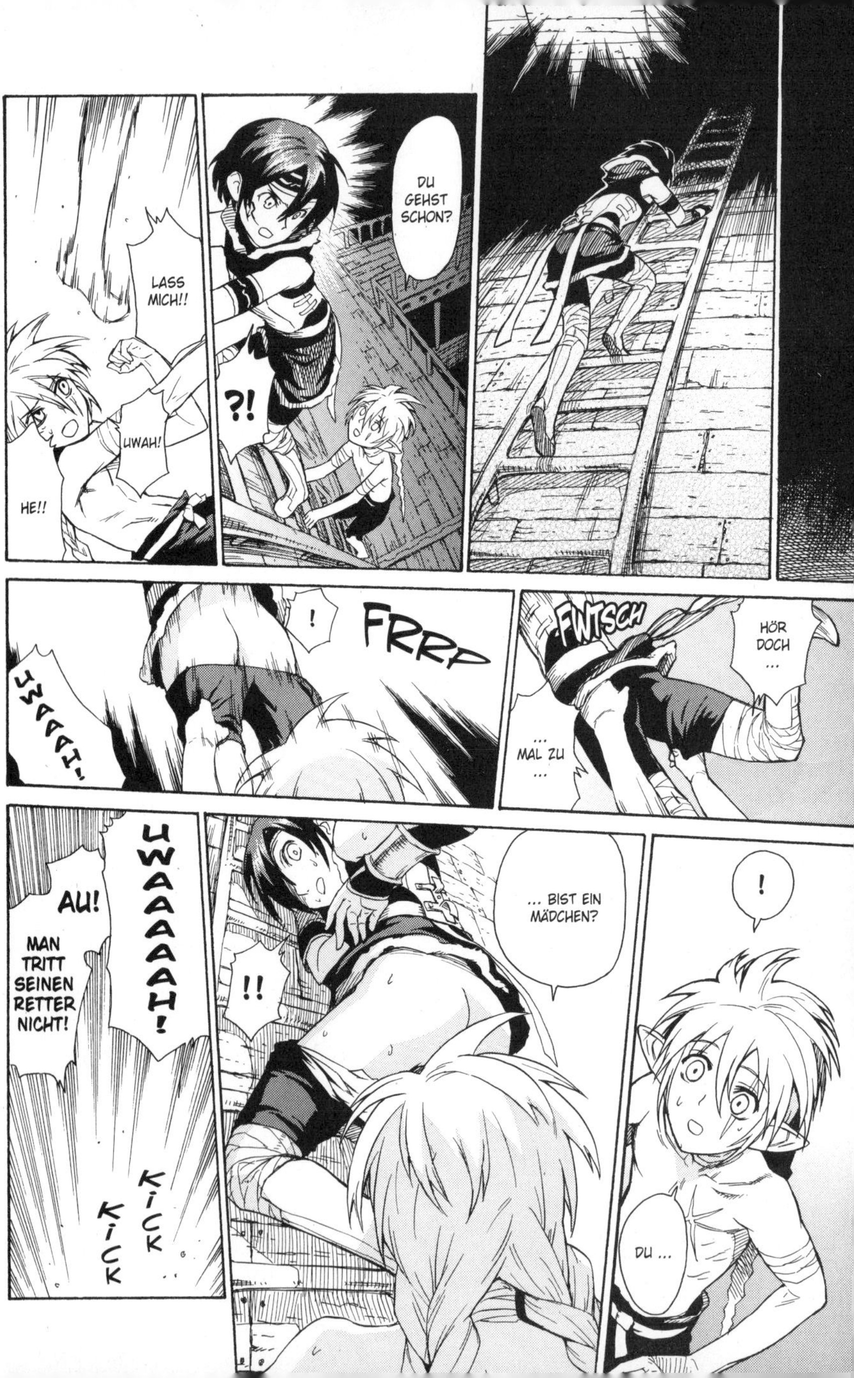
DU GEHST SCHON?
?!
LASS MICH!!
UWAH!
HE!!
FWTSCH
HÖR DOCH ...
... MAL ZU ...
FRRP
!
UWAAAH!
!
DU ...
... BIST EIN MÄDCHEN?
!!
UWAAAAAAH!
AU!
MAN TRITT SEINEN RETTER NICHT!
KICK KICK

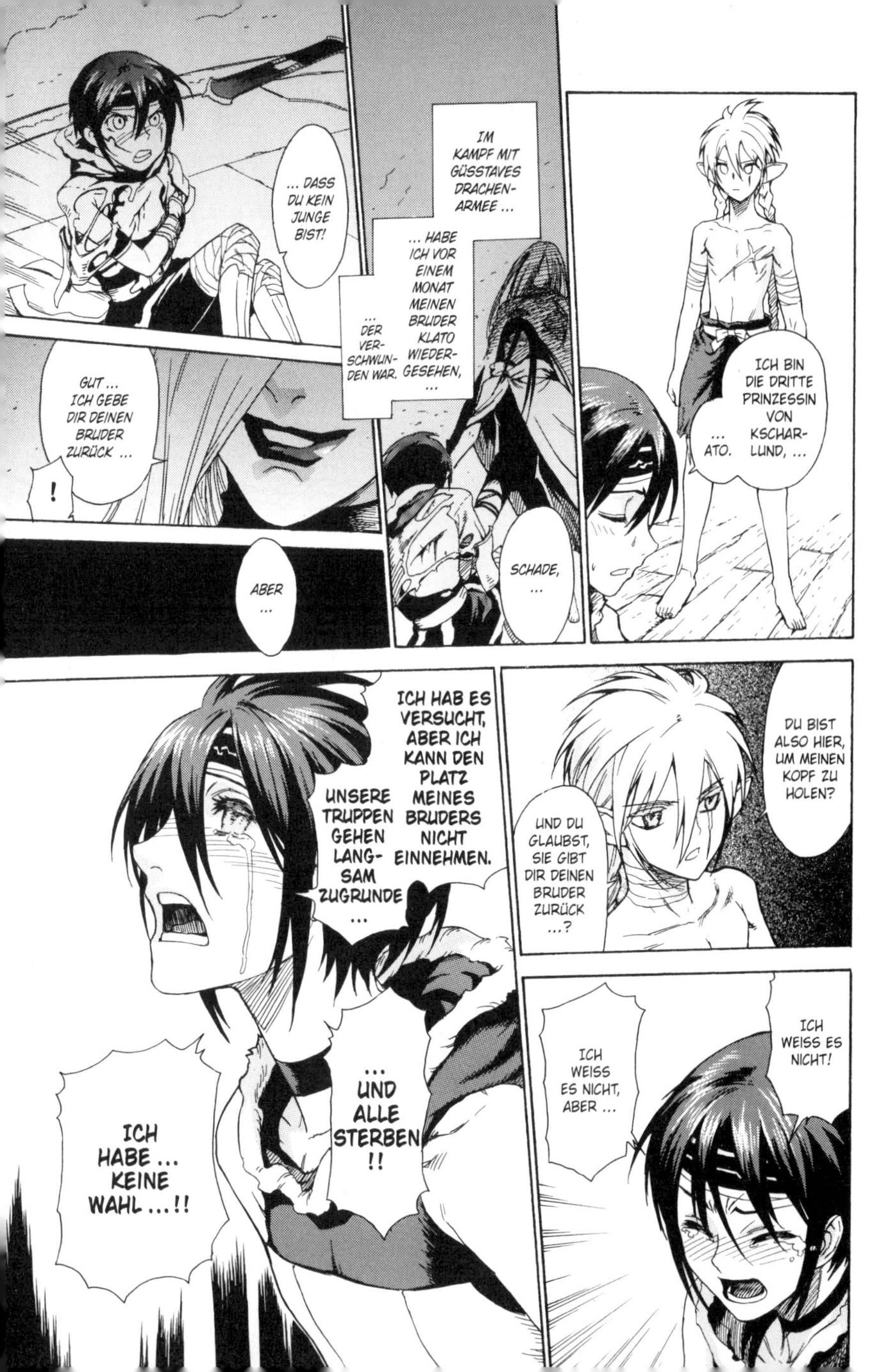

Ich bin die dritte Prinzessin von Kscharlund, ...
... Ato.
Schade, ...
Im Kampf mit Güsstaves Drachenarmee ...
... habe ich vor einem Monat meinen Bruder Klato wiedergesehen, ...
... der verschwunden war.
... dass du kein Junge bist!
Gut ... ich gebe dir deinen Bruder zurück ...
!
Aber ...
Du bist also hier, um meinen Kopf zu holen?
Und du glaubst, sie gibt dir deinen Bruder zurück ...?
Ich weiss es nicht!
Ich weiss es nicht, aber ...
Ich hab es versucht, aber ich kann den Platz meines Bruders nicht einnehmen.
Unsere Truppen gehen langsam zugrunde ...
... und alle sterben !!
Ich habe ... keine Wahl ...!!

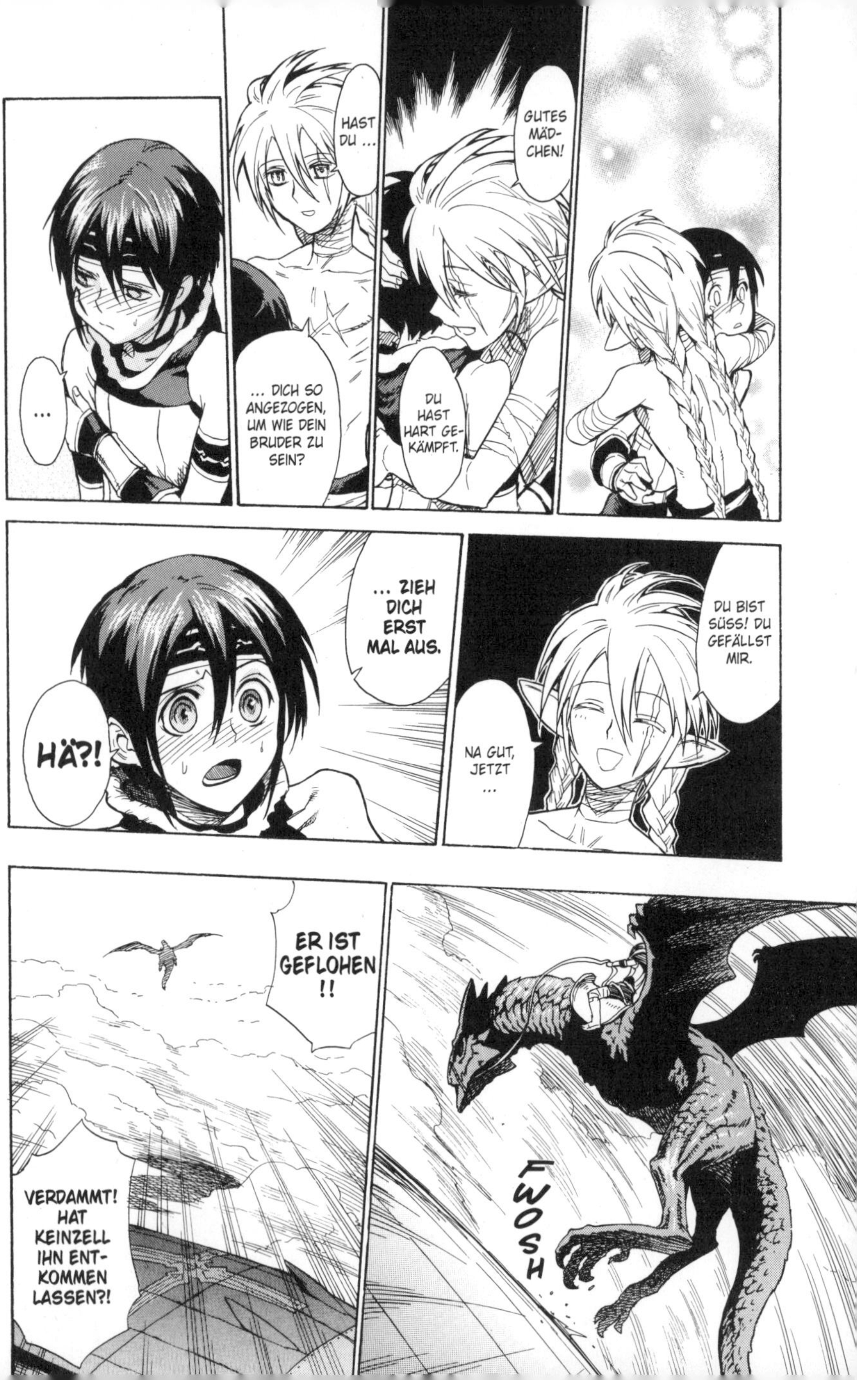
GUTES MÄD-CHEN!
DU HAST HART GE-KÄMPFT.
HAST DU …
… DICH SO ANGEZOGEN, UM WIE DEIN BRUDER ZU SEIN?
…
DU BIST SÜSS! DU GEFÄLLST MIR.
NA GUT, JETZT …
… ZIEH DICH ERST MAL AUS.
HÄ?!
FWOSH
ER IST GEFLOHEN !!
VERDAMMT! HAT KEINZELL IHN ENT-KOMMEN LASSEN?!

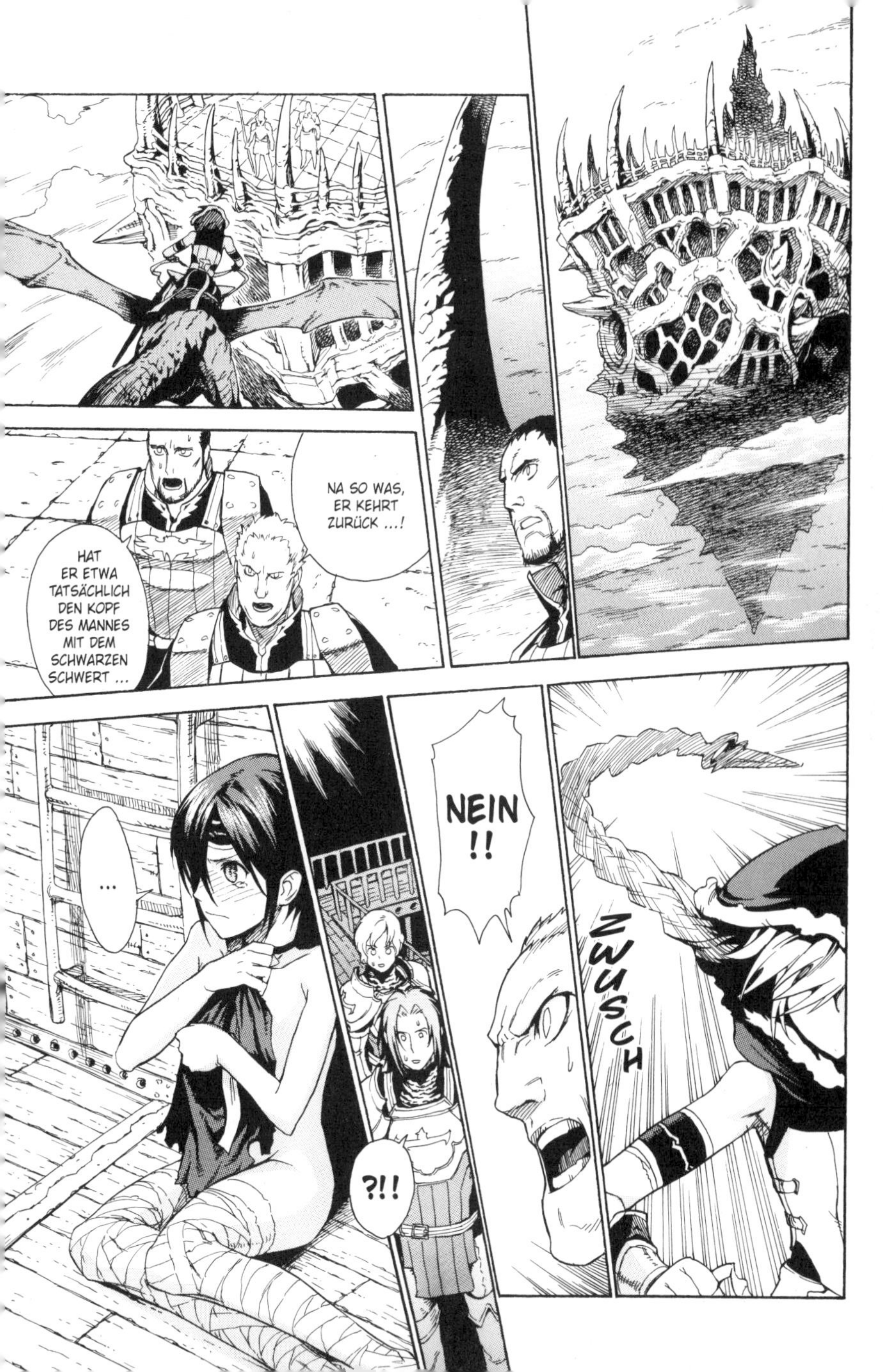
NA SO WAS, ER KEHRT ZURÜCK ...!
HAT ER ETWA TATSÄCHLICH DEN KOPF DES MANNES MIT DEM SCHWARZEN SCHWERT ...
ZWUSCH
NEIN!!
?!!
...

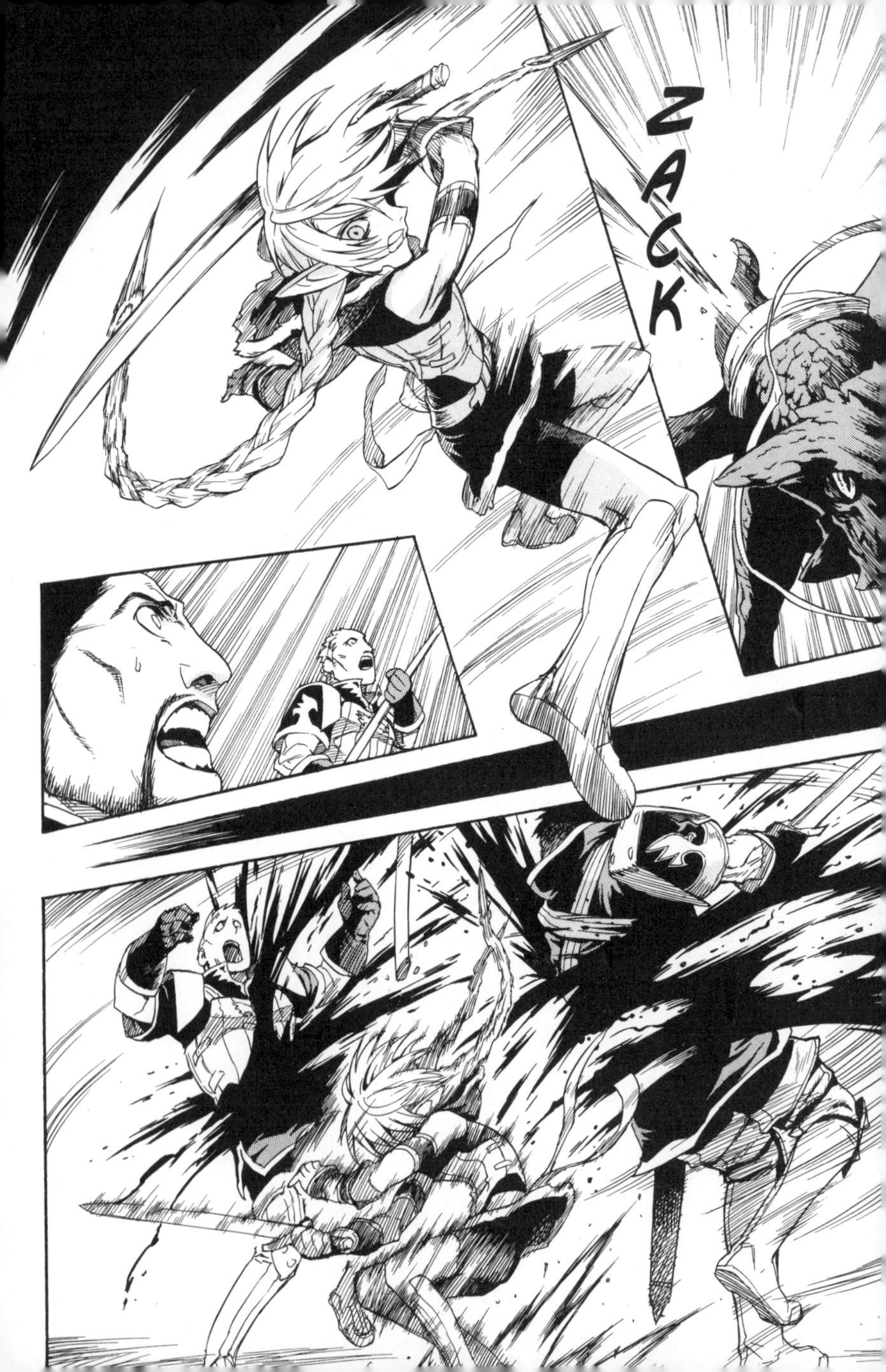
ZACK

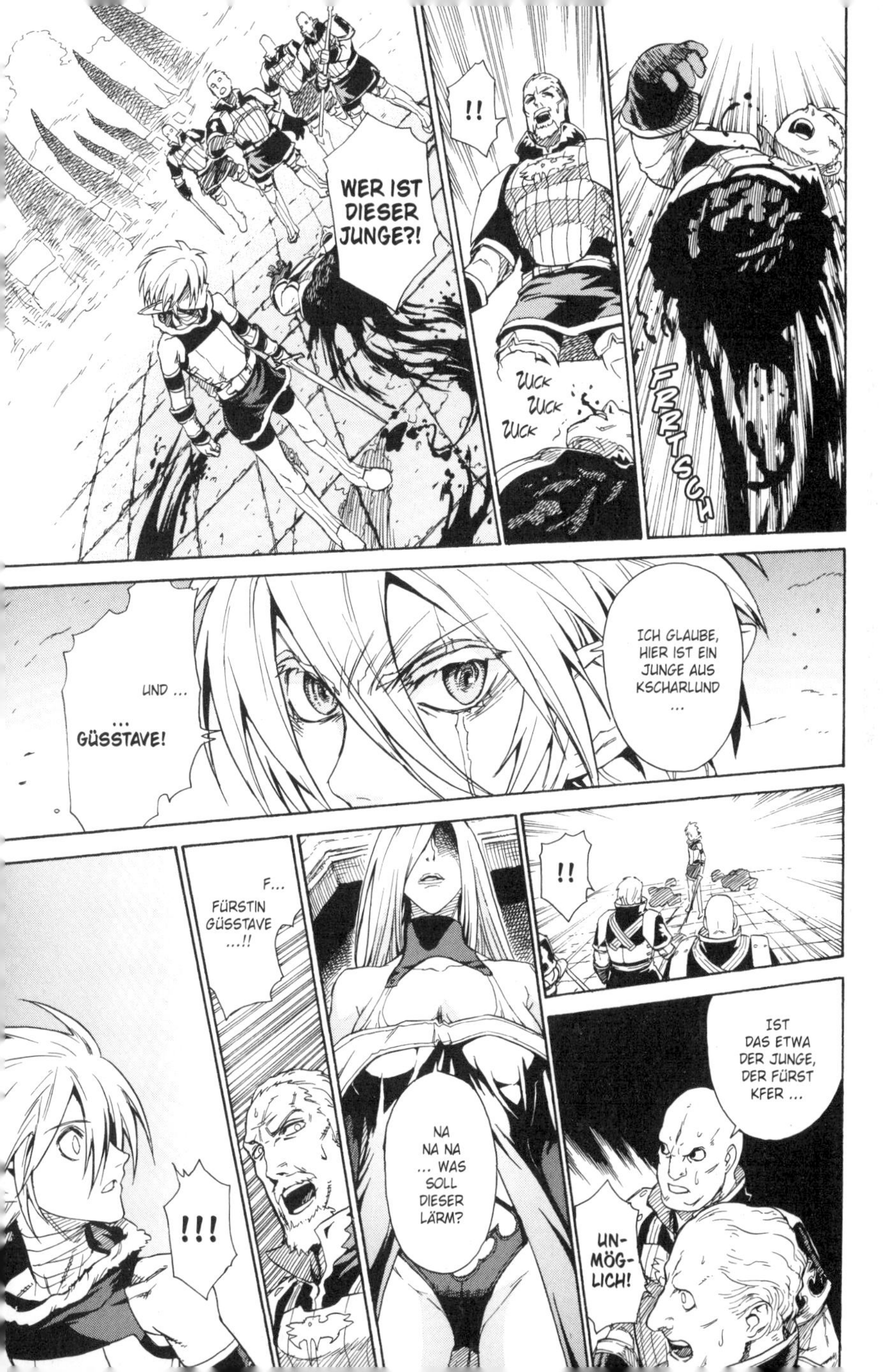
FRRTSCH
!!
ZUCK
ZUCK
ZUCK
WER IST DIESER JUNGE?!
ICH GLAUBE, HIER IST EIN JUNGE AUS KSCHARLUND …
UND …
… GÜSSTAVE!
!!
IST DAS ETWA DER JUNGE, DER FÜRST KFER …
UN-MÖG-LICH!
NA NA NA … WAS SOLL DIESER LÄRM?
F… FÜRSTIN GÜSSTAVE …!!
!!!

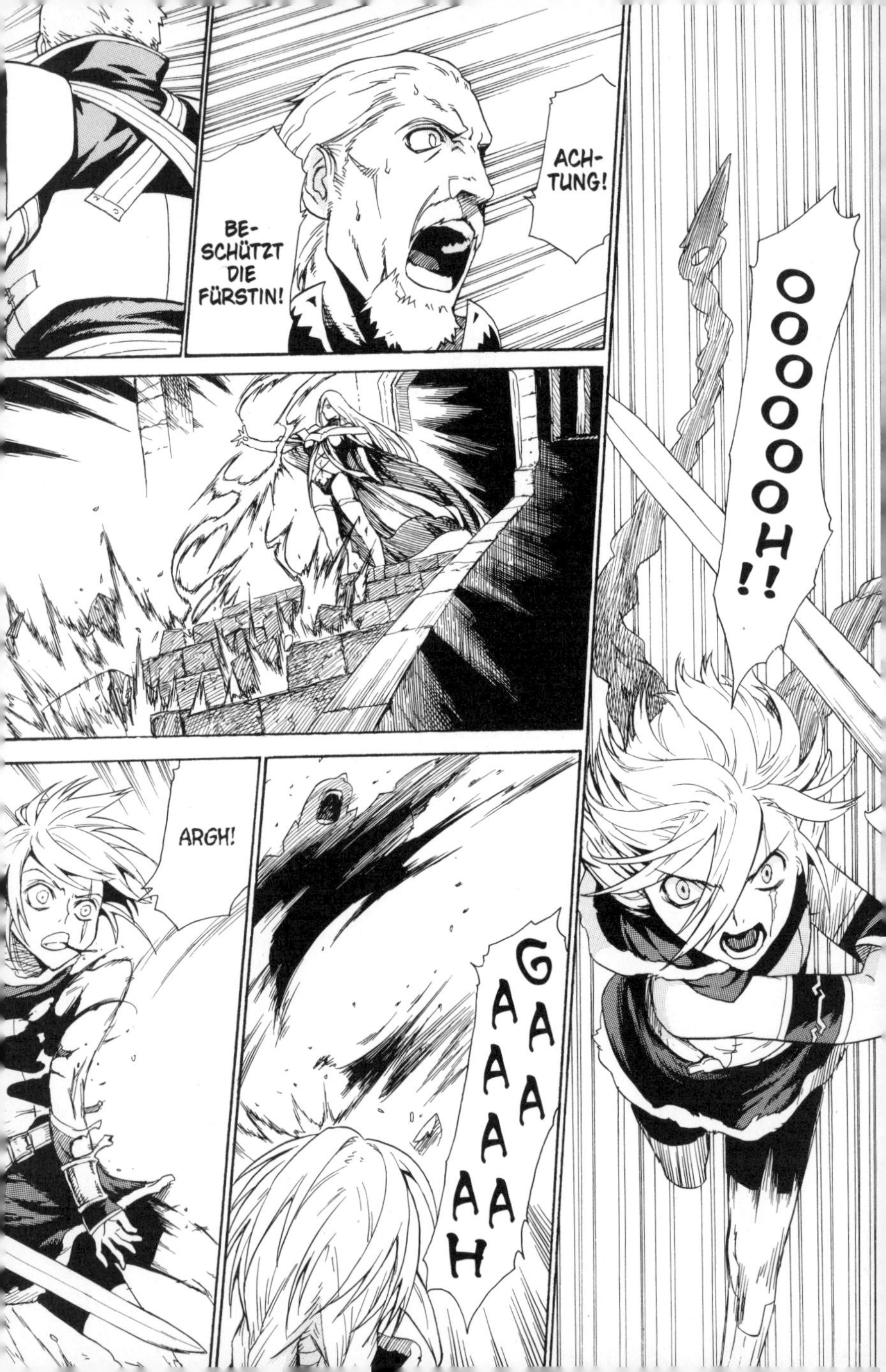

ACH-
TUNG!
BE-
SCHÜTZT
DIE
FÜRSTIN!
OOOOOOH!!
GAAAAAAAAH
ARGH!

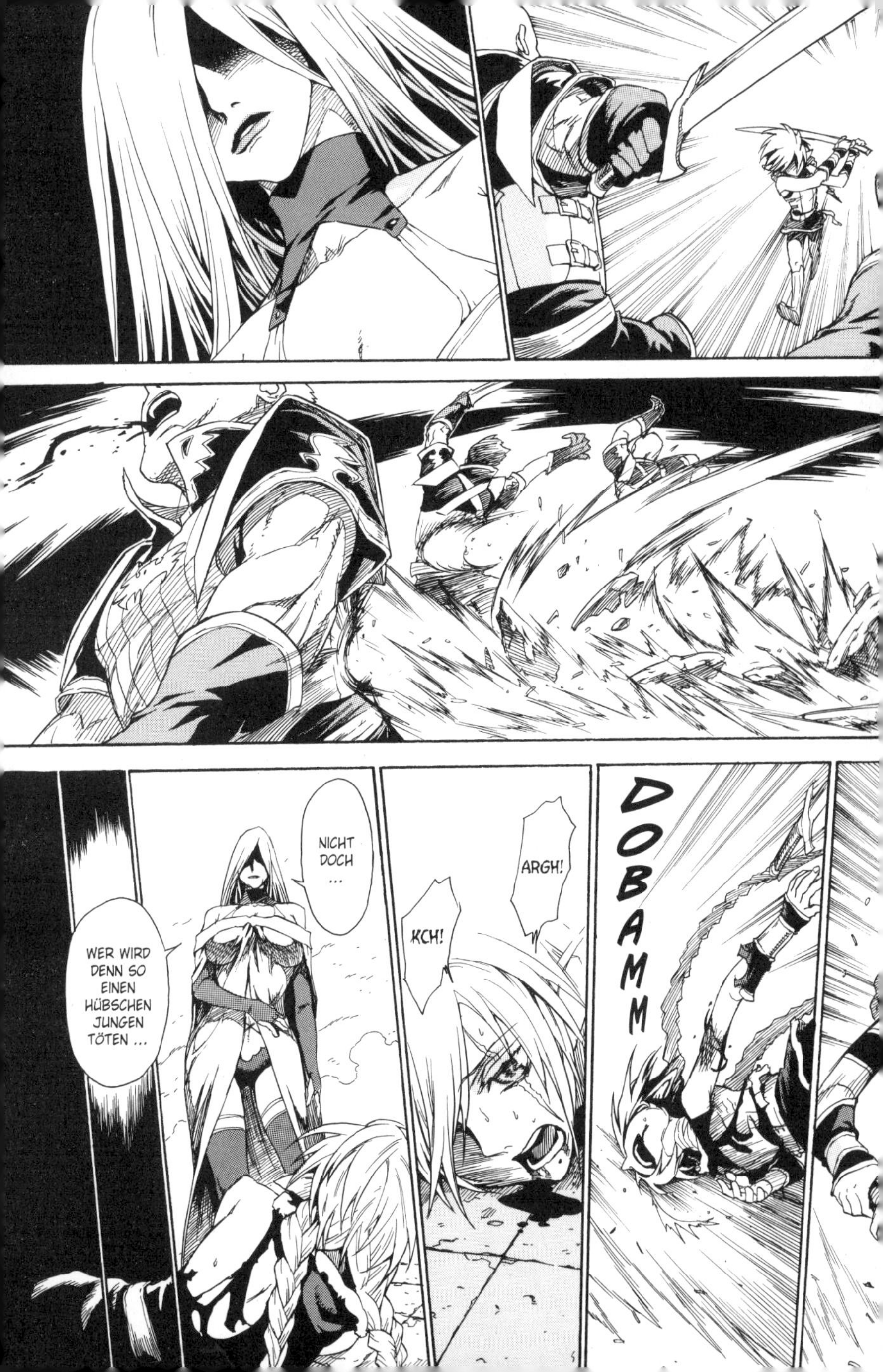
DOBAMM
ARGH!
KCH!
NICHT DOCH ...
WER WIRD DENN SO EINEN HÜBSCHEN JUNGEN TÖTEN ...

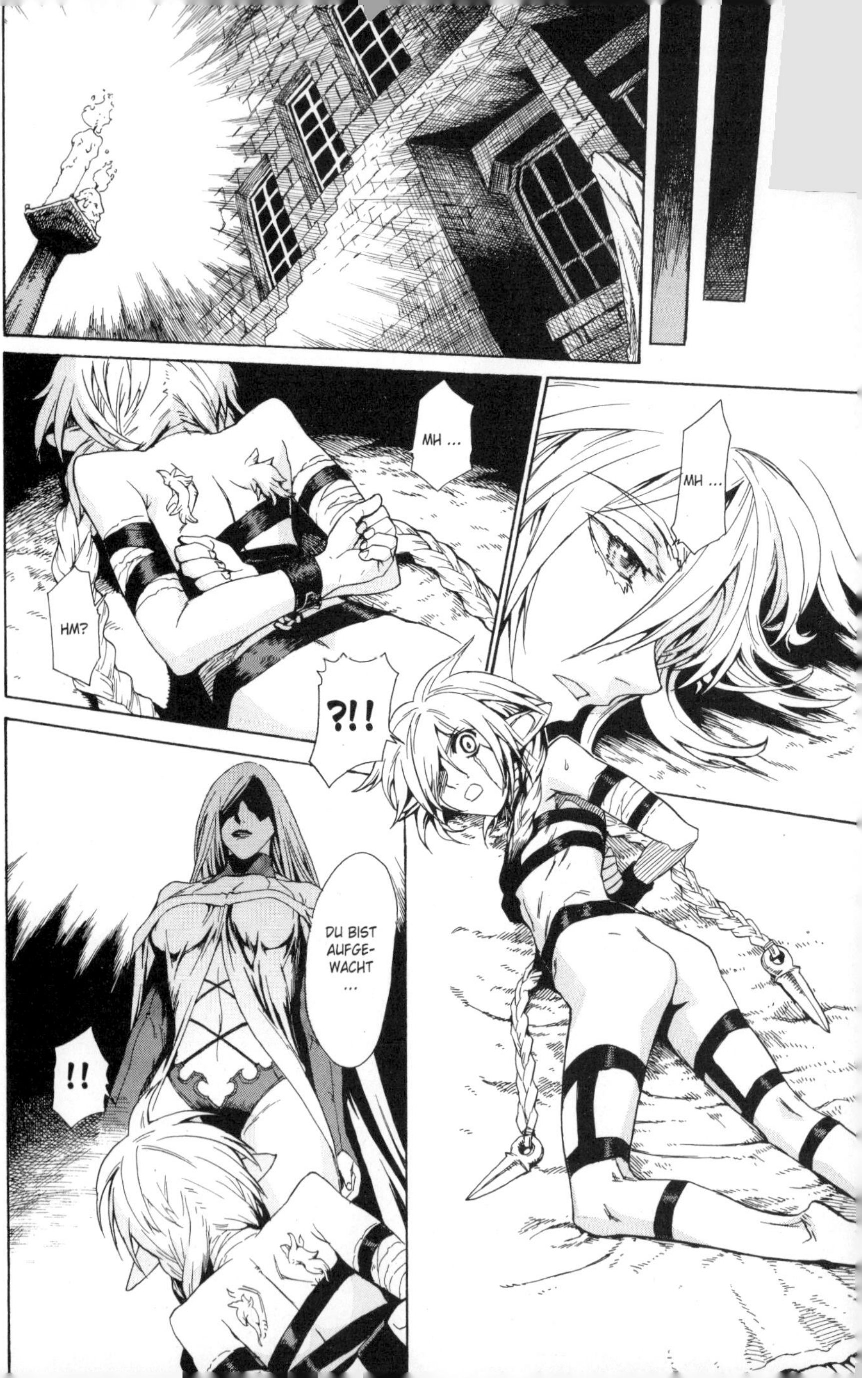

MH ...
MH ...
HM?
?!!
DU BIST AUFGE-WACHT ...
!!

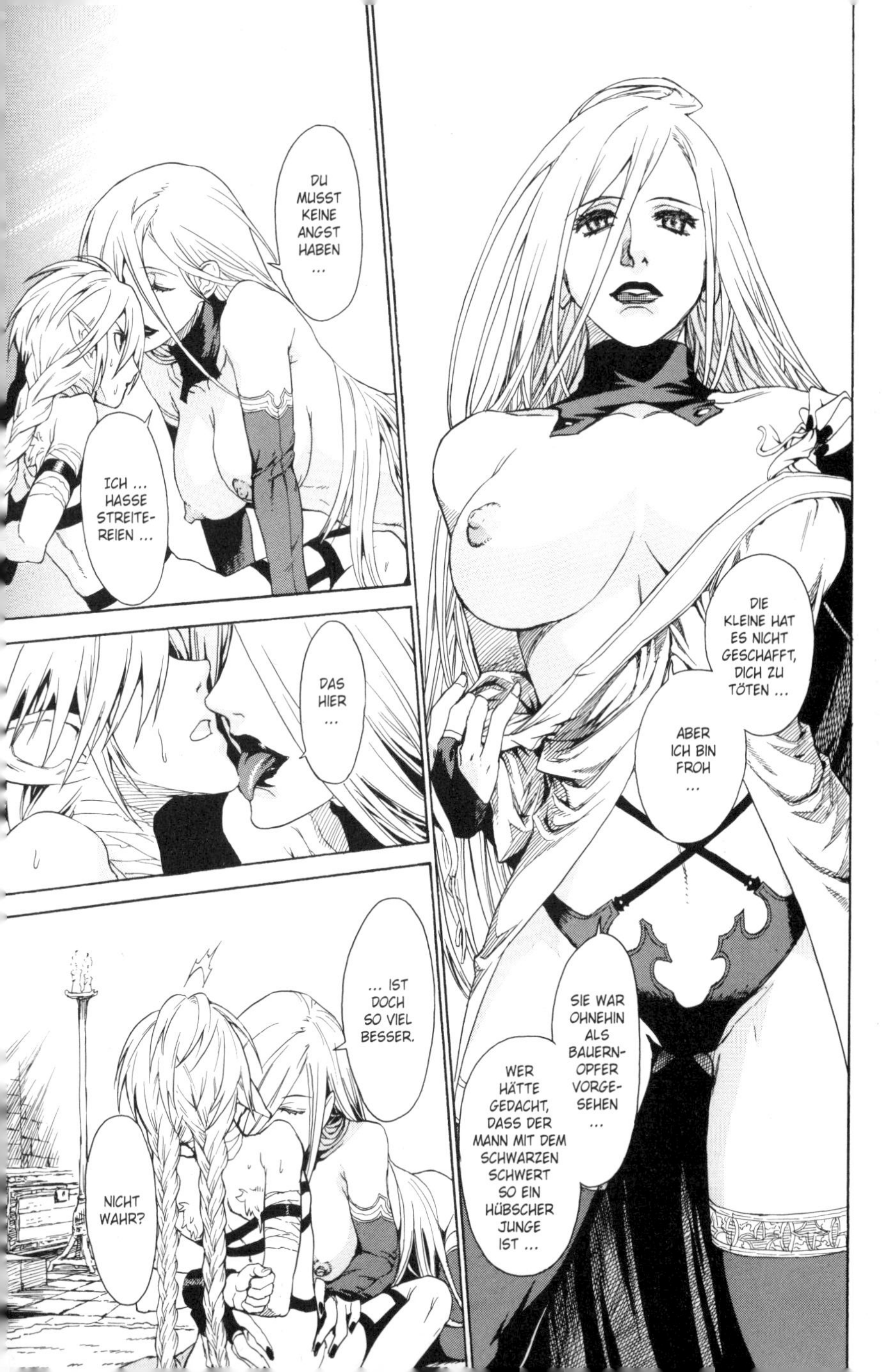
DIE KLEINE HAT ES NICHT GESCHAFFT, DICH ZU TÖTEN ...
ABER ICH BIN FROH ...
SIE WAR OHNEHIN ALS BAUERN-OPFER VORGE-SEHEN ...
WER HÄTTE GEDACHT, DASS DER MANN MIT DEM SCHWARZEN SCHWERT SO EIN HÜBSCHER JUNGE IST ...
DU MUSST KEINE ANGST HABEN ...
ICH ... HASSE STREITE-REIEN ...
DAS HIER ...
... IST DOCH SO VIEL BESSER.
NICHT WAHR?

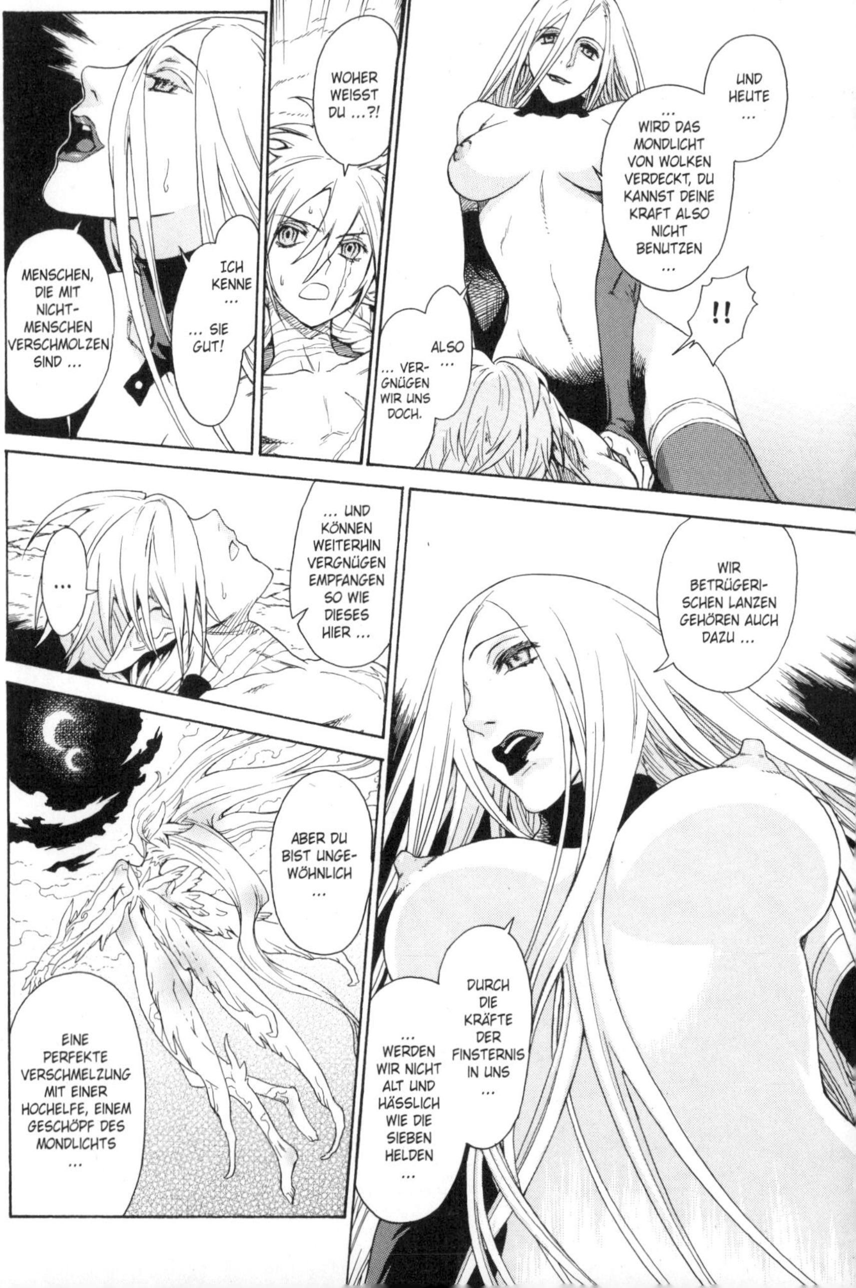
UND HEUTE …
… WIRD DAS MONDLICHT VON WOLKEN VERDECKT, DU KANNST DEINE KRAFT ALSO NICHT BENUTZEN …
!!
ALSO …
… VERGNÜGEN WIR UNS DOCH.
WOHER WEISST DU …?!
ICH KENNE …
… SIE GUT!
MENSCHEN, DIE MIT NICHT-MENSCHEN VERSCHMOLZEN SIND …
WIR BETRÜGERI-SCHEN LANZEN GEHÖREN AUCH DAZU …
DURCH DIE KRÄFTE DER FINSTERNIS IN UNS …
… WERDEN WIR NICHT ALT UND HÄSSLICH WIE DIE SIEBEN HELDEN …
… UND KÖNNEN WEITERHIN VERGNÜGEN EMPFANGEN SO WIE DIESES HIER …
…
ABER DU BIST UNGE-WÖHNLICH …
EINE PERFEKTE VERSCHMELZUNG MIT EINER HOCHELFE, EINEM GESCHÖPF DES MONDLICHTS …

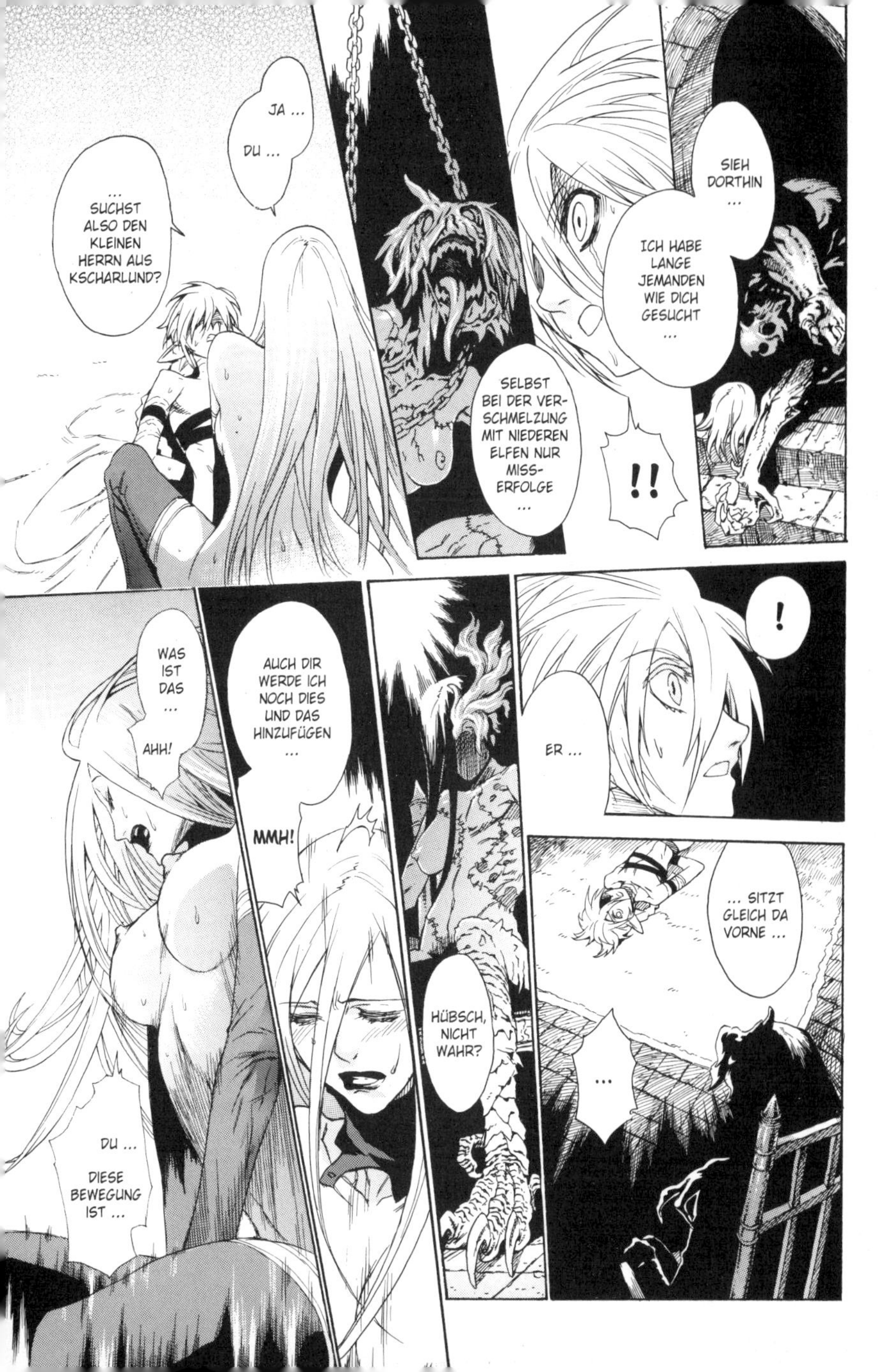
SIEH DORTHIN ...
ICH HABE LANGE JEMANDEN WIE DICH GESUCHT ...
!!
SELBST BEI DER VERSCHMELZUNG MIT NIEDEREN ELFEN NUR MISSERFOLGE ...
JA ... DU ...
... SUCHST ALSO DEN KLEINEN HERRN AUS KSCHARLUND?
!
ER ...
... SITZT GLEICH DA VORNE ...
...
HÜBSCH, NICHT WAHR?
AUCH DIR WERDE ICH NOCH DIES UND DAS HINZUFÜGEN ...
MMH!
WAS IST DAS ... AHH!
DU ... DIESE BEWEGUNG IST ...

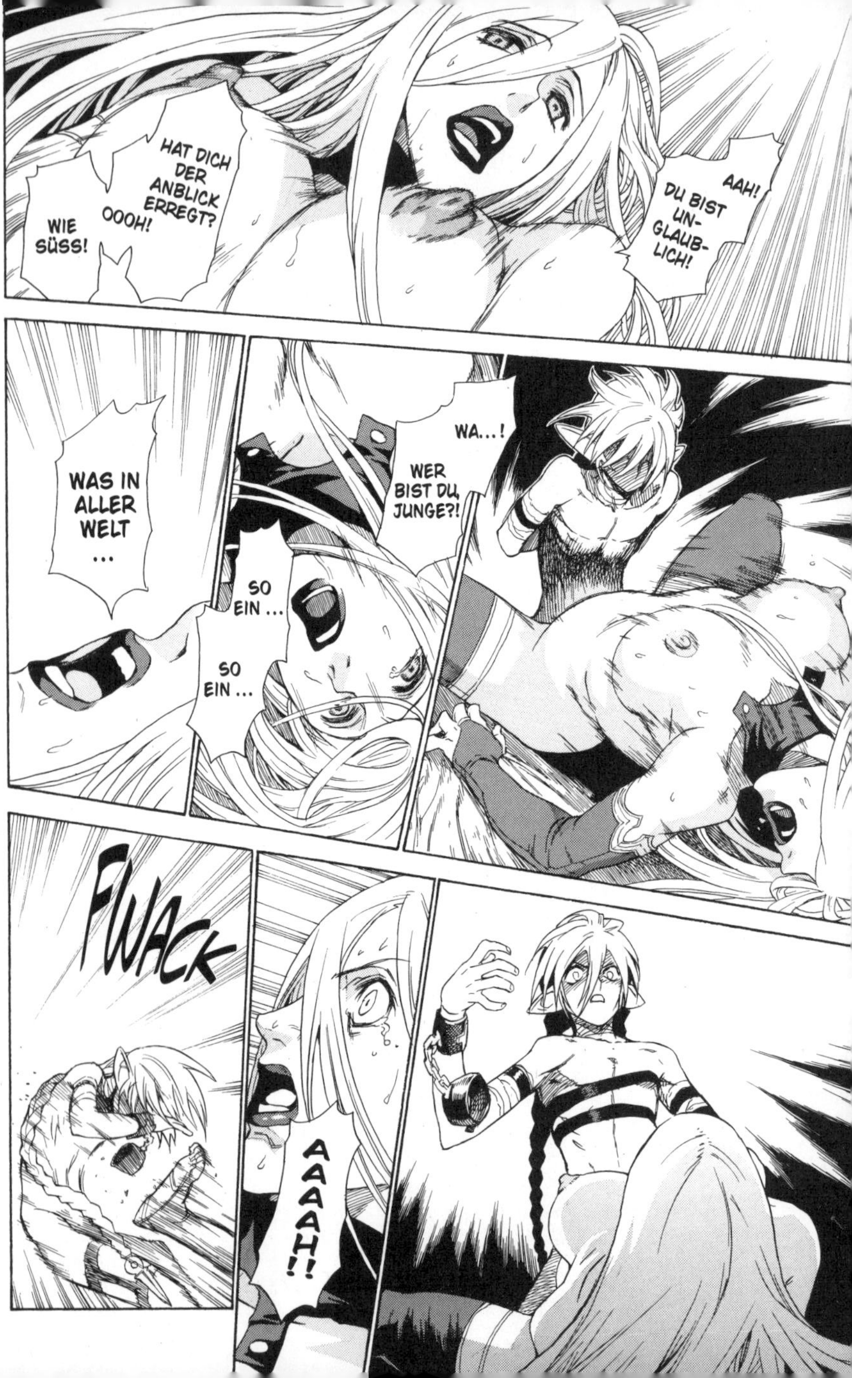
AAH! DU BIST UN-GLAUB-LICH!
HAT DICH DER ANBLICK ERREGT?
OOOH!
WIE SÜSS!
WA...!
WER BIST DU, JUNGE?!
SO EIN ...
SO EIN ...
WAS IN ALLER WELT ...
AAAAAH!!
FWACK

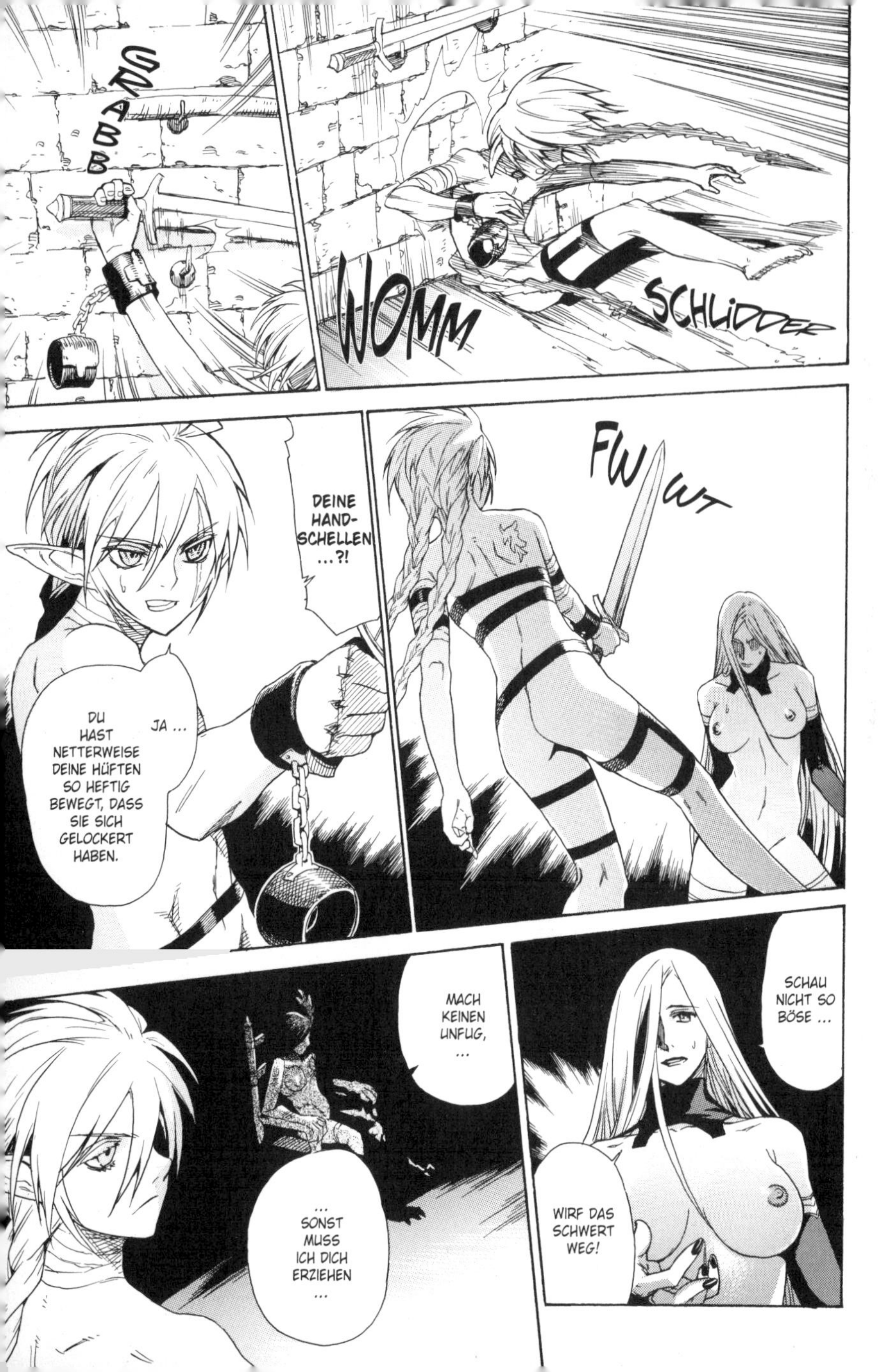
WOMM
SCHLIDDER
GRABB
FWUT
DEINE HAND-SCHELLEN …?!
JA …
DU HAST NETTERWEISE DEINE HÜFTEN SO HEFTIG BEWEGT, DASS SIE SICH GELOCKERT HABEN.
SCHAU NICHT SO BÖSE …
WIRF DAS SCHWERT WEG!
MACH KEINEN UNFUG, …
… SONST MUSS ICH DICH ERZIEHEN …

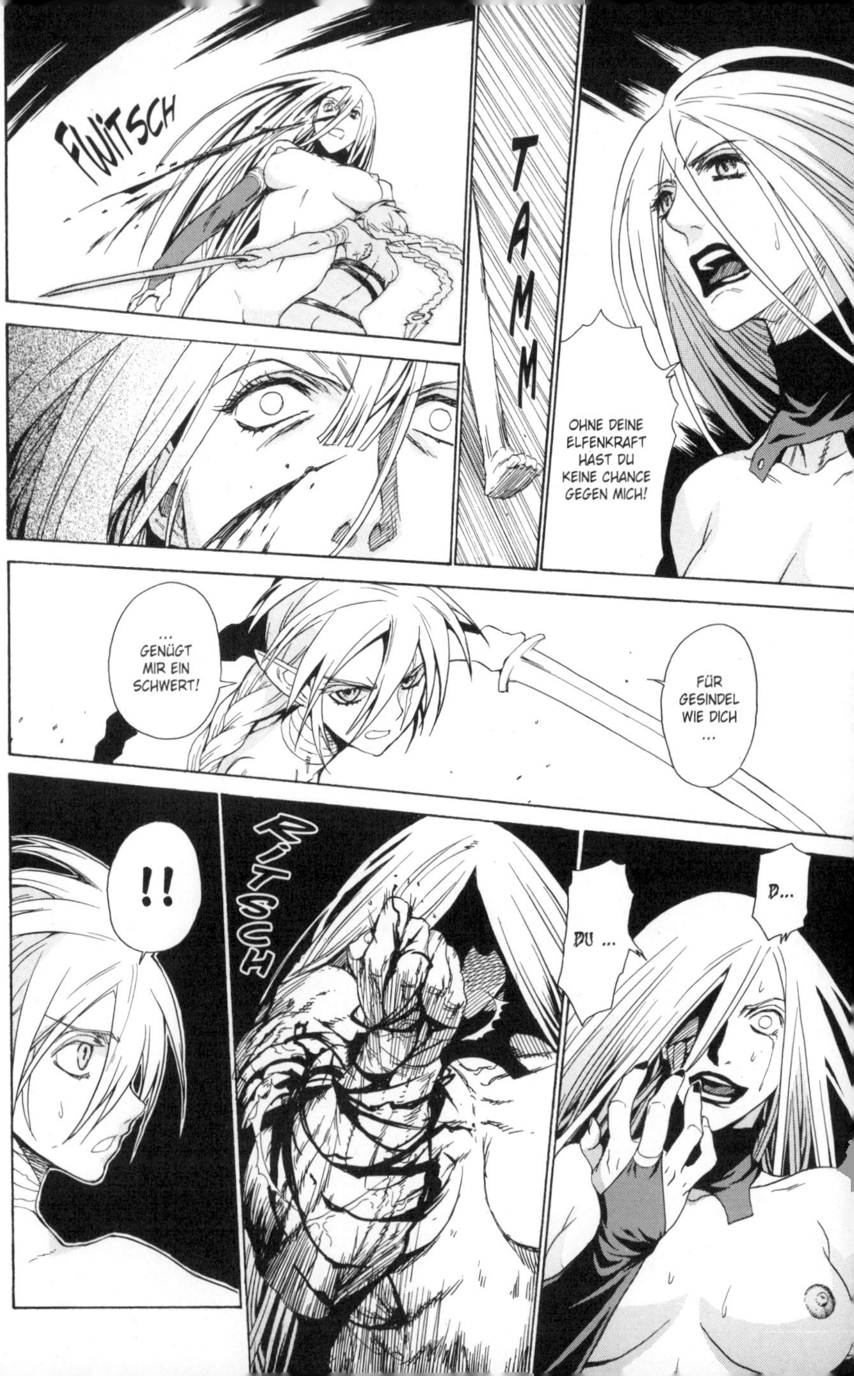
OHNE DEINE ELFENKRAFT HAST DU KEINE CHANCE GEGEN MICH!
TAMM
FWITSCH
FÜR GESINDEL WIE DICH ...
... GENÜGT MIR EIN SCHWERT!
D...
DU ...
RITSCH
!!

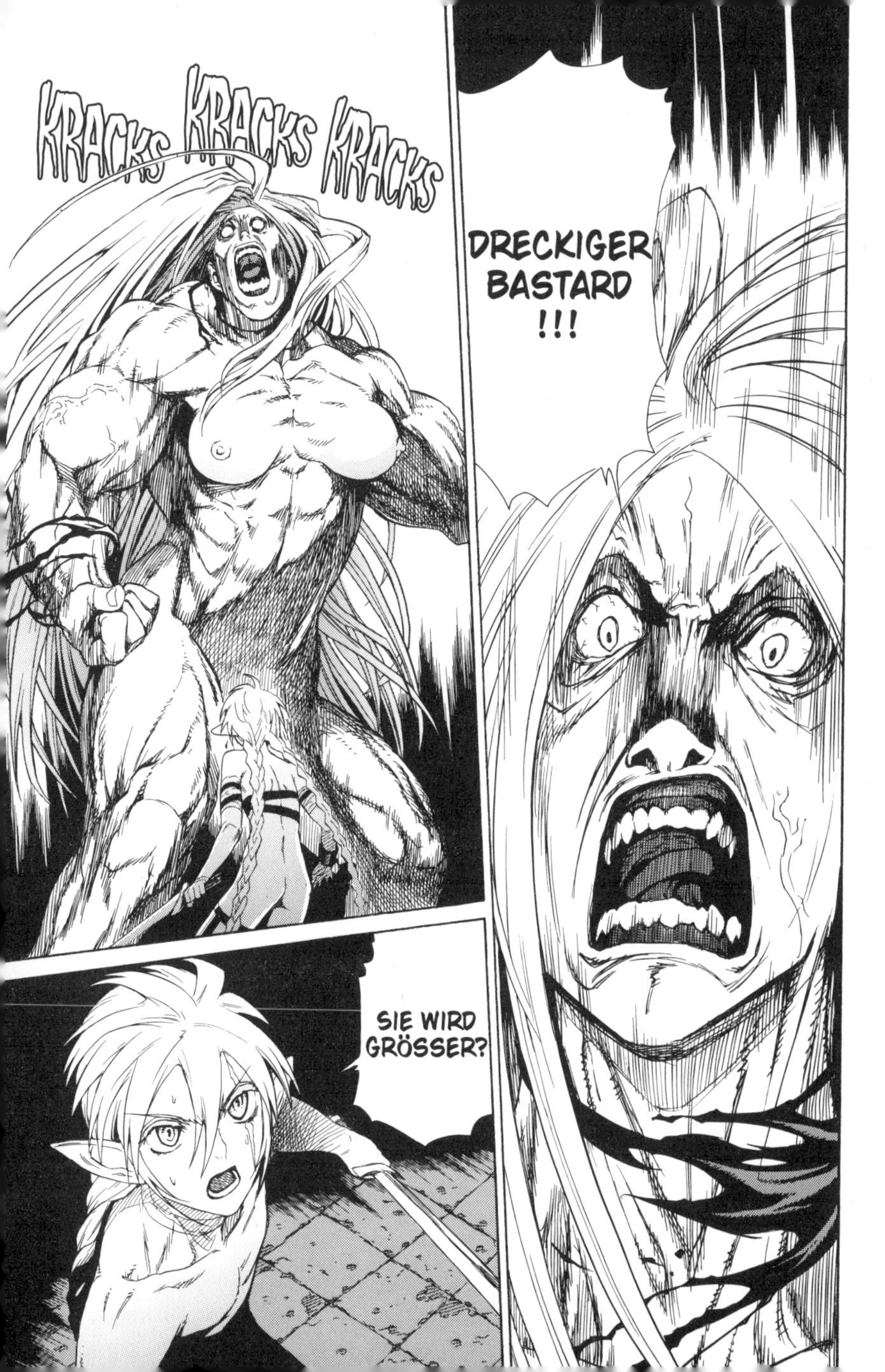
DRECKIGER BASTARD !!!
KRACKS KRACKS KRACKS
SIE WIRD GRÖSSER?

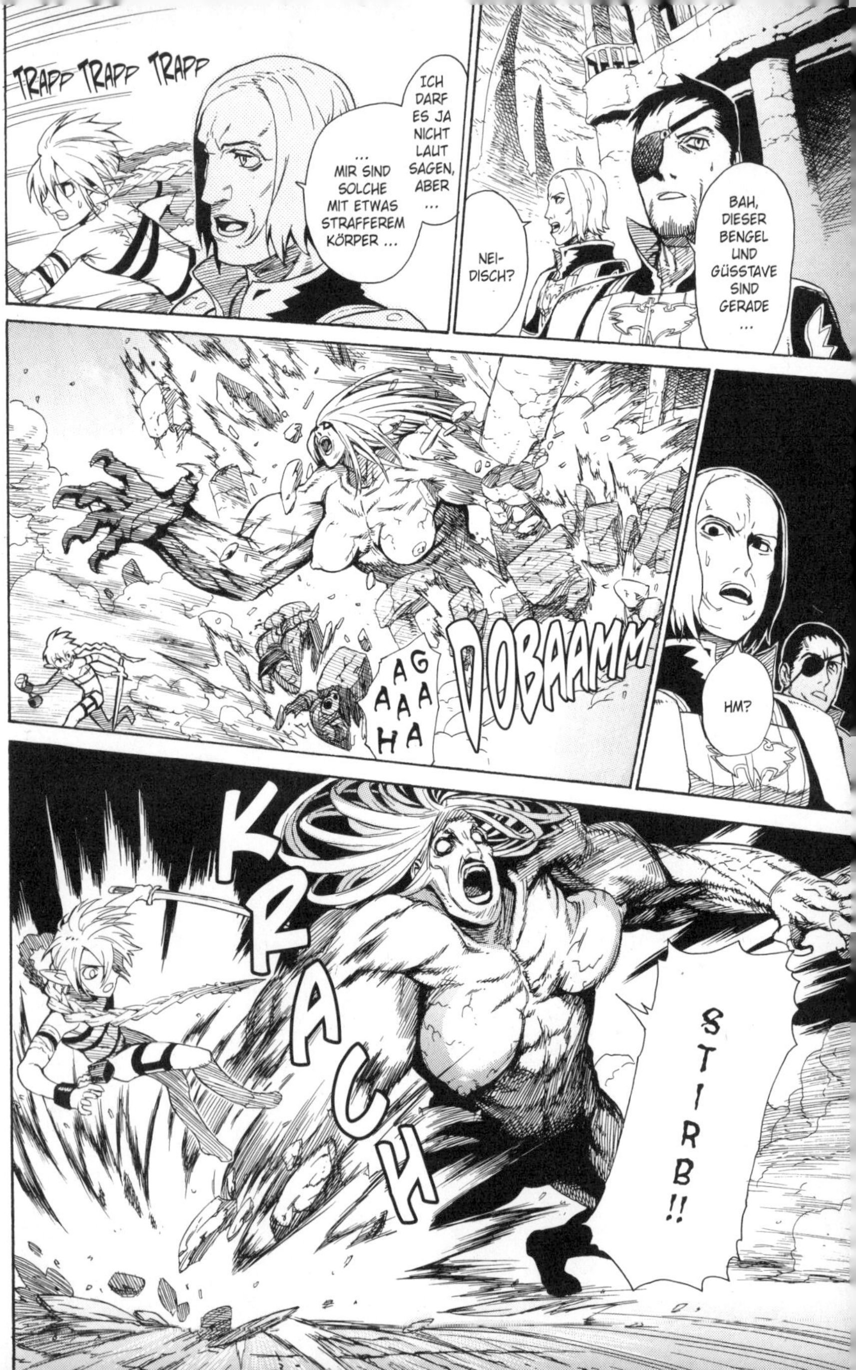
BAH, DIESER BENGEL UND GÜSSTAVE SIND GERADE ...
NEI-DISCH?
TRAPP TRAPP TRAPP
ICH DARF ES JA NICHT LAUT SAGEN, ABER ...
... MIR SIND SOLCHE MIT ETWAS STRAFFEREM KÖRPER ...
HM?
DOBAAMM
AG AAA HA
KRACH
STIRB!!

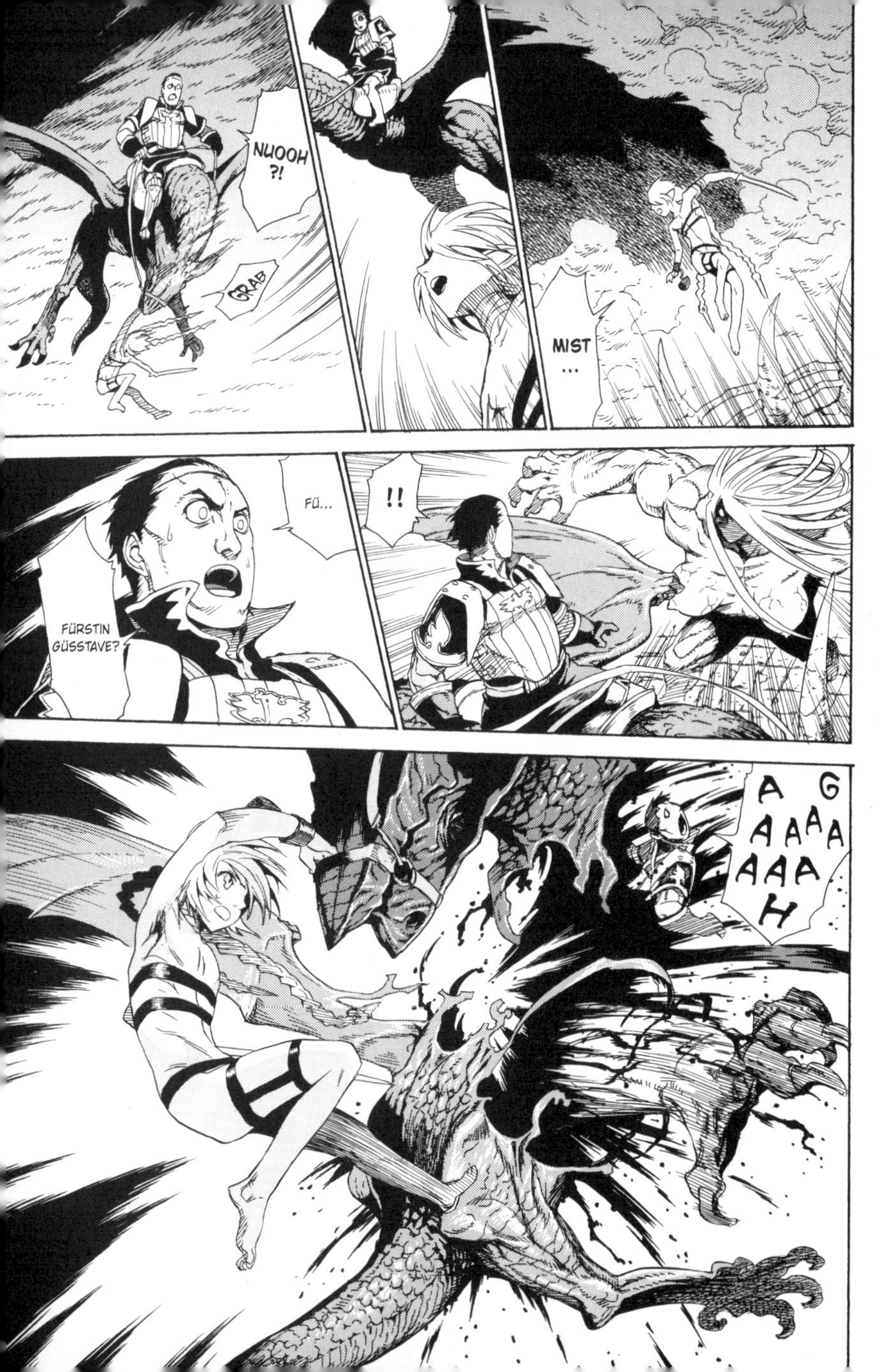

MIST ...
NUOOH ?!
GRAB
!!
FÜ...
FÜRSTIN GÜSSTAVE?
GAAAAAAAAH

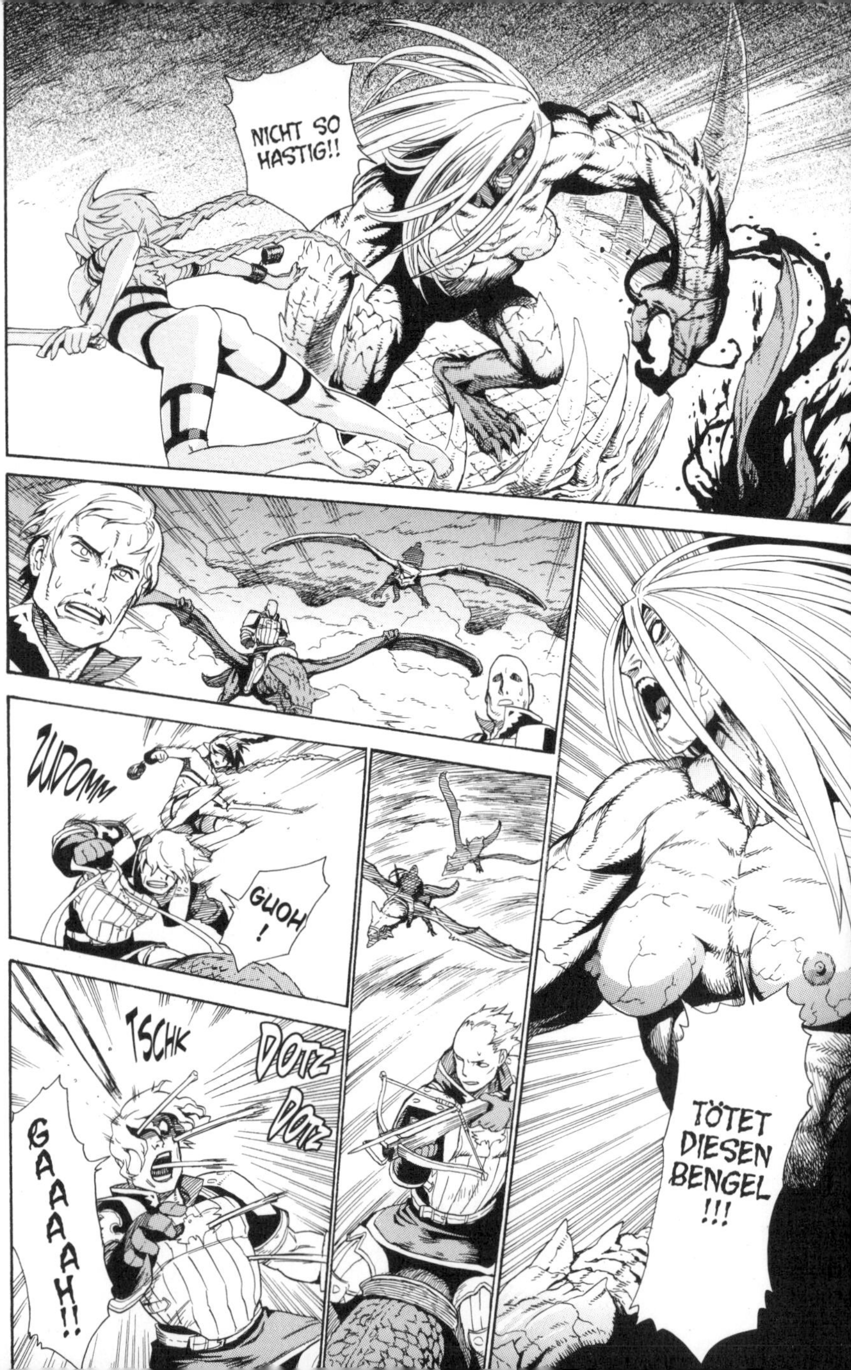
NICHT SO HASTIG!!
TÖTET DIESEN BENGEL!!!
ZUDOMM
GUOH!
TSCHK
DOTZ
DOTZ
GAAAAAH!!

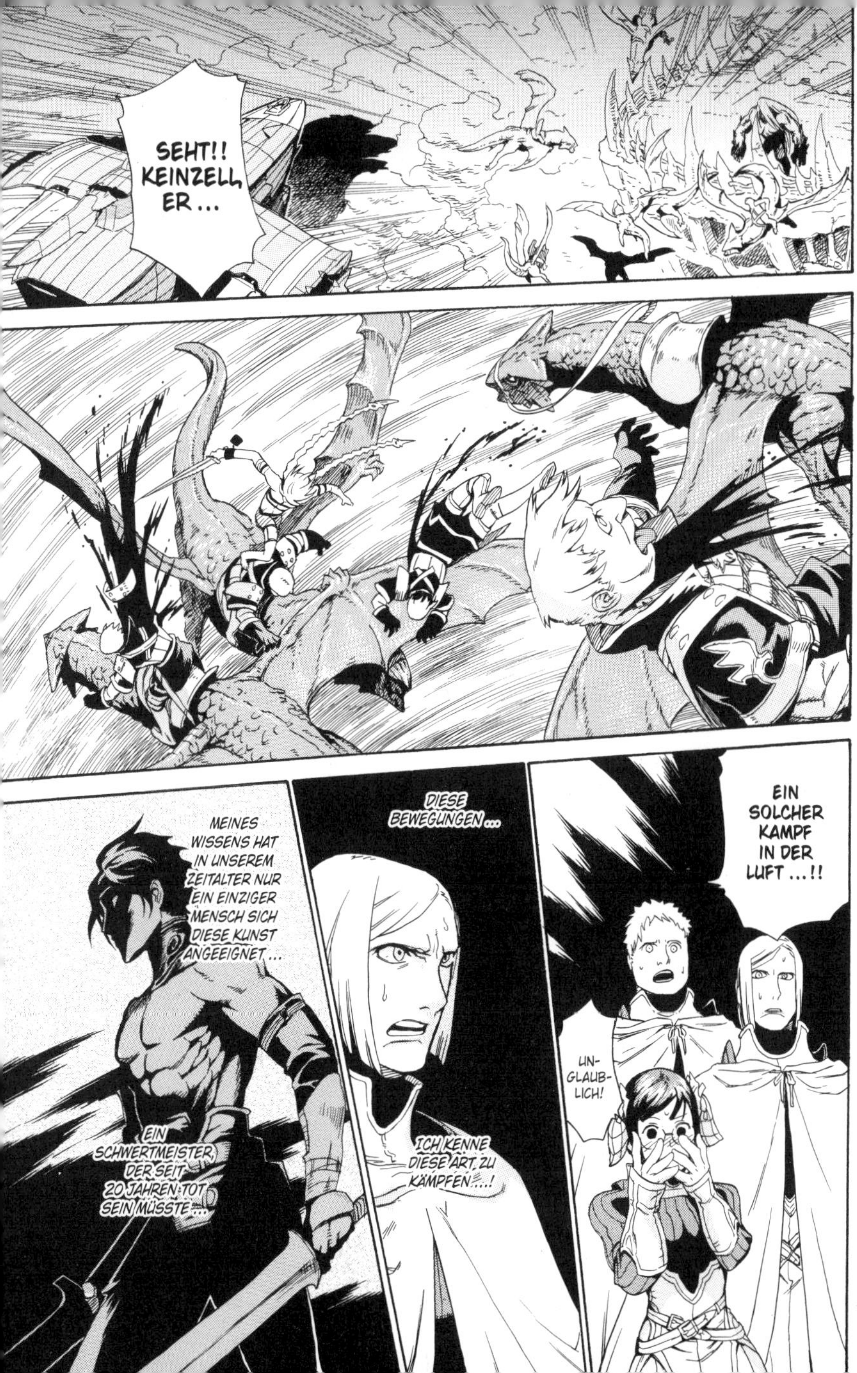
SEHT!! KEINZELL, ER …
EIN SOLCHER KAMPF IN DER LUFT …!!
UN-GLAUB-LICH!
DIESE BEWEGUNGEN …
ICH KENNE DIESE ART ZU KÄMPFEN …!
MEINES WISSENS HAT IN UNSEREM ZEITALTER NUR EIN EINZIGER MENSCH SICH DIESE KUNST ANGEEIGNET …
EIN SCHWERTMEISTER, DER SEIT 20 JAHREN TOT SEIN MÜSSTE …

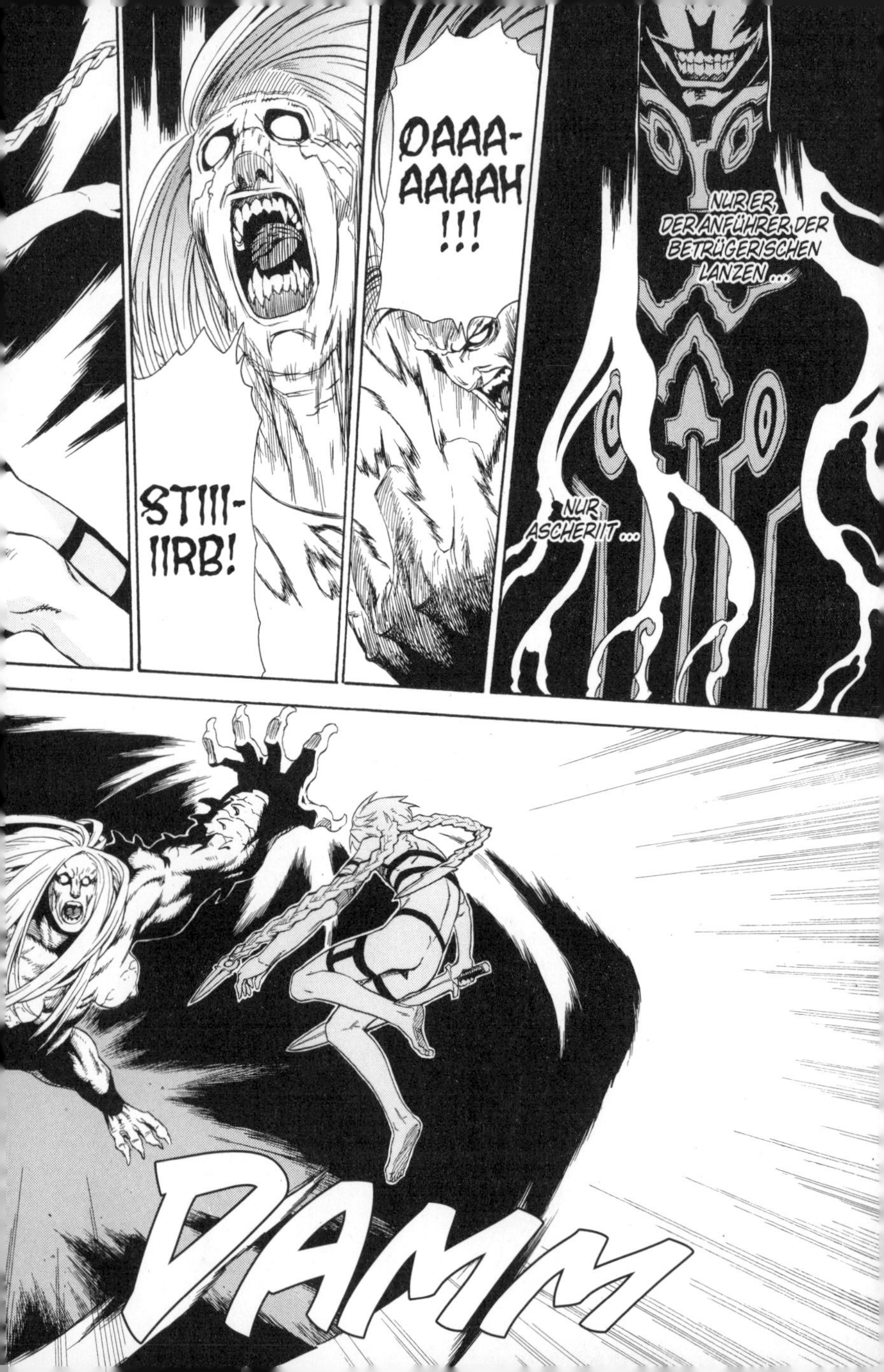
NUR ER, DER ANFÜHRER DER BETRÜGERISCHEN LANZEN ...
NUR ASCHERIT ...
ØAAA-AAAAH !!!
STIII-IIRB!
DAMM

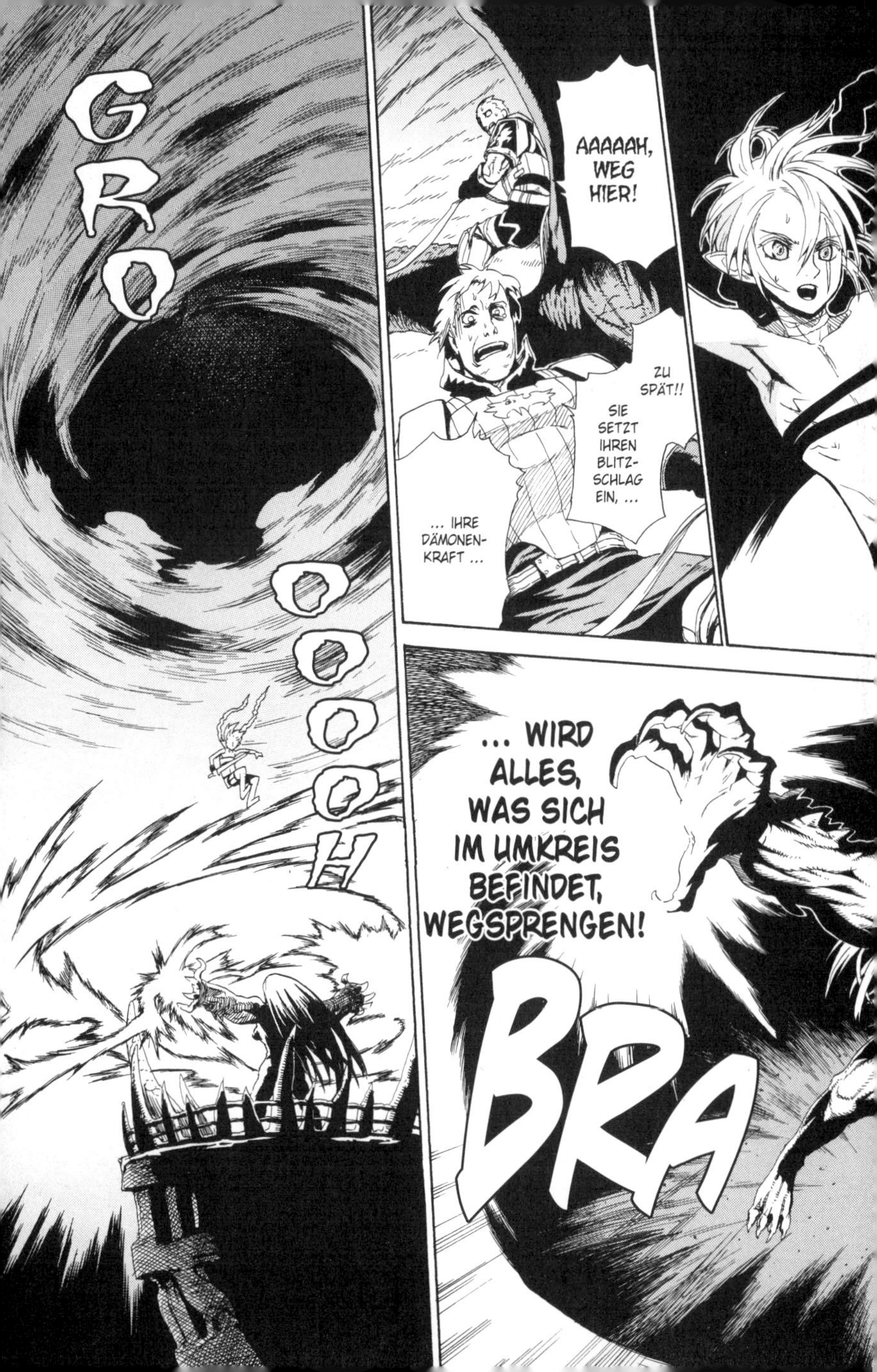
AAAAAH, WEG HIER!
ZU SPÄT!!
SIE SETZT IHREN BLITZ-SCHLAG EIN, …
… IHRE DÄMONEN-KRAFT …
… WIRD ALLES, WAS SICH IM UMKREIS BEFINDET, WEGSPRENGEN!
BRA
GROOOOOOH

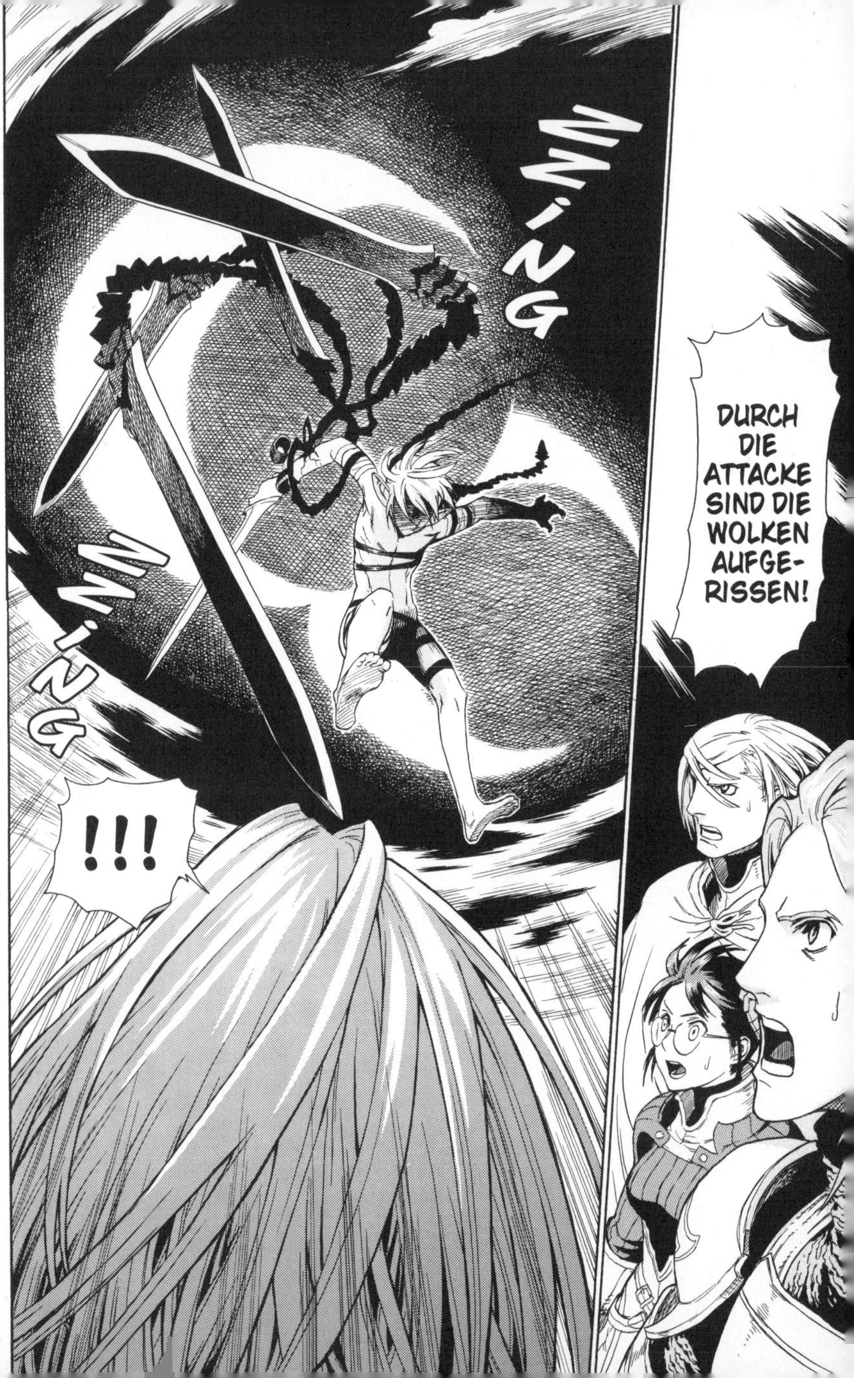
DURCH DIE ATTACKE SIND DIE WOLKEN AUFGERISSEN!
ZZING
ZZING
!!!

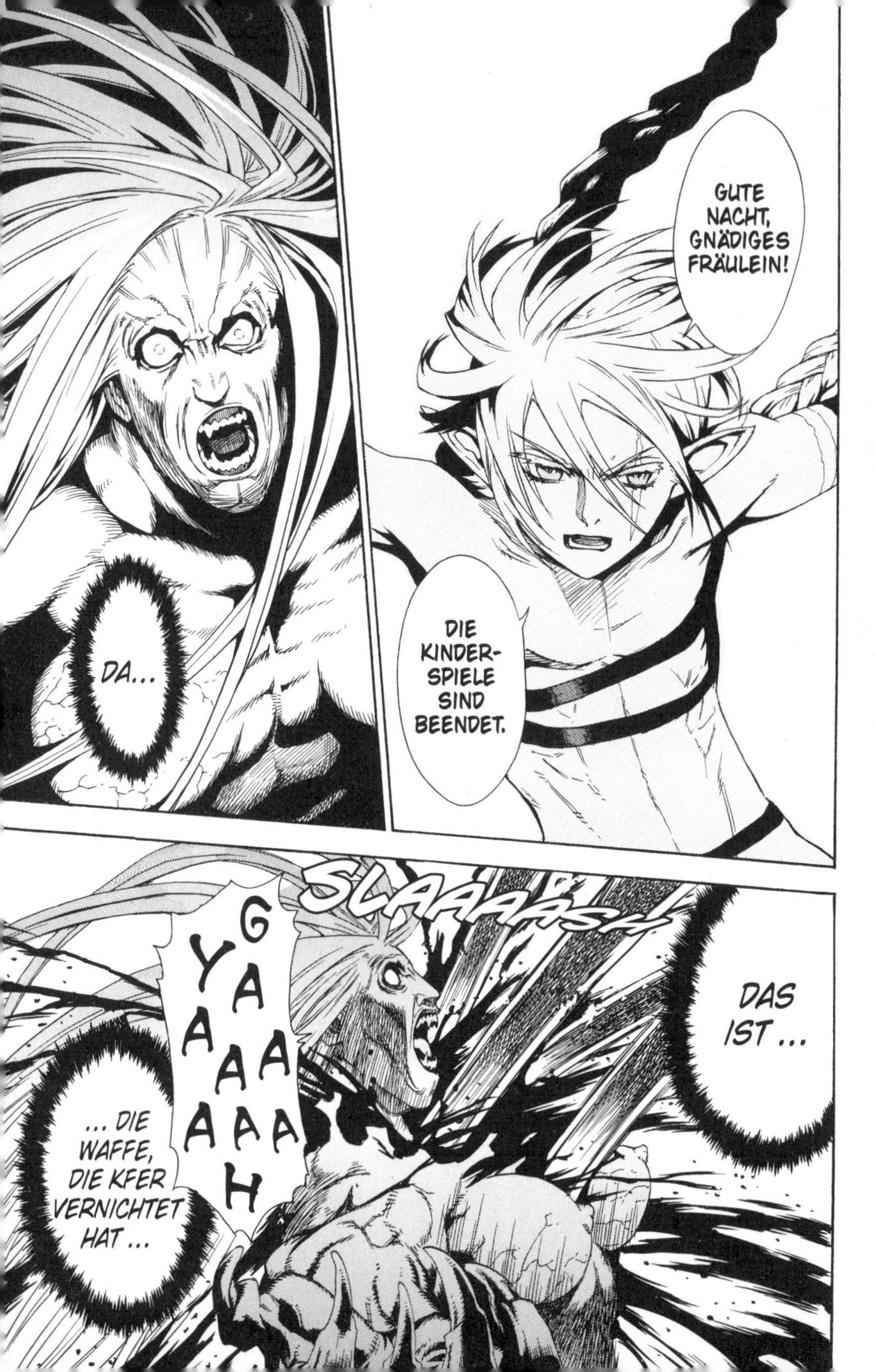
GUTE NACHT, GNÄDIGES FRÄULEIN!
DIE KINDER-SPIELE SIND BEENDET.
DA…
SLAAAASH
DAS IST …
GYAAAAAAAAAH
… DIE WAFFE, DIE KFER VERNICHTET HAT …

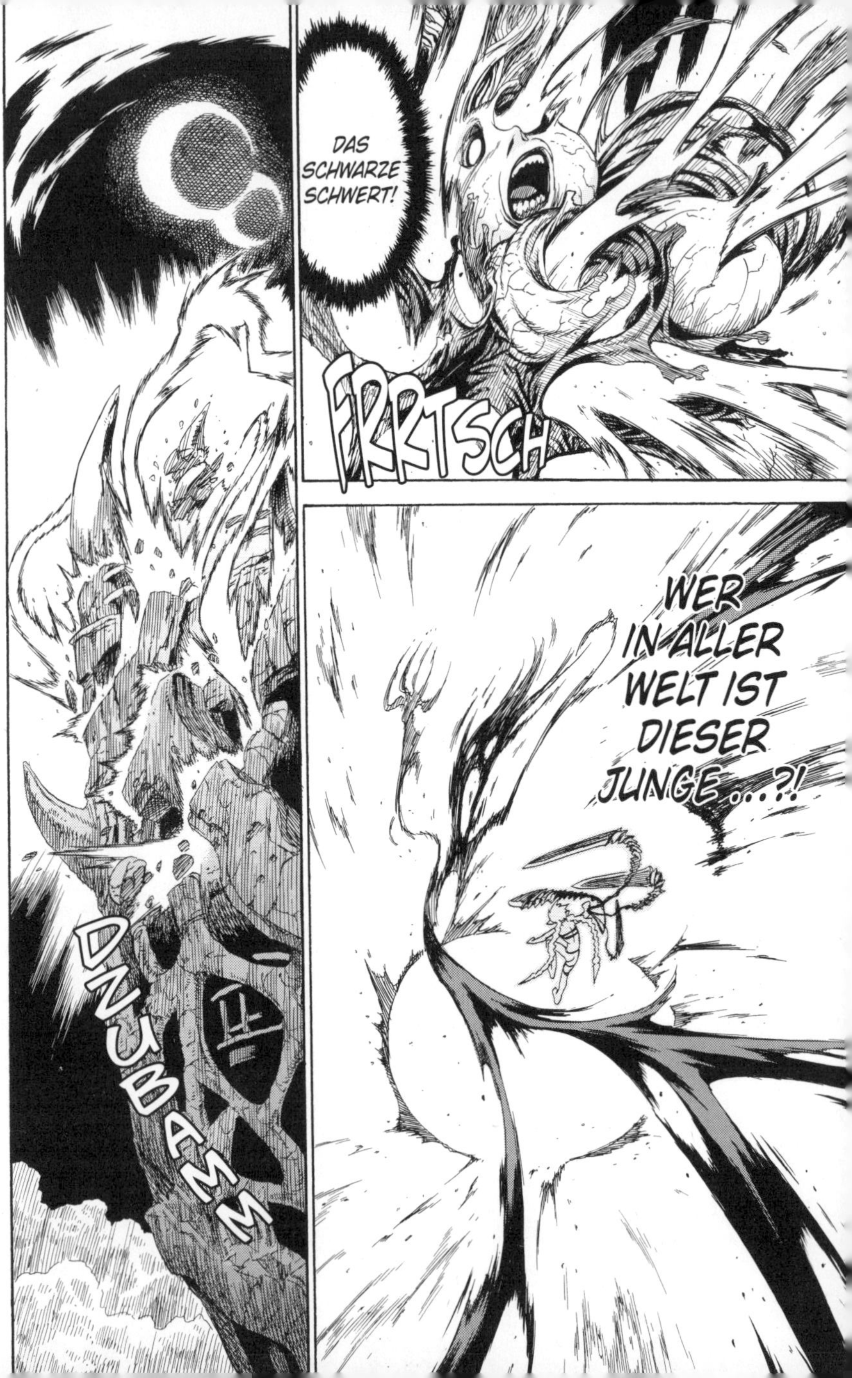
DAS SCHWARZE SCHWERT!
FRRTSCH
DNUBAMM
WER IN ALLER WELT IST DIESER JUNGE ...?!

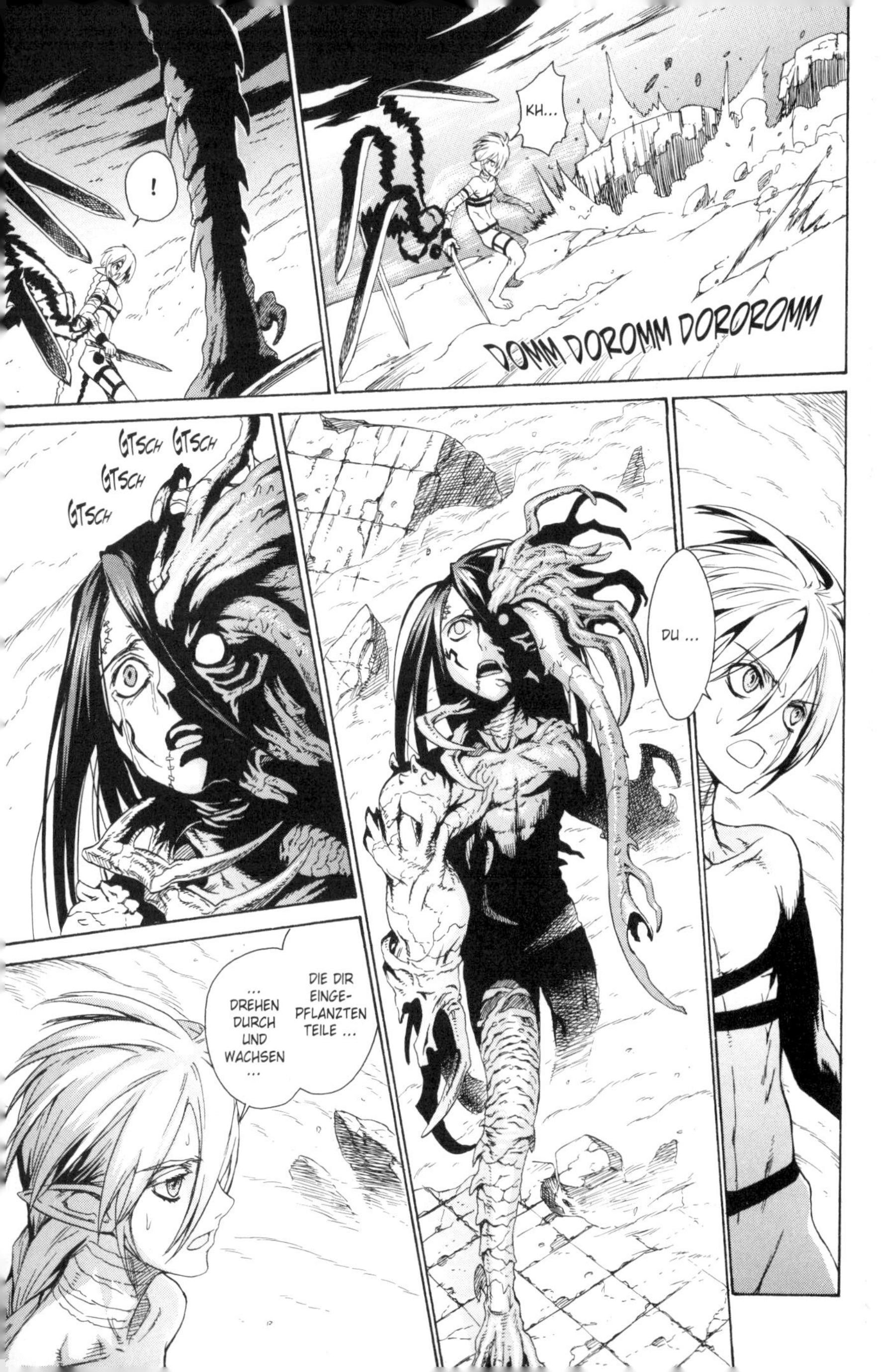

KH …
DOMM DOROMM DOROROMM
!
DU …
GTSCH GTSCH
GTSCH
GTSCH
DIE DIR EINGE-PFLANZTEN TEILE …
… DREHEN DURCH UND WACHSEN …

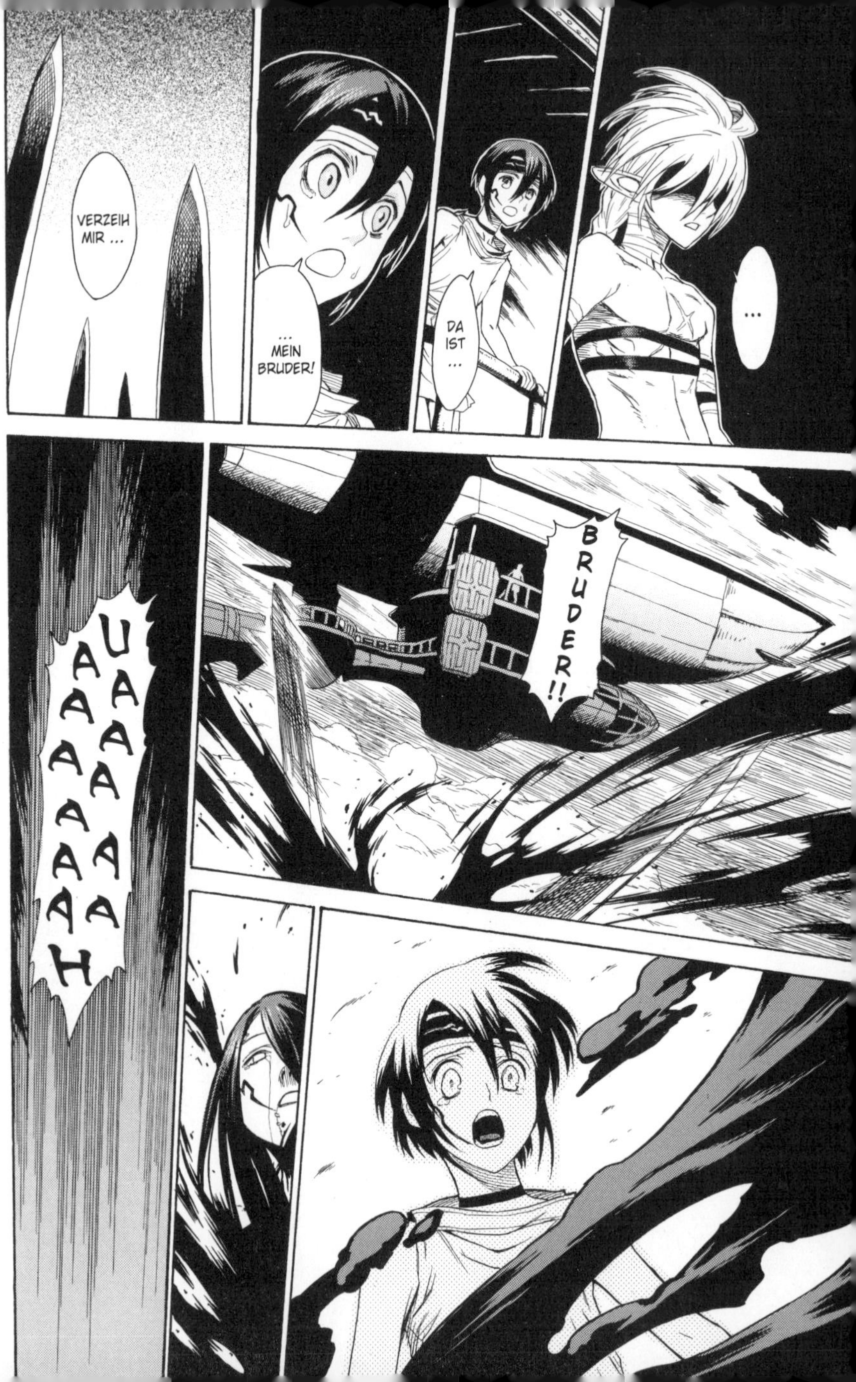
...
DA IST ...
... MEIN BRUDER!
VERZEIH MIR ...
BRUDER!!
UAAAAAAAAAAAAAAH

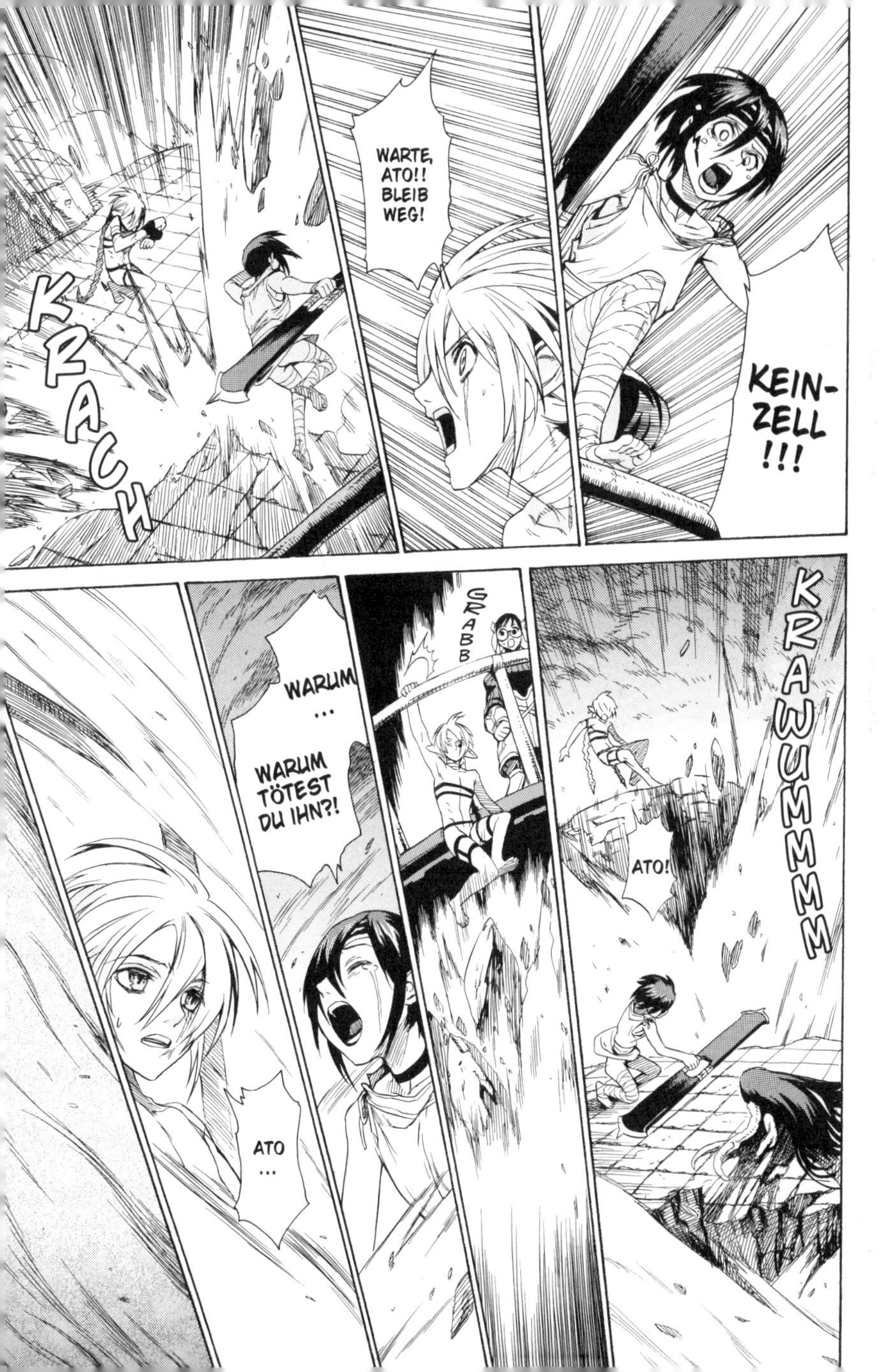
KEIN-
ZELL
!!!
WARTE,
ATO!!
BLEIB
WEG!
KRACH
KRAWUMMMM
ATO!
GRABB
WARUM
...
WARUM
TÖTEST
DU IHN?!
ATO
...

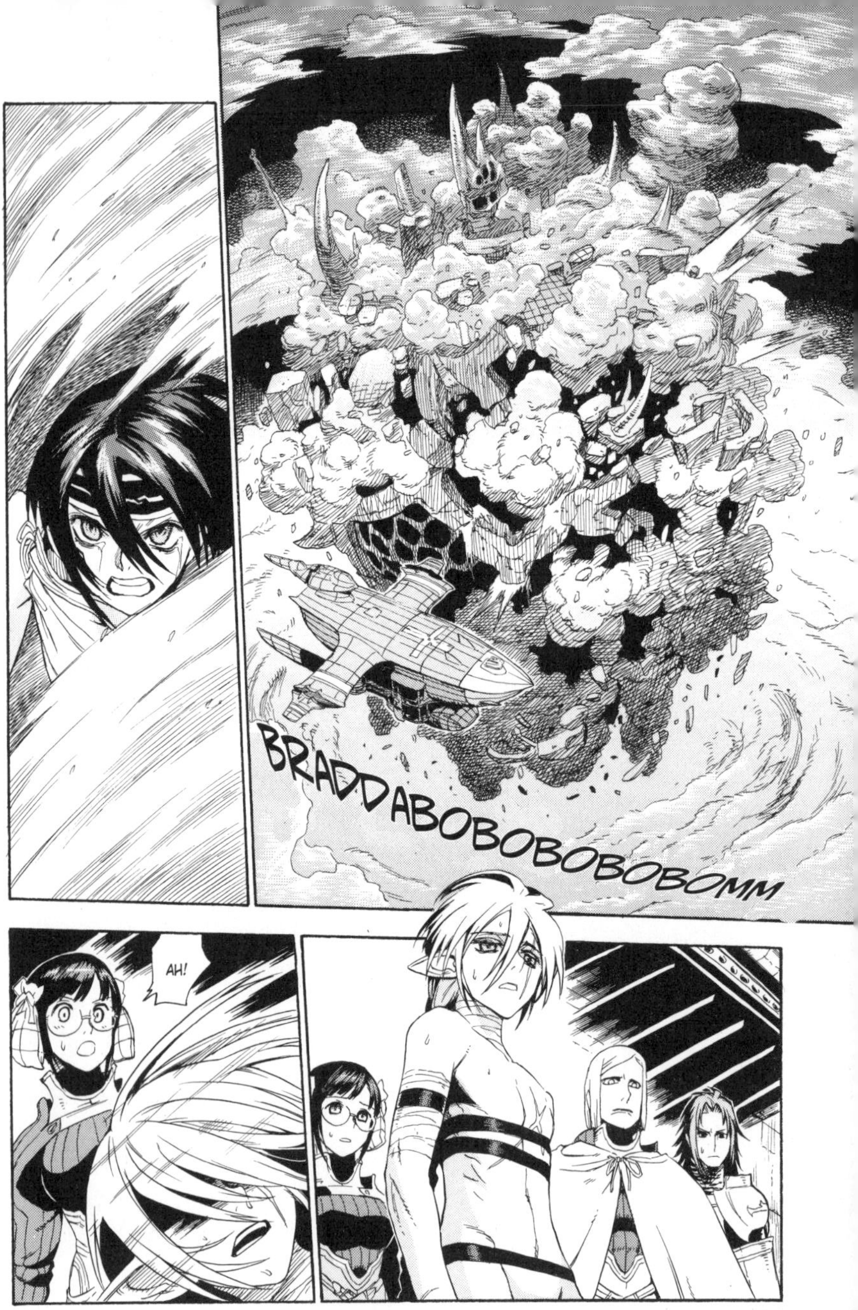
BRADDABOBOBOBOBOMM
AH!

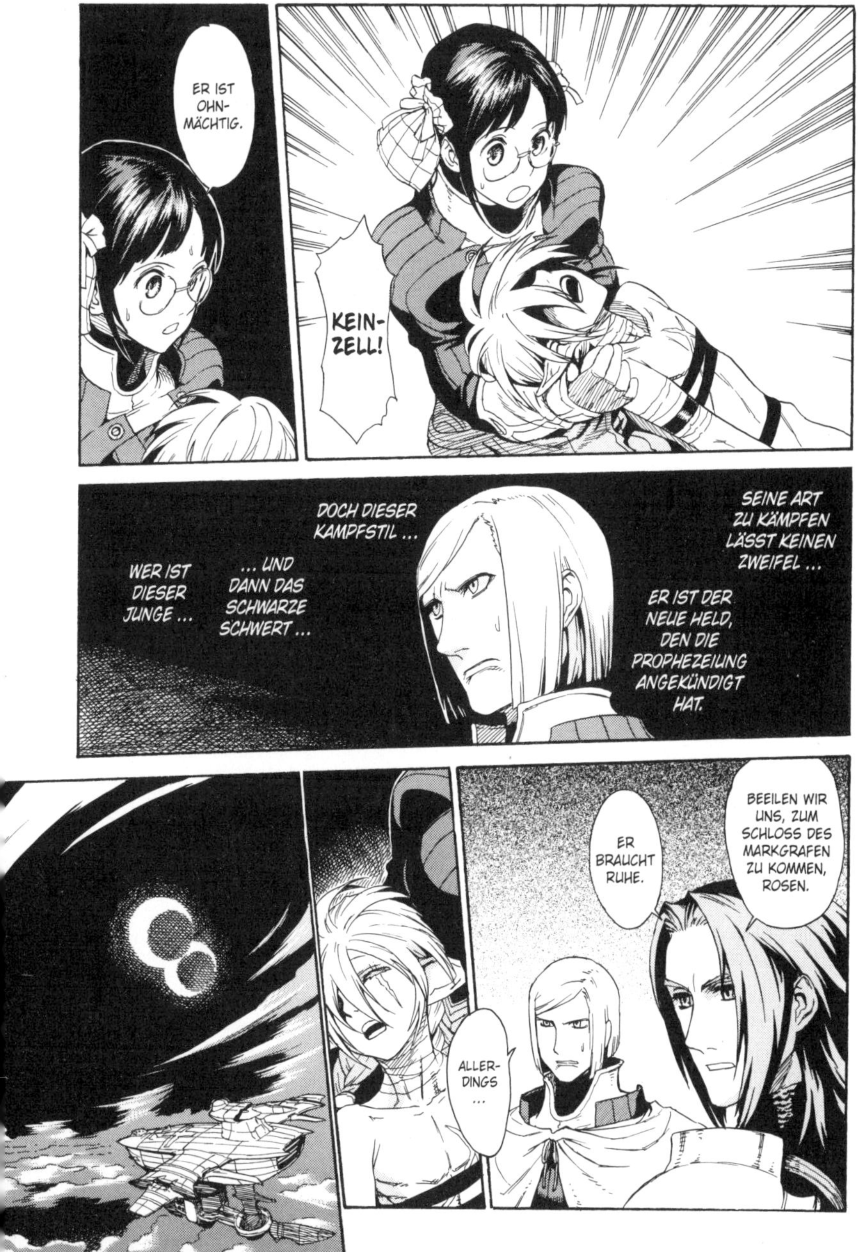
KEIN-
ZELL!
ER IST
OHN-
MÄCHTIG.
SEINE ART
ZU KÄMPFEN
LÄSST KEINEN
ZWEIFEL …
ER IST DER
NEUE HELD,
DEN DIE
PROPHEZEIUNG
ANGEKÜNDIGT
HAT.
DOCH DIESER
KAMPFSTIL …
… UND
DANN DAS
SCHWARZE
SCHWERT …
WER IST
DIESER
JUNGE …
BEEILEN WIR
UNS, ZUM
SCHLOSS DES
MARKGRAFEN
ZU KOMMEN,
ROSEN.
ER
BRAUCHT
RUHE.
ALLER-
DINGS
…

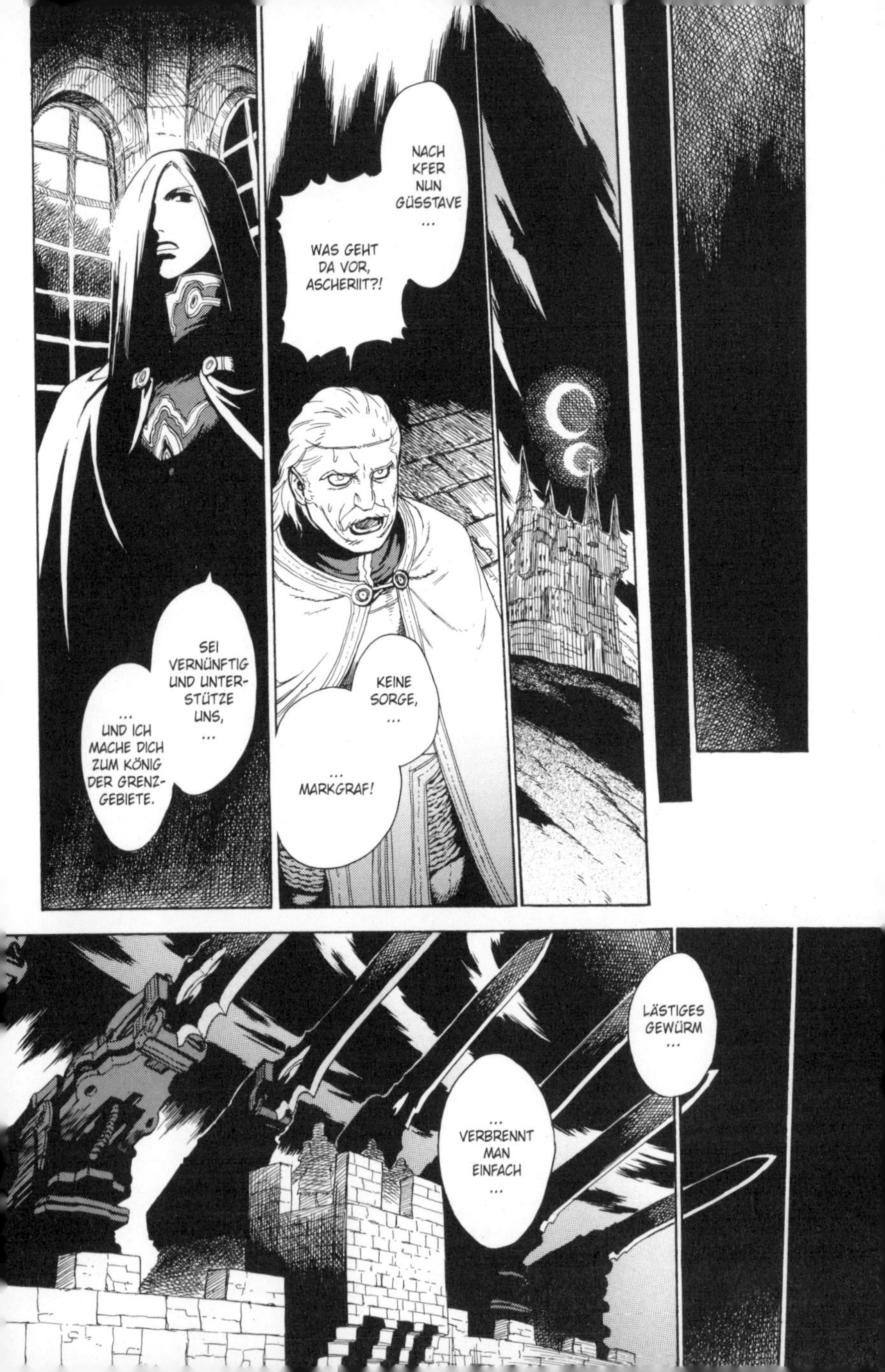
NACH KFER NUN GÜSSTAVE …
WAS GEHT DA VOR, ASCHERIIT?!
KEINE SORGE, …
… MARKGRAF!
SEI VERNÜNFTIG UND UNTERSTÜTZE UNS, …
… UND ICH MACHE DICH ZUM KÖNIG DER GRENZGEBIETE.
LÄSTIGES GEWÜRM …
… VERBRENNT MAN EINFACH …

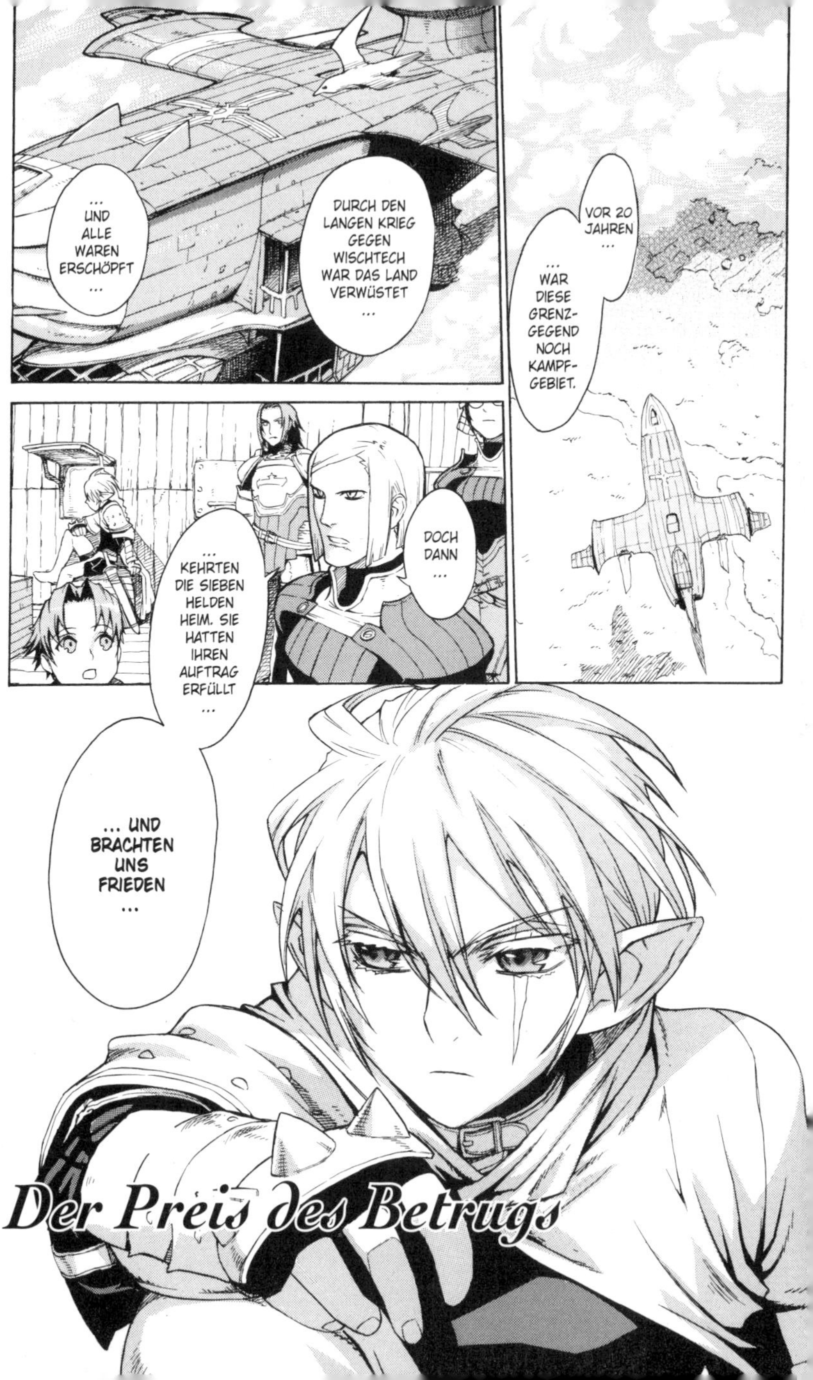

Der Preis des Betrugs

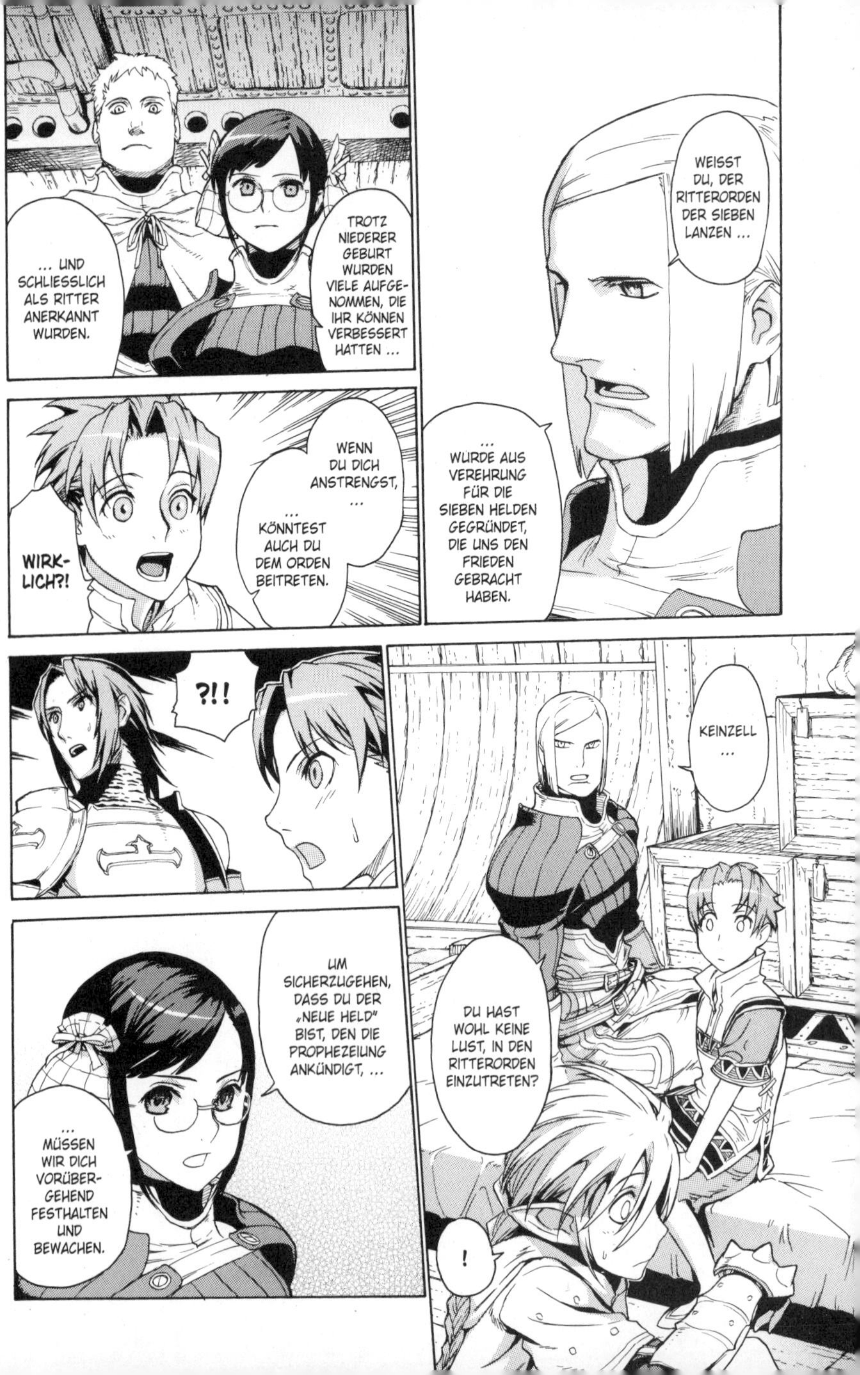

WEISST DU, DER RITTERORDEN DER SIEBEN LANZEN …
… WURDE AUS VEREHRUNG FÜR DIE SIEBEN HELDEN GEGRÜNDET, DIE UNS DEN FRIEDEN GEBRACHT HABEN.
TROTZ NIEDERER GEBURT WURDEN VIELE AUFGENOMMEN, DIE IHR KÖNNEN VERBESSERT HATTEN …
… UND SCHLIESSLICH ALS RITTER ANERKANNT WURDEN.
WENN DU DICH ANSTRENGST, …
… KÖNNTEST AUCH DU DEM ORDEN BEITRETEN.
WIRK-LICH?!
KEINZELL …
DU HAST WOHL KEINE LUST, IN DEN RITTERORDEN EINZUTRETEN?
!
?!!
UM SICHERZUGEHEN, DASS DU DER „NEUE HELD“ BIST, DEN DIE PROPHEZEIUNG ANKÜNDIGT, …
… MÜSSEN WIR DICH VORÜBER-GEHEND FESTHALTEN UND BEWACHEN.

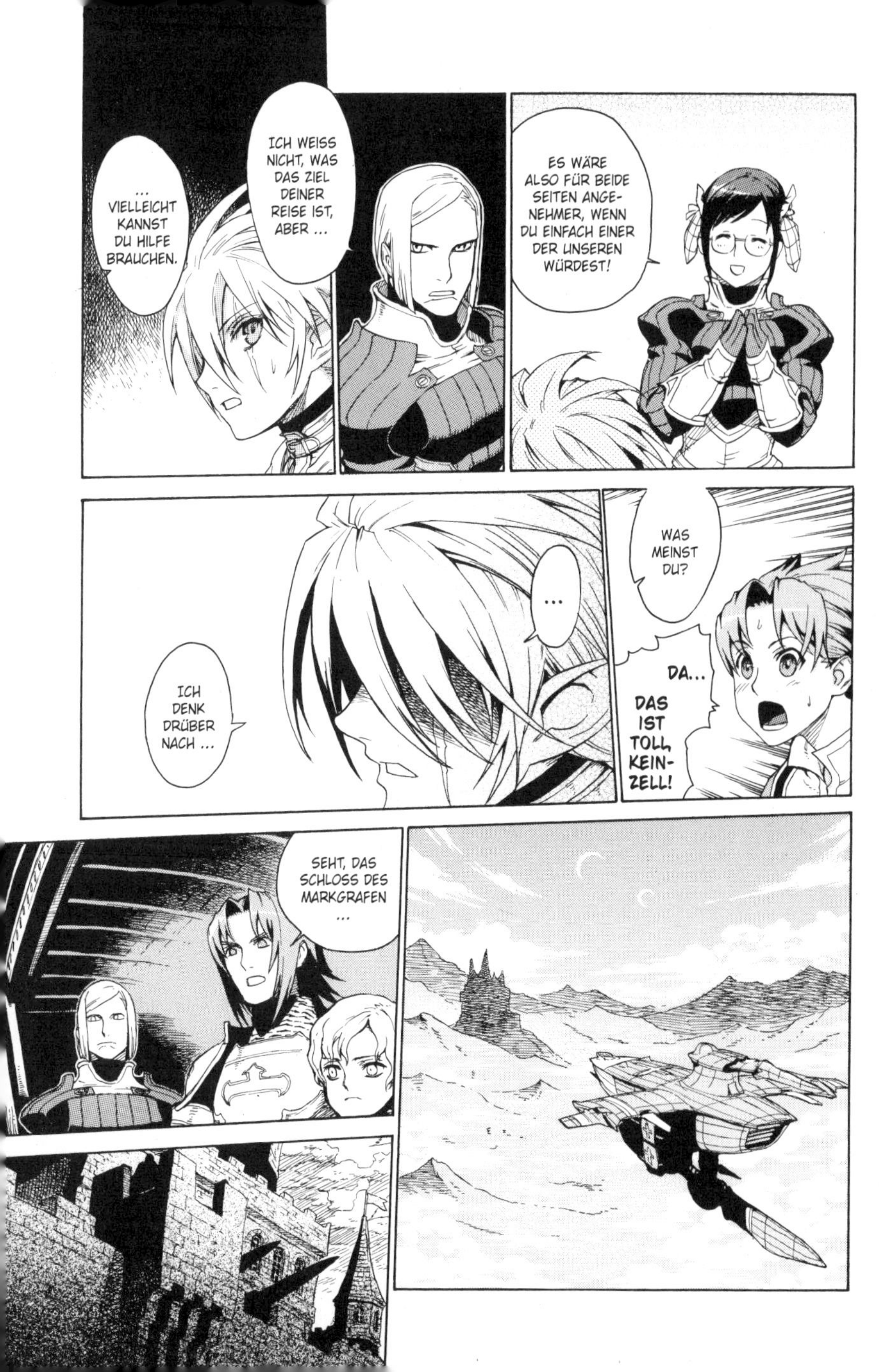
… VIELLEICHT KANNST DU HILFE BRAUCHEN.
ICH WEISS NICHT, WAS DAS ZIEL DEINER REISE IST, ABER …
ES WÄRE ALSO FÜR BEIDE SEITEN ANGENEHMER, WENN DU EINFACH EINER DER UNSEREN WÜRDEST!
…
ICH DENK DRÜBER NACH …
WAS MEINST DU?
DA…
DAS IST TOLL, KEINZELL!
SEHT, DAS SCHLOSS DES MARKGRAFEN …

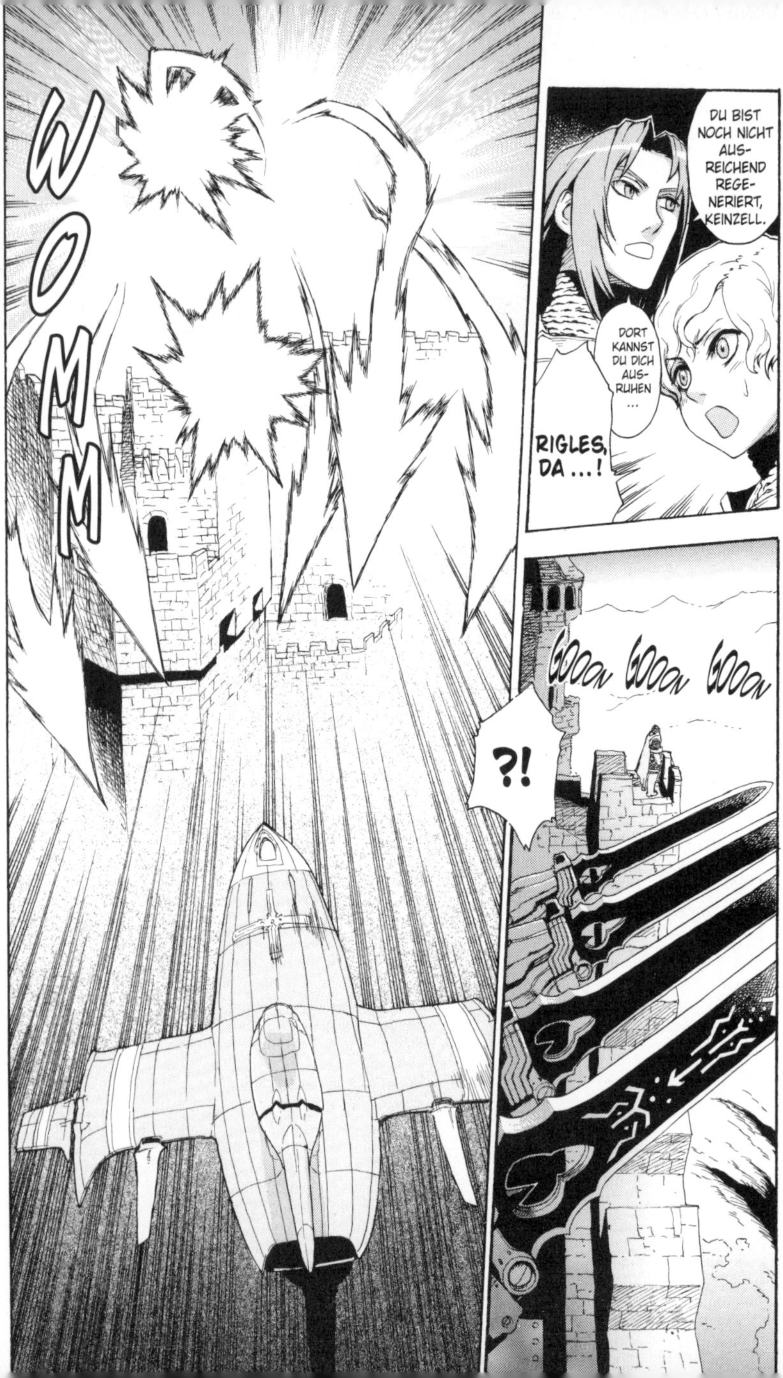

DU BIST NOCH NICHT AUS-REICHEND REGE-NERIERT, KEINZELL.
DORT KANNST DU DICH AUS-RUHEN …
RIGLES, DA …!
GOOON GOOON GOOON
?!
WOMMM

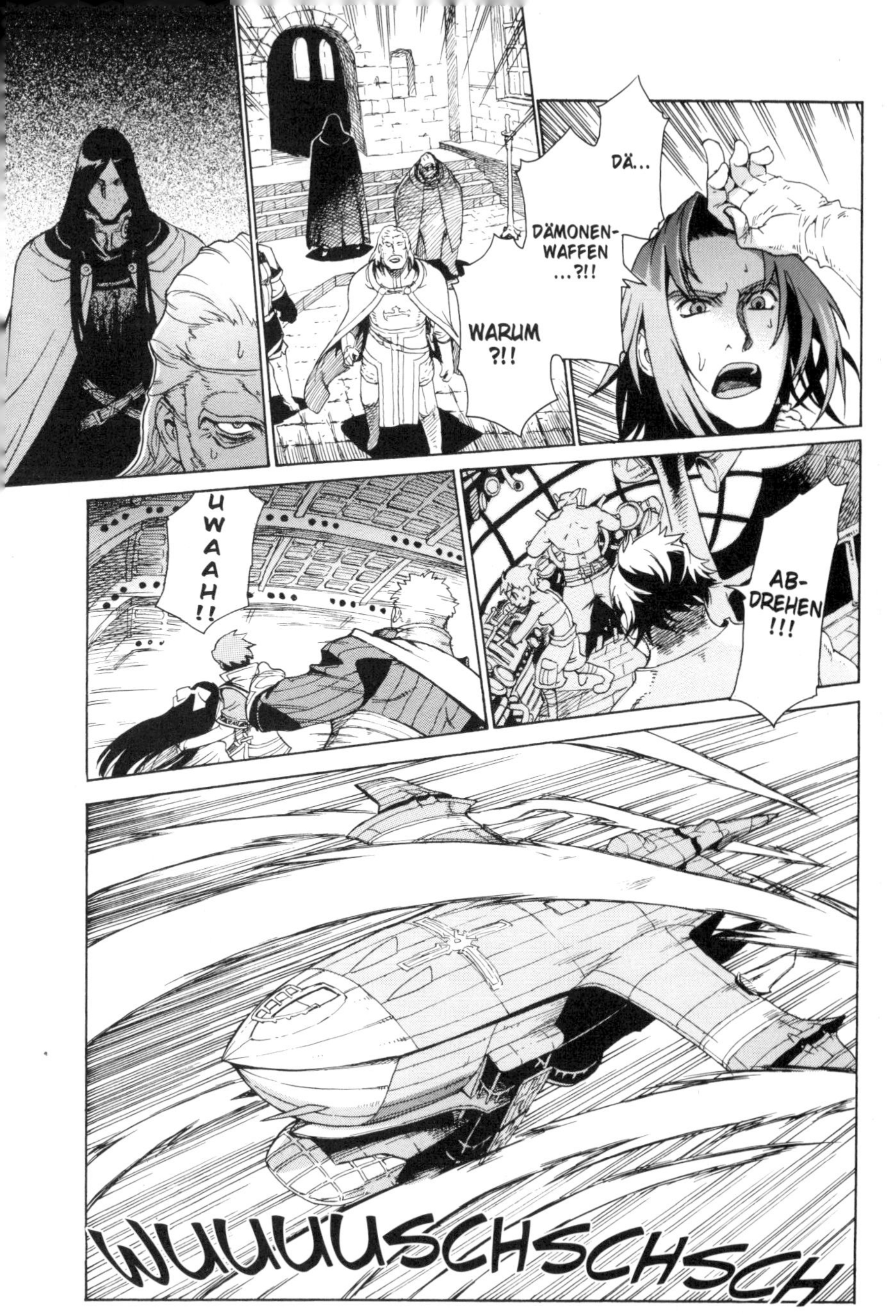
DÄ...
DÄMONEN-WAFFEN ...?!!
WARUM ?!!
AB-DREHEN !!!
UWAAAH!!
WUUUUUSCHSCHSCH

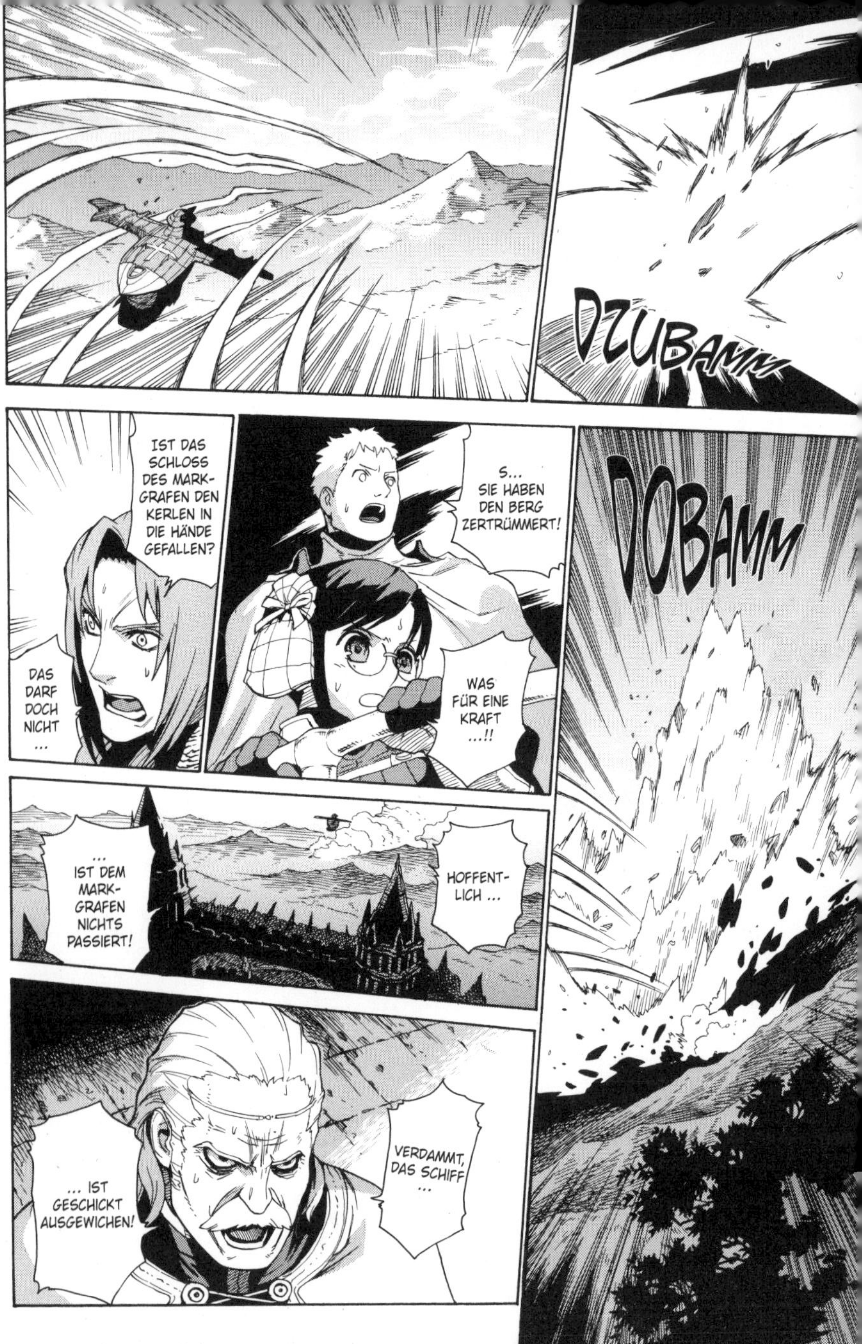
DZUBAMM
DOBAMM
S... SIE HABEN DEN BERG ZERTRÜMMERT!
WAS FÜR EINE KRAFT ...!!
IST DAS SCHLOSS DES MARK-GRAFEN DEN KERLEN IN DIE HÄNDE GEFALLEN?
DAS DARF DOCH NICHT ...
HOFFENT-LICH ...
... IST DEM MARK-GRAFEN NICHTS PASSIERT!
VERDAMMT, DAS SCHIFF ...
... IST GESCHICKT AUSGEWICHEN!

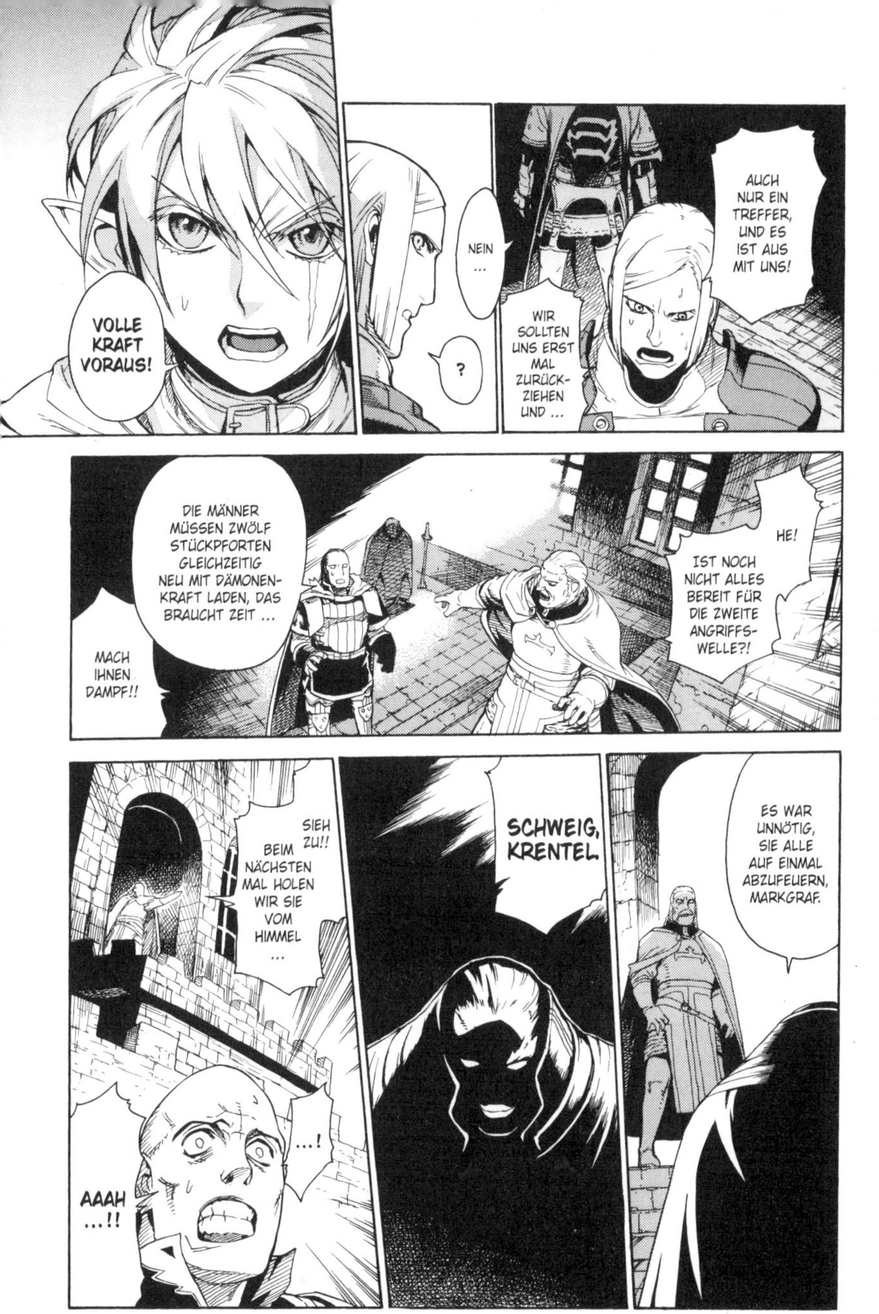
AUCH NUR EIN TREFFER, UND ES IST AUS MIT UNS!
WIR SOLLTEN UNS ERST MAL ZURÜCKZIEHEN UND …
NEIN …
?
VOLLE KRAFT VORAUS!
HE!
IST NOCH NICHT ALLES BEREIT FÜR DIE ZWEITE ANGRIFFSWELLE?!
DIE MÄNNER MÜSSEN ZWÖLF STÜCKPFORTEN GLEICHZEITIG NEU MIT DÄMONENKRAFT LADEN, DAS BRAUCHT ZEIT …
MACH IHNEN DAMPF!!
ES WAR UNNÖTIG, SIE ALLE AUF EINMAL ABZUFEUERN, MARKGRAF.
SCHWEIG, KRENTEL.
SIEH ZU!!
BEIM NÄCHSTEN MAL HOLEN WIR SIE VOM HIMMEL …
…!
AAAH …!!

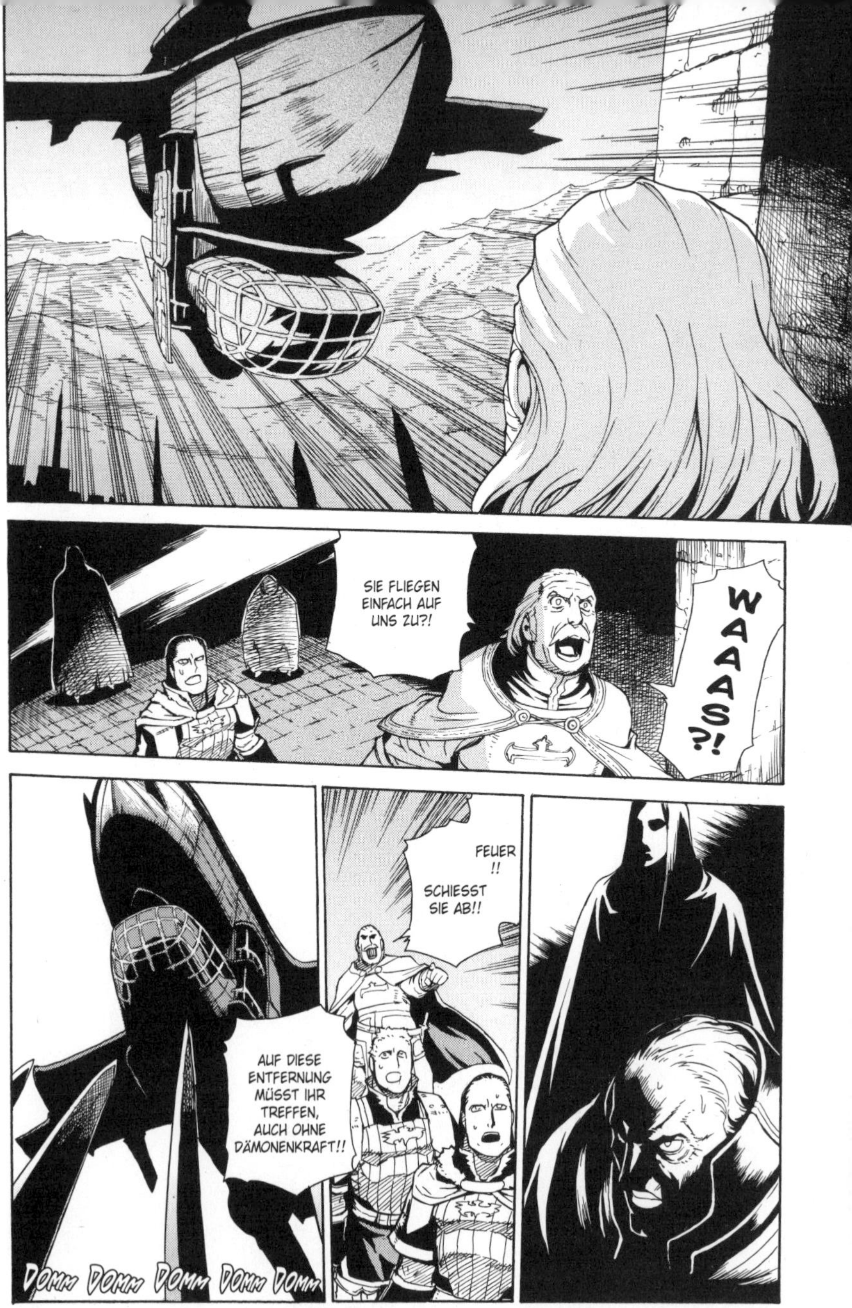
SIE FLIEGEN EINFACH AUF UNS ZU?!
WAAAAS?!
FEUER!!
SCHIESST SIE AB!!
AUF DIESE ENTFERNUNG MÜSST IHR TREFFEN, AUCH OHNE DÄMONENKRAFT!!
DOMM DOMM DOMM DOMM DOMM

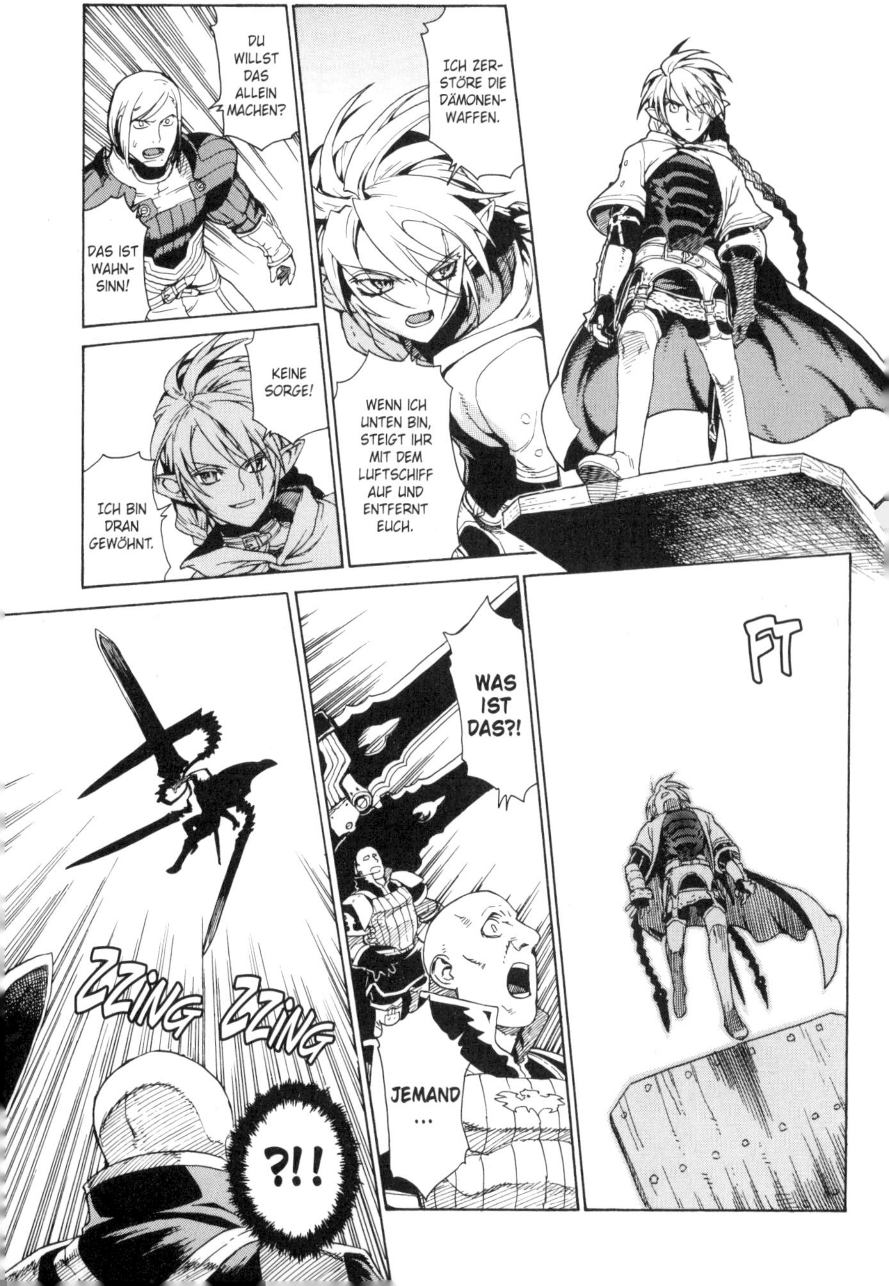
ICH ZERSTÖRE DIE DÄMONENWAFFEN.
DU WILLST DAS ALLEIN MACHEN?
DAS IST WAHNSINN!
WENN ICH UNTEN BIN, STEIGT IHR MIT DEM LUFTSCHIFF AUF UND ENTFERNT EUCH.
KEINE SORGE!
ICH BIN DRAN GEWÖHNT.
FT
WAS IST DAS?!
JEMAND ...
ZZING ZZING
?!!

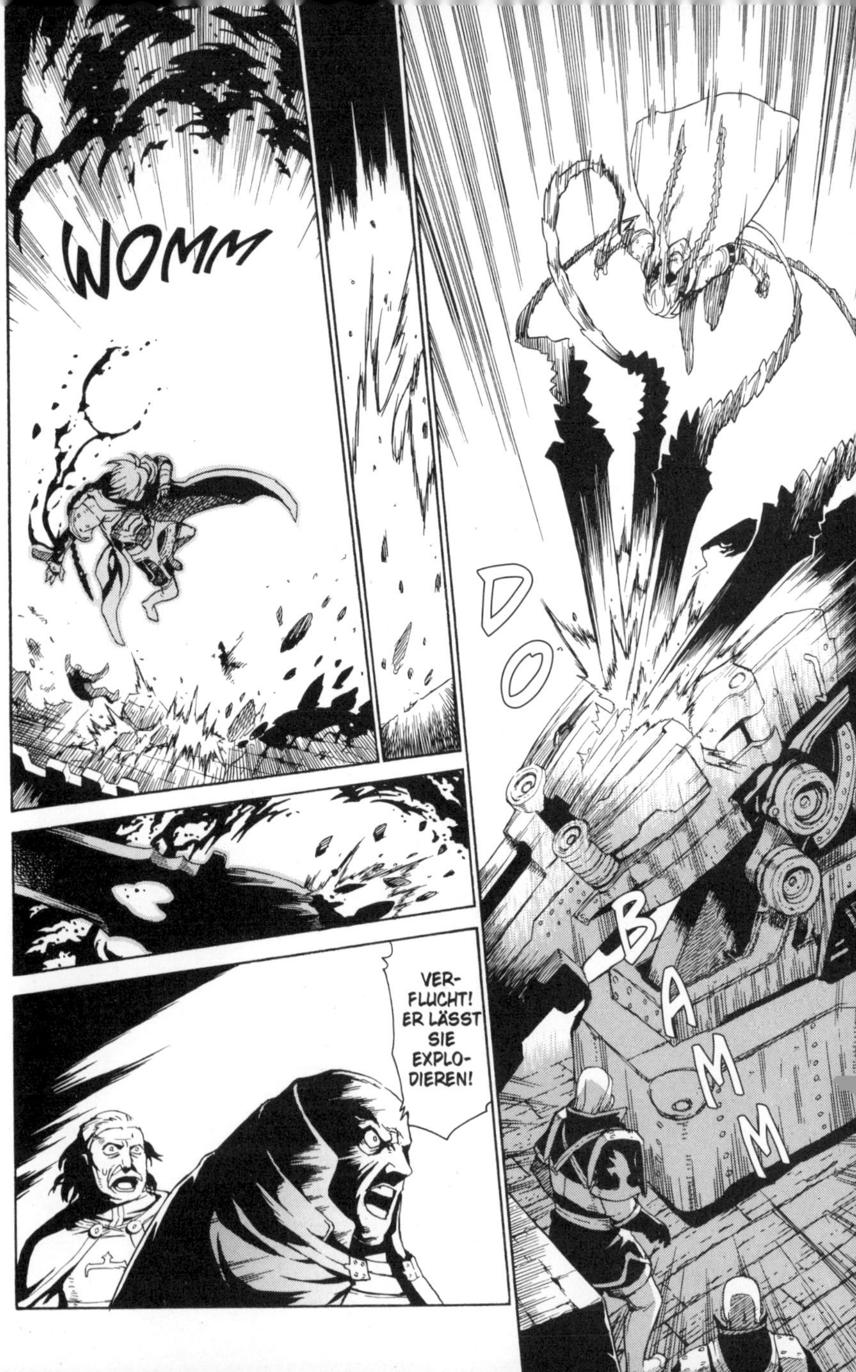
WOMM
DOBAMM
VER-
FLUCHT!
ER LÄSST
SIE
EXPLO-
DIEREN!

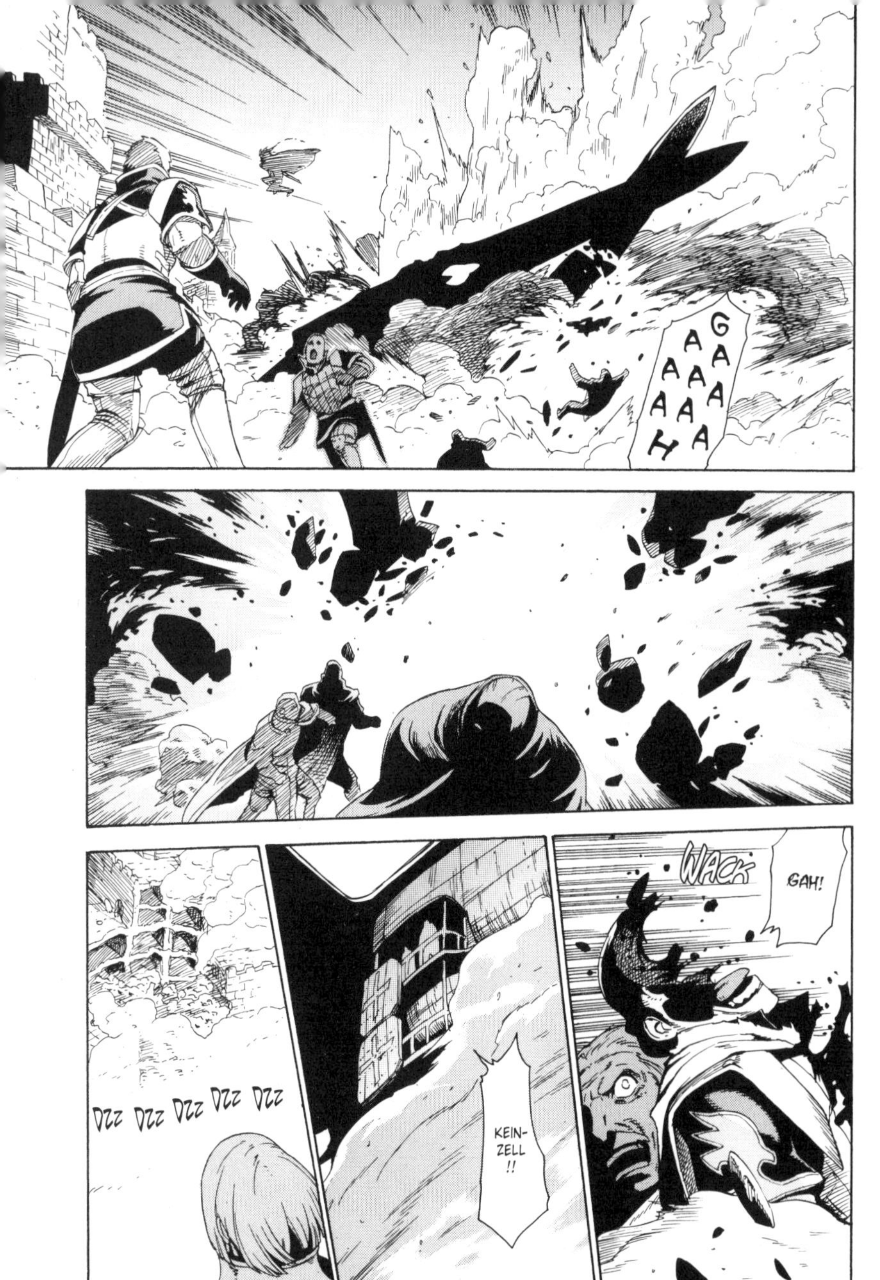
GAAAAAAAAAH
DZZ DZZ DZZ DZZ DZZ
KEIN-
ZELL
!!
WACK
GAH!

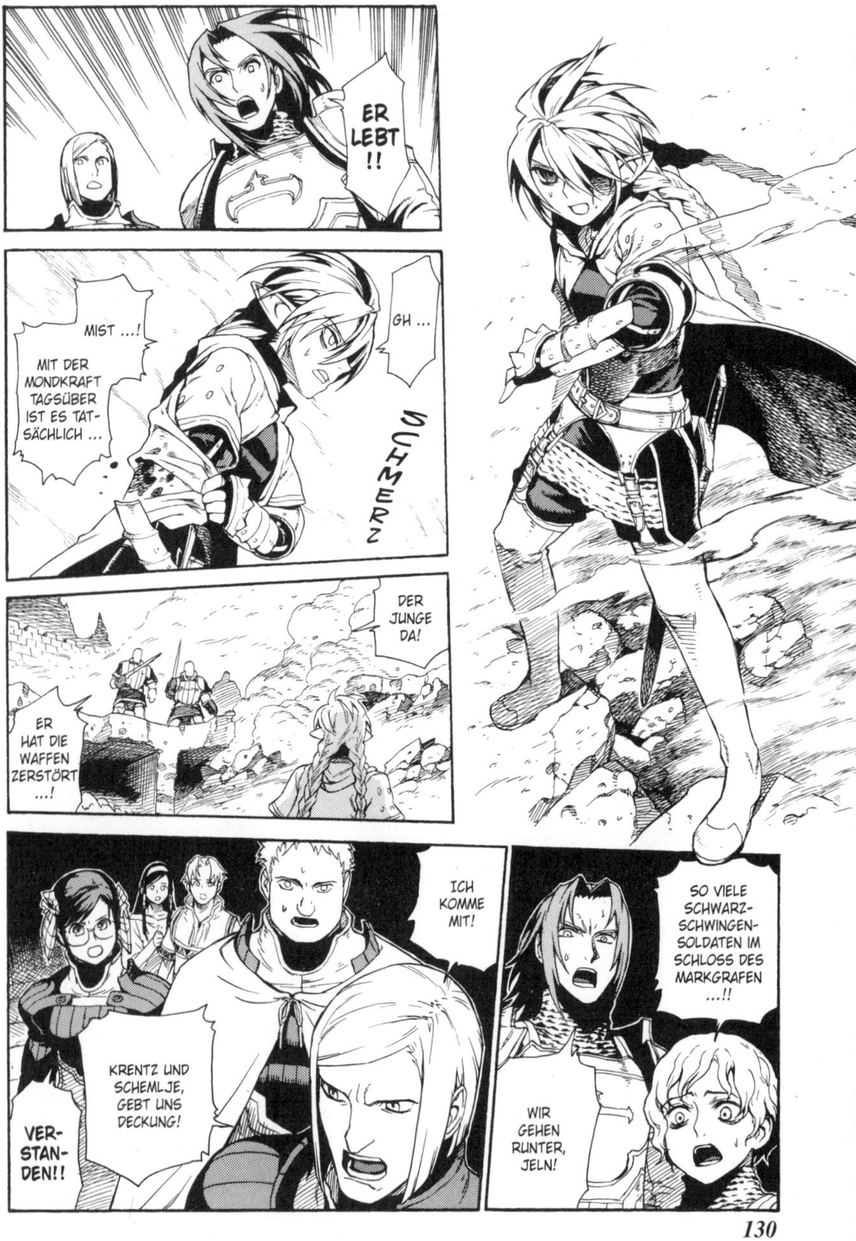
ER LEBT !!
GH ...
MIST ...!
MIT DER MONDKRAFT TAGSÜBER IST ES TATSÄCHLICH ...
SCHMERZ
DER JUNGE DA!
ER HAT DIE WAFFEN ZERSTÖRT ...!
SO VIELE SCHWARZSCHWINGEN-SOLDATEN IM SCHLOSS DES MARKGRAFEN ...!!
WIR GEHEN RUNTER, JELN!
ICH KOMME MIT!
KRENTZ UND SCHEMLJE, GEBT UNS DECKUNG!
VERSTANDEN!!

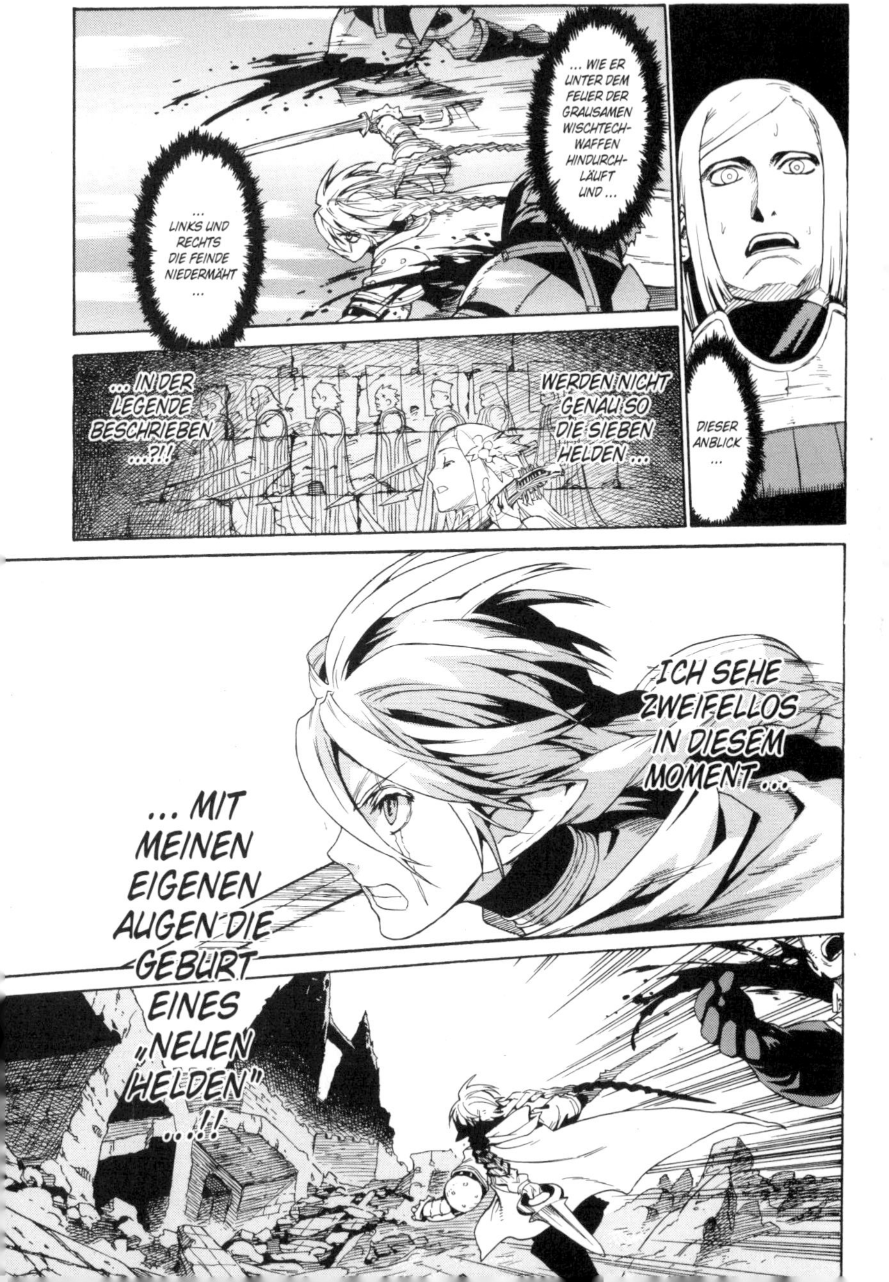
... WIE ER UNTER DEM FEUER DER GRAUSAMEN WISCHTECH-WAFFEN HINDURCH-LÄUFT UND ...
... LINKS UND RECHTS DIE FEINDE NIEDERMÄHT ...
DIESER ANBLICK ...
WERDEN NICHT GENAU SO DIE SIEBEN HELDEN ...
... IN DER LEGENDE BESCHRIEBEN ...?!!
ICH SEHE ZWEIFELLOS IN DIESEM MOMENT ...
... MIT MEINEN EIGENEN AUGEN DIE GEBURT EINES „NEUEN HELDEN" ...!!

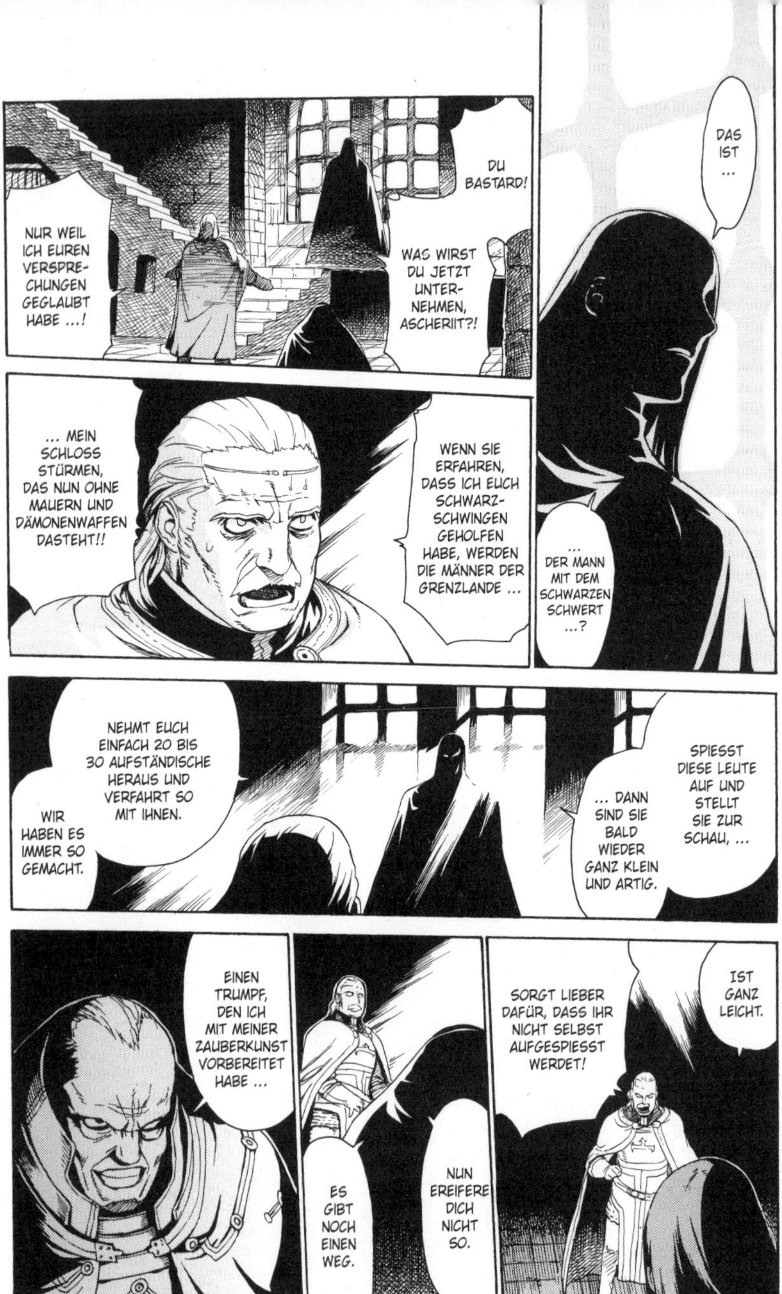
DAS IST ...
... DER MANN MIT DEM SCHWARZEN SCHWERT ...?
DU BASTARD!
WAS WIRST DU JETZT UNTERNEHMEN, ASCHERIIT?!
NUR WEIL ICH EUREN VERSPRECHUNGEN GEGLAUBT HABE ...!
WENN SIE ERFAHREN, DASS ICH EUCH SCHWARZSCHWINGEN GEHOLFEN HABE, WERDEN DIE MÄNNER DER GRENZLANDE ...
... MEIN SCHLOSS STÜRMEN, DAS NUN OHNE MAUERN UND DÄMONENWAFFEN DASTEHT!!
SPIESST DIESE LEUTE AUF UND STELLT SIE ZUR SCHAU, ...
... DANN SIND SIE BALD WIEDER GANZ KLEIN UND ARTIG.
NEHMT EUCH EINFACH 20 BIS 30 AUFSTÄNDISCHE HERAUS UND VERFAHRT SO MIT IHNEN.
WIR HABEN ES IMMER SO GEMACHT.
IST GANZ LEICHT.
SORGT LIEBER DAFÜR, DASS IHR NICHT SELBST AUFGESPIESST WERDET!
NUN EREIFERE DICH NICHT SO.
ES GIBT NOCH EINEN WEG.
EINEN TRUMPF, DEN ICH MIT MEINER ZAUBERKUNST VORBEREITET HABE ...

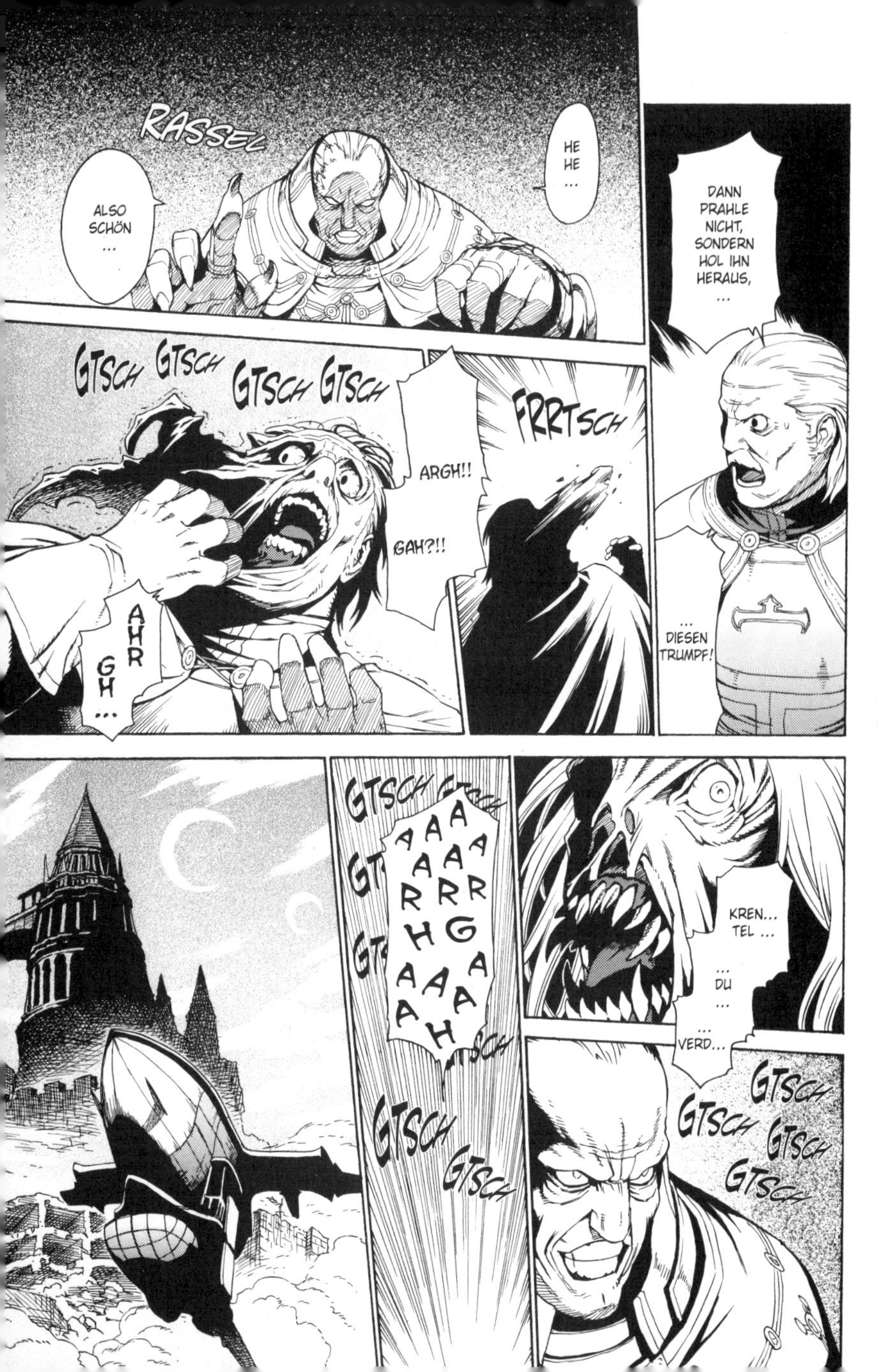
DANN PRAHLE NICHT, SONDERN HOL IHN HERAUS, …
… DIESEN TRUMPF!
HE HE …
RASSEL
ALSO SCHÖN …
FRRTSCH
ARGH!!
GAH?!!
GTSCH GTSCH GTSCH GTSCH
AHR GH …
KREN… TEL …
… DU …
… VERD…
GTSCH GTSCH GTSCH GTSCH
GTSCH
AAAAAAARRRHGAAAAAAH
GTSCH GTSCH

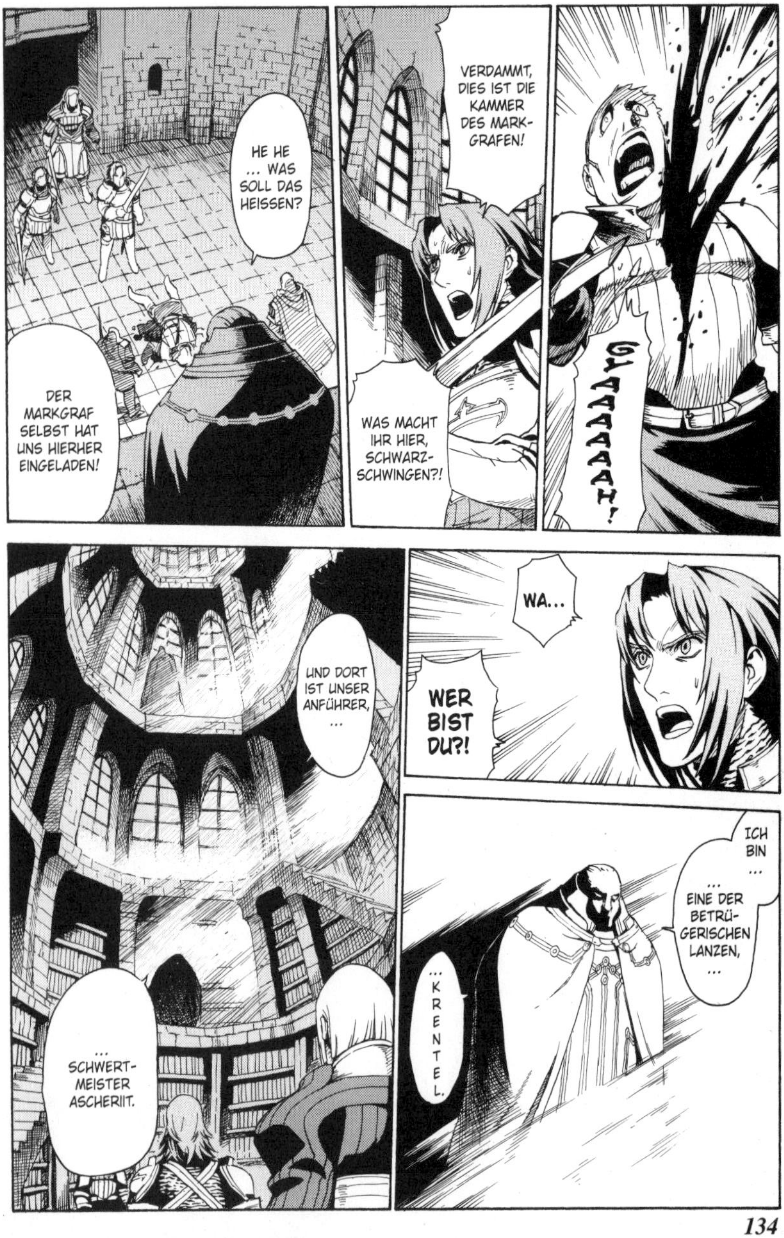
HE HE ... WAS SOLL DAS HEISSEN?
DER MARKGRAF SELBST HAT UNS HIERHER EINGELADEN!
VERDAMMT, DIES IST DIE KAMMER DES MARK-GRAFEN!
WAS MACHT IHR HIER, SCHWARZ-SCHWINGEN?!
GYAAAAAAAH!
UND DORT IST UNSER ANFÜHRER, ...
... SCHWERT-MEISTER ASCHERIIT.
WA...
WER BIST DU?!
ICH BIN ...
... EINE DER BETRÜ-GERISCHEN LANZEN, ...
... KRENTEL.

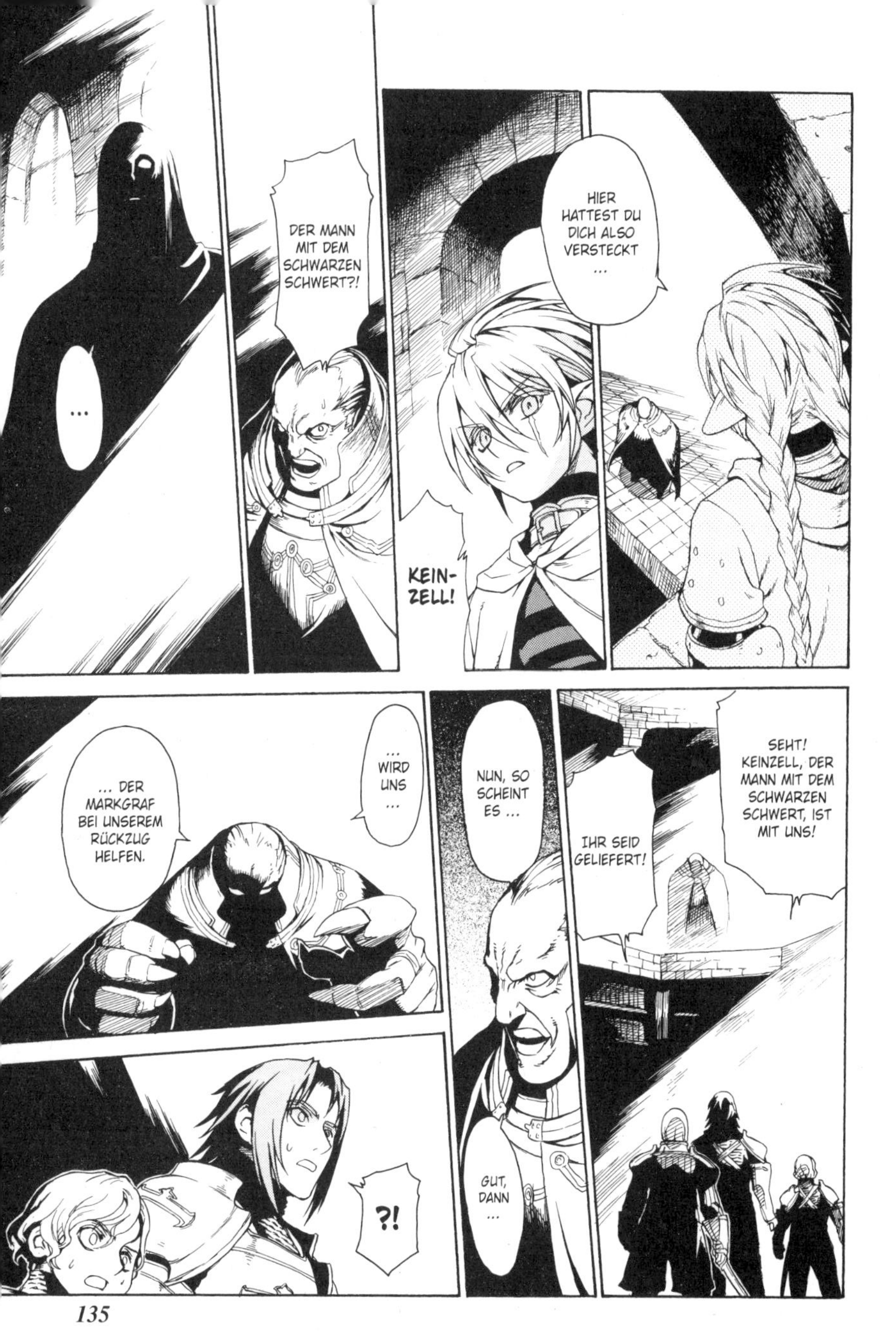
HIER HATTEST DU DICH ALSO VERSTECKT ...
KEIN-ZELL!
DER MANN MIT DEM SCHWARZEN SCHWERT?!
...
SEHT! KEINZELL, DER MANN MIT DEM SCHWARZEN SCHWERT, IST MIT UNS!
IHR SEID GELIEFERT!
NUN, SO SCHEINT ES ...
GUT, DANN ...
... WIRD UNS ...
... DER MARKGRAF BEI UNSEREM RÜCKZUG HELFEN.
?!

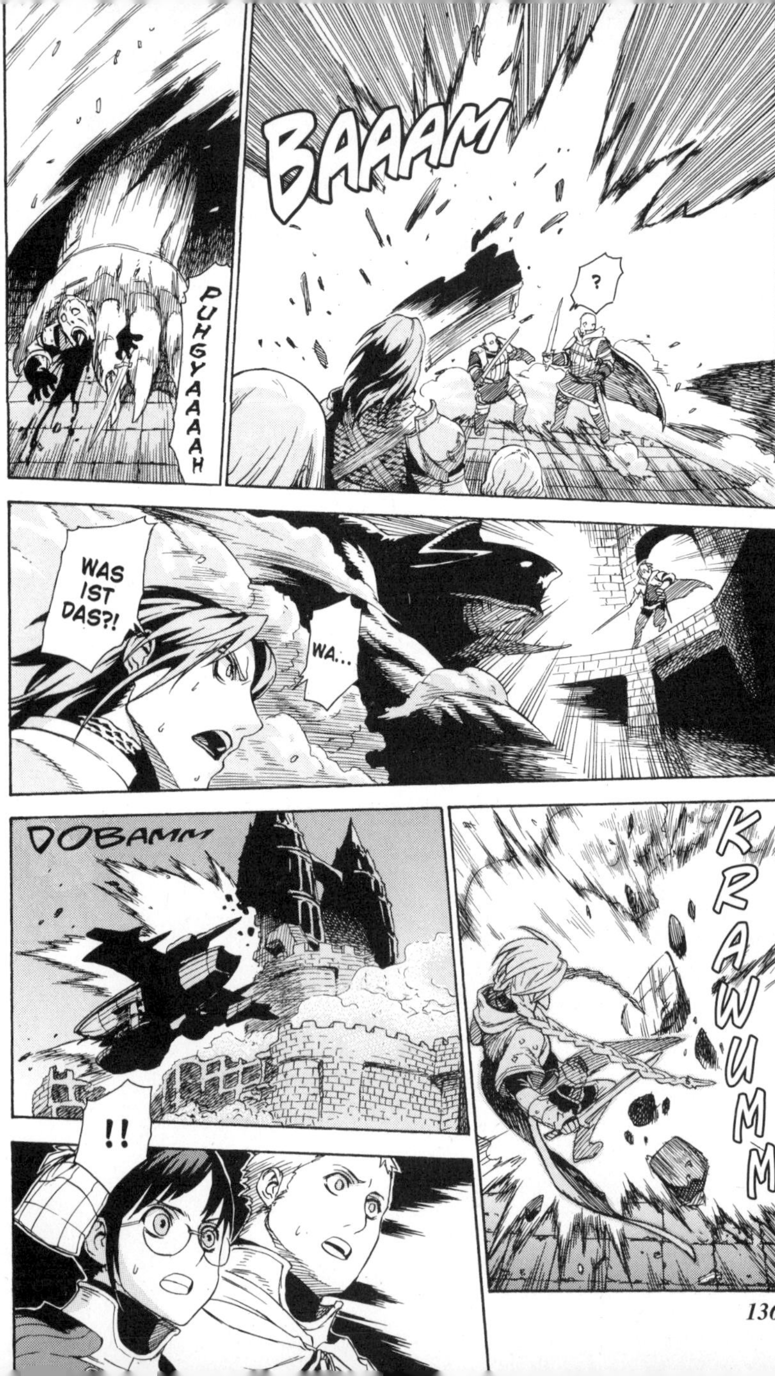
BAAAM
PUHGYAAAAAH
?
WAS IST DAS?!
WA...
KRAWUMM
DOBAMM
!!

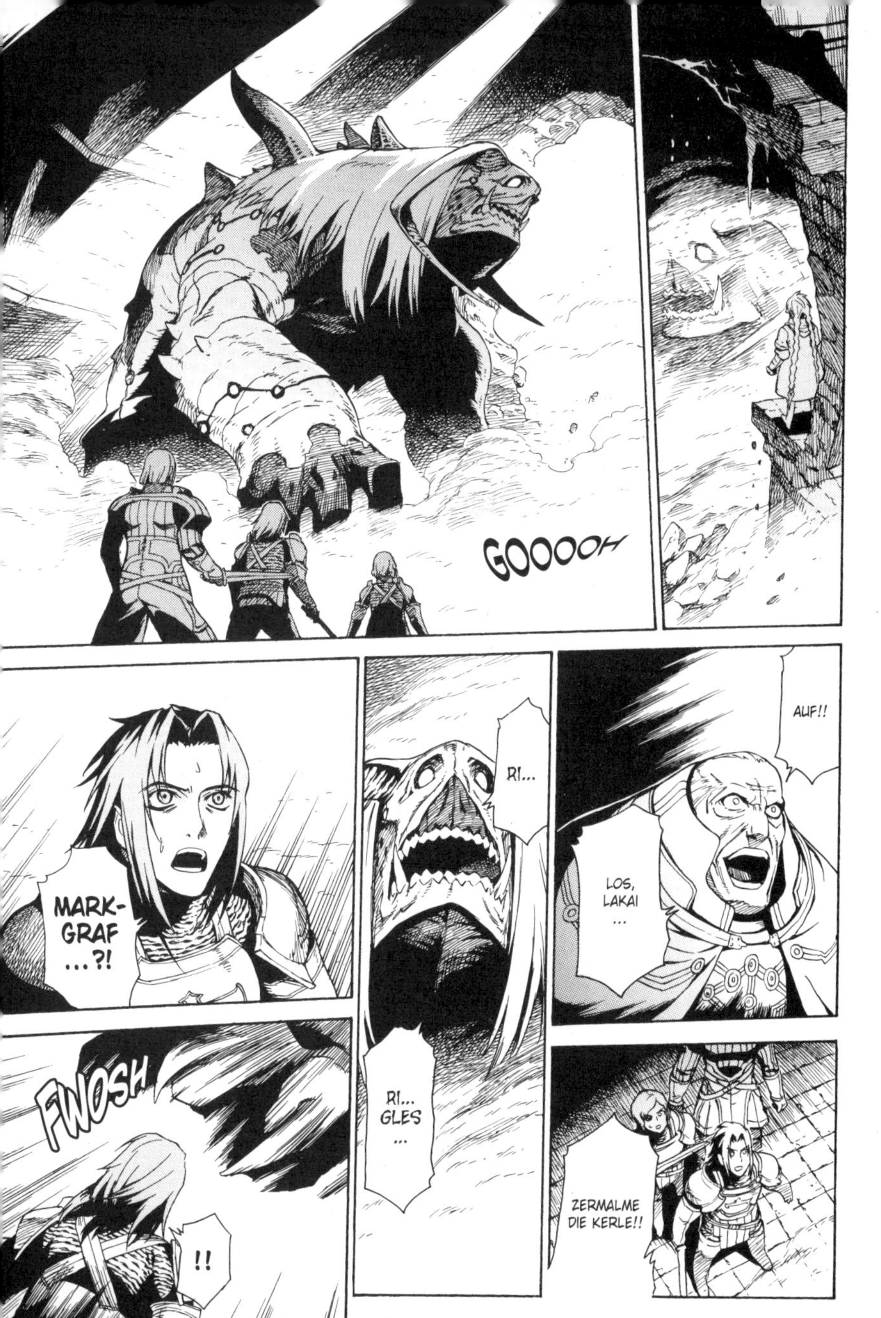
GOOOOH
LOS, LAKAI ...
AUF!!
RI...
MARK-GRAF ...?!
ZERMALME DIE KERLE!!
RI... GLES ...
FWOSH
!!

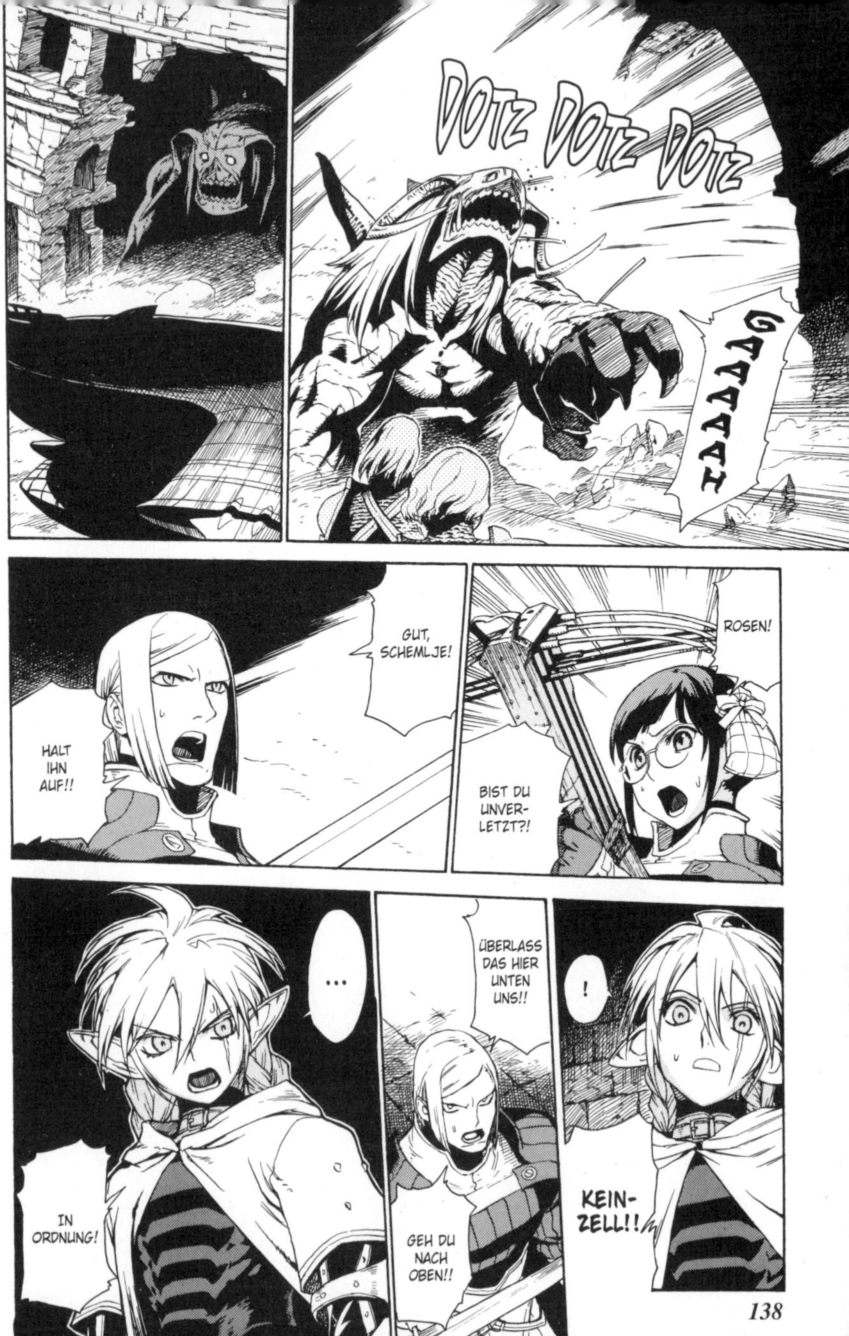
DOTZ DOTZ DOTZ
GAAAAAH
ROSEN!
BIST DU UNVERLETZT?!
GUT, SCHEMLJE!
HALT IHN AUF!!
!
KEIN-ZELL!!
ÜBERLASS DAS HIER UNTEN UNS!!
GEH DU NACH OBEN!!
...
IN ORDNUNG!

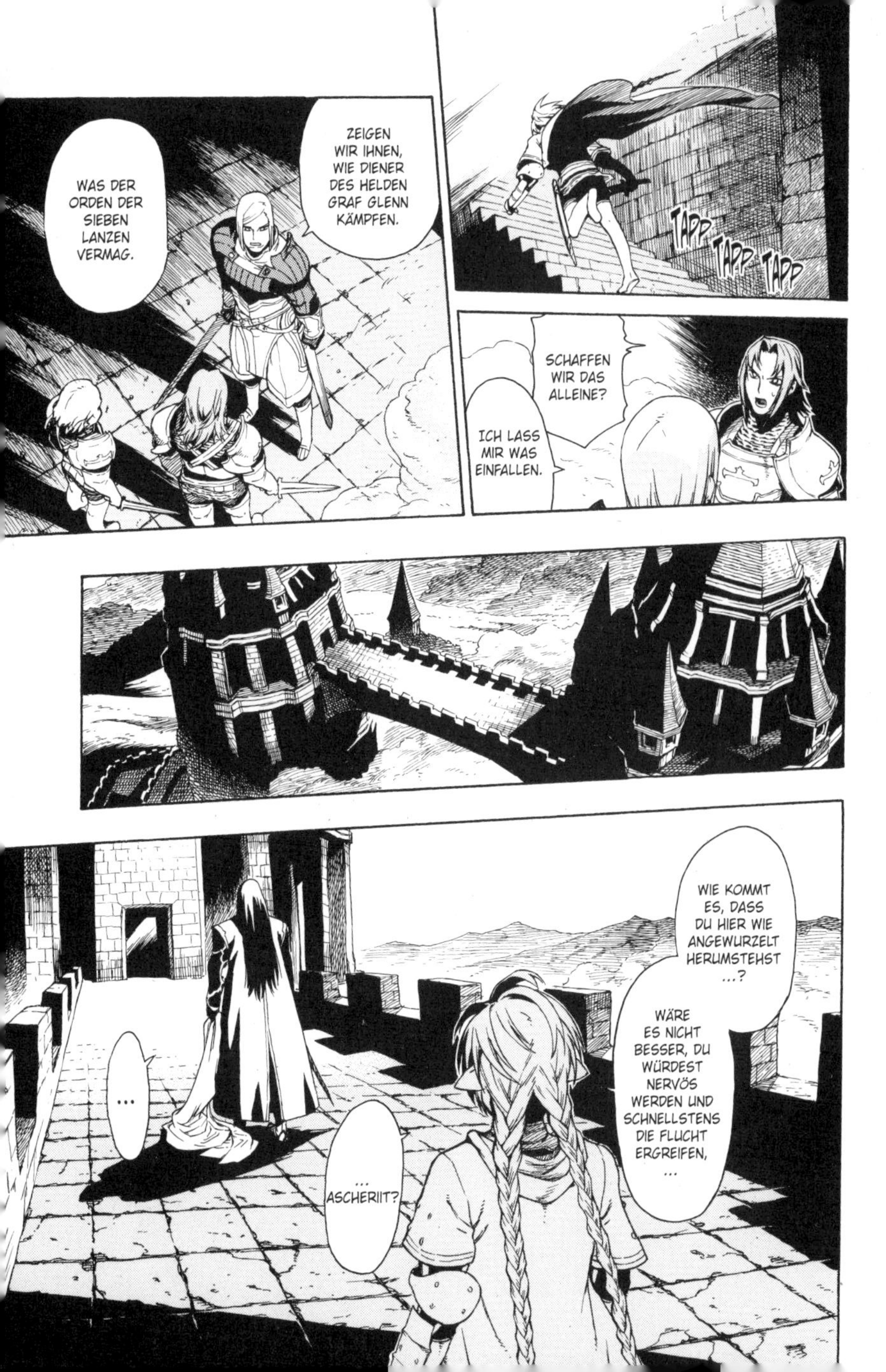

TAPP TAPP TAPP
ZEIGEN WIR IHNEN, WIE DIENER DES HELDEN GRAF GLENN KÄMPFEN.
WAS DER ORDEN DER SIEBEN LANZEN VERMAG.
SCHAFFEN WIR DAS ALLEINE?
ICH LASS MIR WAS EINFALLEN.
WIE KOMMT ES, DASS DU HIER WIE ANGEWURZELT HERUMSTEHST ...?
WÄRE ES NICHT BESSER, DU WÜRDEST NERVÖS WERDEN UND SCHNELLSTENS DIE FLUCHT ERGREIFEN, ...
... ASCHERIIT?
...

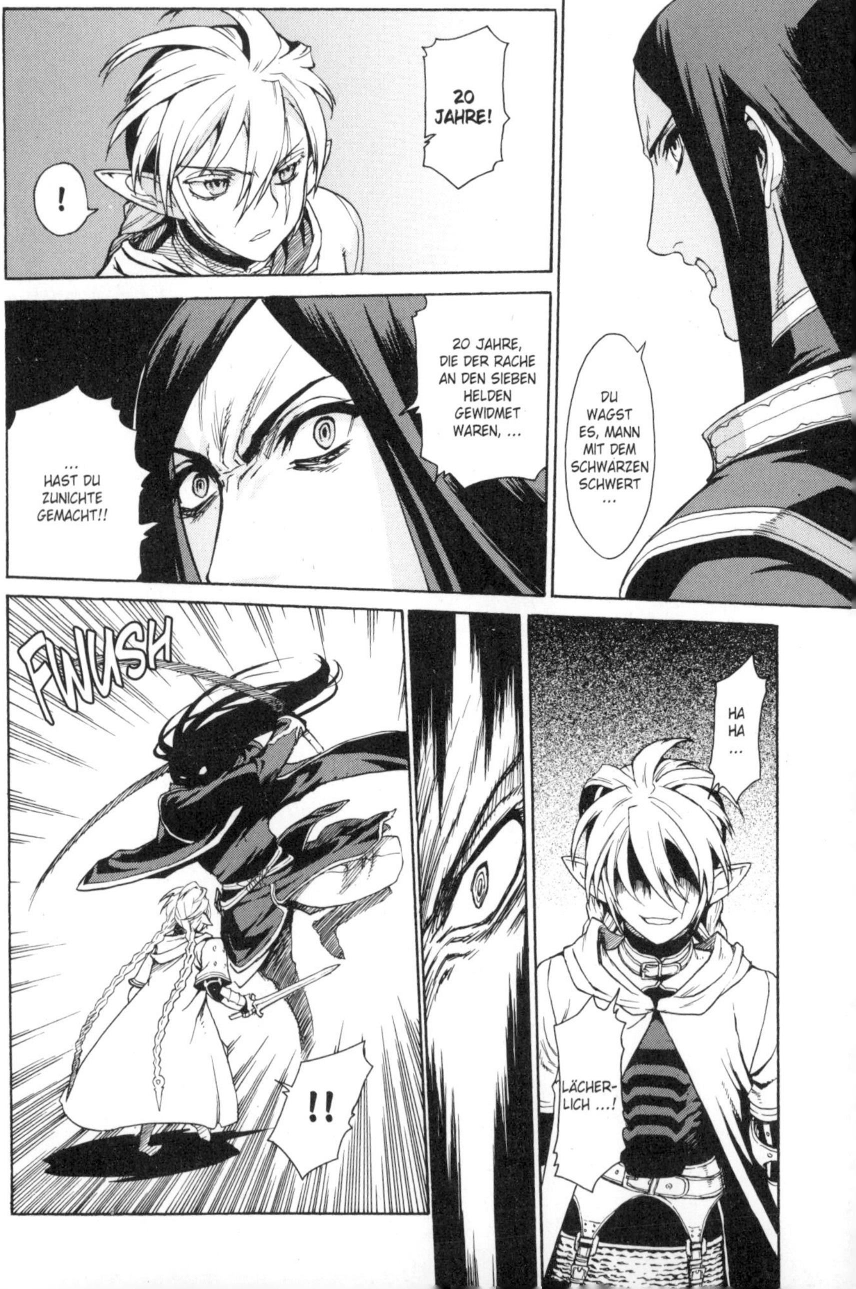

DU WAGST ES, MANN MIT DEM SCHWARZEN SCHWERT …
20 JAHRE!
!
20 JAHRE, DIE DER RACHE AN DEN SIEBEN HELDEN GEWIDMET WAREN, …
… HAST DU ZUNICHTE GEMACHT!!
HA HA …
LÄCHER-LICH …!
FWUSH
!!

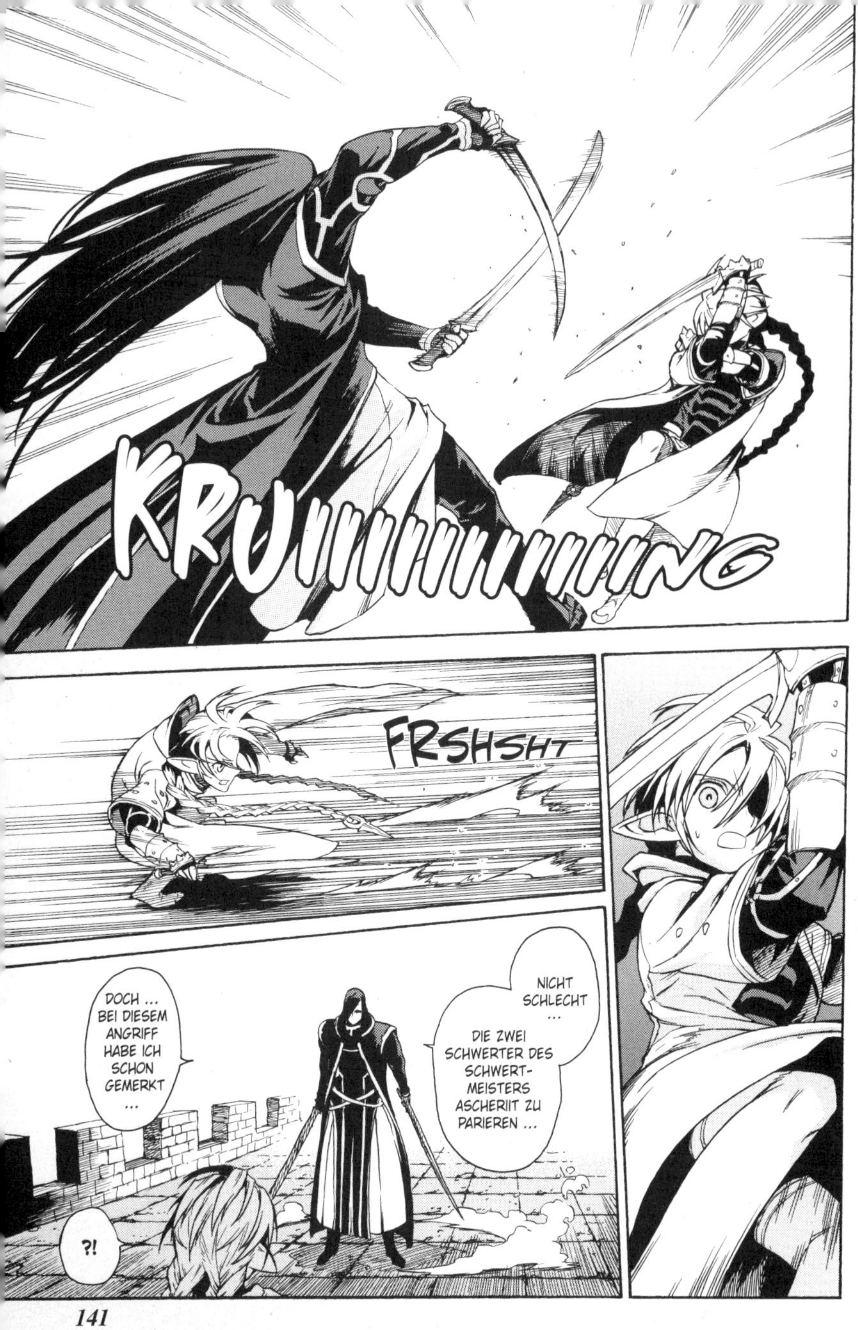
KRUIIIIIIIIIIIIING
FRSHSHT
NICHT SCHLECHT ...
DIE ZWEI SCHWERTER DES SCHWERT-MEISTERS ASCHERIIT ZU PARIEREN ...
DOCH ... BEI DIESEM ANGRIFF HABE ICH SCHON GEMERKT ...
?!

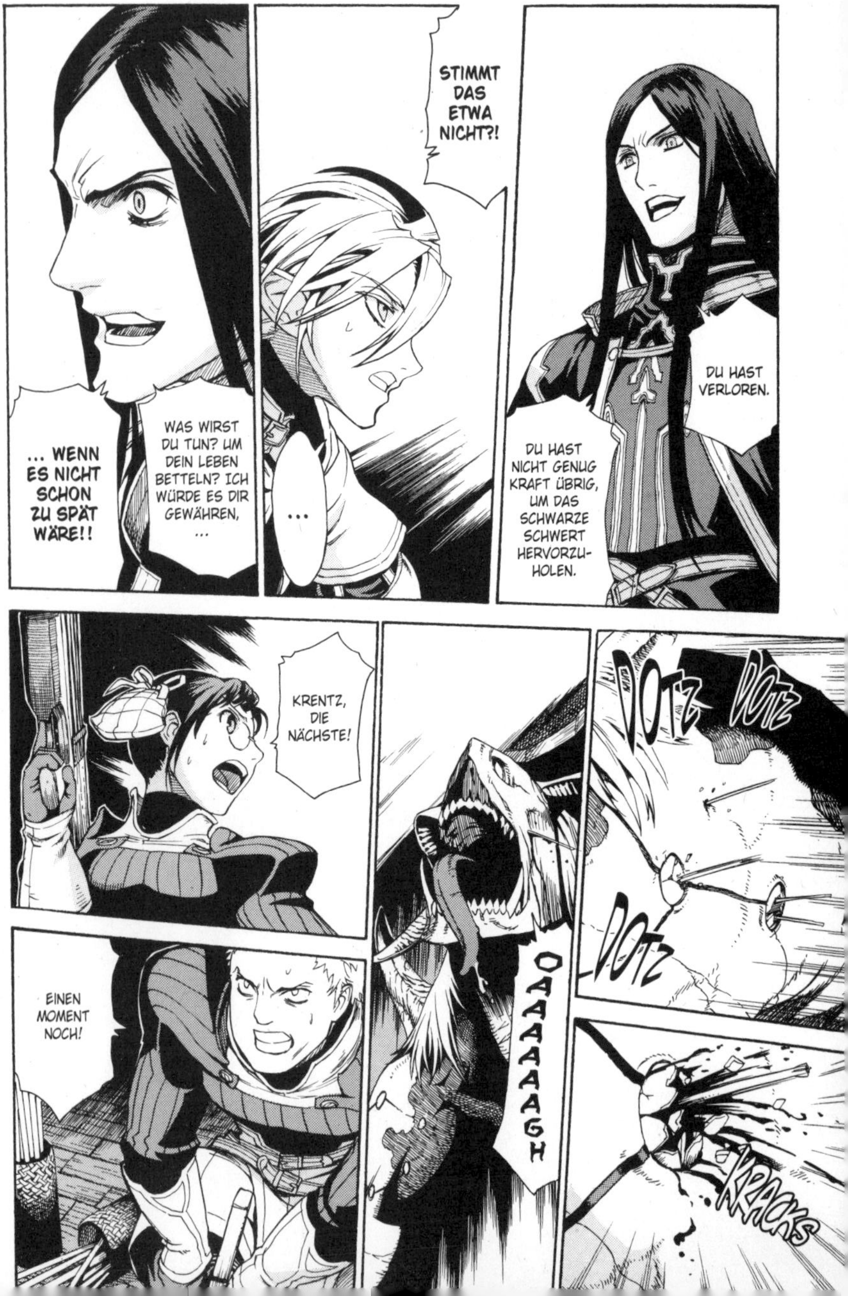

STIMMT DAS ETWA NICHT?!
DU HAST VERLOREN.
DU HAST NICHT GENUG KRAFT ÜBRIG, UM DAS SCHWARZE SCHWERT HERVORZUHOLEN.
...
WAS WIRST DU TUN? UM DEIN LEBEN BETTELN? ICH WÜRDE ES DIR GEWÄHREN, ...
... WENN ES NICHT SCHON ZU SPÄT WÄRE!!
KRENTZ, DIE NÄCHSTE!
EINEN MOMENT NOCH!
DOTZ
DOTZ
DOTZ
OAAAAAAAGH
KRACKS

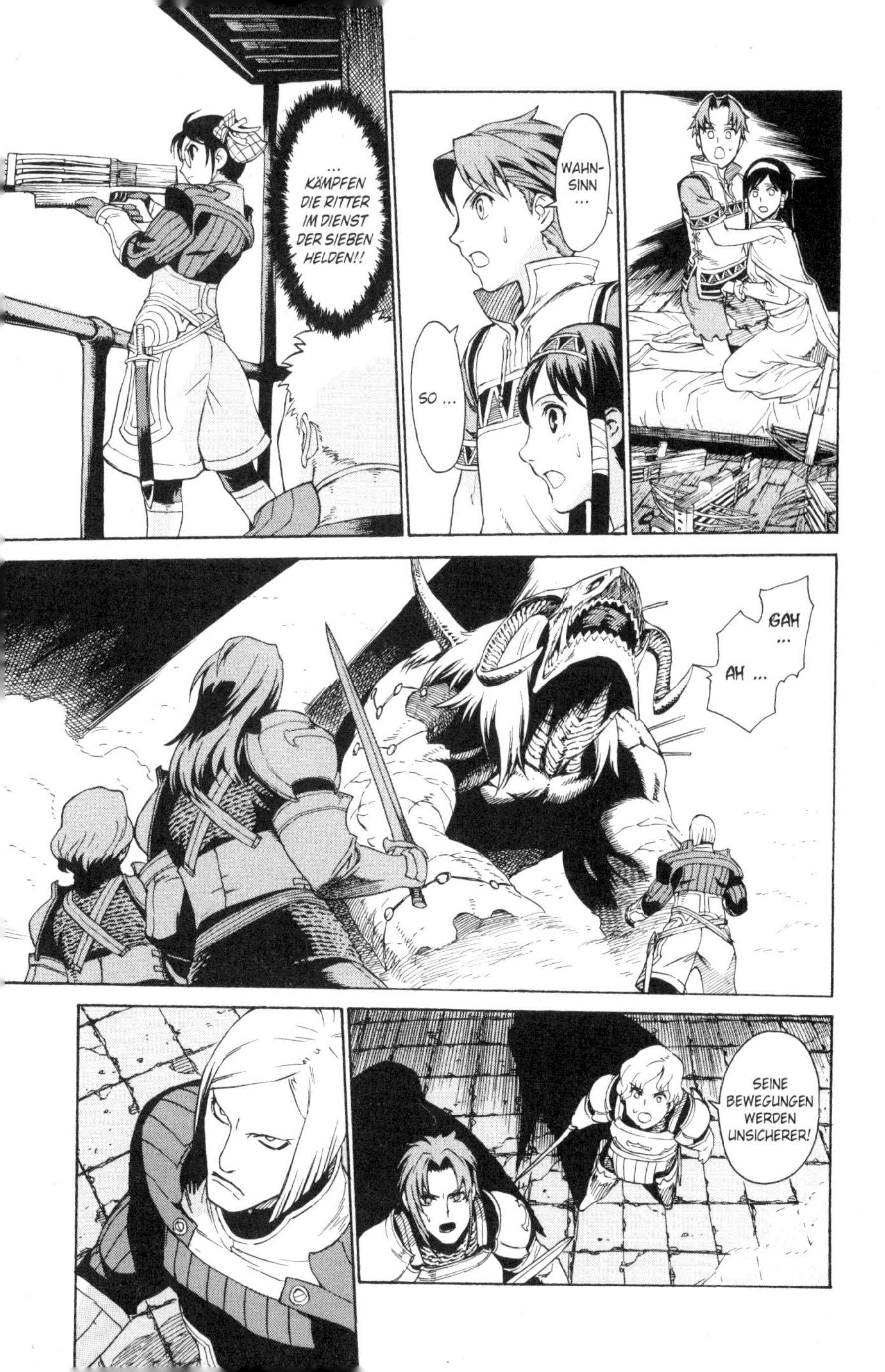
WAHN-SINN …
… KÄMPFEN DIE RITTER IM DIENST DER SIEBEN HELDEN!!
SO …
GAH … AH …
SEINE BEWEGUNGEN WERDEN UNSICHERER!

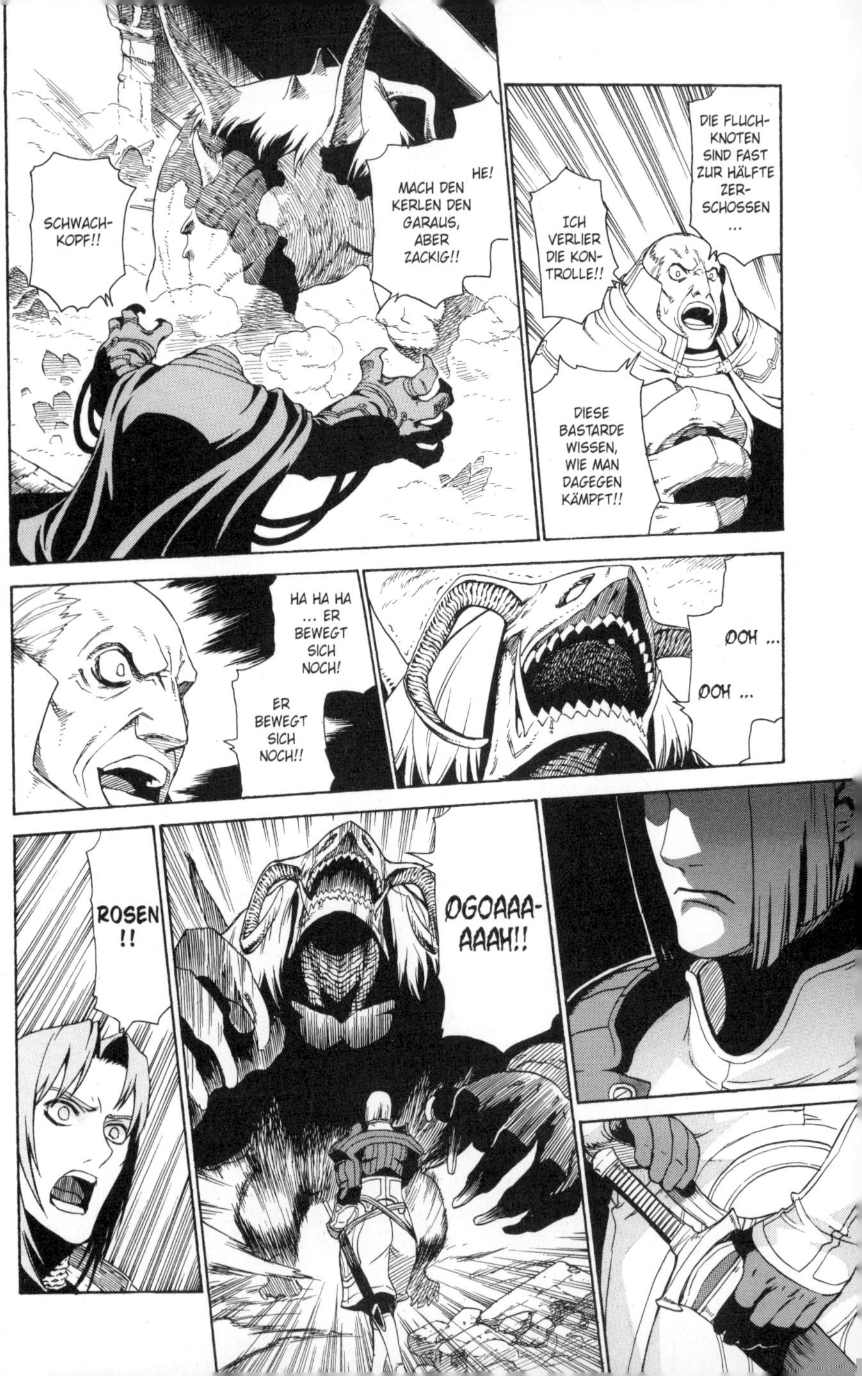

DIE FLUCH-KNOTEN SIND FAST ZUR HÄLFTE ZER-SCHOSSEN ...
ICH VERLIER DIE KON-TROLLE!!
DIESE BASTARDE WISSEN, WIE MAN DAGEGEN KÄMPFT!!
HE! MACH DEN KERLEN DEN GARAUS, ABER ZACKIG!!
SCHWACH-KOPF!!
OOH ...
OOH ...
HA HA HA ... ER BEWEGT SICH NOCH!
ER BEWEGT SICH NOCH!!
OGOAAA-AAAH!!
ROSEN!!

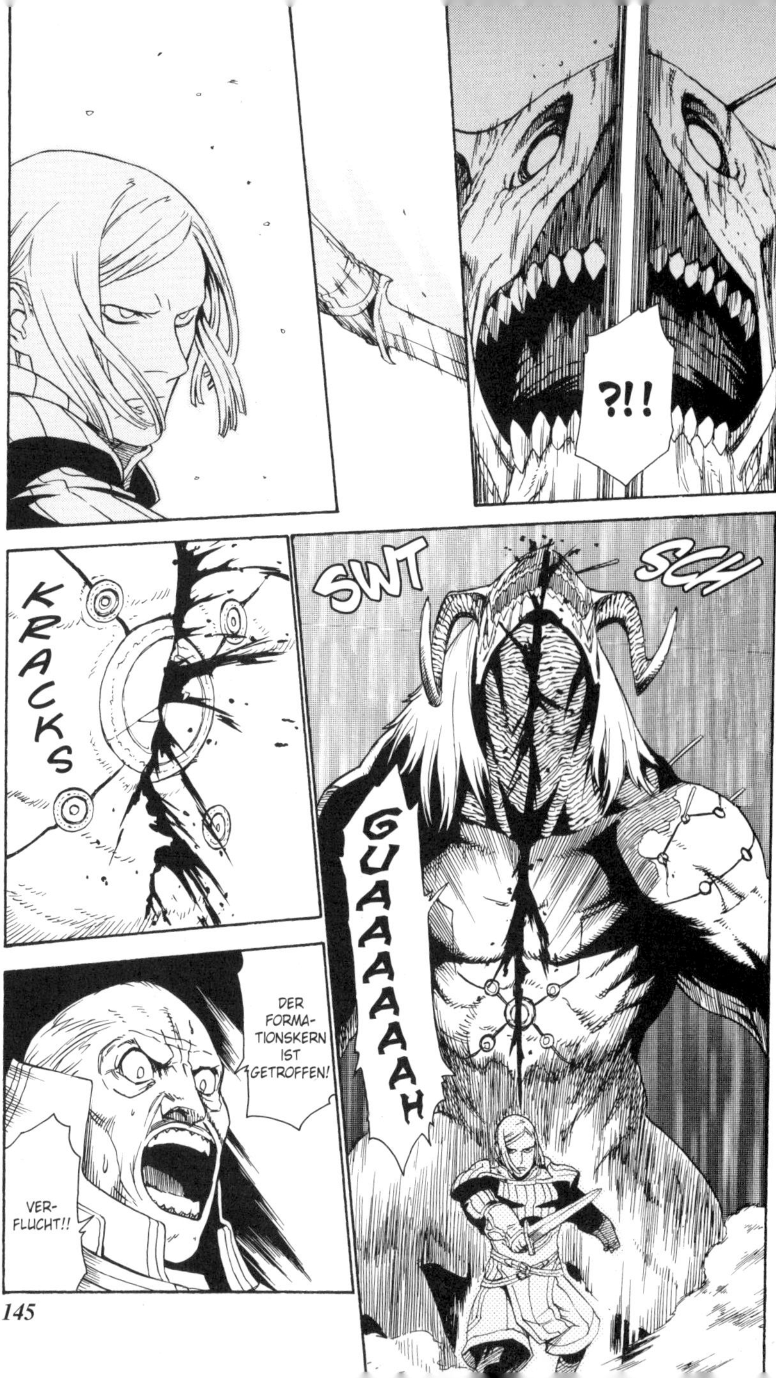
?!!
KRACKS
SWT
SCH
GUAAAAAAAH
DER FORMATIONSKERN IST GETROFFEN!
VERFLUCHT!!

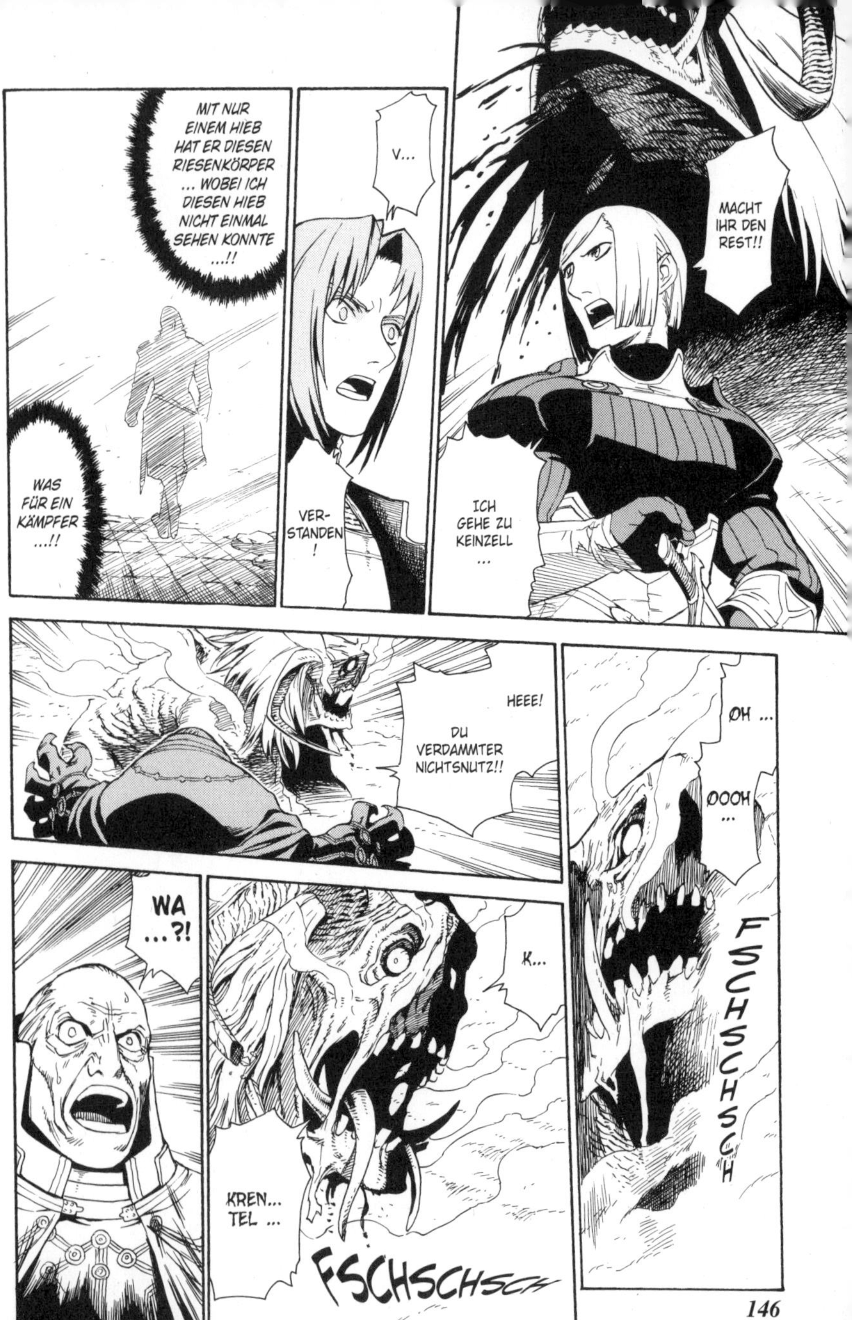
MACHT IHR DEN REST!!
ICH GEHE ZU KEINZELL ...
V...
VER-STANDEN!
MIT NUR EINEM HIEB HAT ER DIESEN RIESENKÖRPER ... WOBEI ICH DIESEN HIEB NICHT EINMAL SEHEN KONNTE ...!!
WAS FÜR EIN KÄMPFER ...!!
OH ...
OOOH ...
FSCHSCHSCH
HEEE!
DU VERDAMMTER NICHTSNUTZ!!
K...
KREN... TEL ...
FSCHSCHSCH
WA ...?!

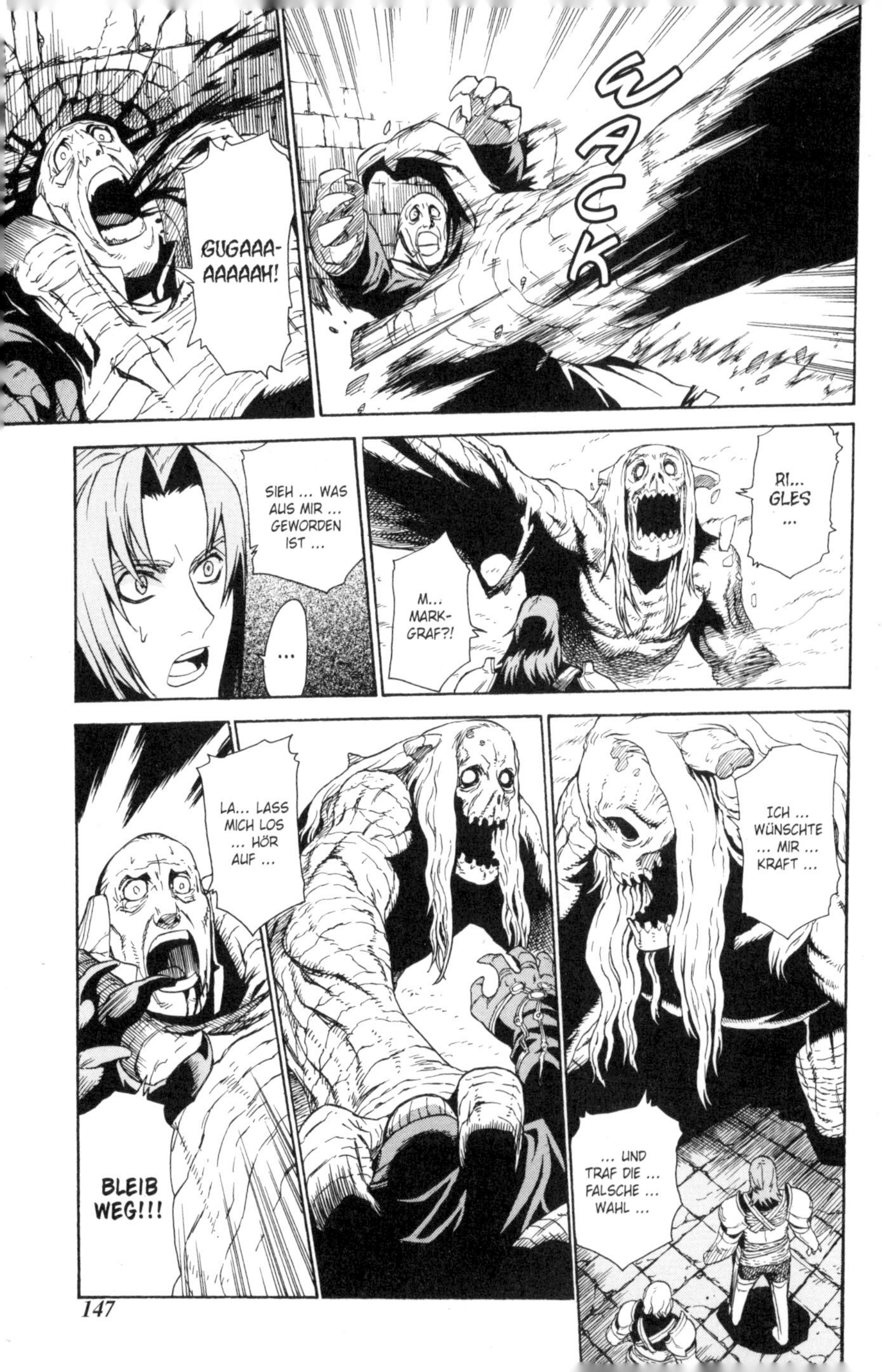
WACK
GUGAAA-AAAAAH!
RI... GLES ...
M... MARK-GRAF?!
SIEH ... WAS AUS MIR ... GEWORDEN IST ...
...
ICH ... WÜNSCHTE ... MIR ... KRAFT ...
... UND TRAF DIE ... FALSCHE ... WAHL ...
LA... LASS MICH LOS ... HÖR AUF ...
BLEIB WEG!!!

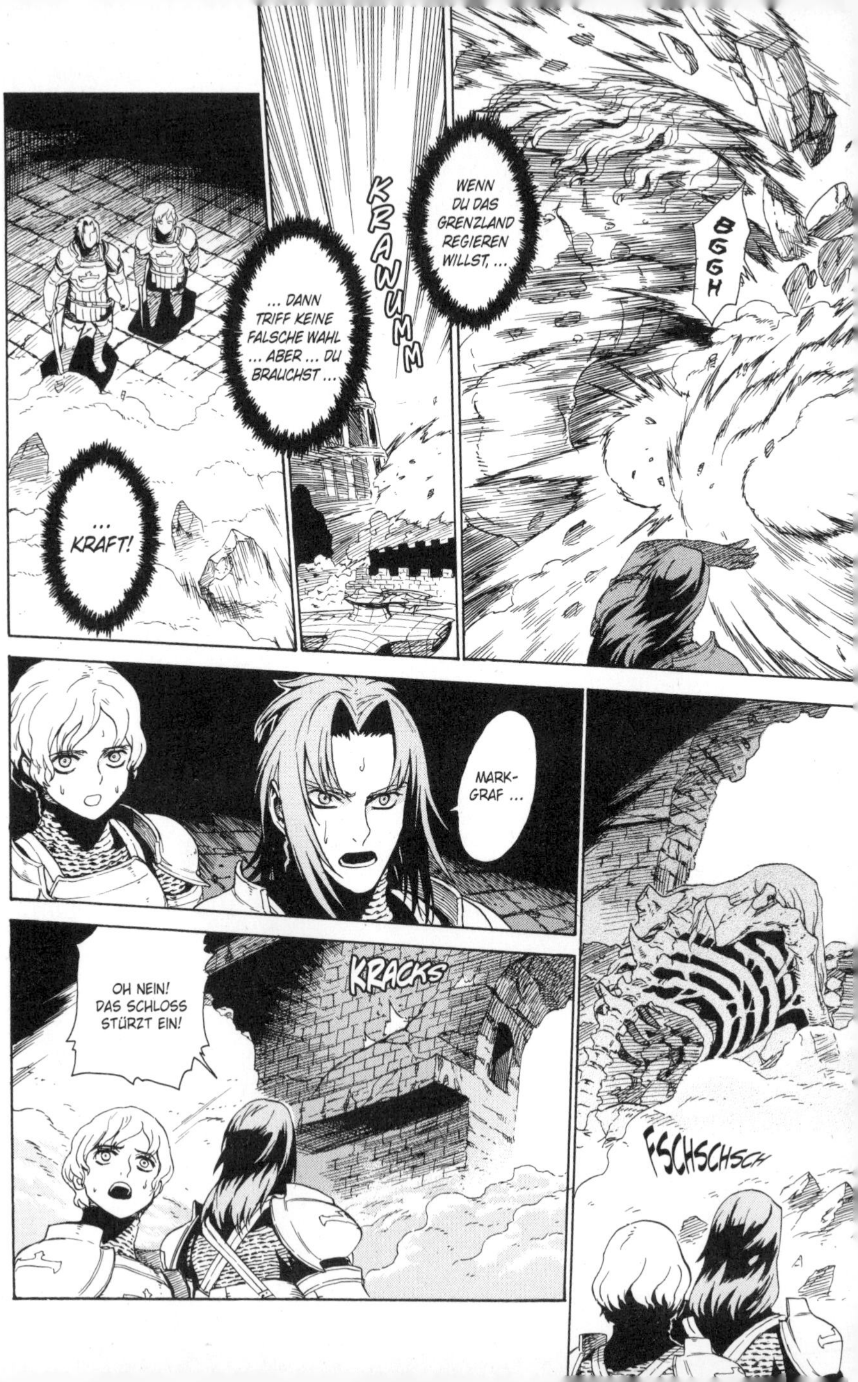
BGGH
WENN DU DAS GRENZLAND REGIEREN WILLST, ...
KRAWUMM
... DANN TRIFF KEINE FALSCHE WAHL ... ABER ... DU BRAUCHST ...
... KRAFT!
MARK-GRAF ...
KRACKS
OH NEIN! DAS SCHLOSS STÜRZT EIN!
FSCHSCHSCH

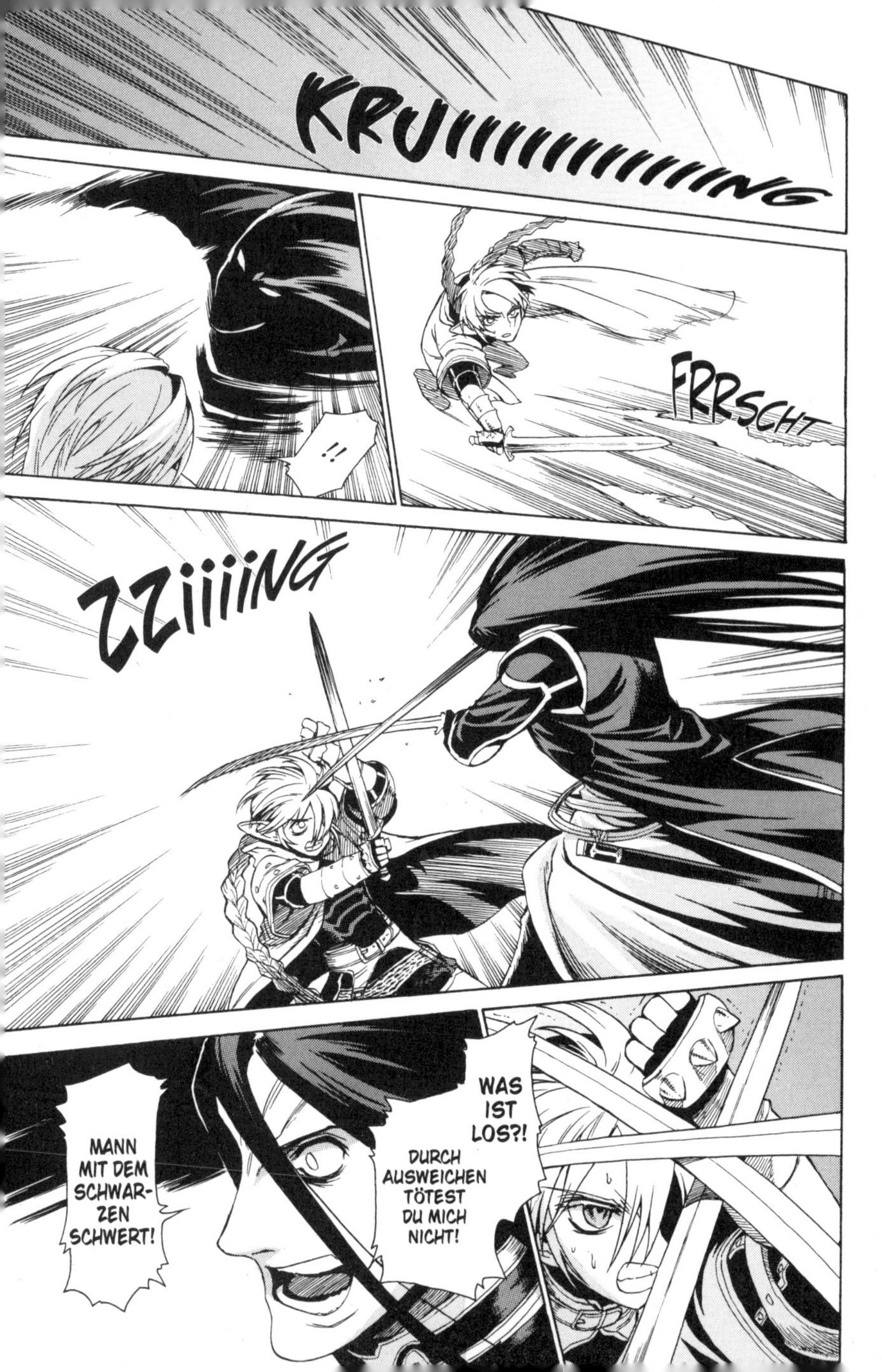
KRJIIIIIIIIIIIIING
FRRSCHT
!!
ZZiiiiiNG
WAS IST LOS?!
MANN MIT DEM SCHWAR-ZEN SCHWERT!
DURCH AUSWEICHEN TÖTEST DU MICH NICHT!

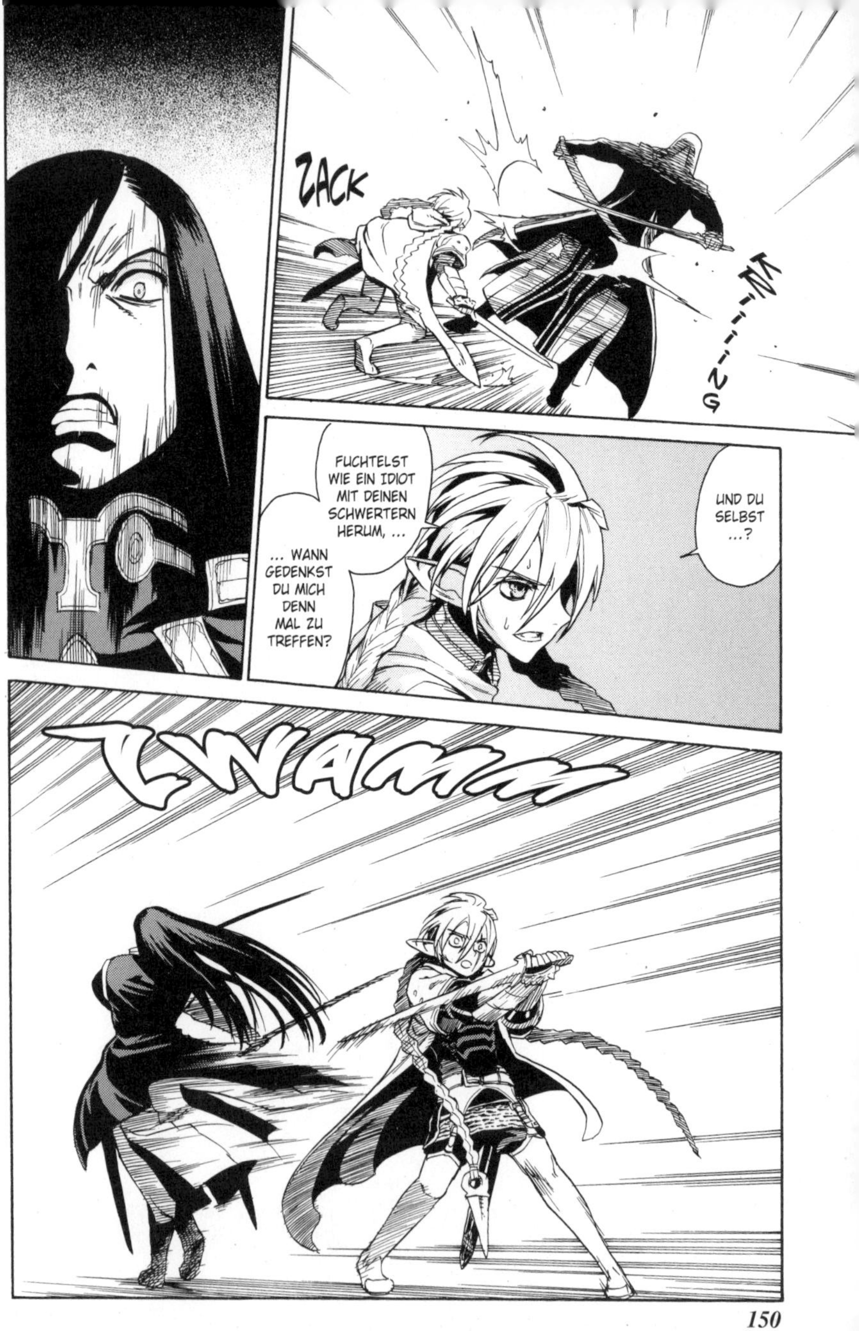
ZACK
KIIIIIING
UND DU SELBST ...?
FUCHTELST WIE EIN IDIOT MIT DEINEN SCHWERTERN HERUM, ...
... WANN GEDENKST DU MICH DENN MAL ZU TREFFEN?
TWAMM

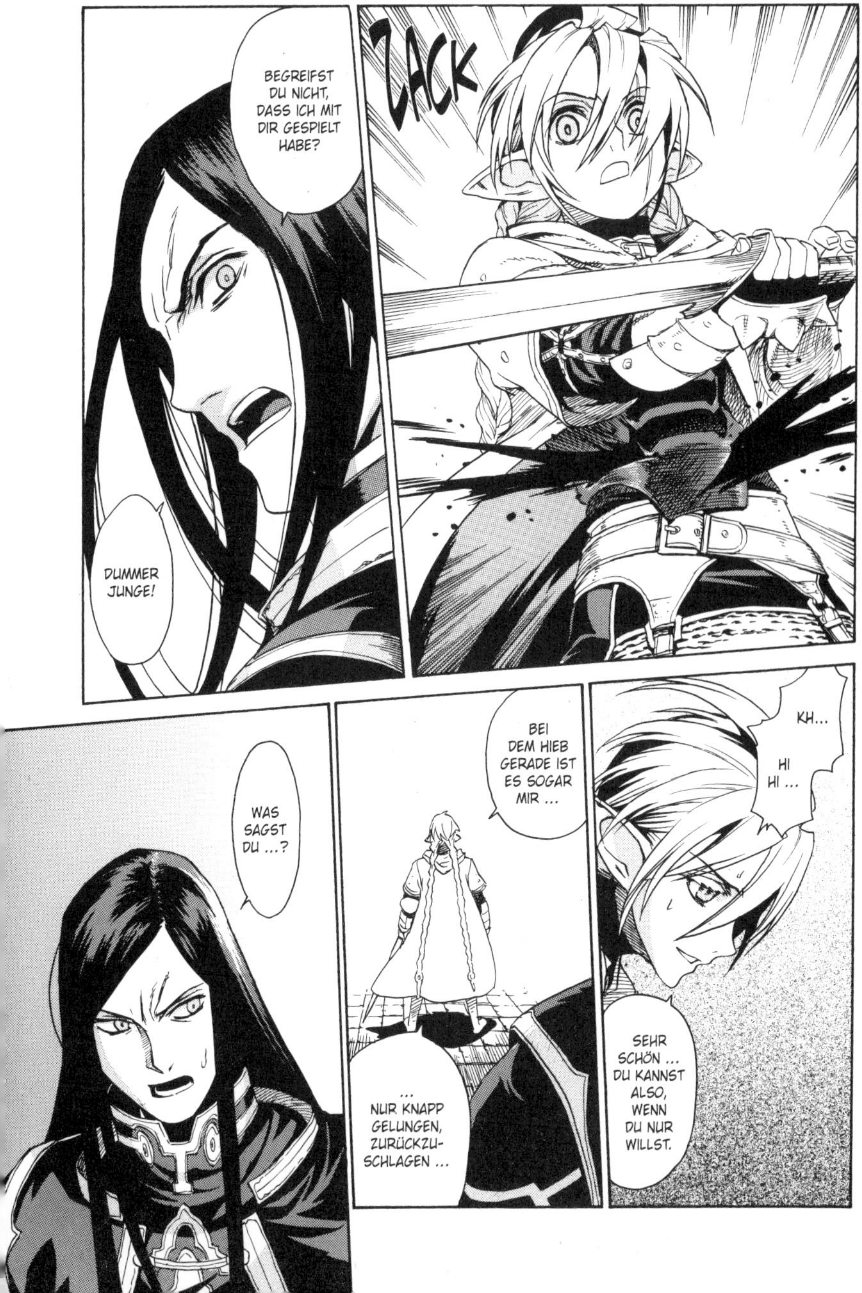
ZACK
BEGREIFST DU NICHT, DASS ICH MIT DIR GESPIELT HABE?
DUMMER JUNGE!
KH…
HI HI …
SEHR SCHÖN … DU KANNST ALSO, WENN DU NUR WILLST.
BEI DEM HIEB GERADE IST ES SOGAR MIR …
… NUR KNAPP GELUNGEN, ZURÜCKZU-SCHLAGEN …
WAS SAGST DU …?

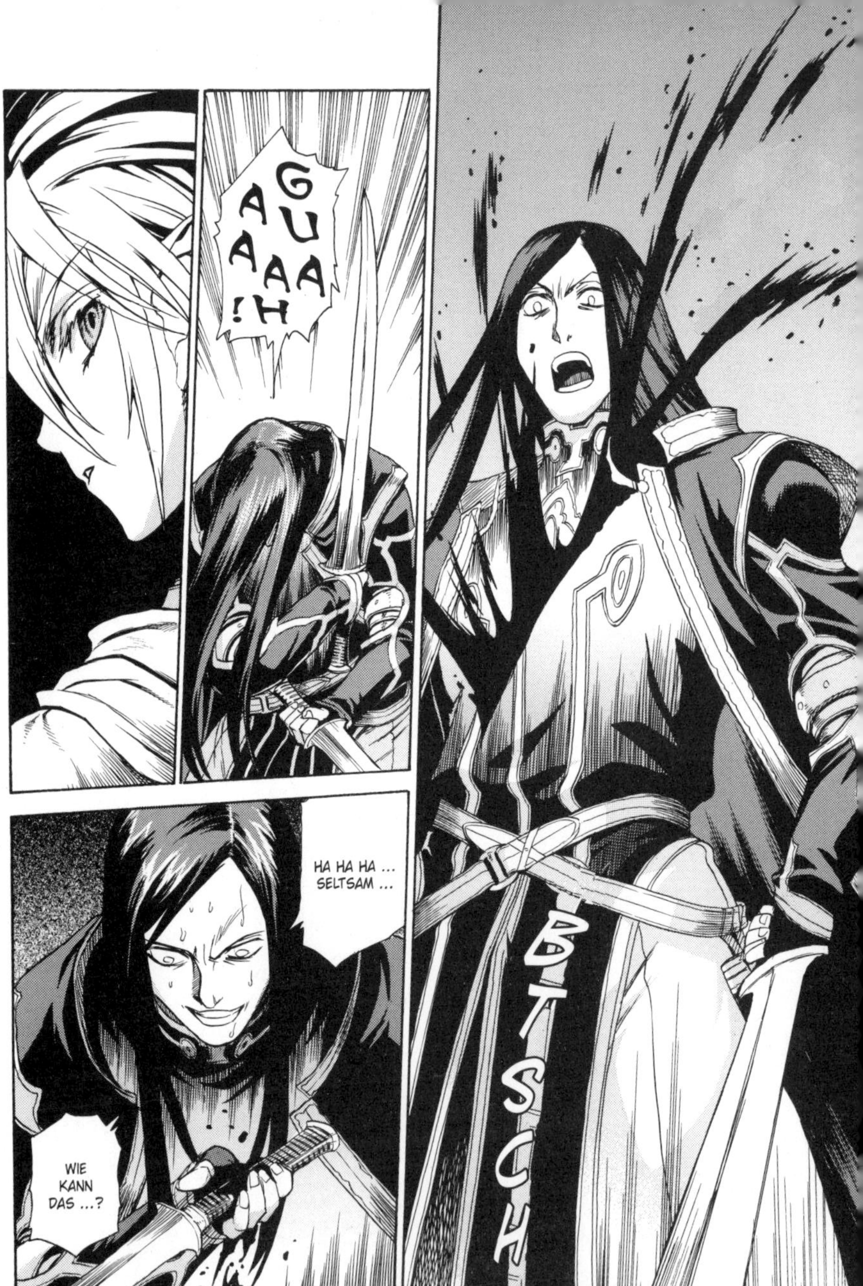
BTSCH
GUAAAH!
HA HA HA … SELTSAM …
WIE KANN DAS …?

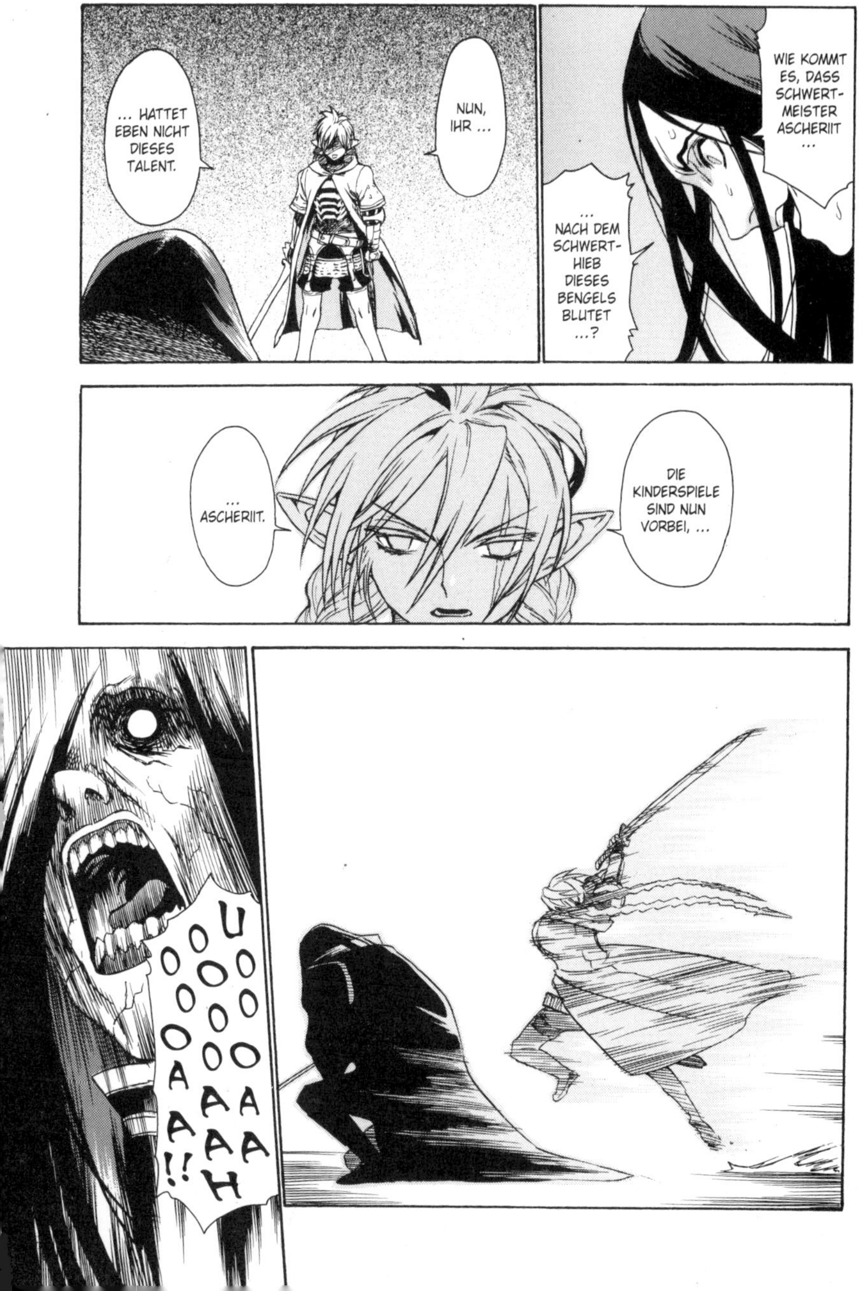
WIE KOMMT ES, DASS SCHWERT-MEISTER ASCHERIIT ...
... NACH DEM SCHWERT-HIEB DIESES BENGELS BLUTET ...?
NUN, IHR ...
... HATTET EBEN NICHT DIESES TALENT.
DIE KINDERSPIELE SIND NUN VORBEI, ...
... ASCHERIIT.
UOOOOOOOOOOOOOAAAAAAAH!!

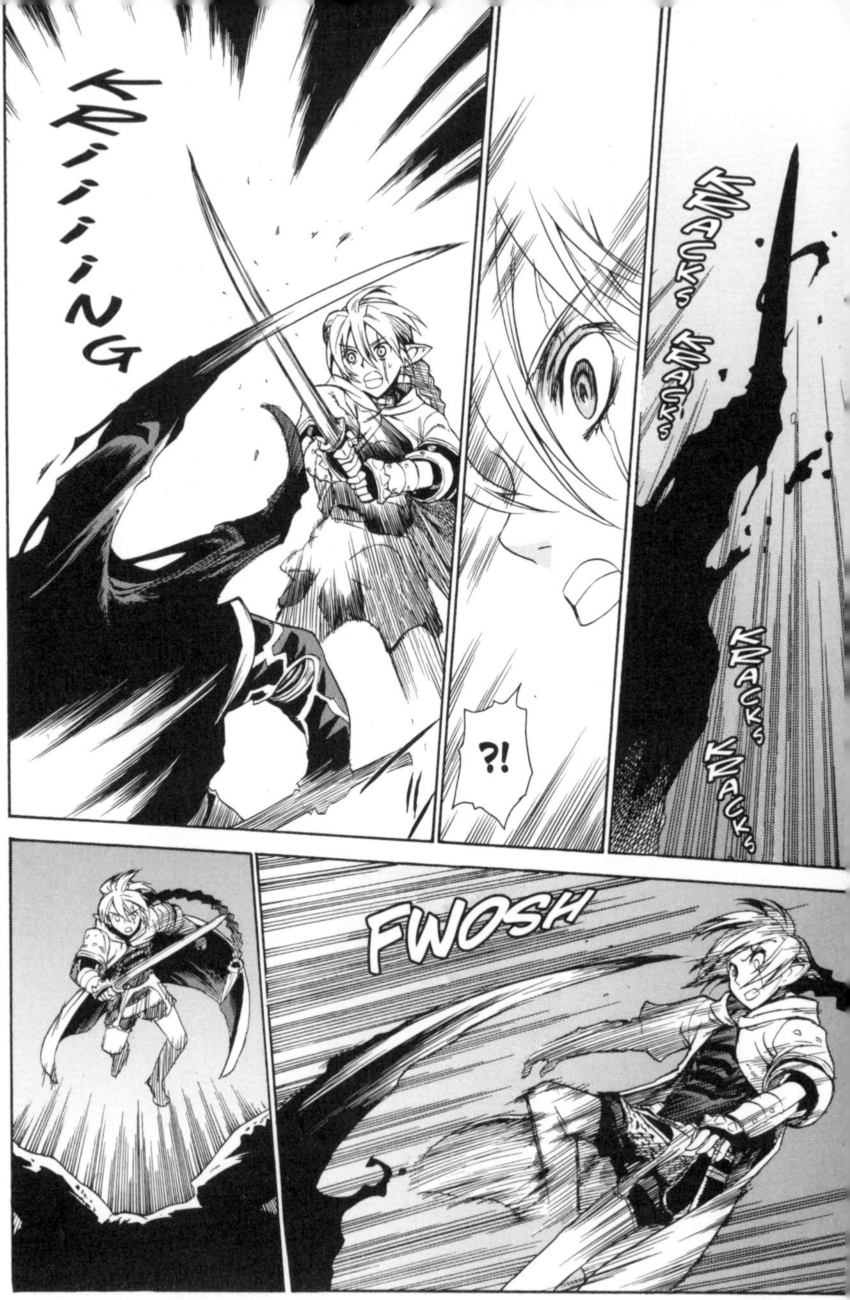
KRiiiiiNG
KRACKS KRACKS KRACKS
?!
KRACKS KRACKS KRACKS
FWOSH

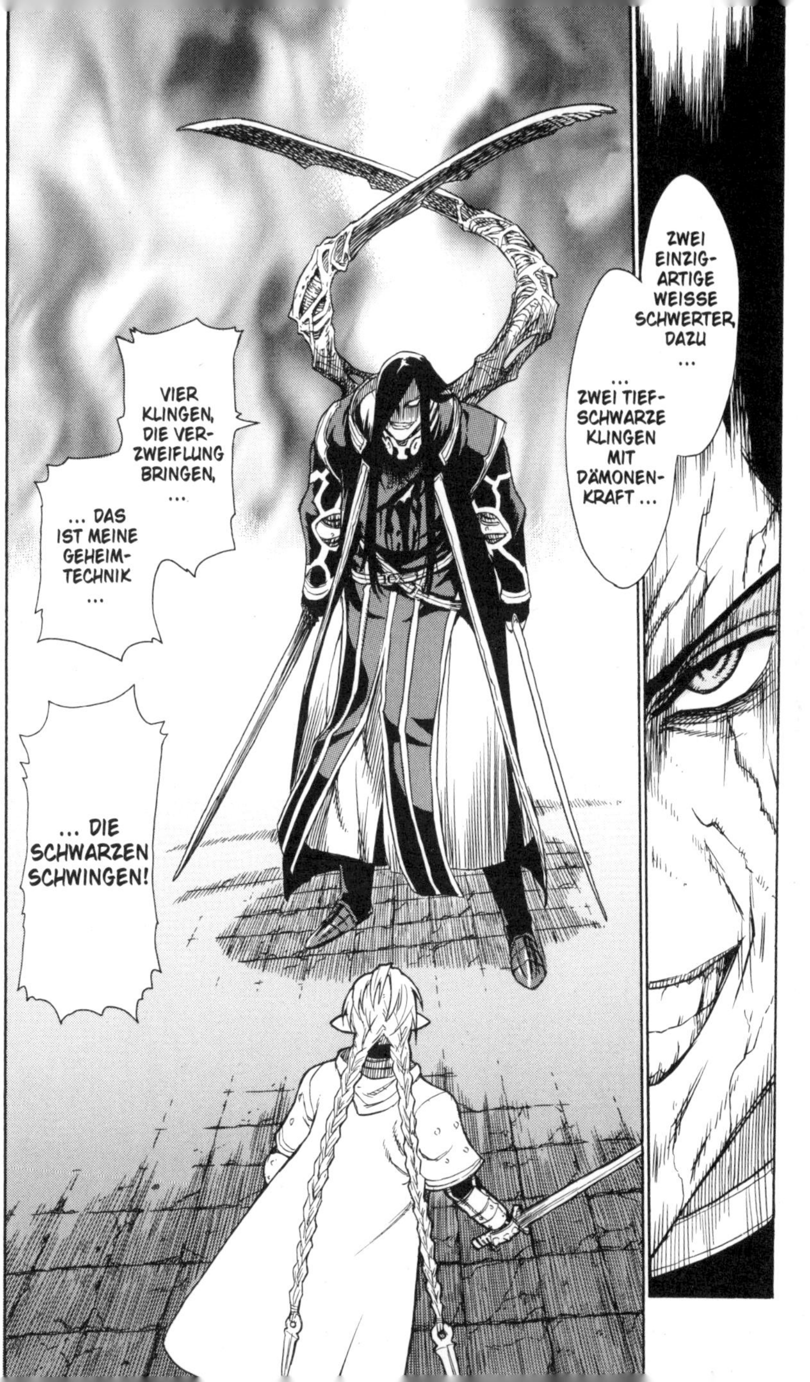
ZWEI EINZIG-ARTIGE WEISSE SCHWERTER, DAZU ...
... ZWEI TIEF-SCHWARZE KLINGEN MIT DÄMONEN-KRAFT ...
VIER KLINGEN, DIE VER-ZWEIFLUNG BRINGEN, ...
... DAS IST MEINE GEHEIM-TECHNIK ...
... DIE SCHWARZEN SCHWINGEN!

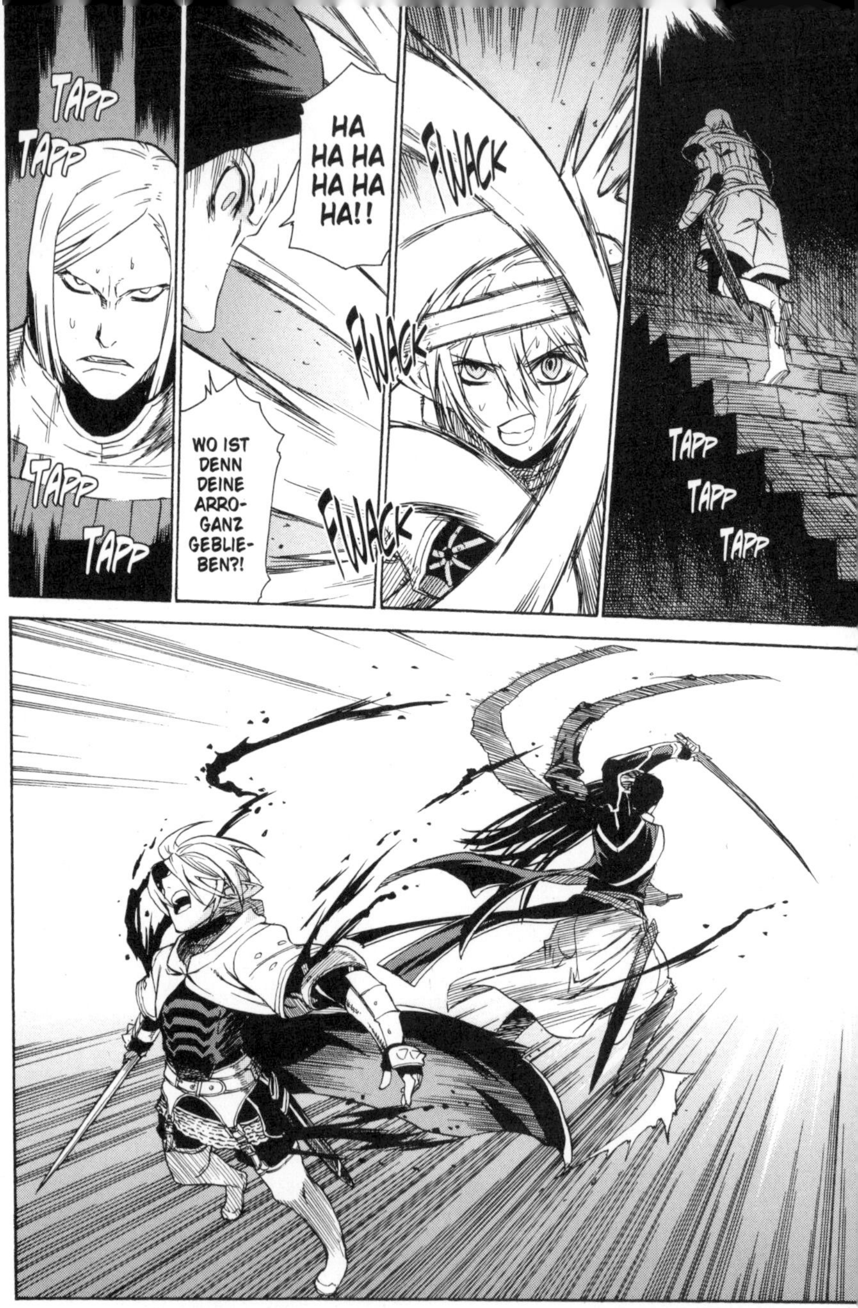
TAPP
TAPP
TAPP
FWACK
HA HA HA HA HA HA!!
FWACK
FWACK
WO IST DENN DEINE ARRO-GANZ GEBLIE-BEN?!
TAPP
TAPP
TAPP
TAPP

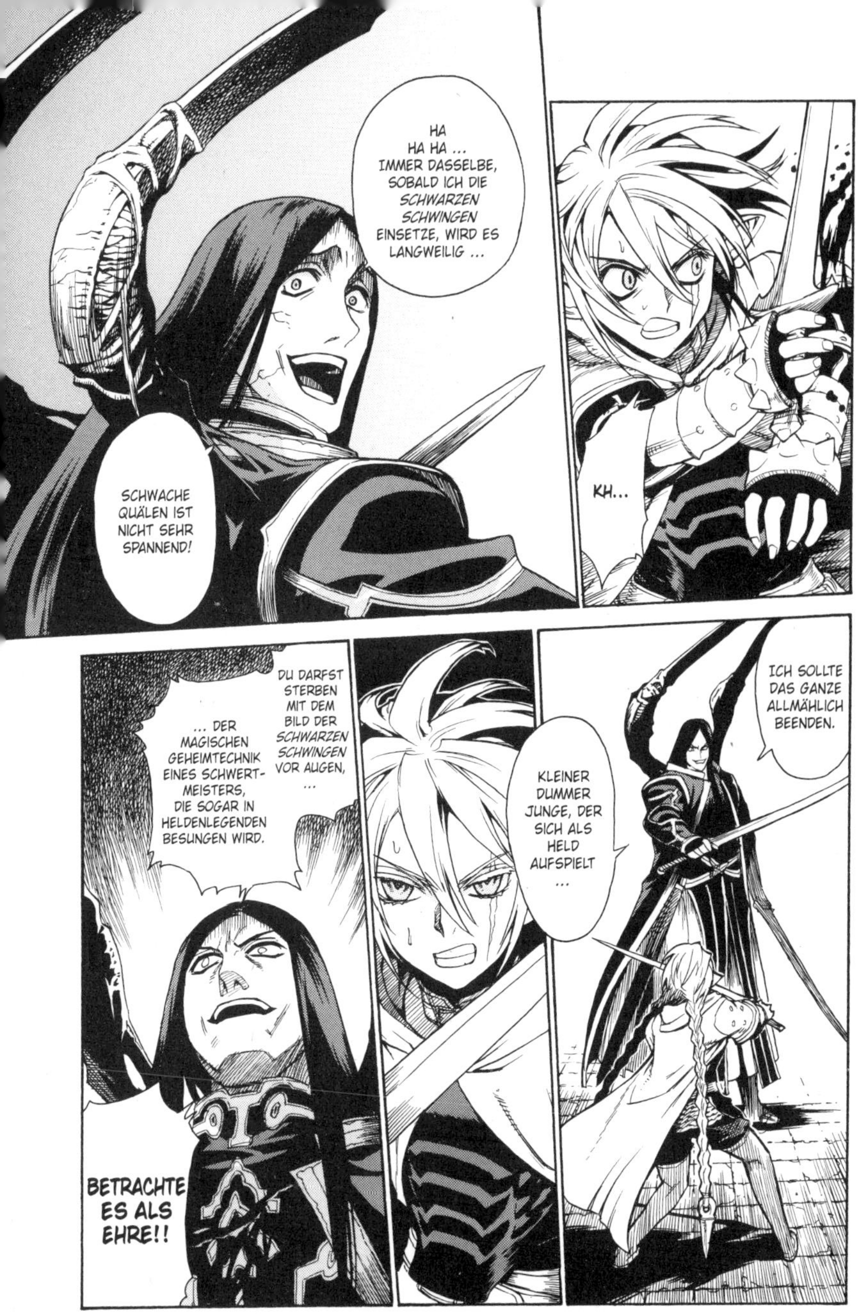
HA
HA HA …
IMMER DASSELBE,
SOBALD ICH DIE
SCHWARZEN
SCHWINGEN
EINSETZE, WIRD ES
LANGWEILIG …
SCHWACHE
QUÄLEN IST
NICHT SEHR
SPANNEND!
KH…
ICH SOLLTE
DAS GANZE
ALLMÄHLICH
BEENDEN.
KLEINER
DUMMER
JUNGE, DER
SICH ALS
HELD
AUFSPIELT
…
DU DARFST
STERBEN
MIT DEM
BILD DER
SCHWARZEN
SCHWINGEN
VOR AUGEN,
…
… DER
MAGISCHEN
GEHEIMTECHNIK
EINES SCHWERT-
MEISTERS,
DIE SOGAR IN
HELDENLEGENDEN
BESUNGEN WIRD.
BETRACHTE
ES ALS
EHRE!!

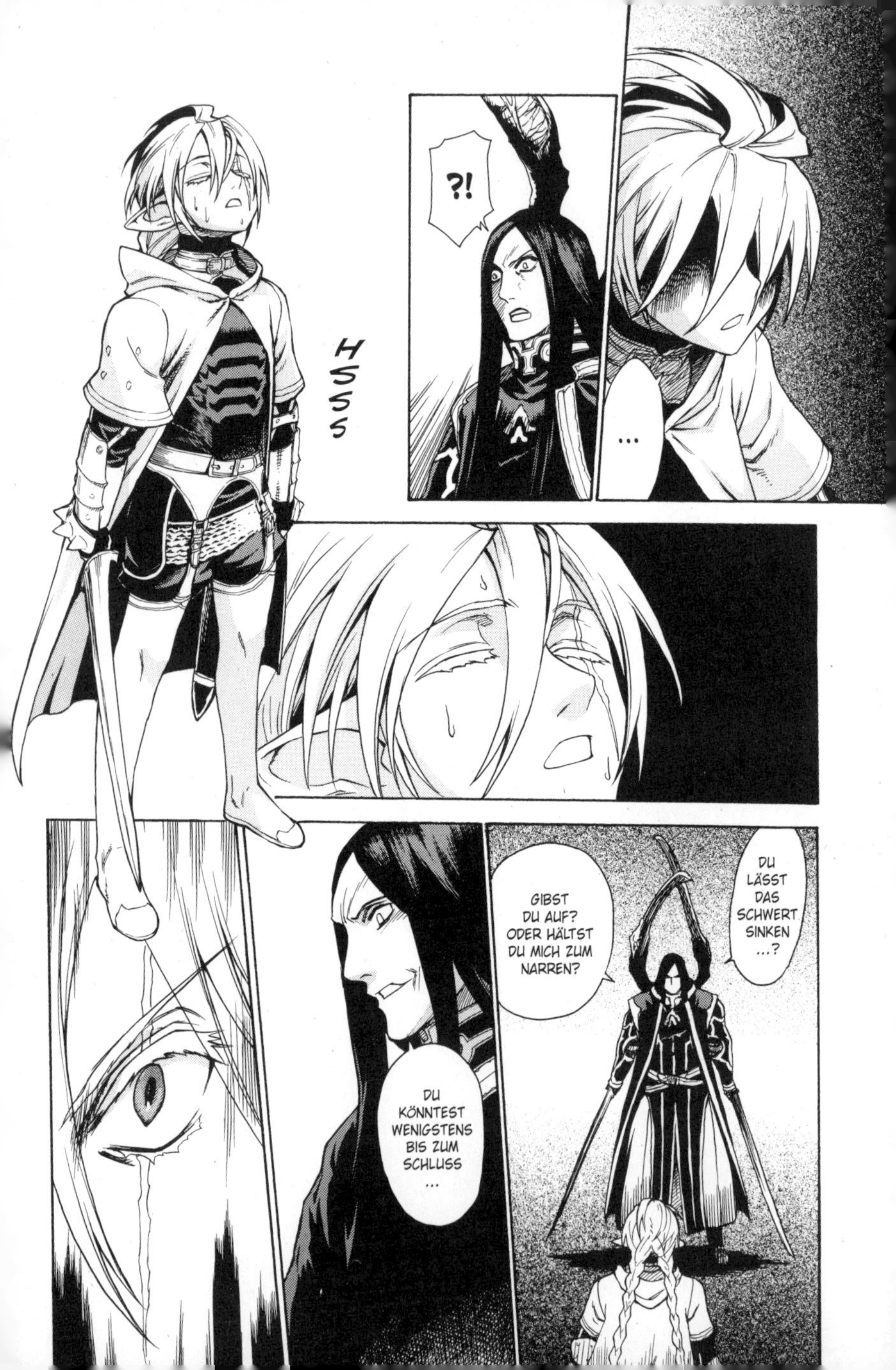

?!
...
HSSS
DU LÄSST DAS SCHWERT SINKEN ...?
GIBST DU AUF? ODER HÄLTST DU MICH ZUM NARREN?
DU KÖNNTEST WENIGSTENS BIS ZUM SCHLUSS ...

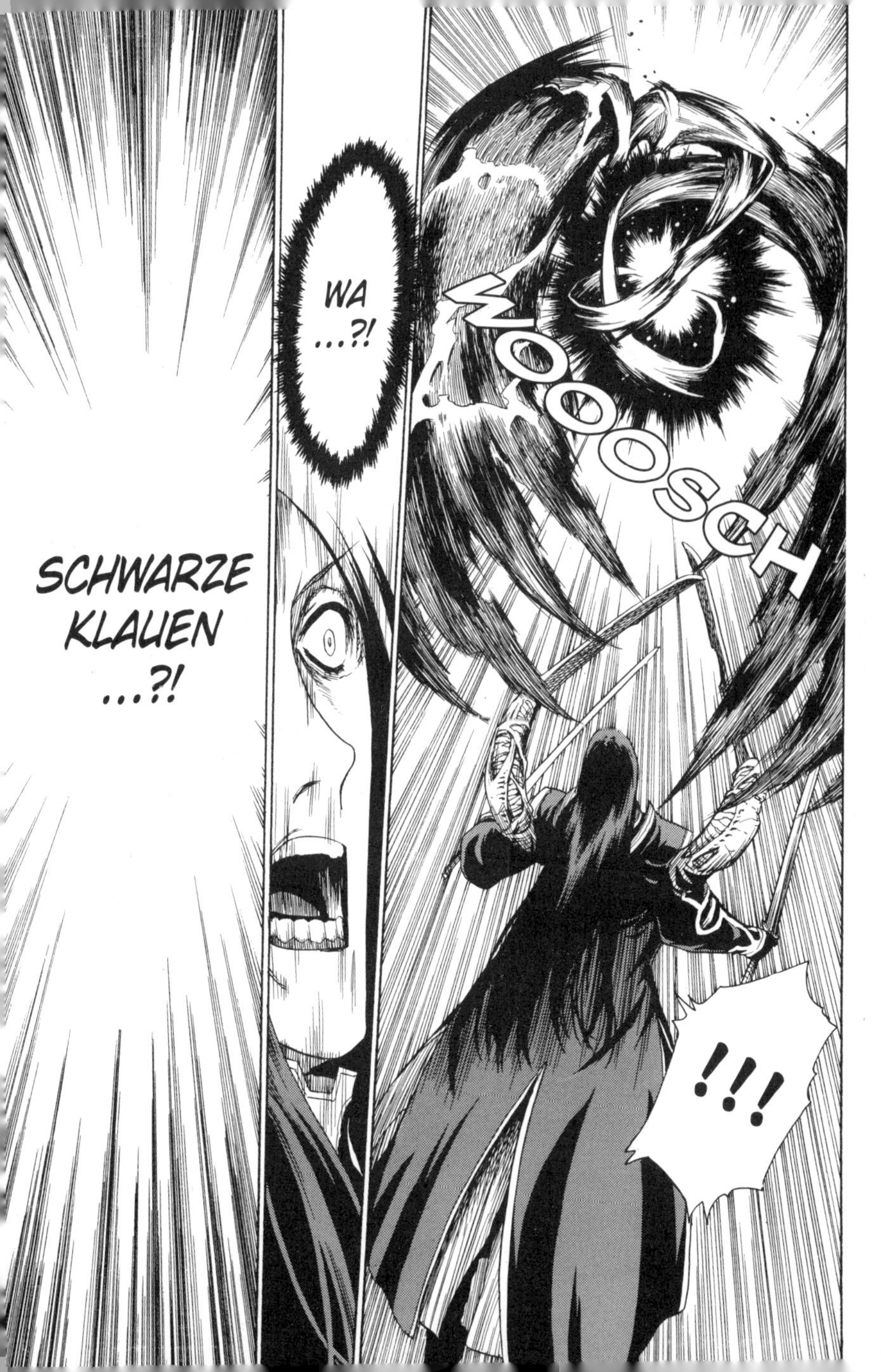
WOOOSCH
!!!
WA ...?!
SCHWARZE KLAUEN ...?!

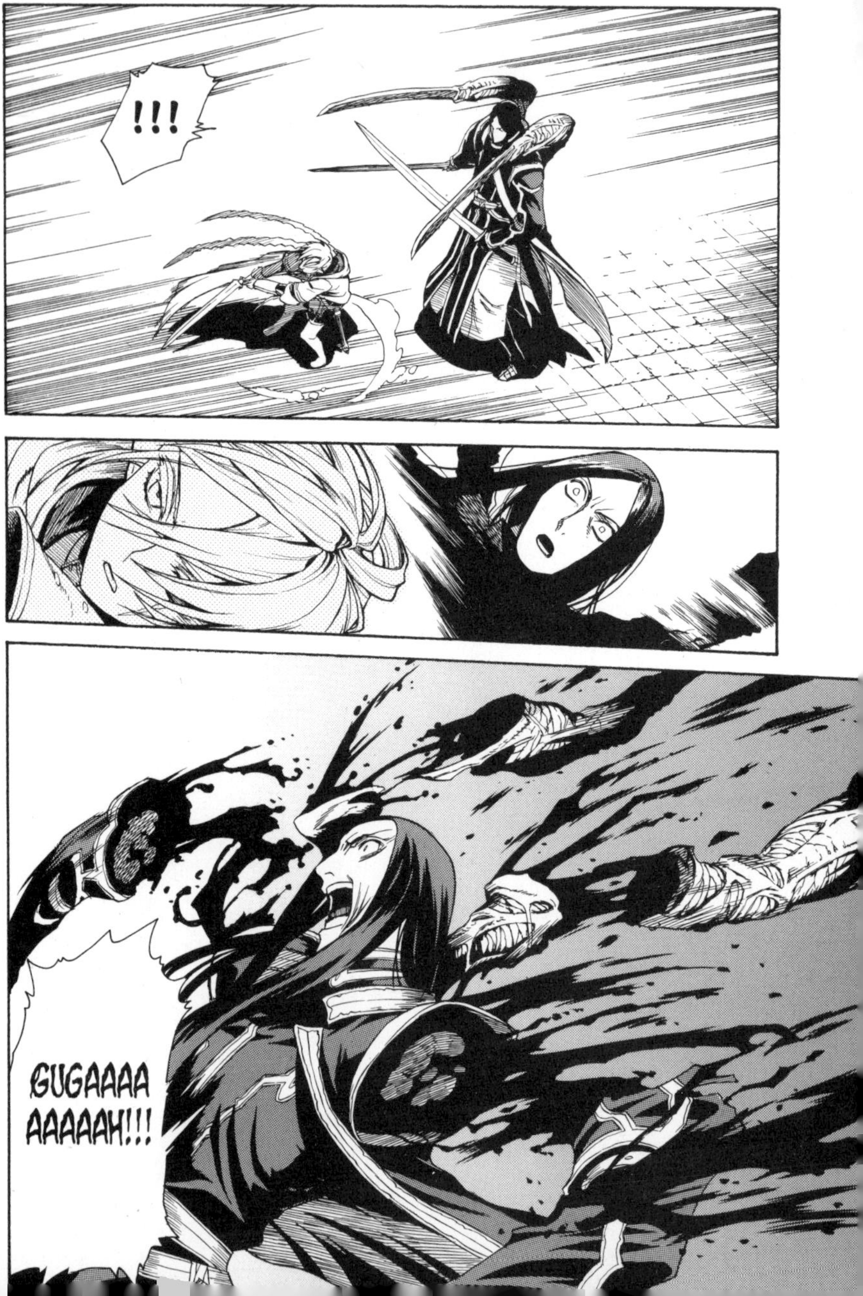

!!!
GUGAAAA
AAAAAH!!!

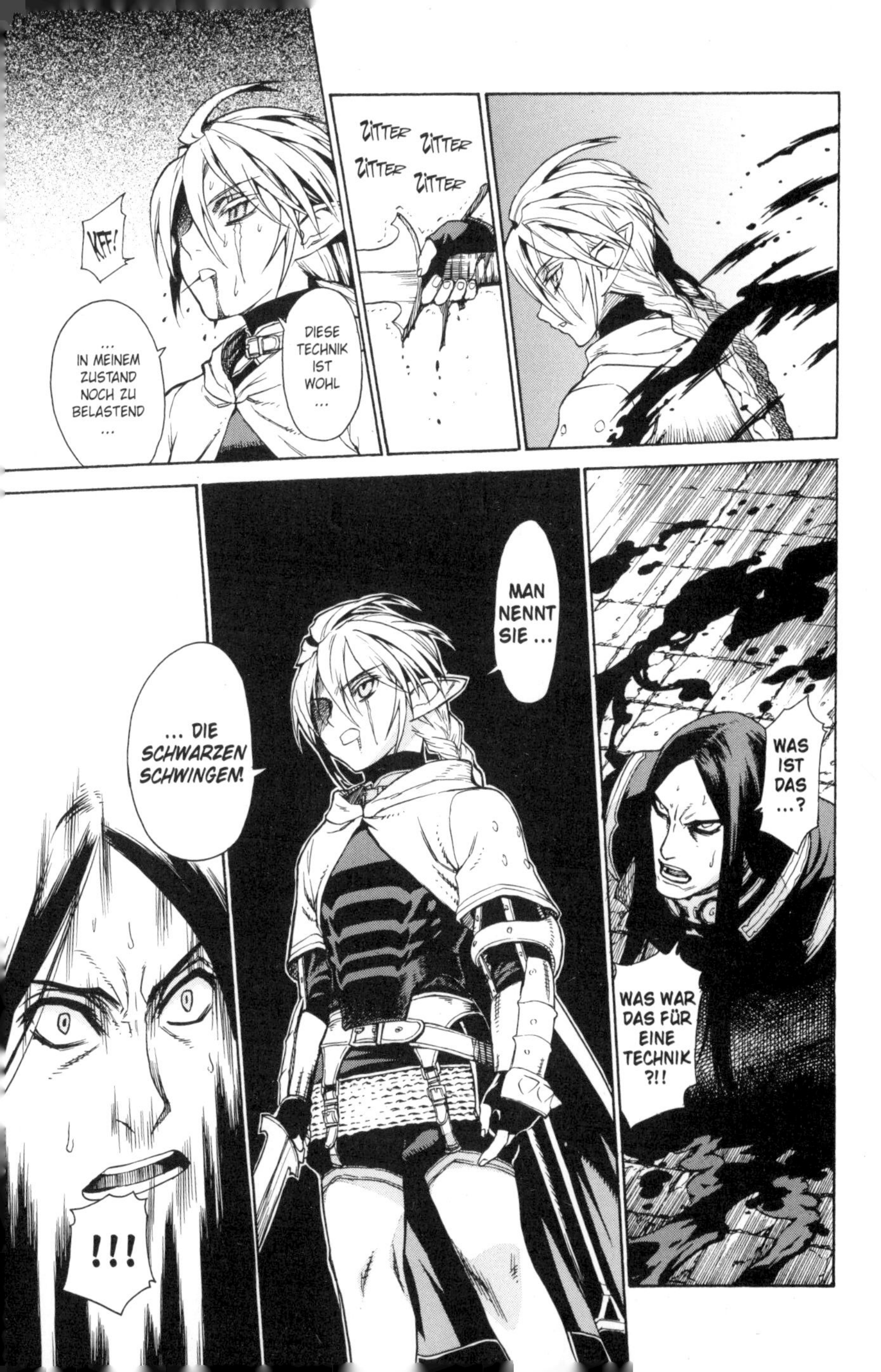

ZITTER ZITTER ZITTER ZITTER
KFF!
DIESE TECHNIK IST WOHL ...
... IN MEINEM ZUSTAND NOCH ZU BELASTEND ...
WAS IST DAS ...?
WAS WAR DAS FÜR EINE TECHNIK ?!!
MAN NENNT SIE ...
... DIE SCHWARZEN SCHWINGEN!
!!!

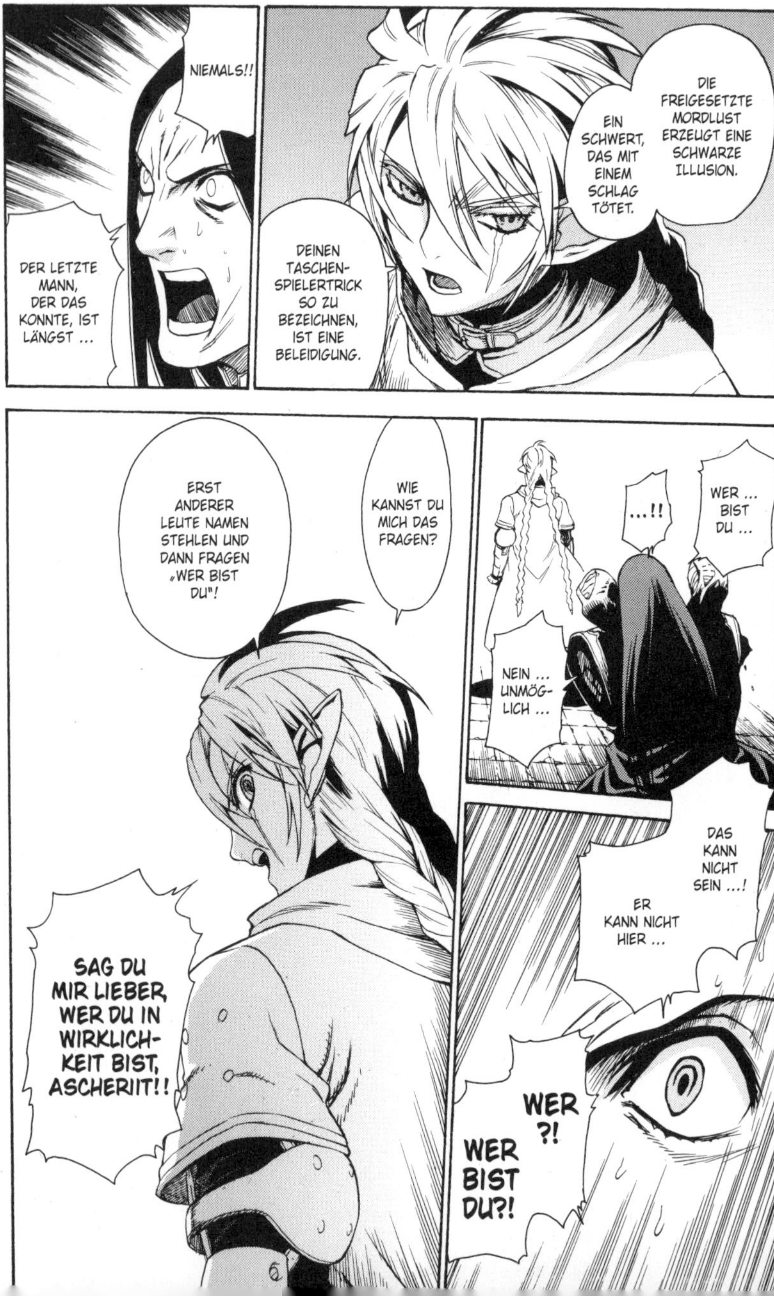
DIE FREIGESETZTE MORDLUST ERZEUGT EINE SCHWARZE ILLUSION.
EIN SCHWERT, DAS MIT EINEM SCHLAG TÖTET.
DEINEN TASCHEN-SPIELERTRICK SO ZU BEZEICHNEN, IST EINE BELEIDIGUNG.
NIEMALS!!
DER LETZTE MANN, DER DAS KONNTE, IST LÄNGST …
WER … BIST DU …
…!!
NEIN … UNMÖG-LICH …
WIE KANNST DU MICH DAS FRAGEN?
ERST ANDERER LEUTE NAMEN STEHLEN UND DANN FRAGEN „WER BIST DU"!
DAS KANN NICHT SEIN …!
ER KANN NICHT HIER …
WER ?!
WER BIST DU?!
SAG DU MIR LIEBER, WER DU IN WIRKLICH-KEIT BIST, ASCHERIIT!!

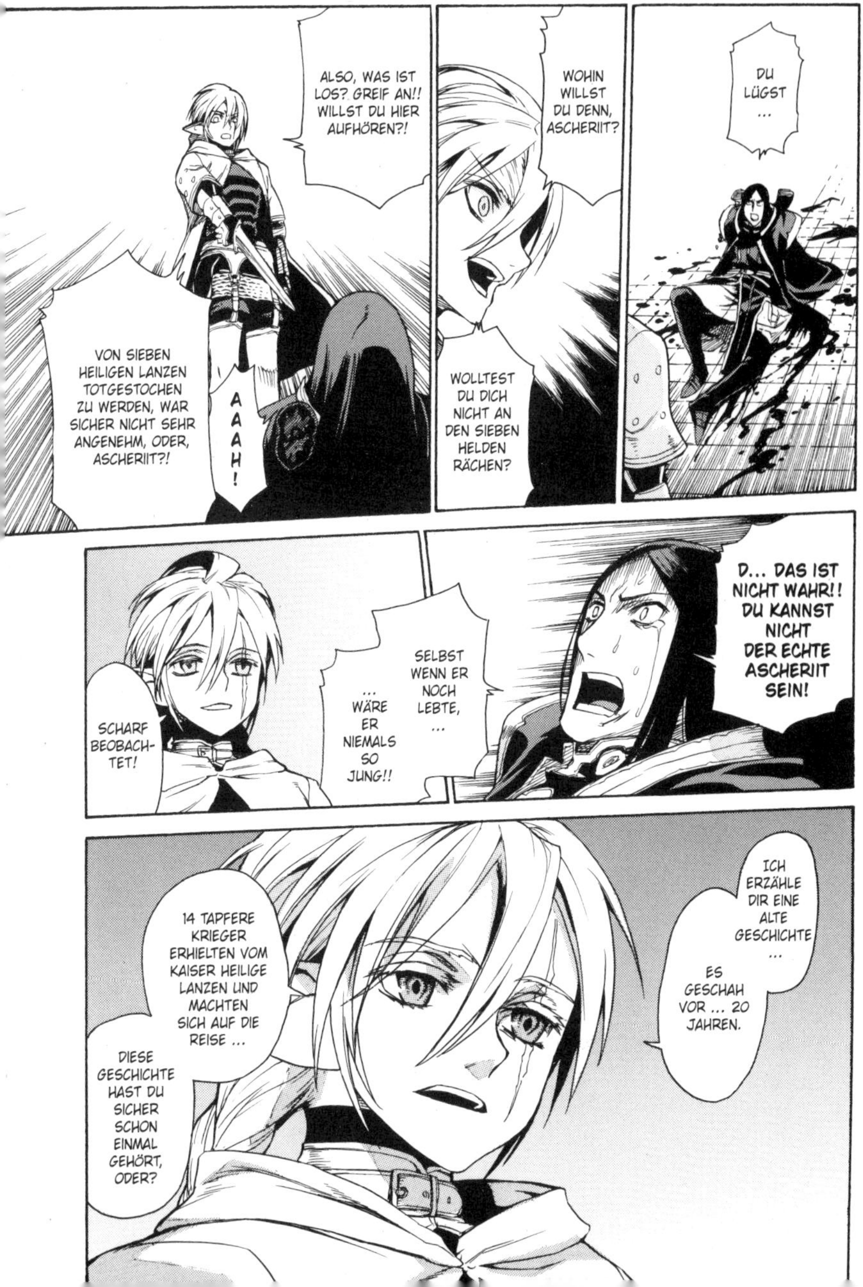
DU LÜGST ...
WOHIN WILLST DU DENN, ASCHERIIT?
WOLLTEST DU DICH NICHT AN DEN SIEBEN HELDEN RÄCHEN?
ALSO, WAS IST LOS? GREIF AN!! WILLST DU HIER AUFHÖREN?!
AAAAH!
VON SIEBEN HEILIGEN LANZEN TOTGESTOCHEN ZU WERDEN, WAR SICHER NICHT SEHR ANGENEHM, ODER, ASCHERIIT?!
D... DAS IST NICHT WAHR!! DU KANNST NICHT DER ECHTE ASCHERIIT SEIN!
SELBST WENN ER NOCH LEBTE, ...
... WÄRE ER NIEMALS SO JUNG!!
SCHARF BEOBACH-TET!
ICH ERZÄHLE DIR EINE ALTE GESCHICHTE ...
ES GESCHAH VOR ... 20 JAHREN.
14 TAPFERE KRIEGER ERHIELTEN VOM KAISER HEILIGE LANZEN UND MACHTEN SICH AUF DIE REISE ...
DIESE GESCHICHTE HAST DU SICHER SCHON EINMAL GEHÖRT, ODER?

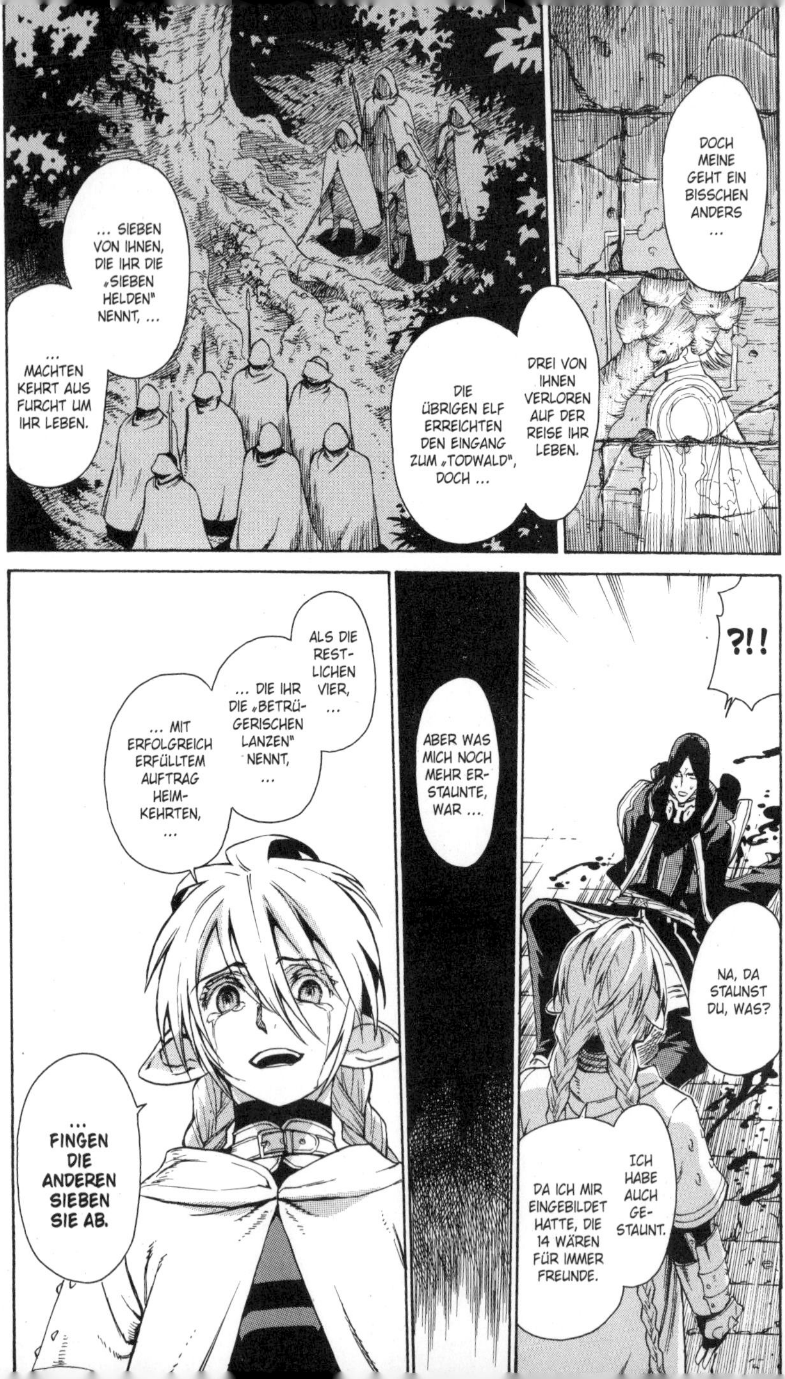
DOCH MEINE GEHT EIN BISSCHEN ANDERS …
DREI VON IHNEN VERLOREN AUF DER REISE IHR LEBEN.
DIE ÜBRIGEN ELF ERREICHTEN DEN EINGANG ZUM „TODWALD", DOCH …
… SIEBEN VON IHNEN, DIE IHR DIE „SIEBEN HELDEN" NENNT, …
… MACHTEN KEHRT AUS FURCHT UM IHR LEBEN.
?!!
NA, DA STAUNST DU, WAS?
ICH HABE AUCH GE-STAUNT.
DA ICH MIR EINGEBILDET HATTE, DIE 14 WÄREN FÜR IMMER FREUNDE.
ABER WAS MICH NOCH MEHR ER-STAUNTE, WAR …
ALS DIE REST-LICHEN VIER, …
… DIE IHR DIE „BETRÜ-GERISCHEN LANZEN" NENNT, …
… MIT ERFOLGREICH ERFÜLLTEM AUFTRAG HEIM-KEHRTEN, …
… FINGEN DIE ANDEREN SIEBEN SIE AB.

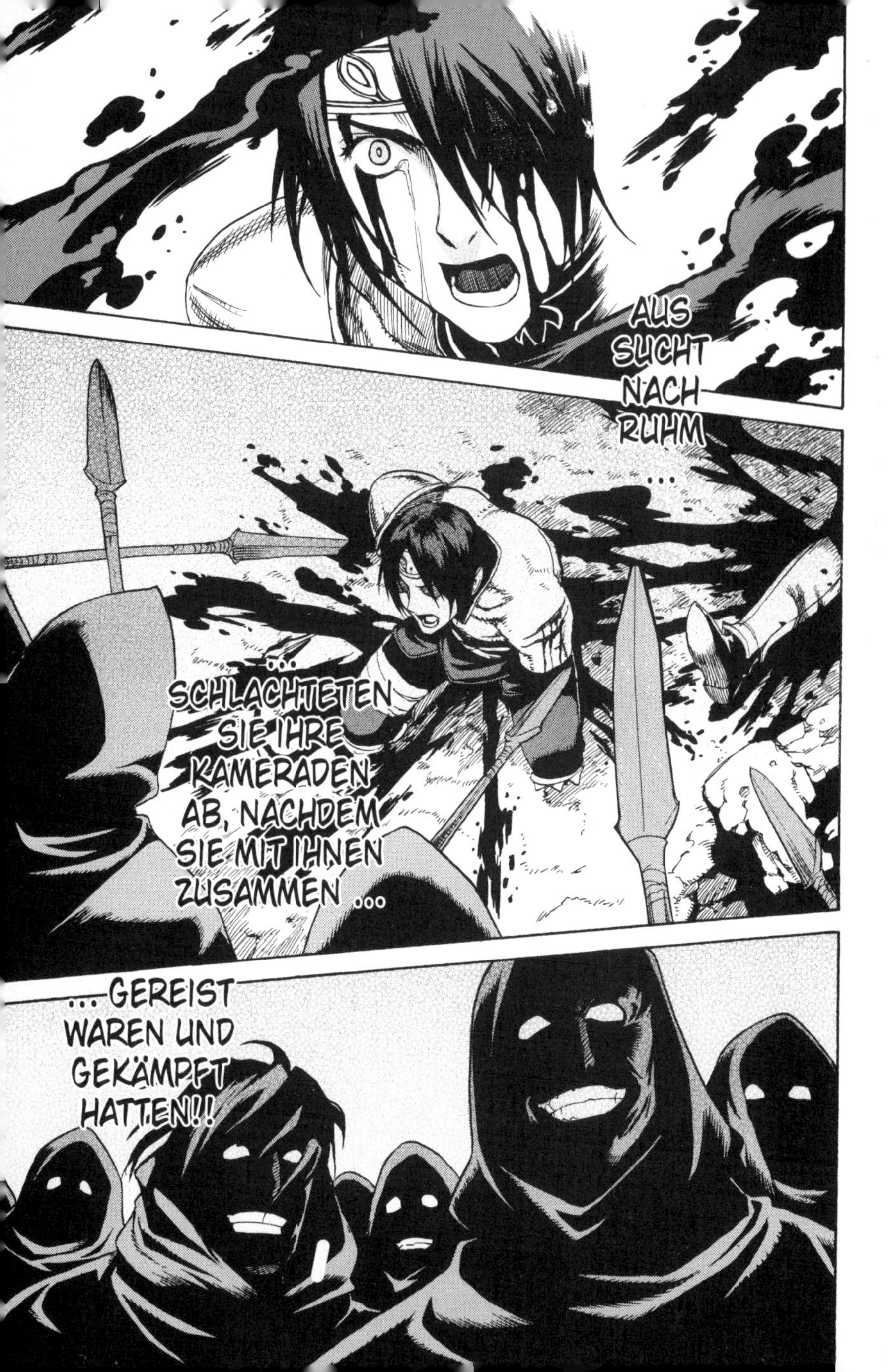
AUS SUCHT NACH RUHM ...
... SCHLACHTETEN SIE IHRE KAMERADEN AB, NACHDEM SIE MIT IHNEN ZUSAMMEN ...
... GEREIST WAREN UND GEKÄMPFT HATTEN!!

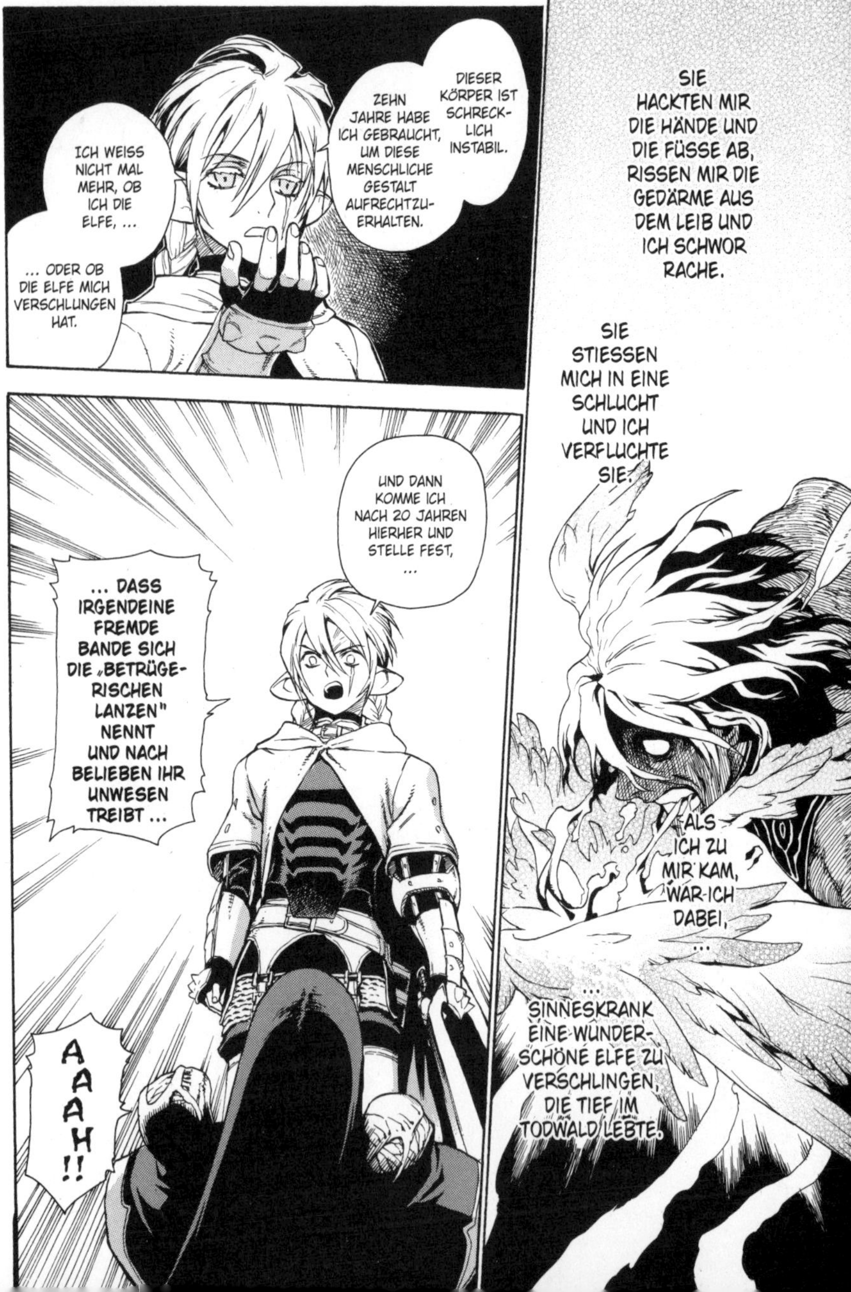
SIE HACKTEN MIR DIE HÄNDE UND DIE FÜSSE AB, RISSEN MIR DIE GEDÄRME AUS DEM LEIB UND ICH SCHWOR RACHE.
SIE STIESSEN MICH IN EINE SCHLUCHT UND ICH VERFLUCHTE SIE.
ALS ICH ZU MIR KAM, WAR ICH DABEI, …
… SINNESKRANK EINE WUNDERSCHÖNE ELFE ZU VERSCHLINGEN, DIE TIEF IM TODWALD LEBTE.
DIESER KÖRPER IST SCHRECK-LICH INSTABIL.
ZEHN JAHRE HABE ICH GEBRAUCHT, UM DIESE MENSCHLICHE GESTALT AUFRECHTZUERHALTEN.
ICH WEISS NICHT MAL MEHR, OB ICH DIE ELFE, …
… ODER OB DIE ELFE MICH VERSCHLUNGEN HAT.
UND DANN KOMME ICH NACH 20 JAHREN HIERHER UND STELLE FEST, …
… DASS IRGENDEINE FREMDE BANDE SICH DIE „BETRÜGERISCHEN LANZEN" NENNT UND NACH BELIEBEN IHR UNWESEN TREIBT …
AAAH!!

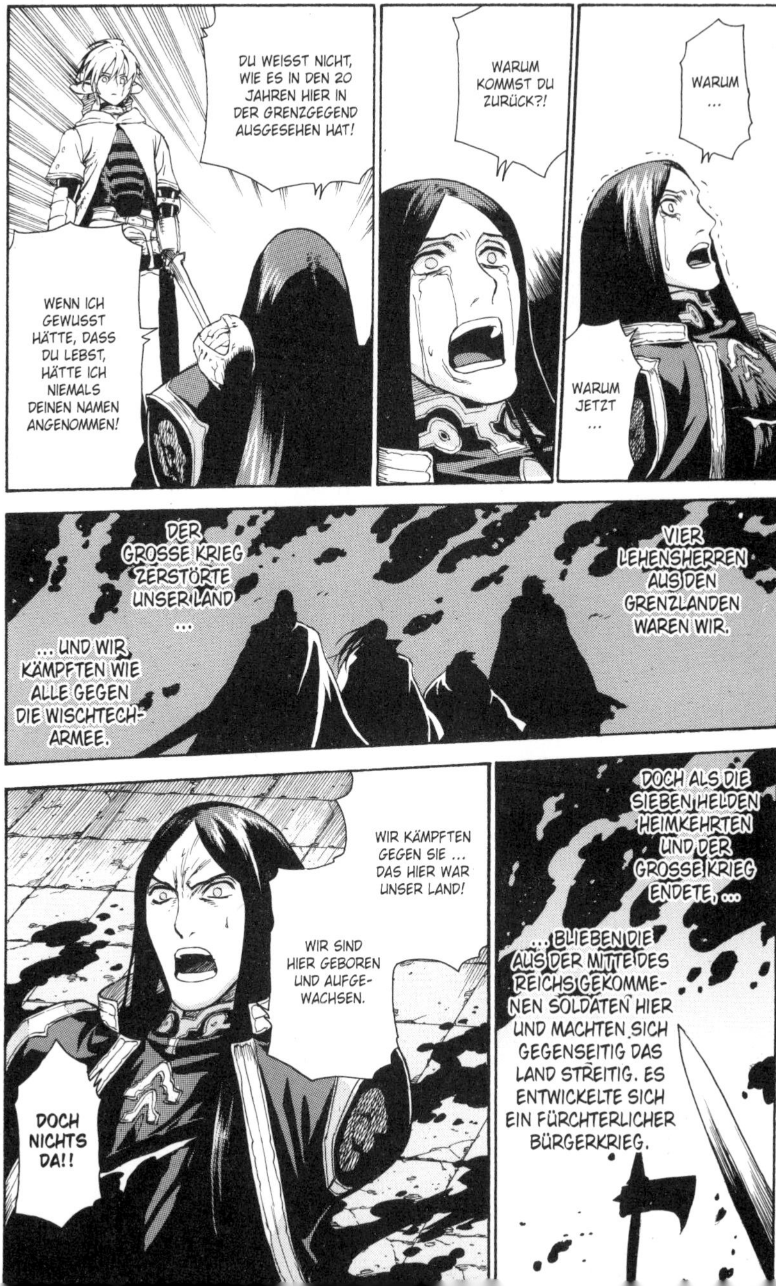
WARUM …
WARUM JETZT …
WARUM KOMMST DU ZURÜCK?!
WENN ICH GEWUSST HÄTTE, DASS DU LEBST, HÄTTE ICH NIEMALS DEINEN NAMEN ANGENOMMEN!
DU WEISST NICHT, WIE ES IN DEN 20 JAHREN HIER IN DER GRENZGEGEND AUSGESEHEN HAT!
VIER LEHENSHERREN AUS DEN GRENZLANDEN WAREN WIR.
DER GROSSE KRIEG ZERSTÖRTE UNSER LAND …
… UND WIR KÄMPFTEN WIE ALLE GEGEN DIE WISCHTECH-ARMEE.
DOCH ALS DIE SIEBEN HELDEN HEIMKEHRTEN UND DER GROSSE KRIEG ENDETE, …
… BLIEBEN DIE AUS DER MITTE DES REICHS GEKOMMENEN SOLDATEN HIER UND MACHTEN SICH GEGENSEITIG DAS LAND STREITIG. ES ENTWICKELTE SICH EIN FÜRCHTERLICHER BÜRGERKRIEG.
WIR KÄMPFTEN GEGEN SIE … DAS HIER WAR UNSER LAND!
WIR SIND HIER GEBOREN UND AUFGEWACHSEN.
DOCH NICHTS DA!!

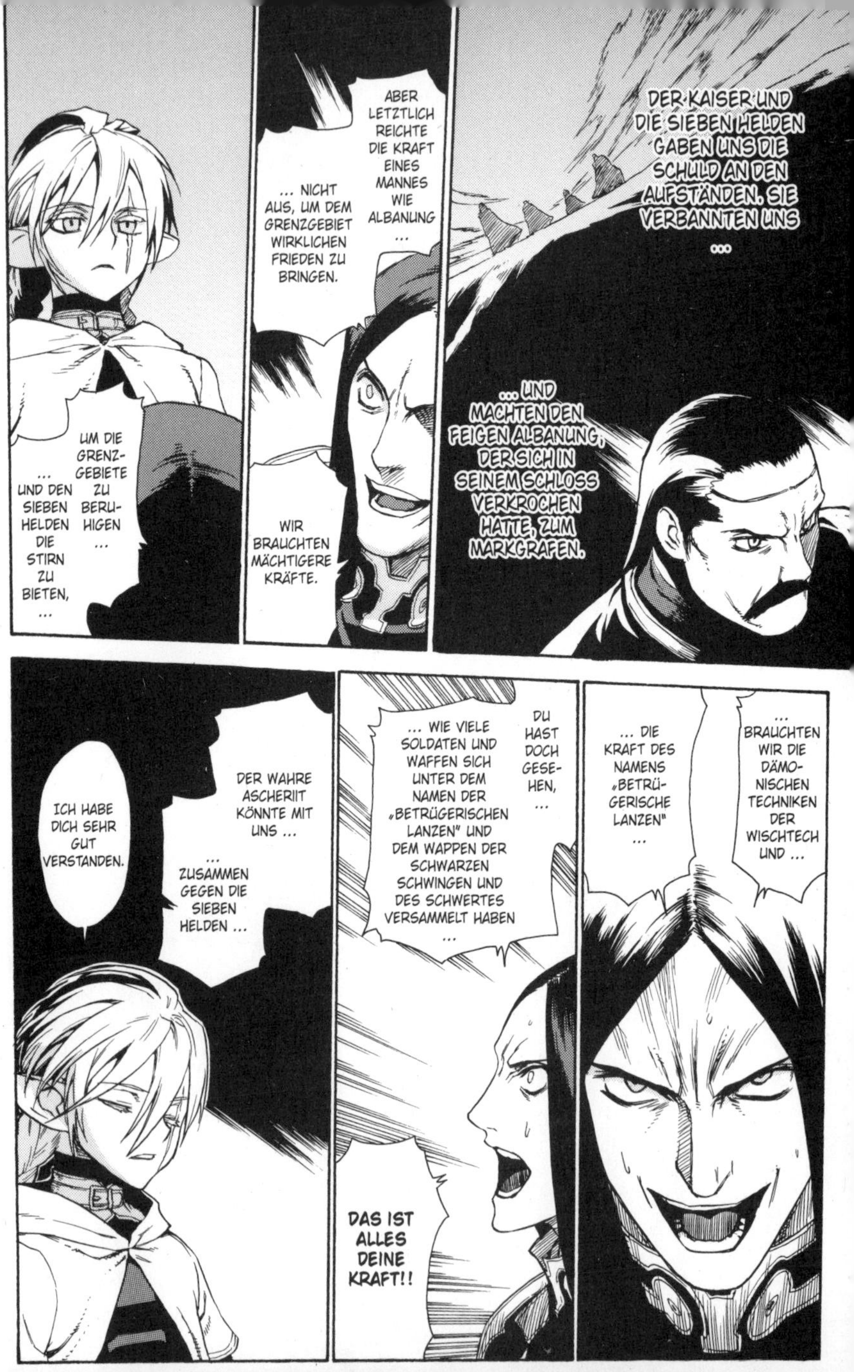
DER KAISER UND DIE SIEBEN HELDEN GABEN UNS DIE SCHULD AN DEN AUFSTÄNDEN. SIE VERBANNTEN UNS ...
... UND MACHTEN DEN FEIGEN ALBANUNG, DER SICH IN SEINEM SCHLOSS VERKROCHEN HATTE, ZUM MARKGRAFEN.
ABER LETZTLICH REICHTE DIE KRAFT EINES MANNES WIE ALBANUNG ...
... NICHT AUS, UM DEM GRENZGEBIET WIRKLICHEN FRIEDEN ZU BRINGEN.
WIR BRAUCHTEN MÄCHTIGERE KRÄFTE.
UM DIE GRENZGEBIETE ZU BERUHIGEN ...
... UND DEN SIEBEN HELDEN DIE STIRN ZU BIETEN, ...
... BRAUCHTEN WIR DIE DÄMONISCHEN TECHNIKEN DER WISCHTECH UND ...
... DIE KRAFT DES NAMENS „BETRÜGERISCHE LANZEN" ...
DU HAST DOCH GESEHEN, ...
... WIE VIELE SOLDATEN UND WAFFEN SICH UNTER DEM NAMEN DER „BETRÜGERISCHEN LANZEN" UND DEM WAPPEN DER SCHWARZEN SCHWINGEN UND DES SCHWERTES VERSAMMELT HABEN ...
DAS IST ALLES DEINE KRAFT!!
DER WAHRE ASCHERIIT KÖNNTE MIT UNS ...
... ZUSAMMEN GEGEN DIE SIEBEN HELDEN ...
ICH HABE DICH SEHR GUT VERSTANDEN.

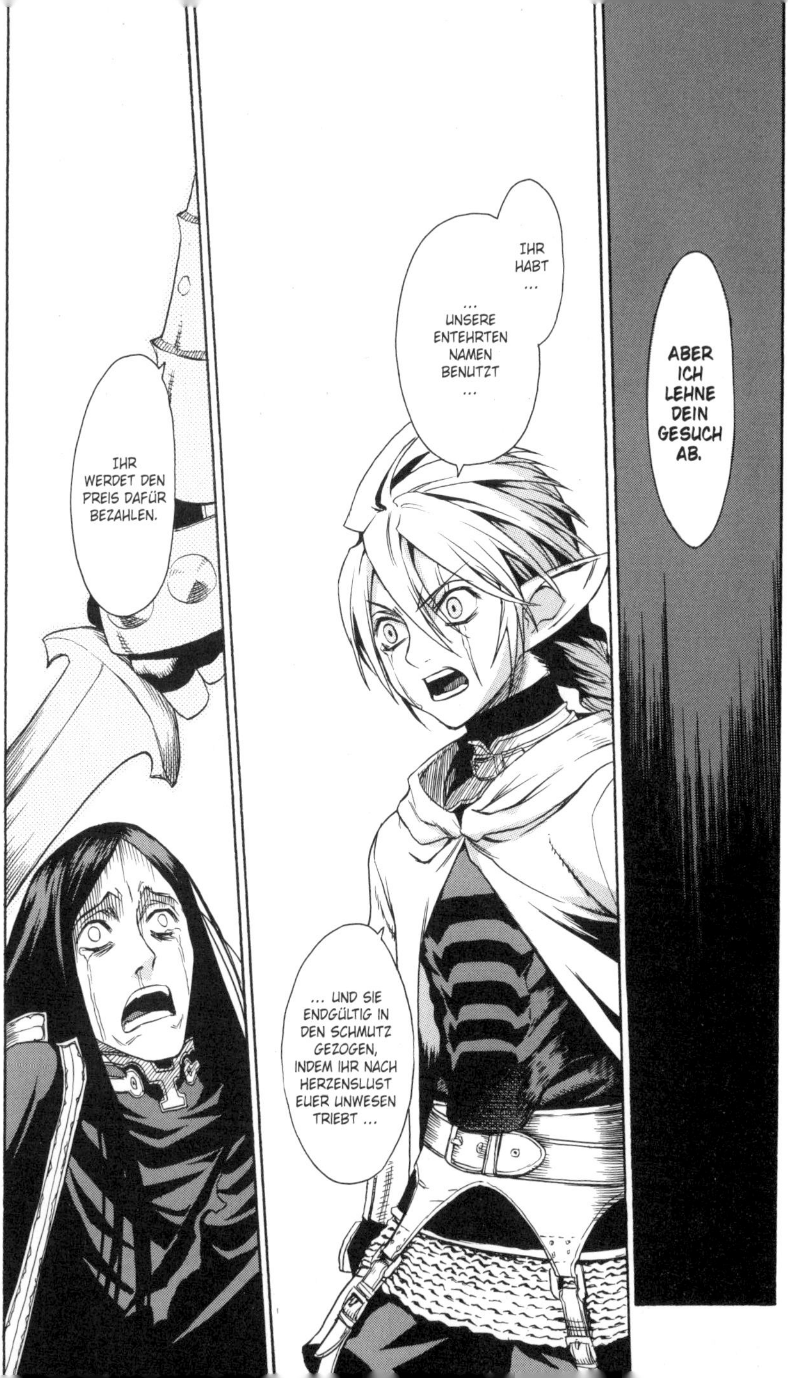
ABER ICH LEHNE DEIN GESUCH AB.
IHR HABT … … UNSERE ENTEHRTEN NAMEN BENUTZT …
… UND SIE ENDGÜLTIG IN DEN SCHMUTZ GEZOGEN, INDEM IHR NACH HERZENSLUST EUER UNWESEN TRIEBT …
IHR WERDET DEN PREIS DAFÜR BEZAHLEN.

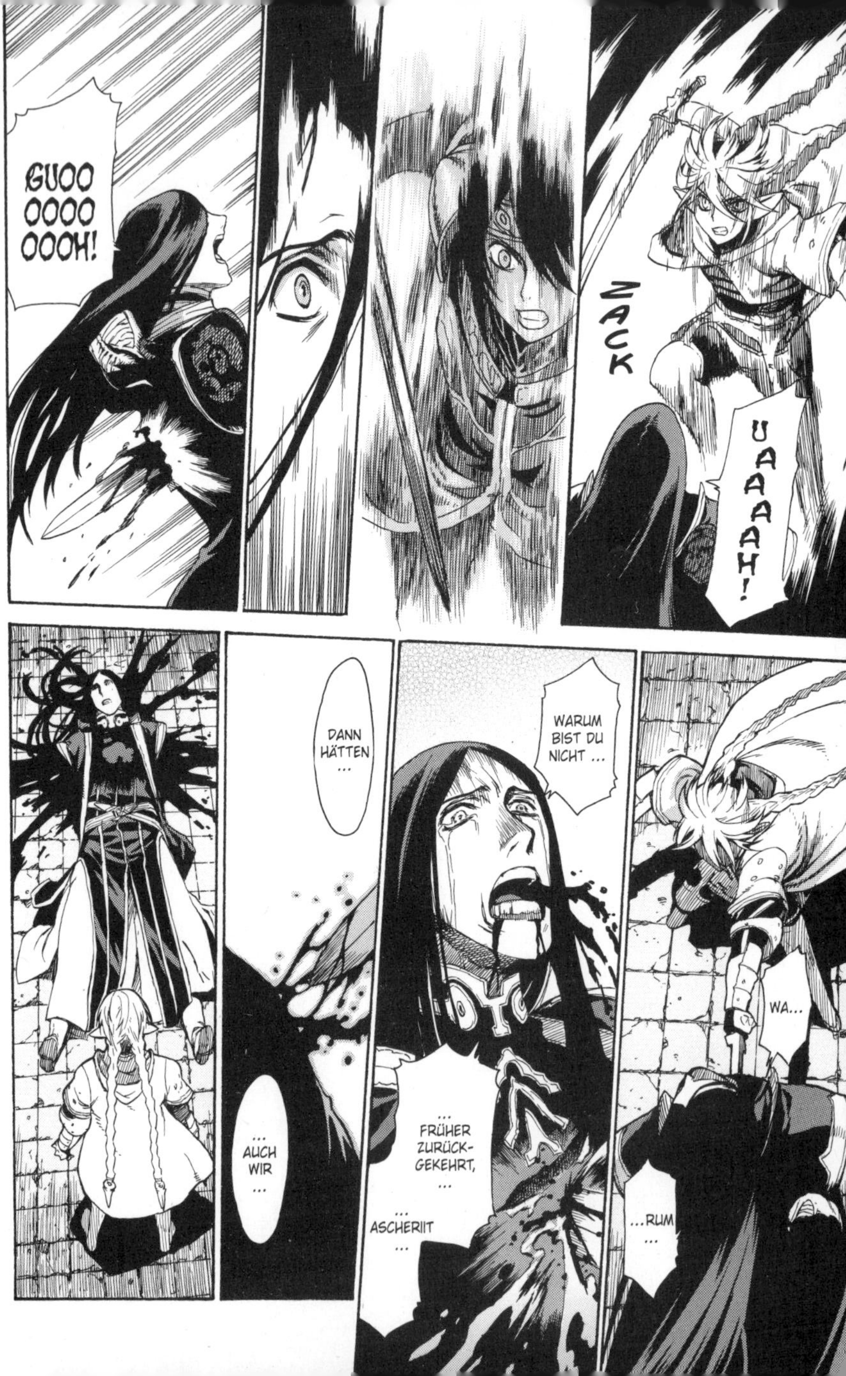
ZACK
UAAAAAH!
GUOOOOOOOOOH!
WA…
…RUM …
WARUM BIST DU NICHT …
… FRÜHER ZURÜCK-GEKEHRT, …
… ASCHERIIT …
DANN HÄTTEN …
… AUCH WIR …

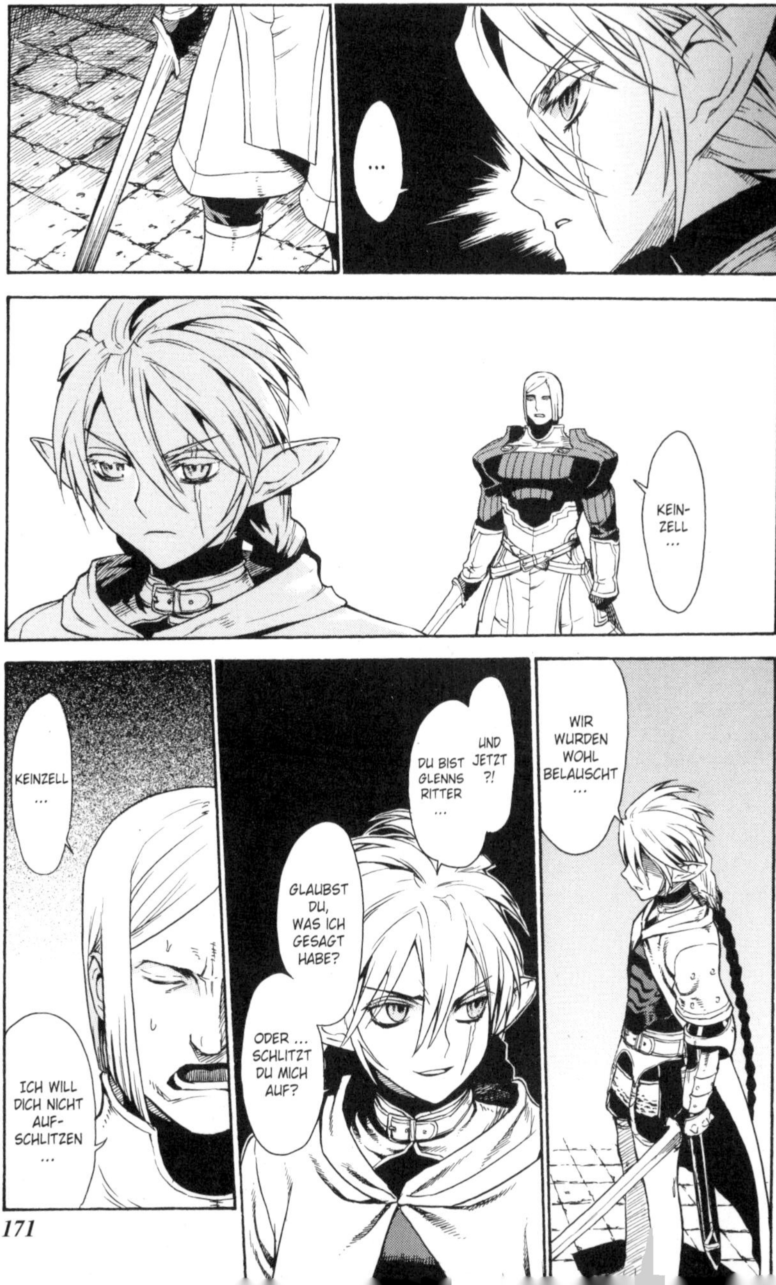
...
KEIN-ZELL ...
WIR WURDEN WOHL BELAUSCHT ...
UND JETZT ?!
DU BIST GLENNS RITTER ...
GLAUBST DU, WAS ICH GESAGT HABE?
ODER ... SCHLITZT DU MICH AUF?
KEINZELL ...
ICH WILL DICH NICHT AUF-SCHLITZEN ...

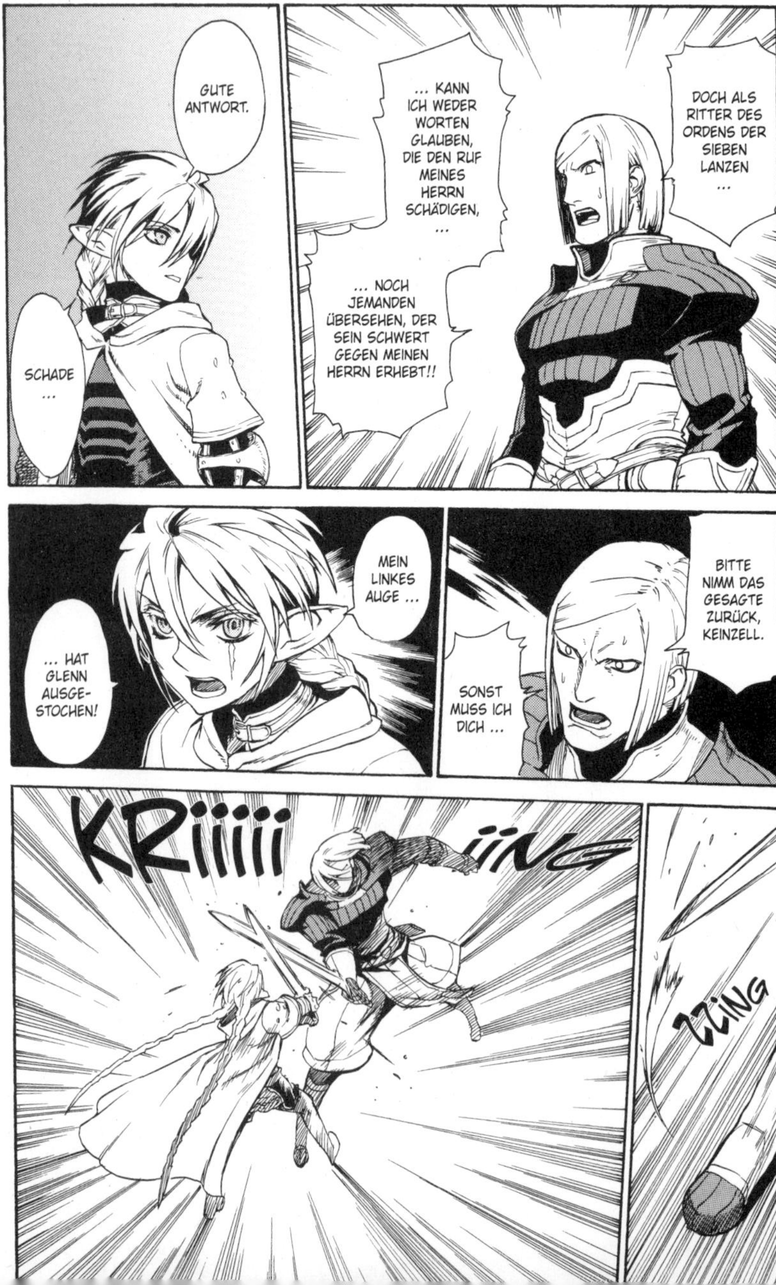
DOCH ALS RITTER DES ORDENS DER SIEBEN LANZEN ...
... KANN ICH WEDER WORTEN GLAUBEN, DIE DEN RUF MEINES HERRN SCHÄDIGEN, ...
... NOCH JEMANDEN ÜBERSEHEN, DER SEIN SCHWERT GEGEN MEINEN HERRN ERHEBT!!
GUTE ANTWORT.
SCHADE ...
BITTE NIMM DAS GESAGTE ZURÜCK, KEINZELL.
SONST MUSS ICH DICH ...
MEIN LINKES AUGE ...
... HAT GLENN AUSGE-STOCHEN!
ZZING
KRiiiii
iiNG

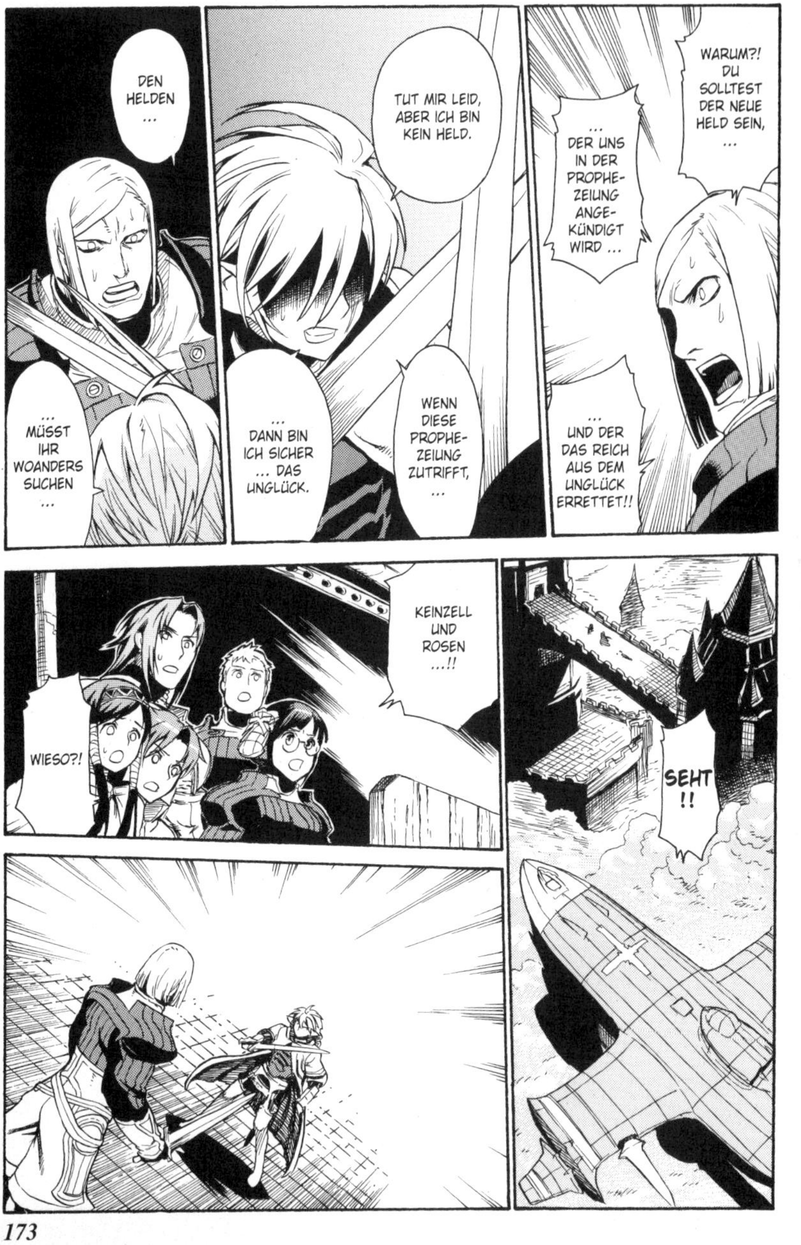
WARUM?! DU SOLLTEST DER NEUE HELD SEIN, …
… DER UNS IN DER PROPHEZEIUNG ANGEKÜNDIGT WIRD …
… UND DER DAS REICH AUS DEM UNGLÜCK ERRETTET!!
TUT MIR LEID, ABER ICH BIN KEIN HELD.
WENN DIESE PROPHEZEIUNG ZUTRIFFT, …
… DANN BIN ICH SICHER … DAS UNGLÜCK.
DEN HELDEN …
… MÜSST IHR WOANDERS SUCHEN …
SEHT!!
KEINZELL UND ROSEN …!!
WIESO?!

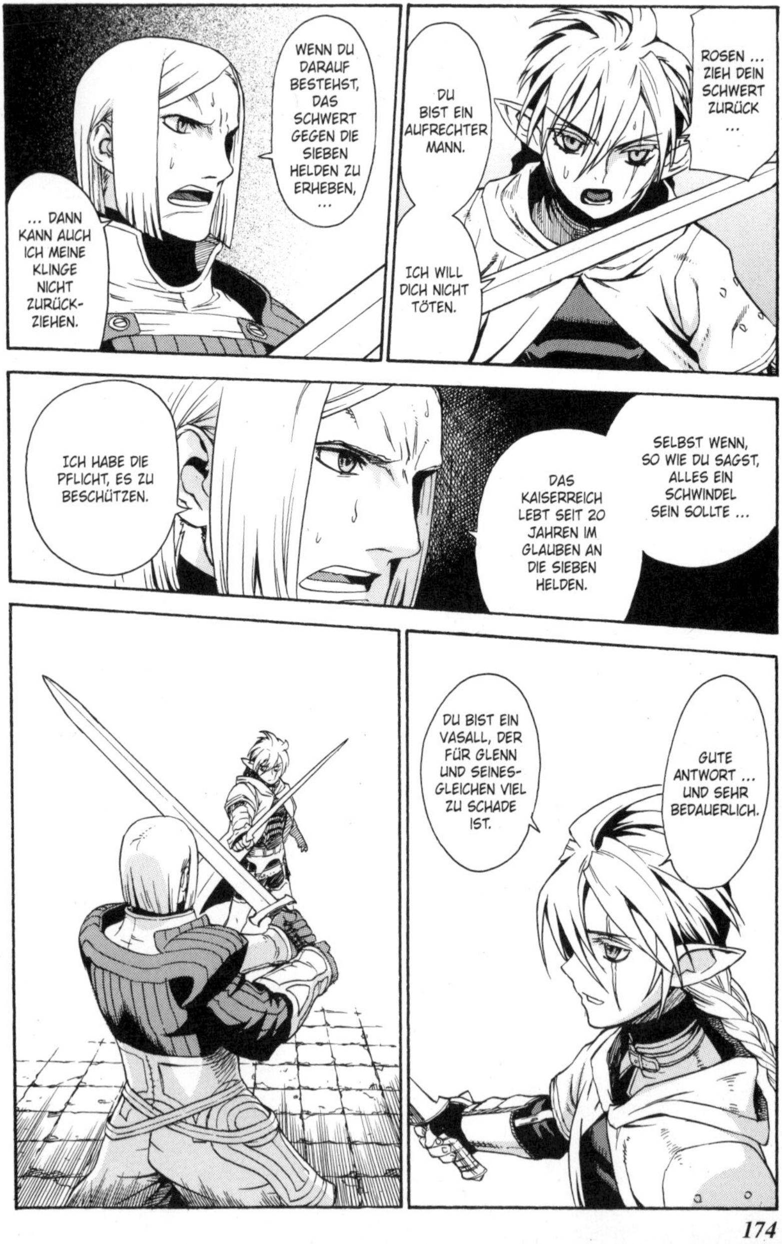
ROSEN … ZIEH DEIN SCHWERT ZURÜCK …
DU BIST EIN AUFRECHTER MANN.
ICH WILL DICH NICHT TÖTEN.
WENN DU DARAUF BESTEHST, DAS SCHWERT GEGEN DIE SIEBEN HELDEN ZU ERHEBEN, …
… DANN KANN AUCH ICH MEINE KLINGE NICHT ZURÜCK-ZIEHEN.
SELBST WENN, SO WIE DU SAGST, ALLES EIN SCHWINDEL SEIN SOLLTE …
DAS KAISERREICH LEBT SEIT 20 JAHREN IM GLAUBEN AN DIE SIEBEN HELDEN.
ICH HABE DIE PFLICHT, ES ZU BESCHÜTZEN.
GUTE ANTWORT … UND SEHR BEDAUERLICH.
DU BIST EIN VASALL, DER FÜR GLENN UND SEINES-GLEICHEN VIEL ZU SCHADE IST.

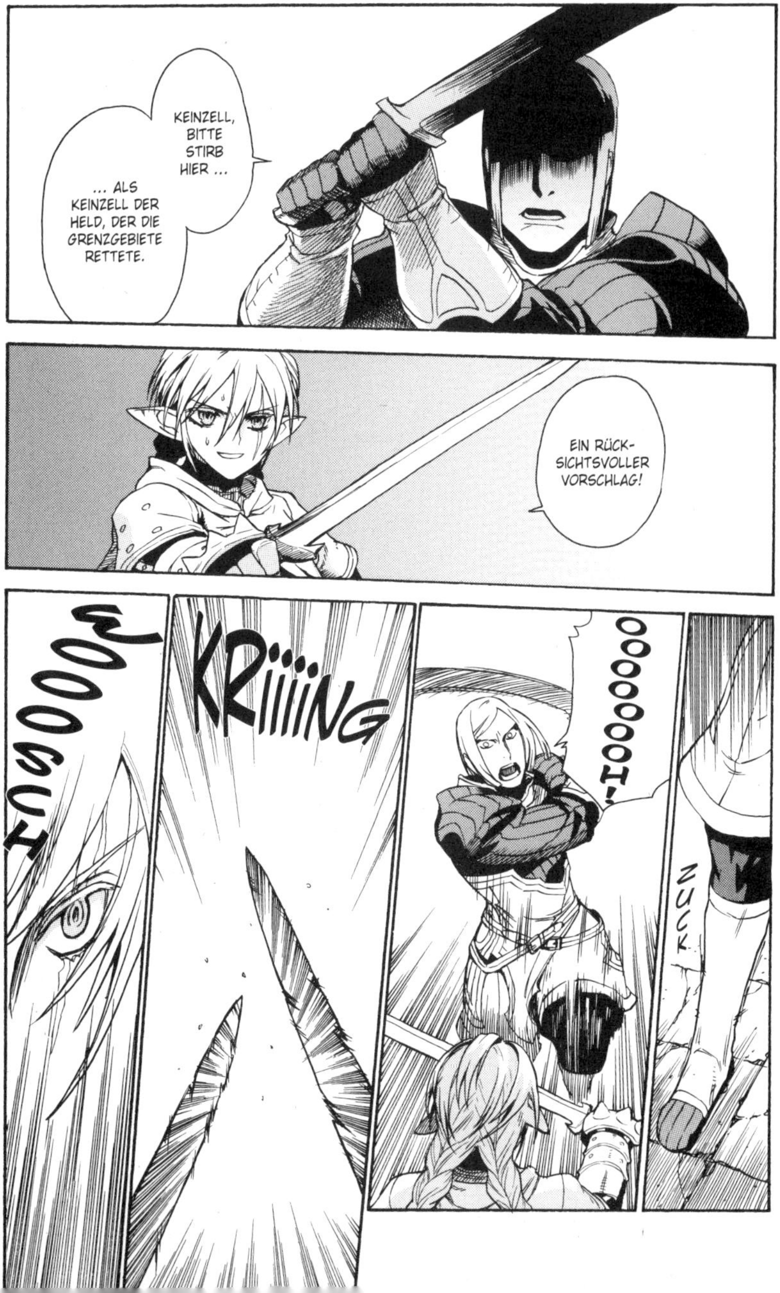
KEINZELL, BITTE STIRB HIER …
… ALS KEINZELL DER HELD, DER DIE GRENZGEBIETE RETTETE.
EIN RÜCK-SICHTSVOLLER VORSCHLAG!
WOOOSUH
KRiiiiNG
OOOOOOOOH!
ZUCK

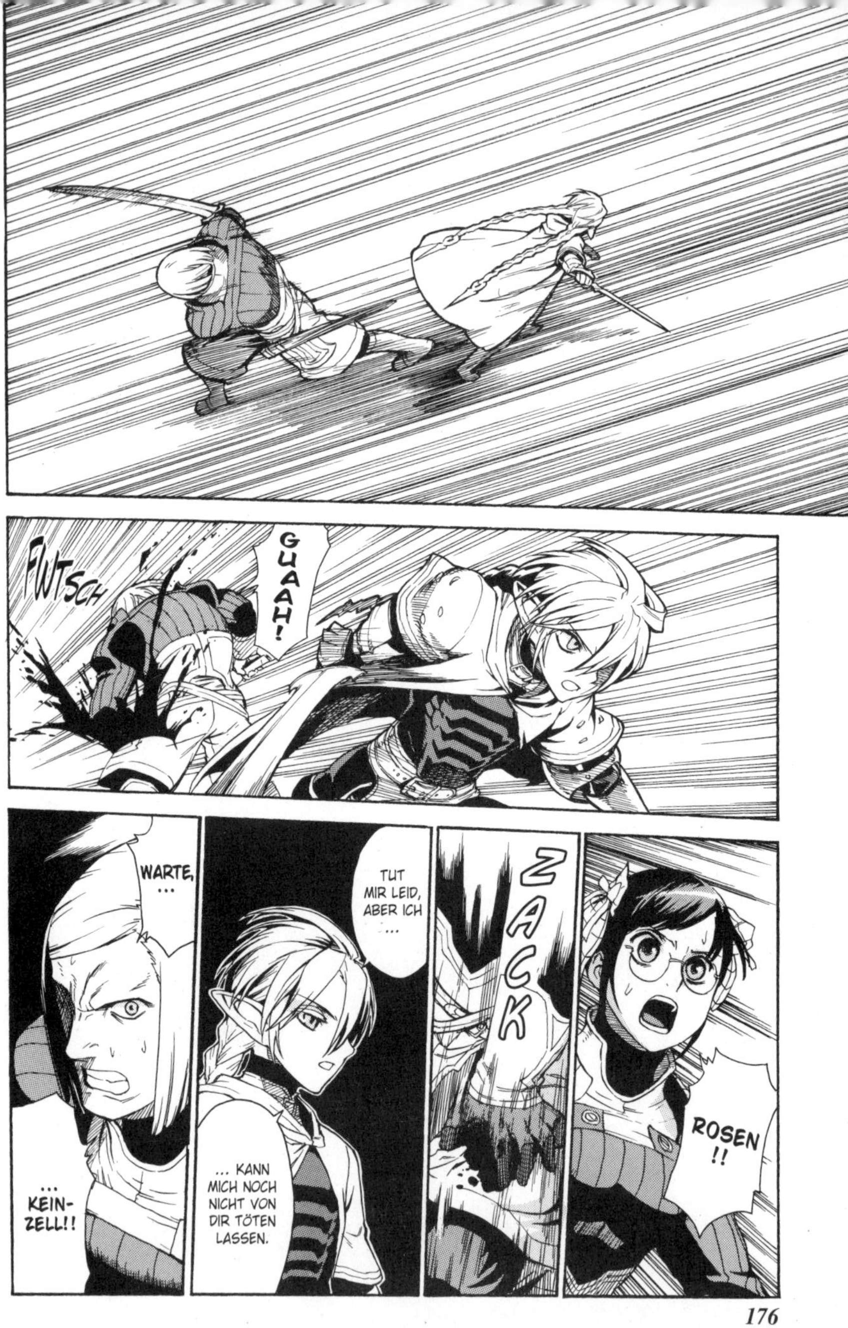
FUTSCH
GUAAAH!
ROSEN!!
ZACK
TUT MIR LEID, ABER ICH ...
... KANN MICH NOCH NICHT VON DIR TÖTEN LASSEN.
WARTE, ...
... KEIN-ZELL!!

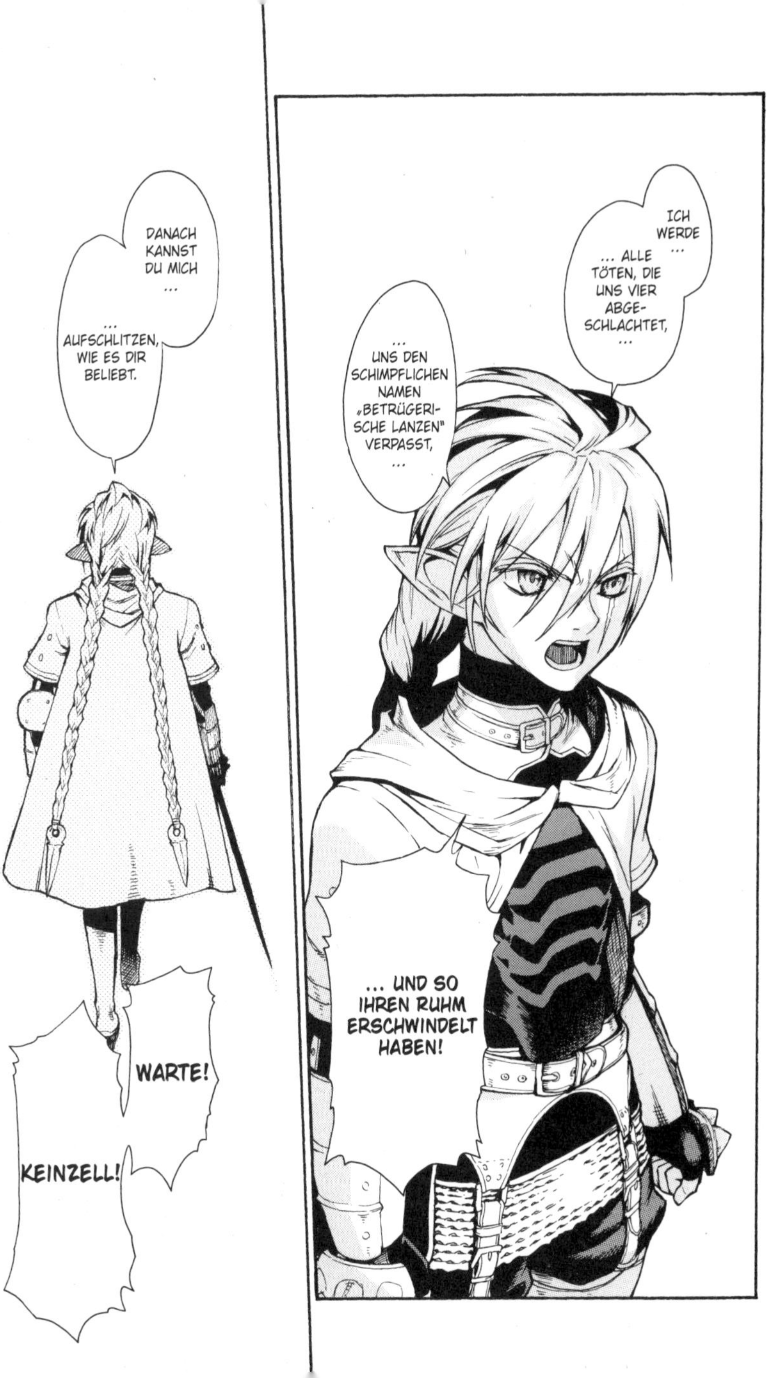
ICH WERDE ...
... ALLE TÖTEN, DIE UNS VIER ABGE-SCHLACHTET, ...
... UNS DEN SCHIMPFLICHEN NAMEN „BETRÜGERI-SCHE LANZEN" VERPASST, ...
... UND SO IHREN RUHM ERSCHWINDELT HABEN!
DANACH KANNST DU MICH ...
... AUFSCHLITZEN, WIE ES DIR BELIEBT.
WARTE!
KEINZELL!

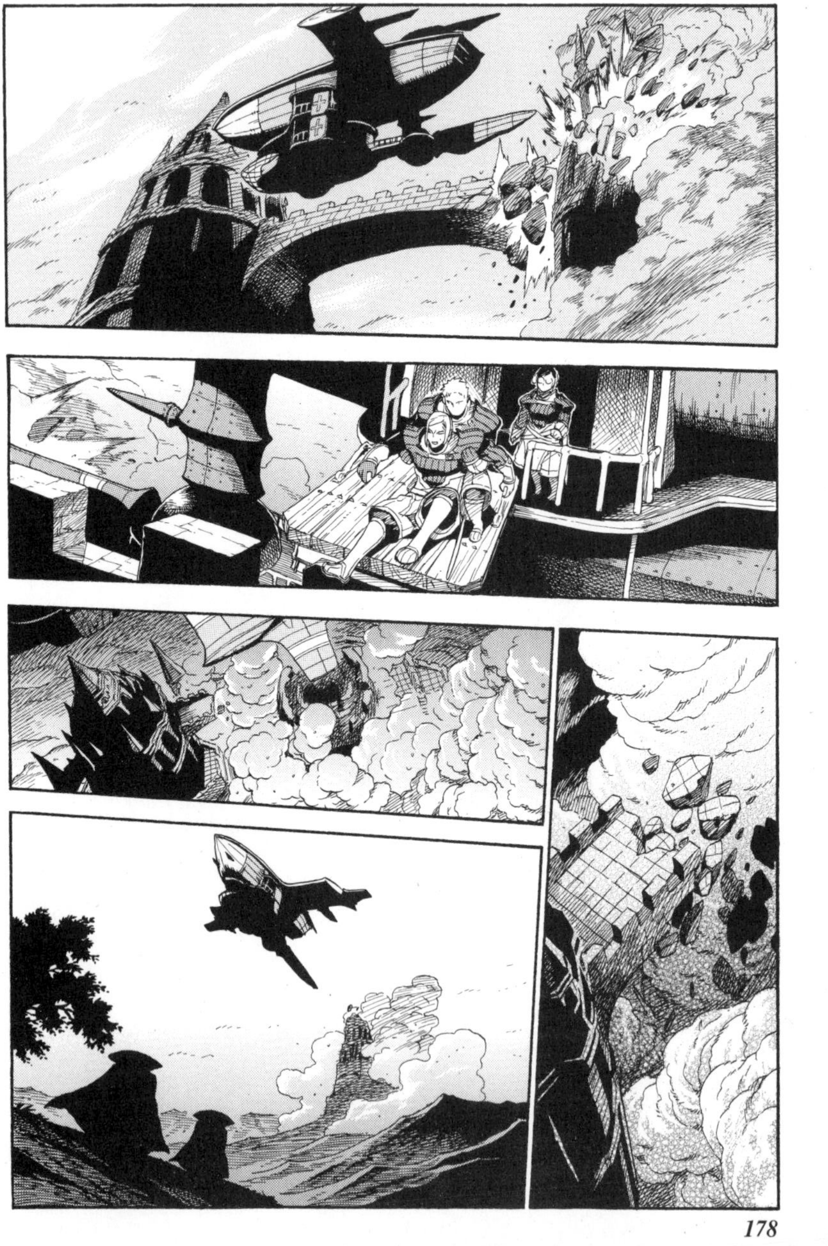

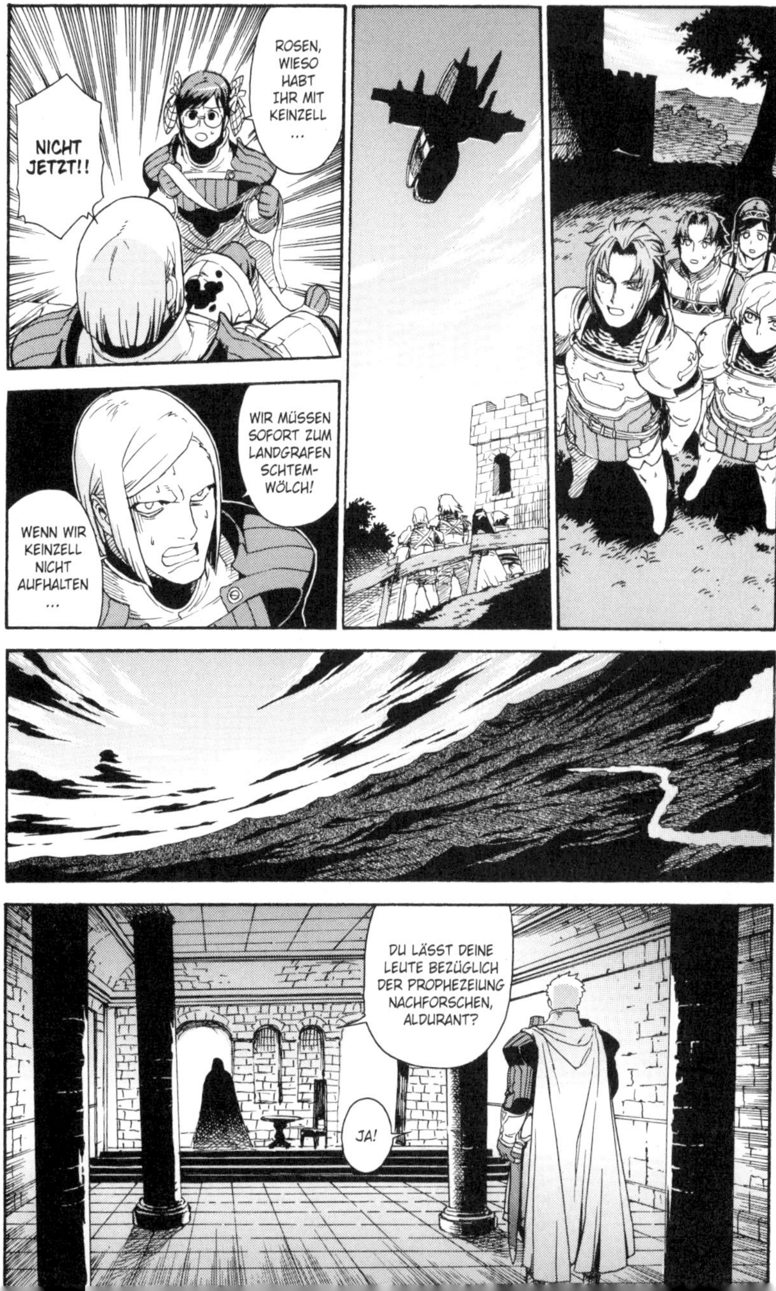
ROSEN, WIESO HABT IHR MIT KEINZELL …
NICHT JETZT!!
WIR MÜSSEN SOFORT ZUM LANDGRAFEN SCHTEM-WÖLCH!
WENN WIR KEINZELL NICHT AUFHALTEN …
DU LÄSST DEINE LEUTE BEZÜGLICH DER PROPHEZEIUNG NACHFORSCHEN, ALDURANT?
JA!

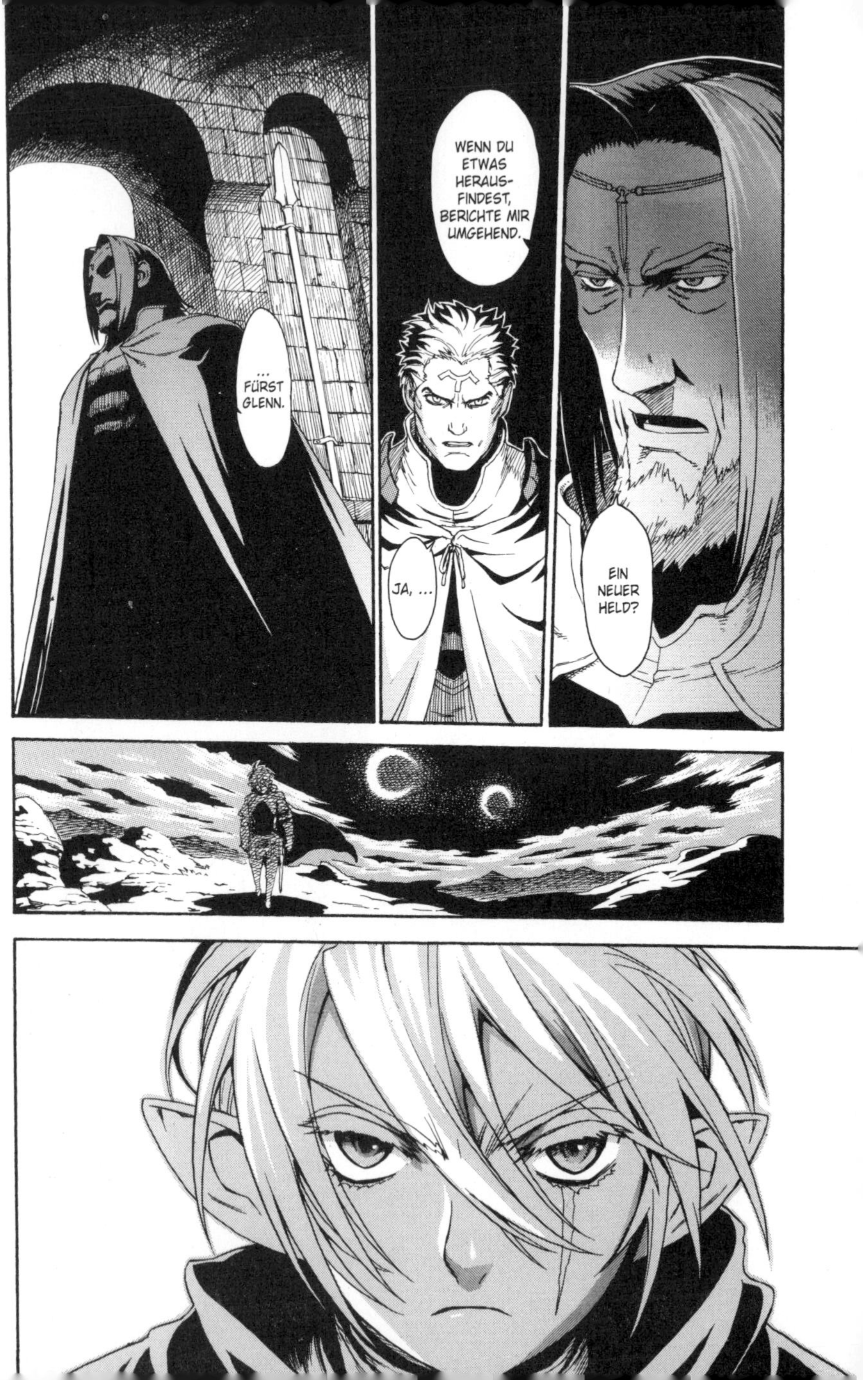
EIN NEUER HELD?
WENN DU ETWAS HERAUS-FINDEST, BERICHTE MIR UMGEHEND.
JA, ...
... FÜRST GLENN.

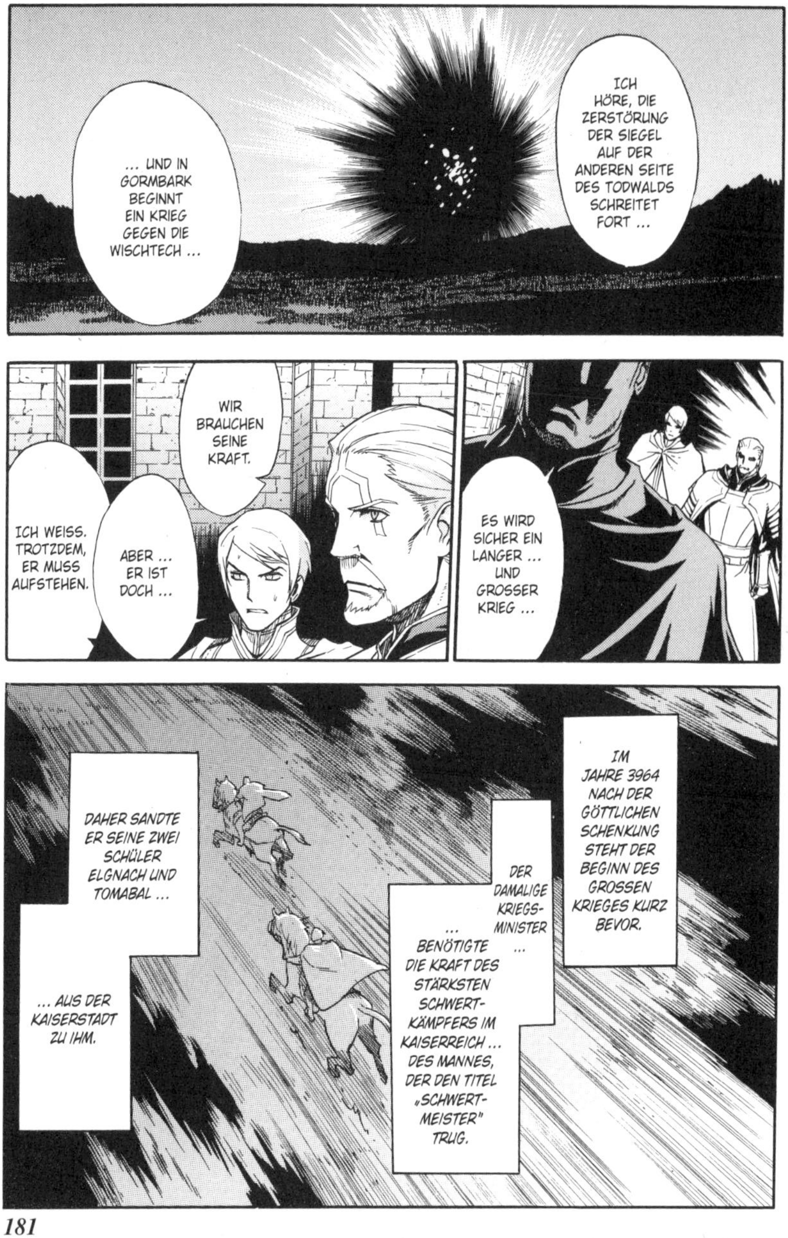
ICH HÖRE, DIE ZERSTÖRUNG DER SIEGEL AUF DER ANDEREN SEITE DES TODWALDS SCHREITET FORT …
… UND IN GORMBARK BEGINNT EIN KRIEG GEGEN DIE WISCHTECH …
ES WIRD SICHER EIN LANGER … UND GROSSER KRIEG …
WIR BRAUCHEN SEINE KRAFT.
ABER … ER IST DOCH …
ICH WEISS. TROTZDEM, ER MUSS AUFSTEHEN.
IM JAHRE 3964 NACH DER GÖTTLICHEN SCHENKUNG STEHT DER BEGINN DES GROSSEN KRIEGES KURZ BEVOR.
DER DAMALIGE KRIEGS-MINISTER …
… BENÖTIGTE DIE KRAFT DES STÄRKSTEN SCHWERT-KÄMPFERS IM KAISERREICH … DES MANNES, DER DEN TITEL „SCHWERT-MEISTER" TRUG.
DAHER SANDTE ER SEINE ZWEI SCHÜLER ELGNACH UND TOMABAL …
… AUS DER KAISERSTADT ZU IHM.

Schwertmeister I

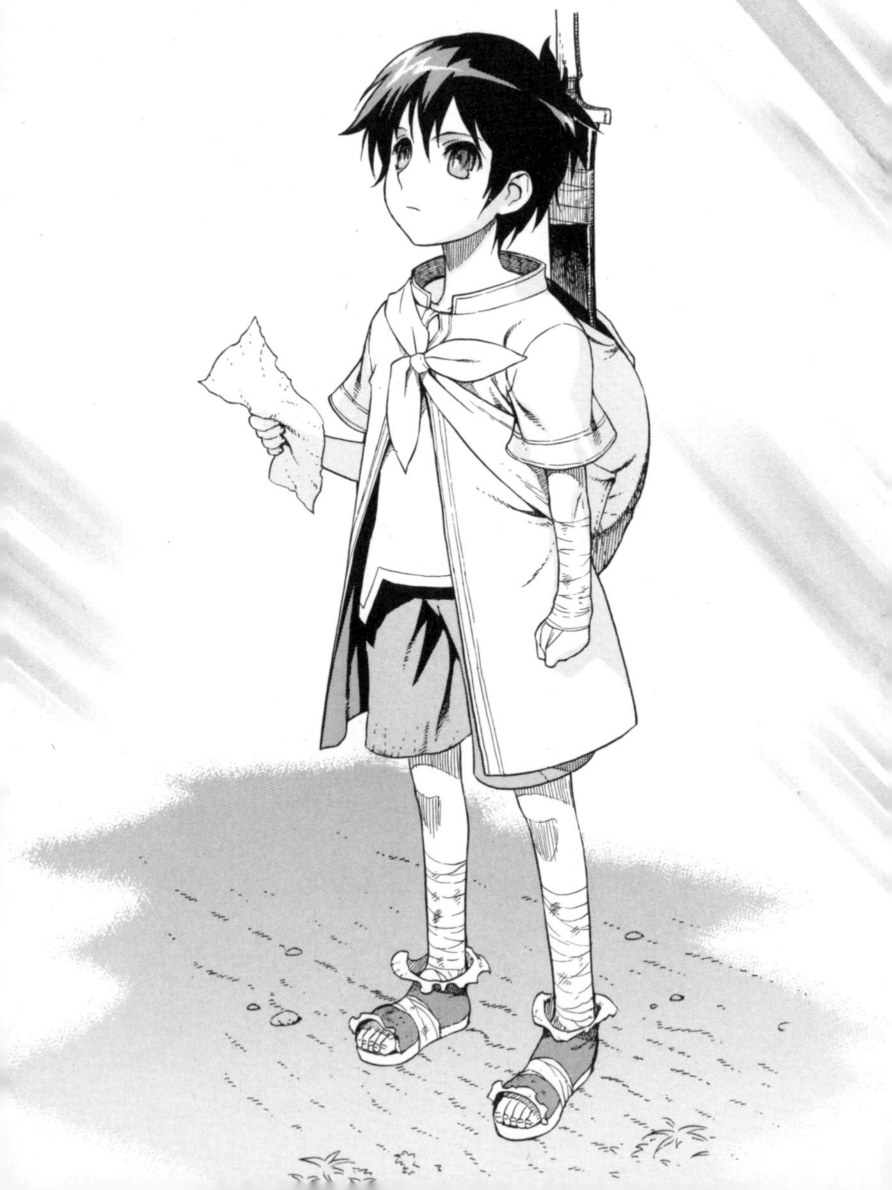

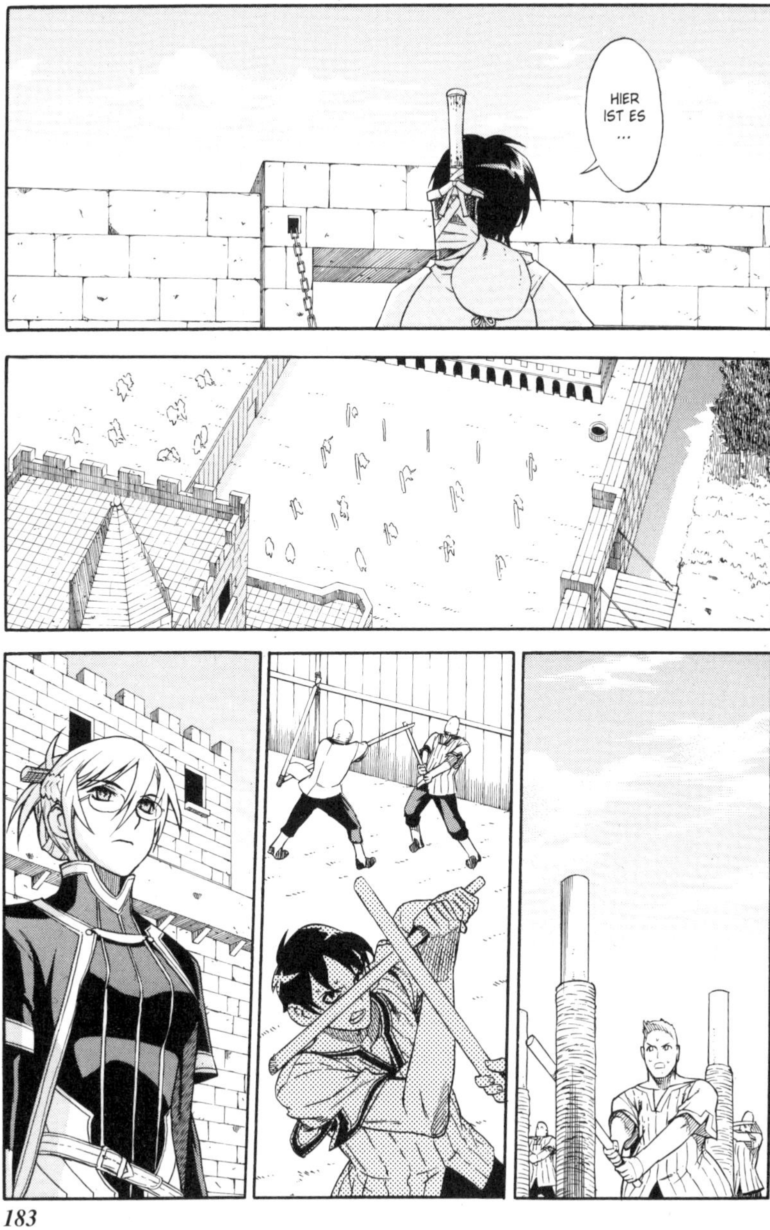
HIER IST ES ...

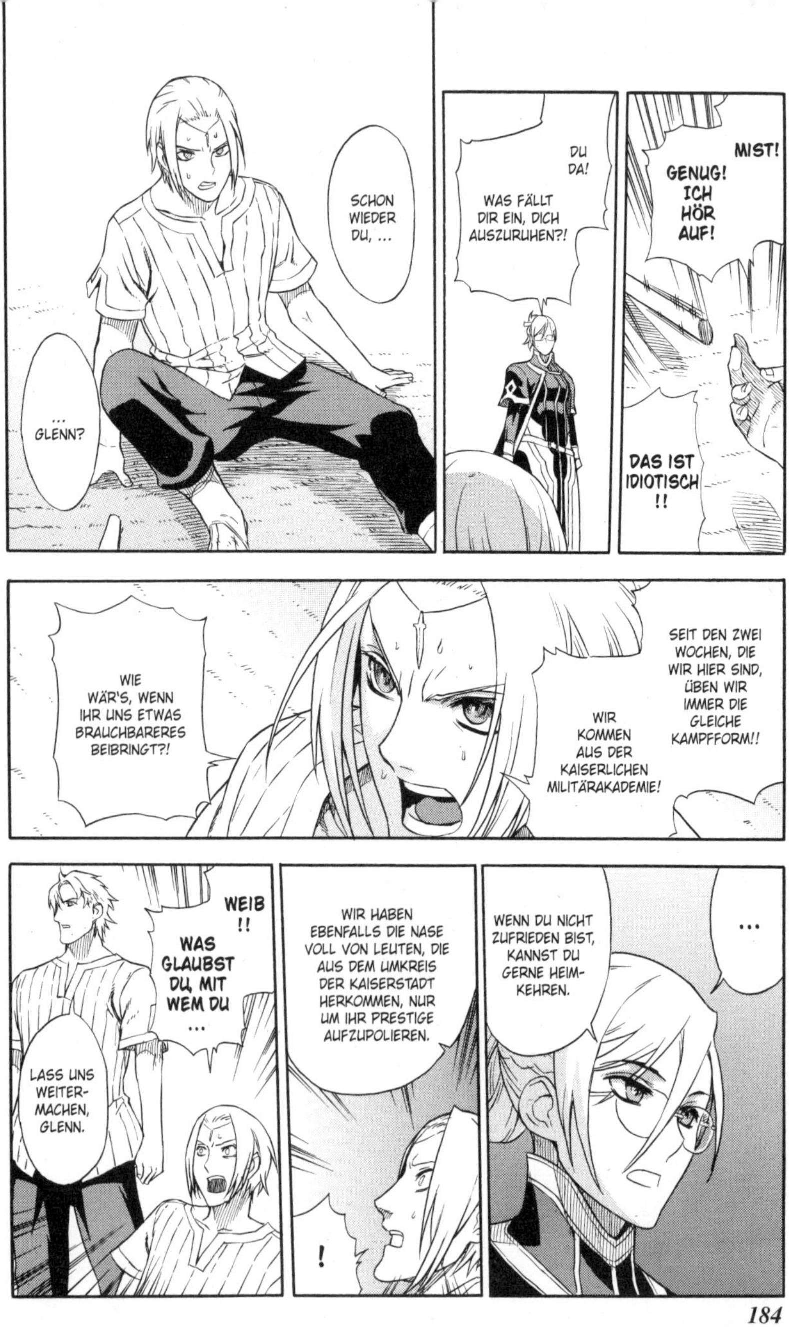
MIST!
GENUG! ICH HÖR AUF!
DAS IST IDIOTISCH!!
DU DA!
WAS FÄLLT DIR EIN, DICH AUSZURUHEN?!
SCHON WIEDER DU, ...
... GLENN?
SEIT DEN ZWEI WOCHEN, DIE WIR HIER SIND, ÜBEN WIR IMMER DIE GLEICHE KAMPFFORM!!
WIR KOMMEN AUS DER KAISERLICHEN MILITÄRAKADEMIE!
WIE WÄR'S, WENN IHR UNS ETWAS BRAUCHBARERES BEIBRINGT?!
...
WENN DU NICHT ZUFRIEDEN BIST, KANNST DU GERNE HEIM-KEHREN.
WIR HABEN EBENFALLS DIE NASE VOLL VON LEUTEN, DIE AUS DEM UMKREIS DER KAISERSTADT HERKOMMEN, NUR UM IHR PRESTIGE AUFZUPOLIEREN.
!
WEIB!!
WAS GLAUBST DU, MIT WEM DU ...
LASS UNS WEITER-MACHEN, GLENN.

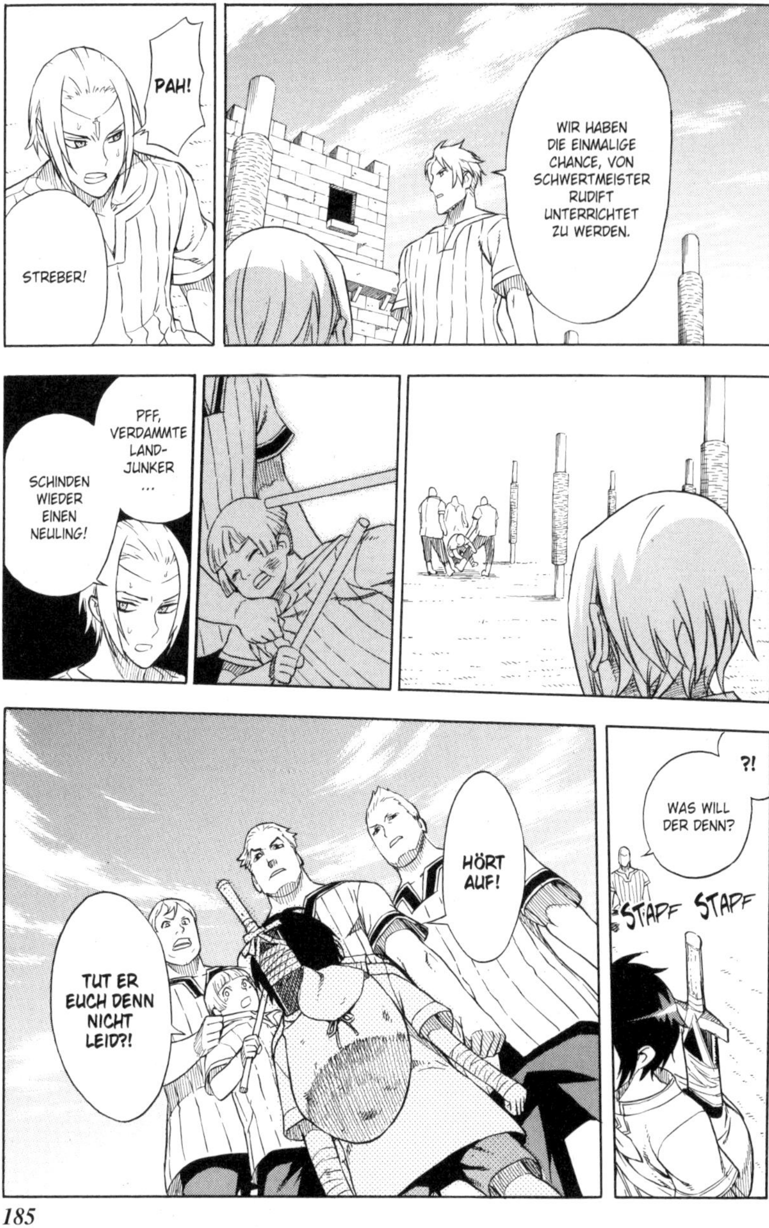
WIR HABEN DIE EINMALIGE CHANCE, VON SCHWERTMEISTER RUDIFT UNTERRICHTET ZU WERDEN.
PAH!
STREBER!
PFF, VERDAMMTE LAND-JUNKER ...
SCHINDEN WIEDER EINEN NEULING!
?!
WAS WILL DER DENN?
STAPF STAPF
HÖRT AUF!
TUT ER EUCH DENN NICHT LEID?!

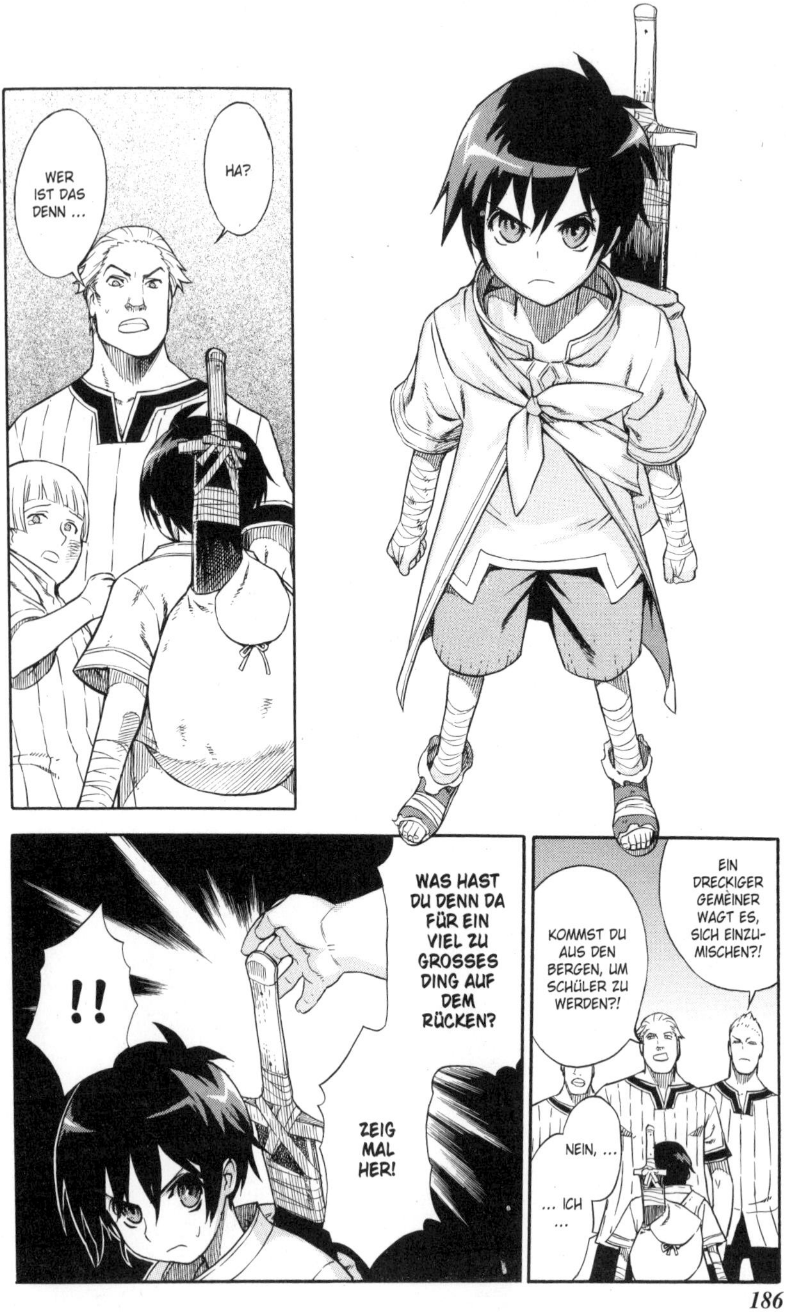

HA?
WER IST DAS DENN …
EIN DRECKIGER GEMEINER WAGT ES, SICH EINZUMISCHEN?!
KOMMST DU AUS DEN BERGEN, UM SCHÜLER ZU WERDEN?!
NEIN, …
… ICH …
WAS HAST DU DENN DA FÜR EIN VIEL ZU GROSSES DING AUF DEM RÜCKEN?
ZEIG MAL HER!
!!

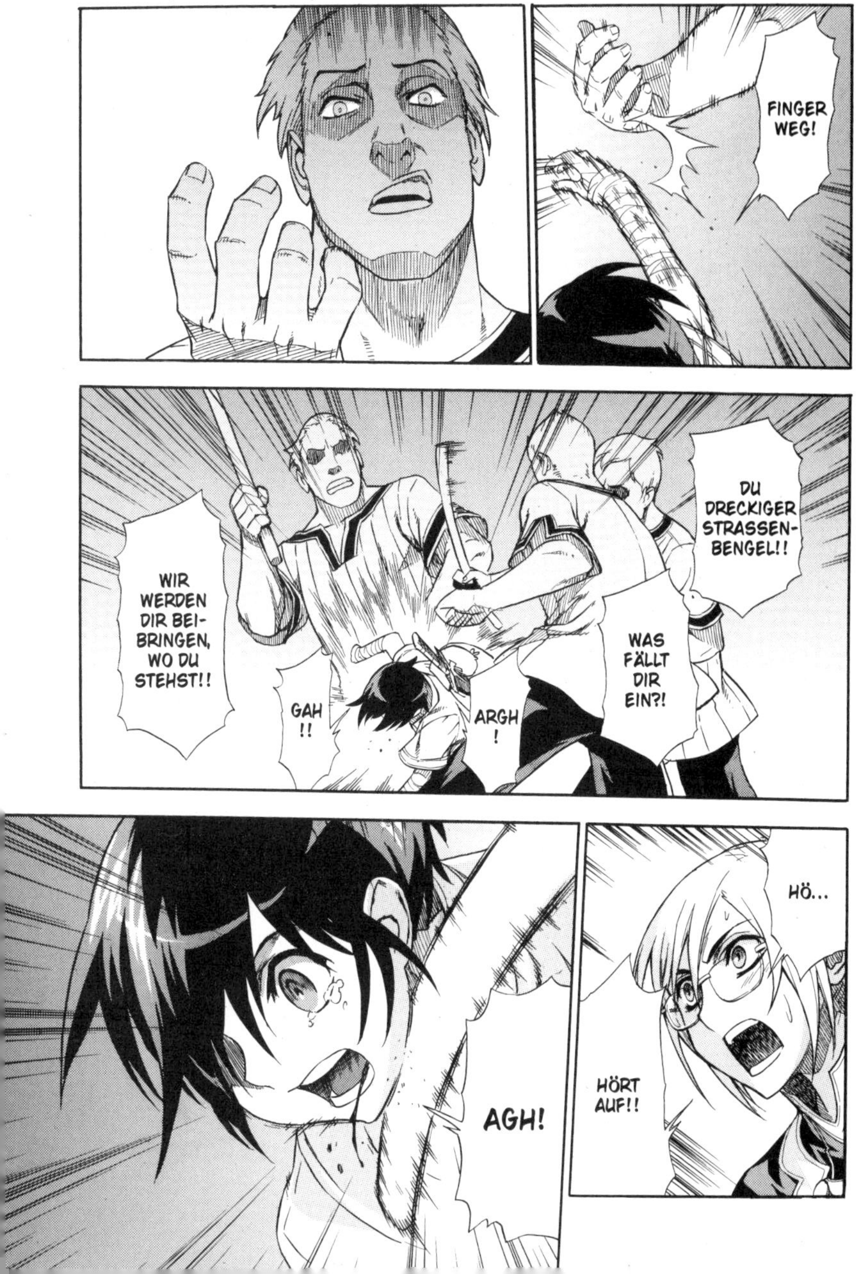
FINGER WEG!
DU DRECKIGER STRASSEN-BENGEL!!
WAS FÄLLT DIR EIN?!
ARGH!
GAH!!
WIR WERDEN DIR BEI-BRINGEN, WO DU STEHST!!
HÖ...
HÖRT AUF!!
AGH!

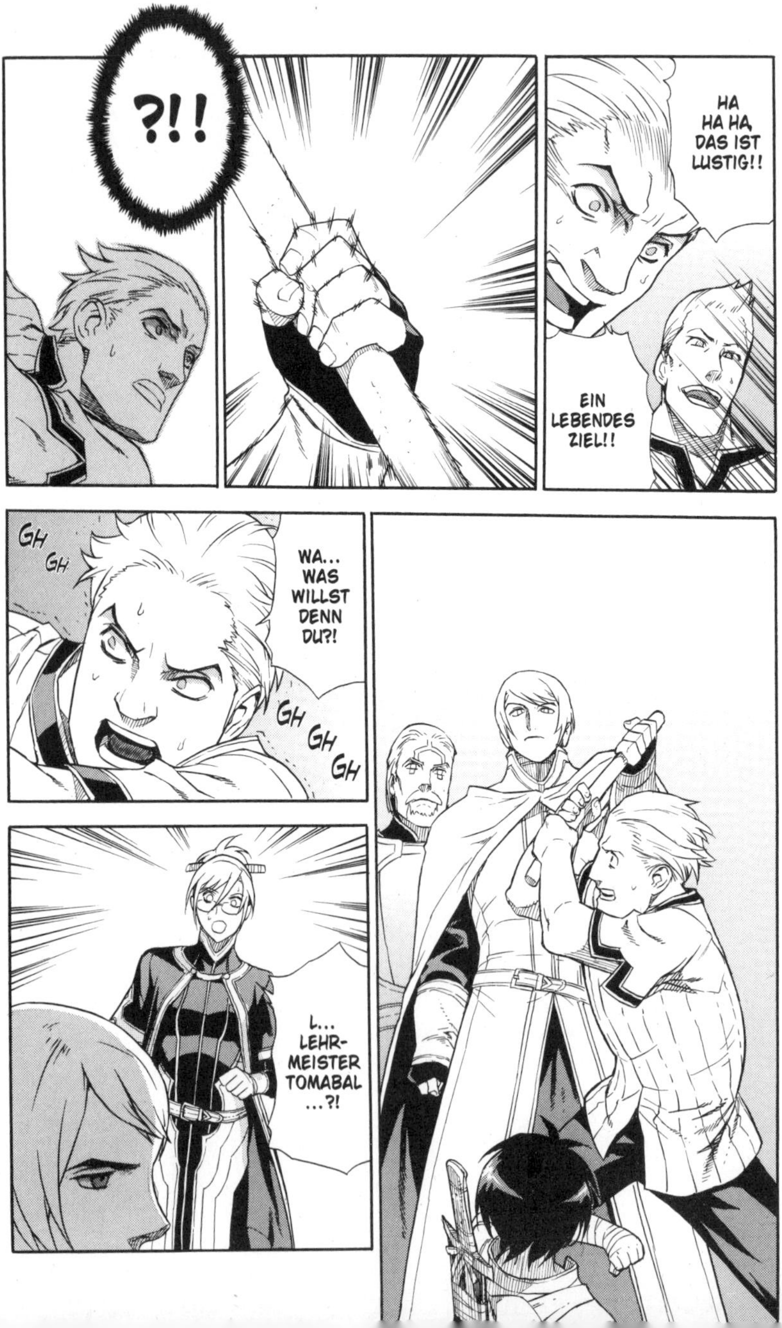
?!!
HA HA HA, DAS IST LUSTIG!!
EIN LEBENDES ZIEL!!
GH GH
WA... WAS WILLST DENN DU?!
GH GH GH
L... LEHR-MEISTER TOMABAL ...?!

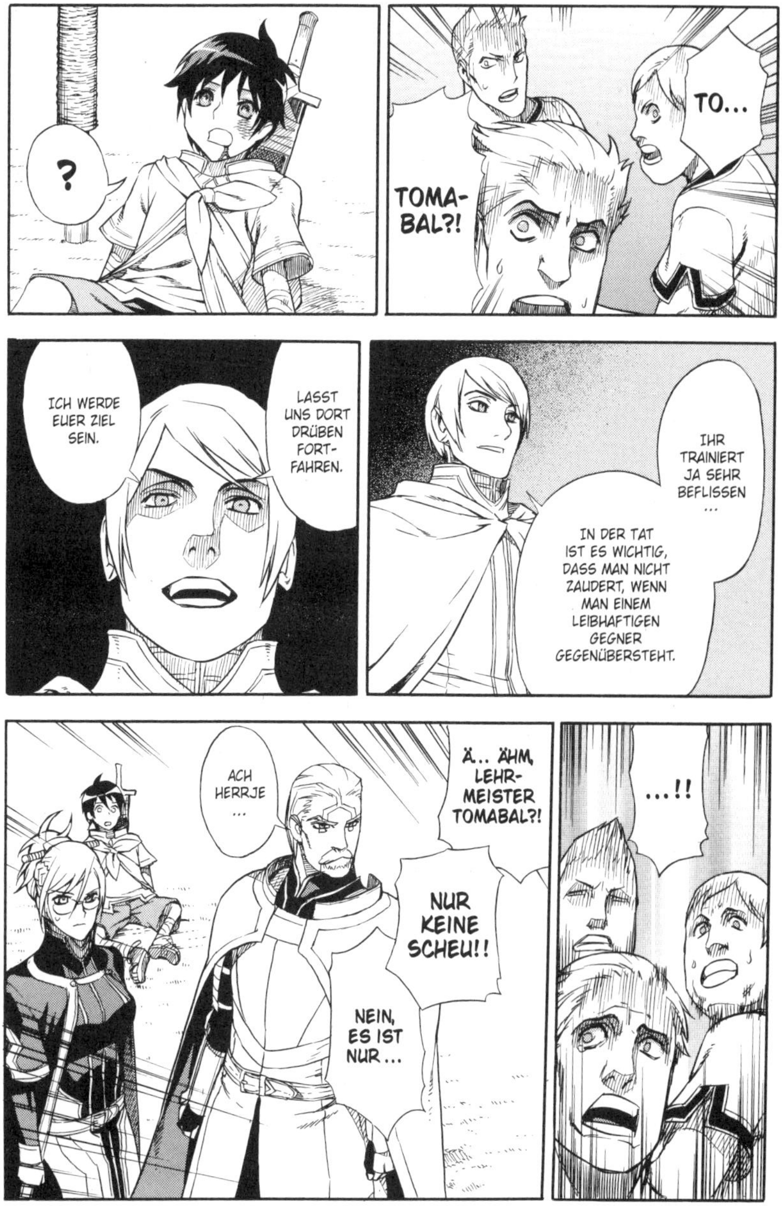
TO...
TOMA-BAL?!
?
IHR TRAINIERT JA SEHR BEFLISSEN ...
IN DER TAT IST ES WICHTIG, DASS MAN NICHT ZAUDERT, WENN MAN EINEM LEIBHAFTIGEN GEGNER GEGENÜBERSTEHT.
LASST UNS DORT DRÜBEN FORT-FAHREN.
ICH WERDE EUER ZIEL SEIN.
...!!
Ä... ÄHM, LEHR-MEISTER TOMABAL?!
NUR KEINE SCHEU!!
ACH HERRJE ...
NEIN, ES IST NUR ...

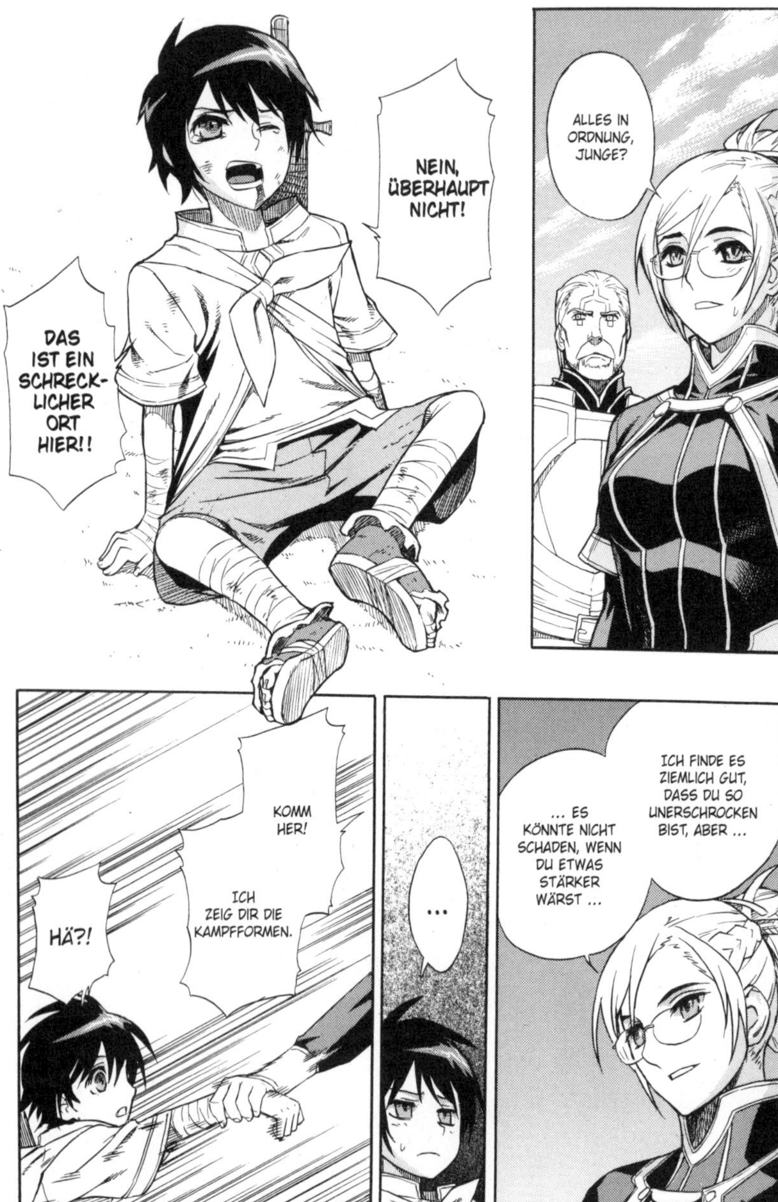

ALLES IN ORDNUNG, JUNGE?
NEIN, ÜBERHAUPT NICHT!
DAS IST EIN SCHRECK-LICHER ORT HIER!!
ICH FINDE ES ZIEMLICH GUT, DASS DU SO UNERSCHROCKEN BIST, ABER …
… ES KÖNNTE NICHT SCHADEN, WENN DU ETWAS STÄRKER WÄRST …
…
KOMM HER!
ICH ZEIG DIR DIE KAMPFFORMEN.
HÄ?!

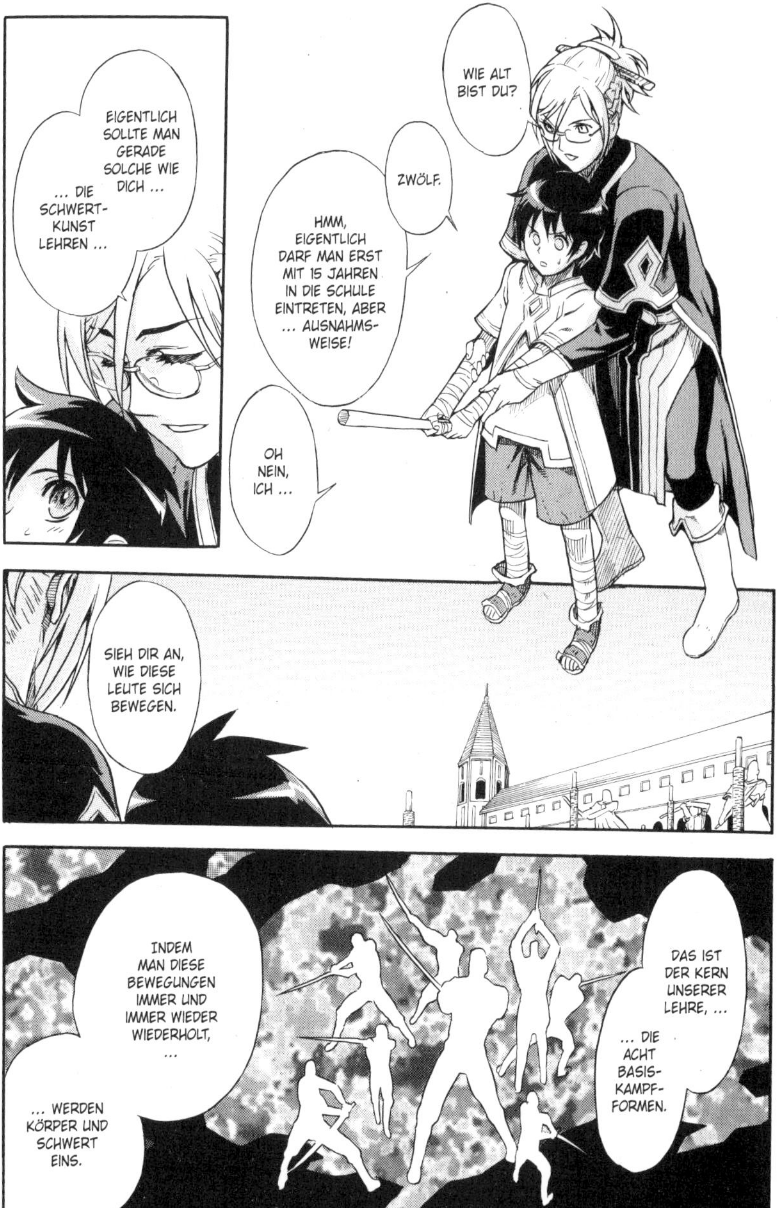
WIE ALT BIST DU?
ZWÖLF.
HMM, EIGENTLICH DARF MAN ERST MIT 15 JAHREN IN DIE SCHULE EINTRETEN, ABER … AUSNAHMSWEISE!
OH NEIN, ICH …
EIGENTLICH SOLLTE MAN GERADE SOLCHE WIE DICH …
… DIE SCHWERTKUNST LEHREN …
SIEH DIR AN, WIE DIESE LEUTE SICH BEWEGEN.
DAS IST DER KERN UNSERER LEHRE, …
… DIE ACHT BASISKAMPFFORMEN.
INDEM MAN DIESE BEWEGUNGEN IMMER UND IMMER WIEDER WIEDERHOLT, …
… WERDEN KÖRPER UND SCHWERT EINS.

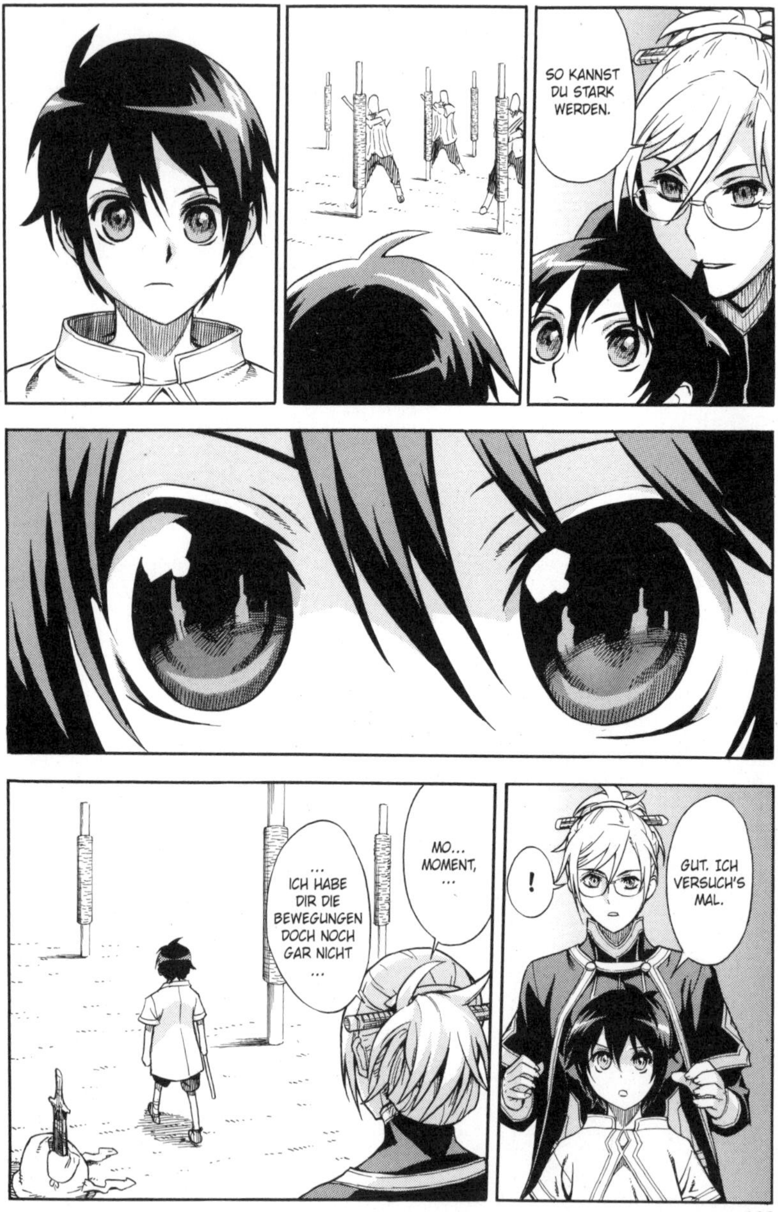
SO KANNST DU STARK WERDEN.
GUT. ICH VERSUCH'S MAL.
!
MO... MOMENT, ...
... ICH HABE DIR DIE BEWEGUNGEN DOCH NOCH GAR NICHT ...

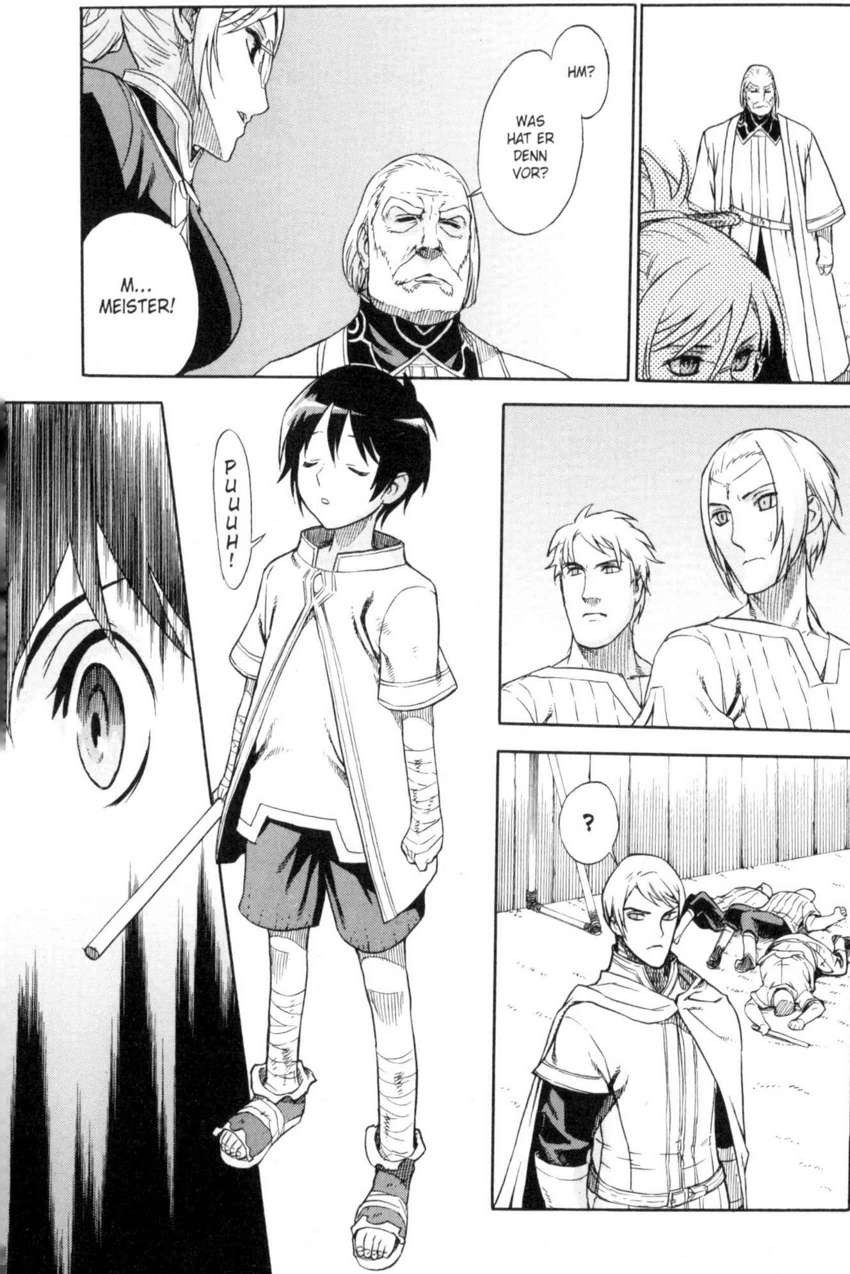

HM?
WAS HAT ER DENN VOR?
M... MEISTER!
?
PUUUH!

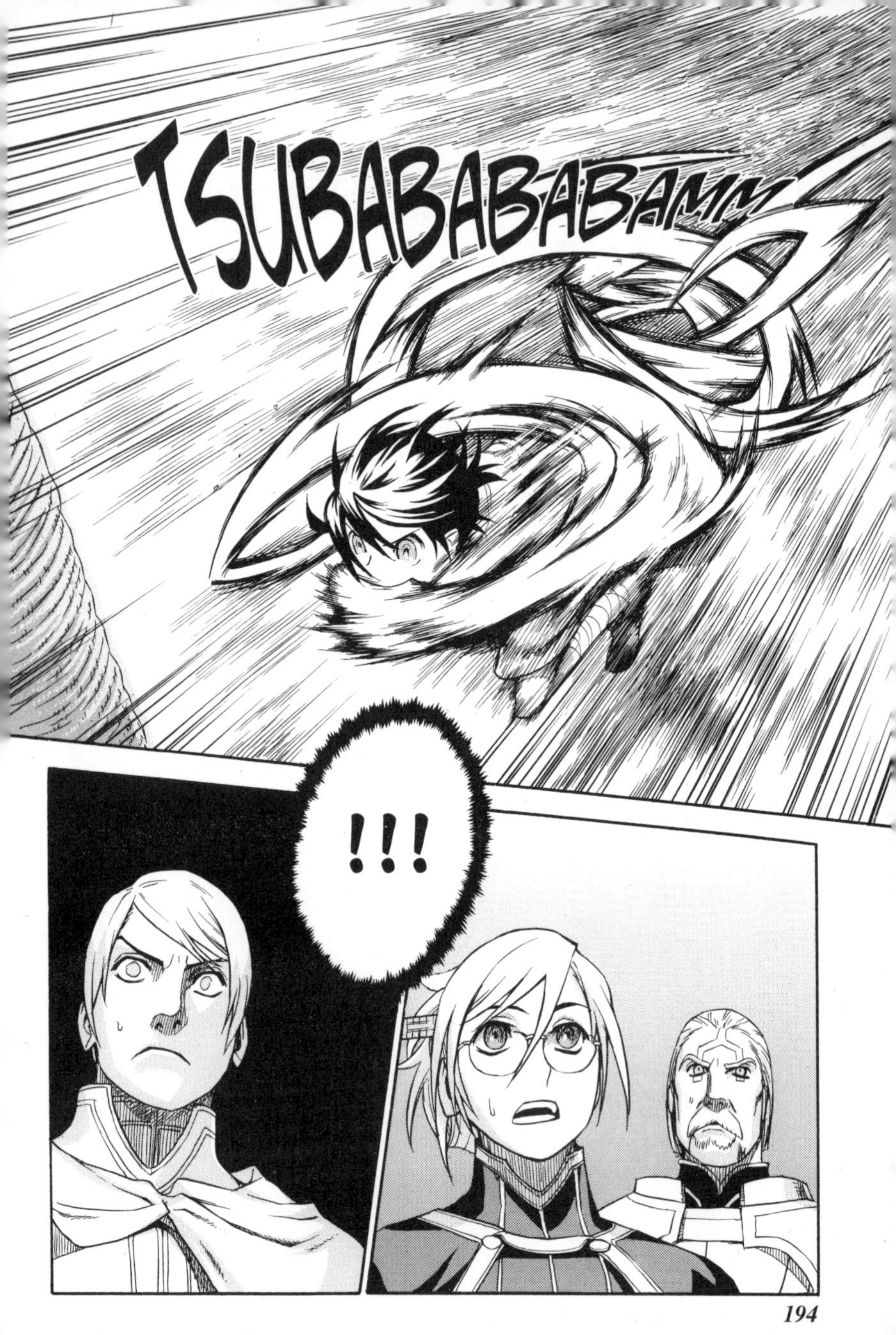
TSUBABABABABAMM
!!!

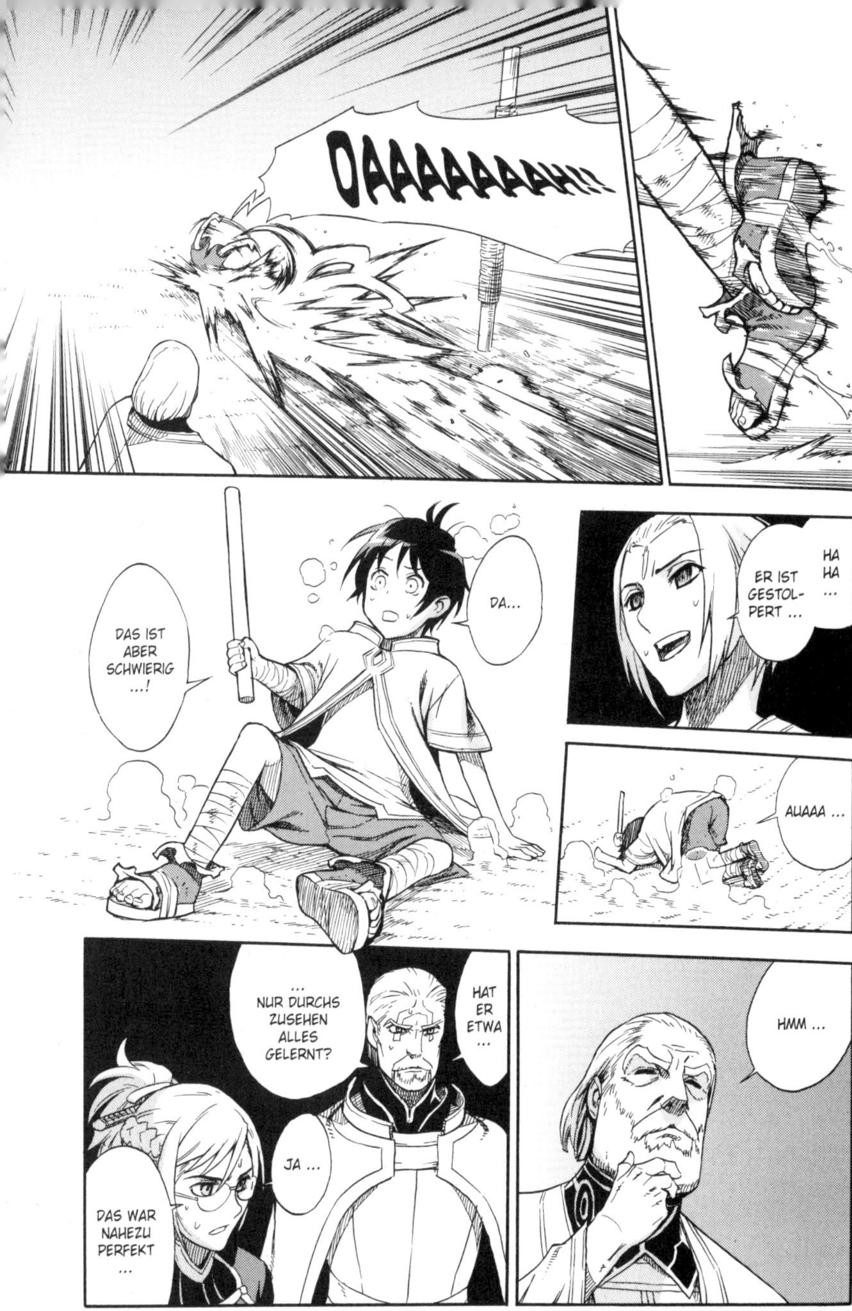
OAAAAAAAH!!!
DA…
HA HA …
ER IST GESTOLPERT …
DAS IST ABER SCHWIERIG …!
AUAAA …
HMM …
HAT ER ETWA …
… NUR DURCHS ZUSEHEN ALLES GELERNT?
JA …
DAS WAR NAHEZU PERFEKT …

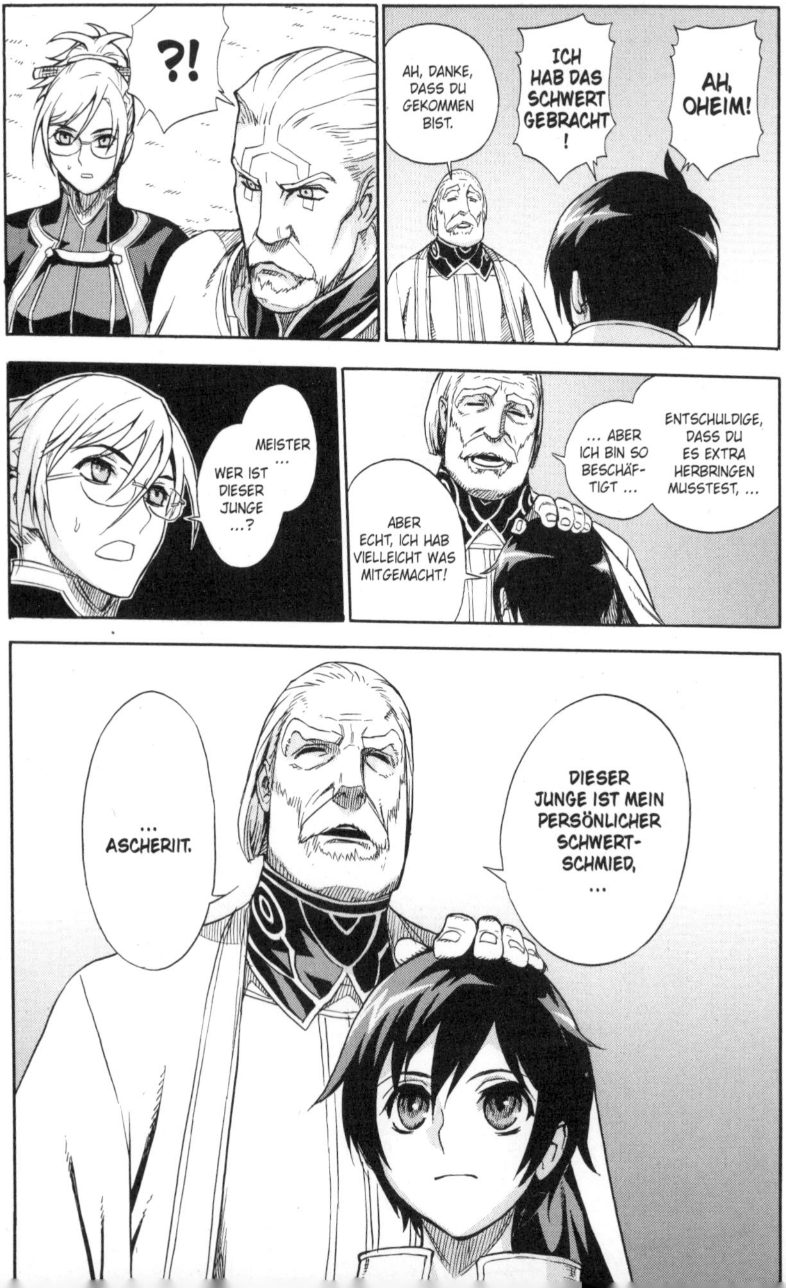
AH, OHEIM!
ICH HAB DAS SCHWERT GEBRACHT!
AH, DANKE, DASS DU GEKOMMEN BIST.
?!
ENTSCHULDIGE, DASS DU ES EXTRA HERBRINGEN MUSSTEST, …
… ABER ICH BIN SO BESCHÄF-TIGT …
ABER ECHT, ICH HAB VIELLEICHT WAS MITGEMACHT!
MEISTER …
WER IST DIESER JUNGE …?
DIESER JUNGE IST MEIN PERSÖNLICHER SCHWERT-SCHMIED, …
… ASCHERIIT.

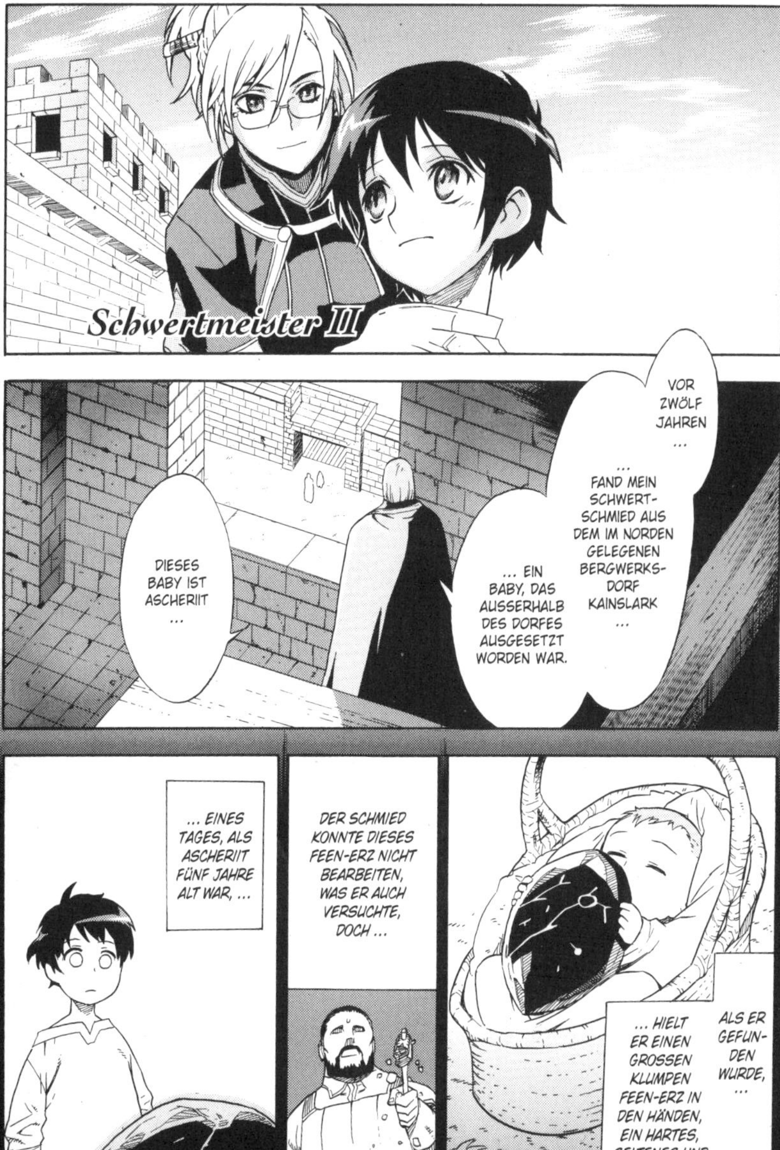
Schwertmeister II
VOR ZWÖLF JAHREN …
… FAND MEIN SCHWERT-SCHMIED AUS DEM IM NORDEN GELEGENEN BERGWERKS-DORF KAINSLARK …
… EIN BABY, DAS AUSSERHALB DES DORFES AUSGESETZT WORDEN WAR.
DIESES BABY IST ASCHERIIT …
ALS ER GEFUN-DEN WURDE, …
… HIELT ER EINEN GROSSEN KLUMPEN FEEN-ERZ IN DEN HÄNDEN, EIN HARTES, SELTENES UND GEHEIMNIS-VOLLES METALL.
DER SCHMIED KONNTE DIESES FEEN-ERZ NICHT BEARBEITEN, WAS ER AUCH VERSUCHTE, DOCH …
… EINES TAGES, ALS ASCHERIIT FÜNF JAHRE ALT WAR, …

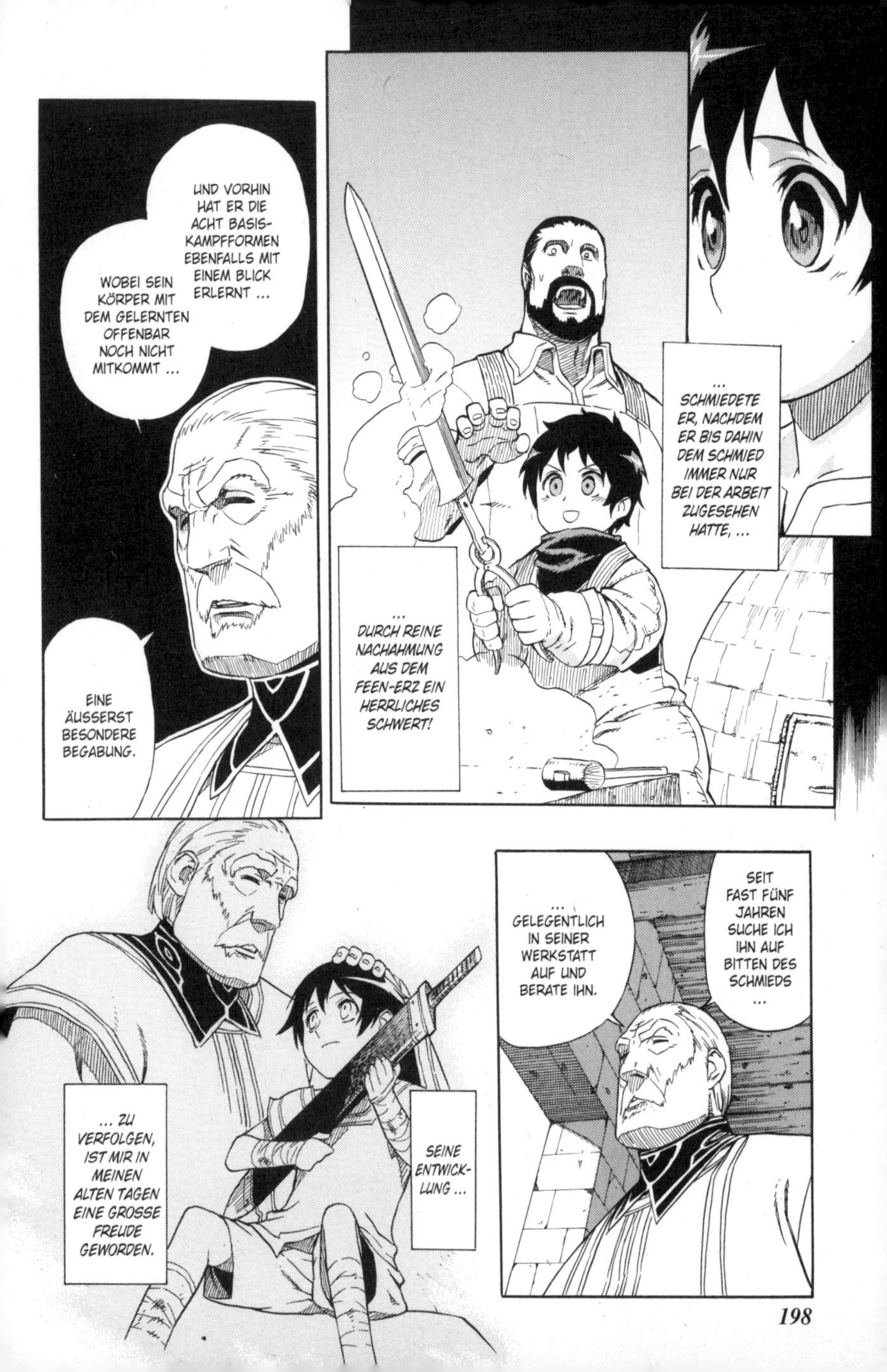
... SCHMIEDETE ER, NACHDEM ER BIS DAHIN DEM SCHMIED IMMER NUR BEI DER ARBEIT ZUGESEHEN HATTE, ...
... DURCH REINE NACHAHMUNG AUS DEM FEEN-ERZ EIN HERRLICHES SCHWERT!
UND VORHIN HAT ER DIE ACHT BASIS-KAMPFFORMEN EBENFALLS MIT EINEM BLICK ERLERNT ...
WOBEI SEIN KÖRPER MIT DEM GELERNTEN OFFENBAR NOCH NICHT MITKOMMT ...
EINE ÄUSSERST BESONDERE BEGABUNG.
SEIT FAST FÜNF JAHREN SUCHE ICH IHN AUF BITTEN DES SCHMIEDS ...
... GELEGENTLICH IN SEINER WERKSTATT AUF UND BERATE IHN.
SEINE ENTWICK-LUNG ...
... ZU VERFOLGEN, IST MIR IN MEINEN ALTEN TAGEN EINE GROSSE FREUDE GEWORDEN.

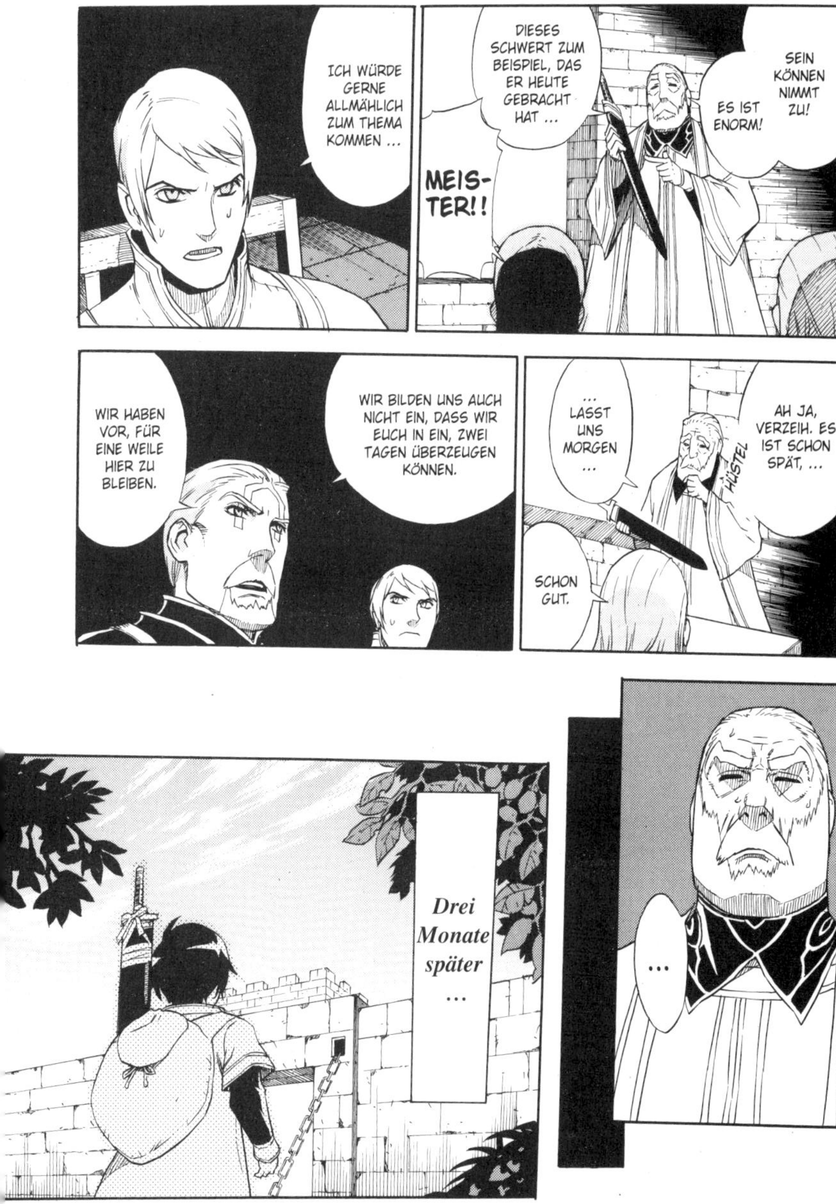
SEIN KÖNNEN NIMMT ZU!
ES IST ENORM!
DIESES SCHWERT ZUM BEISPIEL, DAS ER HEUTE GEBRACHT HAT …
MEISTER!!
ICH WÜRDE GERNE ALLMÄHLICH ZUM THEMA KOMMEN …
AH JA, VERZEIH. ES IST SCHON SPÄT, …
HÜSTEL
… LASST UNS MORGEN …
SCHON GUT.
WIR BILDEN UNS AUCH NICHT EIN, DASS WIR EUCH IN EIN, ZWEI TAGEN ÜBERZEUGEN KÖNNEN.
WIR HABEN VOR, FÜR EINE WEILE HIER ZU BLEIBEN.
…
Drei Monate später …

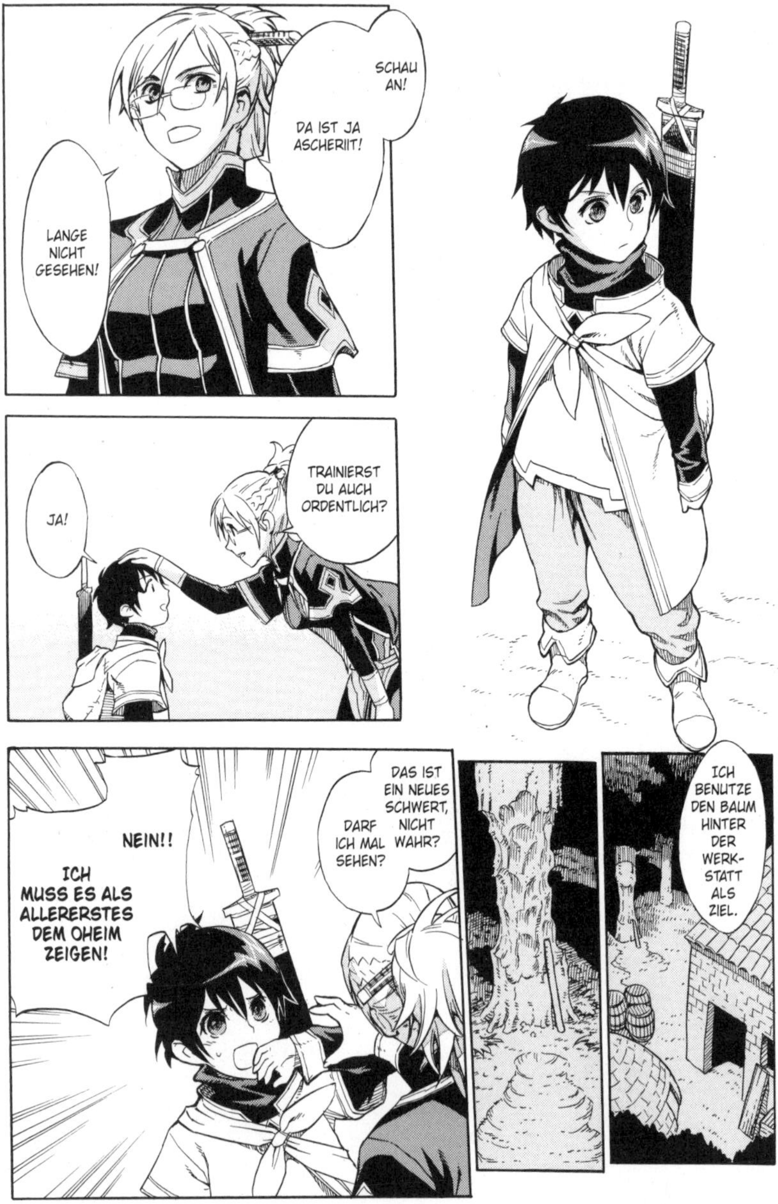
SCHAU AN!
DA IST JA ASCHERIIT!
LANGE NICHT GESEHEN!
TRAINIERST DU AUCH ORDENTLICH?
JA!
ICH BENUTZE DEN BAUM HINTER DER WERKSTATT ALS ZIEL.
DAS IST EIN NEUES SCHWERT, NICHT WAHR?
DARF ICH MAL SEHEN?
NEIN!!
ICH MUSS ES ALS ALLERERSTES DEM OHEIM ZEIGEN!

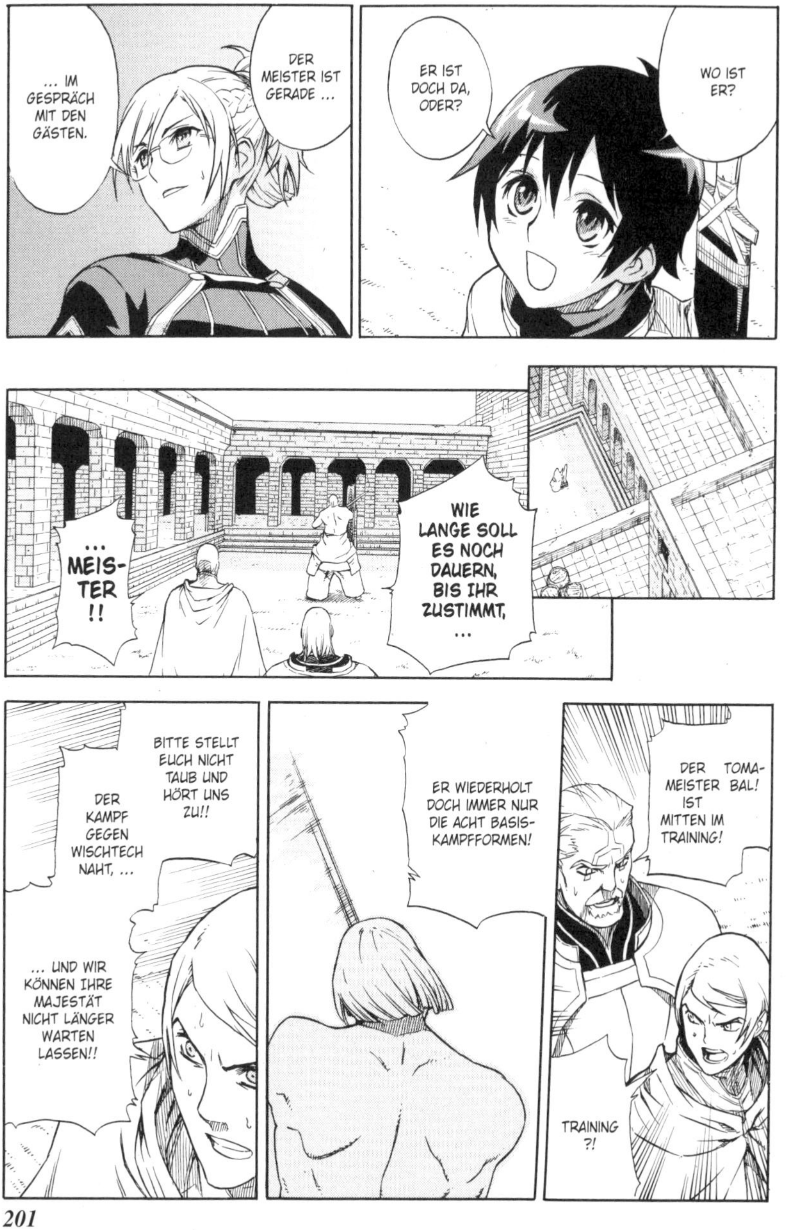
WO IST ER?
ER IST DOCH DA, ODER?
DER MEISTER IST GERADE …
… IM GESPRÄCH MIT DEN GÄSTEN.
WIE LANGE SOLL ES NOCH DAUERN, BIS IHR ZUSTIMMT, …
… MEISTER!!
DER TOMA-MEISTER BAL! IST MITTEN IM TRAINING!
TRAINING?!
ER WIEDERHOLT DOCH IMMER NUR DIE ACHT BASIS-KAMPFFORMEN!
BITTE STELLT EUCH NICHT TAUB UND HÖRT UNS ZU!!
DER KAMPF GEGEN WISCHTECH NAHT, …
… UND WIR KÖNNEN IHRE MAJESTÄT NICHT LÄNGER WARTEN LASSEN!!

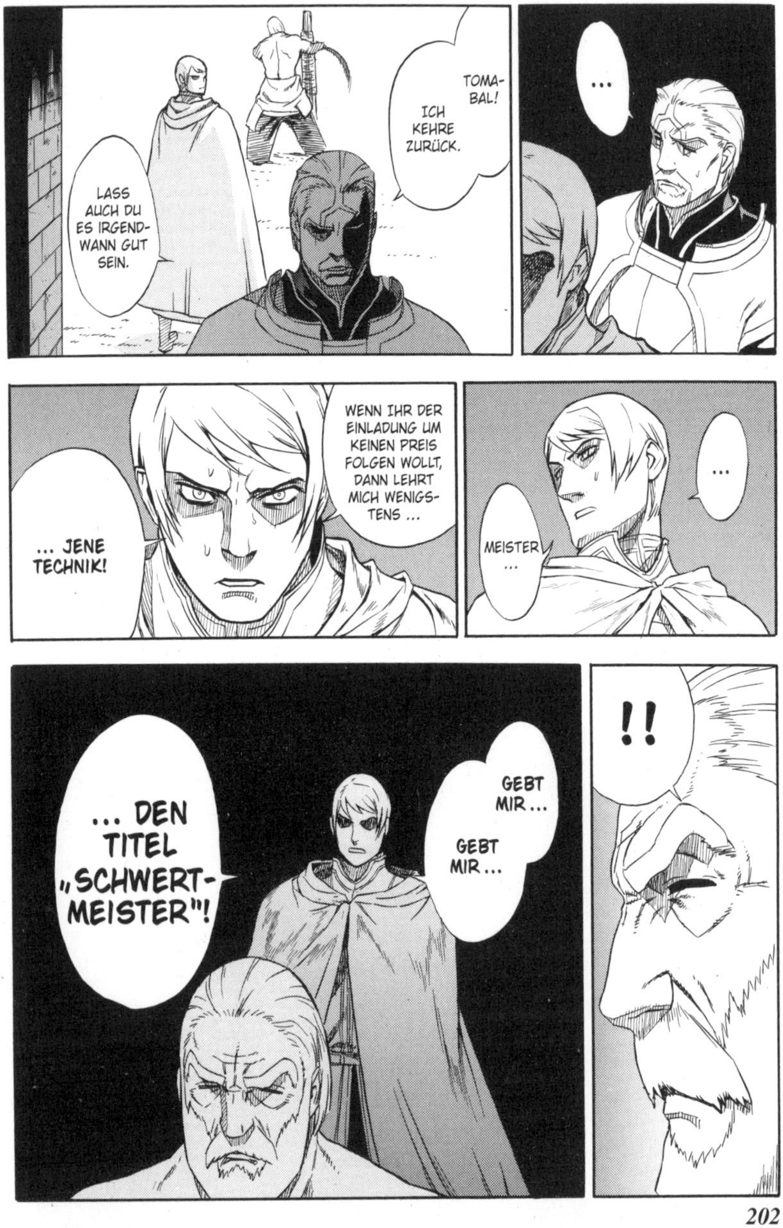

TOMA-BAL! ICH KEHRE ZURÜCK.
LASS AUCH DU ES IRGEND-WANN GUT SEIN.
...
WENN IHR DER EINLADUNG UM KEINEN PREIS FOLGEN WOLLT, DANN LEHRT MICH WENIGS-TENS ...
... JENE TECHNIK!
...
MEISTER ...
GEBT MIR ...
GEBT MIR ...
... DEN TITEL „SCHWERT-MEISTER"!
!!

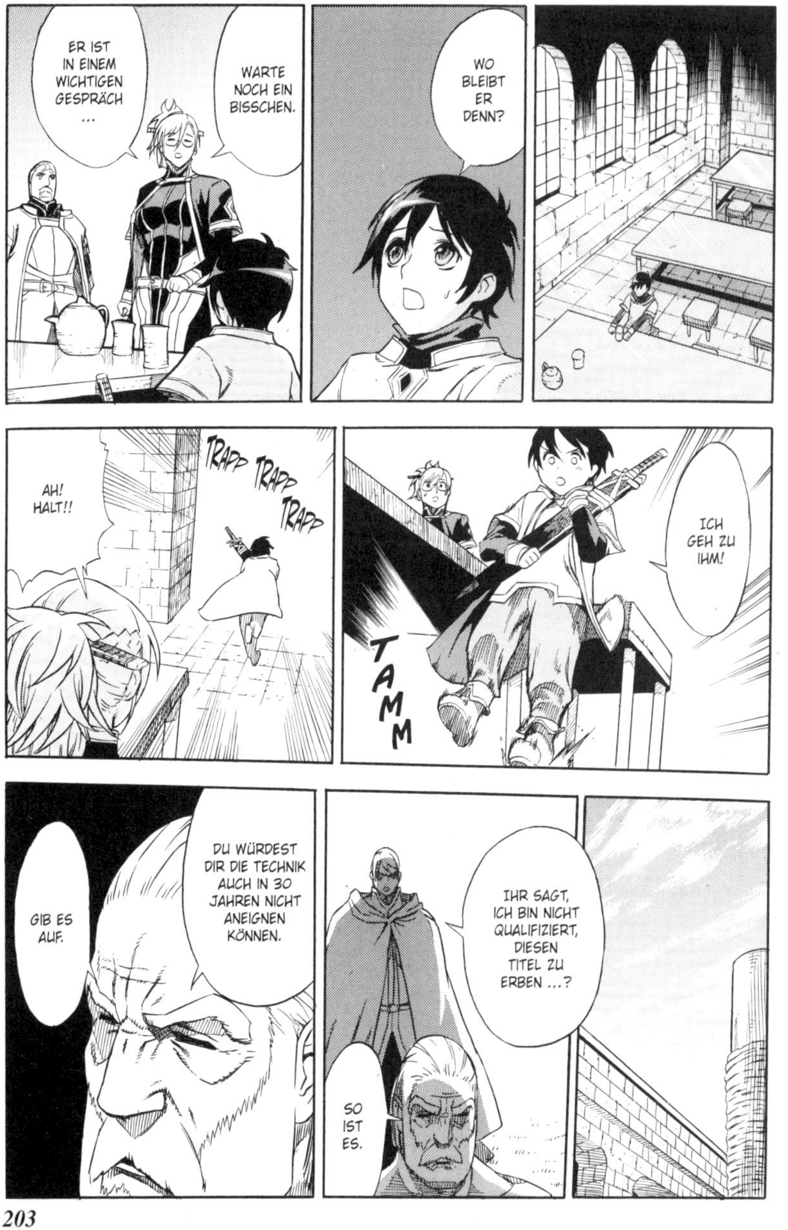
WO BLEIBT ER DENN?
WARTE NOCH EIN BISSCHEN.
ER IST IN EINEM WICHTIGEN GESPRÄCH …
ICH GEH ZU IHM!
TAMM
TRAPP TRAPP TRAPP
AH! HALT!!
IHR SAGT, ICH BIN NICHT QUALIFIZIERT, DIESEN TITEL ZU ERBEN …?
SO IST ES.
DU WÜRDEST DIR DIE TECHNIK AUCH IN 30 JAHREN NICHT ANEIGNEN KÖNNEN.
GIB ES AUF.

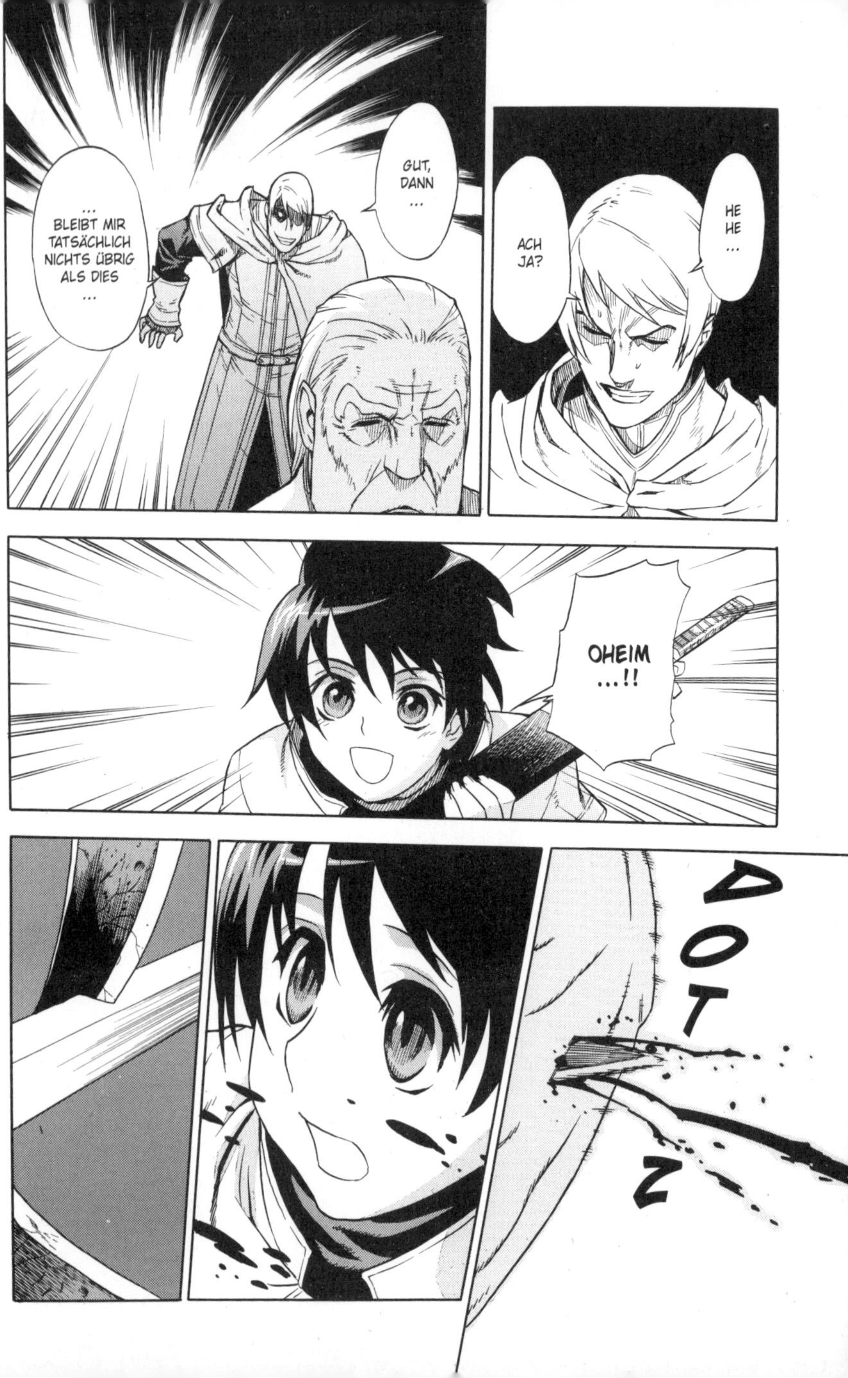
HE HE …
ACH JA?
GUT, DANN …
… BLEIBT MIR TATSÄCHLICH NICHTS ÜBRIG ALS DIES …
OHEIM …!!
DOTZ

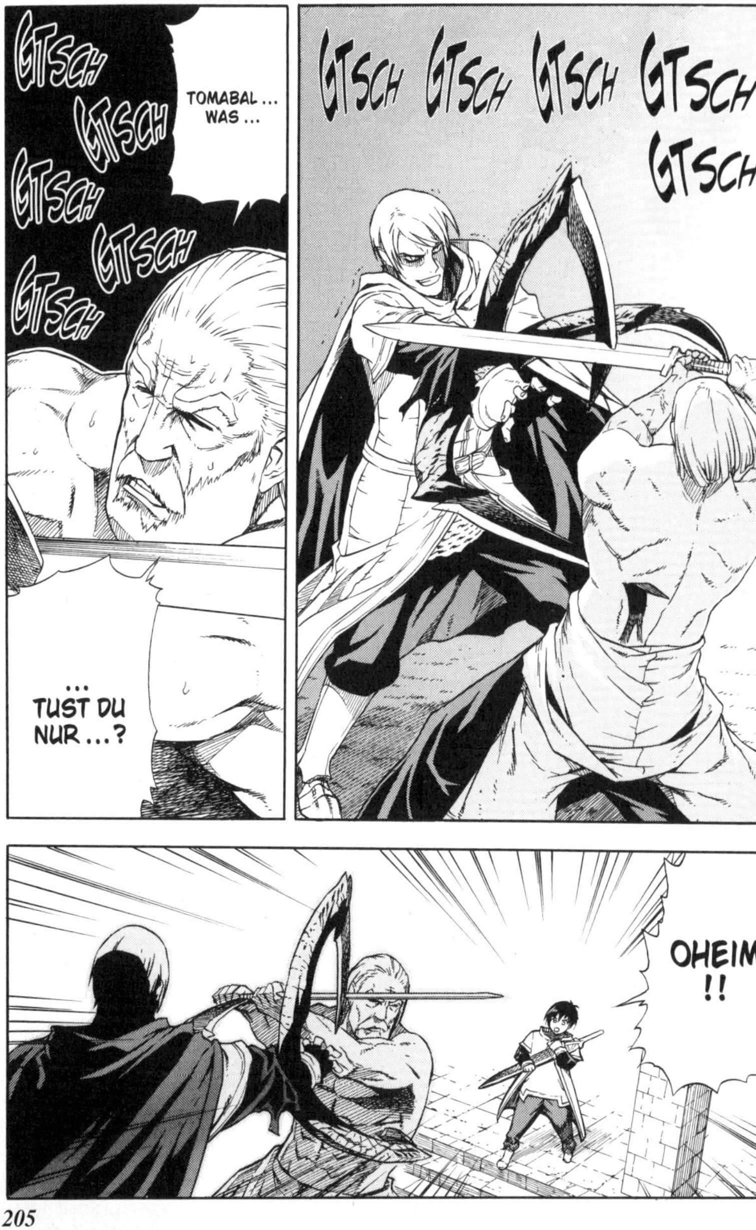
GTSCH GTSCH GTSCH GTSCH
GTSCH
GTSCH
GTSCH
GTSCH
GTSCH
GTSCH
TOMABAL … WAS …
… TUST DU NUR …?
OHEIM !!

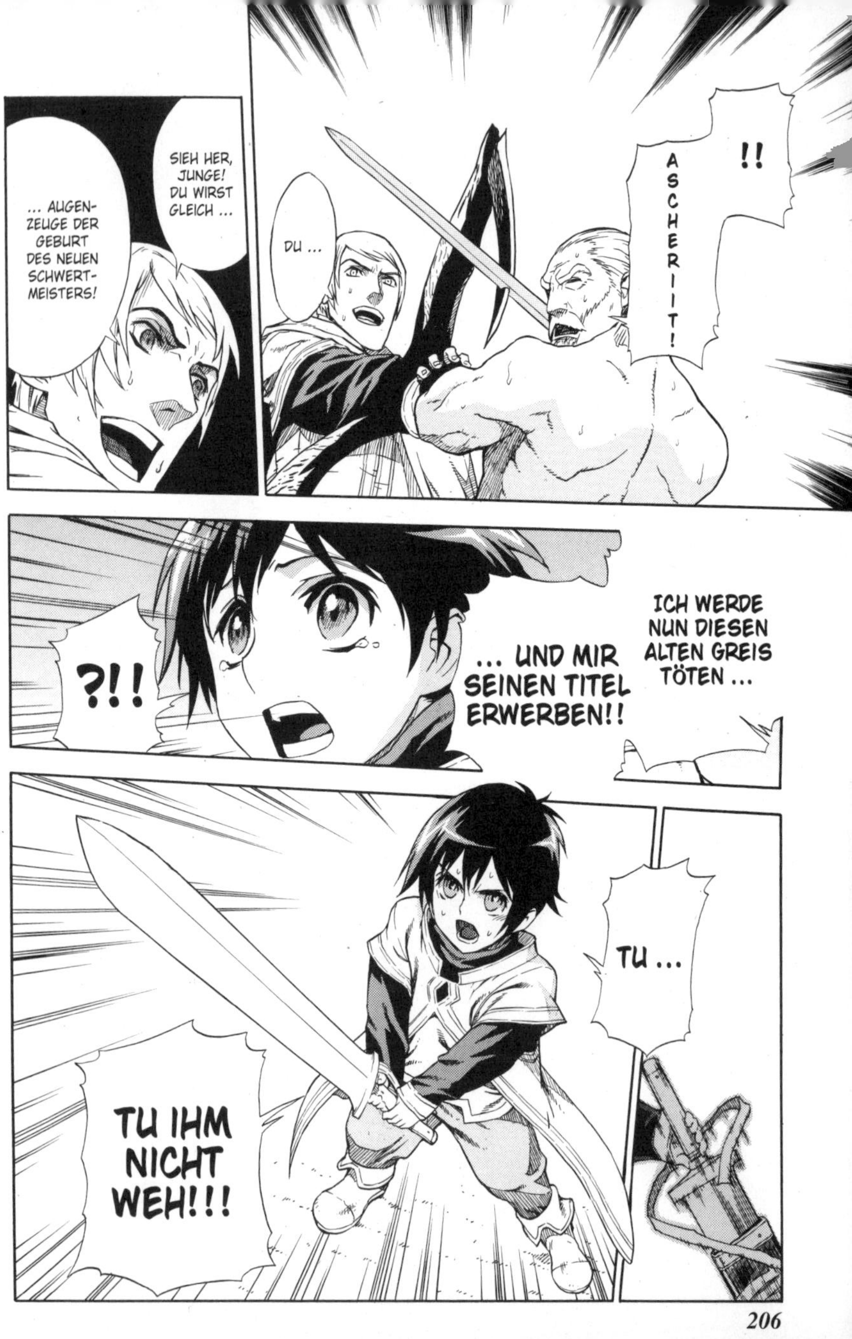
!!
ASCHERIIT!
DU ...
SIEH HER, JUNGE! DU WIRST GLEICH ...
... AUGEN-ZEUGE DER GEBURT DES NEUEN SCHWERT-MEISTERS!
ICH WERDE NUN DIESEN ALTEN GREIS TÖTEN ...
... UND MIR SEINEN TITEL ERWERBEN!!
?!!
TU ...
TU IHM NICHT WEH!!!

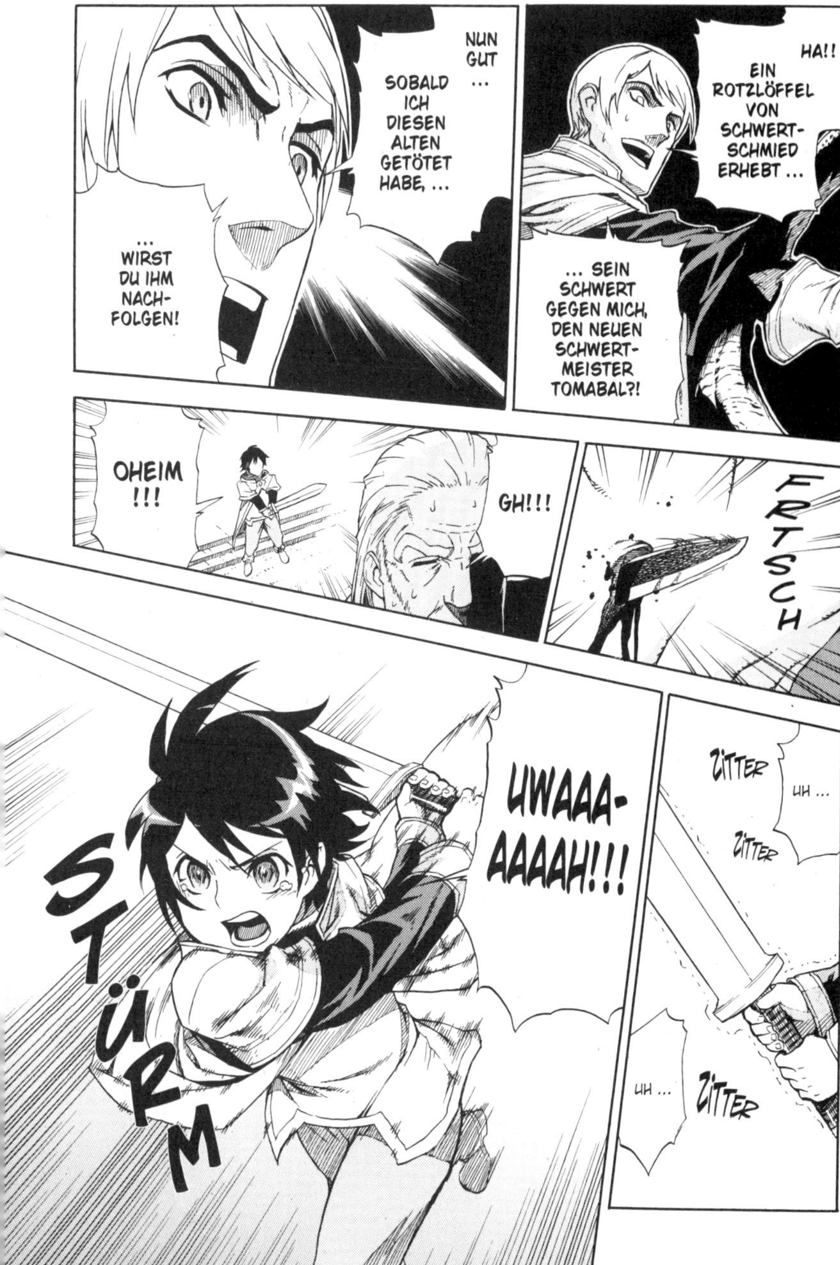

HA!!
EIN ROTZLÖFFEL VON SCHWERT-SCHMIED ERHEBT …
… SEIN SCHWERT GEGEN MICH, DEN NEUEN SCHWERT-MEISTER TOMABAL?!
NUN GUT …
SOBALD ICH DIESEN ALTEN GETÖTET HABE, …
… WIRST DU IHM NACH-FOLGEN!
FRTSCH
GH!!!
OHEIM !!!
ZITTER
UH …
ZITTER
UH …
ZITTER
UWAAA-AAAAH!!!
STÜRM

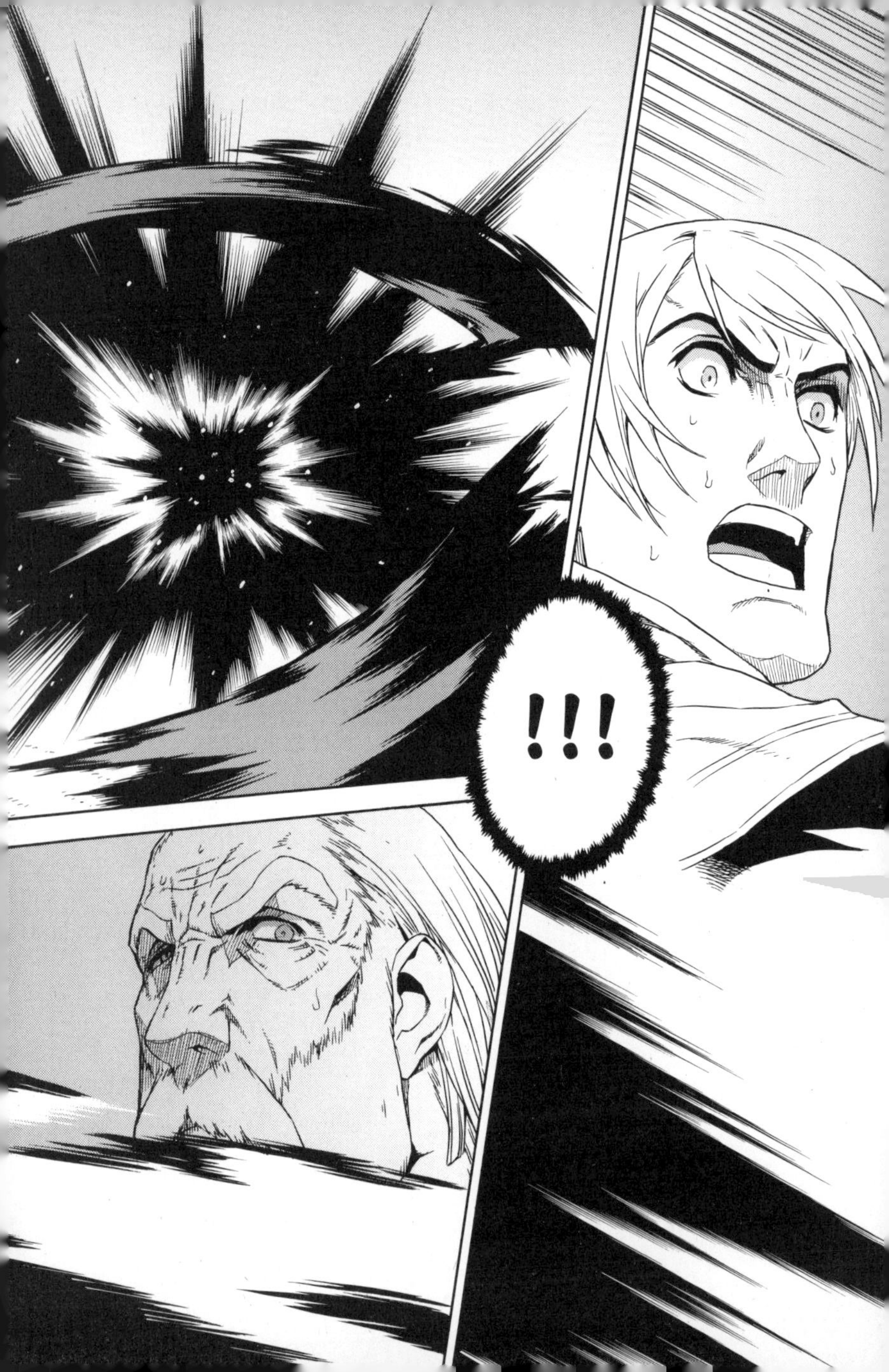

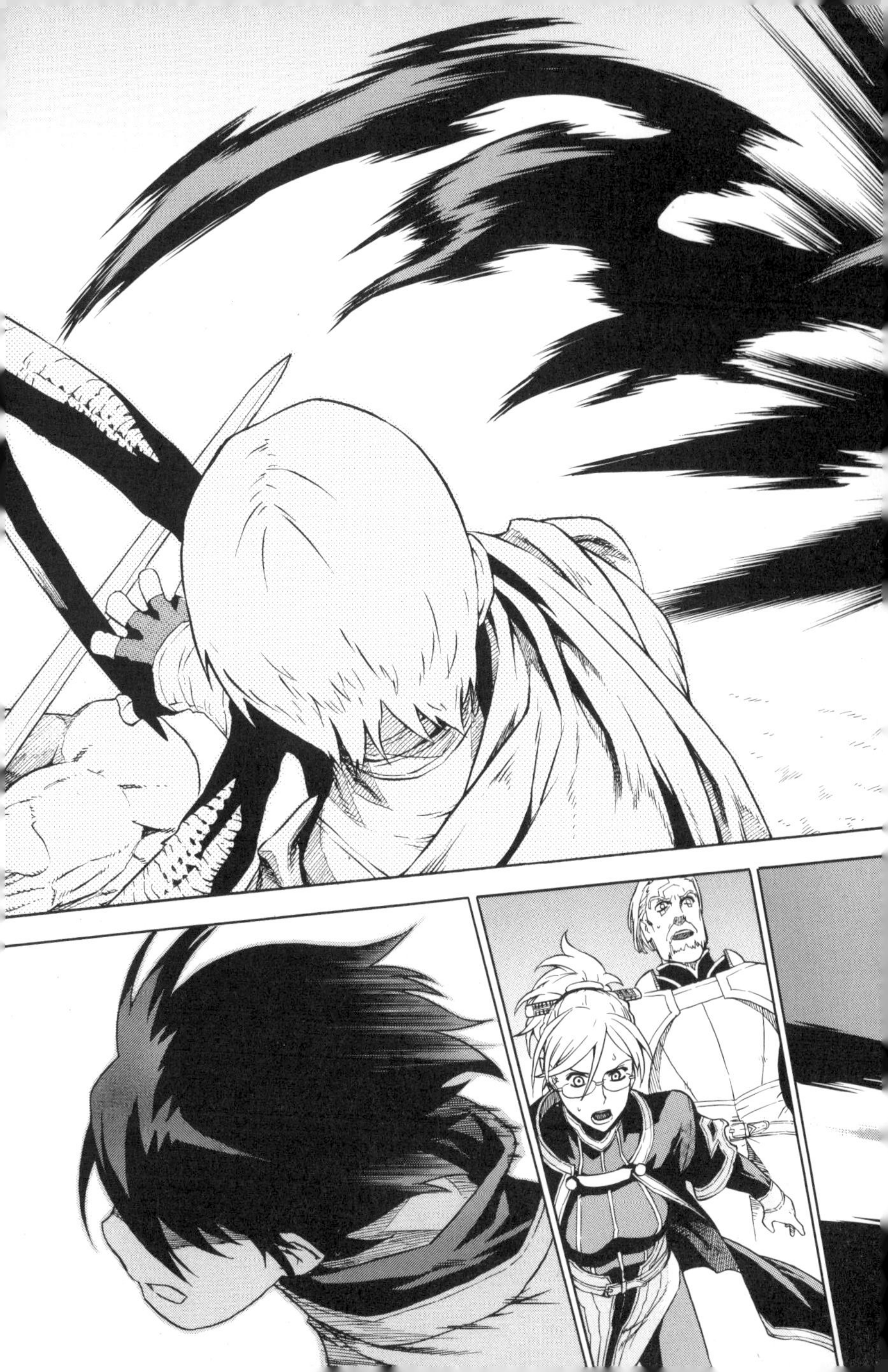

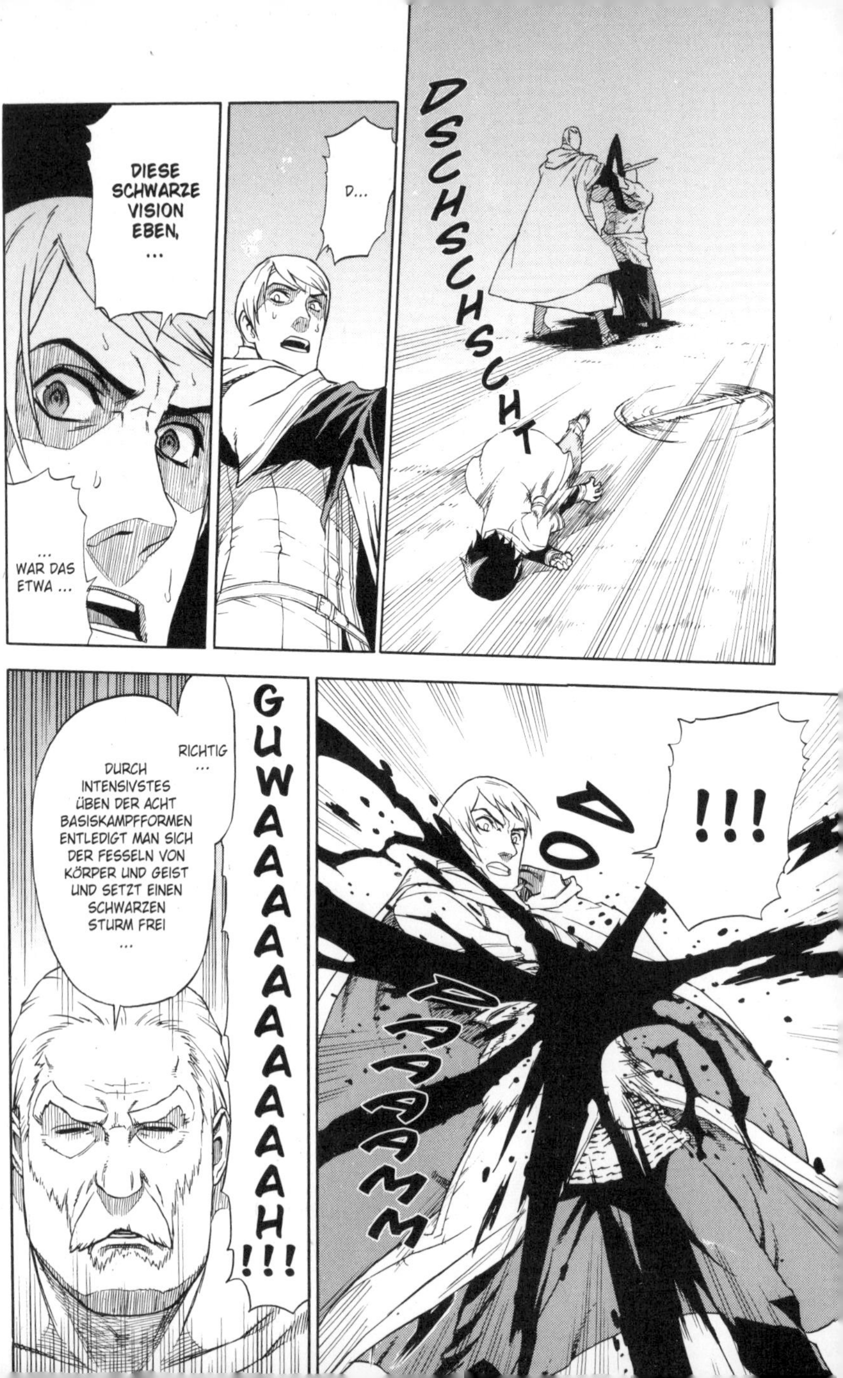
DSCHSCHSCHT
D...
DIESE SCHWARZE VISION EBEN, ...
... WAR DAS ETWA ...
!!!
DOPAAAAMM
GUWAAAAAAAAAAAH!!!
RICHTIG ...
DURCH INTENSIVSTES ÜBEN DER ACHT BASISKAMPFFORMEN ENTLEDIGT MAN SICH DER FESSELN VON KÖRPER UND GEIST UND SETZT EINEN SCHWARZEN STURM FREI ...

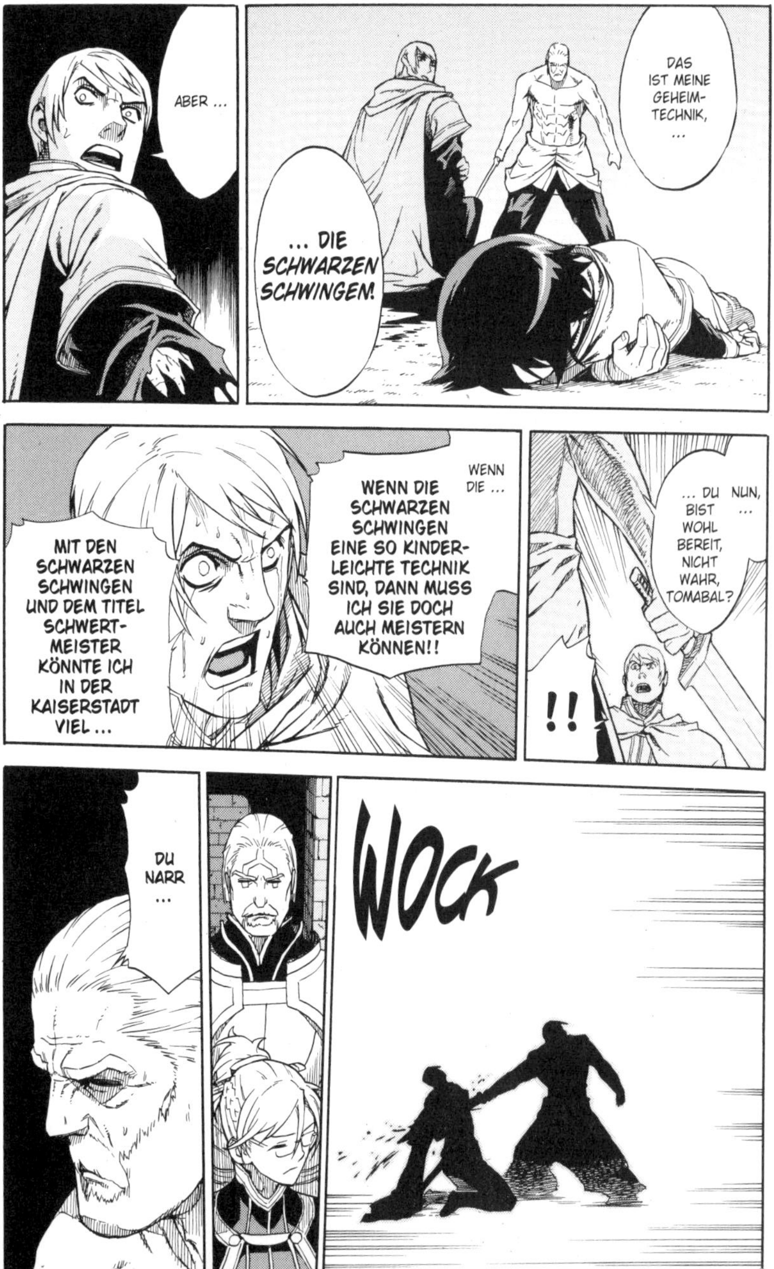
DAS IST MEINE GEHEIM-TECHNIK, ...
... DIE SCHWARZEN SCHWINGEN!
ABER ...
NUN, ...
... DU BIST WOHL BEREIT, NICHT WAHR, TOMABAL?
!!
WENN DIE ...
WENN DIE SCHWARZEN SCHWINGEN EINE SO KINDER-LEICHTE TECHNIK SIND, DANN MUSS ICH SIE DOCH AUCH MEISTERN KÖNNEN!!
MIT DEN SCHWARZEN SCHWINGEN UND DEM TITEL SCHWERT-MEISTER KÖNNTE ICH IN DER KAISERSTADT VIEL ...
WOCK
DU NARR ...

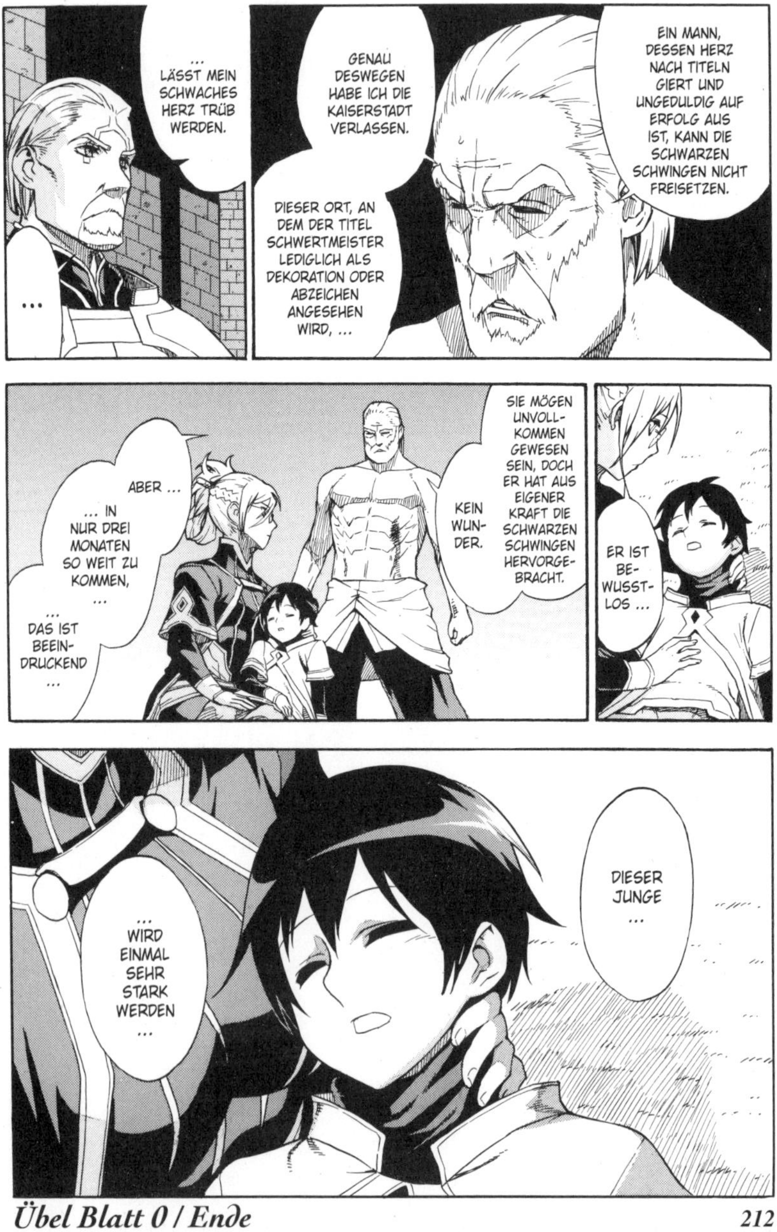
EIN MANN, DESSEN HERZ NACH TITELN GIERT UND UNGEDULDIG AUF ERFOLG AUS IST, KANN DIE SCHWARZEN SCHWINGEN NICHT FREISETZEN.
GENAU DESWEGEN HABE ICH DIE KAISERSTADT VERLASSEN.
DIESER ORT, AN DEM DER TITEL SCHWERTMEISTER LEDIGLICH ALS DEKORATION ODER ABZEICHEN ANGESEHEN WIRD, ...
... LÄSST MEIN SCHWACHES HERZ TRÜB WERDEN.
...
ER IST BEWUSSTLOS ...
ABER ...
... IN NUR DREI MONATEN SO WEIT ZU KOMMEN, ...
... DAS IST BEEINDRUCKEND ...
KEIN WUNDER.
SIE MÖGEN UNVOLLKOMMEN GEWESEN SEIN, DOCH ER HAT AUS EIGENER KRAFT DIE SCHWARZEN SCHWINGEN HERVORGEBRACHT.
DIESER JUNGE ...
... WIRD EINMAL SEHR STARK WERDEN ...

FLUGDRACHENSCHIFF
(Maschinendrache)

Schiffe, die mit der Kraft von Flugdrachensteinen fliegen. In der Zeit des Krieges gegen die Wischtech-Armee besaßen alle Feudalherren und Söldnerheere mehrere dieser Luftschiffe und kreisten damit über den Schlachtfeldern, doch die meisten wurden nach dem Krieg versiegelt oder zerlegt. Gegenwärtig sind Bau, Besitz und Betrieb von Luftschiffen ohne Erlaubnis des Drachenministers der Kaiserstadt nicht gestattet.

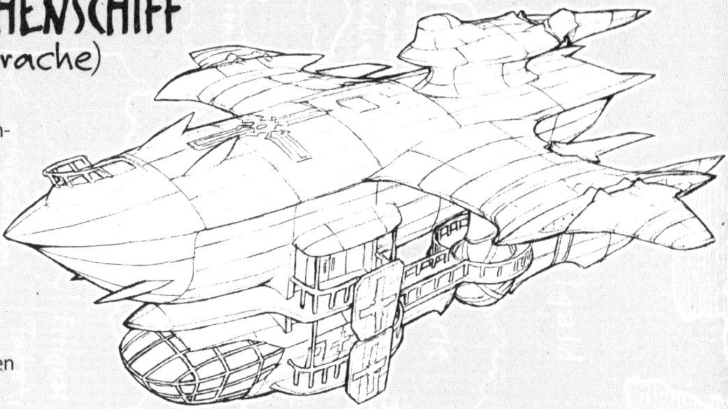

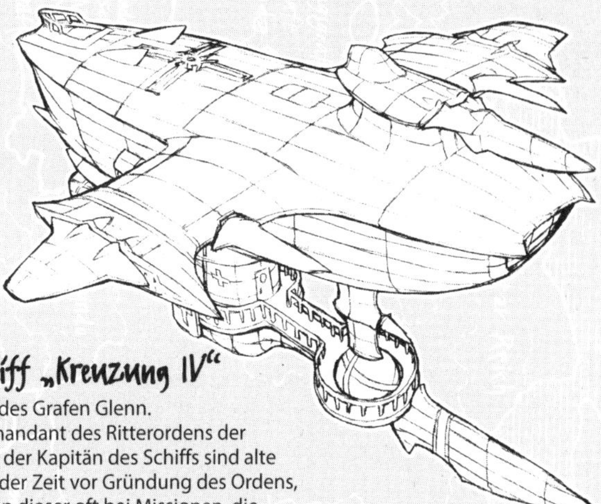

Flugdrachenschiff „Kreuzung IV“

Privathandelsschiff des Grafen Glenn.
Aldurant, der Kommandant des Ritterordens der Sieben Lanzen, und der Kapitän des Schiffs sind alte Bekannte noch aus der Zeit vor Gründung des Ordens, daher unterstützt ihn dieser oft bei Missionen, die nicht öffentlich durchgeführt werden können.

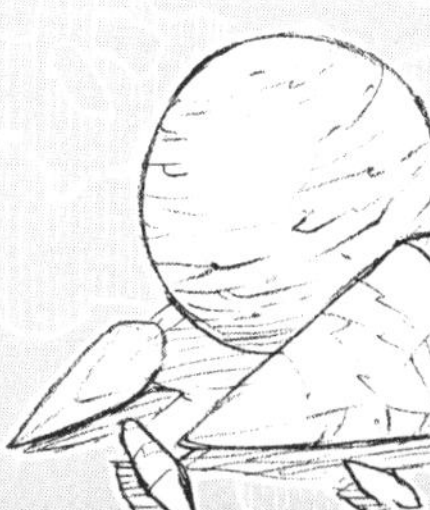

FLUGDRACHENSTEINE
(Drachensteine)

Diese Steine besitzen die Kraft, in der Luft zu schweben. Sie erhielten ihren Namen, weil sie ursprünglich aus den Kehlentaschen wilder Flugdrachen herausgeholt wurden, wo diese sie sammelten, um den Auftrieb zu unterstützen. Mittlerweile jedoch werden sie aus dem Rohgestein gewonnen.

DAS WAPPEN DES GRAFEN GLENN

Dieses Wappen tragen Graf Glenn und der ihm dienende Ritterorden der Sieben Lanzen. Obwohl es sich um ein Wappen mit nur kurzer Tradition handelt, das dem Grafen nach dem Ende des großen Krieges zur Verfügung gestellt wurde, ist es das beim Volk des Kaiserreiches bekannteste Wappen.

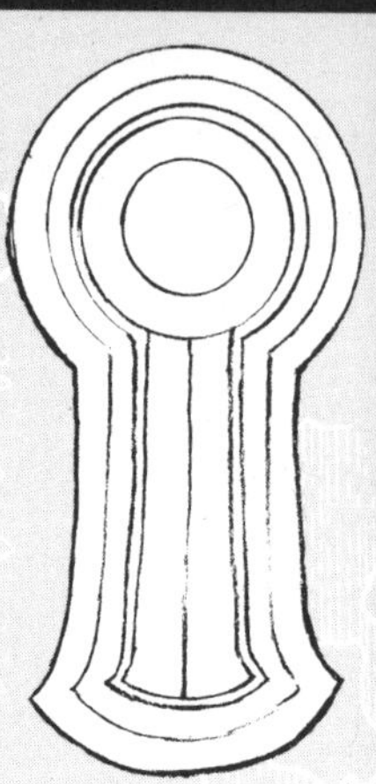

WAPPEN

(Sinnbild)

Dieses Wappen verleiht der Kaiser dem jeweiligen Schwertmeister einer Generation. Als der letzte Schwertmeister Rudift die Kaiserstadt verließ, gab er es zurück. Gegenwärtig gibt es niemanden, der das Wappen führen könnte. Früher flößte sein Anblick allen großen Respekt ein, doch da Schwertmeister Ascheriit, der es hätte erben sollen, das Reich verriet und erschlagen wurde, gilt es mittlerweile als Unglück bringend.

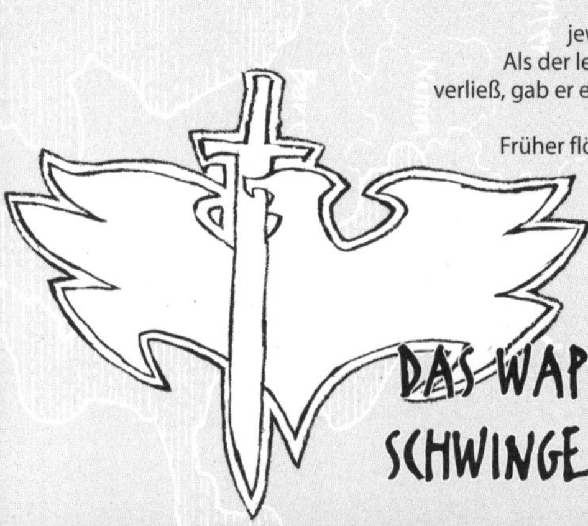

DAS WAPPEN DER SCHWARZEN SCHWINGEN UND DES SCHWERTES

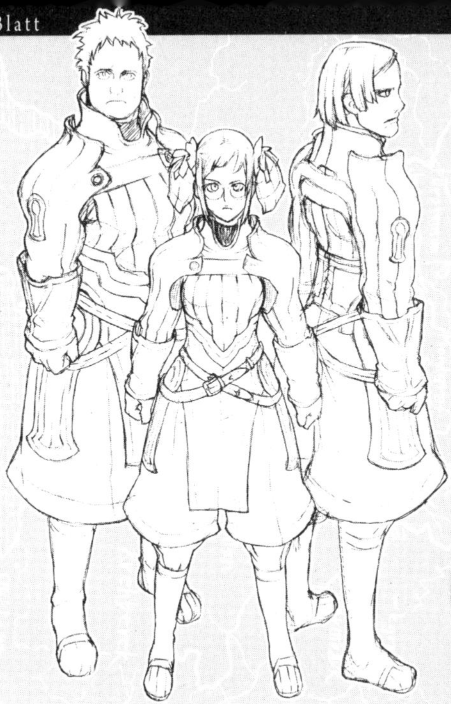

DER RITTERORDEN DER SIEBEN LANZEN

(Sieben Spießen Orden)

Kriegertruppe in den Diensten von Glenn, einem der Sieben Helden. Zum augenblicklichen Zeitpunkt ist sie noch nicht als offizieller Ritterorden anerkannt und wird nur als Graf Glenns Privatarmee angesehen, doch es heißt bereits, dass sie sich zur stärksten Streitmacht des Kaiserreichs entwickelt.

Im Jahr 3988 nach der göttlichen Schenkung, als Graf Glenn sein jetziges Lehen zufiel, suchte Aldurant, Kommandant des Ordens, ihn zusammen mit einigen seiner Leute auf und trat in seinen Dienst. So begann es.

Es gibt innerhalb des Ordens noch keine offizielle Rangfolge, aber grob gesagt ist er unterteilt in das Elitekorps, das Graf Glenn beschützt (etwa 20 Mann), das Hauptkorps (etwa 50 Mann) und das Ausbildungskorps mit den angehenden Rittern (etwa 70 Mann). Man geht davon aus, dass diese Ränge im Großen und Ganzen auch nach der Anerkennung als legaler Ritterorden durch die Kaiserstadt erhalten bleiben.

Aus Bewunderung für Graf Glenn und auch für die Ritter, die mittlerweile in Unruhegebieten innerhalb des Kaiserreiches auftauchen und dort eingreifen, bewerben sich viele junge Leute für den Eintritt in den Orden, so dass die Zahl der Mitglieder zuverlässig steigt.

Es gibt jedoch auch einige Feudalherren und hohe Beamte in der Kaiserstadt, denen der Umstand nicht geheuer ist, dass Graf Glenn heute, 20 Jahre nach Ende des großen Krieges und mit einem Lehen, das weit von Wischtech entfernt, dafür aber nahe der Kaiserstadt liegt, eine solche Streitmacht aufrecht erhält und sogar noch weiter vergrößert.

Übel Blatt
DRIVALTEC

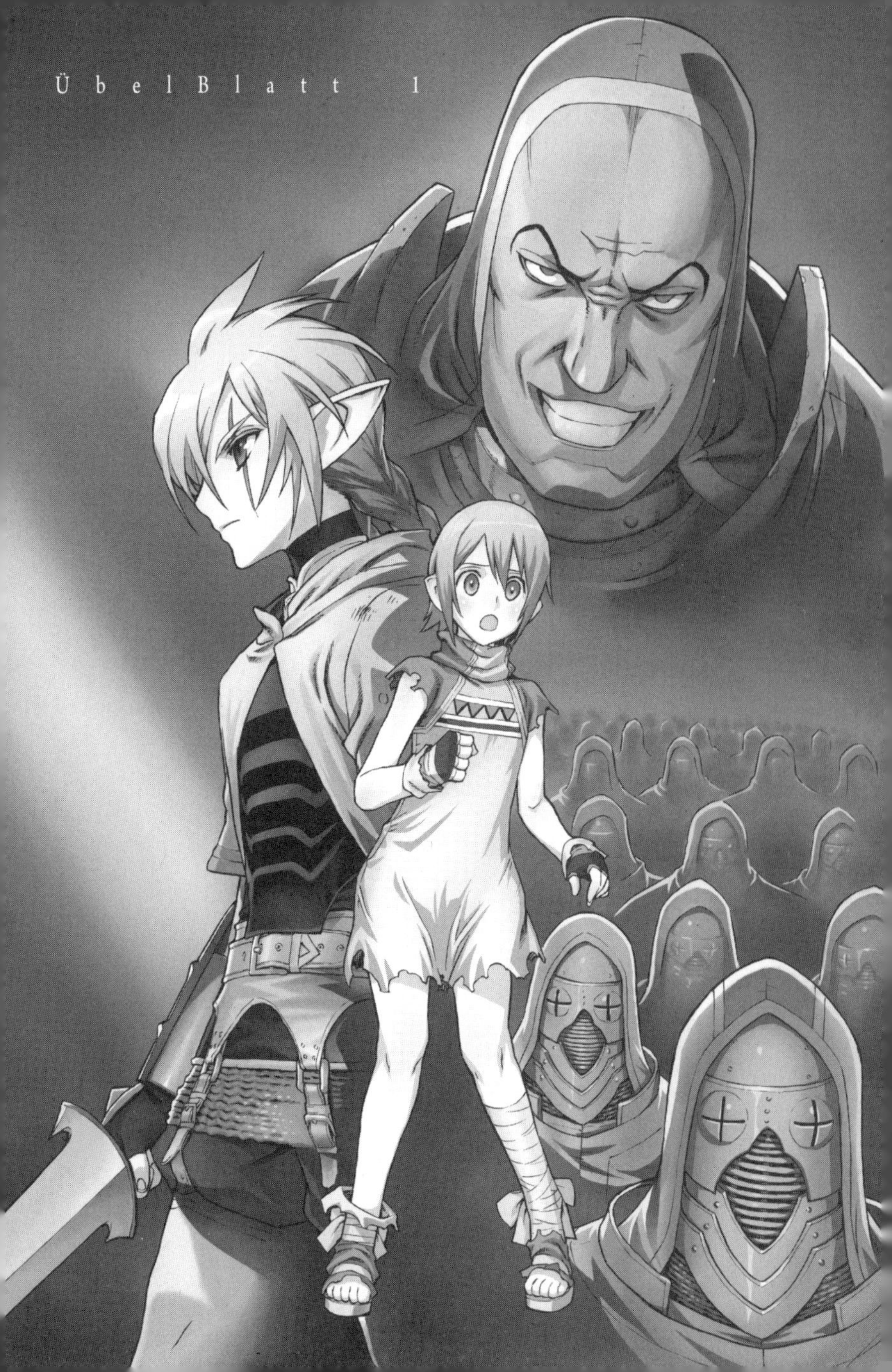
ÜbelBlatt 1

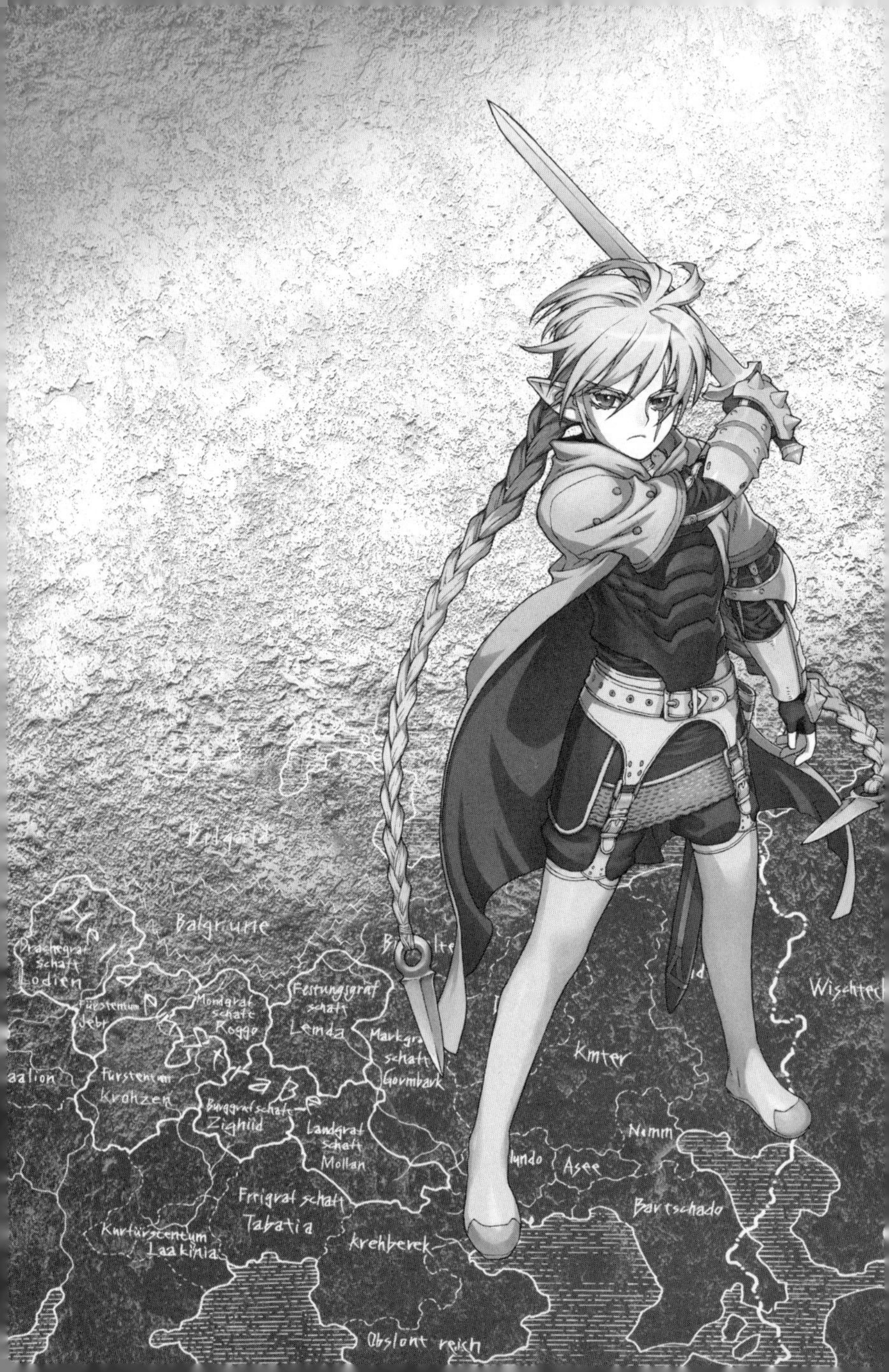
Balgriune
Drachegraf schaft Lodien
Fürstentum Jebr
Mondgraf schaft Roggo
Festungsgraf schaft Lemda
Markgraf schaft Gormbark
aalion
Fürstentum Krohzen
Burggrafschaft Zighiid
Landgraf schaft Mollan
Kmter
Wischteck
Nemm
Asee
Bartschado
Frrigraf schaft Tabatia
Kurfürscentum Laakinia
krehberek
Obslont reich

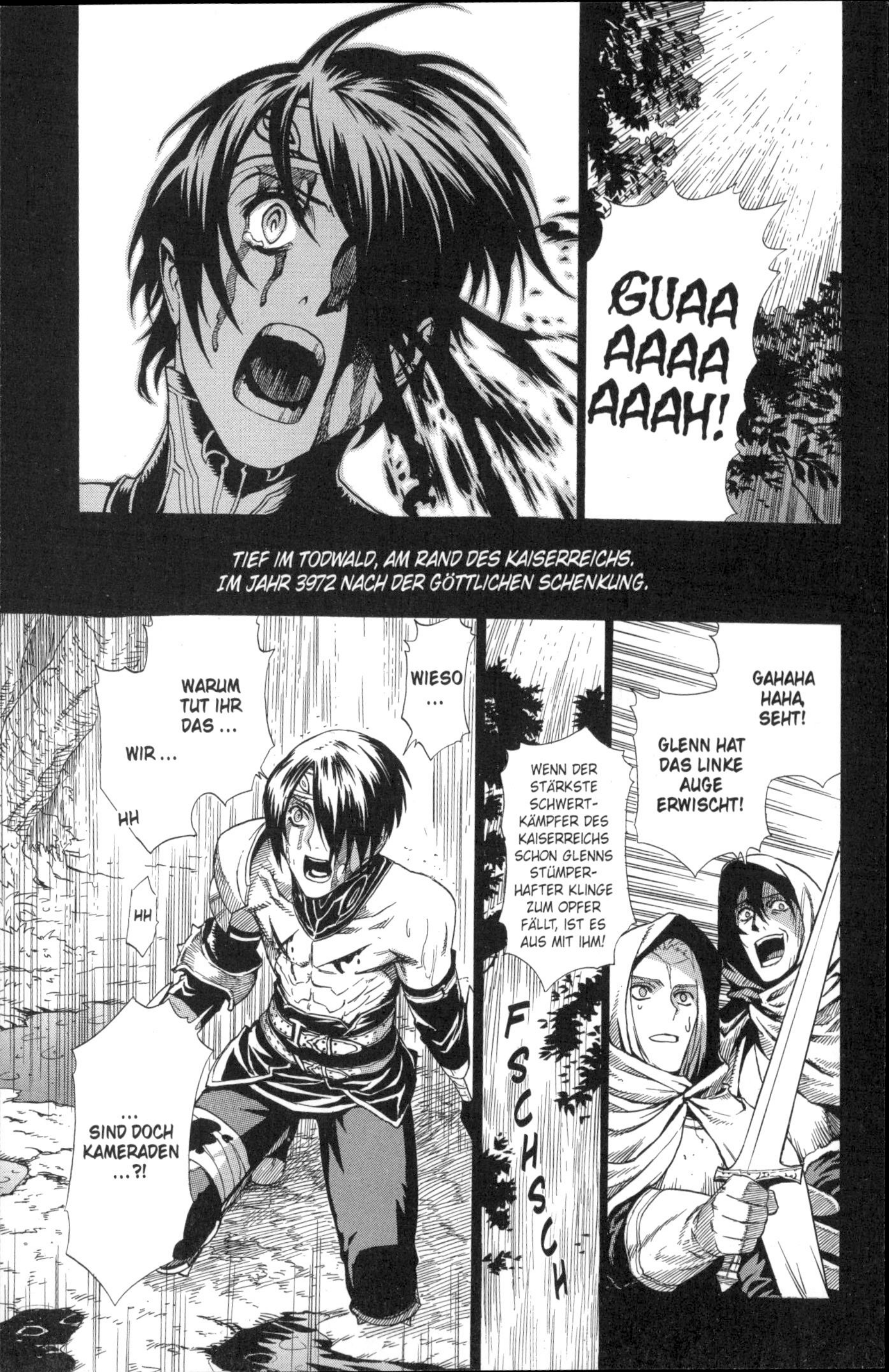

GUAA AAAA AAAH!
TIEF IM TODWALD, AM RAND DES KAISERREICHS. IM JAHR 3972 NACH DER GÖTTLICHEN SCHENKUNG.
GAHAHA HAHA, SEHT!
GLENN HAT DAS LINKE AUGE ERWISCHT!
WENN DER STÄRKSTE SCHWERT-KÄMPFER DES KAISERREICHS SCHON GLENNS STÜMPER-HAFTER KLINGE ZUM OPFER FÄLLT, IST ES AUS MIT IHM!
FSCHSCH
WIESO …
WARUM TUT IHR DAS …
WIR …
HH
HH
… SIND DOCH KAMERADEN …?!

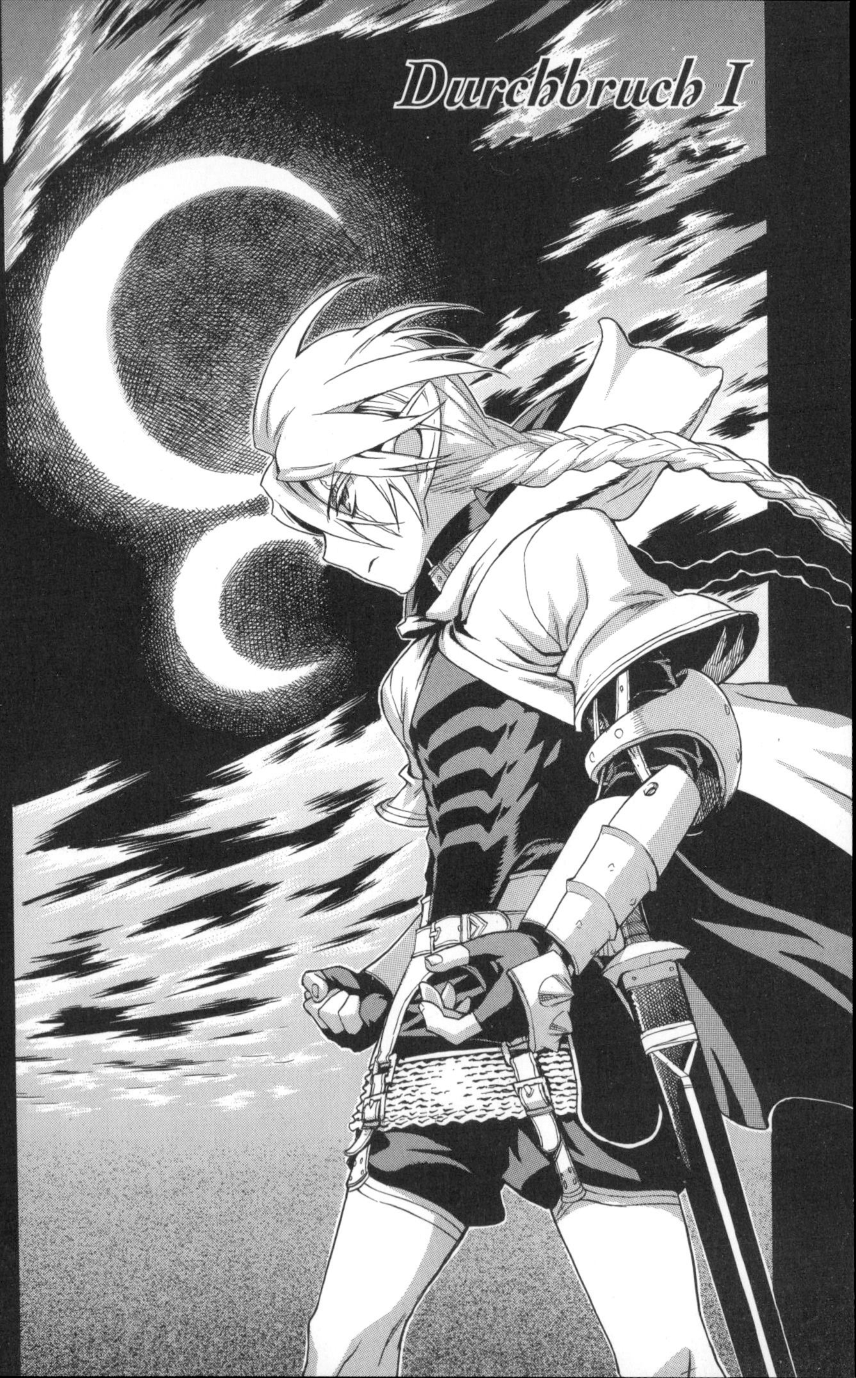
Durchbruch I

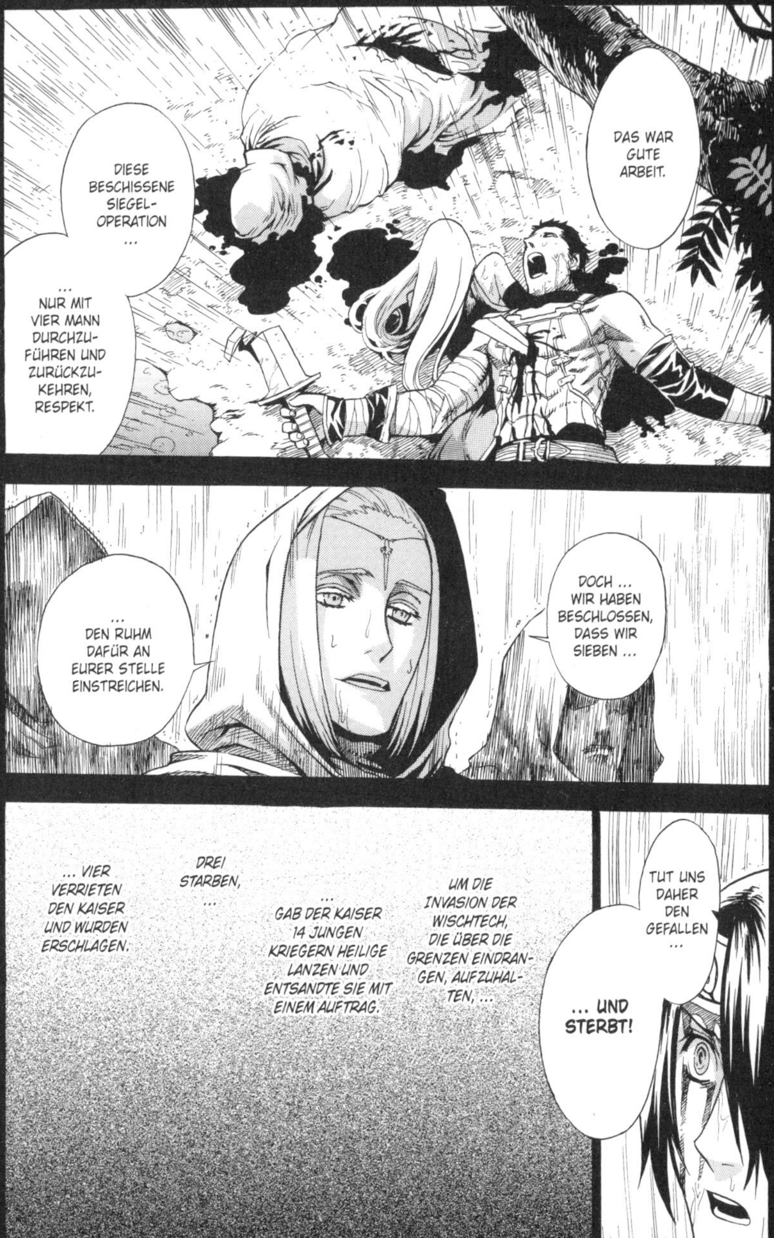
DAS WAR GUTE ARBEIT.
DIESE BESCHISSENE SIEGEL-OPERATION …
… NUR MIT VIER MANN DURCHZUFÜHREN UND ZURÜCKZUKEHREN, RESPEKT.
DOCH … WIR HABEN BESCHLOSSEN, DASS WIR SIEBEN …
… DEN RUHM DAFÜR AN EURER STELLE EINSTREICHEN.
TUT UNS DAHER DEN GEFALLEN …
… UND STERBT!
UM DIE INVASION DER WISCHTECH, DIE ÜBER DIE GRENZEN EINDRANGEN, AUFZUHALTEN, …
… GAB DER KAISER 14 JUNGEN KRIEGERN HEILIGE LANZEN UND ENTSANDTE SIE MIT EINEM AUFTRAG.
DREI STARBEN, …
… VIER VERRIETEN DEN KAISER UND WURDEN ERSCHLAGEN.

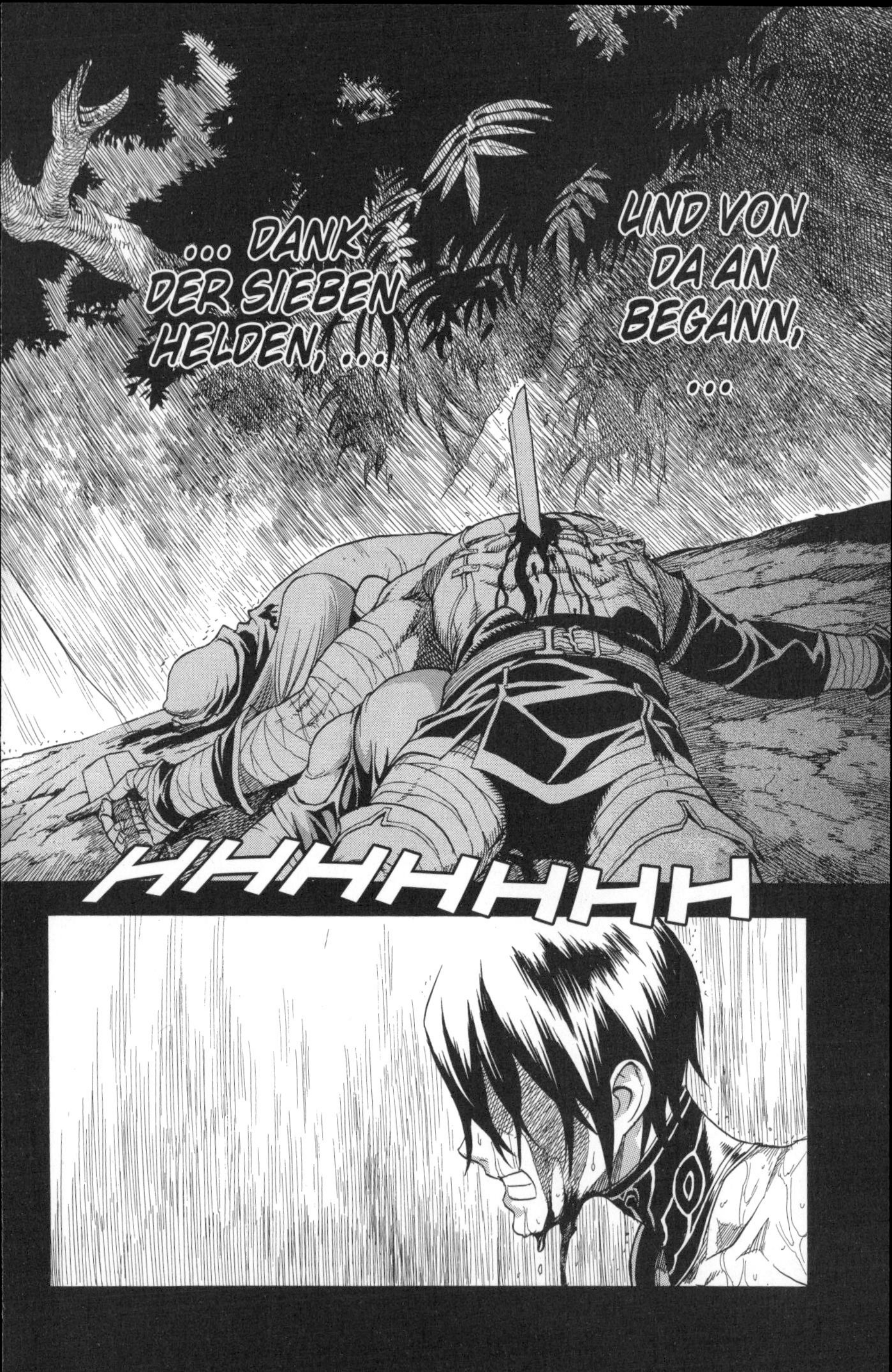

UND VON DA AN BEGANN, ...
... DANK DER SIEBEN HELDEN, ...
HHHHHHHH

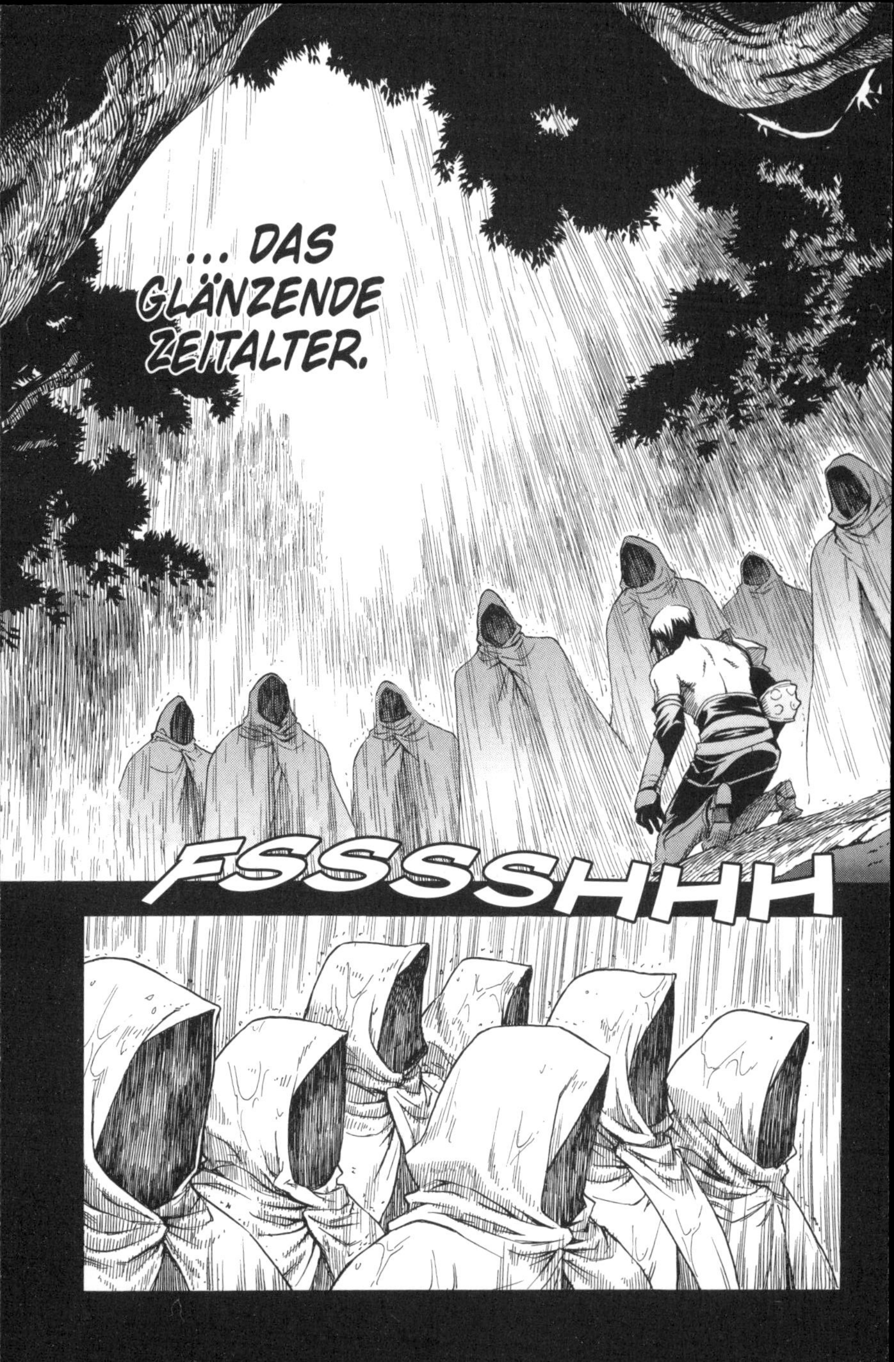
... DAS GLÄNZENDE ZEITALTER.
FSSSSHHH

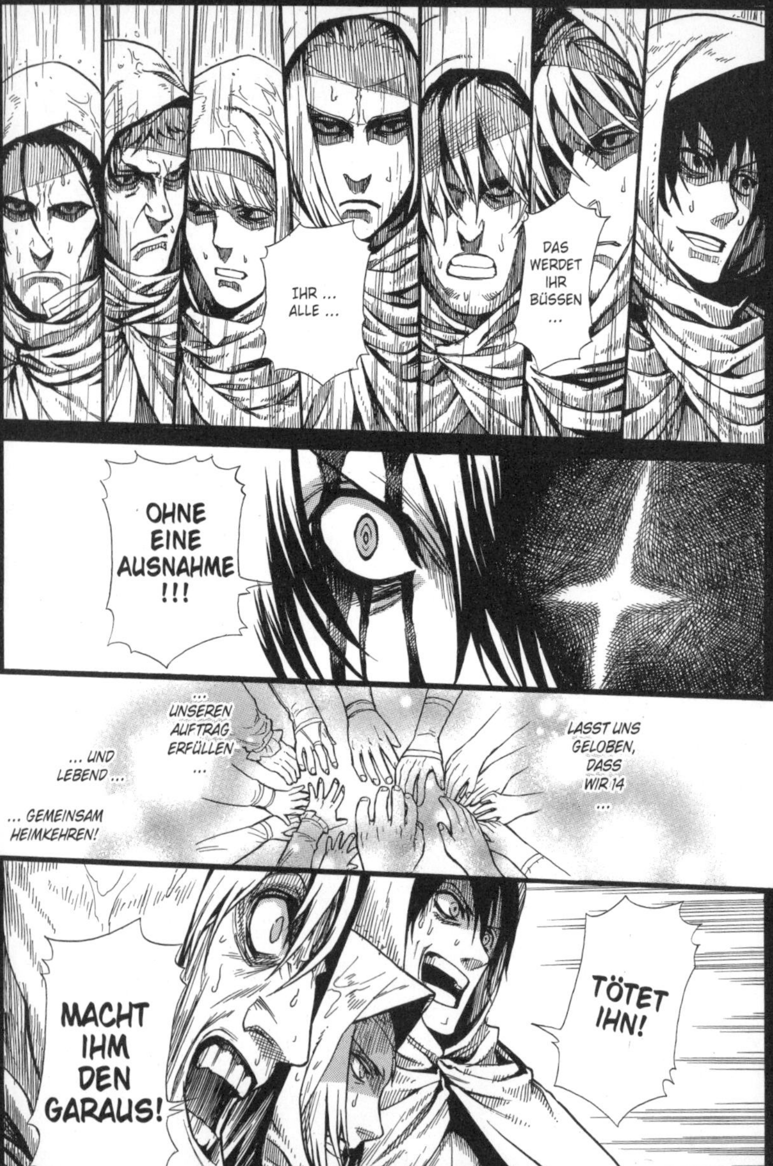

DAS WERDET IHR BÜSSEN ...
IHR ... ALLE ...
OHNE EINE AUSNAHME !!!
LASST UNS GELOBEN, DASS WIR 14 ...
... UNSEREN AUFTRAG ERFÜLLEN ...
... UND LEBEND ...
... GEMEINSAM HEIMKEHREN!
TÖTET IHN!
MACHT IHM DEN GARAUS!

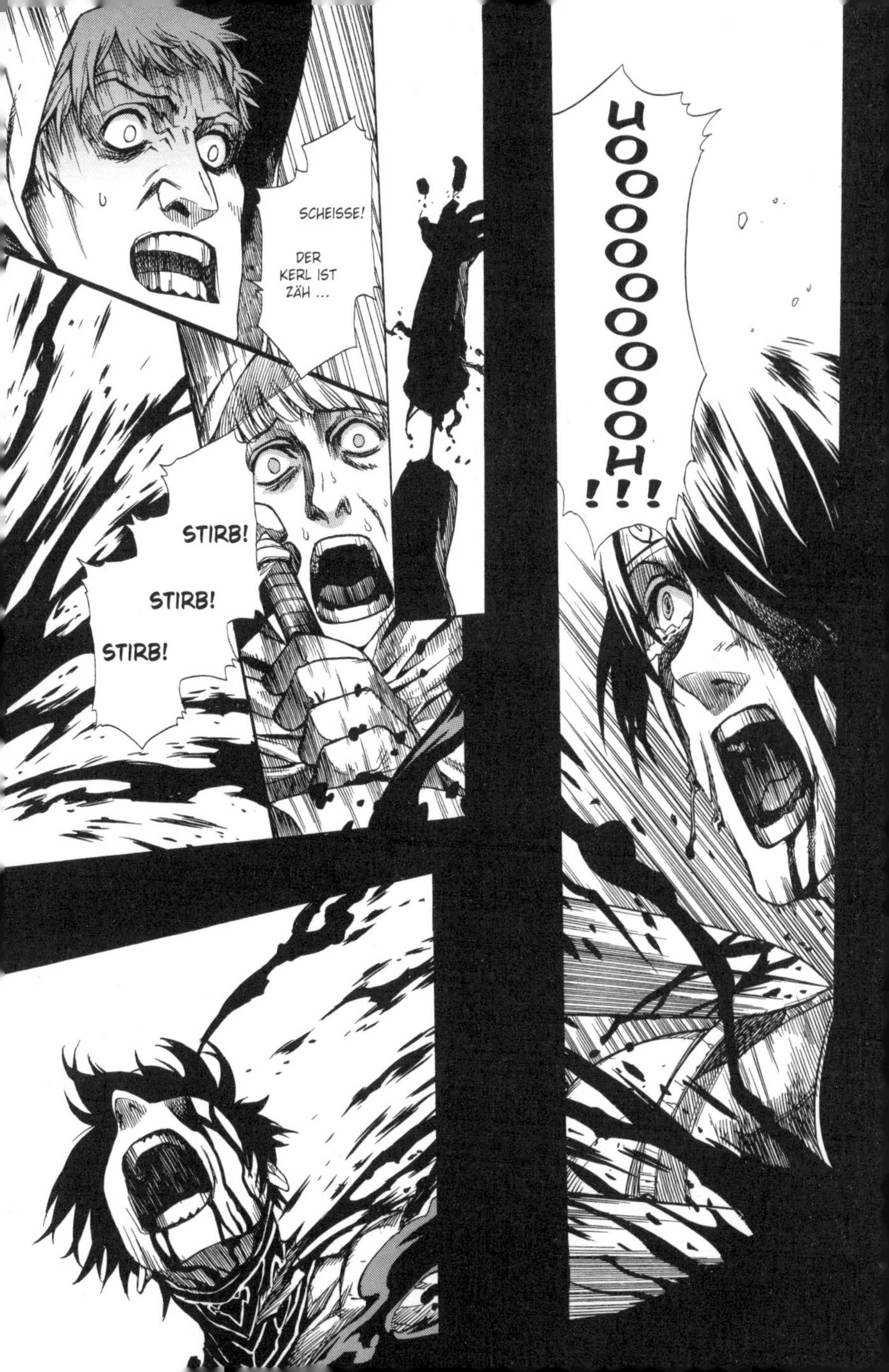
UOOOOOOOOOOOH!!!
SCHEISSE!
DER KERL IST ZÄH ...
STIRB!
STIRB!
STIRB!

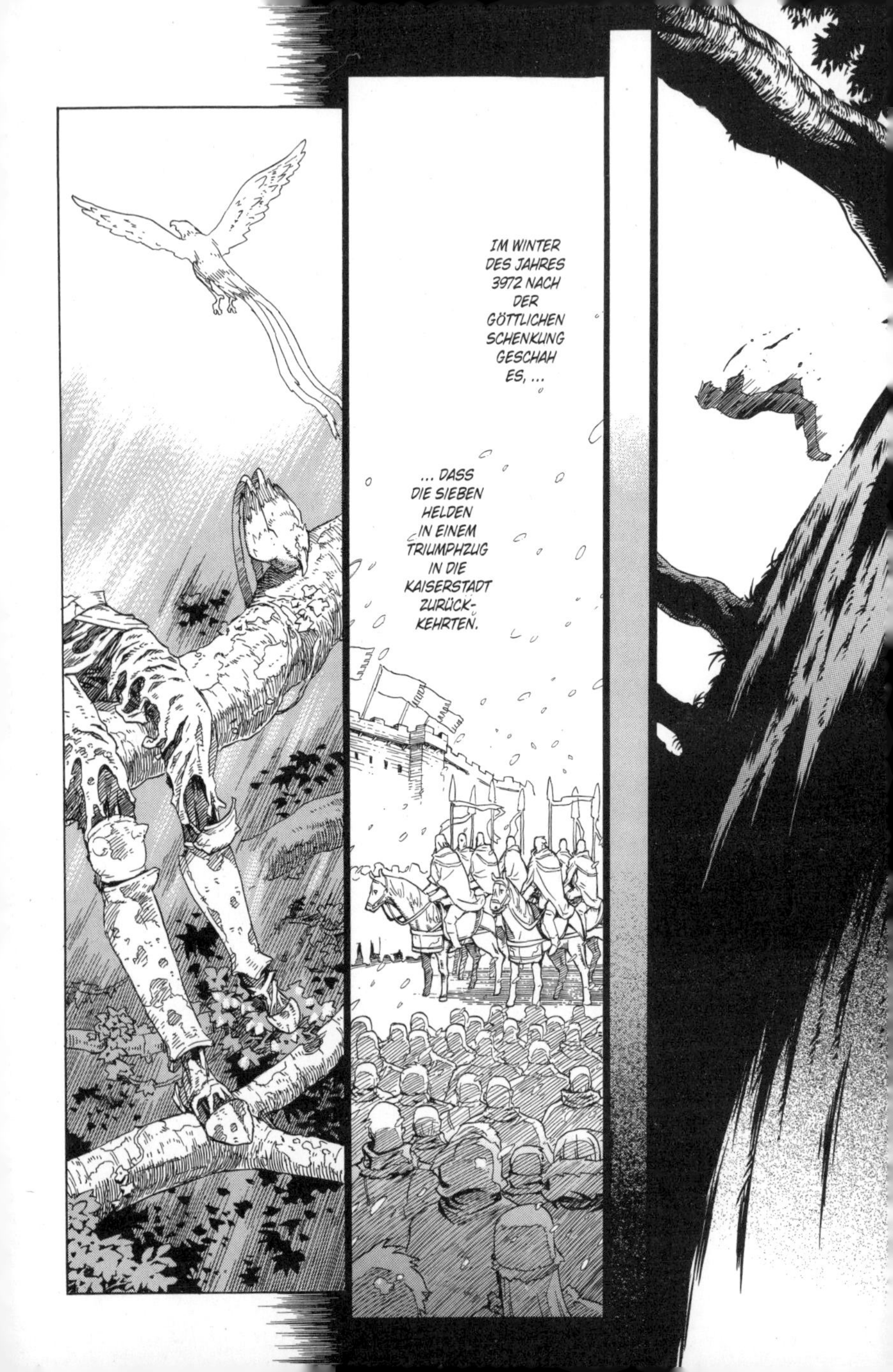
IM WINTER DES JAHRES 3972 NACH DER GÖTTLICHEN SCHENKUNG GESCHAH ES, ...
... DASS DIE SIEBEN HELDEN IN EINEM TRIUMPHZUG IN DIE KAISERSTADT ZURÜCK-KEHRTEN.

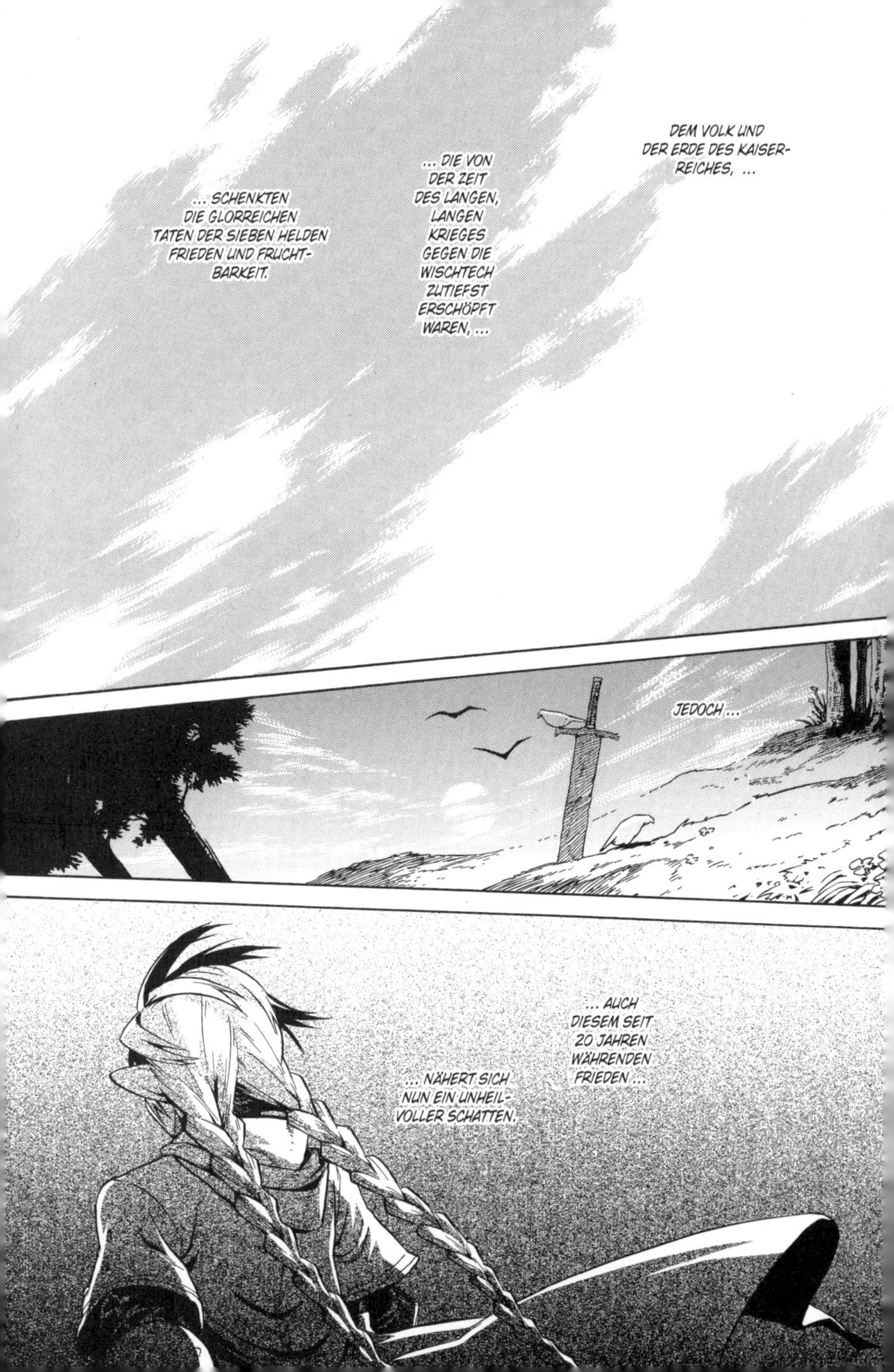
DEM VOLK UND DER ERDE DES KAISER-REICHES, ...
... DIE VON DER ZEIT DES LANGEN, LANGEN KRIEGES GEGEN DIE WISCHTECH ZUTIEFST ERSCHÖPFT WAREN, ...
... SCHENKTEN DIE GLORREICHEN TATEN DER SIEBEN HELDEN FRIEDEN UND FRUCHT-BARKEIT.
JEDOCH ...
... AUCH DIESEM SEIT 20 JAHREN WÄHRENDEN FRIEDEN ...
... NÄHERT SICH NUN EIN UNHEIL-VOLLER SCHATTEN.

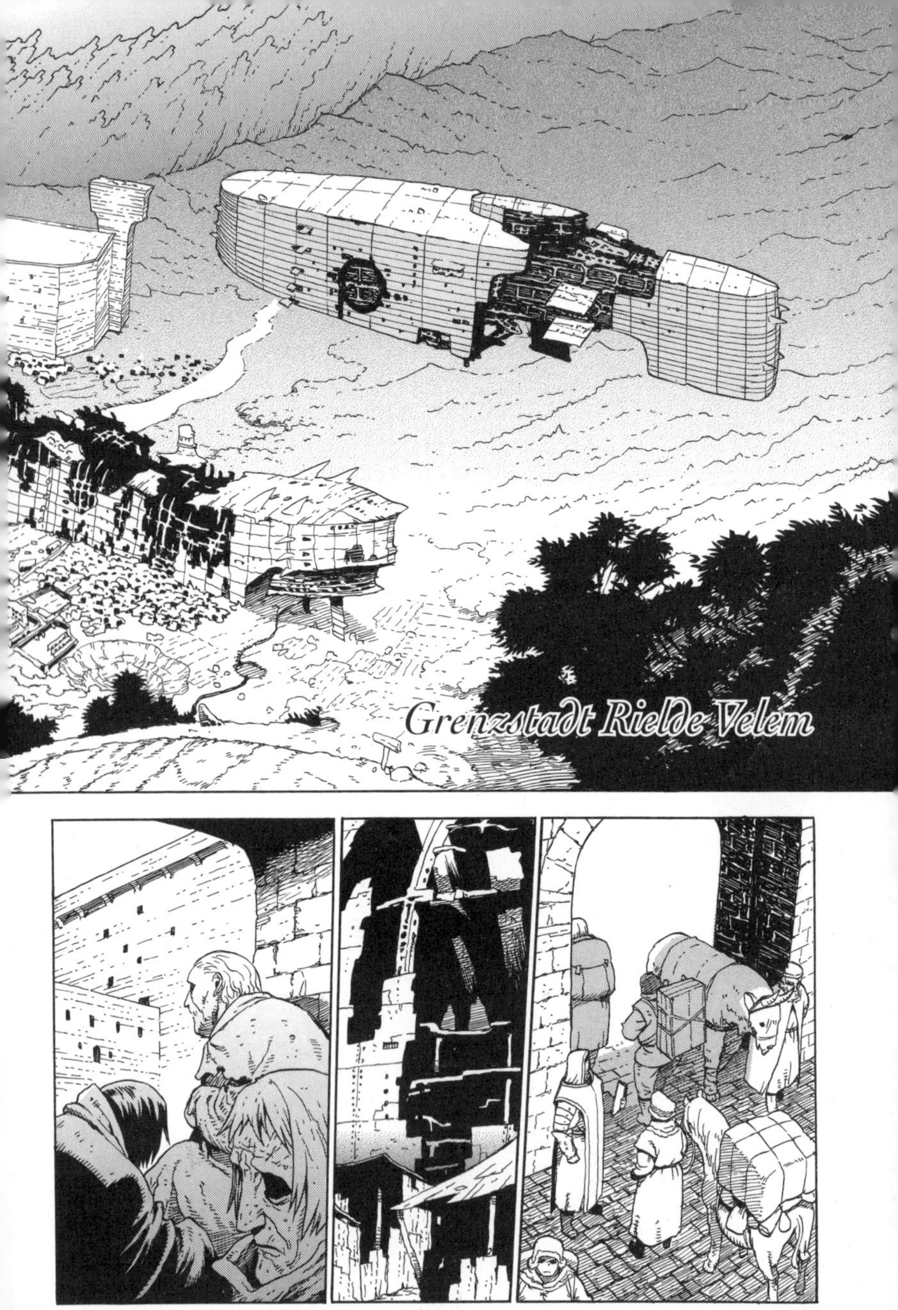
Grenzstadt Rielde Velem

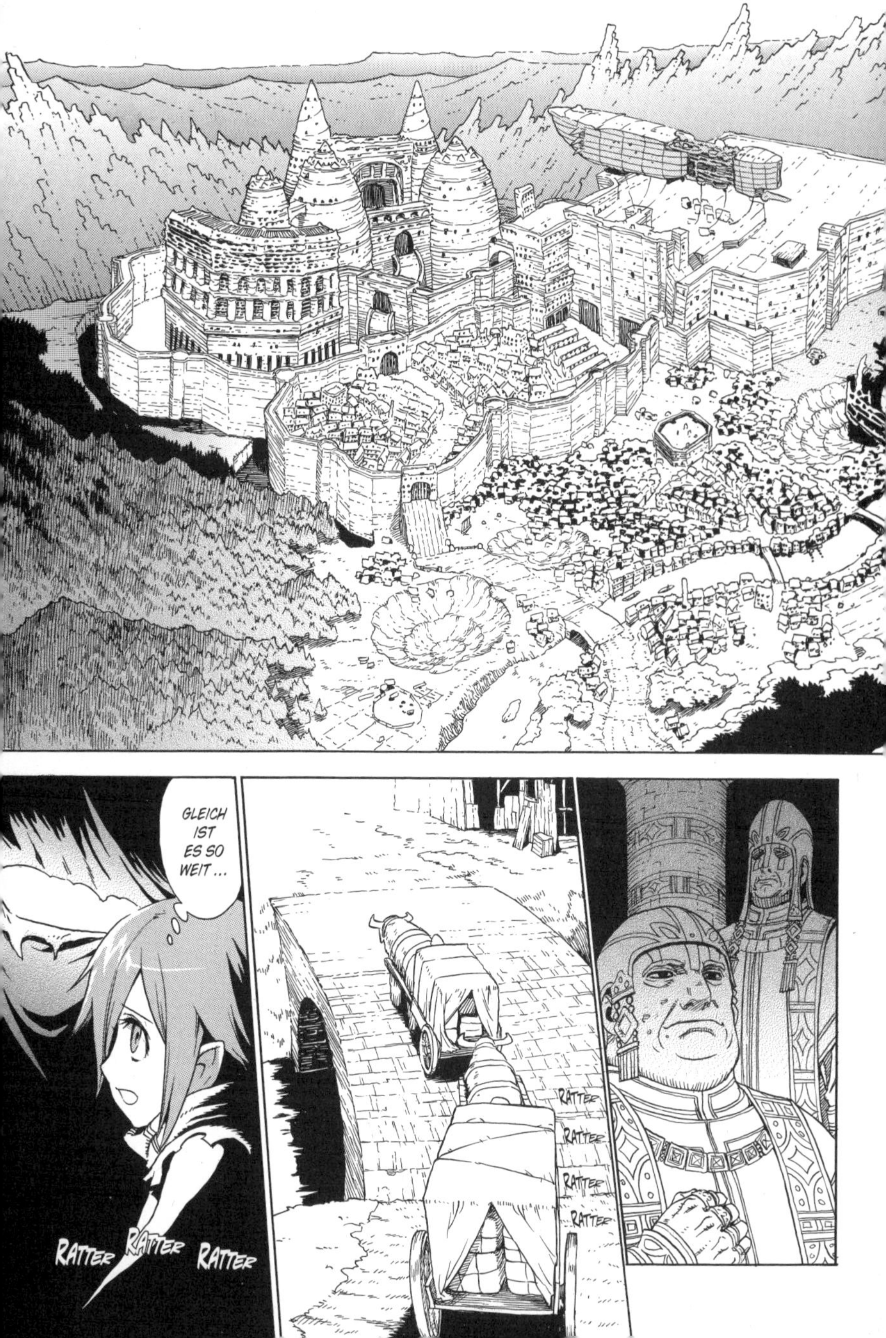

GLEICH IST ES SO WEIT …
RATTER RATTER RATTER
RATTER
RATTER
RATTER
RATTER

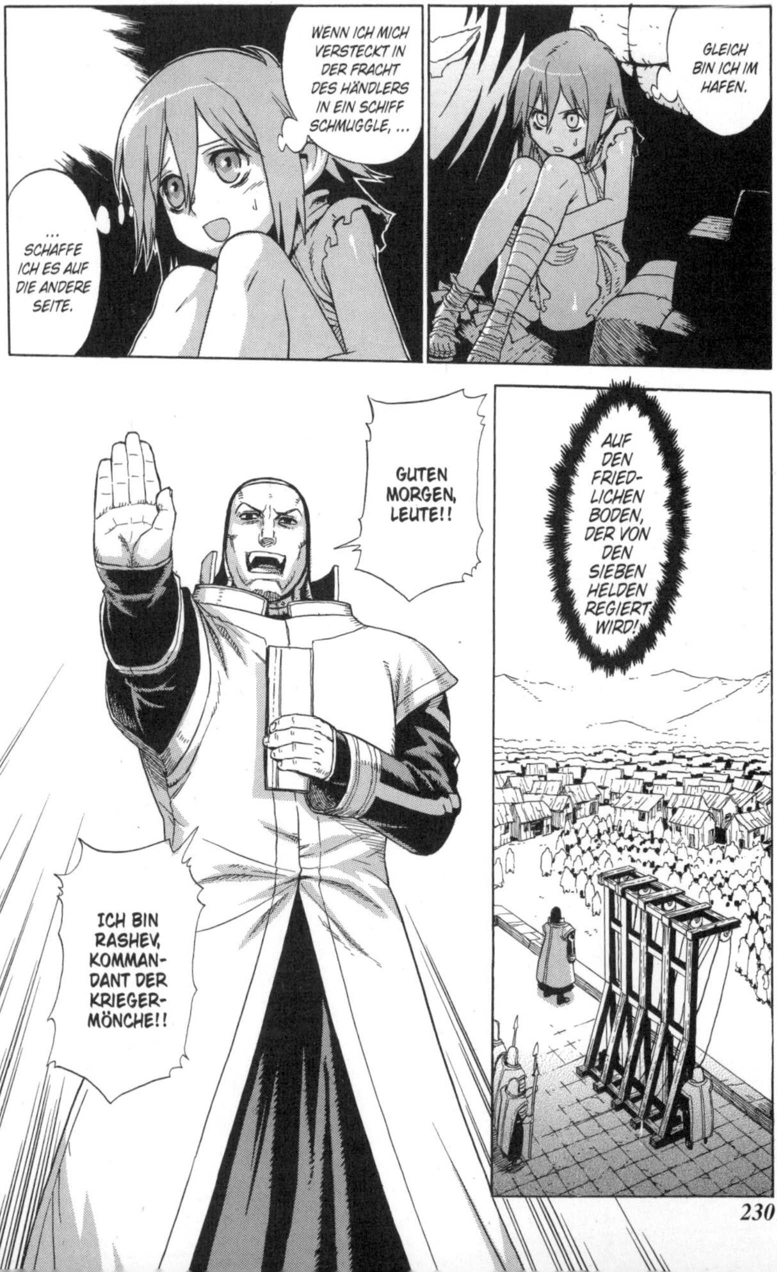
GLEICH BIN ICH IM HAFEN.
WENN ICH MICH VERSTECKT IN DER FRACHT DES HÄNDLERS IN EIN SCHIFF SCHMUGGLE, ...
... SCHAFFE ICH ES AUF DIE ANDERE SEITE.
AUF DEN FRIEDLICHEN BODEN, DER VON DEN SIEBEN HELDEN REGIERT WIRD!
GUTEN MORGEN, LEUTE!!
ICH BIN RASHEV, KOMMANDANT DER KRIEGERMÖNCHE!!

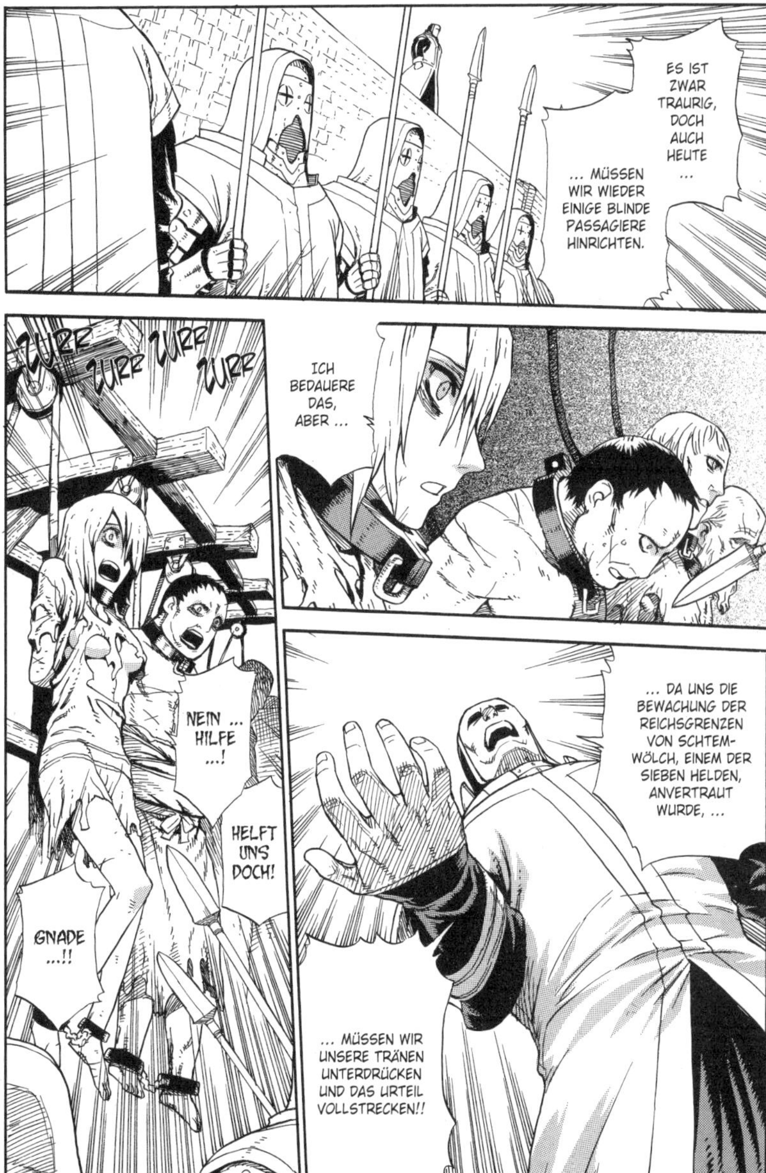
ES IST ZWAR TRAURIG, DOCH AUCH HEUTE …
… MÜSSEN WIR WIEDER EINIGE BLINDE PASSAGIERE HINRICHTEN.
ICH BEDAUERE DAS, ABER …
… DA UNS DIE BEWACHUNG DER REICHSGRENZEN VON SCHTEM-WÖLCH, EINEM DER SIEBEN HELDEN, ANVERTRAUT WURDE, …
… MÜSSEN WIR UNSERE TRÄNEN UNTERDRÜCKEN UND DAS URTEIL VOLLSTRECKEN!!
ZURR ZURR ZURR ZURR
NEIN … HILFE …!
HELFT UNS DOCH!
GNADE …!!

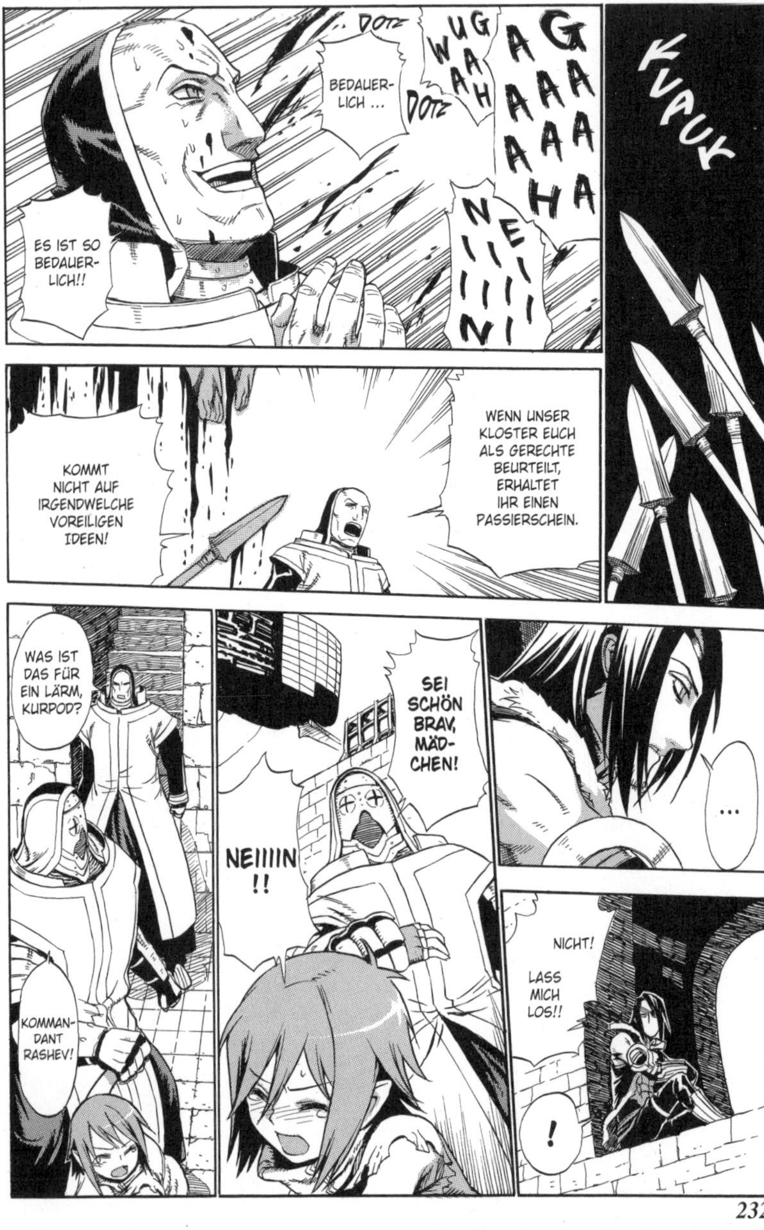
KVAUK
DOTZ
BEDAUERLICH …
DOTZ
UGWAAH
GAAAAAAAAAHA
NEIIIIIIIIIN
ES IST SO BEDAUERLICH!!
WENN UNSER KLOSTER EUCH ALS GERECHTE BEURTEILT, ERHALTET IHR EINEN PASSIERSCHEIN.
KOMMT NICHT AUF IRGENDWELCHE VOREILIGEN IDEEN!
…
SEI SCHÖN BRAV, MÄDCHEN!
NEIIIIN!!
WAS IST DAS FÜR EIN LÄRM, KURPOD?
KOMMANDANT RASHEV!
NICHT!
LASS MICH LOS!!
!

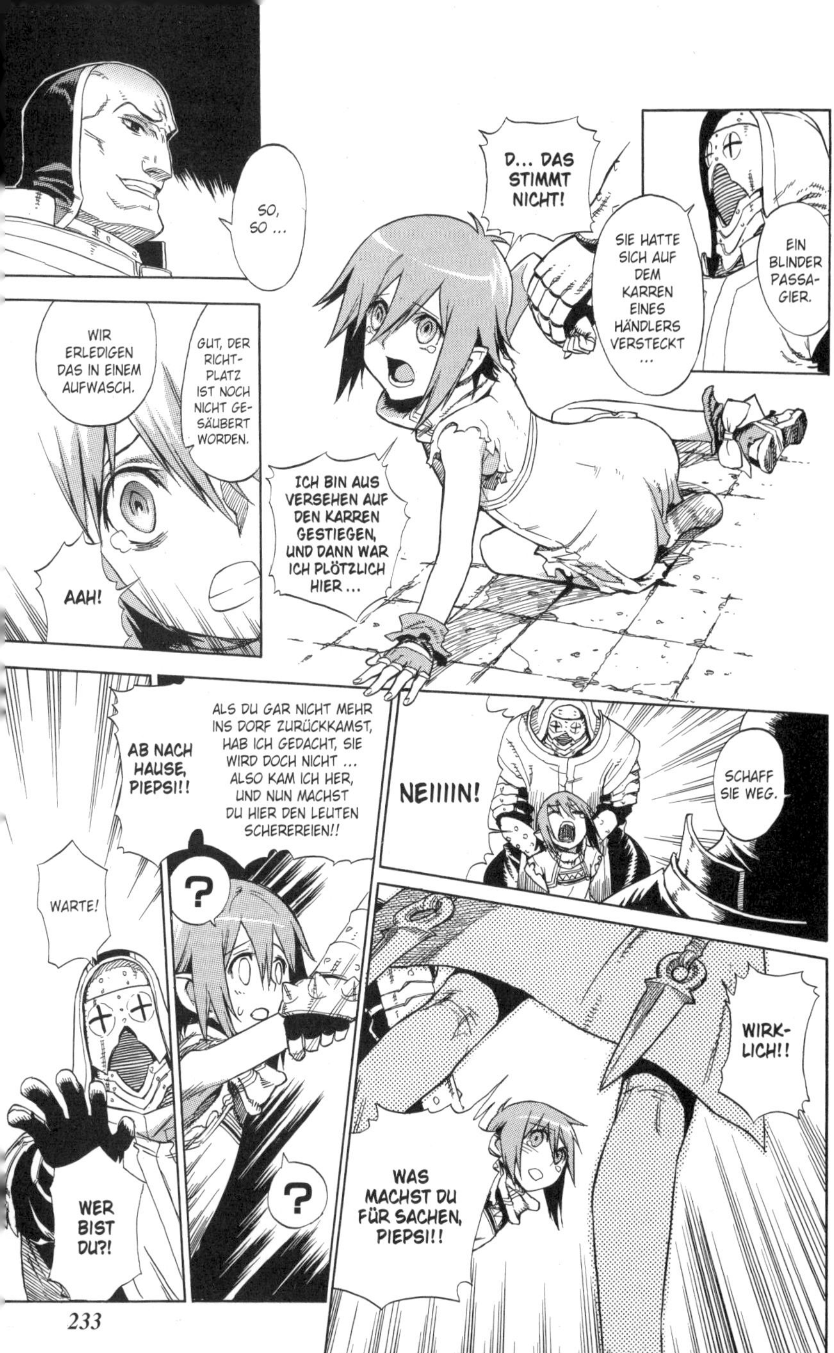
EIN BLINDER PASSAGIER.
SIE HATTE SICH AUF DEM KARREN EINES HÄNDLERS VERSTECKT …
D… DAS STIMMT NICHT!
SO, SO …
ICH BIN AUS VERSEHEN AUF DEN KARREN GESTIEGEN, UND DANN WAR ICH PLÖTZLICH HIER …
GUT, DER RICHT-PLATZ IST NOCH NICHT GE-SÄUBERT WORDEN.
WIR ERLEDIGEN DAS IN EINEM AUFWASCH.
AAH!
SCHAFF SIE WEG.
NEIIIIN!
ALS DU GAR NICHT MEHR INS DORF ZURÜCKKAMST, HAB ICH GEDACHT, SIE WIRD DOCH NICHT … ALSO KAM ICH HER, UND NUN MACHST DU HIER DEN LEUTEN SCHEREREIEN!!
AB NACH HAUSE, PIEPSI!!
WIRK-LICH!!
WAS MACHST DU FÜR SACHEN, PIEPSI!!
?
?
WARTE!
WER BIST DU?!

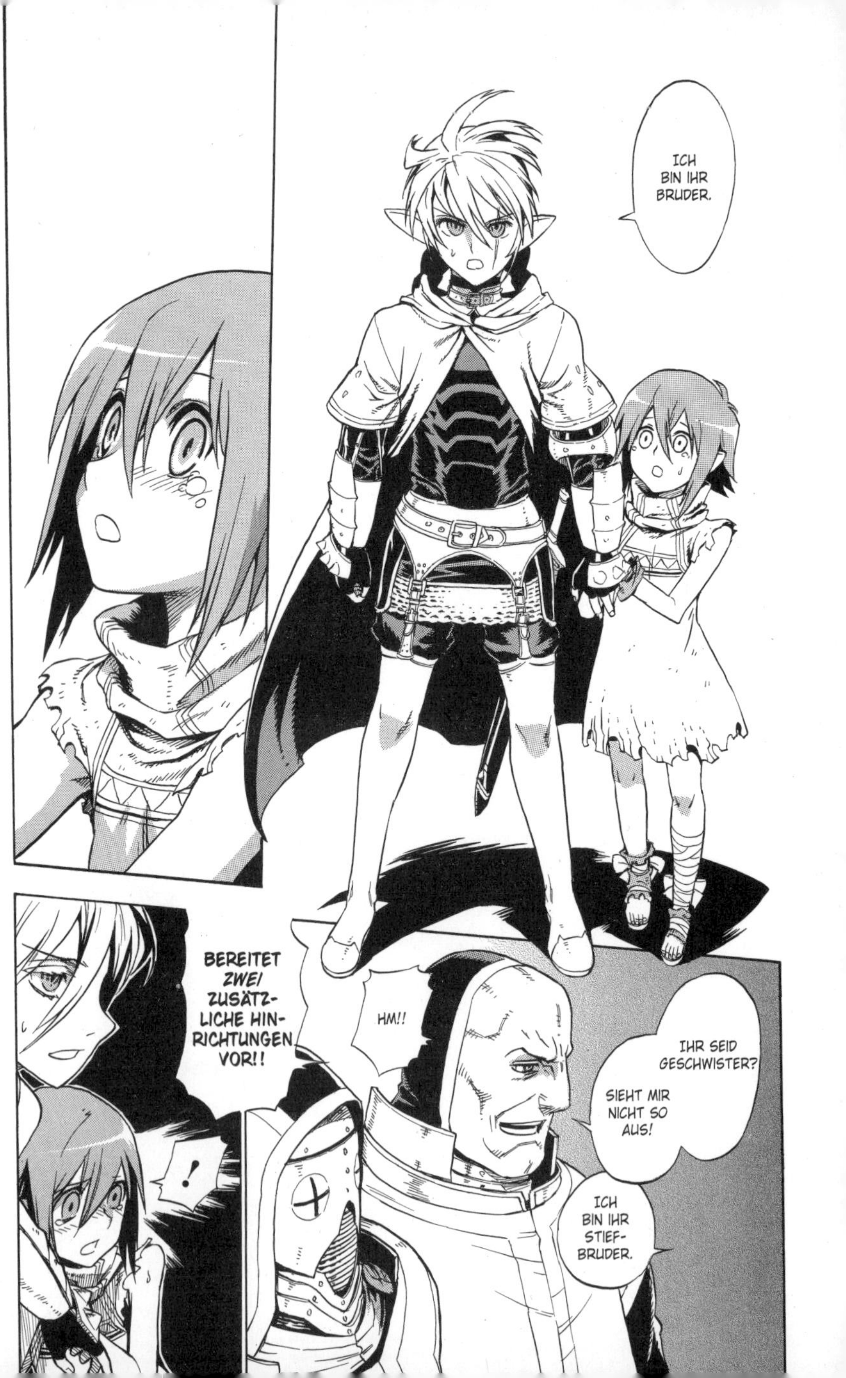
ICH BIN IHR BRUDER.
HM!!
BEREITET ZWEI ZUSÄTZLICHE HINRICHTUNGEN VOR!!
IHR SEID GESCHWISTER?
SIEHT MIR NICHT SO AUS!
!
ICH BIN IHR STIEFBRUDER.

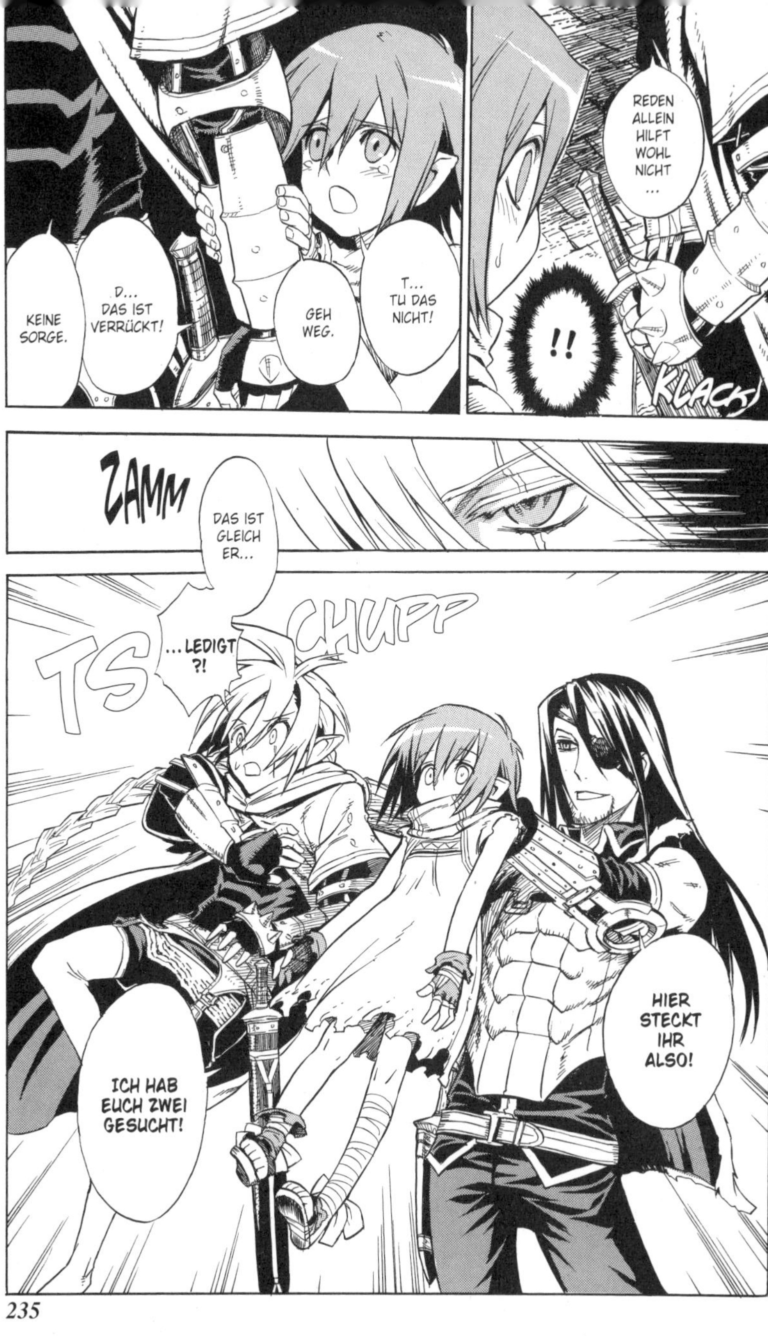
REDEN ALLEIN HILFT WOHL NICHT …
!!
KLACK
T… TU DAS NICHT!
GEH WEG.
D… DAS IST VERRÜCKT!
KEINE SORGE.
ZAMM
DAS IST GLEICH ER…
…LEDIGT ?!
TSCHUPP
HIER STECKT IHR ALSO!
ICH HAB EUCH ZWEI GESUCHT!

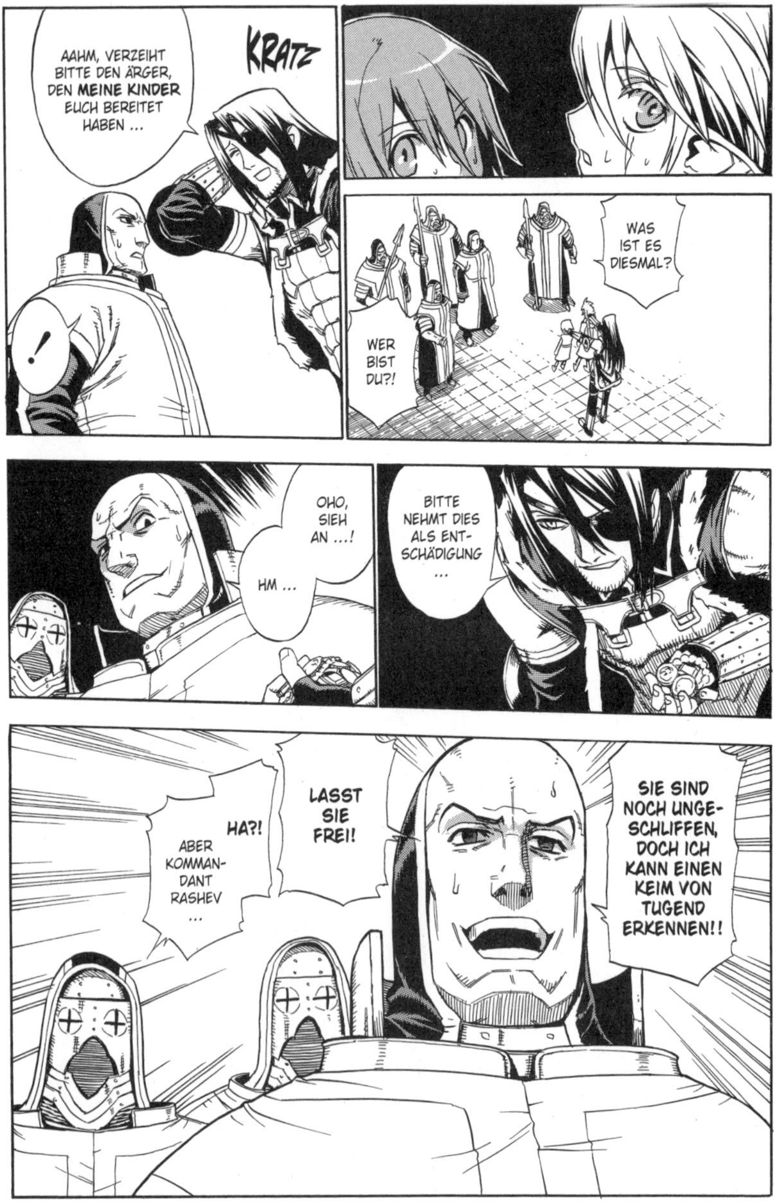
WAS IST ES DIESMAL?
WER BIST DU?!
KRATZ
AAHM, VERZEIHT BITTE DEN ÄRGER, DEN **MEINE KINDER** EUCH BEREITET HABEN …
!
BITTE NEHMT DIES ALS ENT-SCHÄDIGUNG …
OHO, SIEH AN …!
HM …
SIE SIND NOCH UNGE-SCHLIFFEN, DOCH ICH KANN EINEN KEIM VON TUGEND ERKENNEN!!
LASST SIE FREI!
HA?!
ABER KOMMAN-DANT RASHEV …

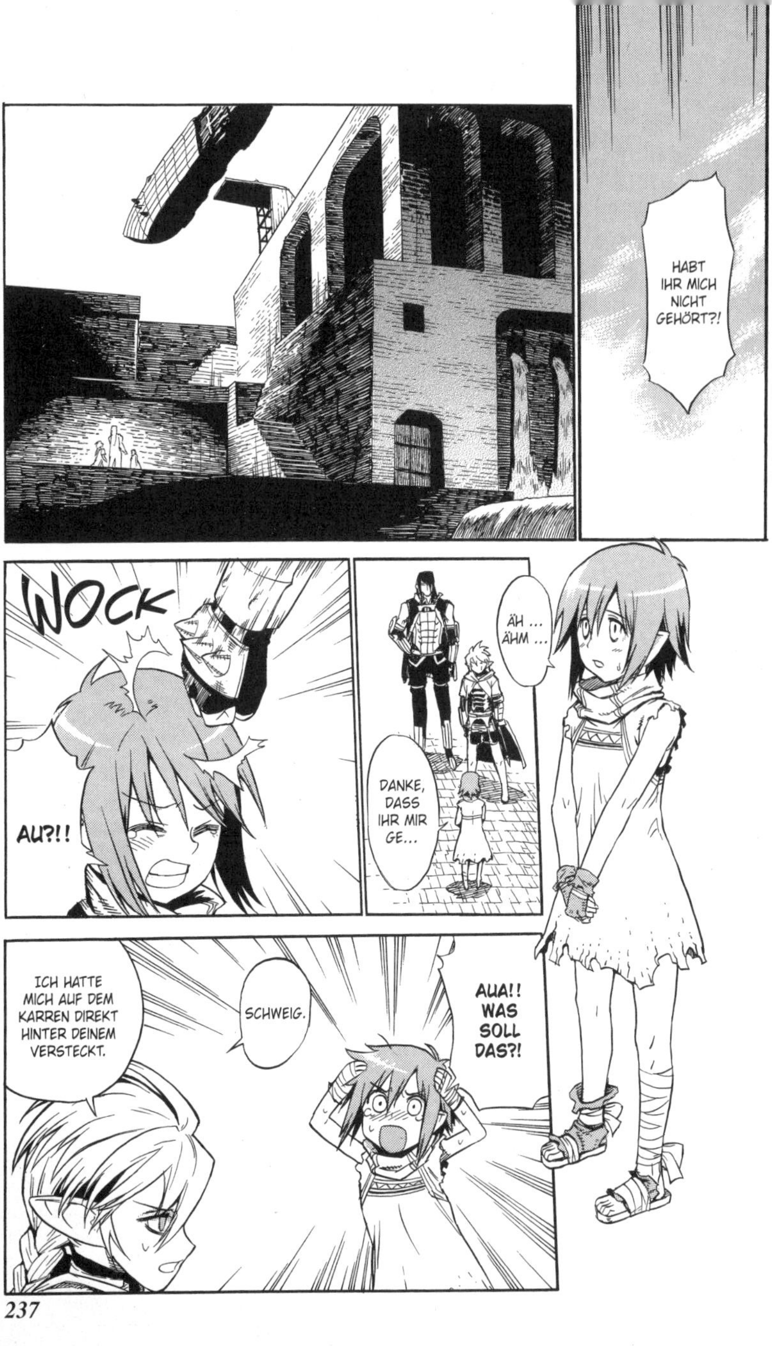
HABT IHR MICH NICHT GEHÖRT?!
ÄH … ÄHM …
DANKE, DASS IHR MIR GE…
WOCK
AU?!!
AUA!! WAS SOLL DAS?!
SCHWEIG.
ICH HATTE MICH AUF DEM KARREN DIREKT HINTER DEINEM VERSTECKT.

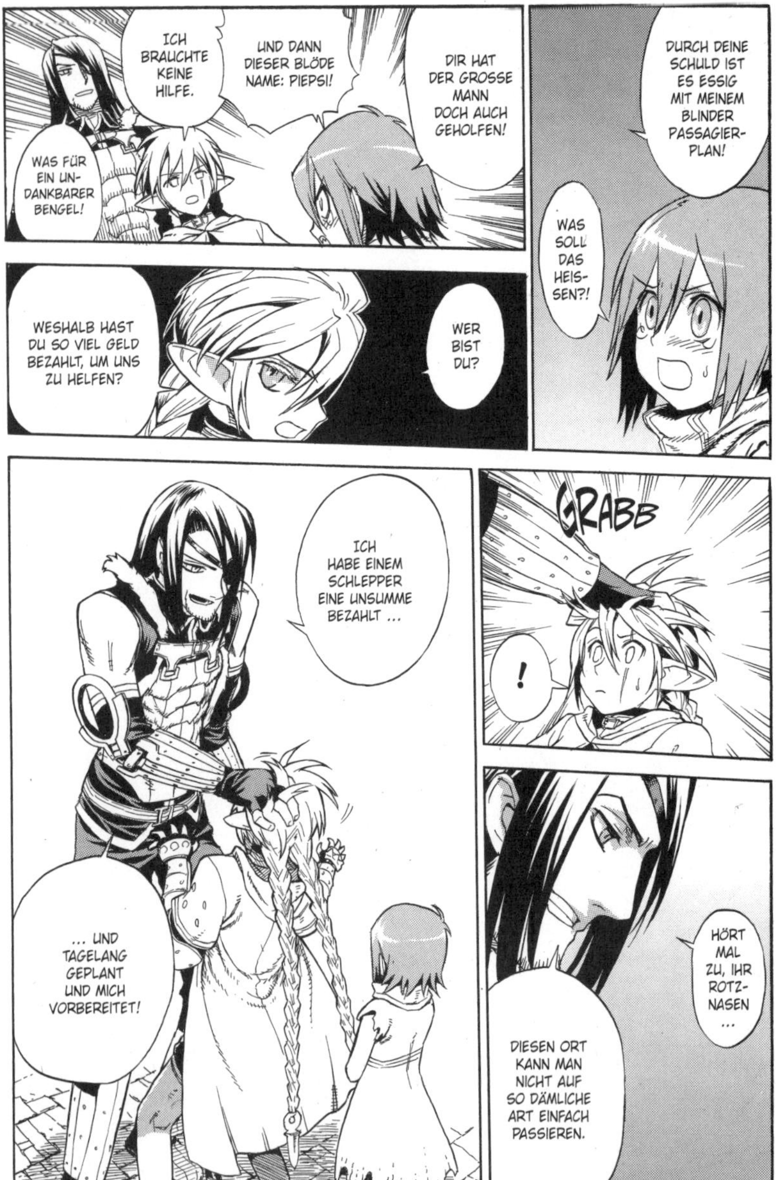

DURCH DEINE SCHULD IST ES ESSIG MIT MEINEM BLINDER PASSAGIER-PLAN!
WAS SOLL DAS HEIS-SEN?!
DIR HAT DER GROSSE MANN DOCH AUCH GEHOLFEN!
UND DANN DIESER BLÖDE NAME: PIEPSI!
ICH BRAUCHTE KEINE HILFE.
WAS FÜR EIN UN-DANKBARER BENGEL!
WER BIST DU?
WESHALB HAST DU SO VIEL GELD BEZAHLT, UM UNS ZU HELFEN?
GRABB
!
HÖRT MAL ZU, IHR ROTZ-NASEN …
DIESEN ORT KANN MAN NICHT AUF SO DÄMLICHE ART EINFACH PASSIEREN.
ICH HABE EINEM SCHLEPPER EINE UNSUMME BEZAHLT …
… UND TAGELANG GEPLANT UND MICH VORBEREITET!

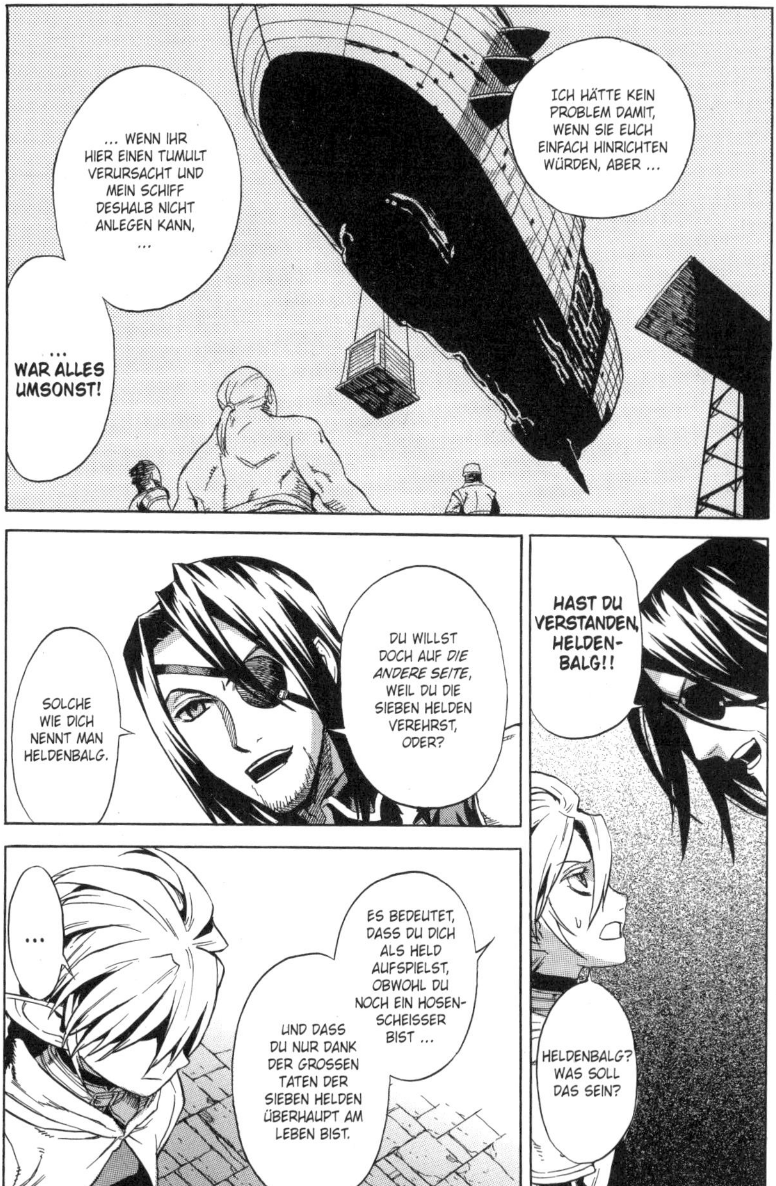
ICH HÄTTE KEIN PROBLEM DAMIT, WENN SIE EUCH EINFACH HINRICHTEN WÜRDEN, ABER …
… WENN IHR HIER EINEN TUMULT VERURSACHT UND MEIN SCHIFF DESHALB NICHT ANLEGEN KANN, …
… WAR ALLES UMSONST!
DU WILLST DOCH AUF *DIE ANDERE SEITE*, WEIL DU DIE SIEBEN HELDEN VEREHRST, ODER?
SOLCHE WIE DICH NENNT MAN HELDENBALG.
HELDENBALG? WAS SOLL DAS SEIN?
ES BEDEUTET, DASS DU DICH ALS HELD AUFSPIELST, OBWOHL DU NOCH EIN HOSENSCHEISSER BIST …
UND DASS DU NUR DANK DER GROSSEN TATEN DER SIEBEN HELDEN ÜBERHAUPT AM LEBEN BIST.
HAST DU VERSTANDEN, HELDENBALG!!
…

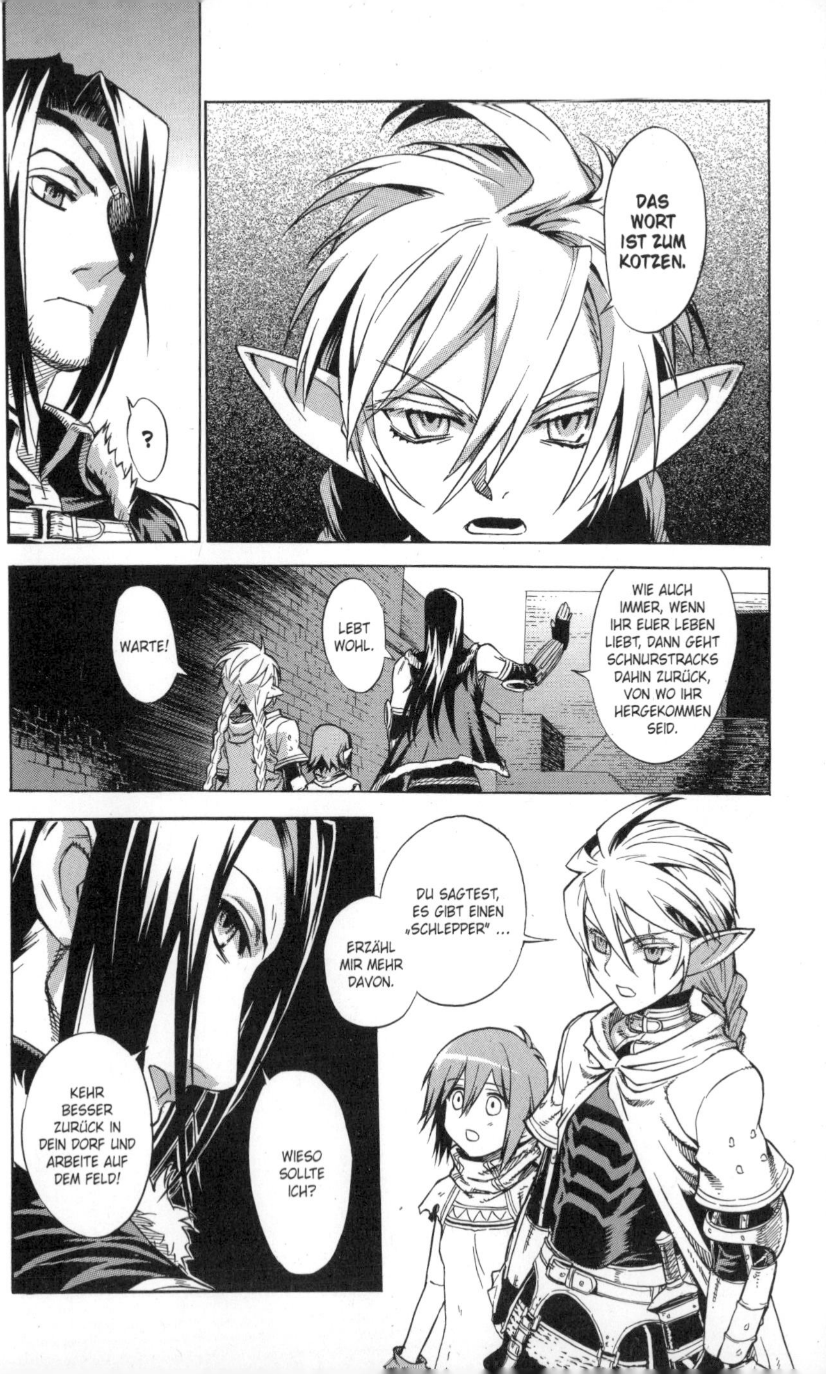
?
DAS WORT IST ZUM KOTZEN.
WARTE!
LEBT WOHL.
WIE AUCH IMMER, WENN IHR EUER LEBEN LIEBT, DANN GEHT SCHNURSTRACKS DAHIN ZURÜCK, VON WO IHR HERGEKOMMEN SEID.
DU SAGTEST, ES GIBT EINEN „SCHLEPPER“ …
ERZÄHL MIR MEHR DAVON.
KEHR BESSER ZURÜCK IN DEIN DORF UND ARBEITE AUF DEM FELD!
WIESO SOLLTE ICH?

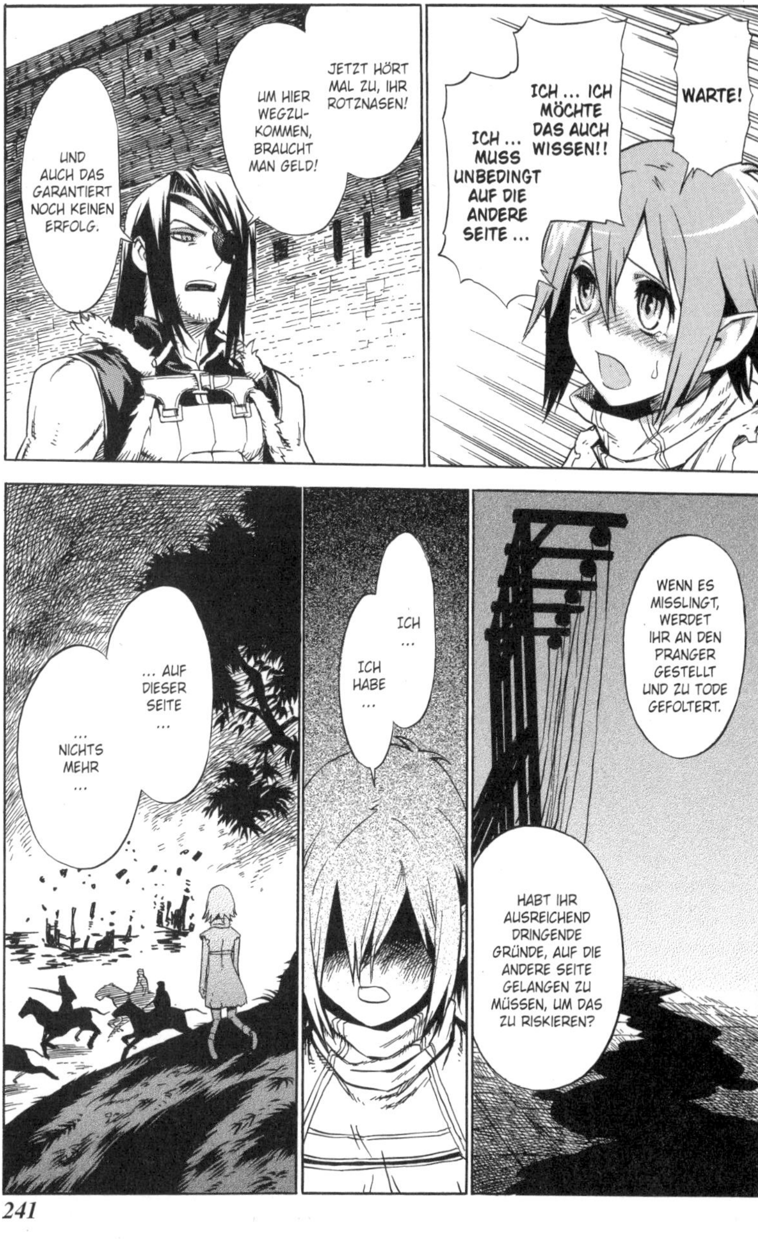
WARTE!
ICH … ICH MÖCHTE DAS AUCH WISSEN!!
ICH … MUSS UNBEDINGT AUF DIE ANDERE SEITE …
JETZT HÖRT MAL ZU, IHR ROTZNASEN!
UM HIER WEGZU-KOMMEN, BRAUCHT MAN GELD!
UND AUCH DAS GARANTIERT NOCH KEINEN ERFOLG.
WENN ES MISSLINGT, WERDET IHR AN DEN PRANGER GESTELLT UND ZU TODE GEFOLTERT.
HABT IHR AUSREICHEND DRINGENDE GRÜNDE, AUF DIE ANDERE SEITE GELANGEN ZU MÜSSEN, UM DAS ZU RISKIEREN?
ICH …
ICH HABE …
… AUF DIESER SEITE …
… NICHTS MEHR …

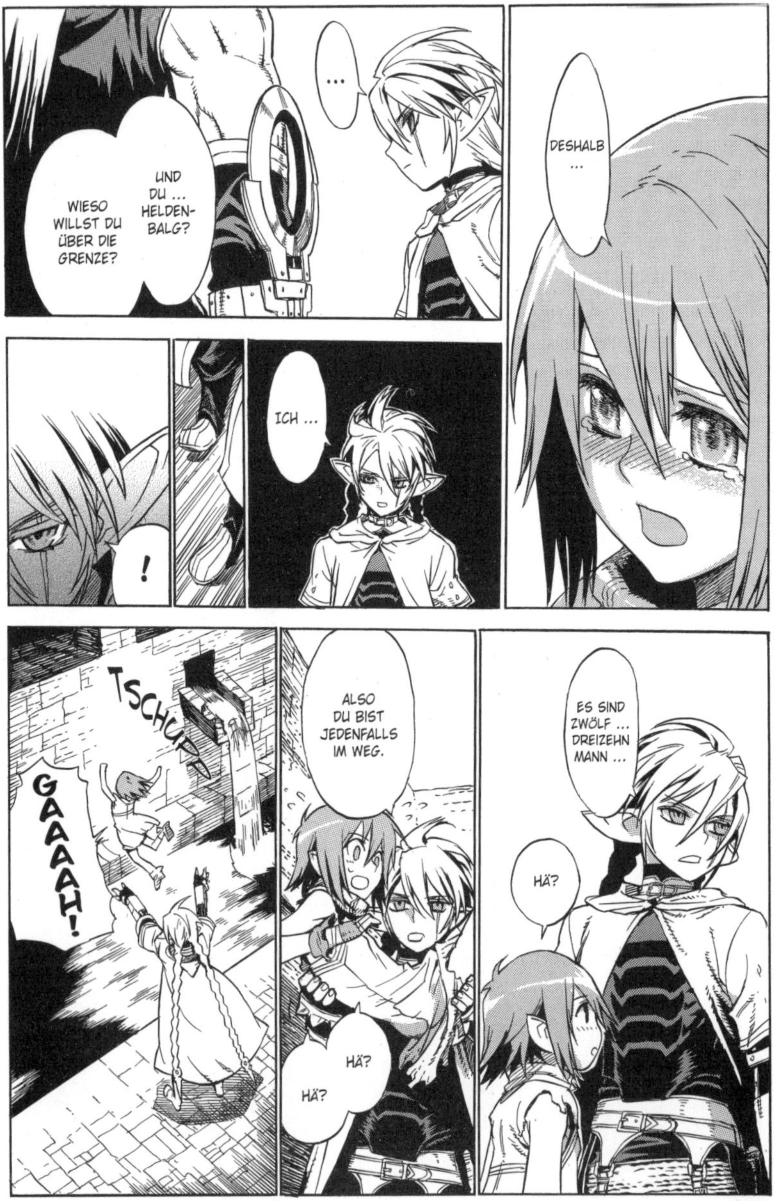
DESHALB …
…
UND DU … HELDEN-BALG?
WIESO WILLST DU ÜBER DIE GRENZE?
ICH …
!
ES SIND ZWÖLF … DREIZEHN MANN …
HÄ?
ALSO DU BIST JEDENFALLS IM WEG.
HÄ?
HÄ?
TSCHUPP
GAAAAAH!

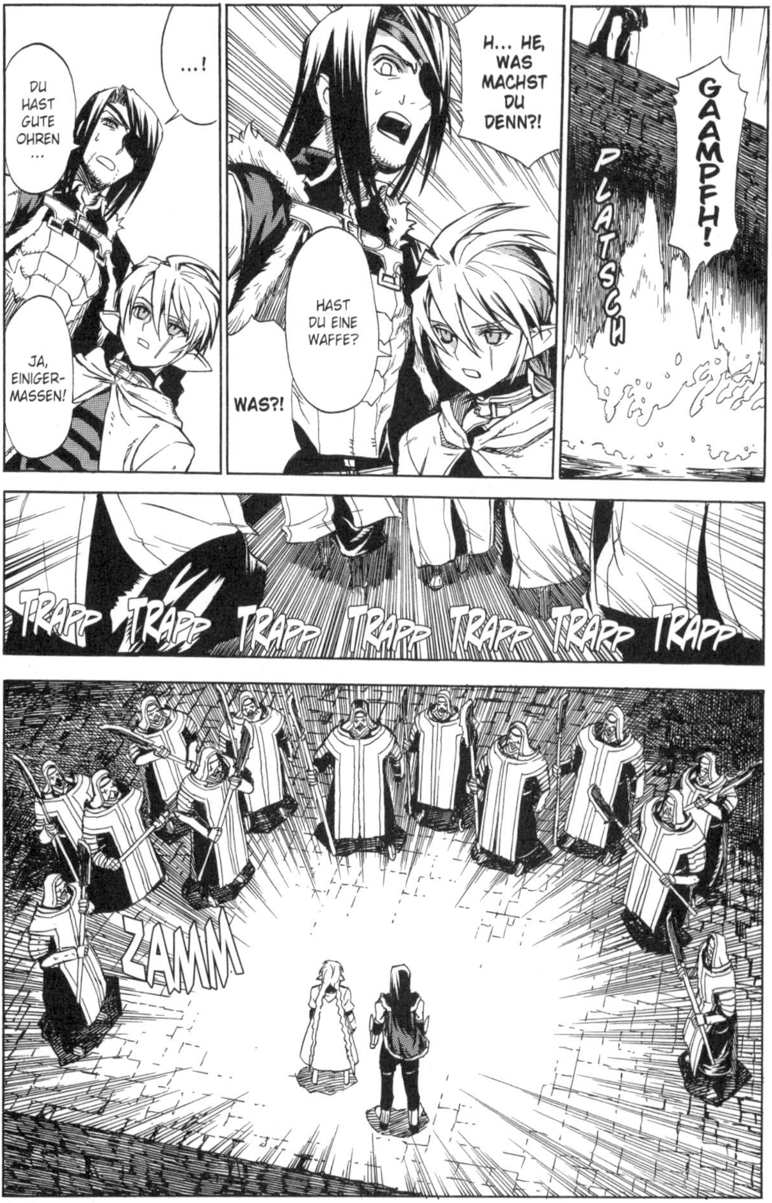

DU HAST GUTE OHREN ...
...!
JA, EINIGER-MASSEN!
H... HE, WAS MACHST DU DENN?!
HAST DU EINE WAFFE?
WAS?!
GAAMPFH!
PLATSCH
TRAPP TRAPP TRAPP TRAPP TRAPP TRAPP TRAPP
ZAMM

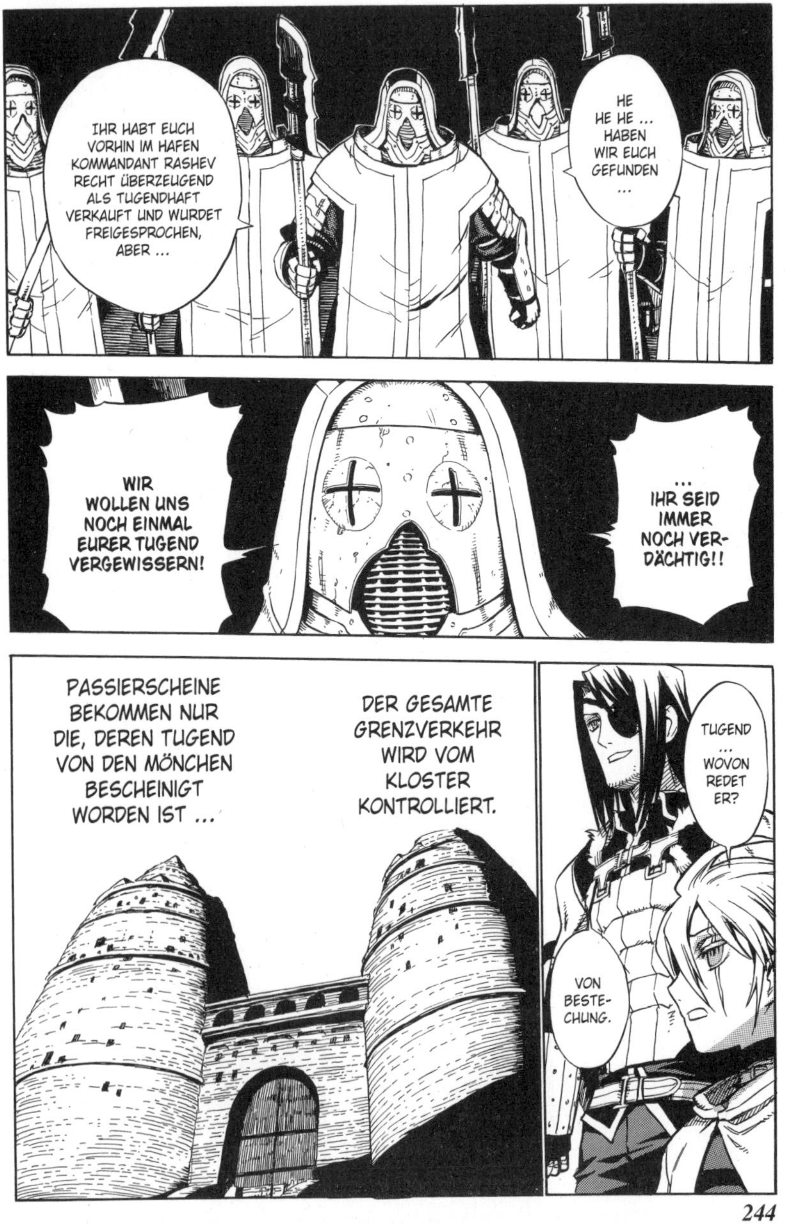

HE HE HE … HABEN WIR EUCH GEFUNDEN …
IHR HABT EUCH VORHIN IM HAFEN KOMMANDANT RASHEV RECHT ÜBERZEUGEND ALS TUGENDHAFT VERKAUFT UND WURDET FREIGESPROCHEN, ABER …
… IHR SEID IMMER NOCH VERDÄCHTIG!!
WIR WOLLEN UNS NOCH EINMAL EURER TUGEND VERGEWISSERN!
TUGEND … WOVON REDET ER?
VON BESTECHUNG.
DER GESAMTE GRENZVERKEHR WIRD VOM KLOSTER KONTROLLIERT.
PASSIERSCHEINE BEKOMMEN NUR DIE, DEREN TUGEND VON DEN MÖNCHEN BESCHEINIGT WORDEN IST …

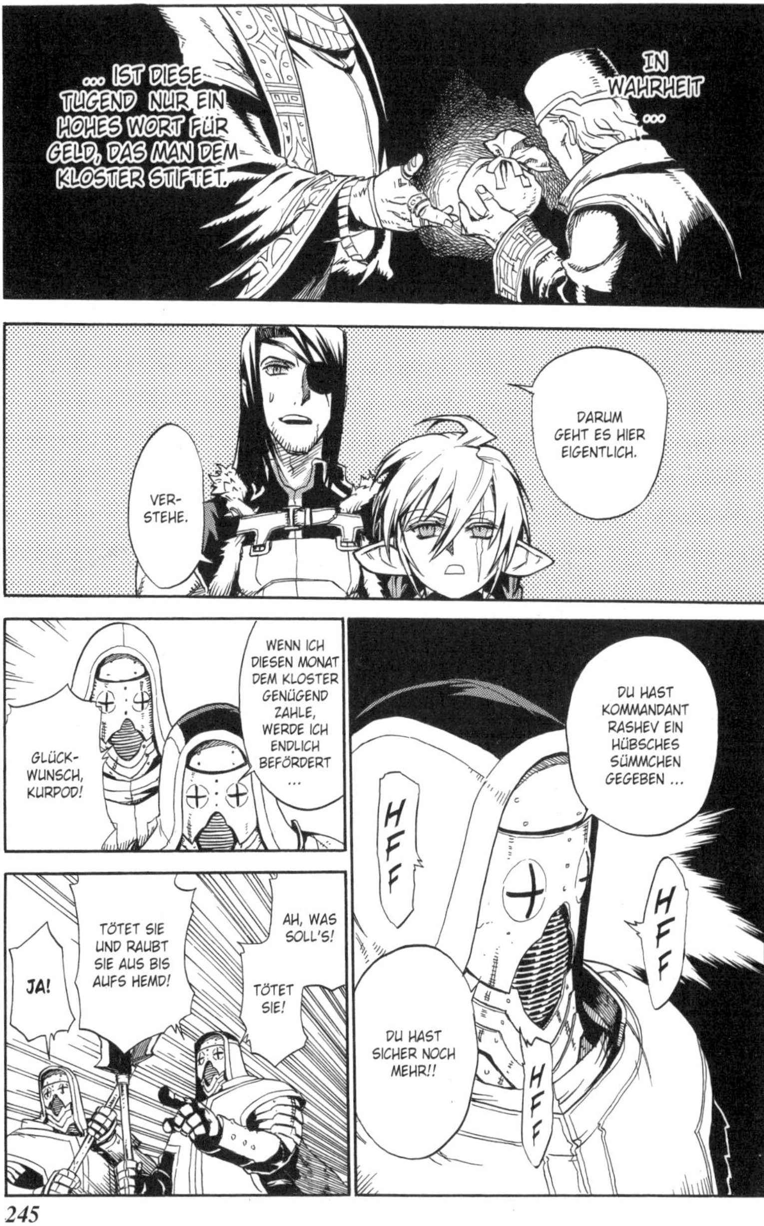
IN WAHRHEIT ...
... IST DIESE TUGEND NUR EIN HOHES WORT FÜR GELD, DAS MAN DEM KLOSTER STIFTET.
DARUM GEHT ES HIER EIGENTLICH.
VER-STEHE.
DU HAST KOMMANDANT RASHEV EIN HÜBSCHES SÜMMCHEN GEGEBEN ...
HFF
HFF
DU HAST SICHER NOCH MEHR!!
HFF
WENN ICH DIESEN MONAT DEM KLOSTER GENÜGEND ZAHLE, WERDE ICH ENDLICH BEFÖRDERT ...
GLÜCK-WUNSCH, KURPOD!
AH, WAS SOLL'S!
TÖTET SIE!
TÖTET SIE UND RAUBT SIE AUS BIS AUFS HEMD!
JA!

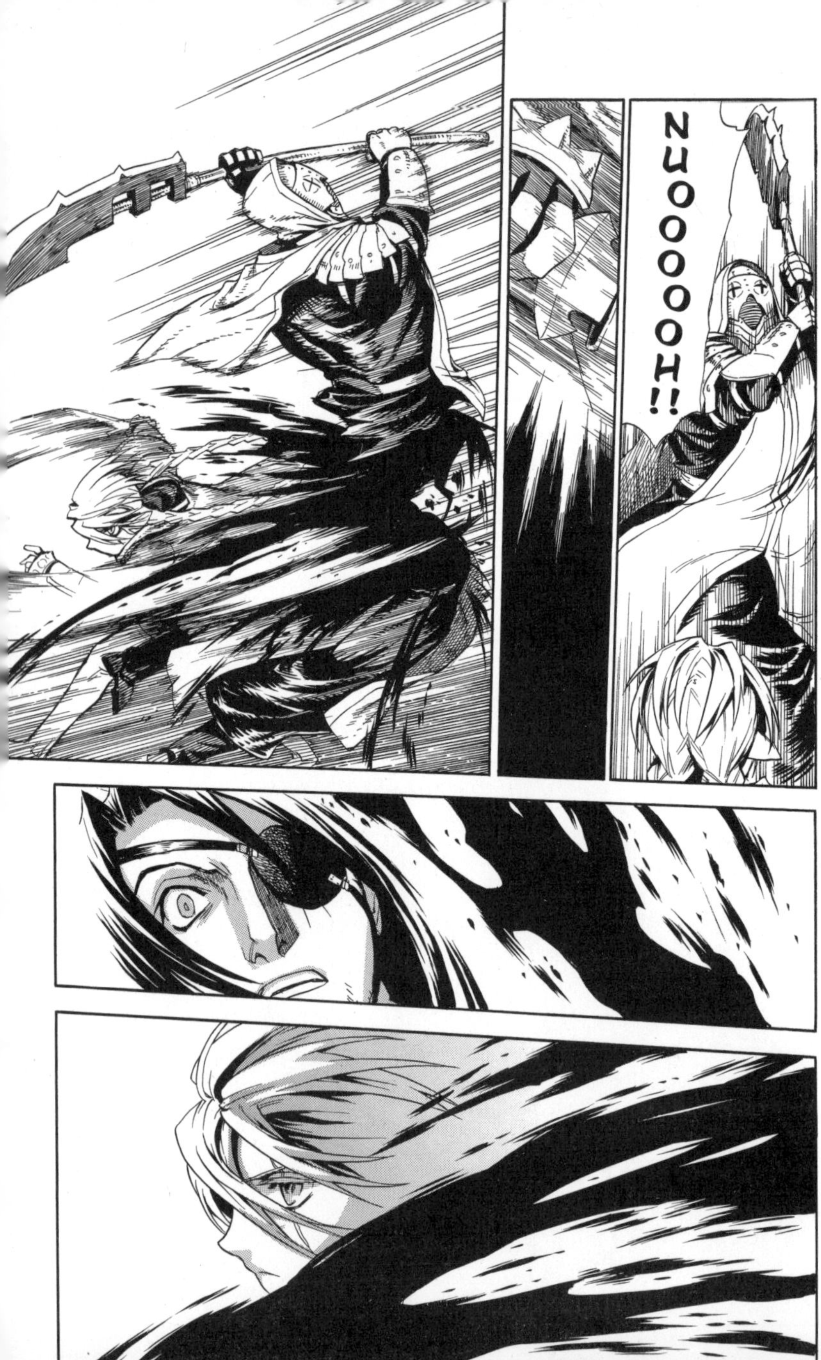
NUOOOOOOH!!

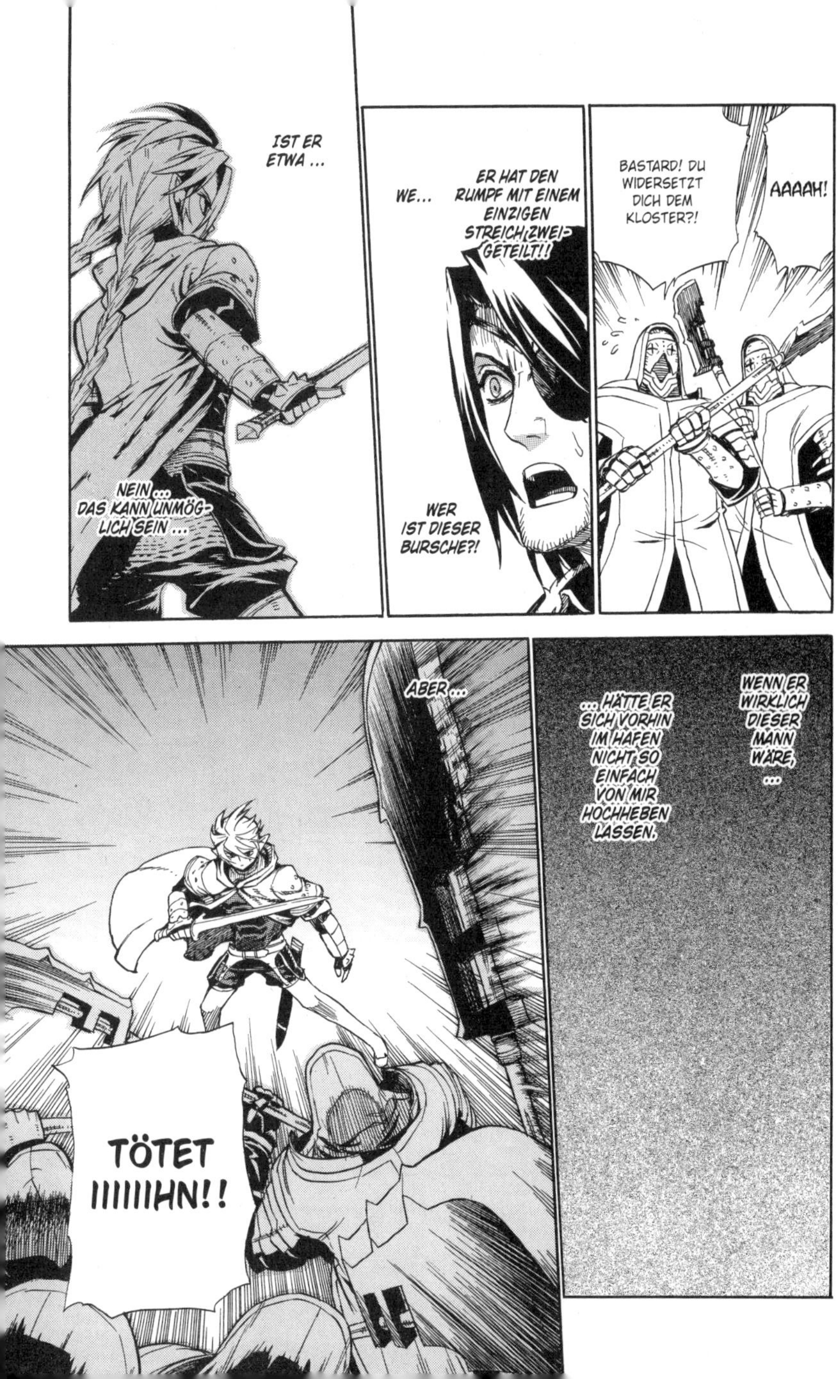
AAAAH!
BASTARD! DU WIDERSETZT DICH DEM KLOSTER?!
WE…
ER HAT DEN RUMPF MIT EINEM EINZIGEN STREICH ZWEIGETEILT!!
WER IST DIESER BURSCHE?!
IST ER ETWA …
NEIN … DAS KANN UNMÖGLICH SEIN …
WENN ER WIRKLICH DIESER MANN WÄRE, …
… HÄTTE ER SICH VORHIN IM HAFEN NICHT SO EINFACH VON MIR HOCHHEBEN LASSEN.
ABER …
TÖTET IIIIIIHN!!

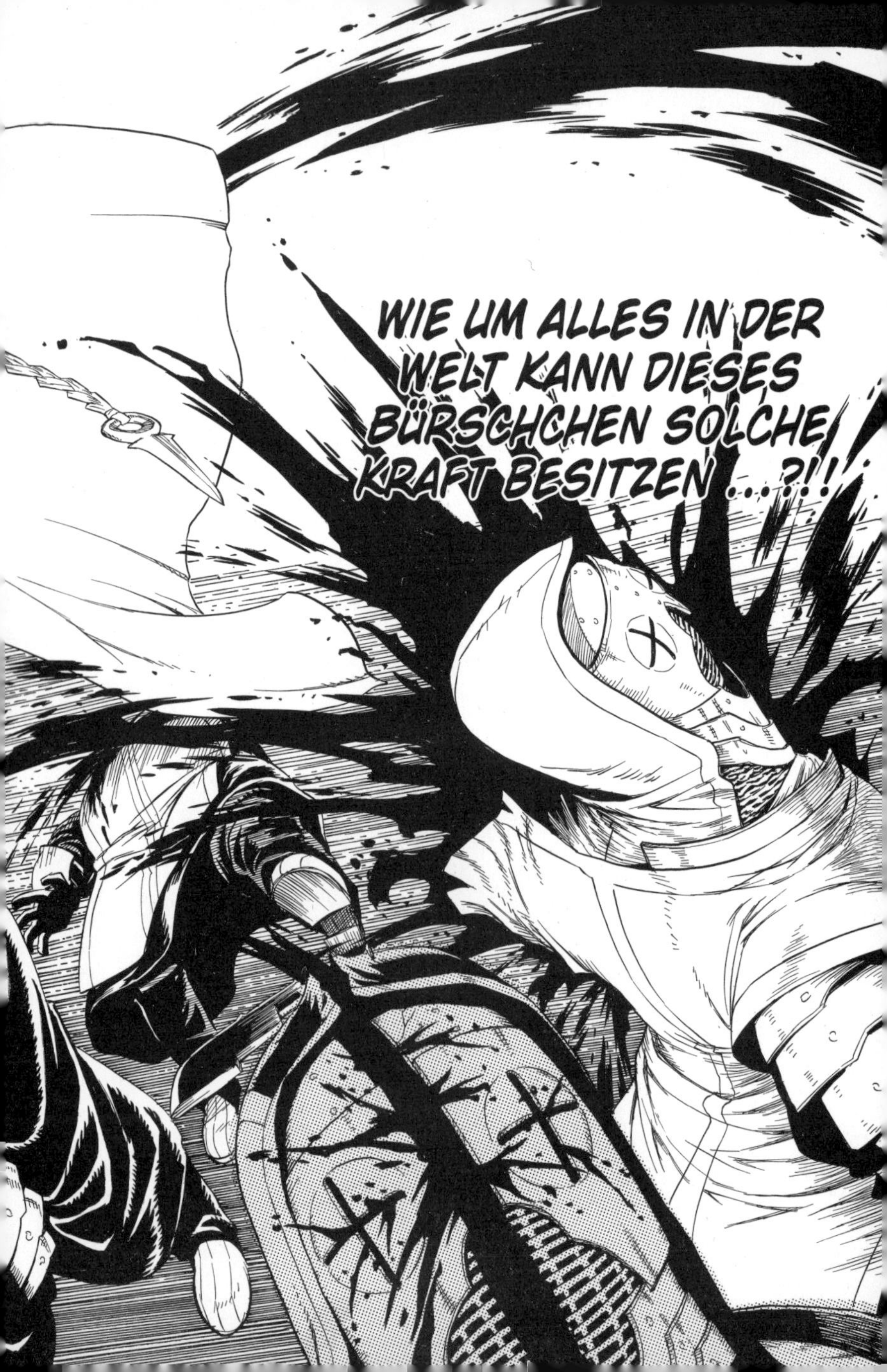
WIE UM ALLES IN DER WELT KANN DIESES BÜRSCHCHEN SOLCHE KRAFT BESITZEN ...?!!

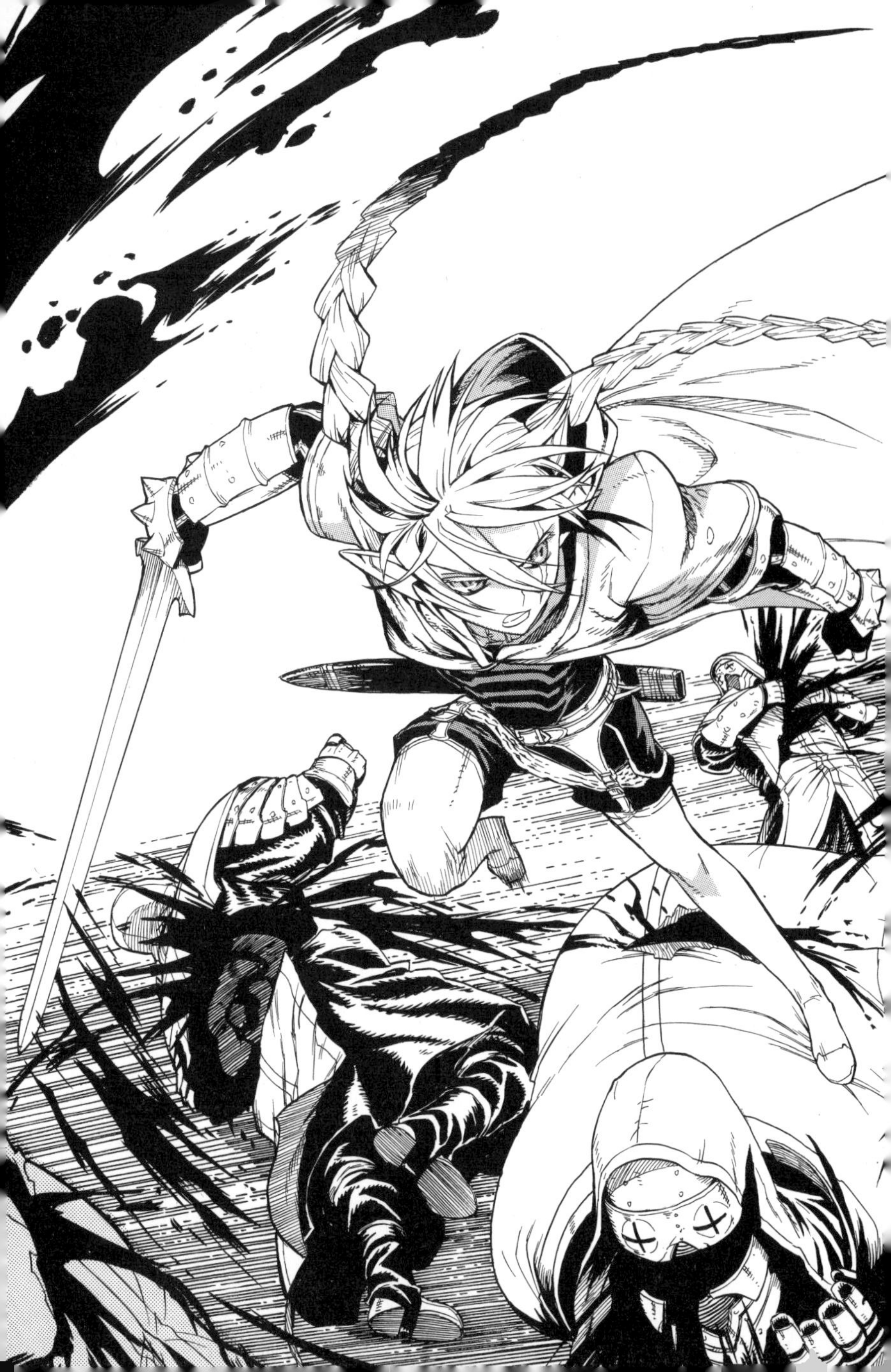

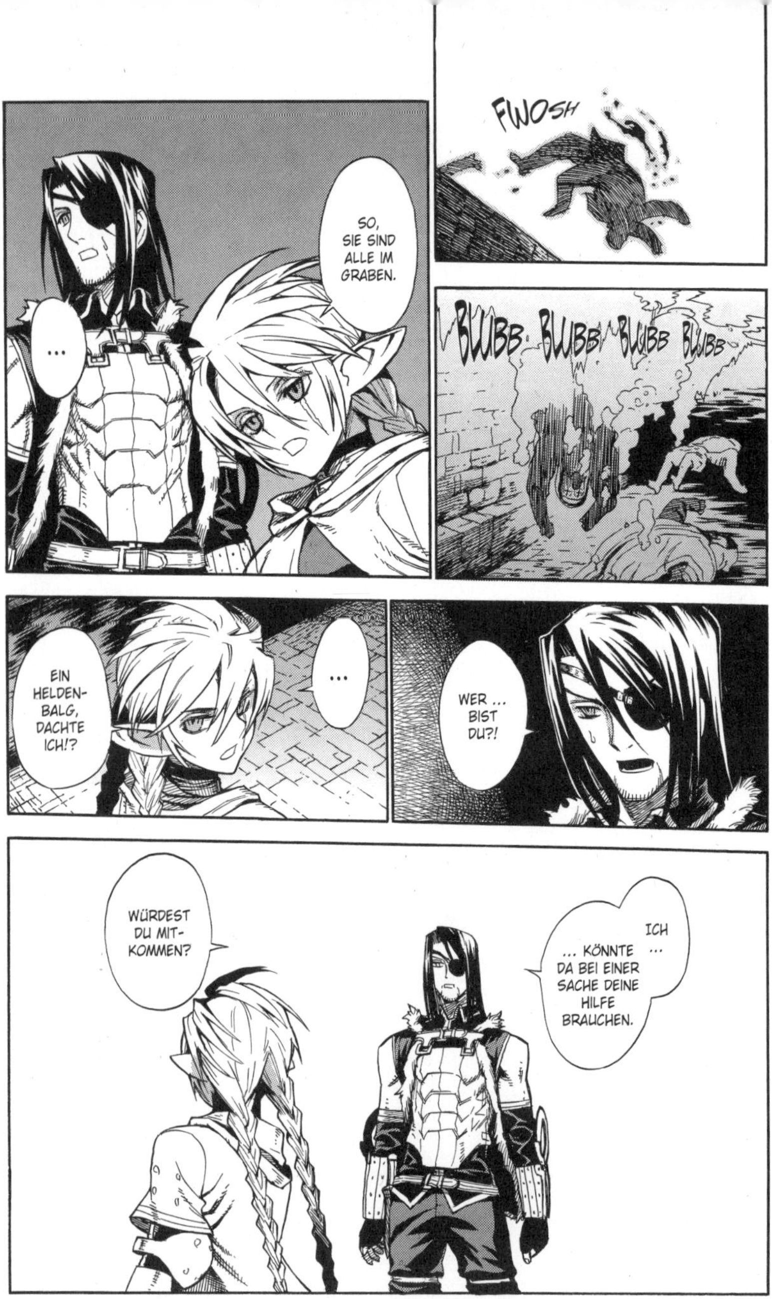
FWOSH
BLUBB BLUBB BLUBB BLUBB
SO, SIE SIND ALLE IM GRABEN.
...
WER ... BIST DU?!
...
EIN HELDEN-BALG, DACHTE ICH!?
ICH ... KÖNNTE DA BEI EINER SACHE DEINE HILFE BRAUCHEN.
WÜRDEST DU MIT-KOMMEN?

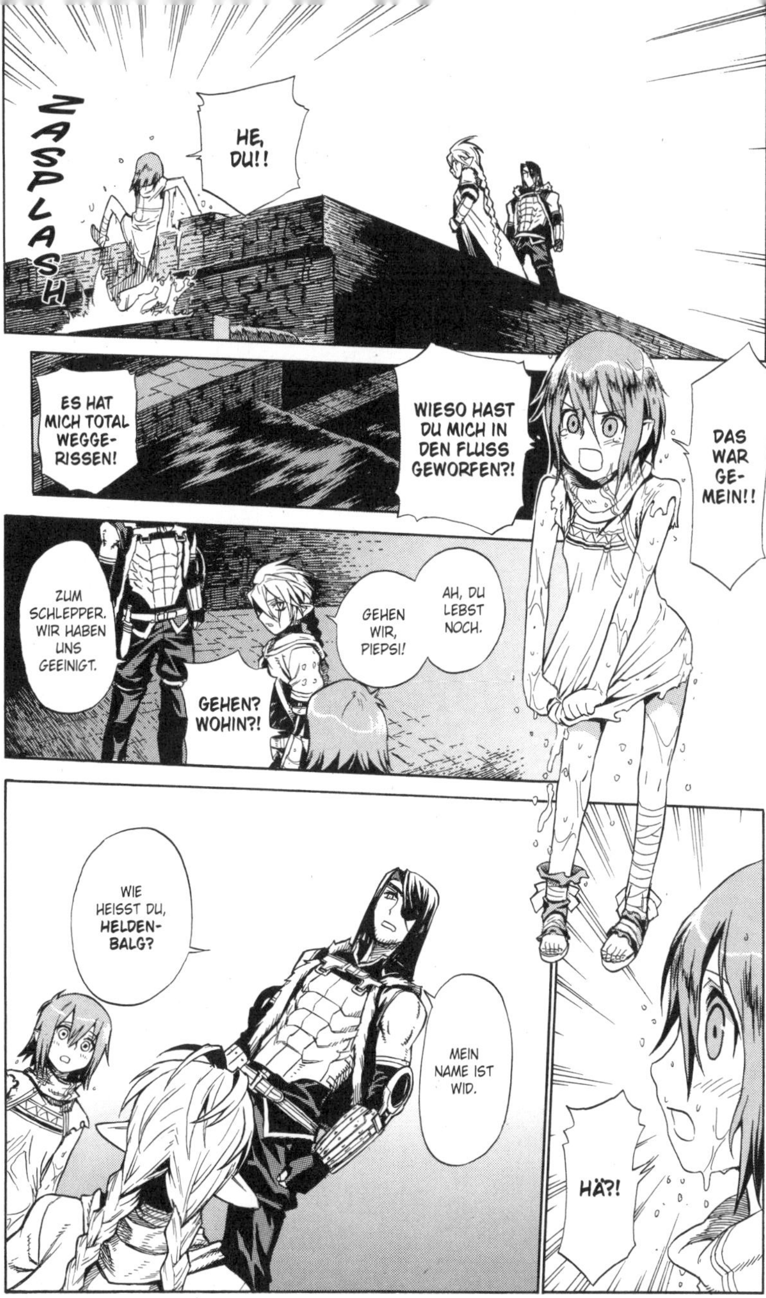
ZASPLASH
HE, DU!!
DAS WAR GEMEIN!!
WIESO HAST DU MICH IN DEN FLUSS GEWORFEN?!
ES HAT MICH TOTAL WEGGERISSEN!
AH, DU LEBST NOCH.
GEHEN WIR, PIEPSI!
GEHEN? WOHIN?!
ZUM SCHLEPPER. WIR HABEN UNS GEEINIGT.
WIE HEISST DU, HELDENBALG?
MEIN NAME IST WID.
HÄ?!

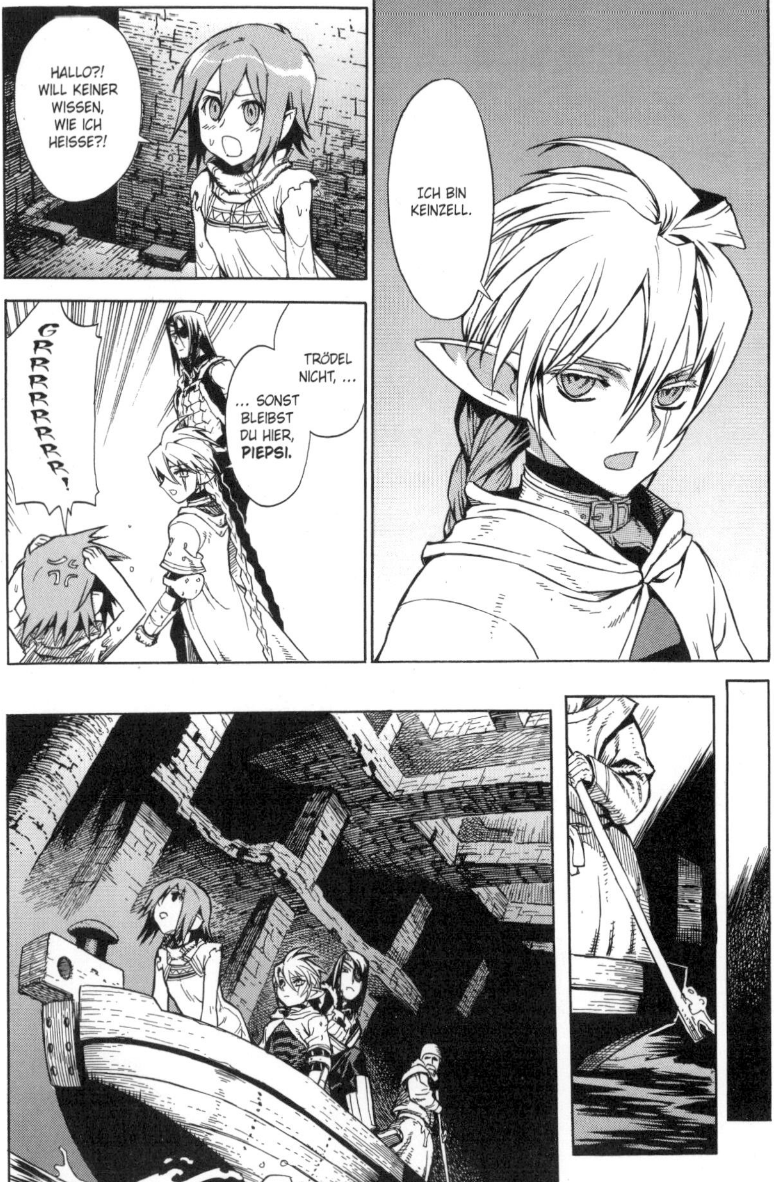

HALLO?! WILL KEINER WISSEN, WIE ICH HEISSE?!
ICH BIN KEINZELL.
TRÖDEL NICHT, …
… SONST BLEIBST DU HIER, **PIEPSI.**
GRRRRRRRR!

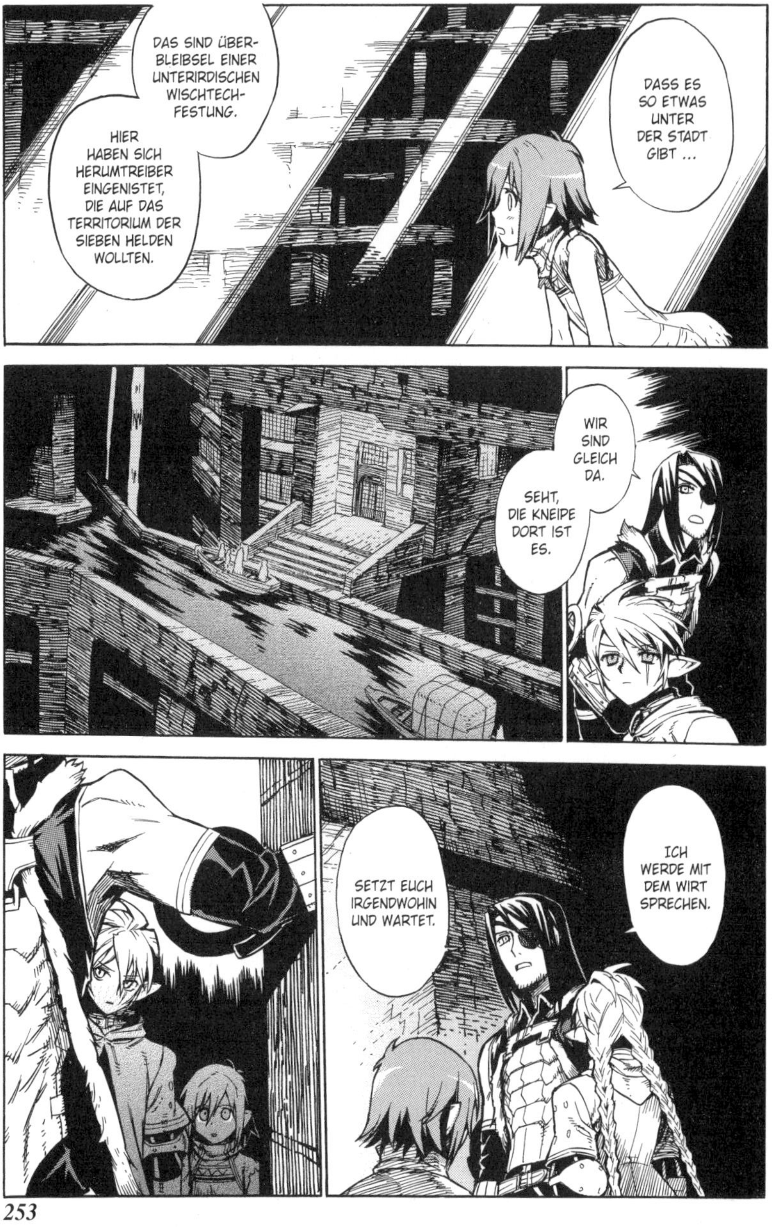
DASS ES SO ETWAS UNTER DER STADT GIBT …
DAS SIND ÜBER-BLEIBSEL EINER UNTERIRDISCHEN WISCHTECH-FESTUNG.
HIER HABEN SICH HERUMTREIBER EINGENISTET, DIE AUF DAS TERRITORIUM DER SIEBEN HELDEN WOLLTEN.
WIR SIND GLEICH DA.
SEHT, DIE KNEIPE DORT IST ES.
ICH WERDE MIT DEM WIRT SPRECHEN.
SETZT EUCH IRGENDWOHIN UND WARTET.

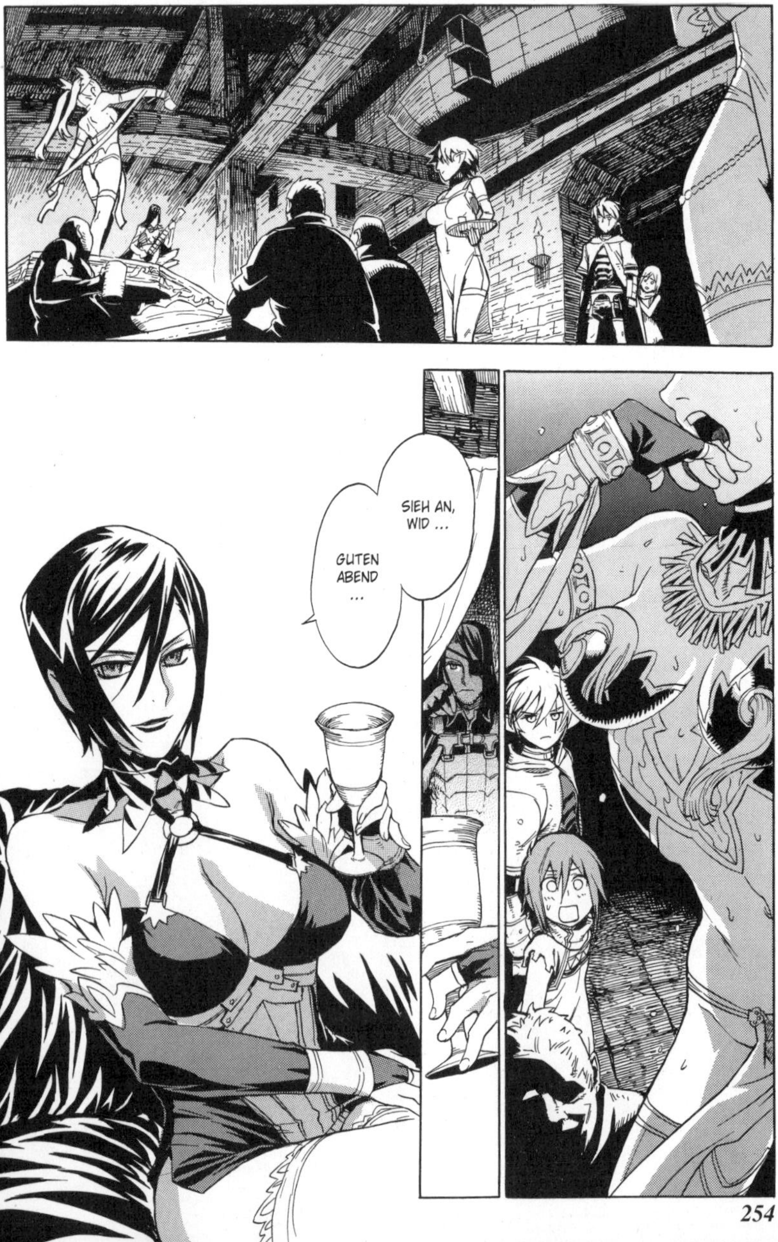
SIEH AN, WID …
GUTEN ABEND …

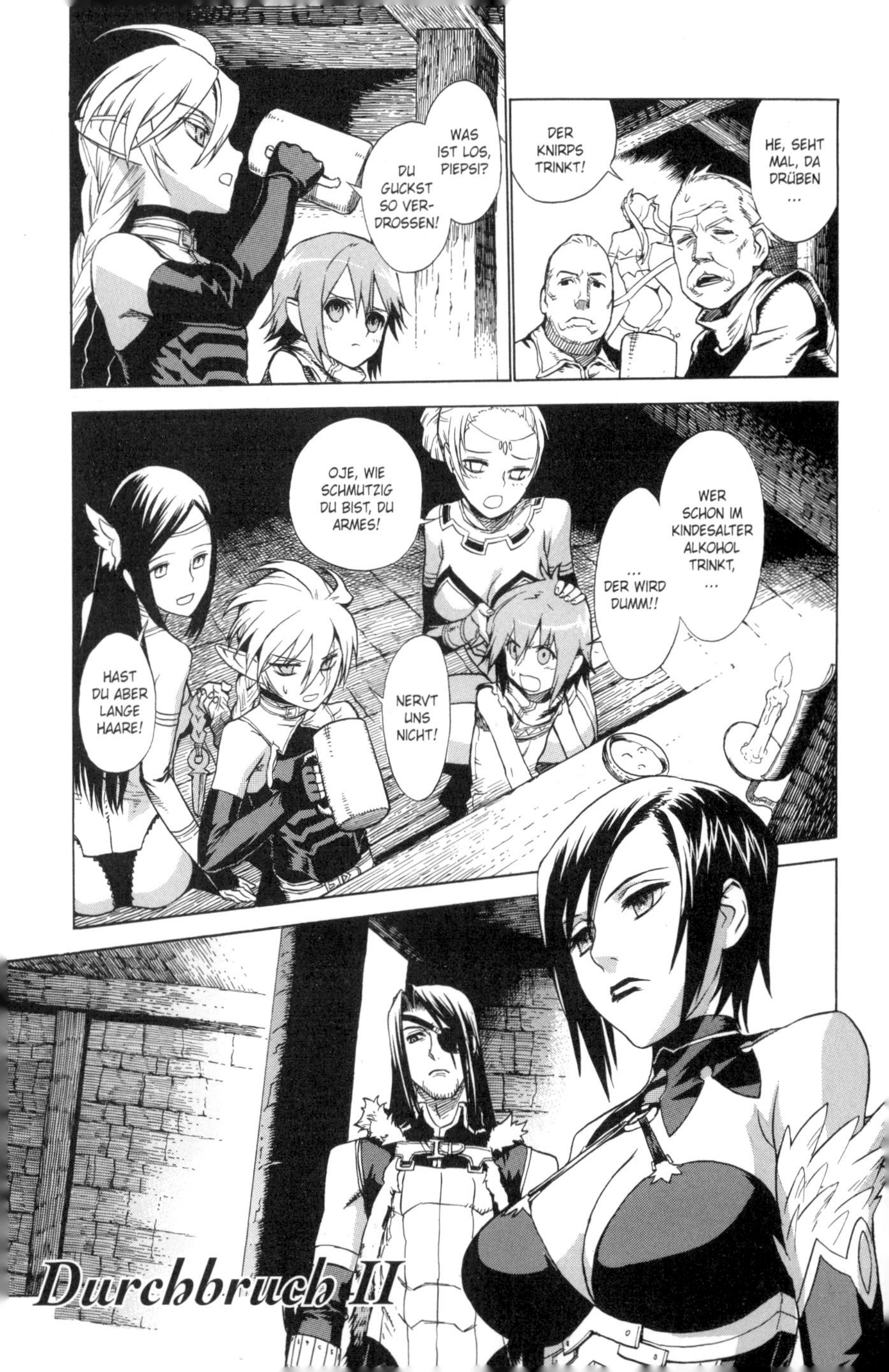
HE, SEHT MAL, DA DRÜBEN ...
DER KNIRPS TRINKT!
WAS IST LOS, PIEPSI?
DU GUCKST SO VER-DROSSEN!
WER SCHON IM KINDESALTER ALKOHOL TRINKT, ...
... DER WIRD DUMM!!
OJE, WIE SCHMUTZIG DU BIST, DU ARMES!
NERVT UNS NICHT!
HAST DU ABER LANGE HAARE!
Durchbruch II

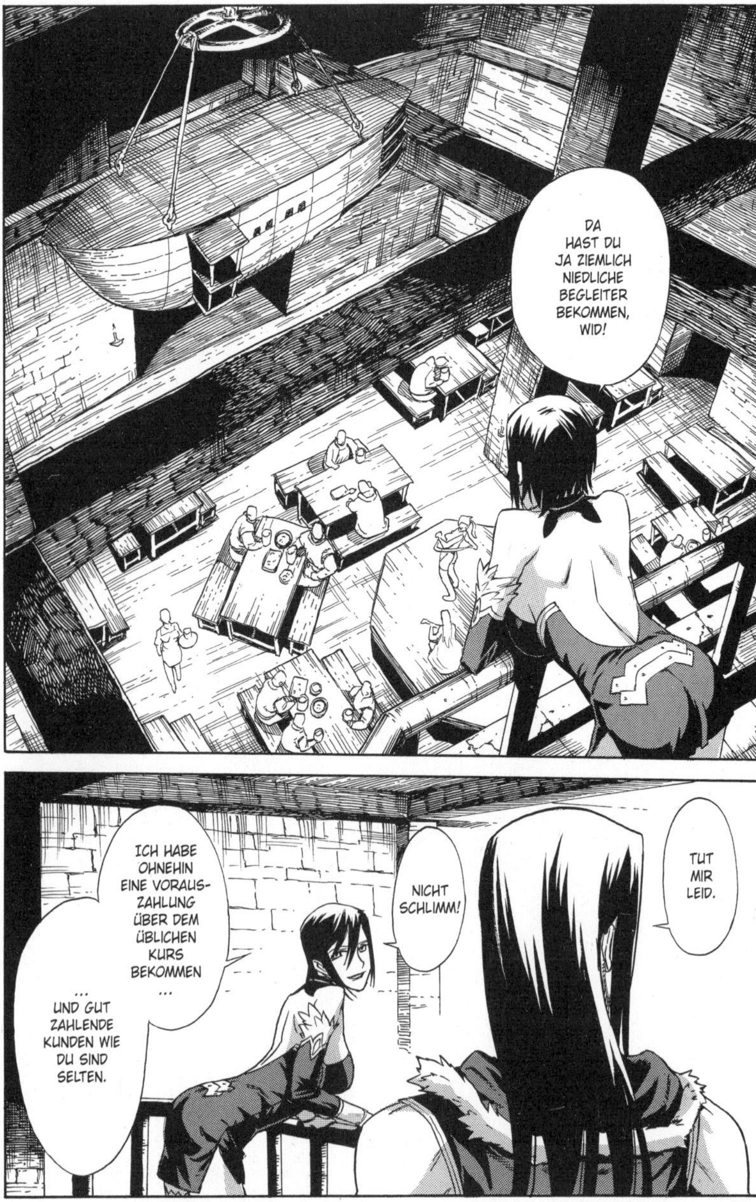
DA HAST DU JA ZIEMLICH NIEDLICHE BEGLEITER BEKOMMEN, WID!
TUT MIR LEID.
NICHT SCHLIMM!
ICH HABE OHNEHIN EINE VORAUS-ZAHLUNG ÜBER DEM ÜBLICHEN KURS BEKOMMEN ...
... UND GUT ZAHLENDE KUNDEN WIE DU SIND SELTEN.

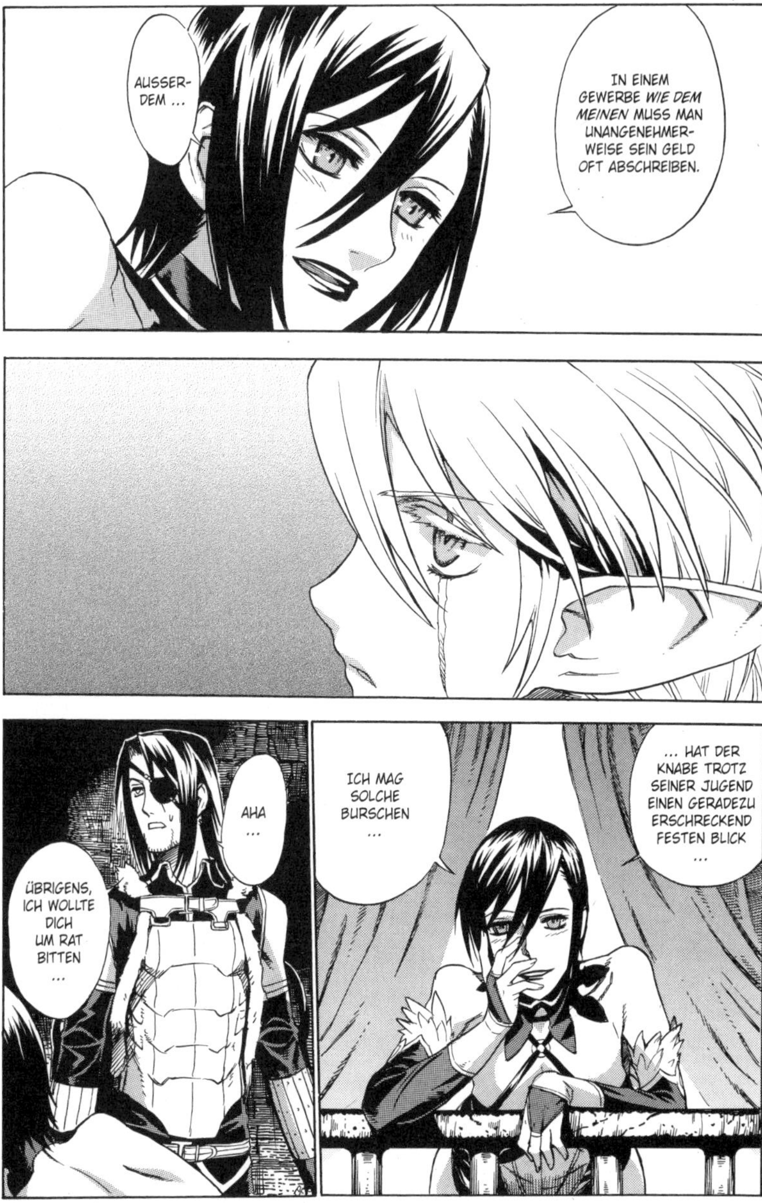

IN EINEM GEWERBE *WIE DEM MEINEN* MUSS MAN UNANGENEHMERWEISE SEIN GELD OFT ABSCHREIBEN.
AUSSER-DEM ...
... HAT DER KNABE TROTZ SEINER JUGEND EINEN GERADEZU ERSCHRECKEND FESTEN BLICK ...
ICH MAG SOLCHE BURSCHEN ...
AHA ...
ÜBRIGENS, ICH WOLLTE DICH UM RAT BITTEN ...

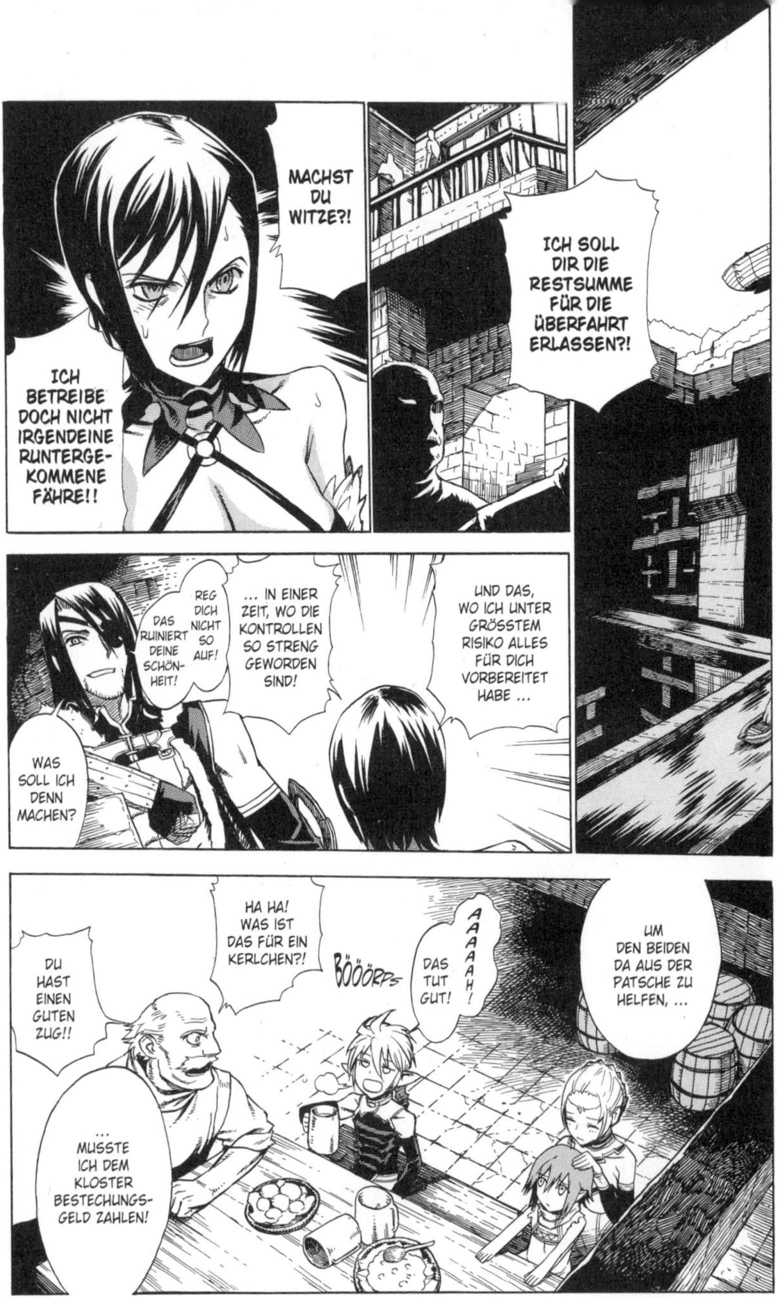

ICH SOLL DIR DIE RESTSUMME FÜR DIE ÜBERFAHRT ERLASSEN?!
MACHST DU WITZE?!
ICH BETREIBE DOCH NICHT IRGENDEINE RUNTERGE-KOMMENE FÄHRE!!
UND DAS, WO ICH UNTER GRÖSSTEM RISIKO ALLES FÜR DICH VORBEREITET HABE ...
... IN EINER ZEIT, WO DIE KONTROLLEN SO STRENG GEWORDEN SIND!
REG DICH NICHT SO AUF!
DAS RUINIERT DEINE SCHÖNHEIT!
WAS SOLL ICH DENN MACHEN?
UM DEN BEIDEN DA AUS DER PATSCHE ZU HELFEN, ...
... MUSSTE ICH DEM KLOSTER BESTECHUNGS-GELD ZAHLEN!
AAAAAAH!
DAS TUT GUT!
BÖÖÖRPS
HA HA! WAS IST DAS FÜR EIN KERLCHEN?!
DU HAST EINEN GUTEN ZUG!!

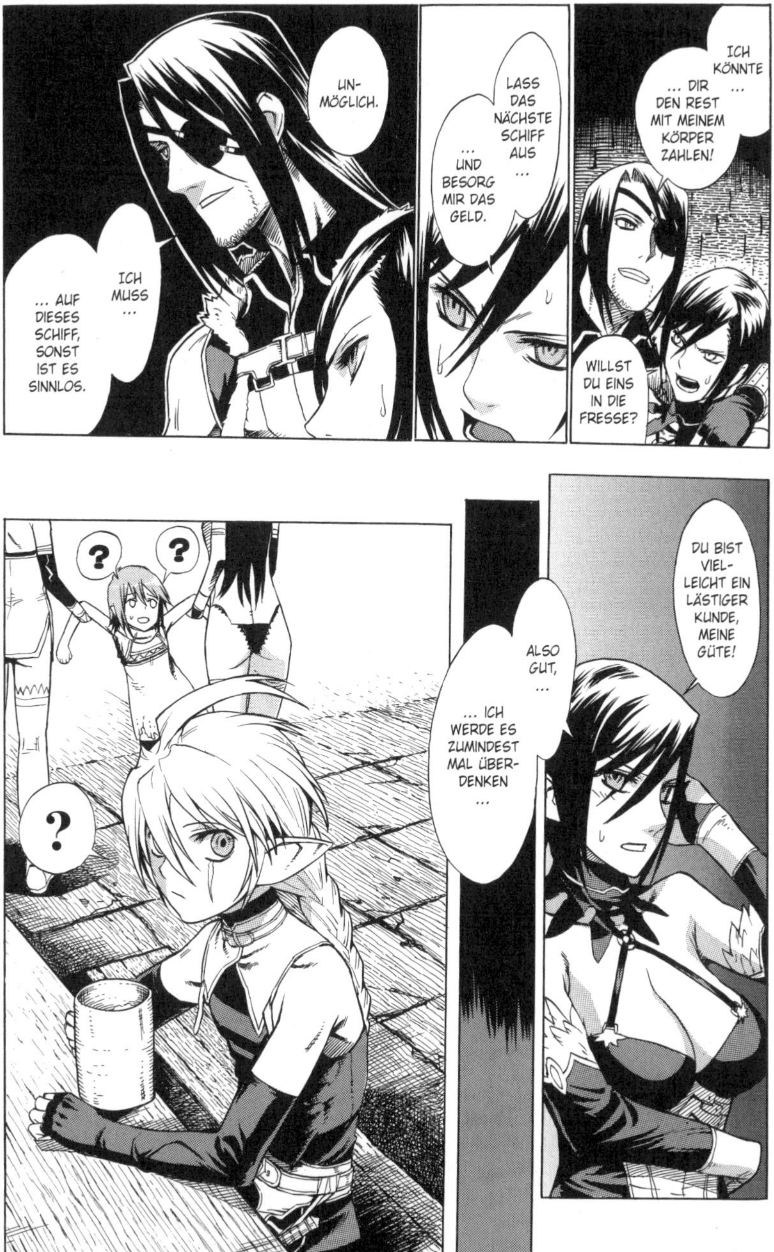
ICH KÖNNTE …
… DIR DEN REST MIT MEINEM KÖRPER ZAHLEN!
WILLST DU EINS IN DIE FRESSE?
LASS DAS NÄCHSTE SCHIFF AUS …
… UND BESORG MIR DAS GELD.
UN-MÖGLICH.
ICH MUSS …
… AUF DIESES SCHIFF, SONST IST ES SINNLOS.
DU BIST VIEL-LEICHT EIN LÄSTIGER KUNDE, MEINE GÜTE!
ALSO GUT, …
… ICH WERDE ES ZUMINDEST MAL ÜBER-DENKEN …
?
?
?

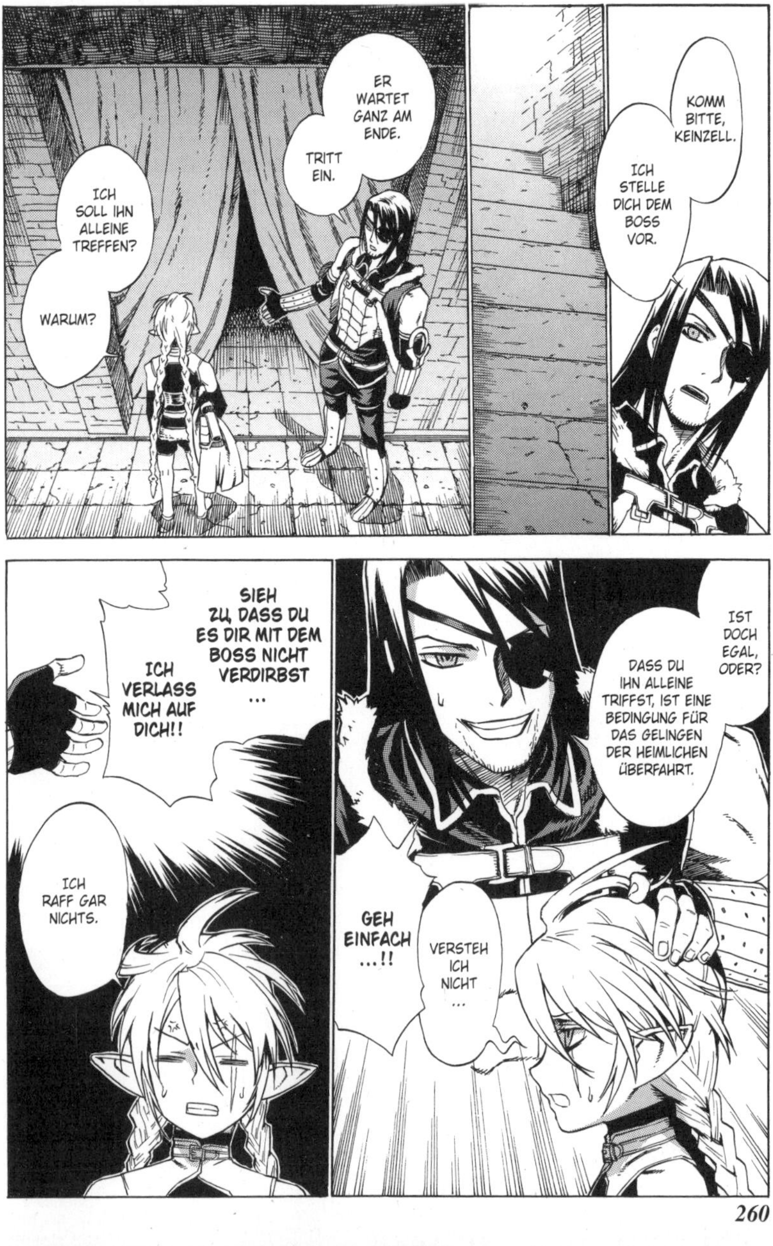
KOMM BITTE, KEINZELL.
ICH STELLE DICH DEM BOSS VOR.
ER WARTET GANZ AM ENDE.
TRITT EIN.
ICH SOLL IHN ALLEINE TREFFEN?
WARUM?
IST DOCH EGAL, ODER?
DASS DU IHN ALLEINE TRIFFST, IST EINE BEDINGUNG FÜR DAS GELINGEN DER HEIMLICHEN ÜBERFAHRT.
VERSTEH ICH NICHT ...
GEH EINFACH ...!!
SIEH ZU, DASS DU ES DIR MIT DEM BOSS NICHT VERDIRBST ...
ICH VERLASS MICH AUF DICH!!
ICH RAFF GAR NICHTS.

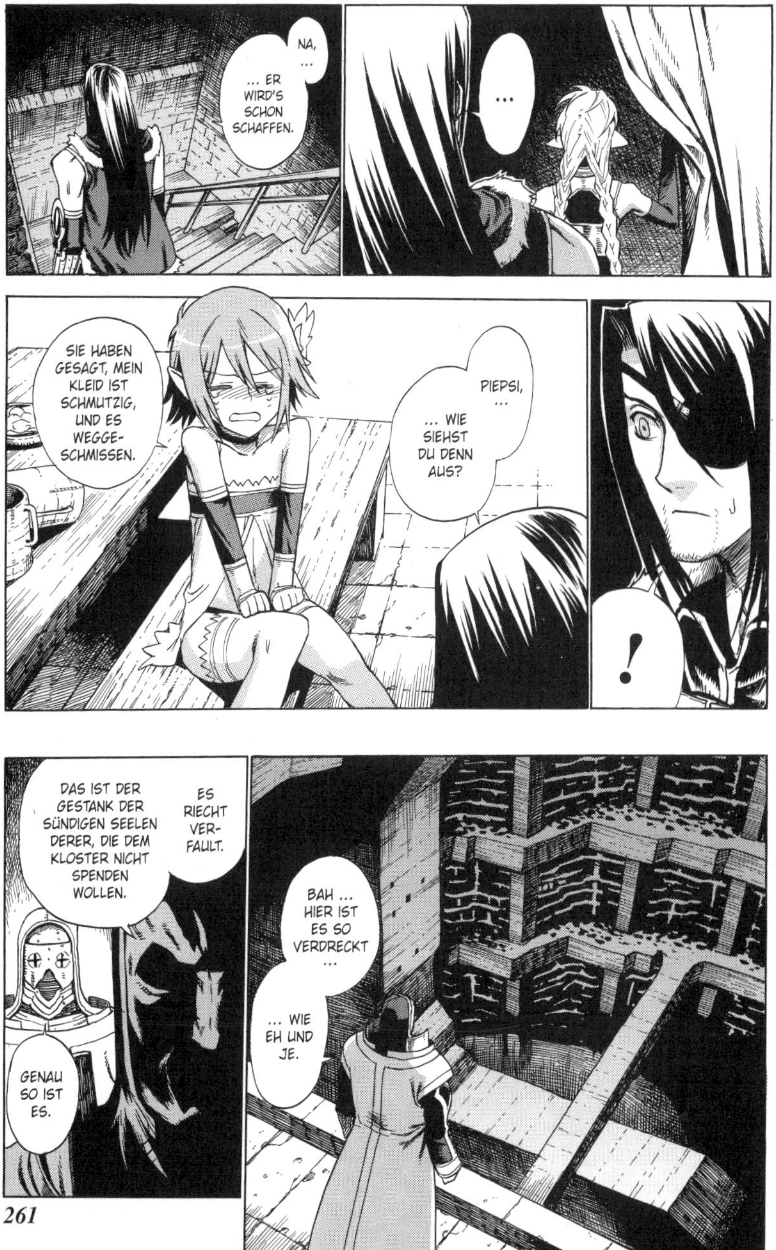
NA, …
… ER WIRD'S SCHON SCHAFFEN.
…
SIE HABEN GESAGT, MEIN KLEID IST SCHMUTZIG, UND ES WEGGE-SCHMISSEN.
PIEPSI, …
… WIE SIEHST DU DENN AUS?
!
DAS IST DER GESTANK DER SÜNDIGEN SEELEN DERER, DIE DEM KLOSTER NICHT SPENDEN WOLLEN.
ES RIECHT VER-FAULT.
GENAU SO IST ES.
BAH … HIER IST ES SO VERDRECKT …
… WIE EH UND JE.

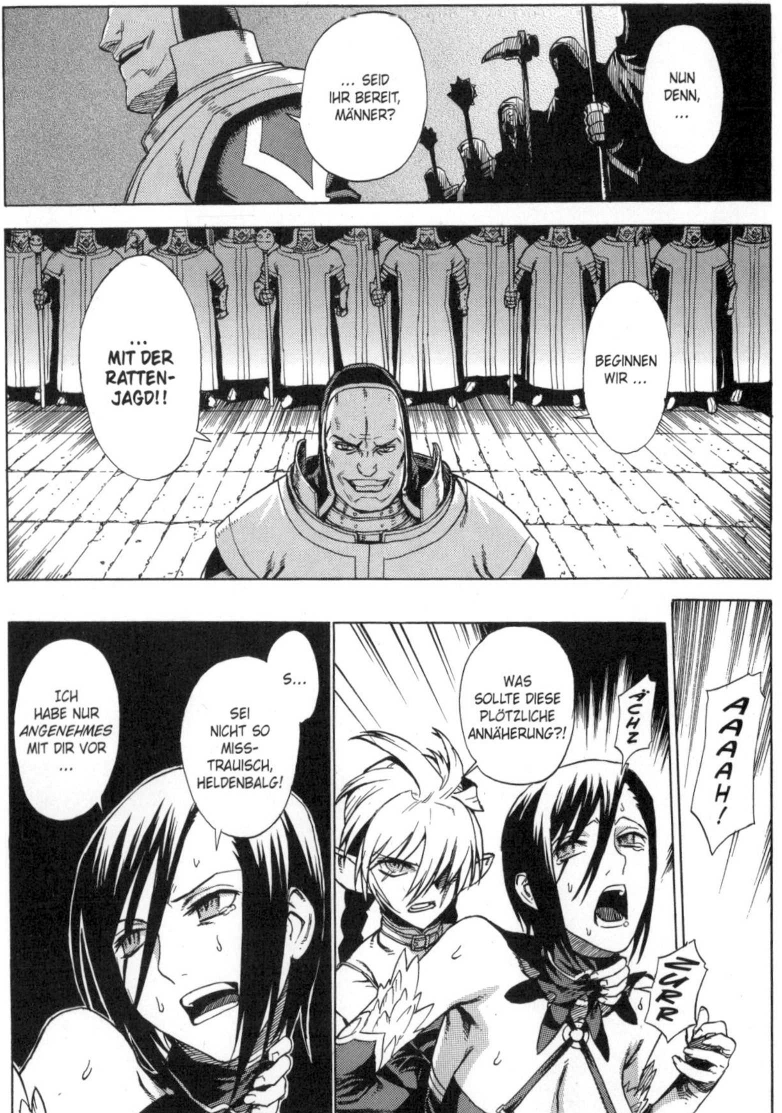
NUN DENN, ...
... SEID IHR BEREIT, MÄNNER?
BEGINNEN WIR ...
... MIT DER RATTEN-JAGD!!
AAAAAH!
ÄCHZ
WAS SOLLTE DIESE PLÖTZLICHE ANNÄHERUNG?!
ZURR
S...
SEI NICHT SO MISS-TRAUISCH, HELDENBALG!
ICH HABE NUR *ANGENEHMES* MIT DIR VOR ...

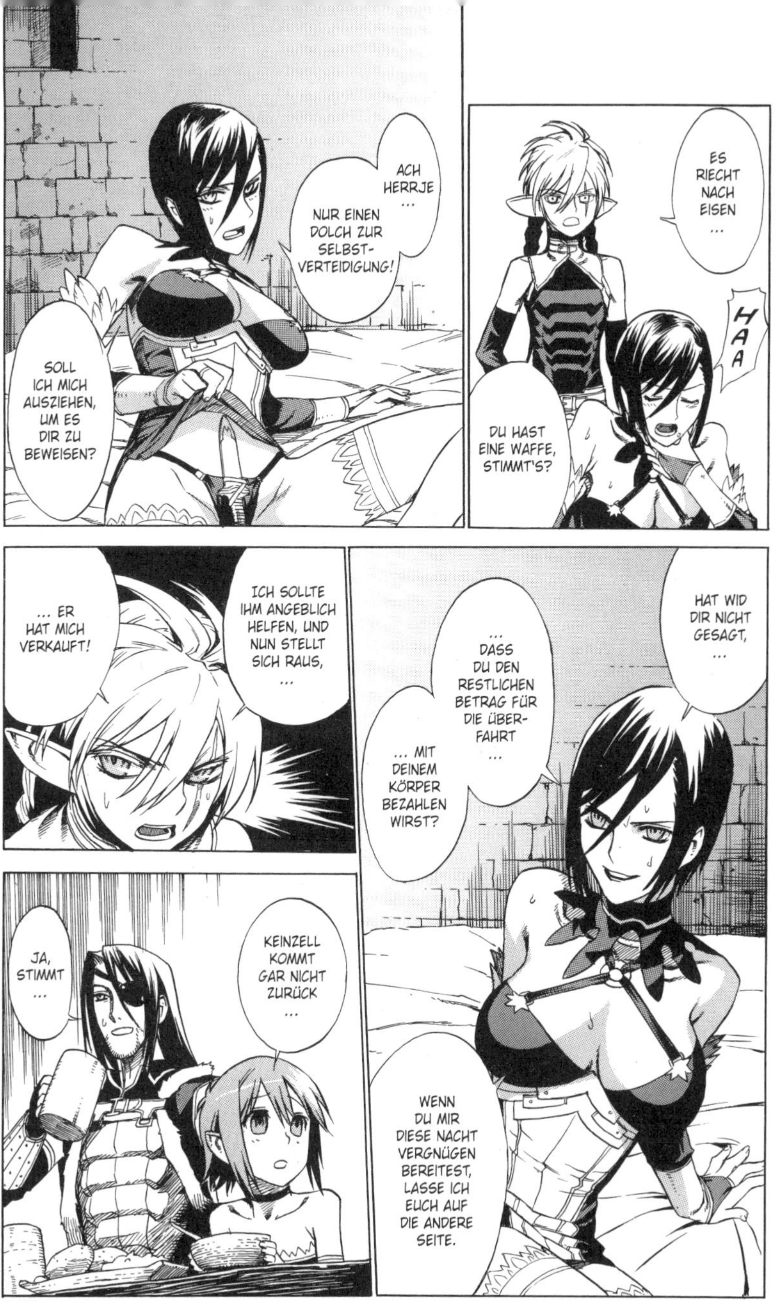
ES RIECHT NACH EISEN ...
HAA
DU HAST EINE WAFFE, STIMMT'S?
ACH HERRJE ...
NUR EINEN DOLCH ZUR SELBST-VERTEIDIGUNG!
SOLL ICH MICH AUSZIEHEN, UM ES DIR ZU BEWEISEN?
HAT WID DIR NICHT GESAGT, ...
... DASS DU DEN RESTLICHEN BETRAG FÜR DIE ÜBER-FAHRT ...
... MIT DEINEM KÖRPER BEZAHLEN WIRST?
WENN DU MIR DIESE NACHT VERGNÜGEN BEREITEST, LASSE ICH EUCH AUF DIE ANDERE SEITE.
ICH SOLLTE IHM ANGEBLICH HELFEN, UND NUN STELLT SICH RAUS, ...
... ER HAT MICH VERKAUFT!
KEINZELL KOMMT GAR NICHT ZURÜCK ...
JA, STIMMT ...

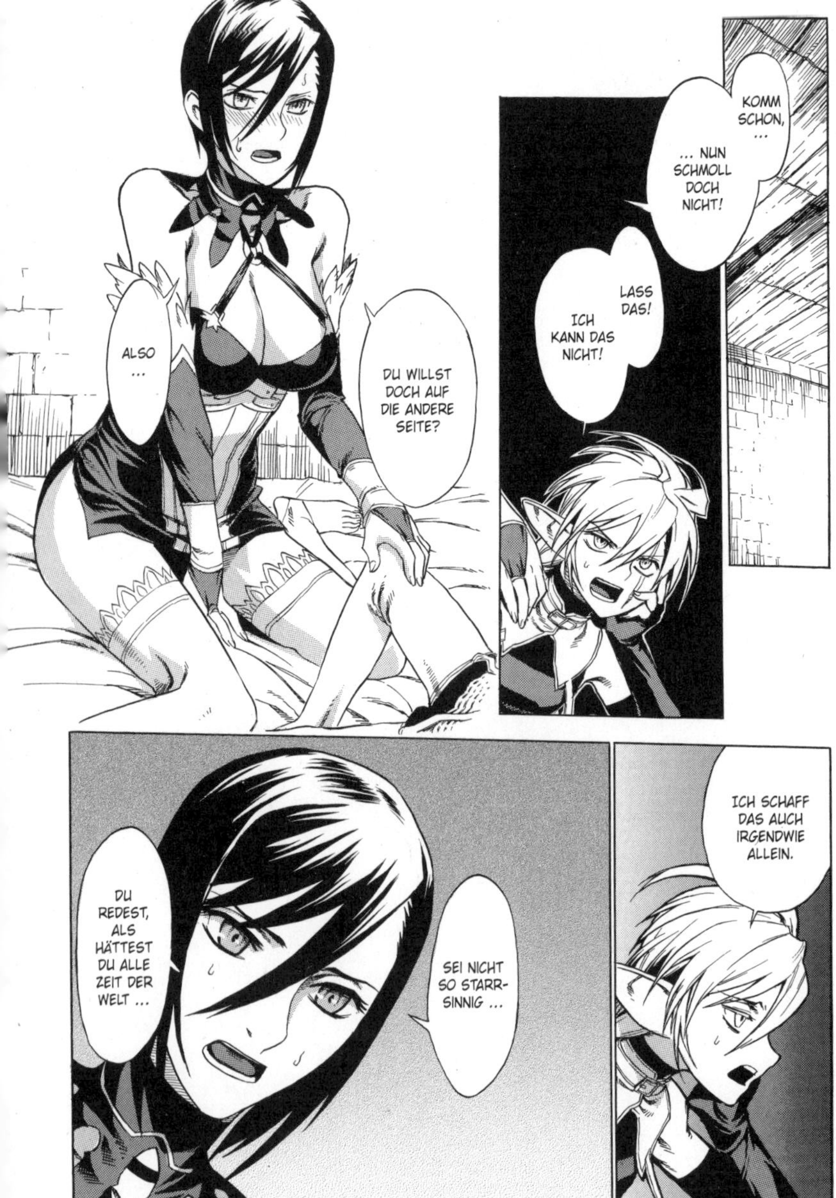

KOMM SCHON, …
… NUN SCHMOLL DOCH NICHT!
LASS DAS!
ICH KANN DAS NICHT!
DU WILLST DOCH AUF DIE ANDERE SEITE?
ALSO …
ICH SCHAFF DAS AUCH IRGENDWIE ALLEIN.
SEI NICHT SO STARR-SINNIG …
DU REDEST, ALS HÄTTEST DU ALLE ZEIT DER WELT …

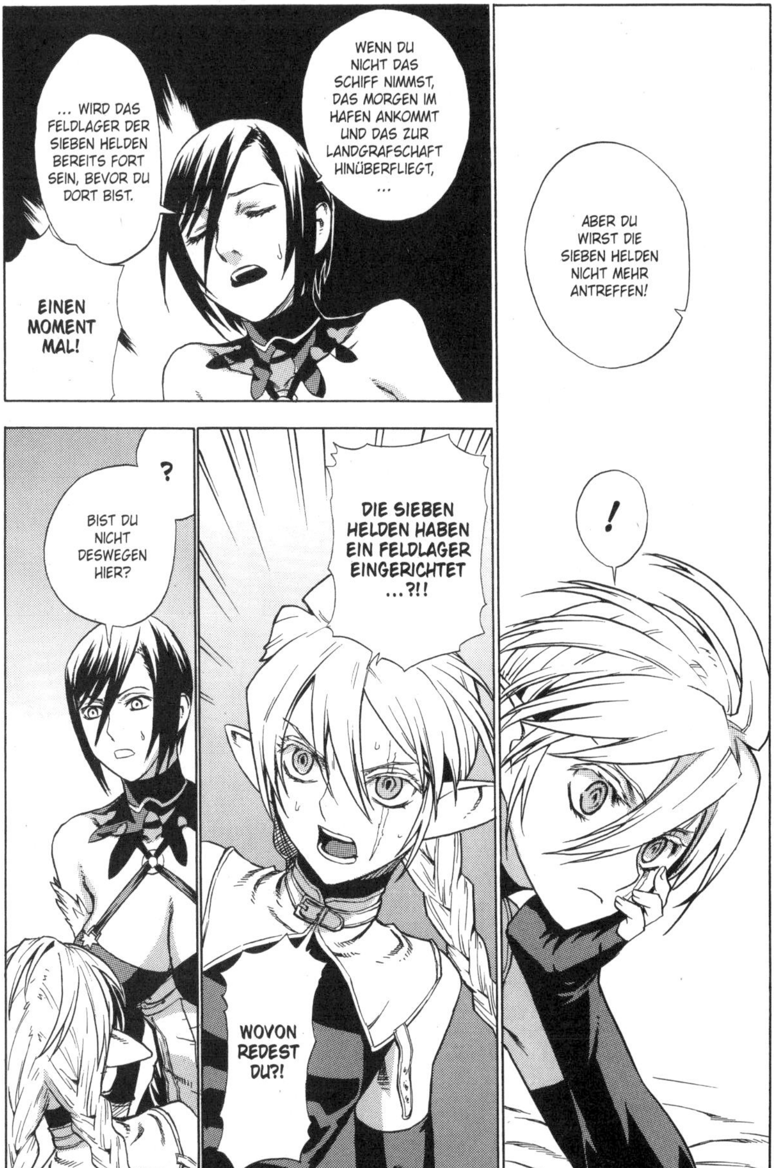
ABER DU WIRST DIE SIEBEN HELDEN NICHT MEHR ANTREFFEN!
WENN DU NICHT DAS SCHIFF NIMMST, DAS MORGEN IM HAFEN ANKOMMT UND DAS ZUR LANDGRAFSCHAFT HINÜBERFLIEGT, ...
... WIRD DAS FELDLAGER DER SIEBEN HELDEN BEREITS FORT SEIN, BEVOR DU DORT BIST.
EINEN MOMENT MAL!
!
DIE SIEBEN HELDEN HABEN EIN FELDLAGER EINGERICHTET ...?!!
WOVON REDEST DU?!
?
BIST DU NICHT DESWEGEN HIER?

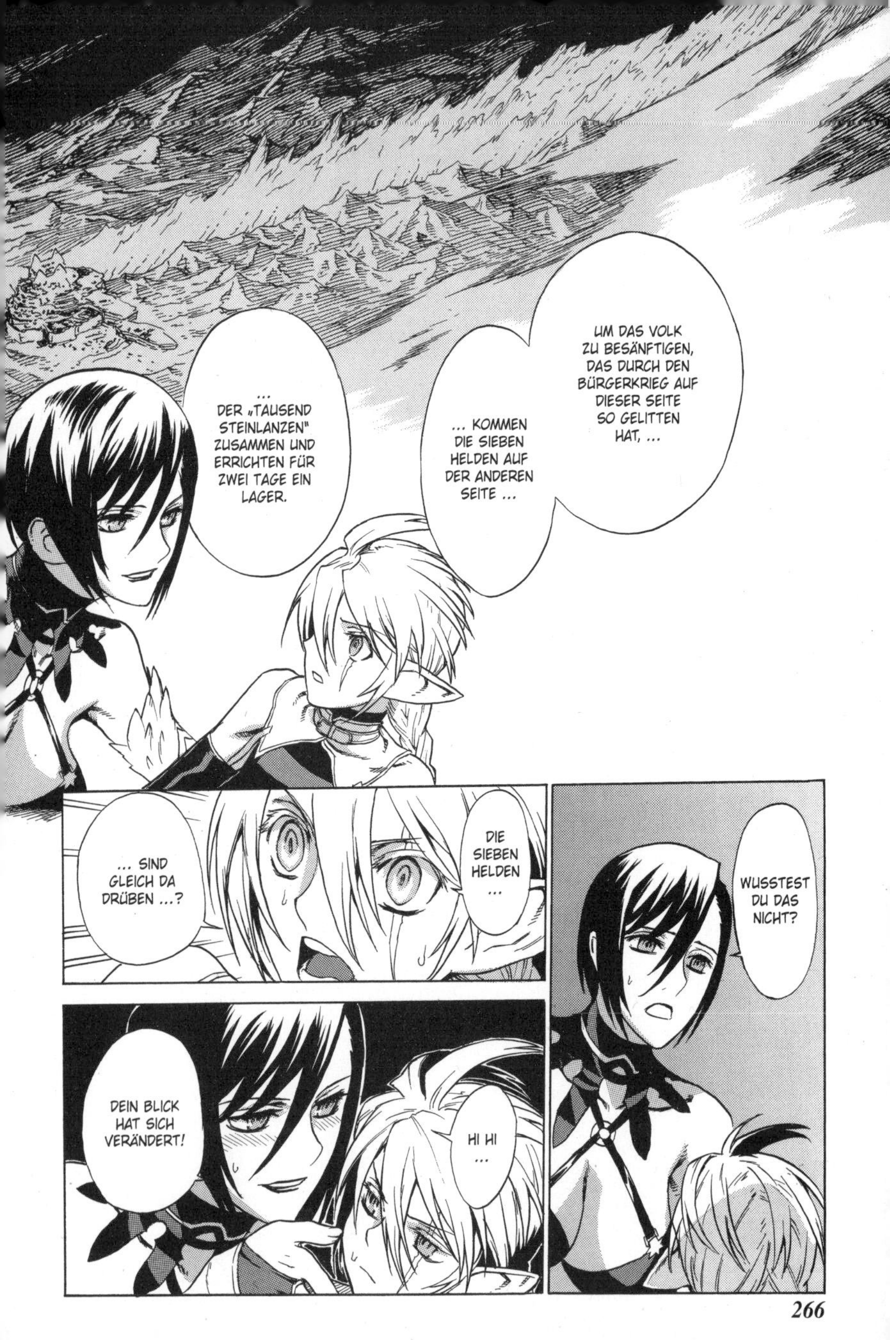
UM DAS VOLK ZU BESÄNFTIGEN, DAS DURCH DEN BÜRGERKRIEG AUF DIESER SEITE SO GELITTEN HAT, …
… KOMMEN DIE SIEBEN HELDEN AUF DER ANDEREN SEITE …
… DER „TAUSEND STEINLANZEN" ZUSAMMEN UND ERRICHTEN FÜR ZWEI TAGE EIN LAGER.
DIE SIEBEN HELDEN …
… SIND GLEICH DA DRÜBEN …?
WUSSTEST DU DAS NICHT?
HI HI …
DEIN BLICK HAT SICH VERÄNDERT!

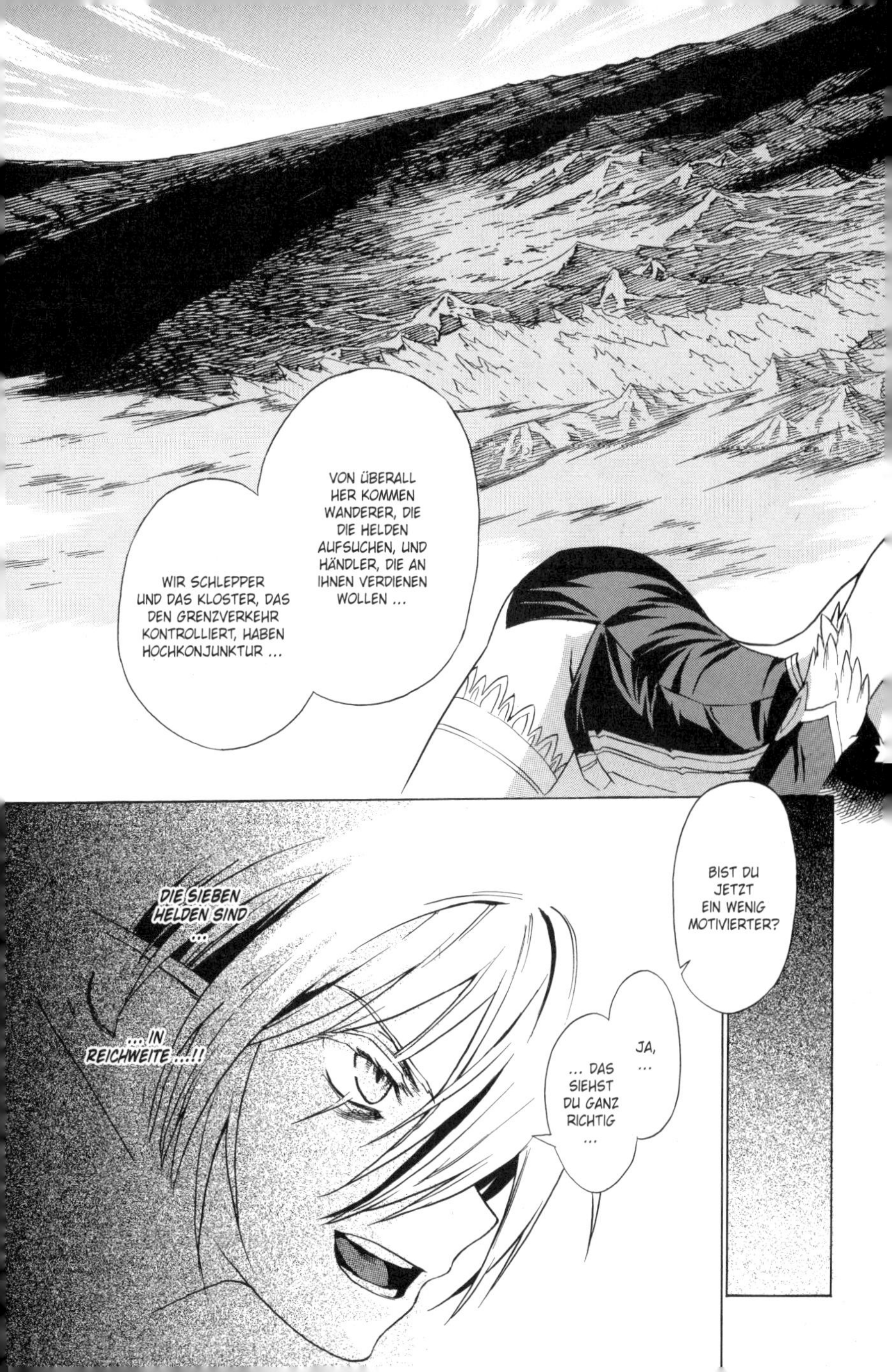
VON ÜBERALL HER KOMMEN WANDERER, DIE DIE HELDEN AUFSUCHEN, UND HÄNDLER, DIE AN IHNEN VERDIENEN WOLLEN …
WIR SCHLEPPER UND DAS KLOSTER, DAS DEN GRENZVERKEHR KONTROLLIERT, HABEN HOCHKONJUNKTUR …
BIST DU JETZT EIN WENIG MOTIVIERTER?
JA, …
… DAS SIEHST DU GANZ RICHTIG …
DIE SIEBEN HELDEN SIND …
… IN REICHWEITE …!!

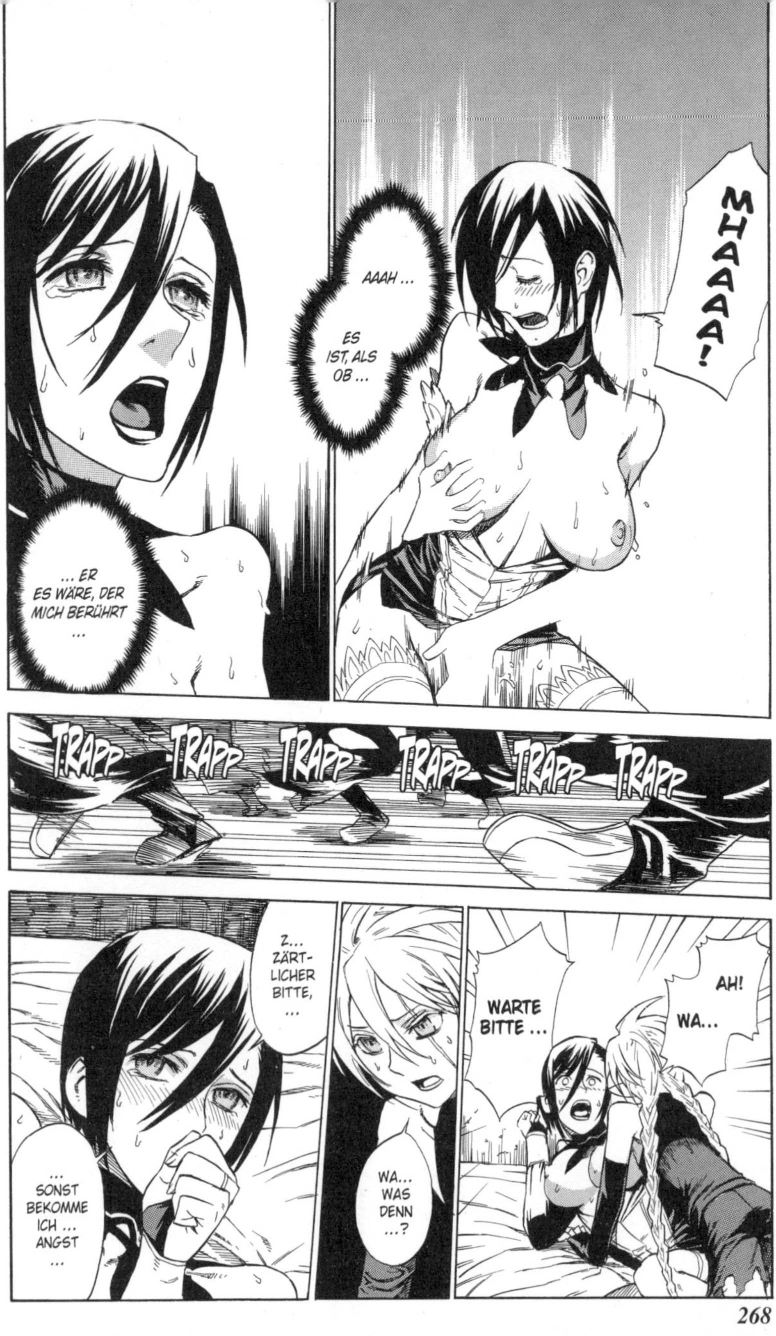
MHAAAAA!
AAAH ...
ES IST, ALS OB ...
... ER ES WÄRE, DER MICH BERÜHRT ...
TRAPP TRAPP TRAPP TRAPP TRAPP TRAPP
AH!
WA...
WARTE BITTE ...
Z... ZÄRTLICHER BITTE, ...
WA... WAS DENN ...?
... SONST BEKOMME ICH ... ANGST ...

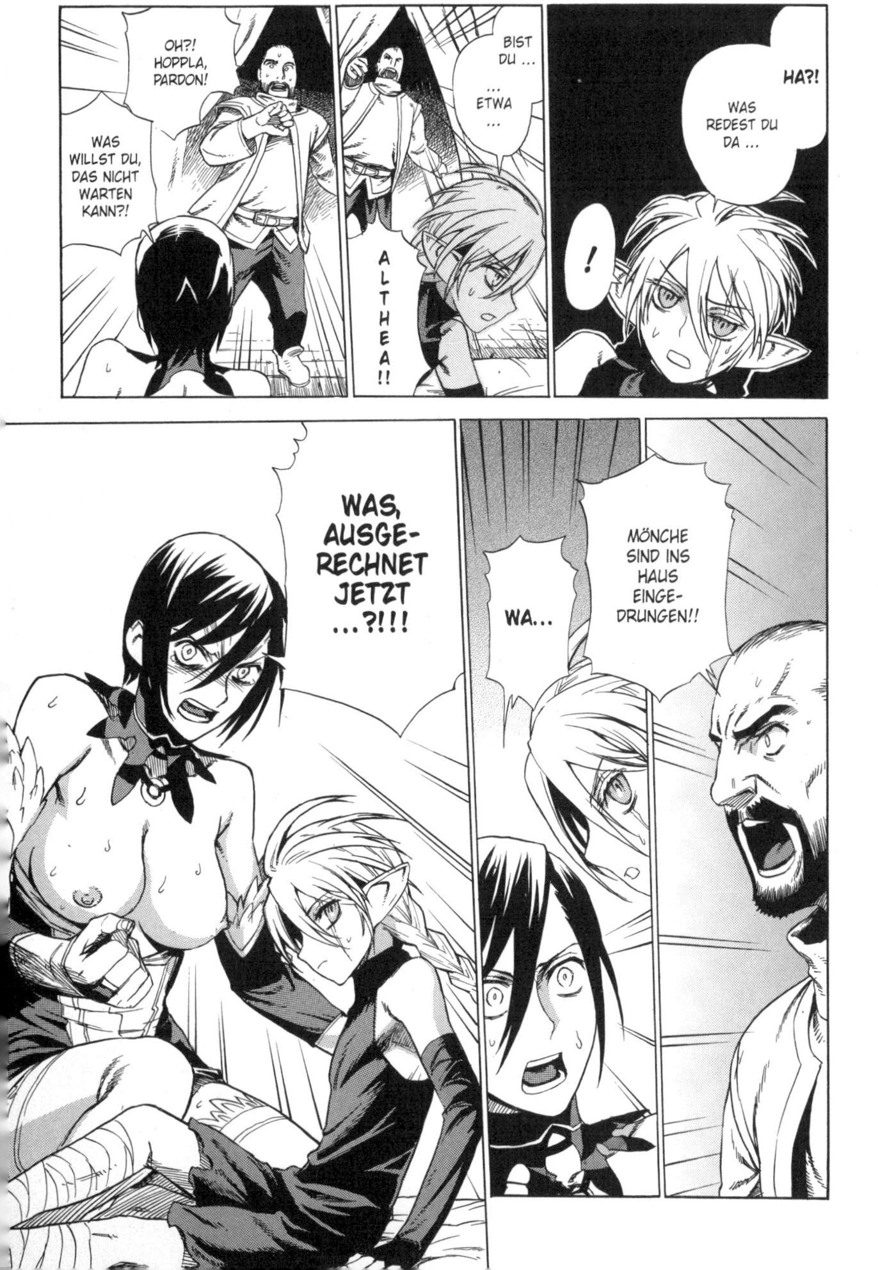
HA?!
WAS REDEST DU DA …
!
BIST DU …
… ETWA …
ALTHEA!!
OH?! HOPPLA, PARDON!
WAS WILLST DU, DAS NICHT WARTEN KANN?!
MÖNCHE SIND INS HAUS EINGE-DRUNGEN!!
WA…
WAS, AUSGE-RECHNET JETZT …?!!!

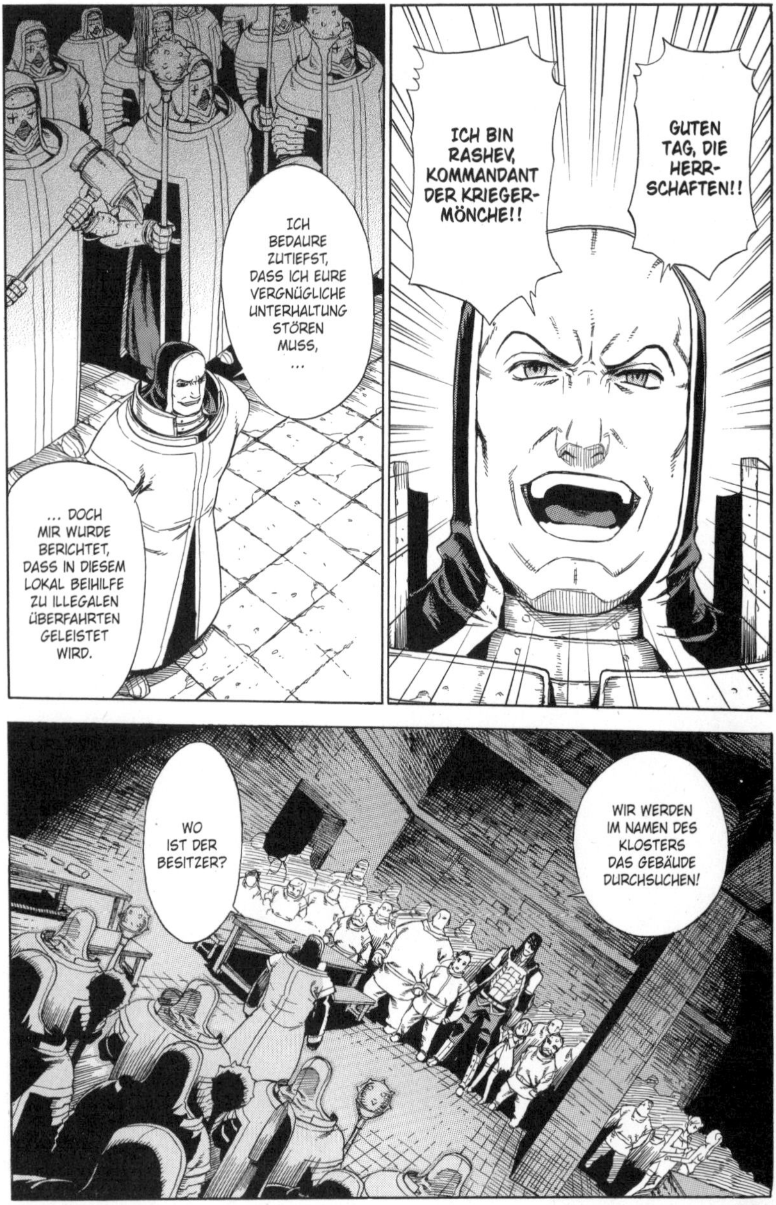
GUTEN TAG, DIE HERR-SCHAFTEN!!
ICH BIN RASHEV, KOMMANDANT DER KRIEGER-MÖNCHE!!
ICH BEDAURE ZUTIEFST, DASS ICH EURE VERGNÜGLICHE UNTERHALTUNG STÖREN MUSS, ...
... DOCH MIR WURDE BERICHTET, DASS IN DIESEM LOKAL BEIHILFE ZU ILLEGALEN ÜBERFAHRTEN GELEISTET WIRD.
WIR WERDEN IM NAMEN DES KLOSTERS DAS GEBÄUDE DURCHSUCHEN!
WO IST DER BESITZER?

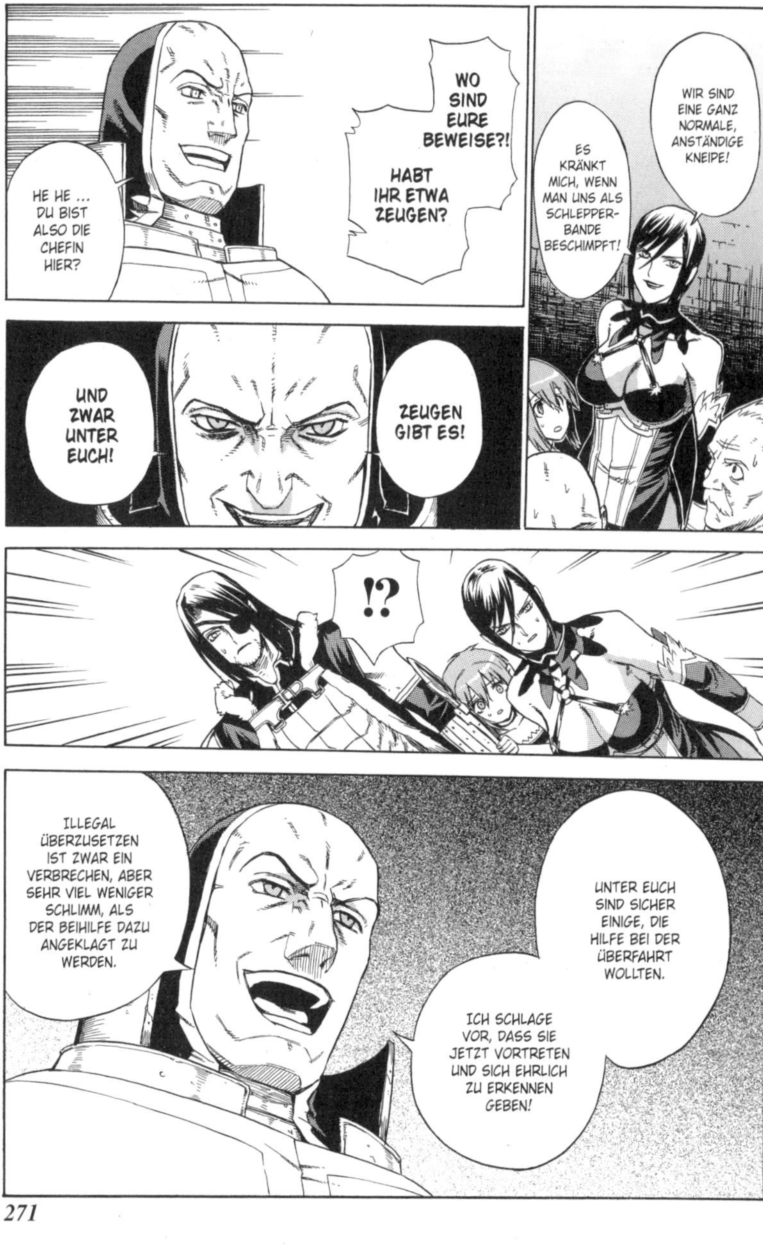

WIR SIND EINE GANZ NORMALE, ANSTÄNDIGE KNEIPE!
ES KRÄNKT MICH, WENN MAN UNS ALS SCHLEPPER-BANDE BESCHIMPFT!
WO SIND EURE BEWEISE?!
HABT IHR ETWA ZEUGEN?
HE HE ... DU BIST ALSO DIE CHEFIN HIER?
ZEUGEN GIBT ES!
UND ZWAR UNTER EUCH!
!?
UNTER EUCH SIND SICHER EINIGE, DIE HILFE BEI DER ÜBERFAHRT WOLLTEN.
ICH SCHLAGE VOR, DASS SIE JETZT VORTRETEN UND SICH EHRLICH ZU ERKENNEN GEBEN!
ILLEGAL ÜBERZUSETZEN IST ZWAR EIN VERBRECHEN, ABER SEHR VIEL WENIGER SCHLIMM, ALS DER BEIHILFE DAZU ANGEKLAGT ZU WERDEN.

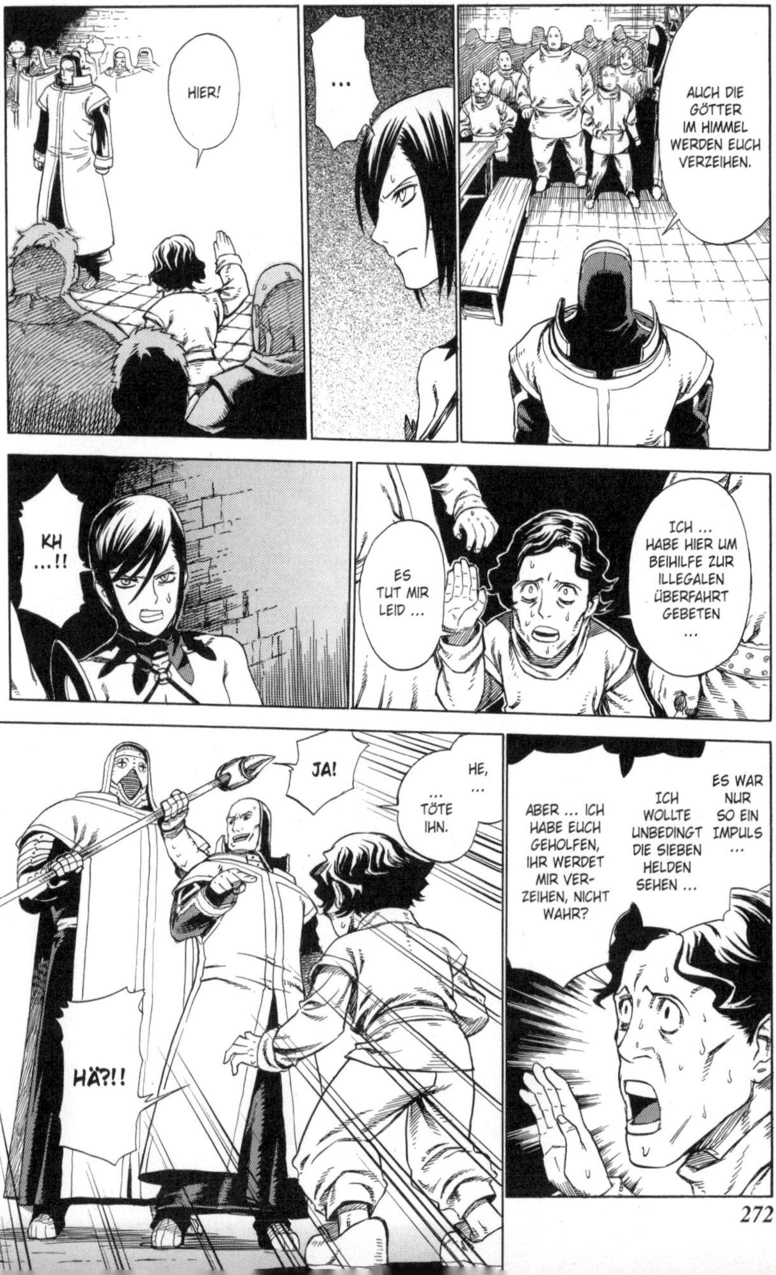
AUCH DIE GÖTTER IM HIMMEL WERDEN EUCH VERZEIHEN.
...
HIER!
ICH ... HABE HIER UM BEIHILFE ZUR ILLEGALEN ÜBERFAHRT GEBETEN ...
ES TUT MIR LEID ...
KH ...!!
ES WAR NUR SO EIN IMPULS ...
ICH WOLLTE UNBEDINGT DIE SIEBEN HELDEN SEHEN ...
ABER ... ICH HABE EUCH GEHOLFEN, IHR WERDET MIR VERZEIHEN, NICHT WAHR?
HE, ...
... TÖTE IHN.
JA!
HÄ?!!

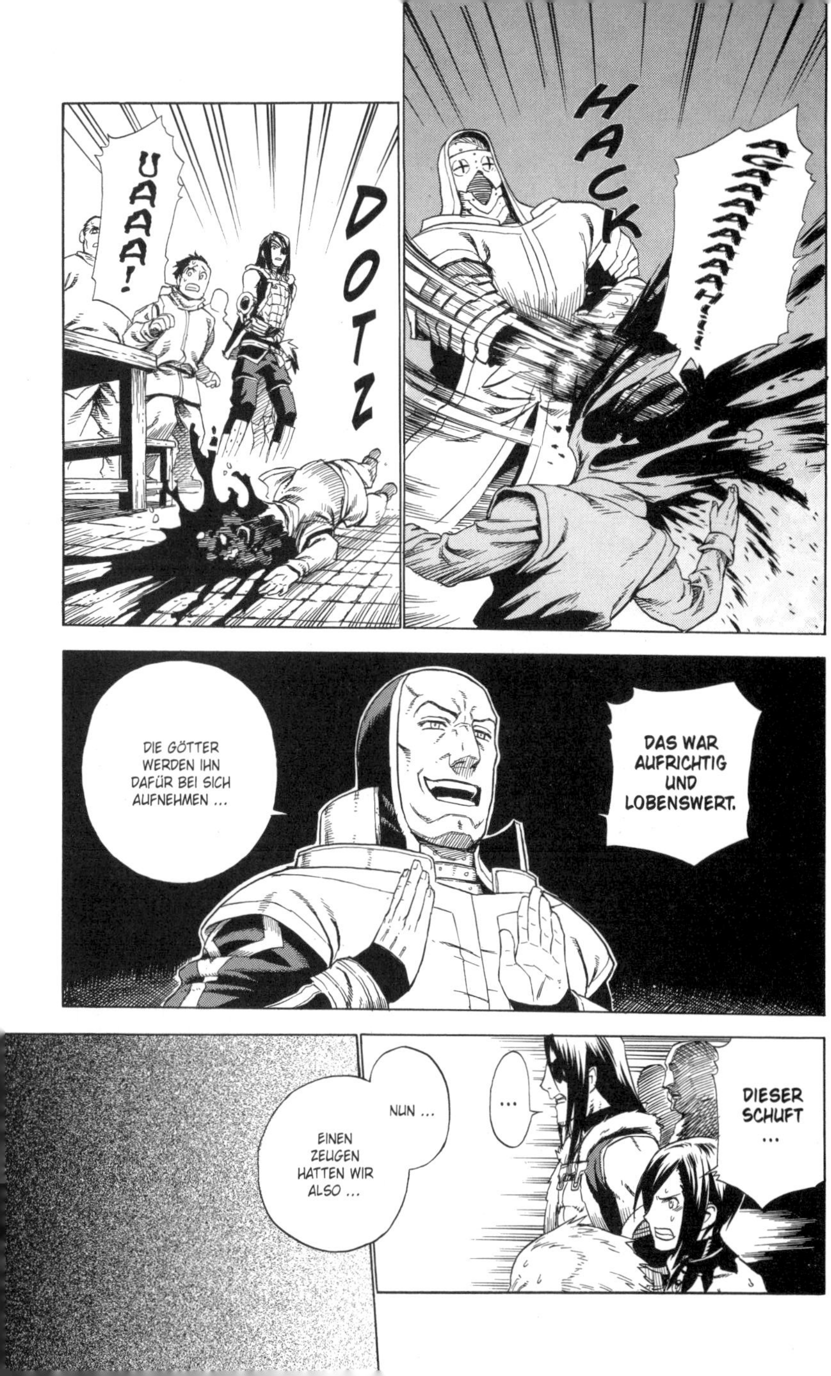
HACK
GAAAAAAAAH!!!!!!
DOTZ
UAAAA!
DAS WAR AUFRICHTIG UND LOBENSWERT.
DIE GÖTTER WERDEN IHN DAFÜR BEI SICH AUFNEHMEN …
DIESER SCHUFT …
…
NUN …
EINEN ZEUGEN HATTEN WIR ALSO …

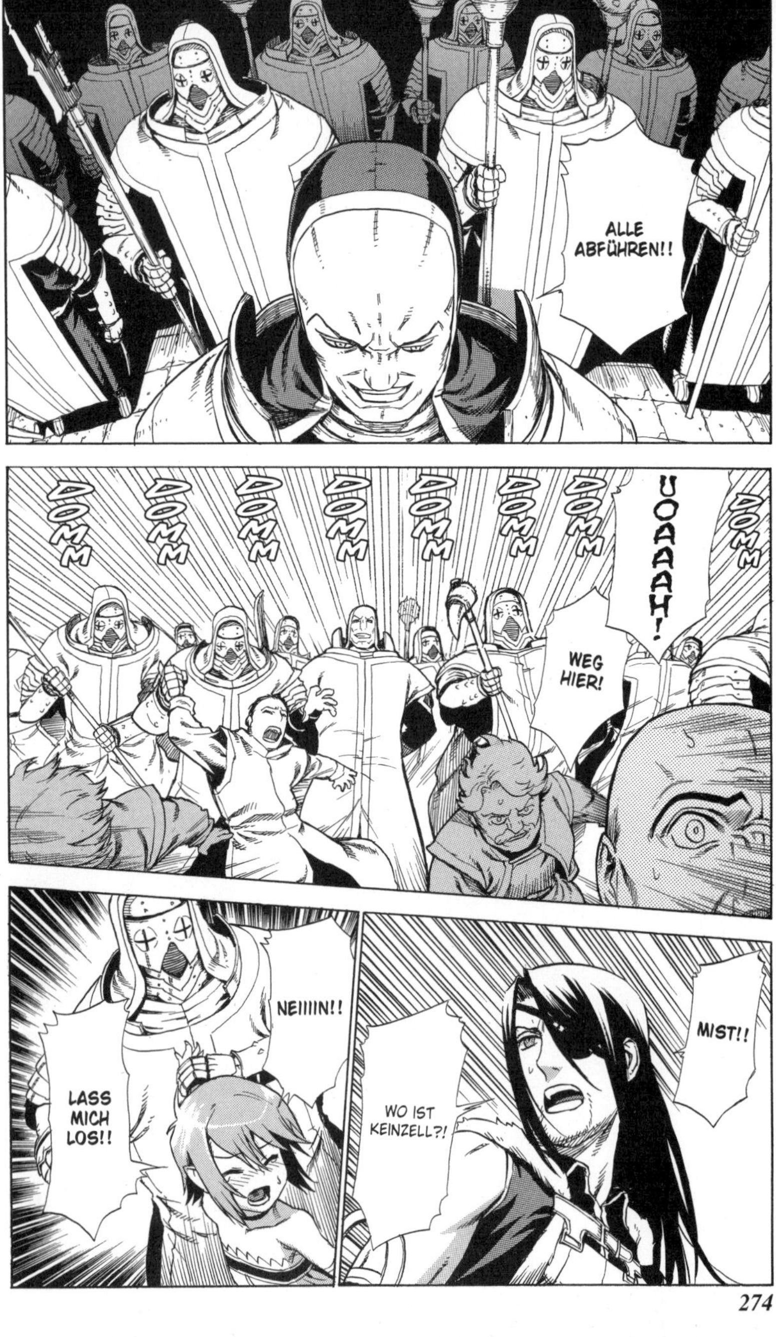
ALLE ABFÜHREN!!
DOMM DOMM DOMM DOMM DOMM DOMM DOMM DOMM
UOAAAAH!
WEG HIER!
MIST!!
WO IST KEINZELL?!
NEIIIIN!!
LASS MICH LOS!!

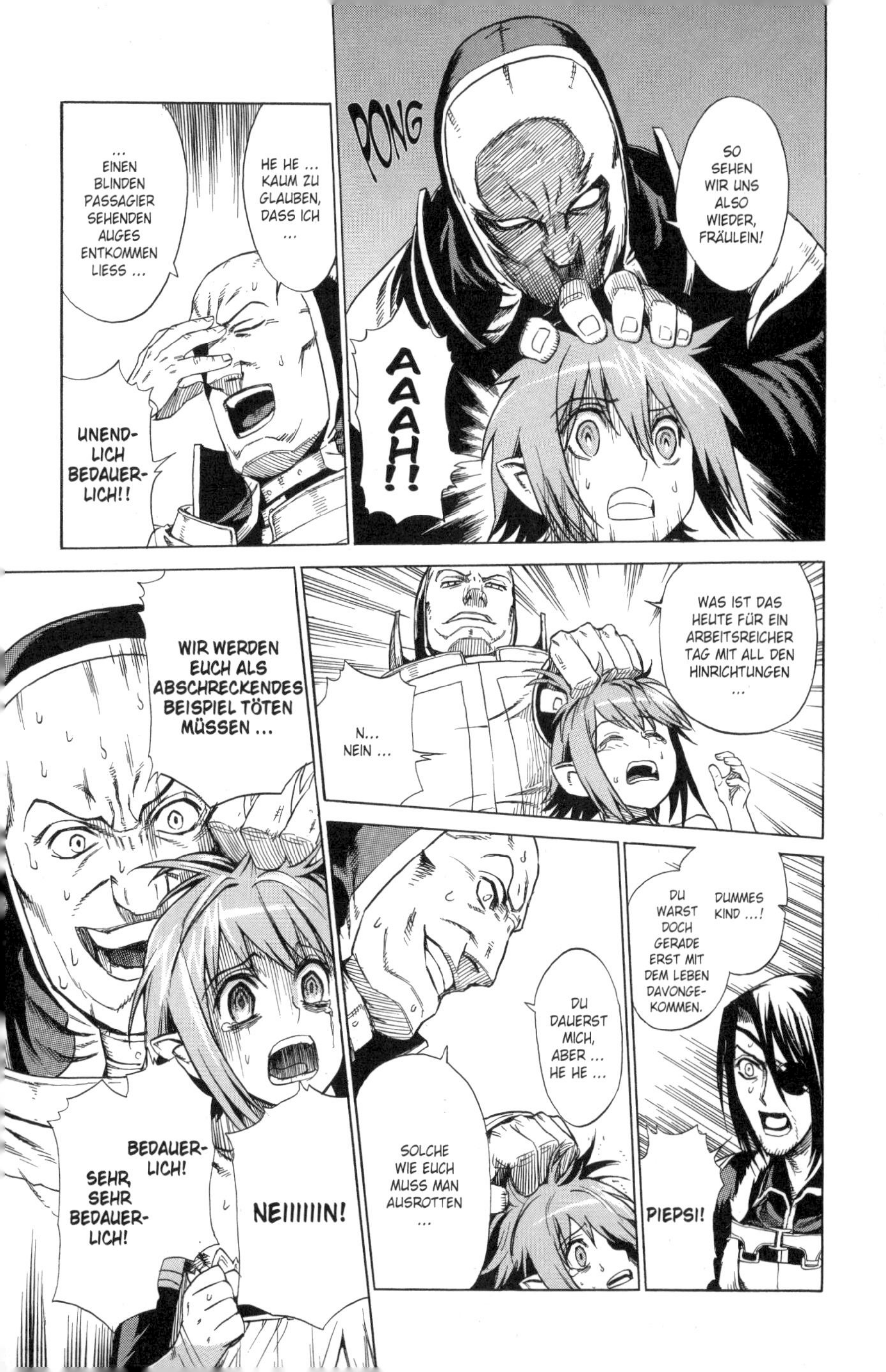
PONG
SO SEHEN WIR UNS ALSO WIEDER, FRÄULEIN!
AAAAH!!
HE HE … KAUM ZU GLAUBEN, DASS ICH …
… EINEN BLINDEN PASSAGIER SEHENDEN AUGES ENTKOMMEN LIESS …
UNEND-LICH BEDAUER-LICH!!
WAS IST DAS HEUTE FÜR EIN ARBEITSREICHER TAG MIT ALL DEN HINRICHTUNGEN …
N… NEIN …
DUMMES KIND …!
DU WARST DOCH GERADE ERST MIT DEM LEBEN DAVONGE-KOMMEN.
PIEPSI!
DU DAUERST MICH, ABER … HE HE …
SOLCHE WIE EUCH MUSS MAN AUSROTTEN …
WIR WERDEN EUCH ALS ABSCHRECKENDES BEISPIEL TÖTEN MÜSSEN …
BEDAUER-LICH!
SEHR, SEHR BEDAUER-LICH!
NEIIIIIIN!

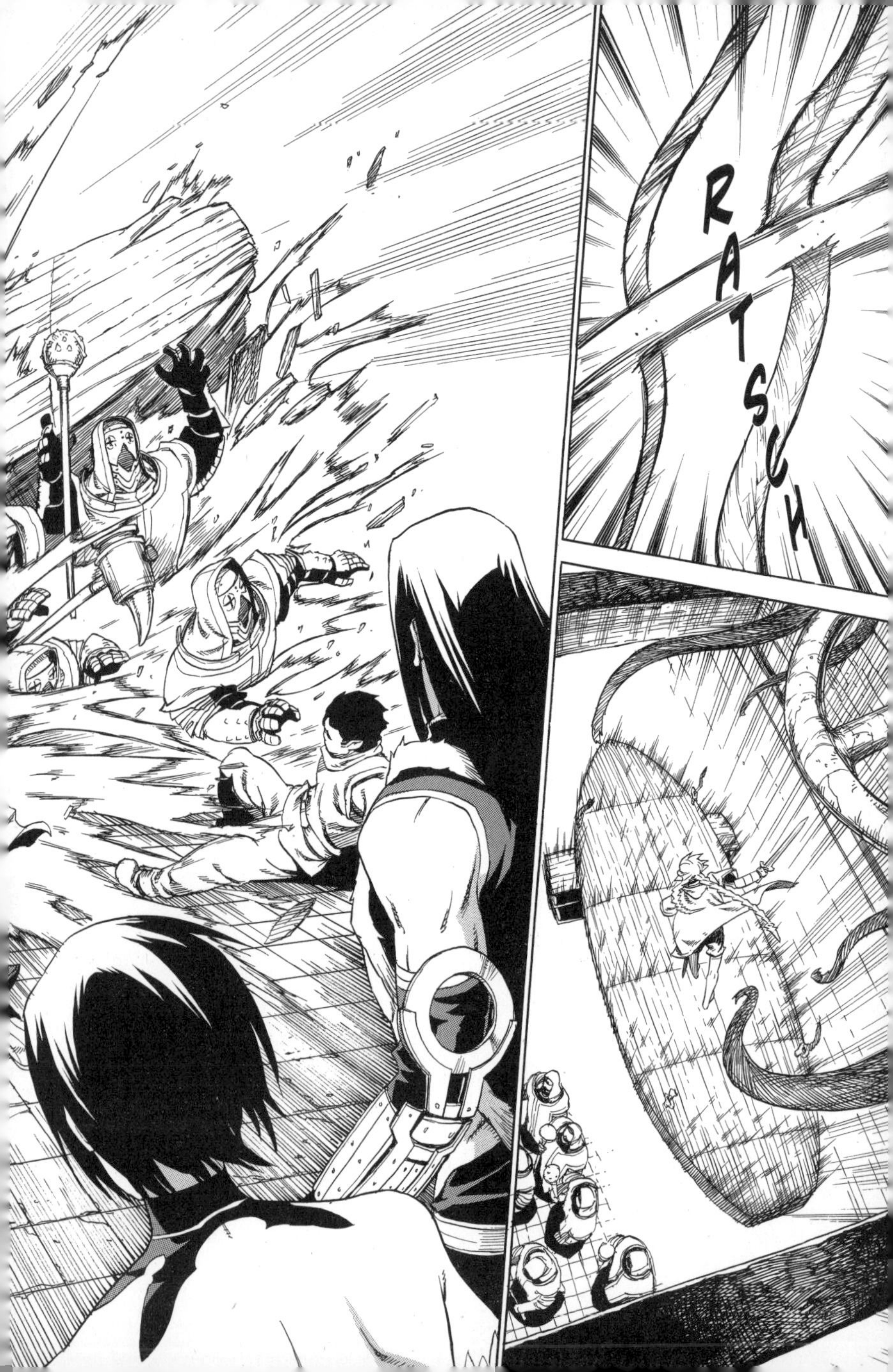
RATSCH

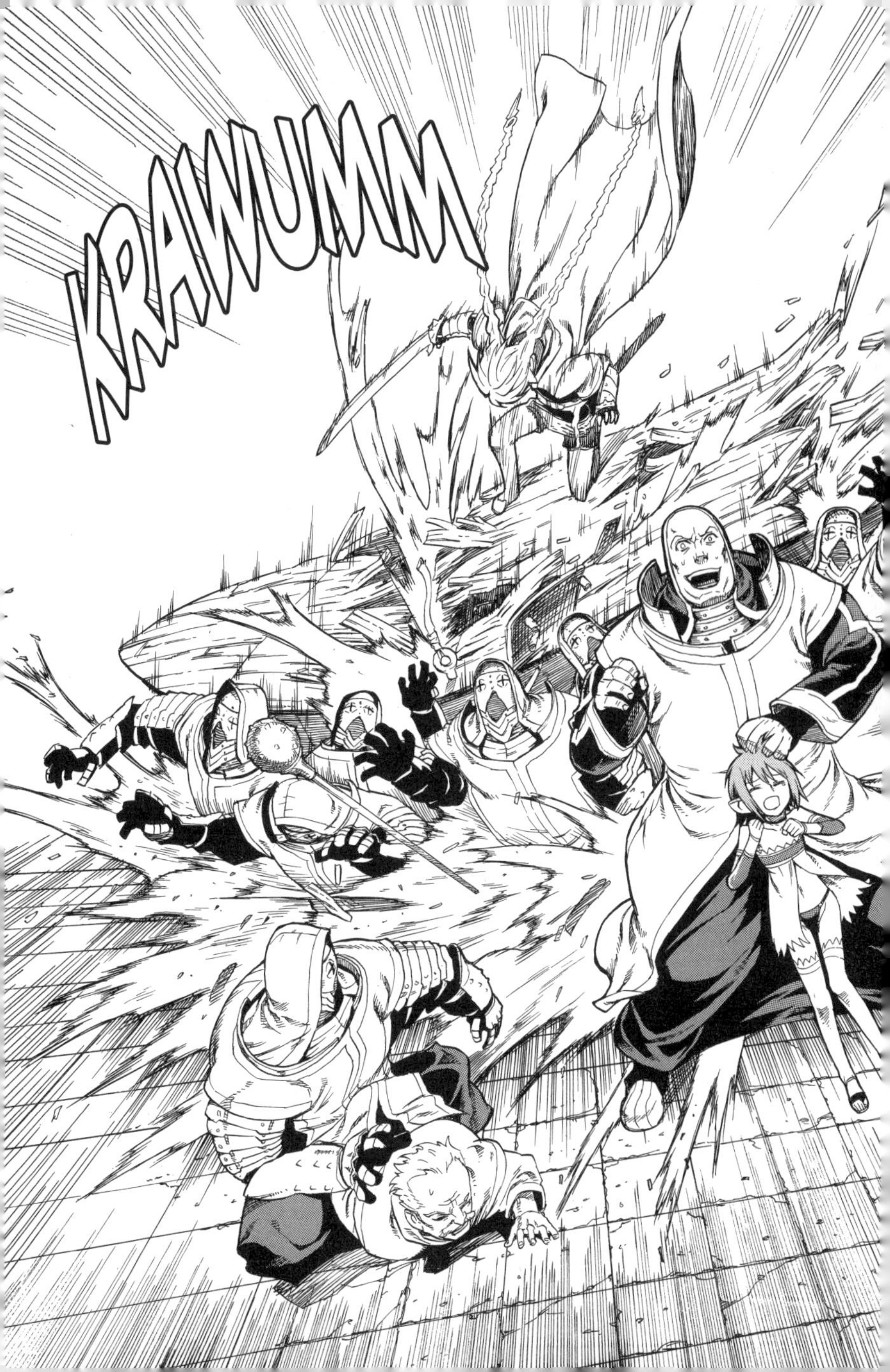
KRAWUMM

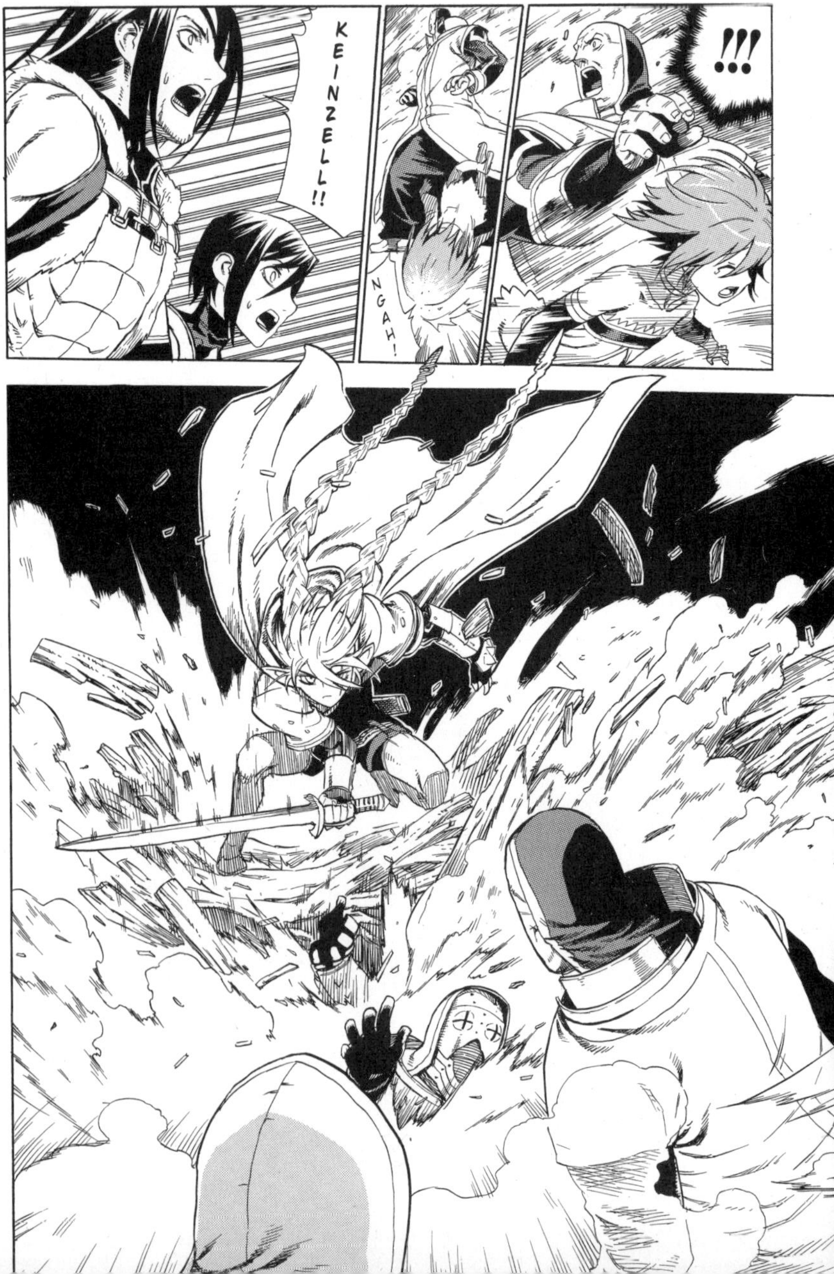

KEINZELL!!
NGAH!
!!!

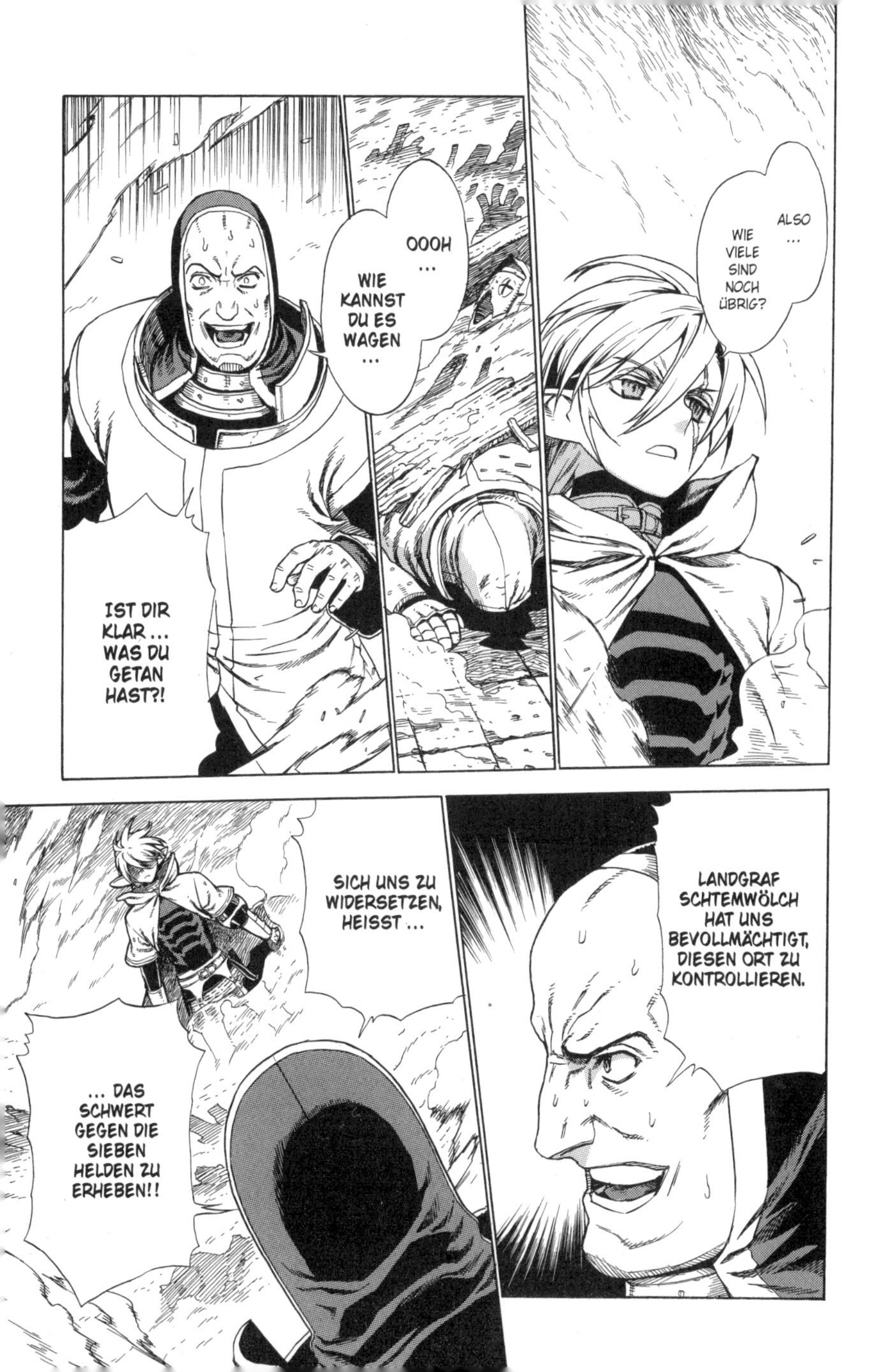
ALSO … WIE VIELE SIND NOCH ÜBRIG?
OOOH … WIE KANNST DU ES WAGEN …
IST DIR KLAR … WAS DU GETAN HAST?!
LANDGRAF SCHTEMWÖLCH HAT UNS BEVOLLMÄCHTIGT, DIESEN ORT ZU KONTROLLIEREN.
SICH UNS ZU WIDERSETZEN, HEISST …
… DAS SCHWERT GEGEN DIE SIEBEN HELDEN ZU ERHEBEN!!

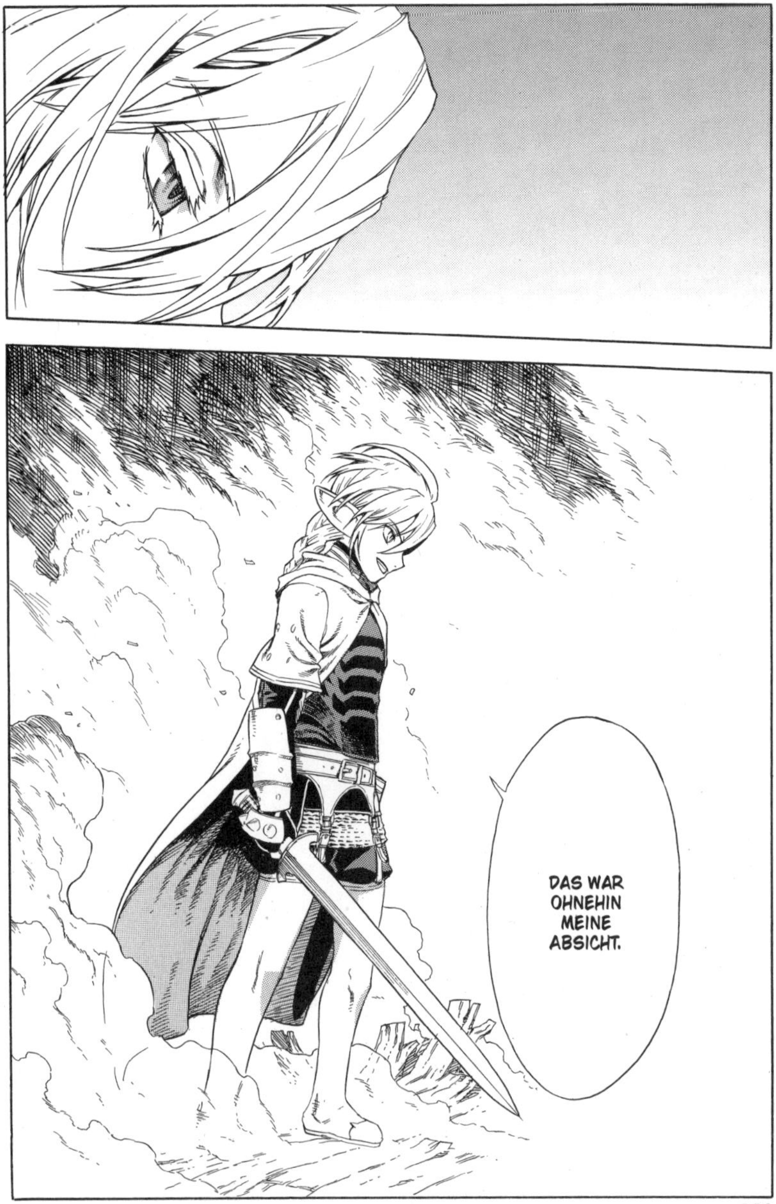
DAS WAR OHNEHIN MEINE ABSICHT.

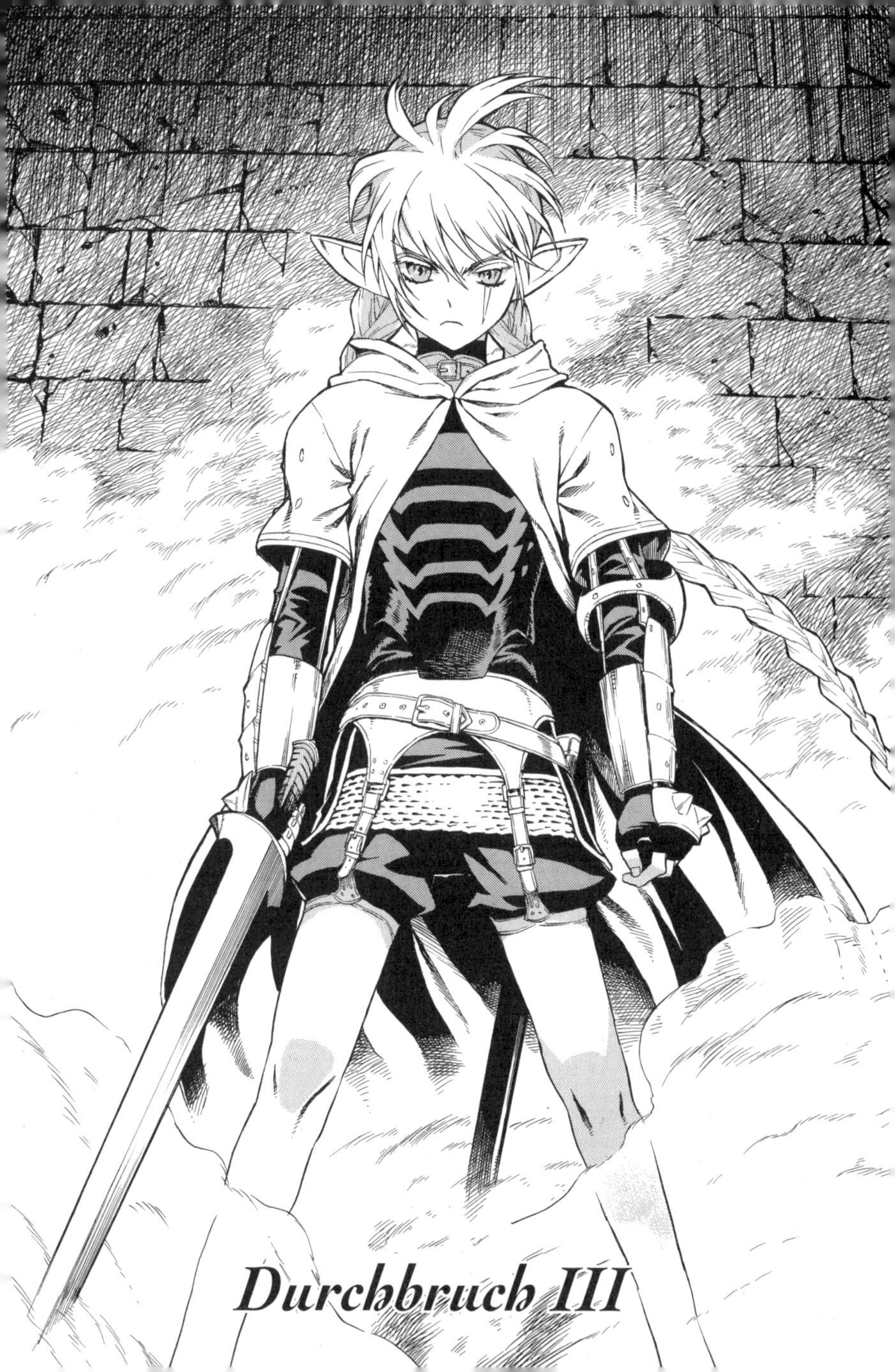
Durchbruch III

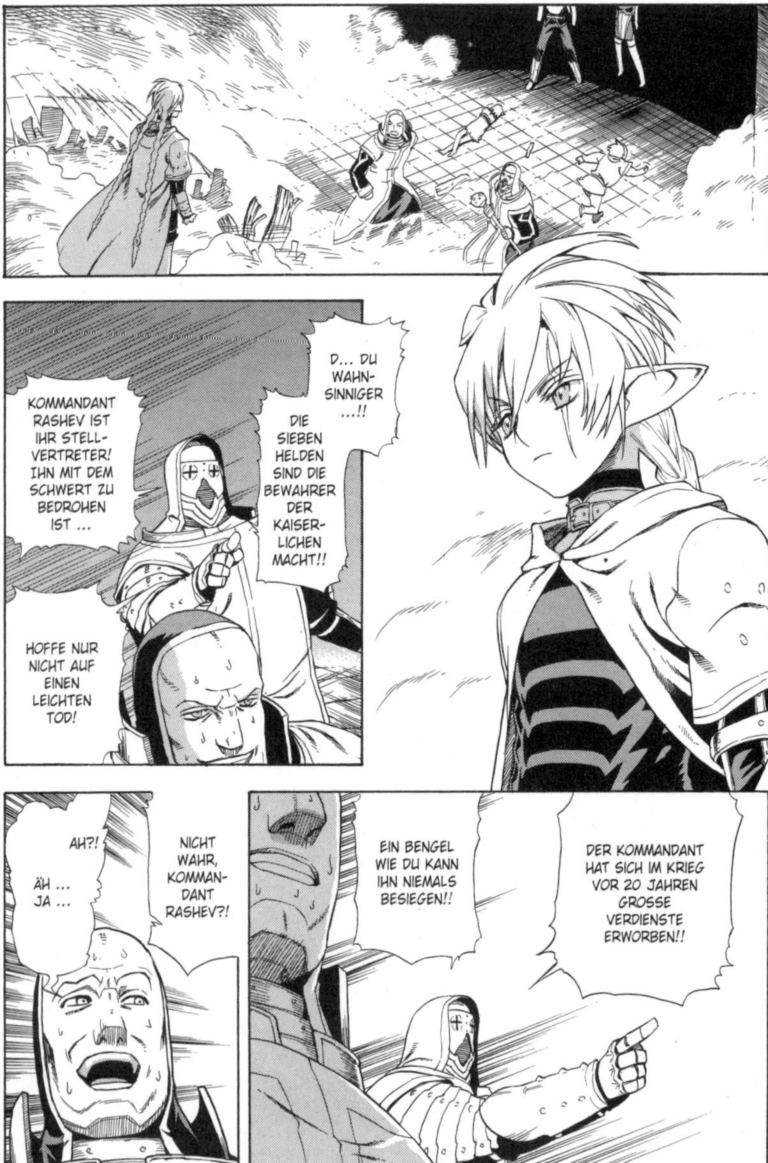
D… DU WAHNSINNIGER …!!
DIE SIEBEN HELDEN SIND DIE BEWAHRER DER KAISERLICHEN MACHT!!
KOMMANDANT RASHEV IST IHR STELLVERTRETER! IHN MIT DEM SCHWERT ZU BEDROHEN IST …
HOFFE NUR NICHT AUF EINEN LEICHTEN TOD!
DER KOMMANDANT HAT SICH IM KRIEG VOR 20 JAHREN GROSSE VERDIENSTE ERWORBEN!!
EIN BENGEL WIE DU KANN IHN NIEMALS BESIEGEN!!
NICHT WAHR, KOMMANDANT RASHEV?!
AH?!
ÄH … JA …

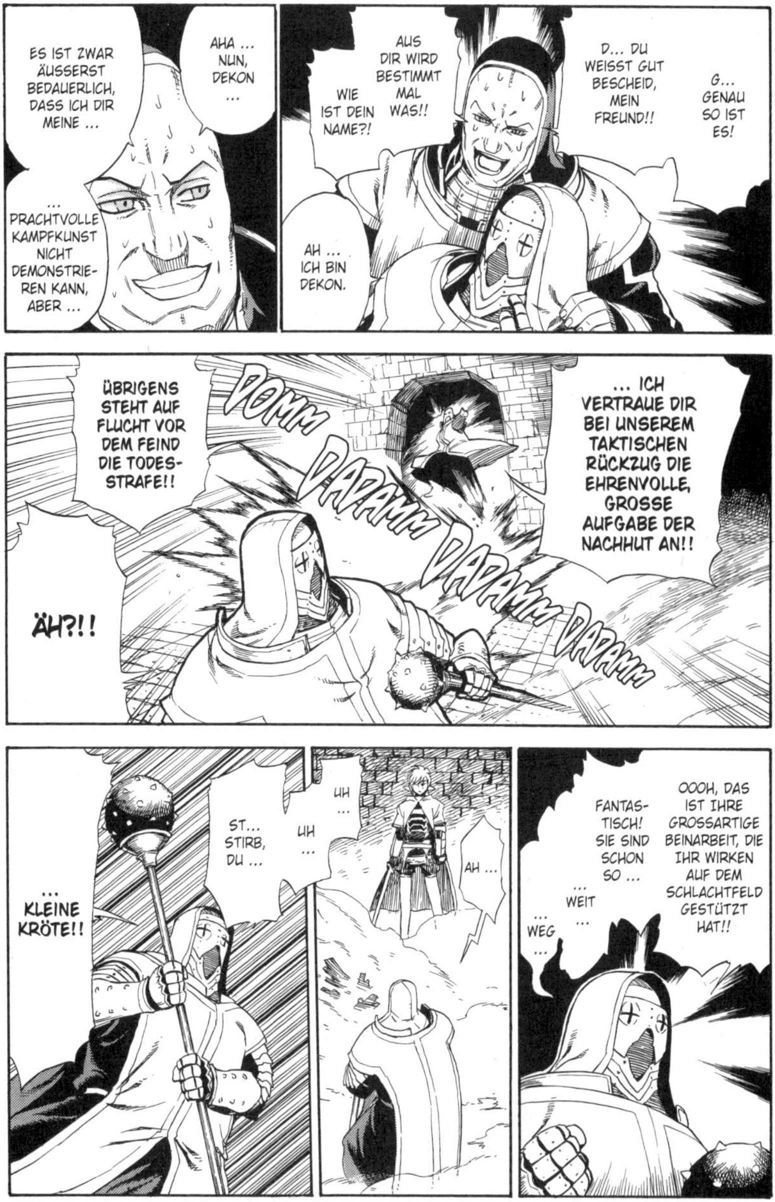
G... GENAU SO IST ES!
D... DU WEISST GUT BESCHEID, MEIN FREUND!!
AUS DIR WIRD BESTIMMT MAL WAS!!
WIE IST DEIN NAME?!
AH ... ICH BIN DEKON.
AHA ... NUN, DEKON ...
ES IST ZWAR ÄUSSERST BEDAUERLICH, DASS ICH DIR MEINE ...
... PRACHTVOLLE KAMPFKUNST NICHT DEMONSTRIEREN KANN, ABER ...
... ICH VERTRAUE DIR BEI UNSEREM TAKTISCHEN RÜCKZUG DIE EHRENVOLLE, GROSSE AUFGABE DER NACHHUT AN!!
DOMM DADAMM DADAMM DADAMM
ÜBRIGENS STEHT AUF FLUCHT VOR DEM FEIND DIE TODESSTRAFE!!
ÄH?!!
OOOH, DAS IST IHRE GROSSARTIGE BEINARBEIT, DIE IHR WIRKEN AUF DEM SCHLACHTFELD GESTÜTZT HAT!!
FANTASTISCH! SIE SIND SCHON SO ...
... WEIT ...
... WEG ...
AH ...
UH ...
UH ...
ST... STIRB, DU ...
... KLEINE KRÖTE!!

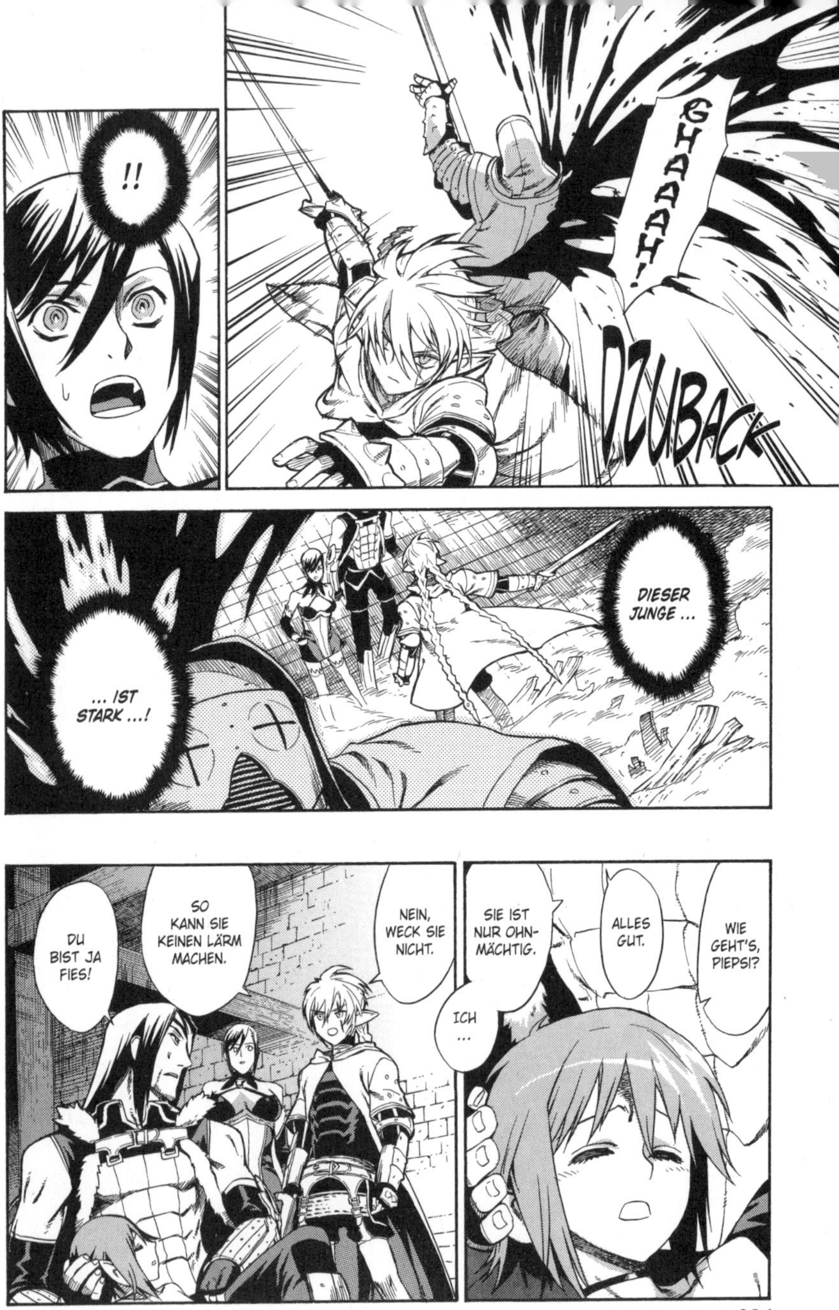
GHAAAAH!
DZUBACK
!!
DIESER JUNGE …
… IST STARK …!
WIE GEHT'S, PIEPSI?
ALLES GUT.
ICH …
SIE IST NUR OHNMÄCHTIG.
NEIN, WECK SIE NICHT.
SO KANN SIE KEINEN LÄRM MACHEN.
DU BIST JA FIES!

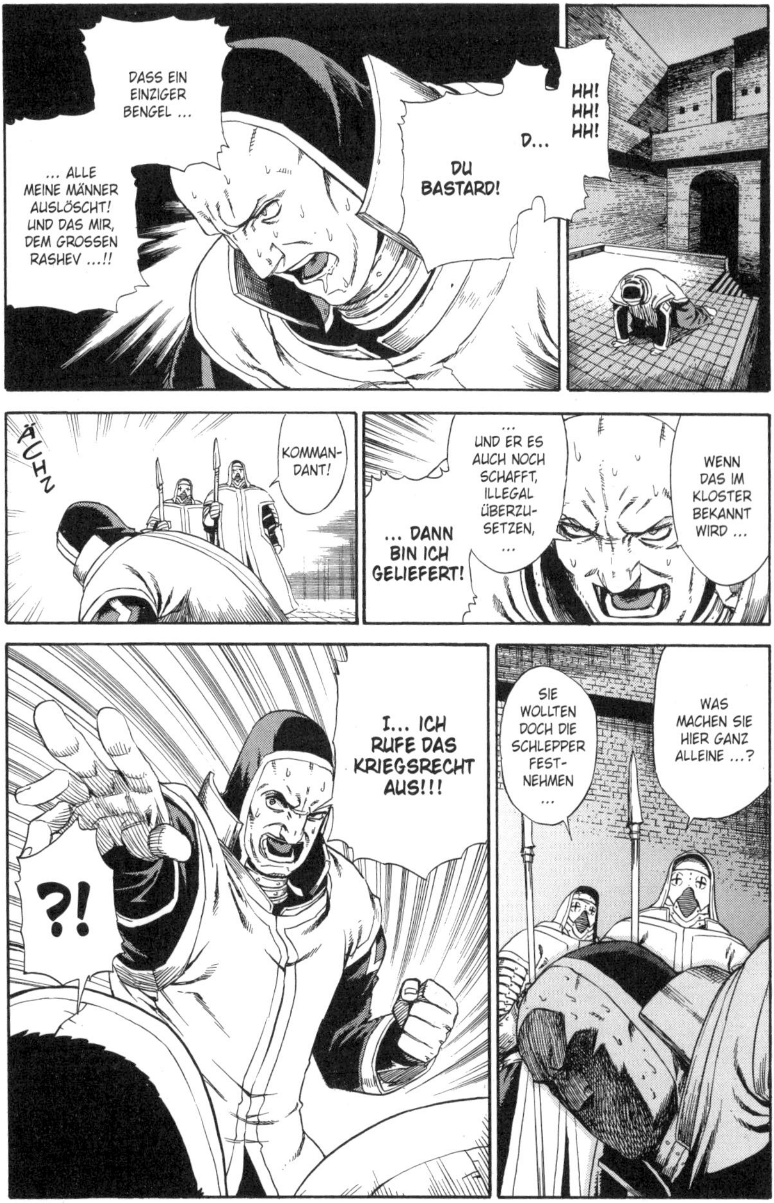
HH! HH! HH!
D...
DU BASTARD!
DASS EIN EINZIGER BENGEL ...
... ALLE MEINE MÄNNER AUSLÖSCHT! UND DAS MIR, DEM GROSSEN RASHEV ...!!
WENN DAS IM KLOSTER BEKANNT WIRD ...
... UND ER ES AUCH NOCH SCHAFFT, ILLEGAL ÜBERZUSETZEN, ...
... DANN BIN ICH GELIEFERT!
KOMMAN-DANT!
ÄCHZ
WAS MACHEN SIE HIER GANZ ALLEINE ...?
SIE WOLLTEN DOCH DIE SCHLEPPER FEST-NEHMEN ...
I... ICH RUFE DAS KRIEGSRECHT AUS!!!
?!

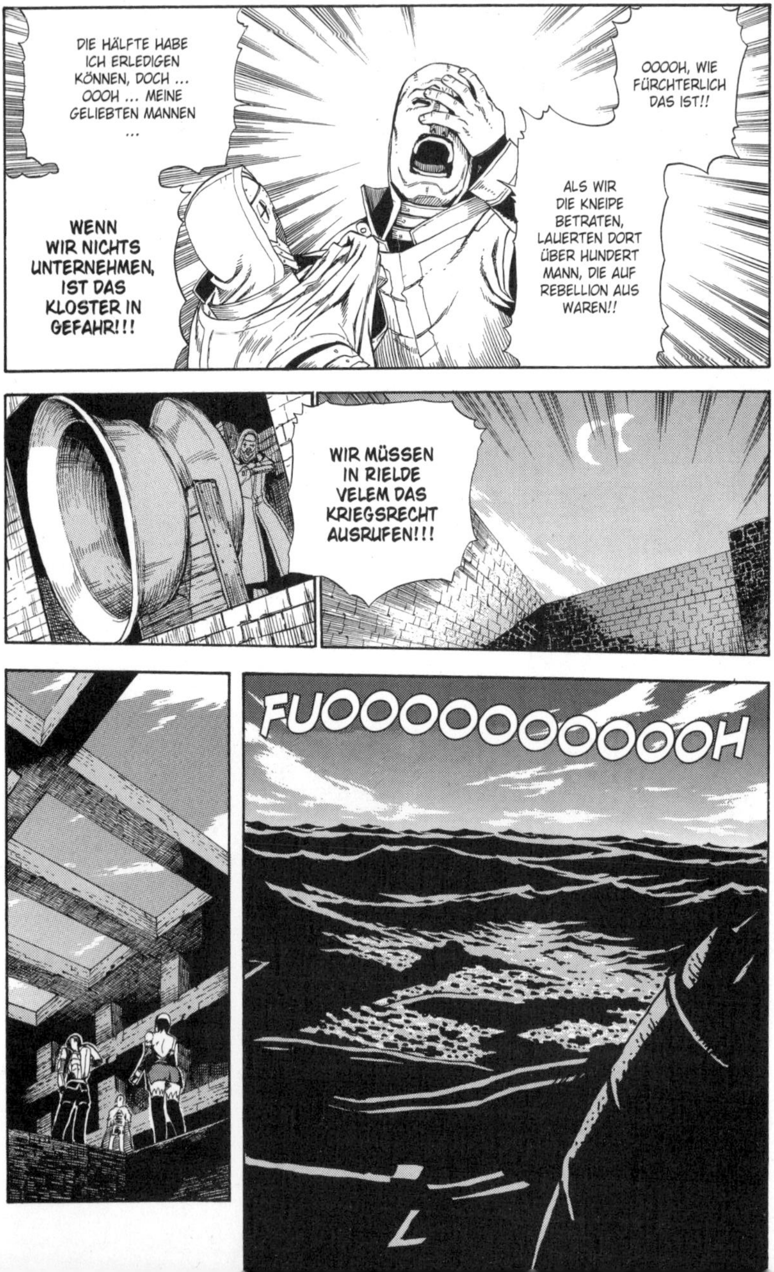
OOOOH, WIE FÜRCHTERLICH DAS IST!!
DIE HÄLFTE HABE ICH ERLEDIGEN KÖNNEN, DOCH … OOOH … MEINE GELIEBTEN MANNEN …
ALS WIR DIE KNEIPE BETRATEN, LAUERTEN DORT ÜBER HUNDERT MANN, DIE AUF REBELLION AUS WAREN!!
WENN WIR NICHTS UNTERNEHMEN, IST DAS KLOSTER IN GEFAHR!!!
WIR MÜSSEN IN RIELDE VELEM DAS KRIEGSRECHT AUSRUFEN!!!
FUOOOOOOOOOOOOH

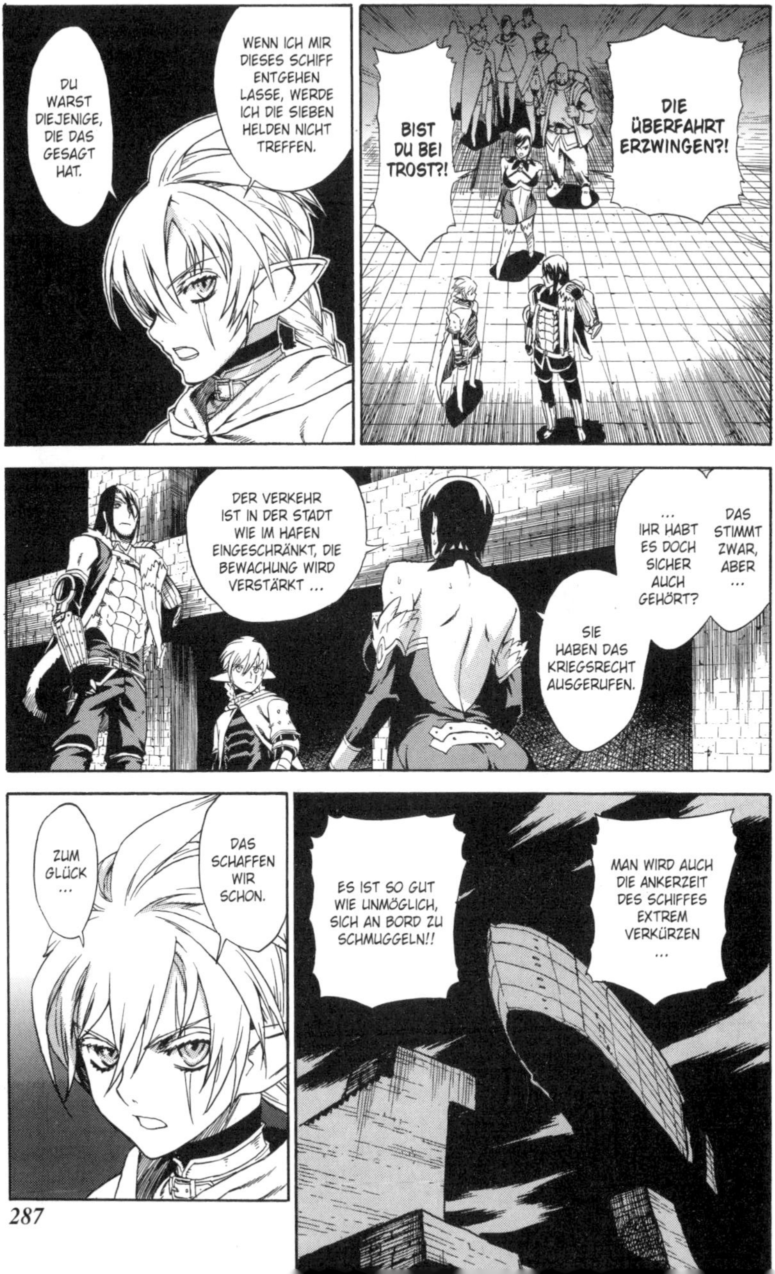

DIE ÜBERFAHRT ERZWINGEN?!
BIST DU BEI TROST?!
WENN ICH MIR DIESES SCHIFF ENTGEHEN LASSE, WERDE ICH DIE SIEBEN HELDEN NICHT TREFFEN.
DU WARST DIEJENIGE, DIE DAS GESAGT HAT.
DAS STIMMT ZWAR, ABER …
… IHR HABT ES DOCH SICHER AUCH GEHÖRT?
SIE HABEN DAS KRIEGSRECHT AUSGERUFEN.
DER VERKEHR IST IN DER STADT WIE IM HAFEN EINGESCHRÄNKT, DIE BEWACHUNG WIRD VERSTÄRKT …
MAN WIRD AUCH DIE ANKERZEIT DES SCHIFFES EXTREM VERKÜRZEN …
ES IST SO GUT WIE UNMÖGLICH, SICH AN BORD ZU SCHMUGGELN!!
DAS SCHAFFEN WIR SCHON.
ZUM GLÜCK …

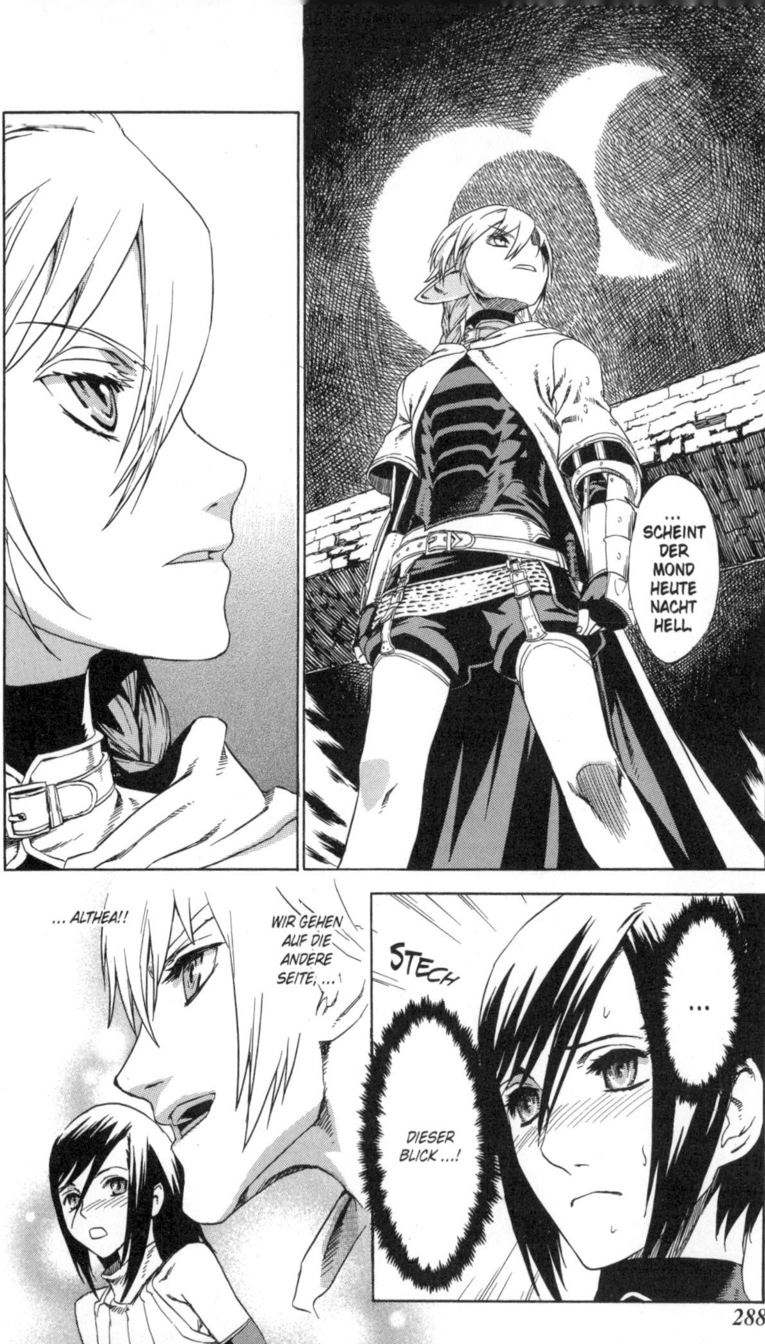
... SCHEINT DER MOND HEUTE NACHT HELL.
STECH
...
DIESER BLICK ...!
WIR GEHEN AUF DIE ANDERE SEITE, ...
... ALTHEA!!

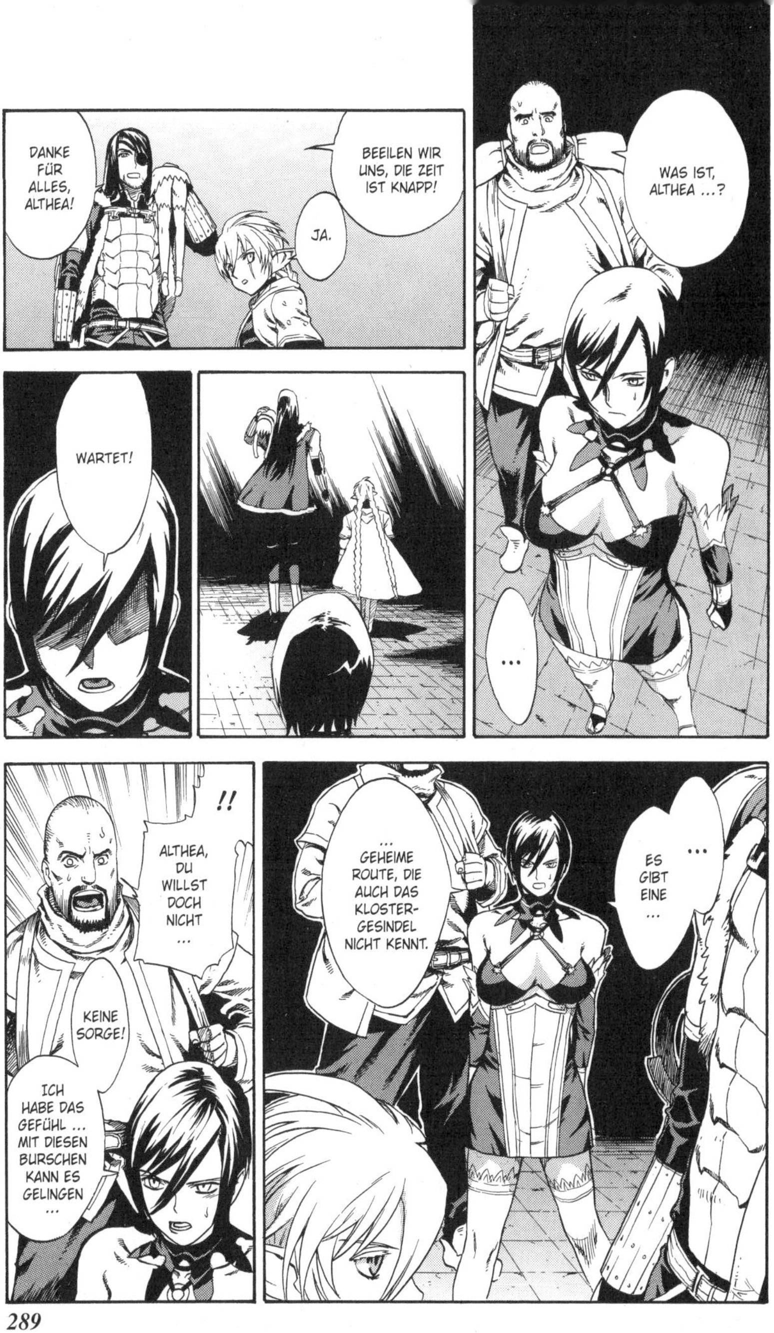
DANKE FÜR ALLES, ALTHEA!
BEEILEN WIR UNS, DIE ZEIT IST KNAPP!
JA.
WARTET!
WAS IST, ALTHEA ...?
...
ES GIBT EINE ...
...
... GEHEIME ROUTE, DIE AUCH DAS KLOSTER-GESINDEL NICHT KENNT.
!!
ALTHEA, DU WILLST DOCH NICHT ...
KEINE SORGE!
ICH HABE DAS GEFÜHL ... MIT DIESEN BURSCHEN KANN ES GELINGEN ...

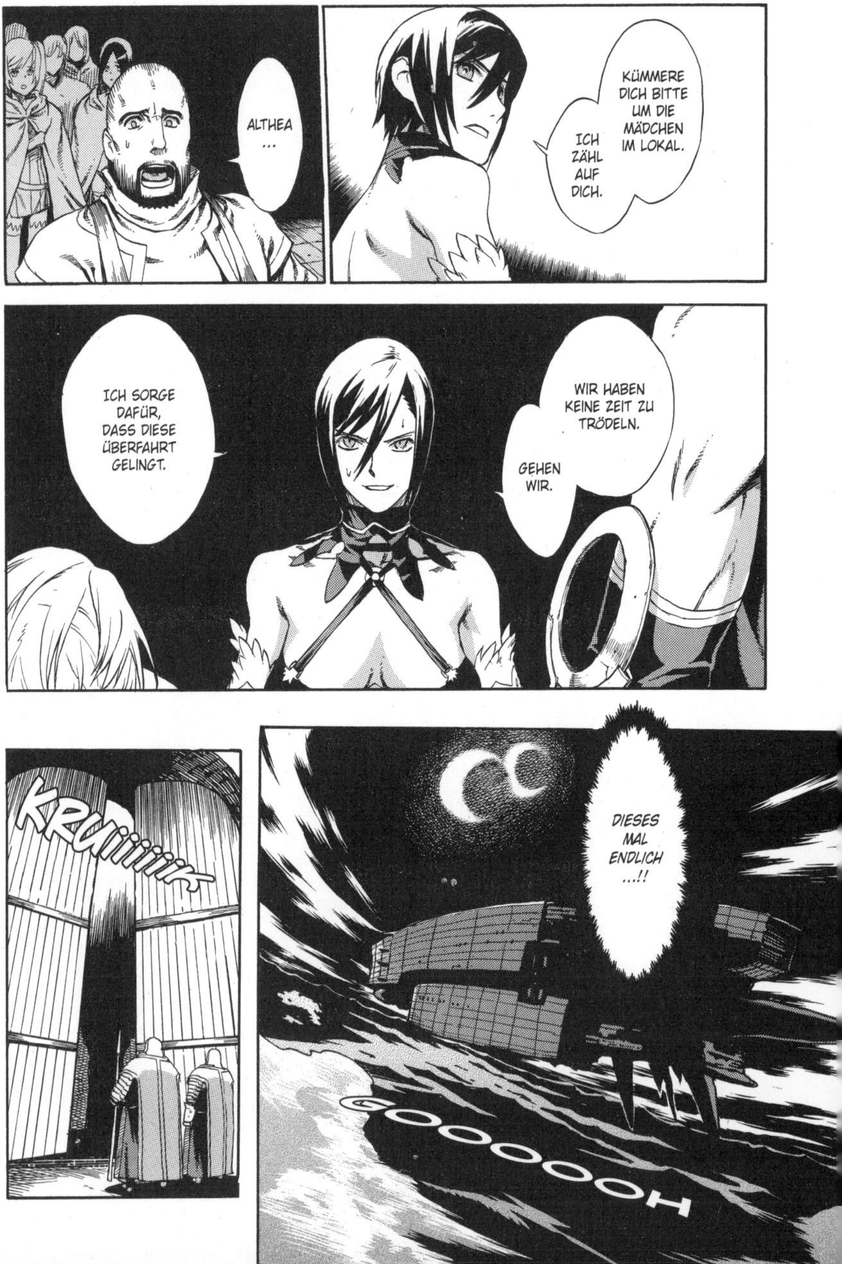
KÜMMERE DICH BITTE UM DIE MÄDCHEN IM LOKAL.
ICH ZÄHL AUF DICH.
ALTHEA …
WIR HABEN KEINE ZEIT ZU TRÖDELN.
GEHEN WIR.
ICH SORGE DAFÜR, DASS DIESE ÜBERFAHRT GELINGT.
DIESES MAL ENDLICH …!!
GOOOOOOH
KRUIIIIIIIK

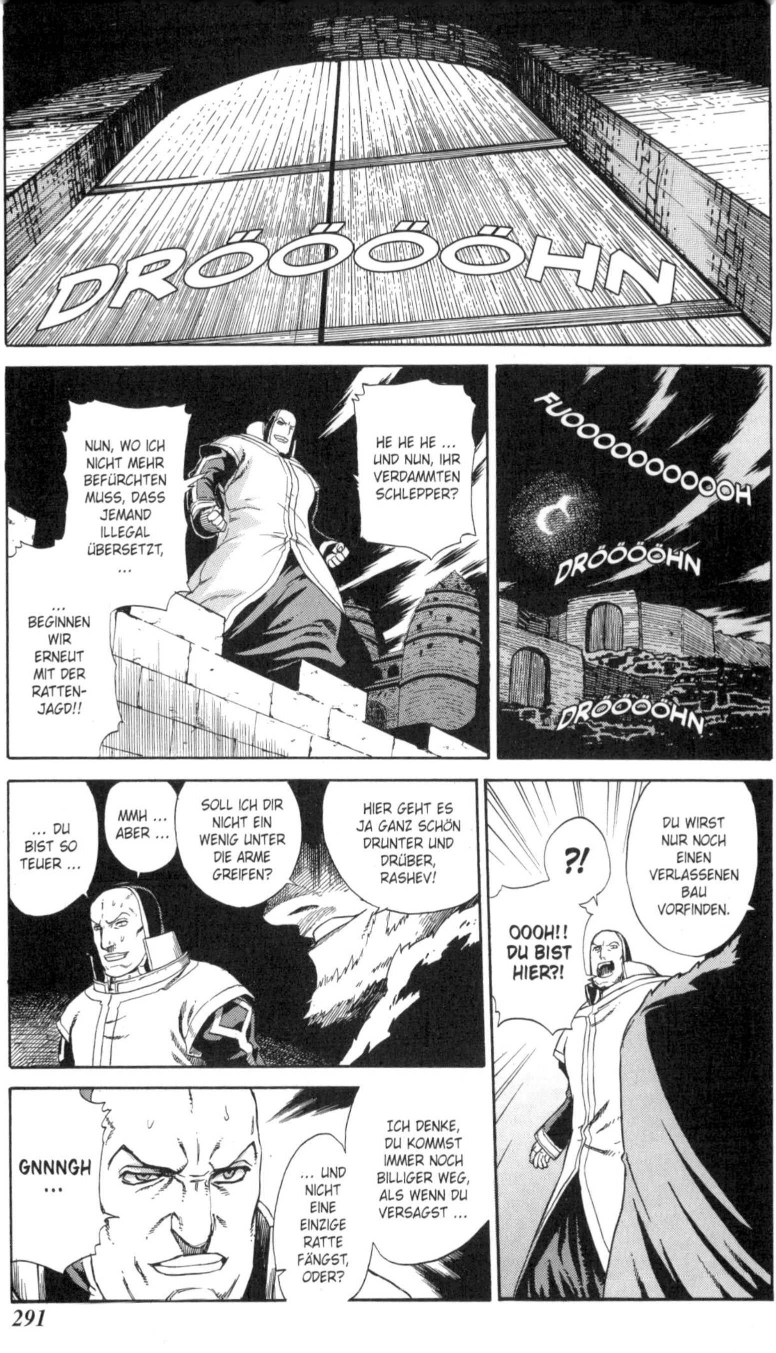
DRÖÖÖÖHN
FUOOOOOOOOOOOH
DRÖÖÖÖHN
DRÖÖÖÖHN
HE HE HE … UND NUN, IHR VERDAMMTEN SCHLEPPER?
NUN, WO ICH NICHT MEHR BEFÜRCHTEN MUSS, DASS JEMAND ILLEGAL ÜBERSETZT, …
… BEGINNEN WIR ERNEUT MIT DER RATTEN-JAGD!!
DU WIRST NUR NOCH EINEN VERLASSENEN BAU VORFINDEN.
?!
OOOH!! DU BIST HIER?!
HIER GEHT ES JA GANZ SCHÖN DRUNTER UND DRÜBER, RASHEV!
SOLL ICH DIR NICHT EIN WENIG UNTER DIE ARME GREIFEN?
MMH … ABER …
… DU BIST SO TEUER …
ICH DENKE, DU KOMMST IMMER NOCH BILLIGER WEG, ALS WENN DU VERSAGST …
… UND NICHT EINE EINZIGE RATTE FÄNGST, ODER?
GNNNGH …

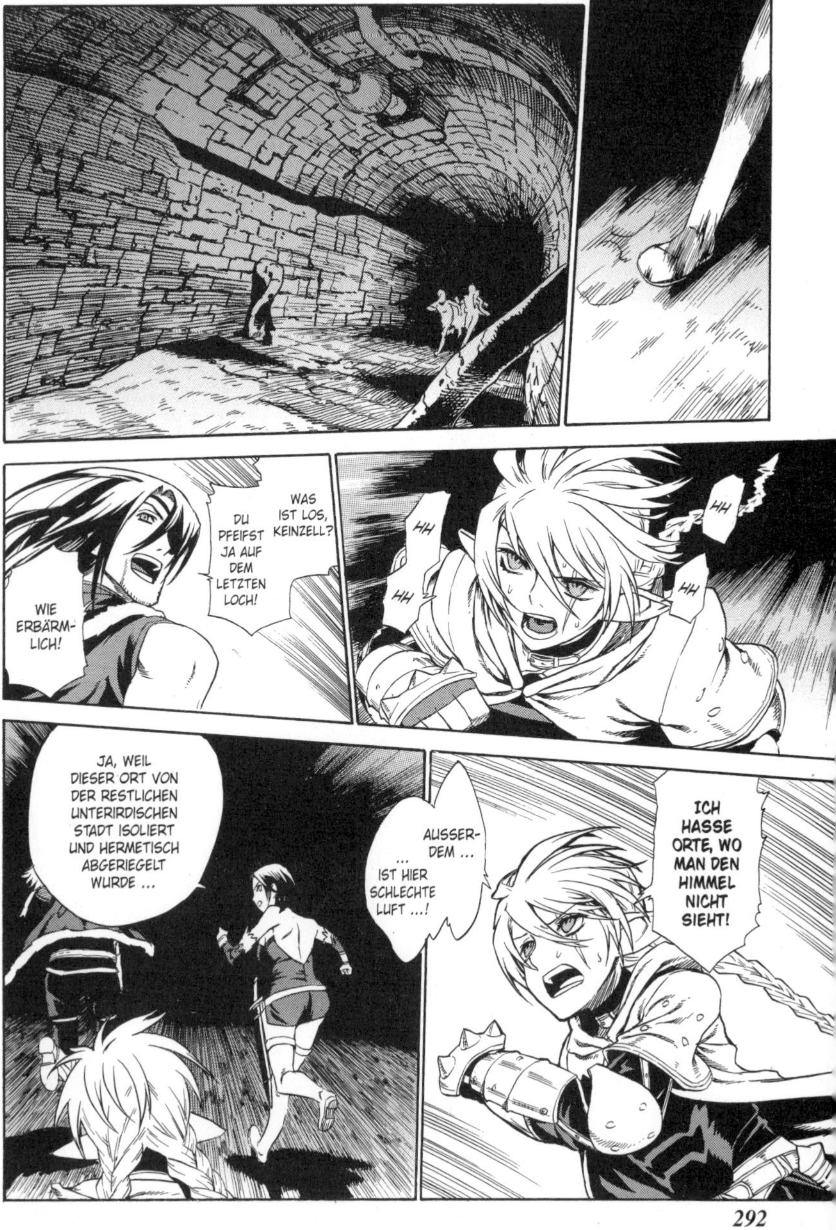
HH
HH
HH
HH
WAS IST LOS, KEINZELL?
DU PFEIFST JA AUF DEM LETZTEN LOCH!
WIE ERBÄRM-LICH!
ICH HASSE ORTE, WO MAN DEN HIMMEL NICHT SIEHT!
AUSSER-DEM …
… IST HIER SCHLECHTE LUFT …!
JA, WEIL DIESER ORT VON DER RESTLICHEN UNTERIRDISCHEN STADT ISOLIERT UND HERMETISCH ABGERIEGELT WURDE …

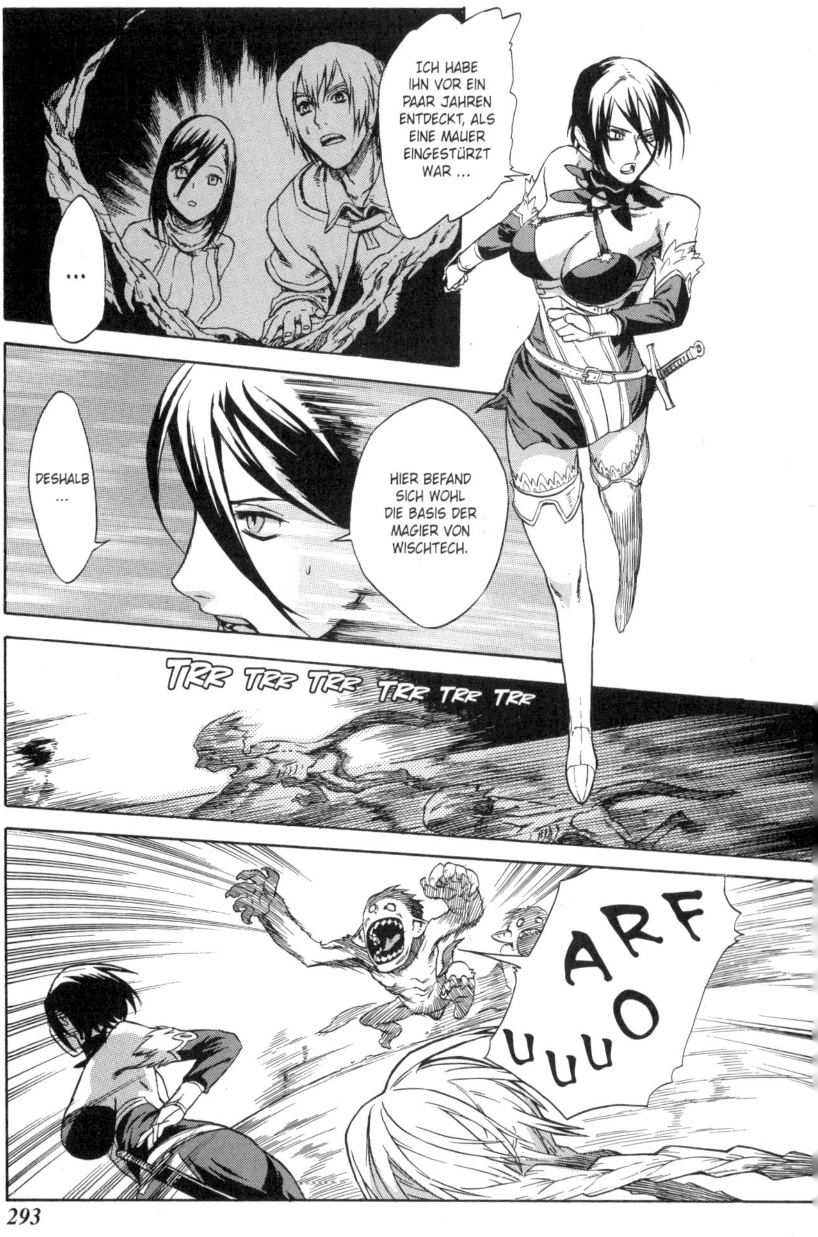
ICH HABE IHN VOR EIN PAAR JAHREN ENTDECKT, ALS EINE MAUER EINGESTÜRZT WAR …
…
HIER BEFAND SICH WOHL DIE BASIS DER MAGIER VON WISCHTECH.
DESHALB …
TRR TRR TRR TRR TRR TRR
ARF
UUUO

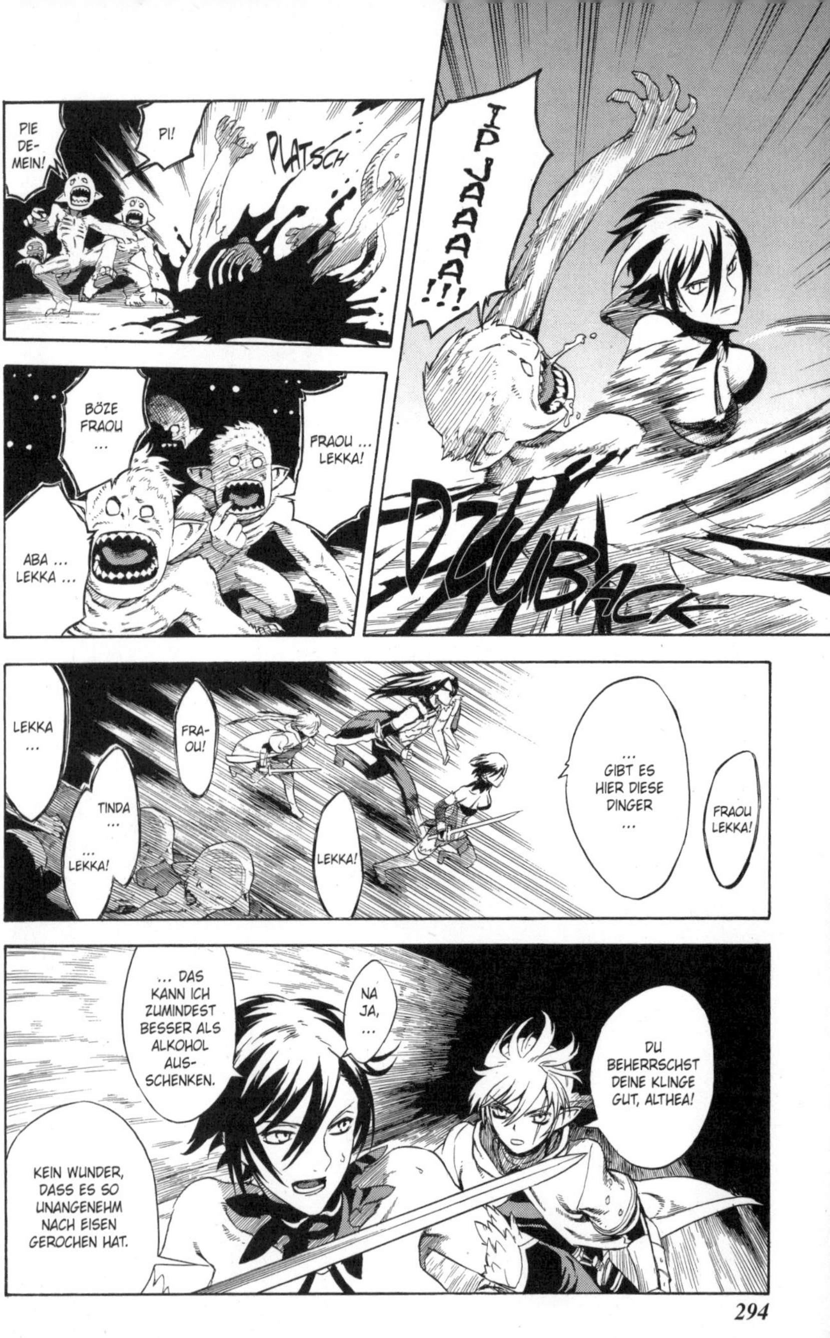
IP JAAAAA!!!
DZUBACK
PIE DE-MEIN!
PI!
PLATSCH
BÖZE FRAOU ...
FRAOU ... LEKKA!
ABA ... LEKKA ...
FRAOU LEKKA!
... GIBT ES HIER DIESE DINGER ...
LEKKA!
FRA-OU!
LEKKA ...
TINDA ...
... LEKKA!
DU BEHERRSCHST DEINE KLINGE GUT, ALTHEA!
NA JA, ...
... DAS KANN ICH ZUMINDEST BESSER ALS ALKOHOL AUS-SCHENKEN.
KEIN WUNDER, DASS ES SO UNANGENEHM NACH EISEN GEROCHEN HAT.

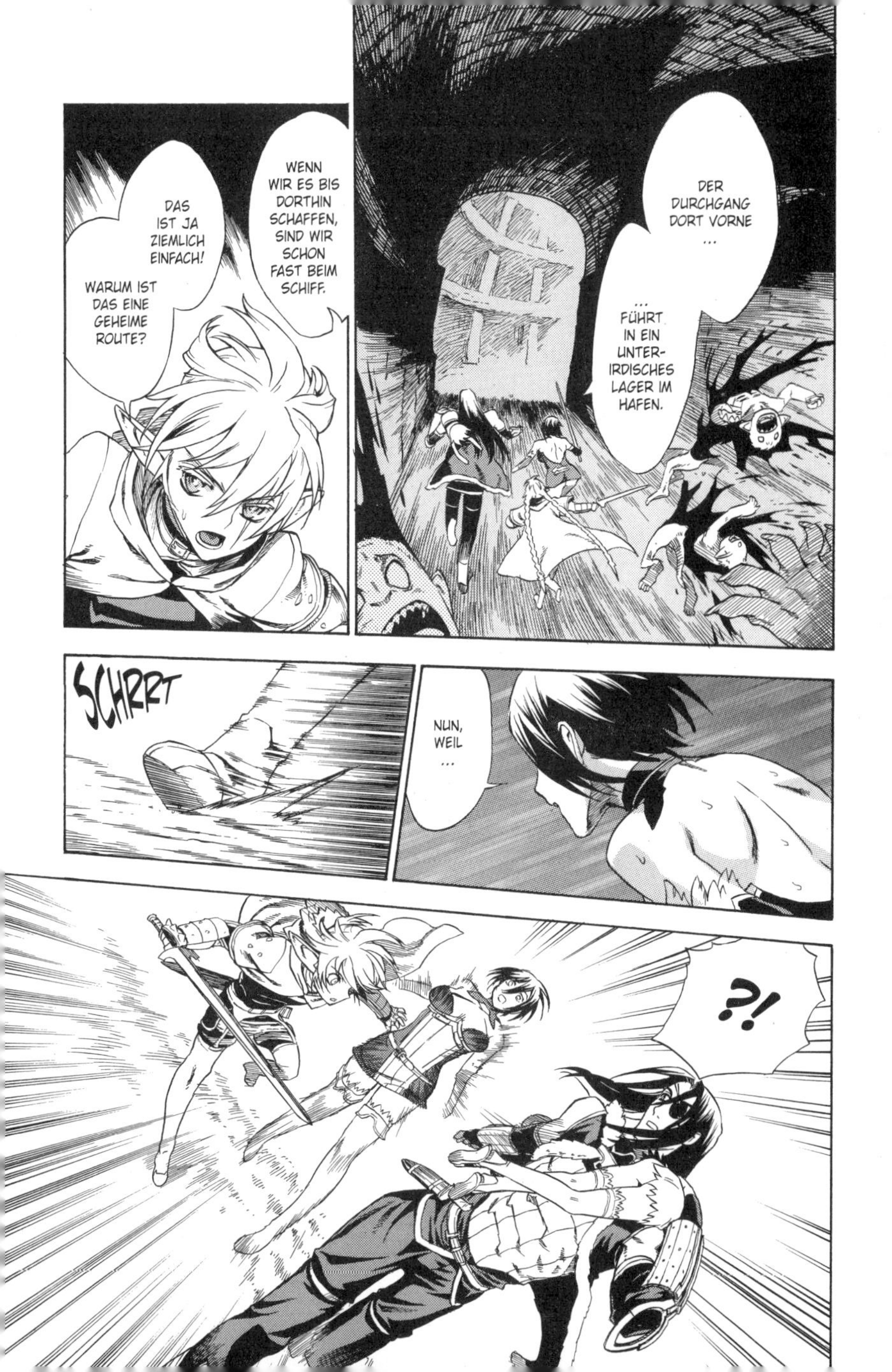
DER DURCHGANG DORT VORNE ...
... FÜHRT IN EIN UNTER-IRDISCHES LAGER IM HAFEN.
WENN WIR ES BIS DORTHIN SCHAFFEN, SIND WIR SCHON FAST BEIM SCHIFF.
DAS IST JA ZIEMLICH EINFACH!
WARUM IST DAS EINE GEHEIME ROUTE?
NUN, WEIL ...
SCHRRT
?!

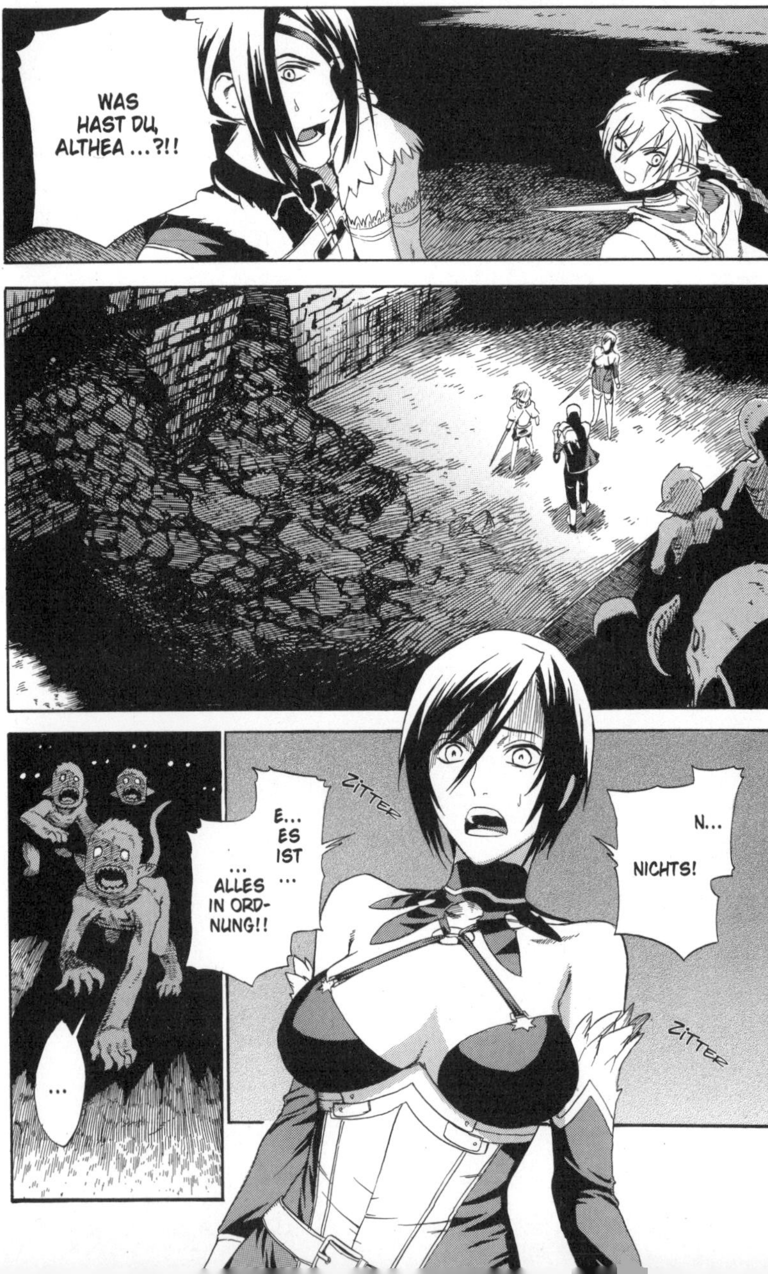
WAS HAST DU, ALTHEA ...?!!
N... NICHTS!
ZITTER
E... ES IST ... ... ALLES IN ORD-NUNG!!
ZITTER
ZITTER
...

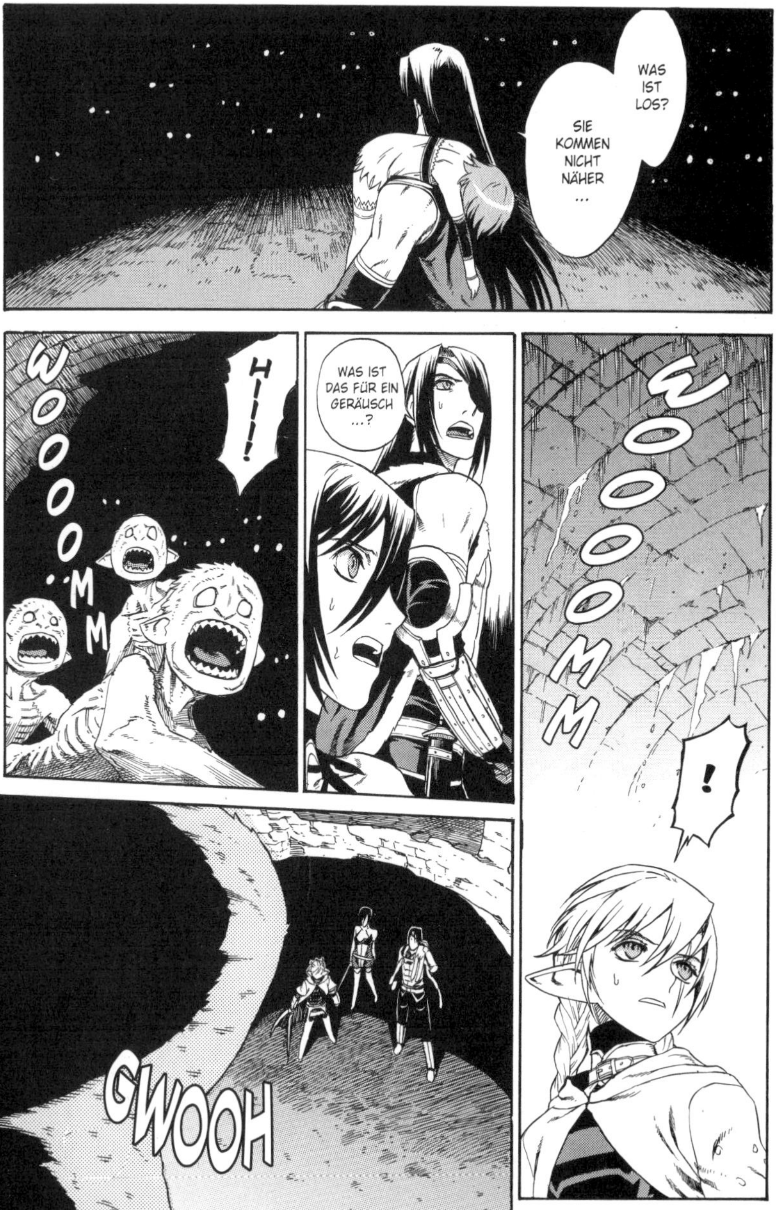
WAS IST LOS?
SIE KOMMEN NICHT NÄHER …
WOOOOMM
!
WAS IST DAS FÜR EIN GERÄUSCH …?
WOOOOOMM
HIIII!
GWOOH

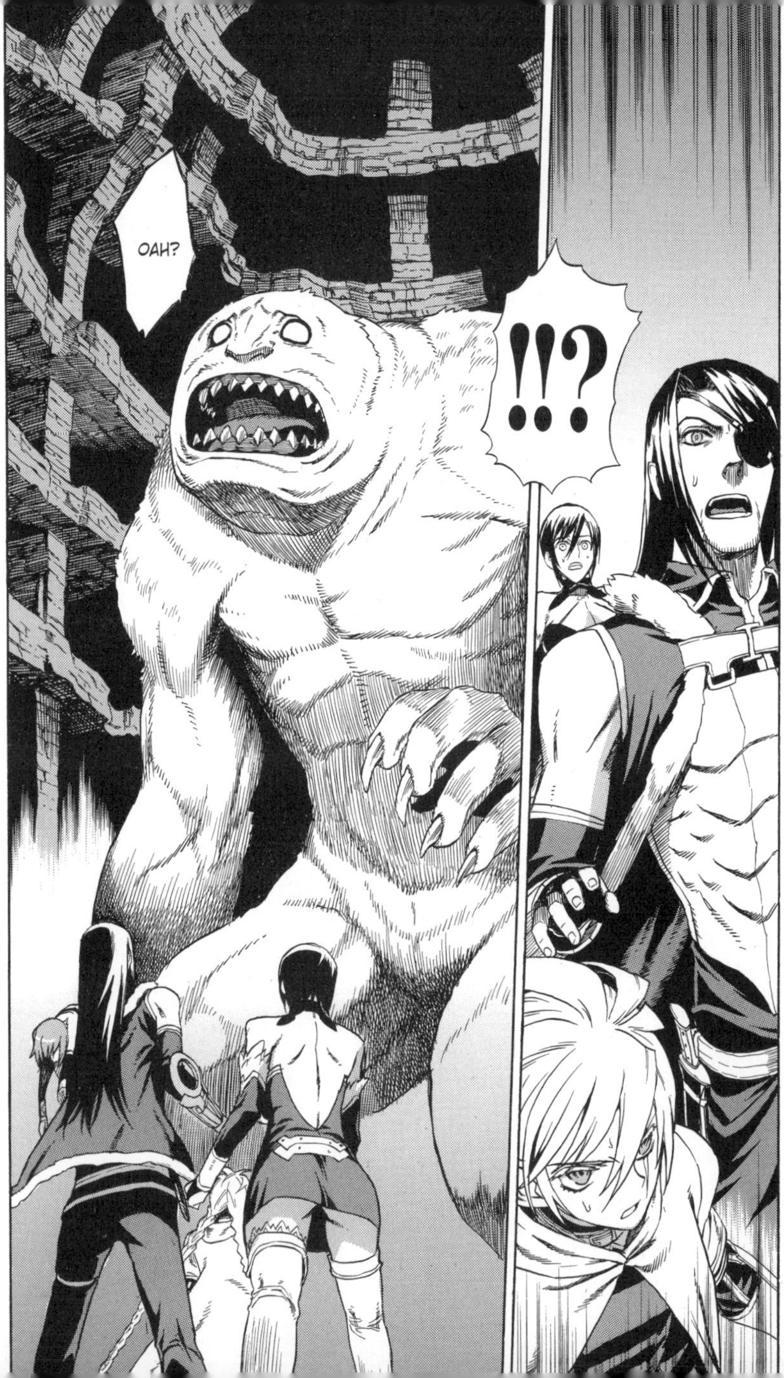
!!?
OAH?

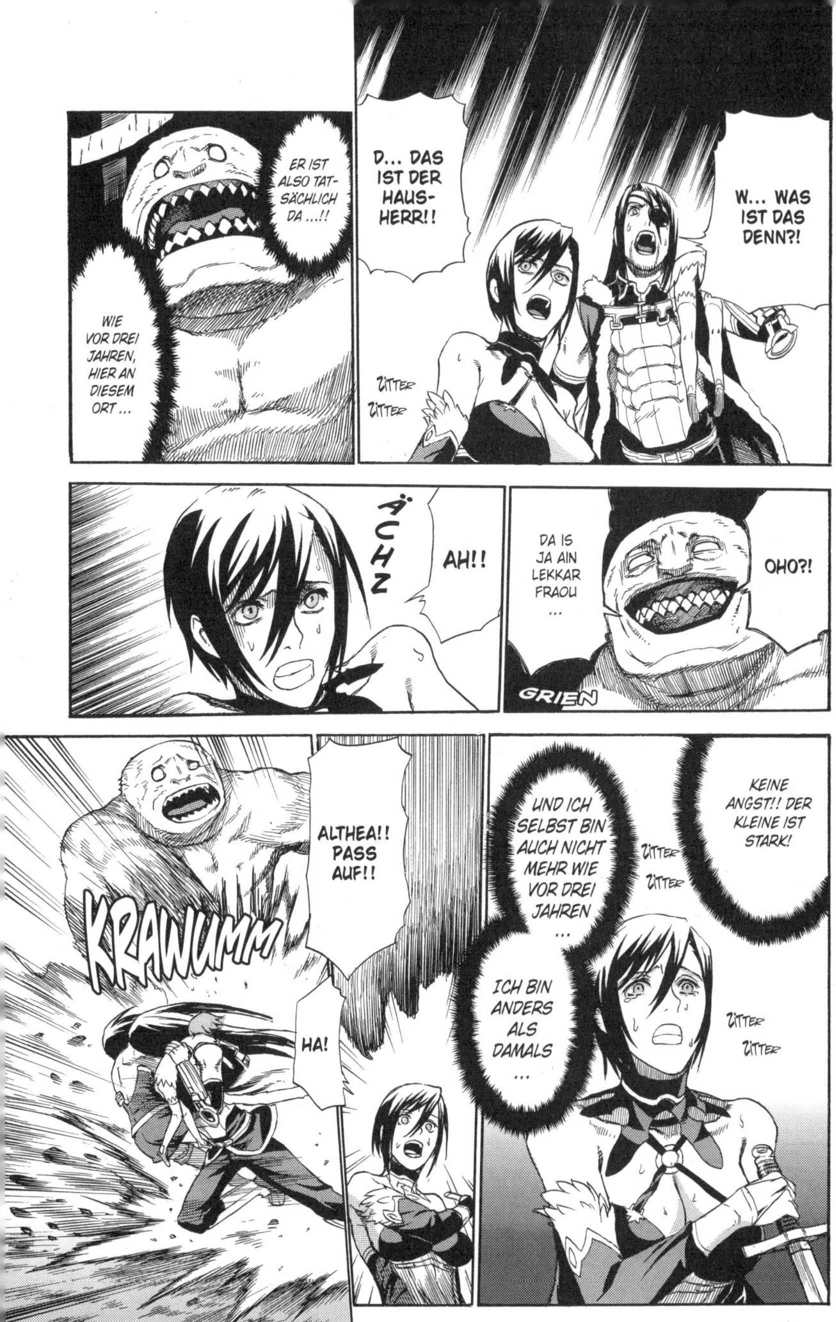

W… WAS IST DAS DENN?!
D… DAS IST DER HAUS-HERR!!
ZITTER
ZITTER
ER IST ALSO TAT-SÄCHLICH DA …!!
WIE VOR DREI JAHREN, HIER AN DIESEM ORT …
OHO?!
DA IS JA AIN LEKKAR FRAOU …
GRIEN
AH!!
ÄCHZ
KEINE ANGST!! DER KLEINE IST STARK!
UND ICH SELBST BIN AUCH NICHT MEHR WIE VOR DREI JAHREN …
ZITTER
ZITTER
ICH BIN ANDERS ALS DAMALS …
ZITTER
ZITTER
ALTHEA!! PASS AUF!!
HA!
KRAWUMM

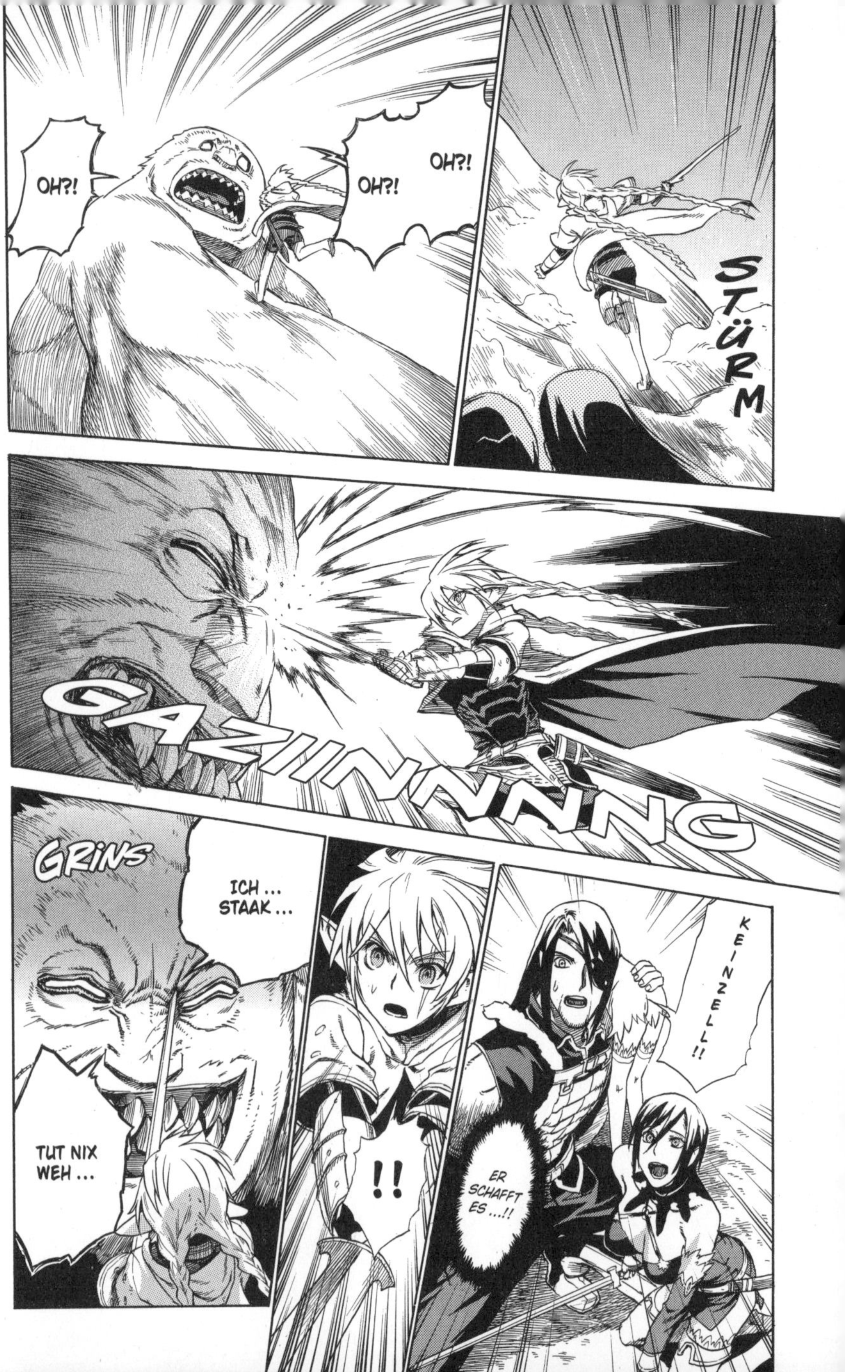
OH?!
OH?!
OH?!
STÜRM
GAZIIINNNNG
GRINS
ICH ... STAAK ...
TUT NIX WEH ...
!!
KEINZELL!!
ER SCHAFFT ES ...!!

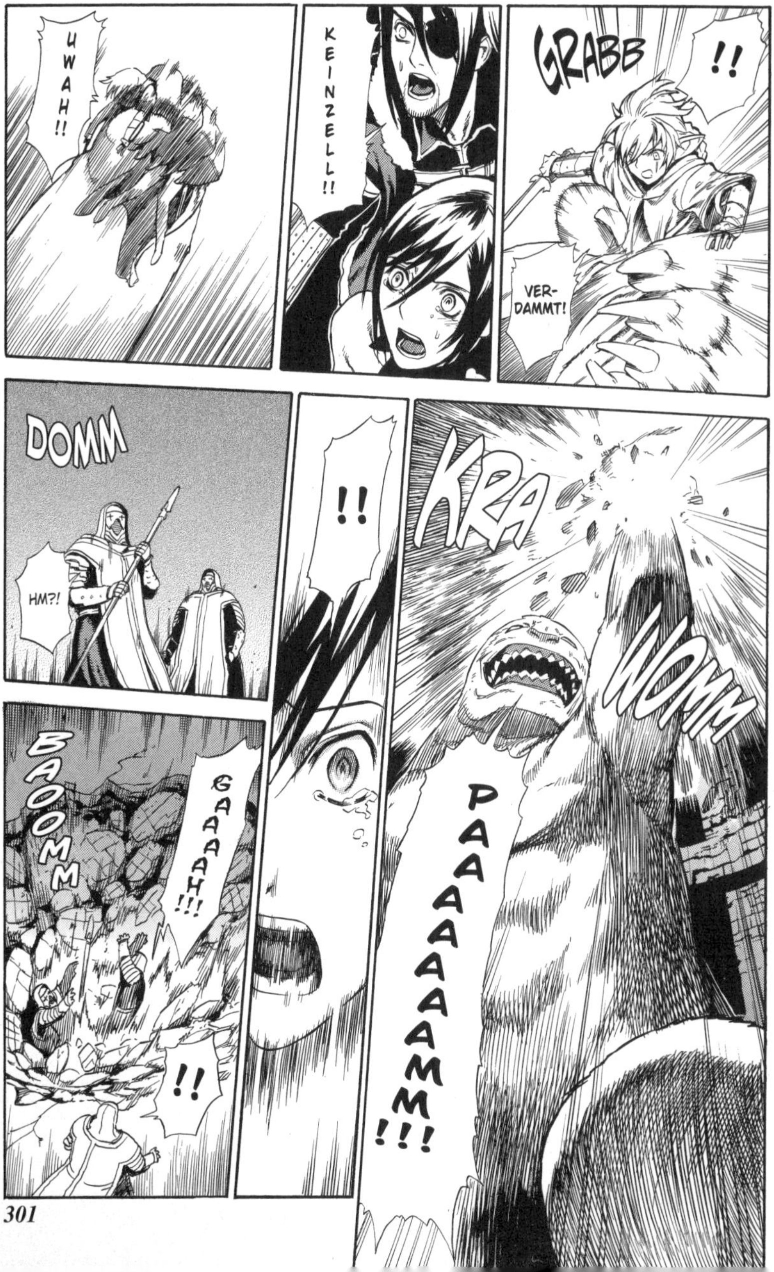

GRABB
!!
VER-DAMMT!
KEINZELL!!
UWAH!!
KRA
WOMM
PAAAAAAAAMM!!!
!!
DOMM
HM?!
GAAAAAH!!!
BAOOMM
!!

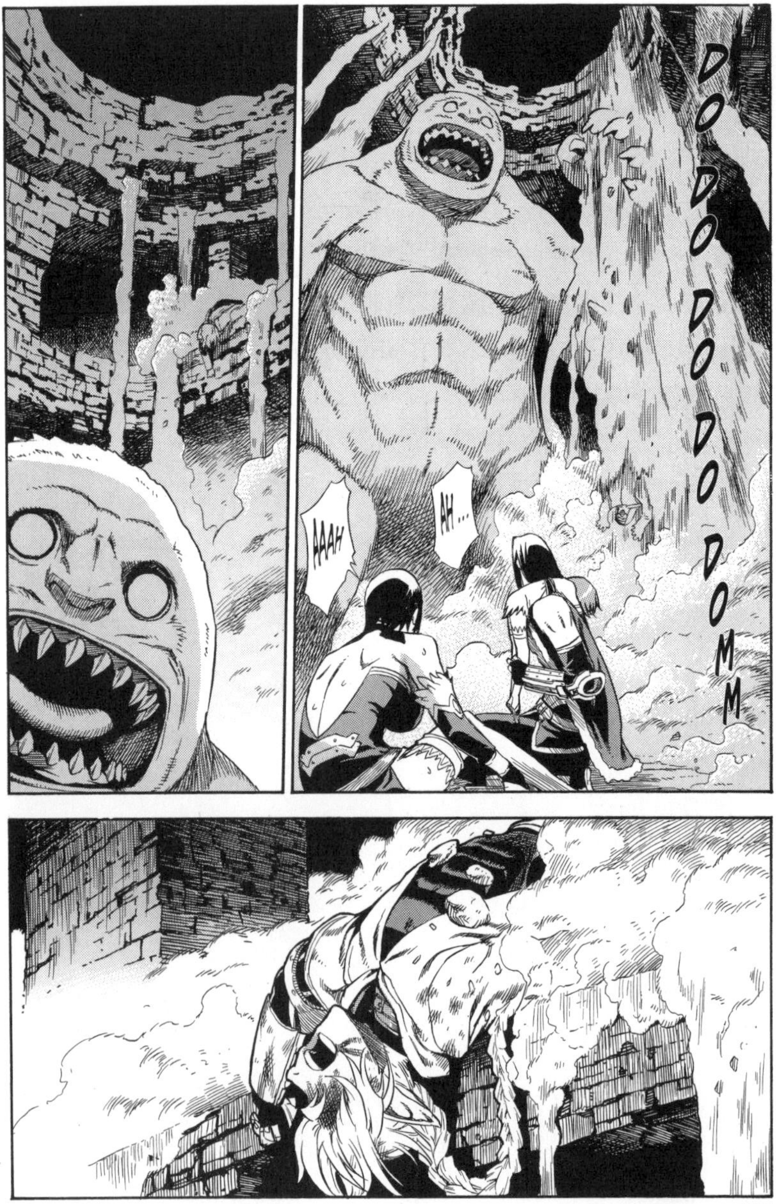
DO DO DO DO DO DOMM
AH...
AAAH

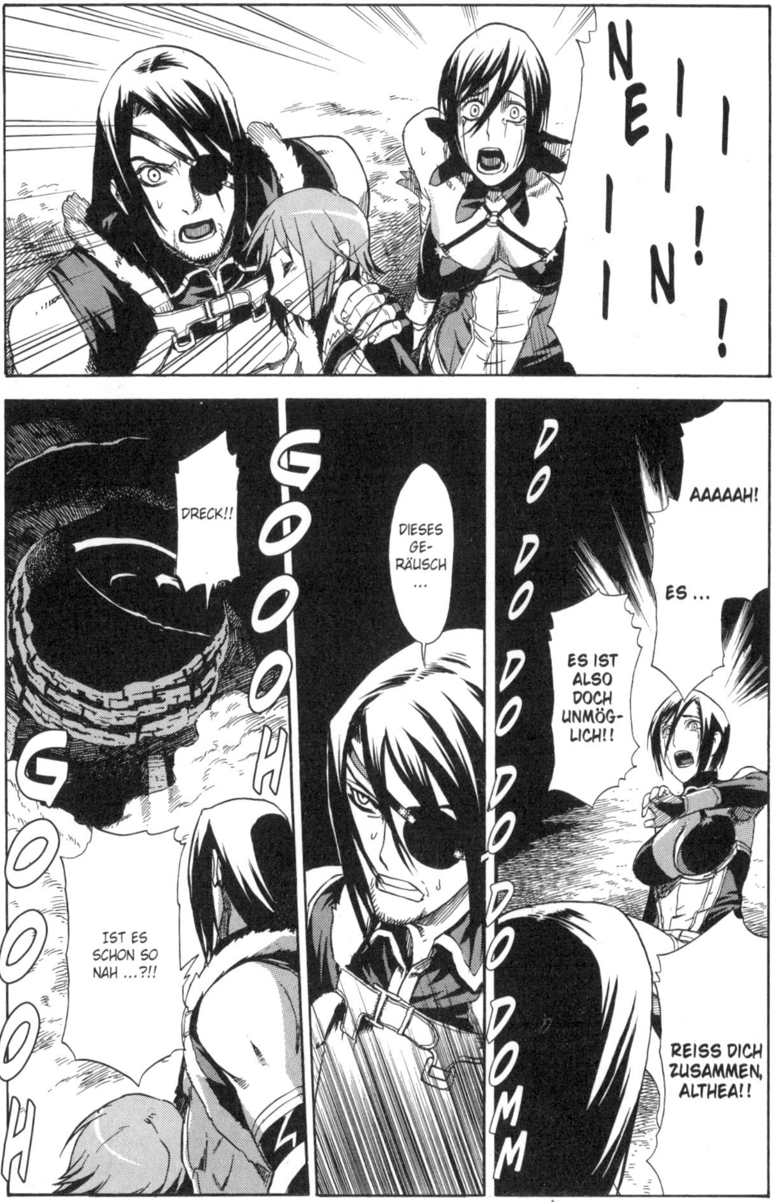

NEIIIIIIIN!!!
AAAAAH!
ES ...
ES IST ALSO DOCH UNMÖGLICH!!
REISS DICH ZUSAMMEN, ALTHEA!!
DODODODODODODODOMM
DIESES GERÄUSCH ...
GOOOOH
DRECK!!
IST ES SCHON SO NAH ...?!!
GOOOOOH

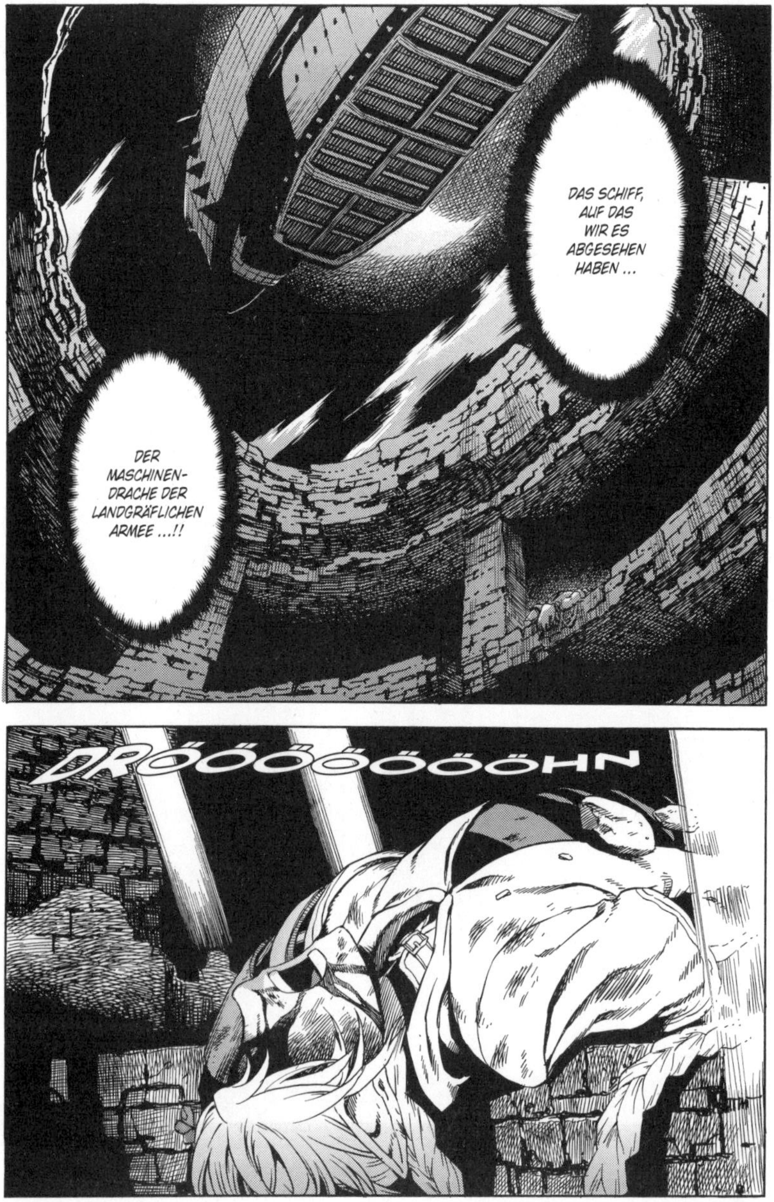
DAS SCHIFF, AUF DAS WIR ES ABGESEHEN HABEN ...
DER MASCHINEN-DRACHE DER LANDGRÄFLICHEN ARMEE ...!!
DRÖÖÖÖÖÖÖÖÖHN

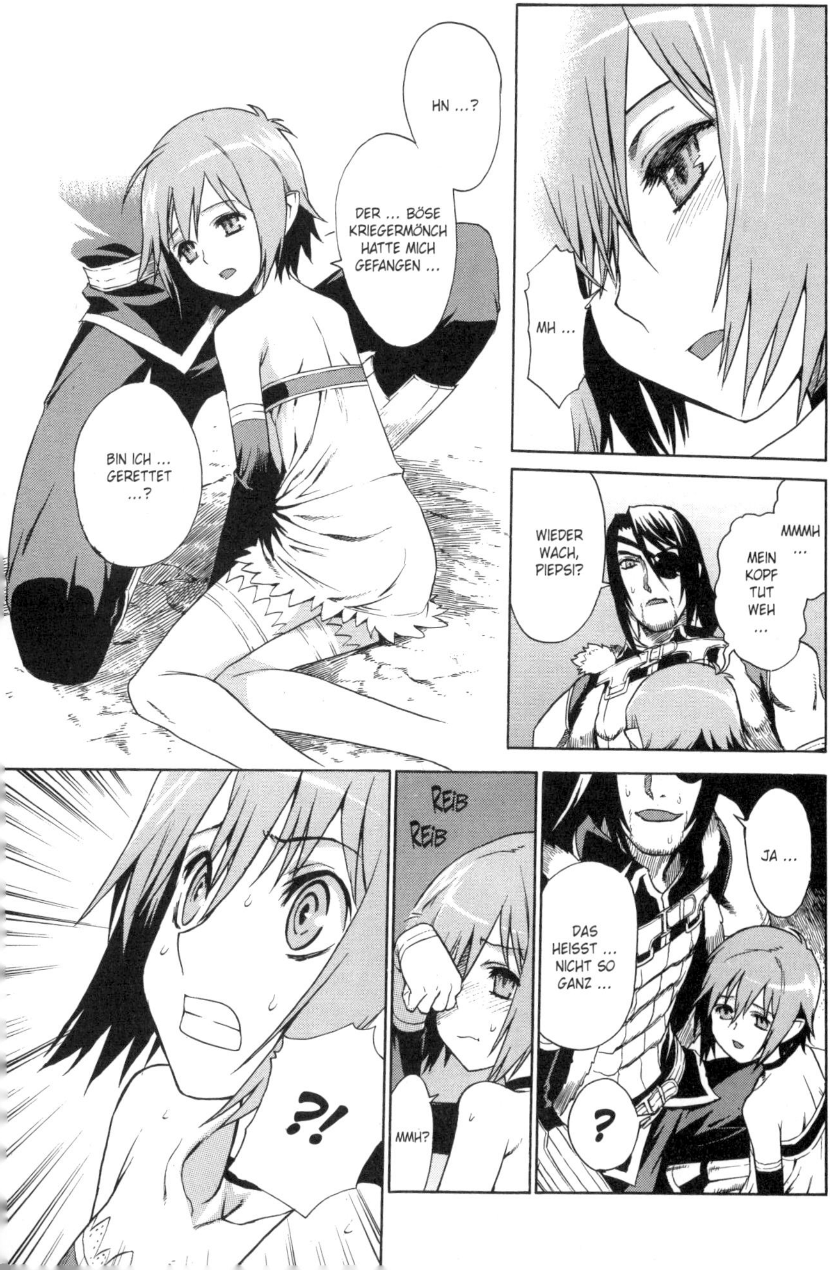
MH …
MMMH … MEIN KOPF TUT WEH …
WIEDER WACH, PIEPSI?
HN …?
DER … BÖSE KRIEGERMÖNCH HATTE MICH GEFANGEN …
BIN ICH … GERETTET …?
JA …
DAS HEISST … NICHT SO GANZ …
?
REIB REIB
MMH?
?!

Durchbruch IV

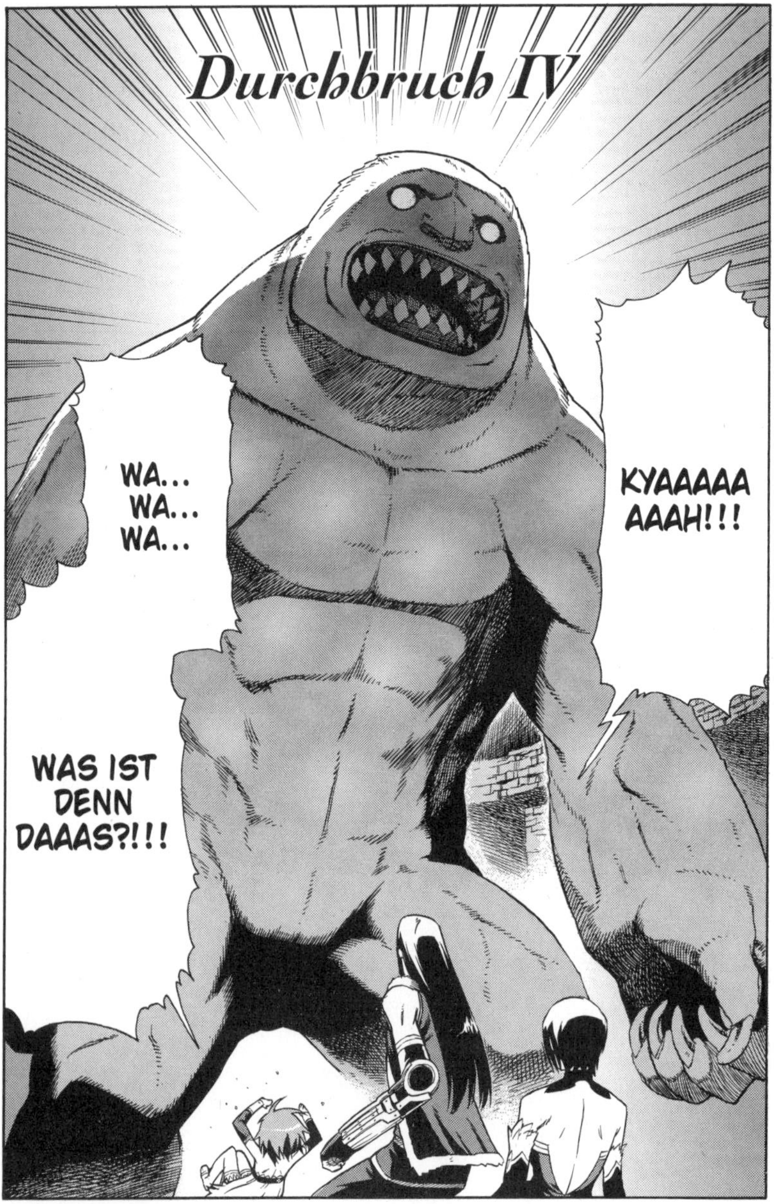

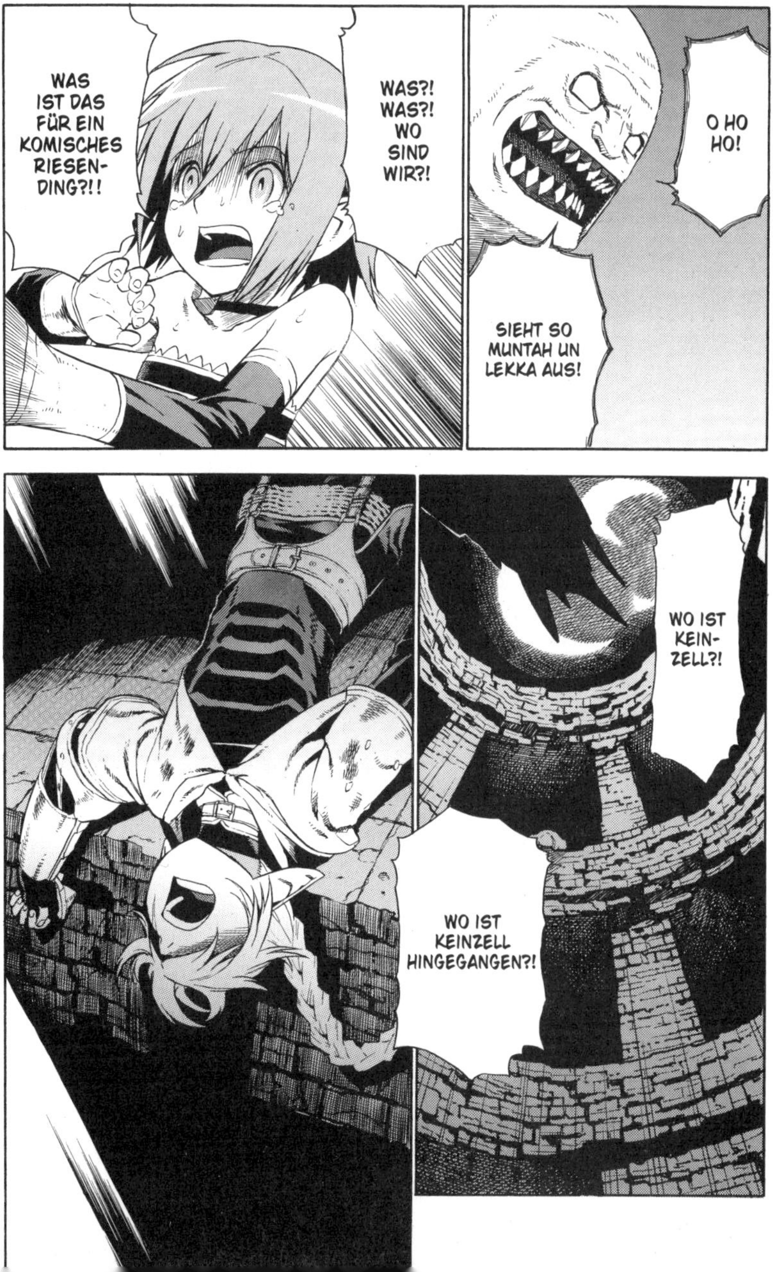

O HO HO!
SIEHT SO MUNTAH UN LEKKA AUS!
WAS?! WAS?! WO SIND WIR?!
WAS IST DAS FÜR EIN KOMISCHES RIESEN-DING?!!
WO IST KEIN-ZELL?!
WO IST KEINZELL HINGEGANGEN?!

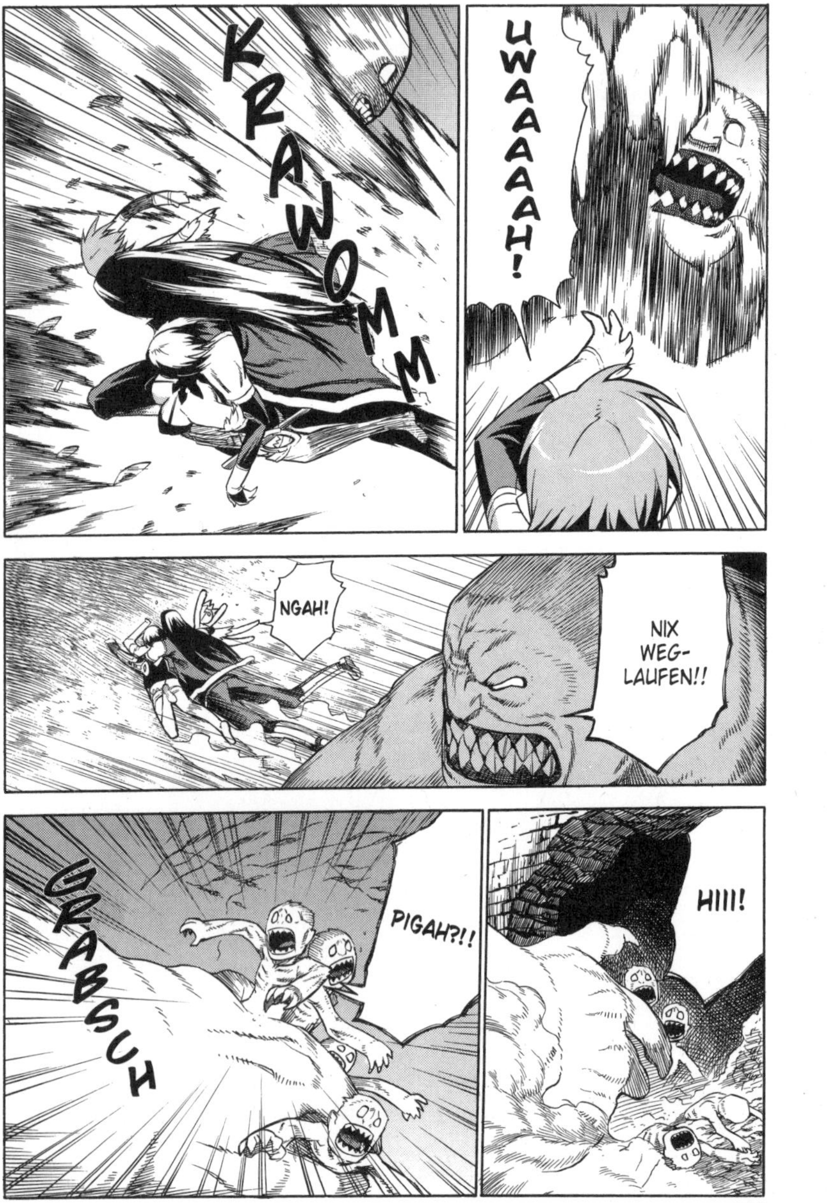
UWAAAAAAAH!
KRAWOMM
NIX WEG-LAUFEN!!
NGAH!
HIIII!
PIGAH?!!
GRABSCH

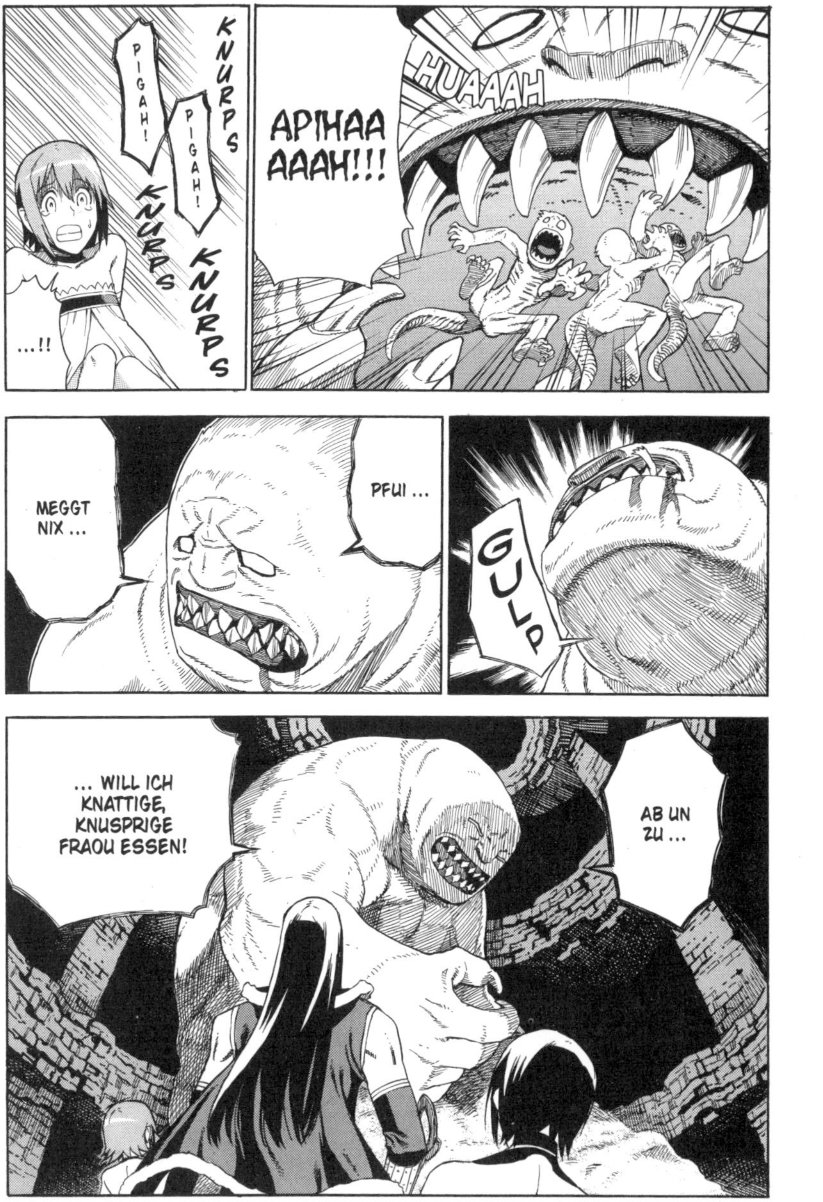
HUAAAH
APIHAA AAAH!!!
KNURPS
PIGAH!
PIGAH!
KNURPS
KNURPS
KNURPS
...!!
GULP
PFUI ...
MEGGT NIX ...
AB UN ZU ...
... WILL ICH KNATTIGE, KNUSPRIGE FRAOU ESSEN!

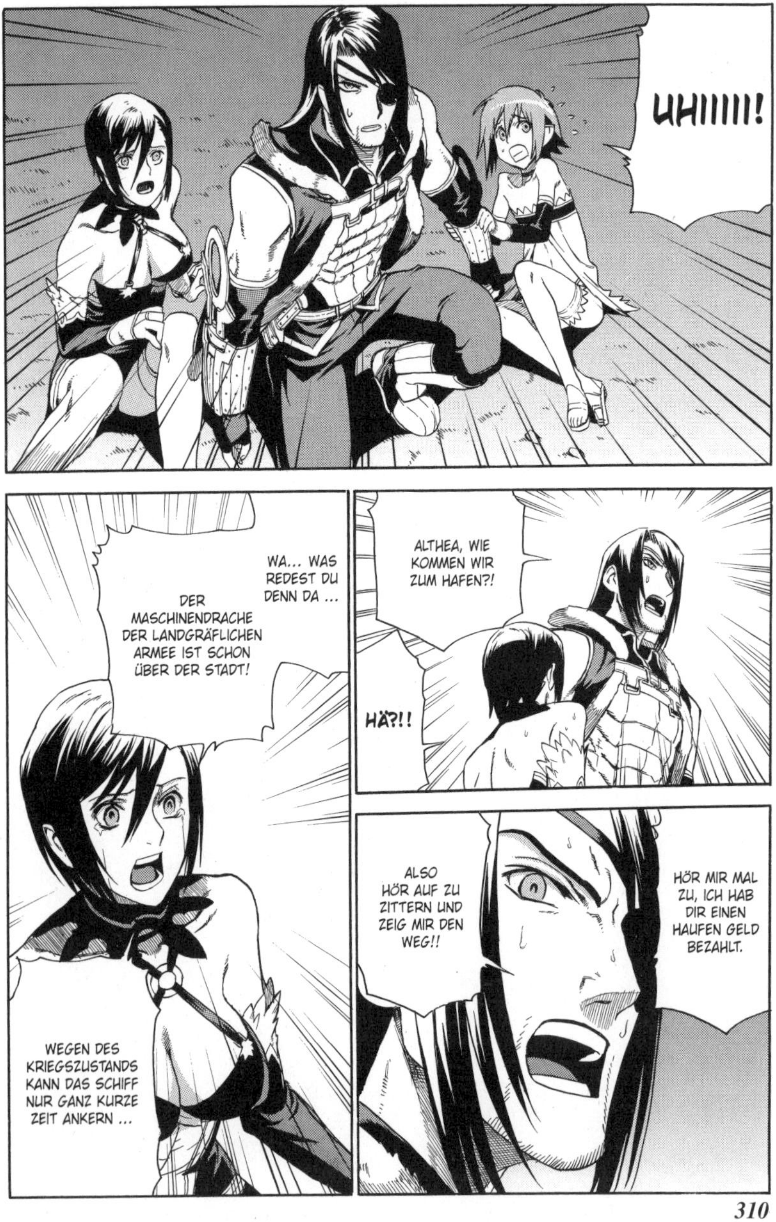
UHIIIII!
ALTHEA, WIE KOMMEN WIR ZUM HAFEN?!
HÄ?!!
HÖR MIR MAL ZU, ICH HAB DIR EINEN HAUFEN GELD BEZAHLT.
ALSO HÖR AUF ZU ZITTERN UND ZEIG MIR DEN WEG!!
WA… WAS REDEST DU DENN DA …
DER MASCHINENDRACHE DER LANDGRÄFLICHEN ARMEE IST SCHON ÜBER DER STADT!
WEGEN DES KRIEGSZUSTANDS KANN DAS SCHIFF NUR GANZ KURZE ZEIT ANKERN …

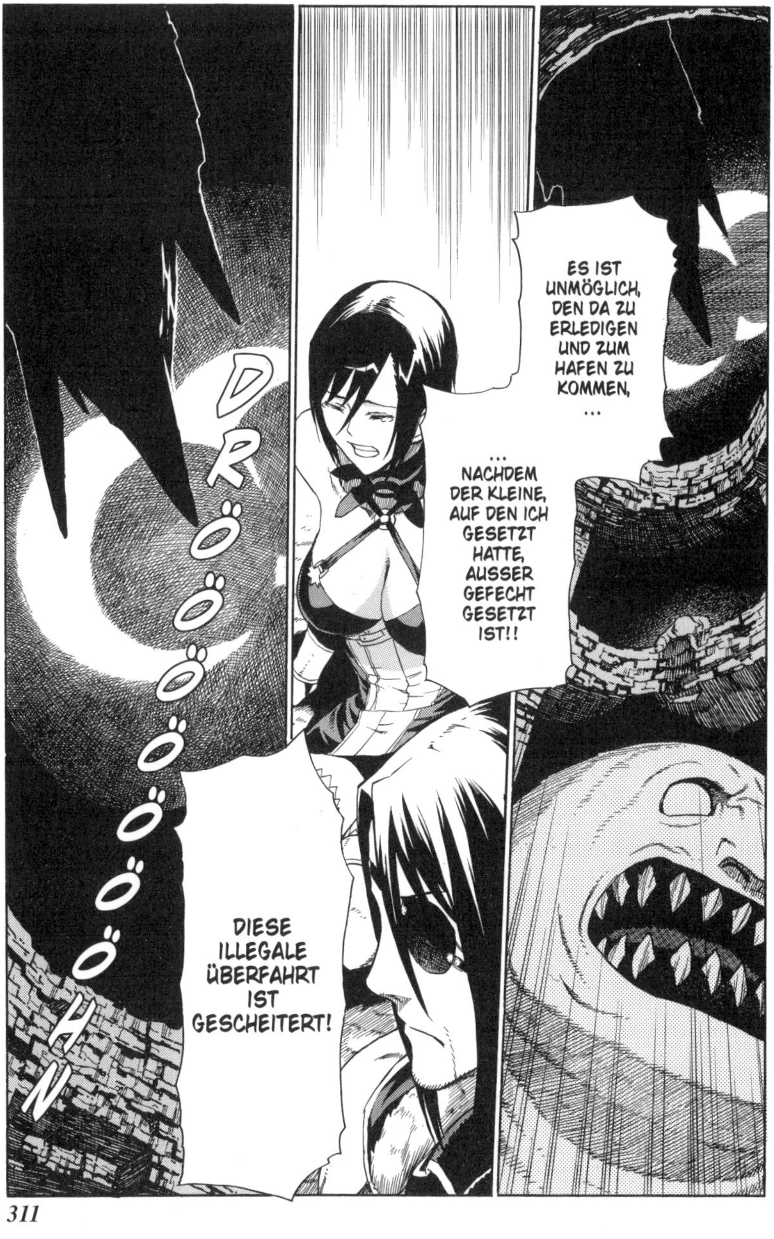
ES IST UNMÖGLICH, DEN DA ZU ERLEDIGEN UND ZUM HAFEN ZU KOMMEN, ...
... NACHDEM DER KLEINE, AUF DEN ICH GESETZT HATTE, AUSSER GEFECHT GESETZT IST!!
DIESE ILLEGALE ÜBERFAHRT IST GESCHEITERT!
DRÖÖÖÖÖÖÖÖHN

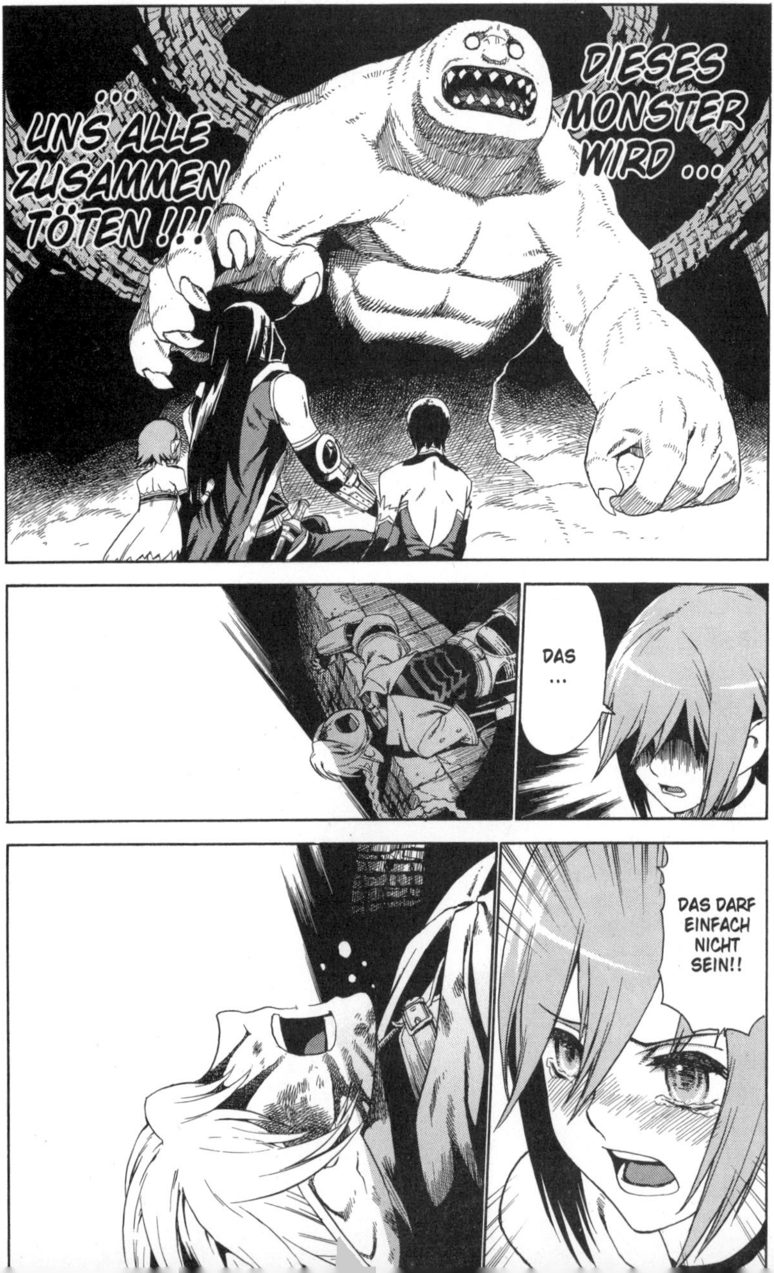
DIESES MONSTER WIRD ...
... UNS ALLE ZUSAMMEN TÖTEN !!!
DAS ...
DAS DARF EINFACH NICHT SEIN!!

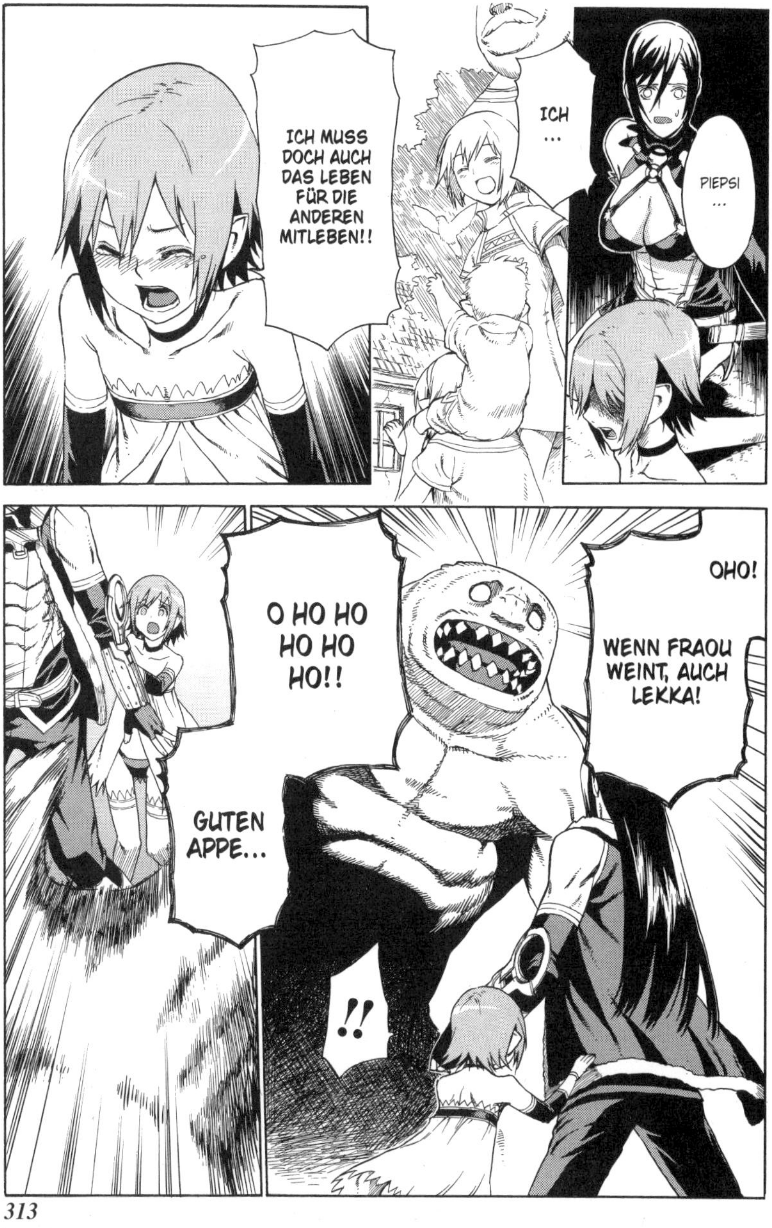
PIEPSI ...
ICH ...
ICH MUSS DOCH AUCH DAS LEBEN FÜR DIE ANDEREN MITLEBEN!!
OHO!
WENN FRAOU WEINT, AUCH LEKKA!
O HO HO HO HO HO!!
GUTEN APPE...
!!

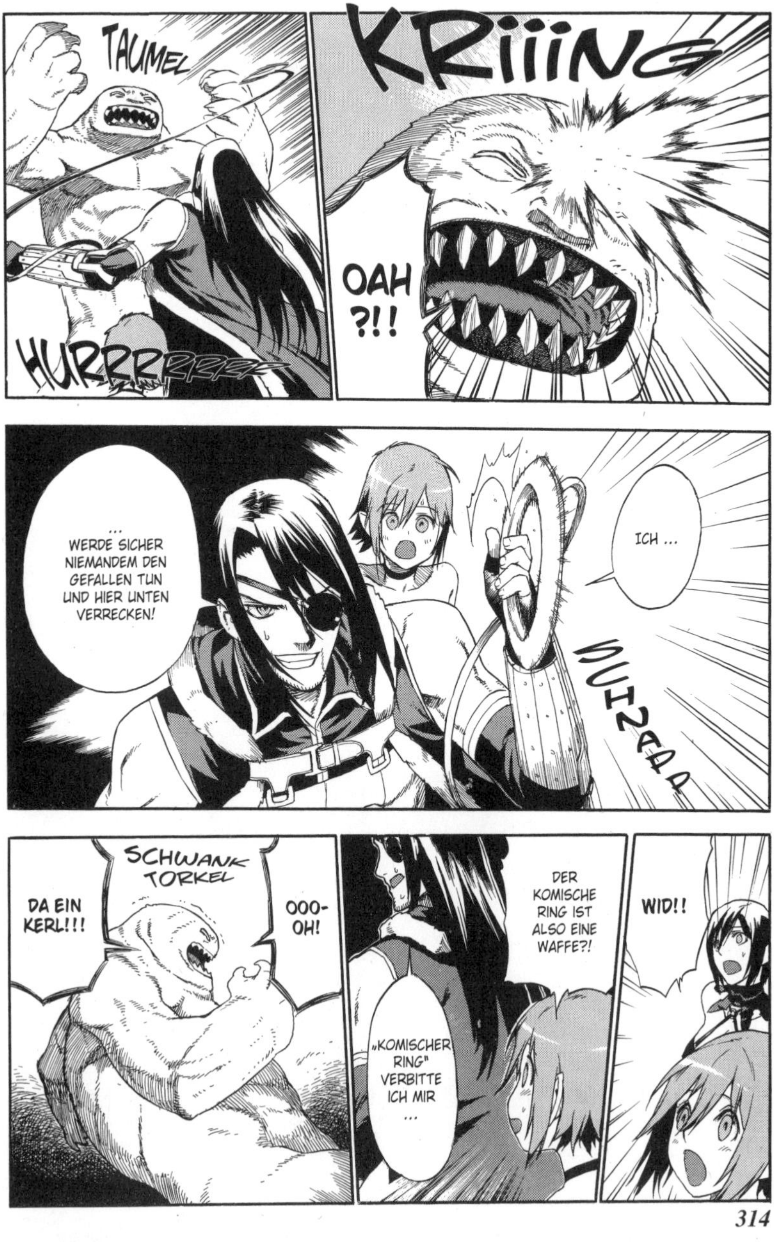
TAUMEL
HURRRRRRRR
KRiiiNG
OAH ?!!
... WERDE SICHER NIEMANDEM DEN GEFALLEN TUN UND HIER UNTEN VERRECKEN!
ICH ...
SUHNAAA
SCHWANK TORKEL
DA EIN KERL!!!
OOO-OH!
DER KOMISCHE RING IST ALSO EINE WAFFE?!
„KOMISCHER RING" VERBITTE ICH MIR ...
WID!!

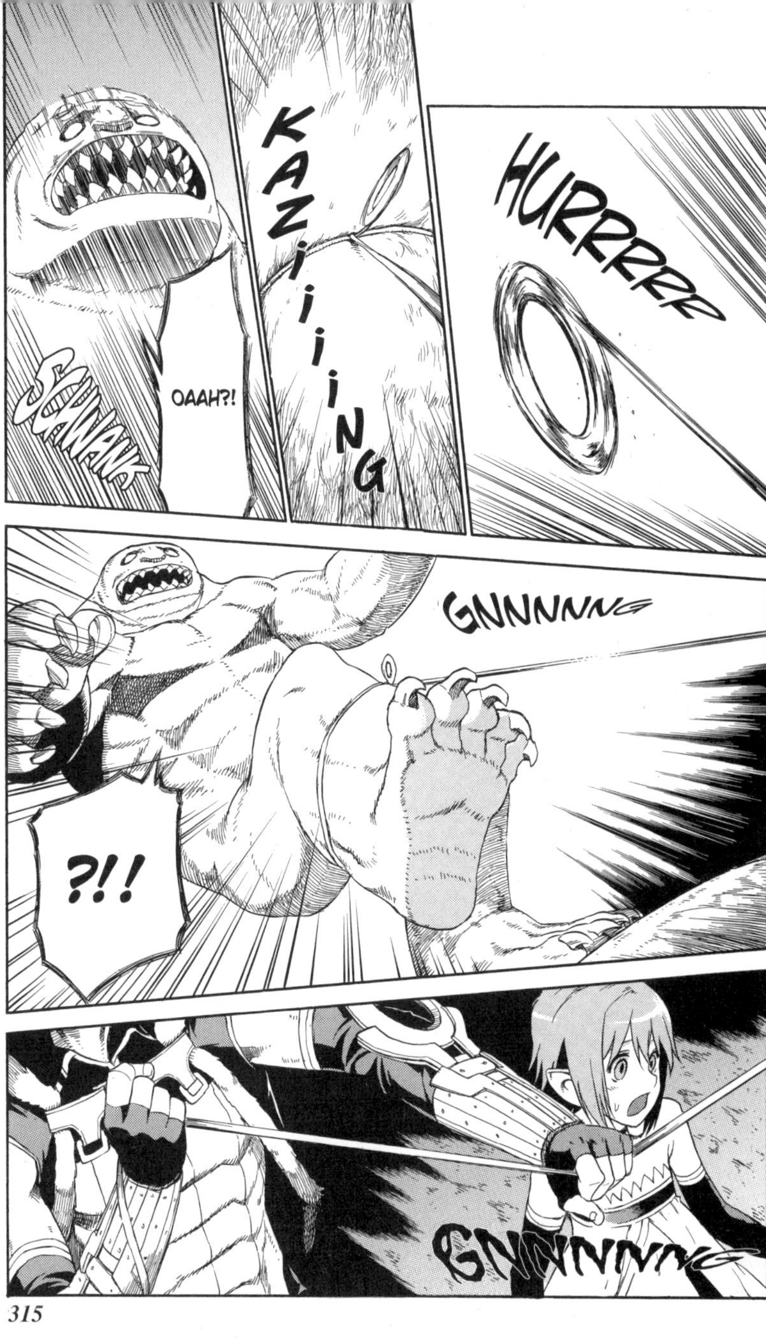
HURRRRR
KAZiiiiNG
SCHWANK
OAAH?!
GNNNNNG
?!!
GNNNNNNG

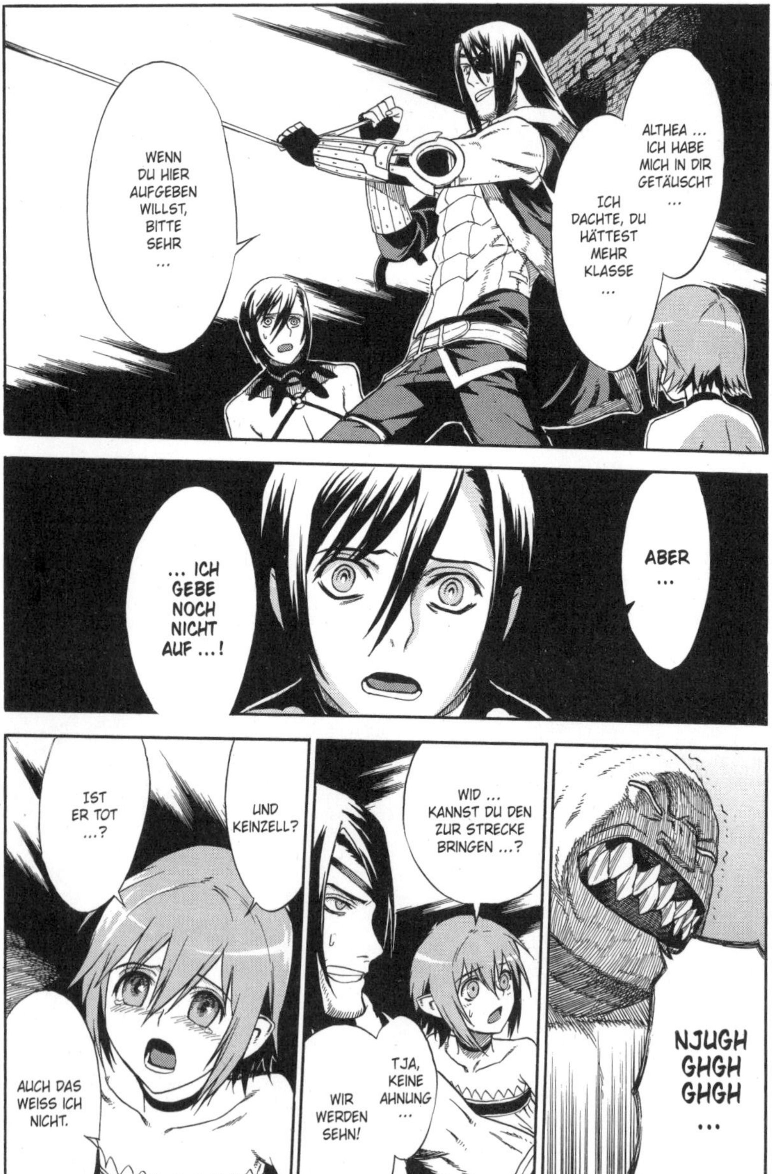
ALTHEA … ICH HABE MICH IN DIR GETÄUSCHT …
ICH DACHTE, DU HÄTTEST MEHR KLASSE …
WENN DU HIER AUFGEBEN WILLST, BITTE SEHR …
ABER …
… ICH GEBE NOCH NICHT AUF …!
NJUGH GHGH GHGH …
WID … KANNST DU DEN ZUR STRECKE BRINGEN …?
TJA, KEINE AHNUNG …
WIR WERDEN SEHN!
UND KEINZELL?
IST ER TOT …?
AUCH DAS WEISS ICH NICHT.

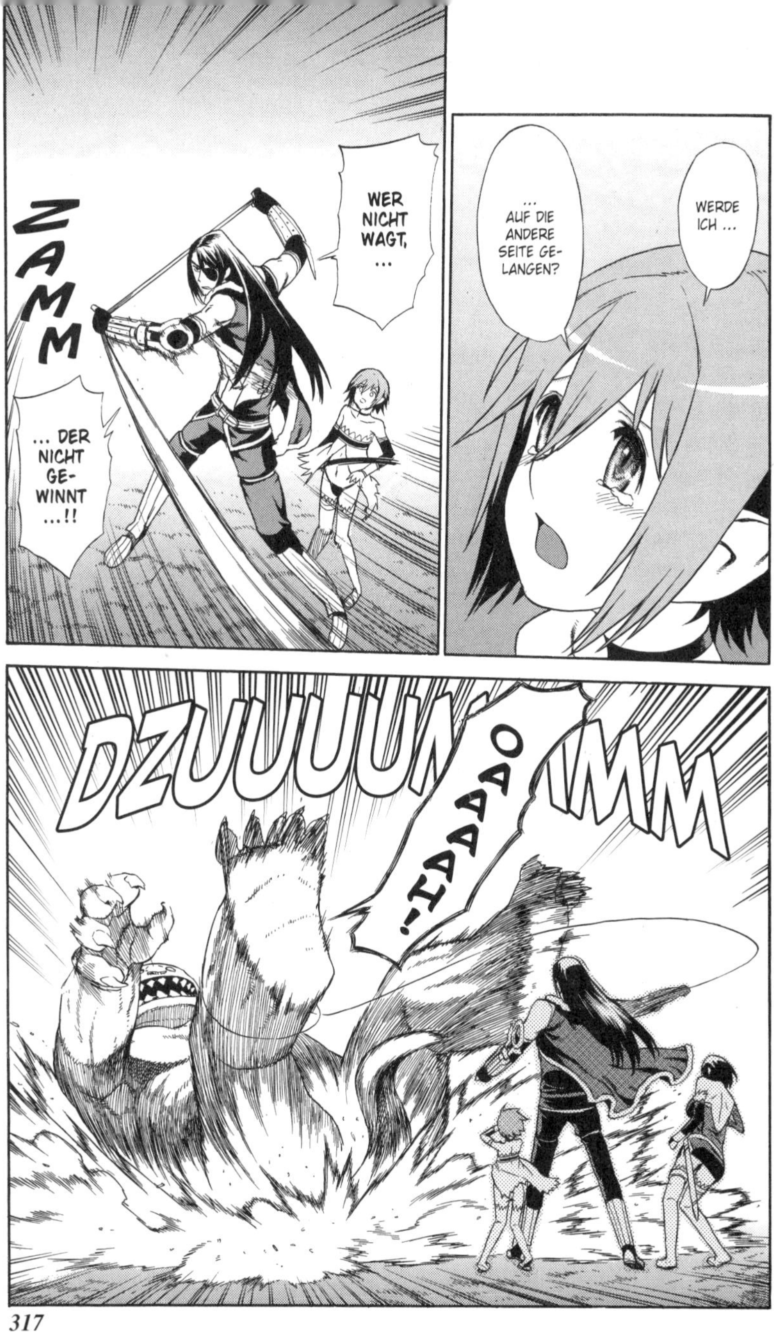
WERDE ICH …
… AUF DIE ANDERE SEITE GE-LANGEN?
WER NICHT WAGT, …
ZAMM
… DER NICHT GE-WINNT …!!
DZUUUUUUN
OAAAAH!
MM

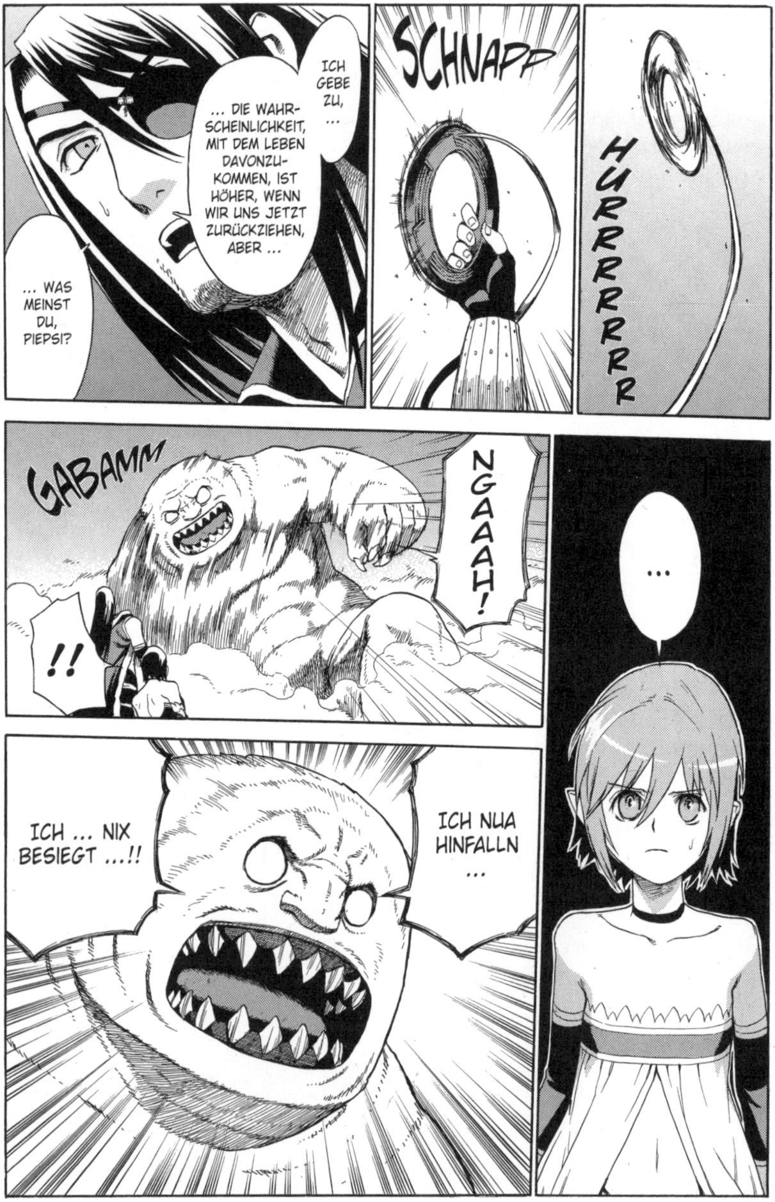
HURRRRRRR
SCHNAPP
ICH GEBE ZU, ...
... DIE WAHR-SCHEINLICHKEIT, MIT DEM LEBEN DAVONZU-KOMMEN, IST HÖHER, WENN WIR UNS JETZT ZURÜCKZIEHEN, ABER ...
... WAS MEINST DU, PIEPSI?
...
NGAAAAH!
GABAMM
!!
ICH ... NIX BESIEGT ...!!
ICH NUA HINFALLN ...

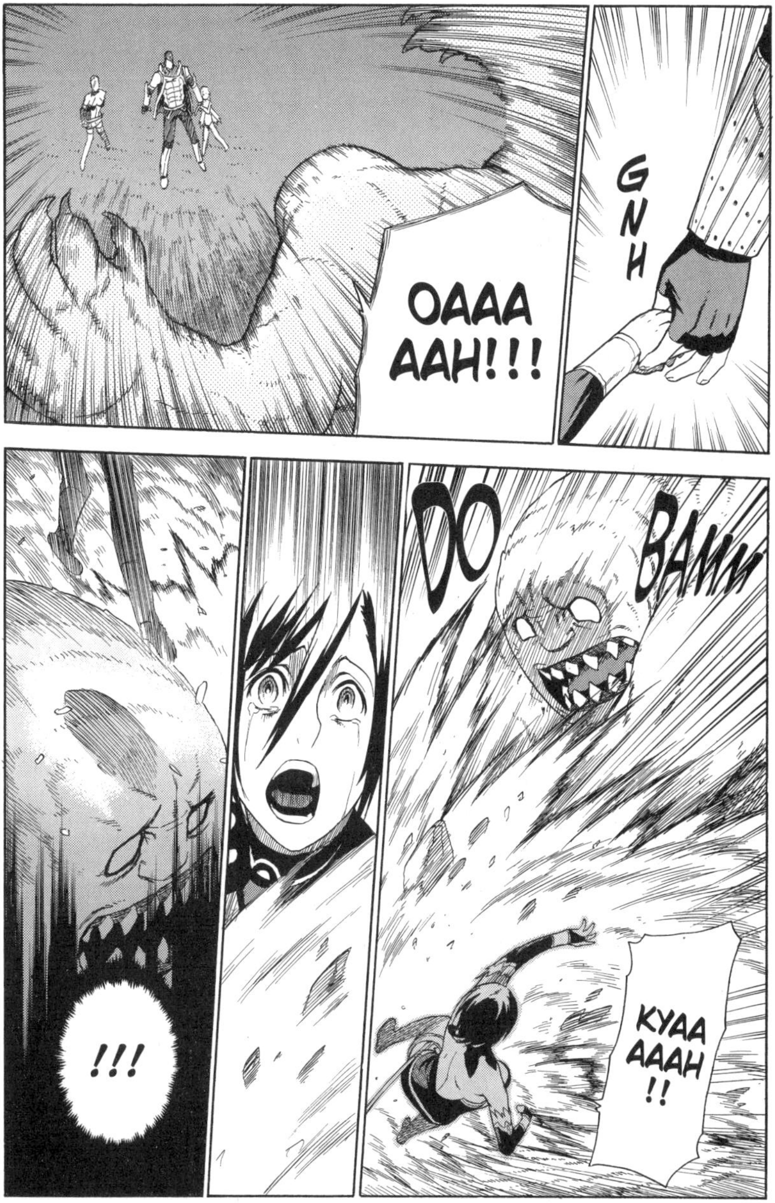
GNH
OAAAAAH!!!
DO BAMM
KYAA AAAH!!
!!!

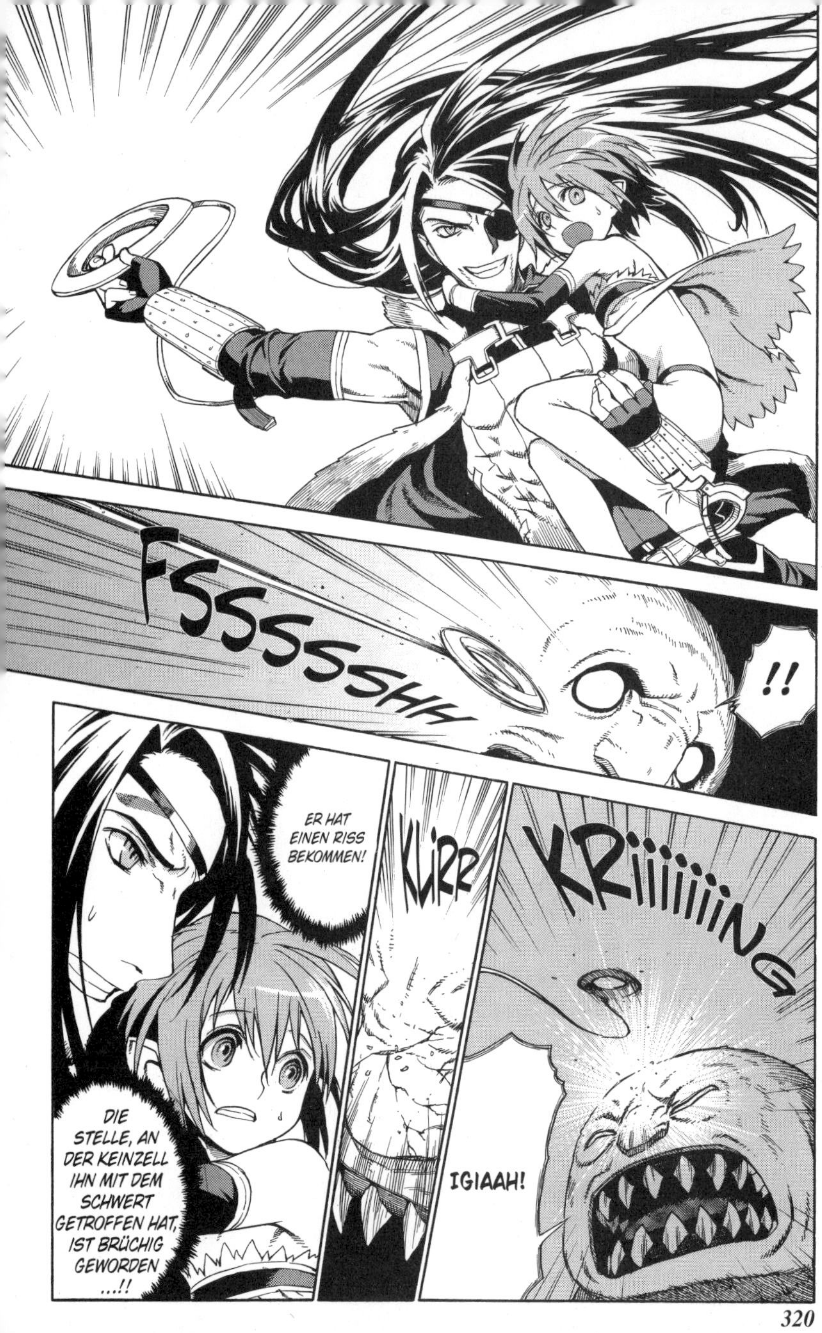
FSSSSSSHH
!!
KRiiiiiiNG
KLIRR
ER HAT EINEN RISS BEKOMMEN!
IGIAAH!
DIE STELLE, AN DER KEINZELL IHN MIT DEM SCHWERT GETROFFEN HAT, IST BRÜCHIG GEWORDEN ...!!

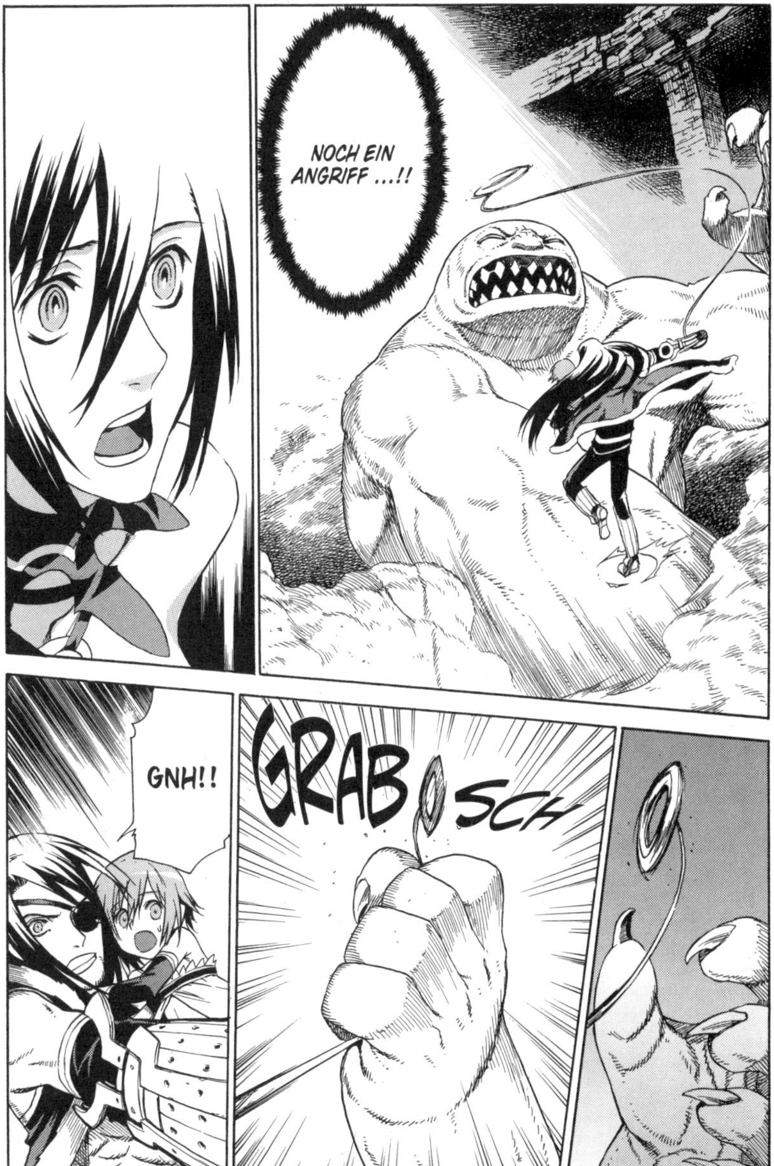
NOCH EIN ANGRIFF ...!!
GNH!!
GRAB SCH

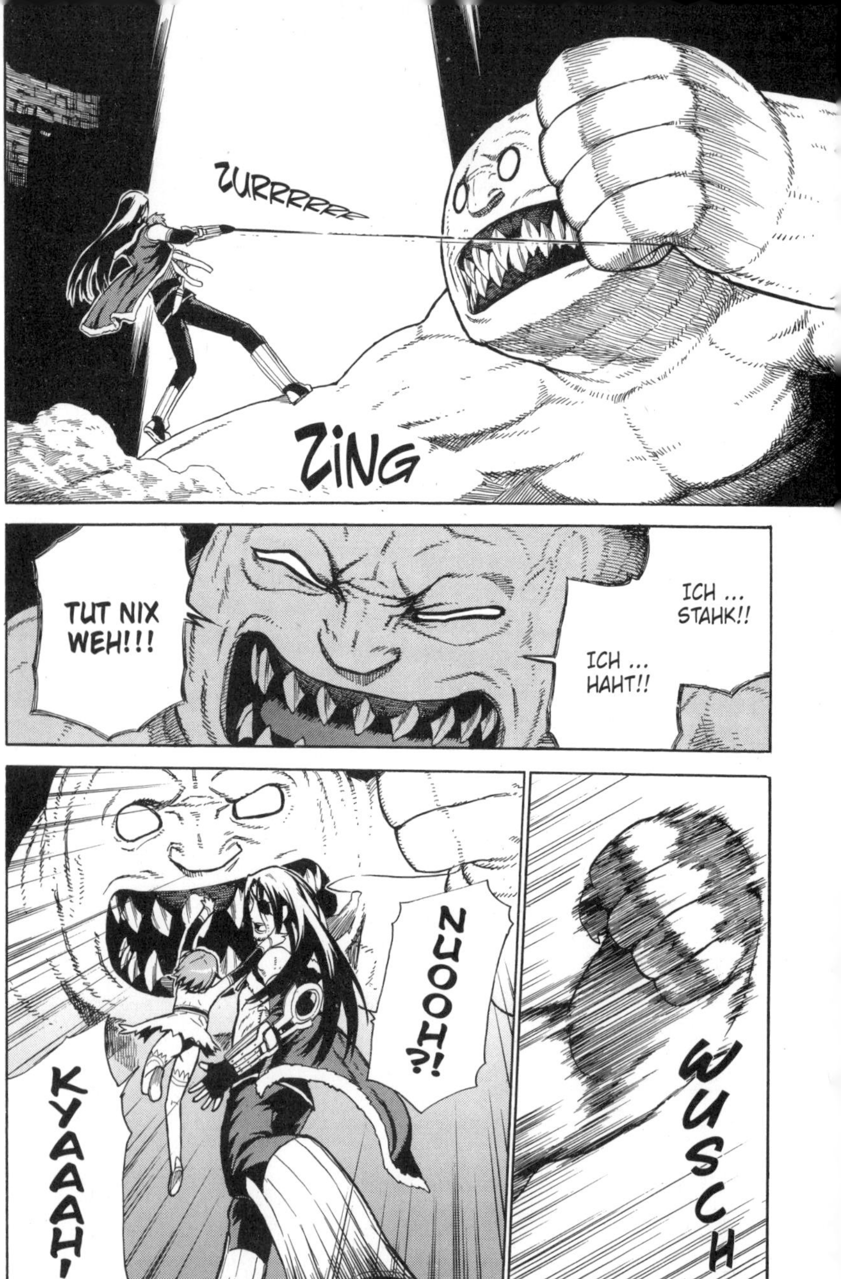
ZURRRRRRR
ZING
ICH ... STAHK!!
ICH ... HAHT!!
TUT NIX WEH!!!
WUSCH
NUOOOH?!
KYAAAAH!

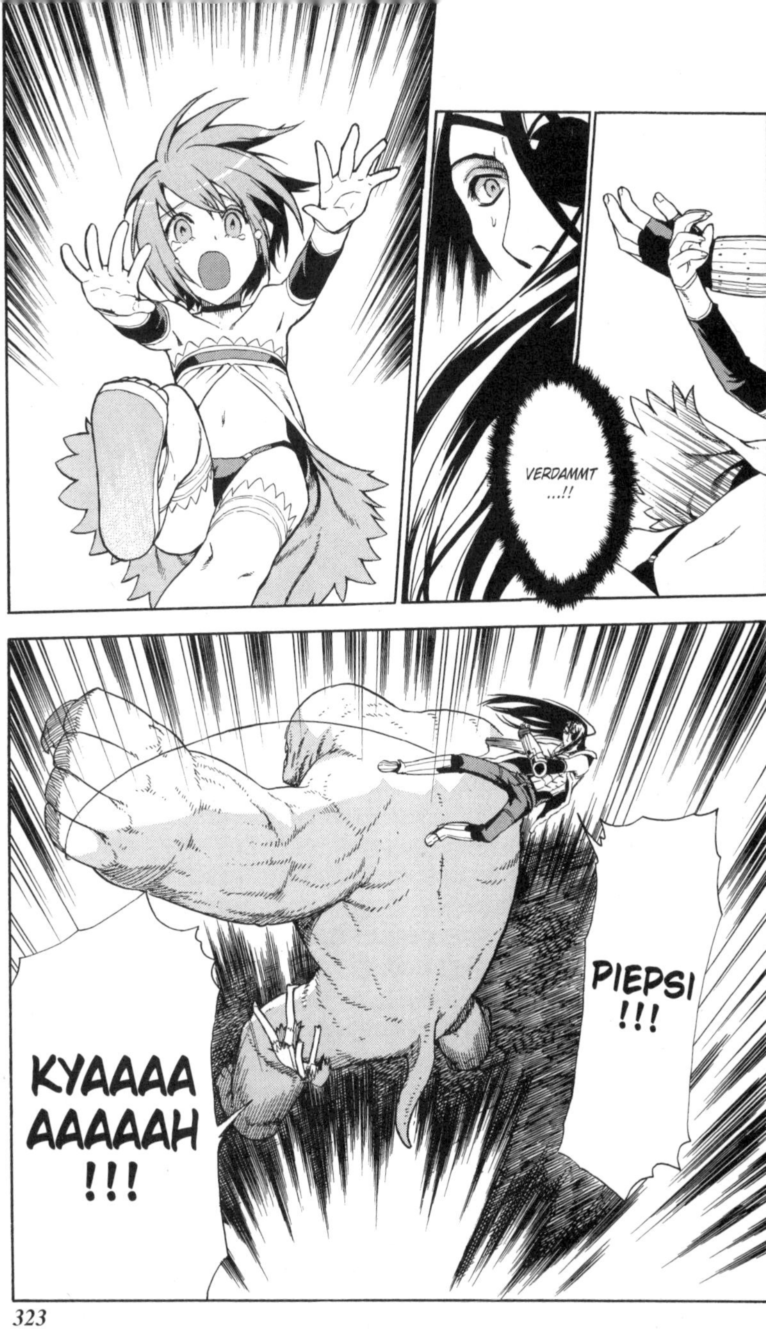
VERDAMMT ...!!
PIEPSI !!!
KYAAAA AAAAAH !!!

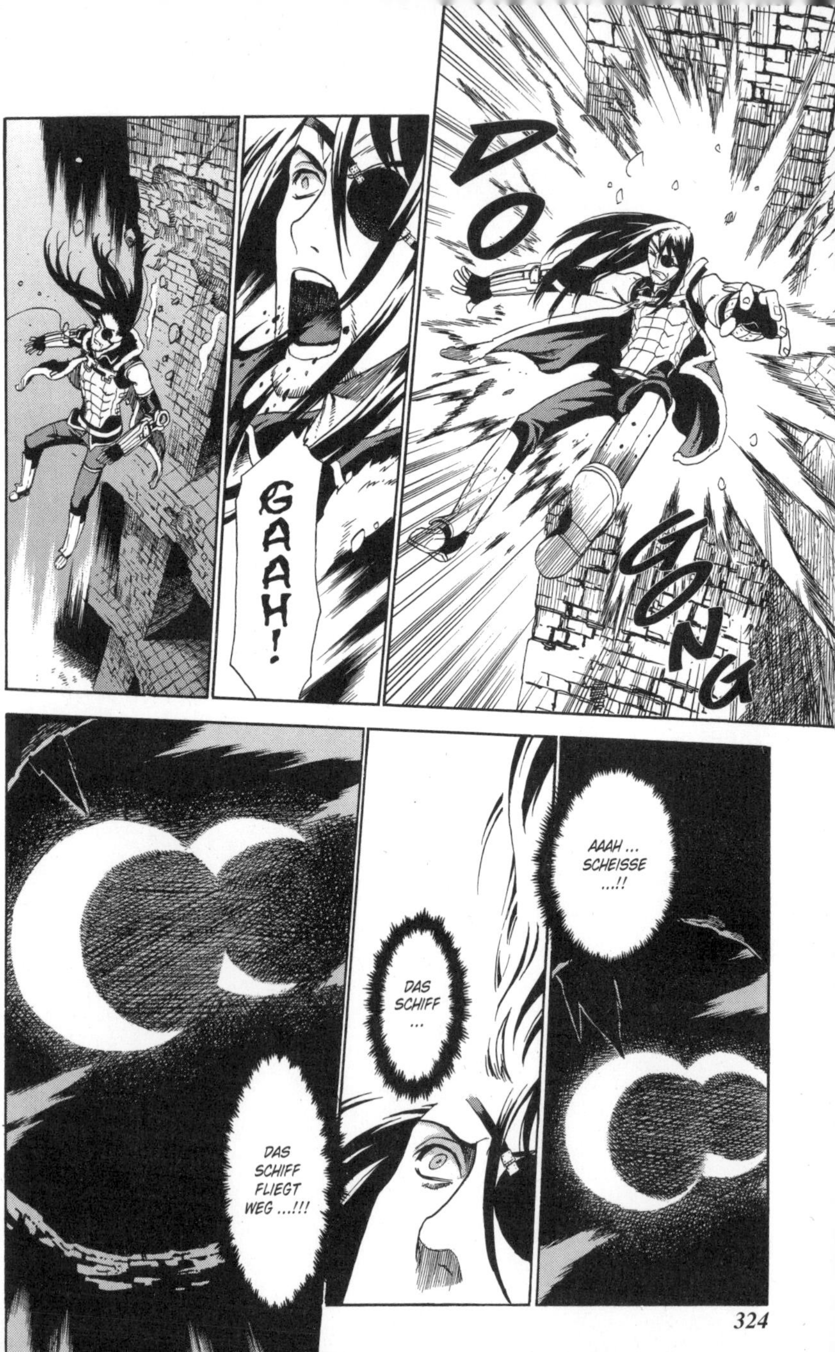
DOGONG
GAAAH!
AAAH … SCHEISSE …!!
DAS SCHIFF …
DAS SCHIFF FLIEGT WEG …!!!

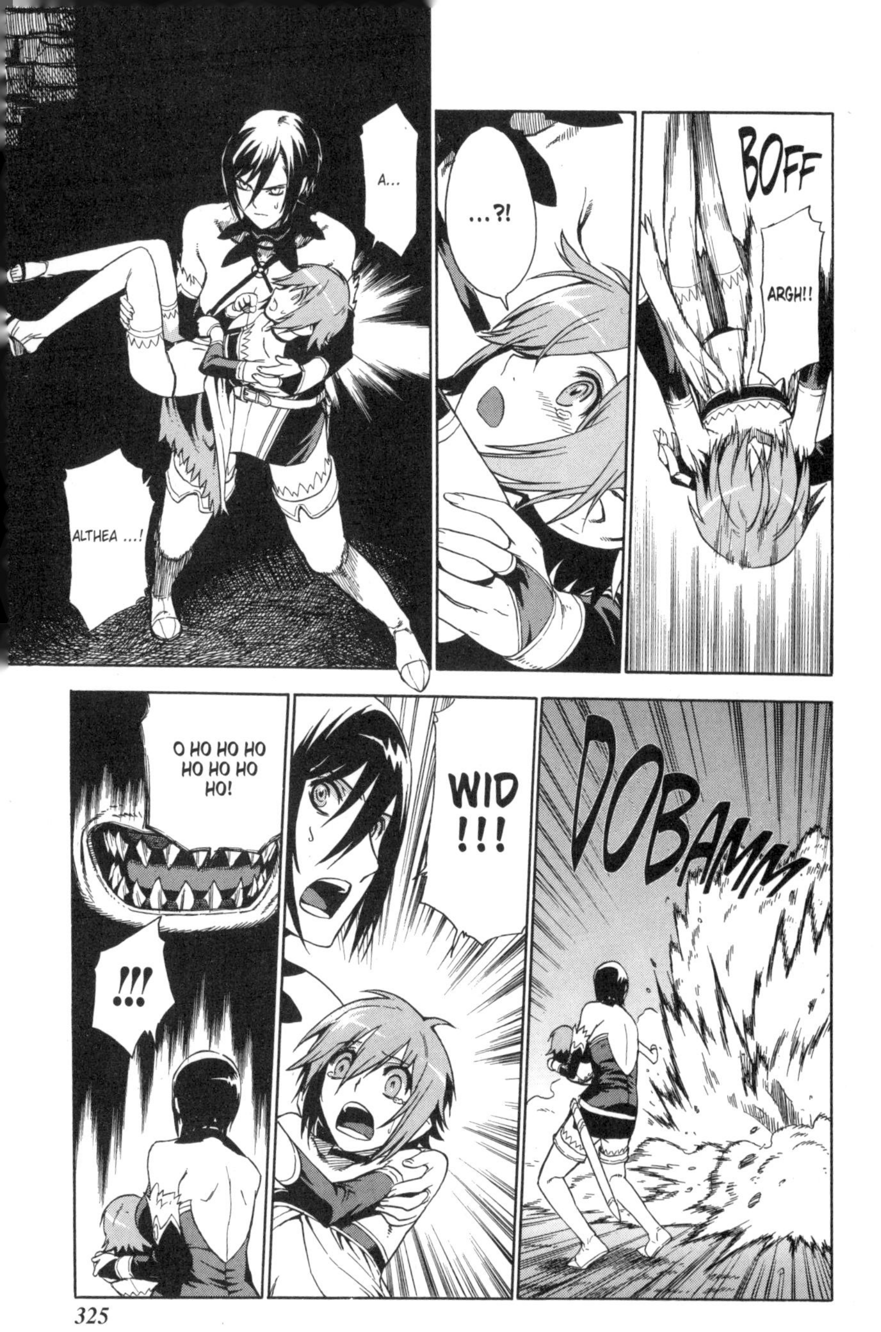

ALTHEA ...!
A...
...?!
BOFF
ARGH!!
O HO HO HO
HO HO HO
HO!
!!!
WID
!!!
DOBAMM

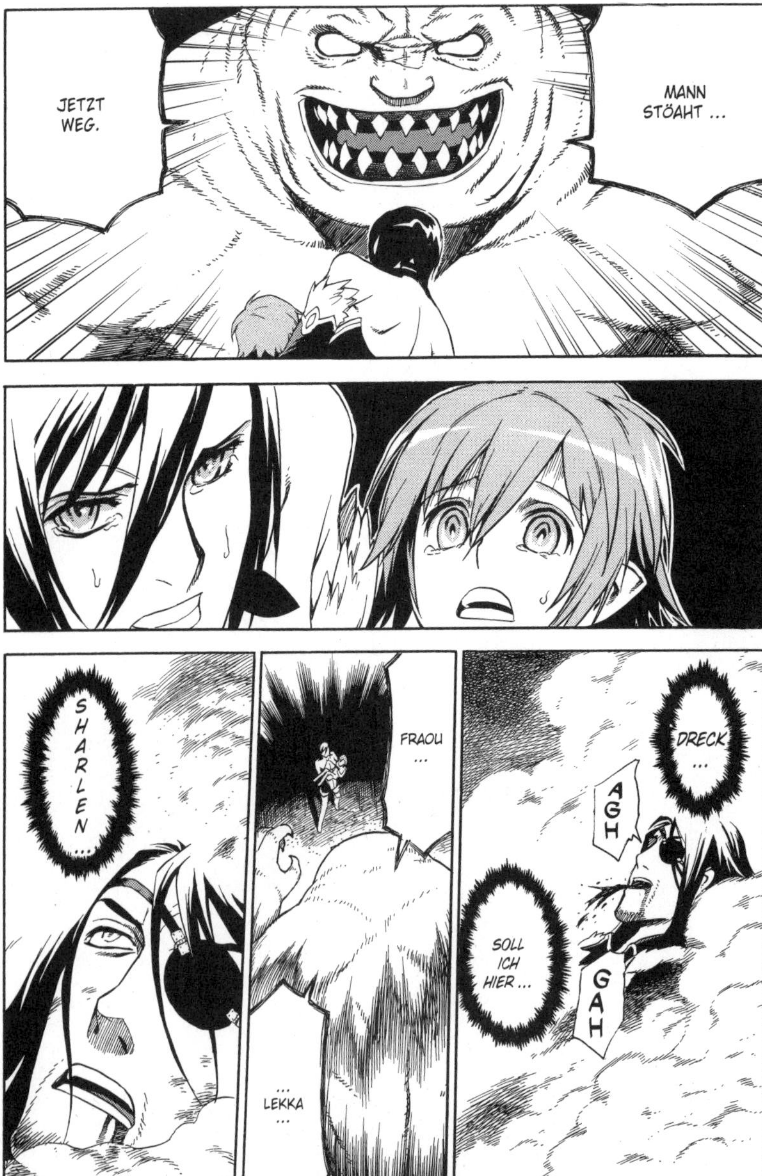
MANN STÖAHT ...
JETZT WEG.
DRECK ...
AGH
SOLL ICH HIER ...
GAH
FRAOU ...
... LEKKA ...
SHARLEN ...

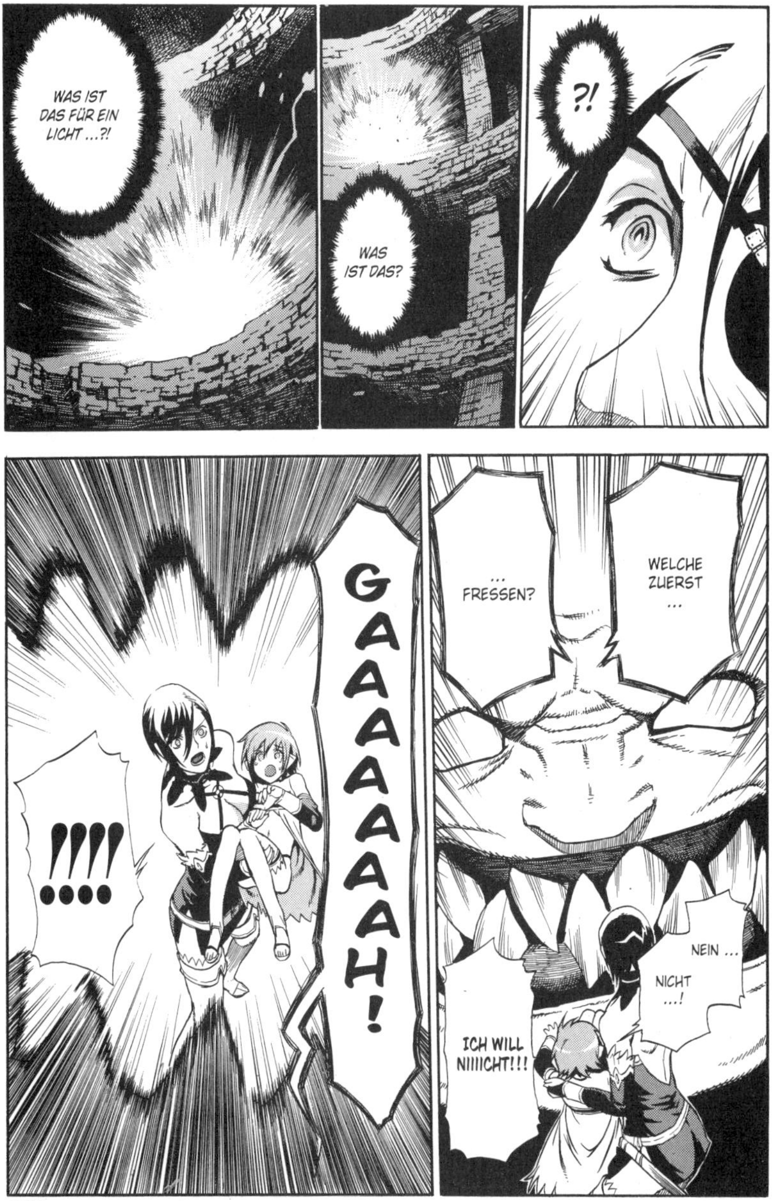
?!
WAS IST DAS?
WAS IST DAS FÜR EIN LICHT ...?!
WELCHE ZUERST ...
... FRESSEN?
NEIN ...
NICHT ...!
ICH WILL NIIIICHT!!!
GAAAAAAAAH!
!!!!

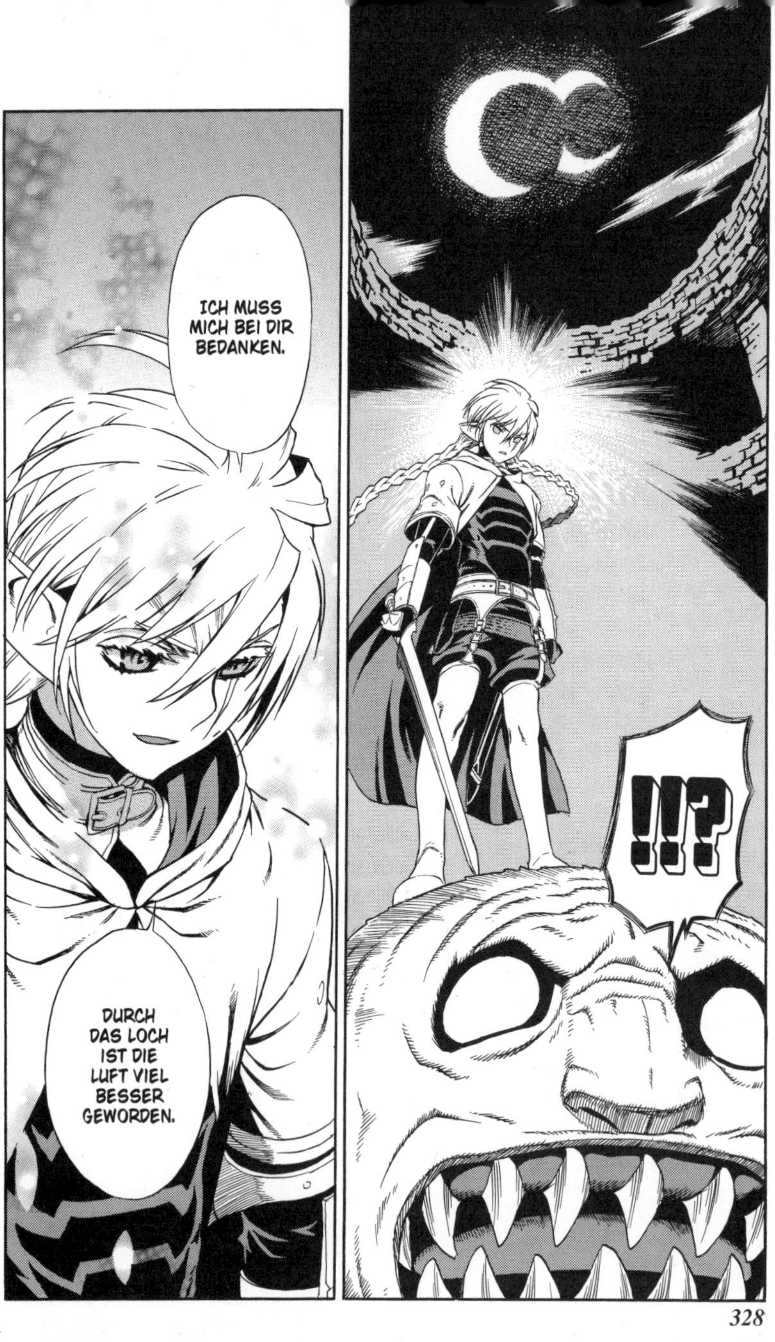
!!?
ICH MUSS MICH BEI DIR BEDANKEN.
DURCH DAS LOCH IST DIE LUFT VIEL BESSER GEWORDEN.

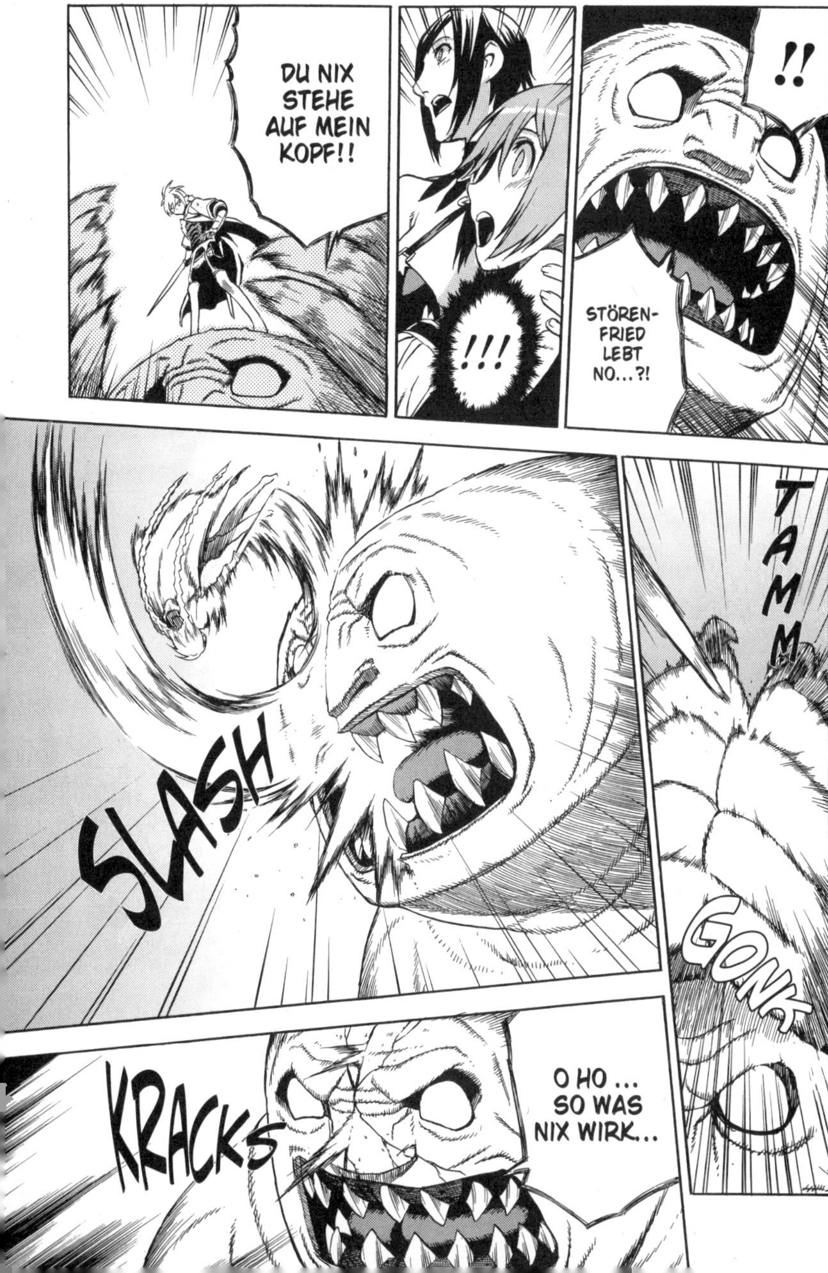
!!
STÖREN-
FRIED
LEBT
NO…?!
!!!
DU NIX
STEHE
AUF MEIN
KOPF!!
TAMM
GONK
SLASH
O HO …
SO WAS
NIX WIRK…
KRACKS

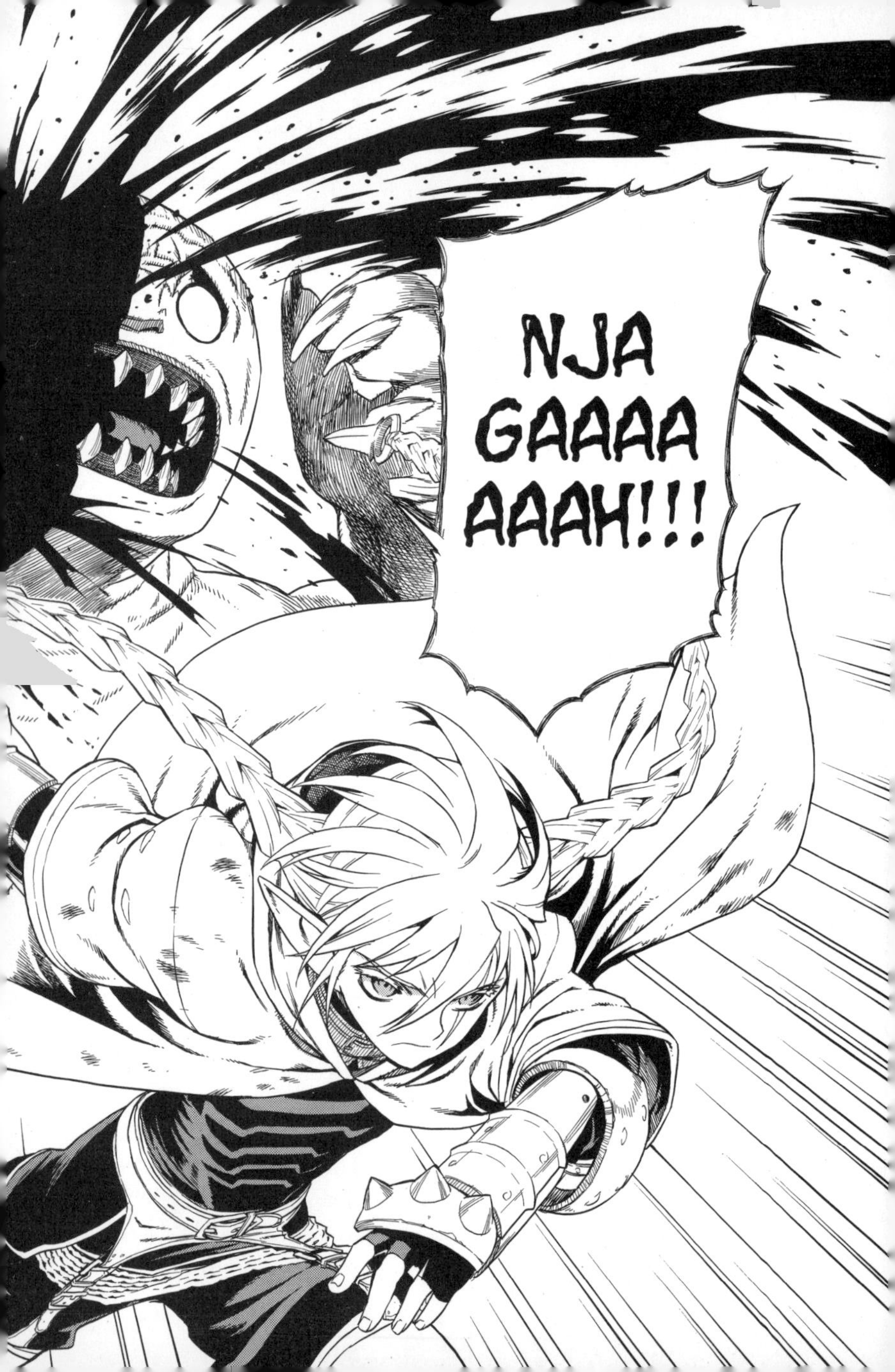
NJA
GAAAA
AAAH!!!

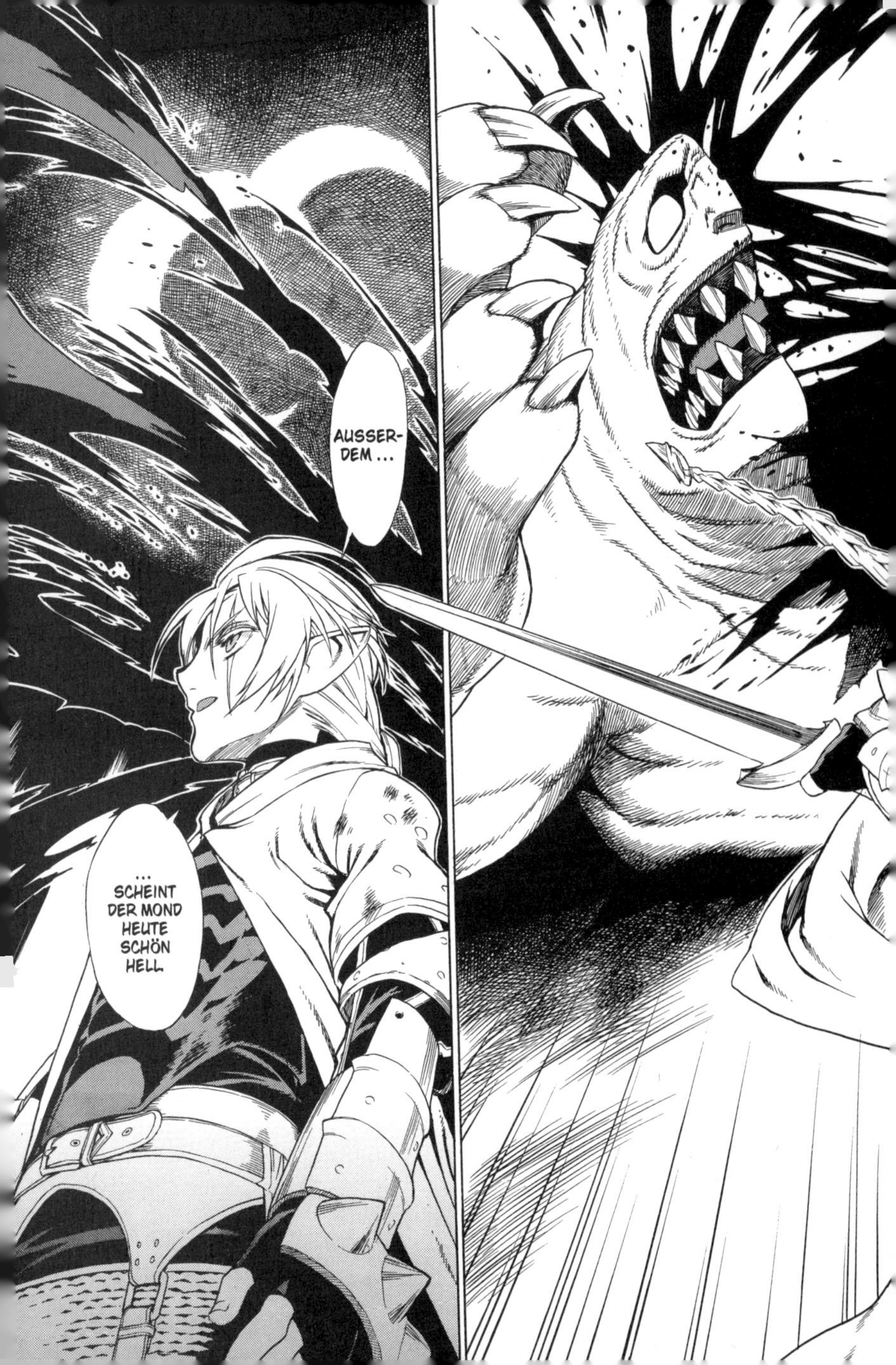
AUSSER-
DEM ...
... SCHEINT DER MOND HEUTE SCHÖN HELL.

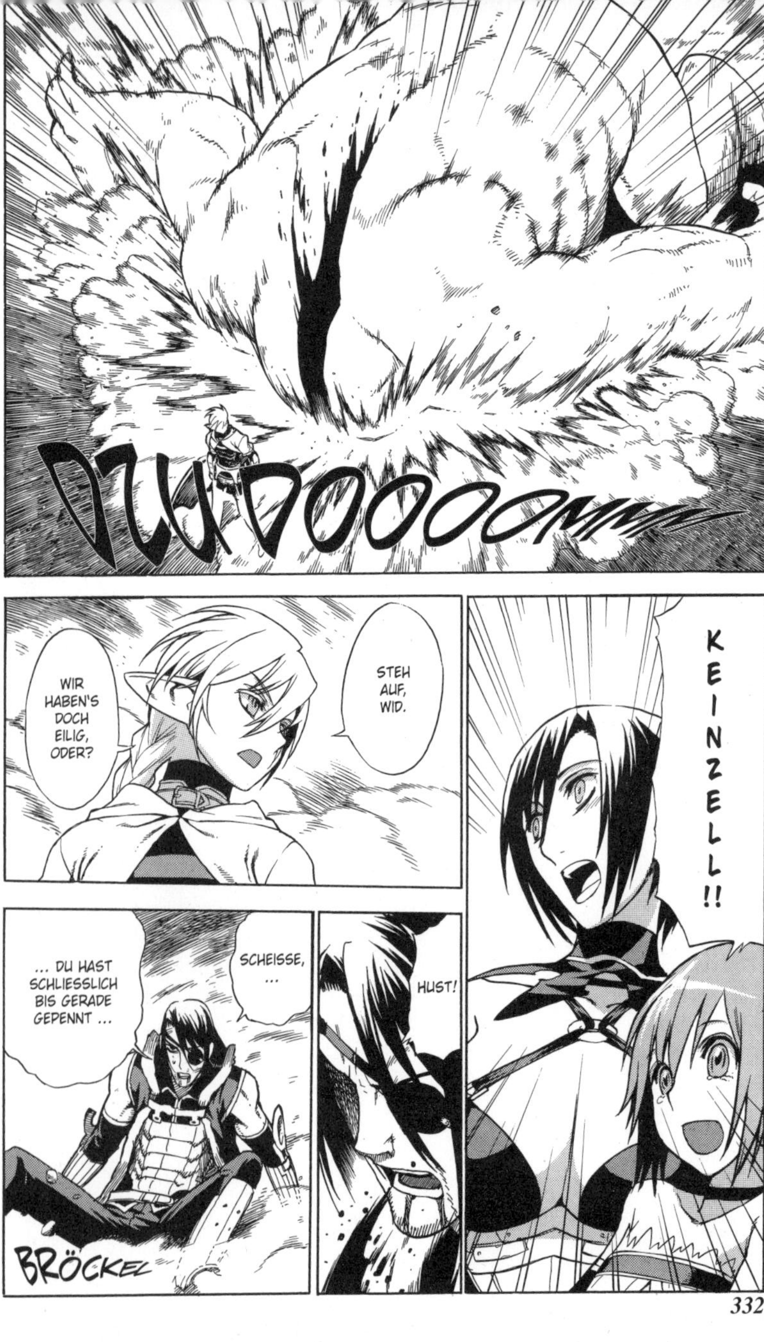
DZUDOOOOMMM
KEINZELL!!
STEH AUF, WID.
WIR HABEN'S DOCH EILIG, ODER?
HUST!
SCHEISSE, …
… DU HAST SCHLIESSLICH BIS GERADE GEPENNT …
BRÖCKEL

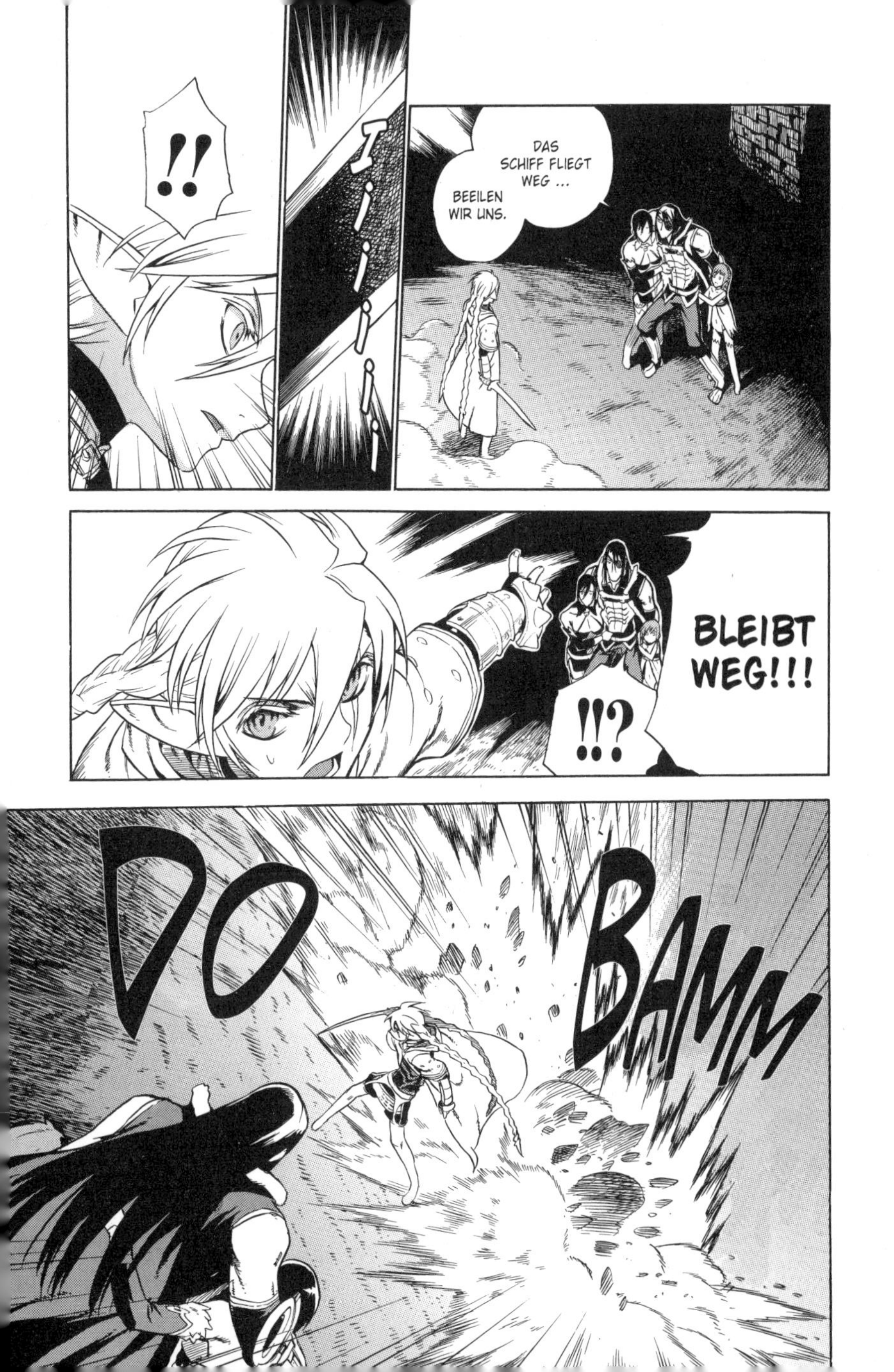
DAS SCHIFF FLIEGT WEG …
BEEILEN WIR UNS.
!!
BLEIBT WEG!!!
!!?
DO
BAMM

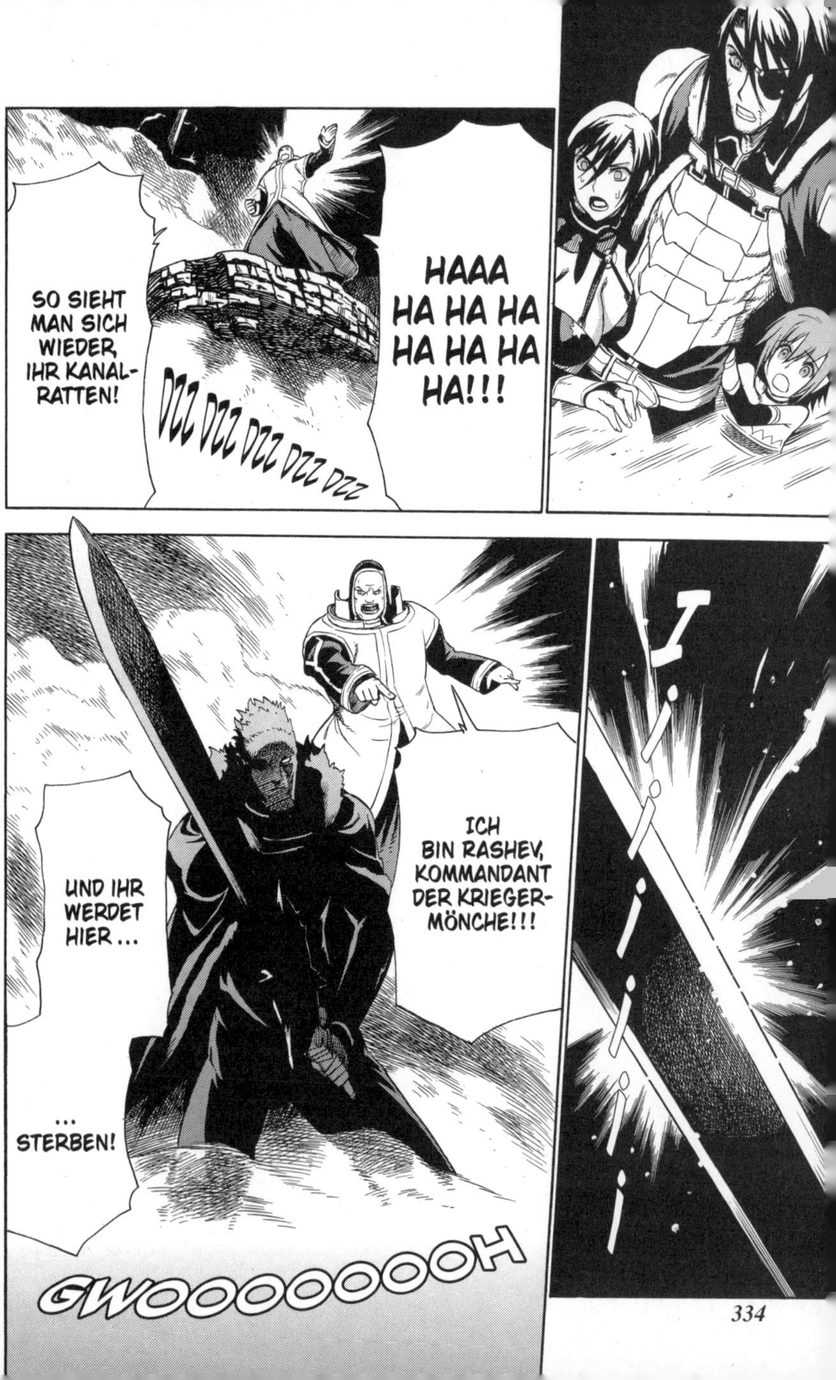
HAAA HA HA HA HA HA HA HA!!!
SO SIEHT MAN SICH WIEDER, IHR KANALRATTEN!
DZZ DZZ DZZ DZZ DZZ
ICH BIN RASHEV, KOMMANDANT DER KRIEGERMÖNCHE!!!
UND IHR WERDET HIER ...
... STERBEN!
GWOOOOOOOOH

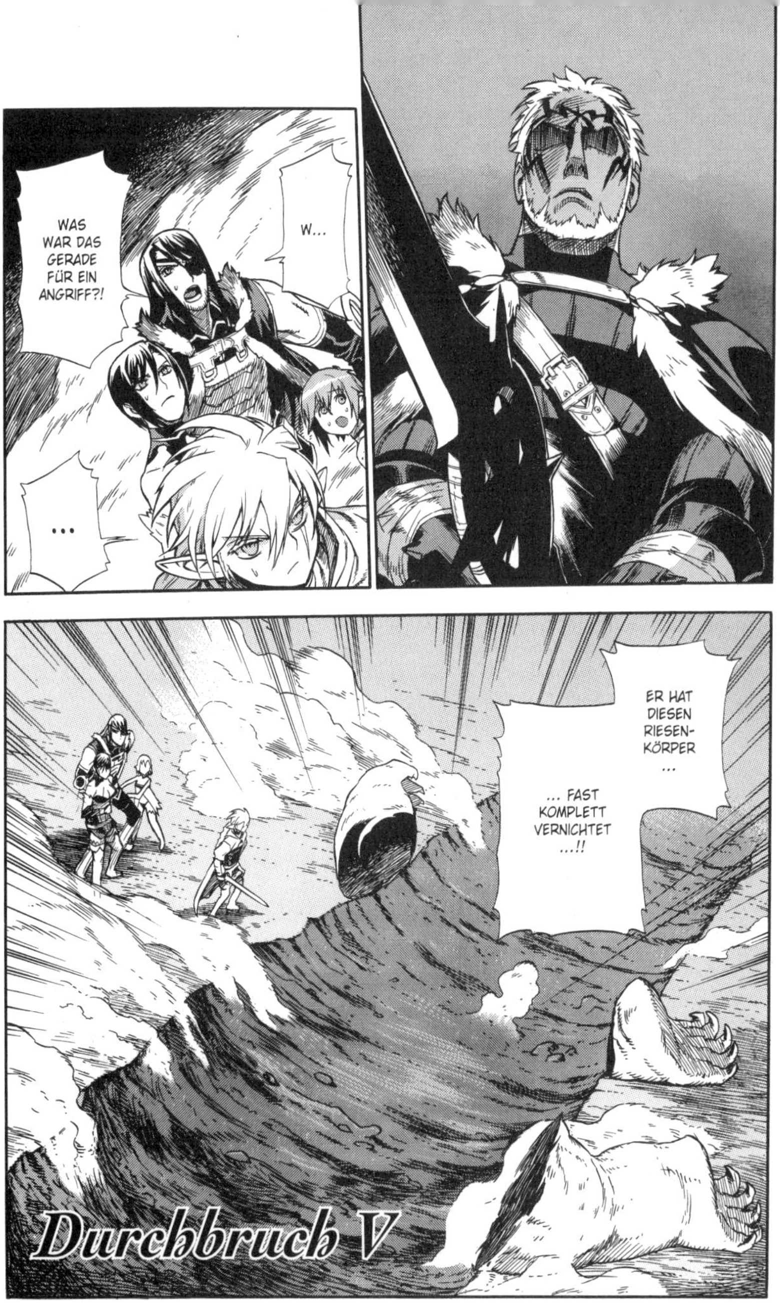
W...
WAS WAR DAS GERADE FÜR EIN ANGRIFF?!
...
ER HAT DIESEN RIESEN-KÖRPER ...
... FAST KOMPLETT VERNICHTET ...!!
Durchbruch V

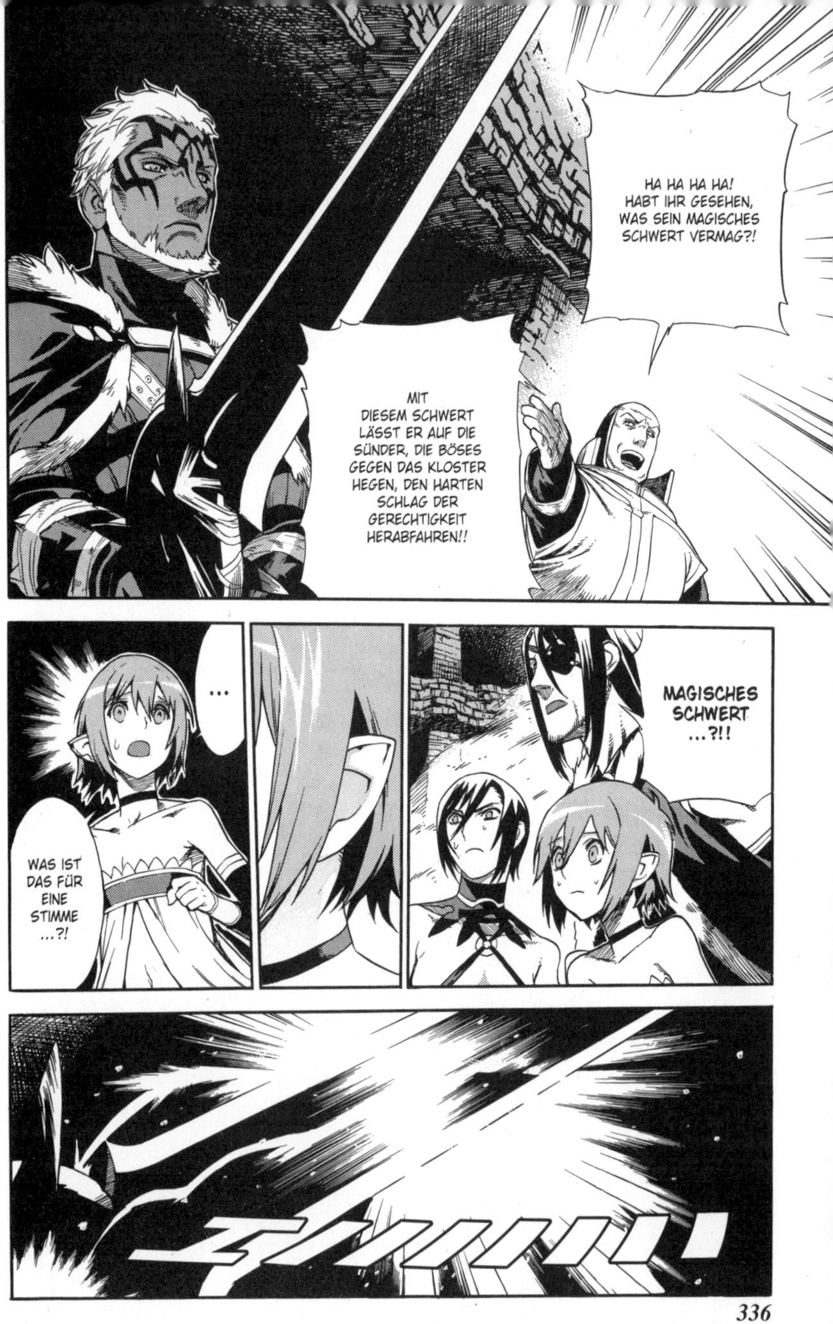
HA HA HA HA! HABT IHR GESEHEN, WAS SEIN MAGISCHES SCHWERT VERMAG?!
MIT DIESEM SCHWERT LÄSST ER AUF DIE SÜNDER, DIE BÖSES GEGEN DAS KLOSTER HEGEN, DEN HARTEN SCHLAG DER GERECHTIGKEIT HERABFAHREN!!
MAGISCHES SCHWERT ...?!!
...
WAS IST DAS FÜR EINE STIMME ...?!

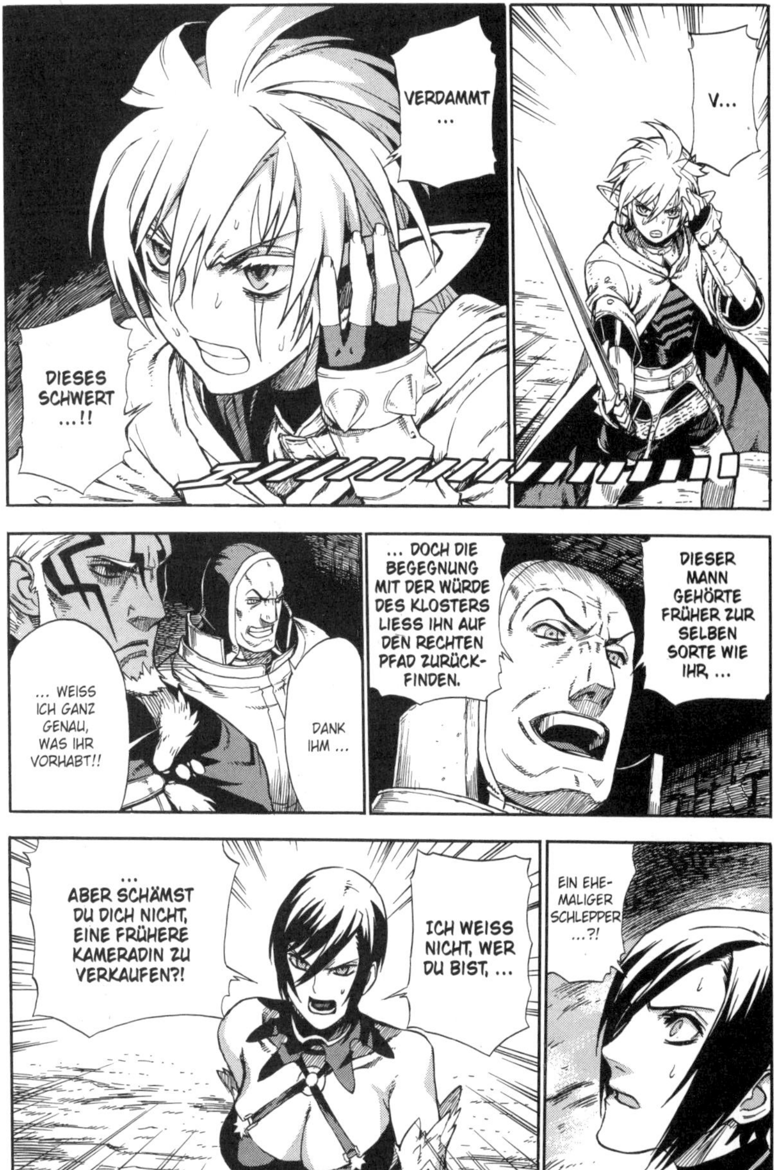
V...
VERDAMMT ...
DIESES SCHWERT ...!!
DIESER MANN GEHÖRTE FRÜHER ZUR SELBEN SORTE WIE IHR, ...
... DOCH DIE BEGEGNUNG MIT DER WÜRDE DES KLOSTERS LIESS IHN AUF DEN RECHTEN PFAD ZURÜCK-FINDEN.
DANK IHM ...
... WEISS ICH GANZ GENAU, WAS IHR VORHABT!!
EIN EHE-MALIGER SCHLEPPER ...?!
ICH WEISS NICHT, WER DU BIST, ...
... ABER SCHÄMST DU DICH NICHT, EINE FRÜHERE KAMERADIN ZU VERKAUFEN?!

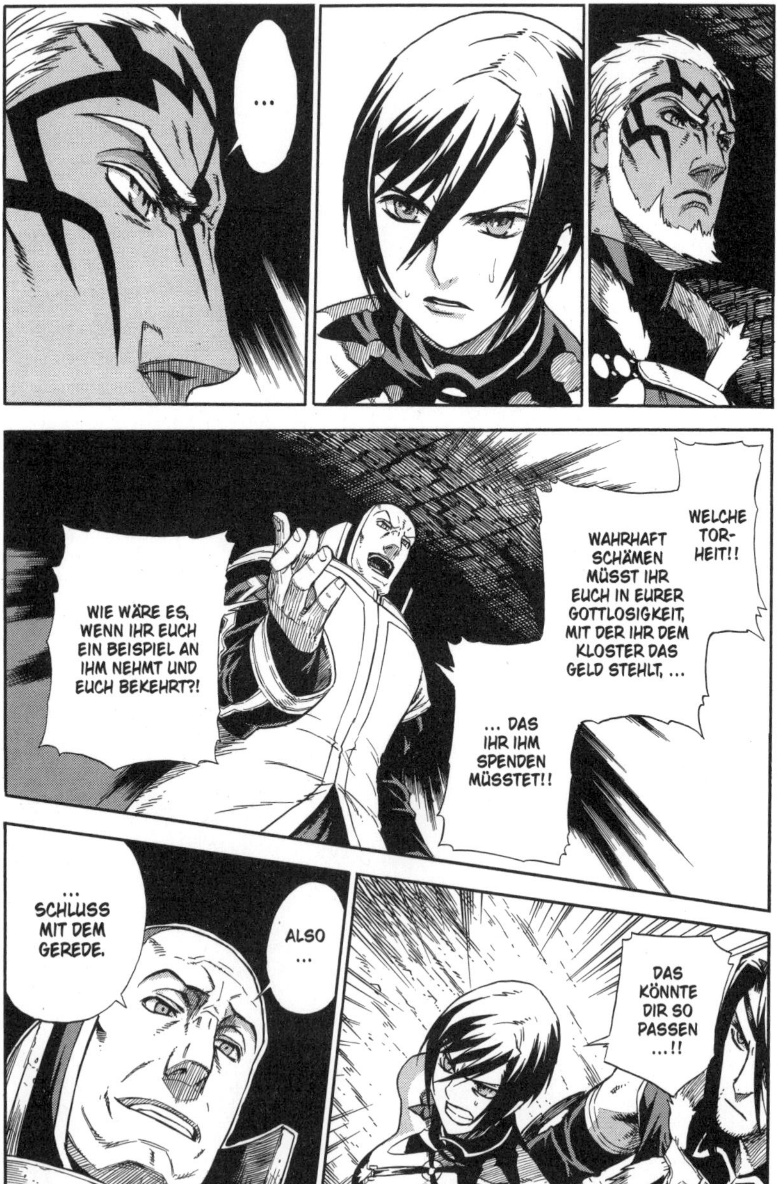
...
WELCHE TORHEIT!!
WAHRHAFT SCHÄMEN MÜSST IHR EUCH IN EURER GOTTLOSIGKEIT, MIT DER IHR DEM KLOSTER DAS GELD STEHLT, ...
... DAS IHR IHM SPENDEN MÜSSTET!!
WIE WÄRE ES, WENN IHR EUCH EIN BEISPIEL AN IHM NEHMT UND EUCH BEKEHRT?!
DAS KÖNNTE DIR SO PASSEN ...!!
ALSO ...
... SCHLUSS MIT DEM GEREDE.

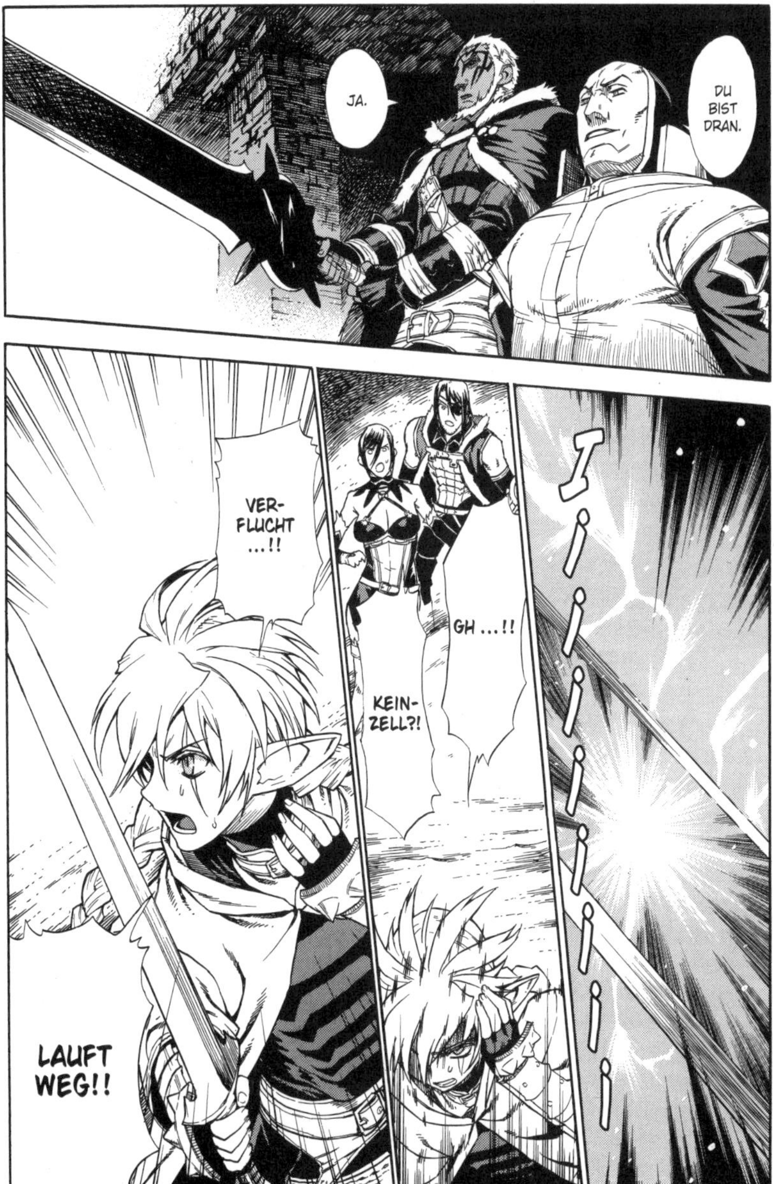
DU BIST DRAN.
JA.
GH ...!!
KEIN-ZELL?!
VER-FLUCHT ...!!
LAUFT WEG!!

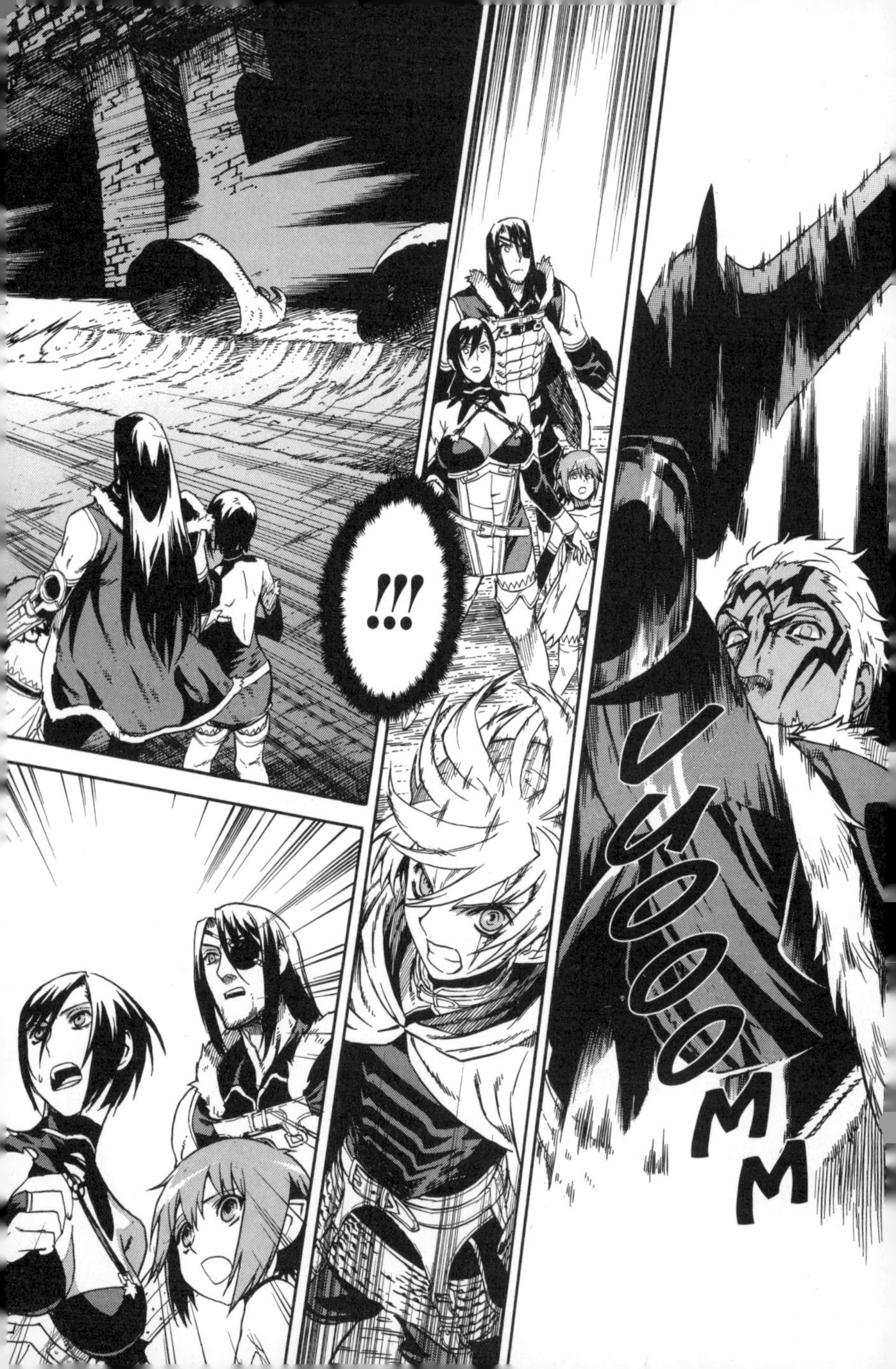
!!!
VUOOOOMMM

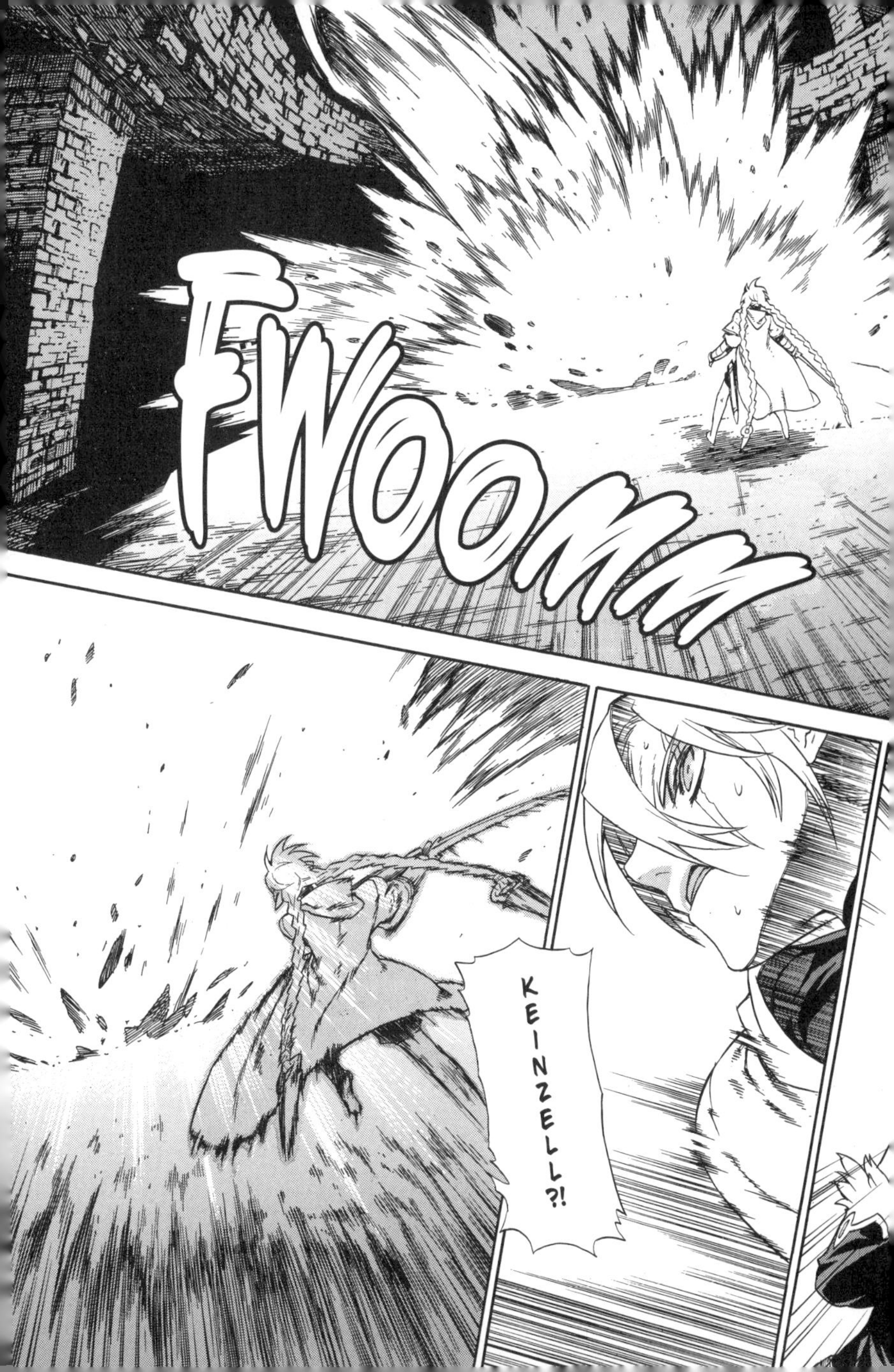
FWOOMM
KEINZELL?!

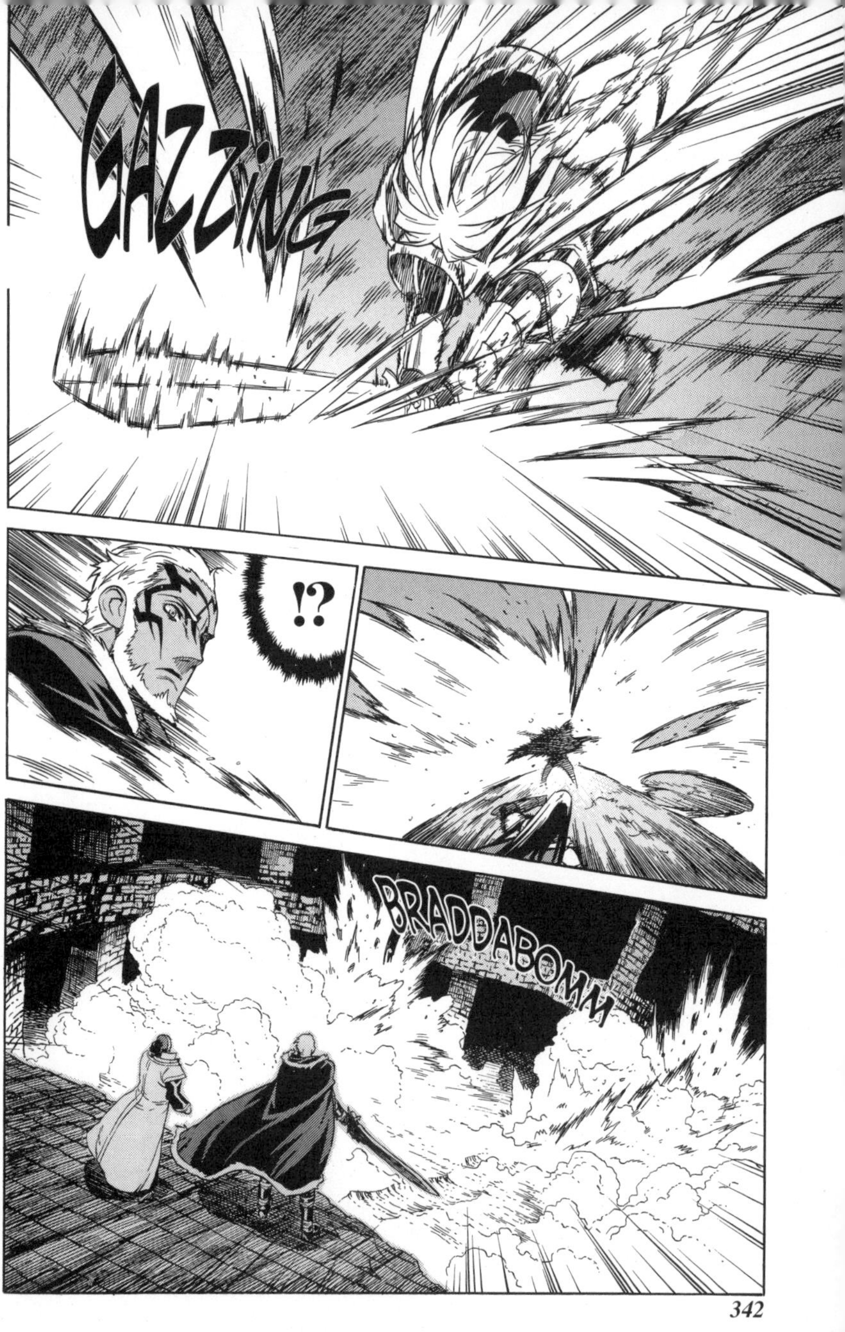
GAZZING
!?
BRADDABOMM

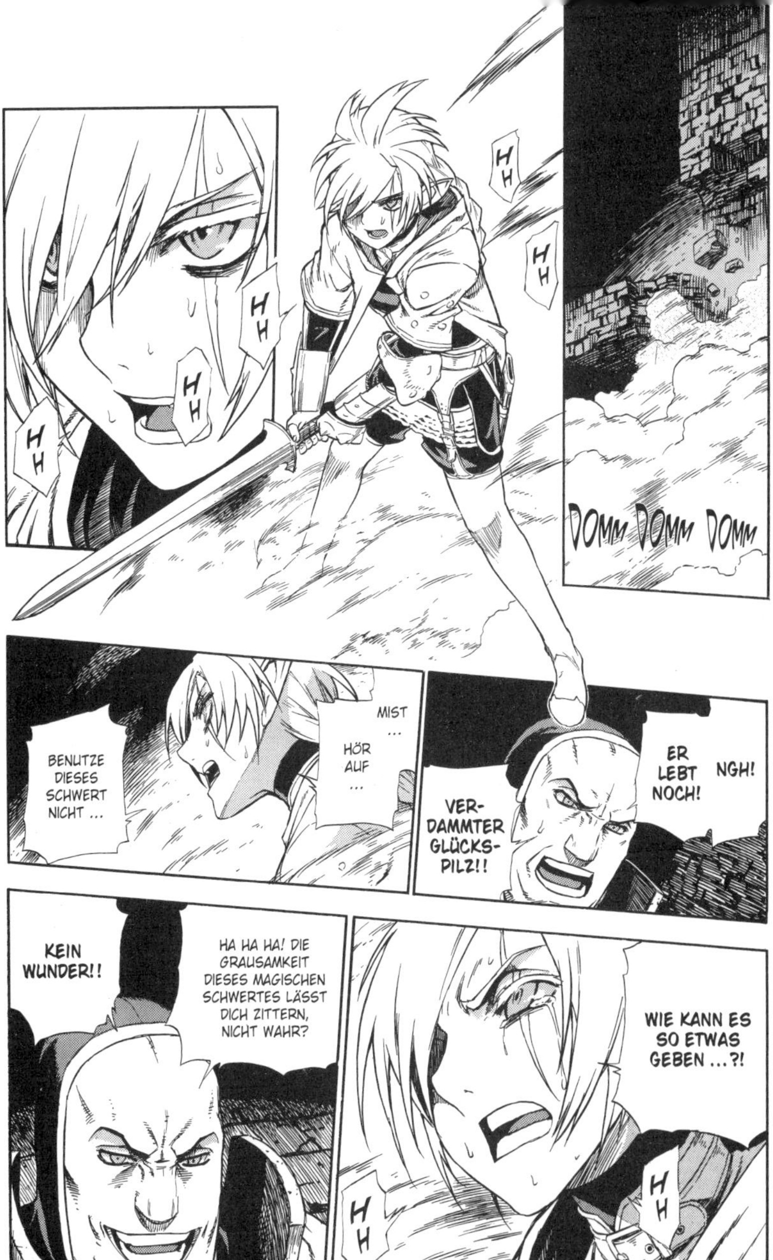

DOMM DOMM DOMM
HH
HH
HH
HH
HH
ER LEBT NOCH!
NGH!
VER-DAMMTER GLÜCKS-PILZ!!
MIST …
HÖR AUF …
BENUTZE DIESES SCHWERT NICHT …
WIE KANN ES SO ETWAS GEBEN …?!
HH
HH
HA HA HA! DIE GRAUSAMKEIT DIESES MAGISCHEN SCHWERTES LÄSST DICH ZITTERN, NICHT WAHR?
KEIN WUNDER!!

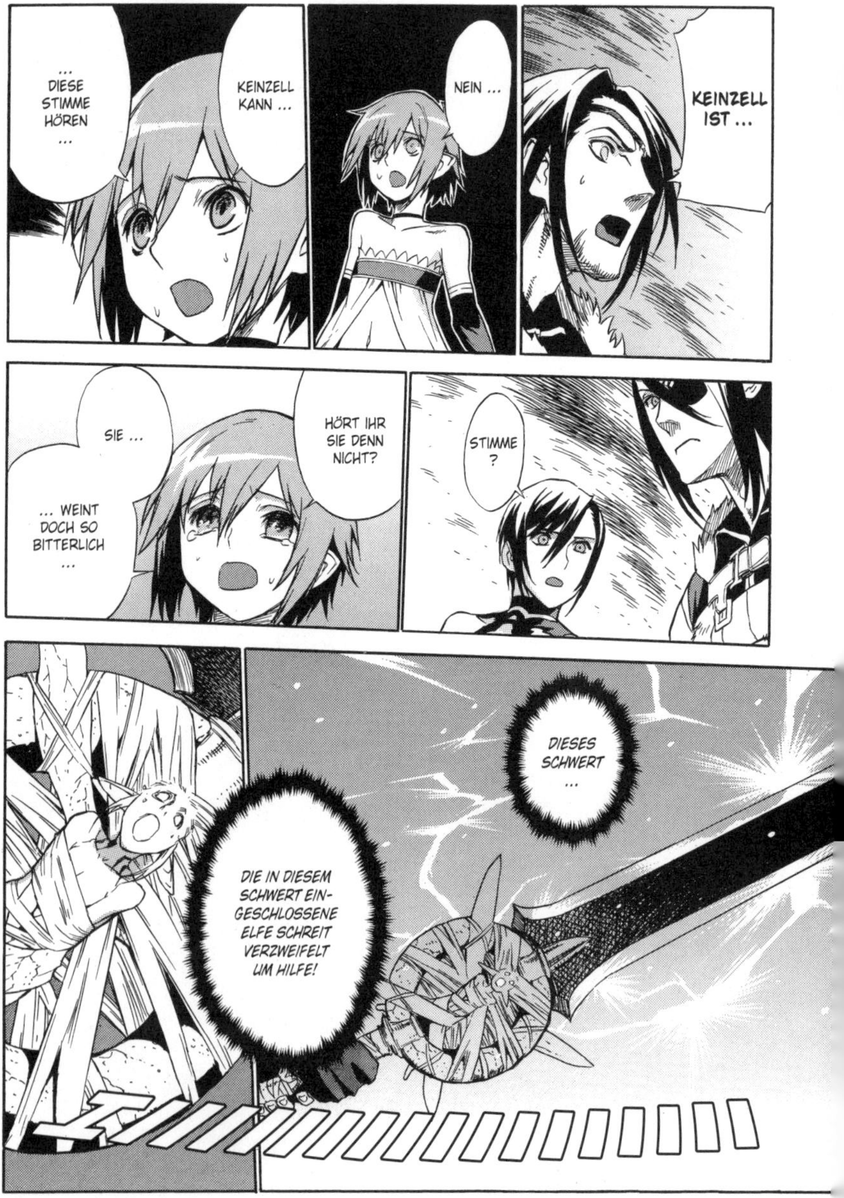
KEINZELL IST …
NEIN …
KEINZELL KANN …
… DIESE STIMME HÖREN …
STIMME ?
HÖRT IHR SIE DENN NICHT?
SIE …
… WEINT DOCH SO BITTERLICH …
DIESES SCHWERT …
DIE IN DIESEM SCHWERT EIN-GESCHLOSSENE ELFE SCHREIT VERZWEIFELT UM HILFE!

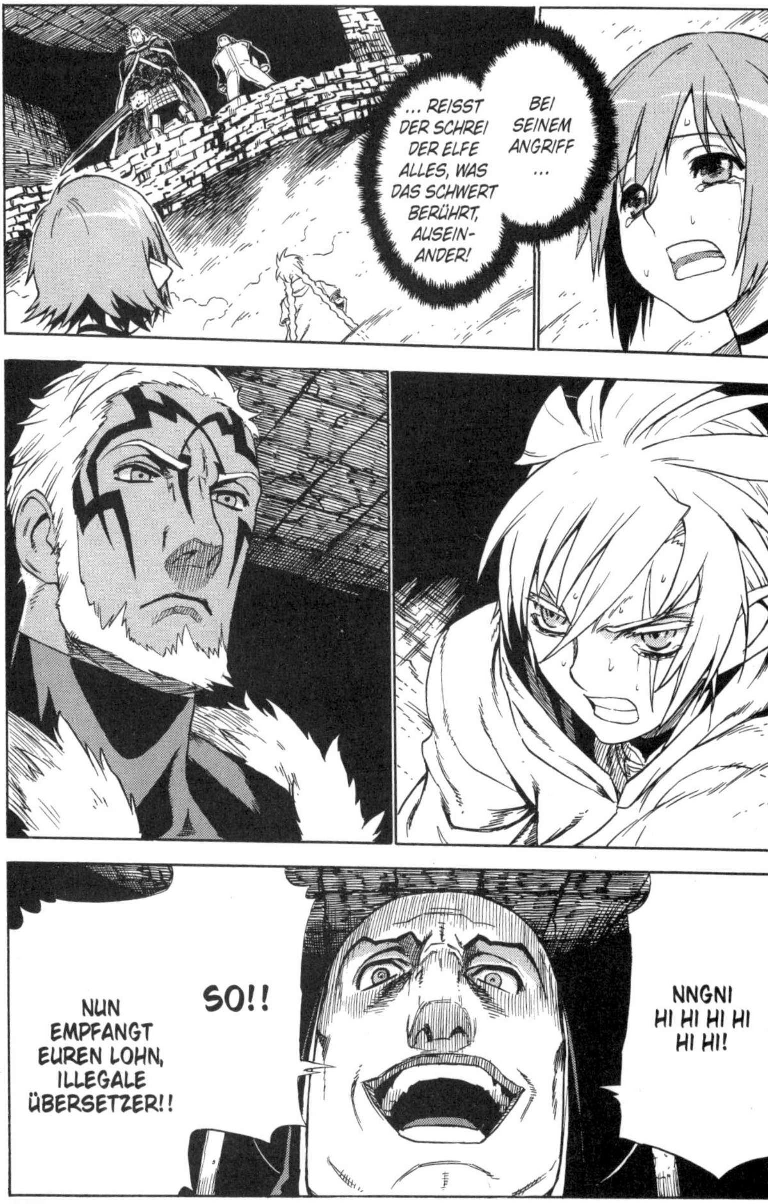
BEI SEINEM ANGRIFF ...
... REISST DER SCHREI DER ELFE ALLES, WAS DAS SCHWERT BERÜHRT, AUSEIN-ANDER!
NNGNI HI HI HI HI HI HI!
SO!!
NUN EMPFANGT EUREN LOHN, ILLEGALE ÜBERSETZER!!

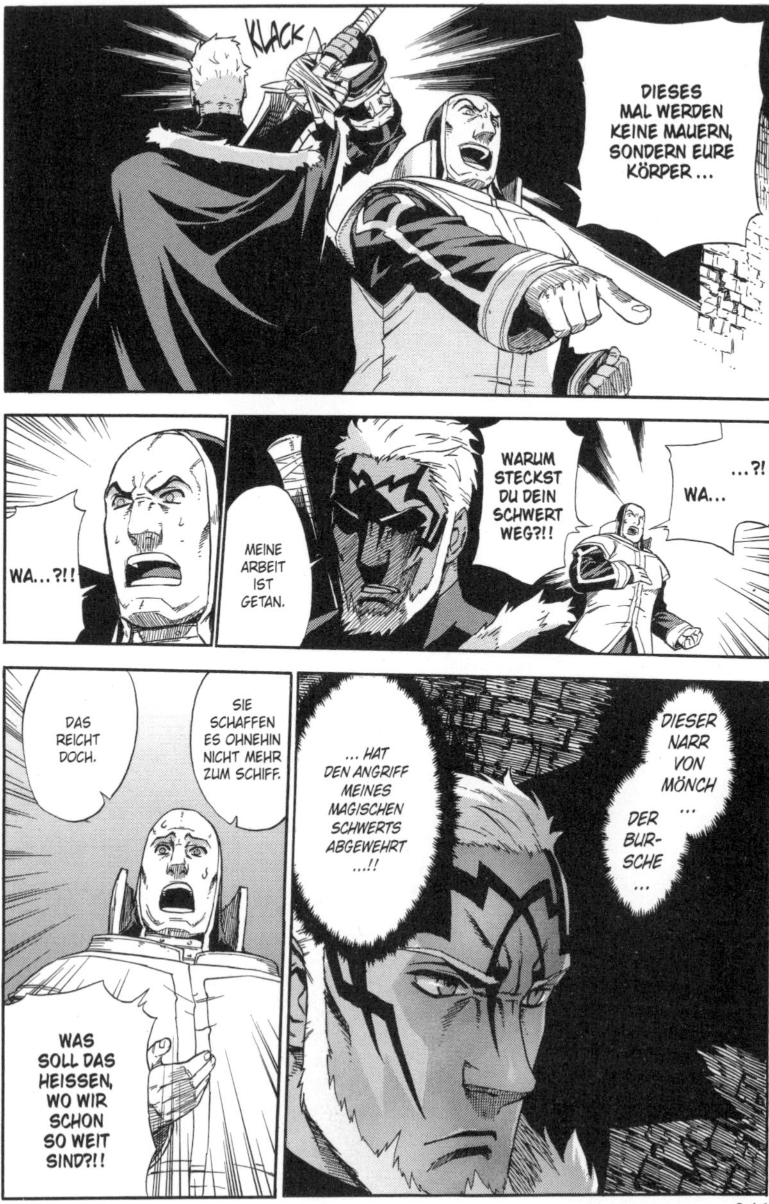
KLACK
DIESES MAL WERDEN KEINE MAUERN, SONDERN EURE KÖRPER …
…?!
WA…
WARUM STECKST DU DEIN SCHWERT WEG?!!
MEINE ARBEIT IST GETAN.
WA…?!!
DIESER NARR VON MÖNCH …
DER BURSCHE …
… HAT DEN ANGRIFF MEINES MAGISCHEN SCHWERTS ABGEWEHRT …!!
SIE SCHAFFEN ES OHNEHIN NICHT MEHR ZUM SCHIFF.
DAS REICHT DOCH.
WAS SOLL DAS HEISSEN, WO WIR SCHON SO WEIT SIND?!!

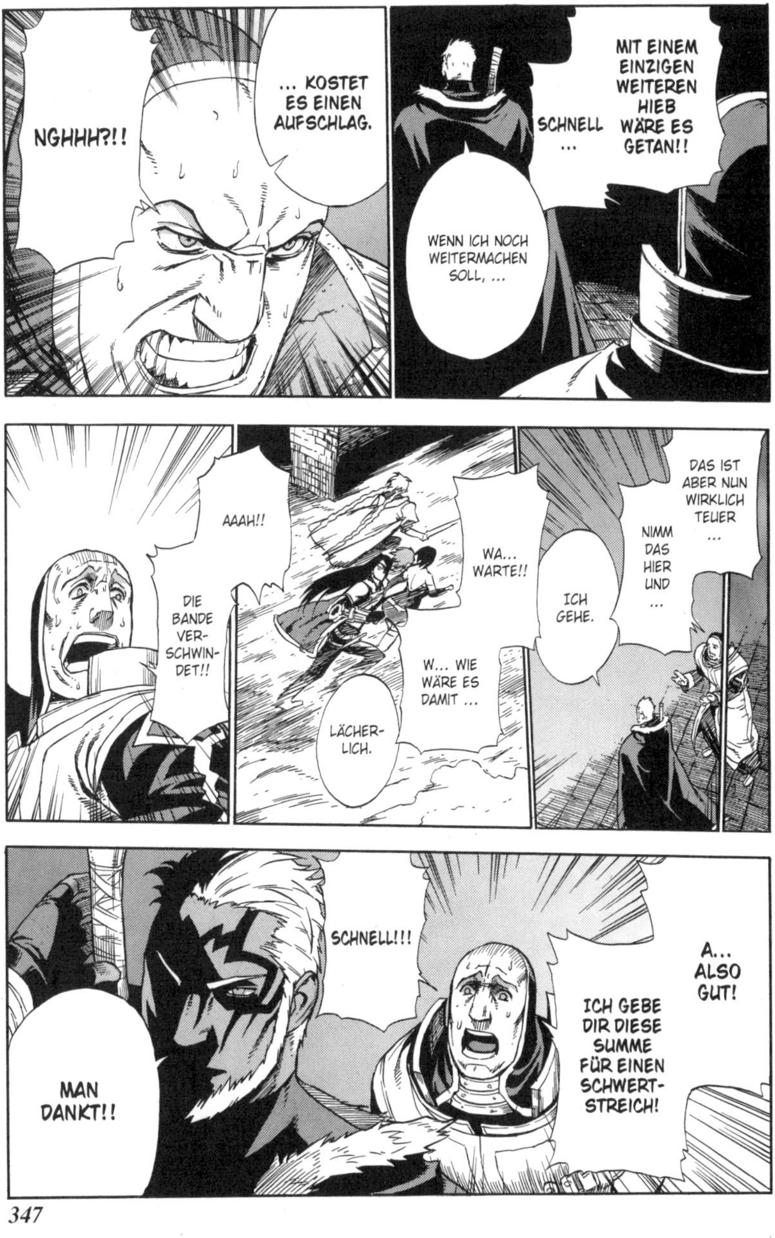
MIT EINEM EINZIGEN WEITEREN HIEB WÄRE ES GETAN!!
SCHNELL …
WENN ICH NOCH WEITERMACHEN SOLL, …
… KOSTET ES EINEN AUFSCHLAG.
NGHHH?!!
DAS IST ABER NUN WIRKLICH TEUER …
NIMM DAS HIER UND …
ICH GEHE.
WA… WARTE!!
W… WIE WÄRE ES DAMIT …
LÄCHERLICH.
AAAH!!
DIE BANDE VER-SCHWIN-DET!!
A… ALSO GUT!
ICH GEBE DIR DIESE SUMME FÜR EINEN SCHWERT-STREICH!
SCHNELL!!!
MAN DANKT!!

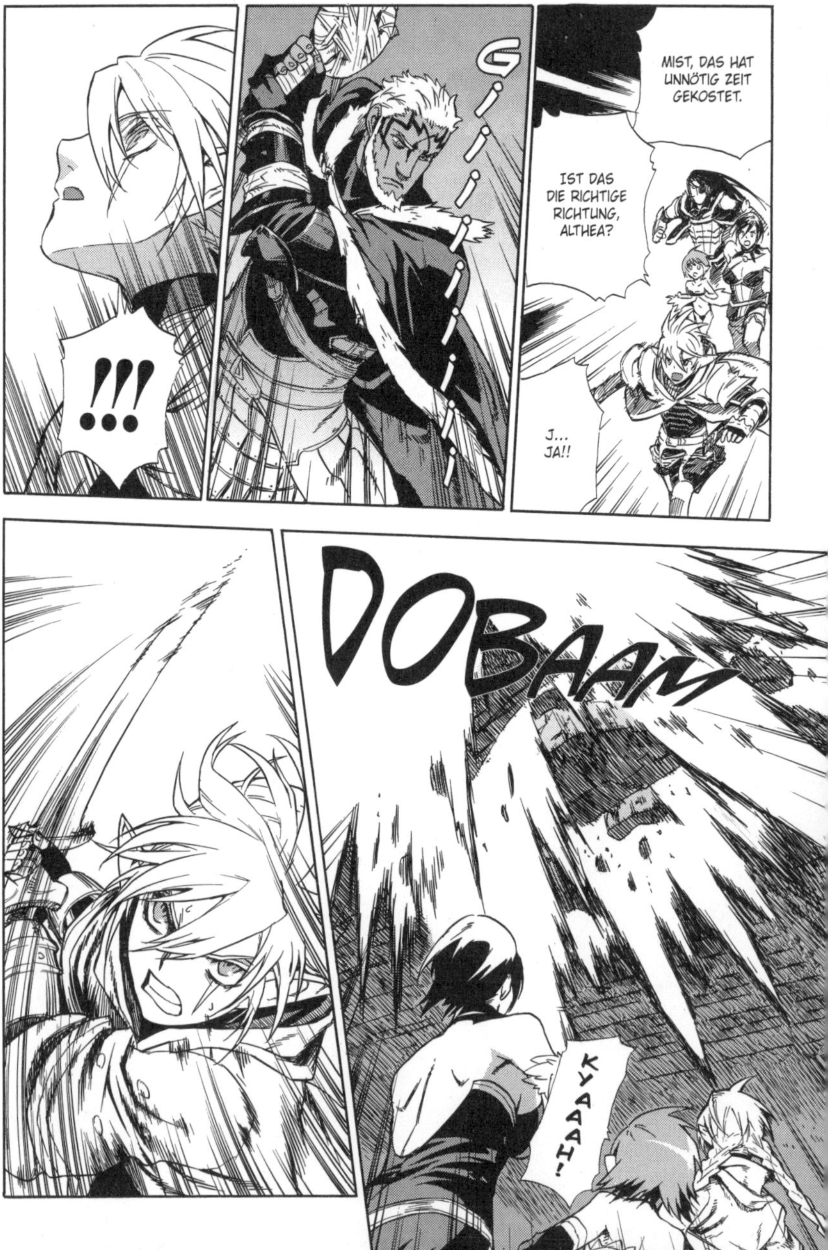

!!!
G
MIST, DAS HAT UNNÖTIG ZEIT GEKOSTET.
IST DAS DIE RICHTIGE RICHTUNG, ALTHEA?
J... JA!!
DOBAAM
KYAAAAH!

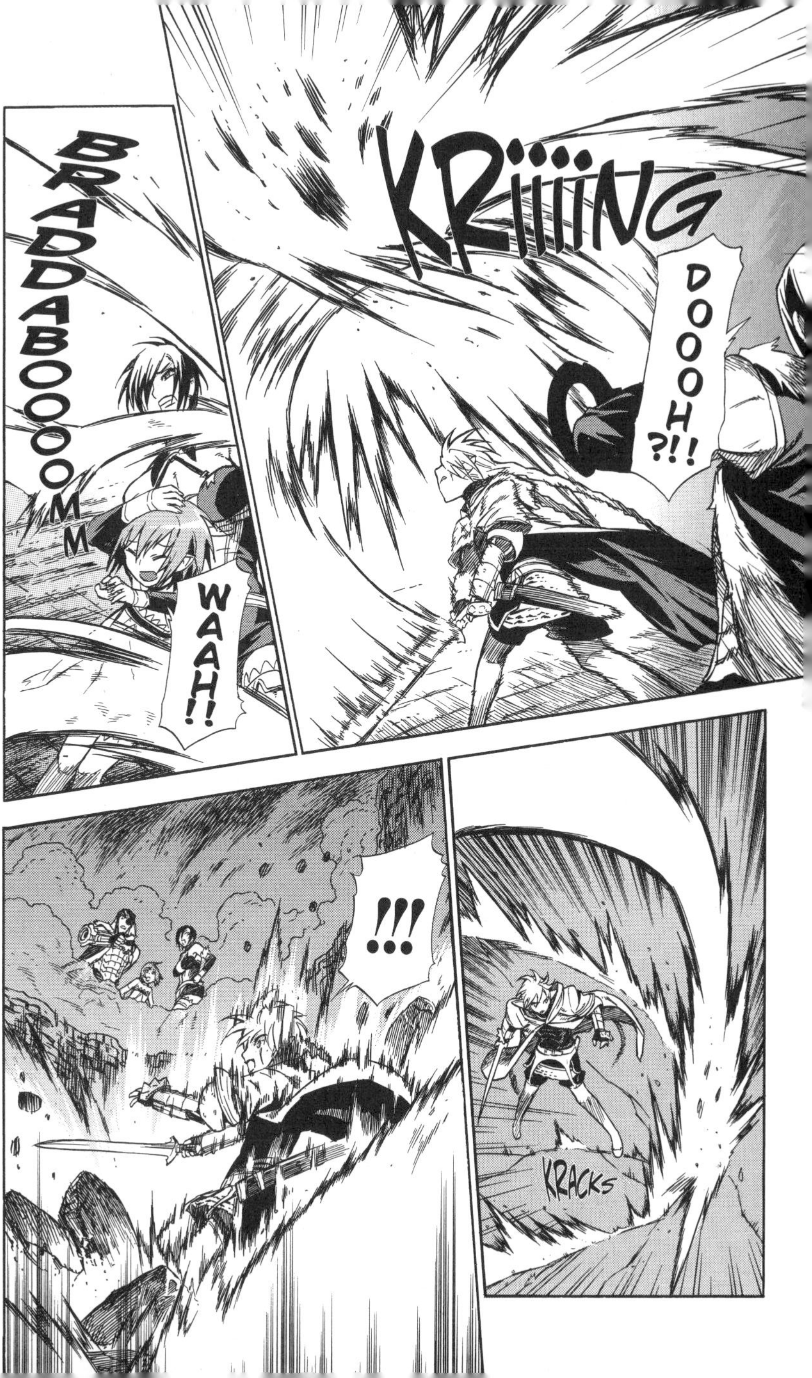
KRiiiiNG
DOOOOH?!!
BRADDABOOOOMM
WAAAH!!
!!!
KRACKS

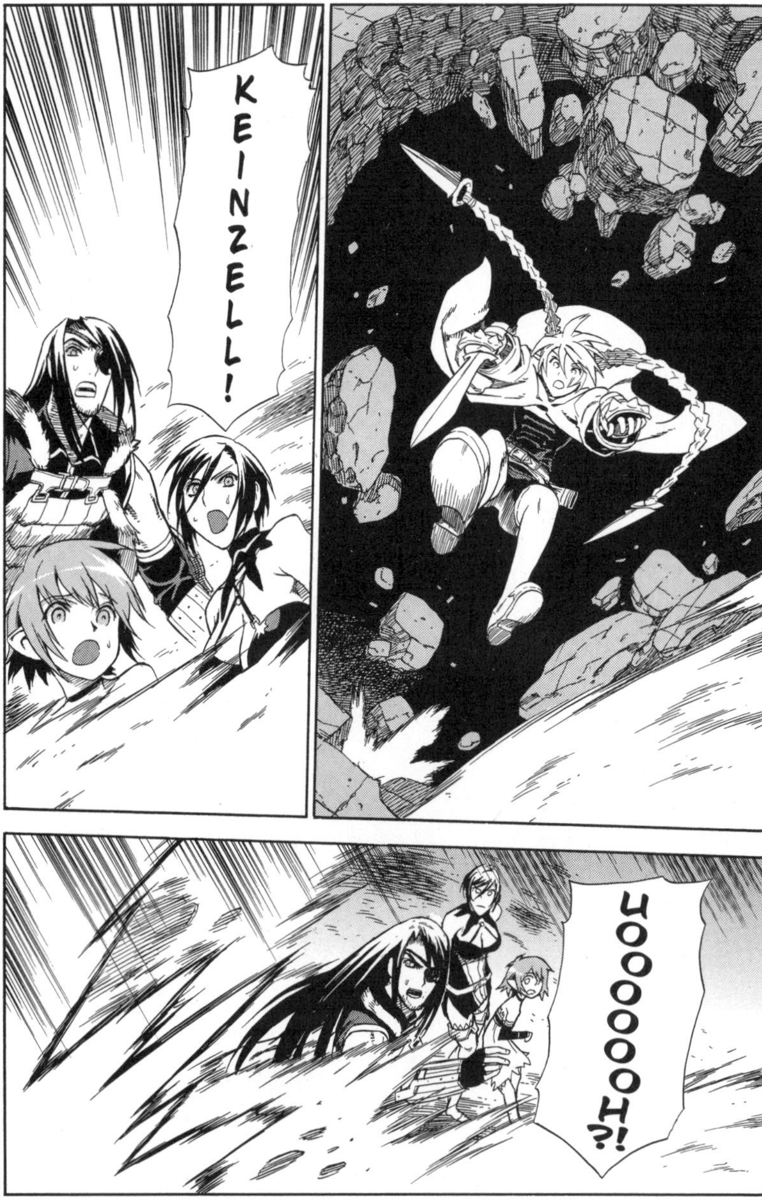
KEINZELL!
UOOOOOOOH?!

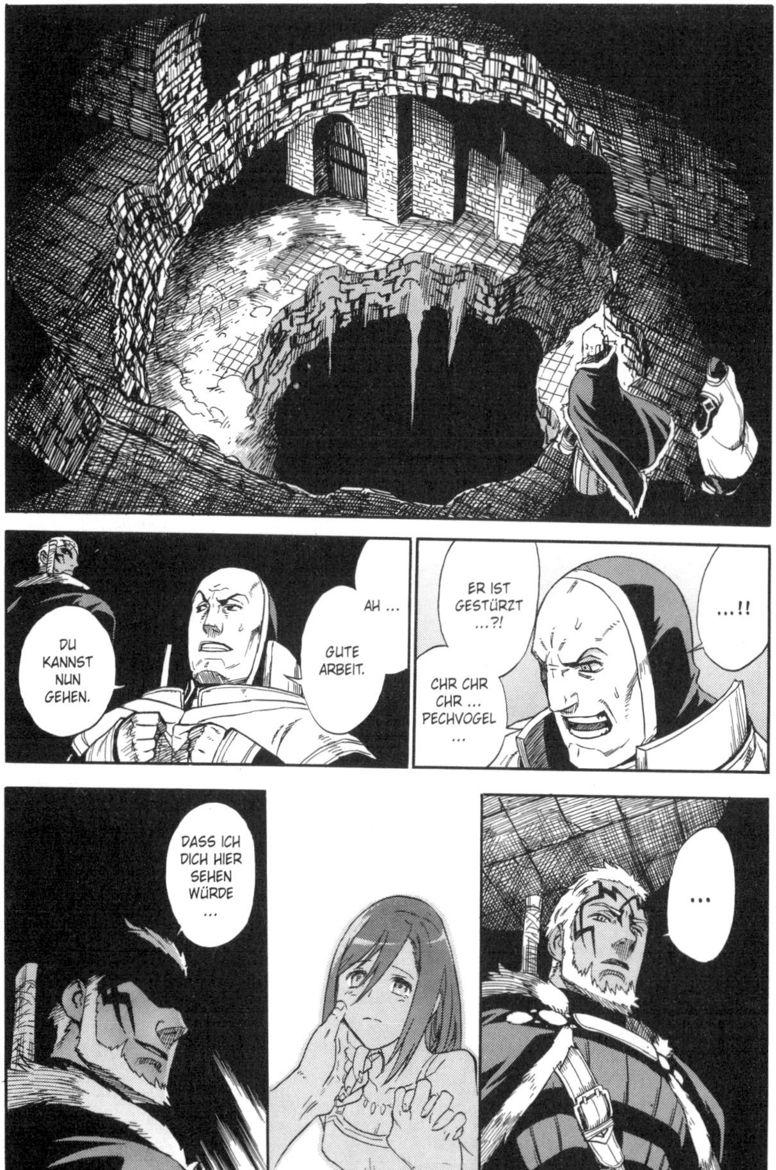
...!!
ER IST GESTÜRZT ...?!
CHR CHR CHR ... PECHVOGEL ...
AH ...
GUTE ARBEIT.
DU KANNST NUN GEHEN.
...
DASS ICH DICH HIER SEHEN WÜRDE ...

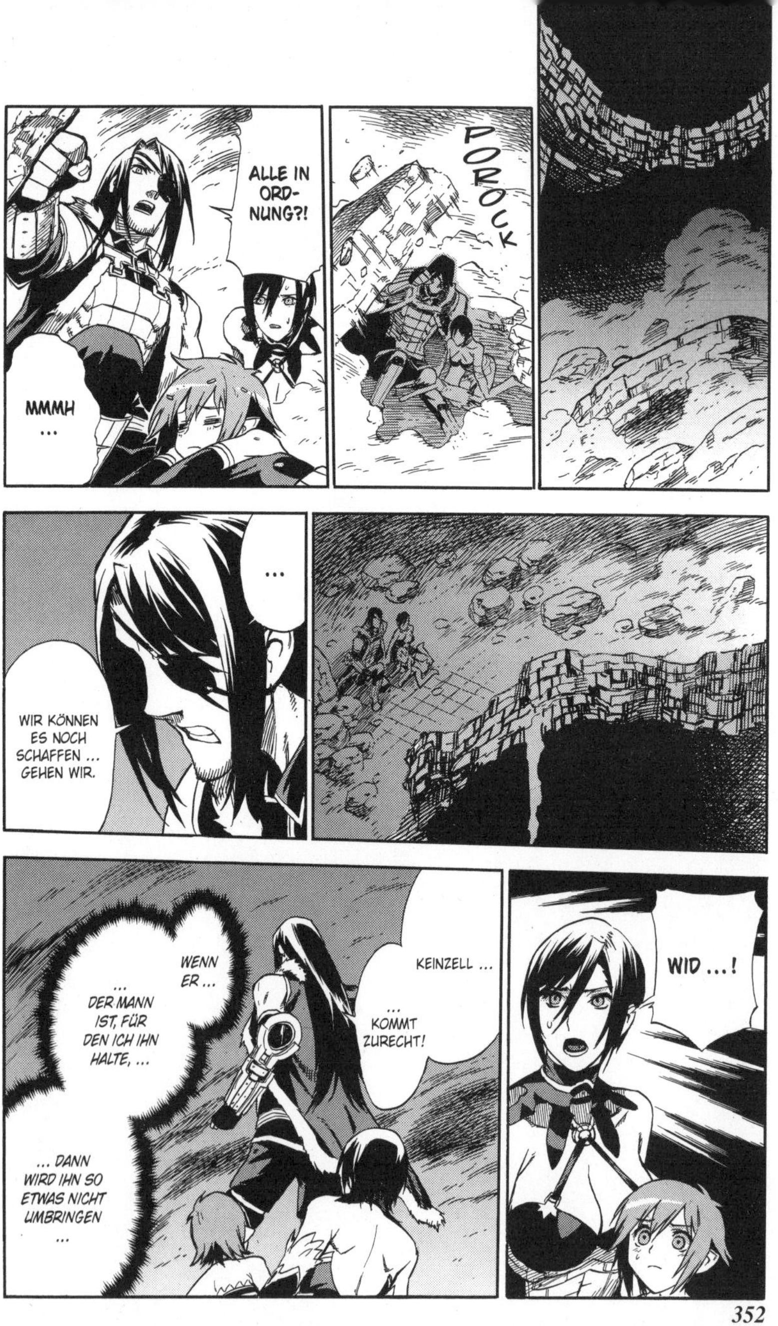
ALLE IN ORD-NUNG?!
MMMH …
POROCK
…
WIR KÖNNEN ES NOCH SCHAFFEN … GEHEN WIR.
KEINZELL …
… KOMMT ZURECHT!
WENN ER …
… DER MANN IST, FÜR DEN ICH IHN HALTE, …
… DANN WIRD IHN SO ETWAS NICHT UMBRINGEN …
WID …!

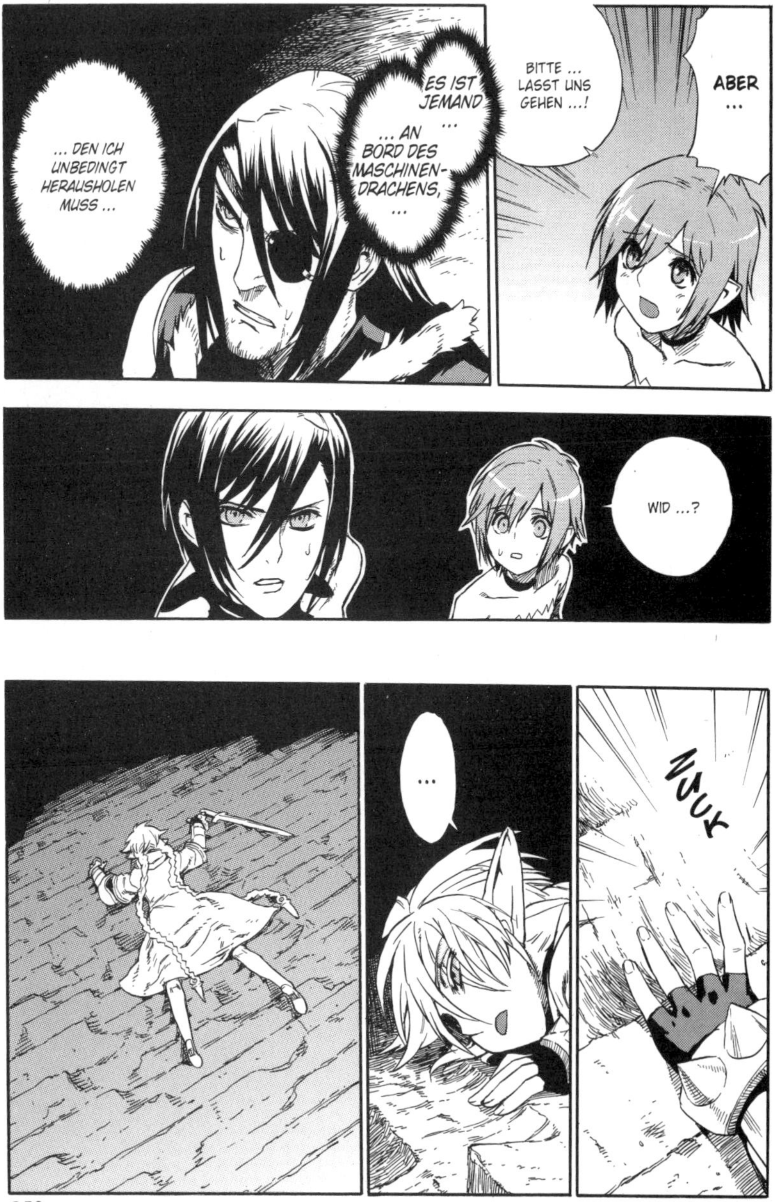
ABER …
BITTE … LASST UNS GEHEN …!
ES IST JEMAND …
… AN BORD DES MASCHINEN-DRACHENS, …
… DEN ICH UNBEDINGT HERAUSHOLEN MUSS …
WID …?
NUUK
…

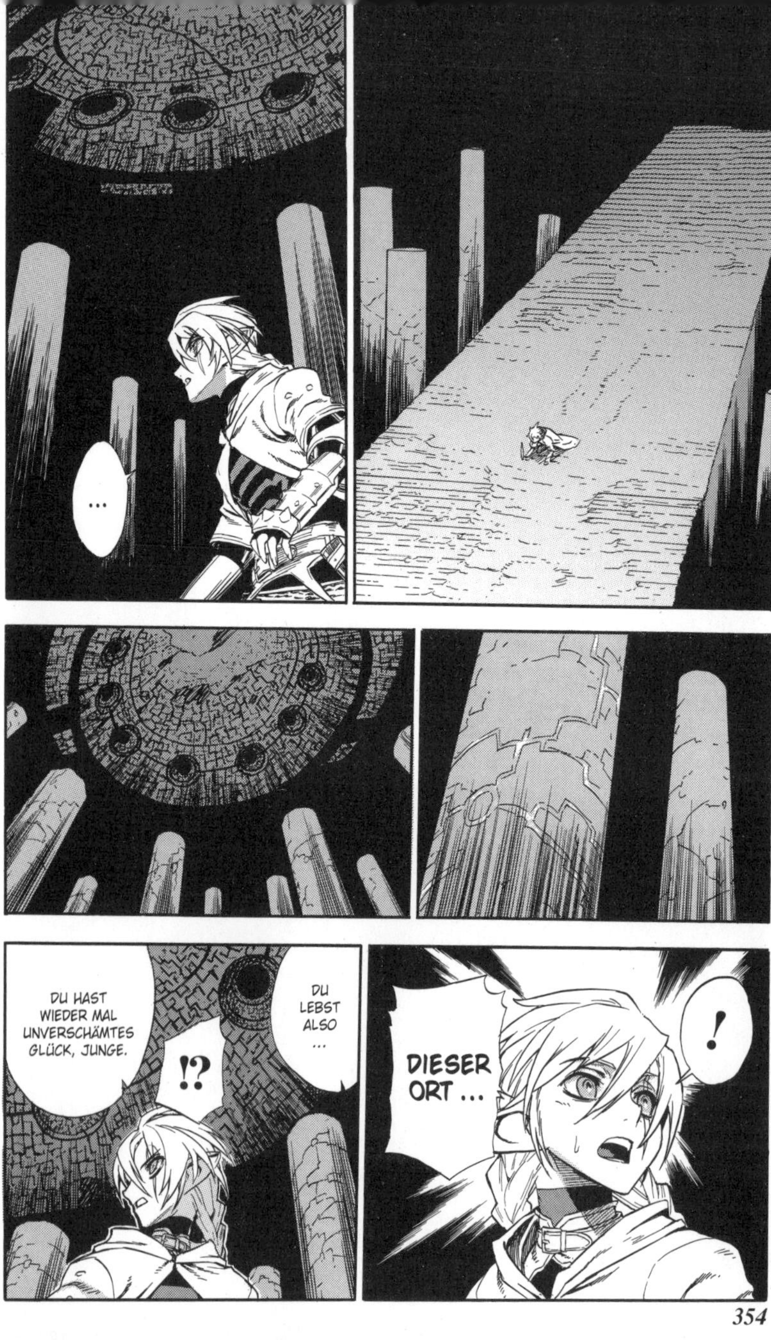
…
!
DIESER ORT …
DU LEBST ALSO …
DU HAST WIEDER MAL UNVERSCHÄMTES GLÜCK, JUNGE.
!?

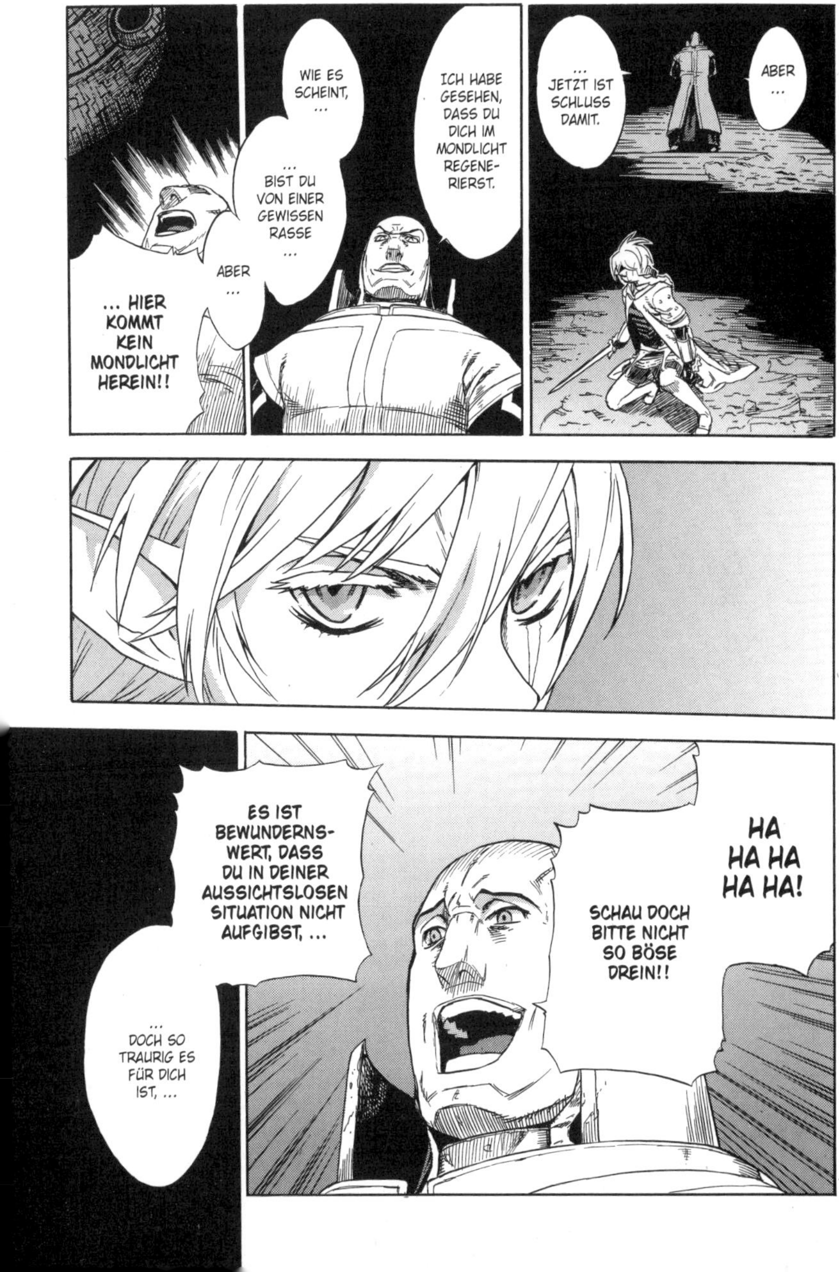
ABER ...
... JETZT IST SCHLUSS DAMIT.
ICH HABE GESEHEN, DASS DU DICH IM MONDLICHT REGENERIERST.
WIE ES SCHEINT, ...
... BIST DU VON EINER GEWISSEN RASSE ...
ABER ...
... HIER KOMMT KEIN MONDLICHT HEREIN!!
HA HA HA HA HA!
SCHAU DOCH BITTE NICHT SO BÖSE DREIN!!
ES IST BEWUNDERNSWERT, DASS DU IN DEINER AUSSICHTSLOSEN SITUATION NICHT AUFGIBST, ...
... DOCH SO TRAURIG ES FÜR DICH IST, ...

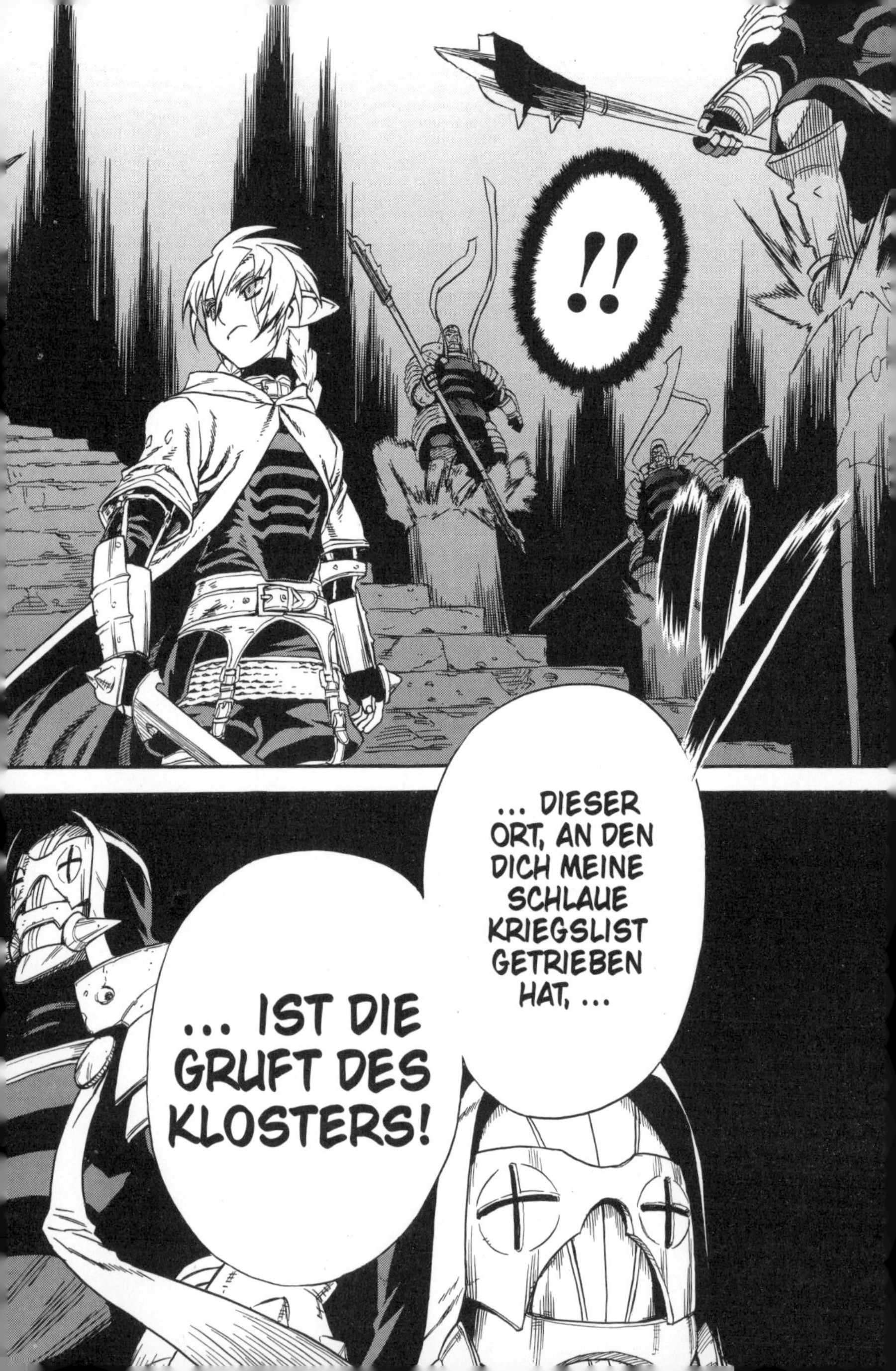
!!
... DIESER ORT, AN DEN DICH MEINE SCHLAUE KRIEGSLIST GETRIEBEN HAT, ...
... IST DIE GRUFT DES KLOSTERS!

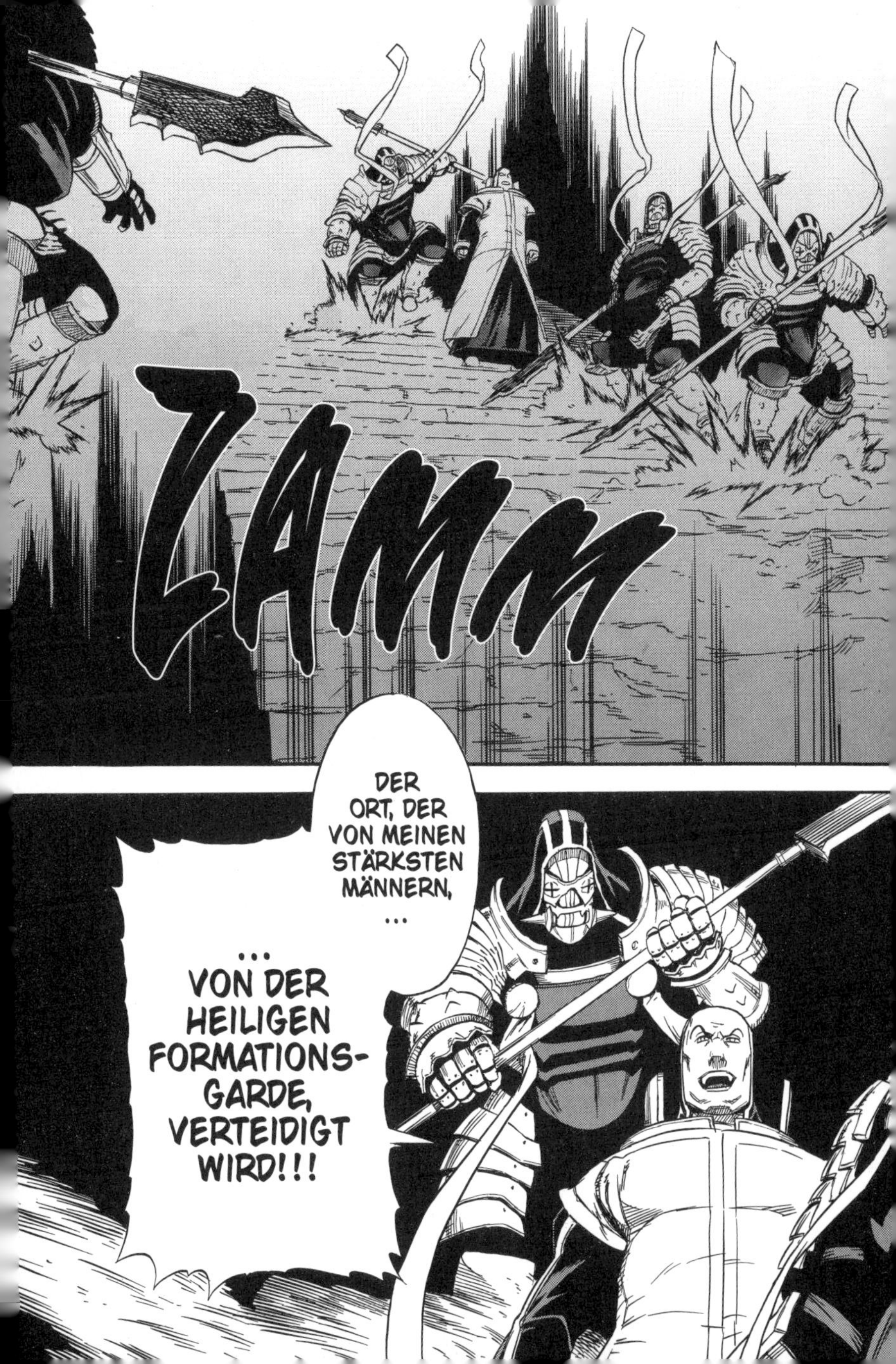
ZAMM
DER ORT, DER VON MEINEN STÄRKSTEN MÄNNERN, ...
... VON DER HEILIGEN FORMATIONS-GARDE, VERTEIDIGT WIRD!!!

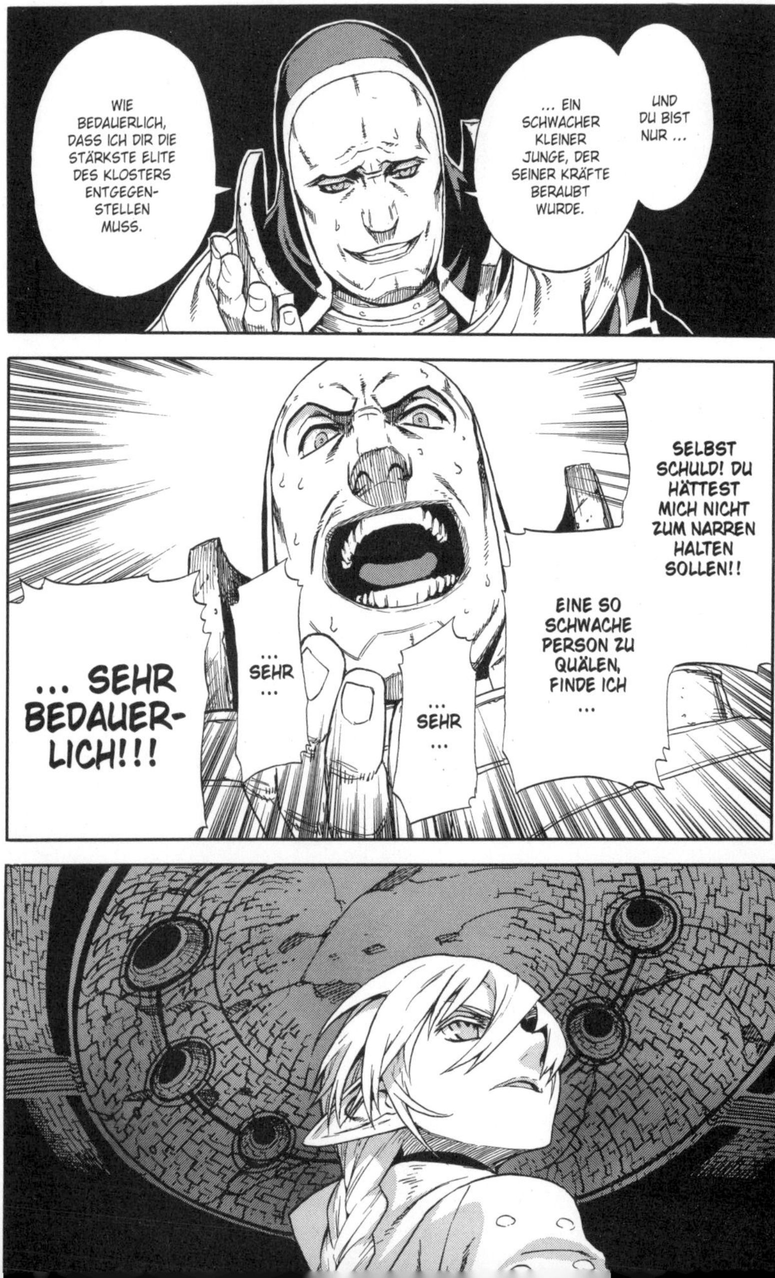
UND DU BIST NUR ...
... EIN SCHWACHER KLEINER JUNGE, DER SEINER KRÄFTE BERAUBT WURDE.
WIE BEDAUERLICH, DASS ICH DIR DIE STÄRKSTE ELITE DES KLOSTERS ENTGEGEN-STELLEN MUSS.
SELBST SCHULD! DU HÄTTEST MICH NICHT ZUM NARREN HALTEN SOLLEN!!
EINE SO SCHWACHE PERSON ZU QUÄLEN, FINDE ICH ...
... SEHR ...
... SEHR ...
... SEHR BEDAUER-LICH!!!

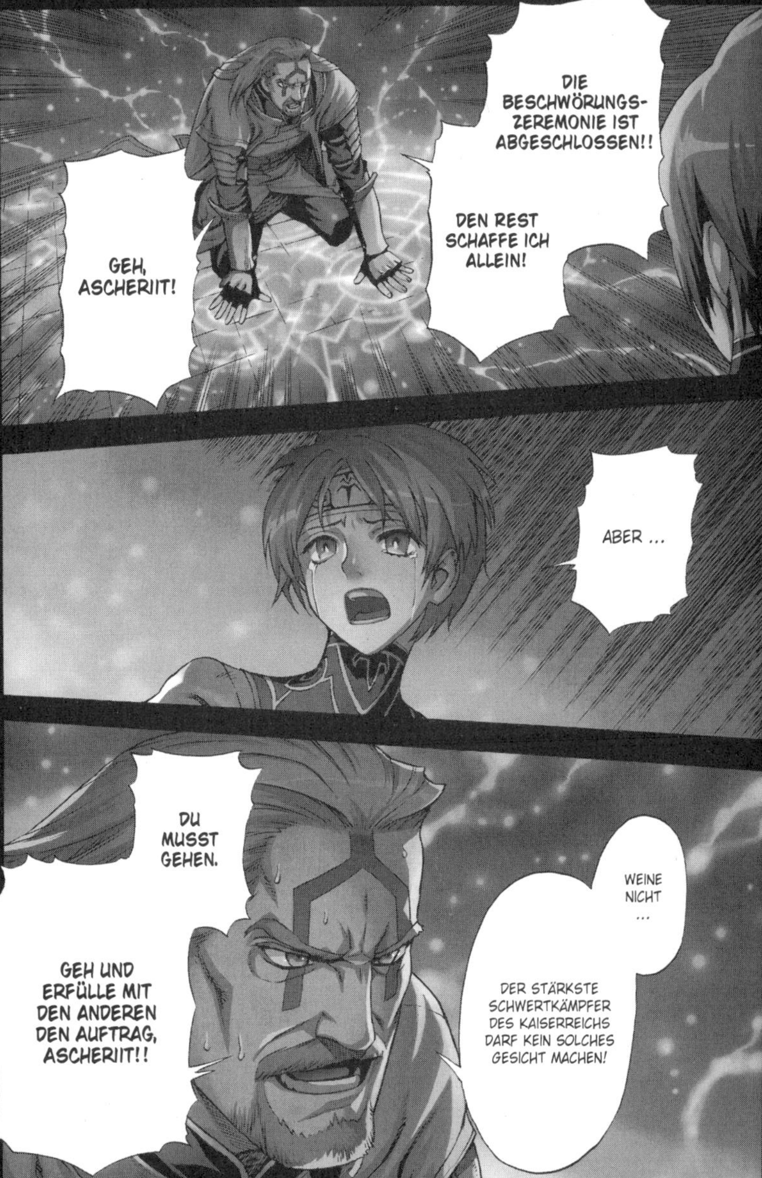
DIE BESCHWÖRUNGS-ZEREMONIE IST ABGESCHLOSSEN!!
DEN REST SCHAFFE ICH ALLEIN!
GEH, ASCHERIIT!
ABER …
DU MUSST GEHEN.
WEINE NICHT …
DER STÄRKSTE SCHWERTKÄMPFER DES KAISERREICHS DARF KEIN SOLCHES GESICHT MACHEN!
GEH UND ERFÜLLE MIT DEN ANDEREN DEN AUFTRAG, ASCHERIIT!!

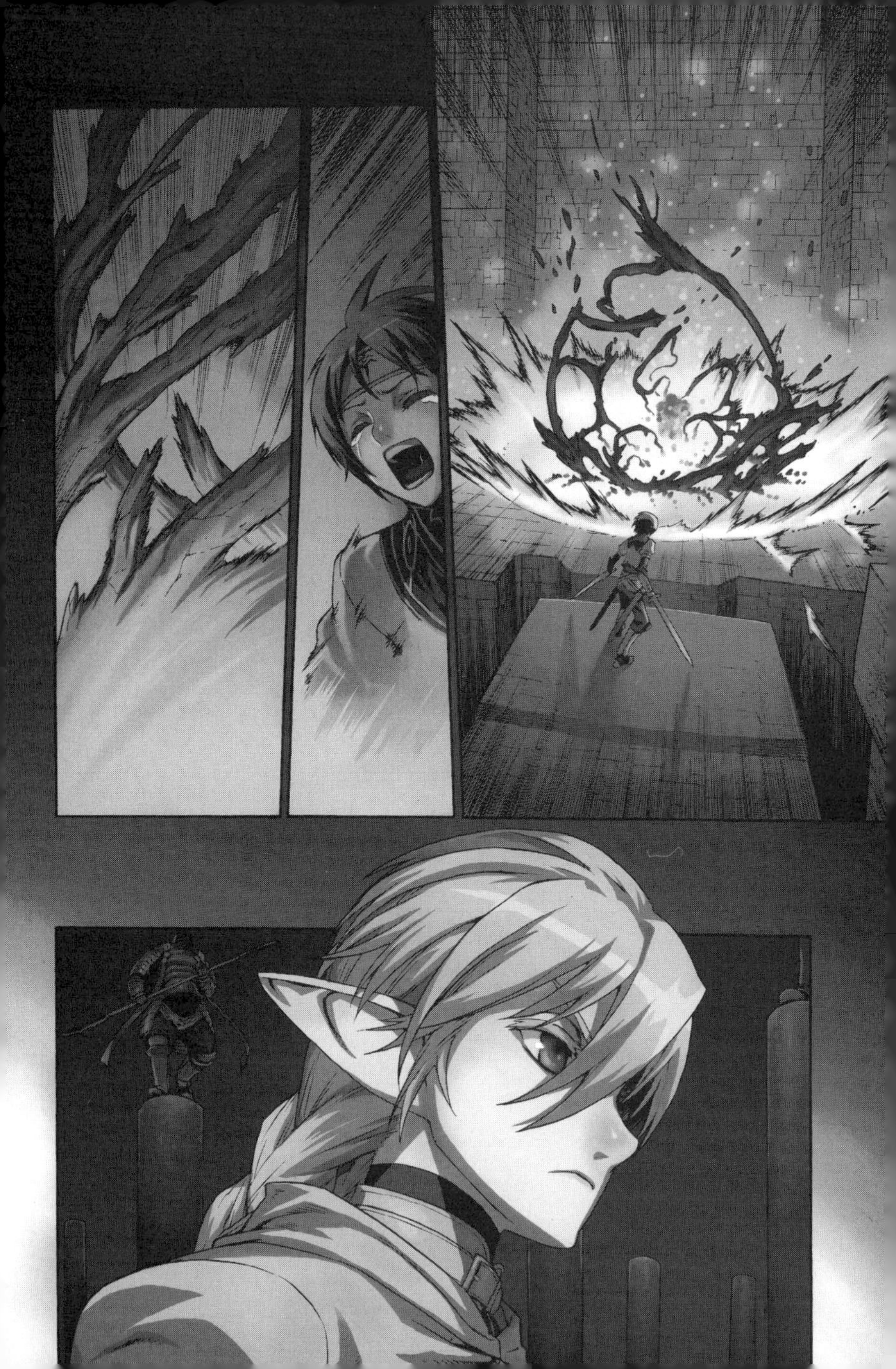

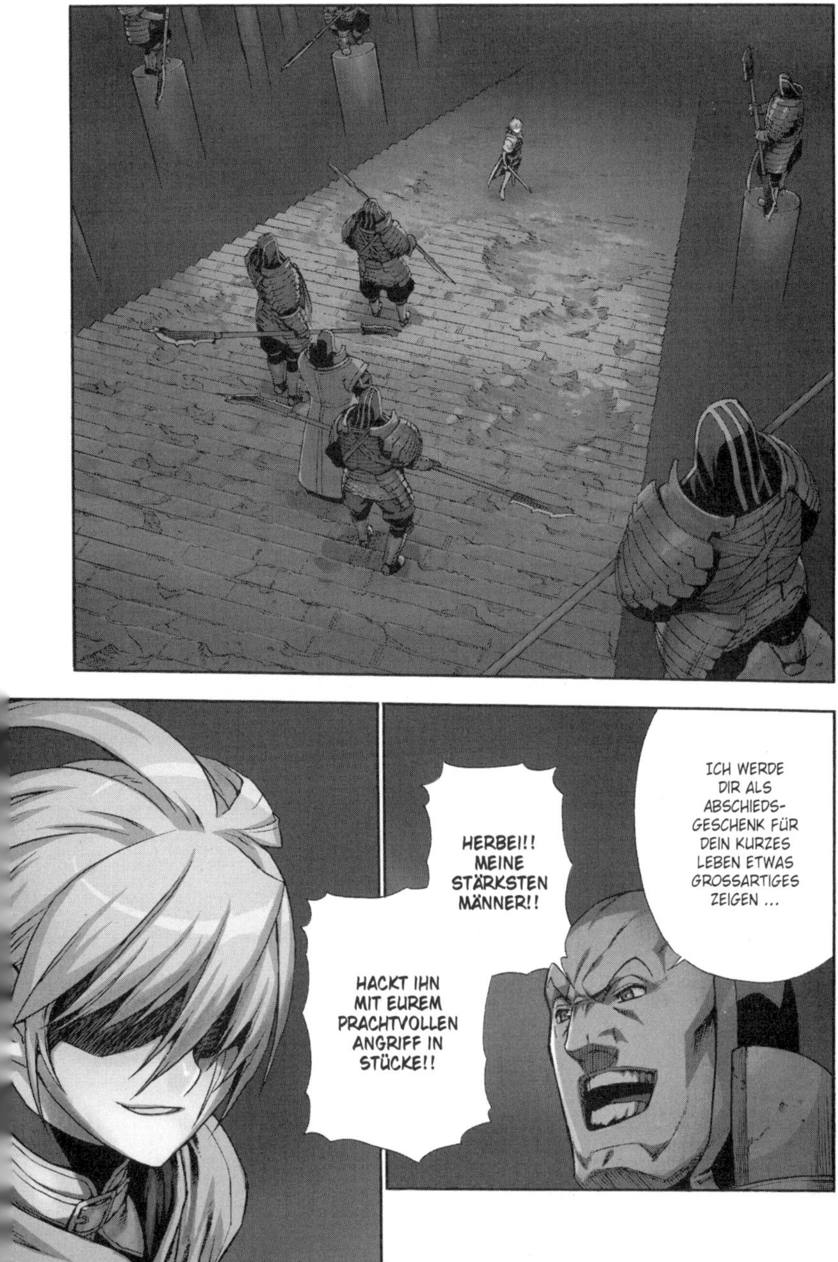
ICH WERDE DIR ALS ABSCHIEDS-GESCHENK FÜR DEIN KURZES LEBEN ETWAS GROSSARTIGES ZEIGEN …
HERBEI!! MEINE STÄRKSTEN MÄNNER!!
HACKT IHN MIT EUREM PRACHTVOLLEN ANGRIFF IN STÜCKE!!

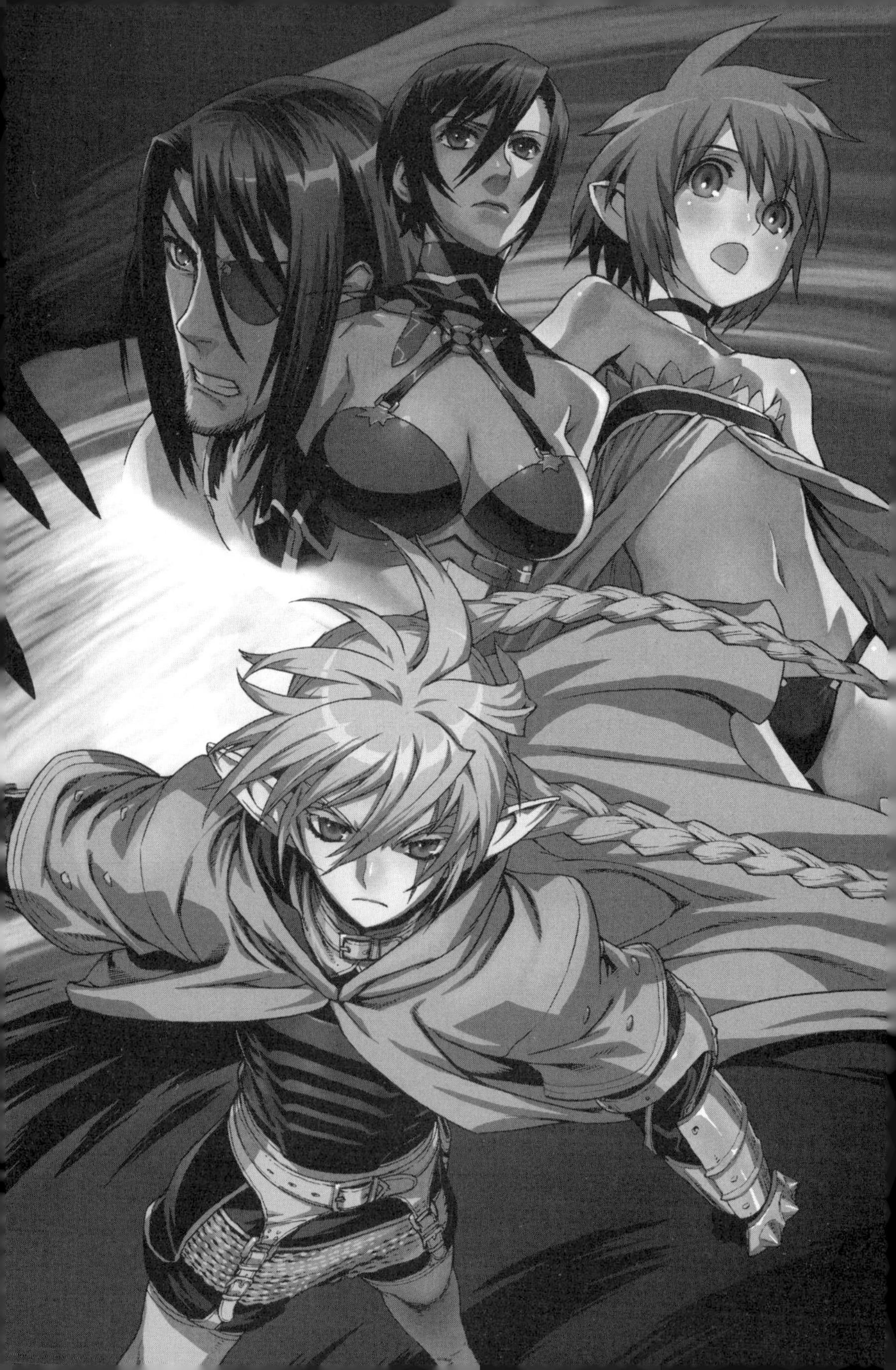

Durchbruch VI

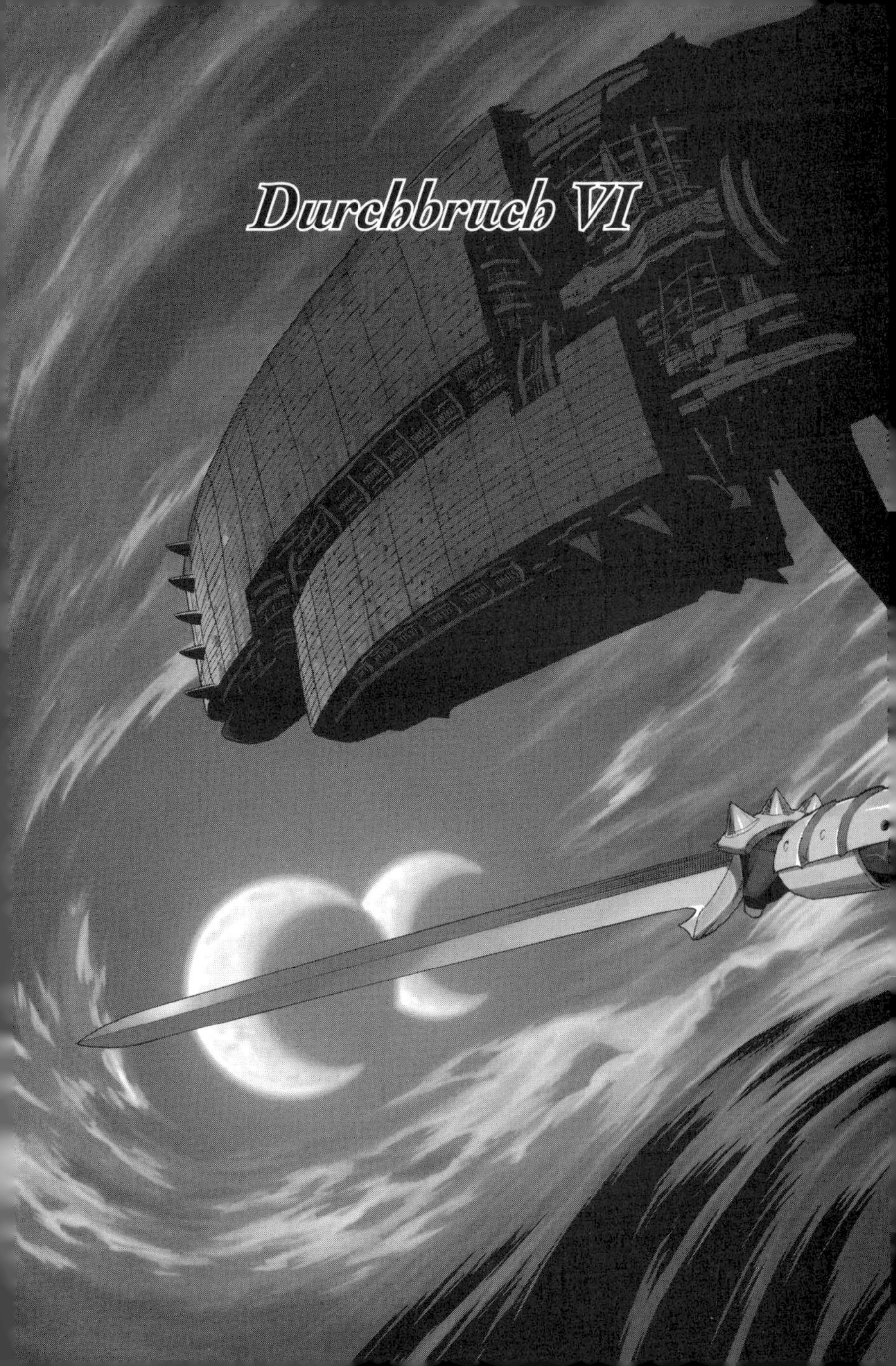

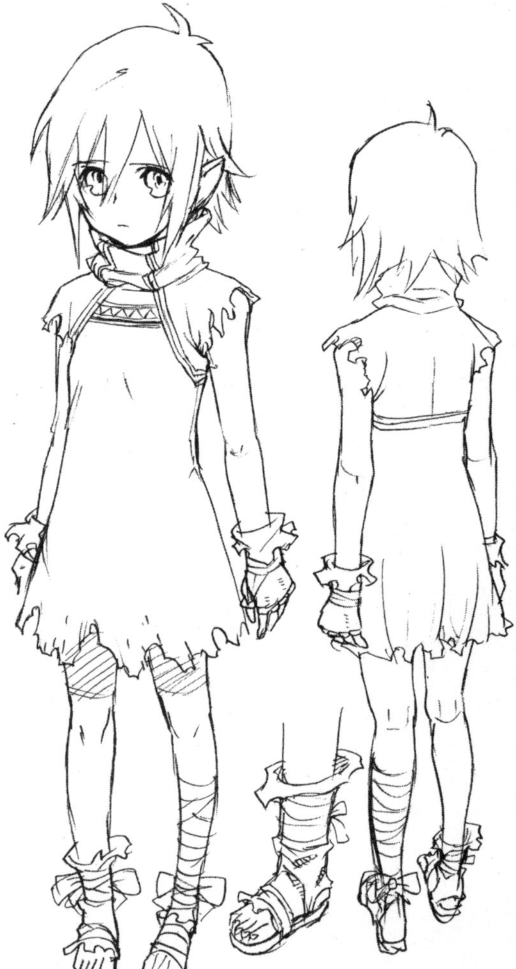

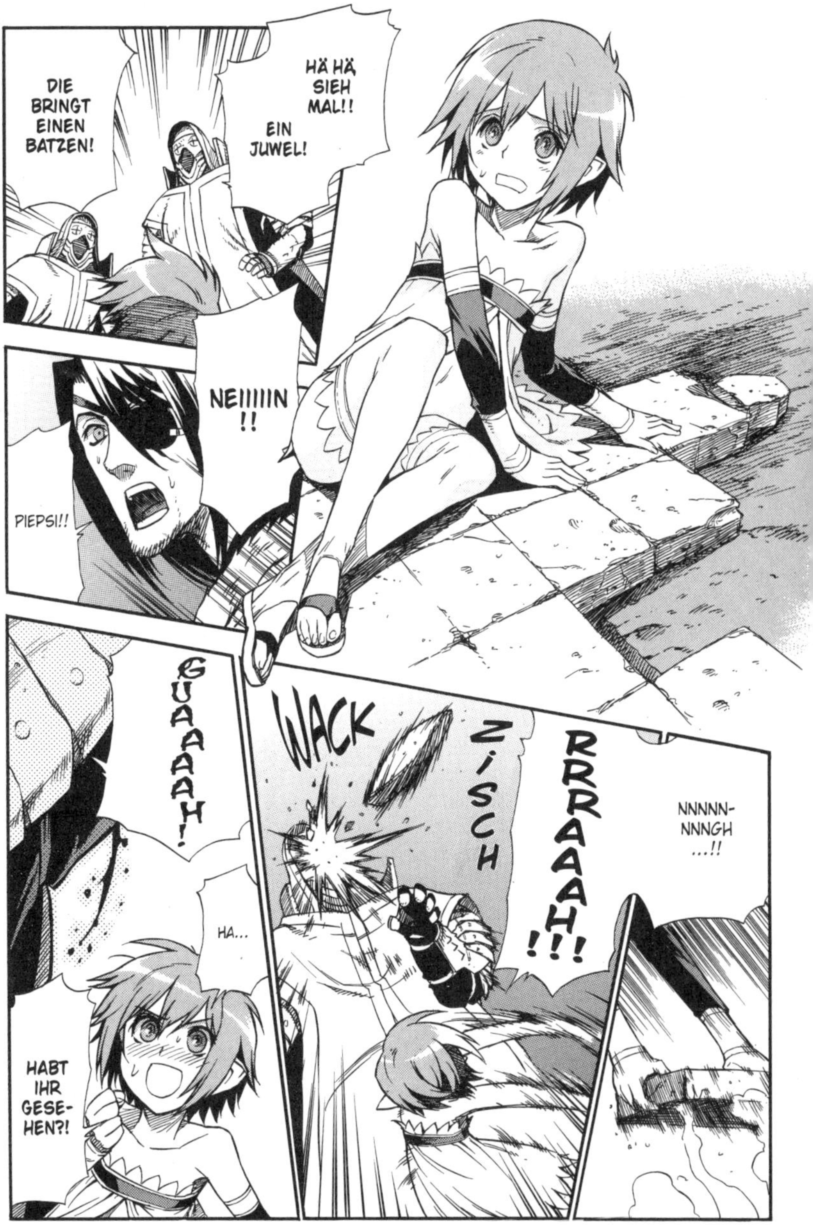
HÄ HÄ SIEH MAL!!
EIN JUWEL!
DIE BRINGT EINEN BATZEN!
NEI!!!!!N !!
PIEPSI!!
GUAAAAAH!
WACK
ZISCH
RRRAAAAH!!!
NNNNN-NNNGH ...!!
HA...
HABT IHR GESE-HEN?!

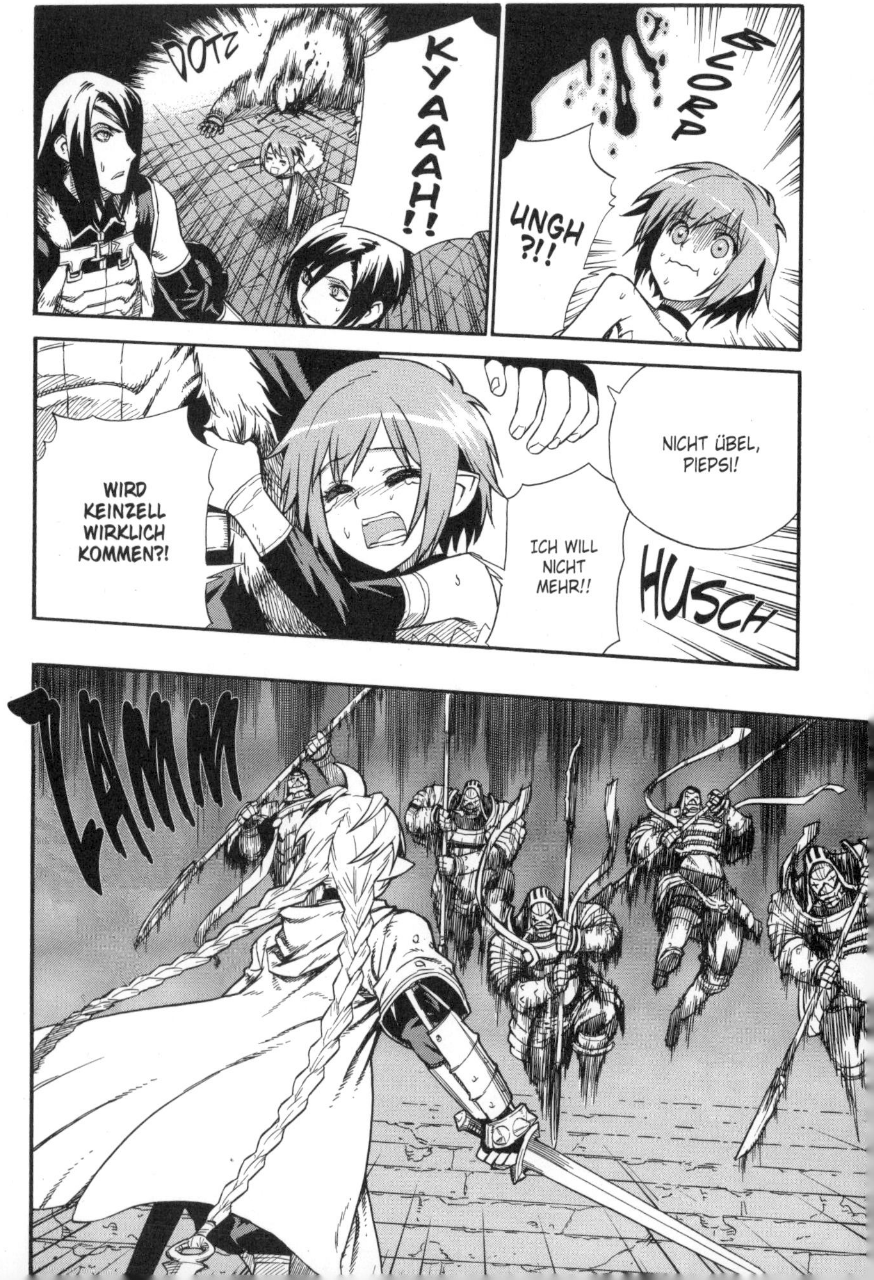
BVORP
UNGH?!!
DOTZ
KYAAAH!!
NICHT ÜBEL, PIEPSI!
HUSCH
ICH WILL NICHT MEHR!!
WIRD KEINZELL WIRKLICH KOMMEN?!

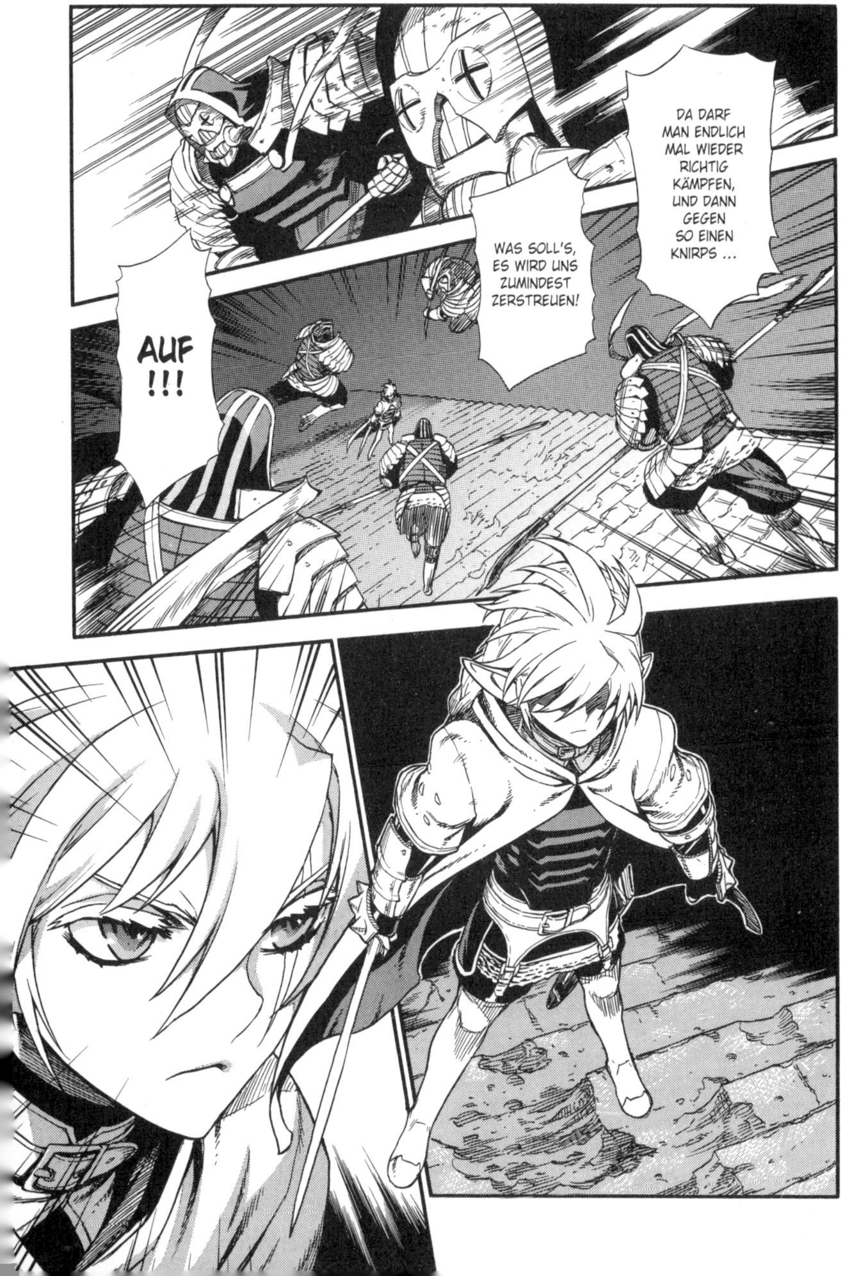
DA DARF MAN ENDLICH MAL WIEDER RICHTIG KÄMPFEN, UND DANN GEGEN SO EINEN KNIRPS ...
WAS SOLL'S, ES WIRD UNS ZUMINDEST ZERSTREUEN!
AUF !!!

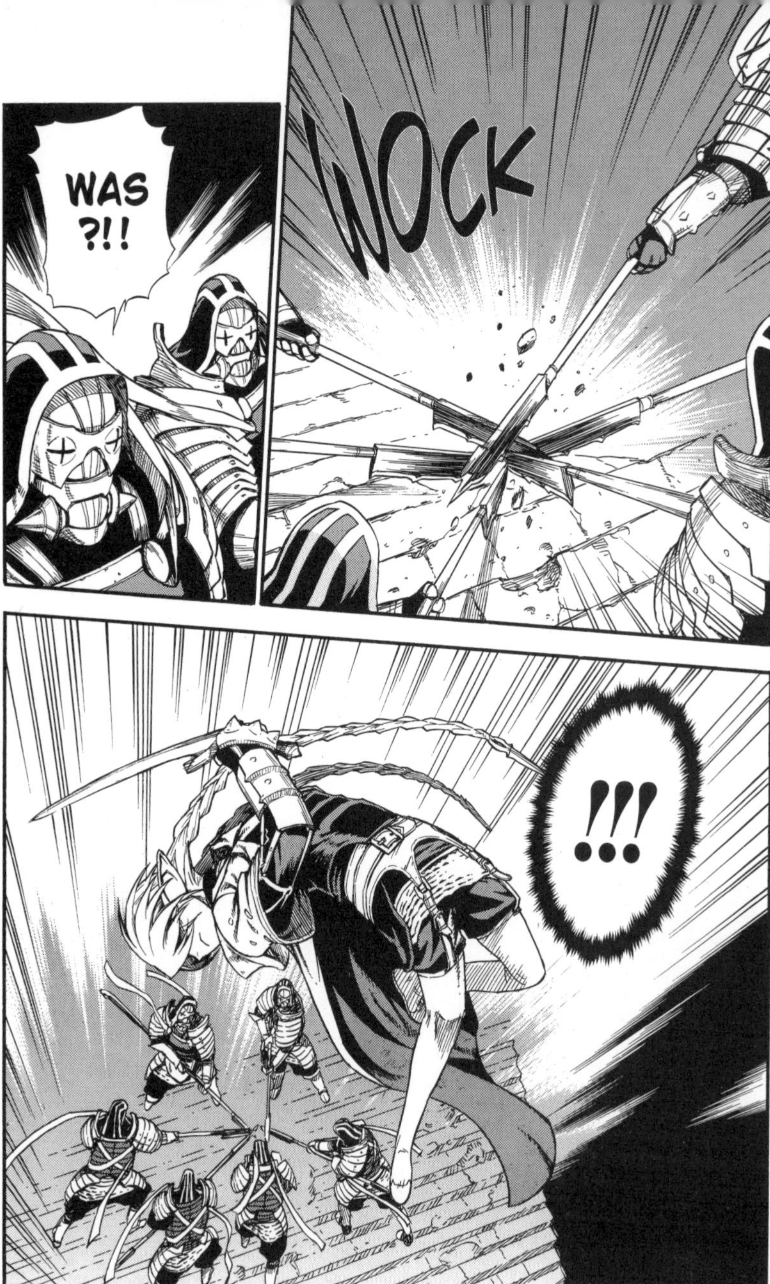
WAS ?!!
WOCK
!!!

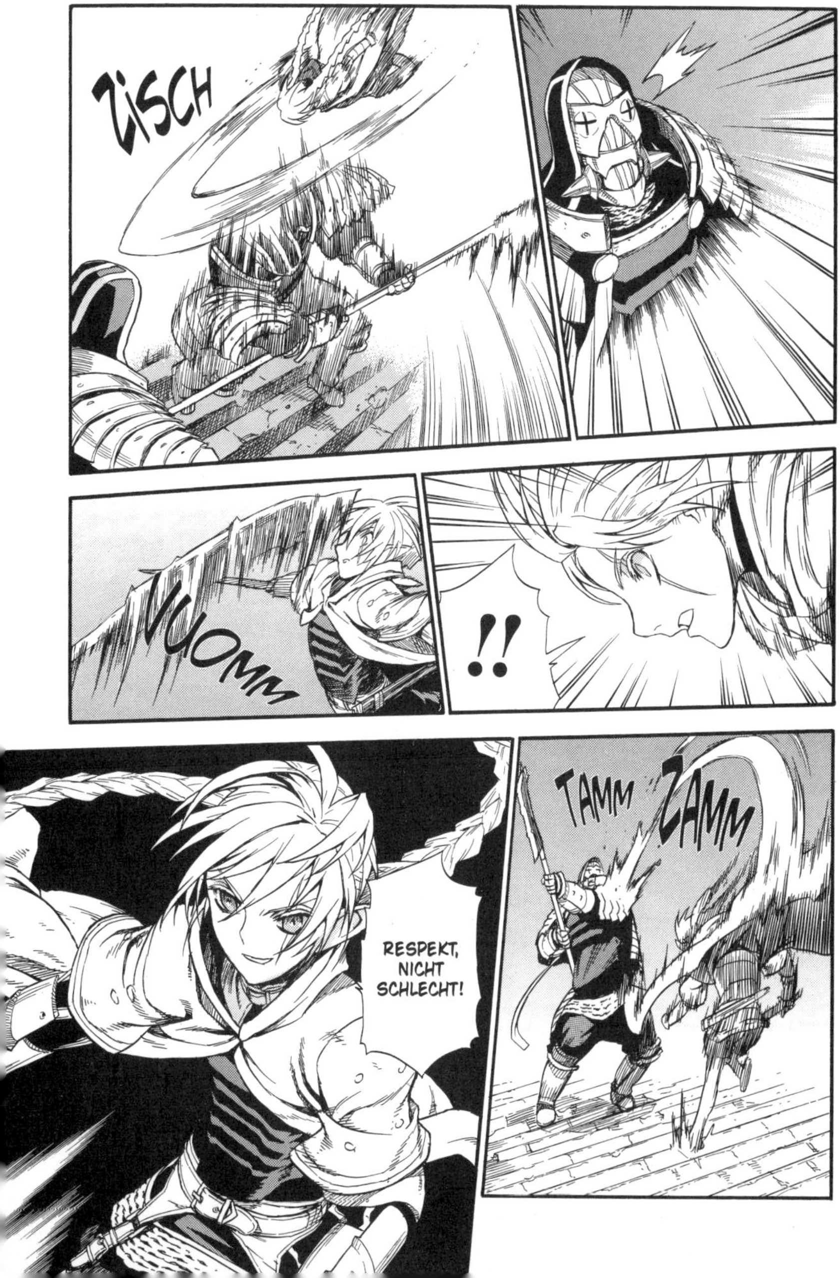
ZISCH
!!
VUOMM
TAMM
ZAMM
RESPEKT, NICHT SCHLECHT!

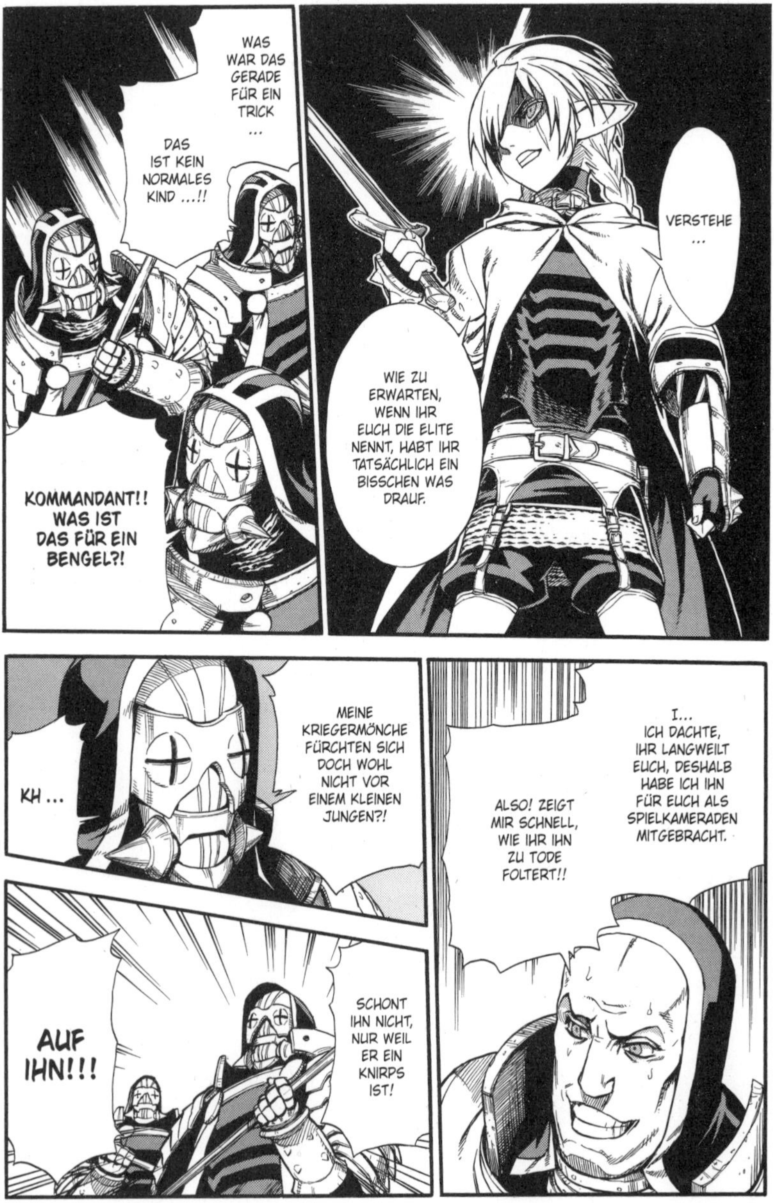
VERSTEHE …
WIE ZU ERWARTEN, WENN IHR EUCH DIE ELITE NENNT, HABT IHR TATSÄCHLICH EIN BISSCHEN WAS DRAUF.
WAS WAR DAS GERADE FÜR EIN TRICK …
DAS IST KEIN NORMALES KIND …!!
KOMMANDANT!! WAS IST DAS FÜR EIN BENGEL?!
I… ICH DACHTE, IHR LANGWEILT EUCH, DESHALB HABE ICH IHN FÜR EUCH ALS SPIELKAMERADEN MITGEBRACHT.
ALSO! ZEIGT MIR SCHNELL, WIE IHR IHN ZU TODE FOLTERT!!
MEINE KRIEGERMÖNCHE FÜRCHTEN SICH DOCH WOHL NICHT VOR EINEM KLEINEN JUNGEN?!
KH …
SCHONT IHN NICHT, NUR WEIL ER EIN KNIRPS IST!
AUF IHN!!!

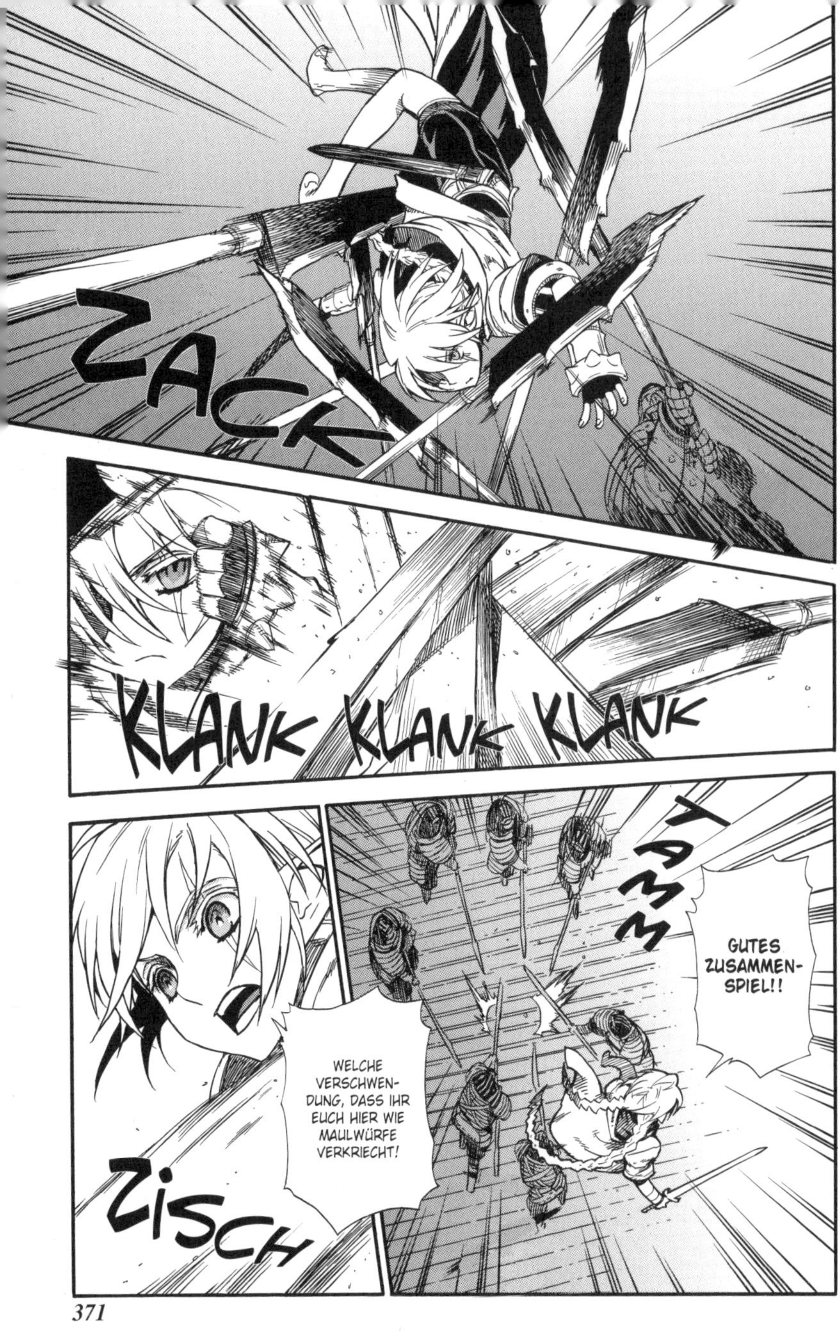
ZACK
KLANK KLANK KLANK
TAMM
GUTES ZUSAMMEN-SPIEL!!
WELCHE VERSCHWEN-DUNG, DASS IHR EUCH HIER WIE MAULWÜRFE VERKRIECHT!
ZISCH

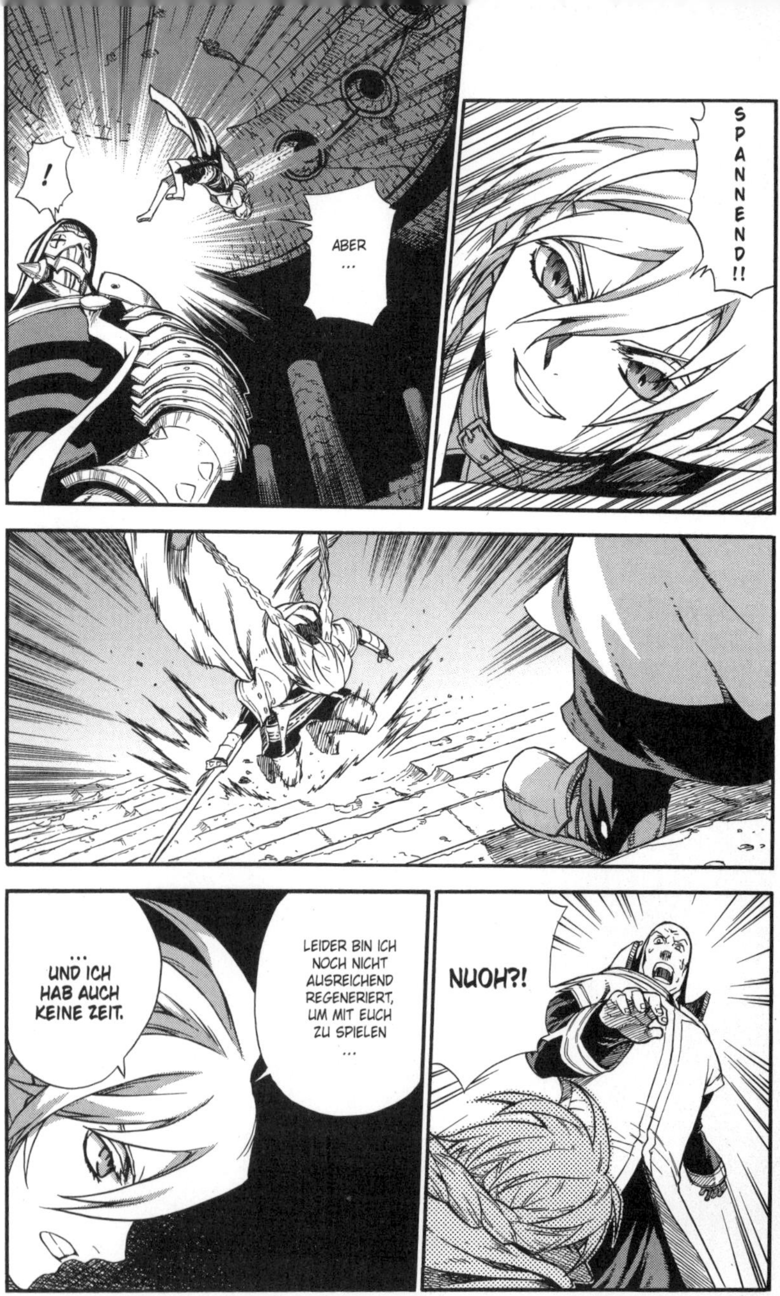
SPANNEND!!
!
ABER ...
NUOH?!
LEIDER BIN ICH NOCH NICHT AUSREICHEND REGENERIERT, UM MIT EUCH ZU SPIELEN ...
... UND ICH HAB AUCH KEINE ZEIT.

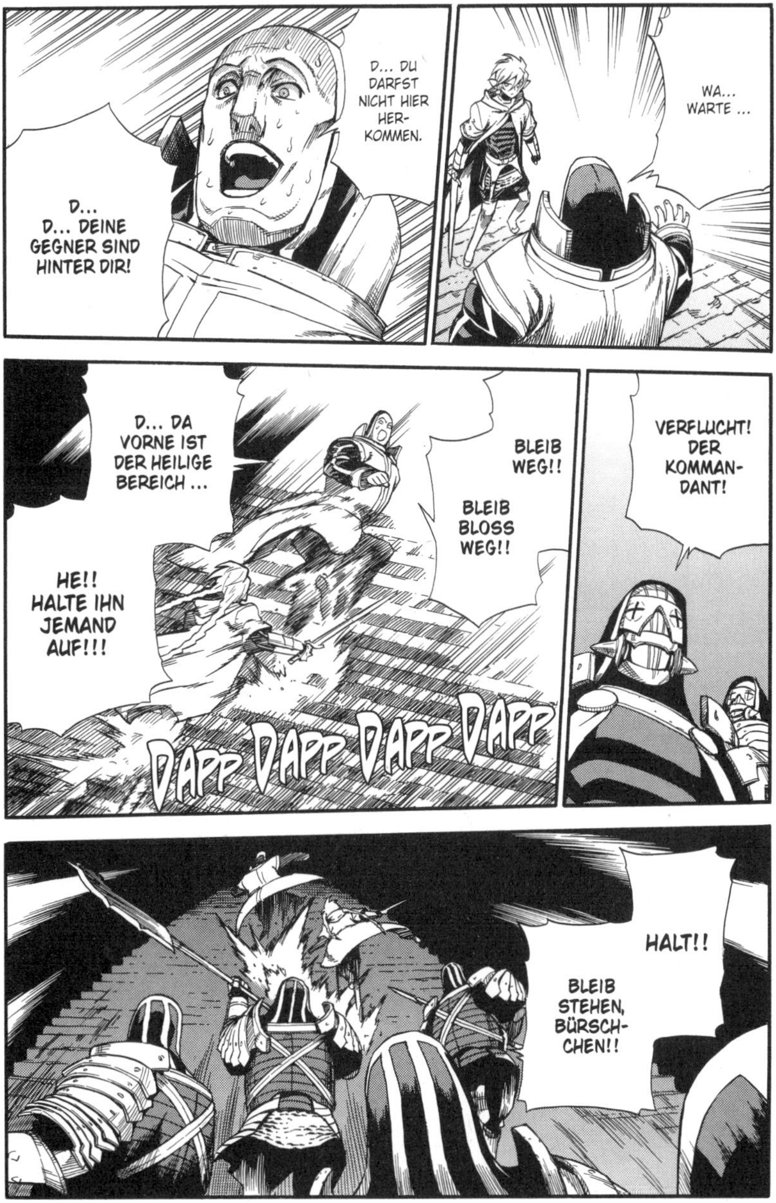
WA... WARTE ...
D... DU DARFST NICHT HIER HER-KOMMEN.
D... D... DEINE GEGNER SIND HINTER DIR!
VERFLUCHT! DER KOMMAN-DANT!
BLEIB WEG!!
BLEIB BLOSS WEG!!
D... DA VORNE IST DER HEILIGE BEREICH ...
HE!! HALTE IHN JEMAND AUF!!!
DAPP DAPP DAPP DAPP
HALT!!
BLEIB STEHEN, BÜRSCH-CHEN!!

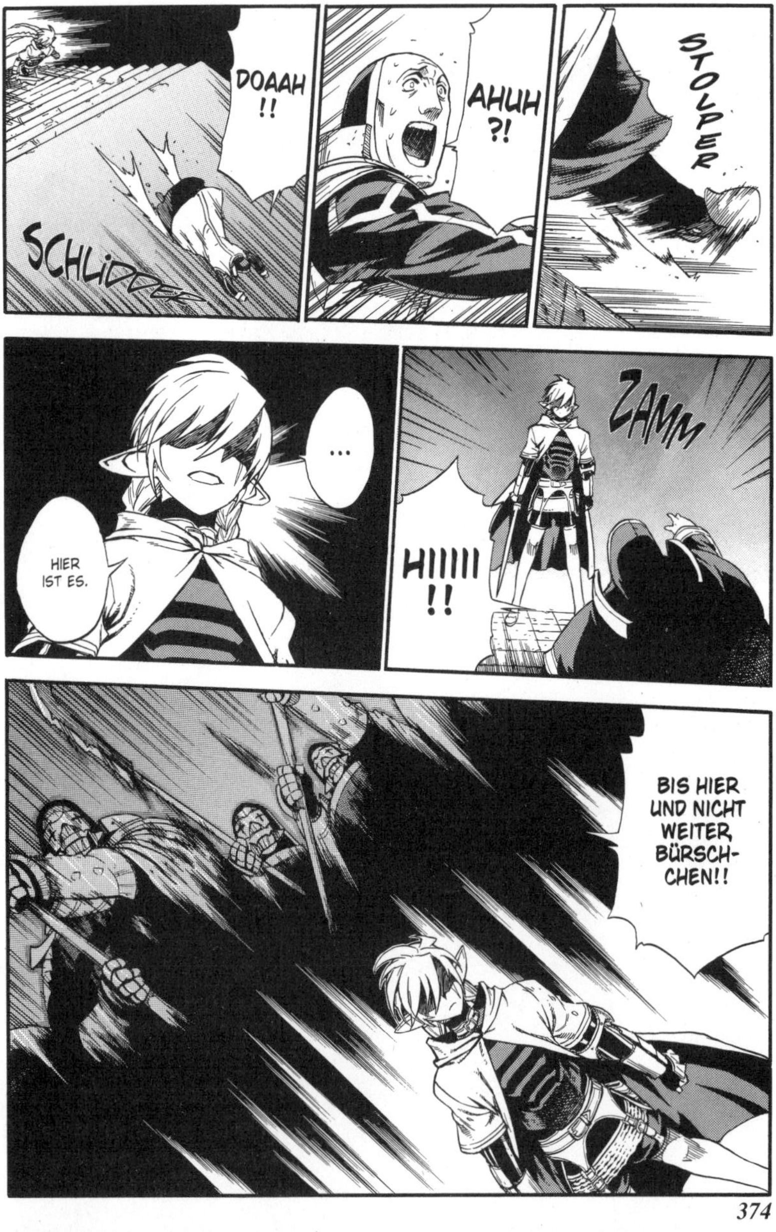
STOLPER
AHUH ?!
DOAAH !!
SCHLIDDER
ZAMM
H!!!!! !!
...
HIER IST ES.
BIS HIER UND NICHT WEITER, BÜRSCH-CHEN!!

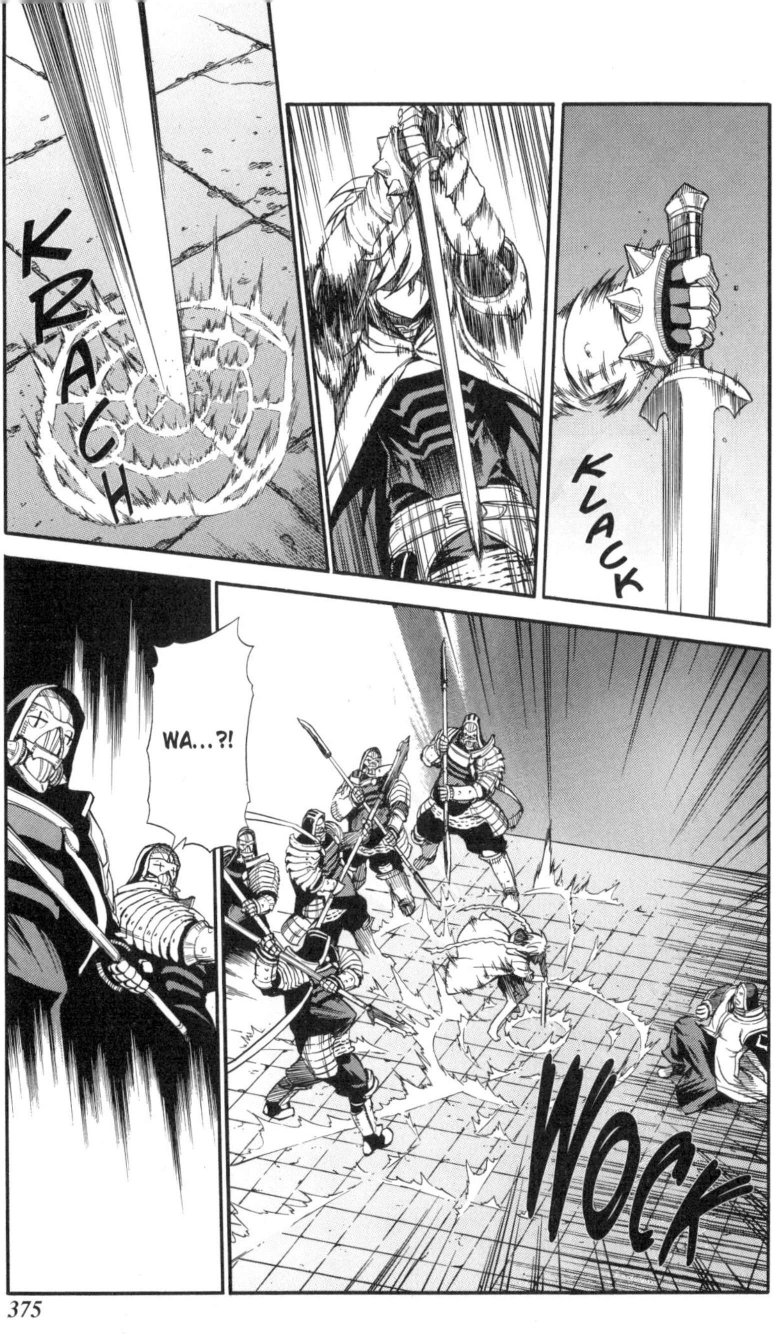
KRACH
KLACK
WA...?!
WOCK

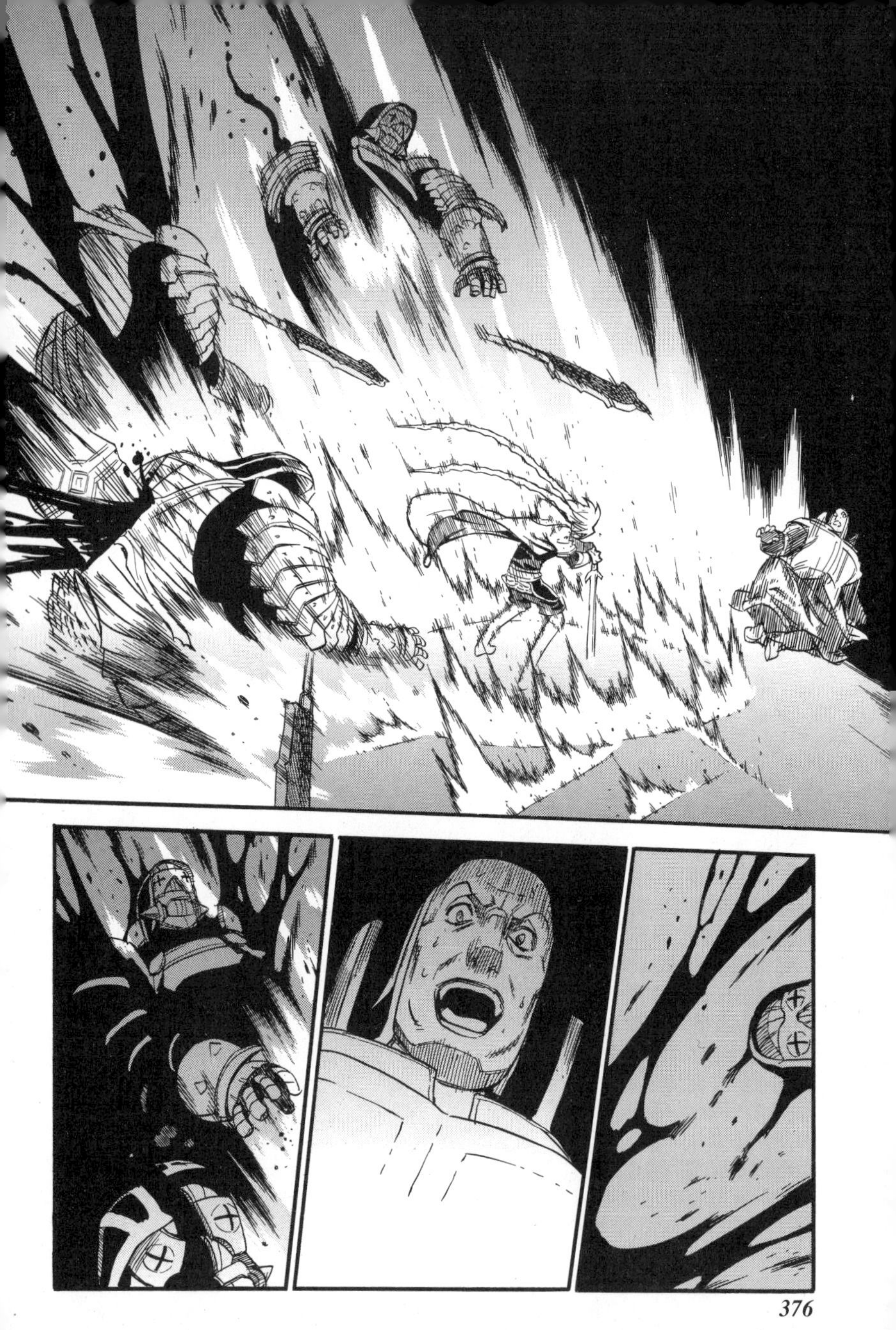

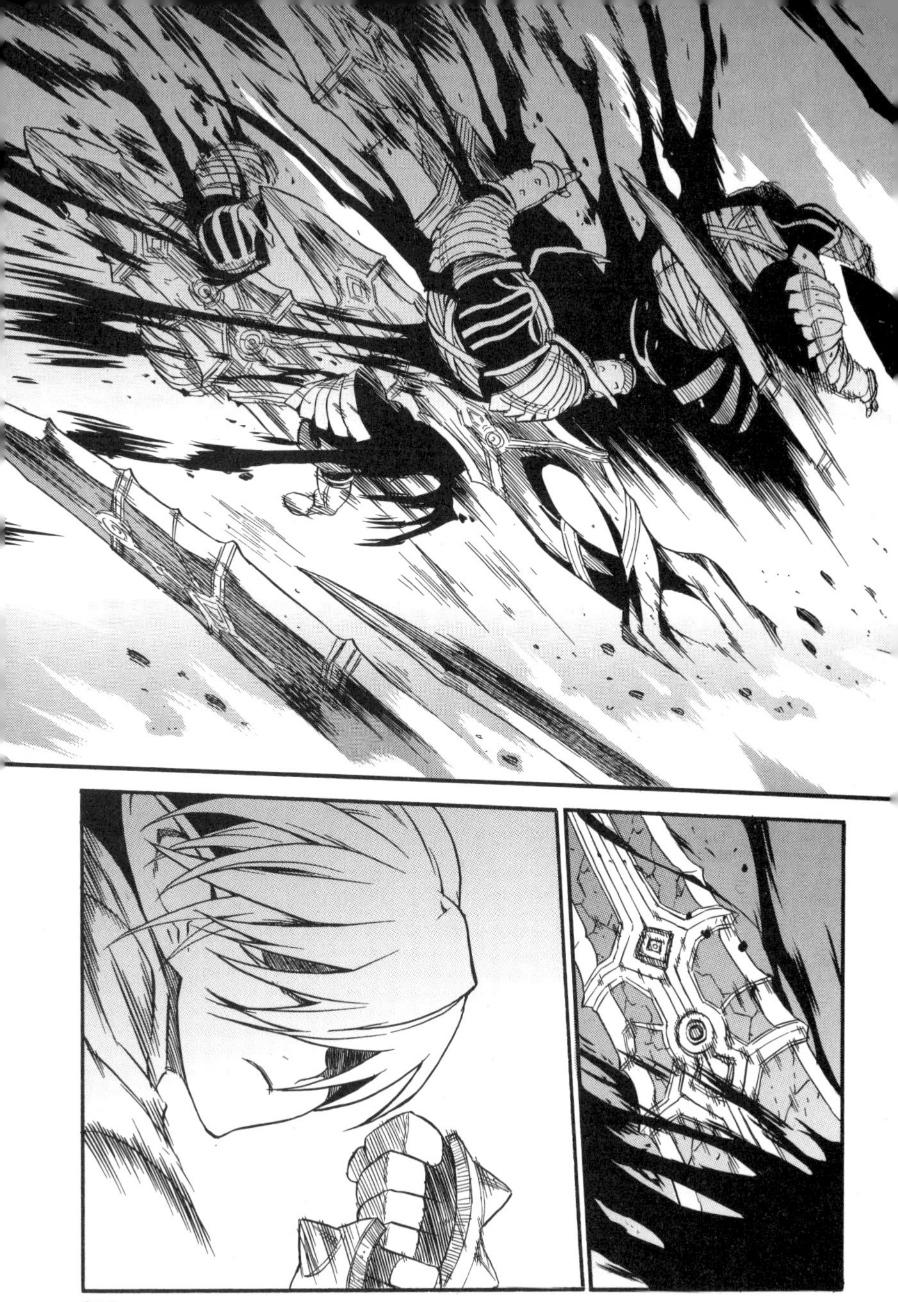

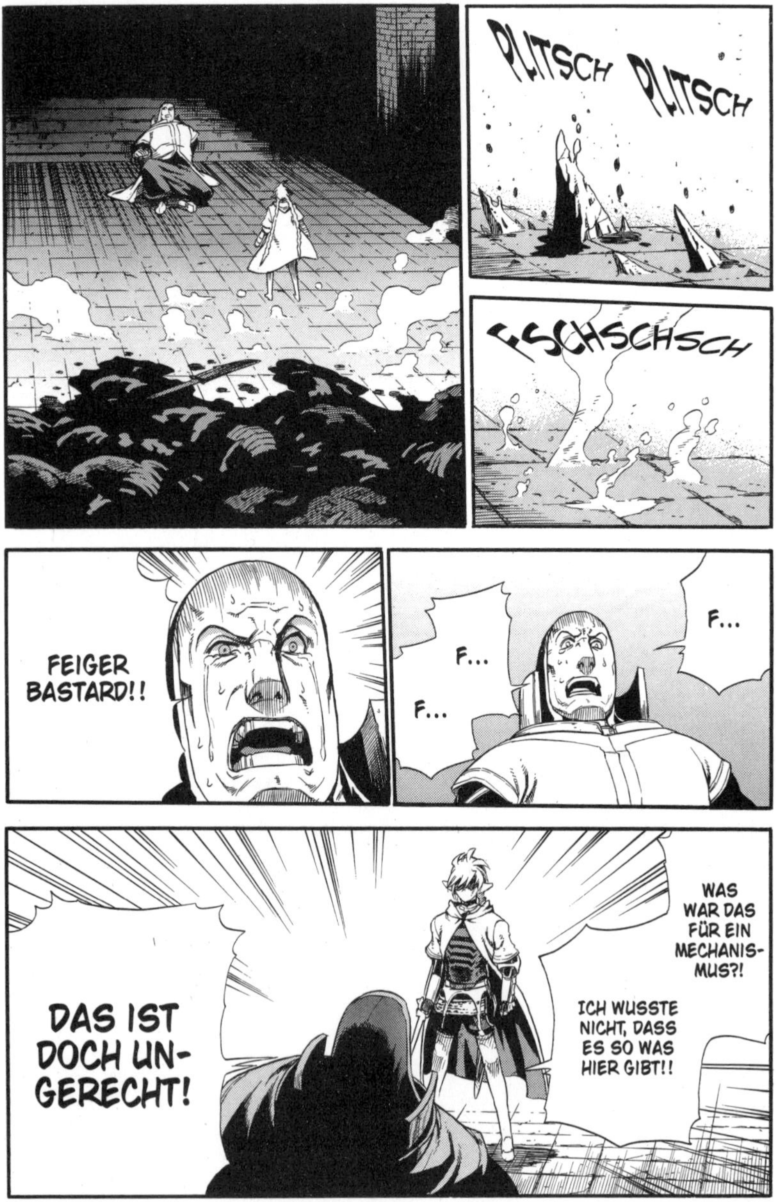
PLITSCH PLITSCH
FSCHSCHSCH
FEIGER BASTARD!!
F...
F...
F...
DAS IST DOCH UN-GERECHT!
WAS WAR DAS FÜR EIN MECHANIS-MUS?!
ICH WUSSTE NICHT, DASS ES SO WAS HIER GIBT!!

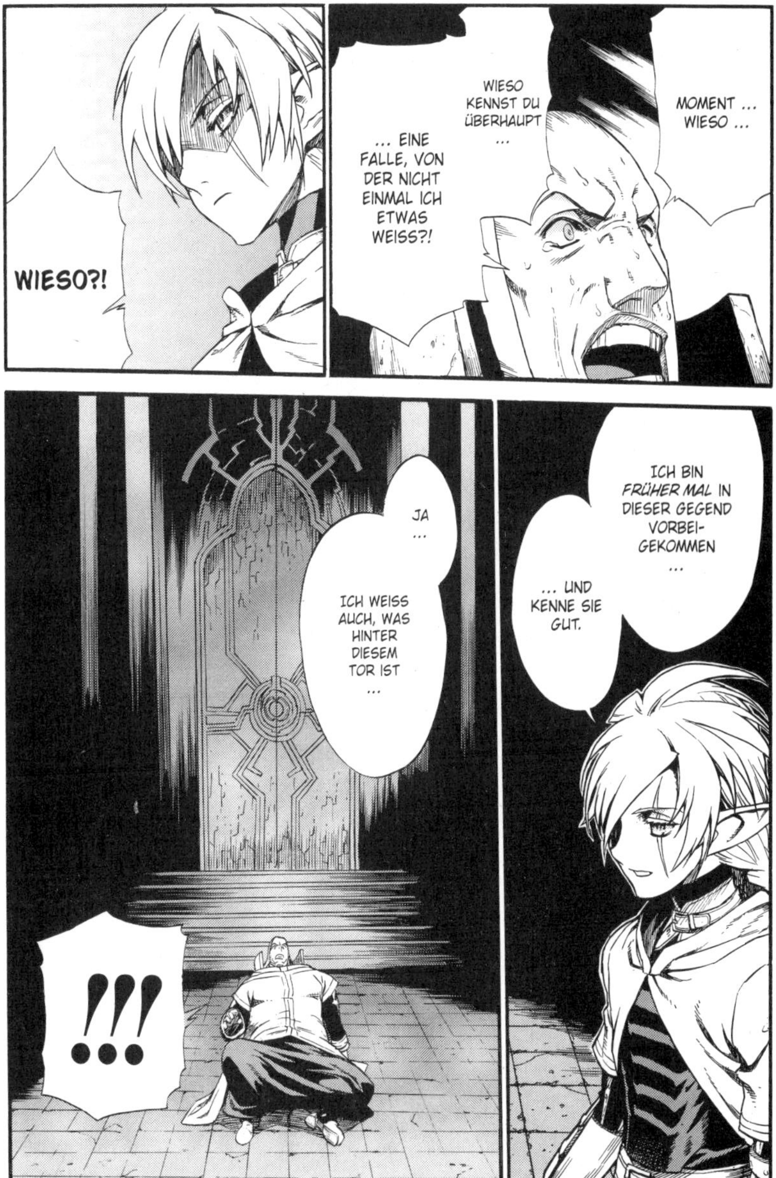
MOMENT … WIESO …
WIESO KENNST DU ÜBERHAUPT …
… EINE FALLE, VON DER NICHT EINMAL ICH ETWAS WEISS?!
WIESO?!
ICH BIN *FRÜHER MAL* IN DIESER GEGEND VORBEI-GEKOMMEN …
… UND KENNE SIE GUT.
JA …
ICH WEISS AUCH, WAS HINTER DIESEM TOR IST …
!!!

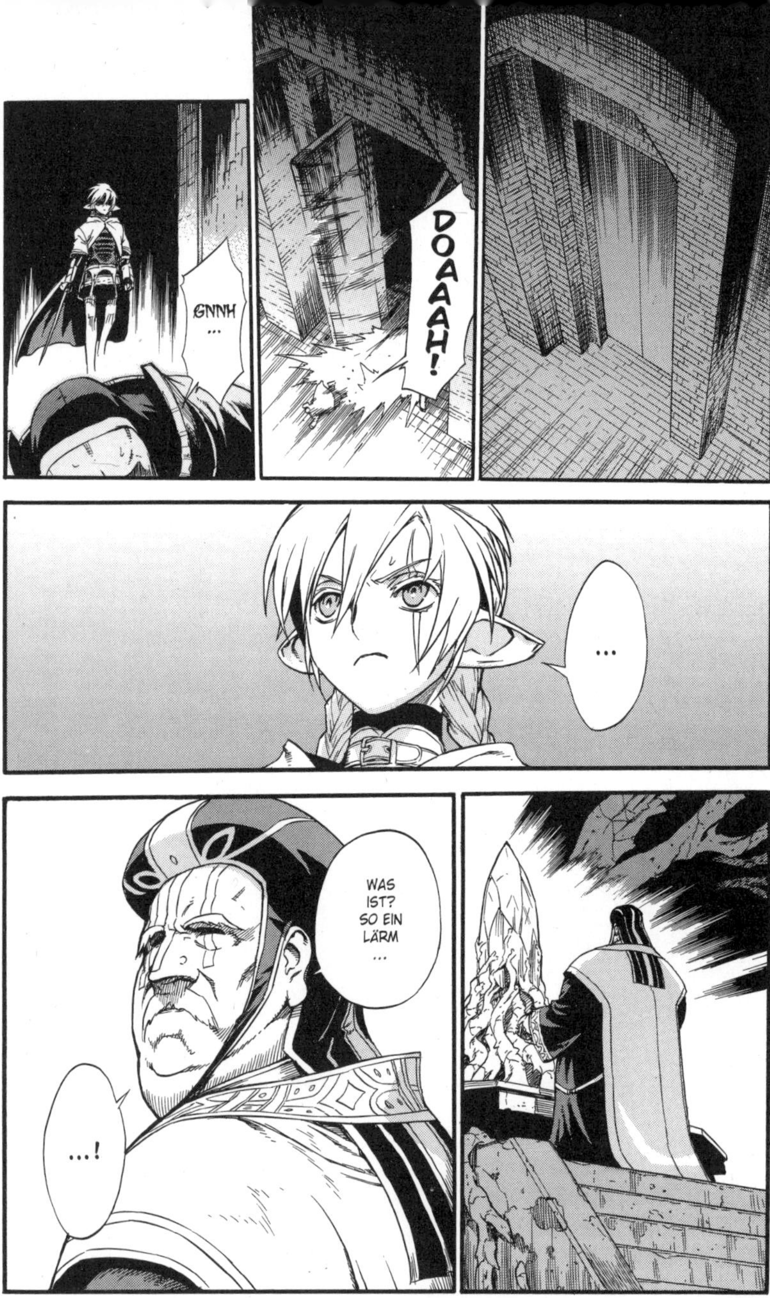
DOAAAAH!
GNNH ...
...
WAS IST? SO EIN LÄRM ...
...!

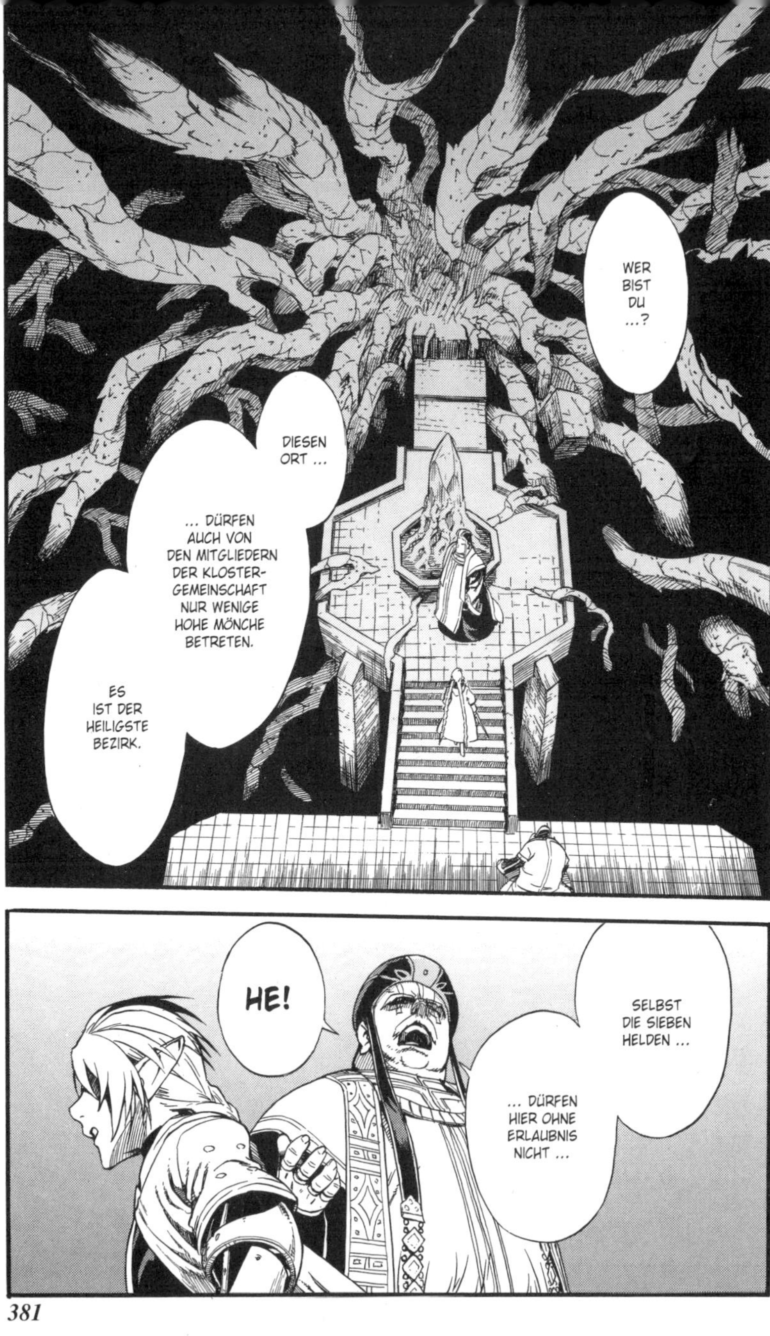
WER BIST DU …?
DIESEN ORT …
… DÜRFEN AUCH VON DEN MITGLIEDERN DER KLOSTER-GEMEINSCHAFT NUR WENIGE HOHE MÖNCHE BETRETEN.
ES IST DER HEILIGSTE BEZIRK.
SELBST DIE SIEBEN HELDEN …
… DÜRFEN HIER OHNE ERLAUBNIS NICHT …
HE!

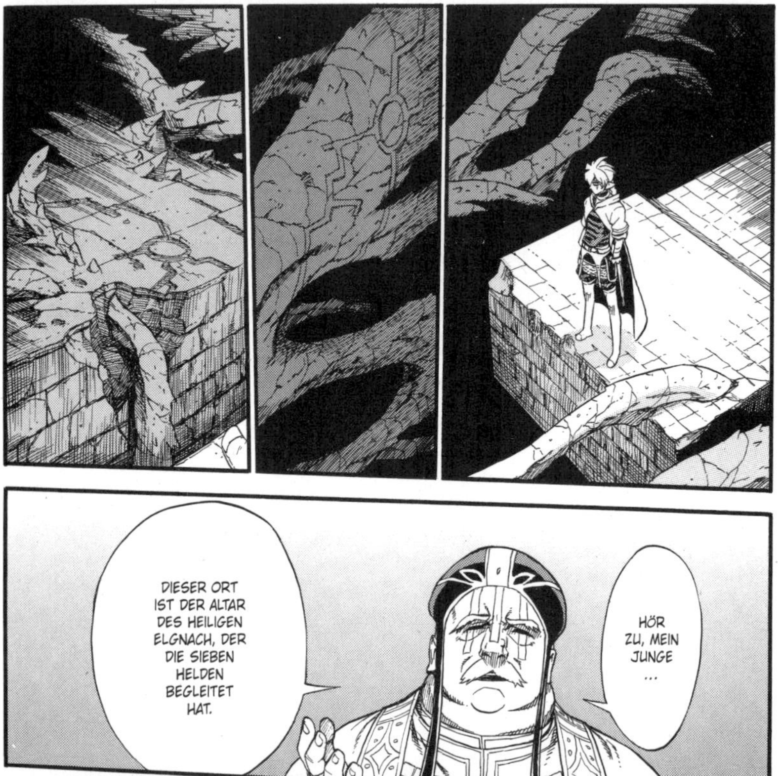
HÖR ZU, MEIN JUNGE ...
DIESER ORT IST DER ALTAR DES HEILIGEN ELGNACH, DER DIE SIEBEN HELDEN BEGLEITET HAT.
VOR 23 JAHREN ...
... FÜHRTE ELGNACH, DER ZUSAMMEN MIT DEN SIEBEN HELDEN DIESEN ORT AUFGESUCHT HATTE, ...
... UM DIE GROSSE OFFENSIVE DER WISCHTECH ZU STOPPEN, ...
... AN DIESER STELLE EINE BESCHWÖRUNG DURCH, UND DIE „TAUSEND STEINLANZEN" ...

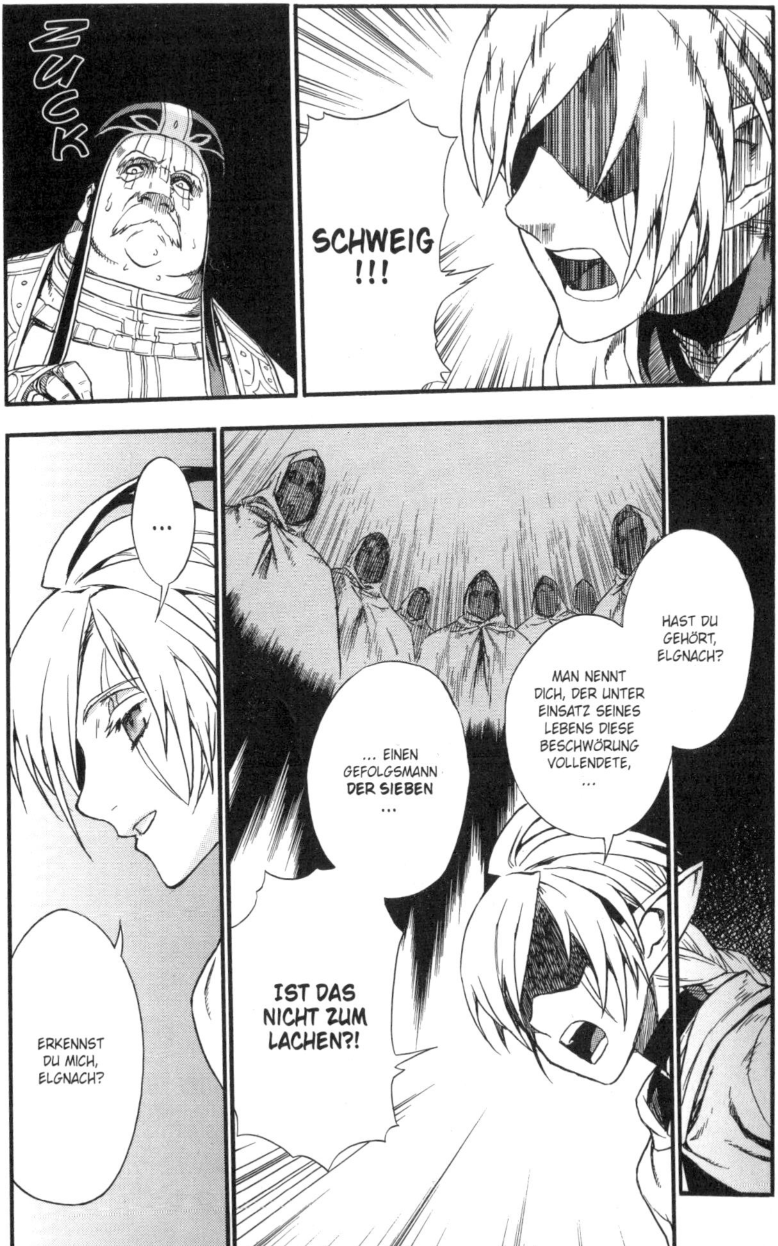
SCHWEIG !!!
ZUCK
HAST DU GEHÖRT, ELGNACH?
MAN NENNT DICH, DER UNTER EINSATZ SEINES LEBENS DIESE BESCHWÖRUNG VOLLENDETE, ...
... EINEN GEFOLGSMANN DER SIEBEN ...
IST DAS NICHT ZUM LACHEN?!
...
ERKENNST DU MICH, ELGNACH?

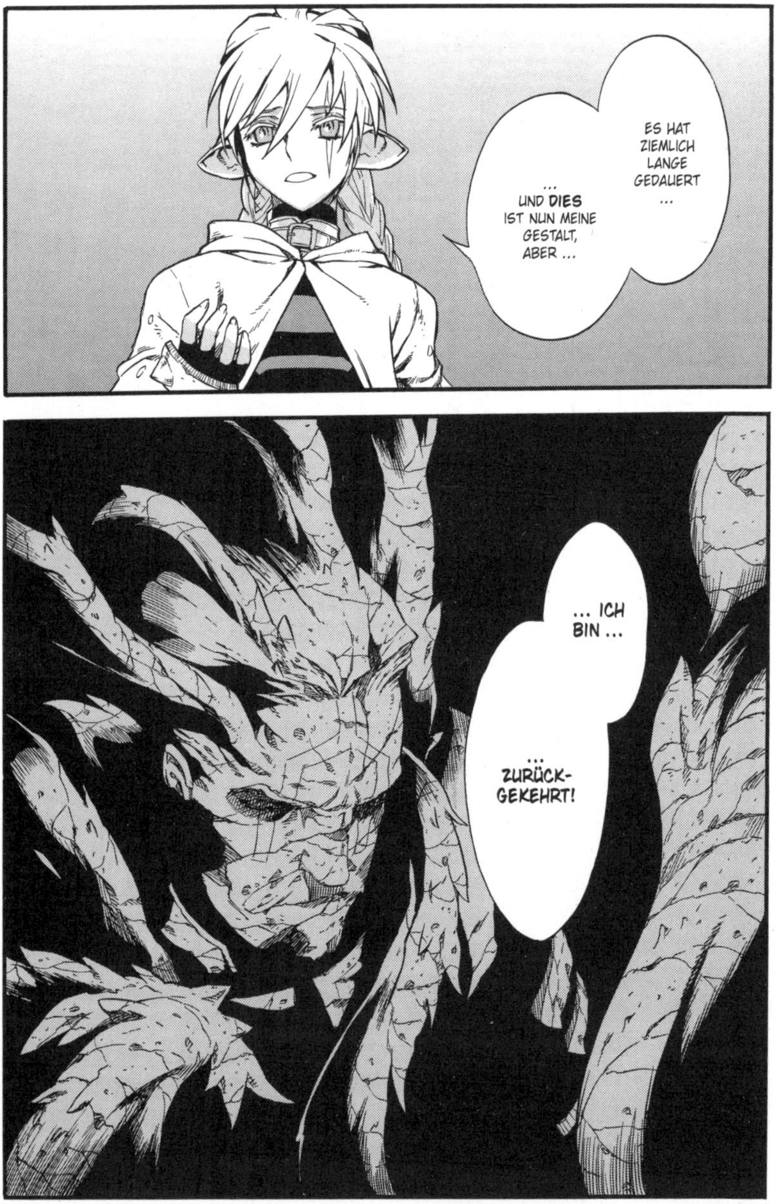
ES HAT ZIEMLICH LANGE GEDAUERT …
… UND **DIES** IST NUN MEINE GESTALT, ABER …
… ICH BIN …
… ZURÜCK-GEKEHRT!

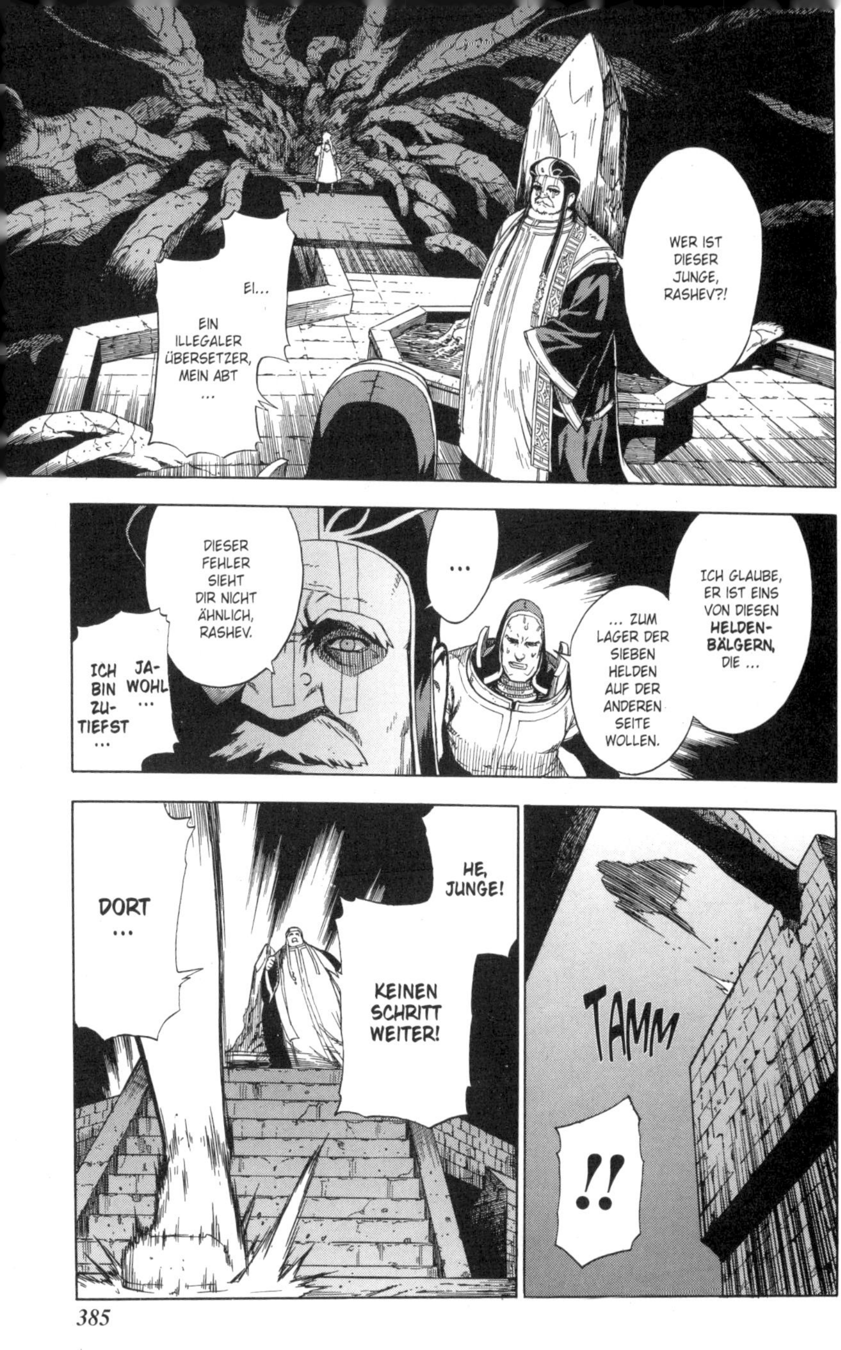
WER IST DIESER JUNGE, RASHEV?!
EI...
EIN ILLEGALER ÜBERSETZER, MEIN ABT ...
ICH GLAUBE, ER IST EINS VON DIESEN HELDEN-BÄLGERN, DIE ...
... ZUM LAGER DER SIEBEN HELDEN AUF DER ANDEREN SEITE WOLLEN.
...
DIESER FEHLER SIEHT DIR NICHT ÄHNLICH, RASHEV.
JA-WOHL ...
ICH BIN ZU-TIEFST ...
TAMM
!!
HE, JUNGE!
KEINEN SCHRITT WEITER!
DORT ...

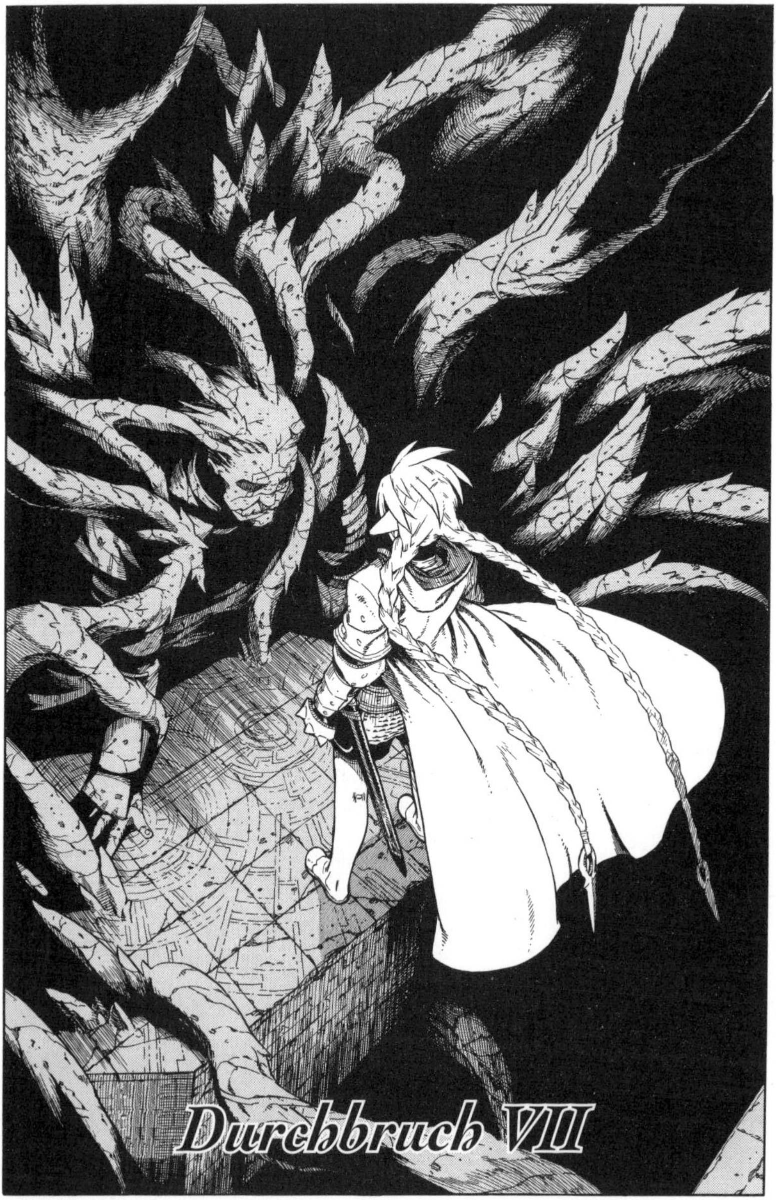
Durchbruch VII

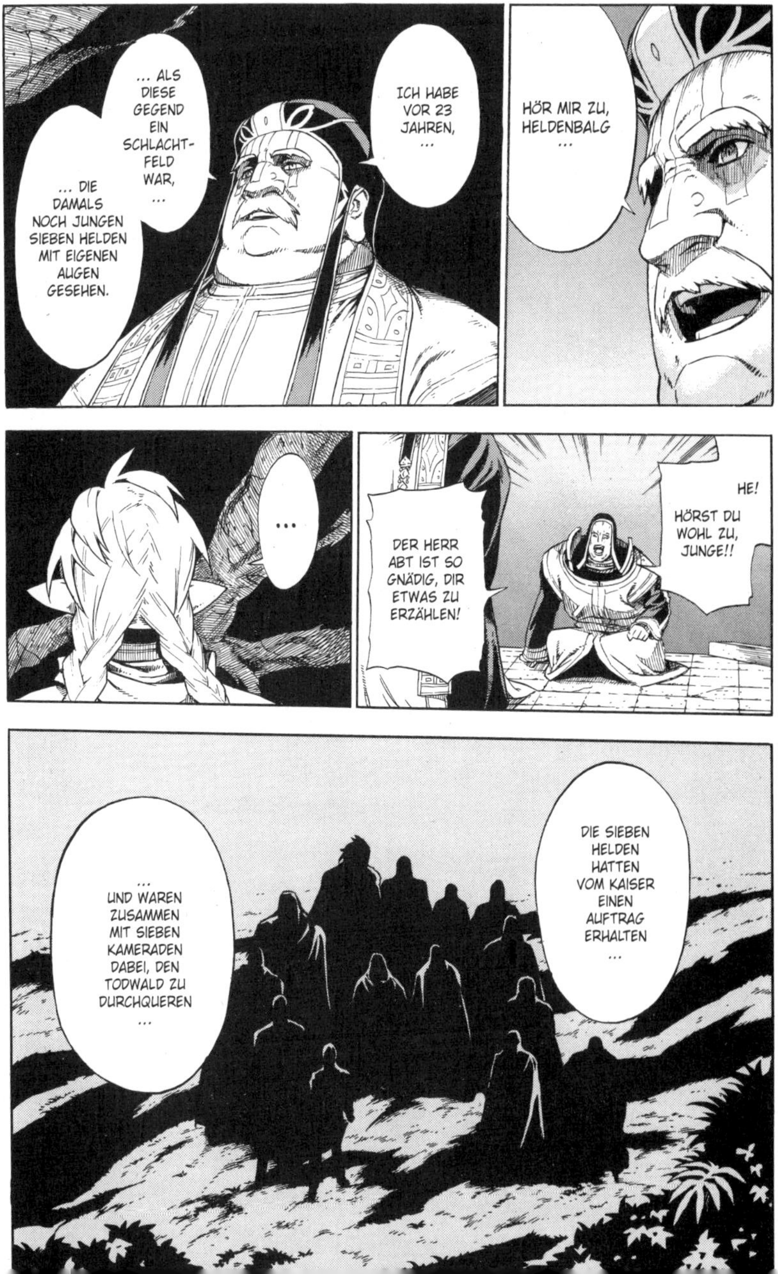
HÖR MIR ZU, HELDENBALG ...
ICH HABE VOR 23 JAHREN, ...
... ALS DIESE GEGEND EIN SCHLACHTFELD WAR, ...
... DIE DAMALS NOCH JUNGEN SIEBEN HELDEN MIT EIGENEN AUGEN GESEHEN.
HE!
HÖRST DU WOHL ZU, JUNGE!!
DER HERR ABT IST SO GNÄDIG, DIR ETWAS ZU ERZÄHLEN!
...
DIE SIEBEN HELDEN HATTEN VOM KAISER EINEN AUFTRAG ERHALTEN ...
... UND WAREN ZUSAMMEN MIT SIEBEN KAMERADEN DABEI, DEN TODWALD ZU DURCHQUEREN ...

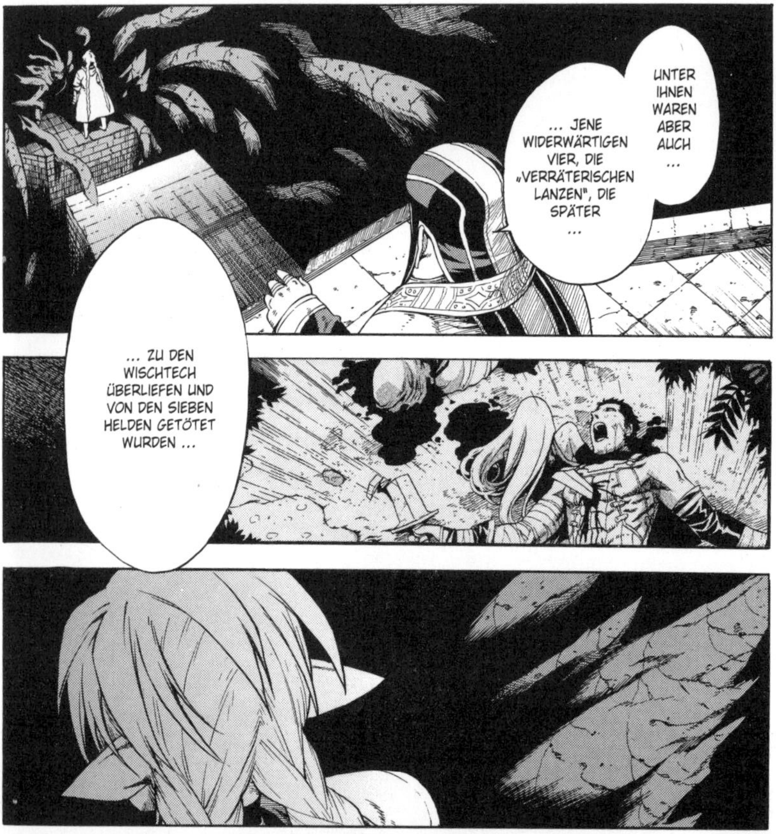
UNTER IHNEN WAREN ABER AUCH …
… JENE WIDERWÄRTIGEN VIER, DIE „VERRÄTERISCHEN LANZEN", DIE SPÄTER …
… ZU DEN WISCHTECH ÜBERLIEFEN UND VON DEN SIEBEN HELDEN GETÖTET WURDEN …
WIE AUCH IMMER!!
ALS SIE DIE GROSSE INVASION DER WISCHTECH SAHEN, WAR ES DEN SIEBEN HELDEN UNMÖGLICH, UNTÄTIG ZU BLEIBEN!!
UND SO FÜHRTEN SIE EINE VERZWEIFELTE OPERATION DURCH, BEI DER SIE DURCH EINE BESCHWÖRUNGS-FORMATION EINE MAUER ERRICHTETEN!!

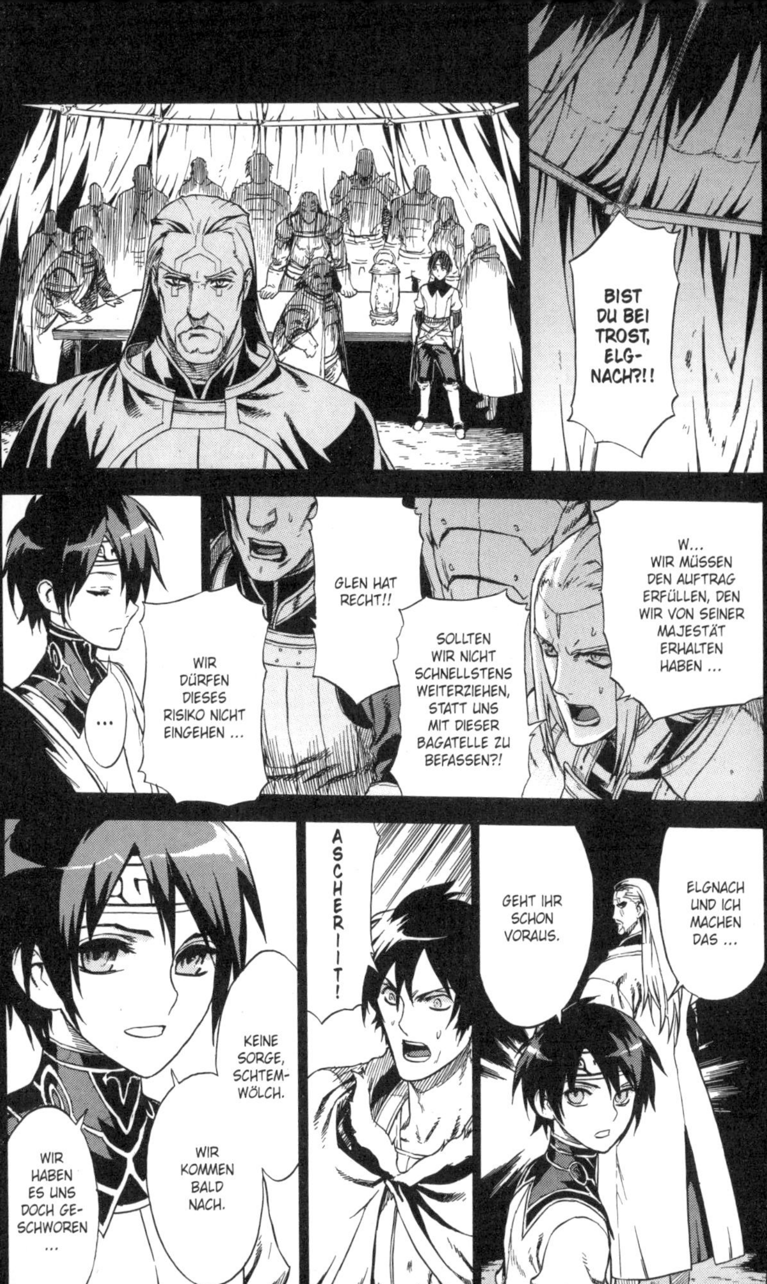
BIST DU BEI TROST, ELGNACH?!!
W… WIR MÜSSEN DEN AUFTRAG ERFÜLLEN, DEN WIR VON SEINER MAJESTÄT ERHALTEN HABEN …
GLEN HAT RECHT!!
SOLLTEN WIR NICHT SCHNELLSTENS WEITERZIEHEN, STATT UNS MIT DIESER BAGATELLE ZU BEFASSEN?!
WIR DÜRFEN DIESES RISIKO NICHT EINGEHEN …
…
ELGNACH UND ICH MACHEN DAS …
GEHT IHR SCHON VORAUS.
ASCHERIIT!
KEINE SORGE, SCHTEMWÖLCH.
WIR KOMMEN BALD NACH.
WIR HABEN ES UNS DOCH GESCHWOREN …

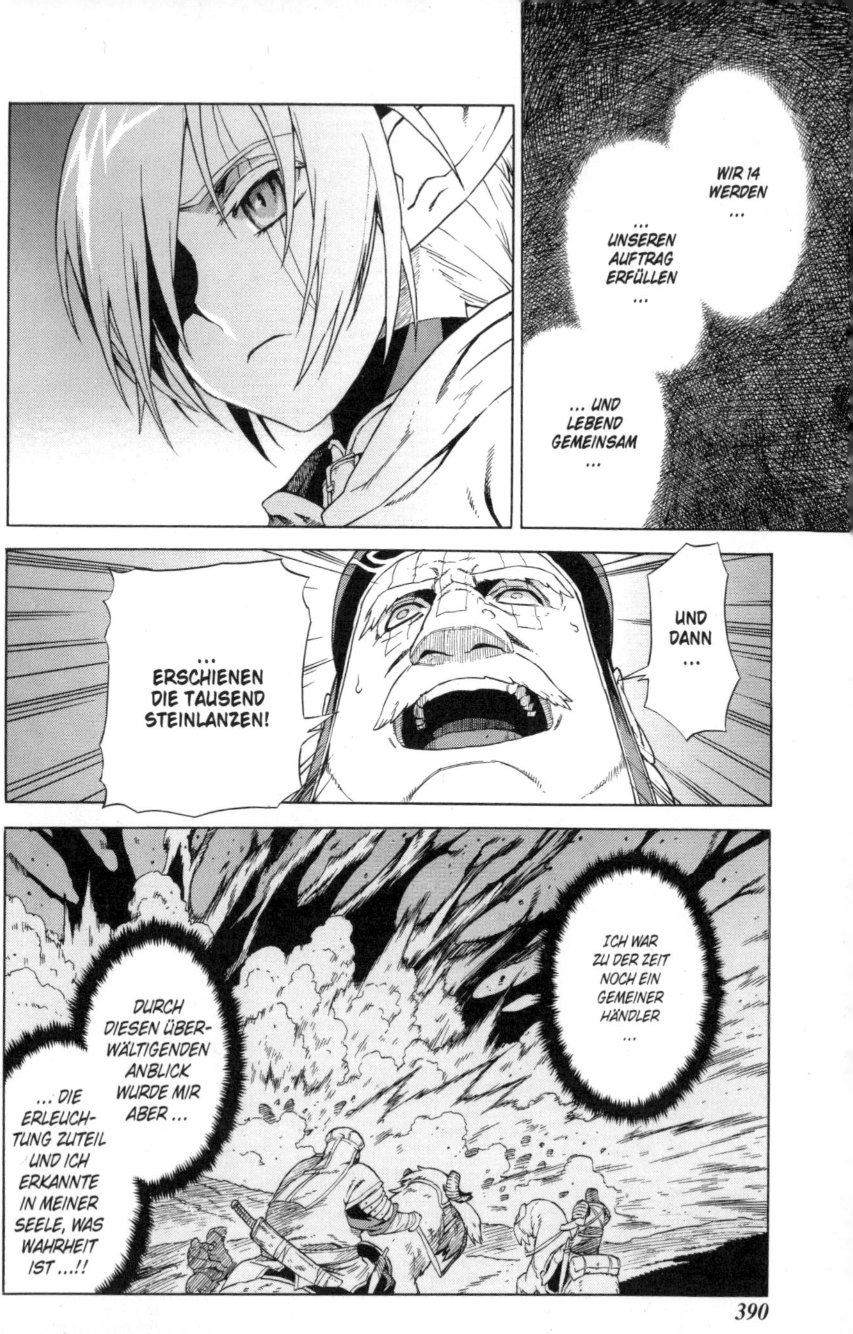
WIR 14 WERDEN …
… UNSEREN AUFTRAG ERFÜLLEN …
… UND LEBEND GEMEINSAM …
UND DANN …
… ERSCHIENEN DIE TAUSEND STEINLANZEN!
ICH WAR ZU DER ZEIT NOCH EIN GEMEINER HÄNDLER …
DURCH DIESEN ÜBER-WÄLTIGENDEN ANBLICK WURDE MIR ABER …
… DIE ERLEUCH-TUNG ZUTEIL UND ICH ERKANNTE IN MEINER SEELE, WAS WAHRHEIT IST …!!

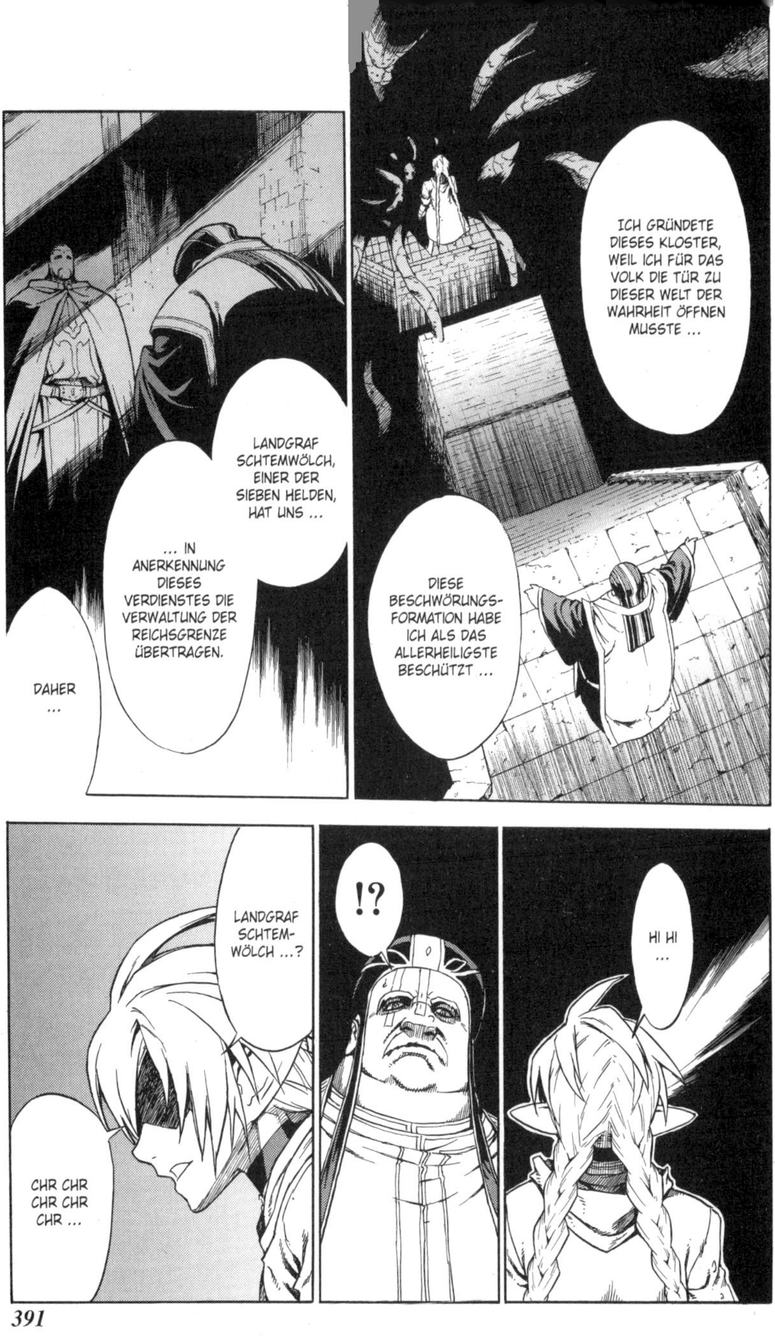
ICH GRÜNDETE DIESES KLOSTER, WEIL ICH FÜR DAS VOLK DIE TÜR ZU DIESER WELT DER WAHRHEIT ÖFFNEN MUSSTE …
DIESE BESCHWÖRUNGS-FORMATION HABE ICH ALS DAS ALLERHEILIGSTE BESCHÜTZT …
LANDGRAF SCHTEMWÖLCH, EINER DER SIEBEN HELDEN, HAT UNS …
… IN ANERKENNUNG DIESES VERDIENSTES DIE VERWALTUNG DER REICHSGRENZE ÜBERTRAGEN.
DAHER …
HI HI …
!?
LANDGRAF SCHTEM-WÖLCH …?
CHR CHR CHR CHR CHR …

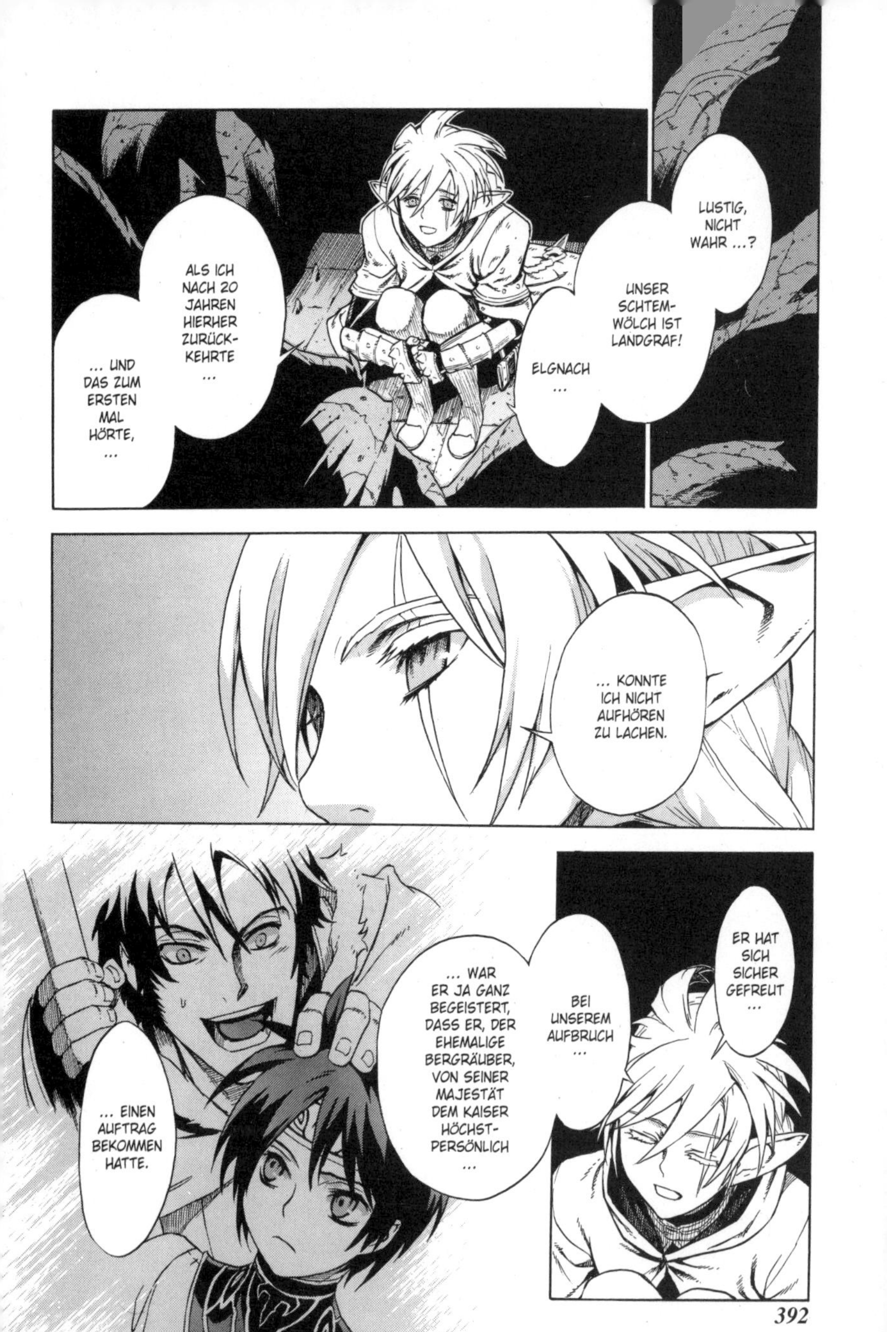
LUSTIG, NICHT WAHR ...?
UNSER SCHTEM-WÖLCH IST LANDGRAF!
ELGNACH ...
ALS ICH NACH 20 JAHREN HIERHER ZURÜCK-KEHRTE ...
... UND DAS ZUM ERSTEN MAL HÖRTE, ...
... KONNTE ICH NICHT AUFHÖREN ZU LACHEN.
ER HAT SICH SICHER GEFREUT ...
BEI UNSEREM AUFBRUCH ...
... WAR ER JA GANZ BEGEISTERT, DASS ER, DER EHEMALIGE BERGRÄUBER, VON SEINER MAJESTÄT DEM KAISER HÖCHST-PERSÖNLICH ...
... EINEN AUFTRAG BEKOMMEN HATTE.

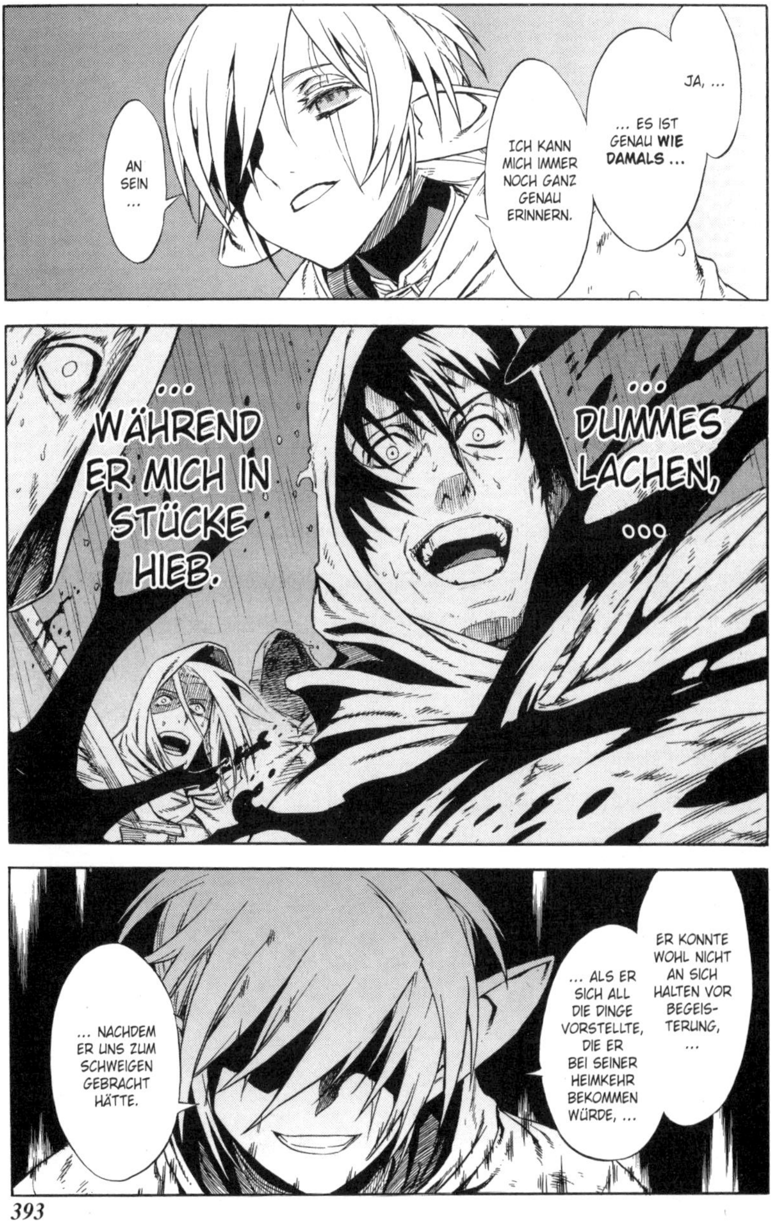
JA, …
… ES IST GENAU **WIE DAMALS …**
ICH KANN MICH IMMER NOCH GANZ GENAU ERINNERN.
AN SEIN …
… DUMMES LACHEN, …
… WÄHREND ER MICH IN STÜCKE HIEB.
ER KONNTE WOHL NICHT AN SICH HALTEN VOR BEGEISTERUNG, …
… ALS ER SICH ALL DIE DINGE VORSTELLTE, DIE ER BEI SEINER HEIMKEHR BEKOMMEN WÜRDE, …
… NACHDEM ER UNS ZUM SCHWEIGEN GEBRACHT HÄTTE.

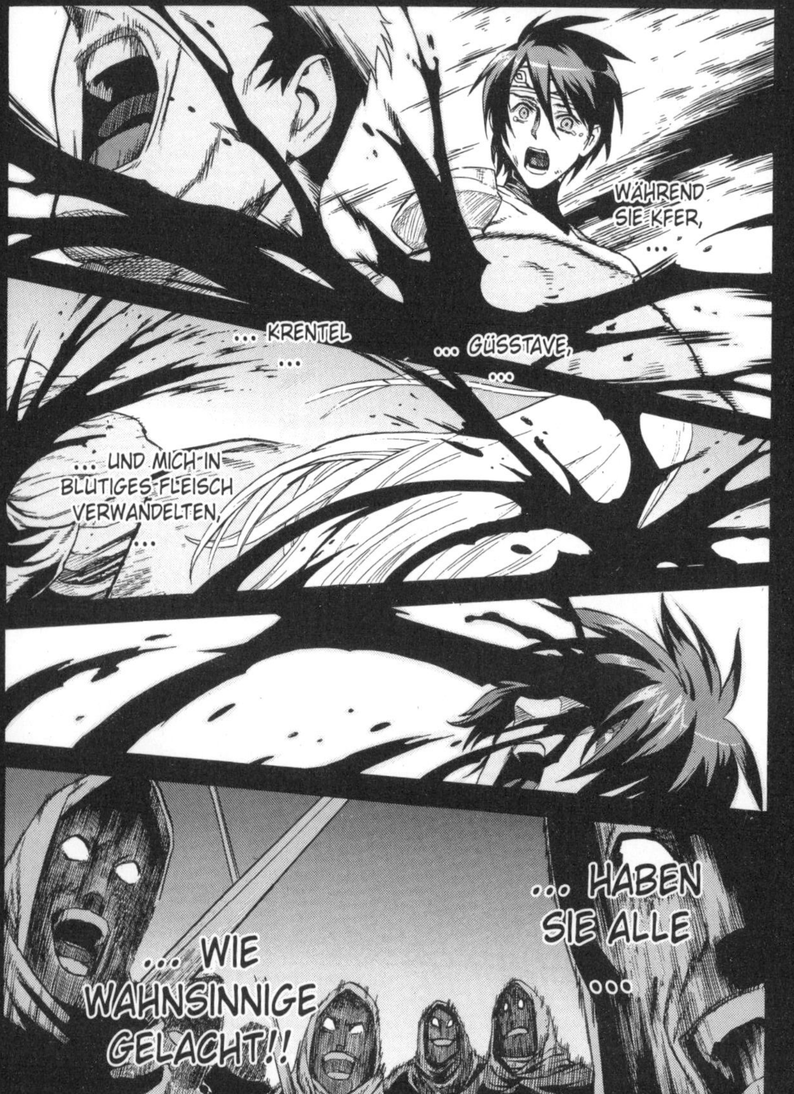
WÄHREND SIE KFER, ...
... GÜSSTAVE, ...
... KRENTEL ...
... UND MICH IN BLUTIGES FLEISCH VERWANDELTEN, ...
... HABEN SIE ALLE ...
... WIE WAHNSINNIGE GELACHT!!

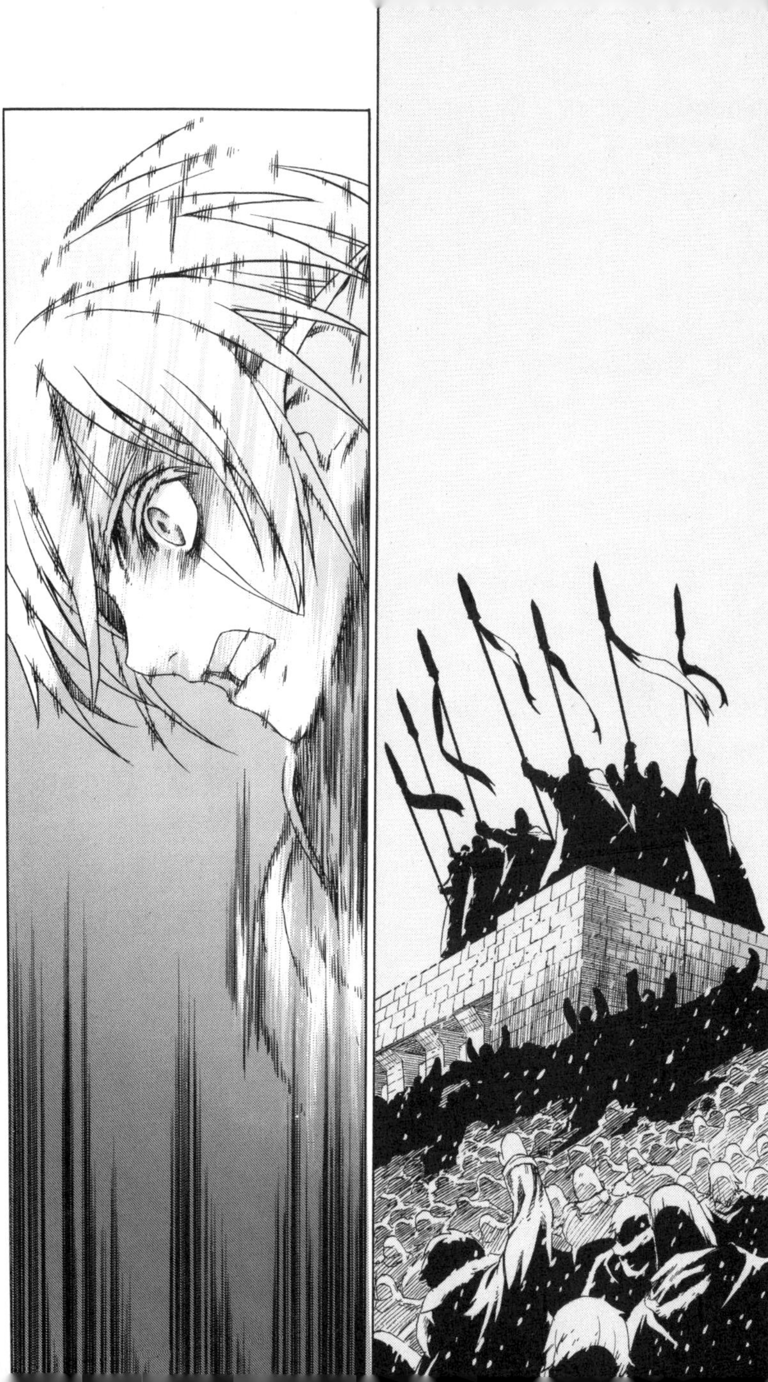

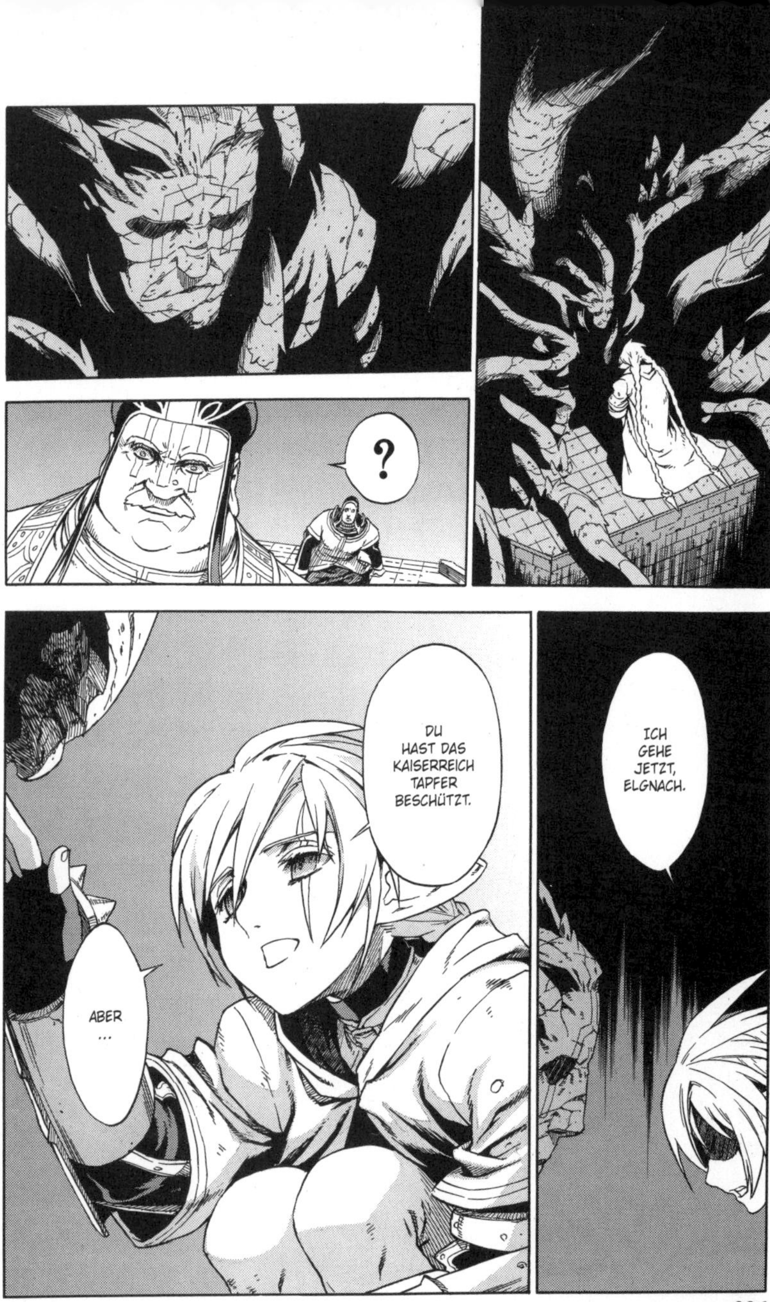
?
ICH GEHE JETZT, ELGNACH.
DU HAST DAS KAISERREICH TAPFER BESCHÜTZT.
ABER …

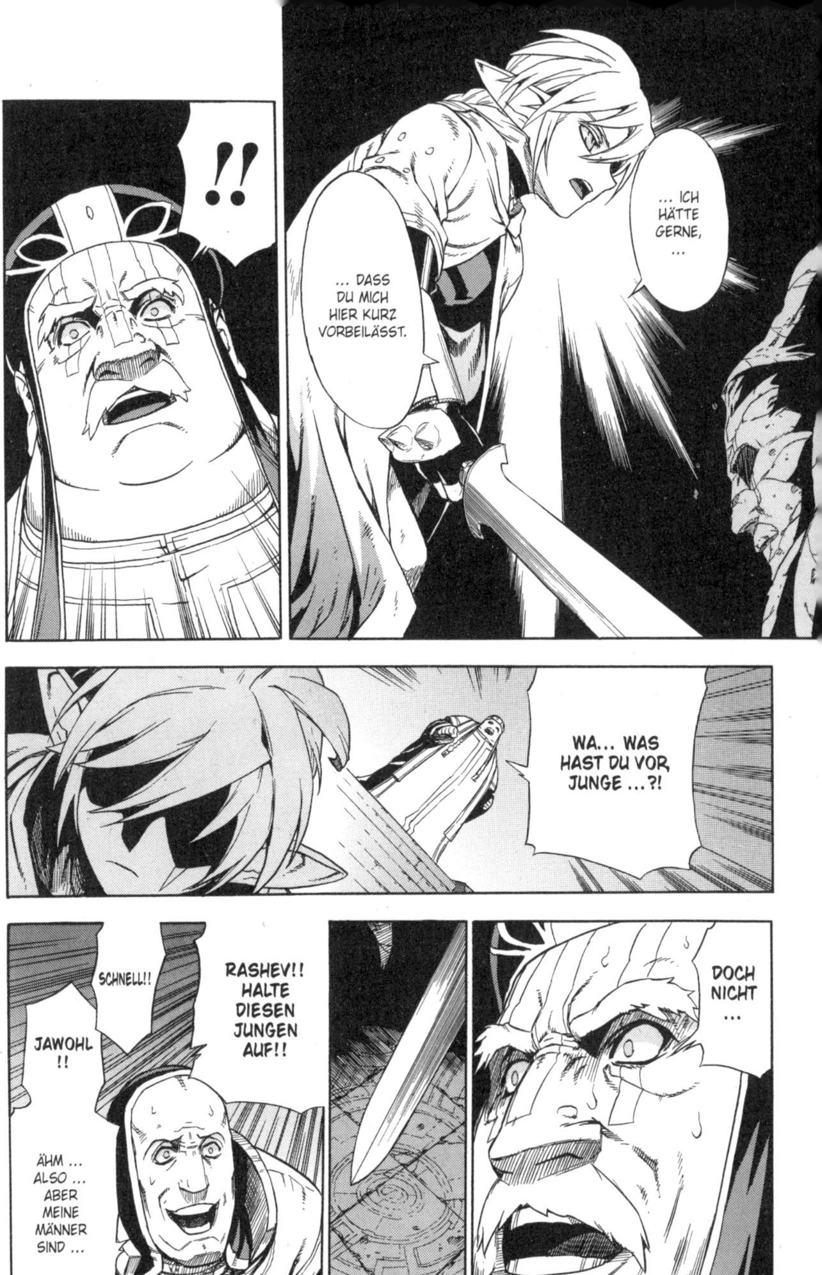
... ICH HÄTTE GERNE, ...
... DASS DU MICH HIER KURZ VORBEILÄSST.
!!
WA... WAS HAST DU VOR, JUNGE ...?!
DOCH NICHT ...
RASHEV!! HALTE DIESEN JUNGEN AUF!!
SCHNELL!!
JAWOHL !!
ÄHM ... ALSO ... ABER MEINE MÄNNER SIND ...

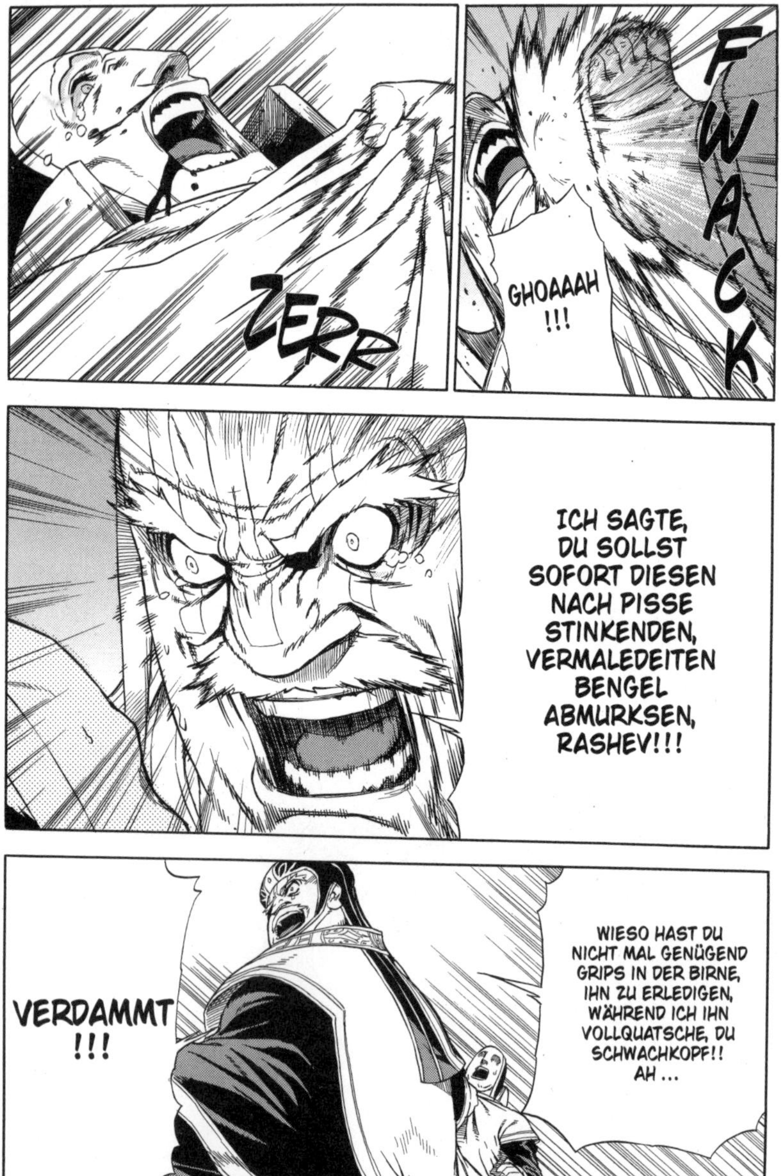
ZERR
FWACK
GHOAAAH !!!
ICH SAGTE, DU SOLLST SOFORT DIESEN NACH PISSE STINKENDEN, VERMALEDEITEN BENGEL ABMURKSEN, RASHEV!!!
WIESO HAST DU NICHT MAL GENÜGEND GRIPS IN DER BIRNE, IHN ZU ERLEDIGEN, WÄHREND ICH IHN VOLLQUATSCHE, DU SCHWACHKOPF!! AH …
VERDAMMT !!!

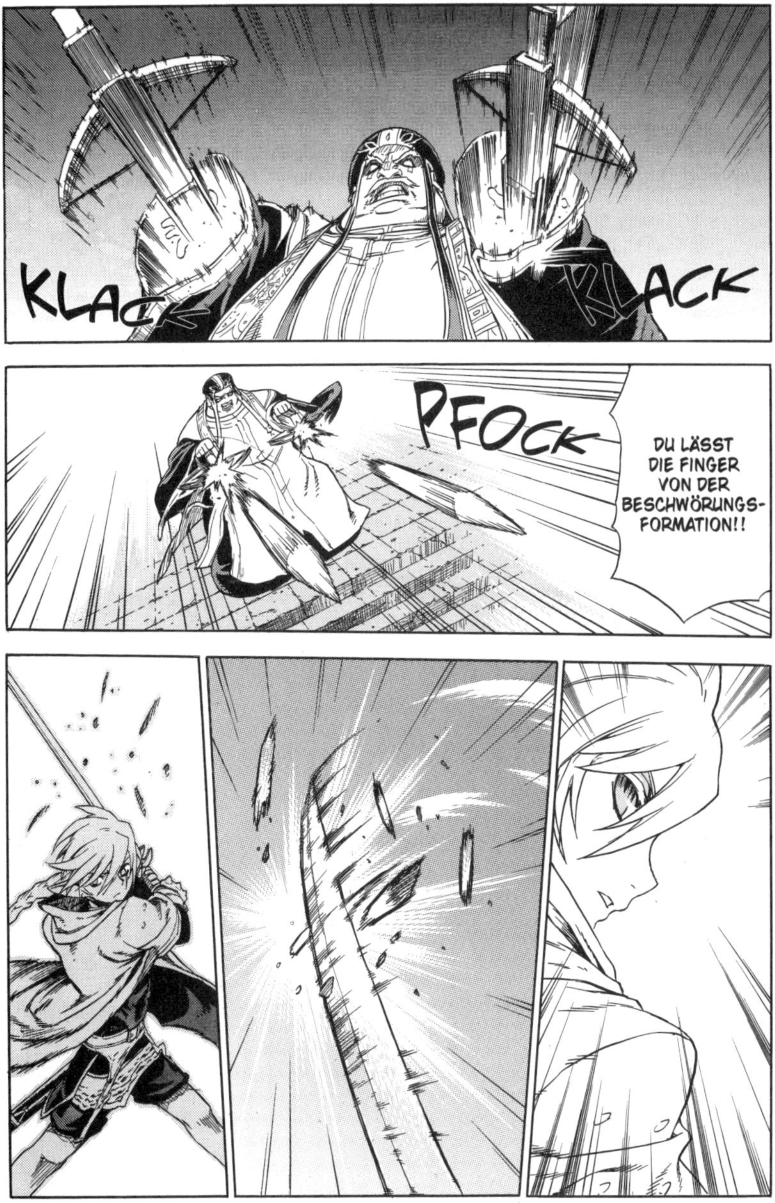
KLACK
KLACK
PFOCK
DU LÄSST DIE FINGER VON DER BESCHWÖRUNGS-FORMATION!!

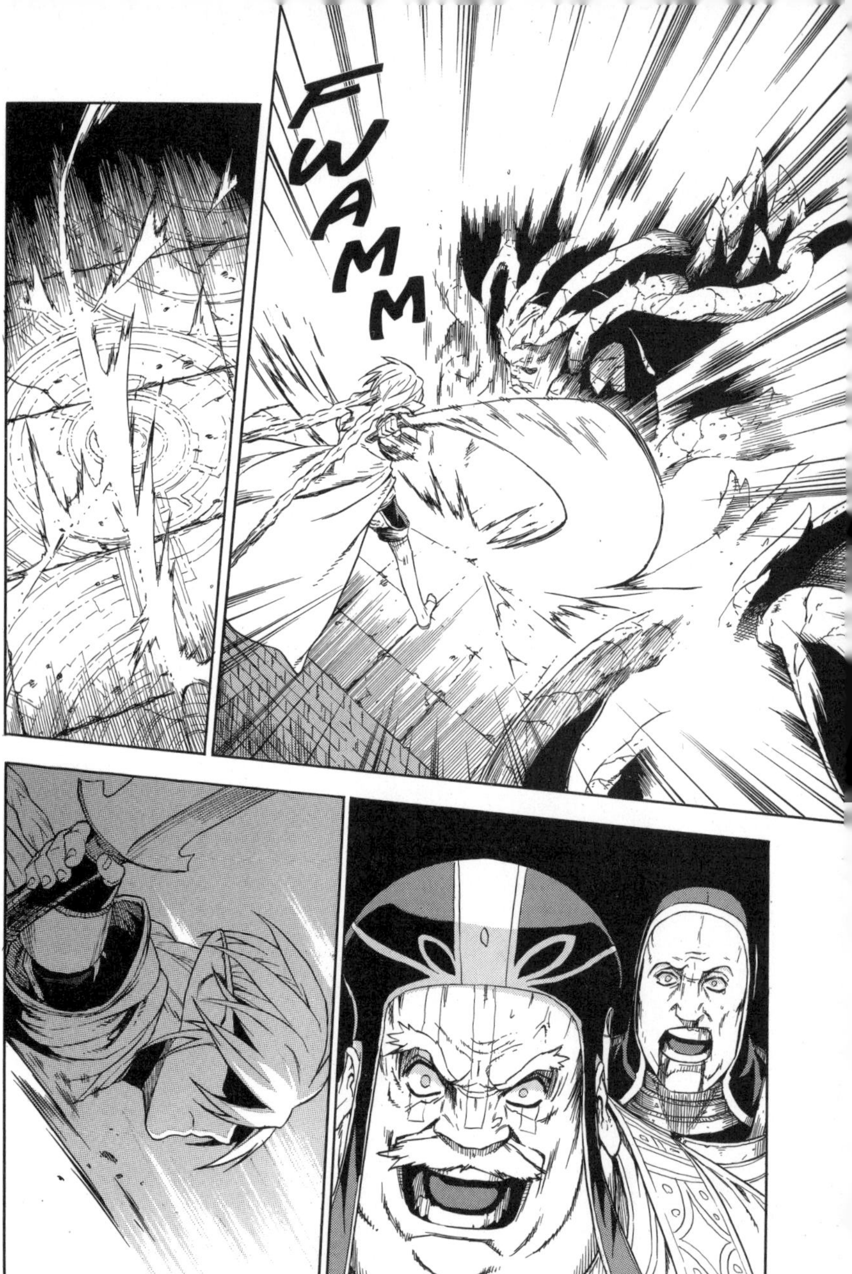
FWAMM

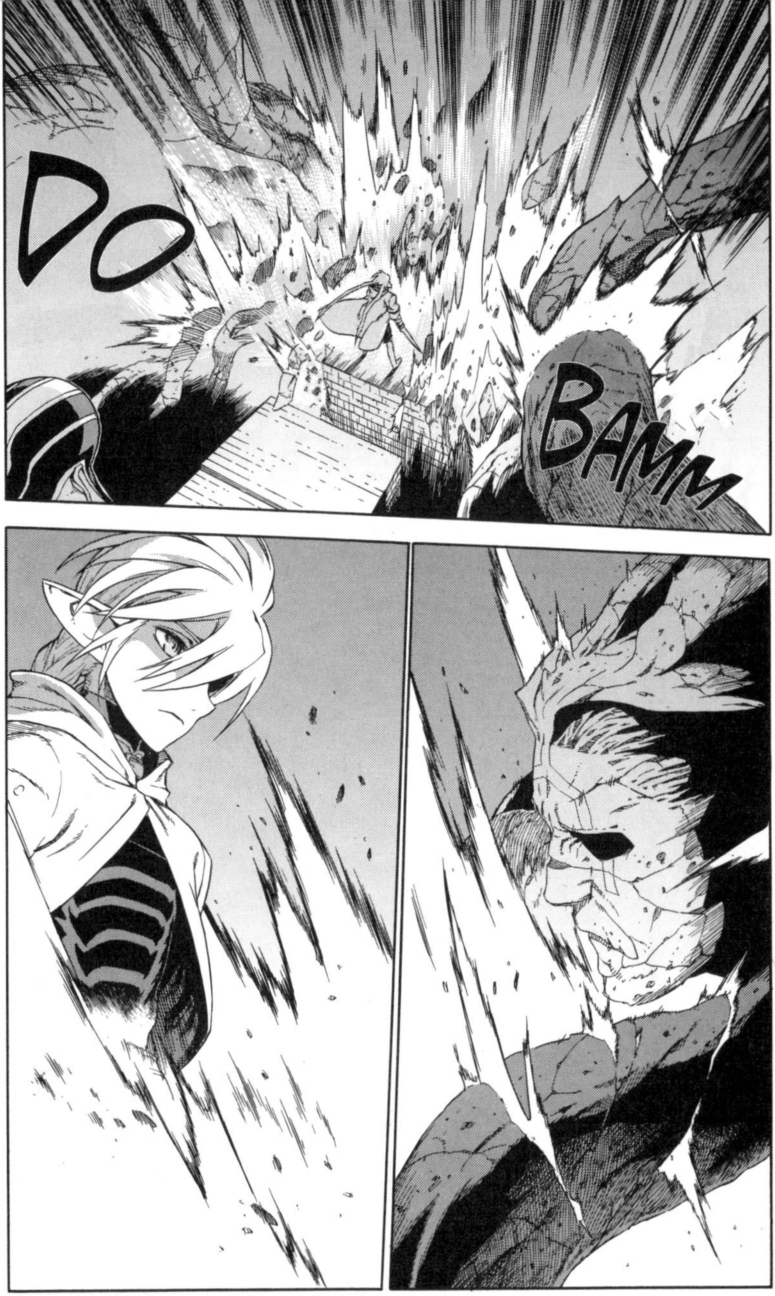
DO
BAMM

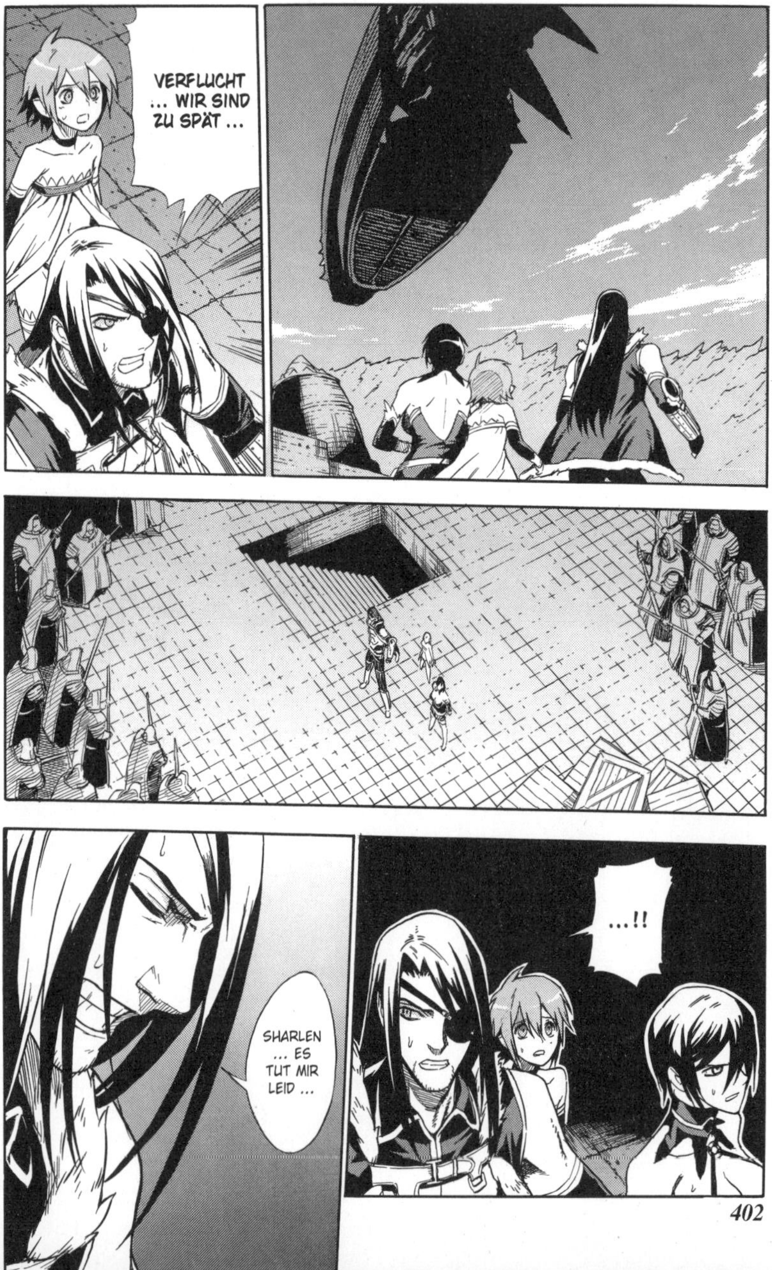
VERFLUCHT ... WIR SIND ZU SPÄT ...
...!!
SHARLEN ... ES TUT MIR LEID ...

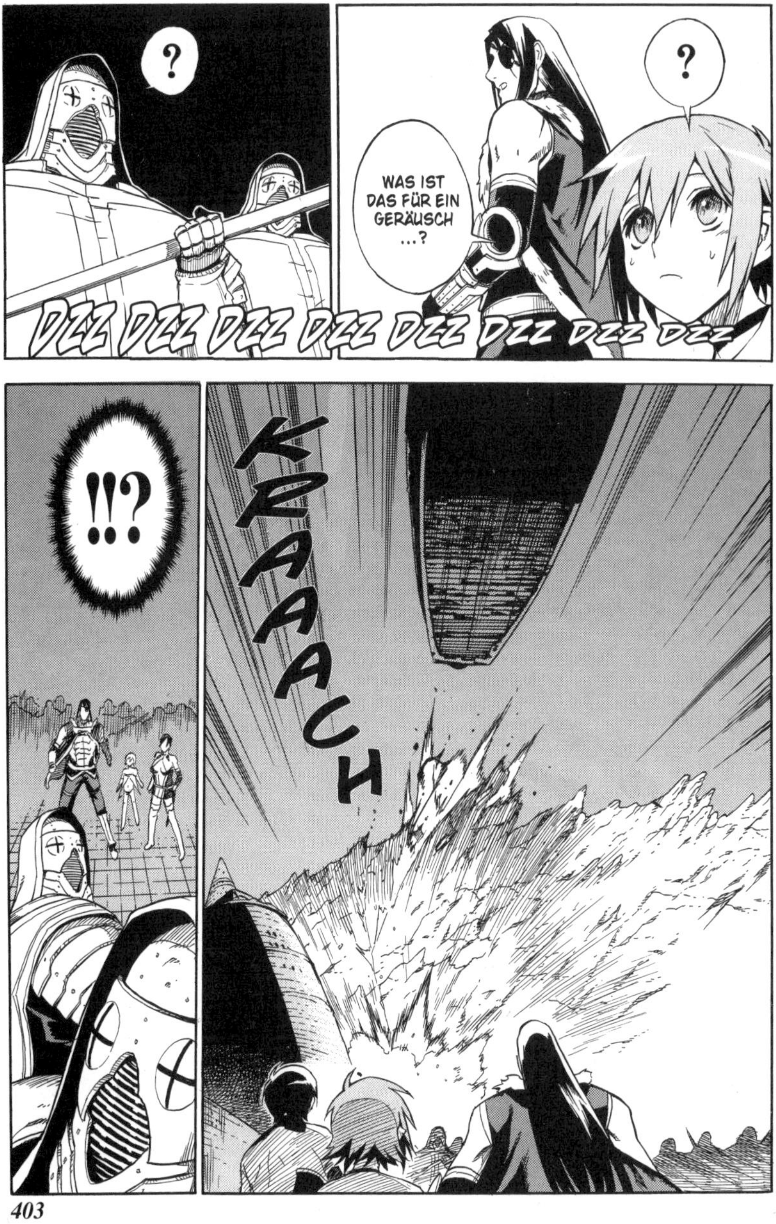
?
WAS IST DAS FÜR EIN GERÄUSCH ...?
?
DZZ DZZ DZZ DZZ DZZ DZZ DZZ DZZ
KRAAACH
!!?

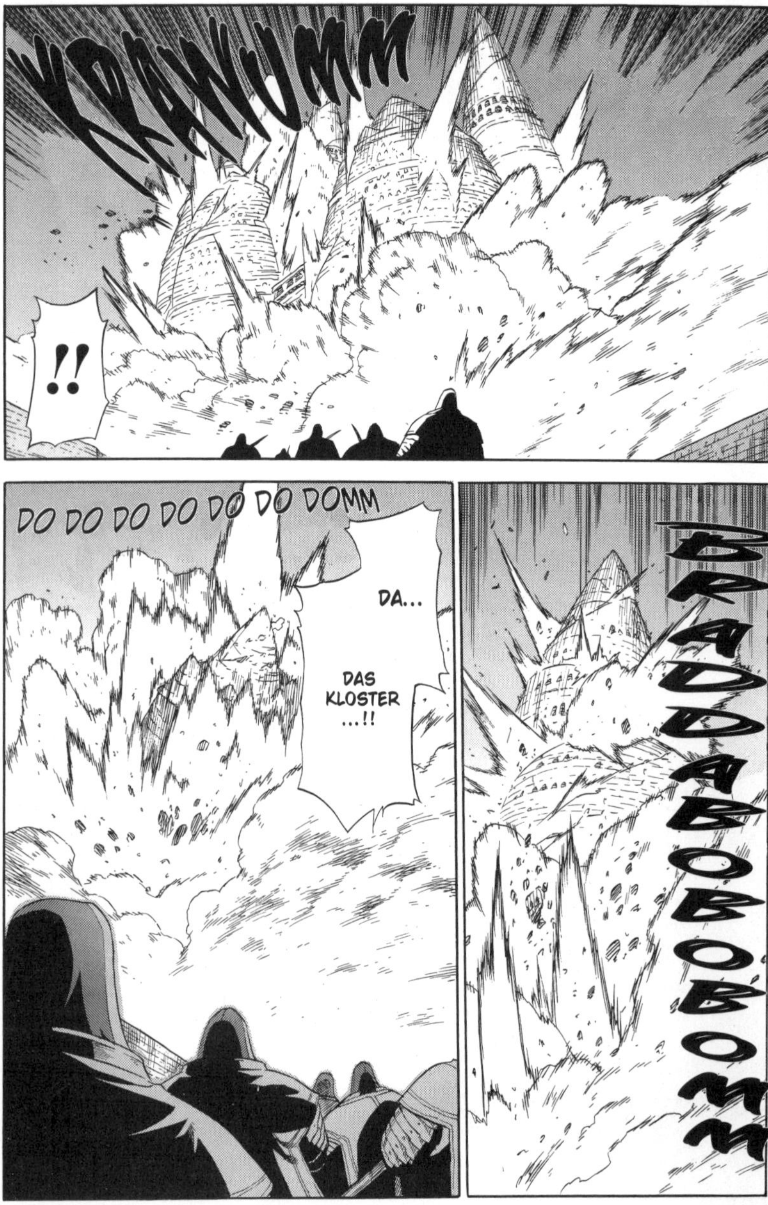
KRAWUMM
!!
DO DO DO DO DO DO DOMM
DA...
DAS KLOSTER ...!!
BRADDABOBOBOMM

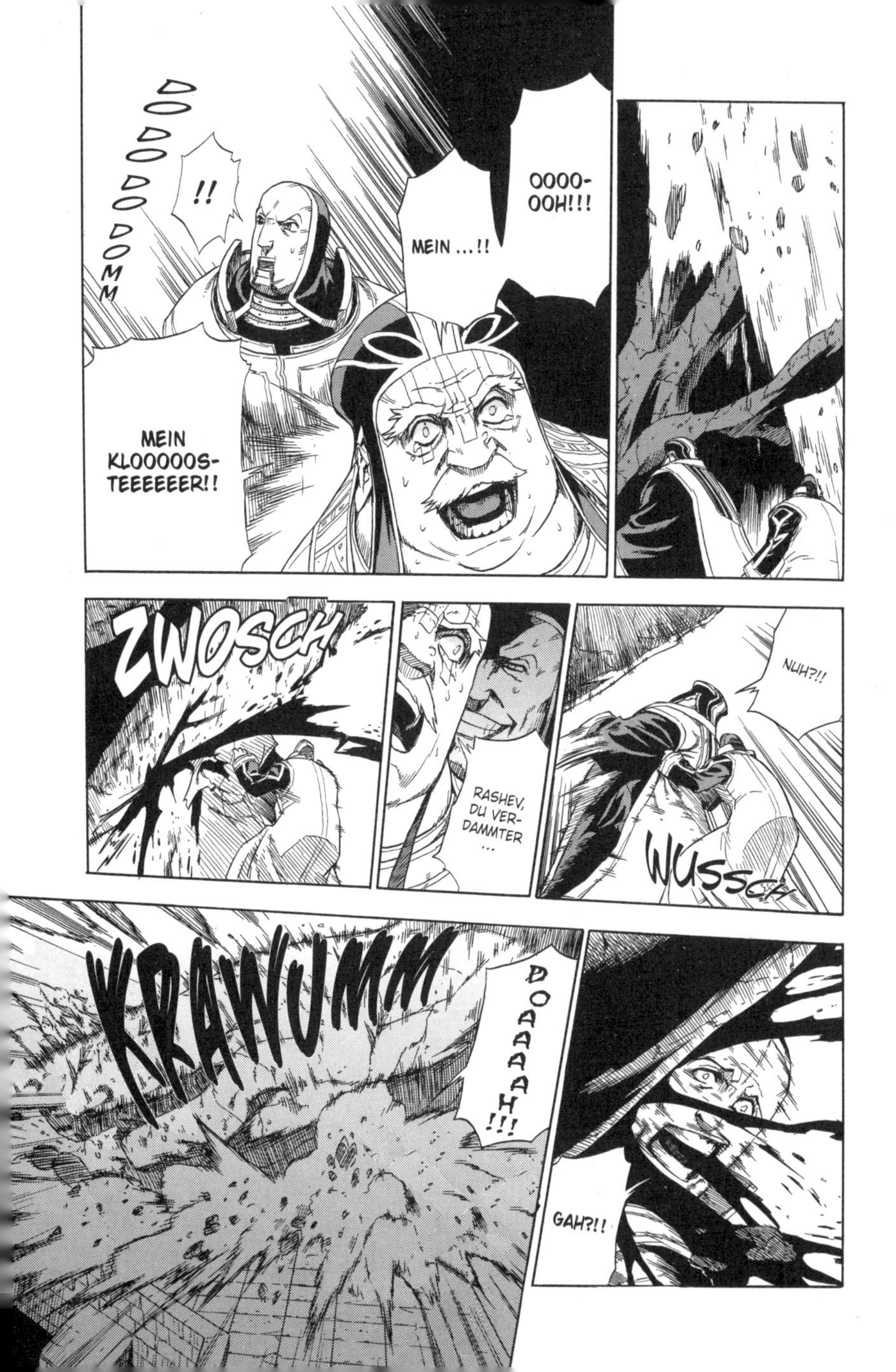
OOOO-
OOH!!!
MEIN ...!!
!!
DODODODODOMM
MEIN
KLOOOOOS-
TEEEEEER!!
ZWOSCH
RASHEV,
DU VER-
DAMMTER
...
NUH?!!
WUSSCH
KRAWUMM
DOAAAAAH!!!
GAH?!!

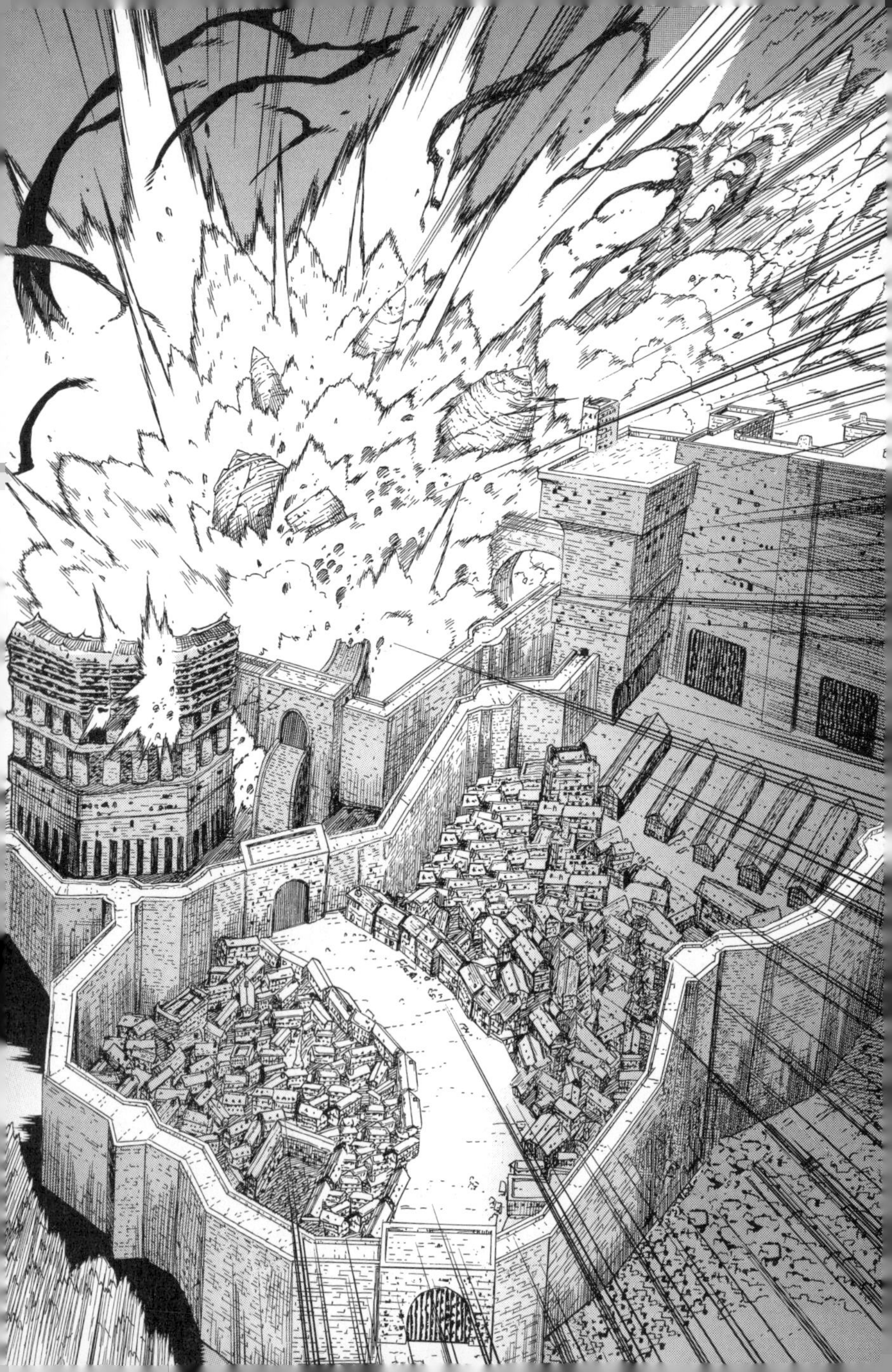

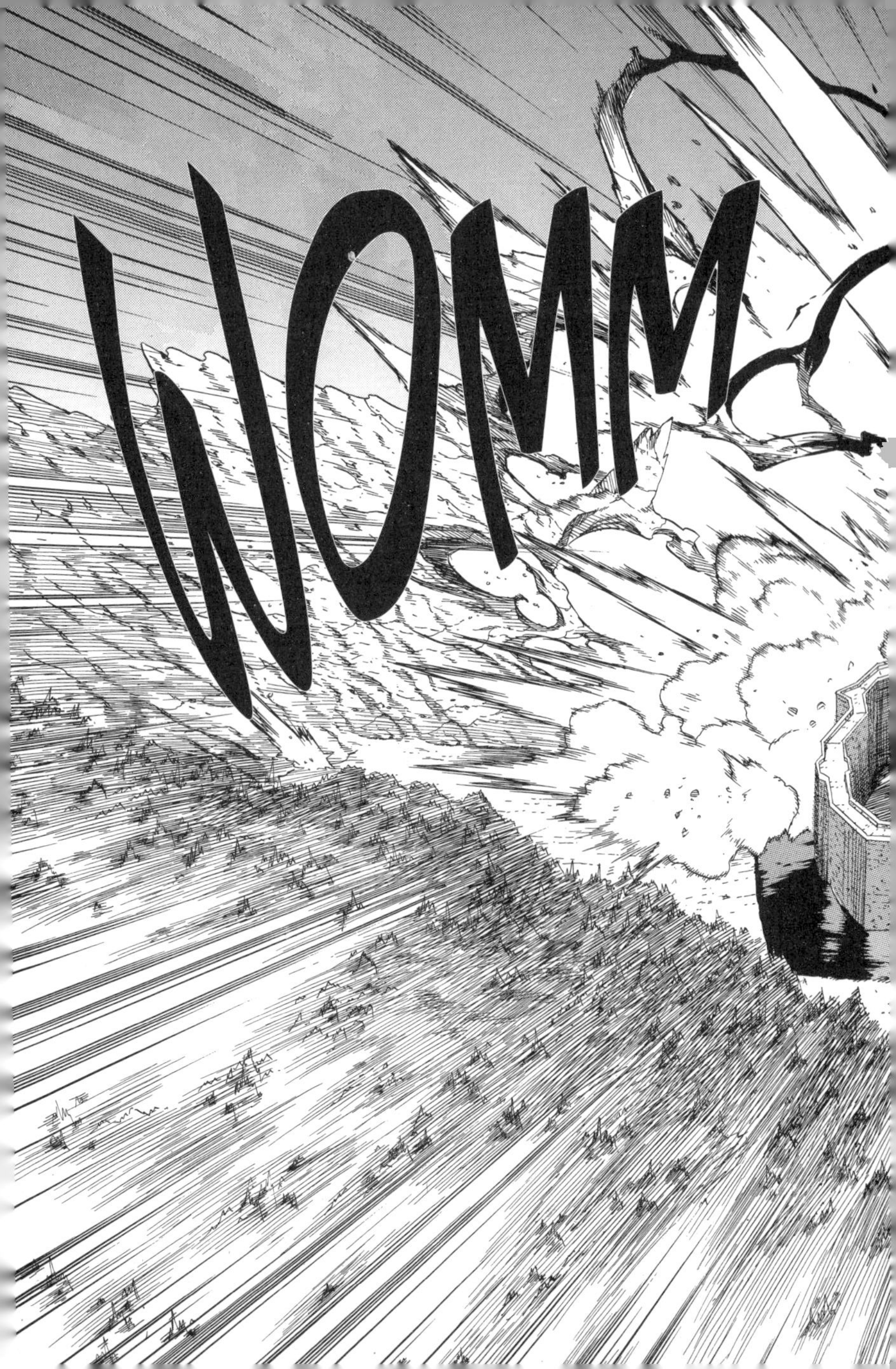
WOMM

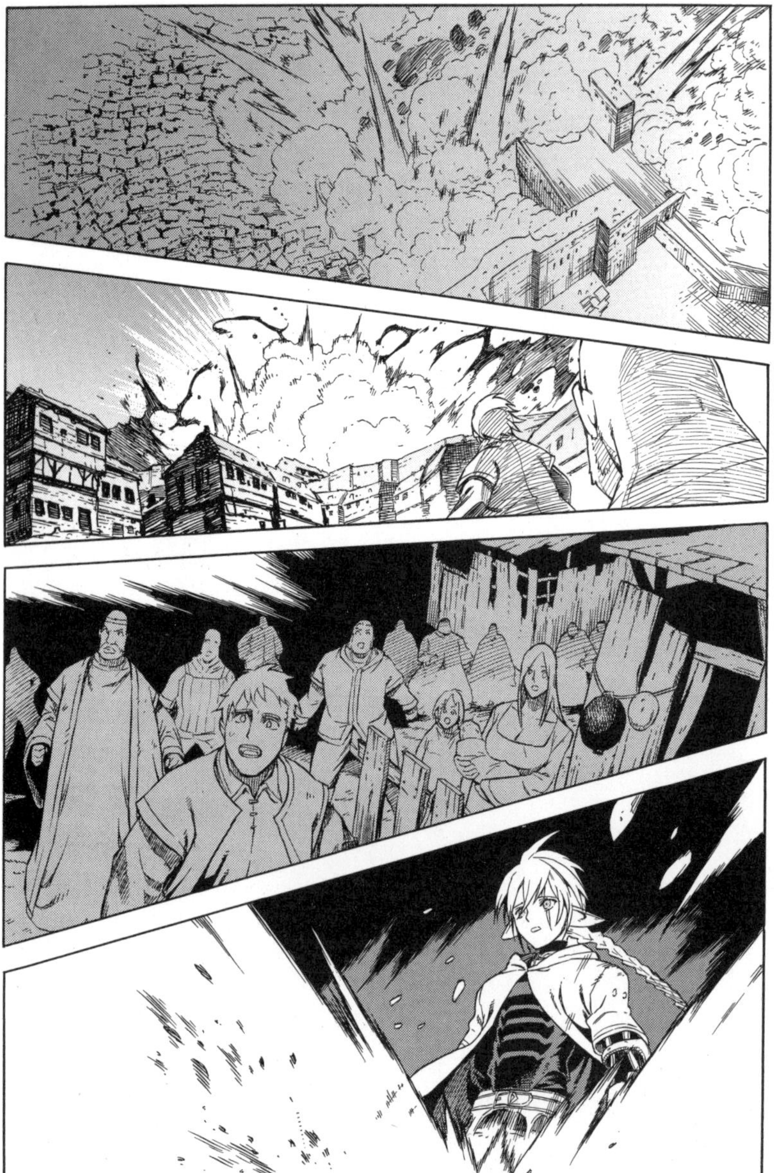

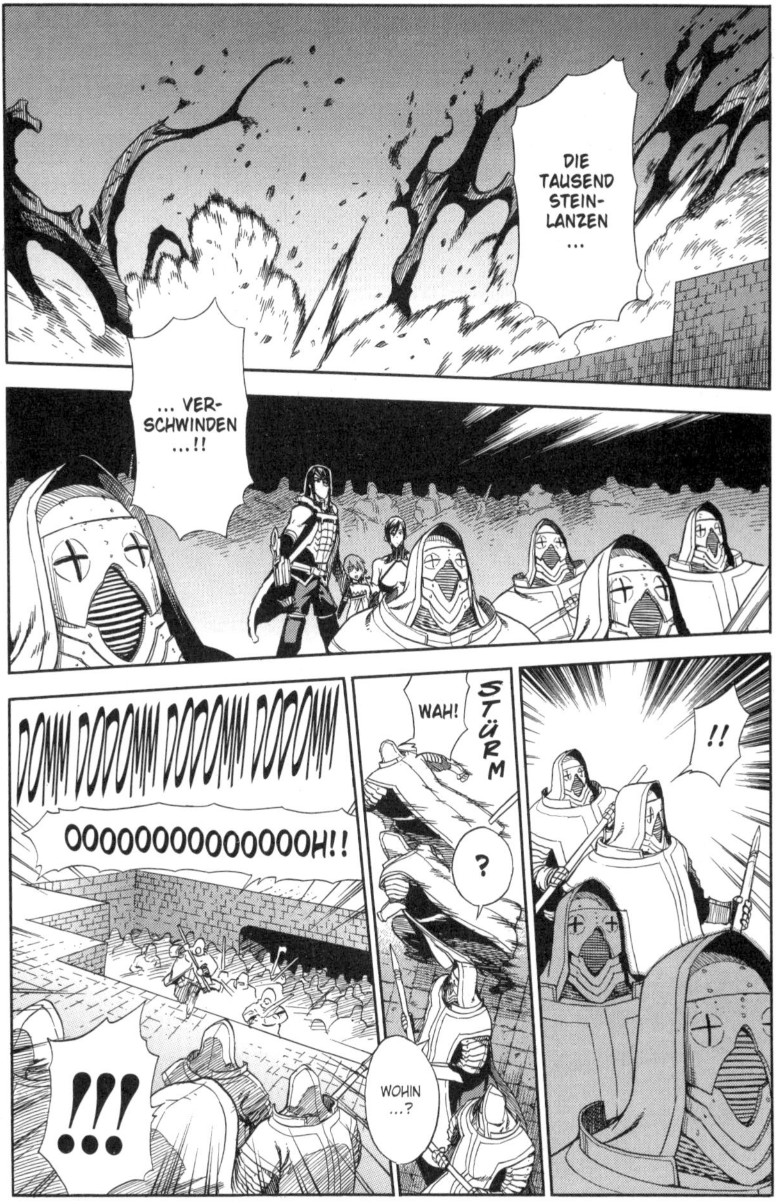
DIE TAUSEND STEIN-LANZEN …
… VER-SCHWINDEN …!!
!!
WAH!
STÜRM
?
WOHIN …?
DOMM DODOMM DODOMM DODOMM
OOOOOOOOOOOOOOH!!
!!!

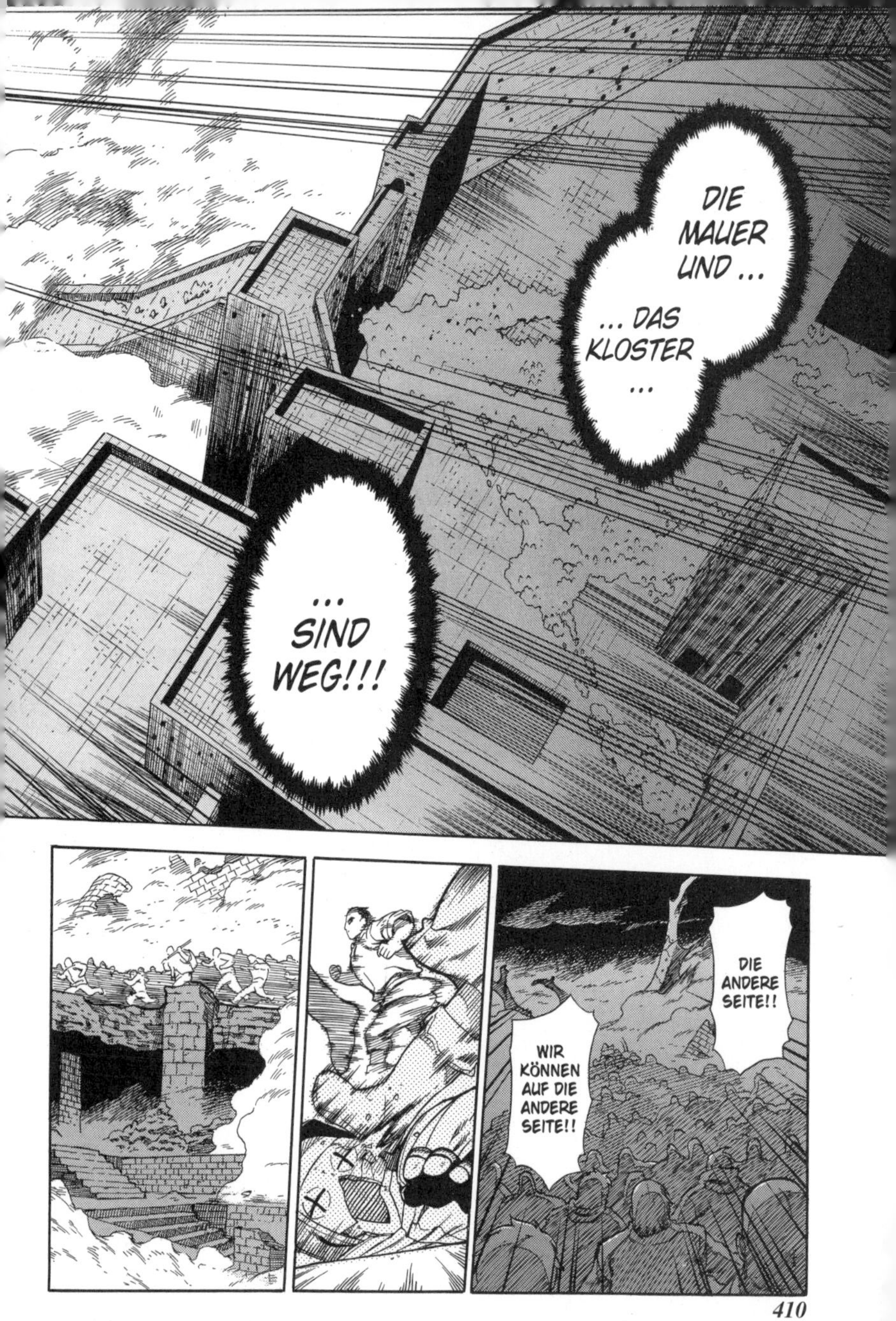
DIE MAUER UND ...
... DAS KLOSTER ...
... SIND WEG!!!
DIE ANDERE SEITE!!
WIR KÖNNEN AUF DIE ANDERE SEITE!!

Durchbruch VIII

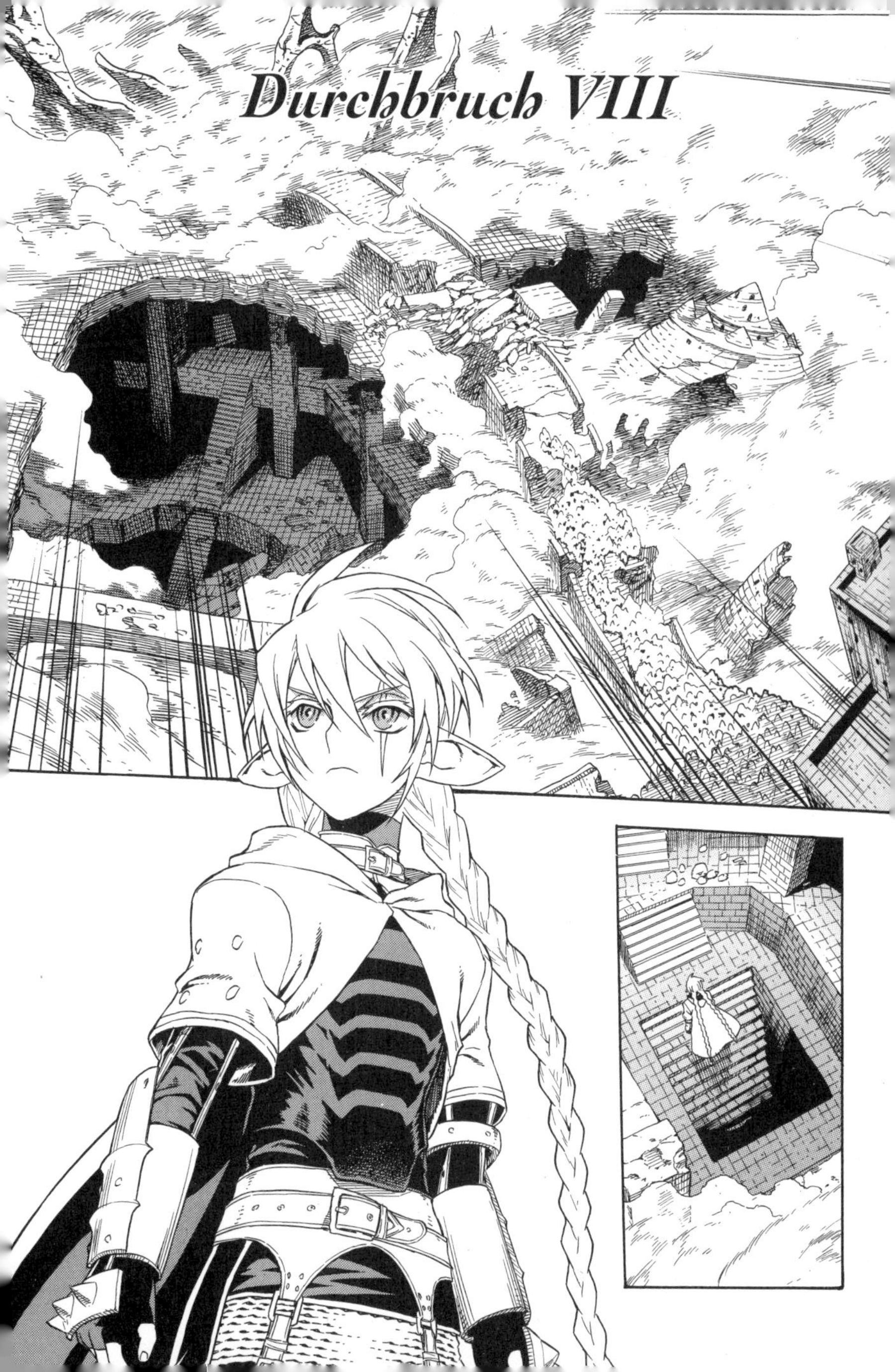

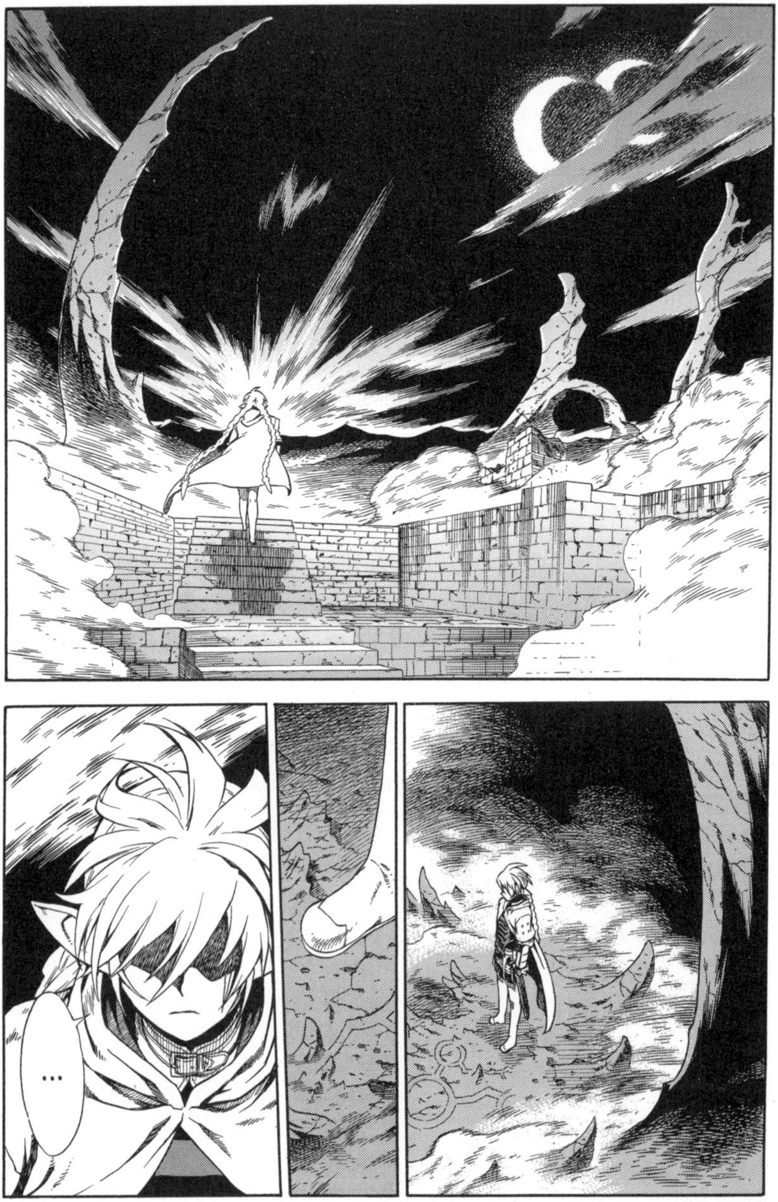

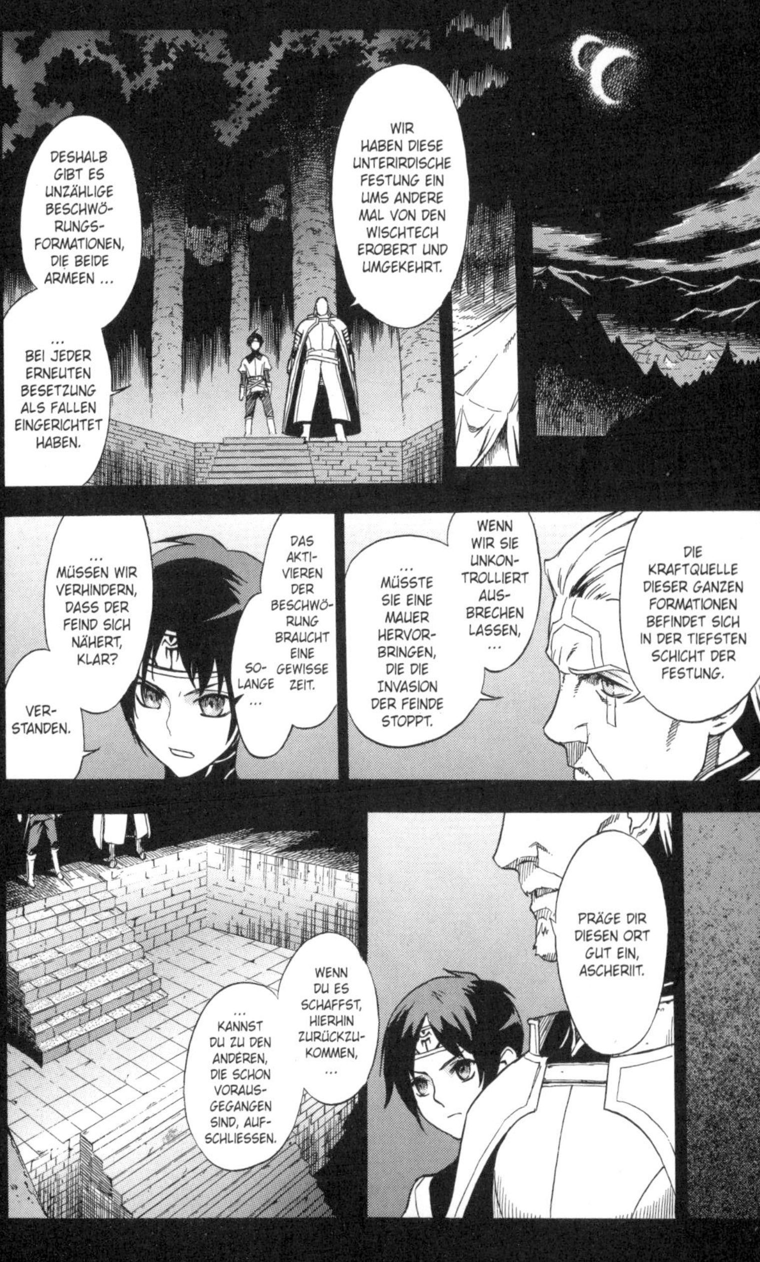
WIR HABEN DIESE UNTERIRDISCHE FESTUNG EIN UMS ANDERE MAL VON DEN WISCHTECH EROBERT UND UMGEKEHRT.
DESHALB GIBT ES UNZÄHLIGE BESCHWÖRUNGS-FORMATIONEN, DIE BEIDE ARMEEN …
… BEI JEDER ERNEUTEN BESETZUNG ALS FALLEN EINGERICHTET HABEN.
DIE KRAFTQUELLE DIESER GANZEN FORMATIONEN BEFINDET SICH IN DER TIEFSTEN SCHICHT DER FESTUNG.
WENN WIR SIE UNKONTROLLIERT AUSBRECHEN LASSEN, …
… MÜSSTE SIE EINE MAUER HERVORBRINGEN, DIE DIE INVASION DER FEINDE STOPPT.
DAS AKTIVIEREN DER BESCHWÖRUNG BRAUCHT EINE GEWISSE ZEIT.
SOLANGE …
… MÜSSEN WIR VERHINDERN, DASS DER FEIND SICH NÄHERT, KLAR?
VERSTANDEN.
PRÄGE DIR DIESEN ORT GUT EIN, ASCHERIIT.
WENN DU ES SCHAFFST, HIERHIN ZURÜCKZUKOMMEN, …
… KANNST DU ZU DEN ANDEREN, DIE SCHON VORAUSGEGANGEN SIND, AUFSCHLIESSEN.

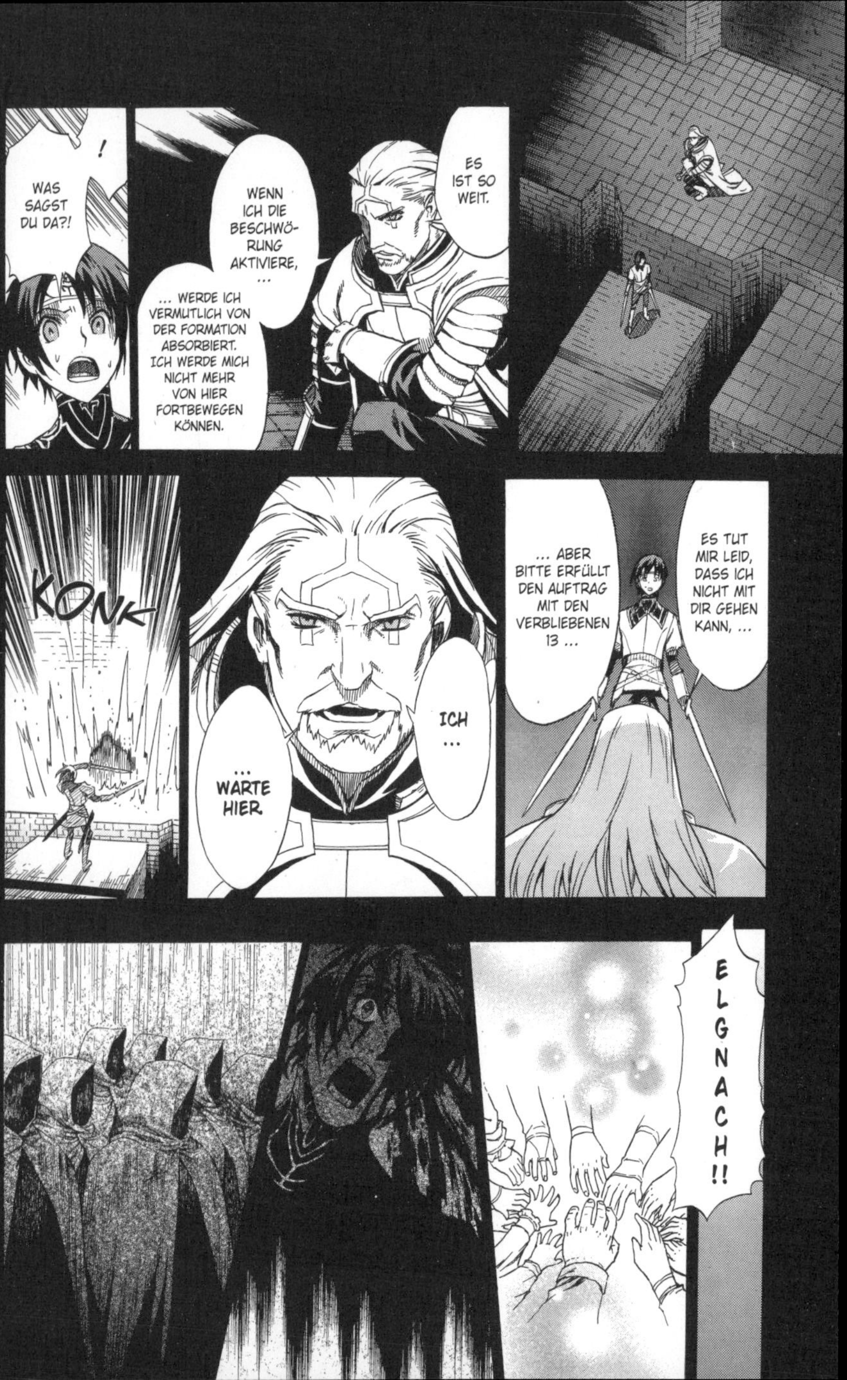
ES IST SO WEIT.
WENN ICH DIE BESCHWÖRUNG AKTIVIERE, …
… WERDE ICH VERMUTLICH VON DER FORMATION ABSORBIERT. ICH WERDE MICH NICHT MEHR VON HIER FORTBEWEGEN KÖNNEN.
!
WAS SAGST DU DA?!
ES TUT MIR LEID, DASS ICH NICHT MIT DIR GEHEN KANN, …
… ABER BITTE ERFÜLLT DEN AUFTRAG MIT DEN VERBLIEBENEN 13 …
ICH …
… WARTE HIER.
KONK
ELGNACH!!

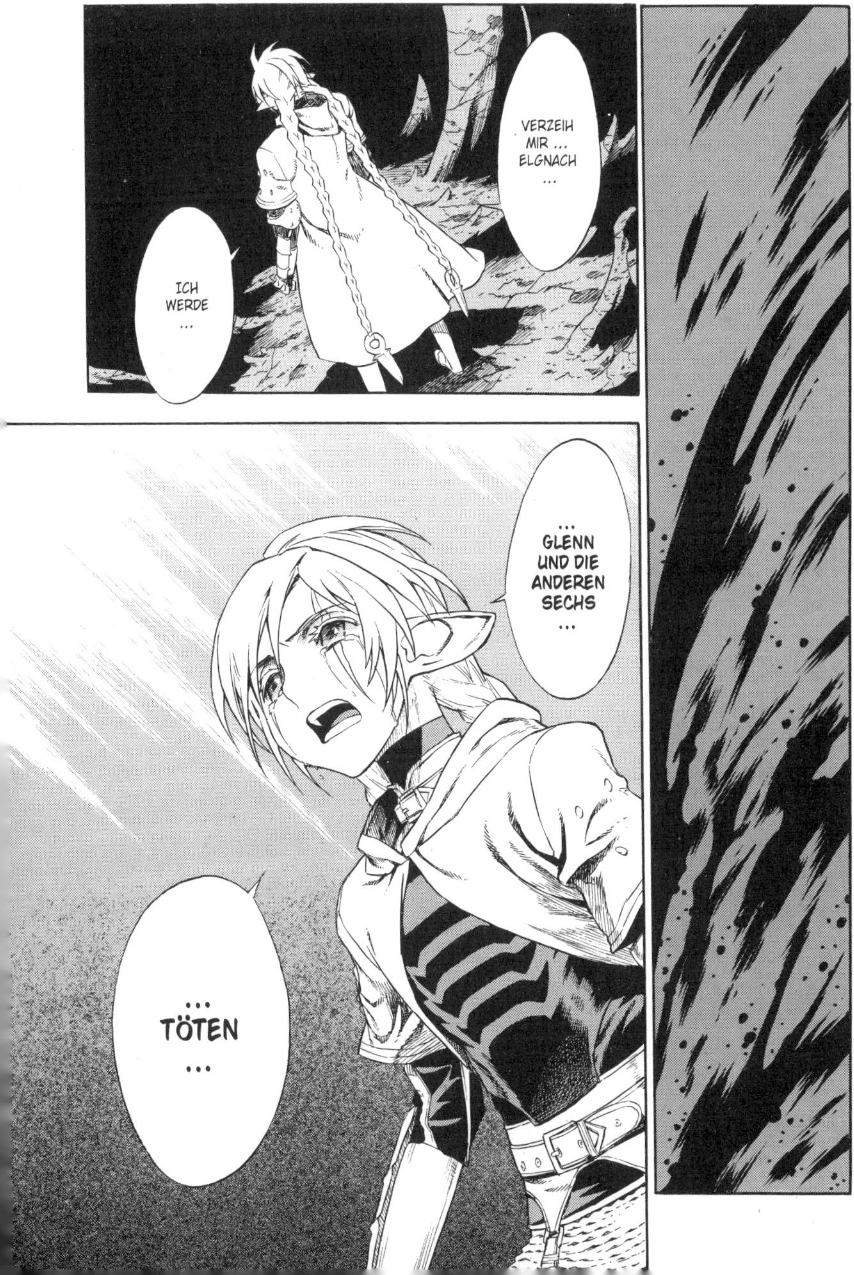
VERZEIH MIR … ELGNACH …
ICH WERDE …
… GLENN UND DIE ANDEREN SECHS …
… TÖTEN …

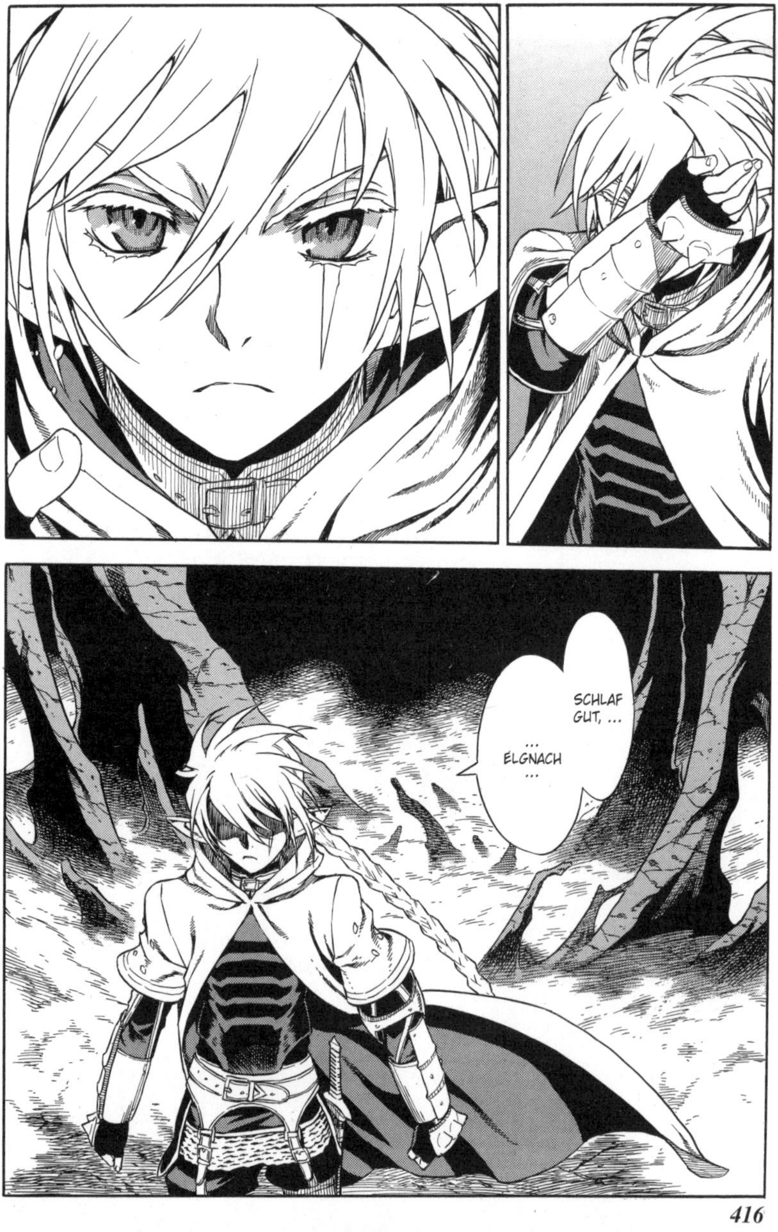
SCHLAF GUT, …
… ELGNACH …

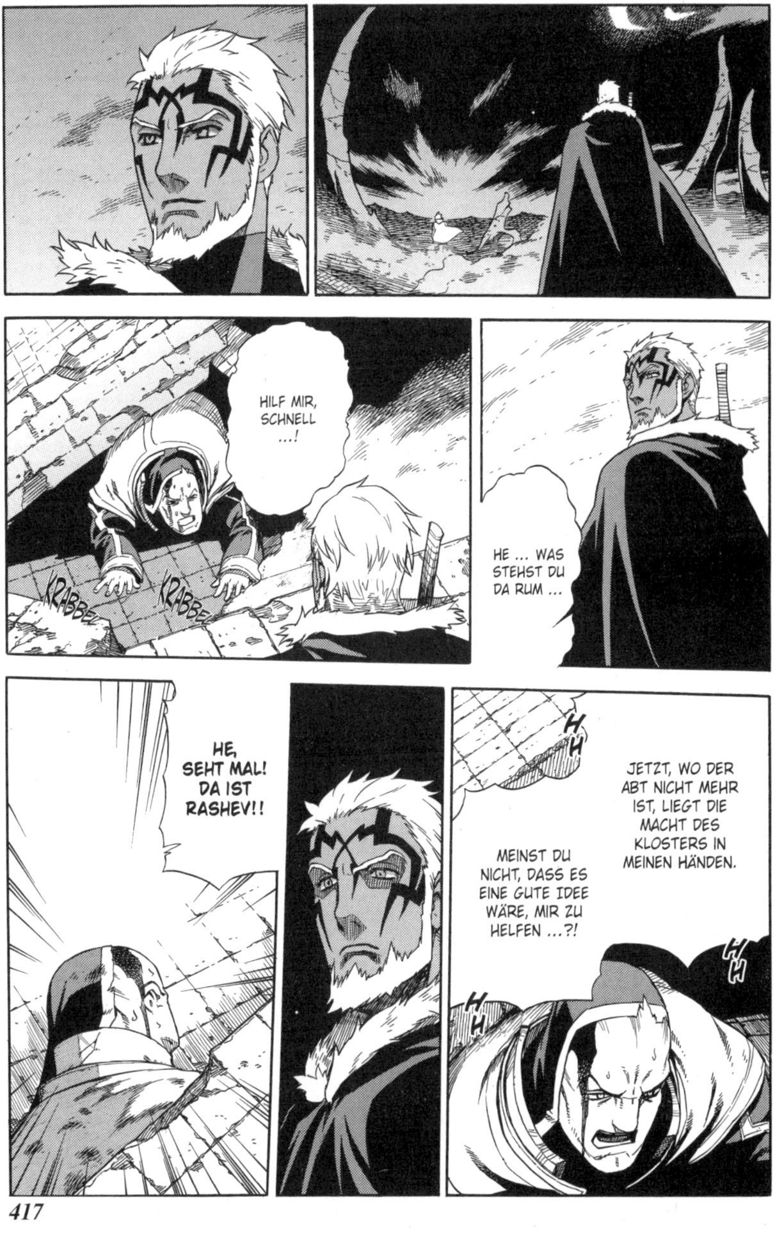
HILF MIR, SCHNELL ...!
KRABBEL
KRABBEL
HE ... WAS STEHST DU DA RUM ...
HE, SEHT MAL! DA IST RASHEV!!
H H
JETZT, WO DER ABT NICHT MEHR IST, LIEGT DIE MACHT DES KLOSTERS IN MEINEN HÄNDEN.
MEINST DU NICHT, DASS ES EINE GUTE IDEE WÄRE, MIR ZU HELFEN ...?!
H H
H H

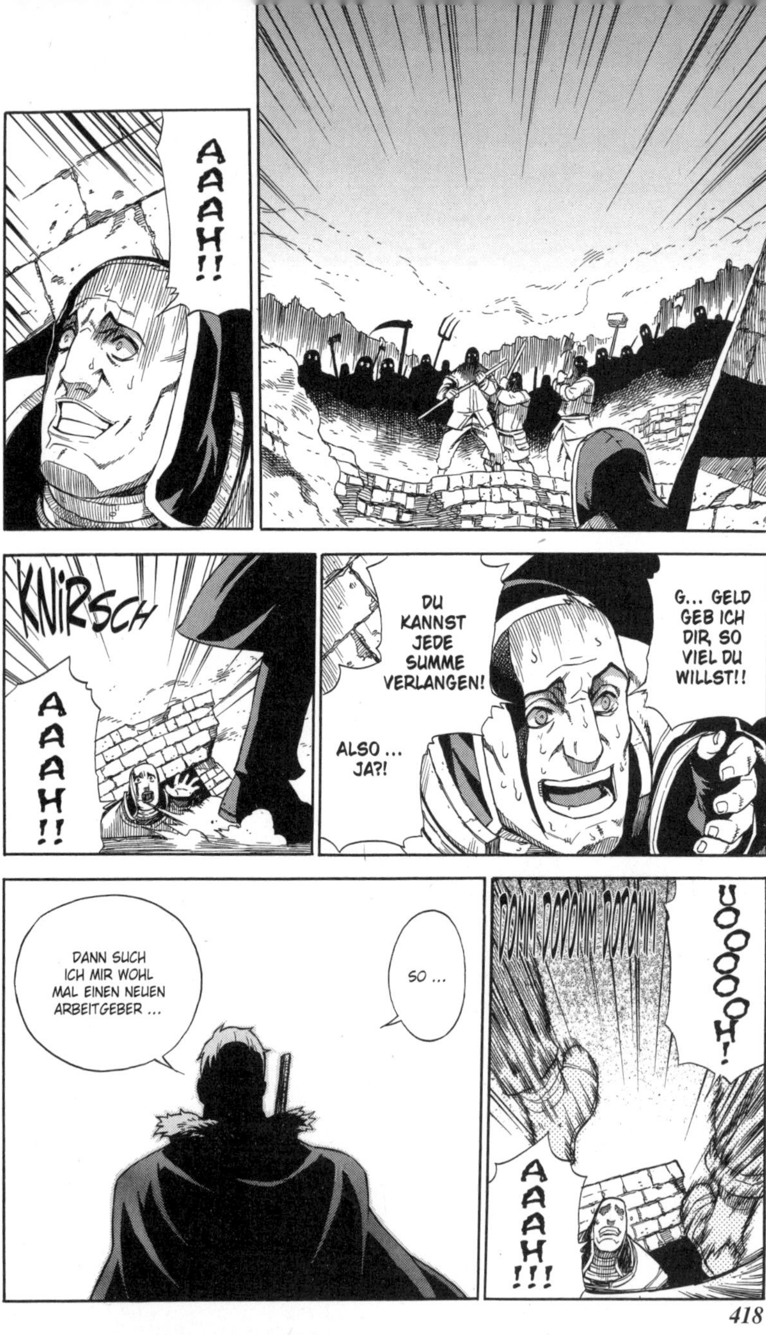
AAAAH!!
G… GELD GEB ICH DIR, SO VIEL DU WILLST!!
DU KANNST JEDE SUMME VERLANGEN!
ALSO … JA?!
KNIRSCH
AAAAH!!
UOOOOOOH!
DOMM DOMM DOMM
AAAAH!!!
SO …
DANN SUCH ICH MIR WOHL MAL EINEN NEUEN ARBEITGEBER …

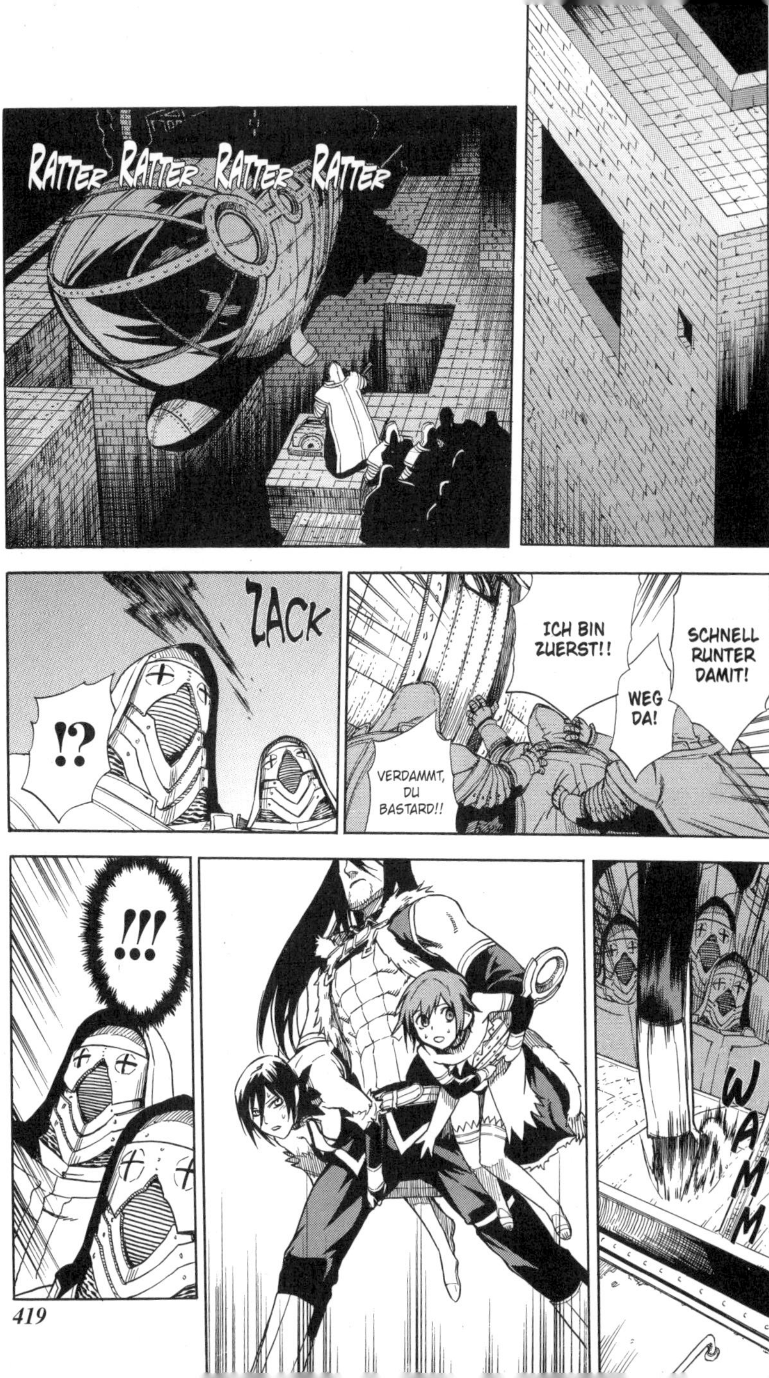
RATTER RATTER RATTER RATTER
SCHNELL RUNTER DAMIT!
WEG DA!
ICH BIN ZUERST!!
VERDAMMT, DU BASTARD!!
ZACK
!?
WAMM
!!!

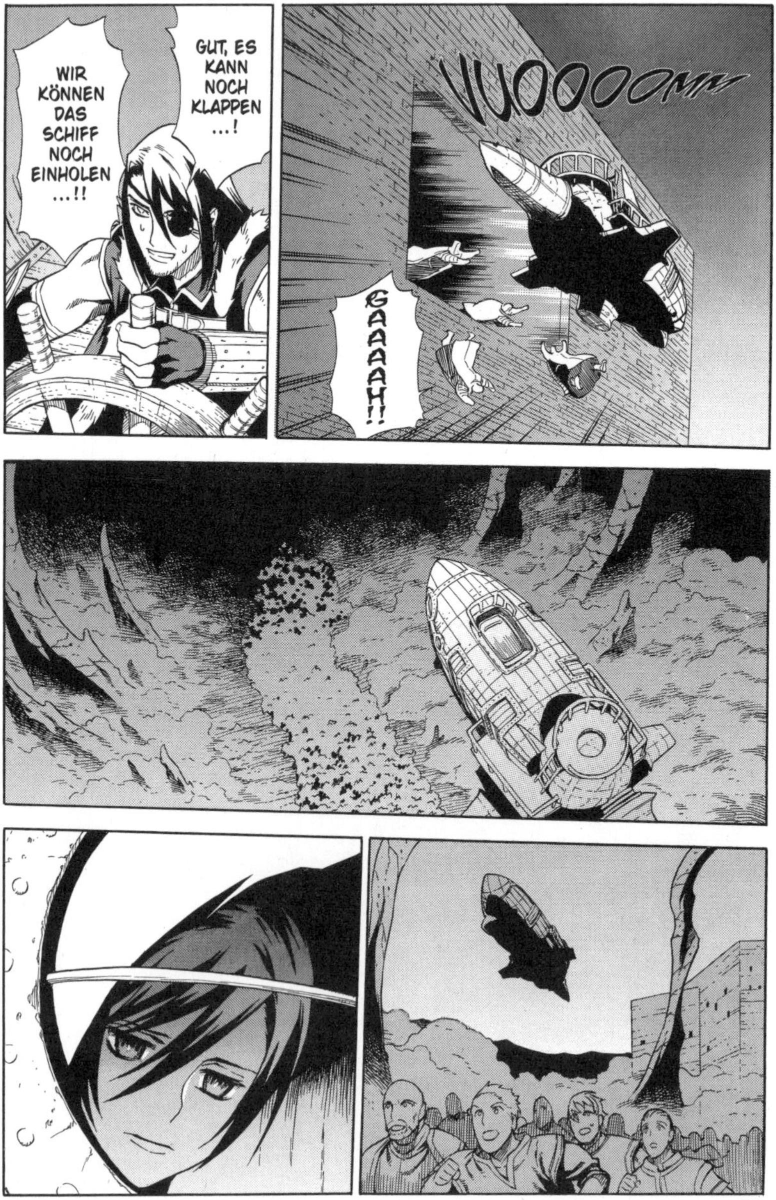
GUT, ES KANN NOCH KLAPPEN ...!
WIR KÖNNEN DAS SCHIFF NOCH EINHOLEN ...!!
VUOOOOMM
GAAAAAH!!

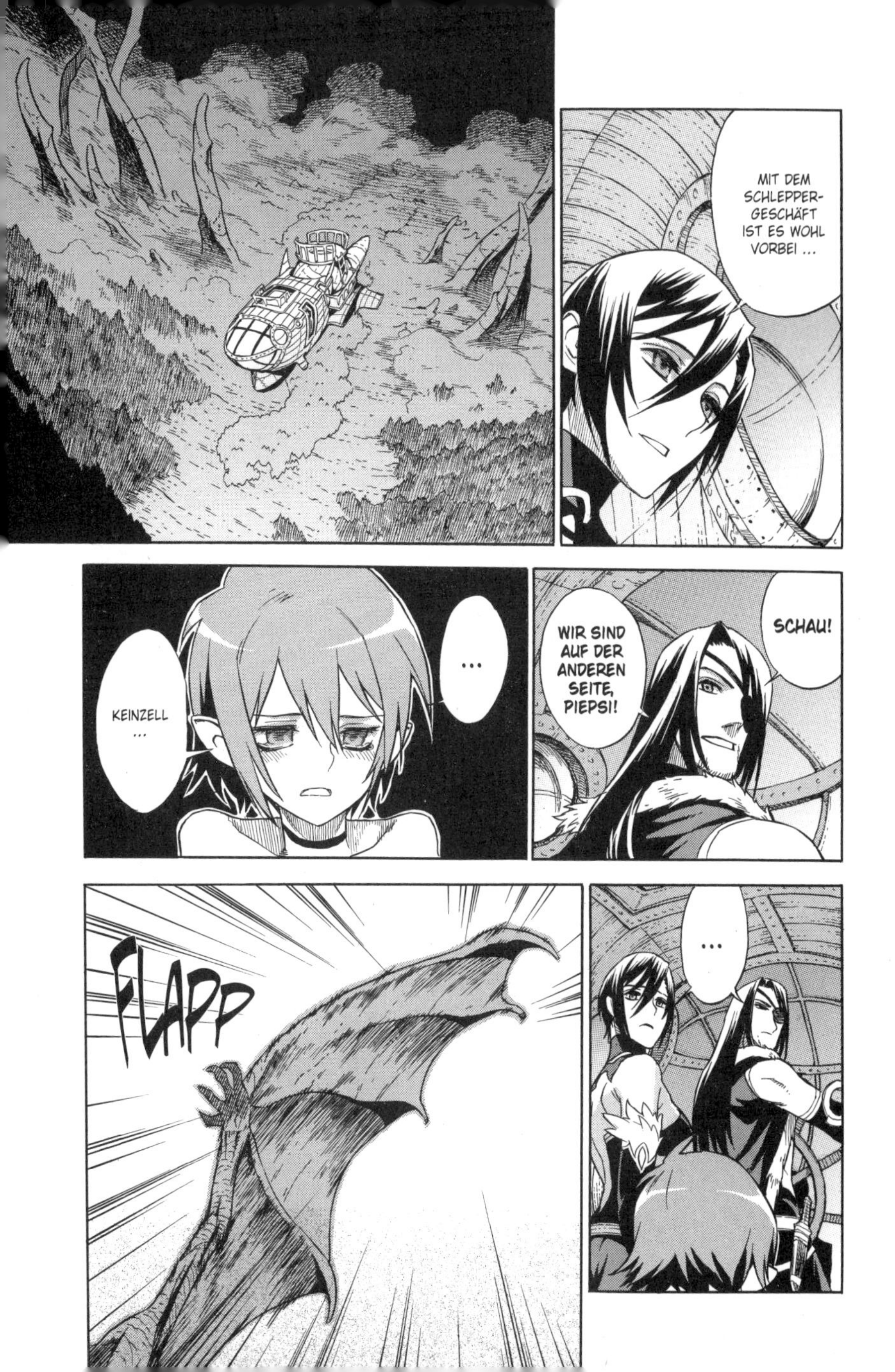
MIT DEM SCHLEPPER-GESCHÄFT IST ES WOHL VORBEI …
SCHAU!
WIR SIND AUF DER ANDEREN SEITE, PIEPSI!
…
KEINZELL …
…
FLAPP

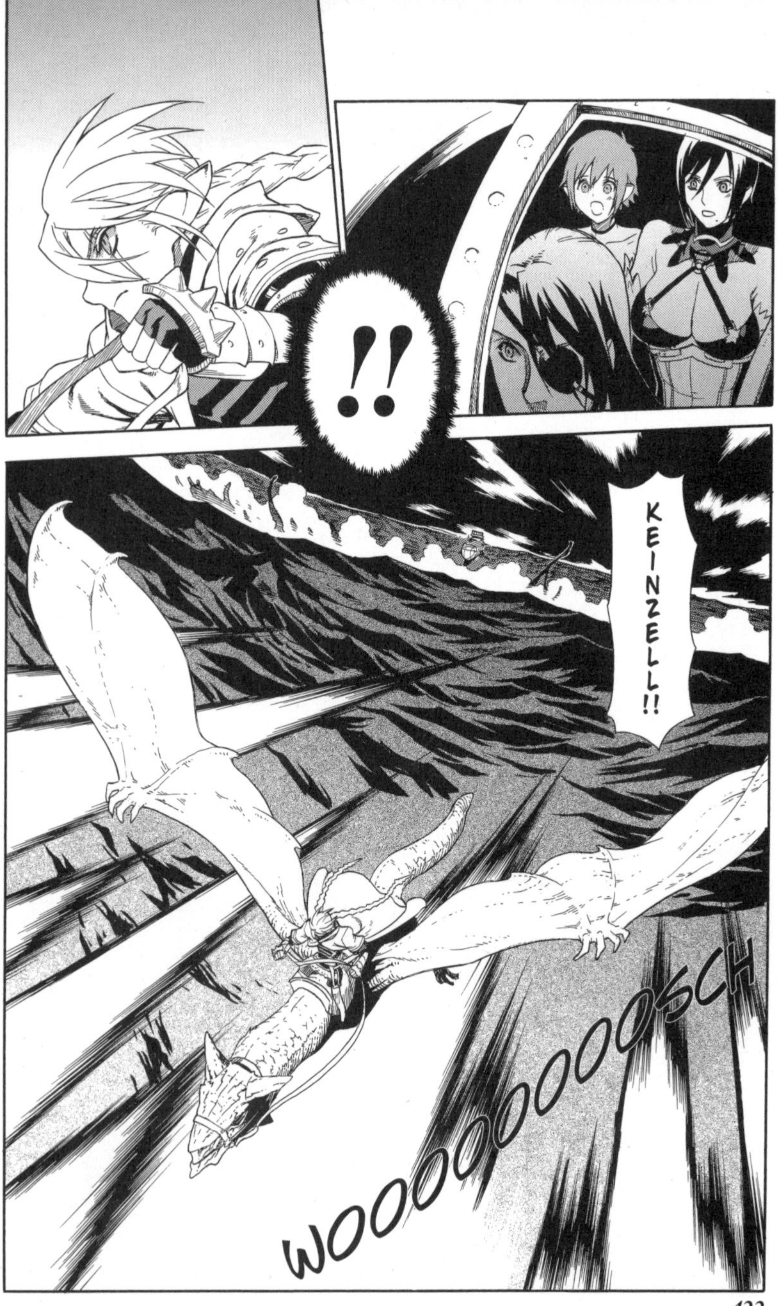
!!
KEINZELL!!
WOOOOOOOOOOSCH

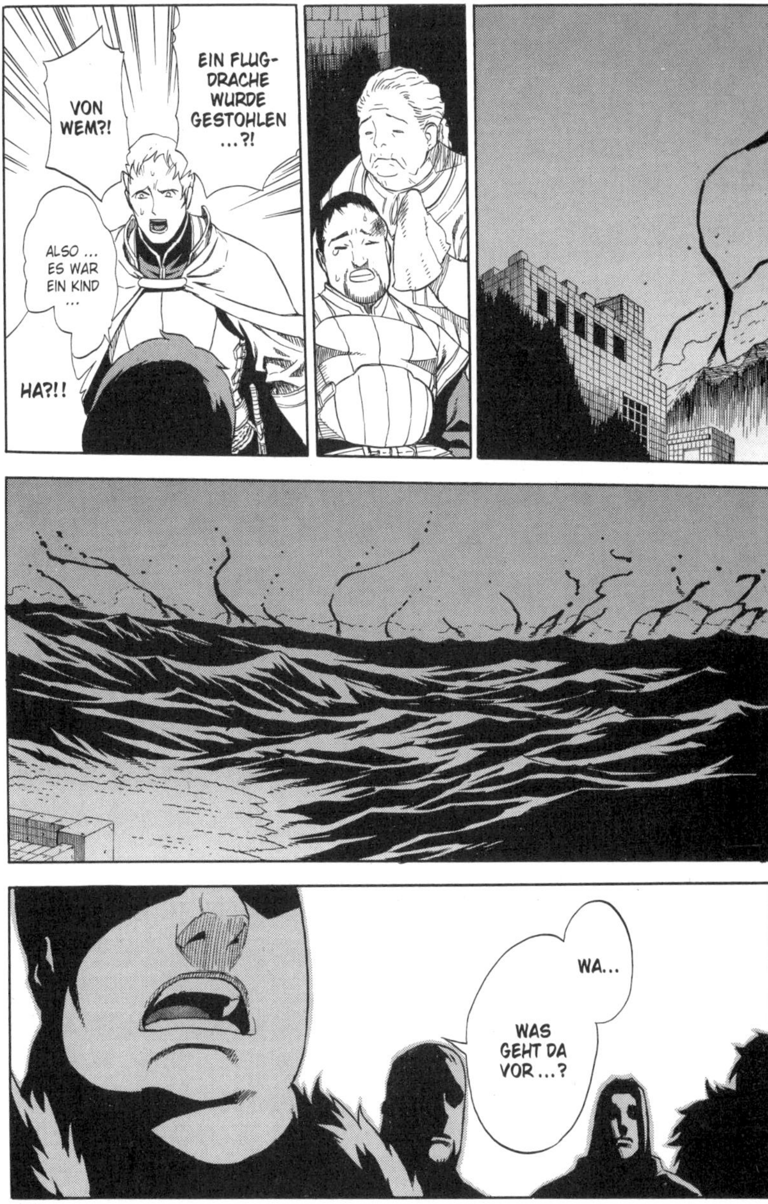
EIN FLUG-DRACHE WURDE GESTOHLEN …?!
VON WEM?!
ALSO … ES WAR EIN KIND …
HA?!!
WA…
WAS GEHT DA VOR …?

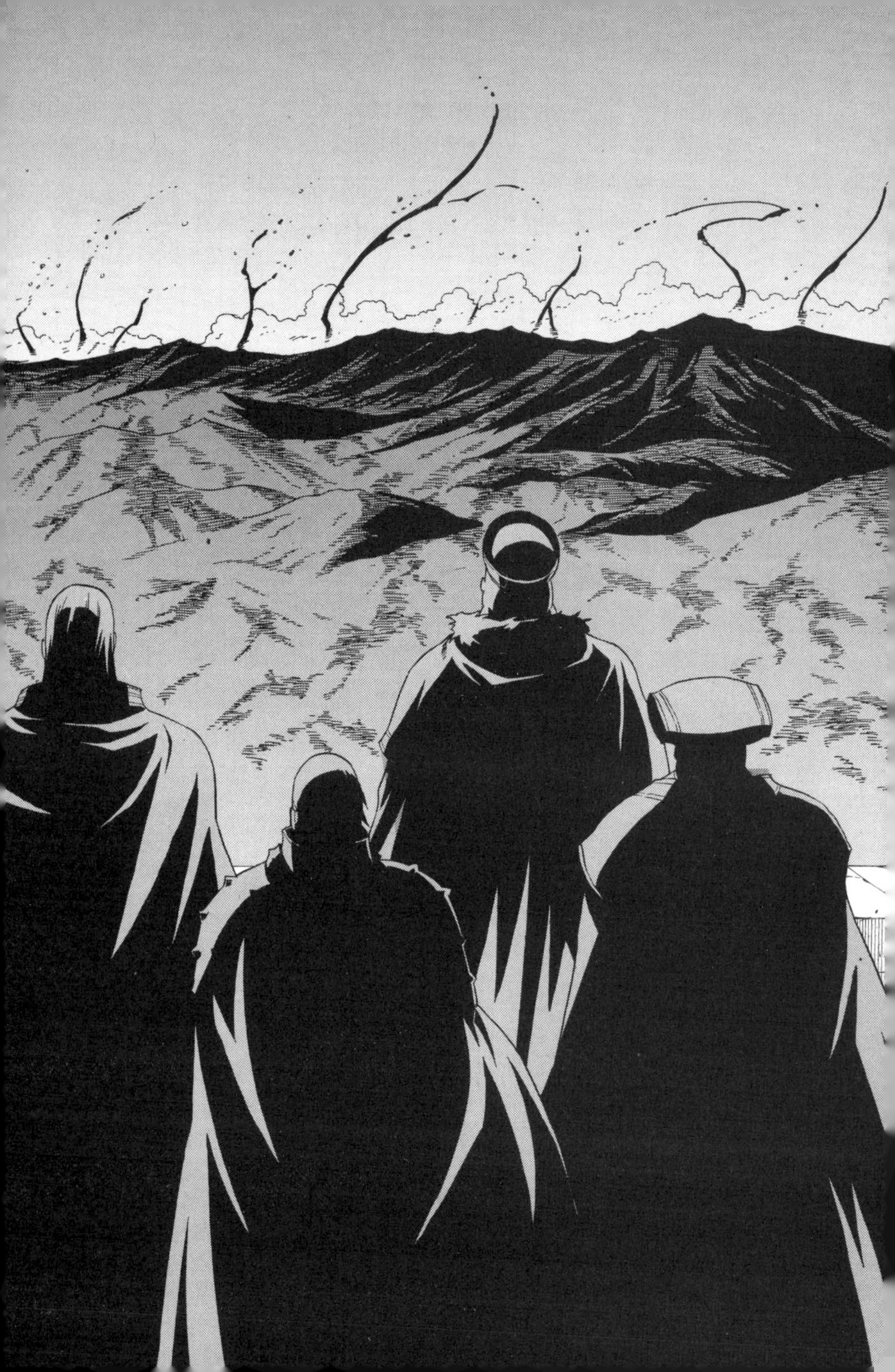

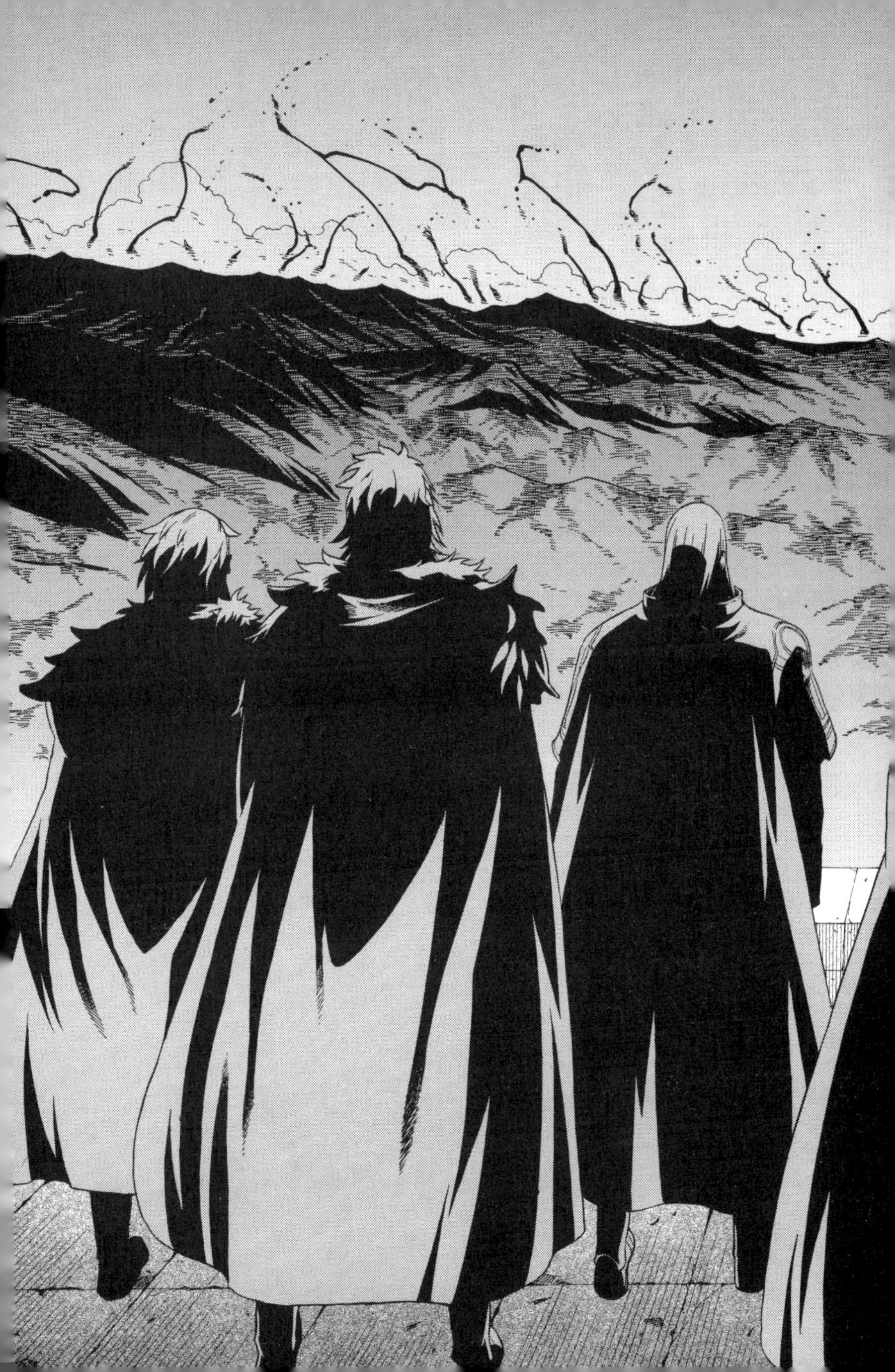

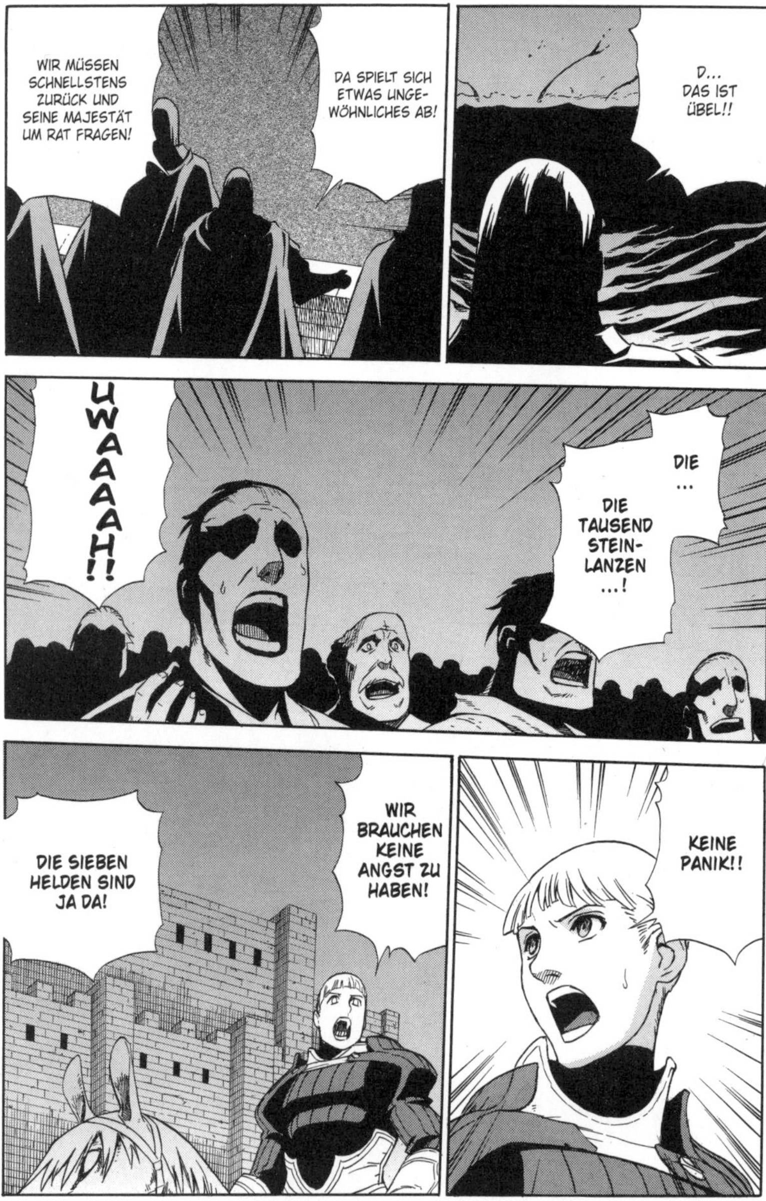
D... DAS IST ÜBEL!!
DA SPIELT SICH ETWAS UNGE-WÖHNLICHES AB!
WIR MÜSSEN SCHNELLSTENS ZURÜCK UND SEINE MAJESTÄT UM RAT FRAGEN!
DIE ... DIE TAUSEND STEIN-LANZEN ...!
UWAAAAAH!!
KEINE PANIK!!
WIR BRAUCHEN KEINE ANGST ZU HABEN!
DIE SIEBEN HELDEN SIND JA DA!

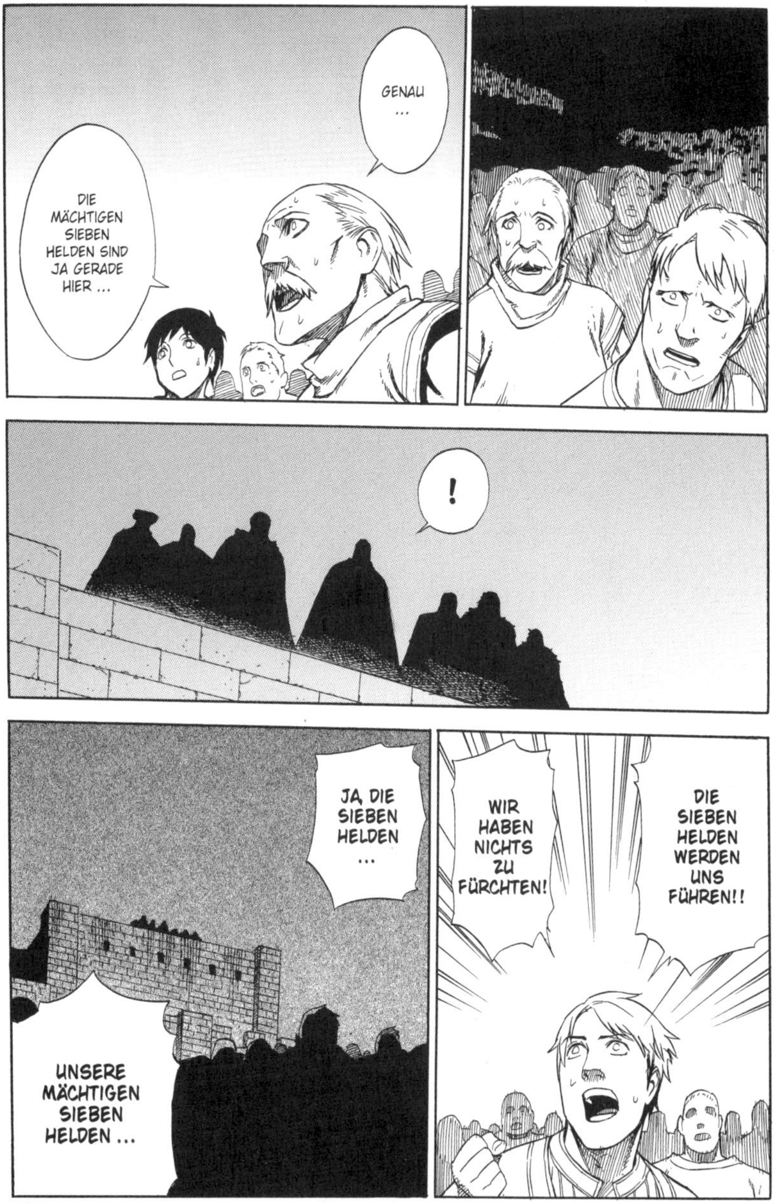
GENAU ...
DIE MÄCHTIGEN SIEBEN HELDEN SIND JA GERADE HIER ...
!
DIE SIEBEN HELDEN WERDEN UNS FÜHREN!!
WIR HABEN NICHTS ZU FÜRCHTEN!
JA, DIE SIEBEN HELDEN ...
UNSERE MÄCHTIGEN SIEBEN HELDEN ...

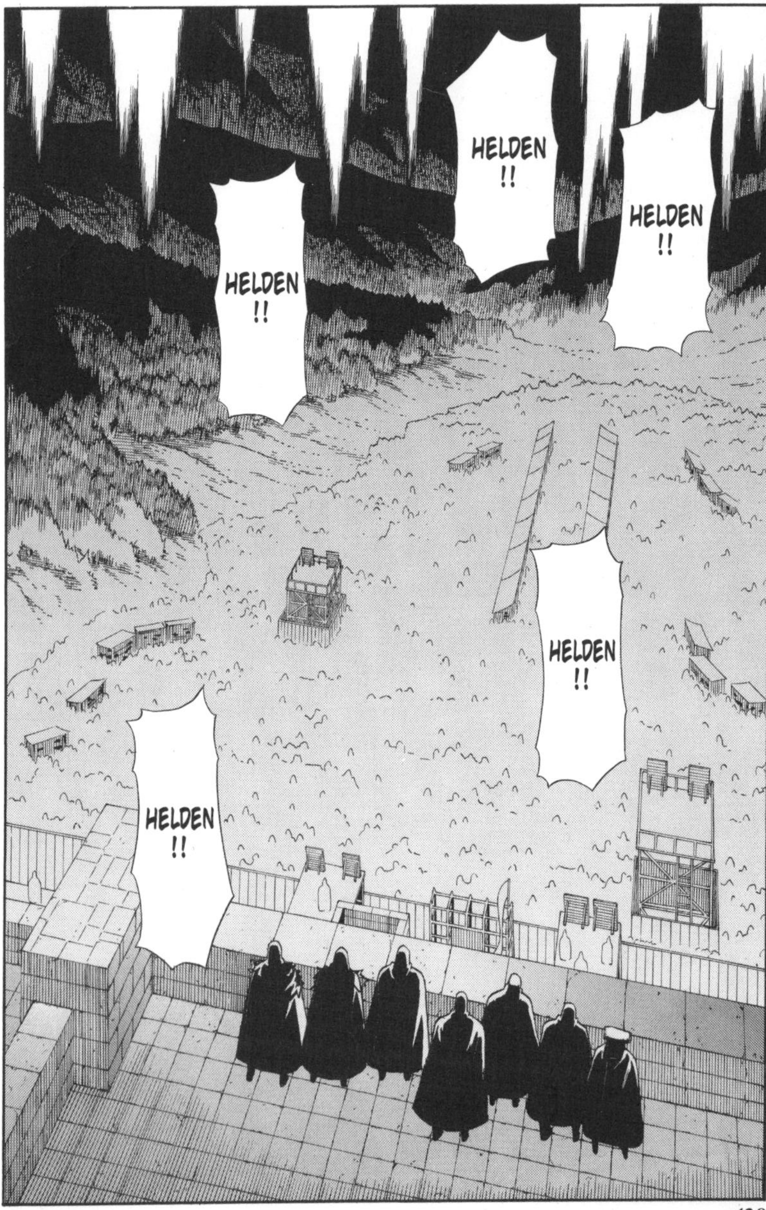
HELDEN !!
HELDEN !!
HELDEN !!
HELDEN !!
HELDEN !!

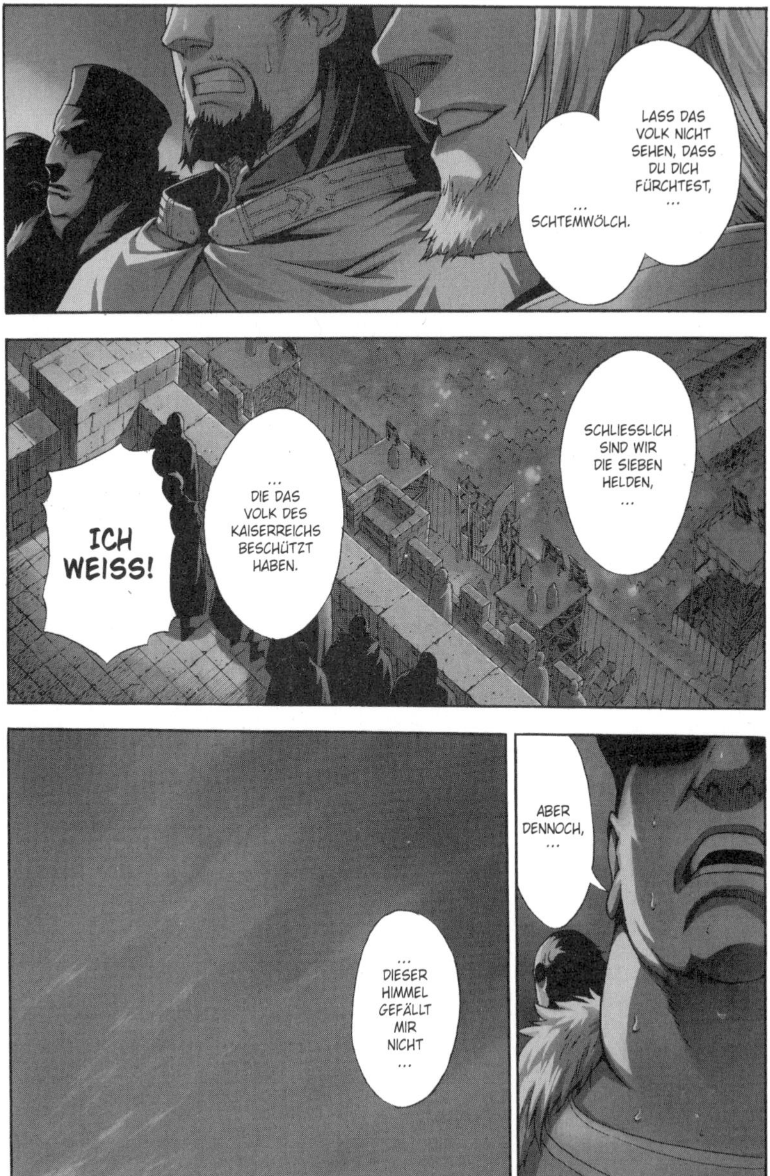
LASS DAS VOLK NICHT SEHEN, DASS DU DICH FÜRCHTEST, …
… SCHTEMWÖLCH.
SCHLIESSLICH SIND WIR DIE SIEBEN HELDEN, …
… DIE DAS VOLK DES KAISERREICHS BESCHÜTZT HABEN.
ICH WEISS!
ABER DENNOCH, …
… DIESER HIMMEL GEFÄLLT MIR NICHT …

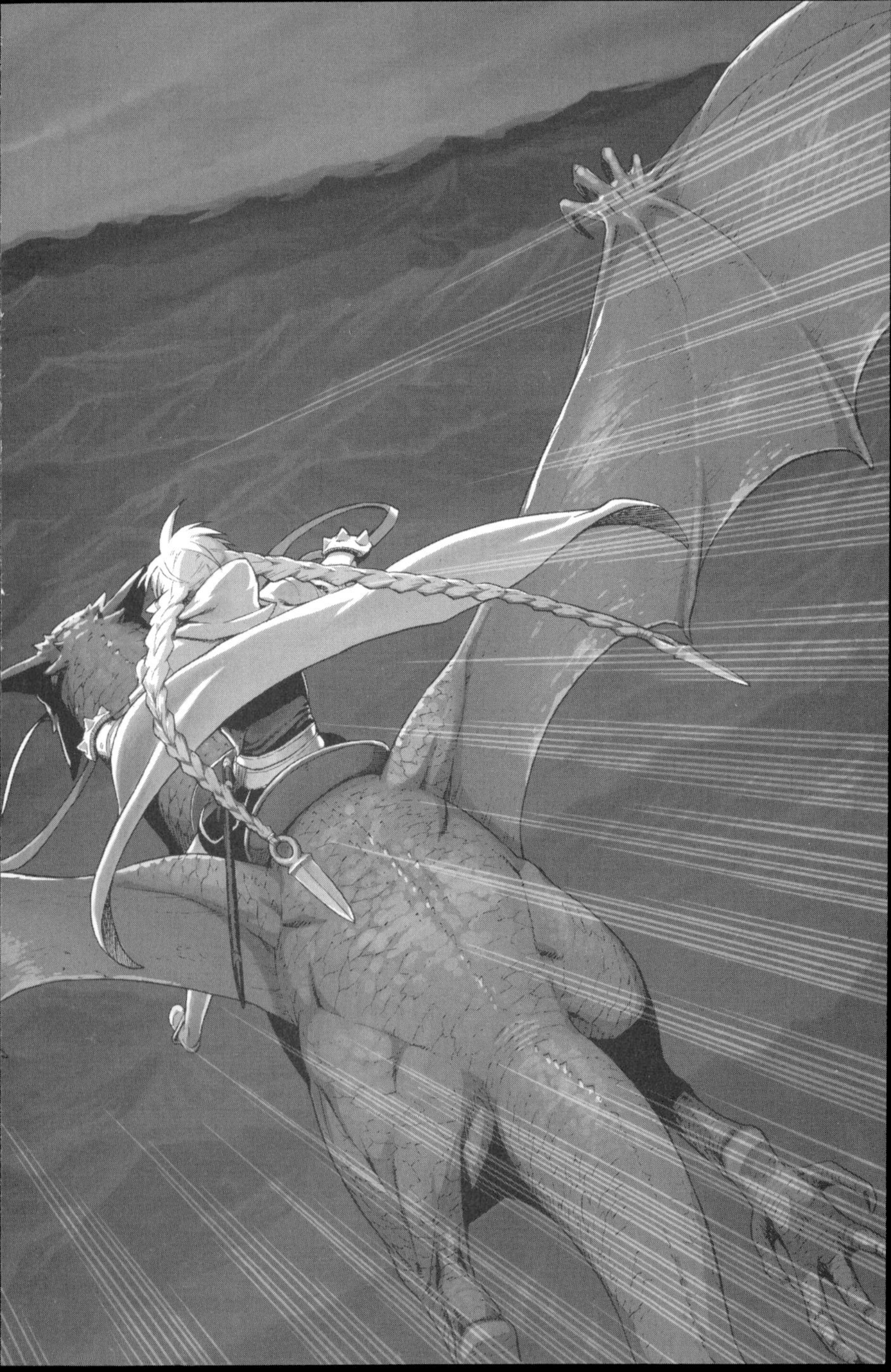

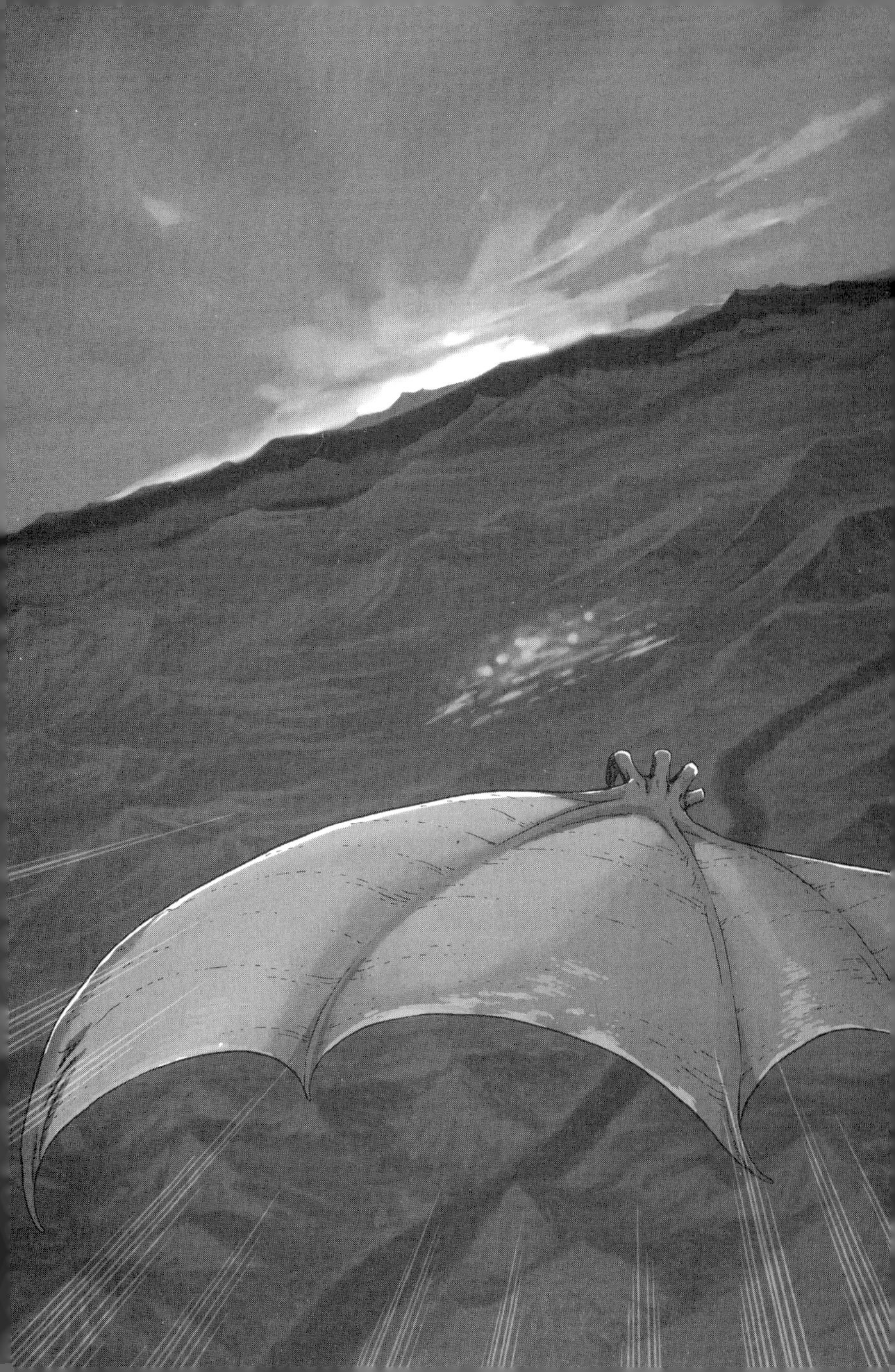

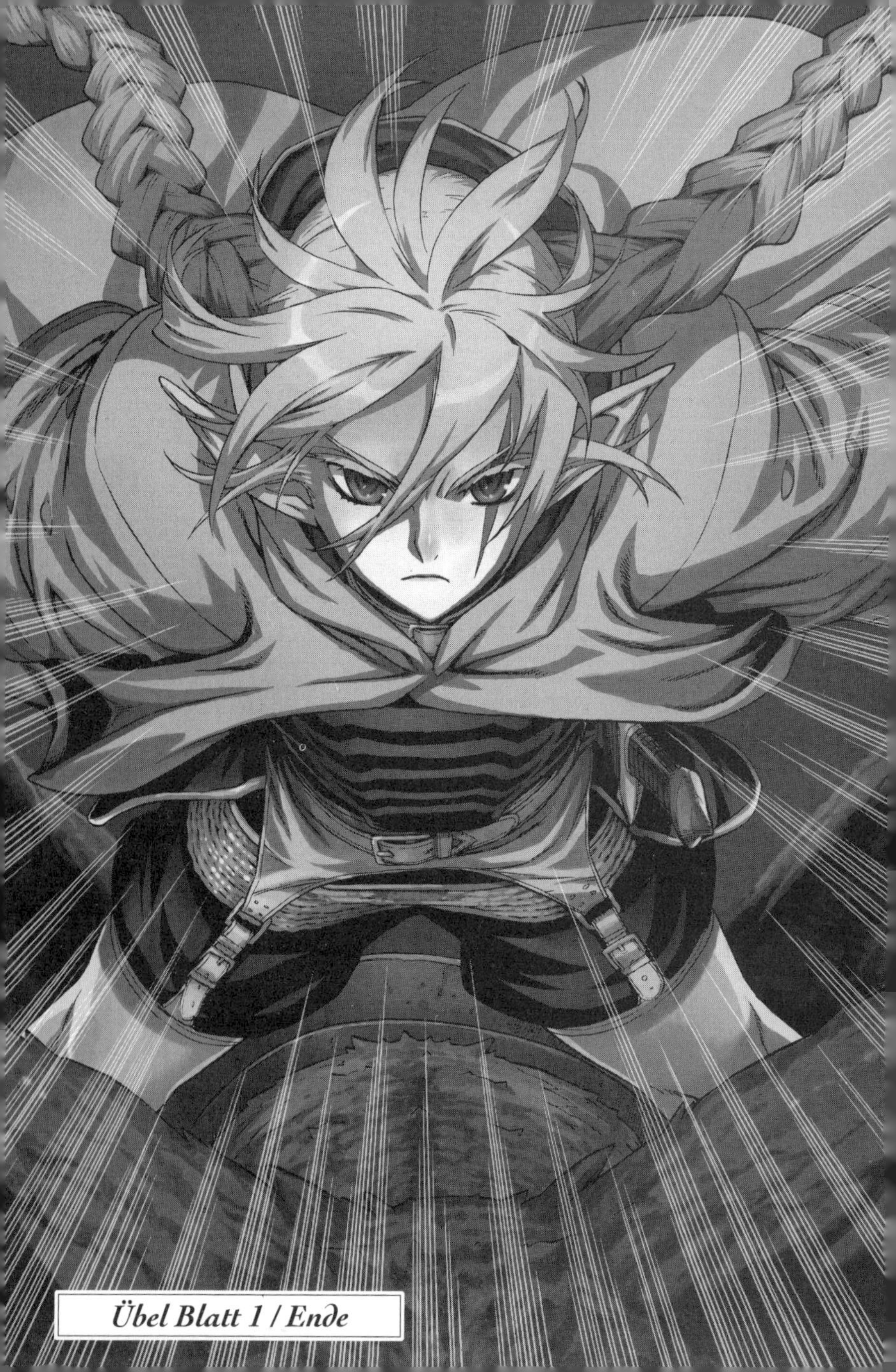
Übel Blatt 1 / Ende

Grenzstadt Rielde Velem

Rielde Velem liegt an der Landesgrenze zwischen der Markgrafschaft Gormbark und der Landgrafschaft Mollan im Osten der von den Sieben Helden beherrschten Territorien, genannt Heldenstrasse.
Das Kaiserreich und das Reich der Finsternis führten einen ständigen Eroberungskampf um die unterirdische Festung, die ursprünglich in der Ära des großen Krieges von den Wischtech errichtet worden war.
Da jedes Mal, wenn eine der Mächte die Festung wieder besetzte, neue Räume und Gänge hinzukamen und jedes Mal, wenn sie angegriffen und aufgegeben wurde, verschiedenste Fallen eingerichtet wurden, ist es ein schrecklich komplizierter und gefährlicher Bau geworden.
Im Jahre 3969 nach der göttlichen Schenkung schuf der Stratege Elgnach, ein Schüler des Schwertmeisters Rudift, in der unterirdischen Festung mittels einer Beschwörung die „Tausend Steinlanzen" und stoppte so die Invasion der Wischtech.
Nach dem Ende des grossen Krieges gedieh Rielde Velem als Grenzstadt zusammen mit dem Kloster.

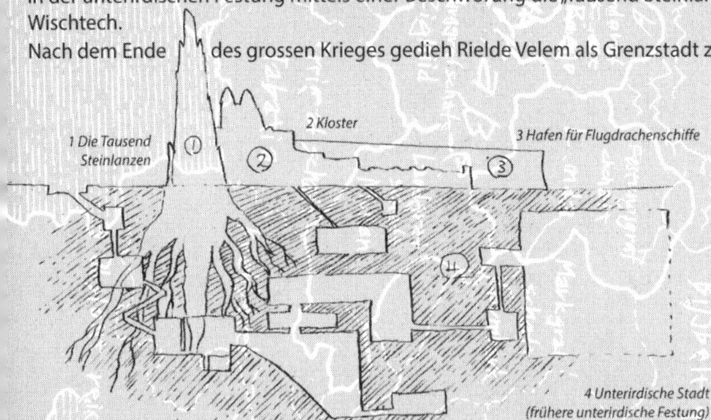

Die Kellergewölbe wurden nach den Kriegen einstweilig versiegelt, doch die Menschen, die aus den Grenzgebieten in die Stadt kamen, nisteten sich dort ein und es entwickelte sich eine eigenständige Gesellschaft.

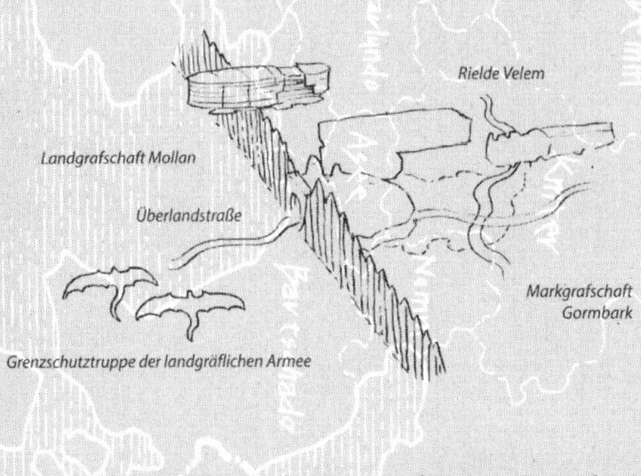

Das Kloster

Ein Händler, der behauptet, als Augenzeuge des Moments, in dem die „Tausend Steinlanzen" entstanden, sei ihm Erleuchtung zuteil geworden, gründete im Jahr 3970 nach der göttlichen Schenkung an dieser Stelle ein Kloster und begann, Anhänger zu sammeln.
Nachdem dem Kloster im Jahre 3979 nach der göttlichen Schenkung vom Landgrafen Schtemwölch die Kontrolle der Landesgrenze übertragen worden war, verstärkte es seine Kriegermönchstruppe und expandierte stetig parallel zur Entwicklung der Stadt.
Lange brüstete es sich mit seiner Finanzkraft und Macht, die auf Wegzoll als Einnahmequelle basierten, doch im Jahre 3992 nach der göttlichen Schenkung wurde es zusammen mit der Zerstörung der Tausend Steinlanzen vernichtet.

Übel Blatt
DRIVALTEC

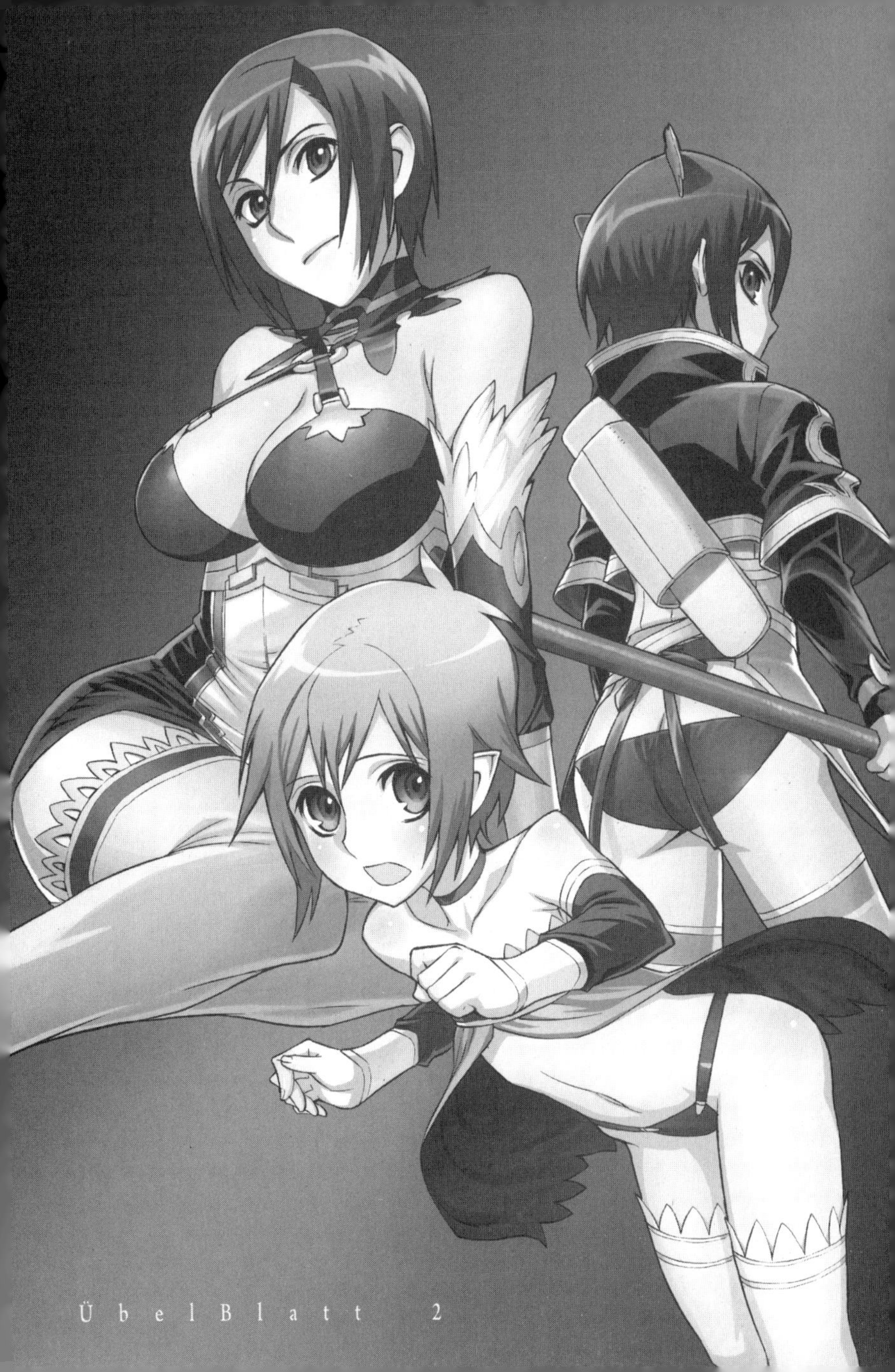

Ü b e l B l a t t   2

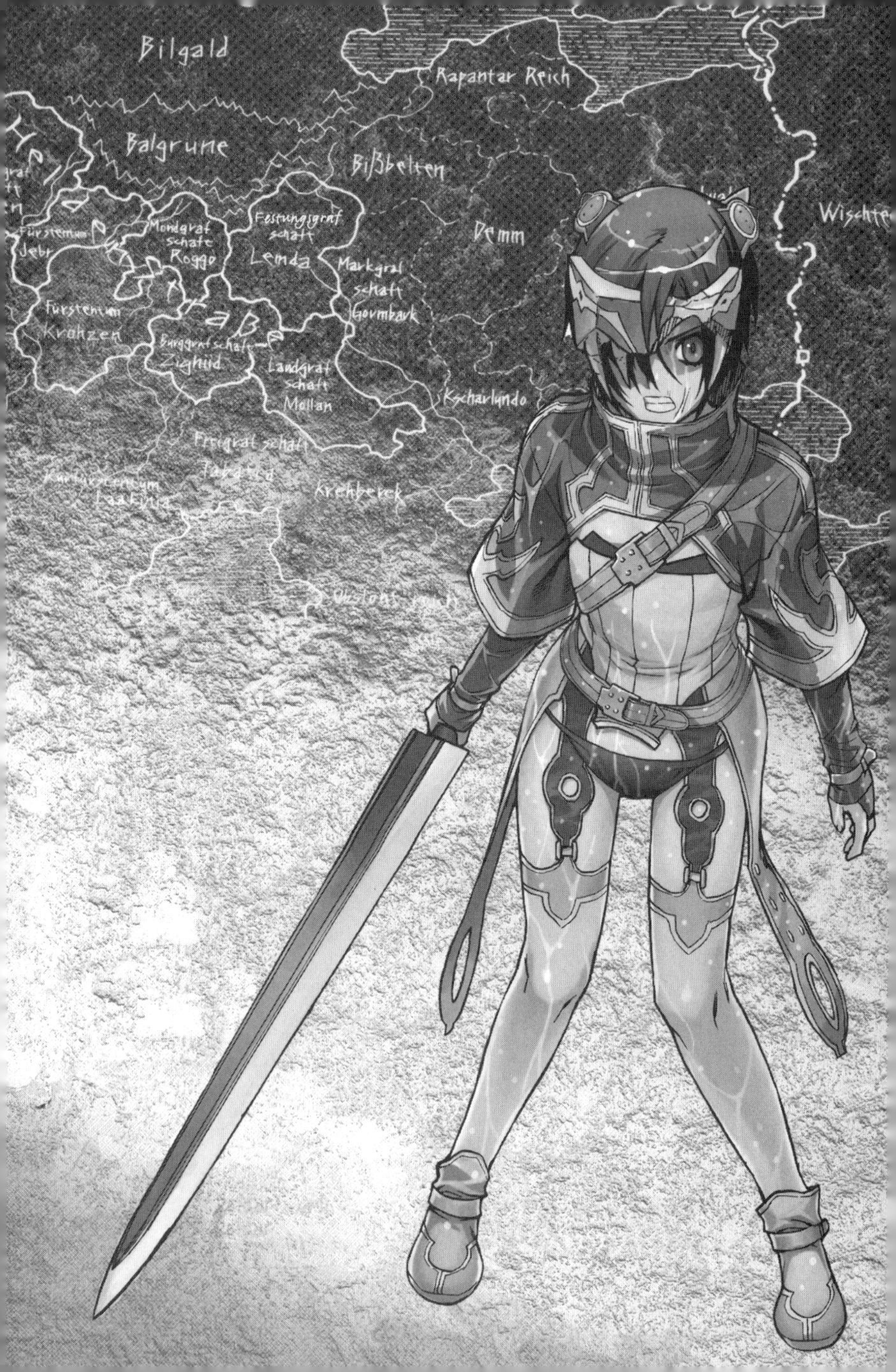
Bilgald
Rapantar Reich
Balgrune
Bißbelten
Demm
Festungsgraf schaft
Lemda
Mondgraf schaft
Roggo
Markgraf schaft
Gormbark
Fürstentum
Krahzen
Burggrafschaft
Landgraf schaft
Mollan
Kscharlundo
Krehbereck

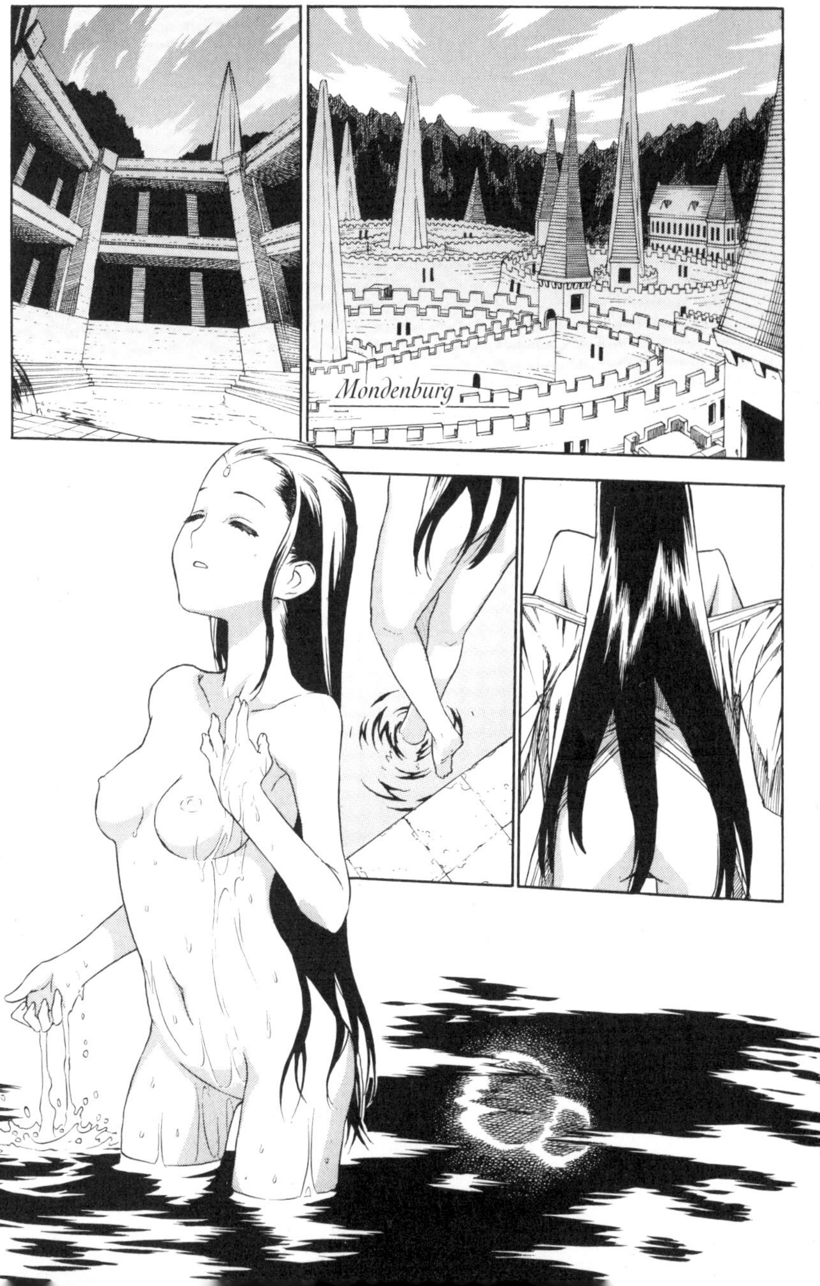
Mondenburg

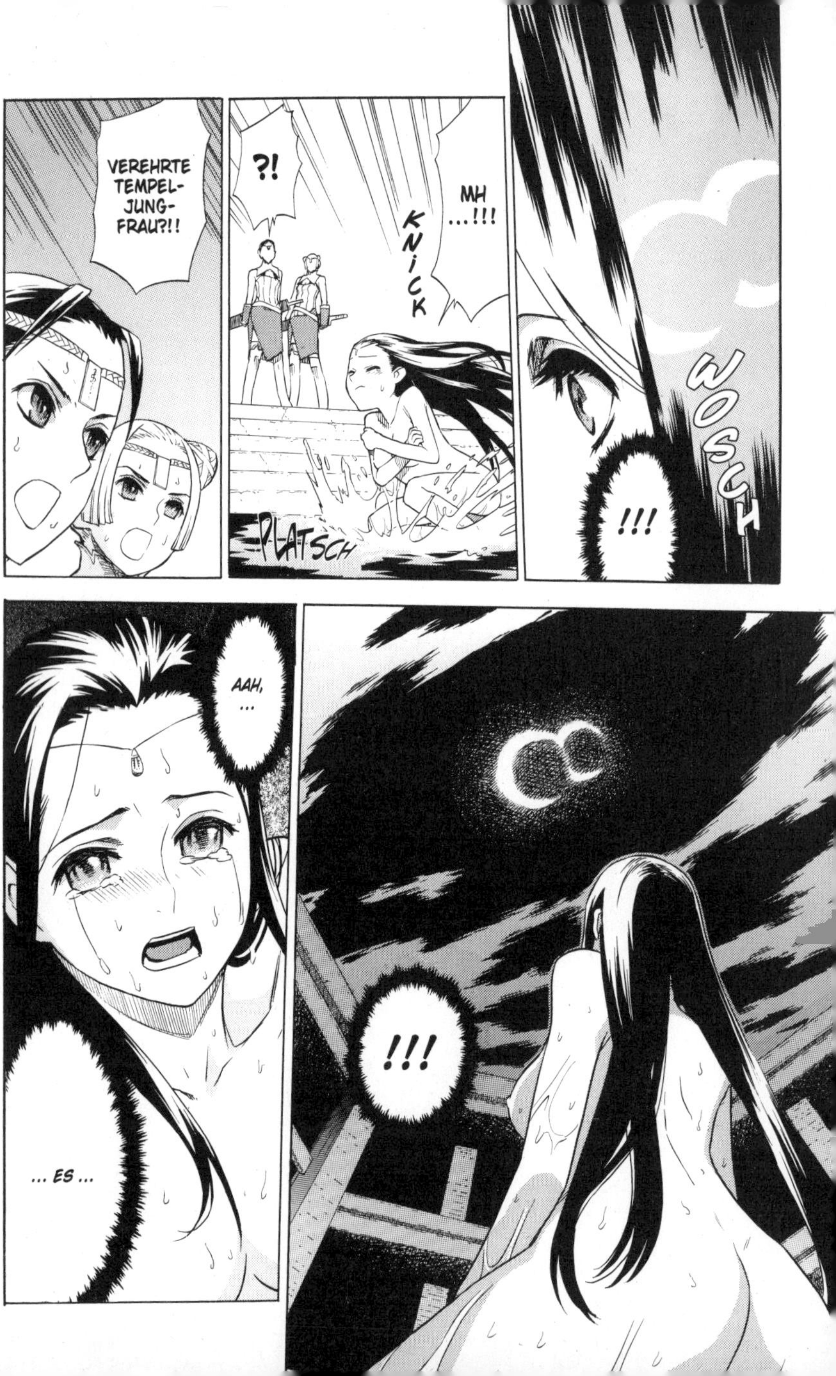
WOSCH
!!!
MH ...!!!
KNICK
?!
PLATSCH
VEREHRTE TEMPEL-JUNG-FRAU?!!
!!!
AAH, ...
... ES ...

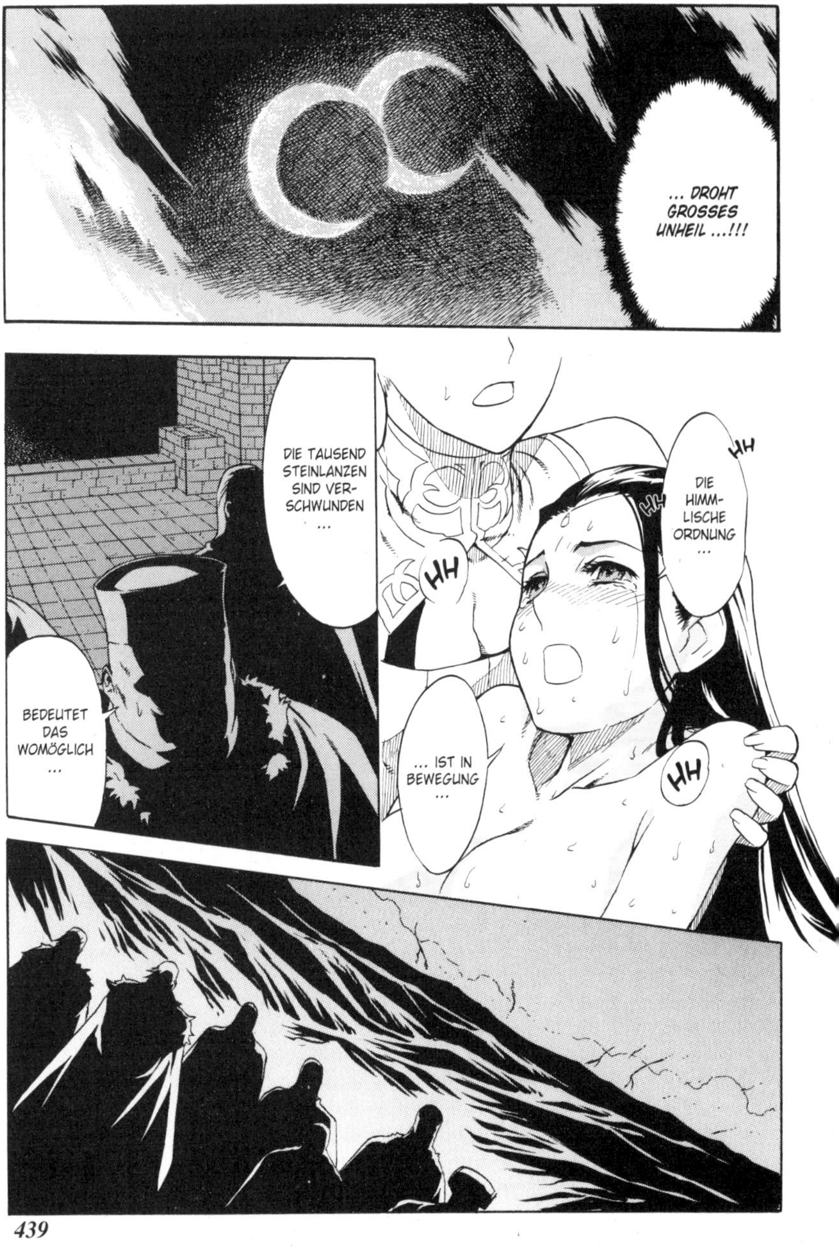
... DROHT GROSSES UNHEIL ...!!!
HH
DIE HIMM- LISCHE ORDNUNG ...
HH
HH
HH
... IST IN BEWEGUNG ...
DIE TAUSEND STEINLANZEN SIND VER- SCHWUNDEN ...
BEDEUTET DAS WOMÖGLICH ...

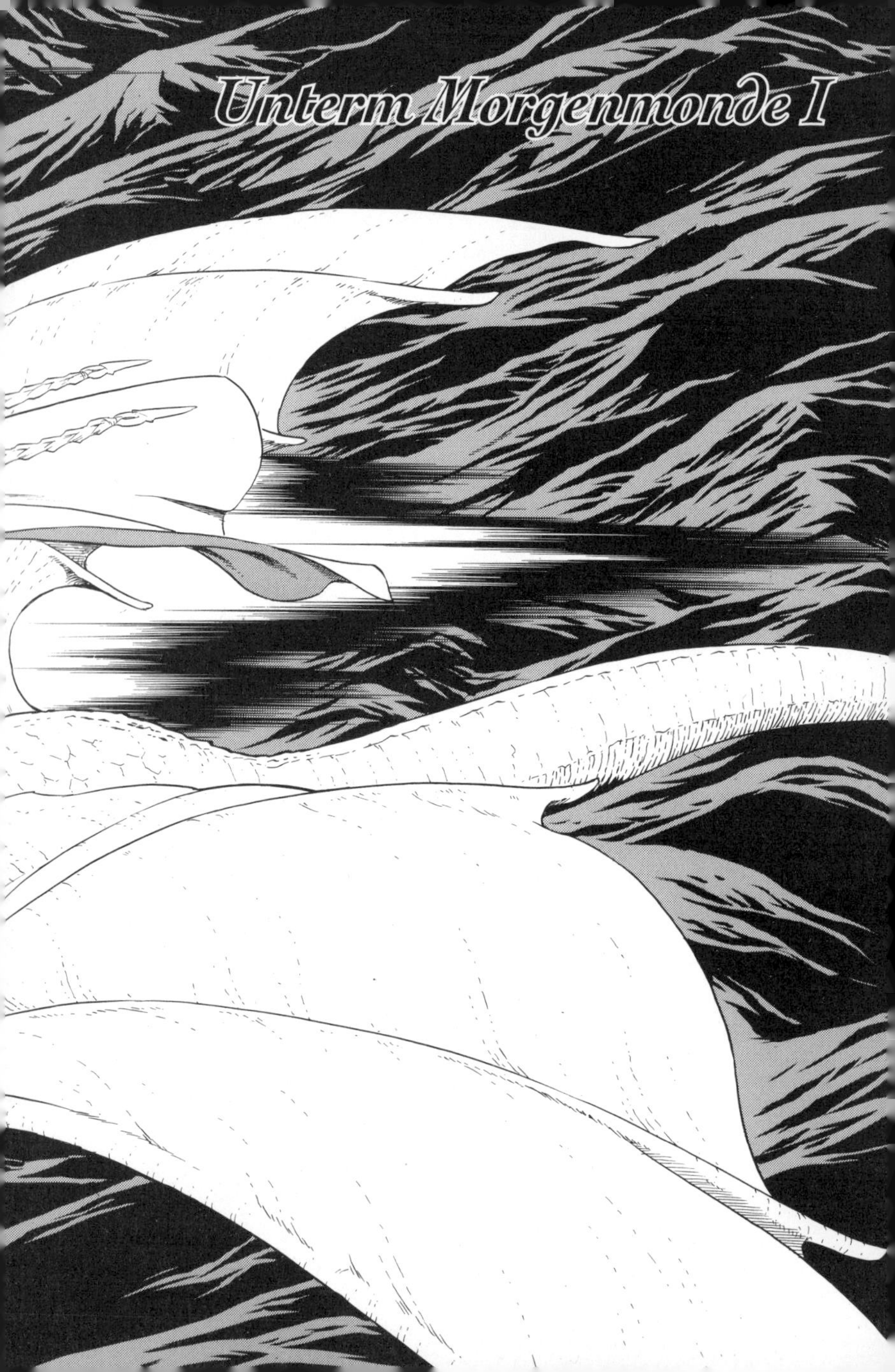
Unterm Morgenmonde I

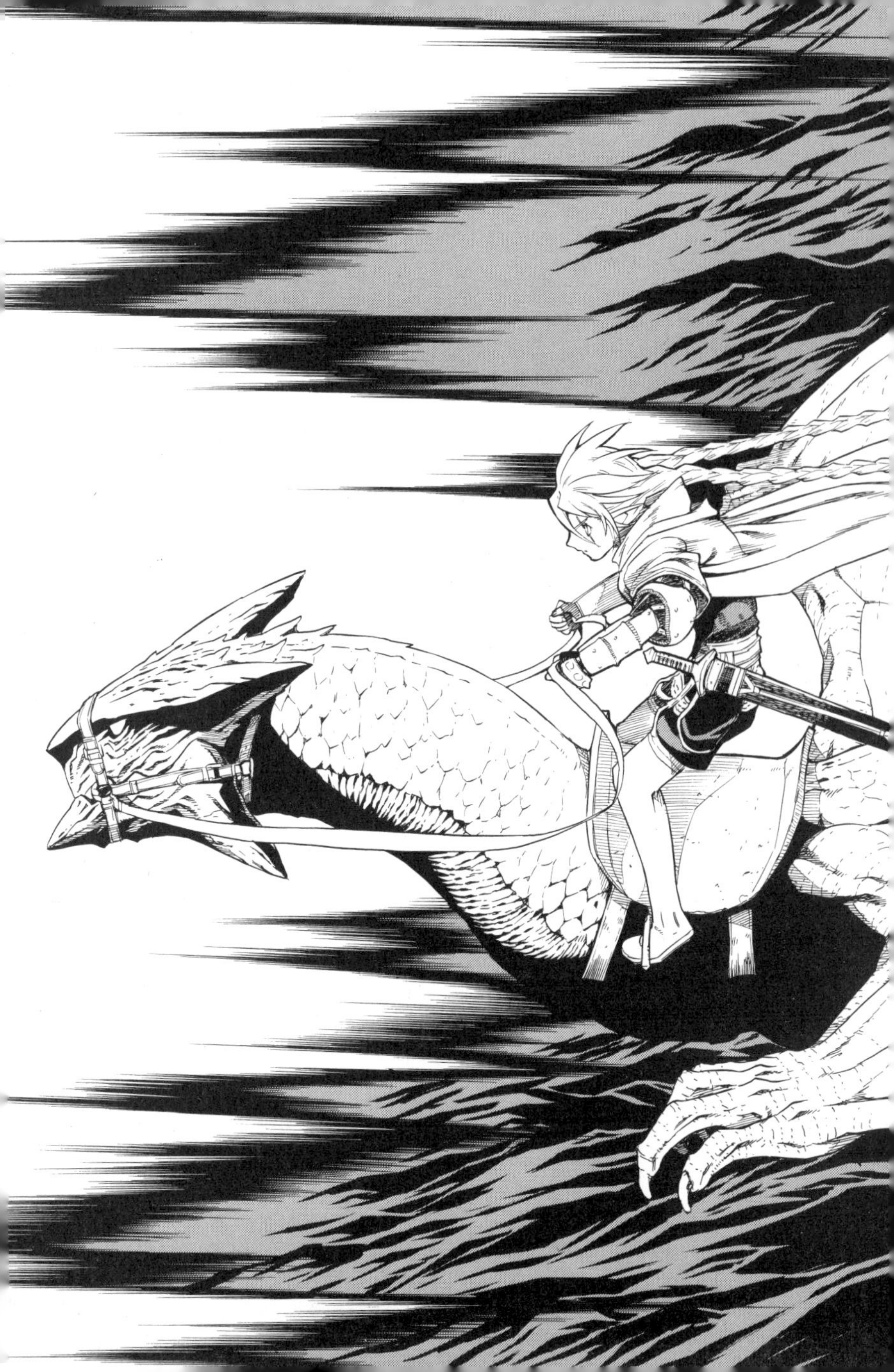

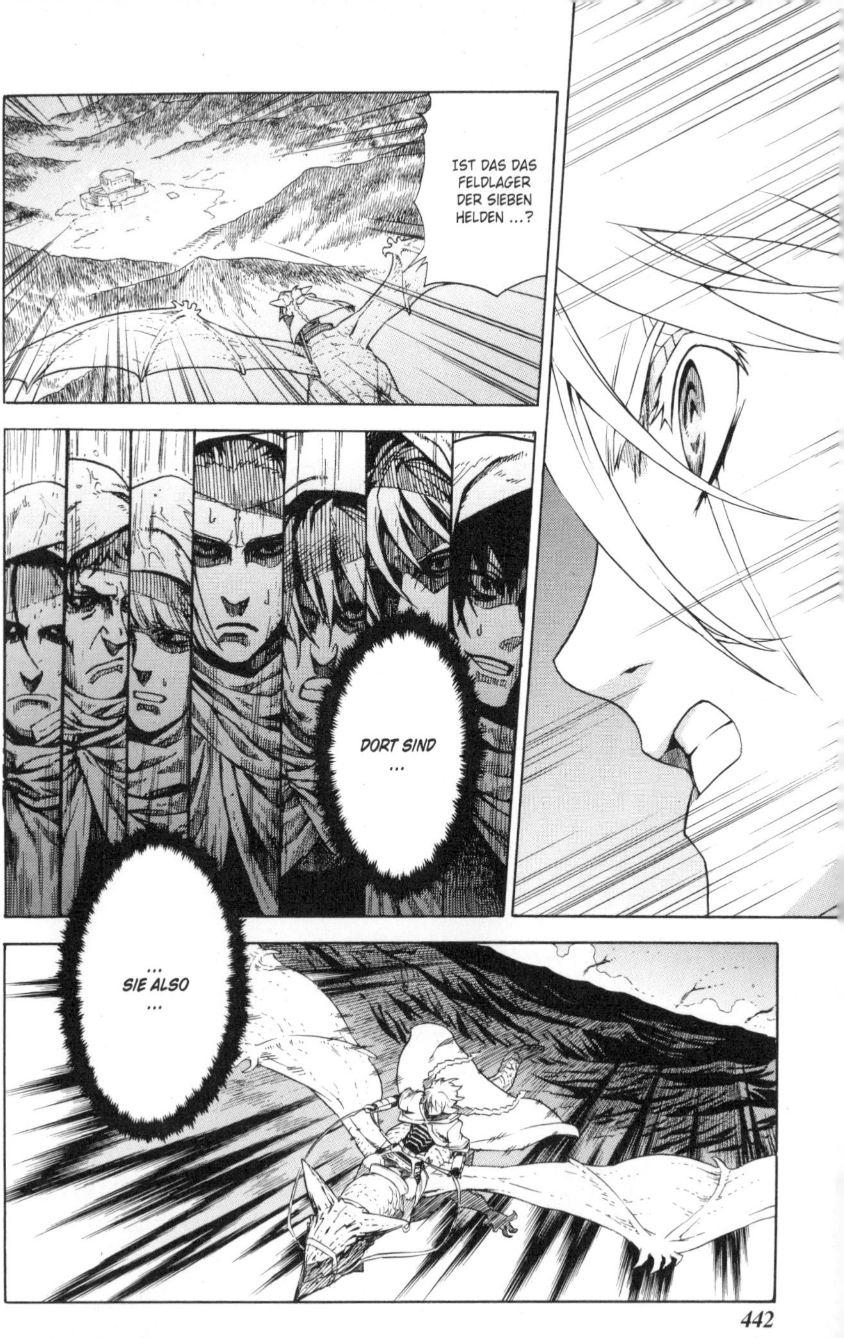

IST DAS DAS FELDLAGER DER SIEBEN HELDEN ...?
DORT SIND ...
... SIE ALSO ...

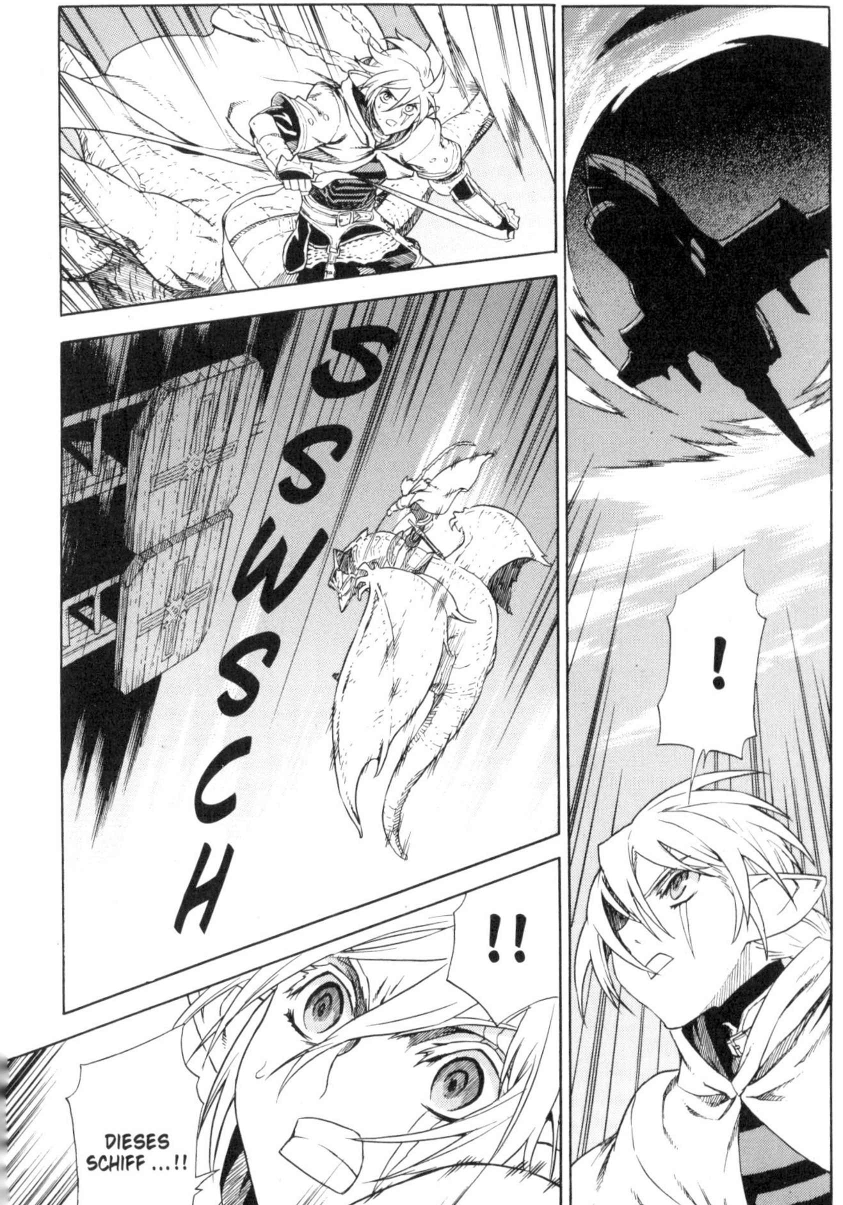

!
SSWSCH
!!
DIESES SCHIFF ...!!

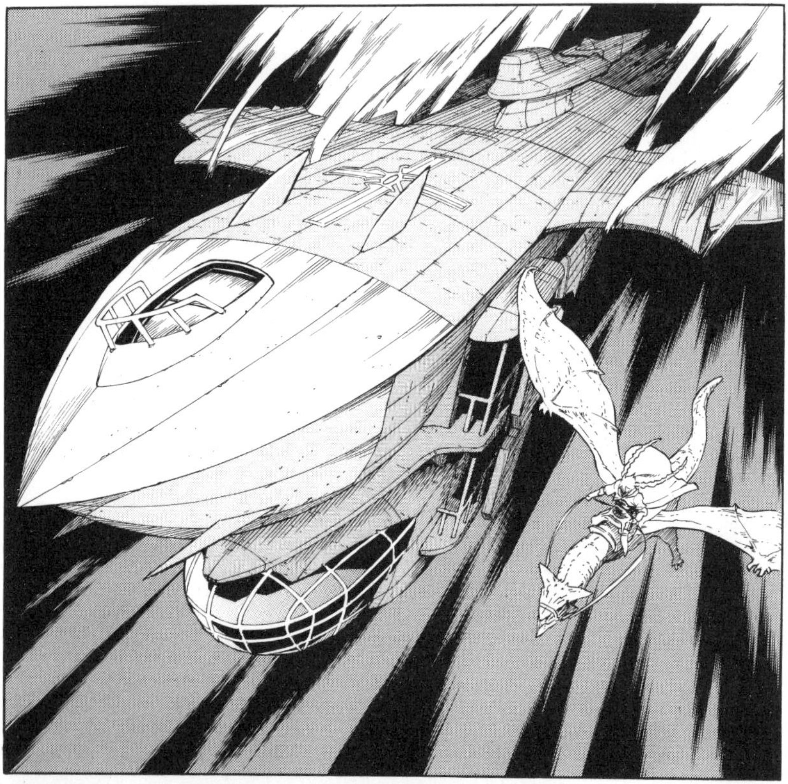

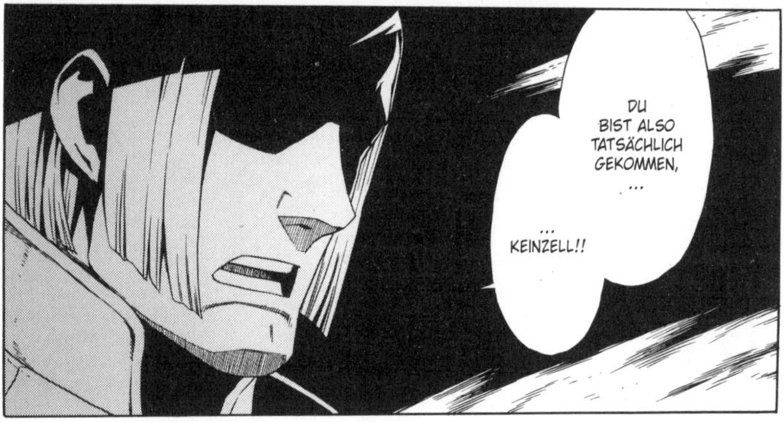
DU BIST ALSO TATSÄCHLICH GEKOMMEN, ...
... KEINZELL!!

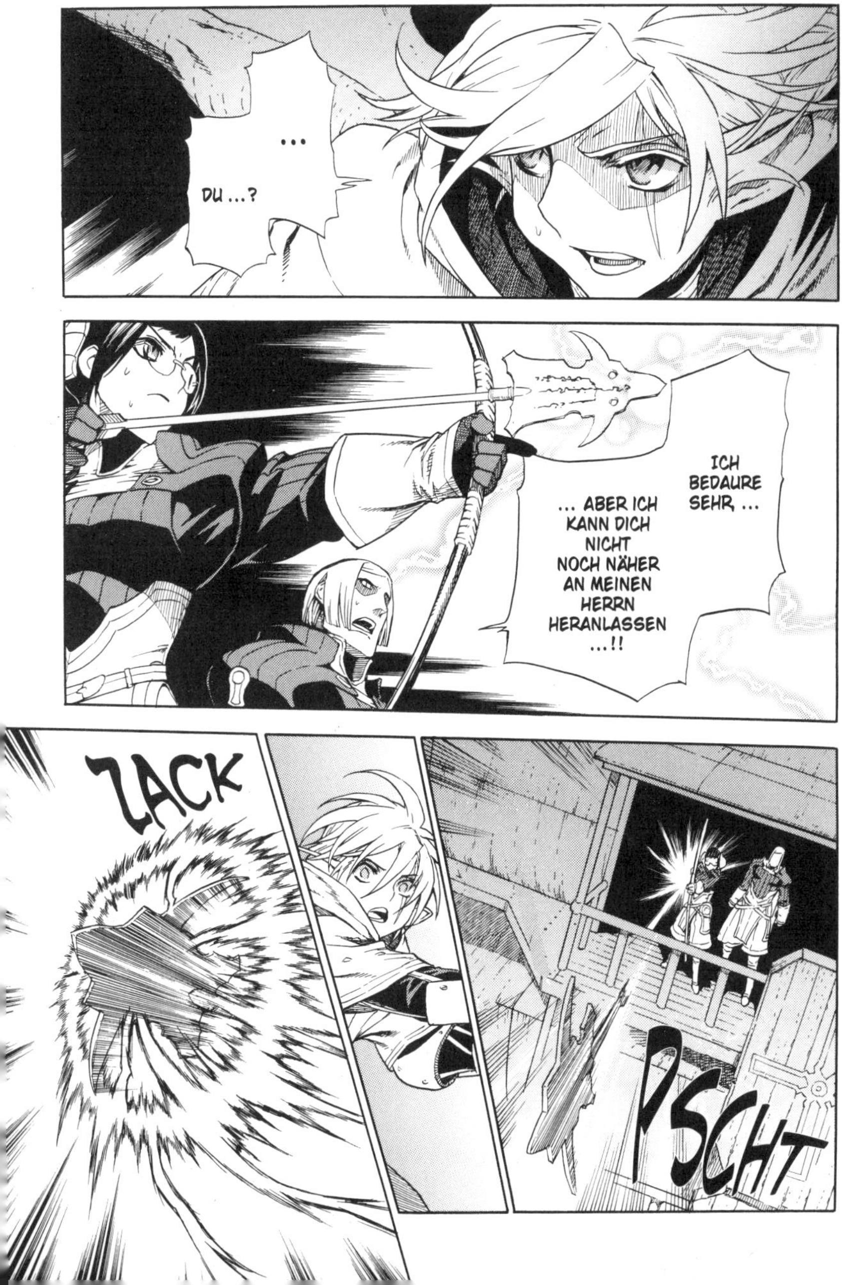
...
DU ...?
ICH BEDAURE SEHR, ...
... ABER ICH KANN DICH NICHT NOCH NÄHER AN MEINEN HERRN HERANLASSEN ...!!
PSCHT
ZACK

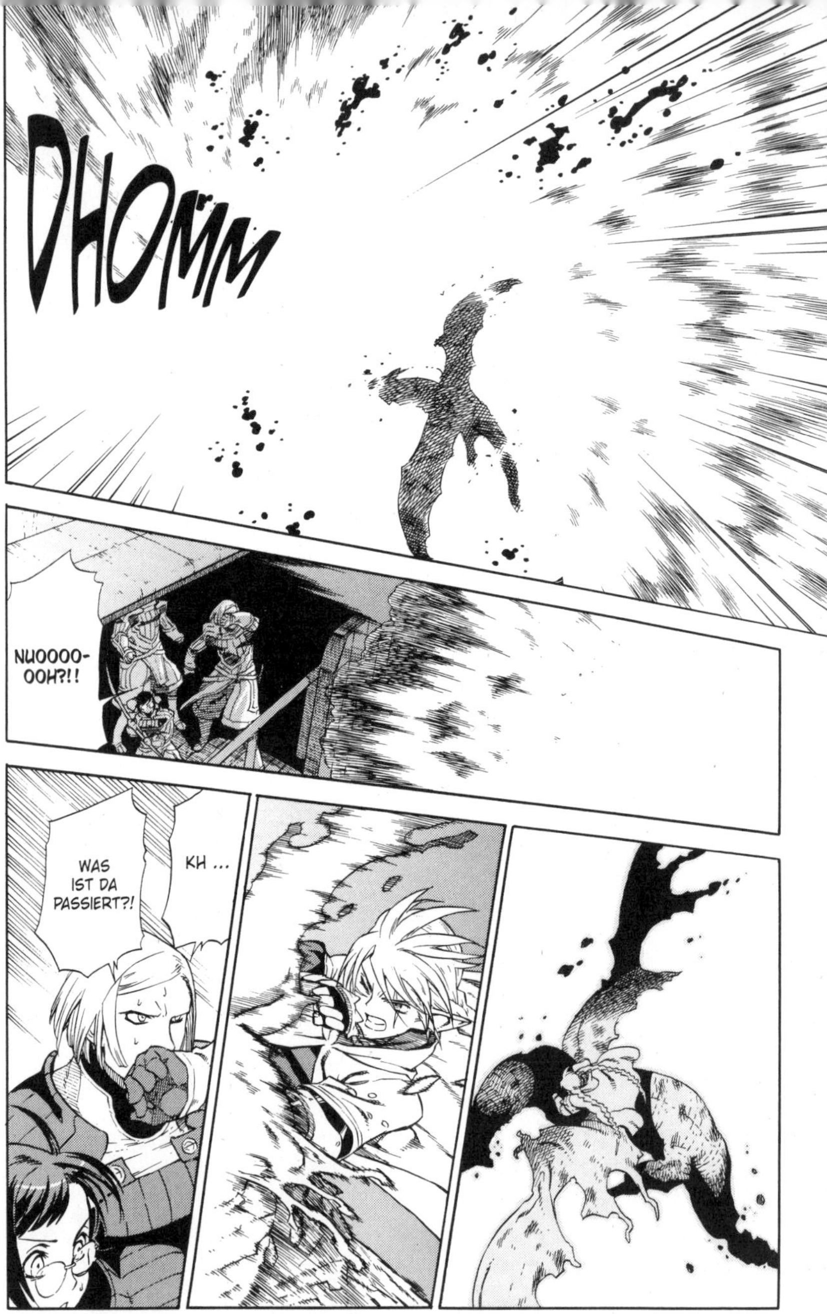
DHOMM
NUOOOO-
OOH?!!
KH ...
WAS
IST DA
PASSIERT?!

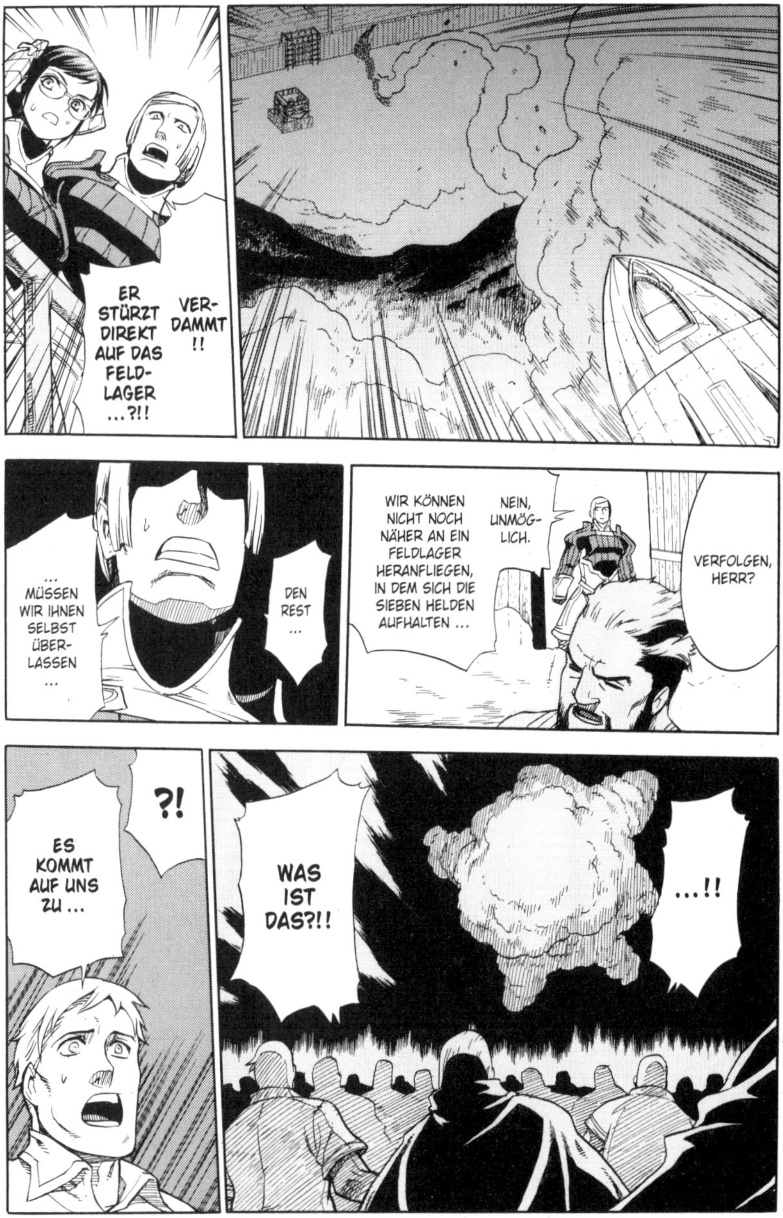
VERDAMMT !!
ER STÜRZT DIREKT AUF DAS FELDLAGER …?!!
VERFOLGEN, HERR?
NEIN, UNMÖGLICH.
WIR KÖNNEN NICHT NOCH NÄHER AN EIN FELDLAGER HERANFLIEGEN, IN DEM SICH DIE SIEBEN HELDEN AUFHALTEN …
DEN REST …
… MÜSSEN WIR IHNEN SELBST ÜBERLASSEN …
…!!
WAS IST DAS?!!
?!
ES KOMMT AUF UNS ZU …

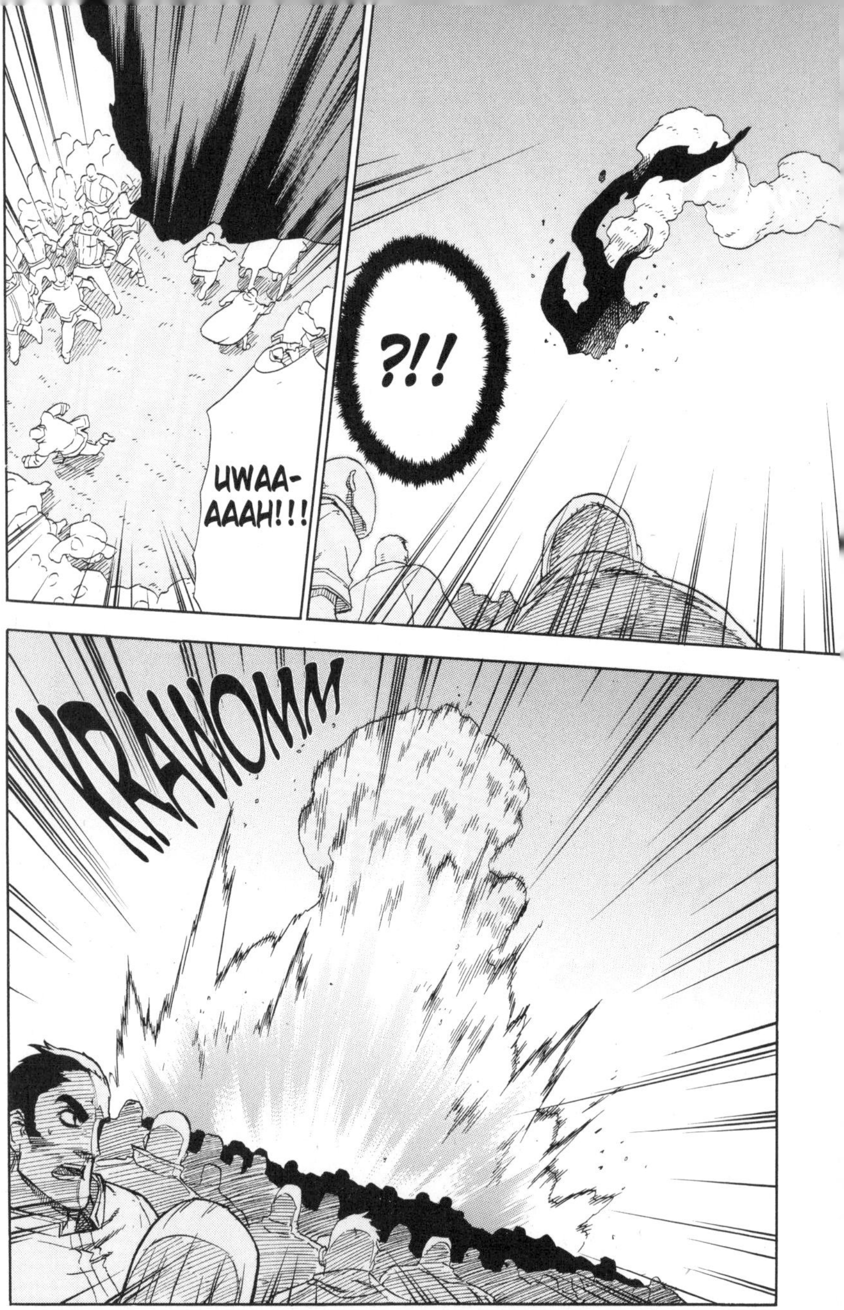
?!!
UWAA-
AAAH!!!
KRAWOMM

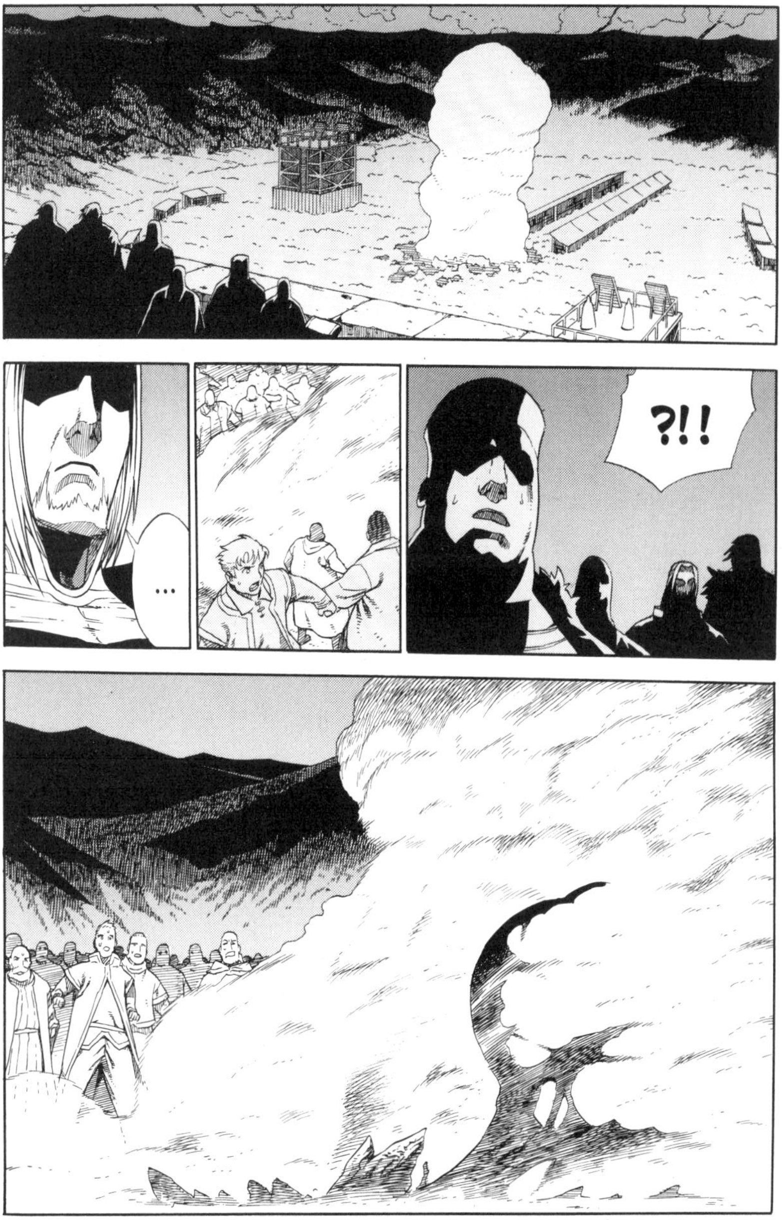

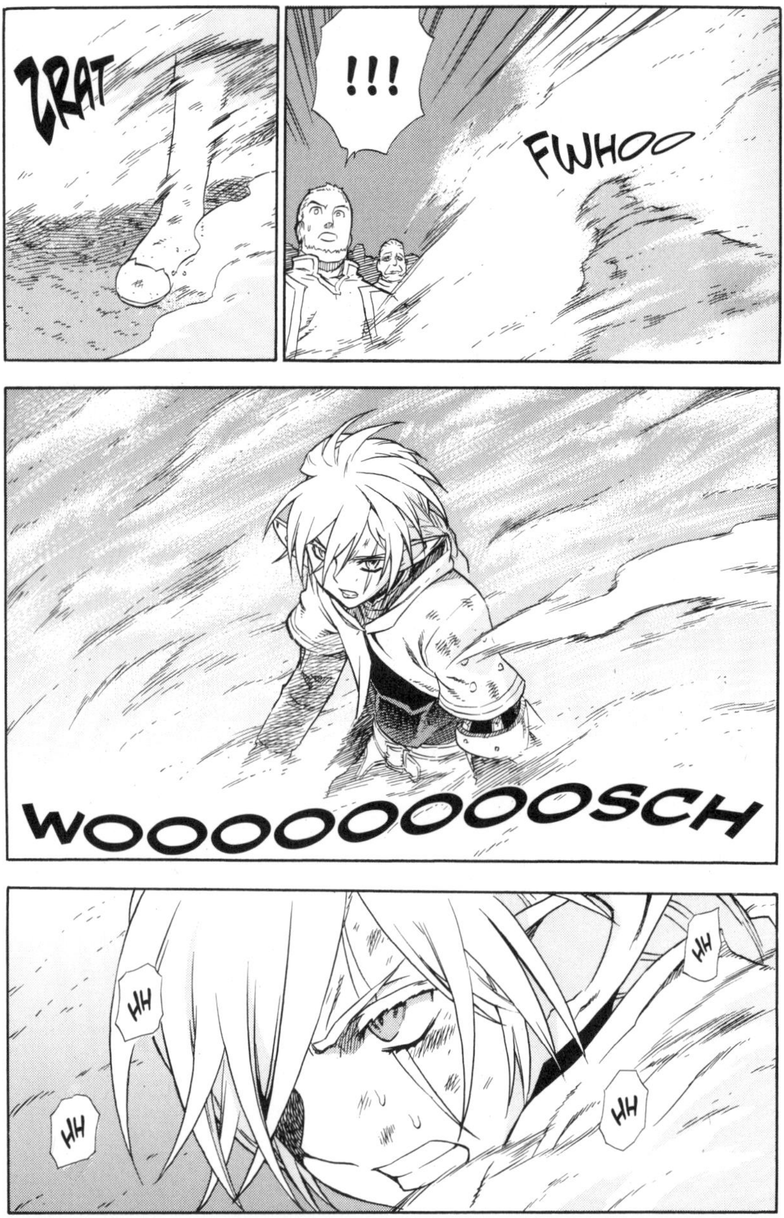
ZRAT
!!!
FWHOO
WOOOOOOOOOSCH
HH
HH
HH
HH

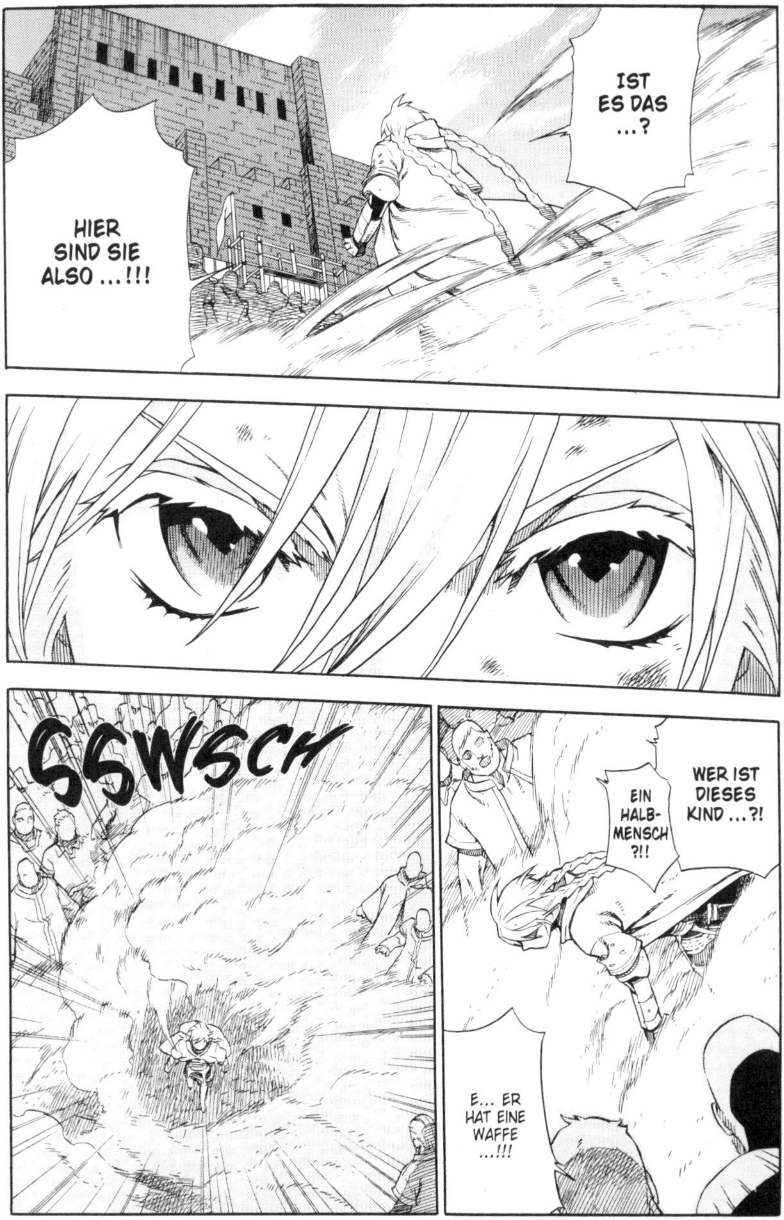

IST ES DAS ...?
HIER SIND SIE ALSO ...!!!
WER IST DIESES KIND ...?!
EIN HALB-MENSCH ?!!
E... ER HAT EINE WAFFE ...!!!
SSWSCH

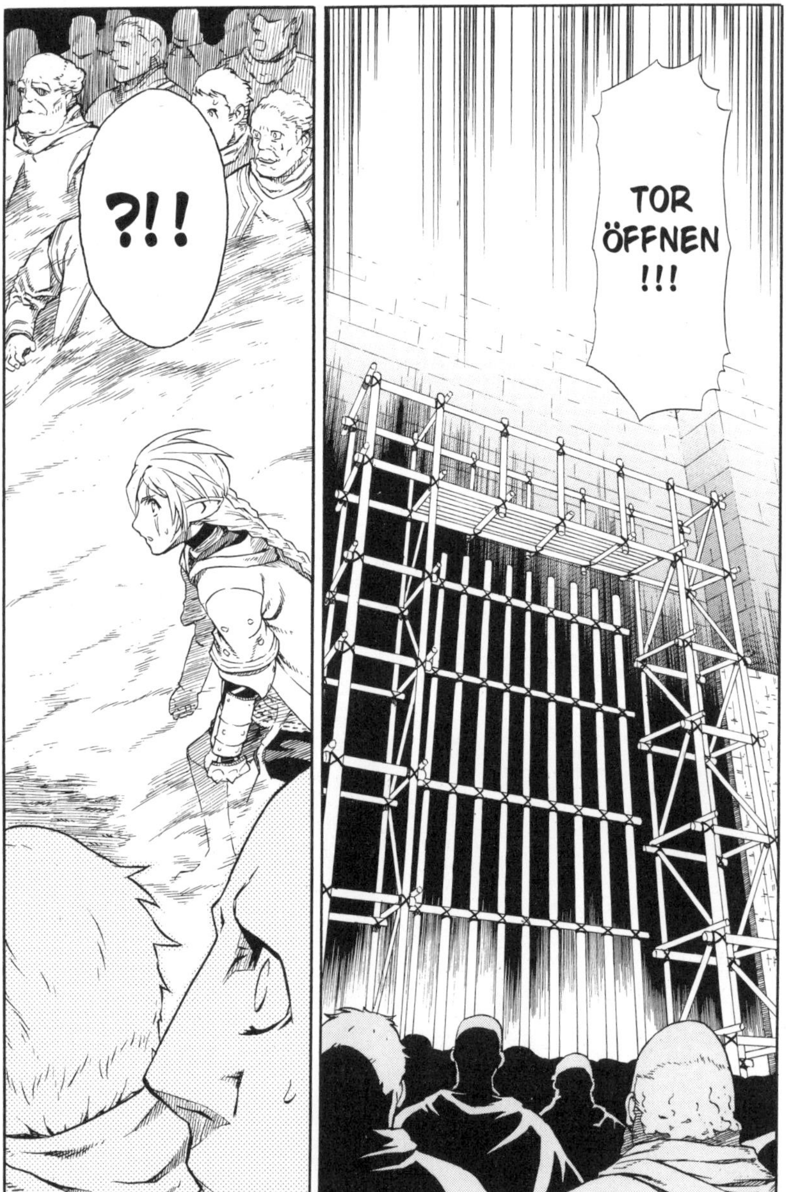
TOR ÖFFNEN !!!
?!!

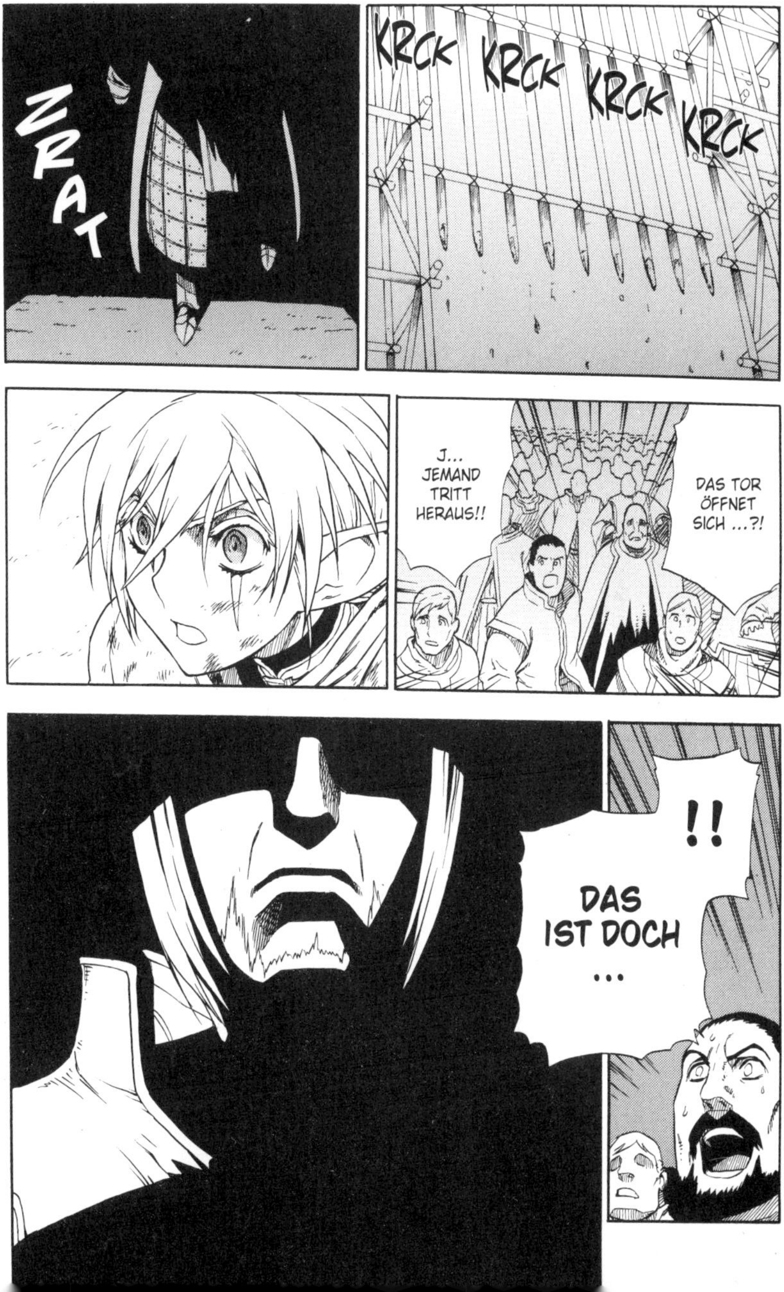

ZRAT
KRCK KRCK KRCK KRCK
DAS TOR ÖFFNET SICH ...?!
J... JEMAND TRITT HERAUS!!
!!
DAS IST DOCH ...

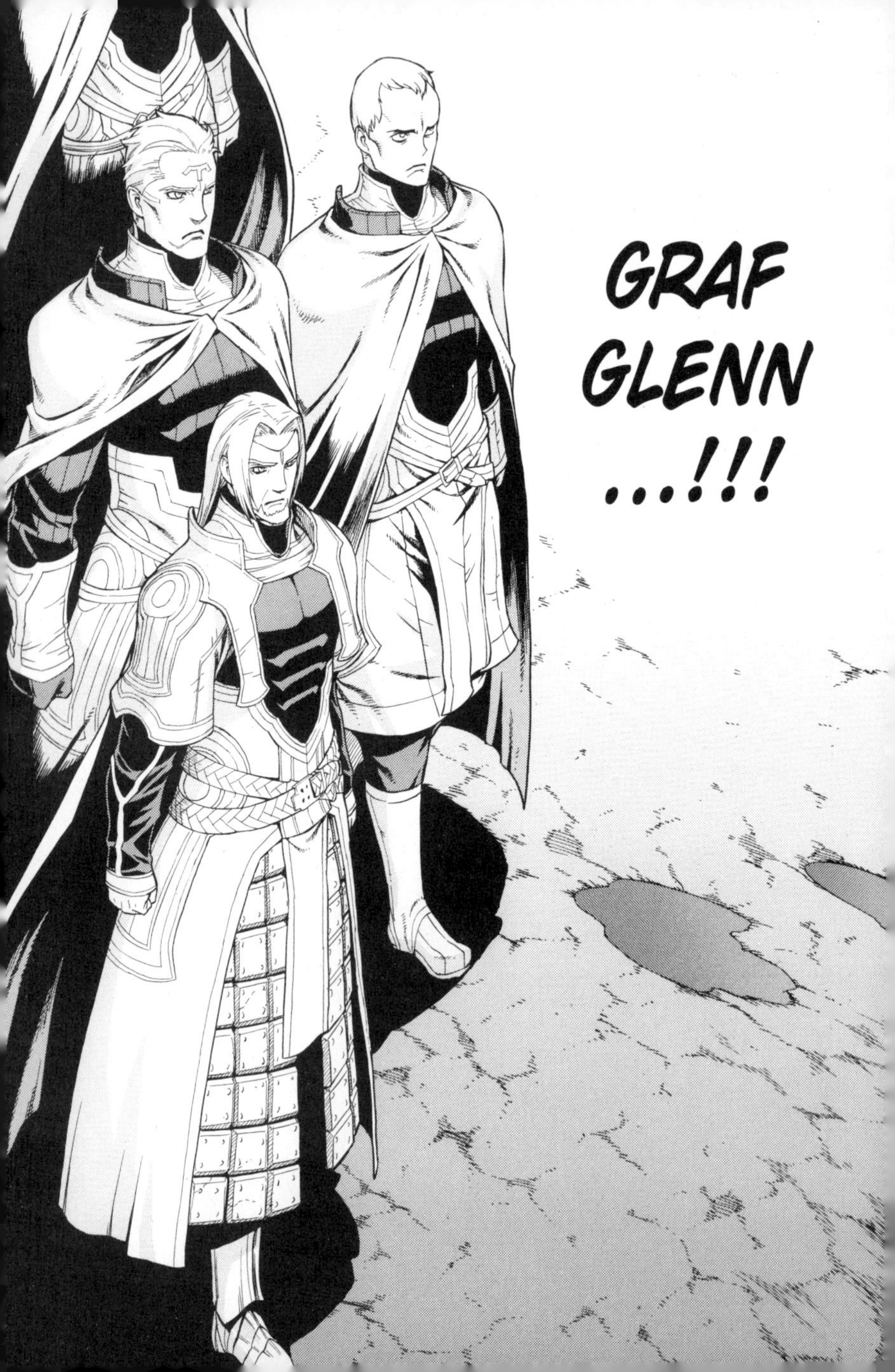
GRAF GLENN ...!!!

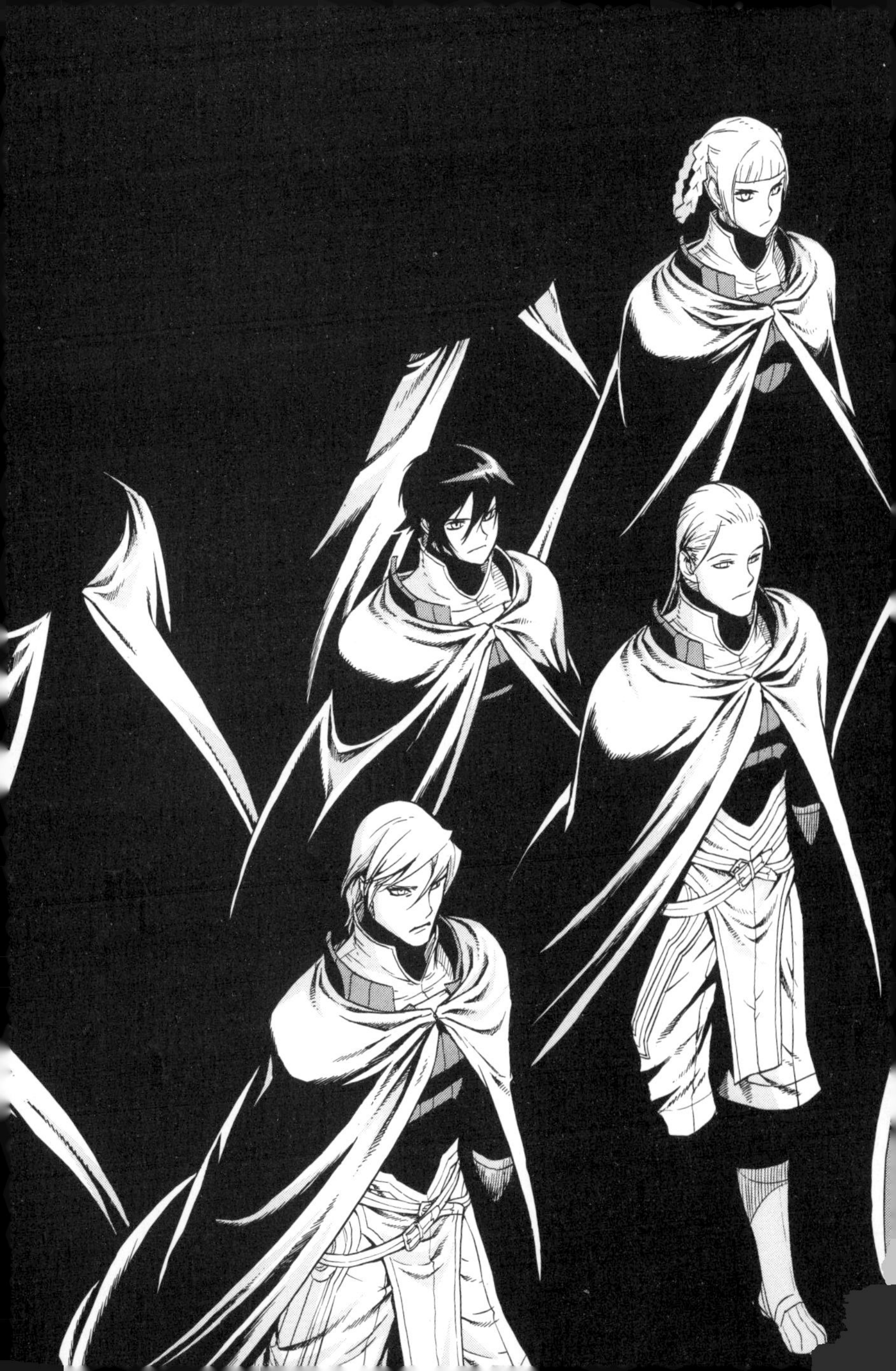

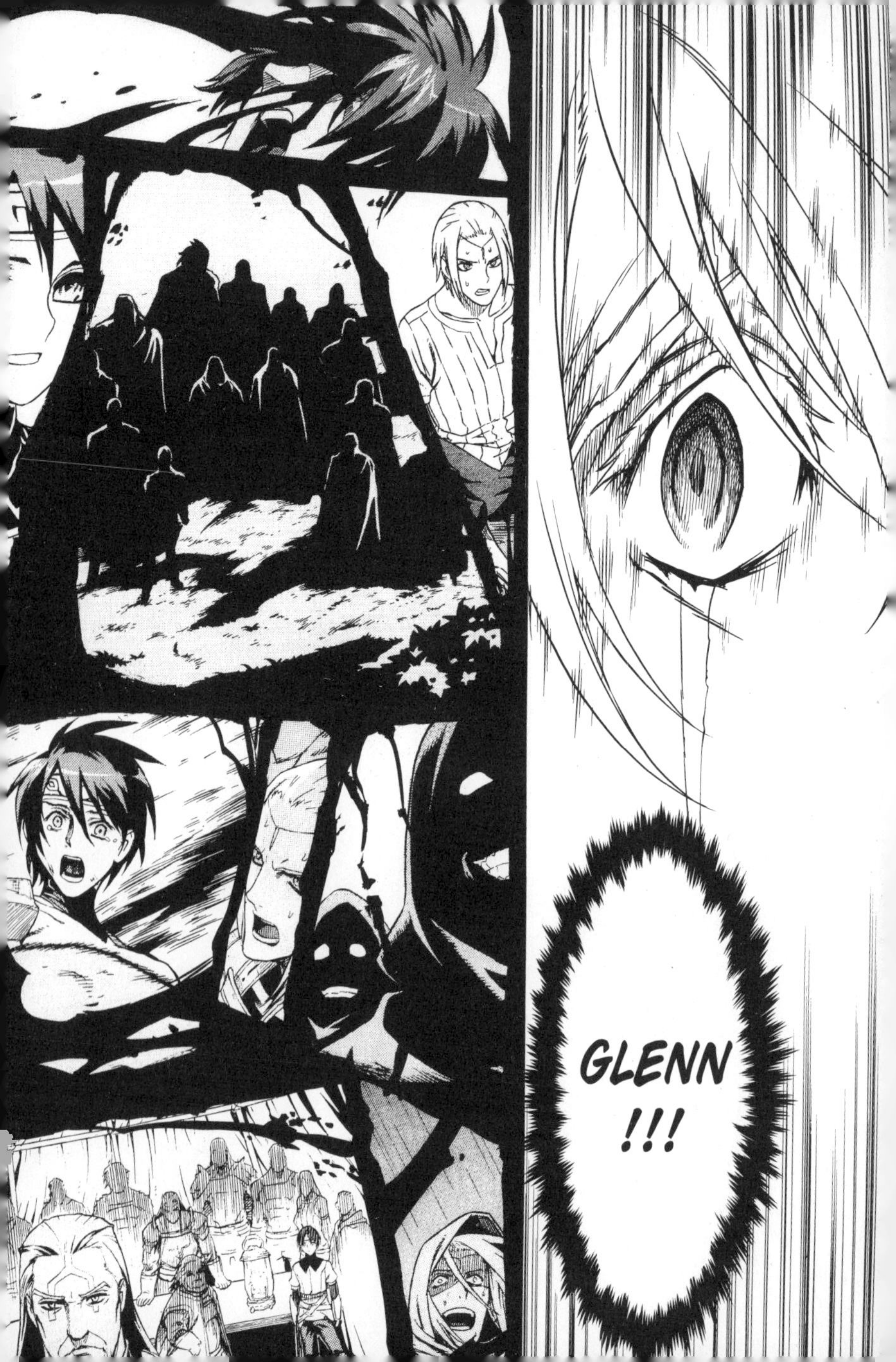
GLENN !!!

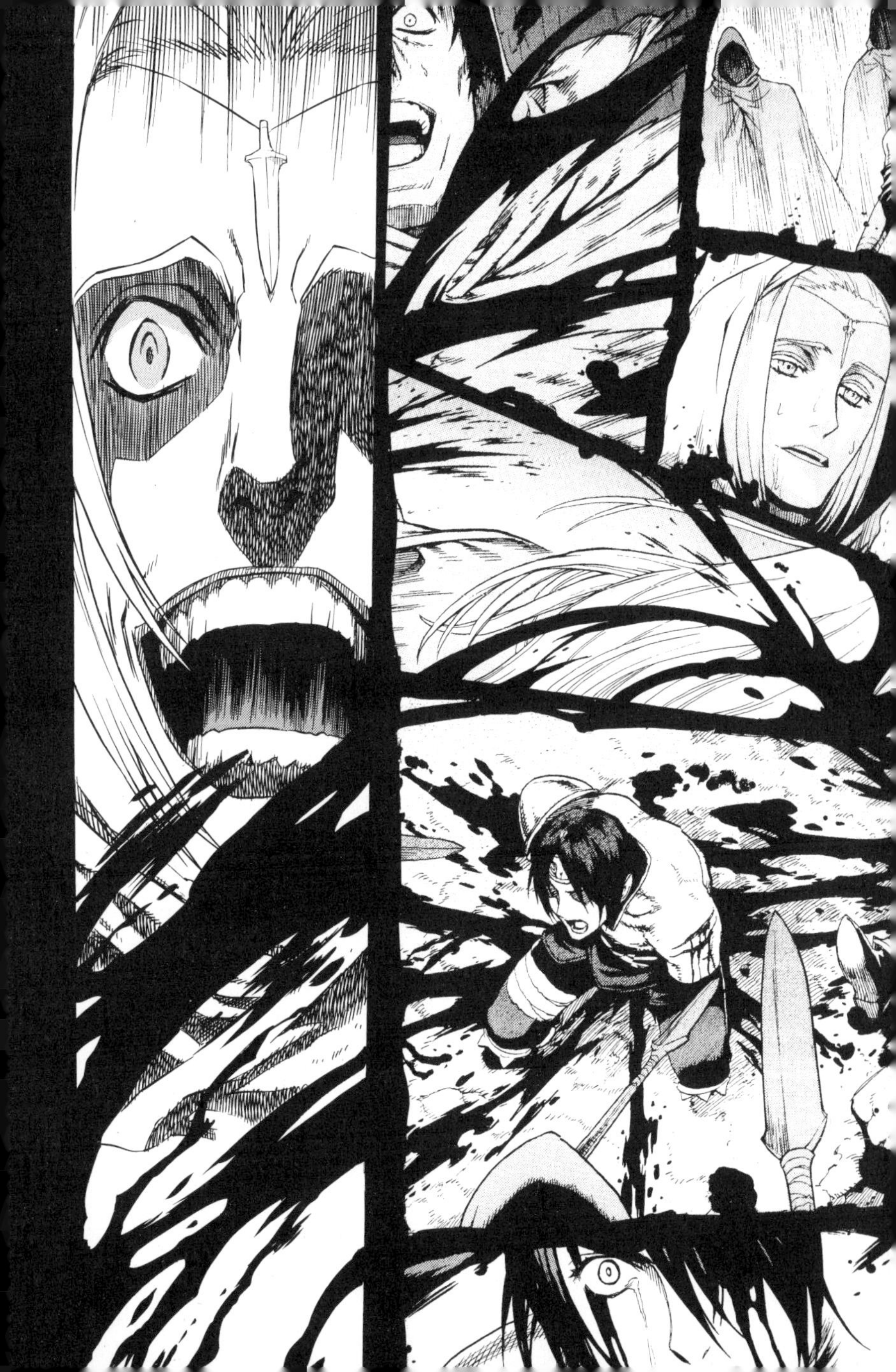

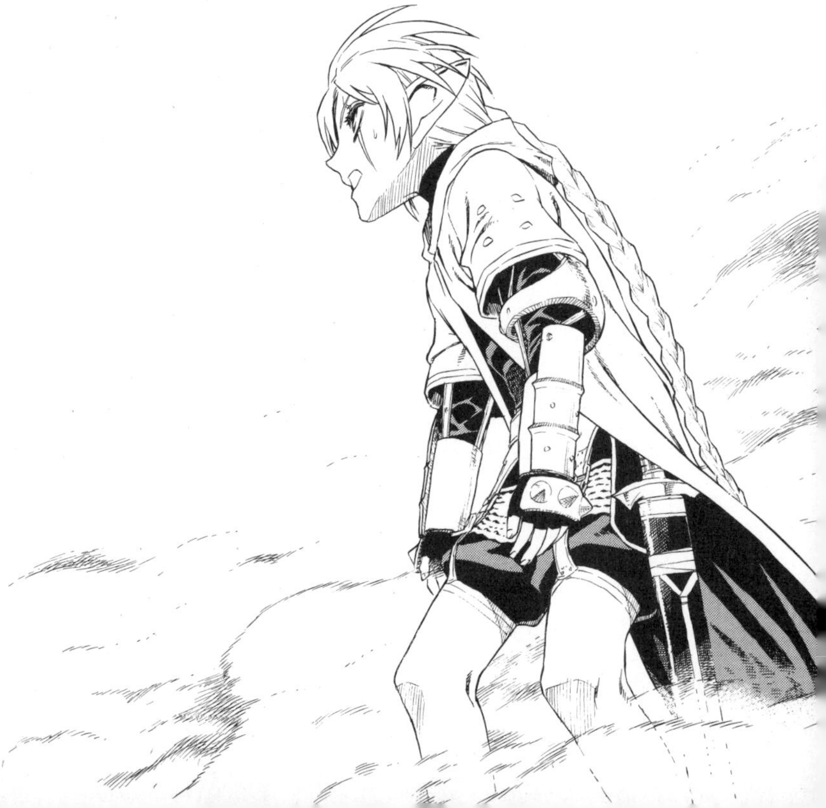

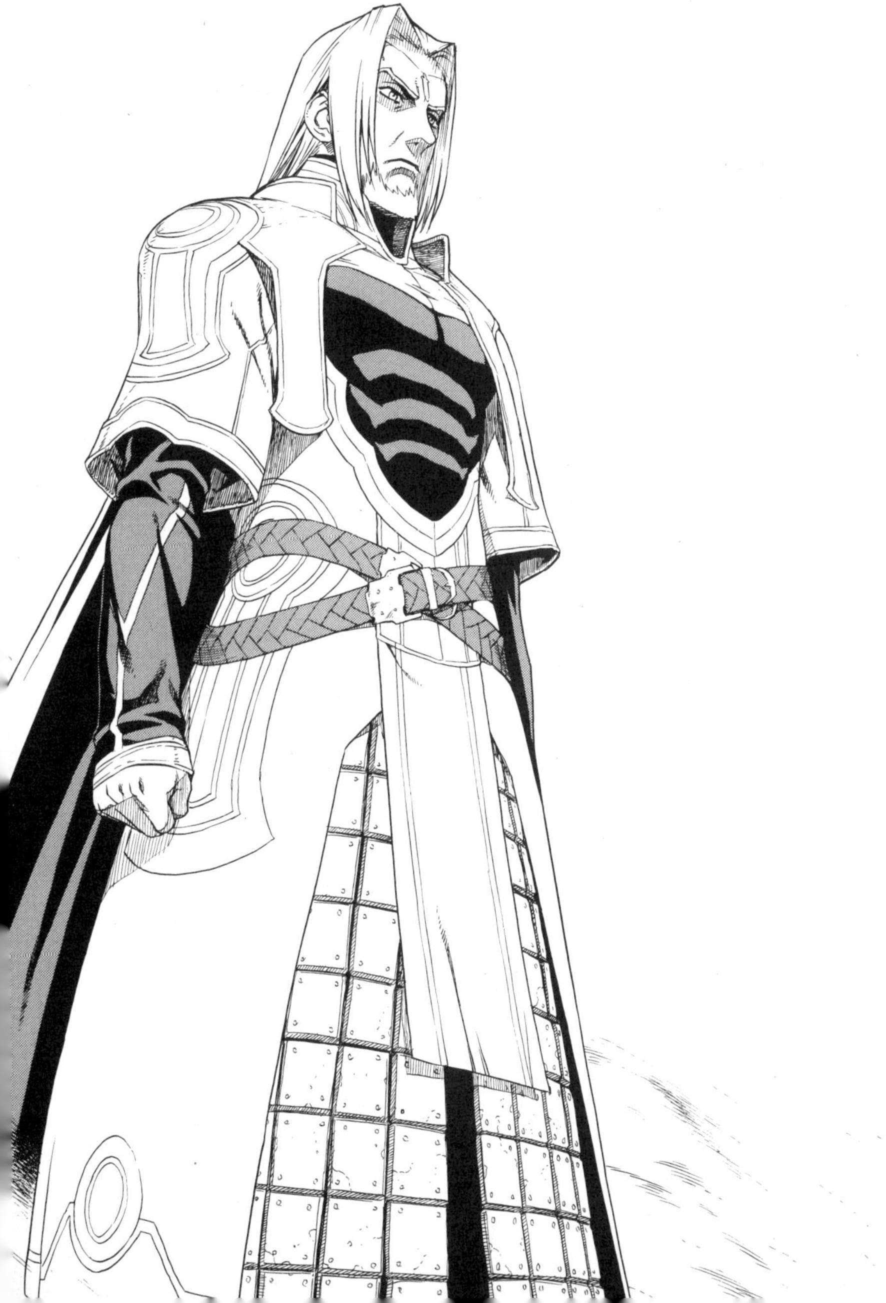

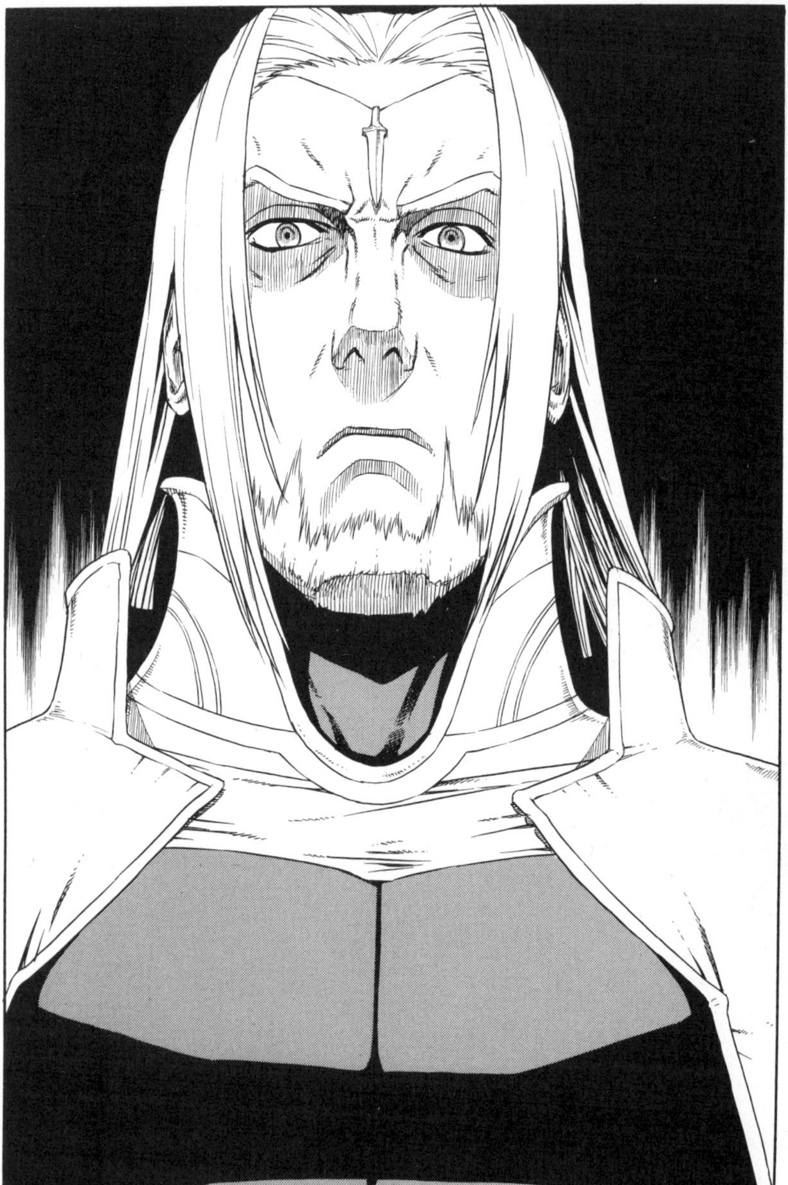

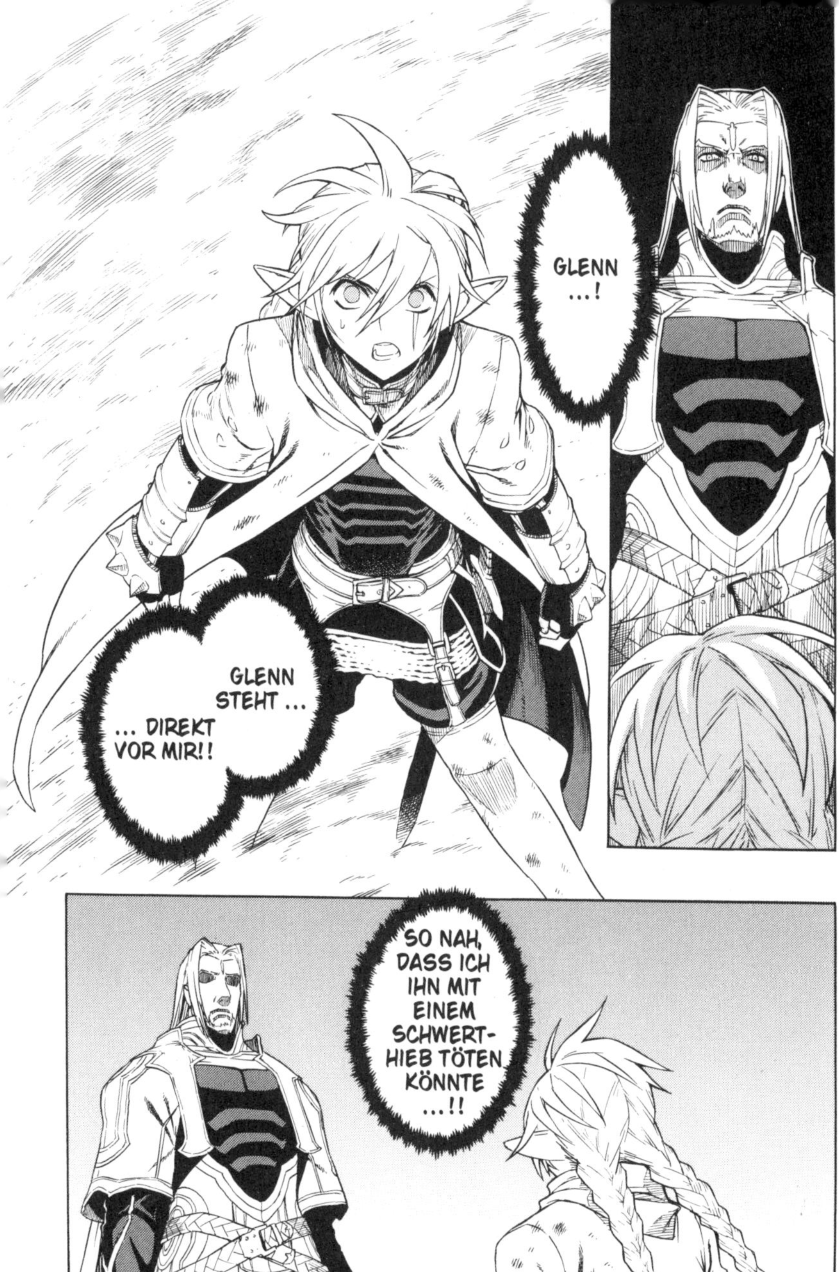
GLENN …!
GLENN STEHT …
… DIREKT VOR MIR!!
SO NAH, DASS ICH IHN MIT EINEM SCHWERT-HIEB TÖTEN KÖNNTE …!!

Unterm Morgenmonde II

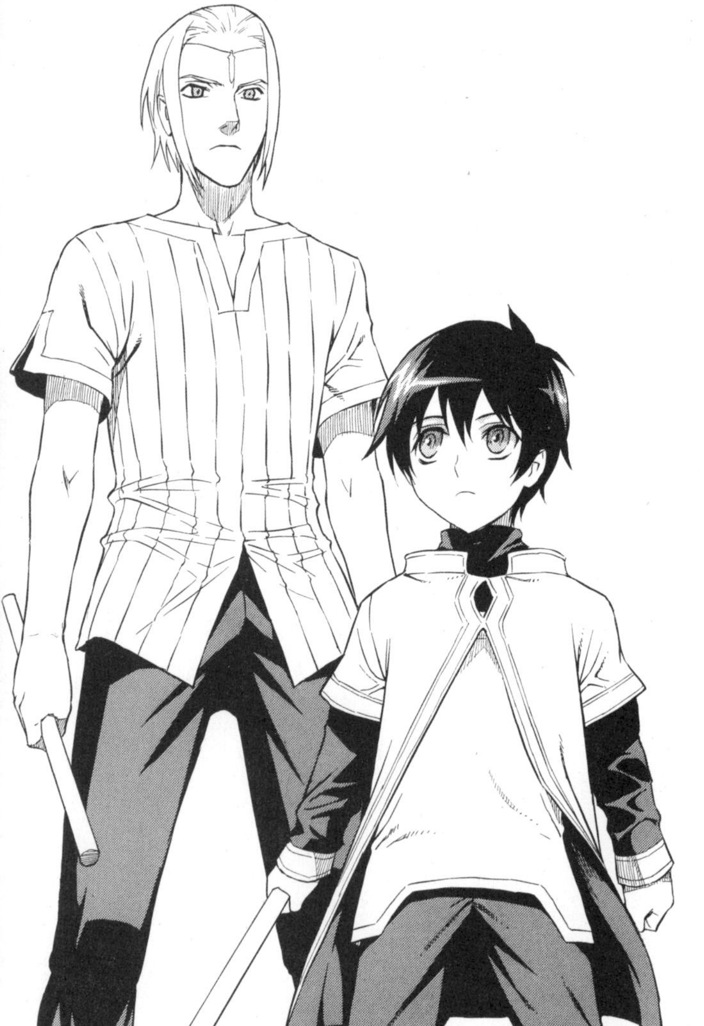

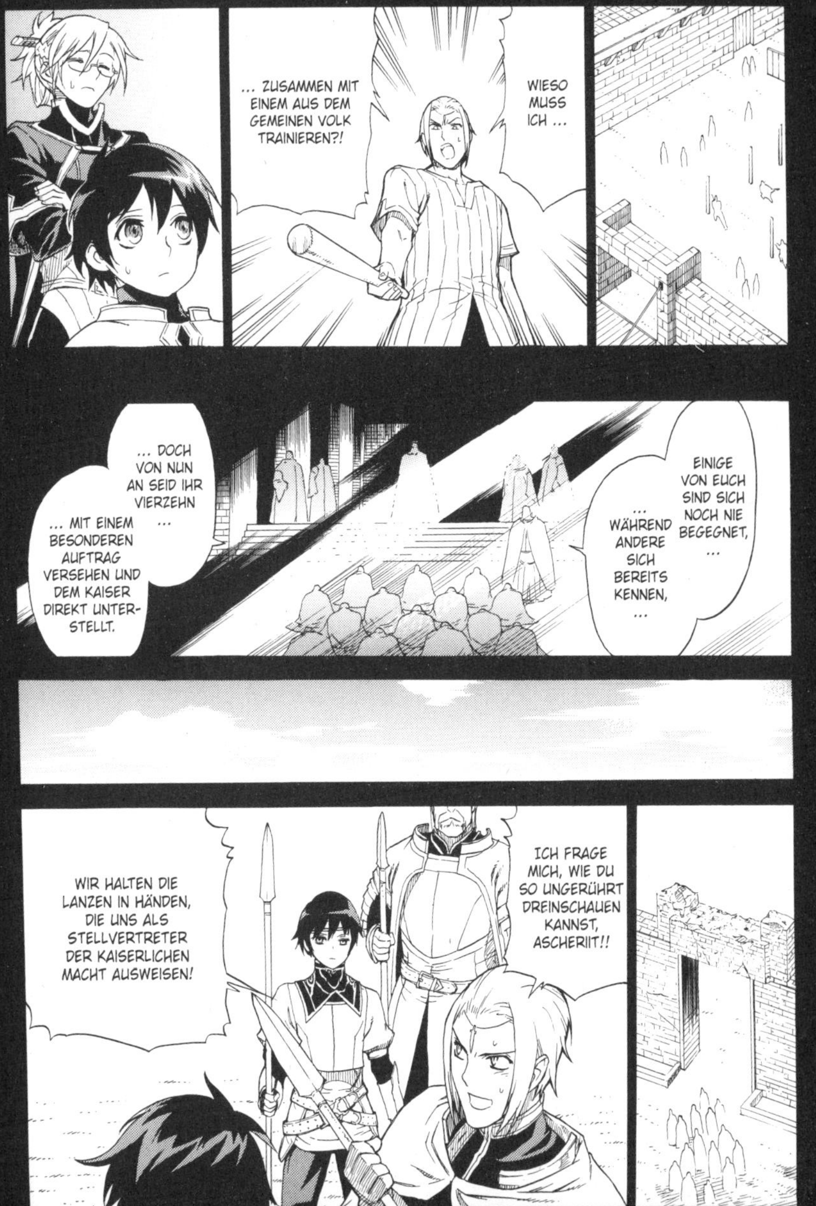
WIESO MUSS ICH …
… ZUSAMMEN MIT EINEM AUS DEM GEMEINEN VOLK TRAINIEREN?!
EINIGE VON EUCH SIND SICH NOCH NIE BEGEGNET, …
… WÄHREND ANDERE SICH BEREITS KENNEN, …
… DOCH VON NUN AN SEID IHR VIERZEHN …
… MIT EINEM BESONDEREN AUFTRAG VERSEHEN UND DEM KAISER DIREKT UNTERSTELLT.
ICH FRAGE MICH, WIE DU SO UNGERÜHRT DREINSCHAUEN KANNST, ASCHERIIT!!
WIR HALTEN DIE LANZEN IN HÄNDEN, DIE UNS ALS STELLVERTRETER DER KAISERLICHEN MACHT AUSWEISEN!

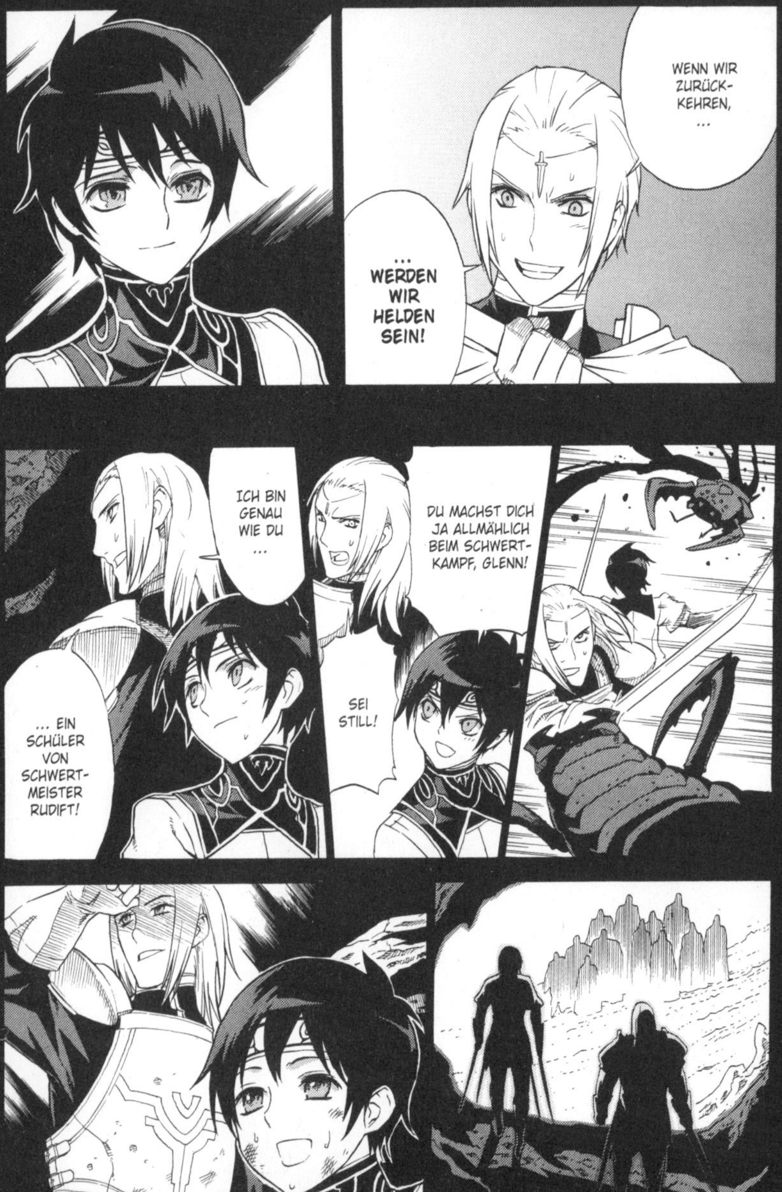
WENN WIR ZURÜCK-KEHREN, ...
... WERDEN WIR HELDEN SEIN!
DU MACHST DICH JA ALLMÄHLICH BEIM SCHWERT-KAMPF, GLENN!
SEI STILL!
ICH BIN GENAU WIE DU ...
... EIN SCHÜLER VON SCHWERT-MEISTER RUDIFT!

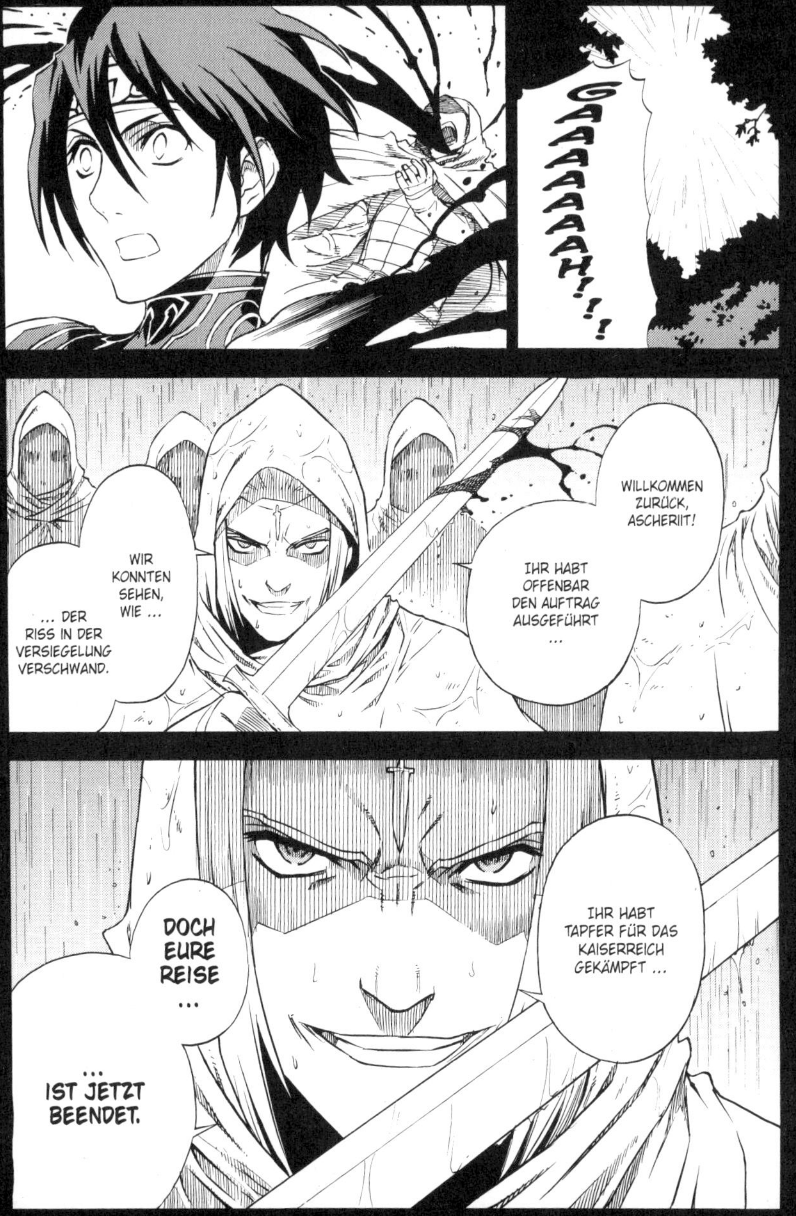
GAAAAAAAAH!!!
WILLKOMMEN ZURÜCK, ASCHERIIT!
IHR HABT OFFENBAR DEN AUFTRAG AUSGEFÜHRT …
WIR KONNTEN SEHEN, WIE …
… DER RISS IN DER VERSIEGELUNG VERSCHWAND.
IHR HABT TAPFER FÜR DAS KAISERREICH GEKÄMPFT …
DOCH EURE REISE …
… IST JETZT BEENDET.

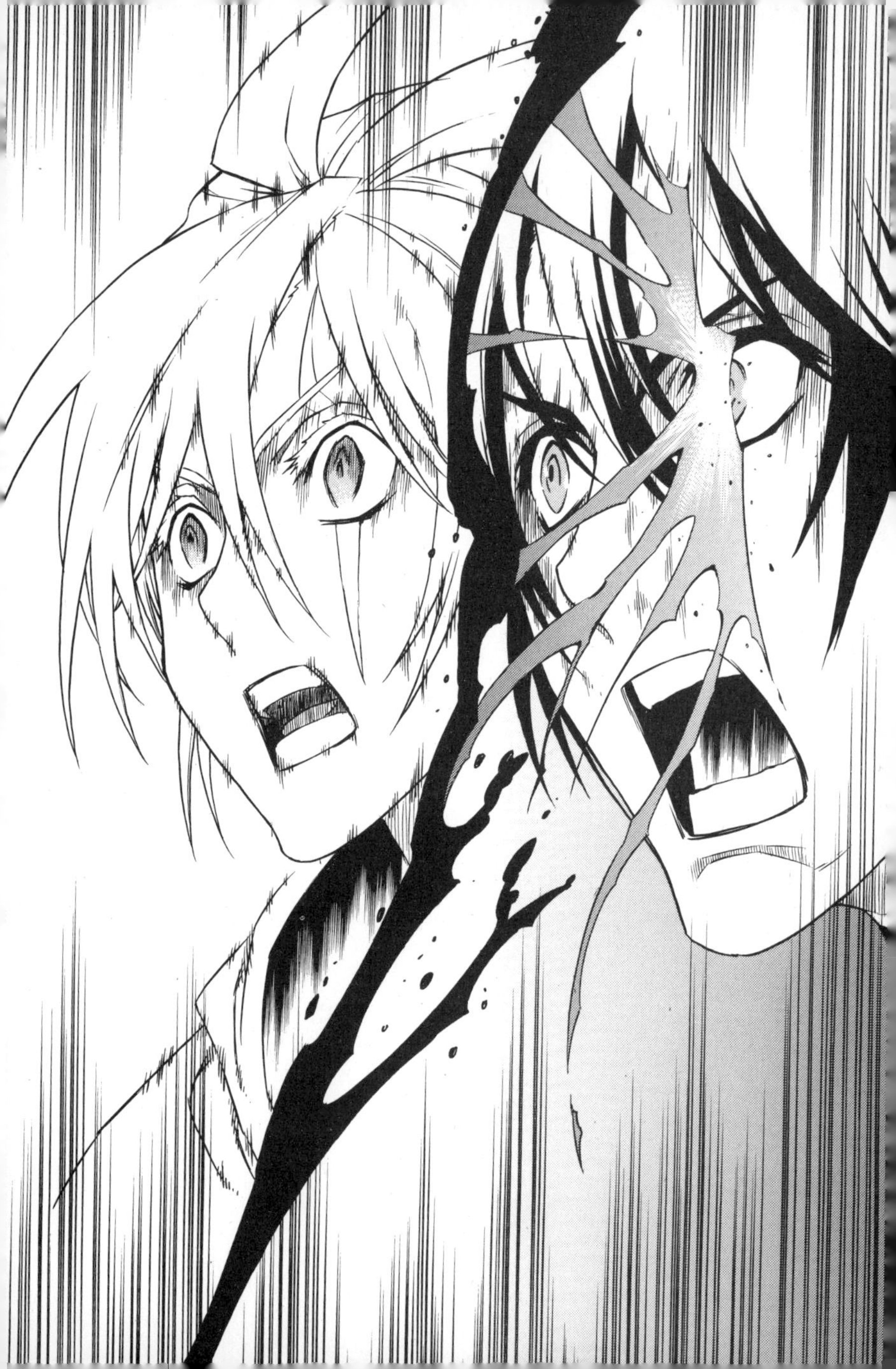

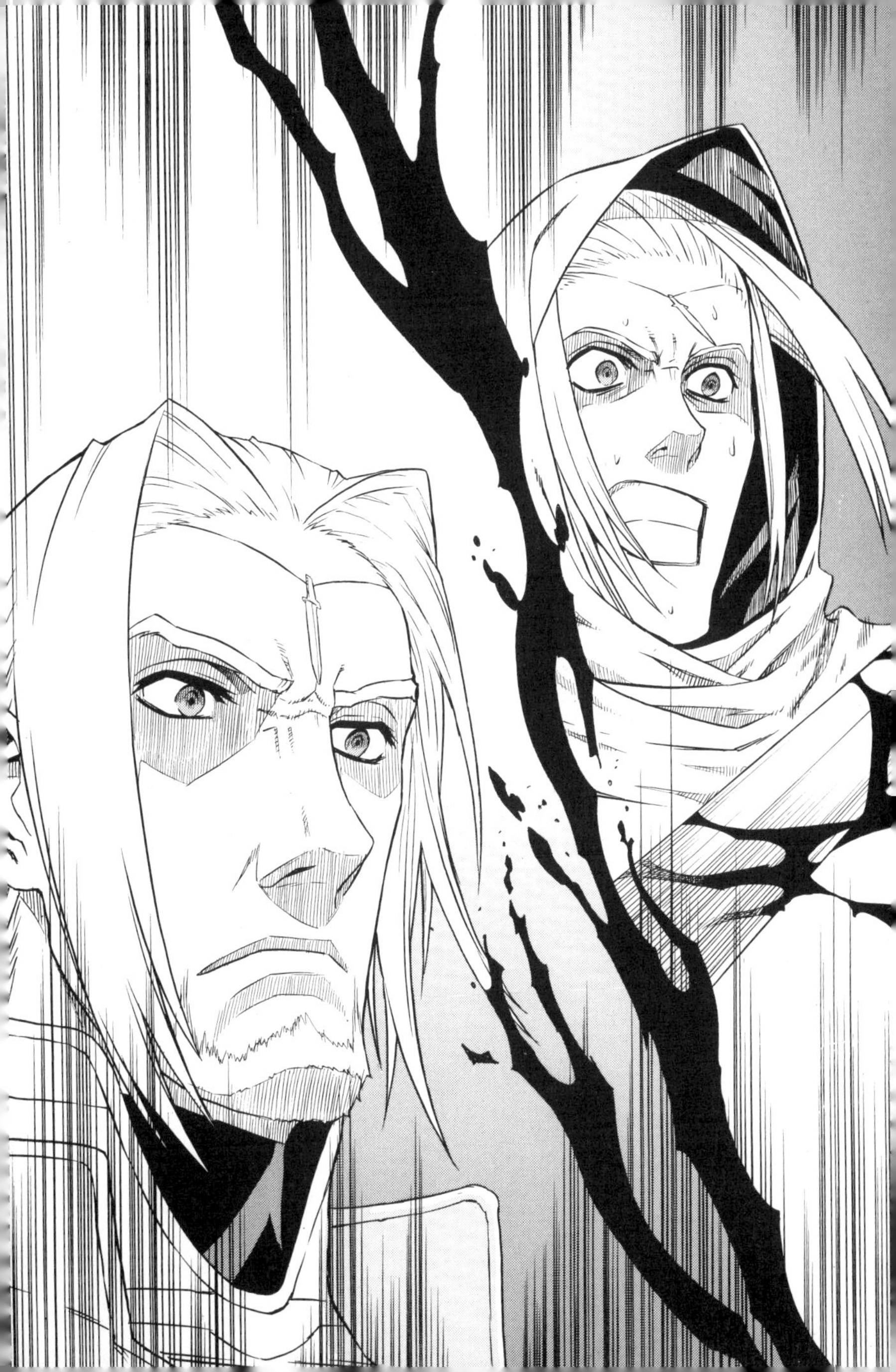

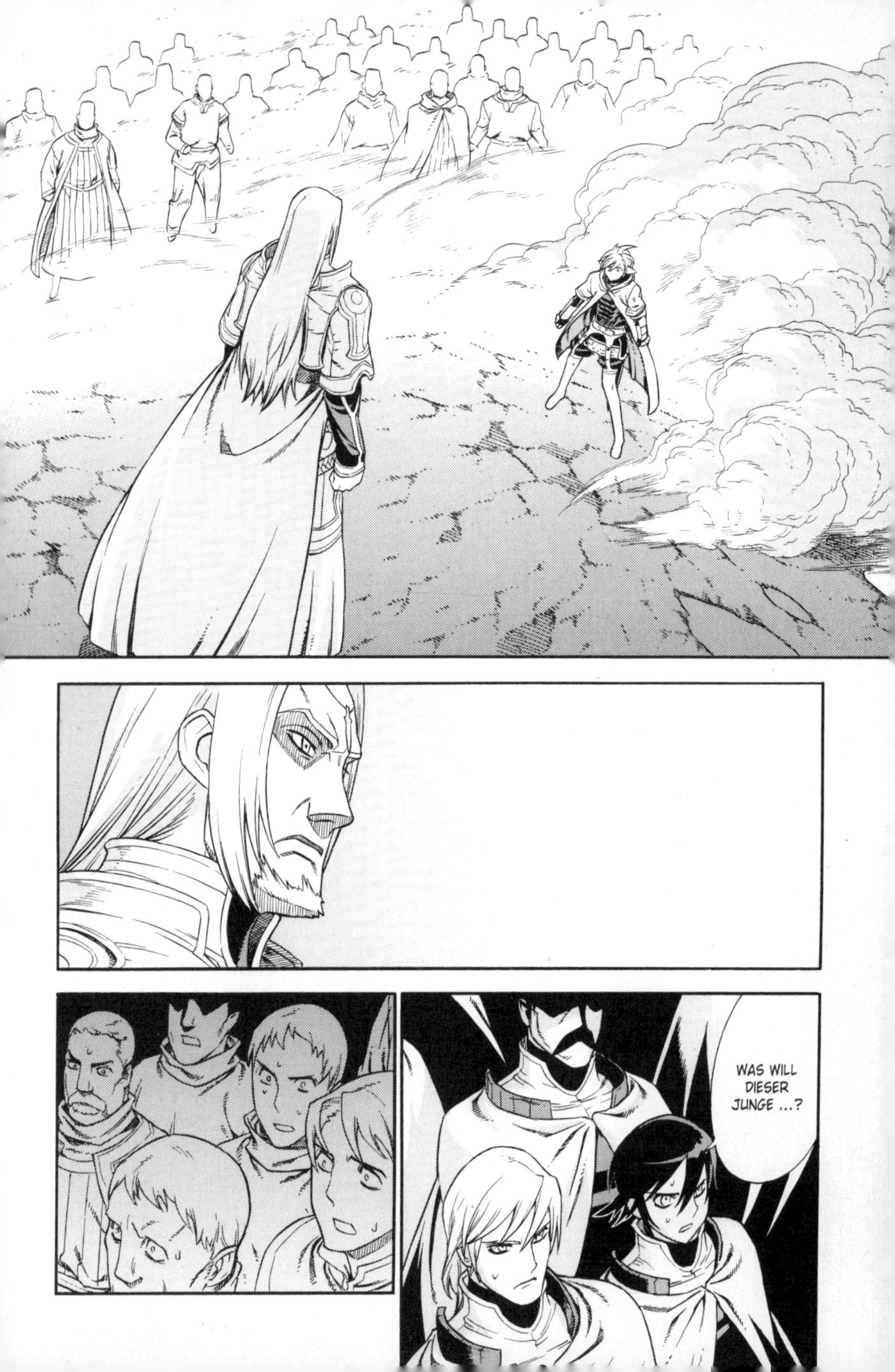
WAS WILL
DIESER
JUNGE ...?

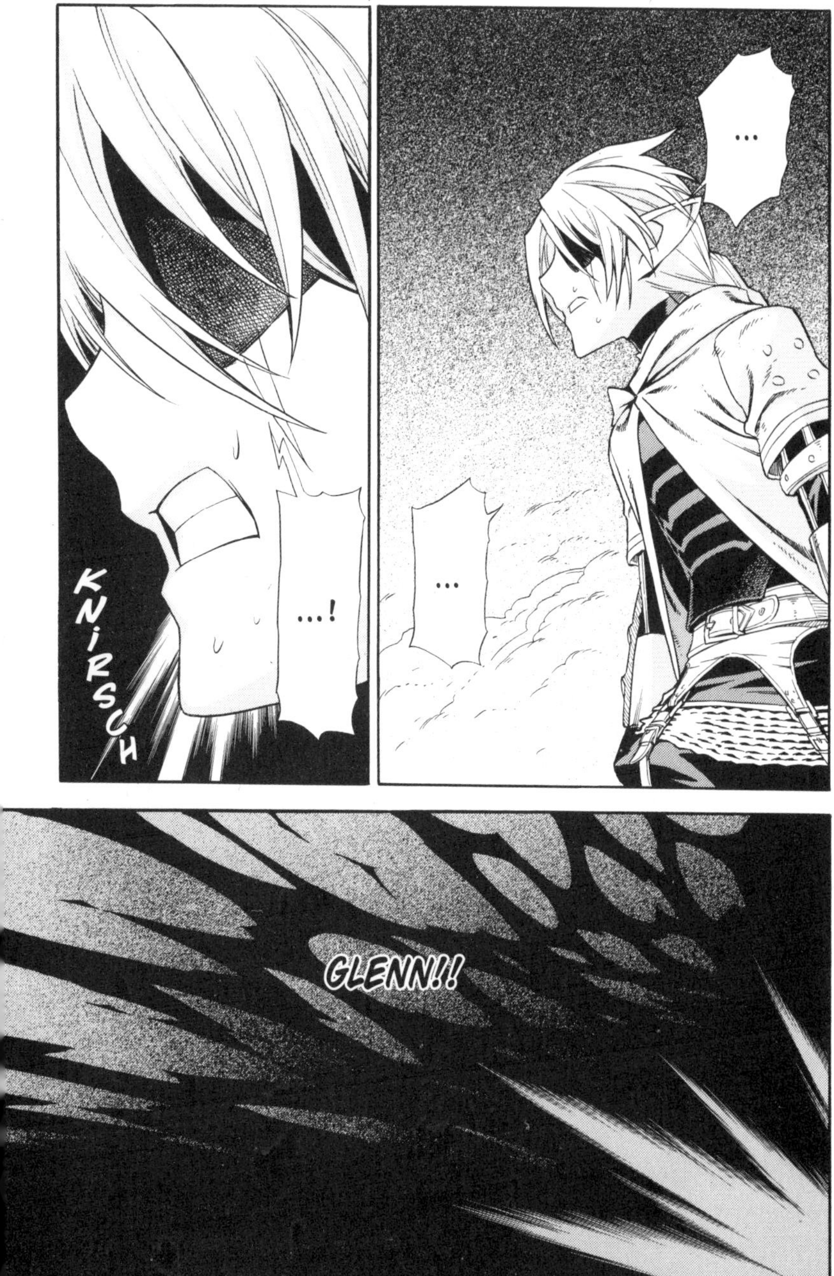
...
...
...!
KNIRSCH
GLENN!!

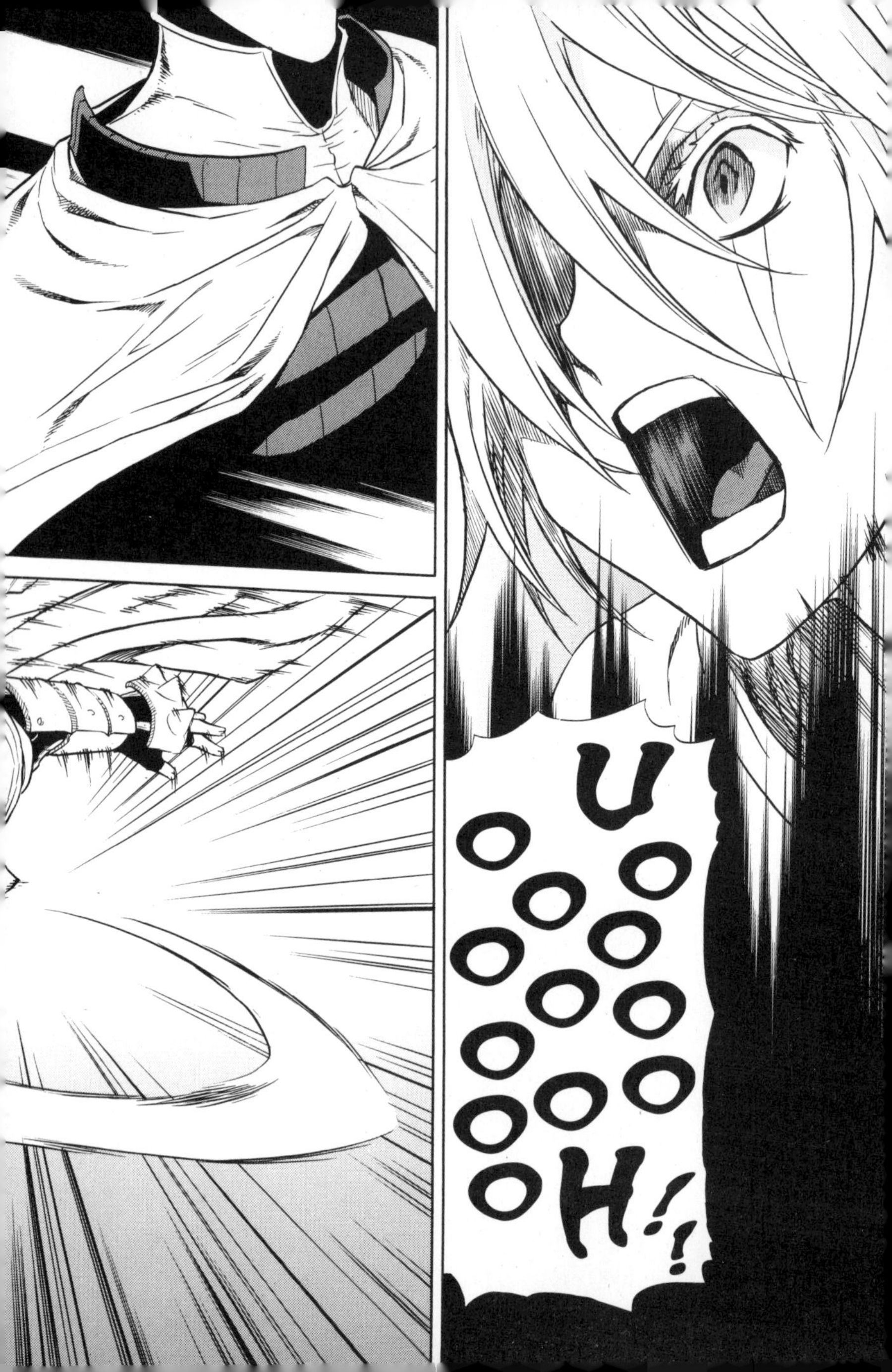
UOOOOOOOOOOOOOOOH!!

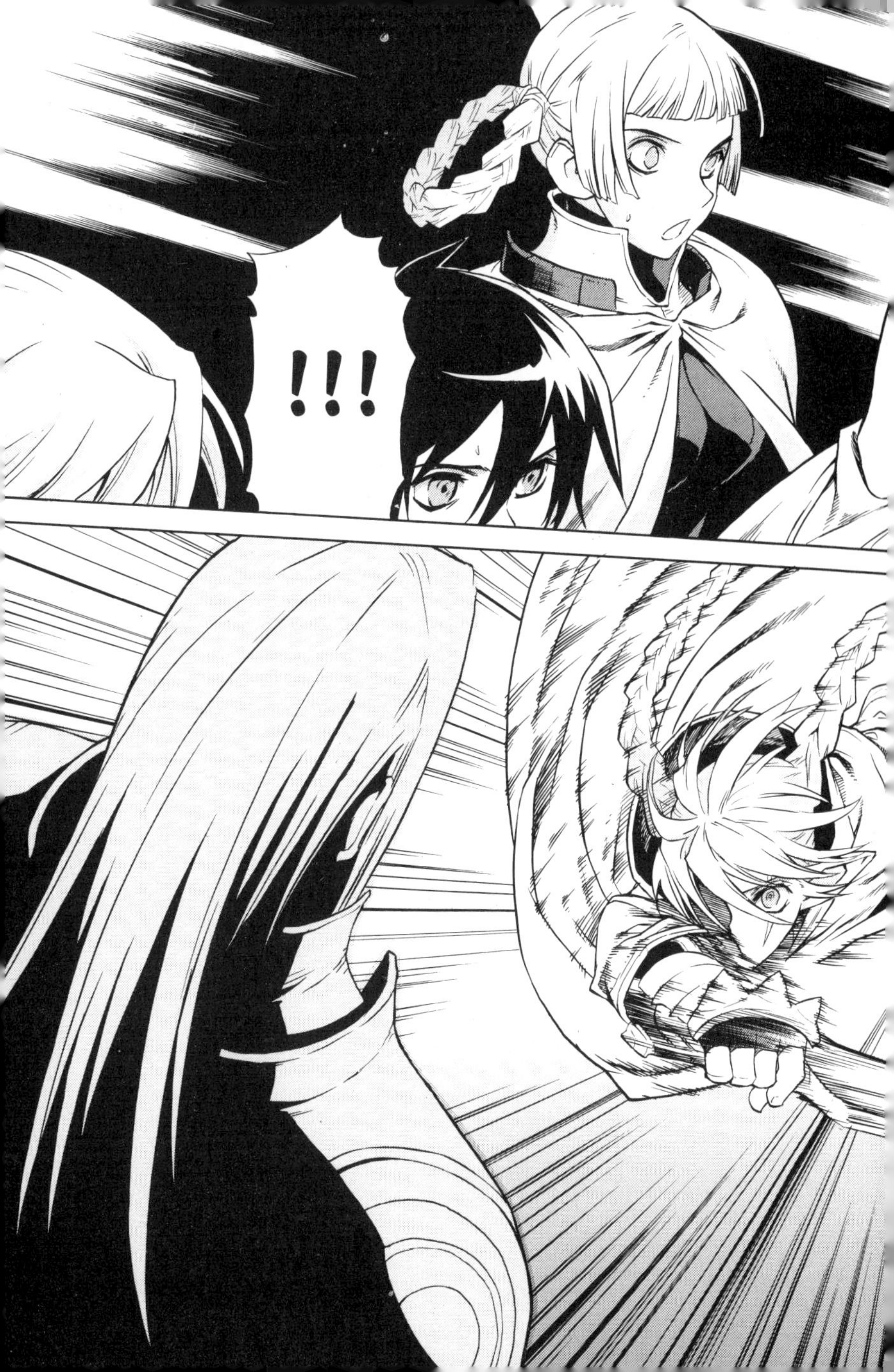

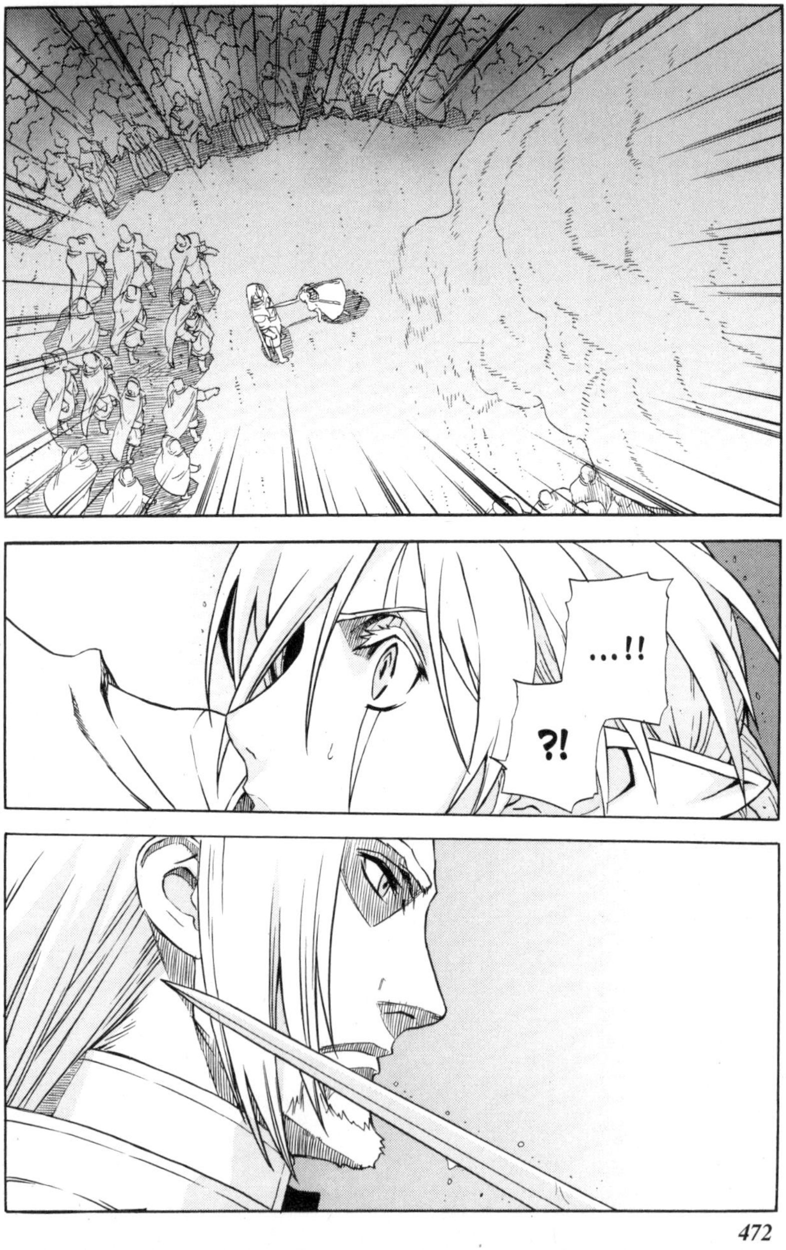

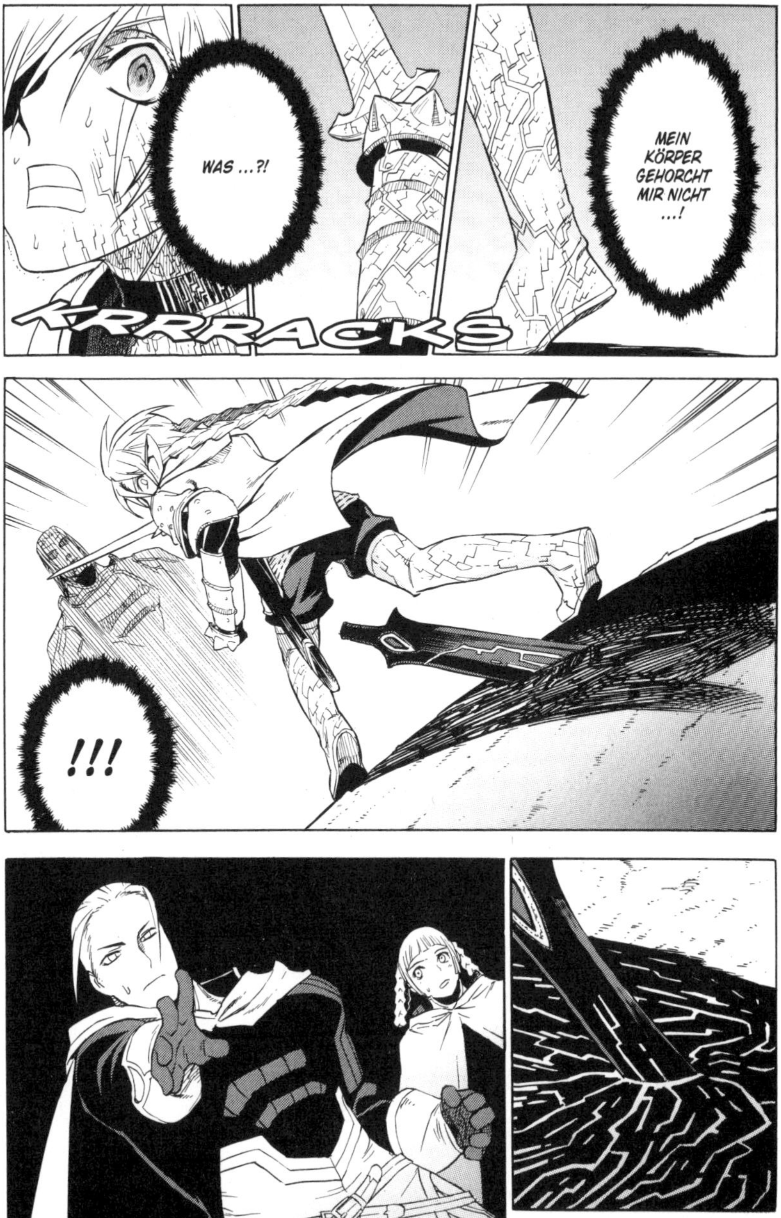
MEIN KÖRPER GEHORCHT MIR NICHT ...!
WAS ...?!
KRRRACKS
!!!

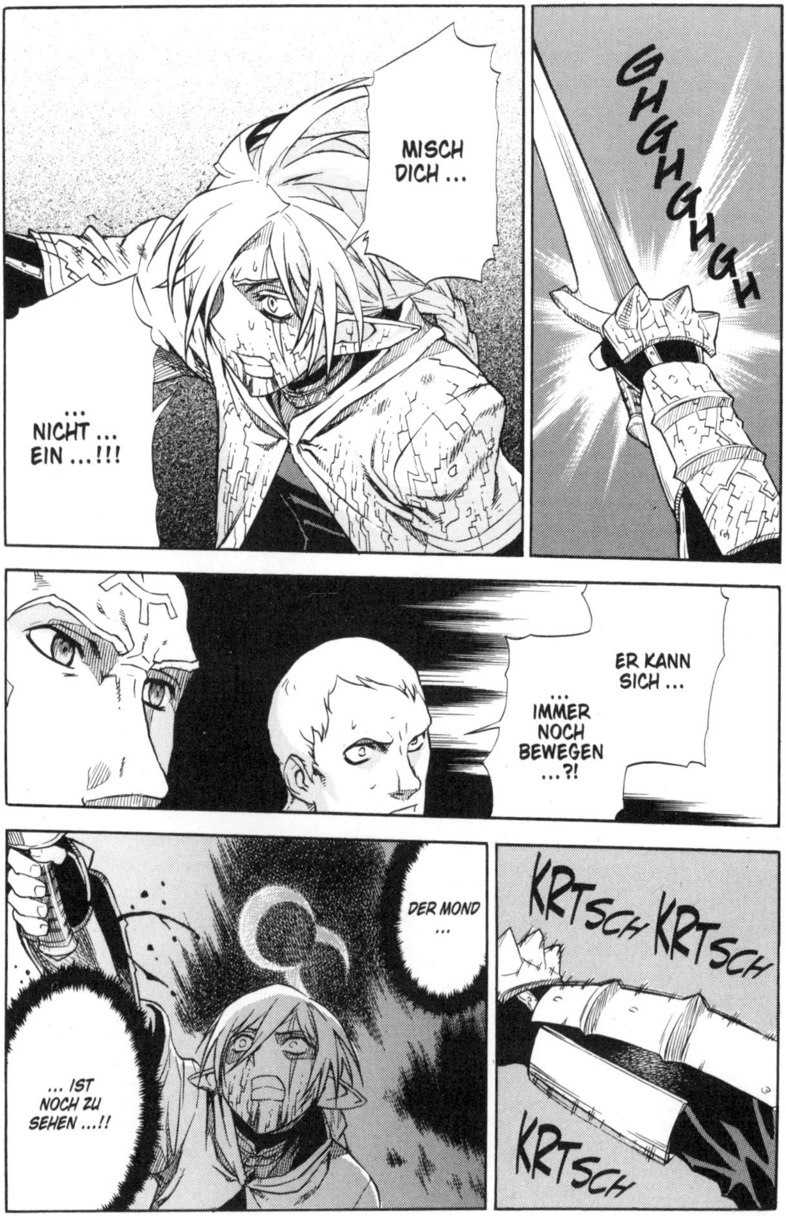
MISCH DICH ...
... NICHT ... EIN ...!!!
GHGHGHGH
ER KANN SICH ...
... IMMER NOCH BEWEGEN ...?!
DER MOND ...
... IST NOCH ZU SEHEN ...!!
KRTSCH KRTSCH
KRTSCH

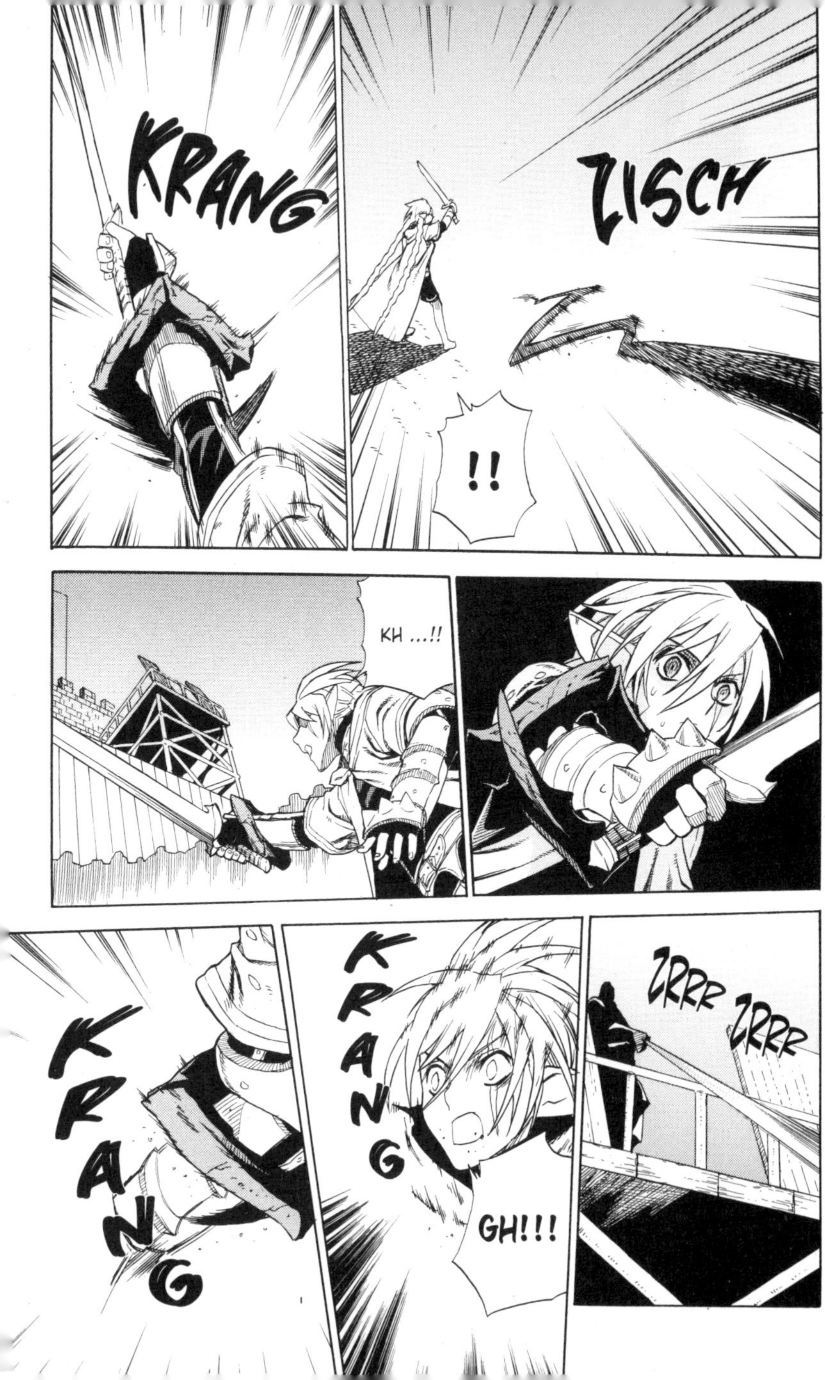

ZISCH
KRANG
!!
KH ...!!
ZRRR ZRRR
KRANG
GH!!!
KRANG

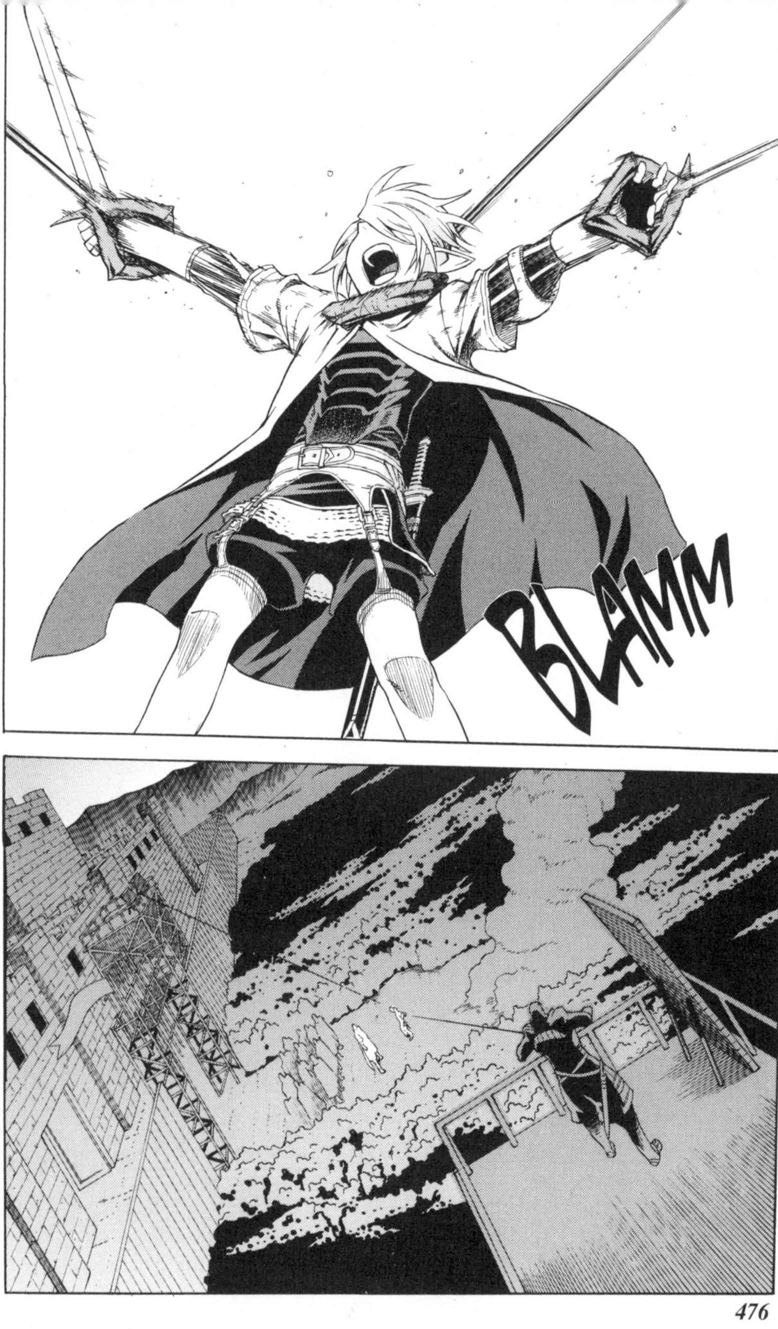
BLAMM

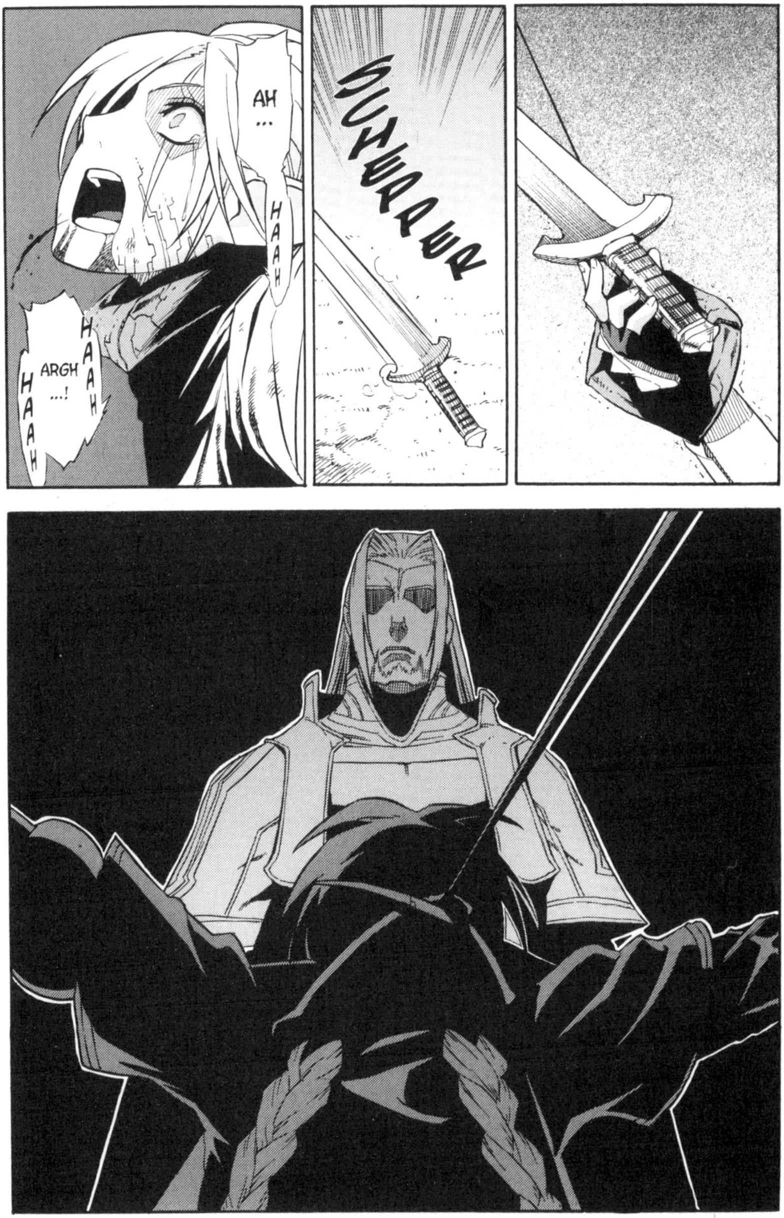
AH ...
HAAH
HAAH
ARGH ...!
HAAH
SCHEPPER

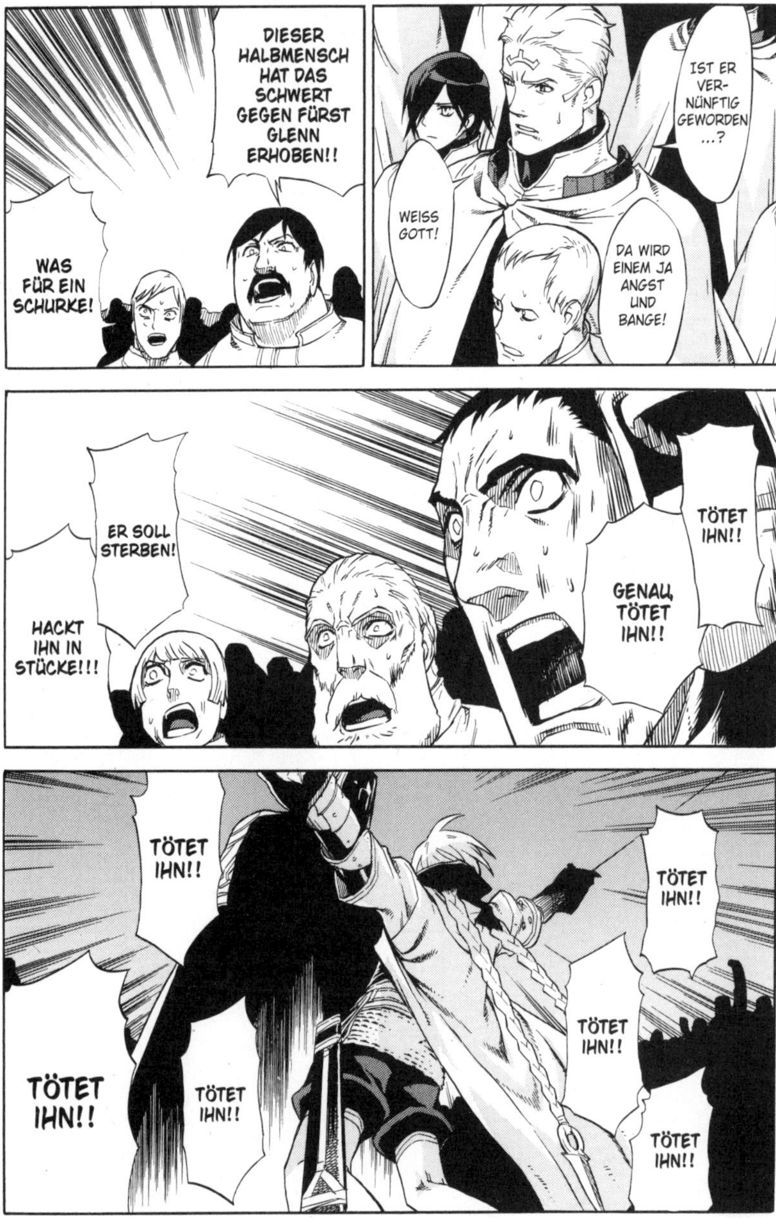
IST ER VER-NÜNFTIG GEWORDEN ...?
WEISS GOTT!
DA WIRD EINEM JA ANGST UND BANGE!
DIESER HALBMENSCH HAT DAS SCHWERT GEGEN FÜRST GLENN ERHOBEN!!
WAS FÜR EIN SCHURKE!
TÖTET IHN!!
GENAU, TÖTET IHN!!
ER SOLL STERBEN!
HACKT IHN IN STÜCKE!!!
TÖTET IHN!!
TÖTET IHN!!
TÖTET IHN!!
TÖTET IHN!!
TÖTET IHN!!
TÖTET IHN!!

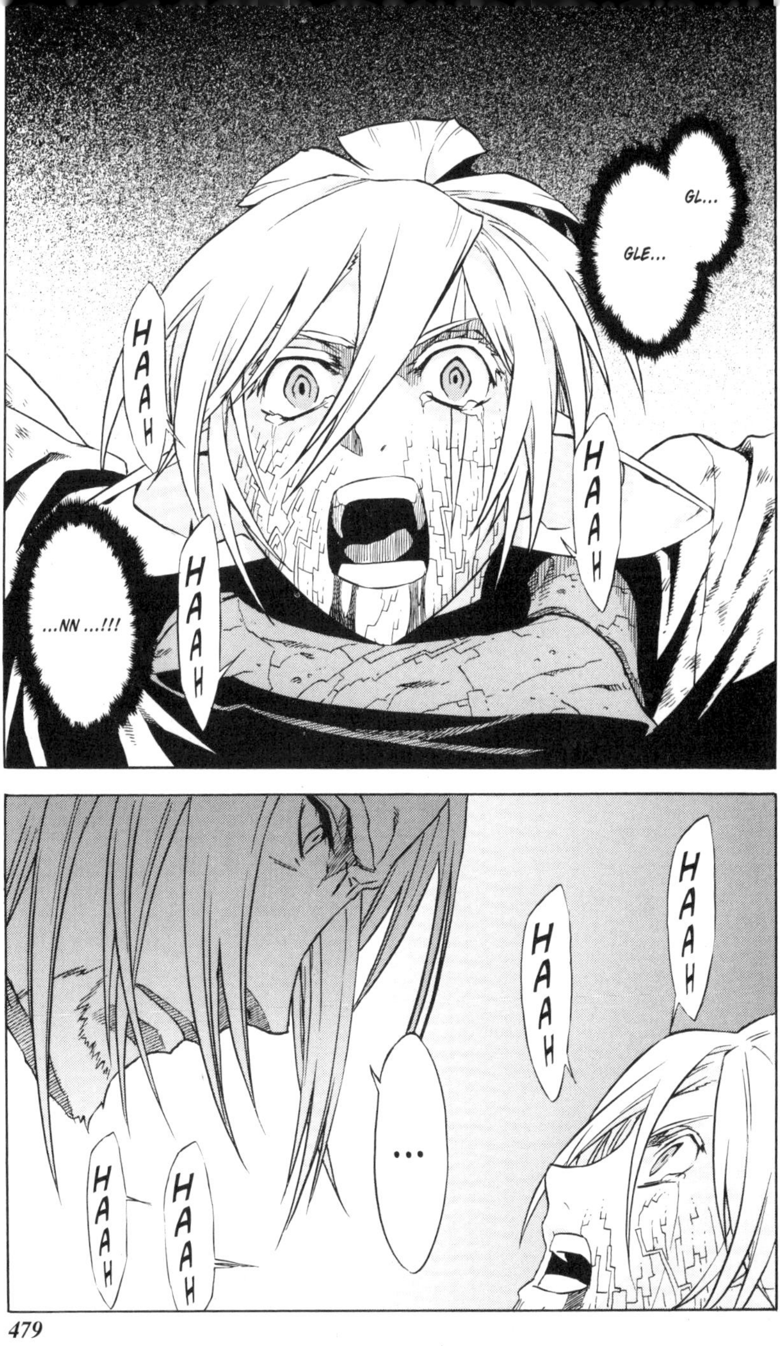
GL...
GLE...
HAAAH
HAAAH
HAAAH
...NN ...!!!
HAAAH
HAAAH
...
HAAAH
HAAAH

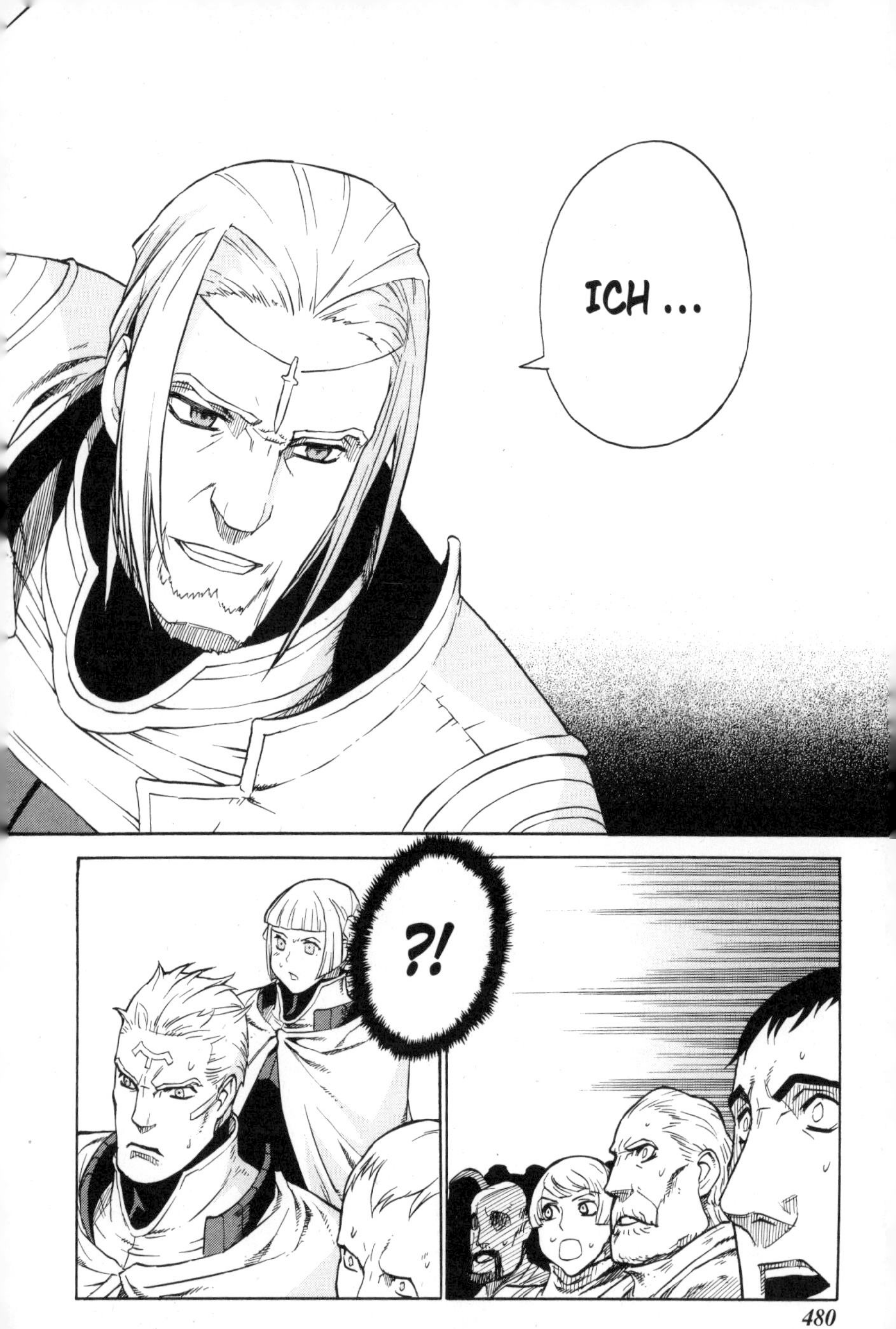
ICH ...
?!

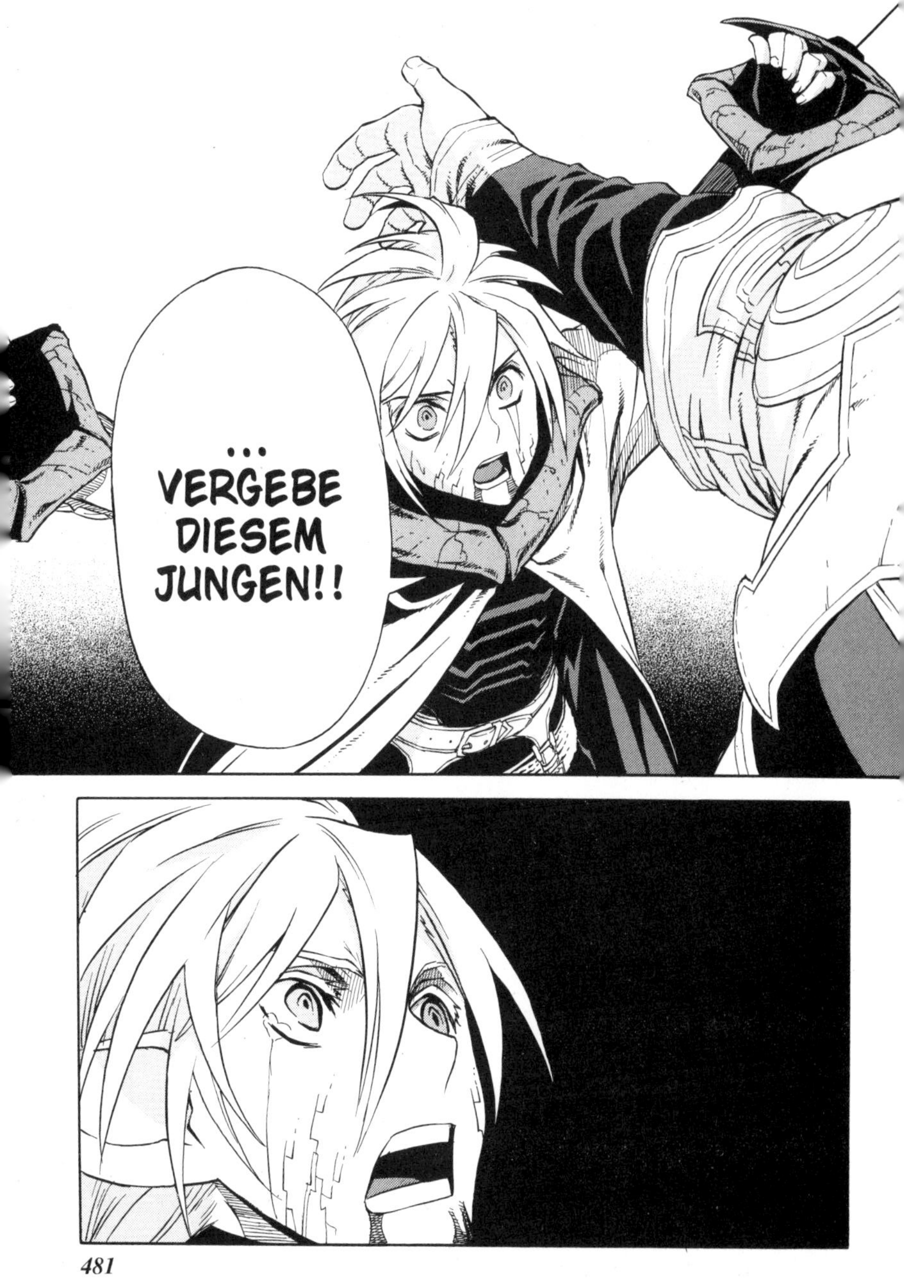
...VERGEBE DIESEM JUNGEN!!

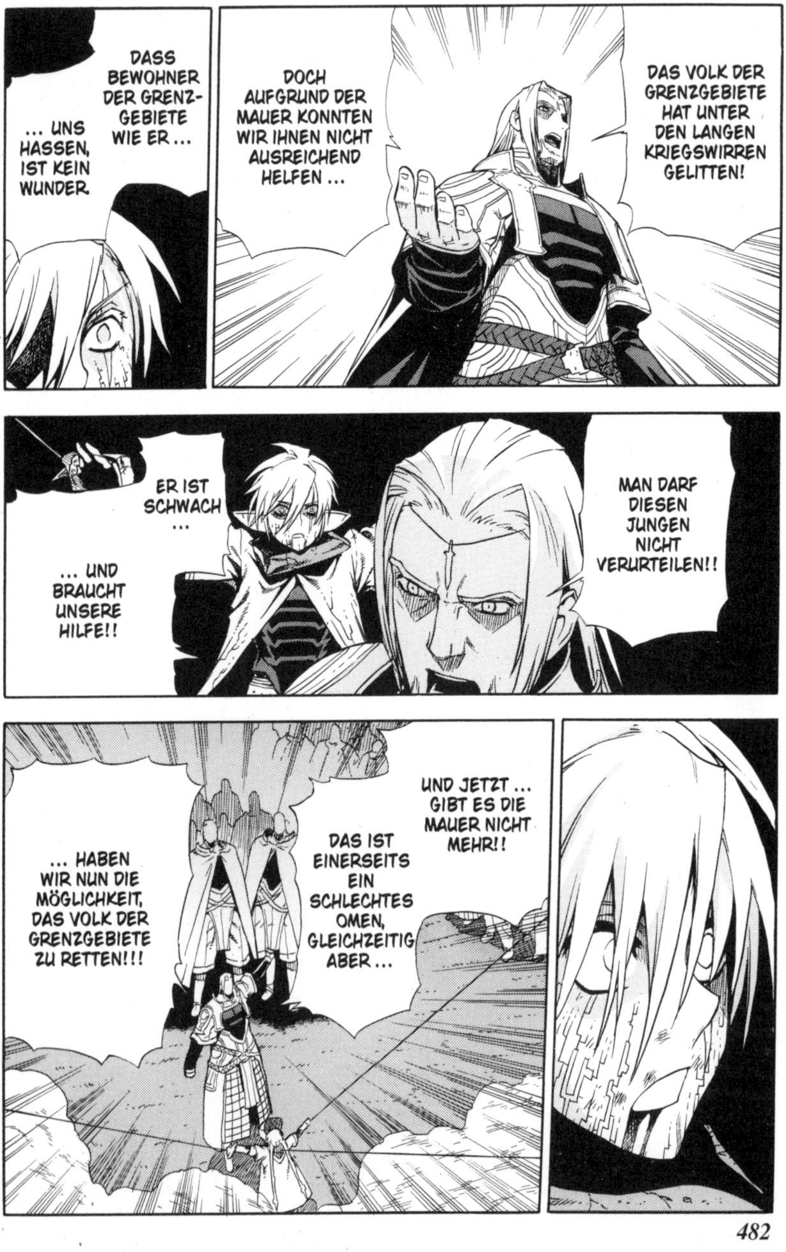
DAS VOLK DER GRENZGEBIETE HAT UNTER DEN LANGEN KRIEGSWIRREN GELITTEN!
DOCH AUFGRUND DER MAUER KONNTEN WIR IHNEN NICHT AUSREICHEND HELFEN …
DASS BEWOHNER DER GRENZGEBIETE WIE ER …
… UNS HASSEN, IST KEIN WUNDER.
MAN DARF DIESEN JUNGEN NICHT VERURTEILEN!!
ER IST SCHWACH …
… UND BRAUCHT UNSERE HILFE!!
UND JETZT … GIBT ES DIE MAUER NICHT MEHR!!
DAS IST EINERSEITS EIN SCHLECHTES OMEN, GLEICHZEITIG ABER …
… HABEN WIR NUN DIE MÖGLICHKEIT, DAS VOLK DER GRENZGEBIETE ZU RETTEN!!!

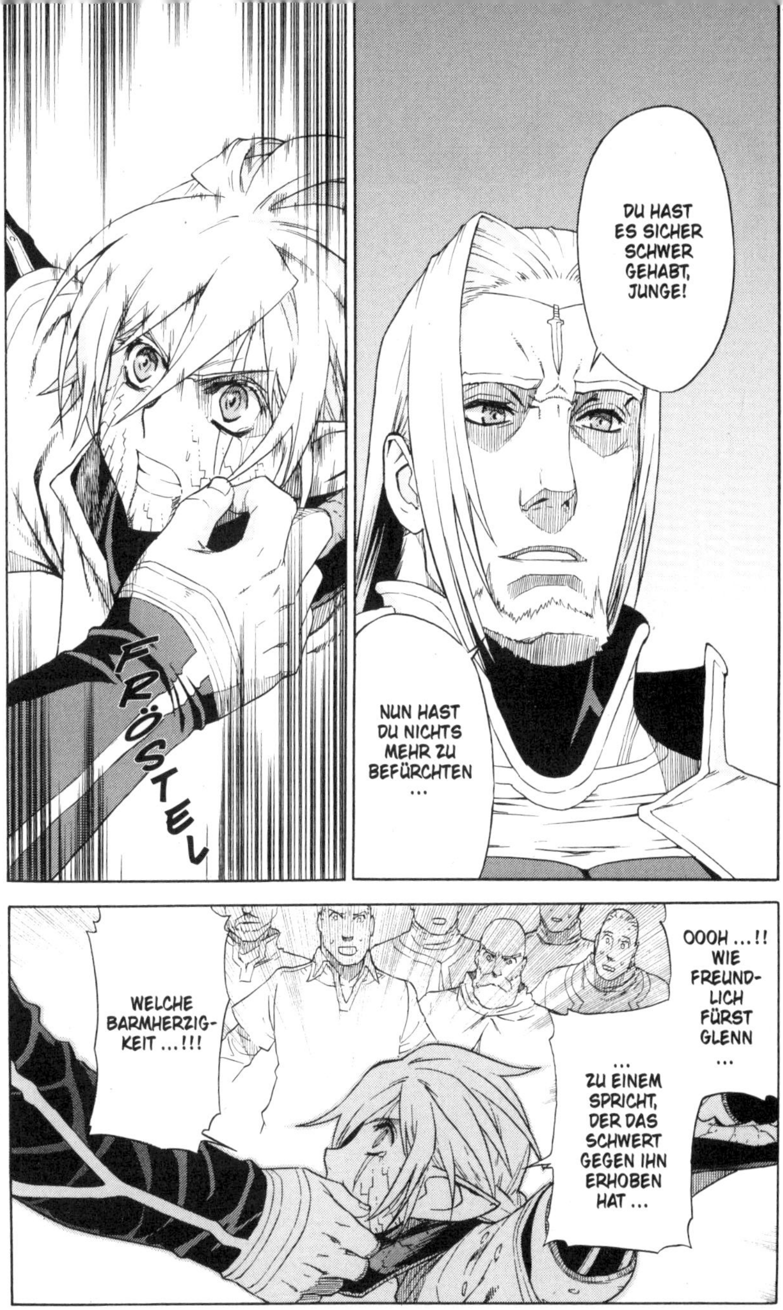
DU HAST ES SICHER SCHWER GEHABT, JUNGE!
NUN HAST DU NICHTS MEHR ZU BEFÜRCHTEN ...
FRÖSTEL
OOOH ...!! WIE FREUNDLICH FÜRST GLENN ...
... ZU EINEM SPRICHT, DER DAS SCHWERT GEGEN IHN ERHOBEN HAT ...
WELCHE BARMHERZIGKEIT ...!!!

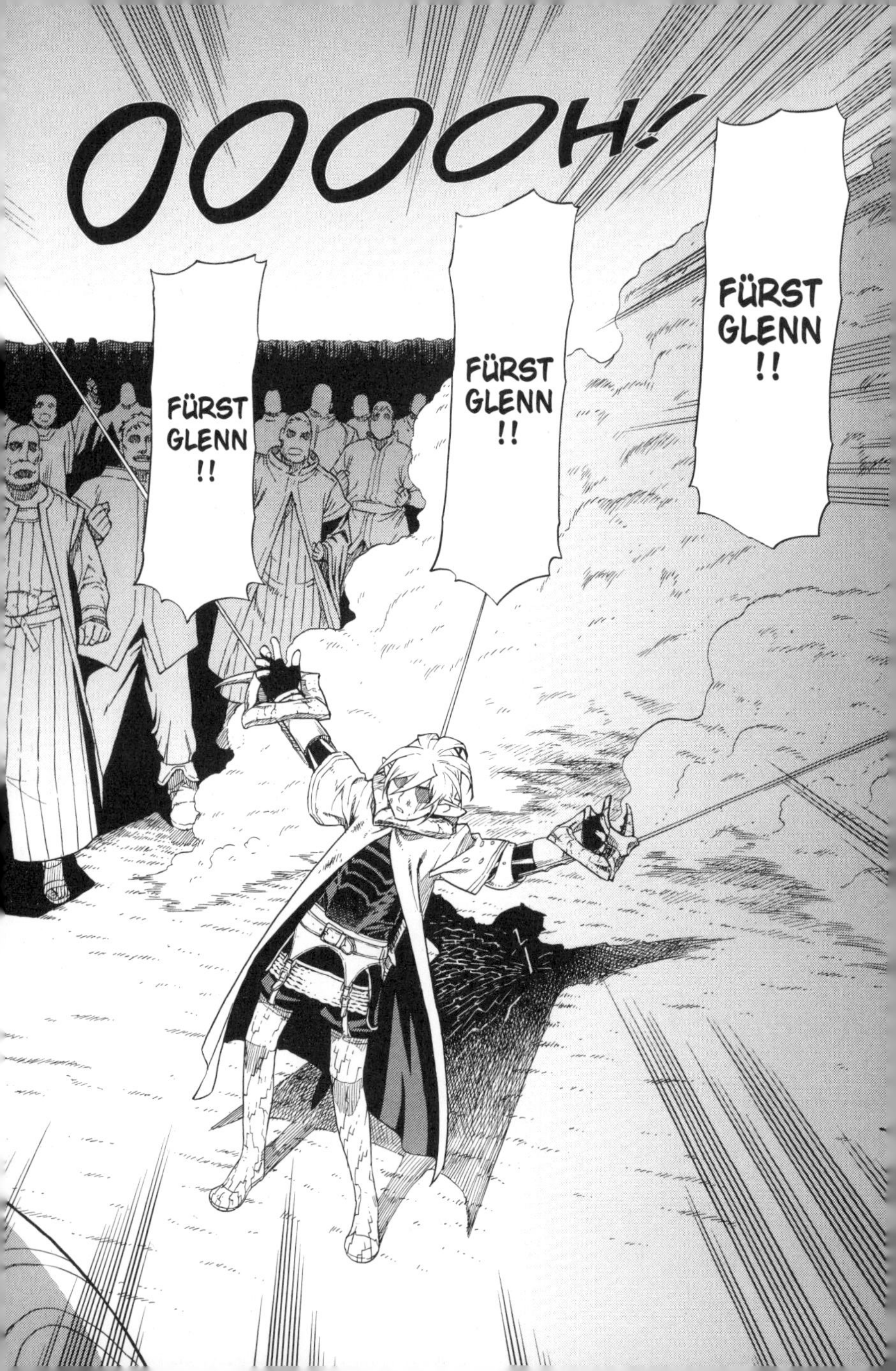
OOOOH!
FÜRST GLENN !!
FÜRST GLENN !!
FÜRST GLENN !!

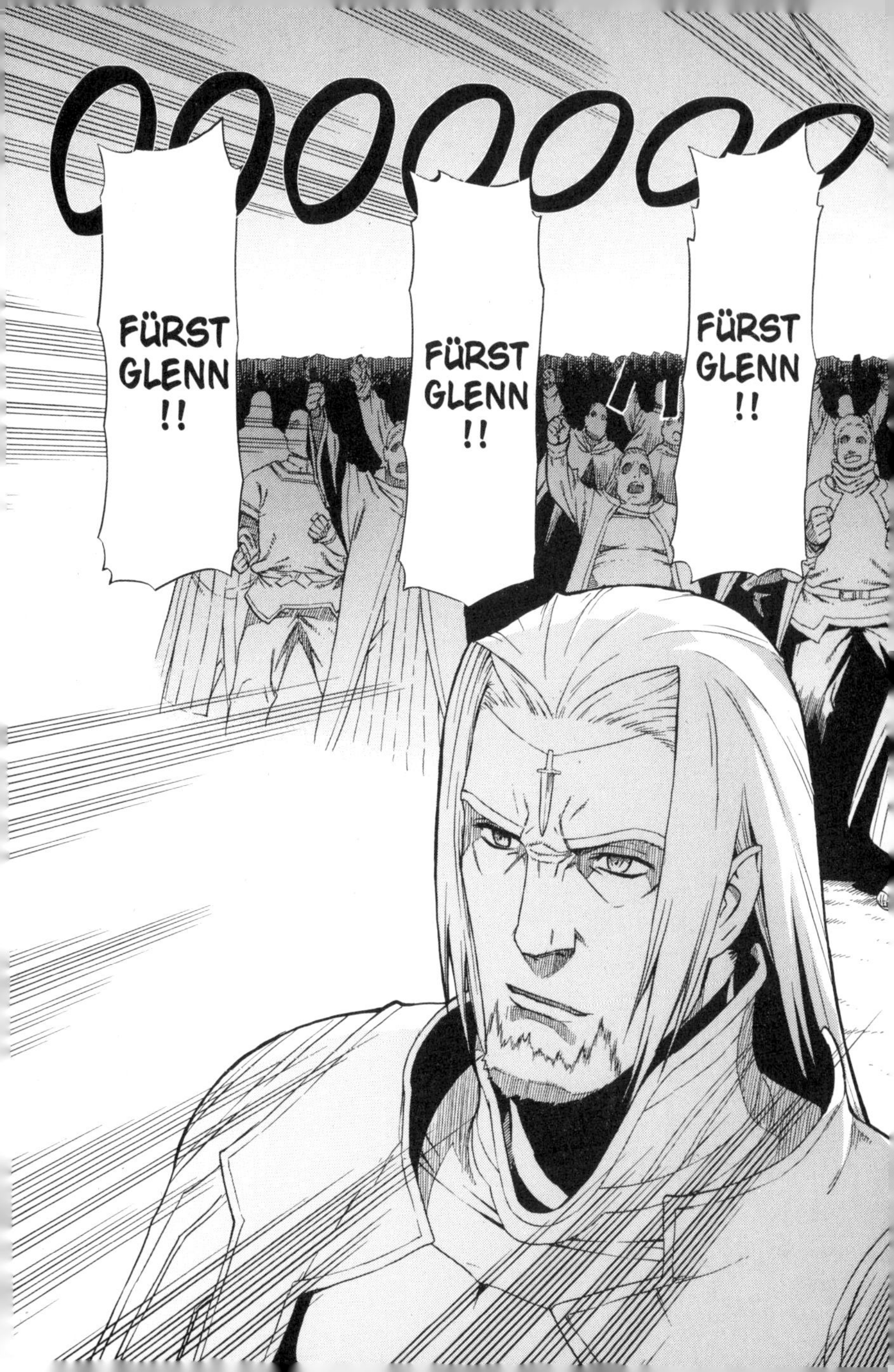
OOOOOOOO
FÜRST GLENN !!
FÜRST GLENN !!
FÜRST GLENN !!

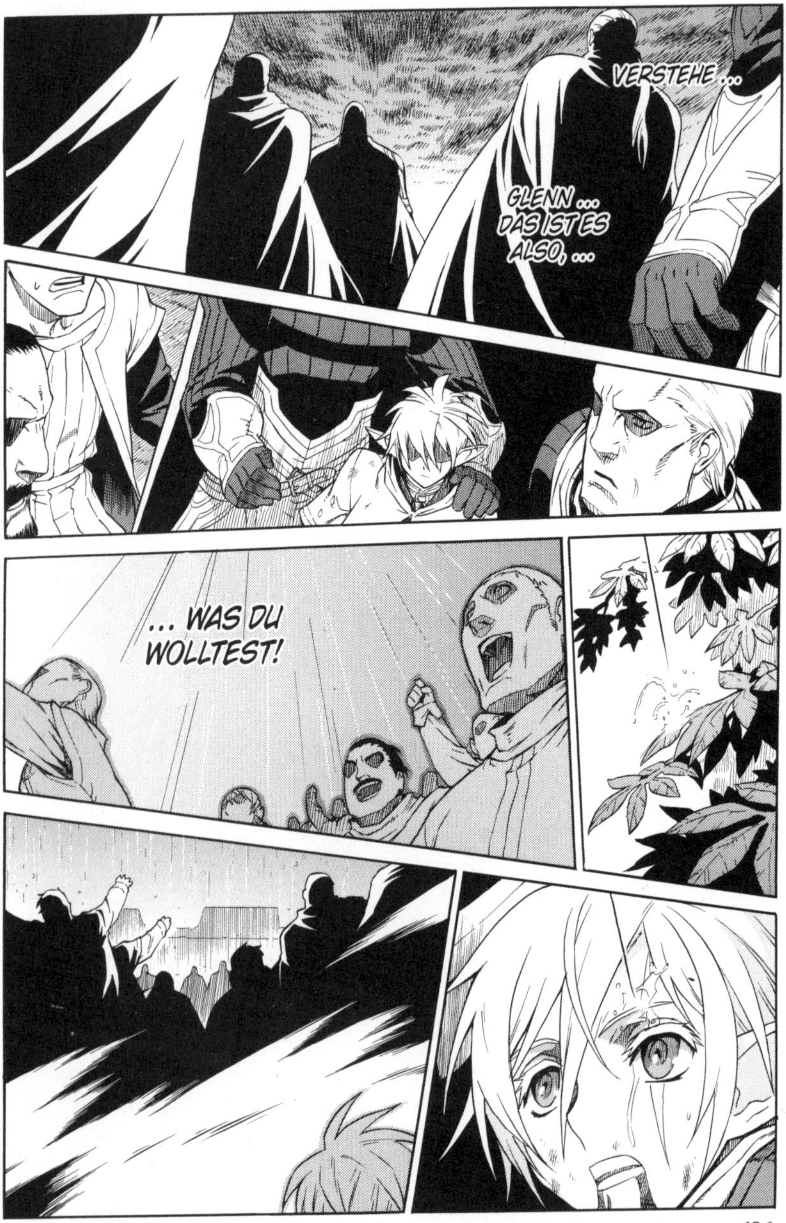

VERSTEHE ...
GLENN ... DAS IST ES ALSO, ...
... WAS DU WOLLTEST!

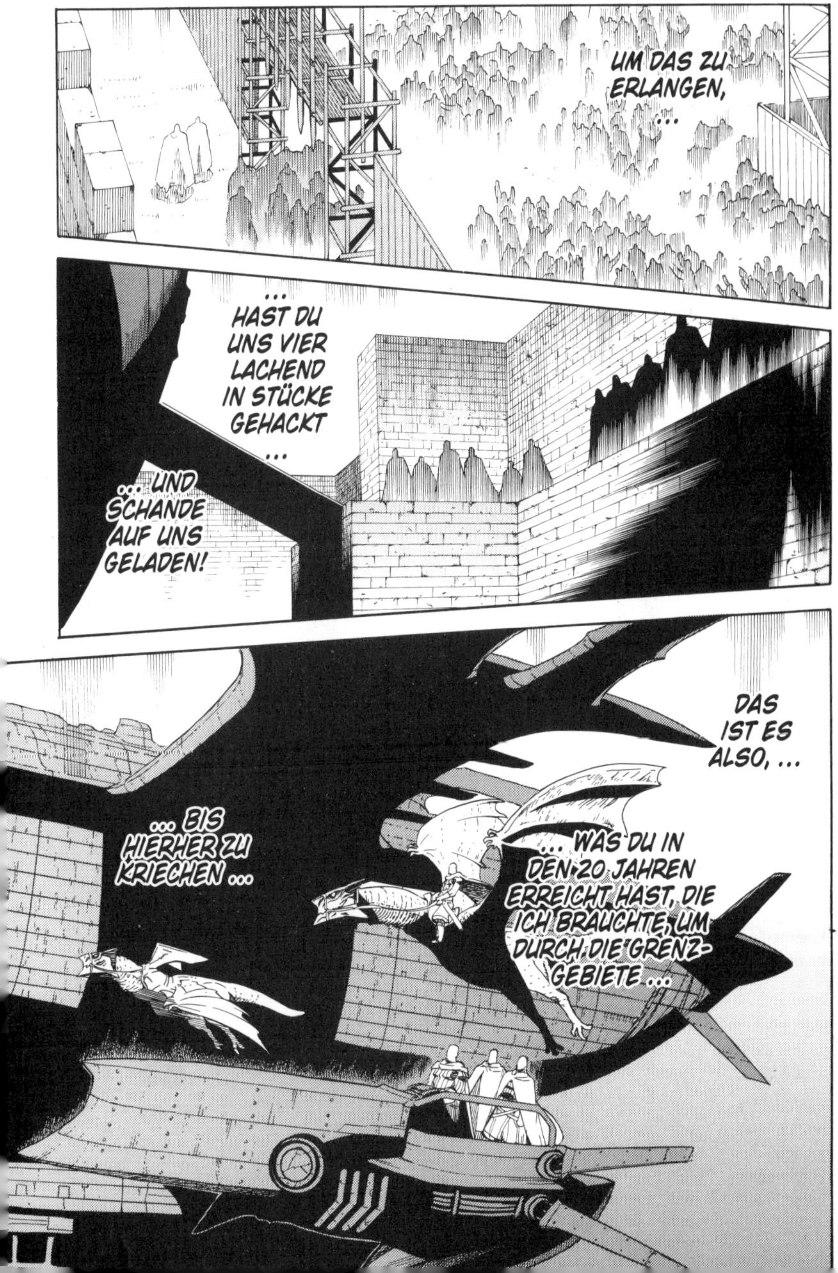
UM DAS ZU ERLANGEN, ...
... HAST DU UNS VIER LACHEND IN STÜCKE GEHACKT ...
... UND SCHANDE AUF UNS GELADEN!
DAS IST ES ALSO, ...
... WAS DU IN DEN 20 JAHREN ERREICHT HAST, DIE ICH BRAUCHTE, UM DURCH DIE GRENZ-GEBIETE ...
... BIS HIERHER ZU KRIECHEN ...

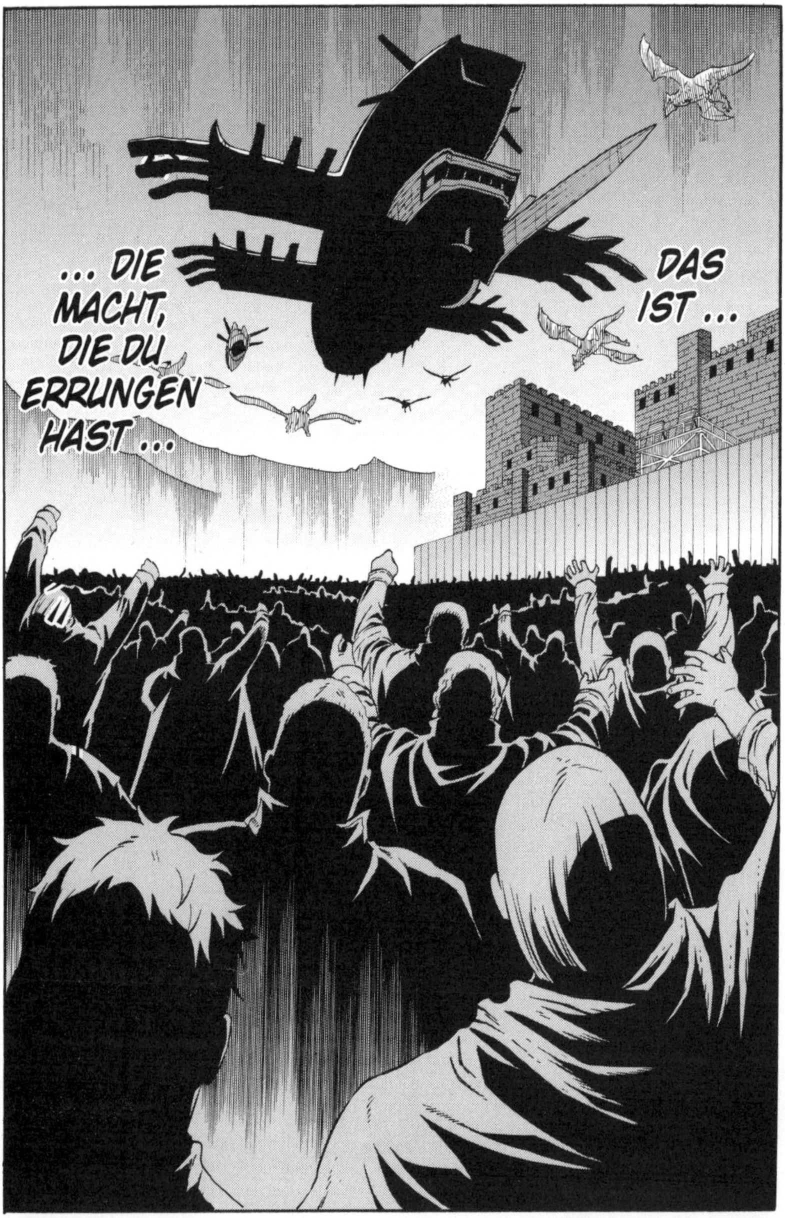
DAS IST ...
... DIE MACHT, DIE DU ERRUNGEN HAST ...

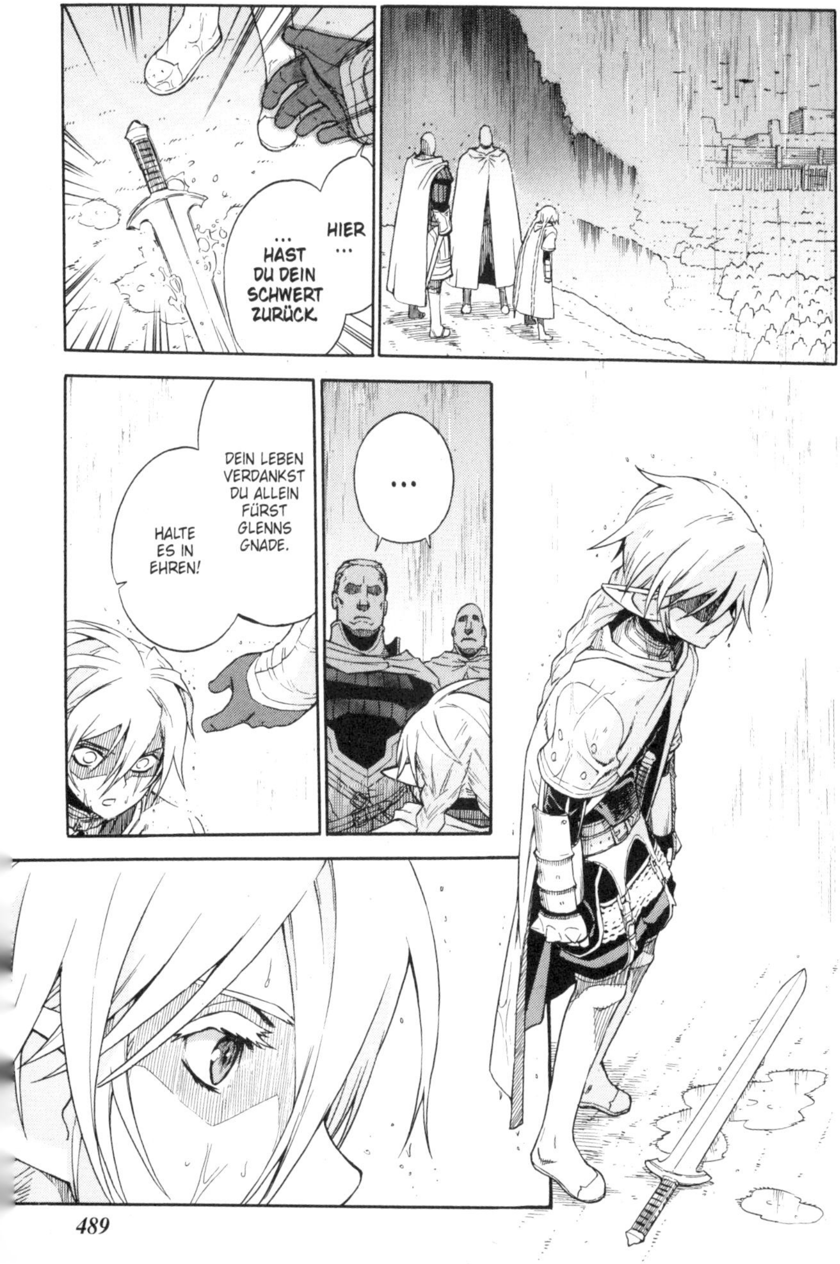

HIER …
… HAST DU DEIN SCHWERT ZURÜCK
DEIN LEBEN VERDANKST DU ALLEIN FÜRST GLENNS GNADE.
HALTE ES IN EHREN!
…

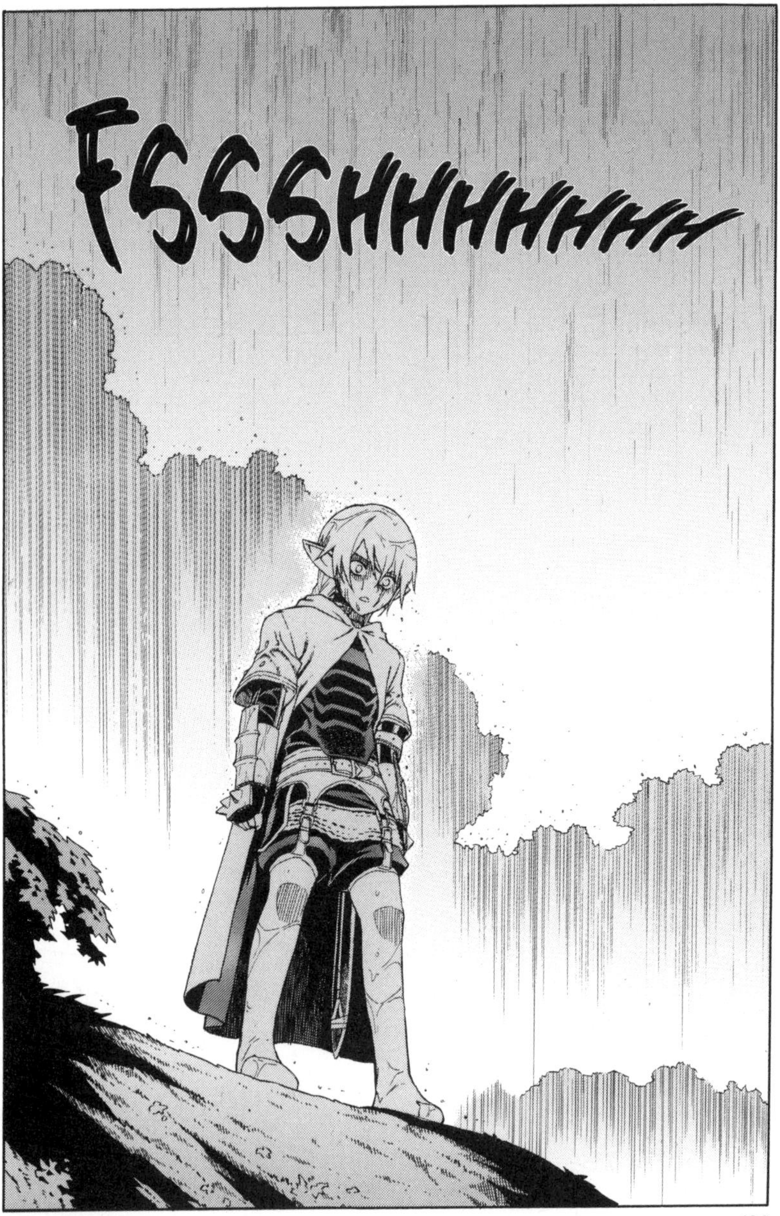
FSSSHHHHHHH

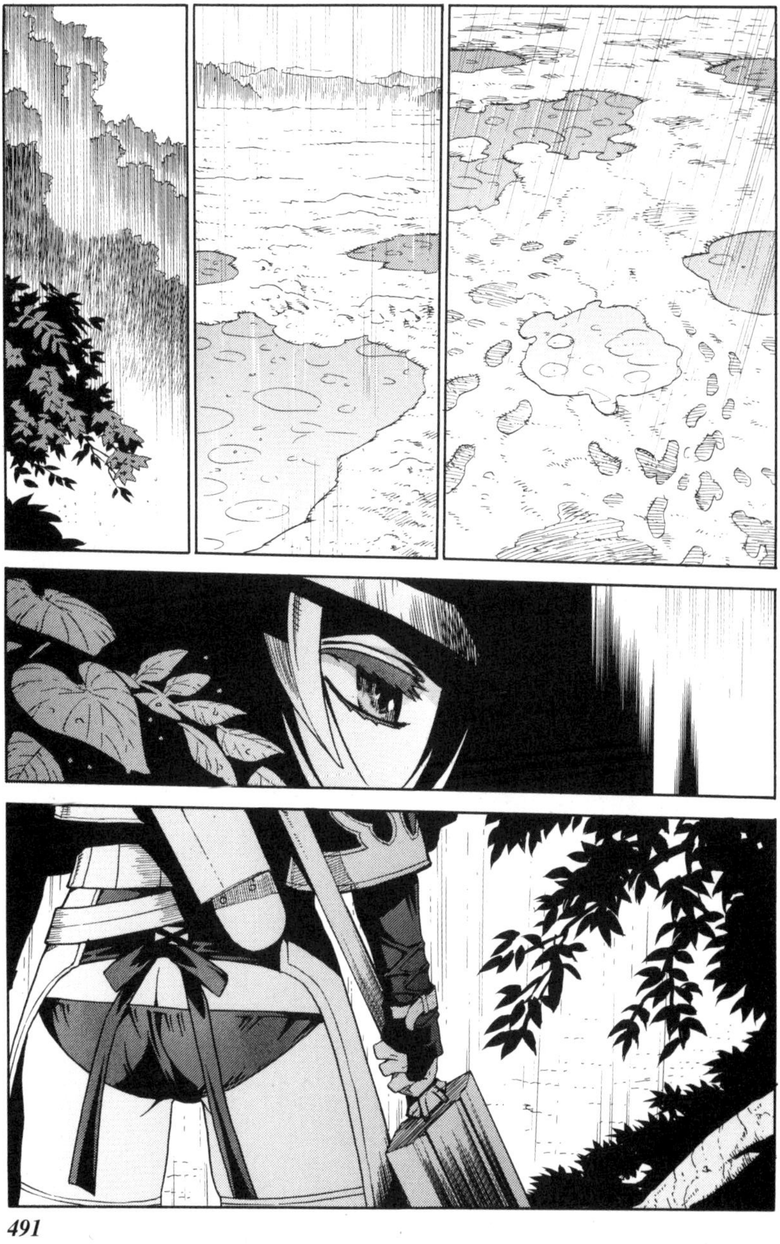

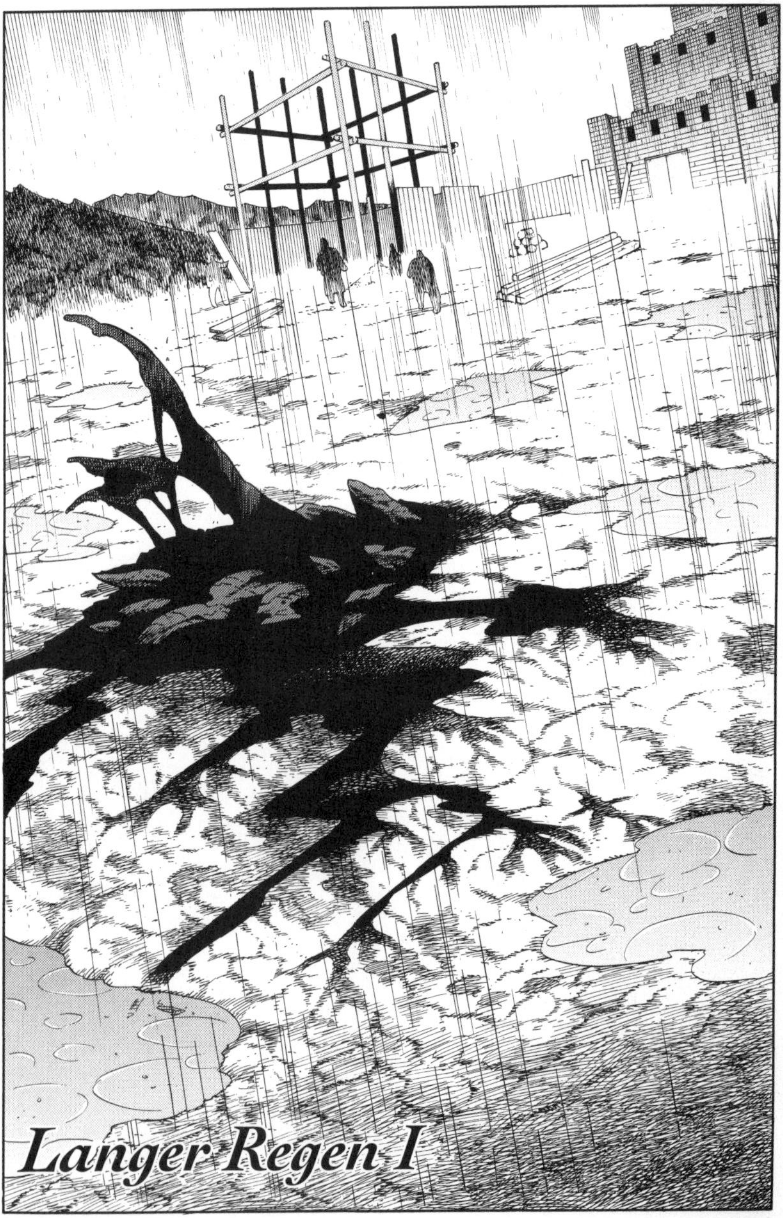
Langer Regen I

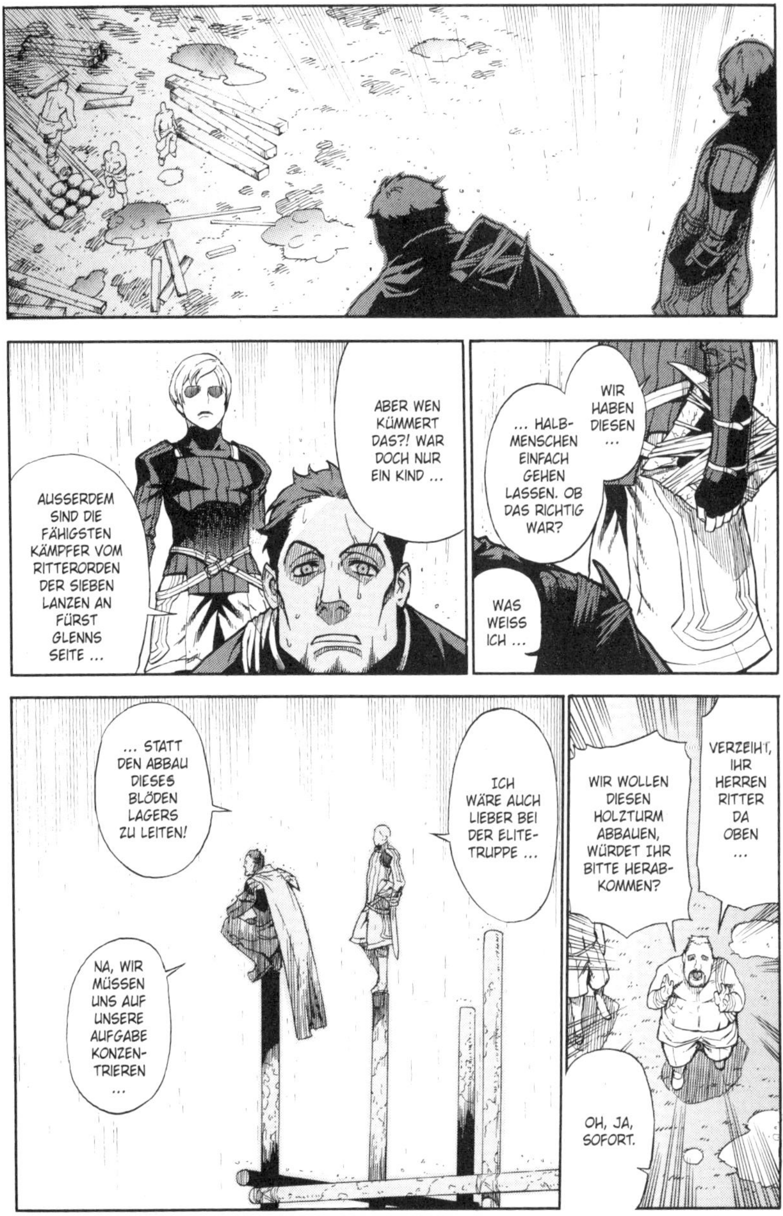

WIR HABEN DIESEN …
… HALB-MENSCHEN EINFACH GEHEN LASSEN. OB DAS RICHTIG WAR?
WAS WEISS ICH …
ABER WEN KÜMMERT DAS?! WAR DOCH NUR EIN KIND …
AUSSERDEM SIND DIE FÄHIGSTEN KÄMPFER VOM RITTERORDEN DER SIEBEN LANZEN AN FÜRST GLENNS SEITE …
VERZEIHT, IHR HERREN RITTER DA OBEN …
WIR WOLLEN DIESEN HOLZTURM ABBAUEN, WÜRDET IHR BITTE HERAB-KOMMEN?
OH, JA, SOFORT.
ICH WÄRE AUCH LIEBER BEI DER ELITE-TRUPPE …
… STATT DEN ABBAU DIESES BLÖDEN LAGERS ZU LEITEN!
NA, WIR MÜSSEN UNS AUF UNSERE AUFGABE KONZEN-TRIEREN …

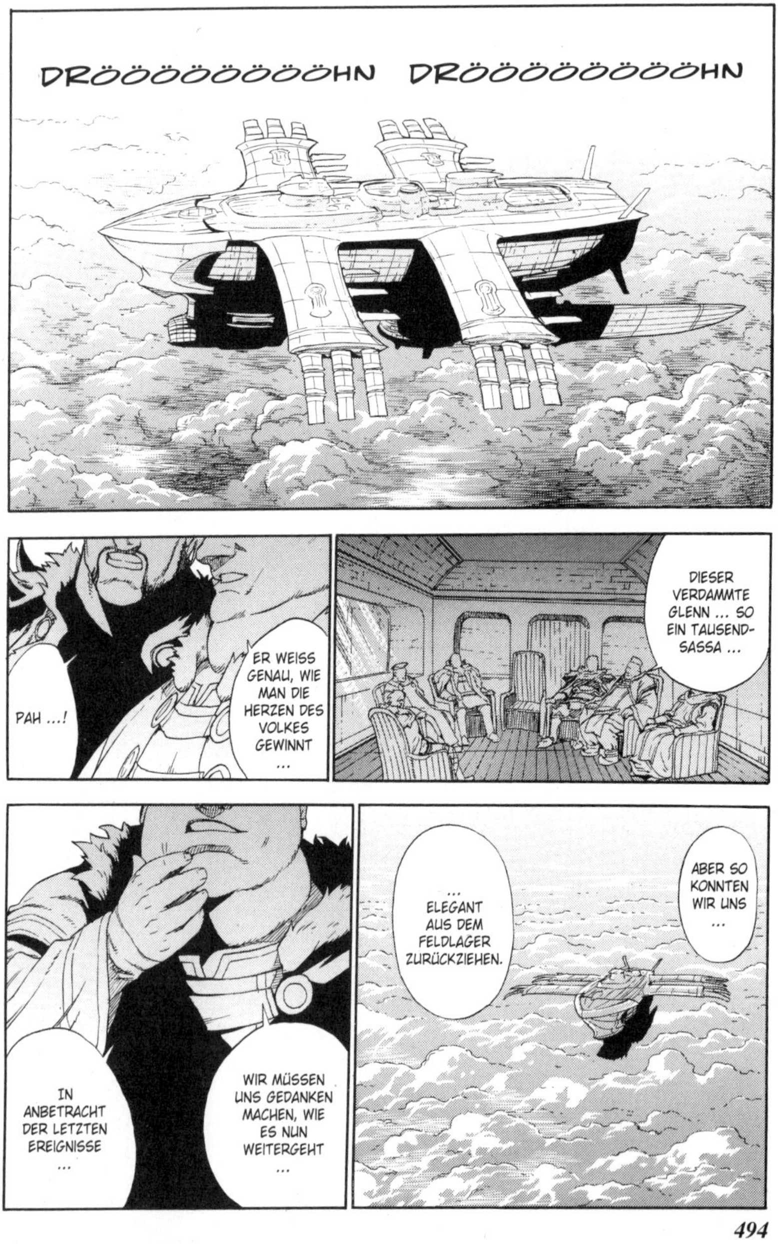
DRÖÖÖÖÖÖÖÖÖHN DRÖÖÖÖÖÖÖÖÖÖHN
DIESER VERDAMMTE GLENN ... SO EIN TAUSENDSASSA ...
ER WEISS GENAU, WIE MAN DIE HERZEN DES VOLKES GEWINNT ...
PAH ...!
ABER SO KONNTEN WIR UNS ...
... ELEGANT AUS DEM FELDLAGER ZURÜCKZIEHEN.
WIR MÜSSEN UNS GEDANKEN MACHEN, WIE ES NUN WEITERGEHT ...
IN ANBETRACHT DER LETZTEN EREIGNISSE ...

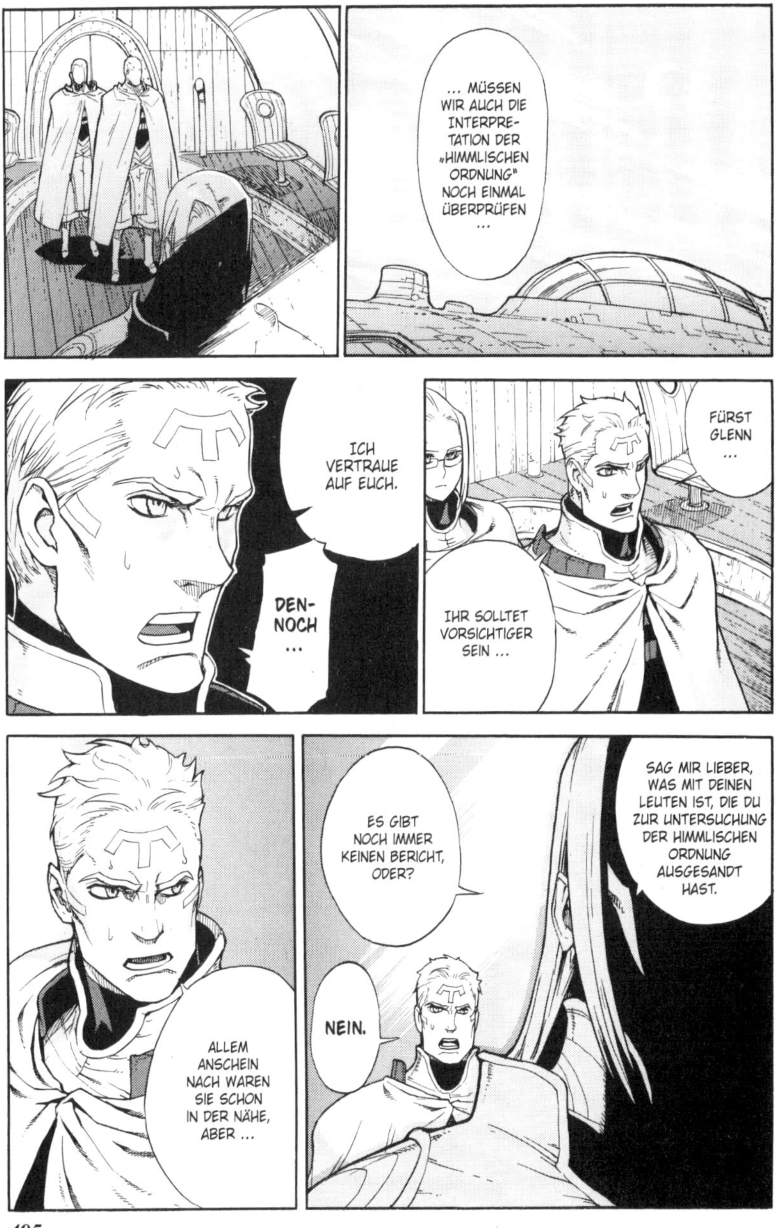
… MÜSSEN WIR AUCH DIE INTERPRETATION DER „HIMMLISCHEN ORDNUNG" NOCH EINMAL ÜBERPRÜFEN …
FÜRST GLENN …
IHR SOLLTET VORSICHTIGER SEIN …
ICH VERTRAUE AUF EUCH.
DEN-NOCH …
SAG MIR LIEBER, WAS MIT DEINEN LEUTEN IST, DIE DU ZUR UNTERSUCHUNG DER HIMMLISCHEN ORDNUNG AUSGESANDT HAST.
ES GIBT NOCH IMMER KEINEN BERICHT, ODER?
NEIN.
ALLEM ANSCHEIN NACH WAREN SIE SCHON IN DER NÄHE, ABER …

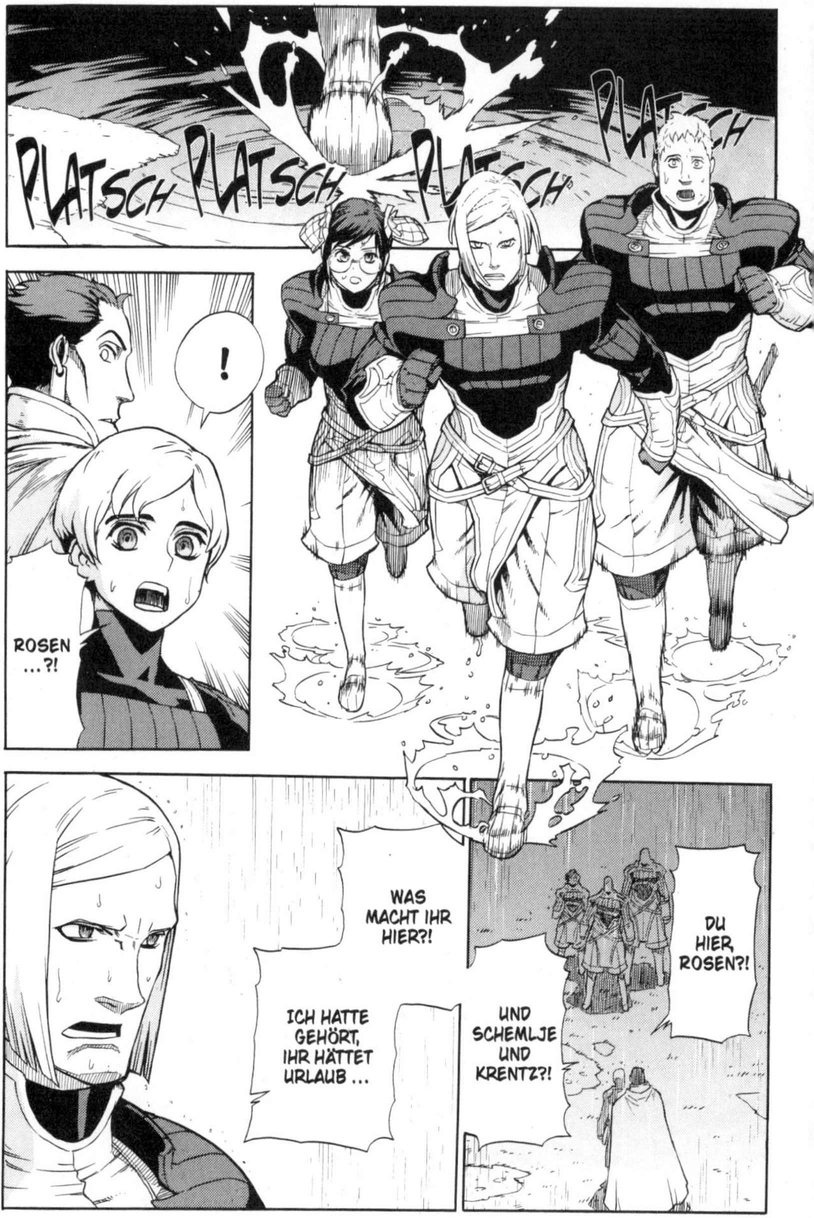
PLATSCH PLATSCH PLATSCH PLATSCH
!
ROSEN ...?!
DU HIER, ROSEN?!
UND SCHEMLJE UND KRENTZ?!
WAS MACHT IHR HIER?!
ICH HATTE GEHÖRT, IHR HÄTTET URLAUB ...

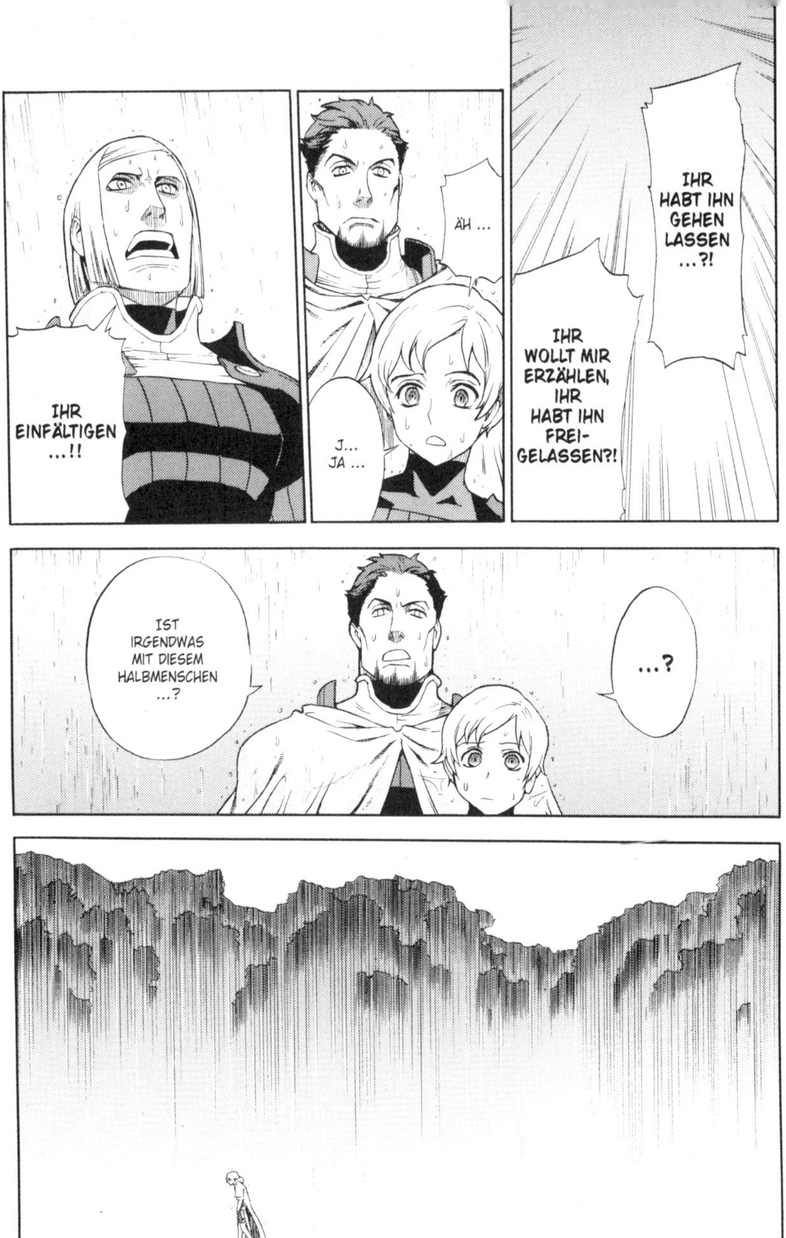
IHR HABT IHN GEHEN LASSEN …?!
IHR WOLLT MIR ERZÄHLEN, IHR HABT IHN FREI-GELASSEN?!
ÄH …
J… JA …
IHR EINFÄLTIGEN …!!
…?
IST IRGENDWAS MIT DIESEM HALBMENSCHEN …?

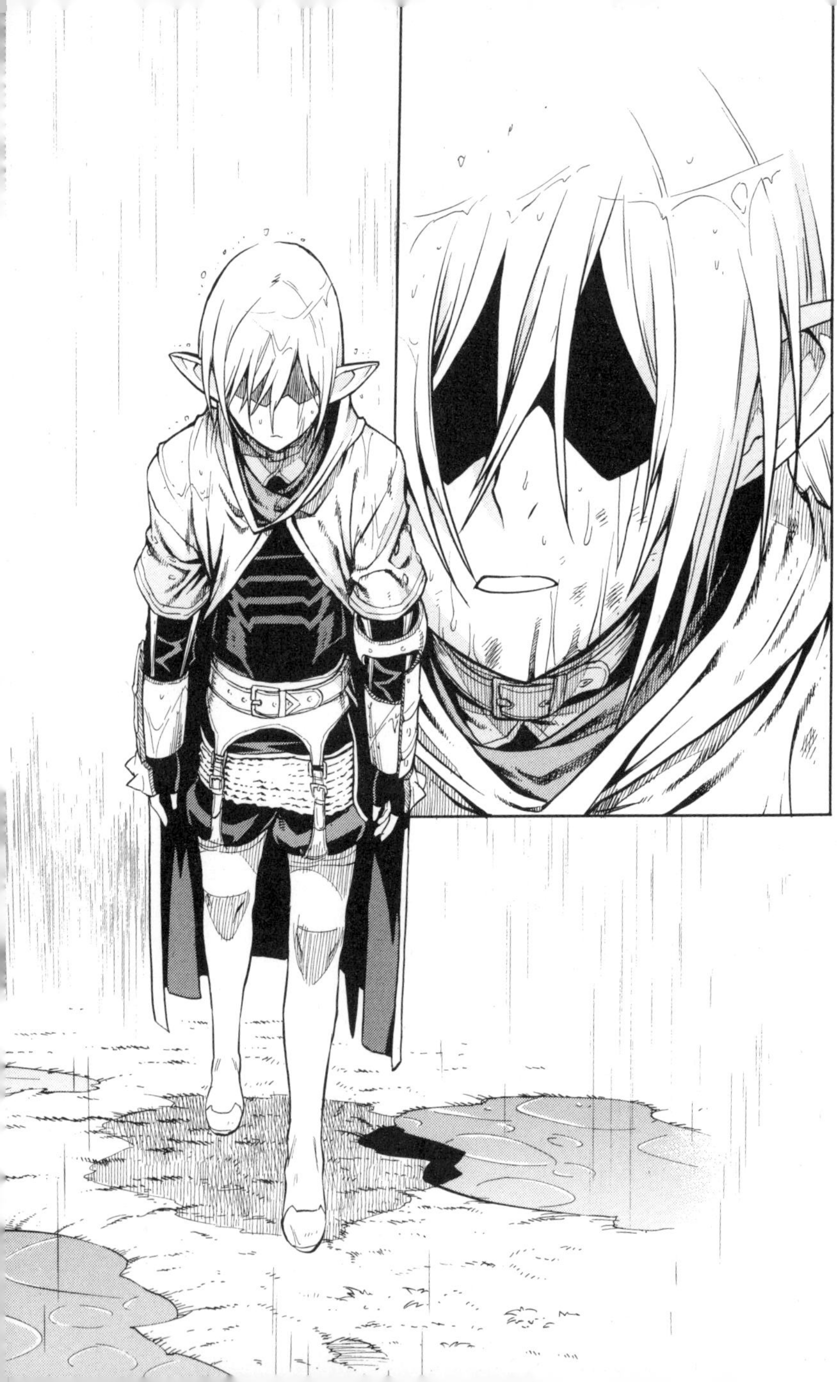

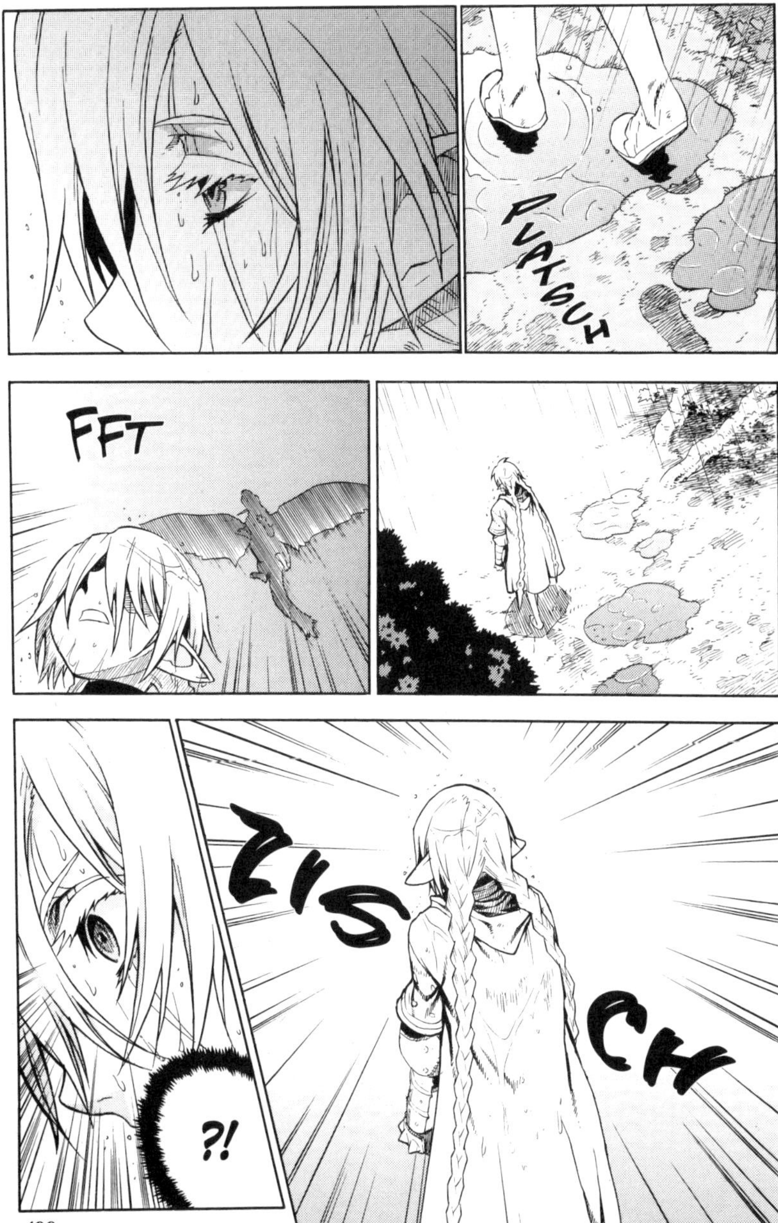
PLATSCH
FFT
ZISCH
?!

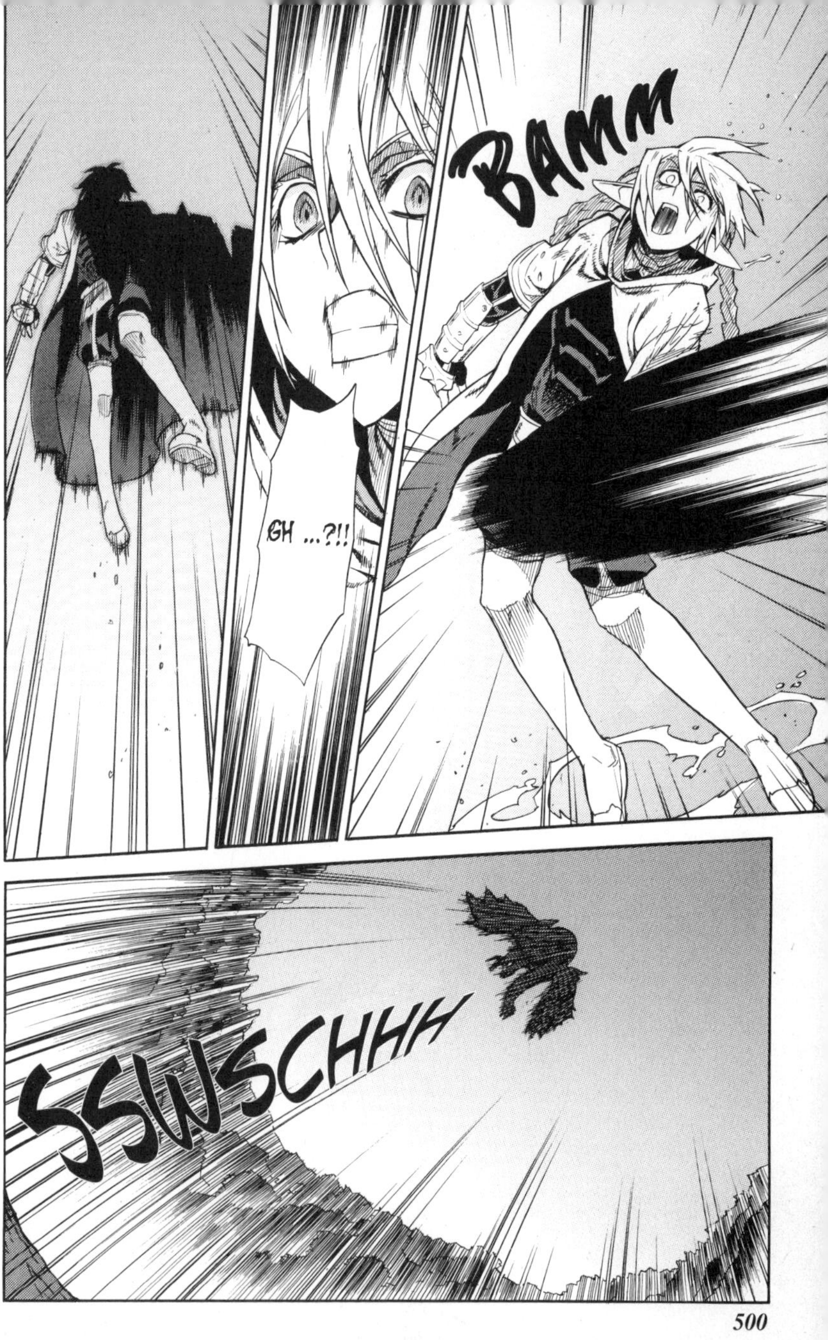
BAMM
GH ...?!!
SSWSCHHH

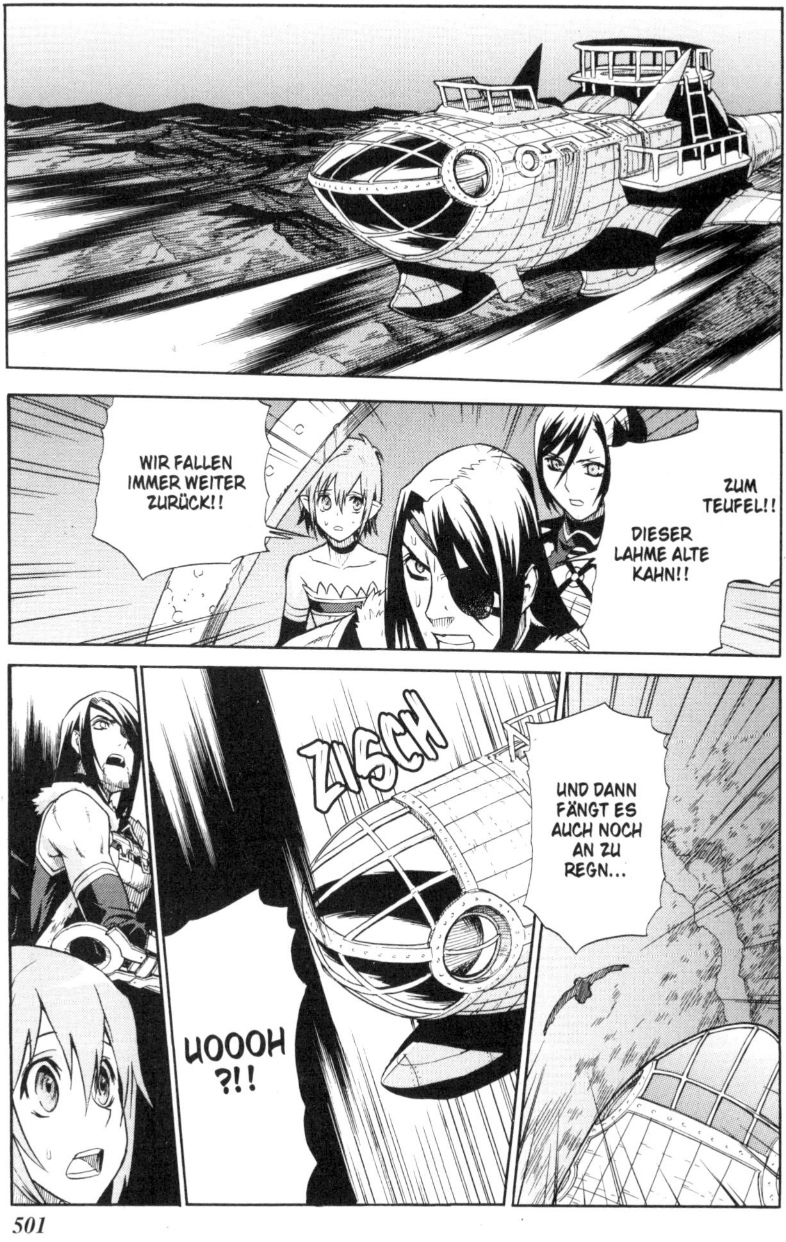
ZUM TEUFEL!!
DIESER LAHME ALTE KAHN!!
WIR FALLEN IMMER WEITER ZURÜCK!!
UND DANN FÄNGT ES AUCH NOCH AN ZU REGN...
ZISCH
UOOOH ?!!

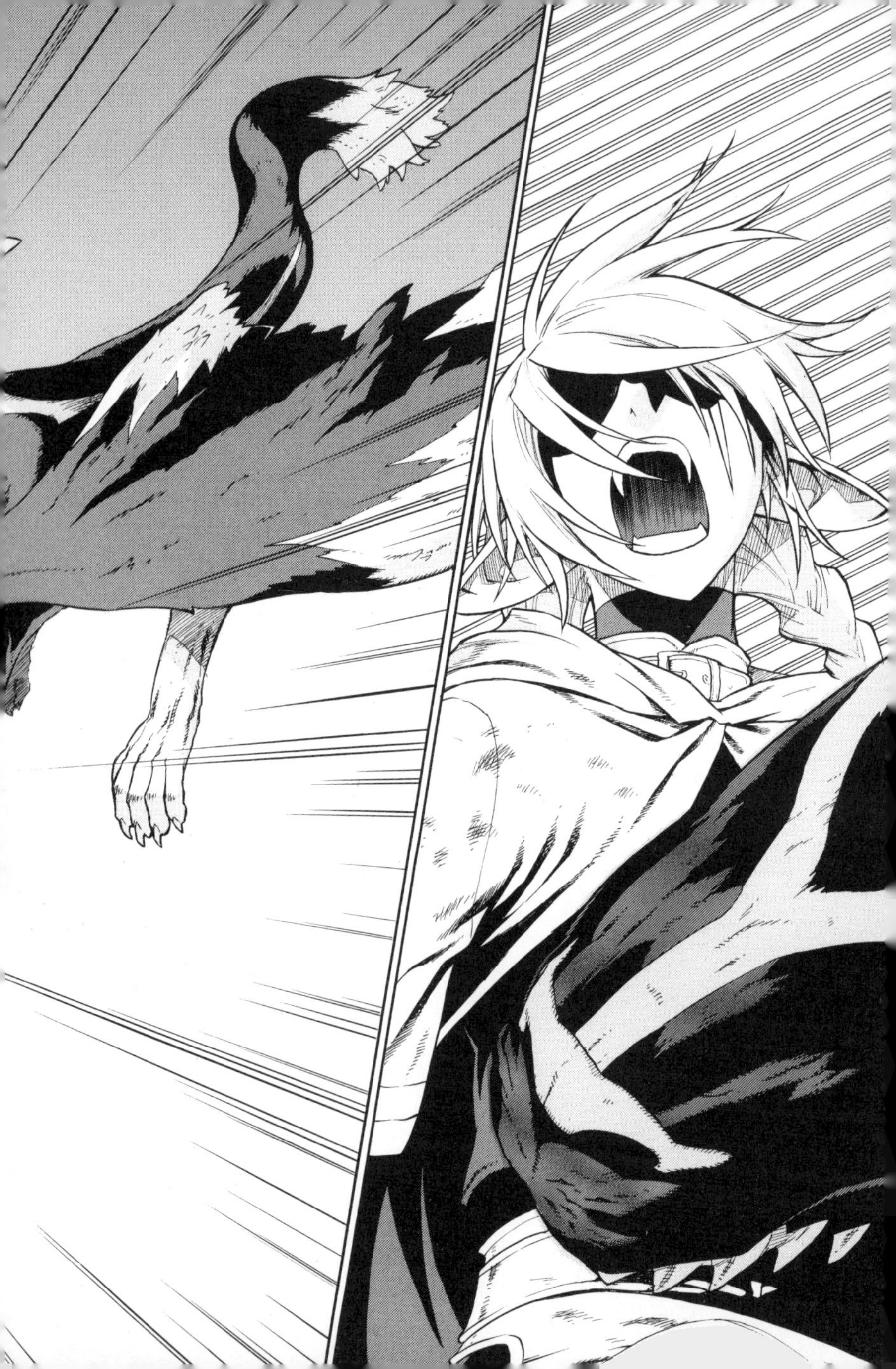

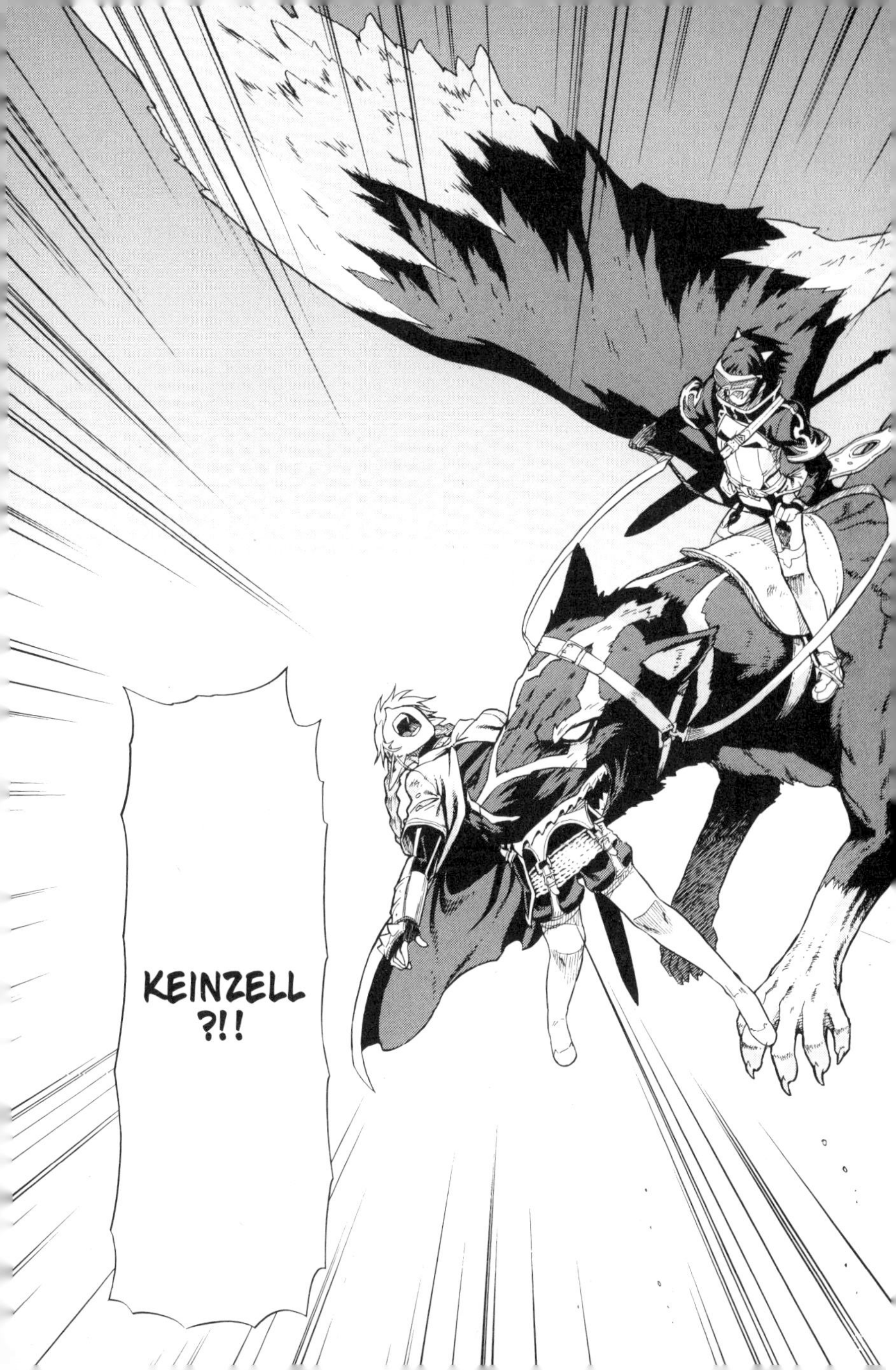
KEINZELL ?!!

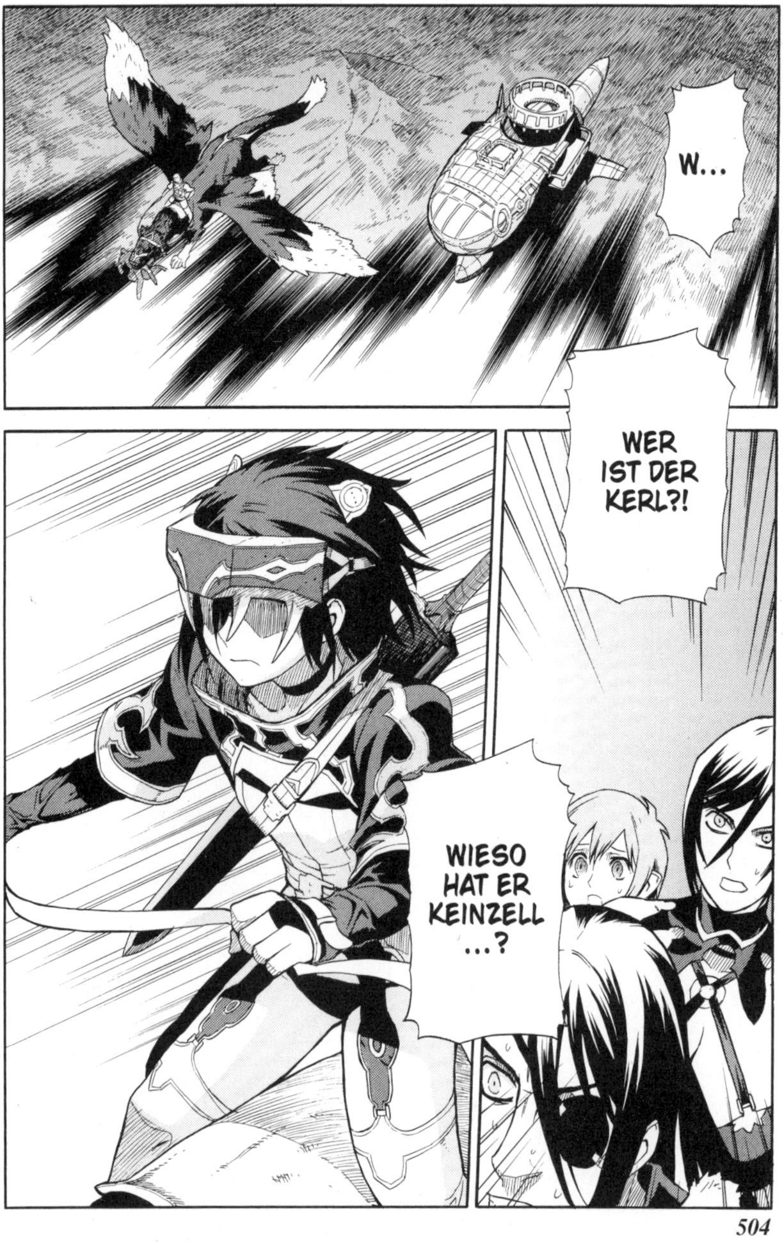

W...
WER IST DER KERL?!
WIESO HAT ER KEINZELL ...?

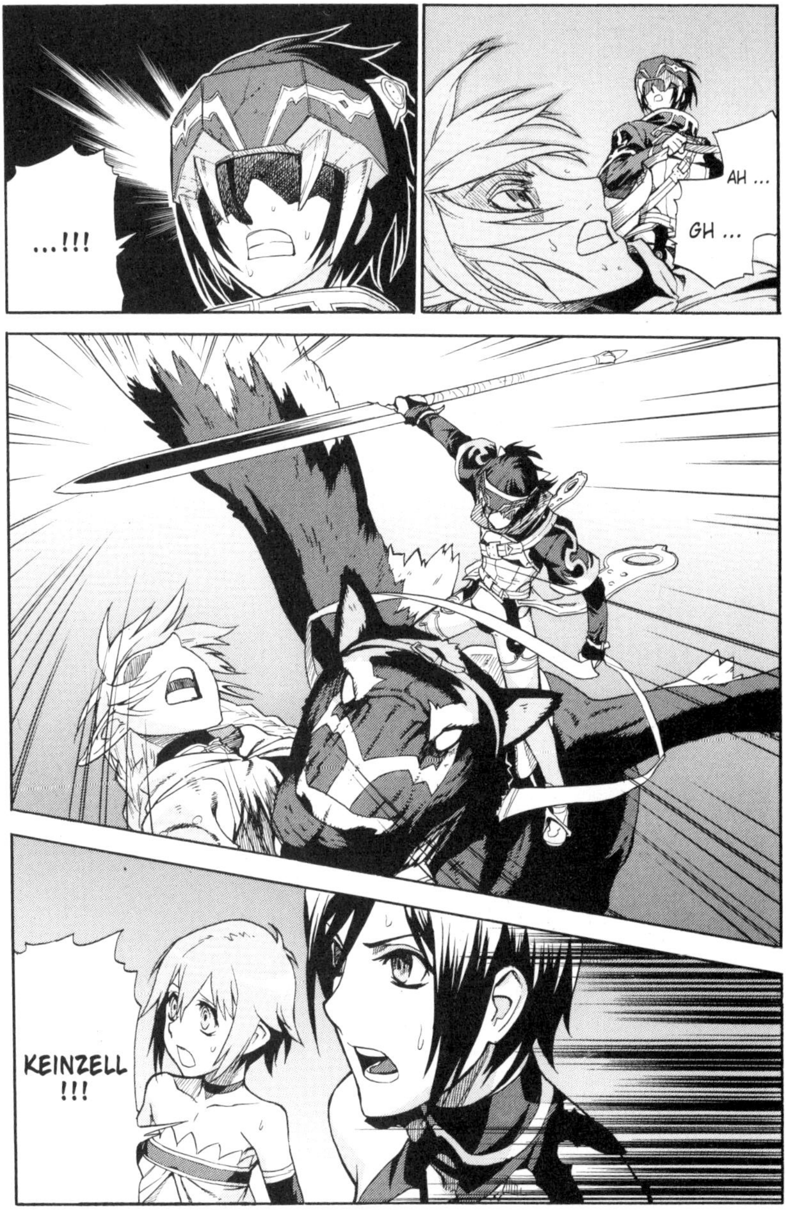
AH ...
GH ...
...!!!
KEINZELL
!!!

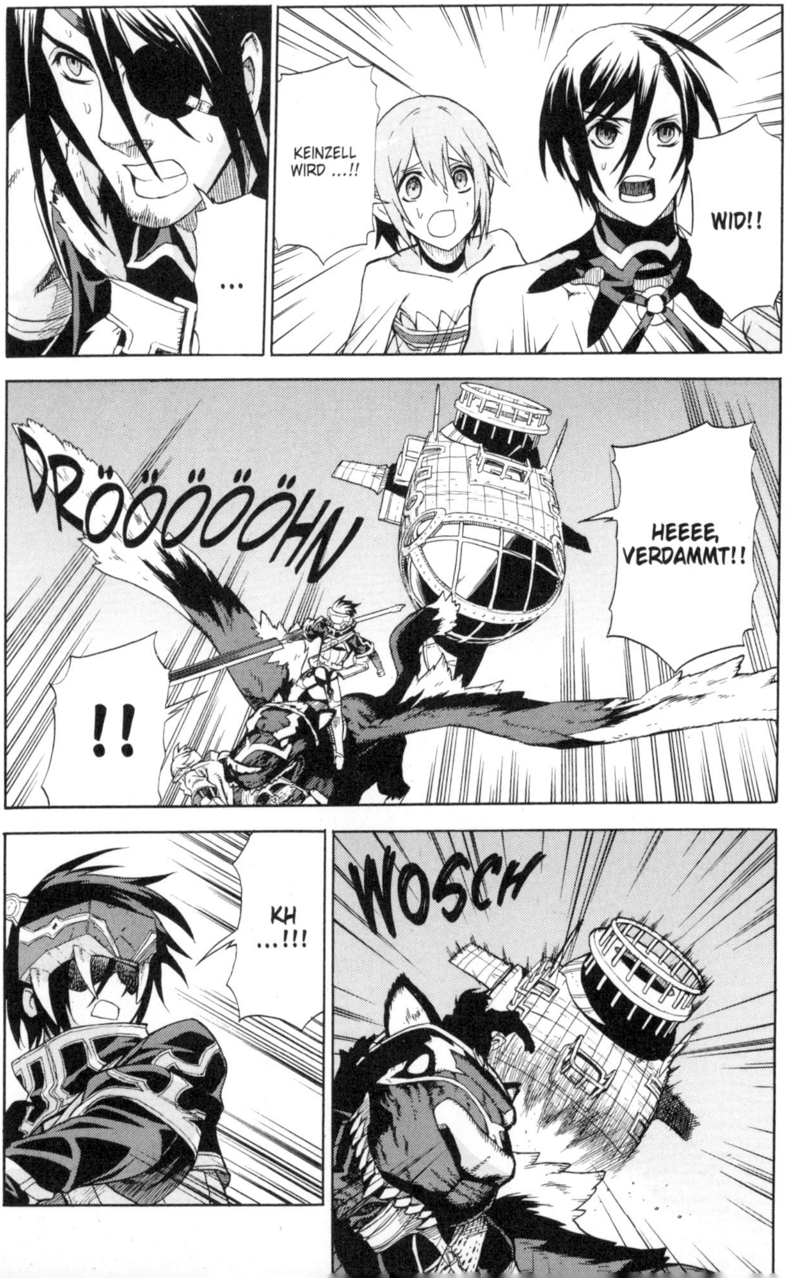
WID!!
KEINZELL WIRD ...!!
...
HEEEE, VERDAMMT!!
DRÖÖÖÖÖHN
!!
WOSCH
KH ...!!!

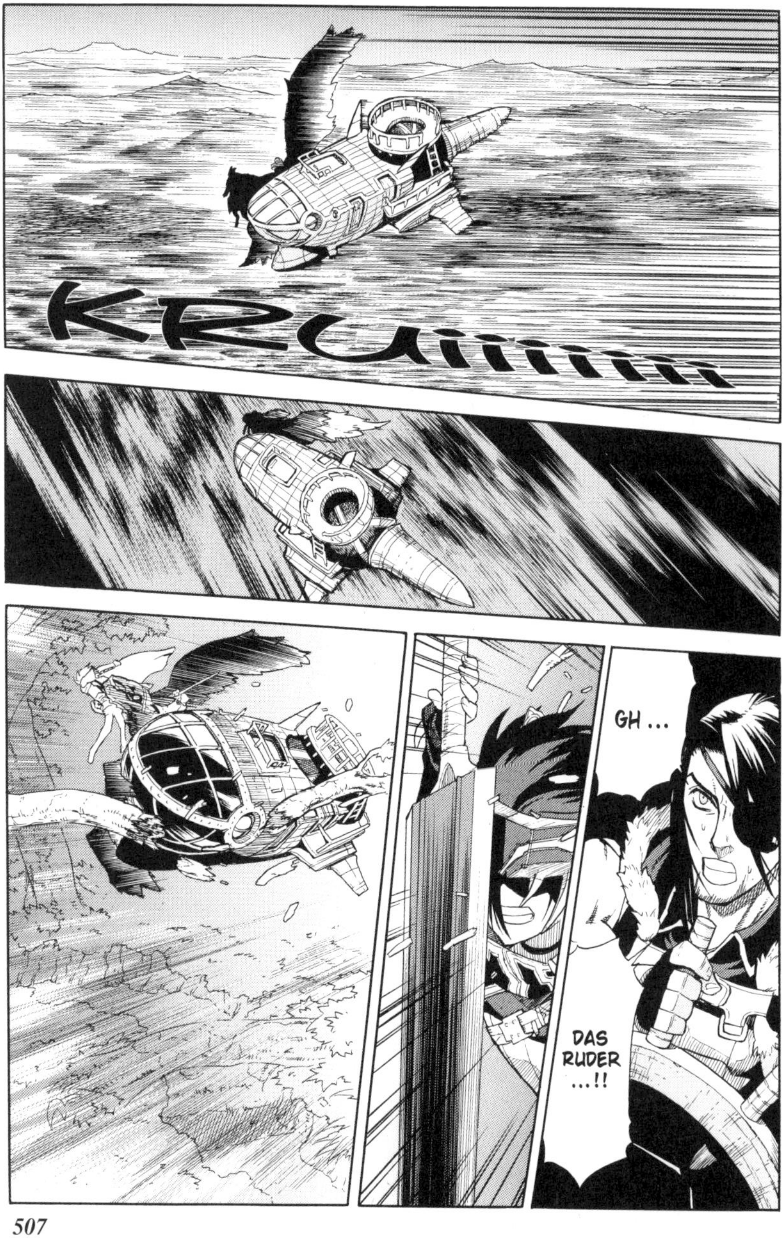
KRUiiiiiii
GH ...
DAS RUDER ...!!

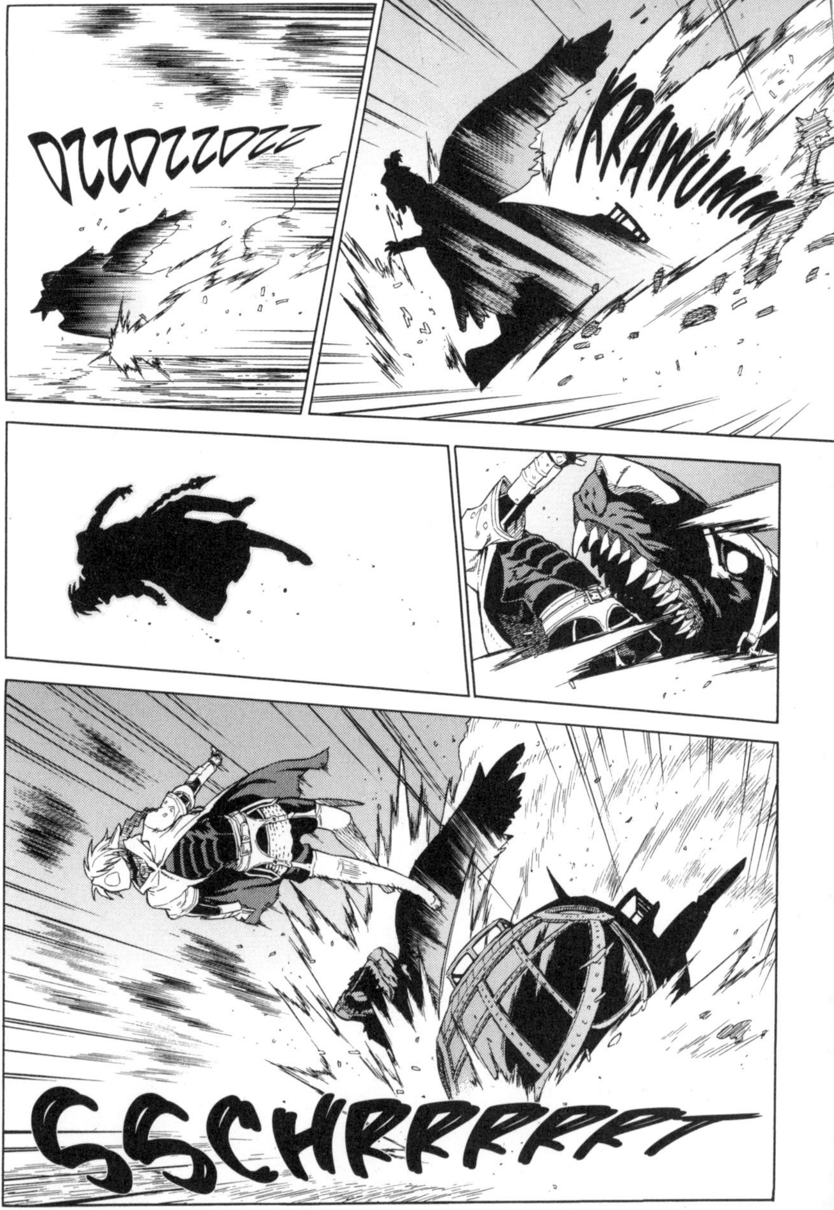
DZZDZZDZZ
KRAWUMMM
SSCHRRRRRT

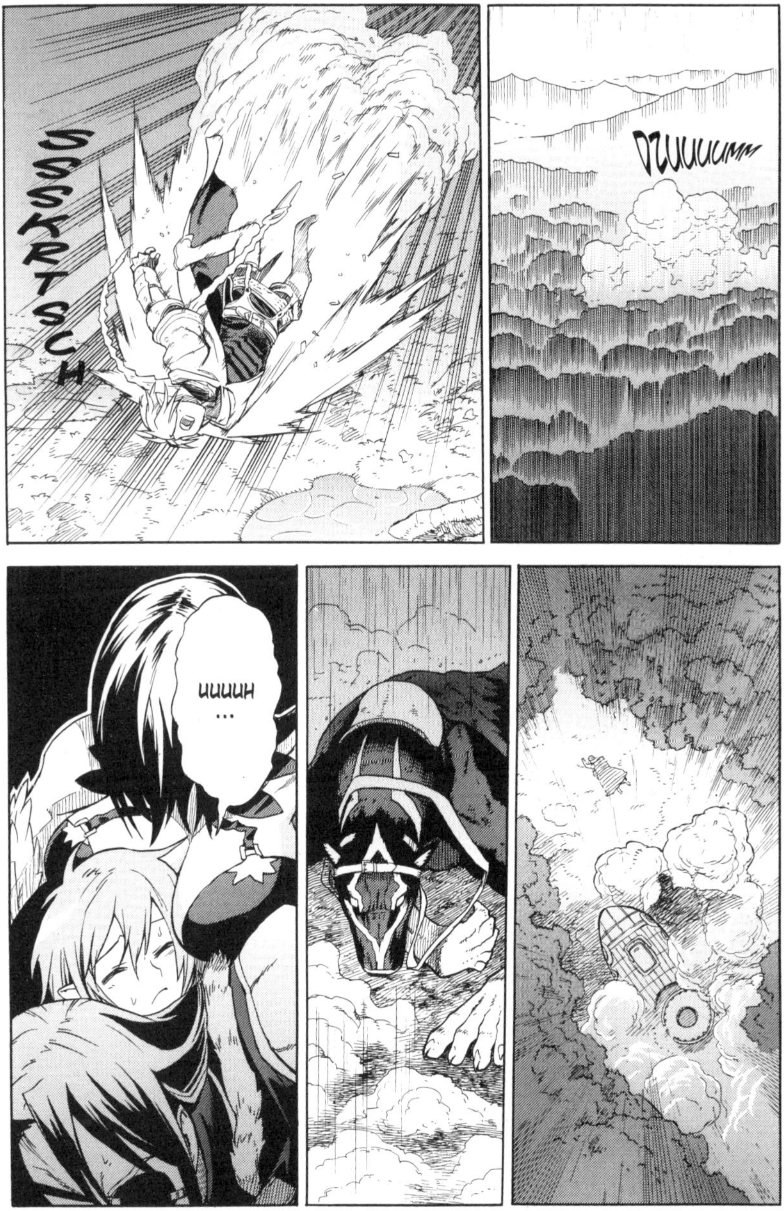
SSSKRTSCH
DZUUUUMM
uuuuh ...

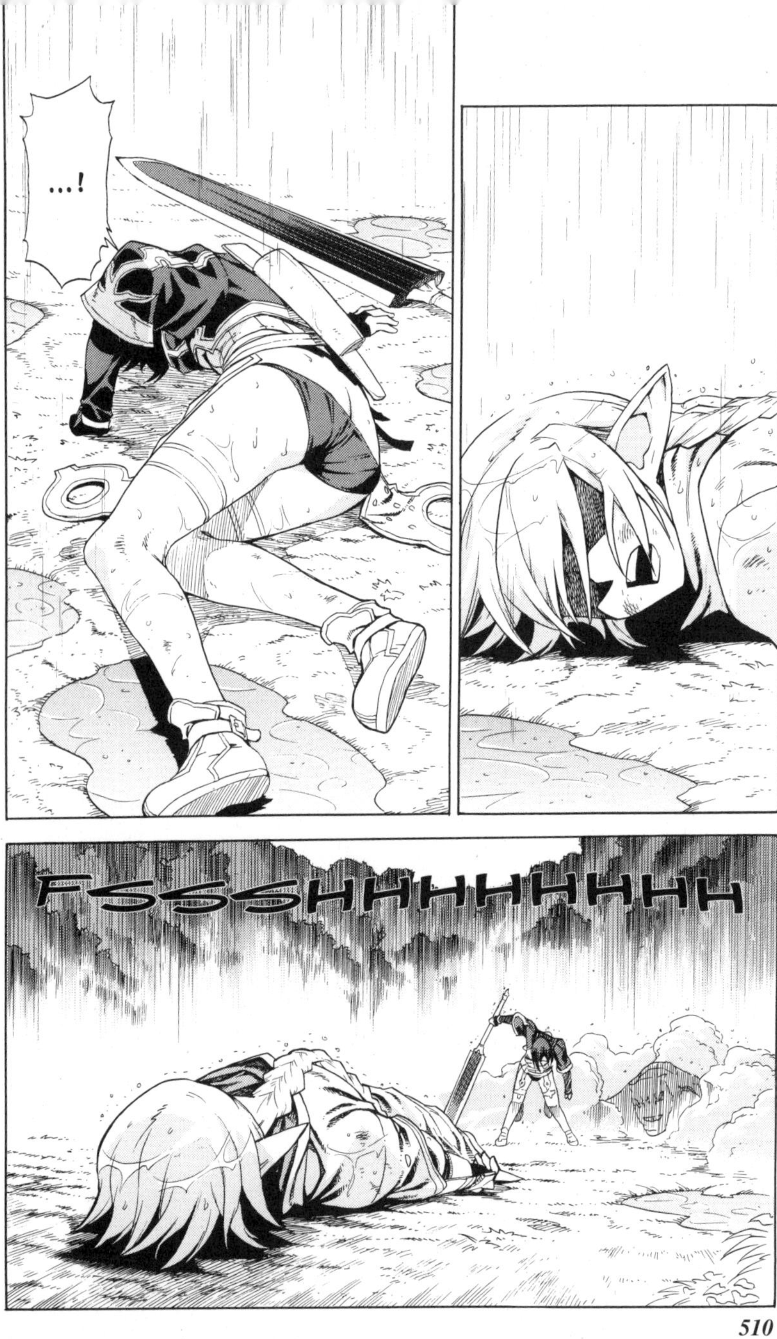
...!
FSSSHHHHHHHH

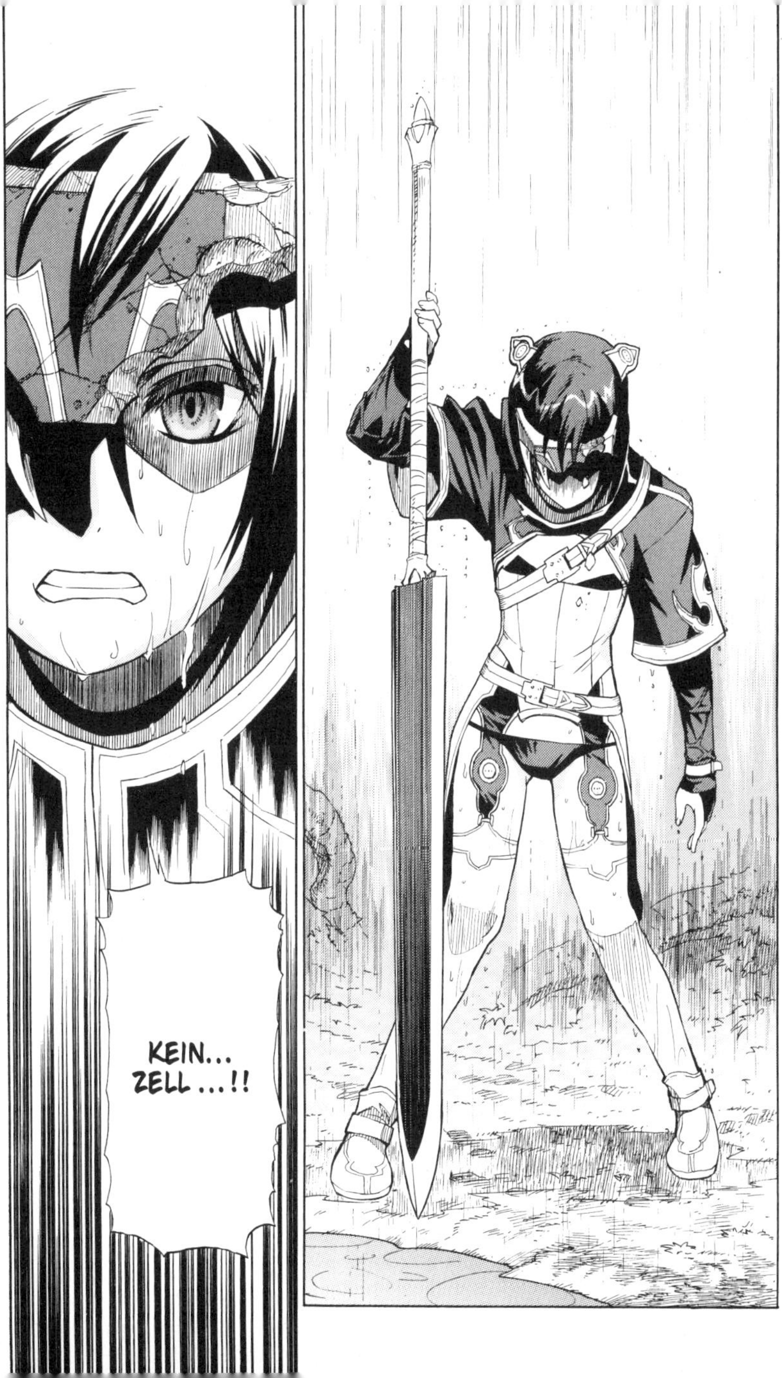
KEIN...
ZELL ...!!

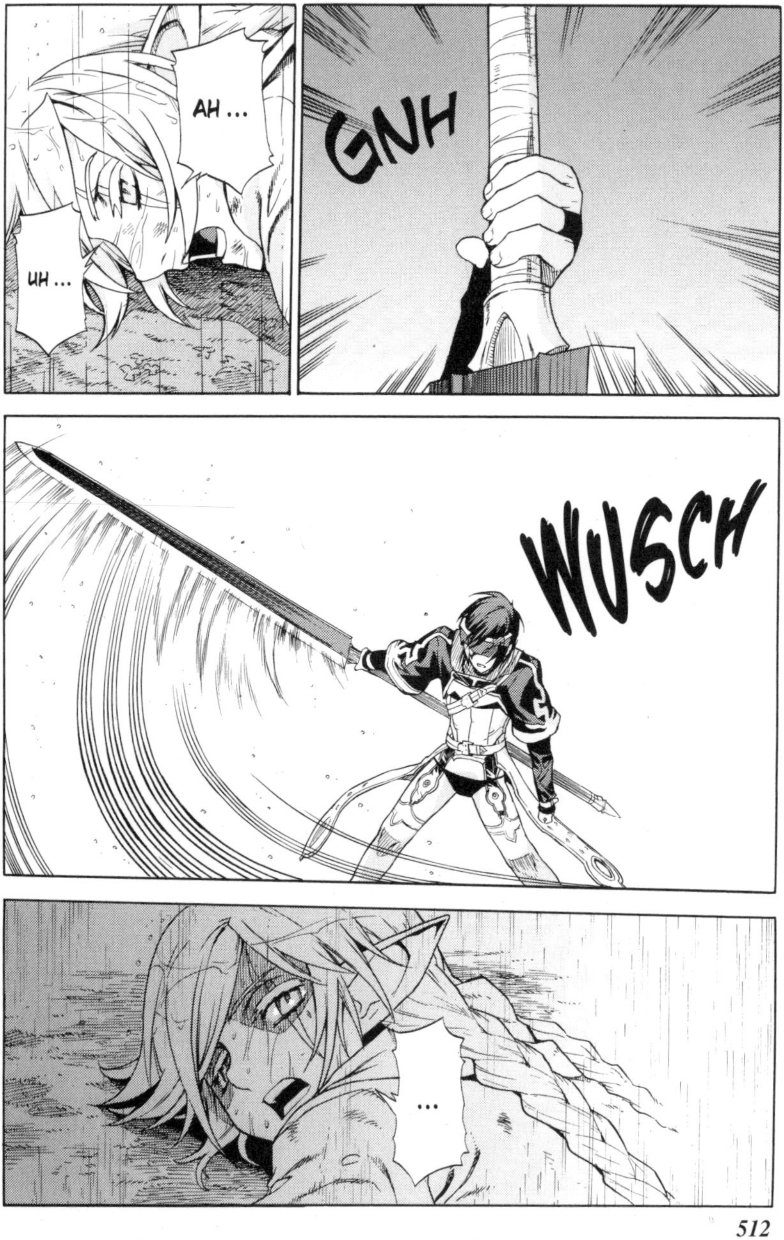
AH ...
UH ...
GNH
WUSCH
...

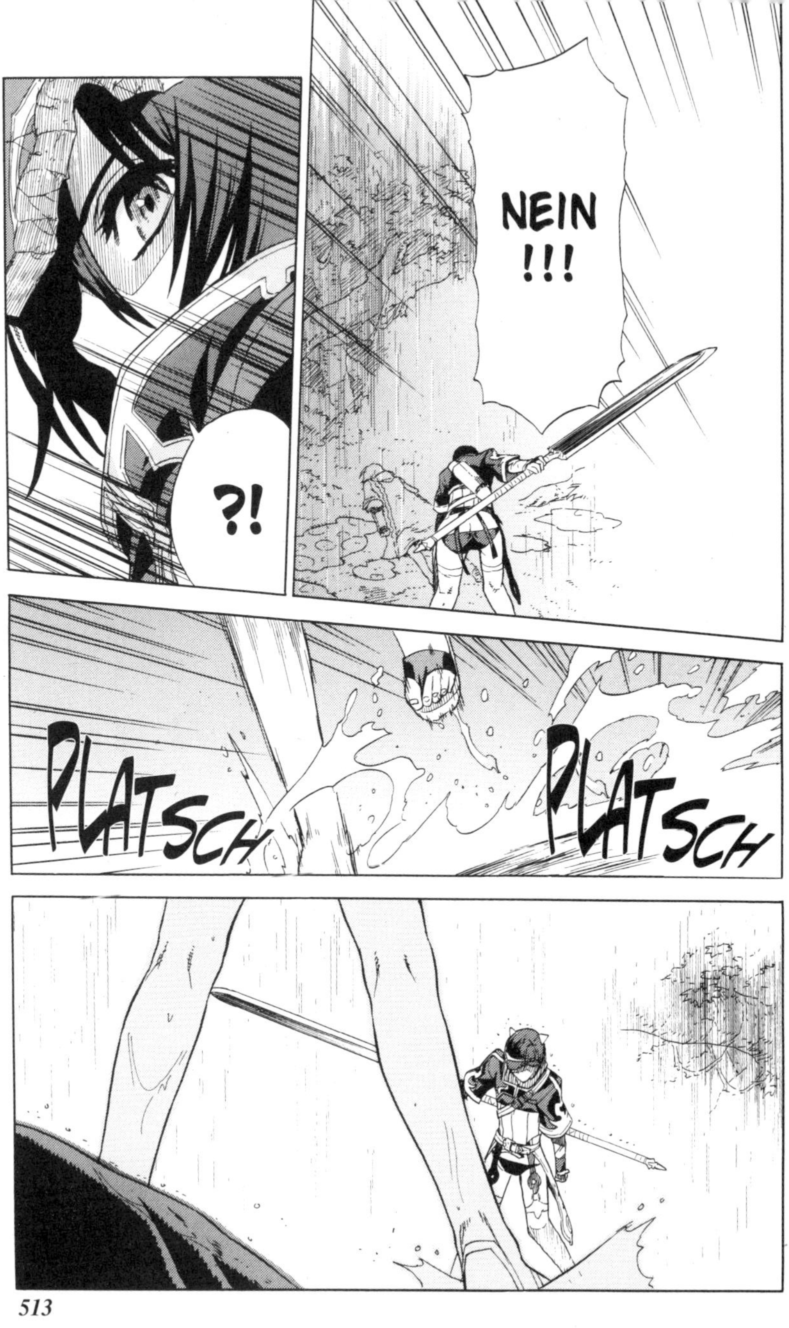
NEIN !!!
?!
PLATSCH
PLATSCH

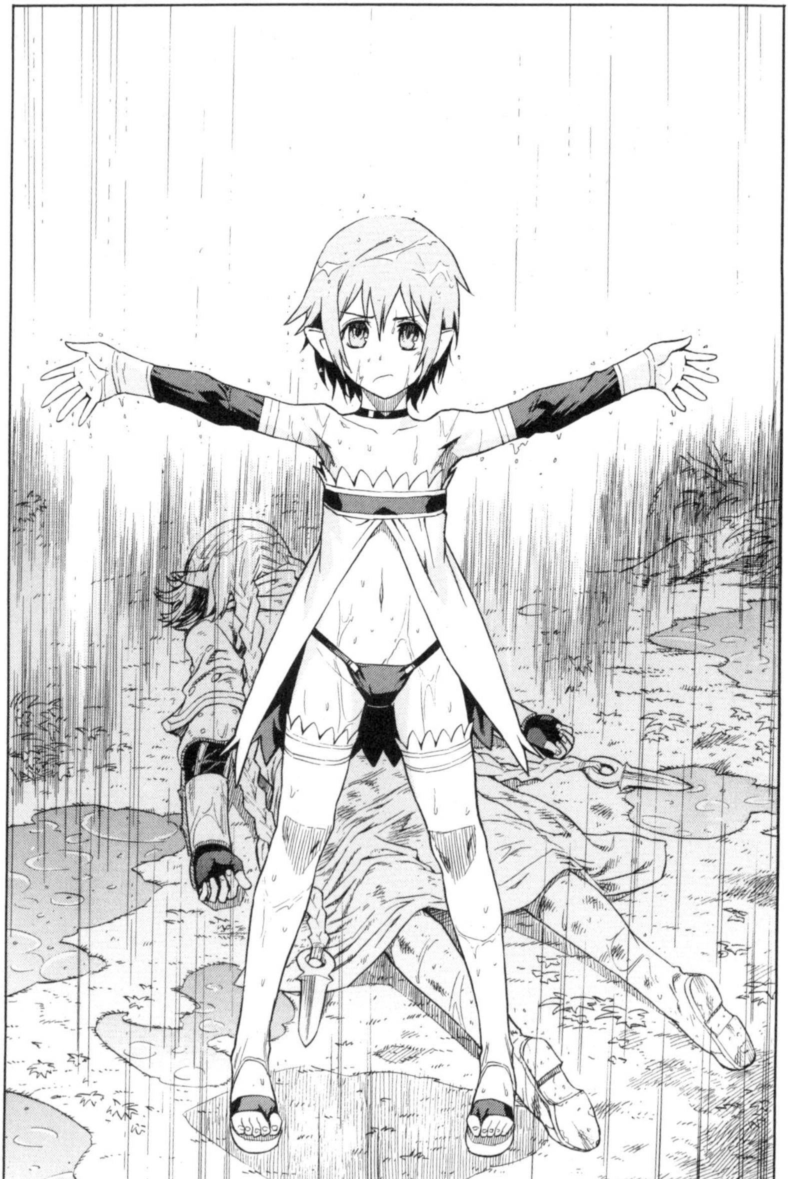

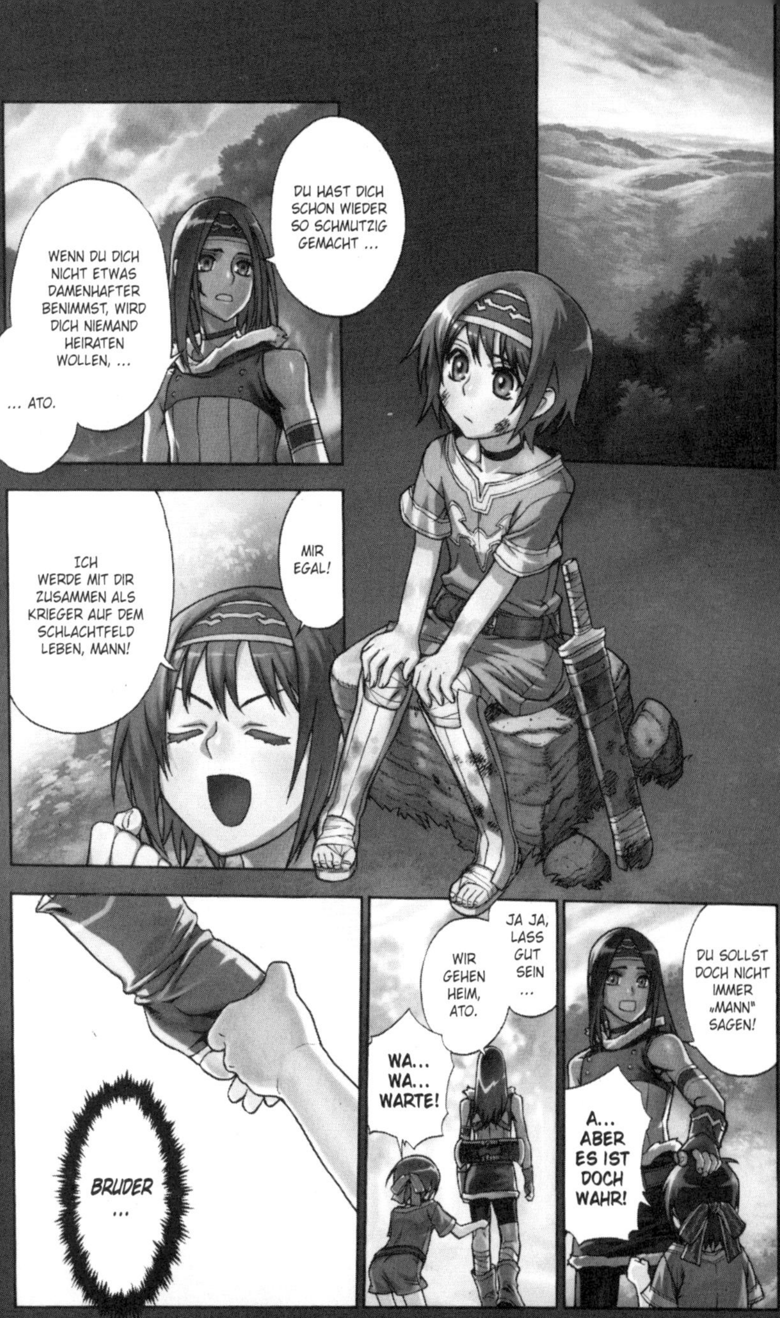
DU HAST DICH SCHON WIEDER SO SCHMUTZIG GEMACHT ...
WENN DU DICH NICHT ETWAS DAMENHAFTER BENIMMST, WIRD DICH NIEMAND HEIRATEN WOLLEN, ...
... ATO.
MIR EGAL!
ICH WERDE MIT DIR ZUSAMMEN ALS KRIEGER AUF DEM SCHLACHTFELD LEBEN, MANN!
DU SOLLST DOCH NICHT IMMER „MANN" SAGEN!
A... ABER ES IST DOCH WAHR!
JA JA, LASS GUT SEIN ...
WIR GEHEN HEIM, ATO.
WA... WA... WARTE!
BRUDER ...

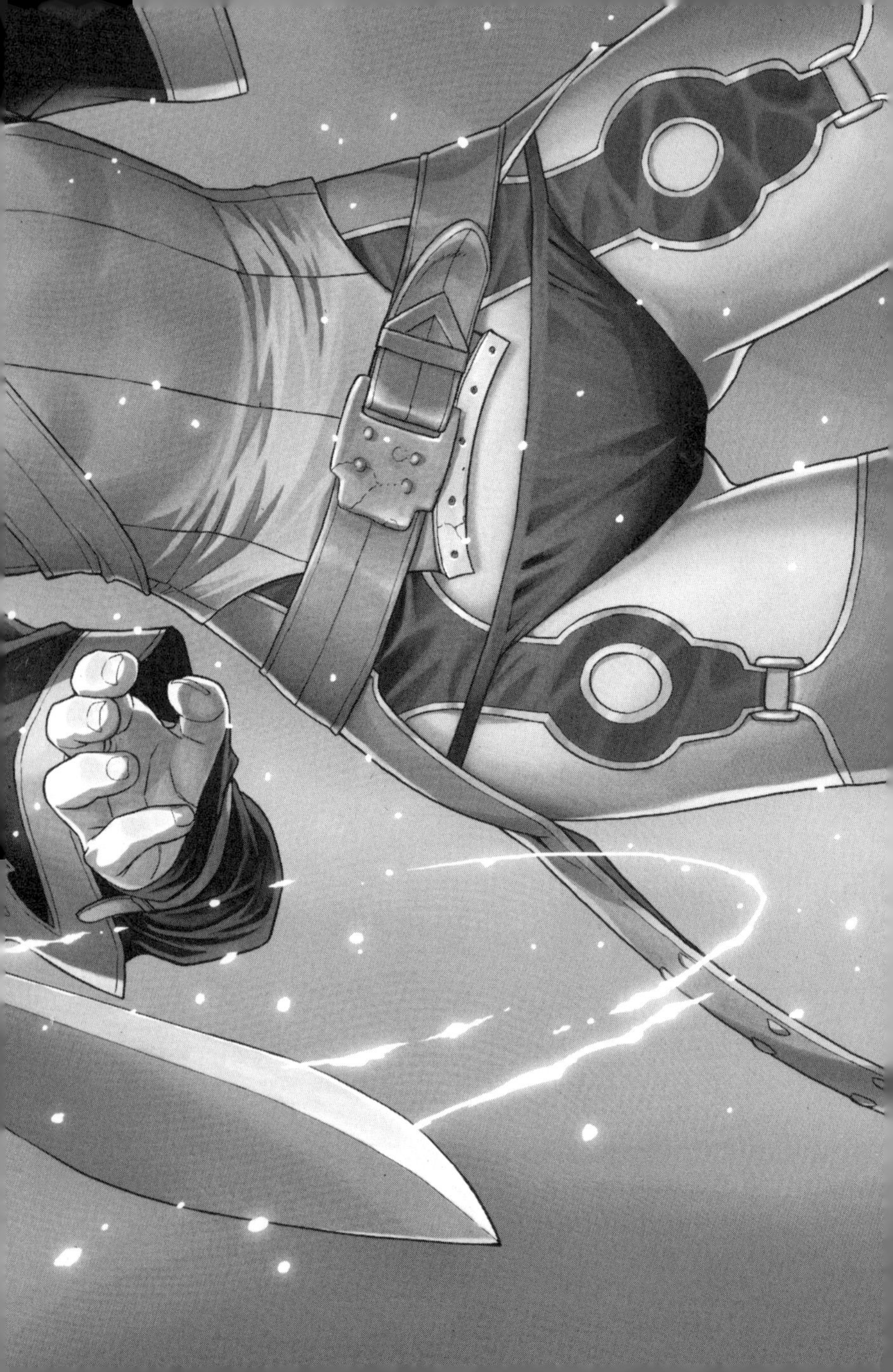

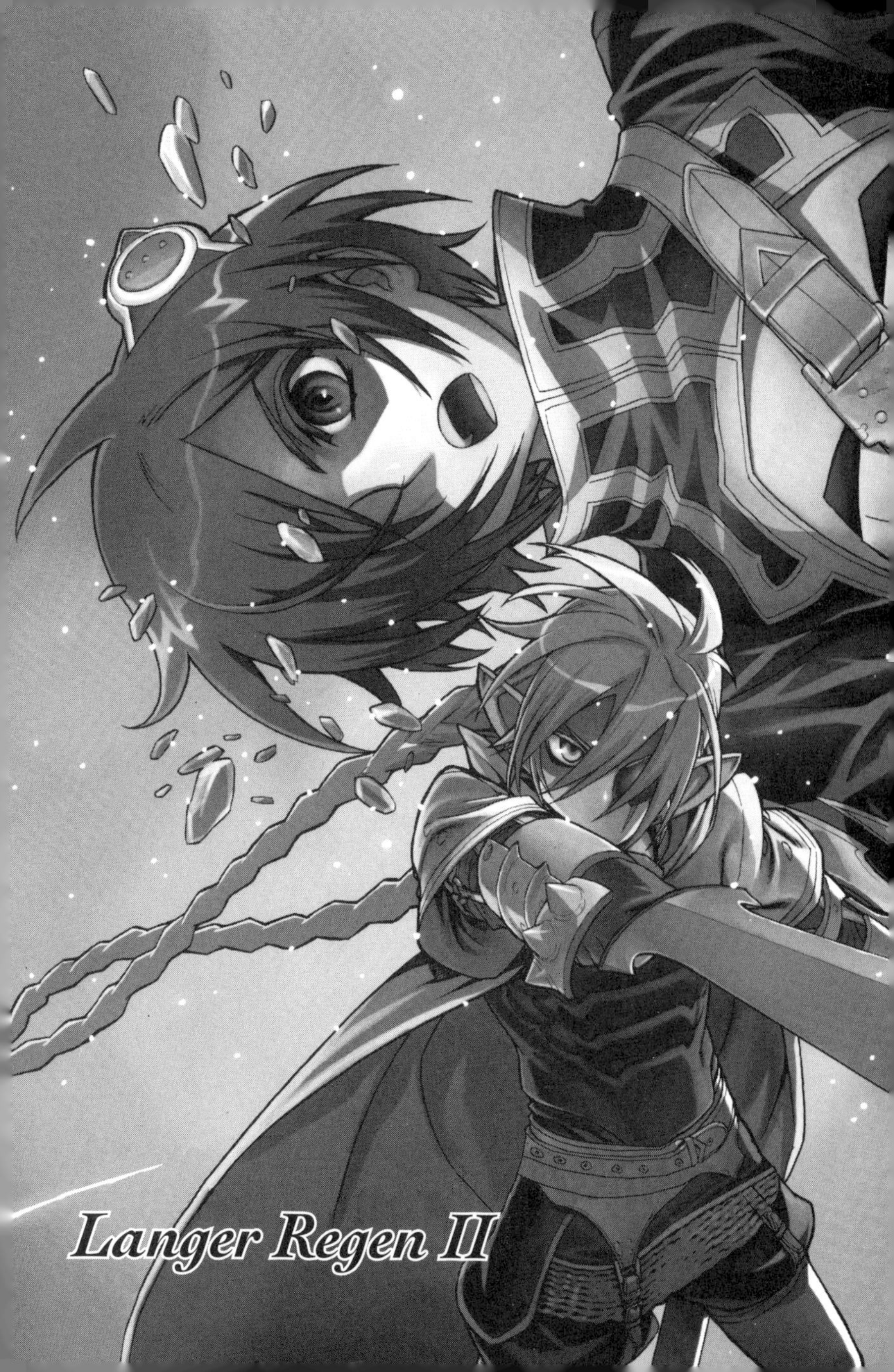

Langer Regen II

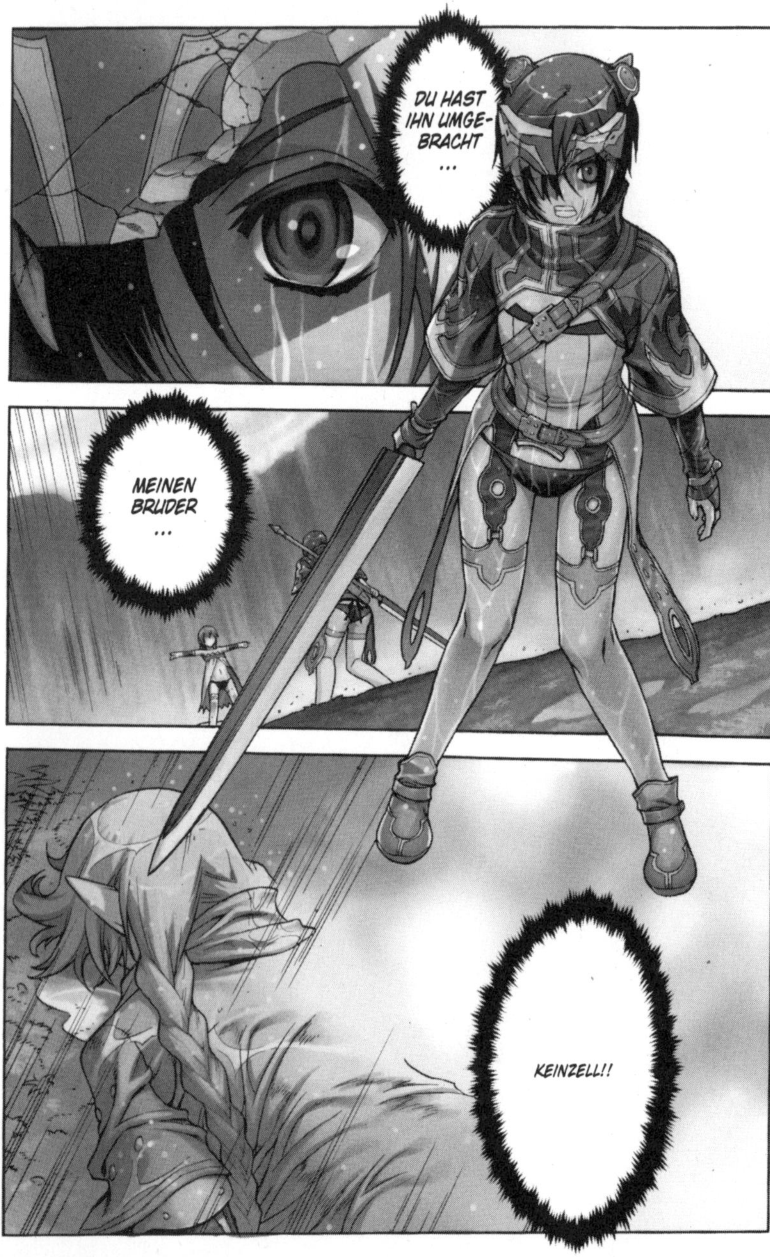
DU HAST IHN UMGE-BRACHT ...
MEINEN BRUDER ...
KEINZELL!!

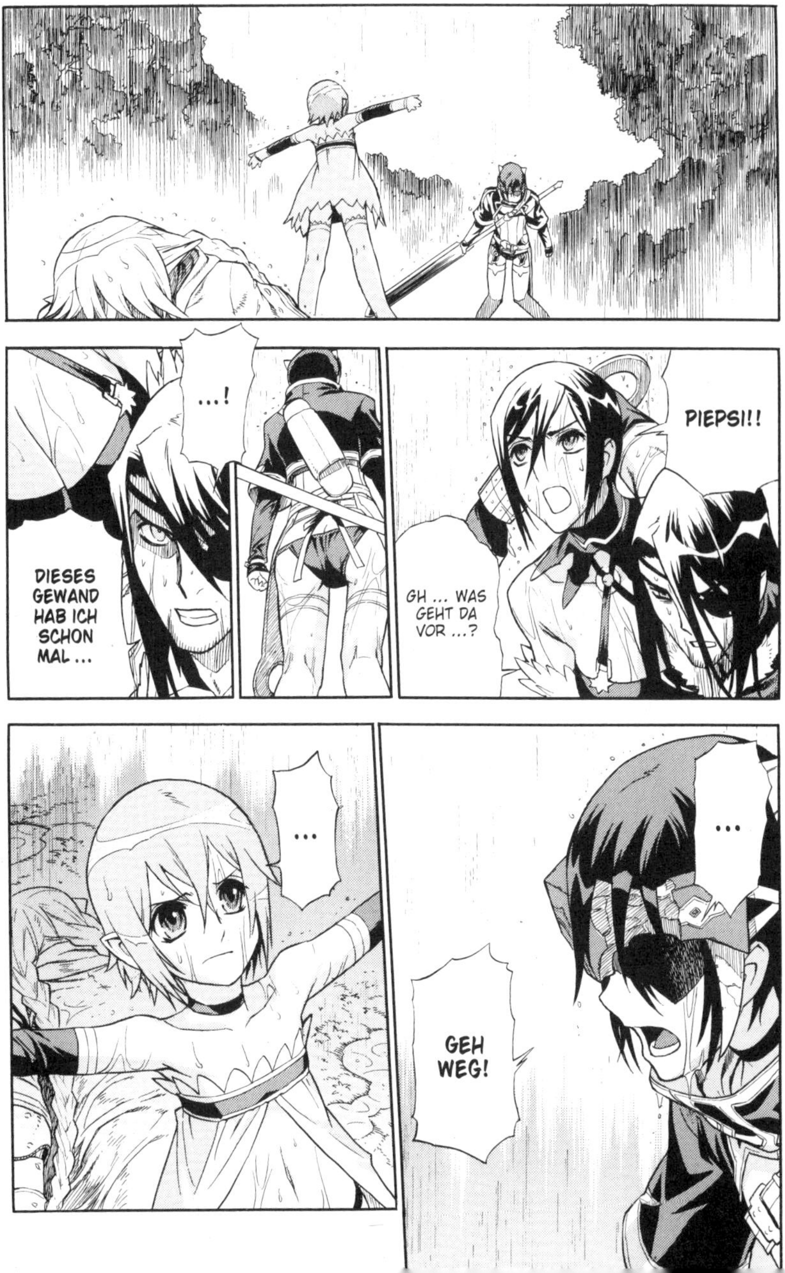
PIEPSI!!
GH ... WAS GEHT DA VOR ...?
...!
DIESES GEWAND HAB ICH SCHON MAL ...
...
GEH WEG!
...

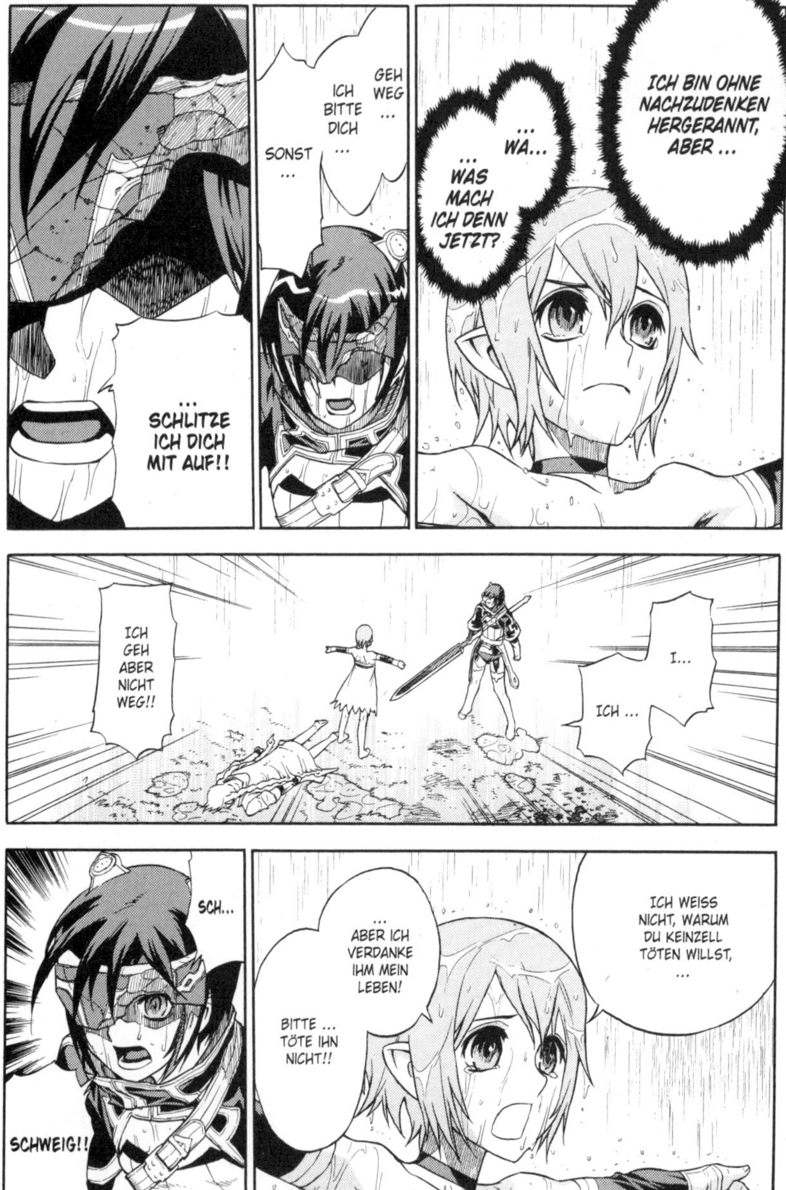
ICH BIN OHNE NACHZUDENKEN HERGERANNT, ABER ...
... WA...
... WAS MACH ICH DENN JETZT?
GEH WEG ...
ICH BITTE DICH ...
SONST ...
... SCHLITZE ICH DICH MIT AUF!!
I...
ICH ...
ICH GEH ABER NICHT WEG!!
ICH WEISS NICHT, WARUM DU KEINZELL TÖTEN WILLST, ...
... ABER ICH VERDANKE IHM MEIN LEBEN!
BITTE ... TÖTE IHN NICHT!!
SCH...
SCHWEIG!!

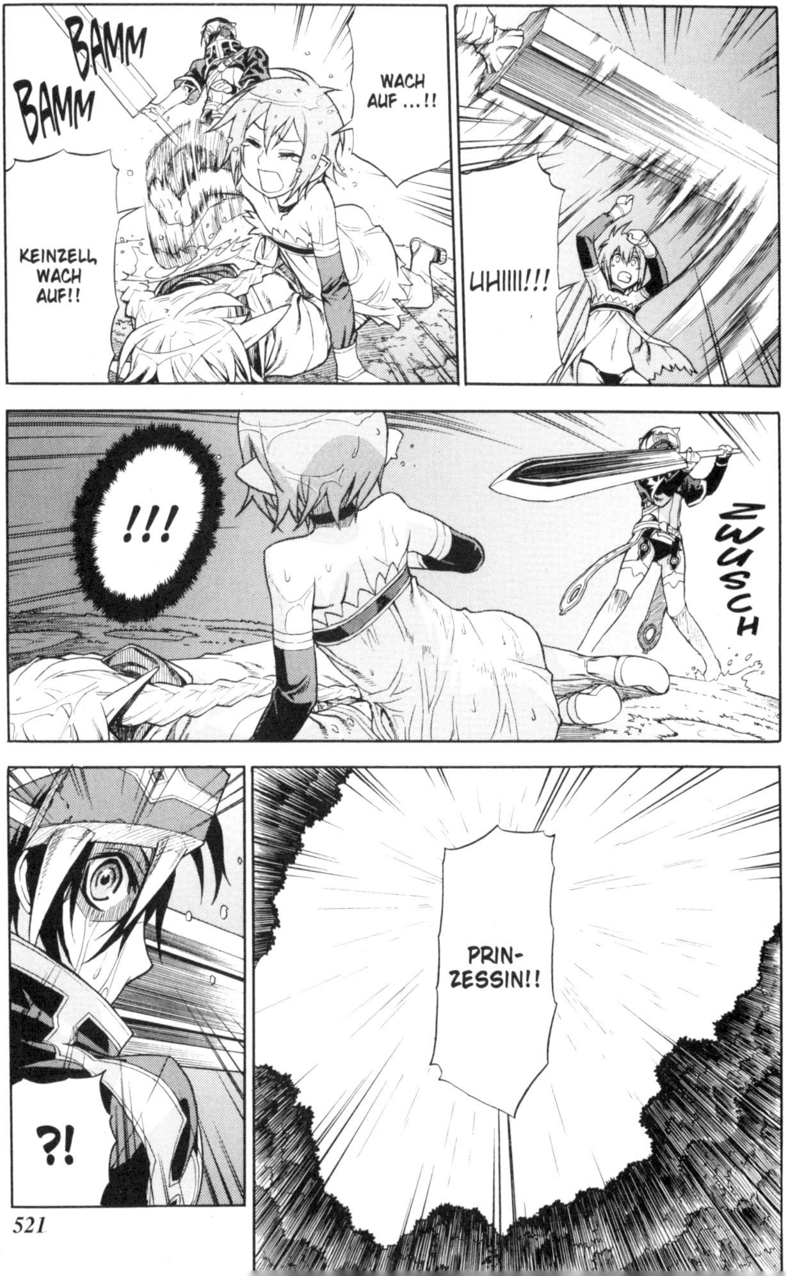
UHIIII!!!
WACH AUF ...!!
BAMM
BAMM
KEINZELL, WACH AUF!!
ZWUSCH
!!!
PRIN-ZESSIN!!
?!

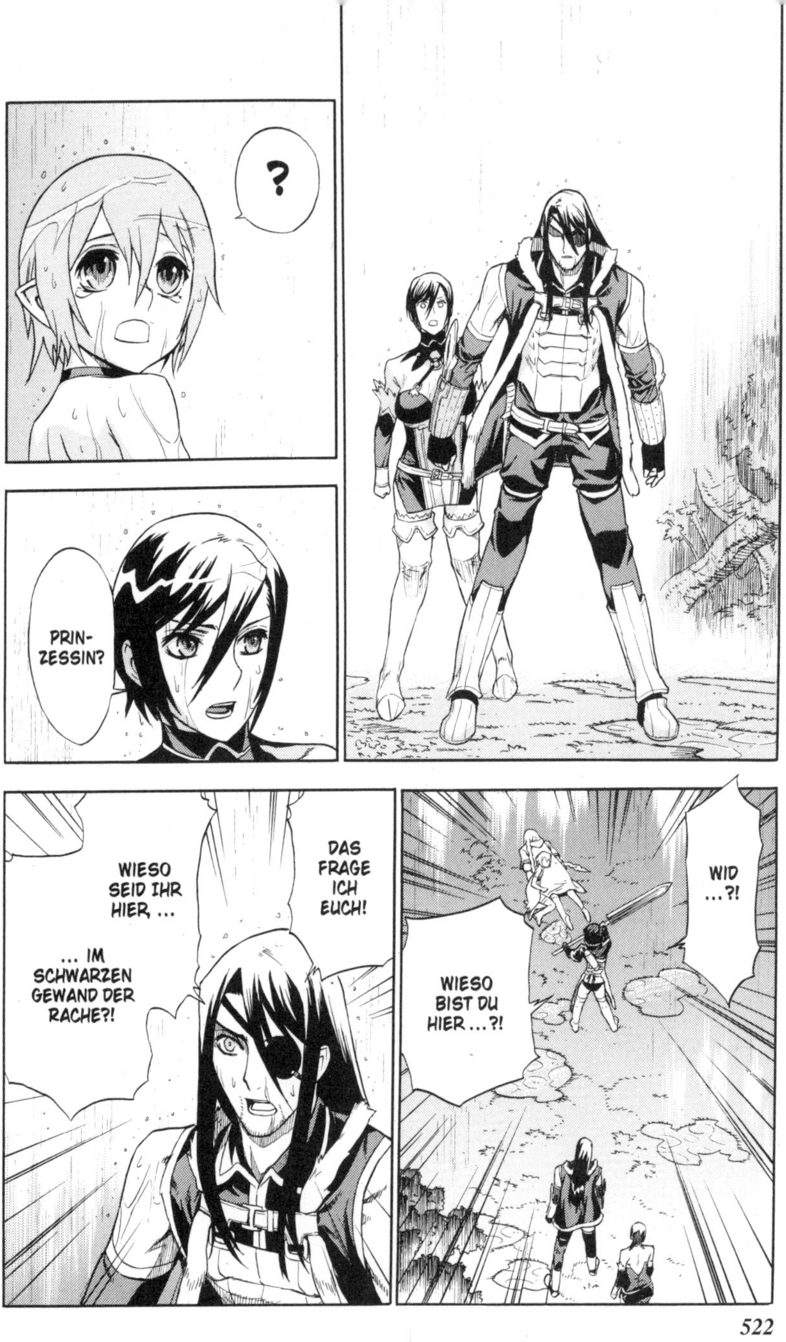
?
PRIN-
ZESSIN?
WID
...?!
WIESO
BIST DU
HIER ...?!
DAS
FRAGE
ICH
EUCH!
WIESO
SEID IHR
HIER, ...
... IM
SCHWARZEN
GEWAND DER
RACHE?!

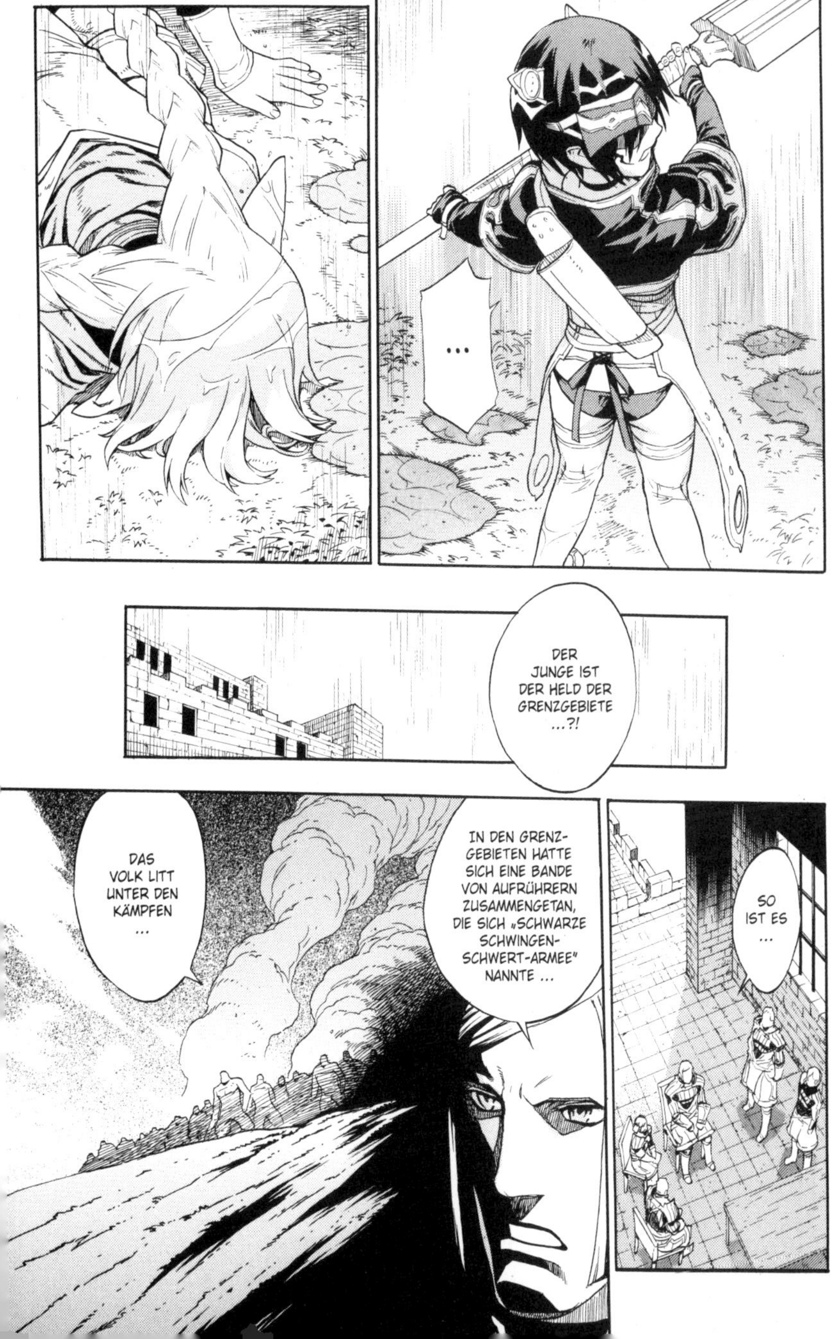
…
DER JUNGE IST DER HELD DER GRENZGEBIETE …?!
SO IST ES …
IN DEN GRENZ-GEBIETEN HATTE SICH EINE BANDE VON AUFRÜHRERN ZUSAMMENGETAN, DIE SICH „SCHWARZE SCHWINGEN-SCHWERT-ARMEE" NANNTE …
DAS VOLK LITT UNTER DEN KÄMPFEN …

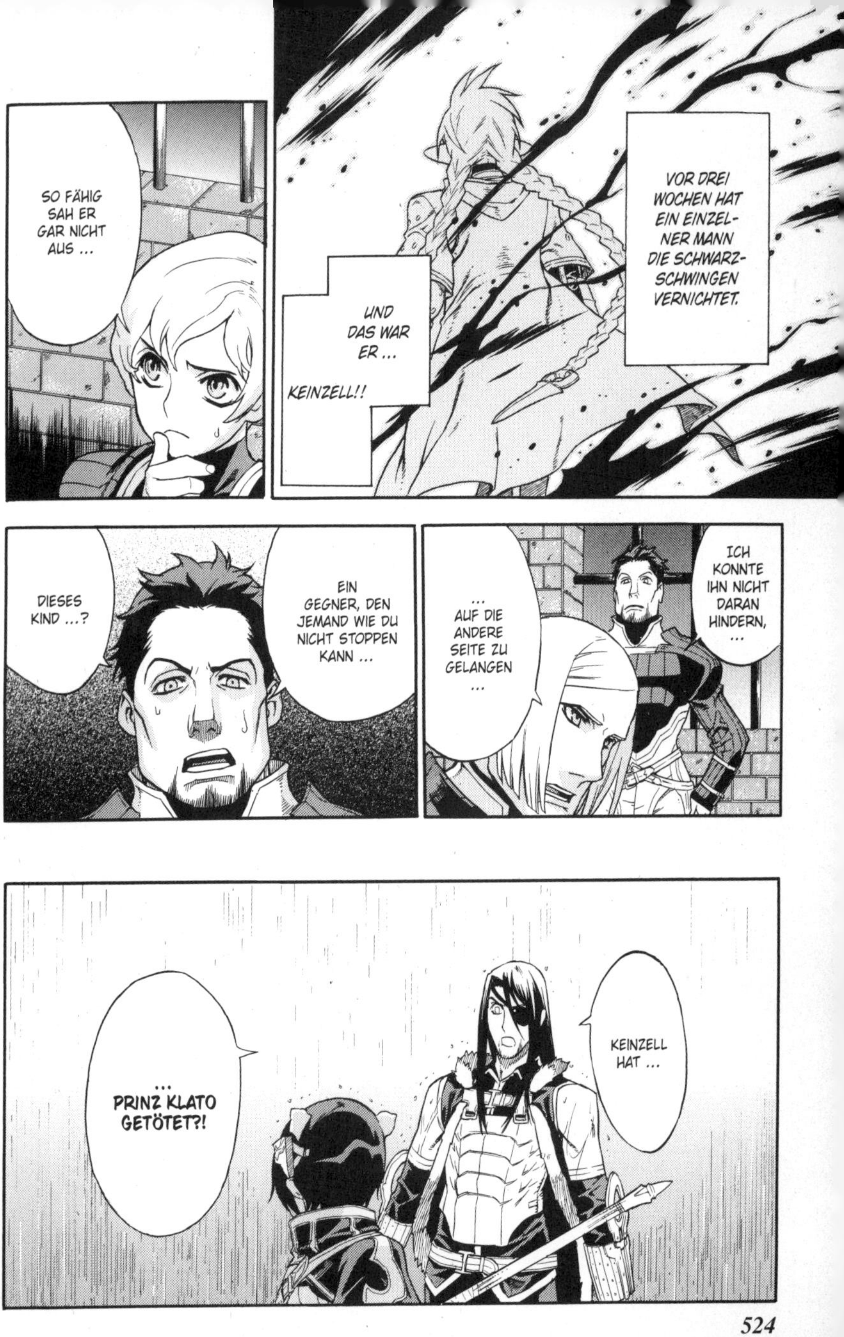
VOR DREI WOCHEN HAT EIN EINZELNER MANN DIE SCHWARZSCHWINGEN VERNICHTET.
UND DAS WAR ER …
KEINZELL!!
SO FÄHIG SAH ER GAR NICHT AUS …
ICH KONNTE IHN NICHT DARAN HINDERN, …
… AUF DIE ANDERE SEITE ZU GELANGEN …
EIN GEGNER, DEN JEMAND WIE DU NICHT STOPPEN KANN …
DIESES KIND …?
KEINZELL HAT …
… PRINZ KLATO GETÖTET?!

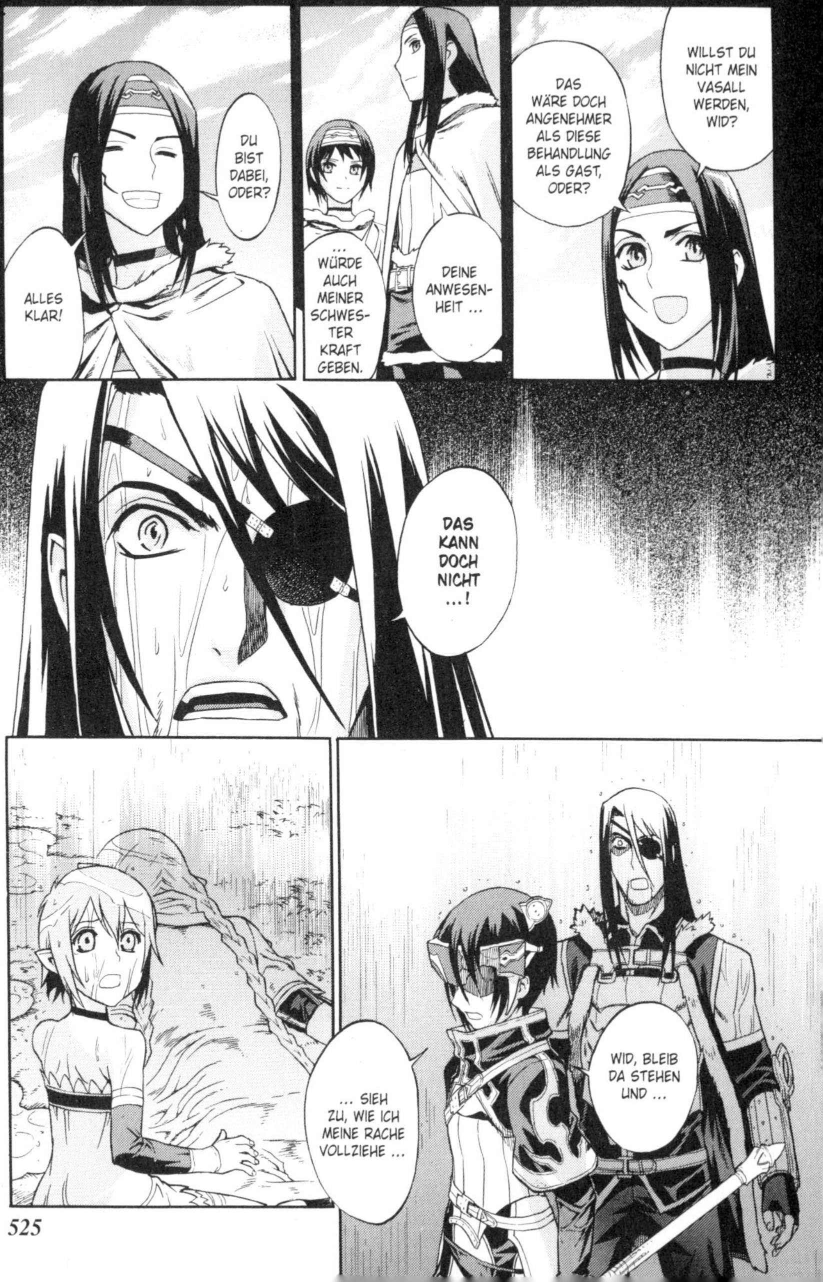
WILLST DU NICHT MEIN VASALL WERDEN, WID?
DAS WÄRE DOCH ANGENEHMER ALS DIESE BEHANDLUNG ALS GAST, ODER?
DEINE ANWESEN-HEIT …
… WÜRDE AUCH MEINER SCHWES-TER KRAFT GEBEN.
DU BIST DABEI, ODER?
ALLES KLAR!
DAS KANN DOCH NICHT …!
WID, BLEIB DA STEHEN UND …
… SIEH ZU, WIE ICH MEINE RACHE VOLLZIEHE …

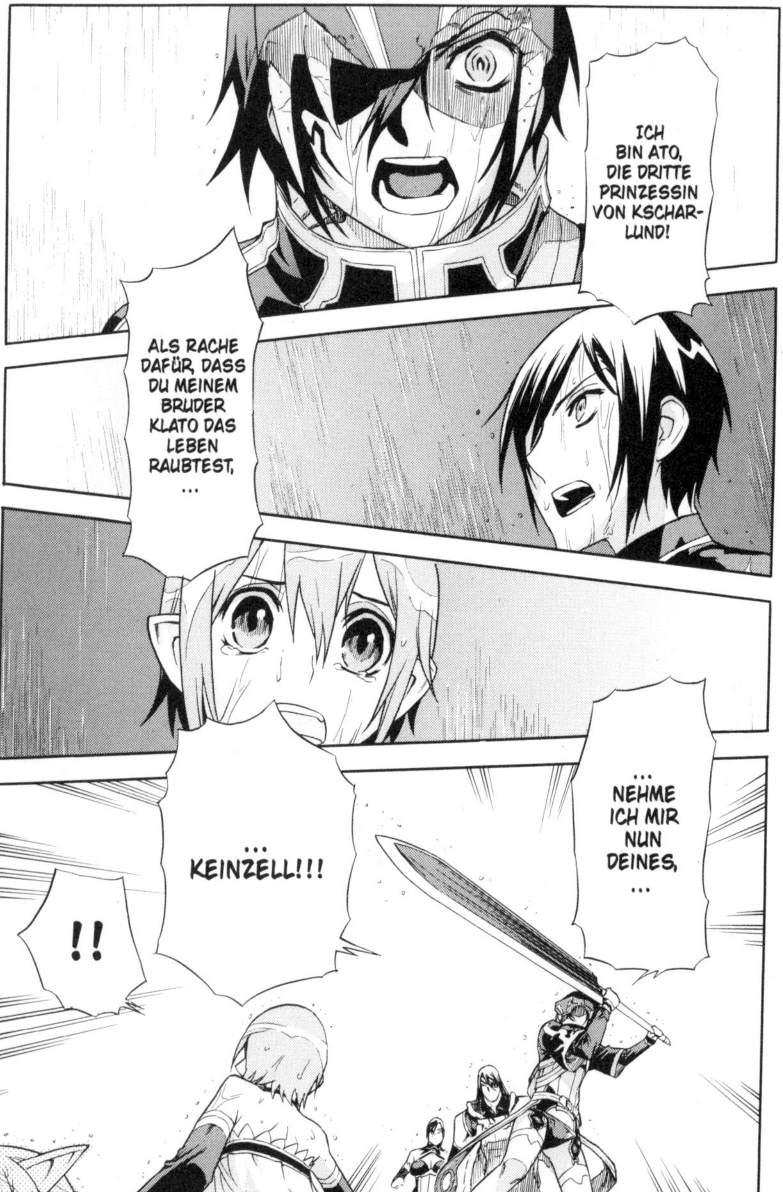

ICH BIN ATO, DIE DRITTE PRINZESSIN VON KSCHAR-LUND!
ALS RACHE DAFÜR, DASS DU MEINEM BRUDER KLATO DAS LEBEN RAUBTEST, ...
... NEHME ICH MIR NUN DEINES, ...
... KEINZELL!!!
!!

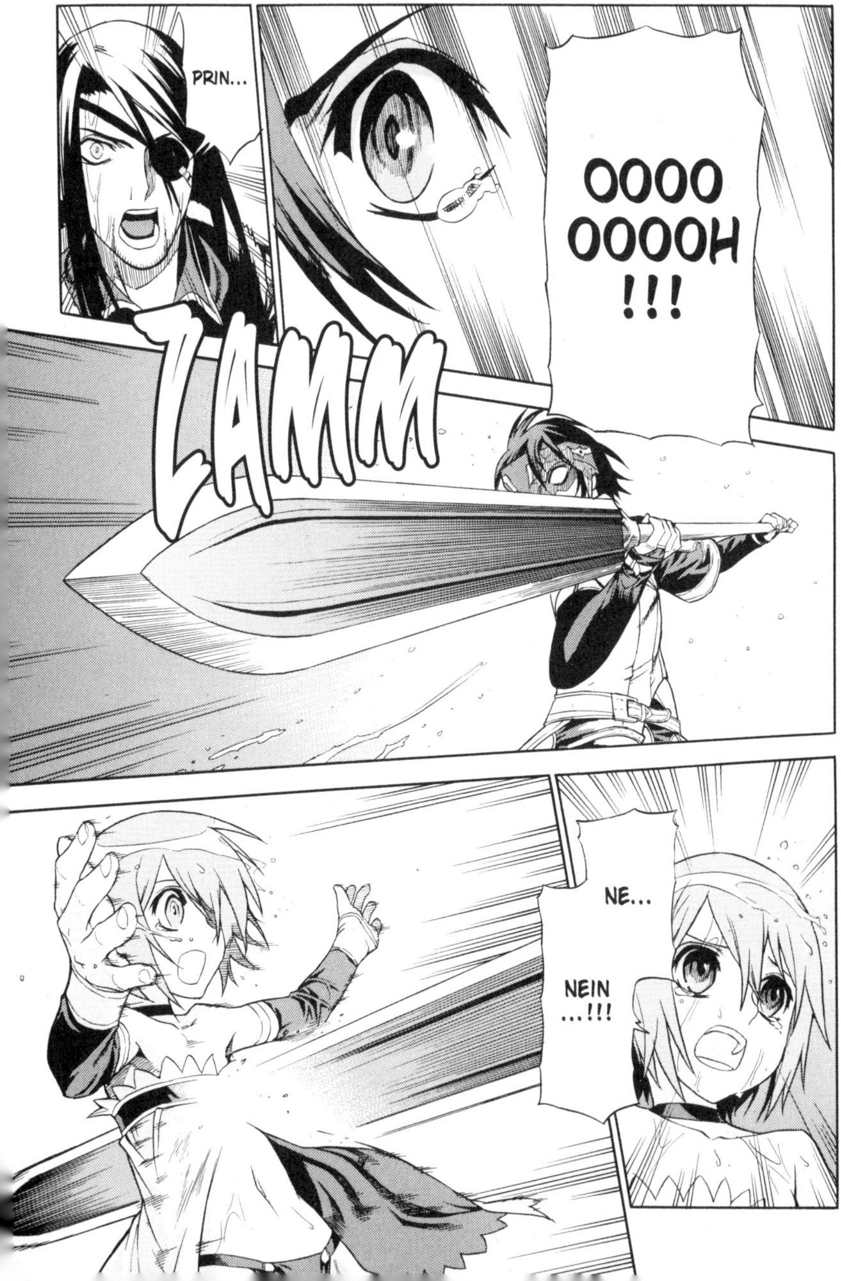
PRIN...
OOOO OOOOH !!!
ZAMM
NE...
NEIN ...!!!

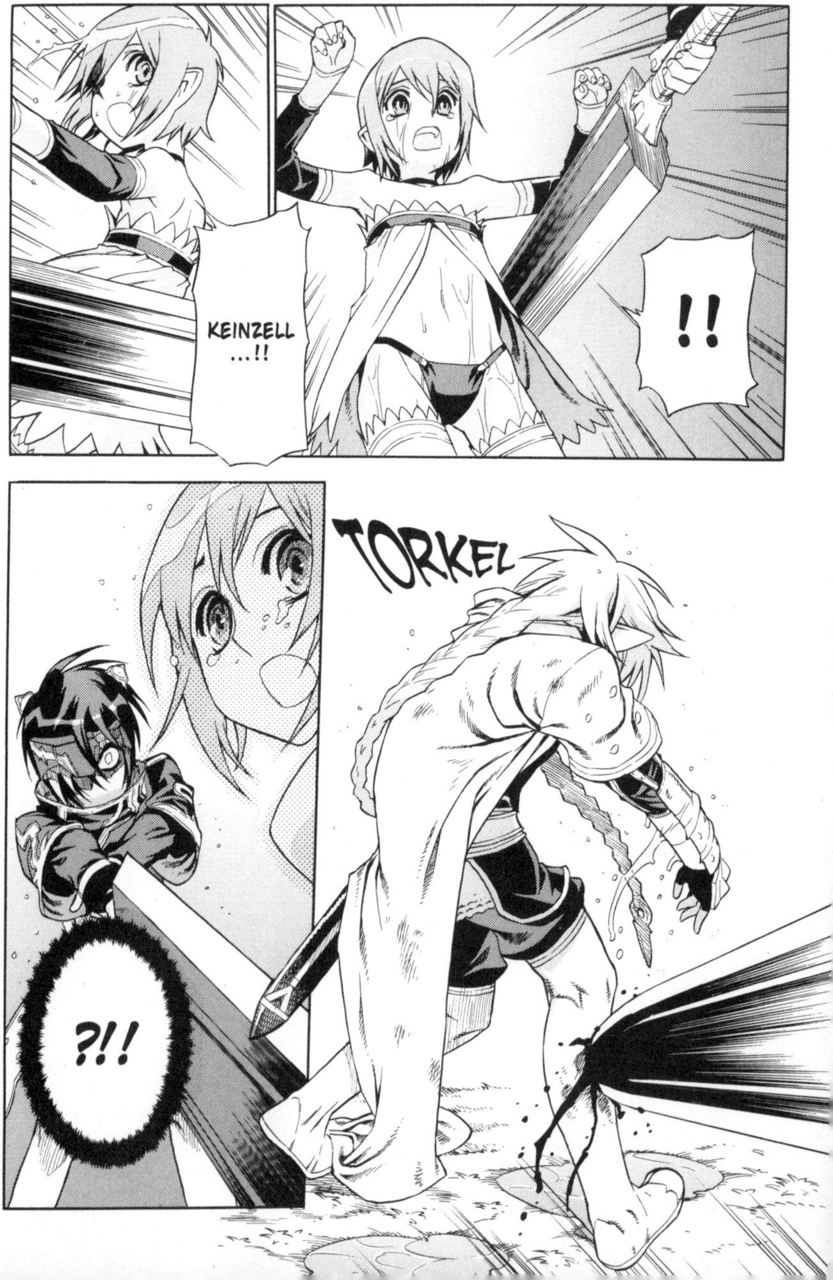
!!
KEINZELL ...!!
TORKEL
?!!

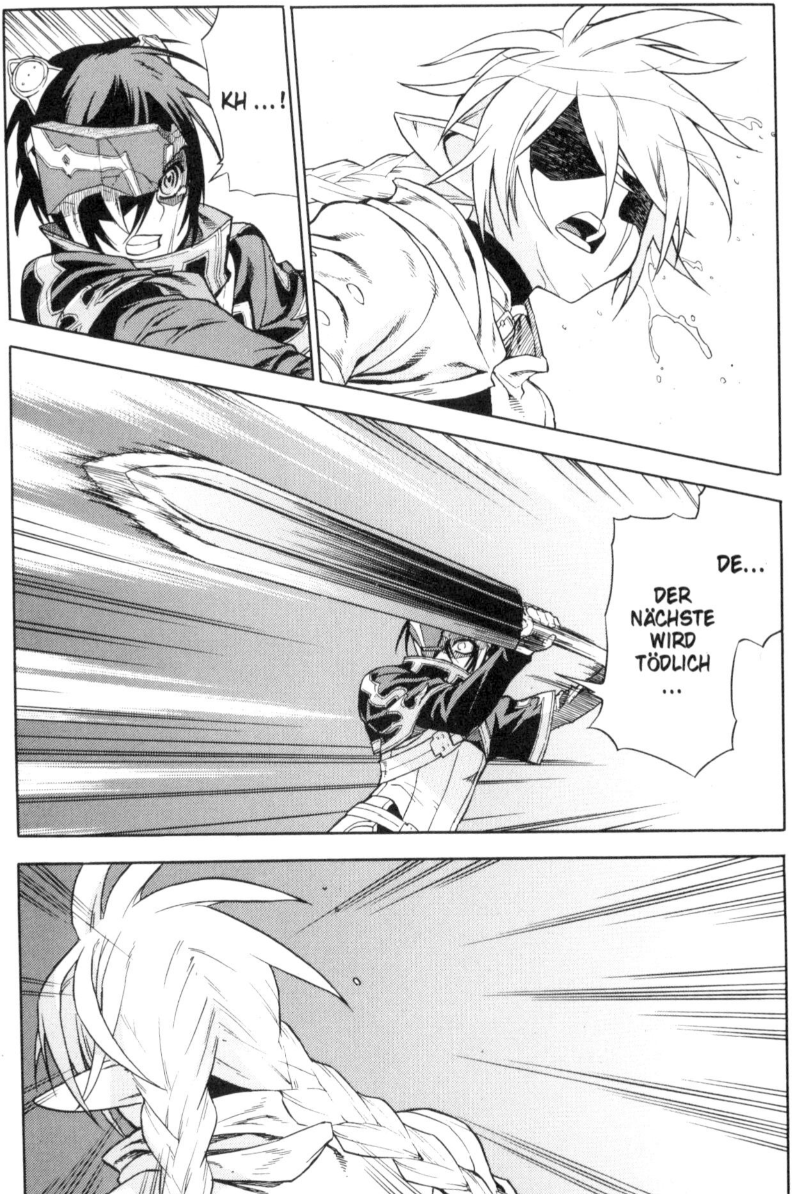
KH ...!
DE...
DER NÄCHSTE WIRD TÖDLICH ...

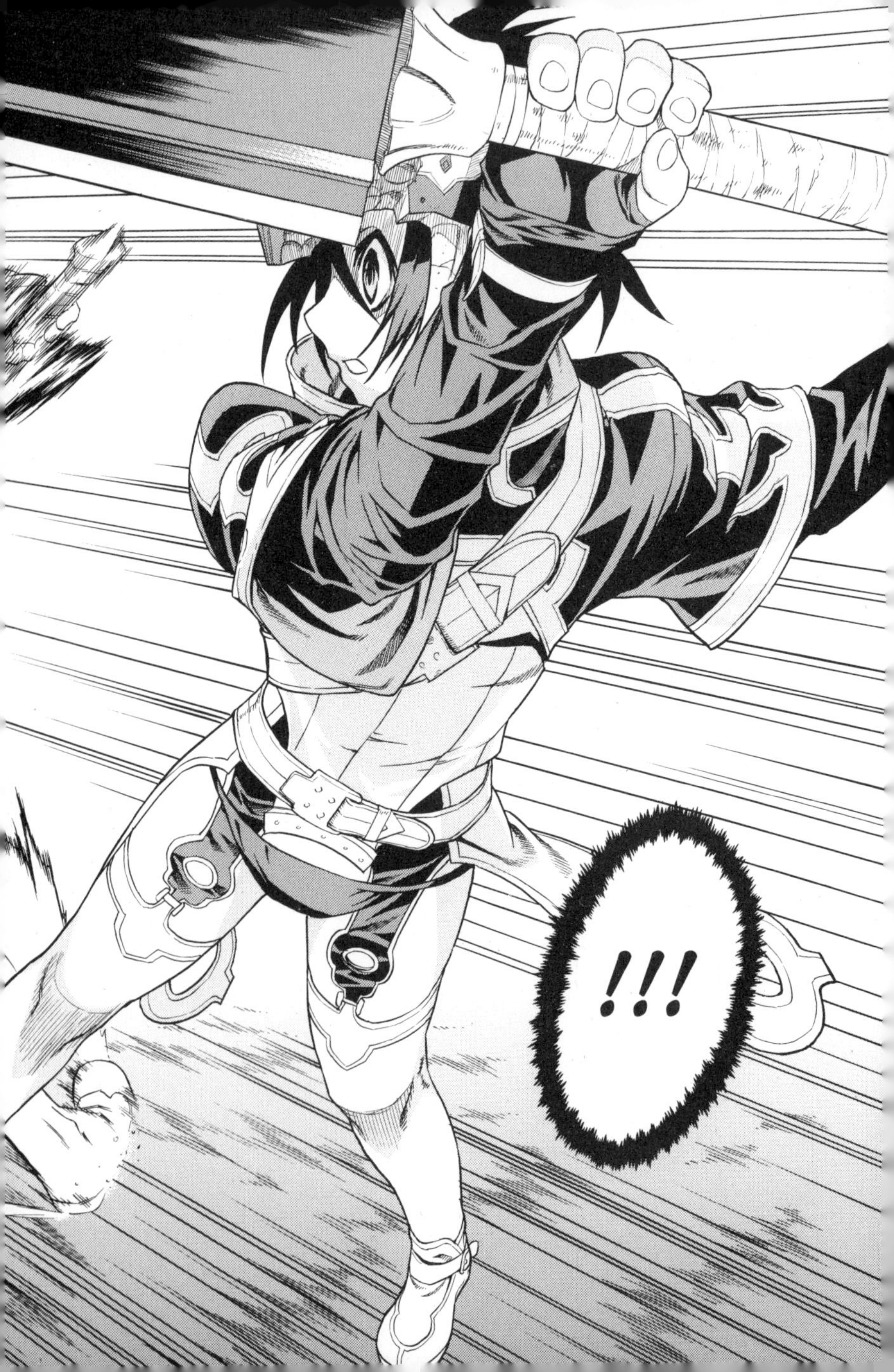

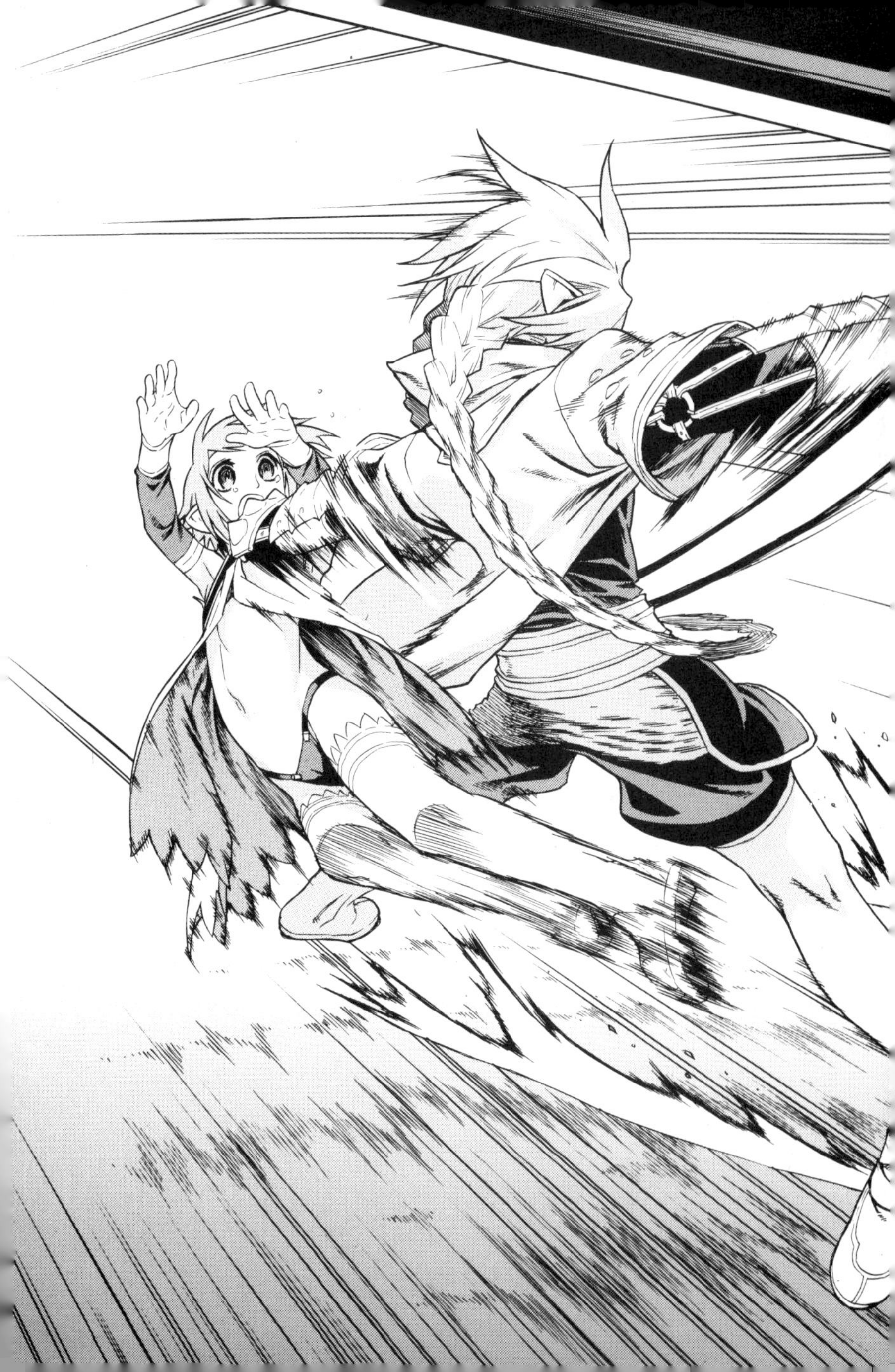

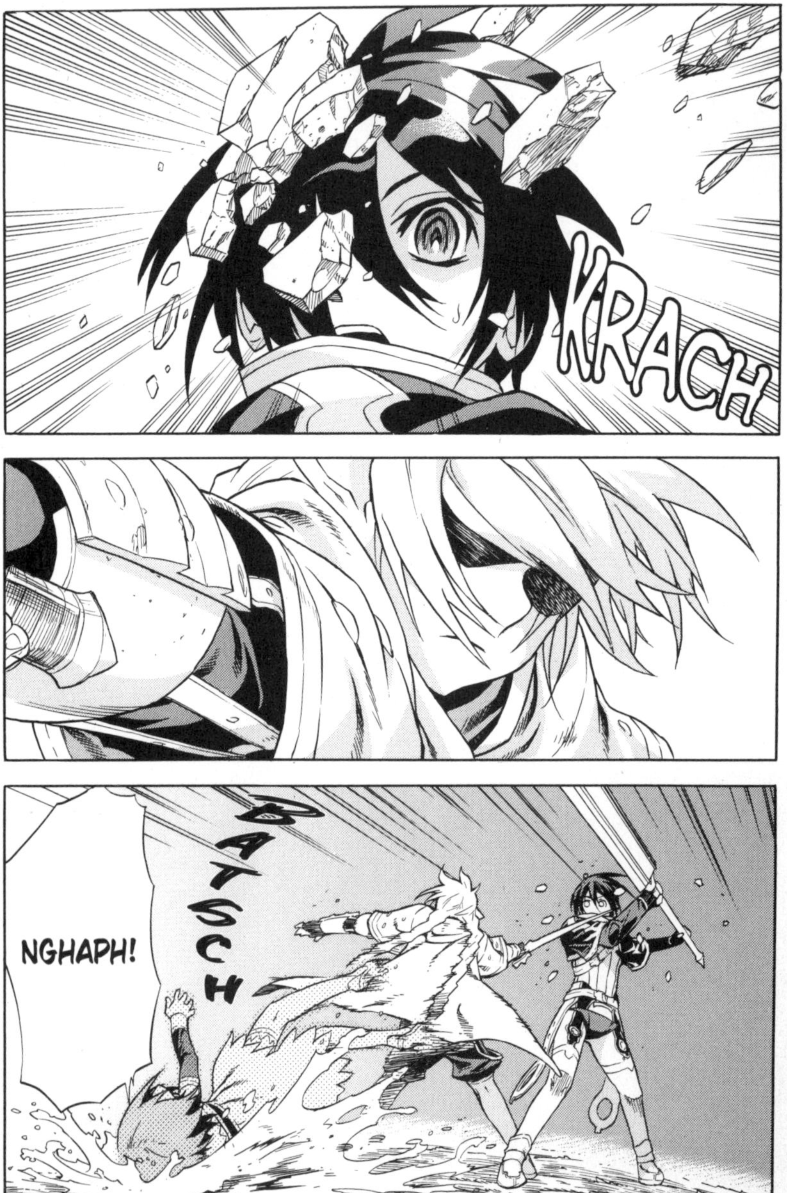
KRACH
BATSCH
NGHAPH!

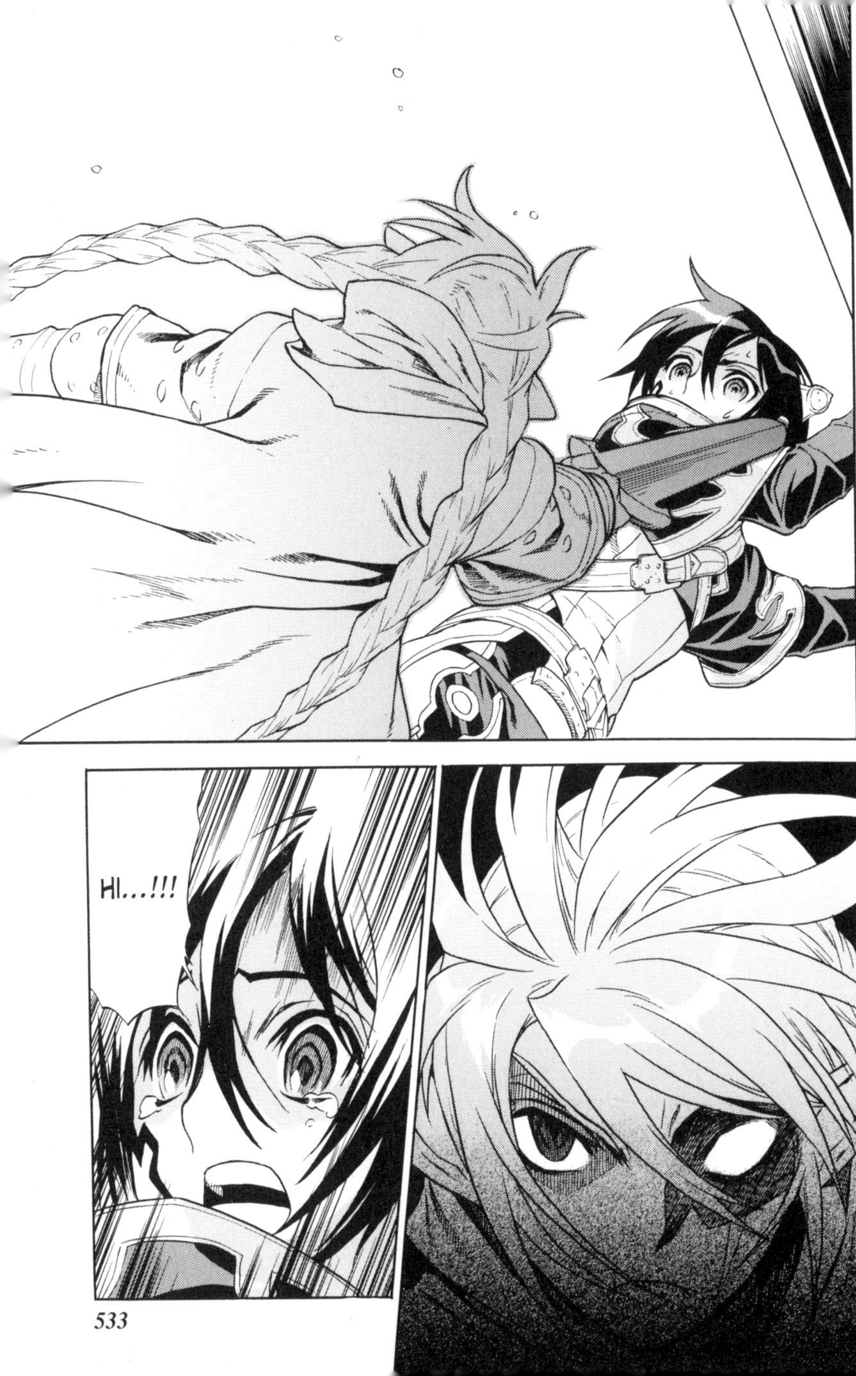
HI...!!!

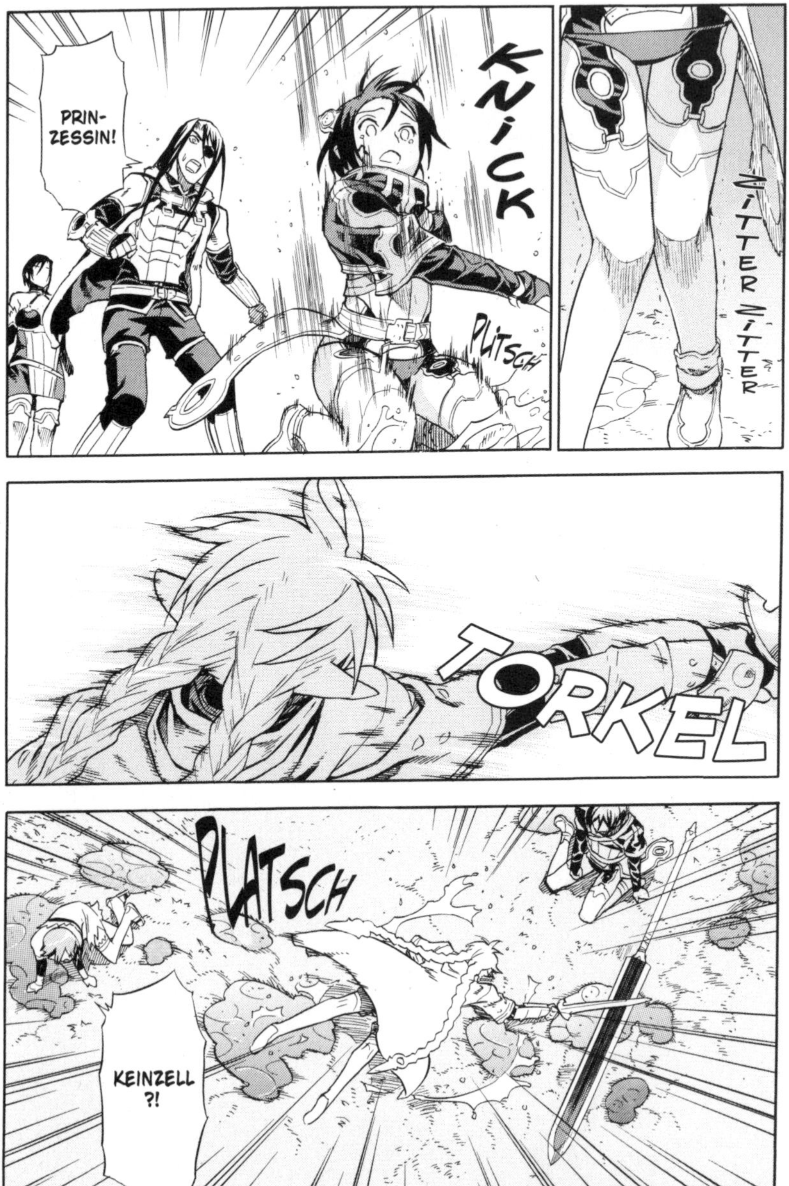
ZITTER ZITTER
PRIN-ZESSIN!
KNICK
PLITSCH
TORKEL
PLATSCH
KEINZELL ?!

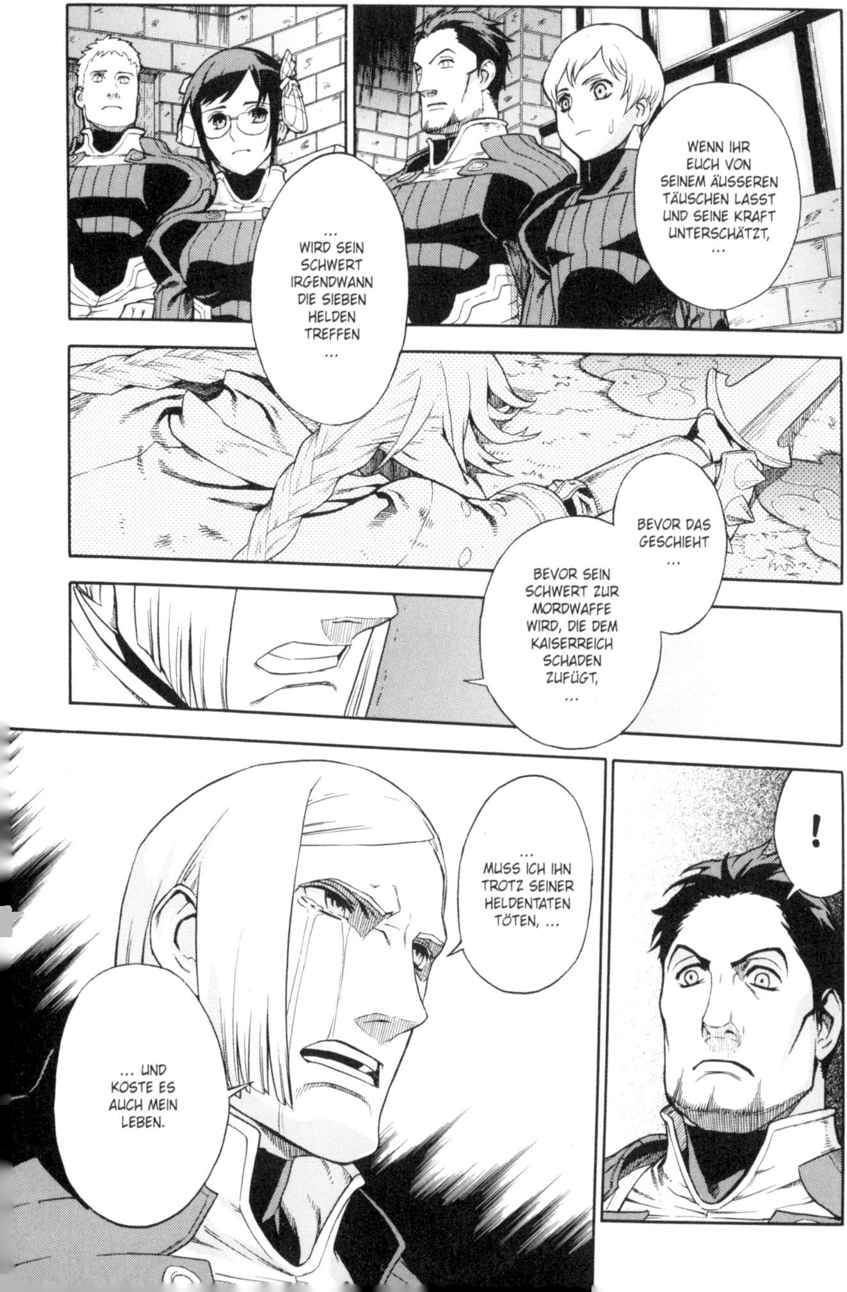
WENN IHR EUCH VON SEINEM ÄUSSEREN TÄUSCHEN LASST UND SEINE KRAFT UNTERSCHÄTZT, ...
... WIRD SEIN SCHWERT IRGENDWANN DIE SIEBEN HELDEN TREFFEN ...
BEVOR DAS GESCHIEHT ...
BEVOR SEIN SCHWERT ZUR MORDWAFFE WIRD, DIE DEM KAISERREICH SCHADEN ZUFÜGT, ...
!
... MUSS ICH IHN TROTZ SEINER HELDENTATEN TÖTEN, ...
... UND KOSTE ES AUCH MEIN LEBEN.

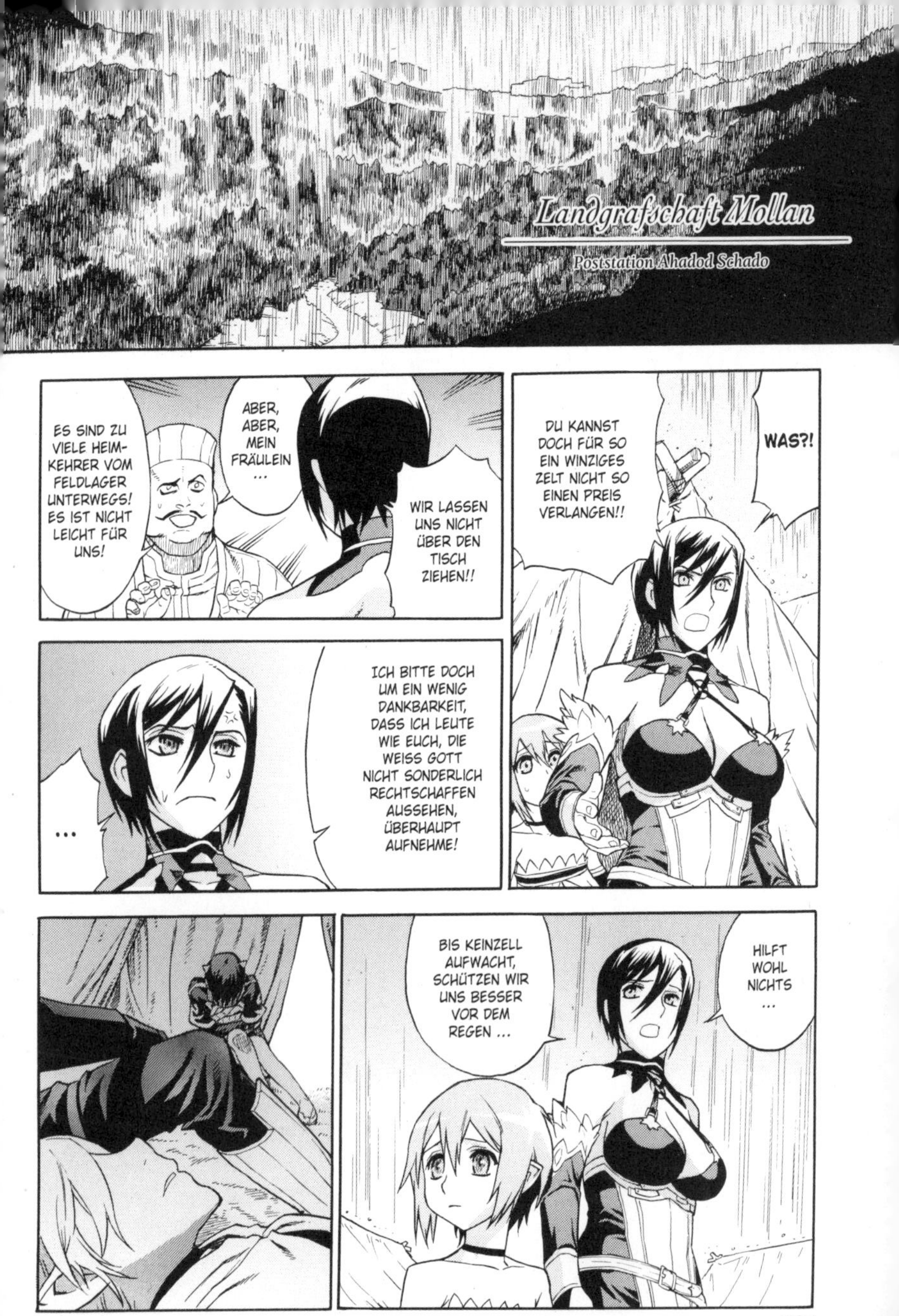
Landgrafschaft Mollan
Poststation Ahadod Schado
WAS?!
DU KANNST DOCH FÜR SO EIN WINZIGES ZELT NICHT SO EINEN PREIS VERLANGEN!!
ABER, ABER, MEIN FRÄULEIN …
ES SIND ZU VIELE HEIMKEHRER VOM FELDLAGER UNTERWEGS! ES IST NICHT LEICHT FÜR UNS!
WIR LASSEN UNS NICHT ÜBER DEN TISCH ZIEHEN!!
ICH BITTE DOCH UM EIN WENIG DANKBARKEIT, DASS ICH LEUTE WIE EUCH, DIE WEISS GOTT NICHT SONDERLICH RECHTSCHAFFEN AUSSEHEN, ÜBERHAUPT AUFNEHME!
…
HILFT WOHL NICHTS …
BIS KEINZELL AUFWACHT, SCHÜTZEN WIR UNS BESSER VOR DEM REGEN …

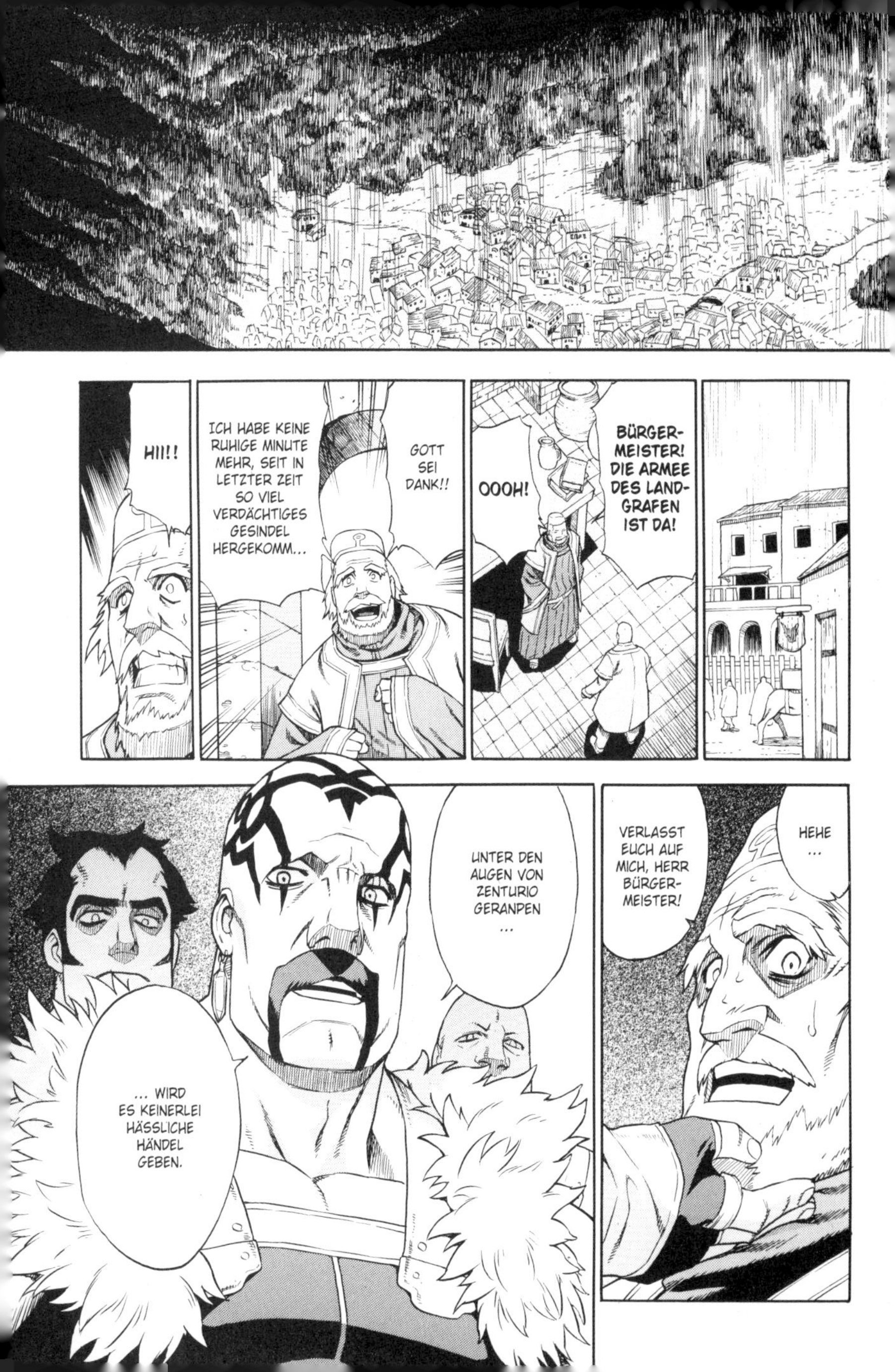
BÜRGER-MEISTER! DIE ARMEE DES LAND-GRAFEN IST DA!
OOOH!
GOTT SEI DANK!!
ICH HABE KEINE RUHIGE MINUTE MEHR, SEIT IN LETZTER ZEIT SO VIEL VERDÄCHTIGES GESINDEL HERGEKOMM…
HII!!
HEHE …
VERLASST EUCH AUF MICH, HERR BÜRGER-MEISTER!
UNTER DEN AUGEN VON ZENTURIO GERANPEN …
… WIRD ES KEINERLEI HÄSSLICHE HÄNDEL GEBEN.

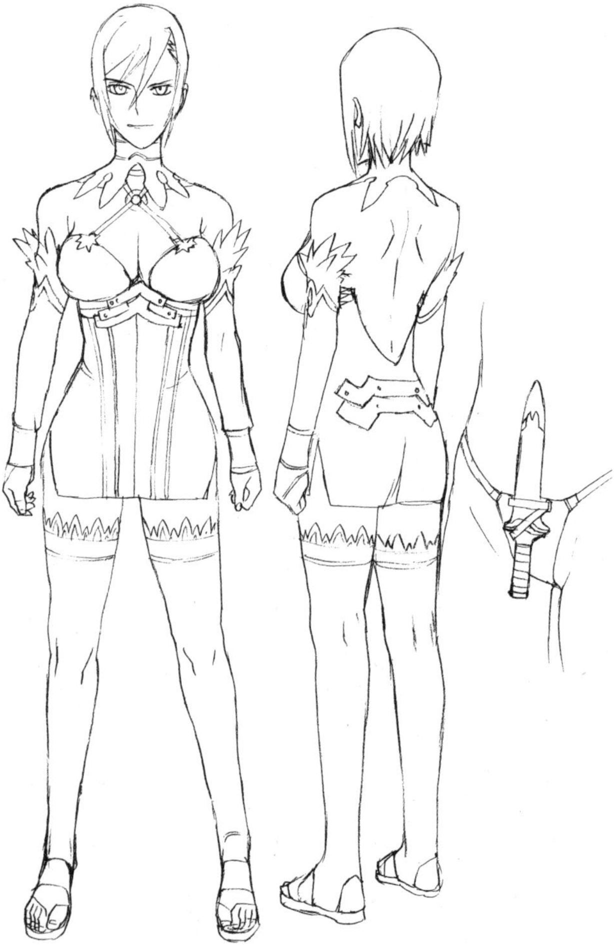

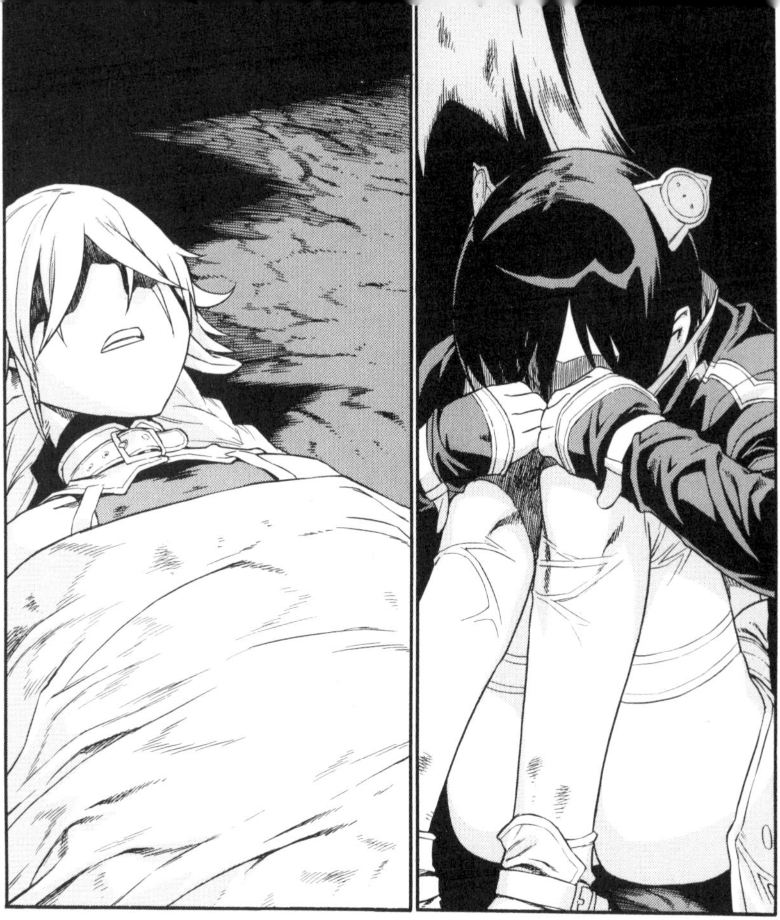

Langer Regen III

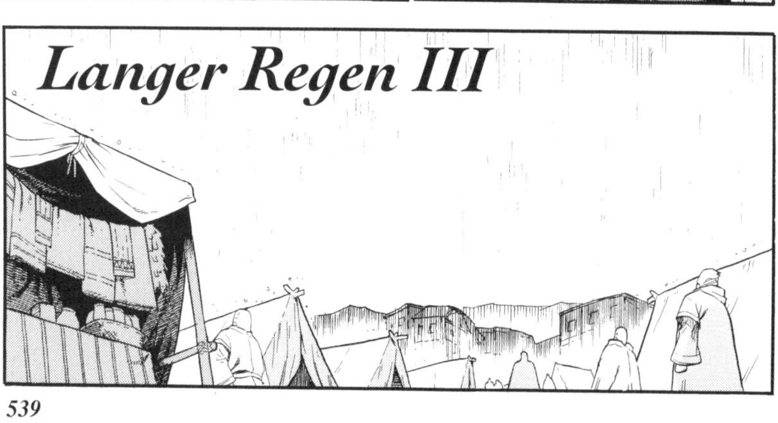

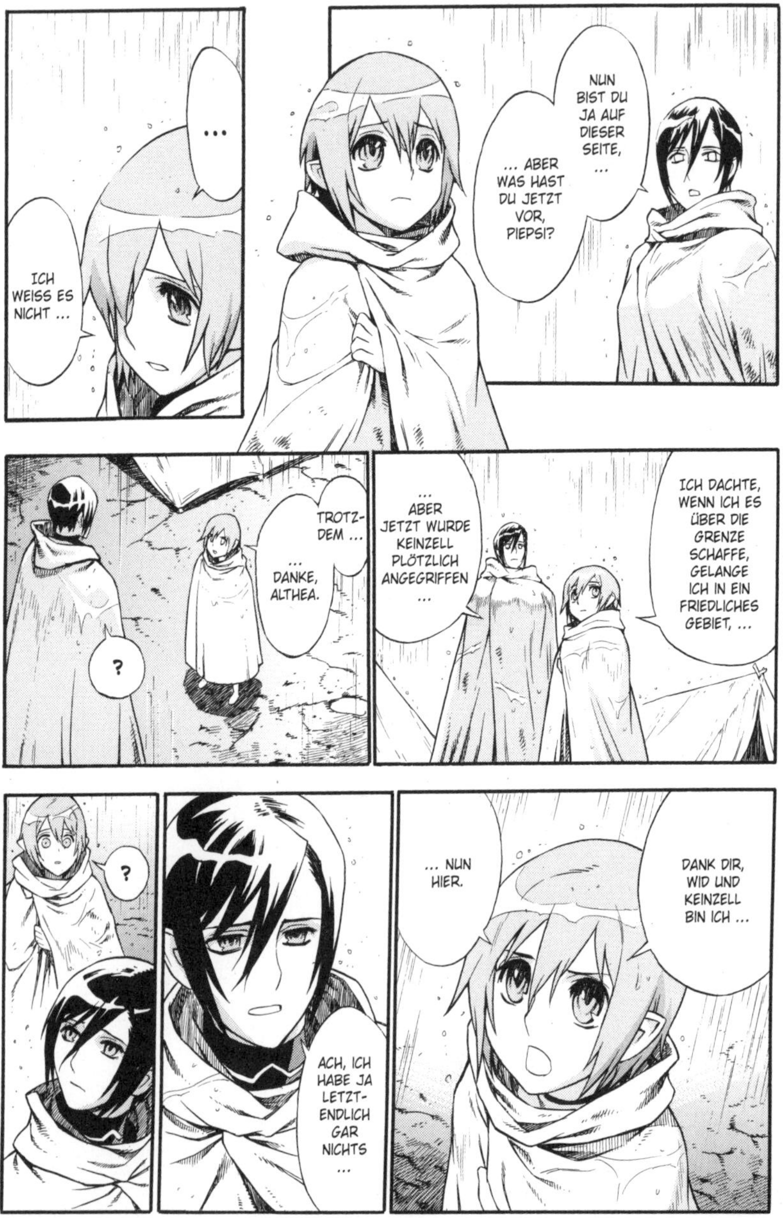
NUN BIST DU JA AUF DIESER SEITE, …
… ABER WAS HAST DU JETZT VOR, PIEPSI?
…
ICH WEISS ES NICHT …
ICH DACHTE, WENN ICH ES ÜBER DIE GRENZE SCHAFFE, GELANGE ICH IN EIN FRIEDLICHES GEBIET, …
… ABER JETZT WURDE KEINZELL PLÖTZLICH ANGEGRIFFEN …
TROTZDEM …
… DANKE, ALTHEA.
?
DANK DIR, WID UND KEINZELL BIN ICH …
… NUN HIER.
ACH, ICH HABE JA LETZTENDLICH GAR NICHTS …
?

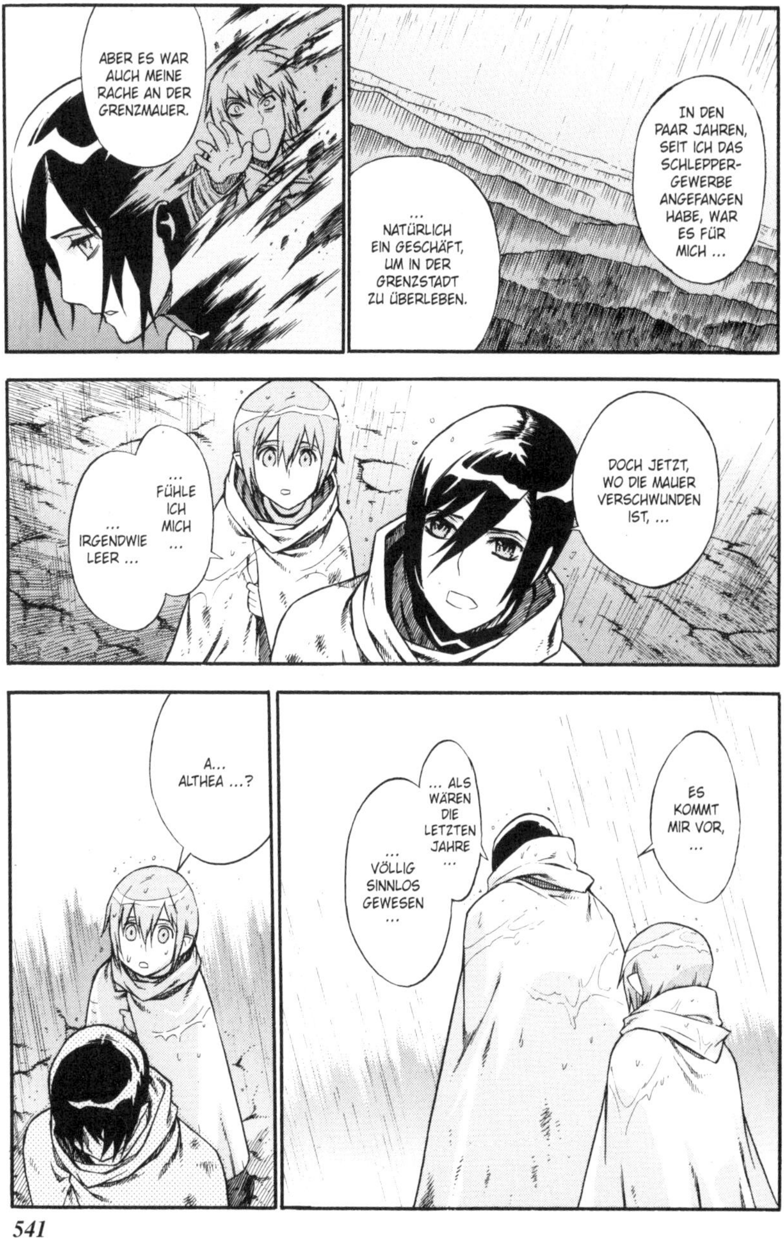
In den paar Jahren, seit ich das Schlepper-gewerbe angefangen habe, war es für mich …
… natürlich ein Geschäft, um in der Grenzstadt zu überleben.
Aber es war auch meine Rache an der Grenzmauer.
Doch jetzt, wo die Mauer verschwunden ist, …
… fühle ich mich …
… irgendwie leer …
Es kommt mir vor, …
… als wären die letzten Jahre …
… völlig sinnlos gewesen …
A… Althea …?

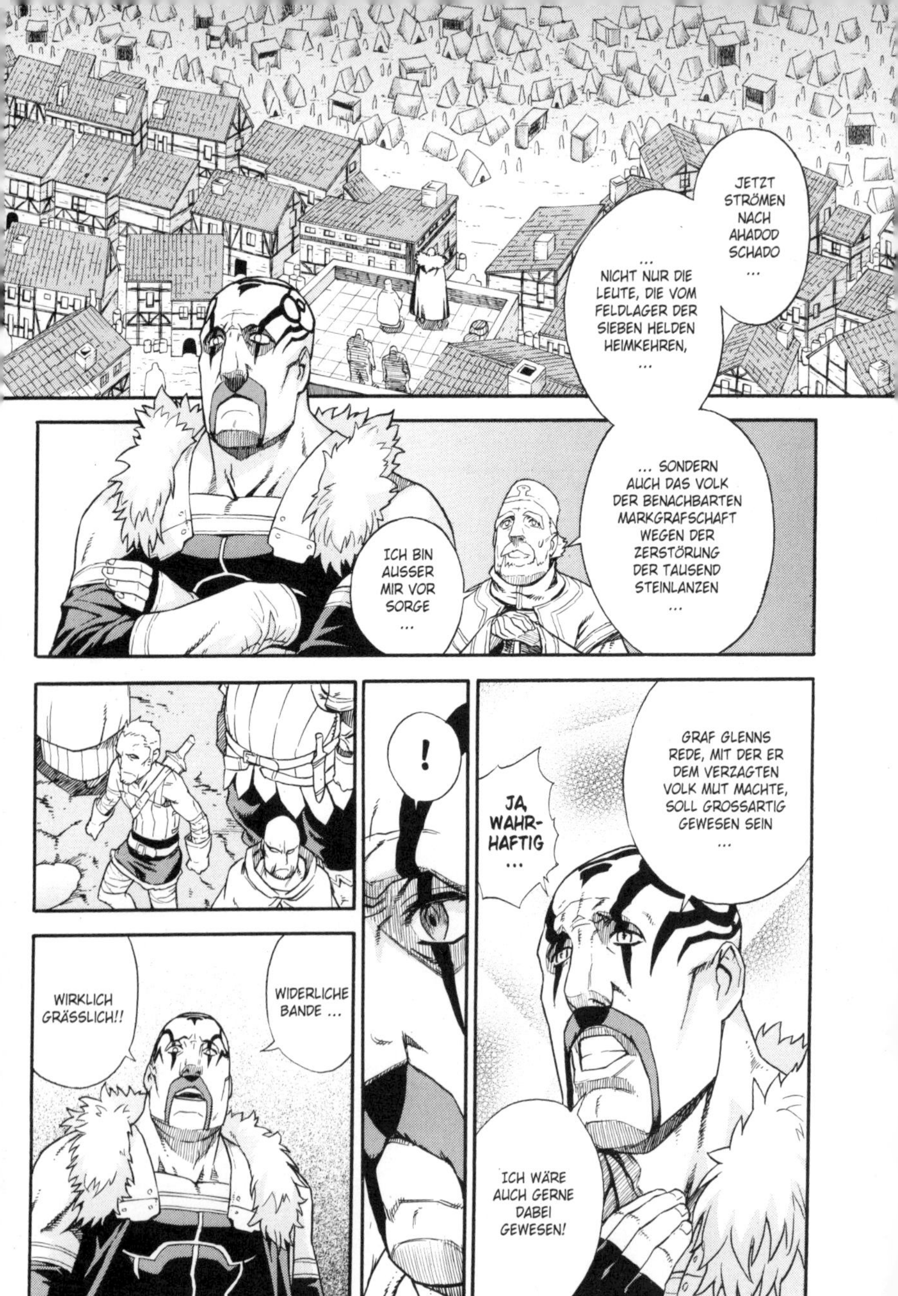
JETZT STRÖMEN NACH AHADOD SCHADO …
… NICHT NUR DIE LEUTE, DIE VOM FELDLAGER DER SIEBEN HELDEN HEIMKEHREN, …
… SONDERN AUCH DAS VOLK DER BENACHBARTEN MARKGRAFSCHAFT WEGEN DER ZERSTÖRUNG DER TAUSEND STEINLANZEN …
ICH BIN AUSSER MIR VOR SORGE …
GRAF GLENNS REDE, MIT DER ER DEM VERZAGTEN VOLK MUT MACHTE, SOLL GROSSARTIG GEWESEN SEIN …
JA, WAHRHAFTIG …
!
ICH WÄRE AUCH GERNE DABEI GEWESEN!
WIDERLICHE BANDE …
WIRKLICH GRÄSSLICH!!

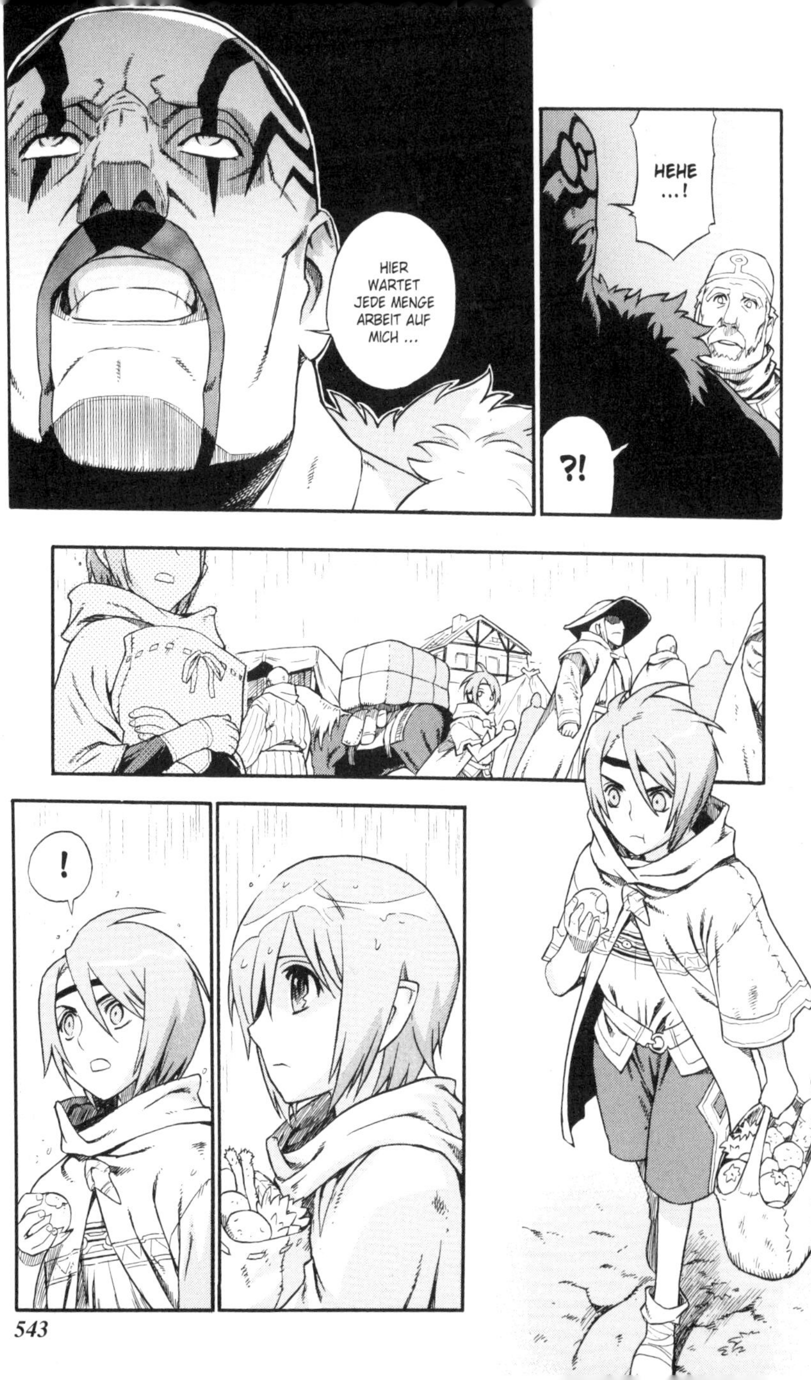
HEHE …!
HIER WARTET JEDE MENGE ARBEIT AUF MICH …
?!
!

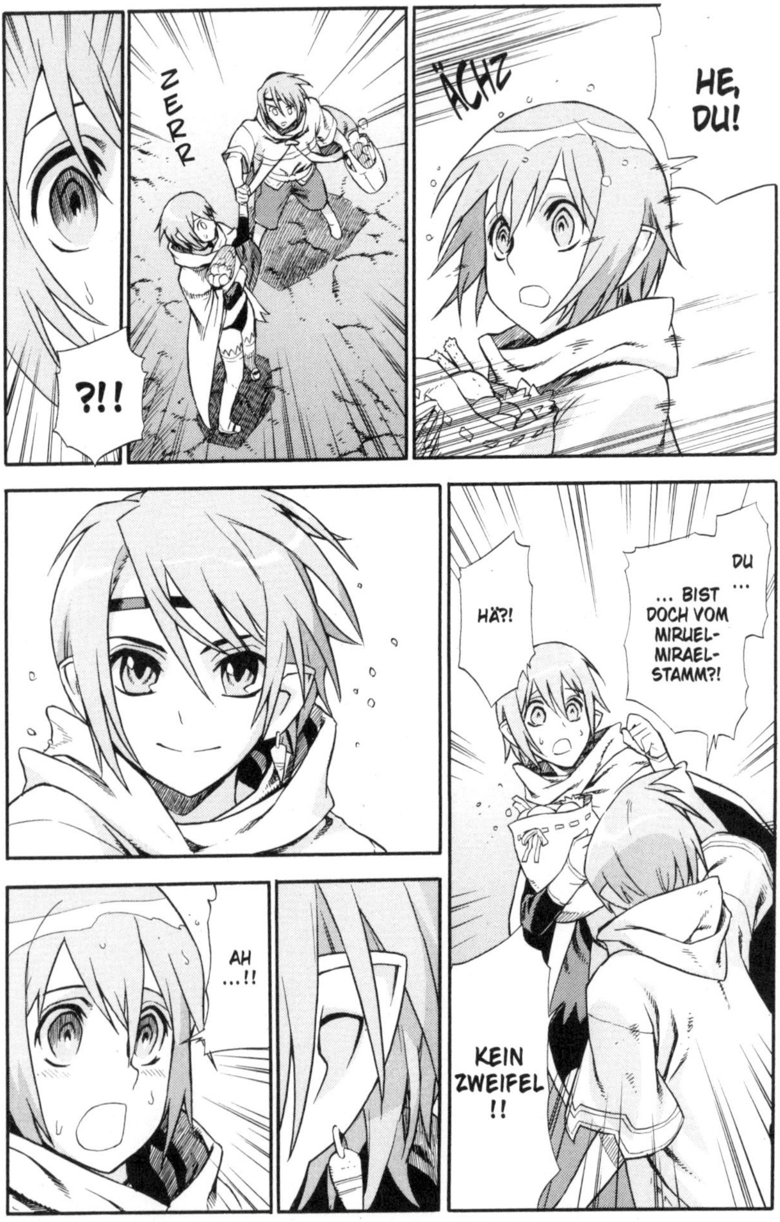
HE, DU!
ÄCHZ
ZERR
?!!
DU ...
... BIST DOCH VOM MIRUEL-MIRAEL-STAMM?!
HÄ?!
KEIN ZWEIFEL !!
AH ...!!

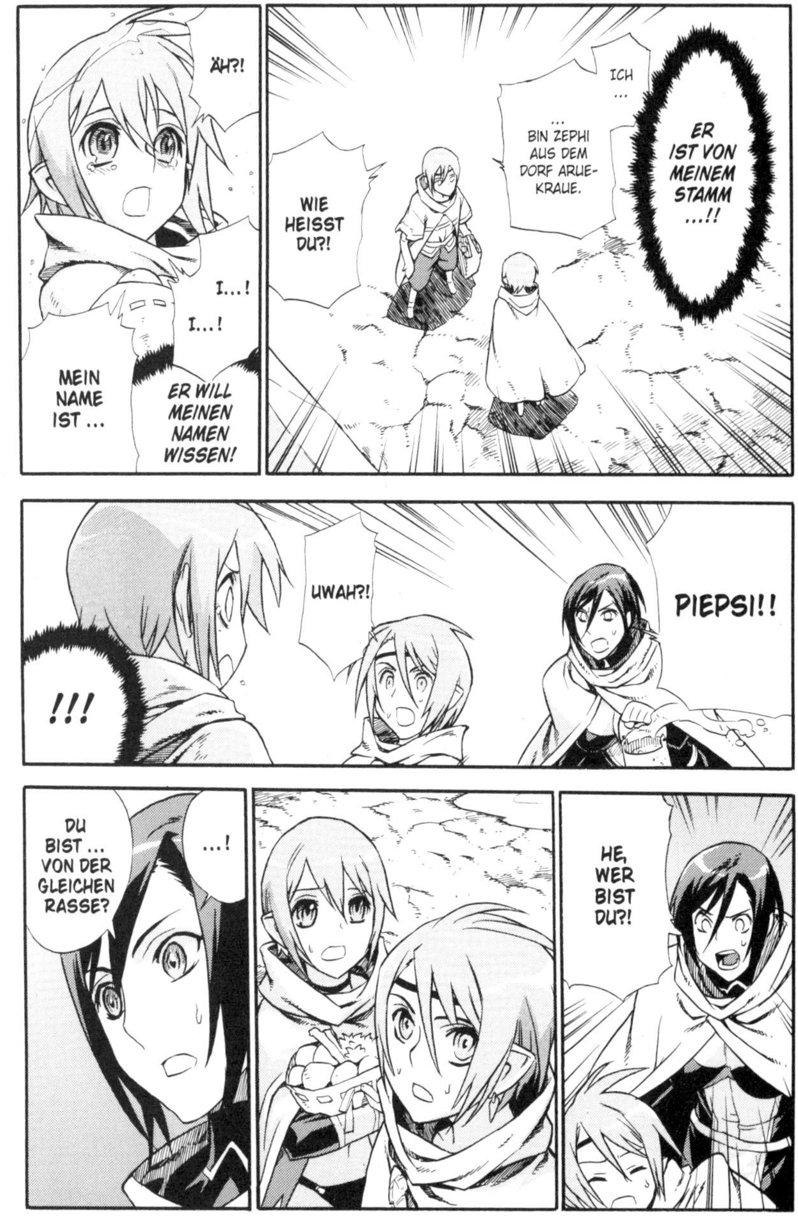
ER IST VON MEINEM STAMM ...!!
ICH ...
... BIN ZEPHI AUS DEM DORF ARUE-KRAUE.
WIE HEISST DU?!
ÄH?!
I...!
I...!
ER WILL MEINEN NAMEN WISSEN!
MEIN NAME IST ...
PIEPSI!!
UWAH?!
!!!
HE, WER BIST DU?!
...!
DU BIST ... VON DER GLEICHEN RASSE?

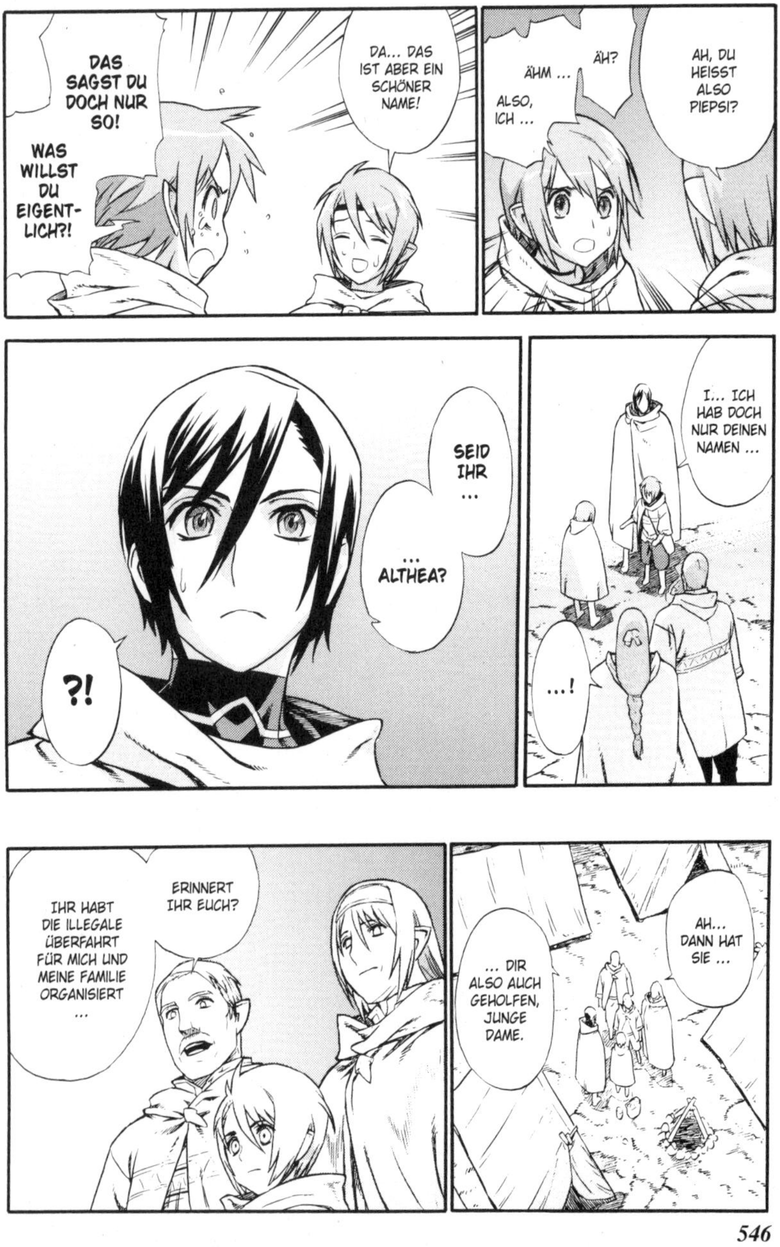

AH, DU HEISST ALSO PIEPSI?
ÄH?
ÄHM …
ALSO, ICH …
DA… DAS IST ABER EIN SCHÖNER NAME!
DAS SAGST DU DOCH NUR SO!
WAS WILLST DU EIGENTLICH?!
I… ICH HAB DOCH NUR DEINEN NAMEN …
…!
SEID IHR …
… ALTHEA?
?!
AH… DANN HAT SIE …
… DIR ALSO AUCH GEHOLFEN, JUNGE DAME.
ERINNERT IHR EUCH?
IHR HABT DIE ILLEGALE ÜBERFAHRT FÜR MICH UND MEINE FAMILIE ORGANISIERT …

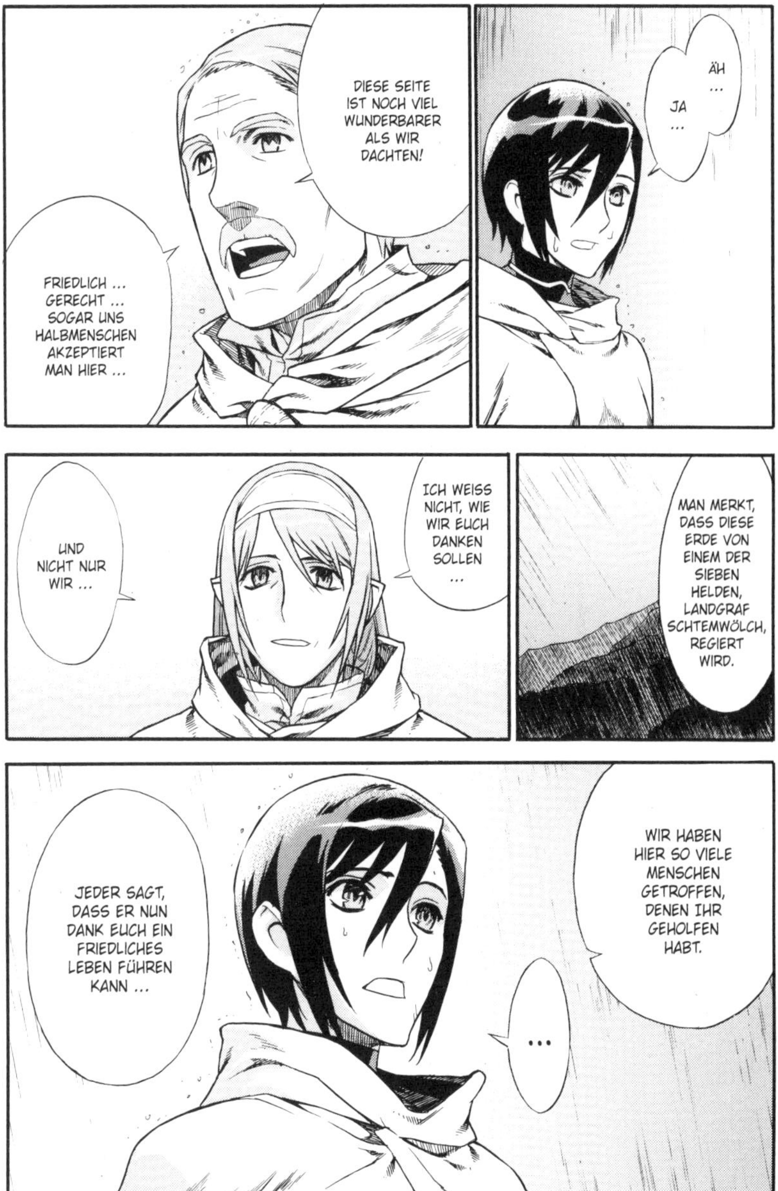
ÄH … JA …
DIESE SEITE IST NOCH VIEL WUNDERBARER ALS WIR DACHTEN!
FRIEDLICH … GERECHT … SOGAR UNS HALBMENSCHEN AKZEPTIERT MAN HIER …
MAN MERKT, DASS DIESE ERDE VON EINEM DER SIEBEN HELDEN, LANDGRAF SCHTEMWÖLCH, REGIERT WIRD.
ICH WEISS NICHT, WIE WIR EUCH DANKEN SOLLEN …
UND NICHT NUR WIR …
WIR HABEN HIER SO VIELE MENSCHEN GETROFFEN, DENEN IHR GEHOLFEN HABT.
…
JEDER SAGT, DASS ER NUN DANK EUCH EIN FRIEDLICHES LEBEN FÜHREN KANN …

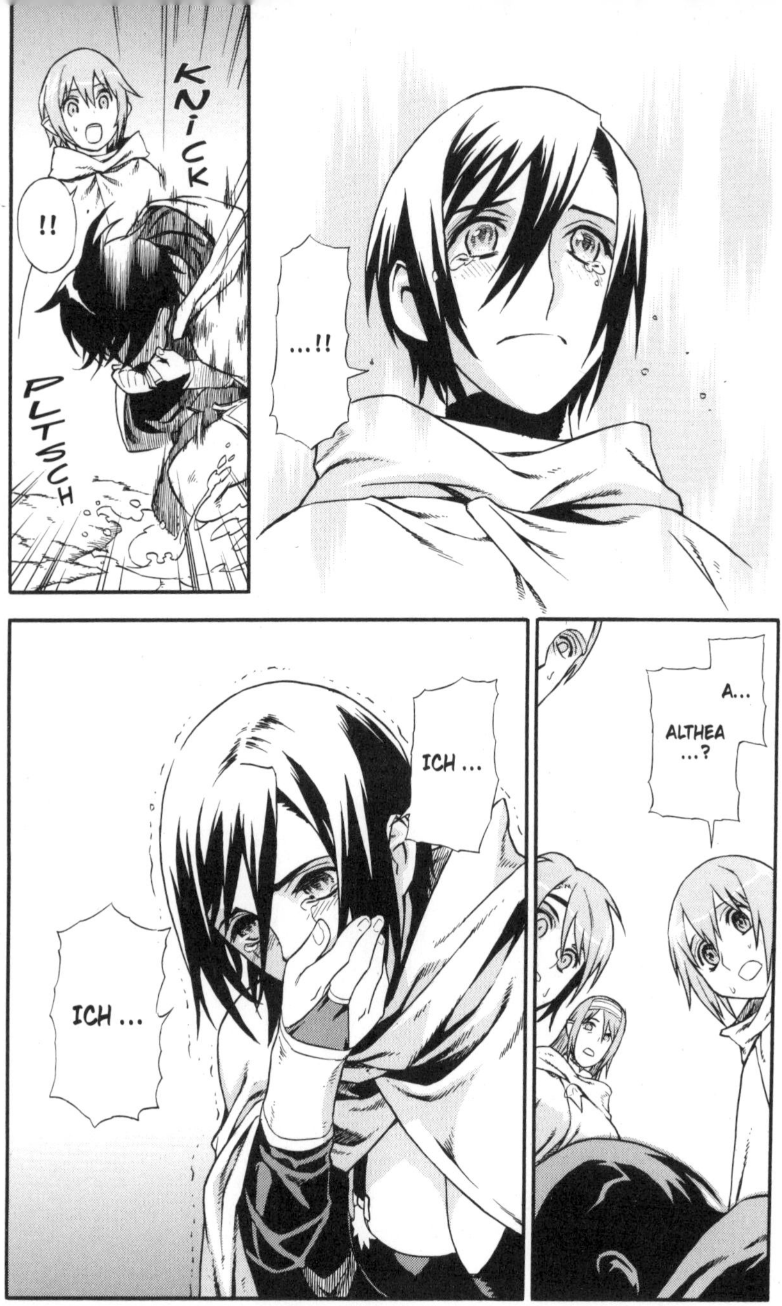
...!!
!!
KNICK
PLTSCH
A...
ALTHEA ...?
ICH ...
ICH ...

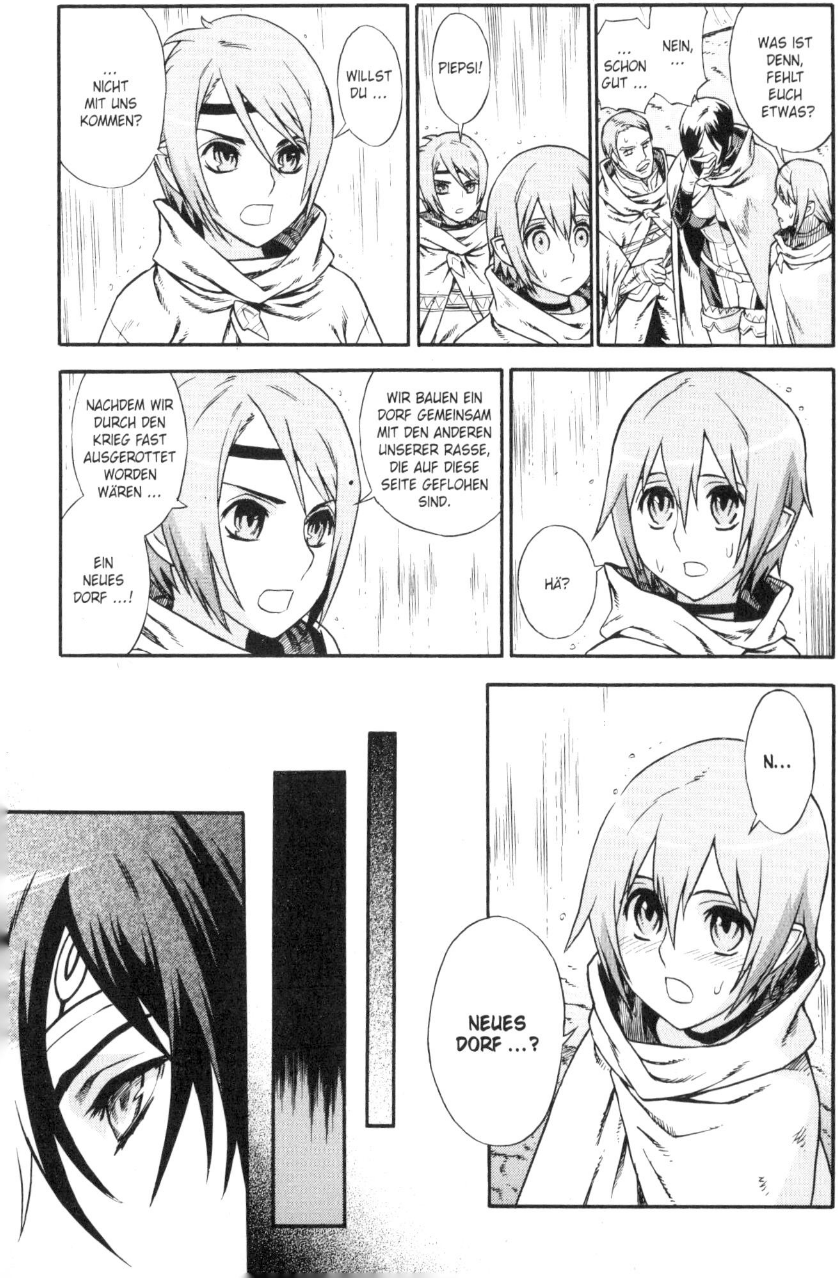

WAS IST DENN, FEHLT EUCH ETWAS?
NEIN, ...
... SCHON GUT ...
PIEPSI!
WILLST DU ...
... NICHT MIT UNS KOMMEN?
HÄ?
WIR BAUEN EIN DORF GEMEINSAM MIT DEN ANDEREN UNSERER RASSE, DIE AUF DIESE SEITE GEFLOHEN SIND.
NACHDEM WIR DURCH DEN KRIEG FAST AUSGEROTTET WORDEN WÄREN ...
EIN NEUES DORF ...!
N...
NEUES DORF ...?

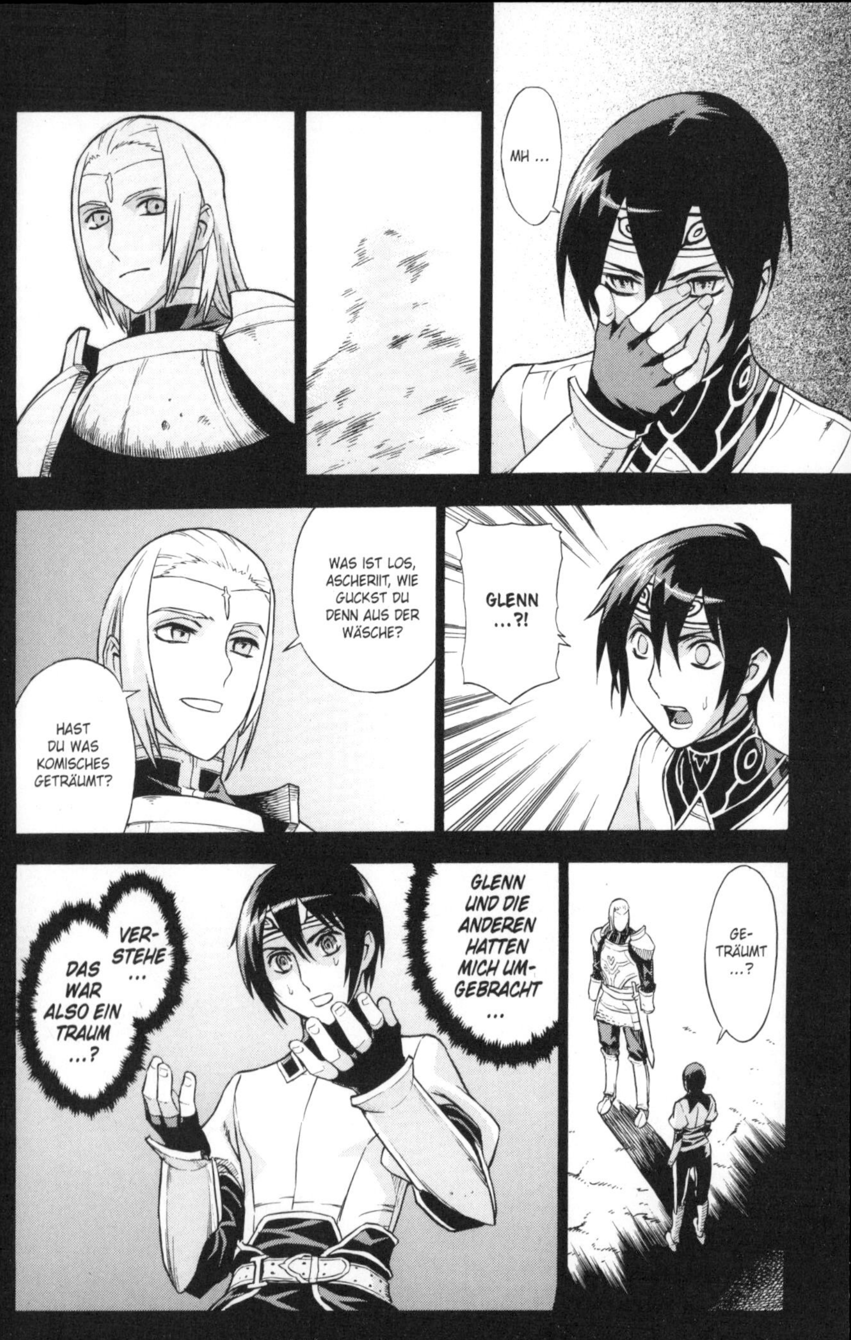
MH ...
GLENN ...?!
WAS IST LOS, ASCHERIIT, WIE GUCKST DU DENN AUS DER WÄSCHE?
HAST DU WAS KOMISCHES GETRÄUMT?
GE-TRÄUMT ...?
GLENN UND DIE ANDEREN HATTEN MICH UM-GEBRACHT ...
VER-STEHE ...
DAS WAR ALSO EIN TRAUM ...?

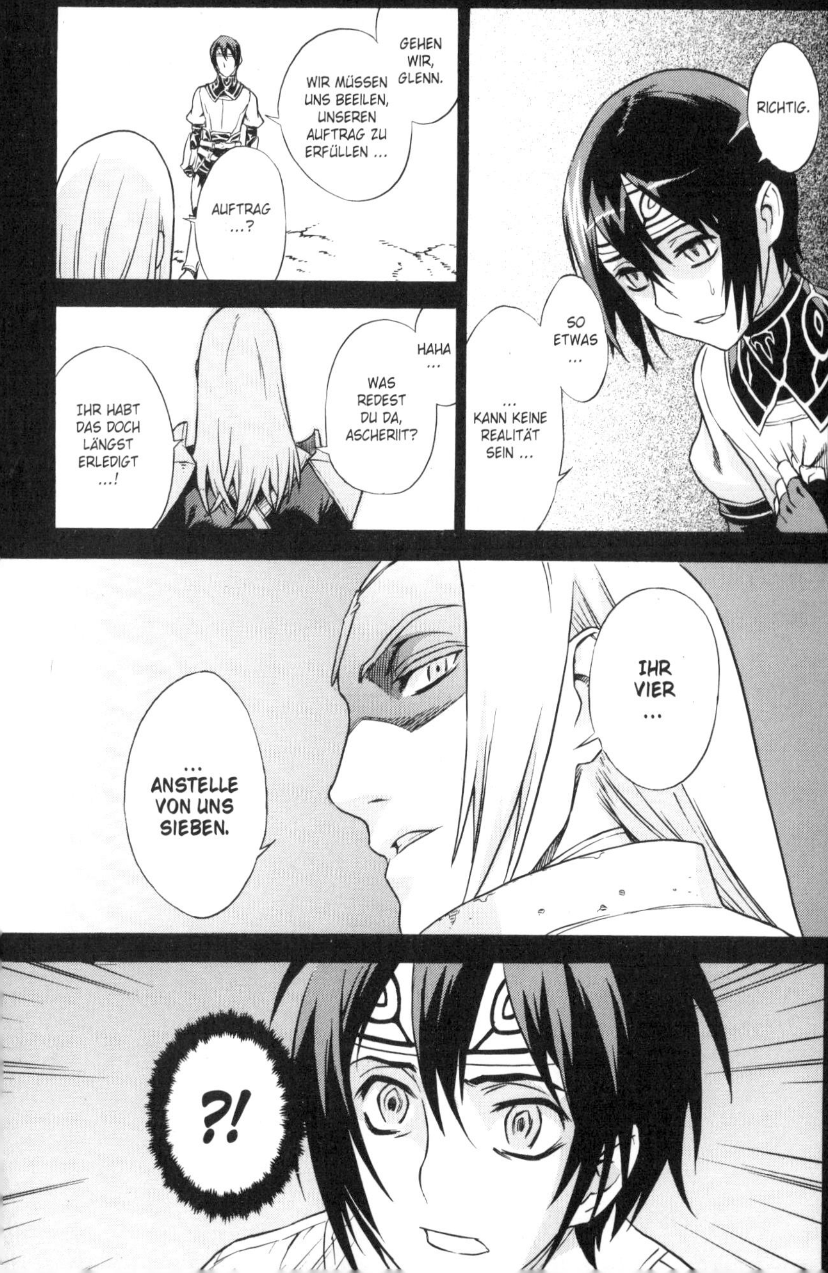
GEHEN WIR, GLENN.
WIR MÜSSEN UNS BEEILEN, UNSEREN AUFTRAG ZU ERFÜLLEN …
AUFTRAG …?
HAHA …
WAS REDEST DU DA, ASCHERIIT?
IHR HABT DAS DOCH LÄNGST ERLEDIGT …!
RICHTIG.
SO ETWAS …
… KANN KEINE REALITÄT SEIN …
IHR VIER …
… ANSTELLE VON UNS SIEBEN.
?!

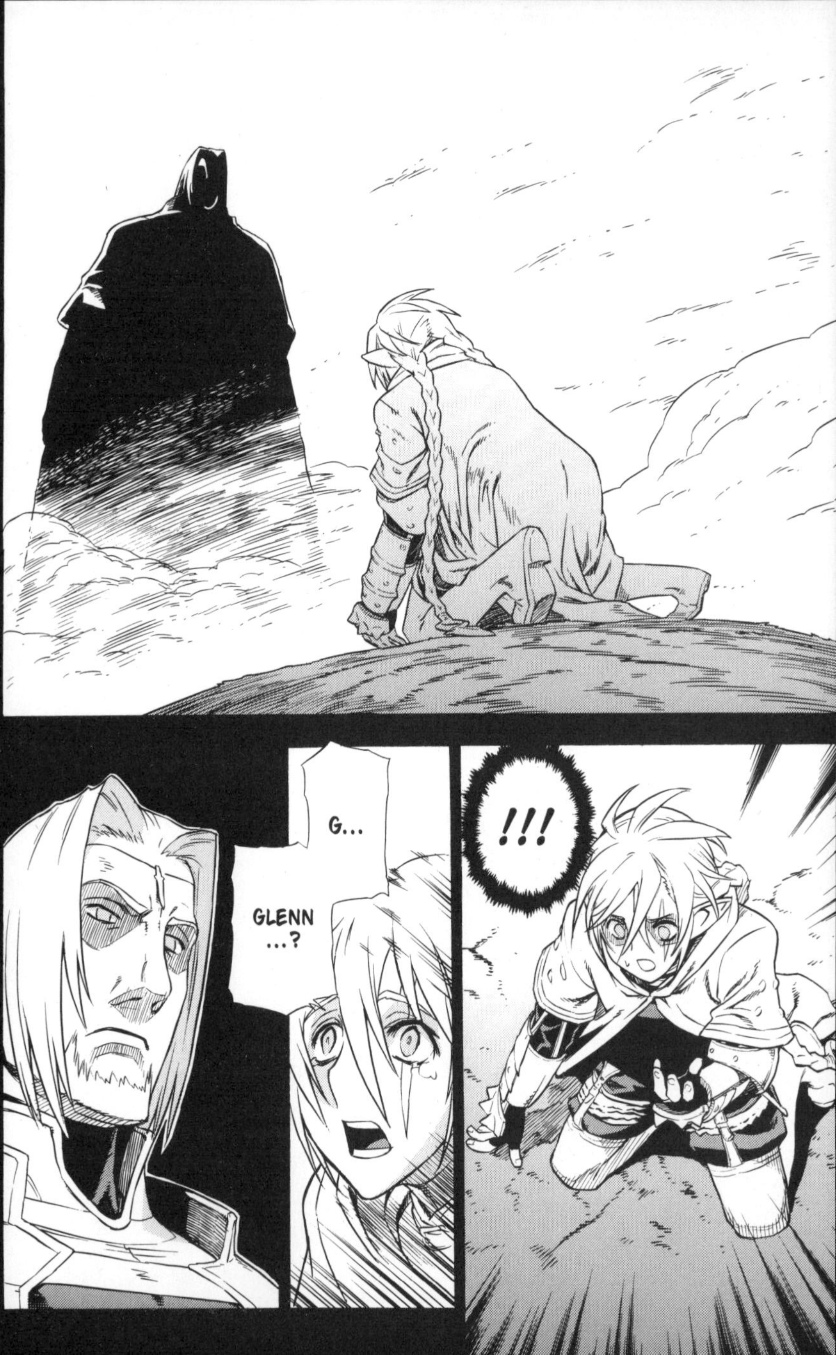
!!!
G...
GLENN ...?

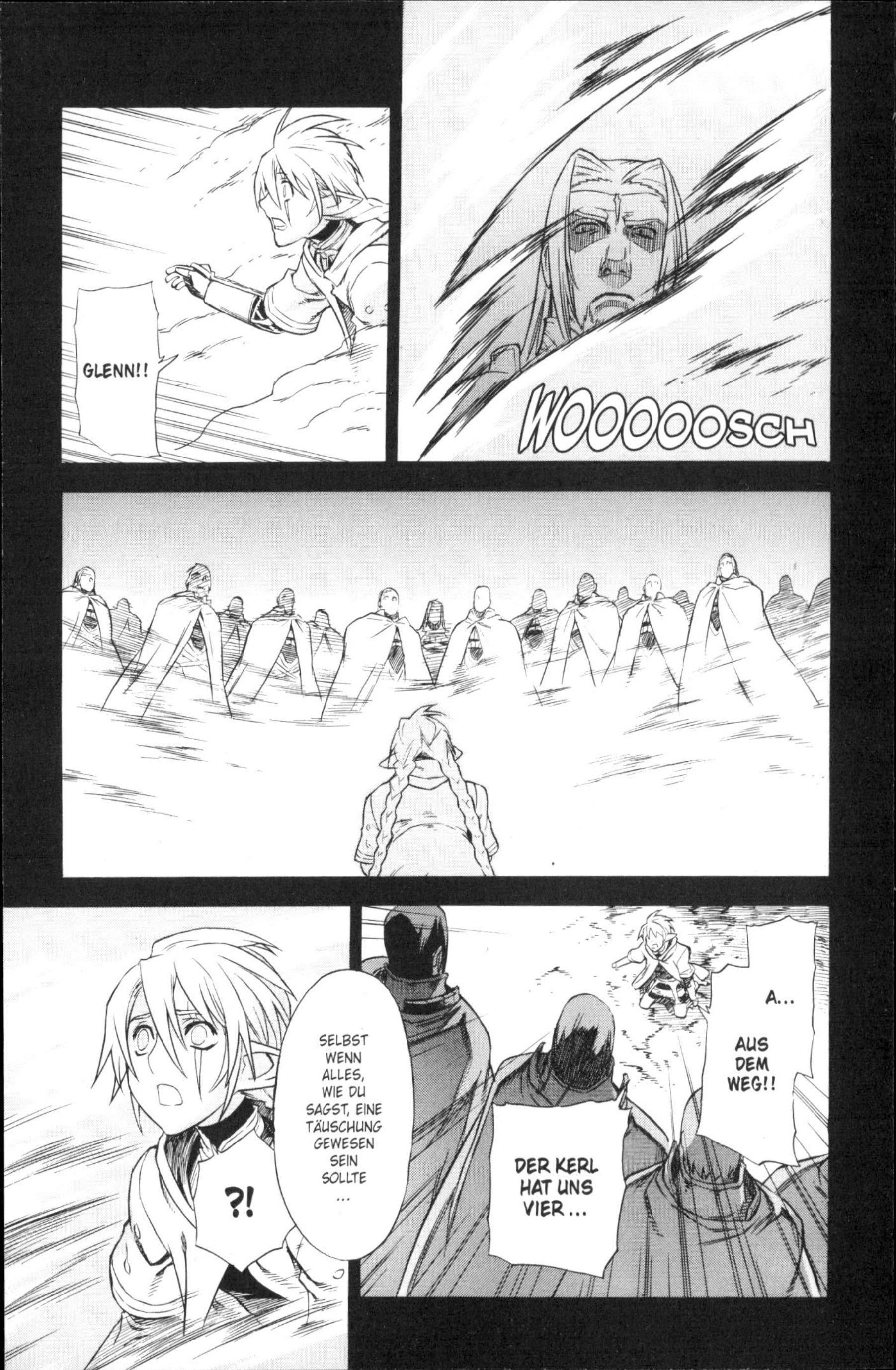
WOOOOOSCH
GLENN!!
A...
AUS DEM WEG!!
DER KERL HAT UNS VIER...
SELBST WENN ALLES, WIE DU SAGST, EINE TÄUSCHUNG GEWESEN SEIN SOLLTE ...
?!

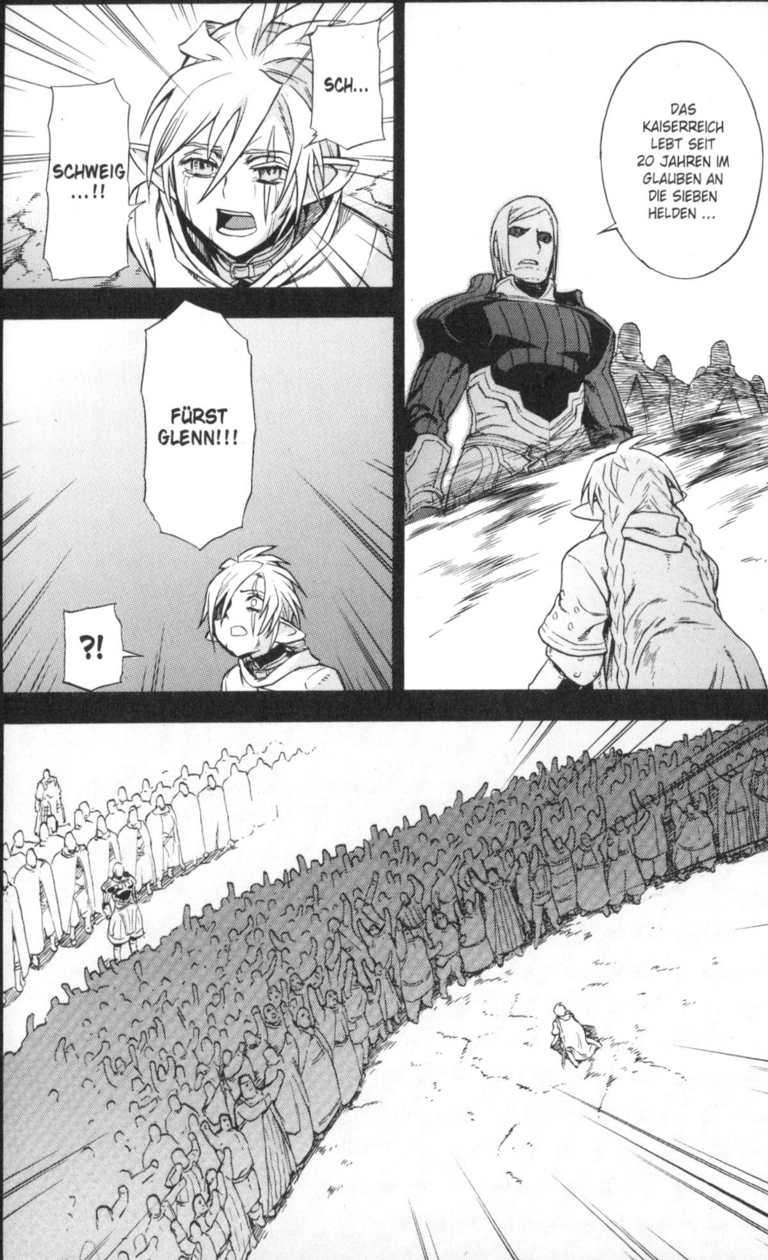

DAS KAISERREICH LEBT SEIT 20 JAHREN IM GLAUBEN AN DIE SIEBEN HELDEN ...
SCH...
SCHWEIG ...!!
FÜRST GLENN!!!
?!

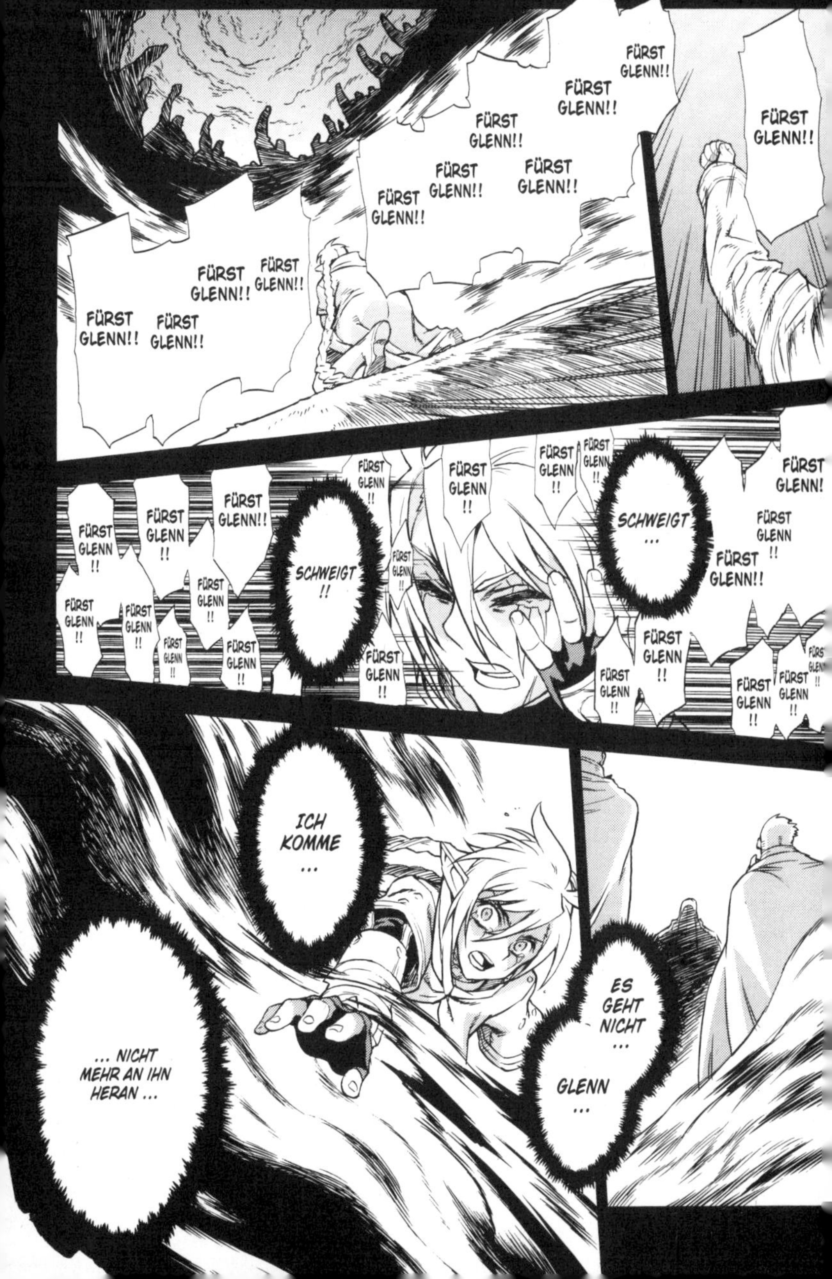
FÜRST GLENN!!
FÜRST GLENN!!
FÜRST GLENN!!
FÜRST GLENN!!
FÜRST GLENN!!
FÜRST GLENN!!
FÜRST GLENN!!
FÜRST GLENN!!
FÜRST GLENN!!
FÜRST GLENN!!
FÜRST GLENN!
FÜRST GLENN!!
FÜRST GLENN!!
SCHWEIGT ...
FÜRST GLENN!!
FÜRST GLENN!!
FÜRST GLENN!!
FÜRST GLENN!!
FÜRST GLENN!!
FÜRST GLENN!!
FÜRST GLENN!!
SCHWEIGT!!
FÜRST GLENN!!
FÜRST GLENN!!
FÜRST GLENN!!
FÜRST GLENN!!
FÜRST GLENN!!
FÜRST GLENN!!
FÜRST GLENN!!
FÜRST GLENN!!
ES GEHT NICHT ...
GLENN ...
ICH KOMME ...
... NICHT MEHR AN IHN HERAN ...

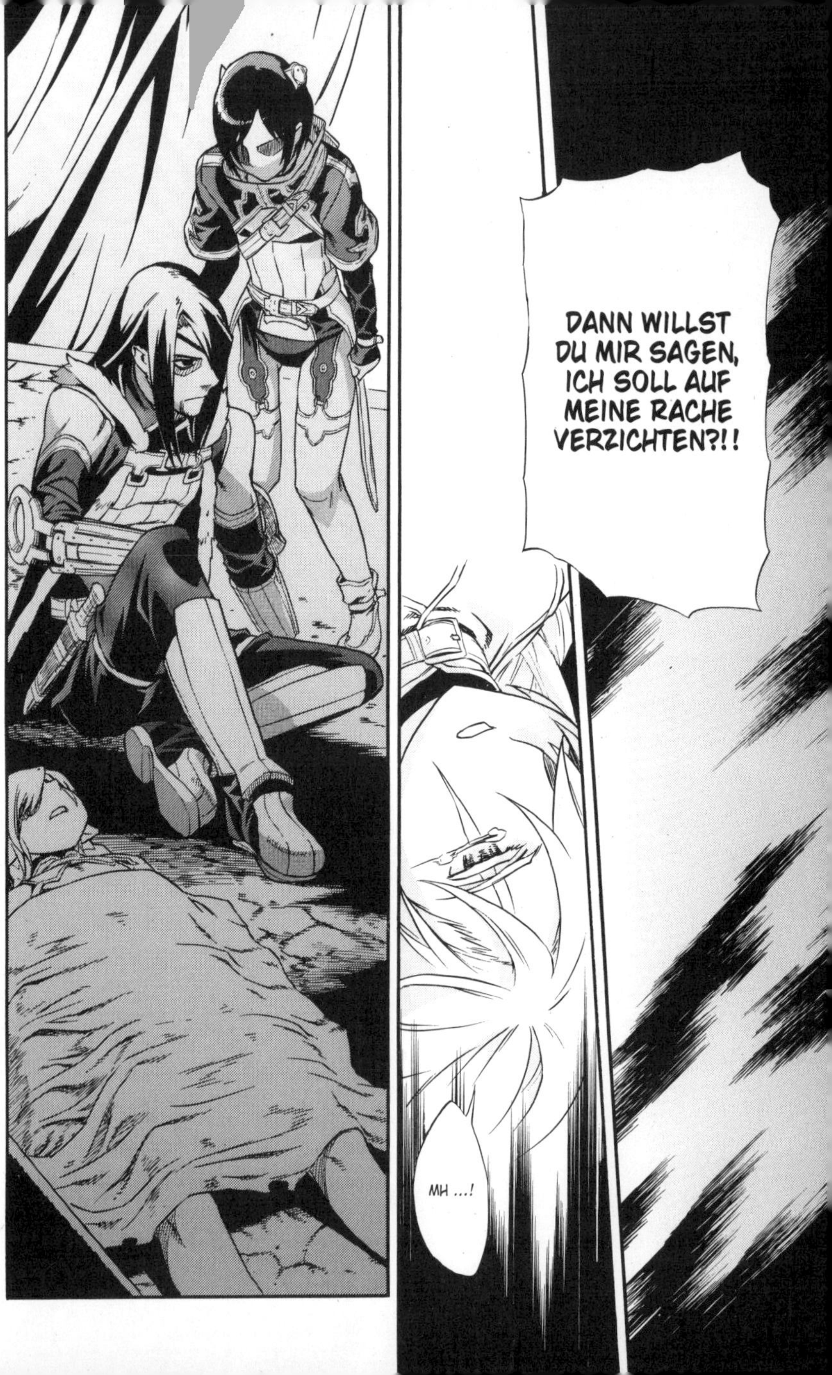
DANN WILLST DU MIR SAGEN, ICH SOLL AUF MEINE RACHE VERZICHTEN?!!
MH ...!

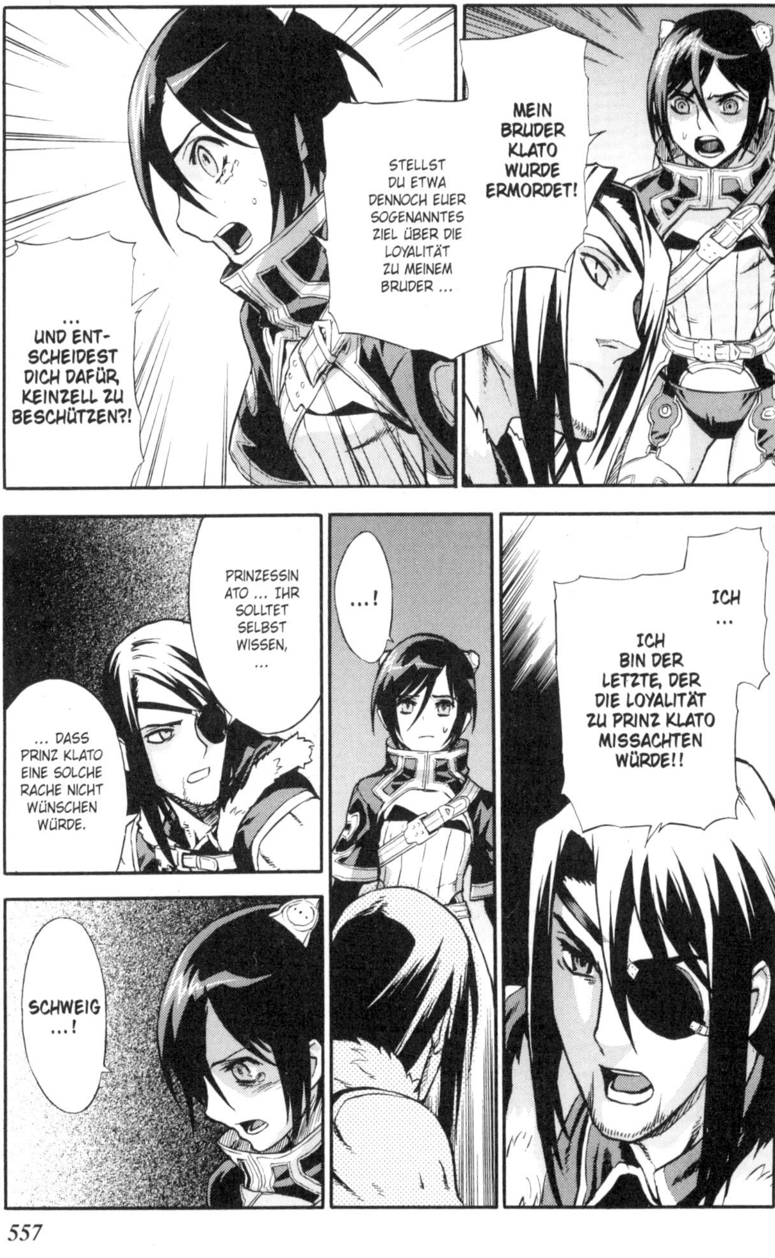
MEIN BRUDER KLATO WURDE ERMORDET!
STELLST DU ETWA DENNOCH EUER SOGENANNTES ZIEL ÜBER DIE LOYALITÄT ZU MEINEM BRUDER ...
... UND ENT-SCHEIDEST DICH DAFÜR, KEINZELL ZU BESCHÜTZEN?!
ICH ...
ICH BIN DER LETZTE, DER DIE LOYALITÄT ZU PRINZ KLATO MISSACHTEN WÜRDE!!
...!
PRINZESSIN ATO ... IHR SOLLTET SELBST WISSEN, ...
... DASS PRINZ KLATO EINE SOLCHE RACHE NICHT WÜNSCHEN WÜRDE.
SCHWEIG ...!

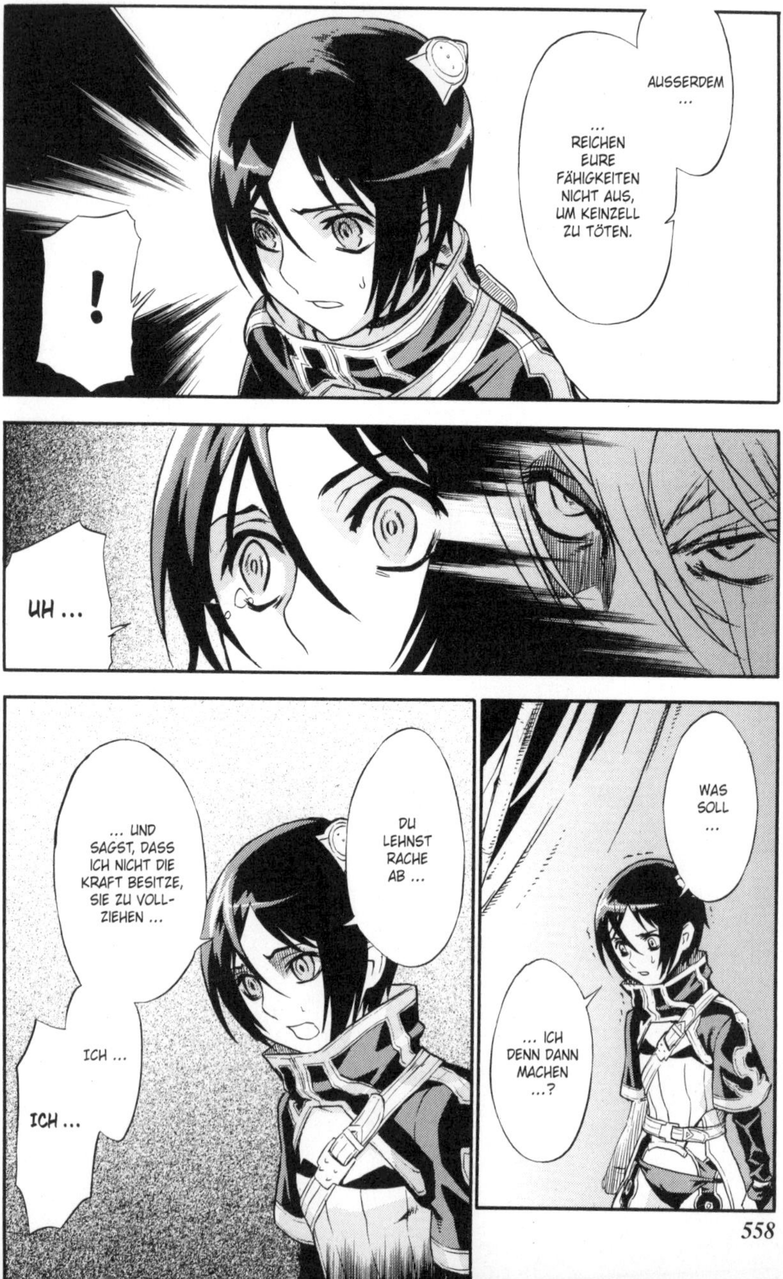
AUSSERDEM …
… REICHEN EURE FÄHIGKEITEN NICHT AUS, UM KEINZELL ZU TÖTEN.
!
UH …
WAS SOLL …
… ICH DENN DANN MACHEN …?
DU LEHNST RACHE AB …
… UND SAGST, DASS ICH NICHT DIE KRAFT BESITZE, SIE ZU VOLL-ZIEHEN …
ICH …
ICH …

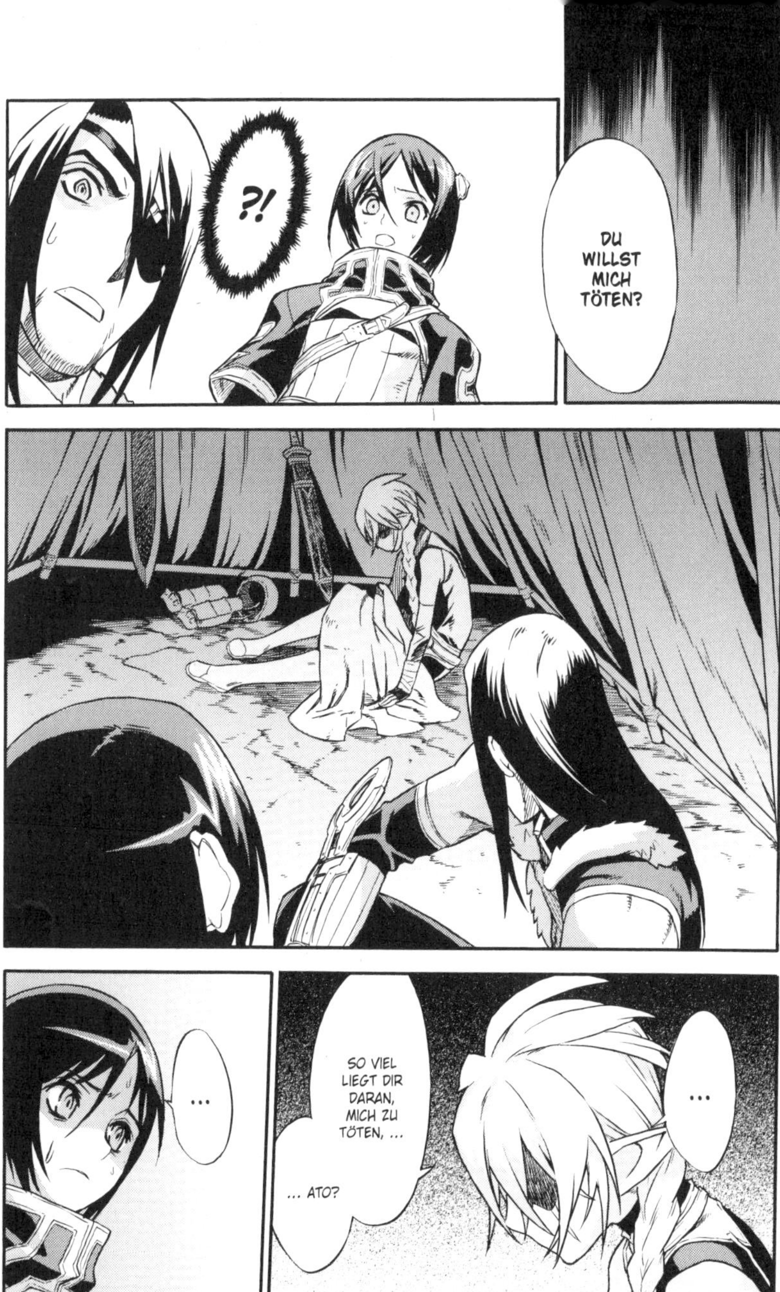
DU WILLST MICH TÖTEN?
?!
…
SO VIEL LIEGT DIR DARAN, MICH ZU TÖTEN, …
… ATO?
…

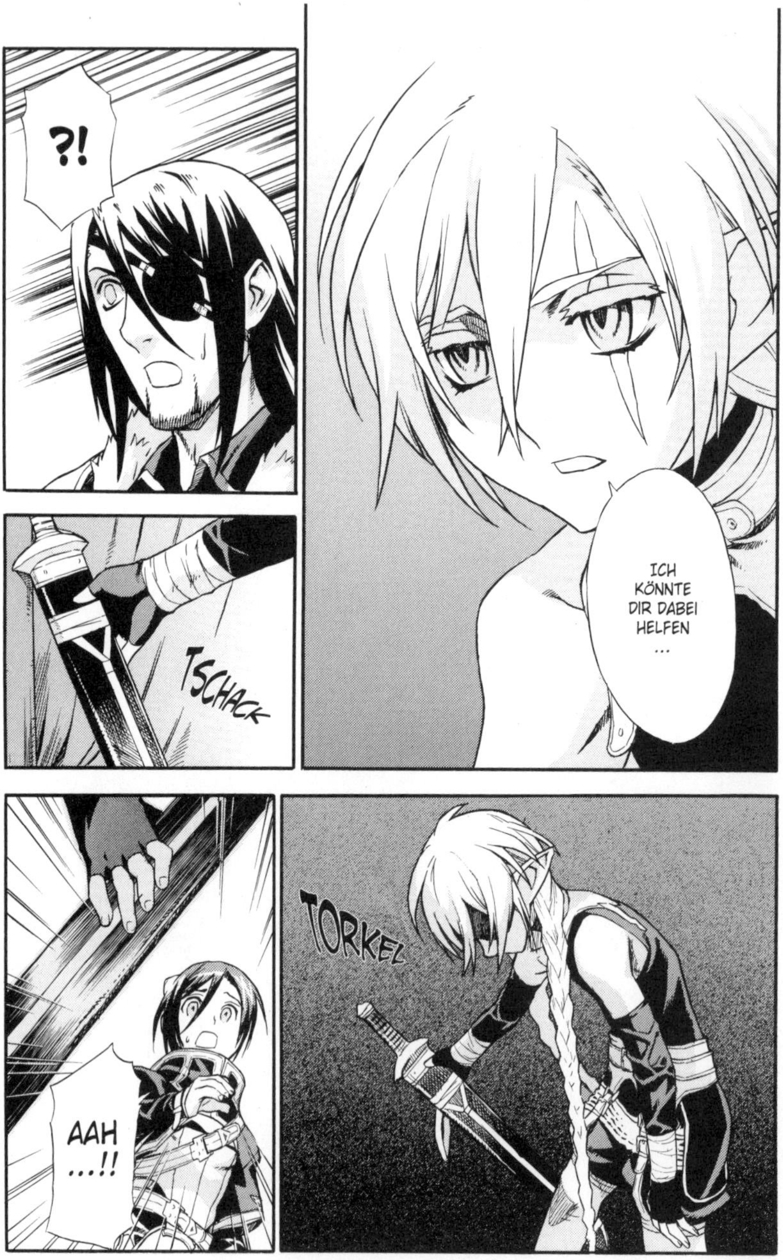
ICH KÖNNTE DIR DABEI HELFEN ...
?!
TSCHACK
TORKEL
AAH ...!!

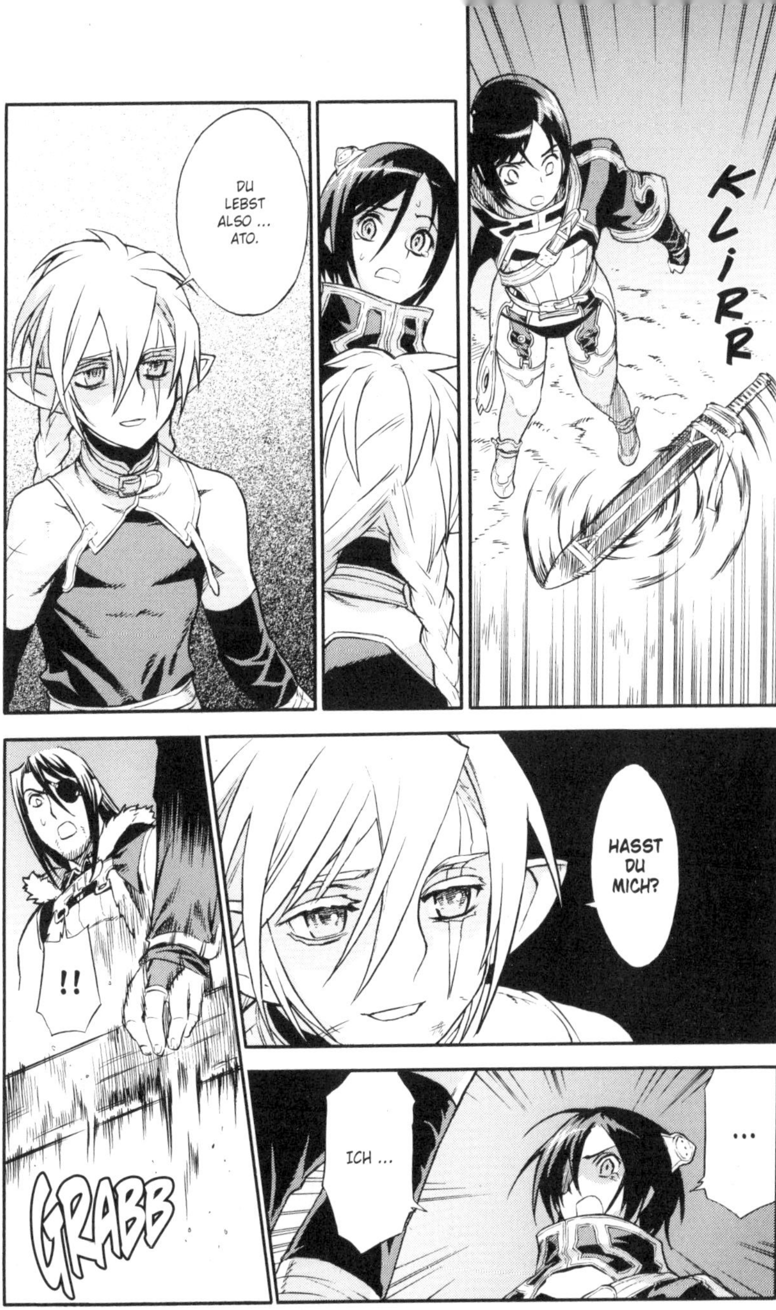

KLIRR
DU LEBST ALSO … ATO.
HASST DU MICH?
!!
GRABB
…
ICH …

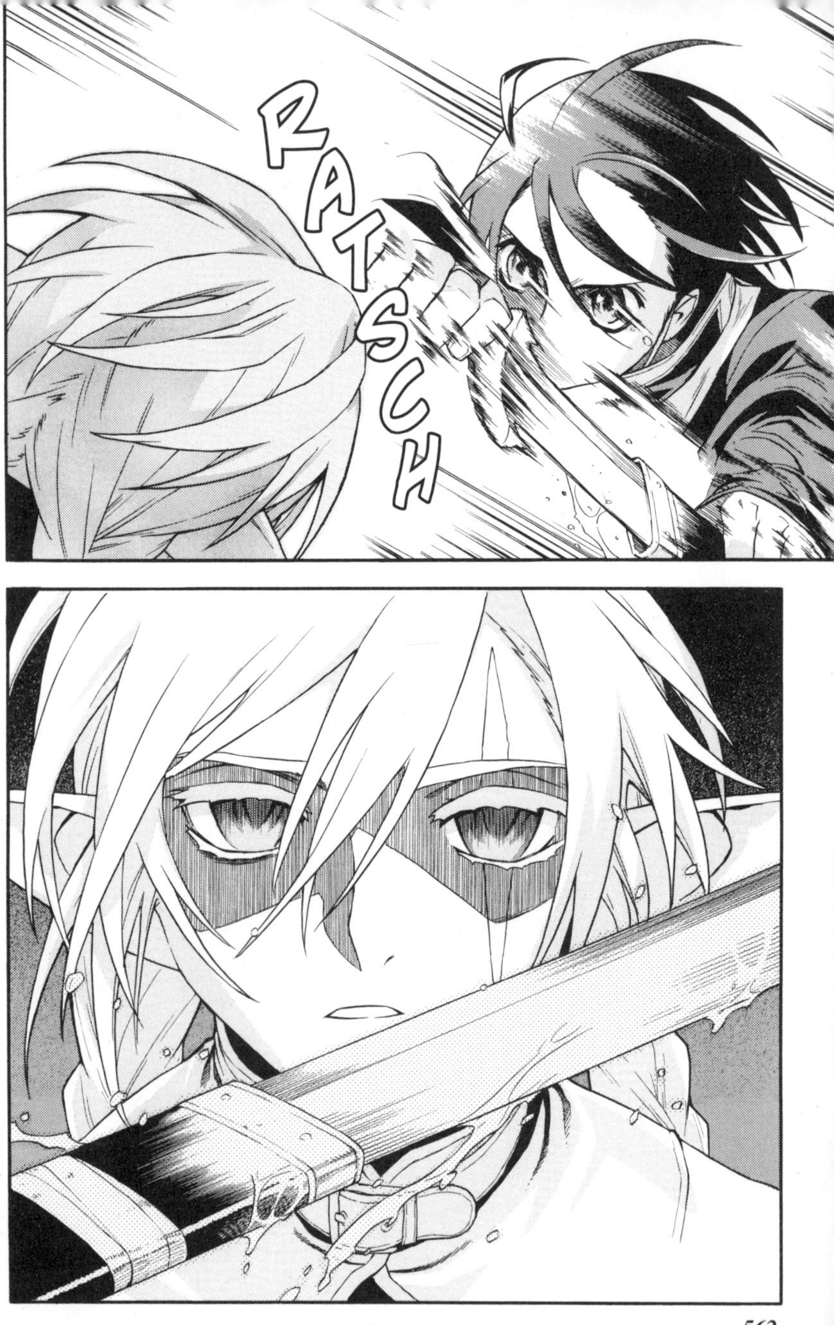
RATSCH

Langer Regen IV

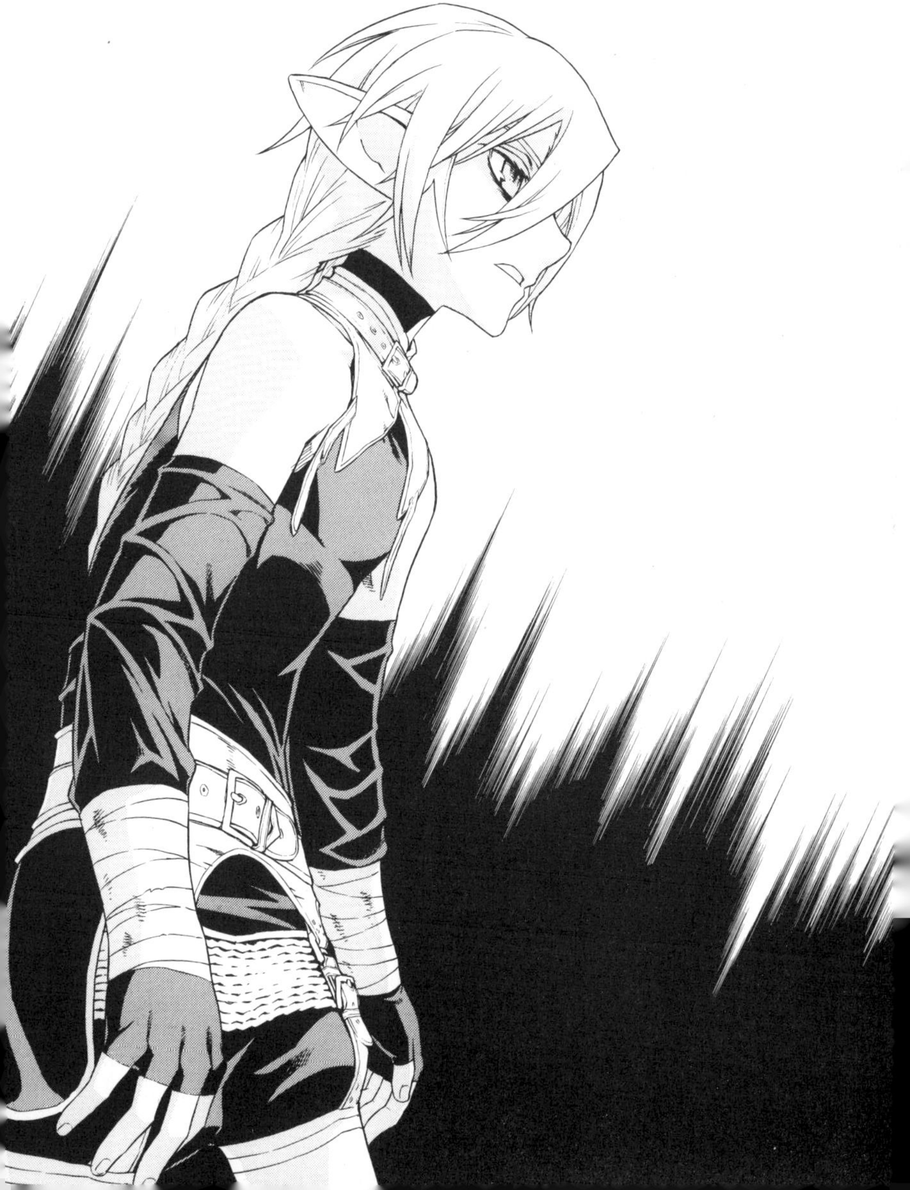

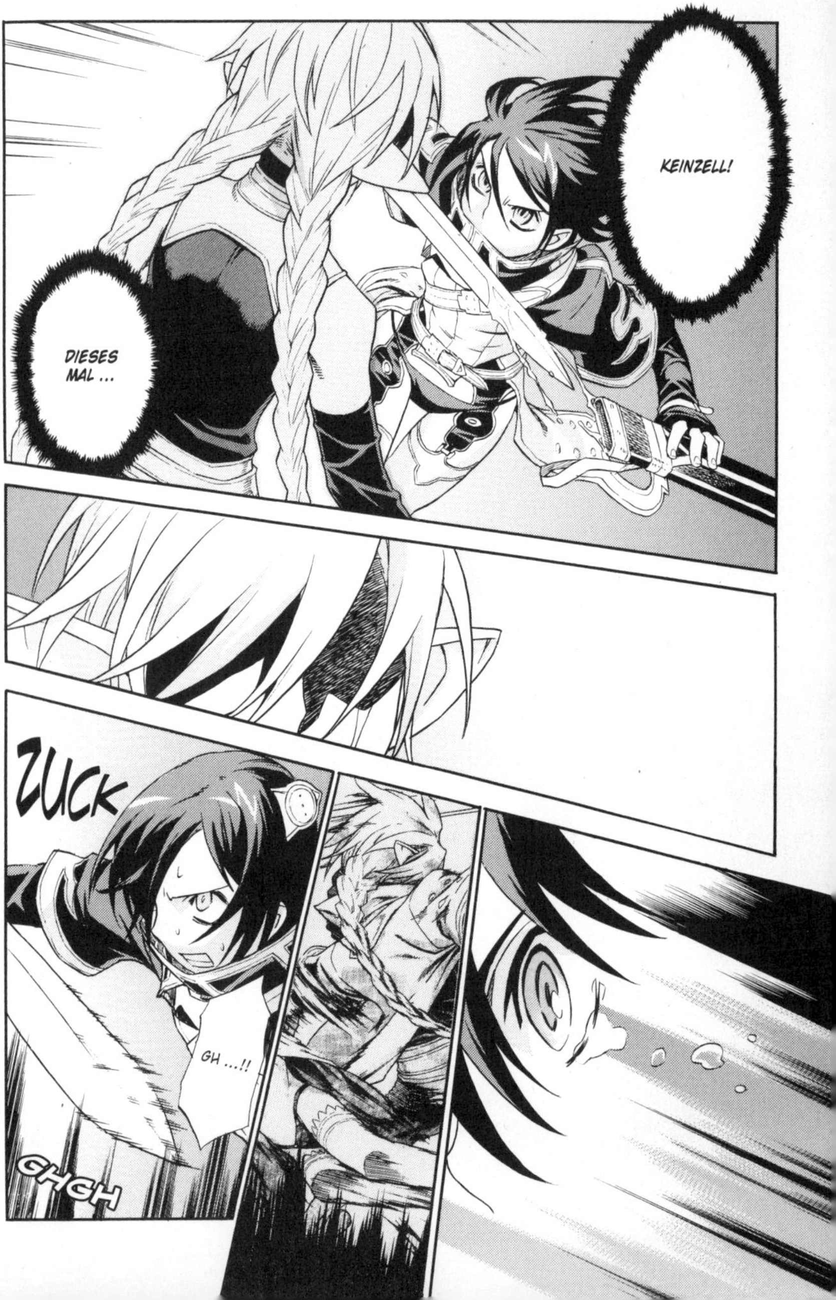
KEINZELL!
DIESES MAL ...
ZUCK
GH ...!!
GHGH

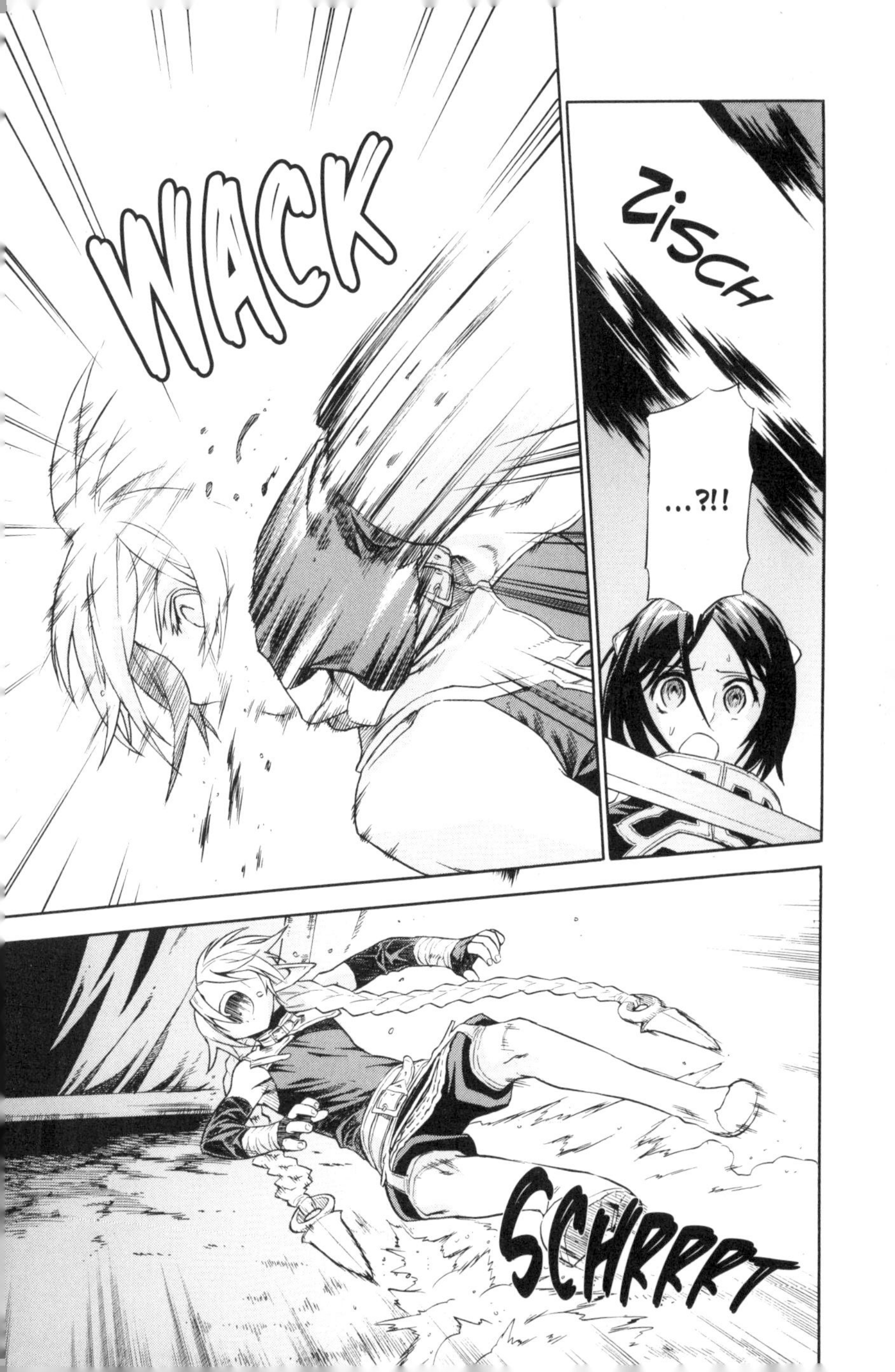
ZISCH
...?!!
WACK
SCHRRRT

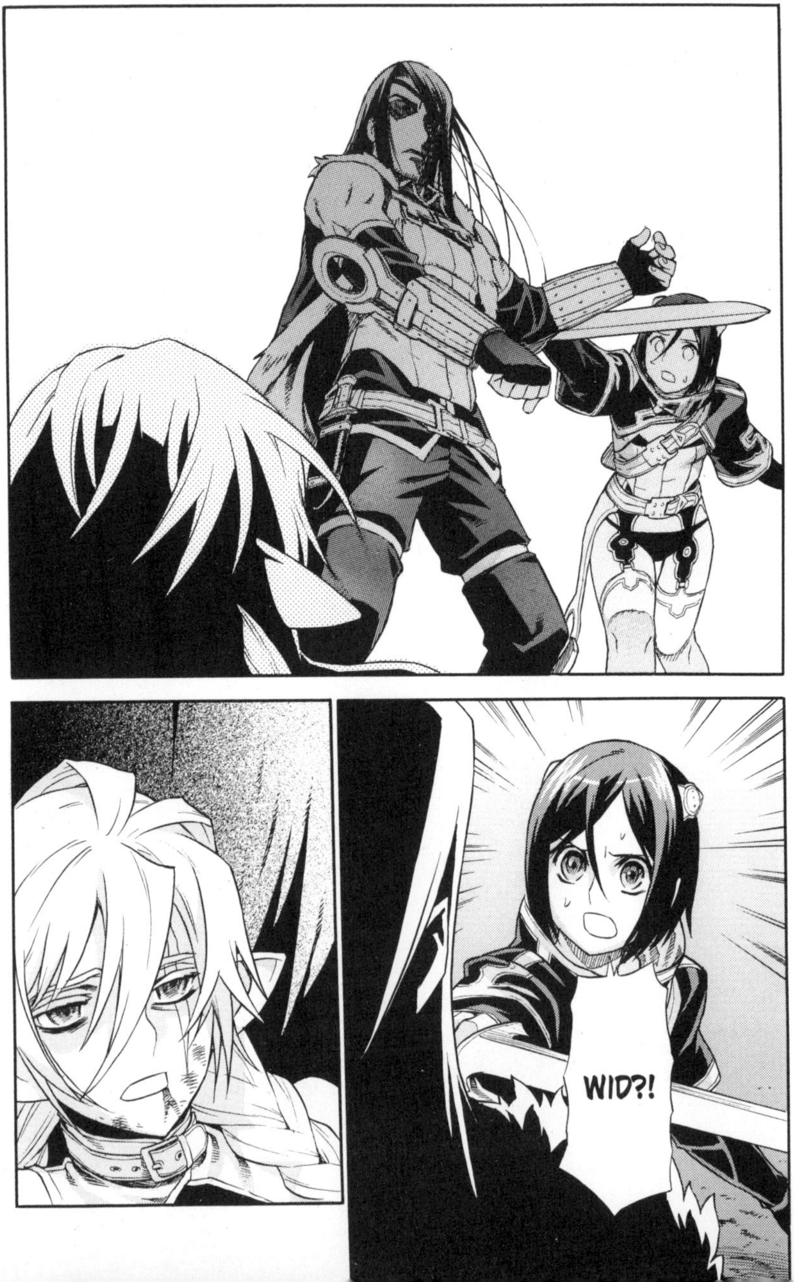
WID?!

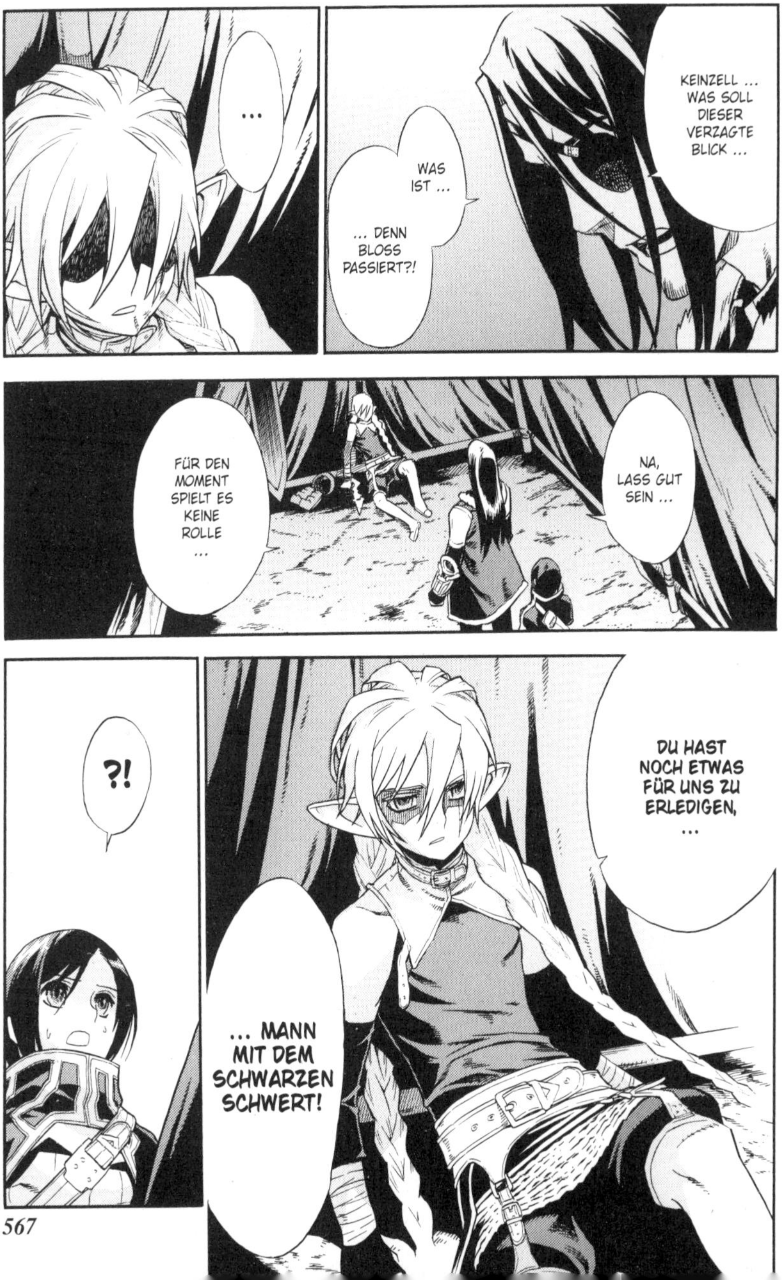
KEINZELL … WAS SOLL DIESER VERZAGTE BLICK …
WAS IST …
… DENN BLOSS PASSIERT?!
…
NA, LASS GUT SEIN …
FÜR DEN MOMENT SPIELT ES KEINE ROLLE …
DU HAST NOCH ETWAS FÜR UNS ZU ERLEDIGEN, …
… MANN MIT DEM SCHWARZEN SCHWERT!
?!

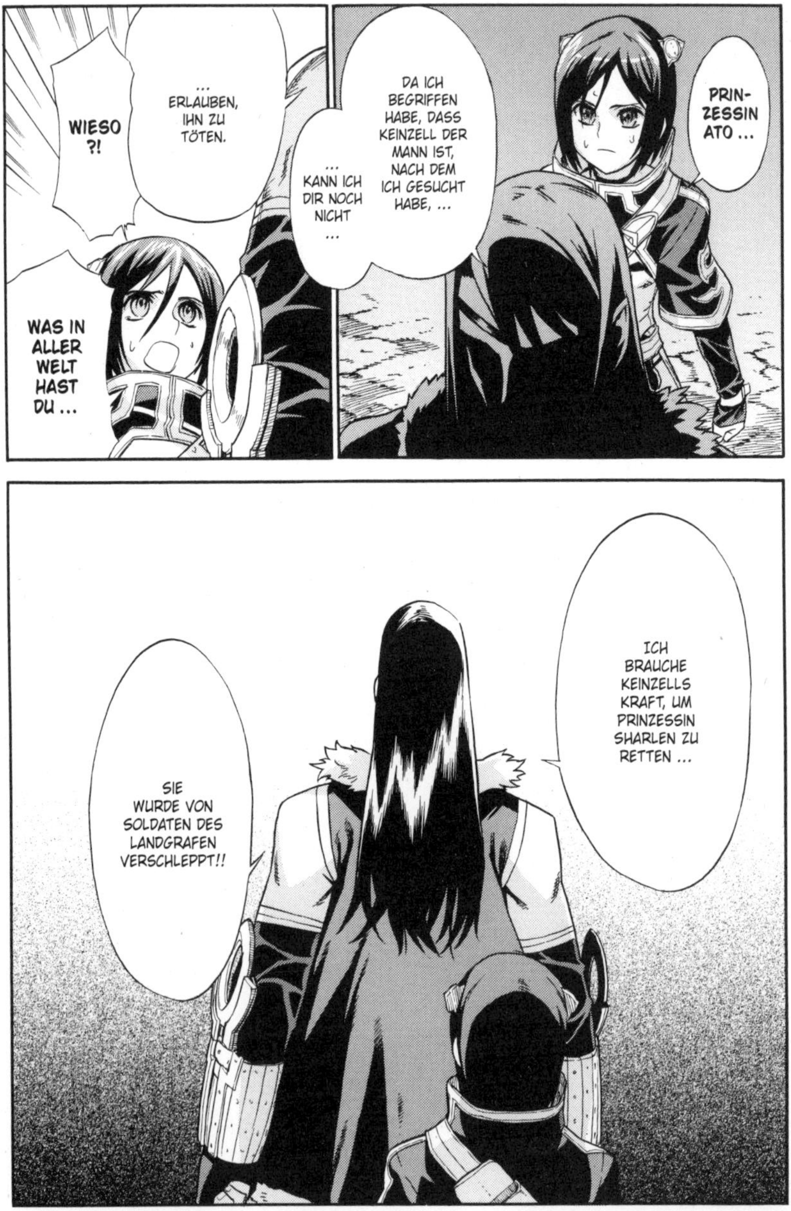
PRIN-ZESSIN ATO …
DA ICH BEGRIFFEN HABE, DASS KEINZELL DER MANN IST, NACH DEM ICH GESUCHT HABE, …
… KANN ICH DIR NOCH NICHT …
… ERLAUBEN, IHN ZU TÖTEN.
WIESO ?!
WAS IN ALLER WELT HAST DU …
ICH BRAUCHE KEINZELLS KRAFT, UM PRINZESSIN SHARLEN ZU RETTEN …
SIE WURDE VON SOLDATEN DES LANDGRAFEN VERSCHLEPPT!!

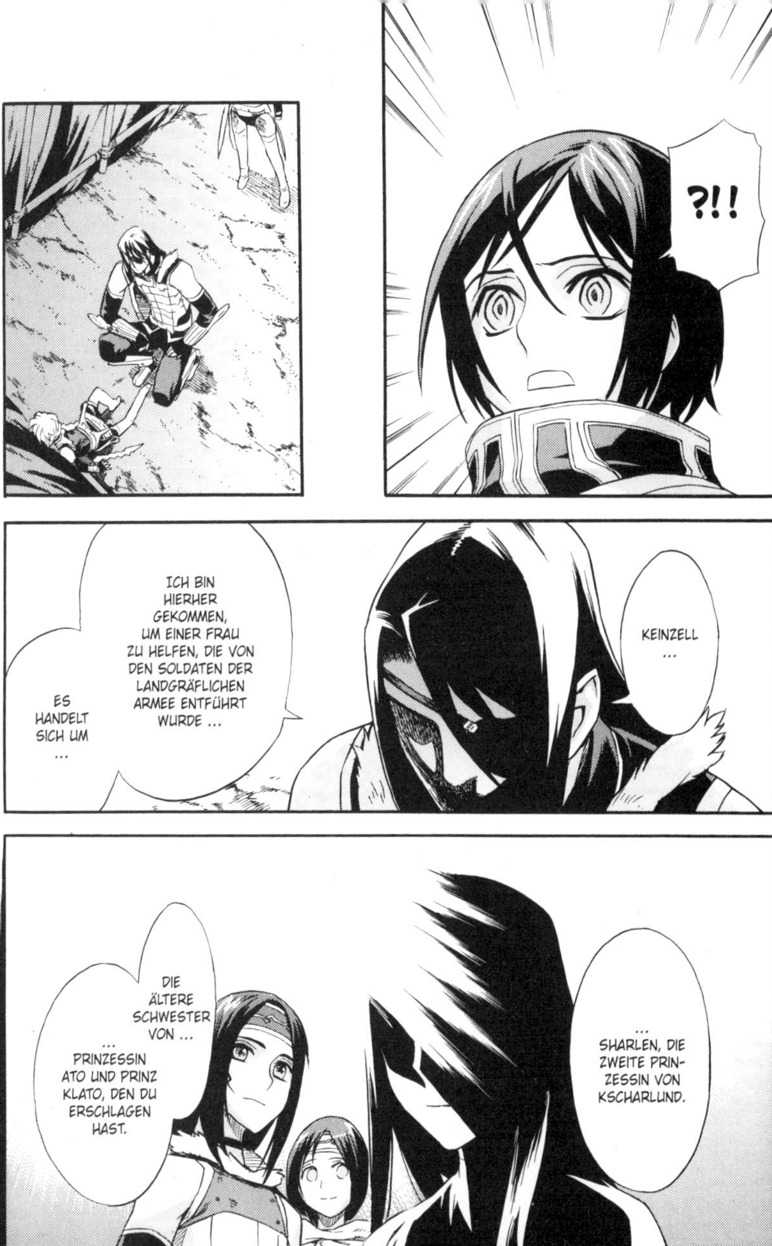
?!!
KEINZELL …
ICH BIN HIERHER GEKOMMEN, UM EINER FRAU ZU HELFEN, DIE VON DEN SOLDATEN DER LANDGRÄFLICHEN ARMEE ENTFÜHRT WURDE …
ES HANDELT SICH UM …
… SHARLEN, DIE ZWEITE PRIN-ZESSIN VON KSCHARLUND.
DIE ÄLTERE SCHWESTER VON …
… PRINZESSIN ATO UND PRINZ KLATO, DEN DU ERSCHLAGEN HAST.

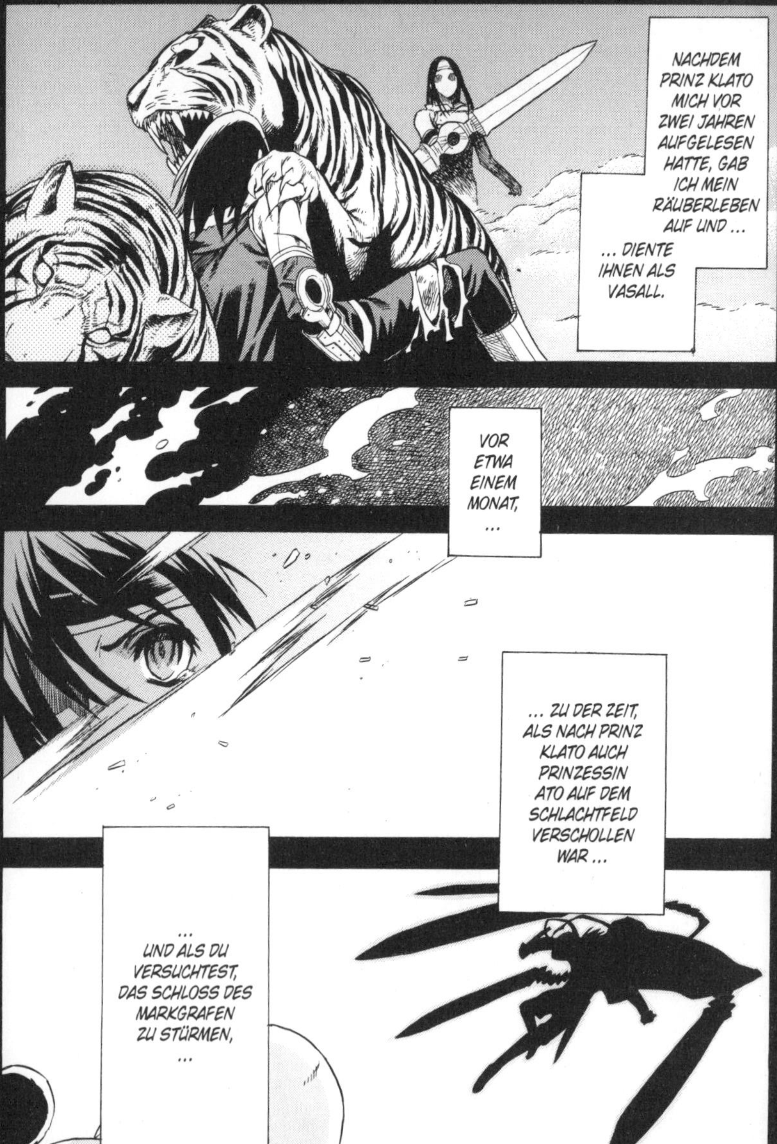
NACHDEM PRINZ KLATO MICH VOR ZWEI JAHREN AUFGELESEN HATTE, GAB ICH MEIN RÄUBERLEBEN AUF UND ...
... DIENTE IHNEN ALS VASALL.
VOR ETWA EINEM MONAT, ...
... ZU DER ZEIT, ALS NACH PRINZ KLATO AUCH PRINZESSIN ATO AUF DEM SCHLACHTFELD VERSCHOLLEN WAR ...
... UND ALS DU VERSUCHTEST, DAS SCHLOSS DES MARKGRAFEN ZU STÜRMEN, ...

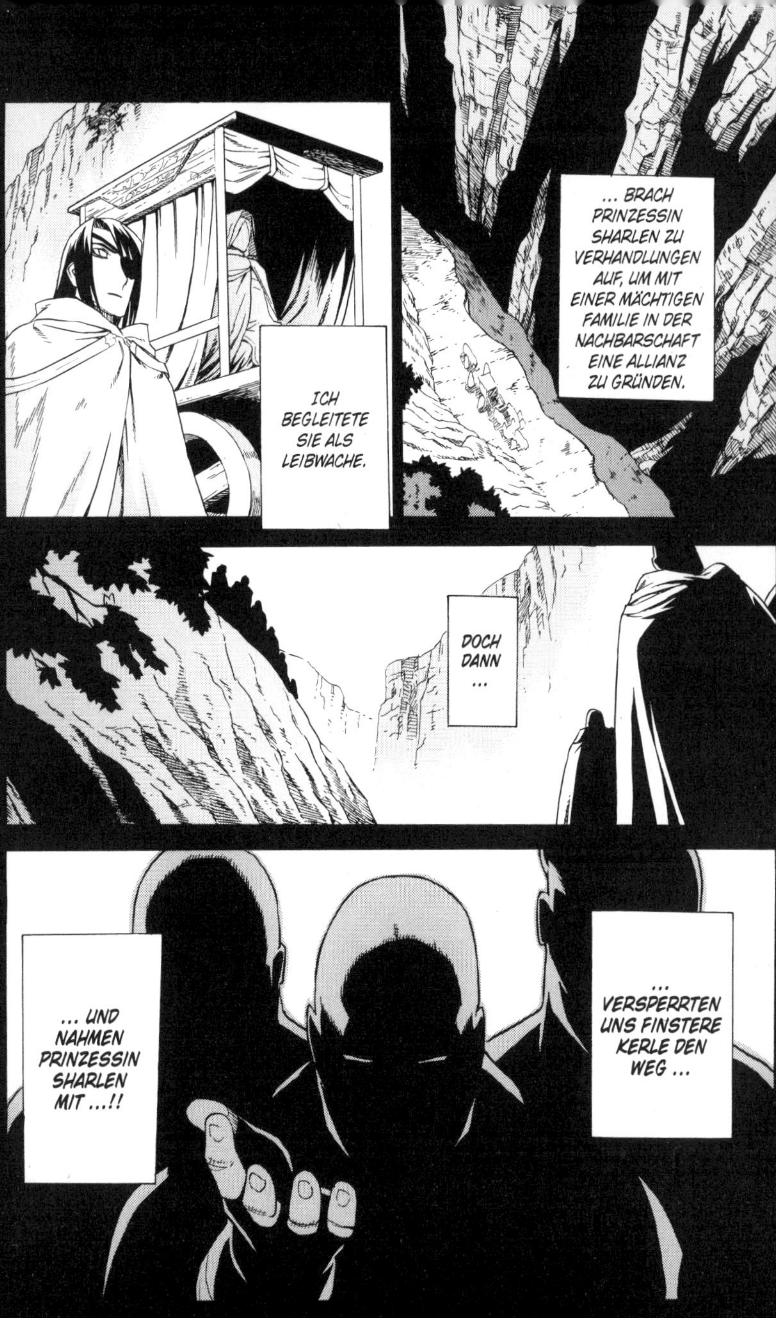
... BRACH PRINZESSIN SHARLEN ZU VERHANDLUNGEN AUF, UM MIT EINER MÄCHTIGEN FAMILIE IN DER NACHBARSCHAFT EINE ALLIANZ ZU GRÜNDEN.
ICH BEGLEITETE SIE ALS LEIBWACHE.
DOCH DANN ...
... VERSPERRTEN UNS FINSTERE KERLE DEN WEG ...
... UND NAHMEN PRINZESSIN SHARLEN MIT ...!!

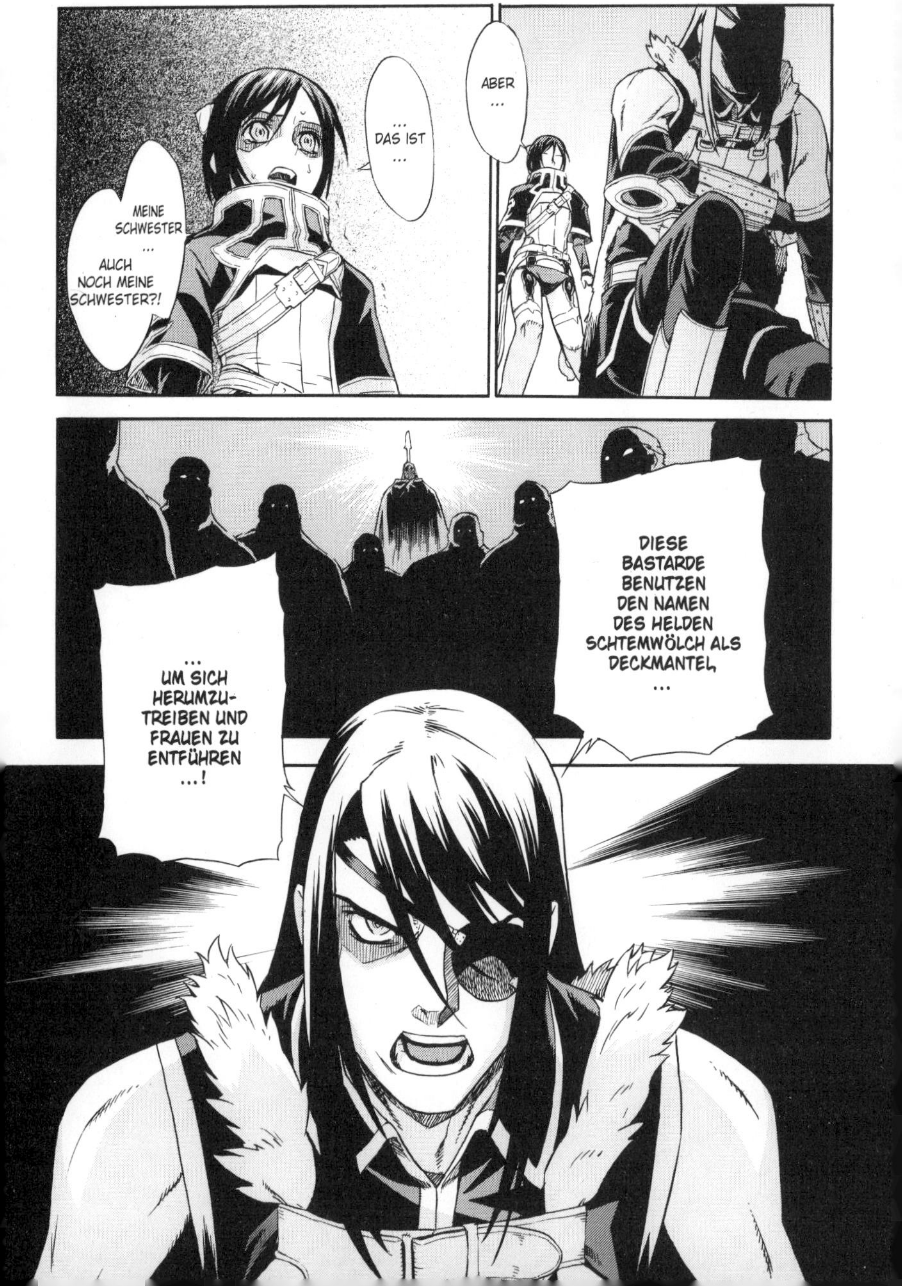
ABER ...
... DAS IST ...
MEINE SCHWESTER ... AUCH NOCH MEINE SCHWESTER?!
DIESE BASTARDE BENUTZEN DEN NAMEN DES HELDEN SCHTEMWÖLCH ALS DECKMANTEL, ...
... UM SICH HERUMZU-TREIBEN UND FRAUEN ZU ENTFÜHREN ...!

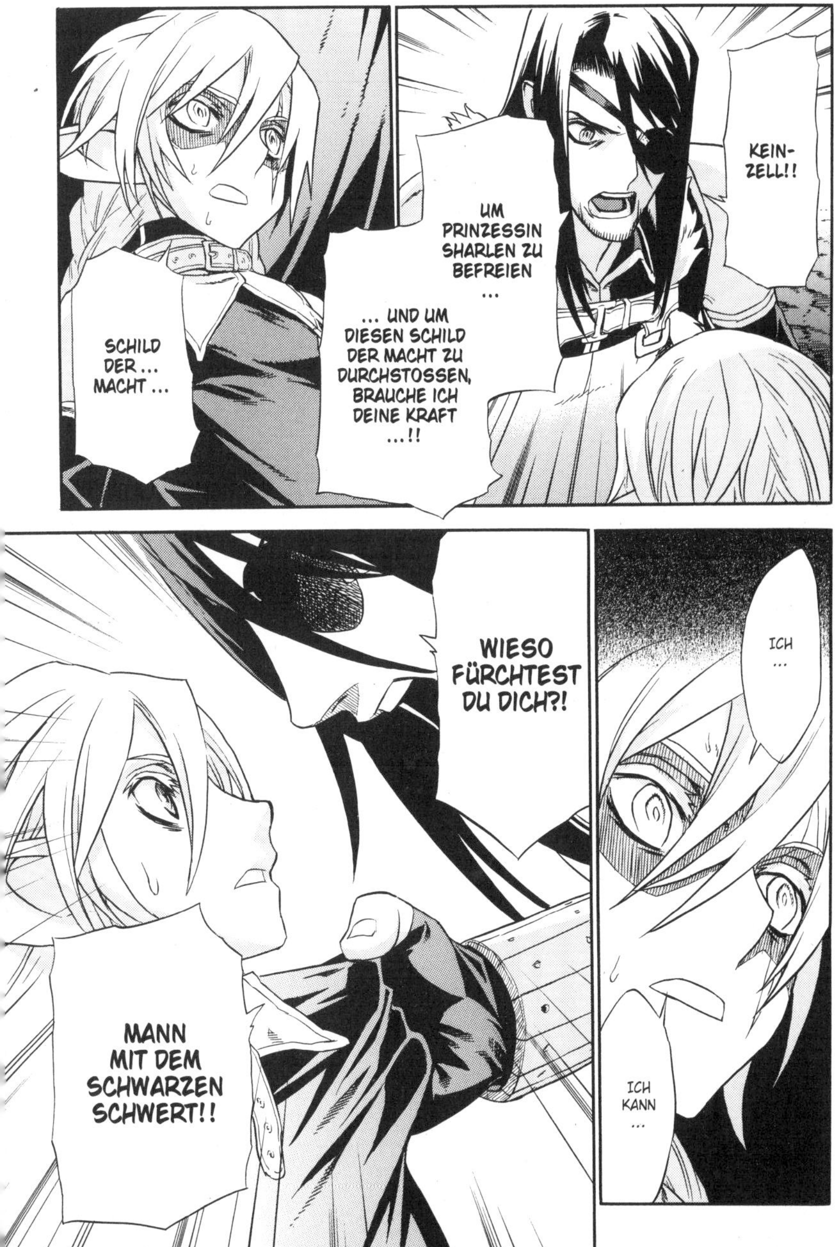
KEIN-
ZELL!!
UM
PRINZESSIN
SHARLEN ZU
BEFREIEN
...
... UND UM
DIESEN SCHILD
DER MACHT ZU
DURCHSTOSSEN,
BRAUCHE ICH
DEINE KRAFT
...!!
SCHILD
DER ...
MACHT ...
ICH
...
ICH
KANN
...
WIESO
FÜRCHTEST
DU DICH?!
MANN
MIT DEM
SCHWARZEN
SCHWERT!!

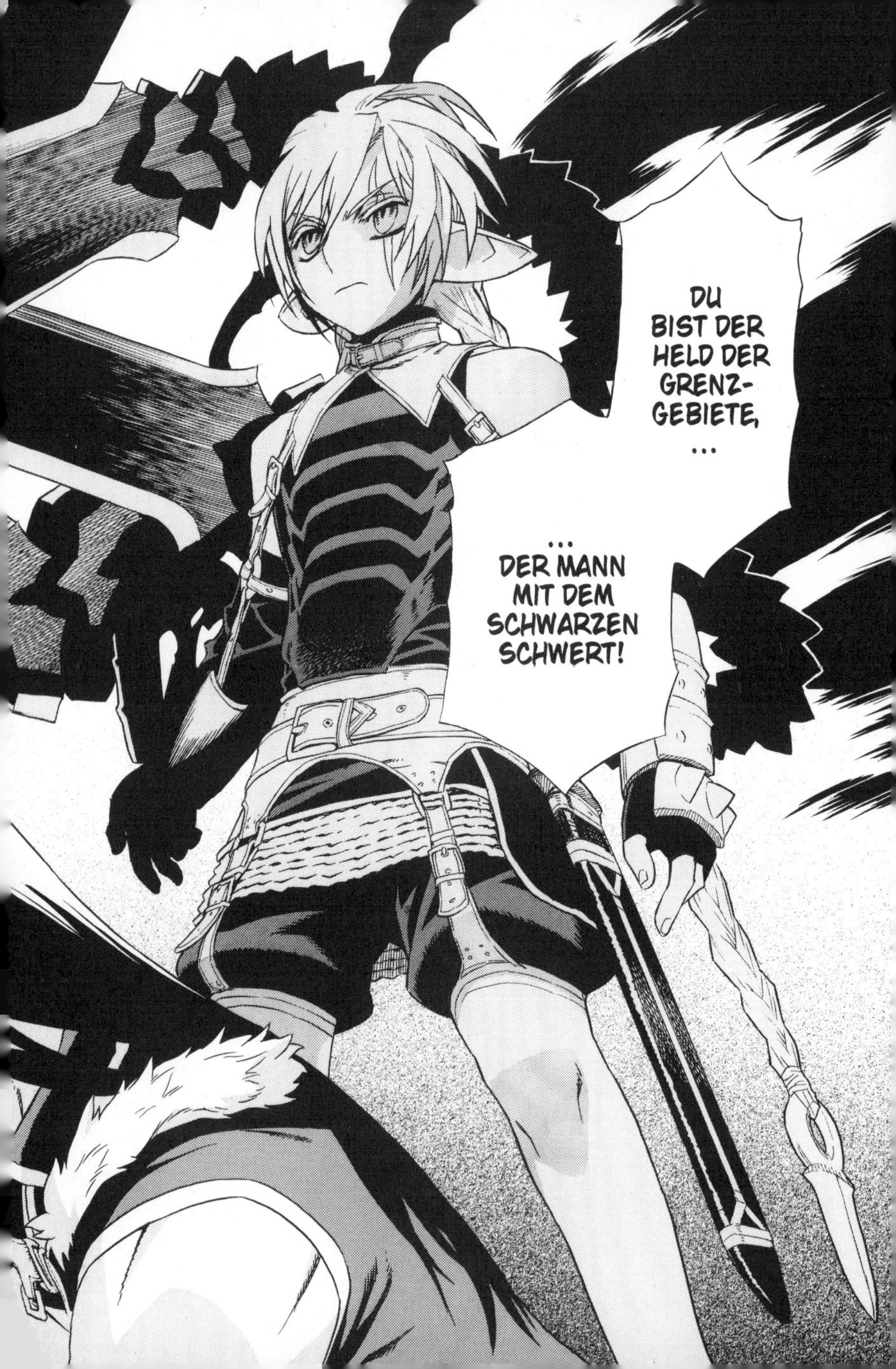
DU BIST DER HELD DER GRENZ-GEBIETE, ...
... DER MANN MIT DEM SCHWARZEN SCHWERT!

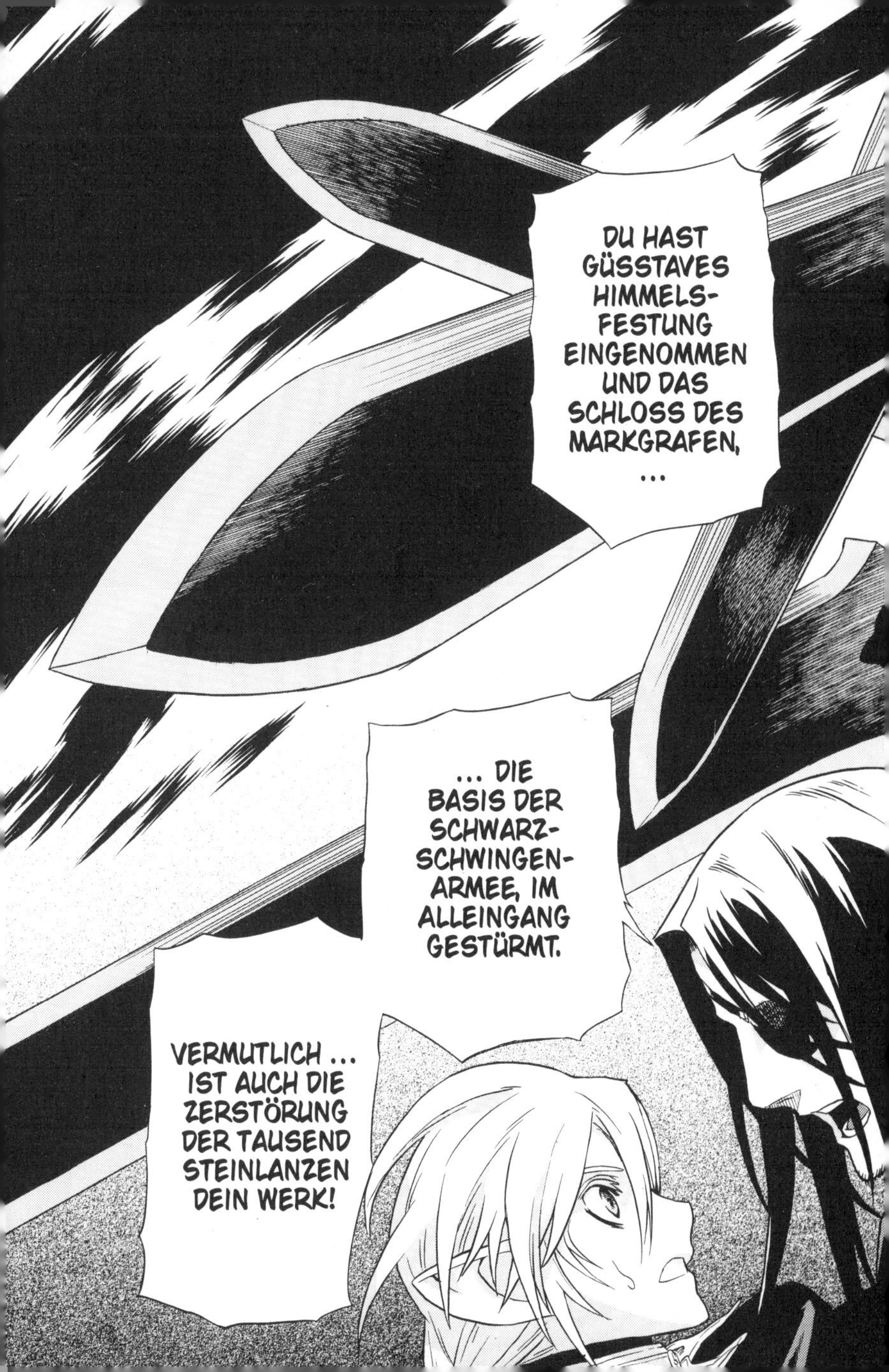
DU HAST GÜSSTAVES HIMMELS-FESTUNG EINGENOMMEN UND DAS SCHLOSS DES MARKGRAFEN, ...
... DIE BASIS DER SCHWARZ-SCHWINGEN-ARMEE, IM ALLEINGANG GESTÜRMT.
VERMUTLICH ... IST AUCH DIE ZERSTÖRUNG DER TAUSEND STEINLANZEN DEIN WERK!

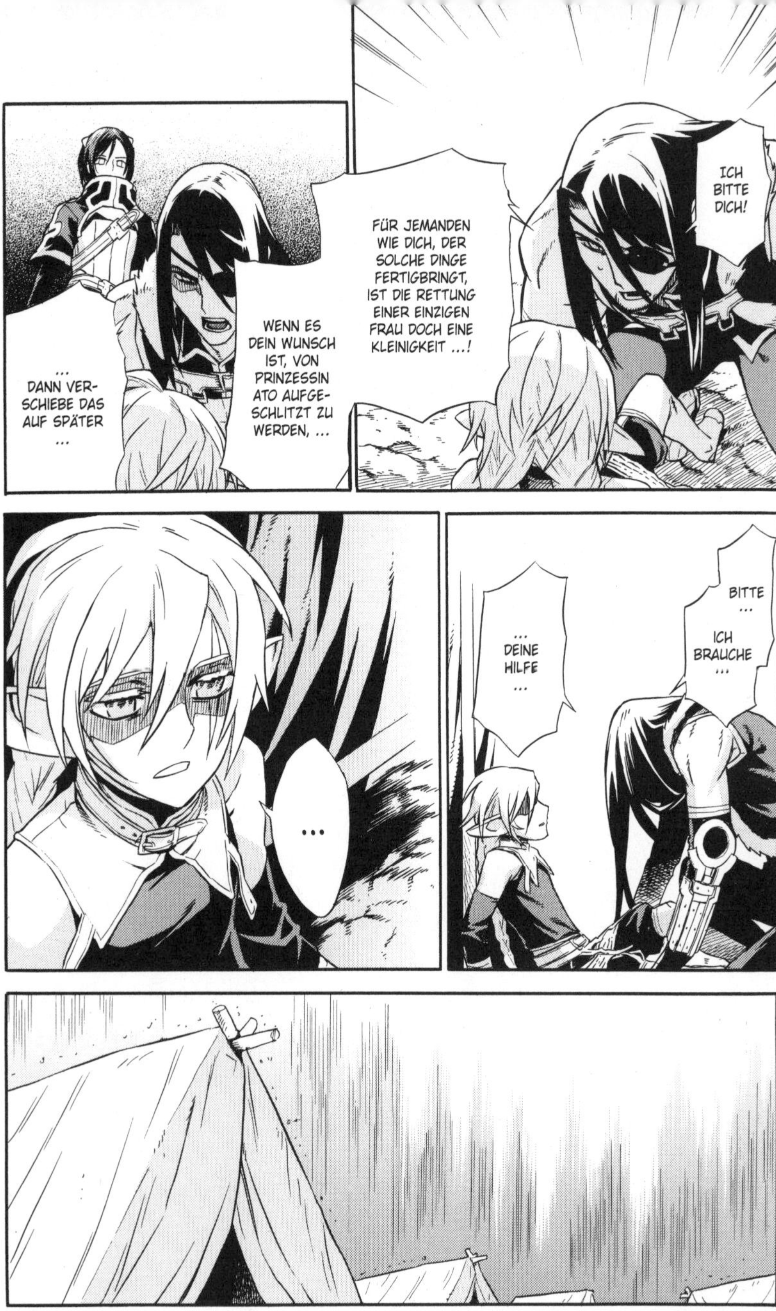
ICH BITTE DICH!
FÜR JEMANDEN WIE DICH, DER SOLCHE DINGE FERTIGBRINGT, IST DIE RETTUNG EINER EINZIGEN FRAU DOCH EINE KLEINIGKEIT ...!
WENN ES DEIN WUNSCH IST, VON PRINZESSIN ATO AUFGESCHLITZT ZU WERDEN, ...
... DANN VERSCHIEBE DAS AUF SPÄTER ...
BITTE ... ICH BRAUCHE ...
... DEINE HILFE ...
...

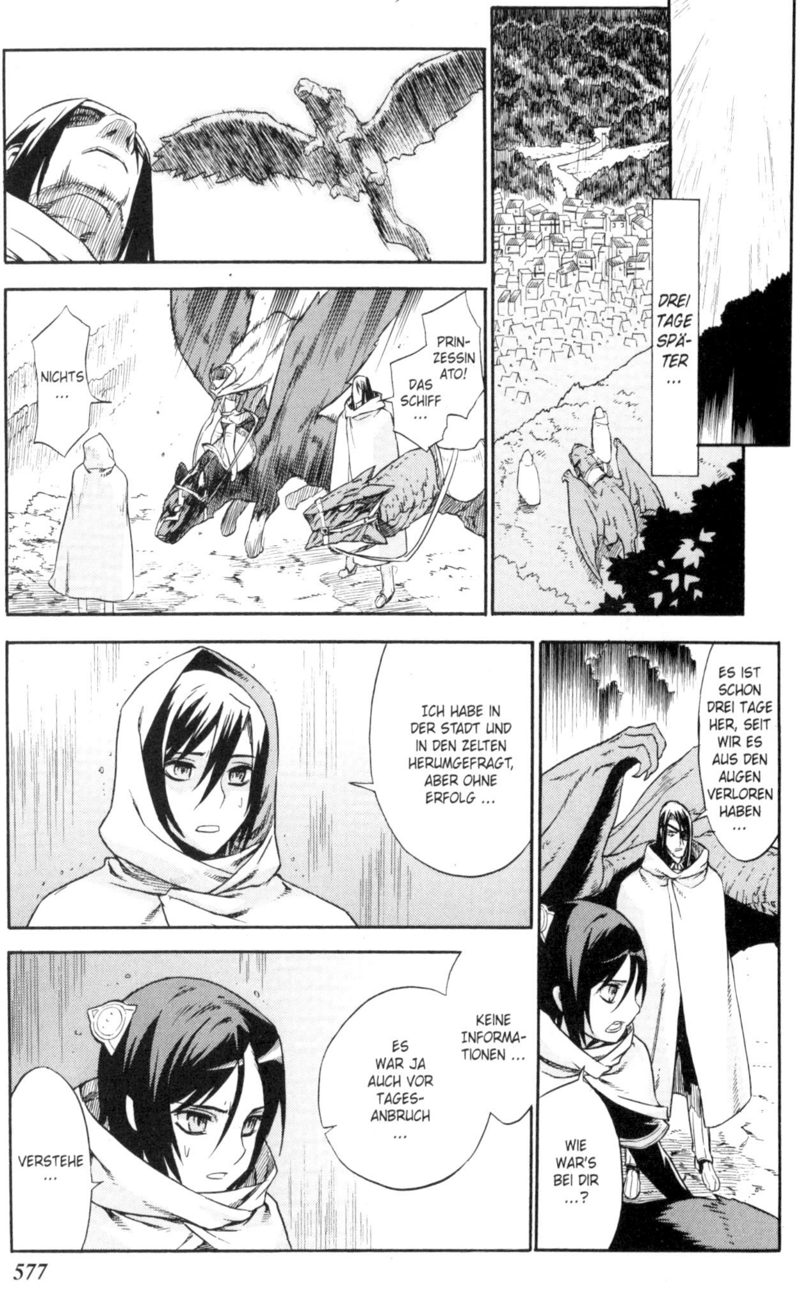
DREI TAGE SPÄ-TER …
PRIN-ZESSIN ATO!
DAS SCHIFF …
NICHTS …
ES IST SCHON DREI TAGE HER, SEIT WIR ES AUS DEN AUGEN VERLOREN HABEN …
WIE WAR'S BEI DIR …?
ICH HABE IN DER STADT UND IN DEN ZELTEN HERUMGEFRAGT, ABER OHNE ERFOLG …
KEINE INFORMA-TIONEN …
ES WAR JA AUCH VOR TAGES-ANBRUCH …
VERSTEHE …

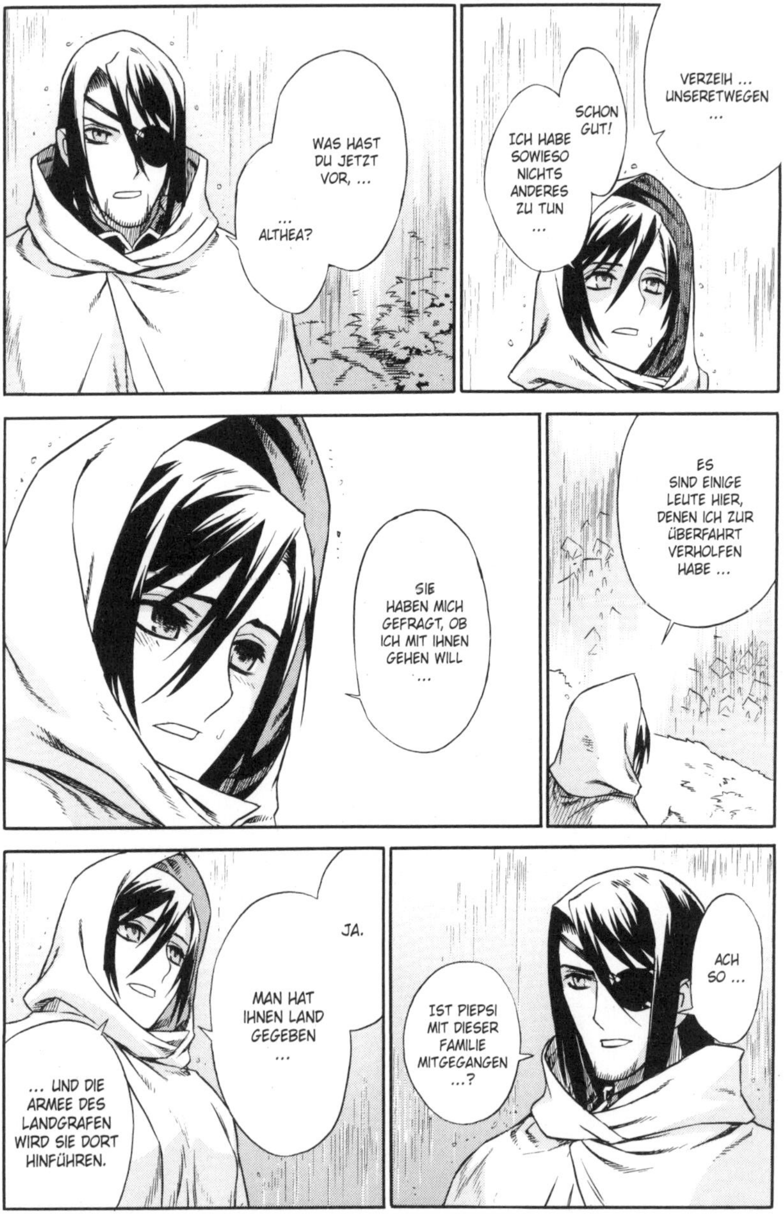
VERZEIH … UNSERETWEGEN …
SCHON GUT!
ICH HABE SOWIESO NICHTS ANDERES ZU TUN …
WAS HAST DU JETZT VOR, …
… ALTHEA?
ES SIND EINIGE LEUTE HIER, DENEN ICH ZUR ÜBERFAHRT VERHOLFEN HABE …
SIE HABEN MICH GEFRAGT, OB ICH MIT IHNEN GEHEN WILL …
ACH SO …
IST PIEPSI MIT DIESER FAMILIE MITGEGANGEN …?
JA.
MAN HAT IHNEN LAND GEGEBEN …
… UND DIE ARMEE DES LANDGRAFEN WIRD SIE DORT HINFÜHREN.

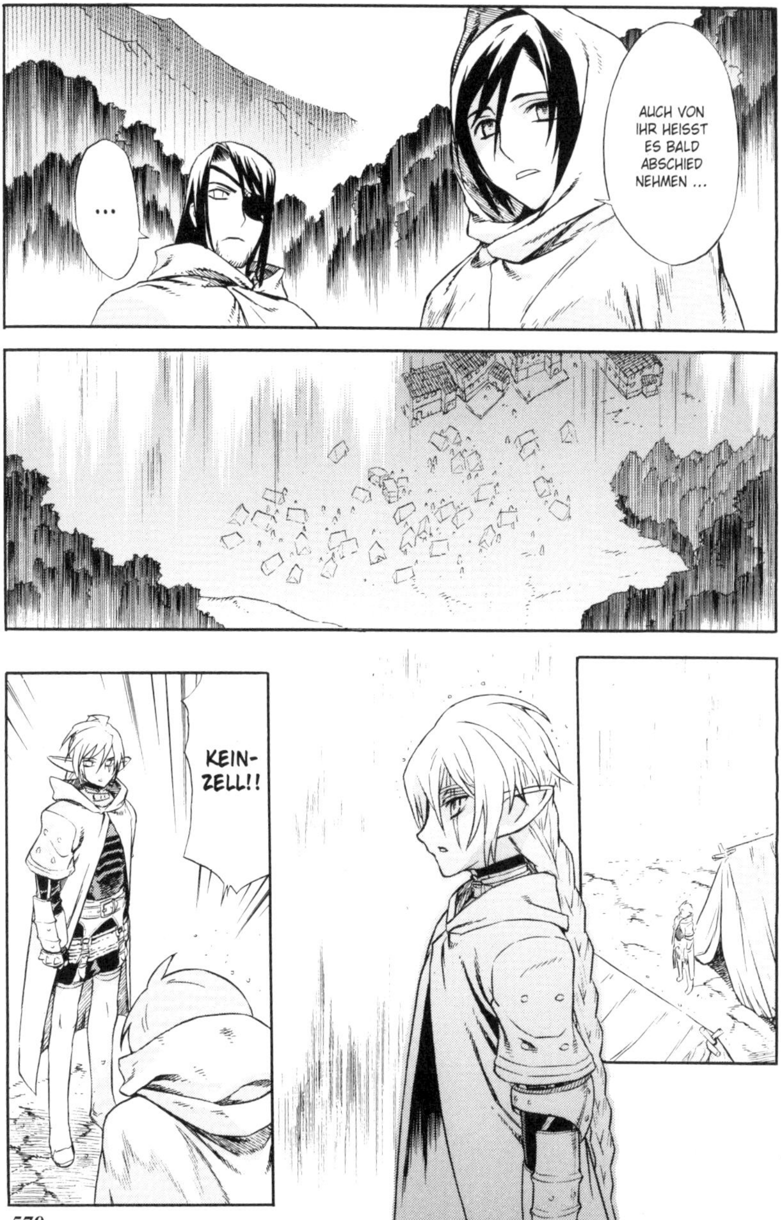
AUCH VON IHR HEISST ES BALD ABSCHIED NEHMEN ...
...
KEIN-ZELL!!

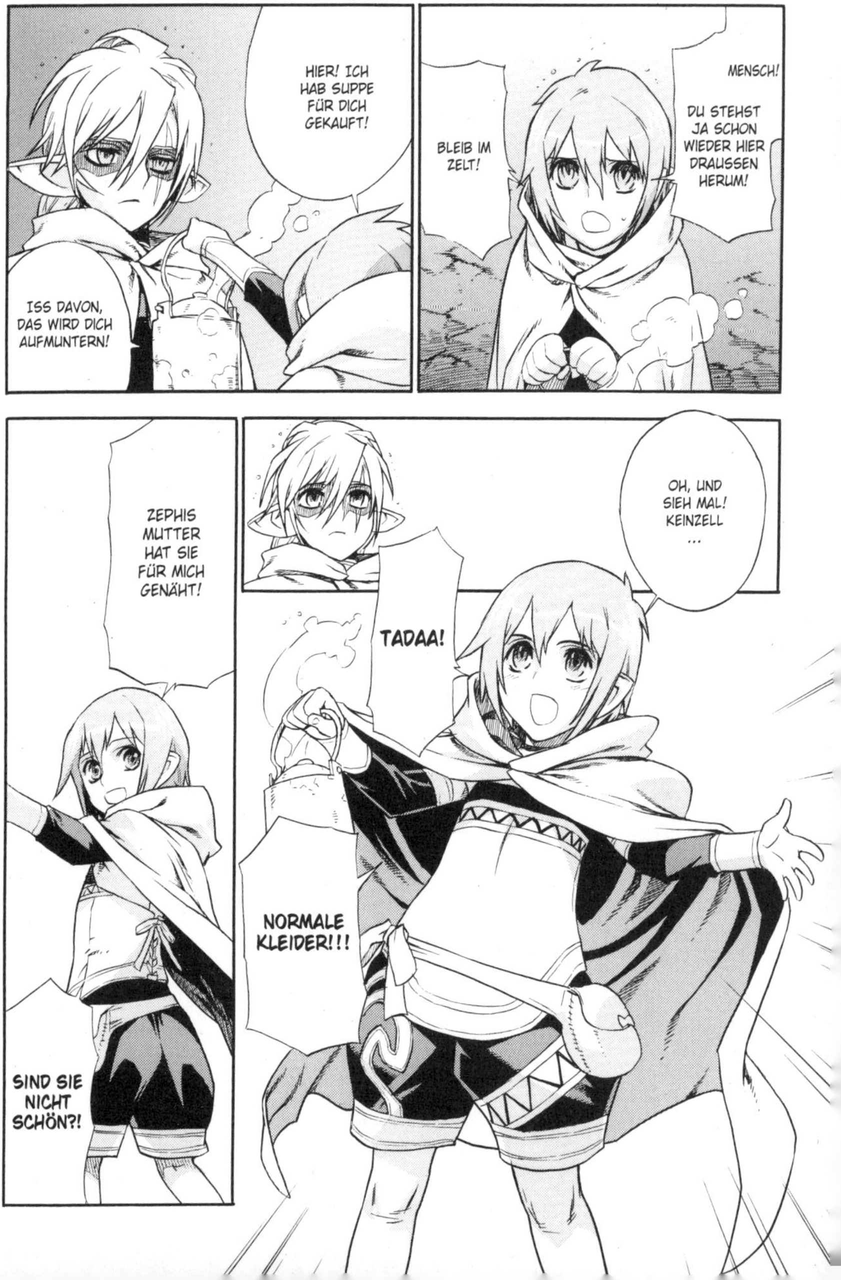
MENSCH!
DU STEHST JA SCHON WIEDER HIER DRAUSSEN HERUM!
BLEIB IM ZELT!
HIER! ICH HAB SUPPE FÜR DICH GEKAUFT!
ISS DAVON, DAS WIRD DICH AUFMUNTERN!
OH, UND SIEH MAL! KEINZELL ...
TADAA!
NORMALE KLEIDER!!!
ZEPHIS MUTTER HAT SIE FÜR MICH GENÄHT!
SIND SIE NICHT SCHÖN?!

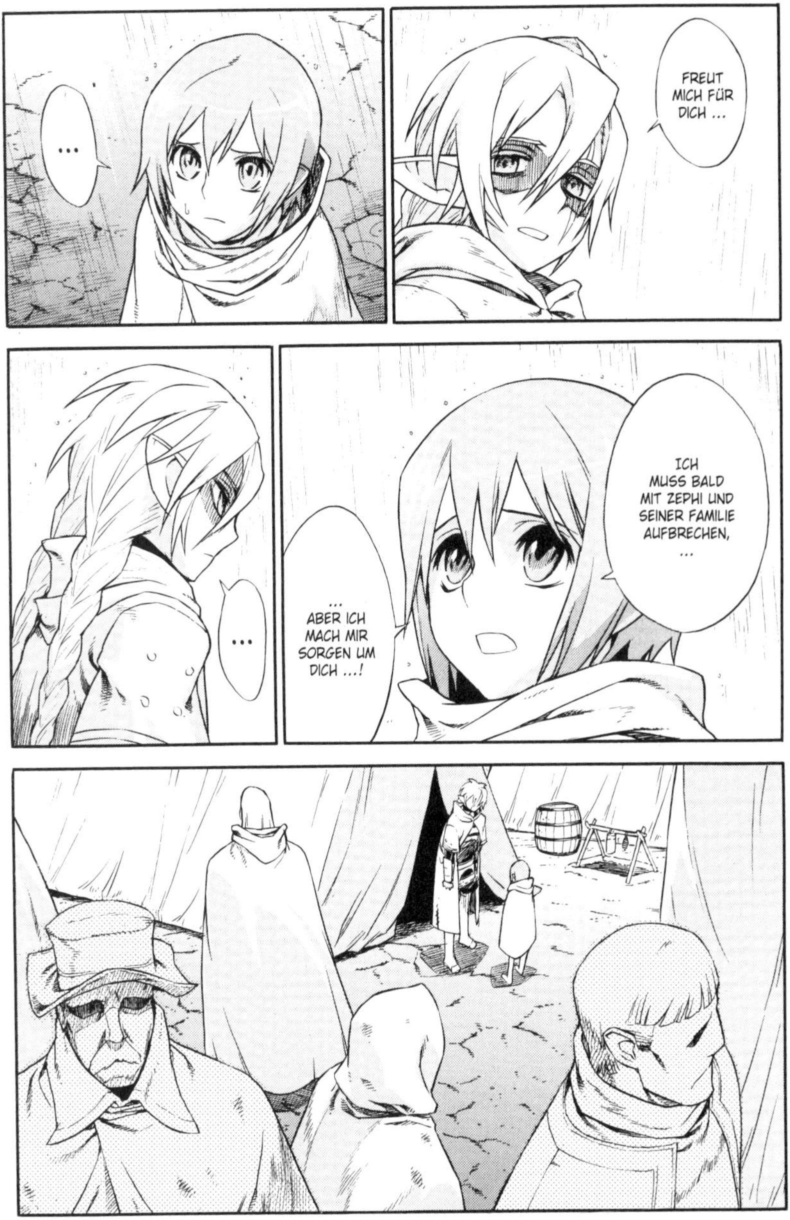
FREUT MICH FÜR DICH ...
...
ICH MUSS BALD MIT ZEPHI UND SEINER FAMILIE AUFBRECHEN, ...
... ABER ICH MACH MIR SORGEN UM DICH ...!
...

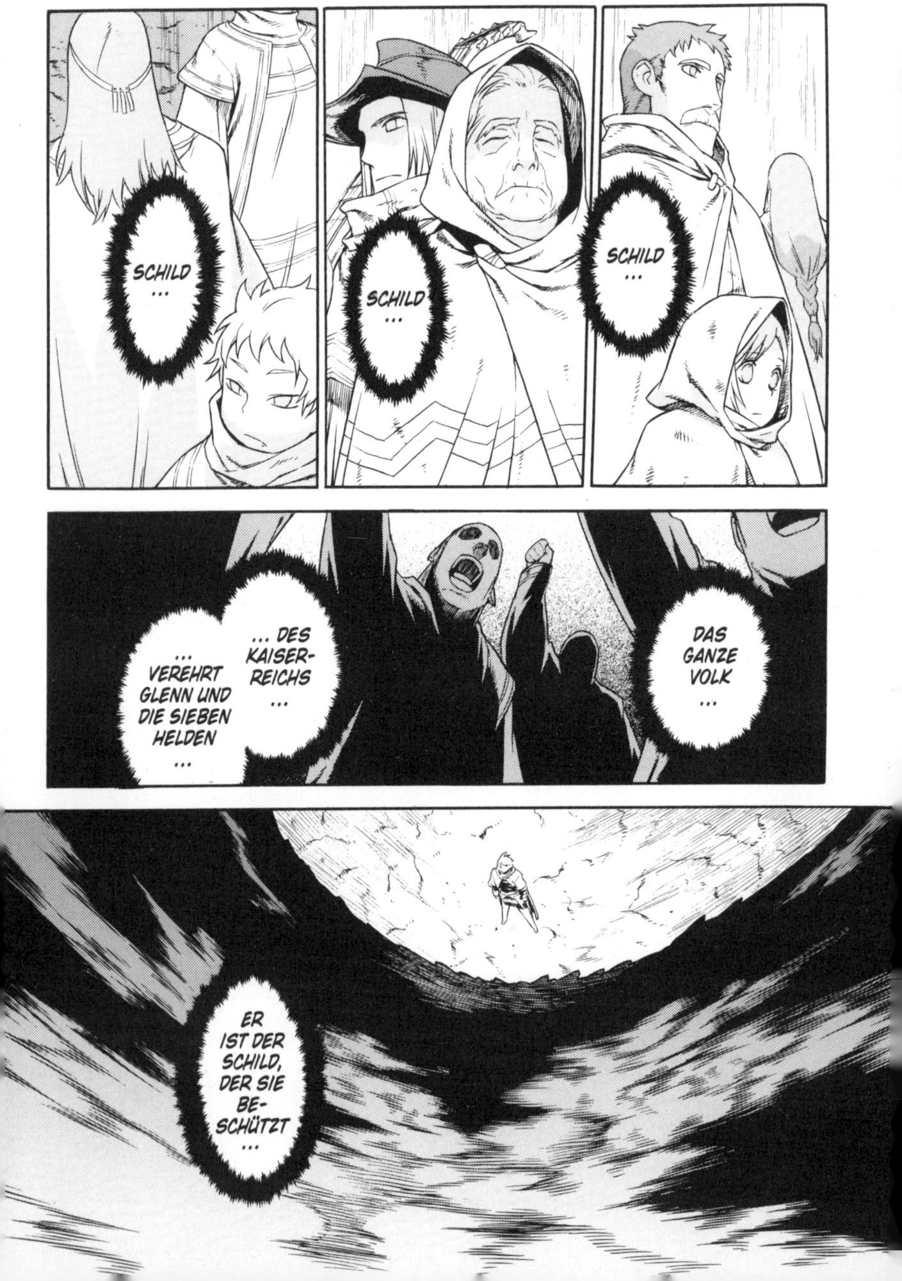
SCHILD ...
SCHILD ...
SCHILD ...
DAS GANZE VOLK ...
... DES KAISER-REICHS ...
... VEREHRT GLENN UND DIE SIEBEN HELDEN ...
ER IST DER SCHILD, DER SIE BE-SCHÜTZT ...

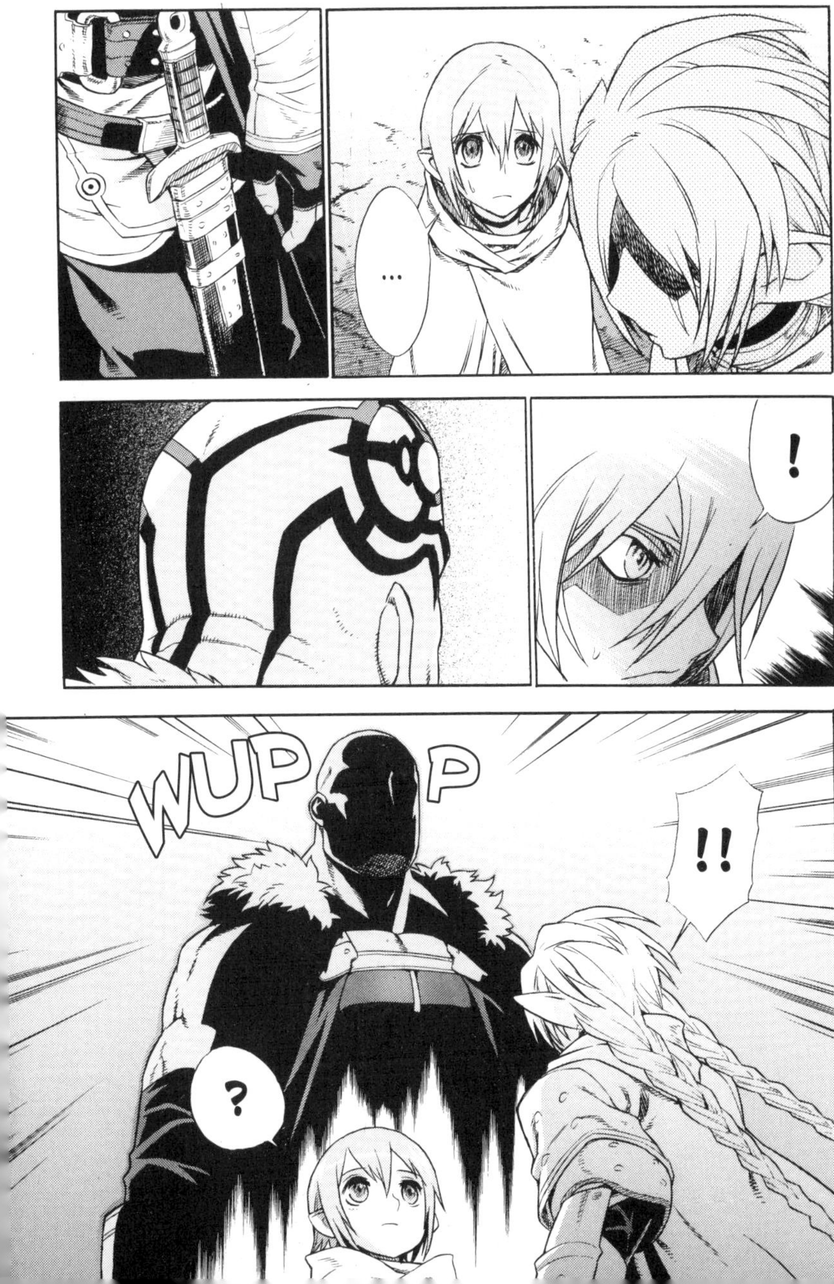
...
!
!!
WUP
P
?

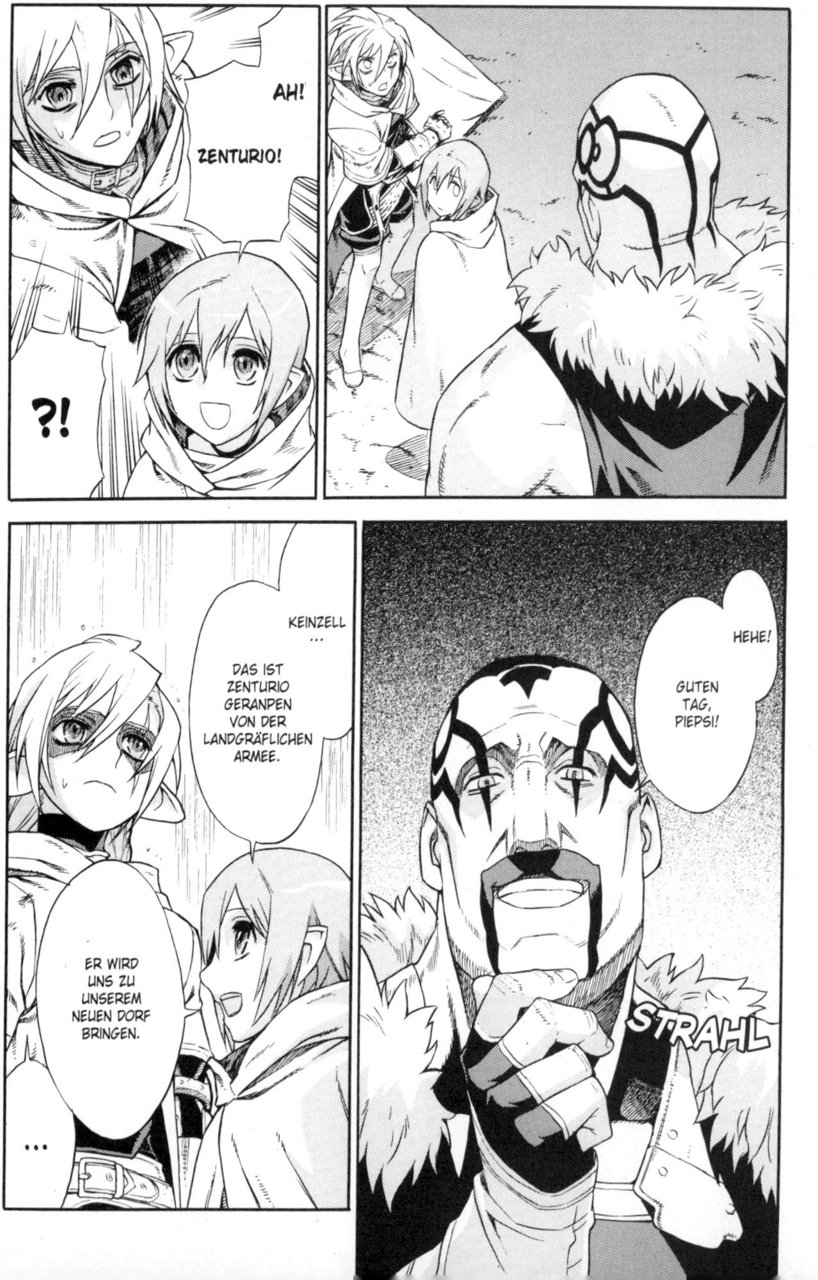
AH!
ZENTURIO!
?!
HEHE!
GUTEN TAG, PIEPSI!
STRAHL
KEINZELL …
DAS IST ZENTURIO GERANPEN VON DER LANDGRÄFLICHEN ARMEE.
ER WIRD UNS ZU UNSEREM NEUEN DORF BRINGEN.
…

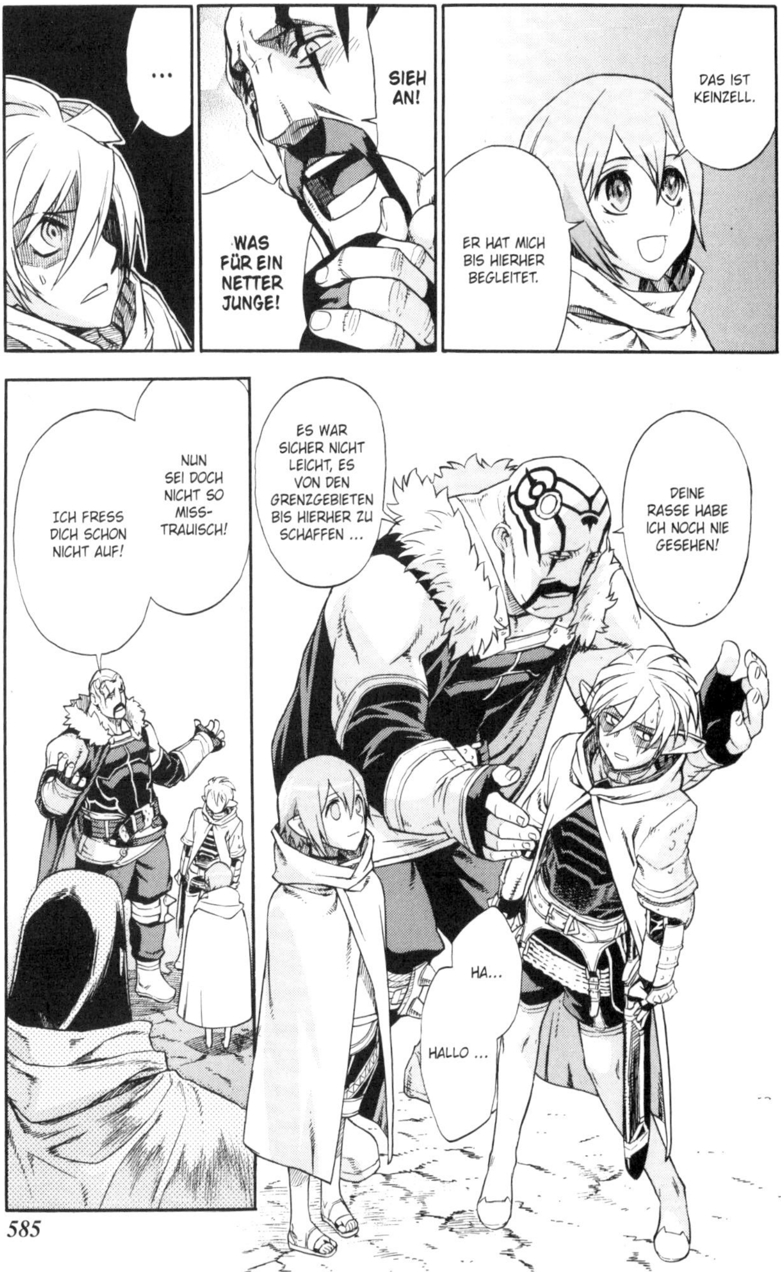
DAS IST KEINZELL.
ER HAT MICH BIS HIERHER BEGLEITET.
SIEH AN!
WAS FÜR EIN NETTER JUNGE!
...
DEINE RASSE HABE ICH NOCH NIE GESEHEN!
ES WAR SICHER NICHT LEICHT, ES VON DEN GRENZGEBIETEN BIS HIERHER ZU SCHAFFEN ...
NUN SEI DOCH NICHT SO MISS-TRAUISCH!
ICH FRESS DICH SCHON NICHT AUF!
HA...
HALLO ...

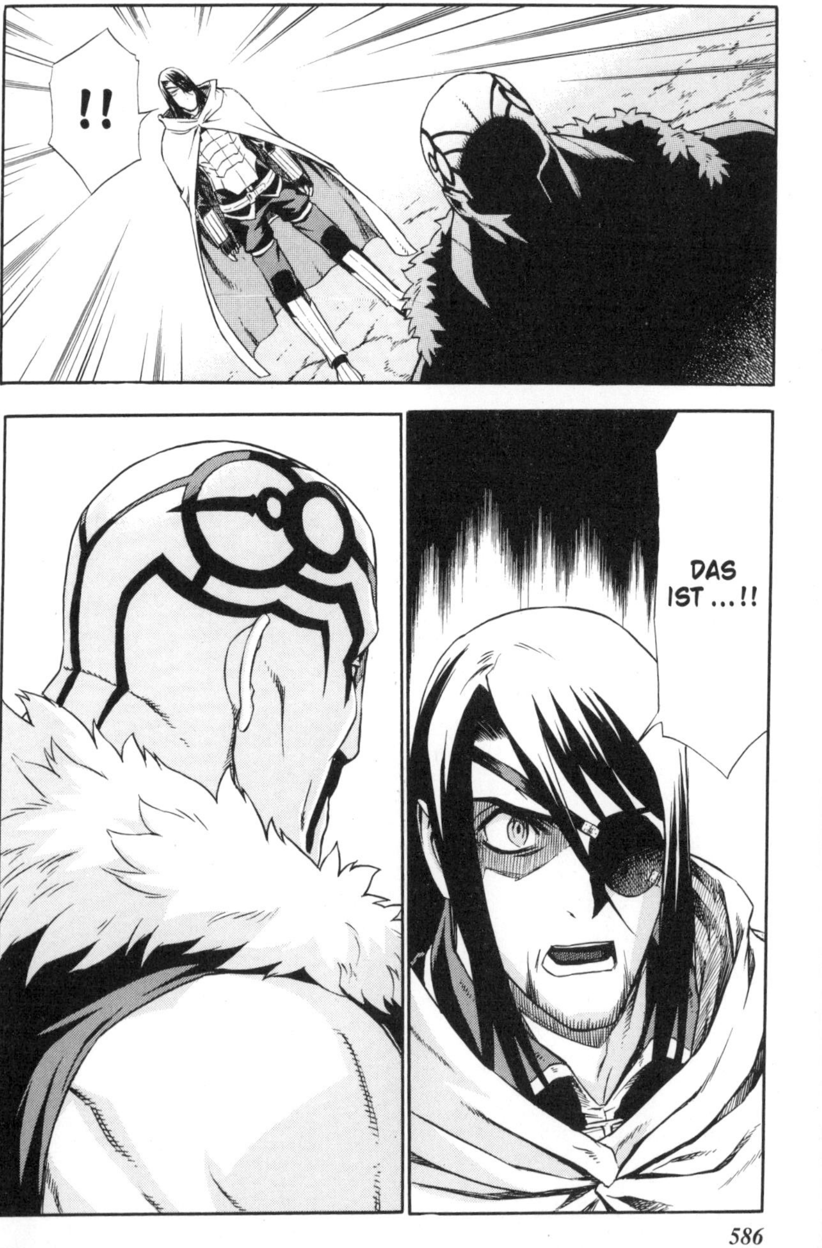
!!
DAS
IST ...!!

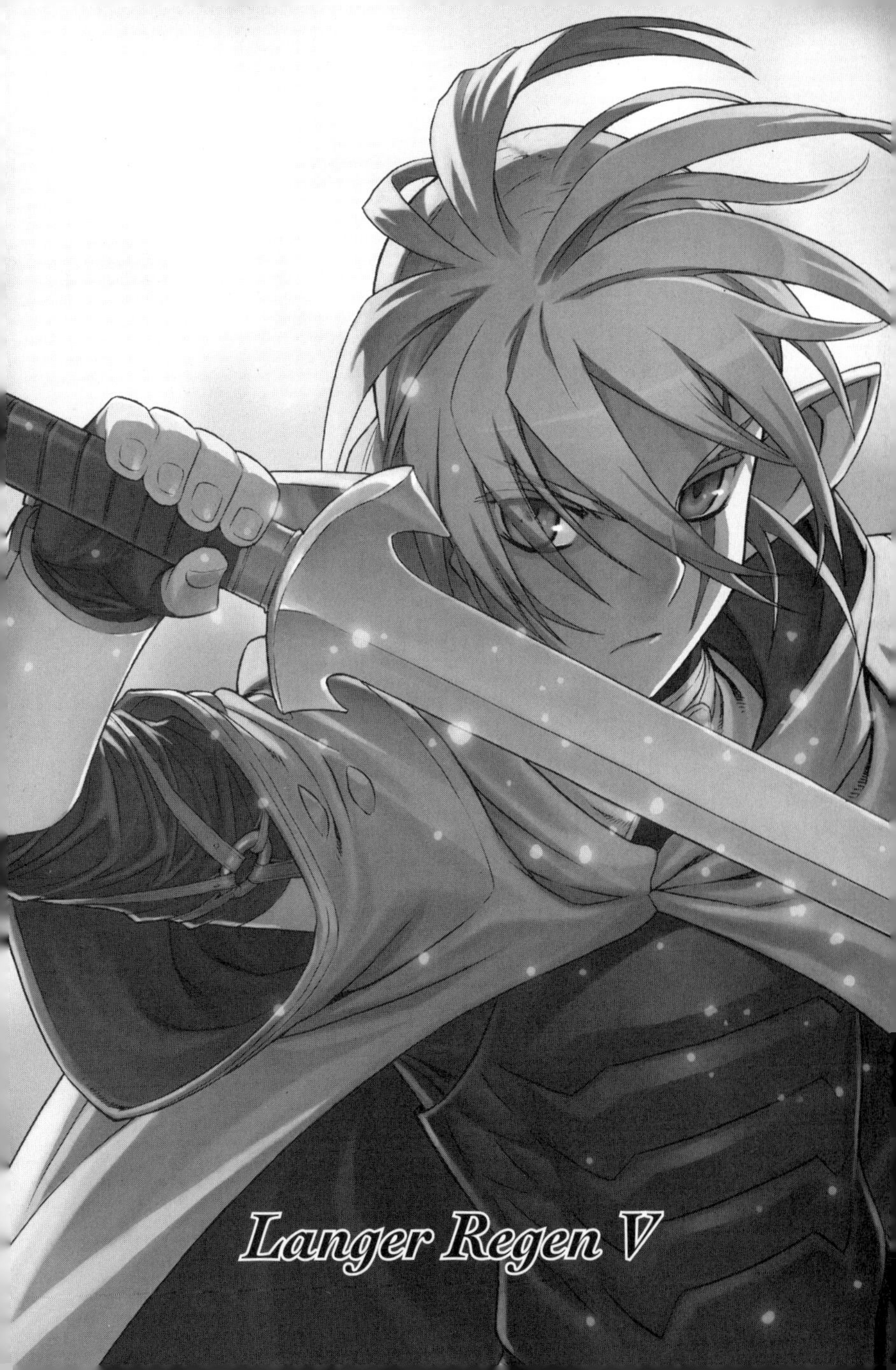
Langer Regen V

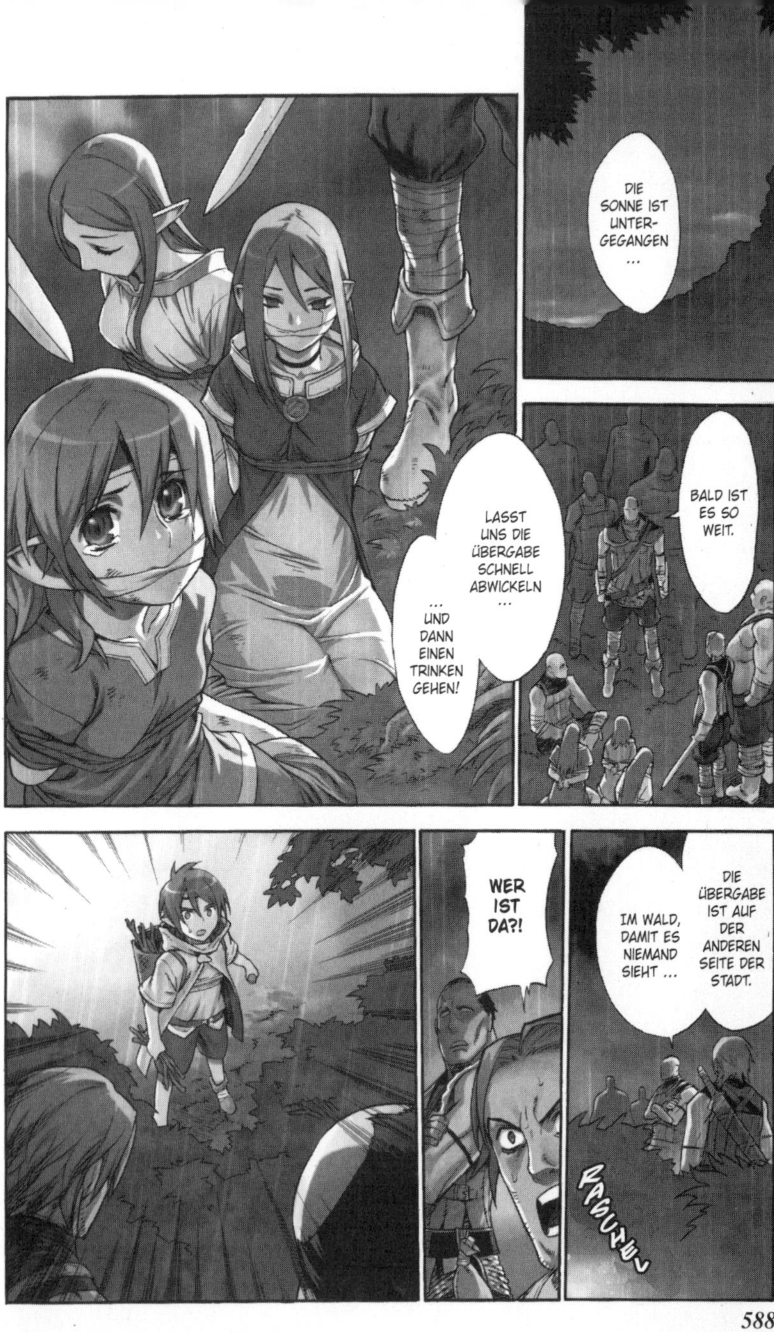

DIE SONNE IST UNTER-GEGANGEN …
BALD IST ES SO WEIT.
LASST UNS DIE ÜBERGABE SCHNELL ABWICKELN …
… UND DANN EINEN TRINKEN GEHEN!
DIE ÜBERGABE IST AUF DER ANDEREN SEITE DER STADT.
IM WALD, DAMIT ES NIEMAND SIEHT …
RASCHEL
WER IST DA?!

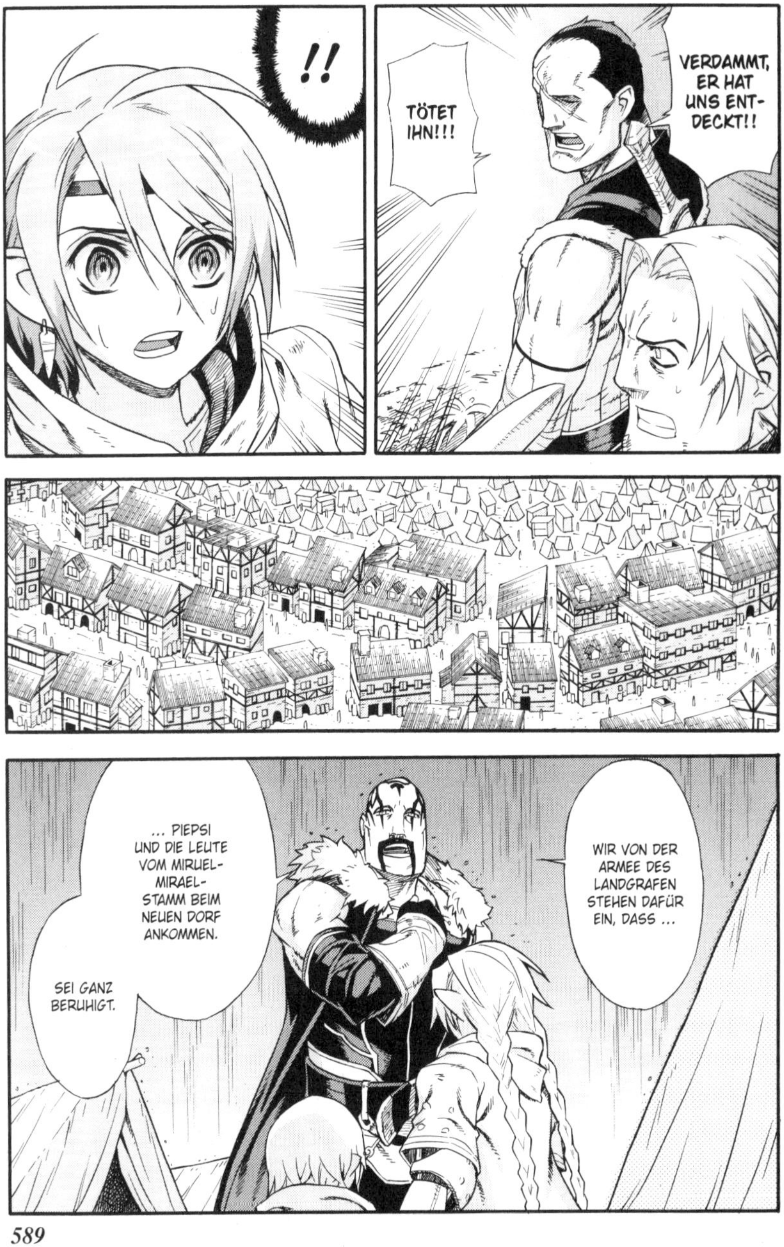

VERDAMMT, ER HAT UNS ENT-DECKT!!
TÖTET IHN!!!
!!
WIR VON DER ARMEE DES LANDGRAFEN STEHEN DAFÜR EIN, DASS …
… PIEPSI UND DIE LEUTE VOM MIRUEL-MIRAEL-STAMM BEIM NEUEN DORF ANKOMMEN.
SEI GANZ BERUHIGT.

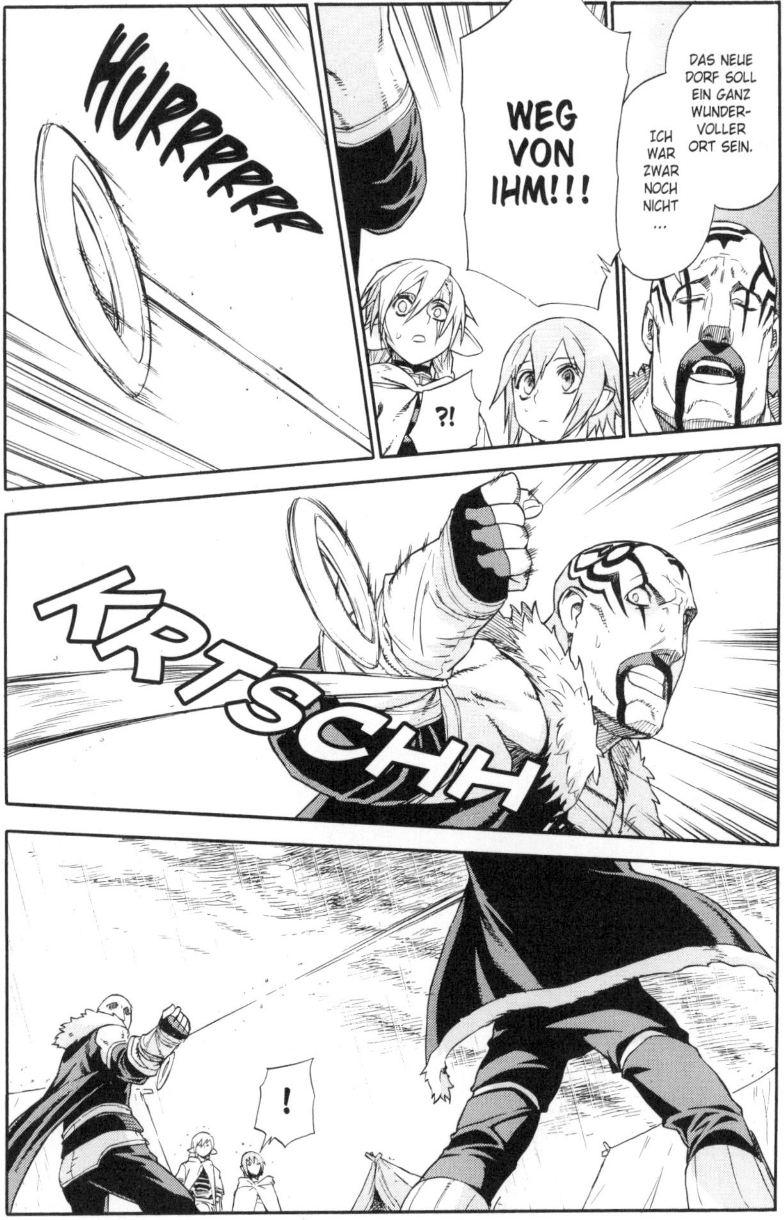
DAS NEUE DORF SOLL EIN GANZ WUNDERVOLLER ORT SEIN.
ICH WAR ZWAR NOCH NICHT ...
WEG VON IHM!!!
?!
HURRRRRRR
KRTSCHH
!

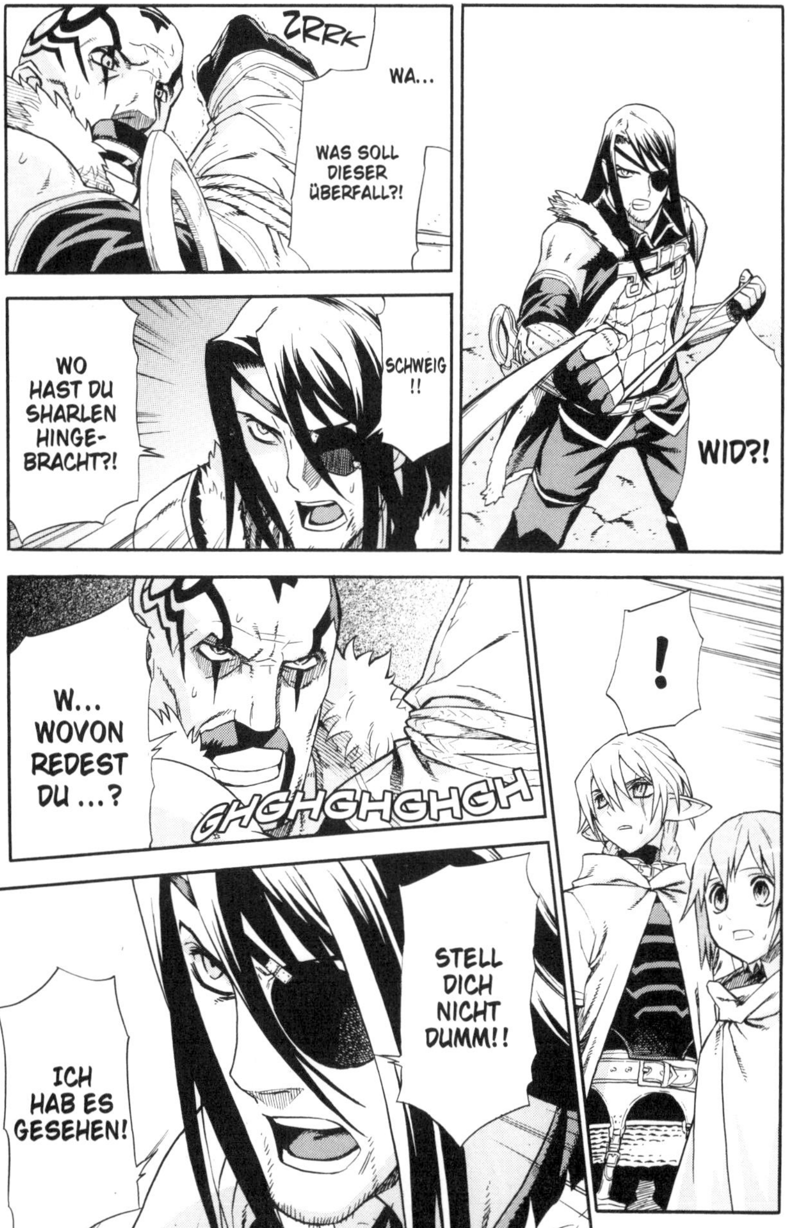
WID?!
ZRRK
WA...
WAS SOLL DIESER ÜBERFALL?!
SCHWEIG!!
WO HAST DU SHARLEN HINGE-BRACHT?!
!
W... WOVON REDEST DU ...?
GHGHGHGHGH
STELL DICH NICHT DUMM!!
ICH HAB ES GESEHEN!

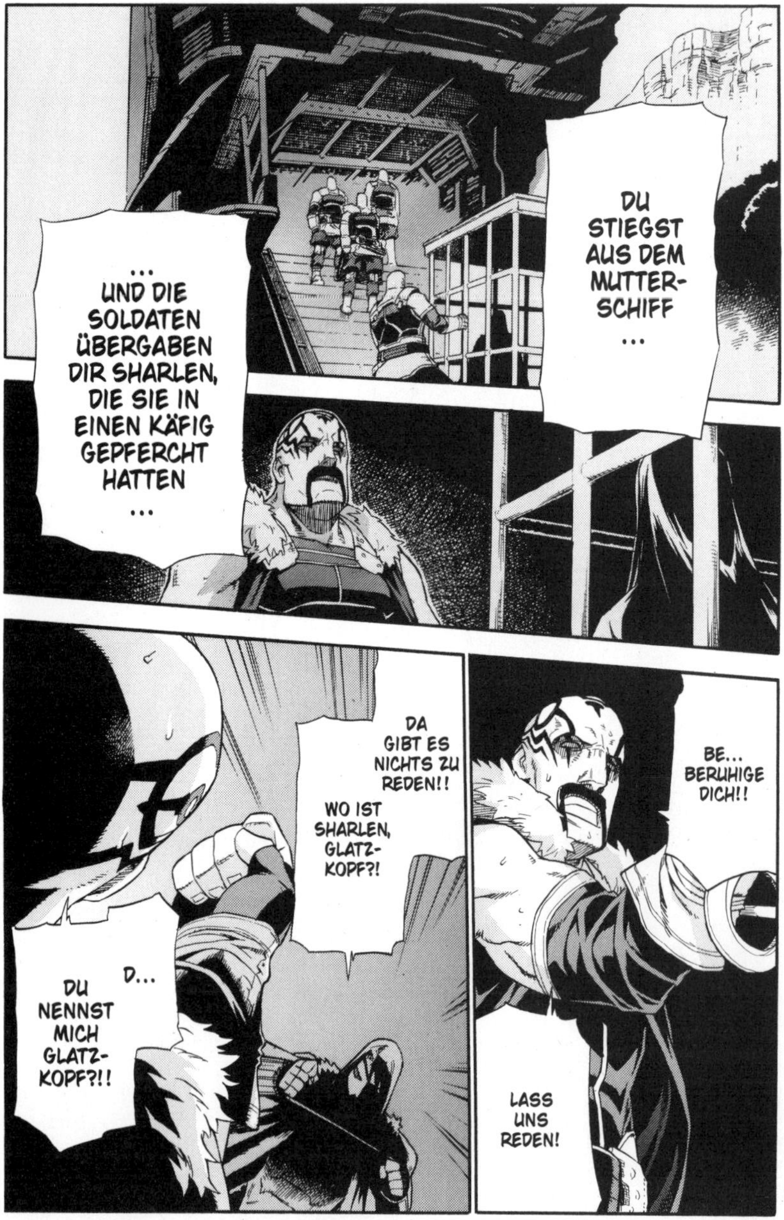
DU STIEGST AUS DEM MUTTER-SCHIFF ...
... UND DIE SOLDATEN ÜBERGABEN DIR SHARLEN, DIE SIE IN EINEN KÄFIG GEPFERCHT HATTEN ...
BE... BERUHIGE DICH!!
LASS UNS REDEN!
DA GIBT ES NICHTS ZU REDEN!!
WO IST SHARLEN, GLATZ-KOPF?!
D...
DU NENNST MICH GLATZ-KOPF?!!

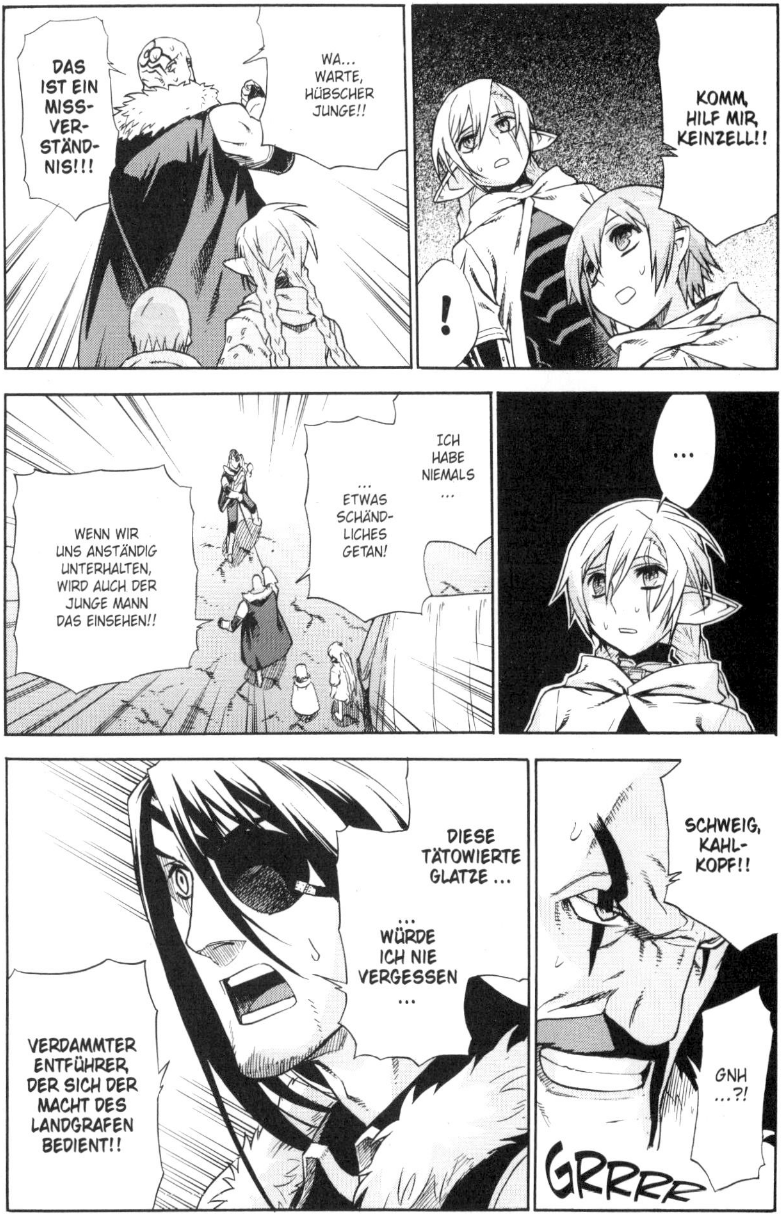
KOMM, HILF MIR, KEINZELL!!
!
WA... WARTE, HÜBSCHER JUNGE!!
DAS IST EIN MISS-VER-STÄND-NIS!!!
...
ICH HABE NIEMALS ...
... ETWAS SCHÄND-LICHES GETAN!
WENN WIR UNS ANSTÄNDIG UNTERHALTEN, WIRD AUCH DER JUNGE MANN DAS EINSEHEN!!
SCHWEIG, KAHL-KOPF!!
GNH ...?!
GRRRR
DIESE TÄTOWIERTE GLATZE ...
... WÜRDE ICH NIE VERGESSEN ...
VERDAMMTER ENTFÜHRER, DER SICH DER MACHT DES LANDGRAFEN BEDIENT!!

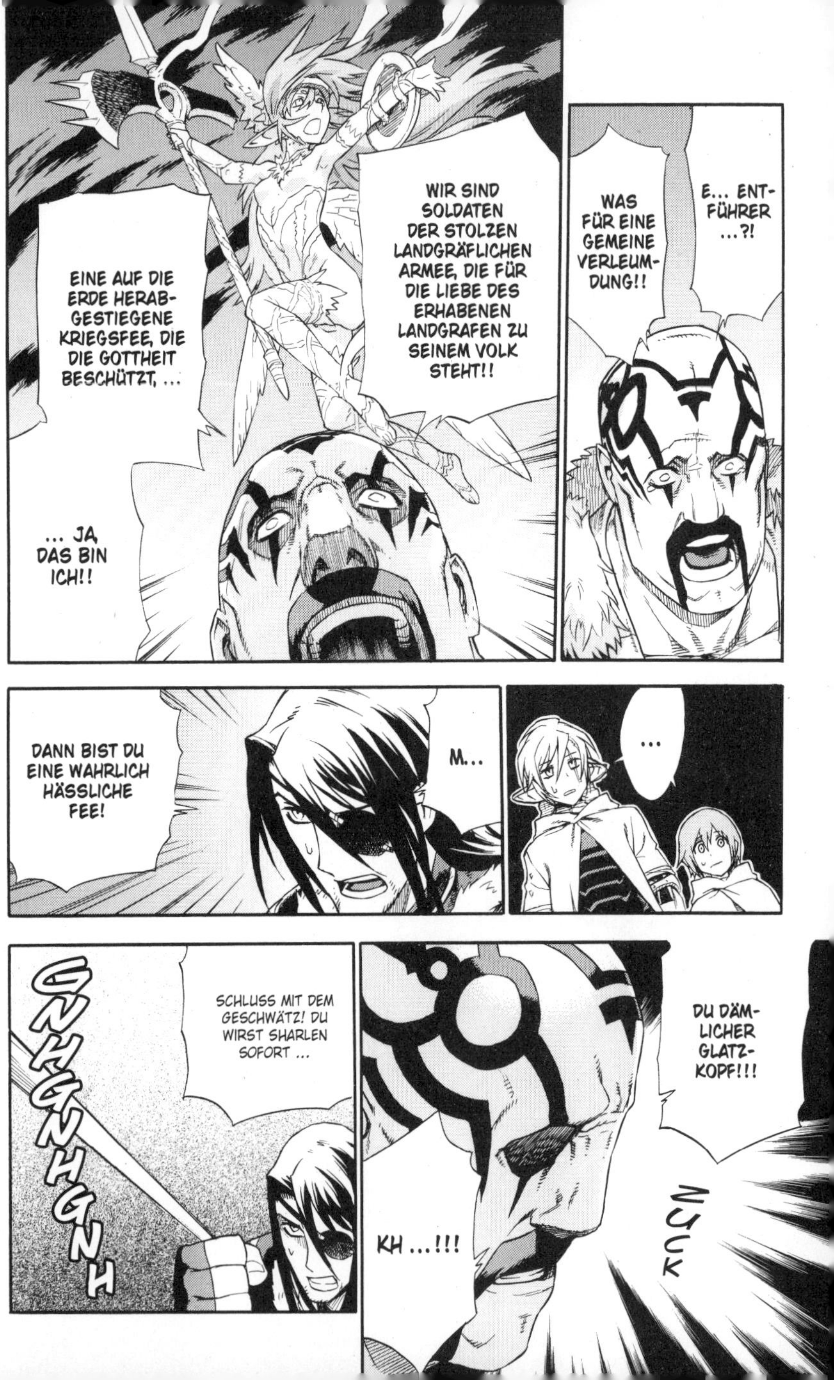
E… ENT-FÜHRER …?!
WAS FÜR EINE GEMEINE VERLEUM-DUNG!!
WIR SIND SOLDATEN DER STOLZEN LANDGRÄFLICHEN ARMEE, DIE FÜR DIE LIEBE DES ERHABENEN LANDGRAFEN ZU SEINEM VOLK STEHT!!
EINE AUF DIE ERDE HERAB-GESTIEGENE KRIEGSFEE, DIE DIE GOTTHEIT BESCHÜTZT, …
… JA, DAS BIN ICH!!
…
M…
DANN BIST DU EINE WAHRLICH HÄSSLICHE FEE!
DU DÄM-LICHER GLATZ-KOPF!!!
ZUCK
KH …!!!
SCHLUSS MIT DEM GESCHWÄTZ! DU WIRST SHARLEN SOFORT …
GNHGNHGNH

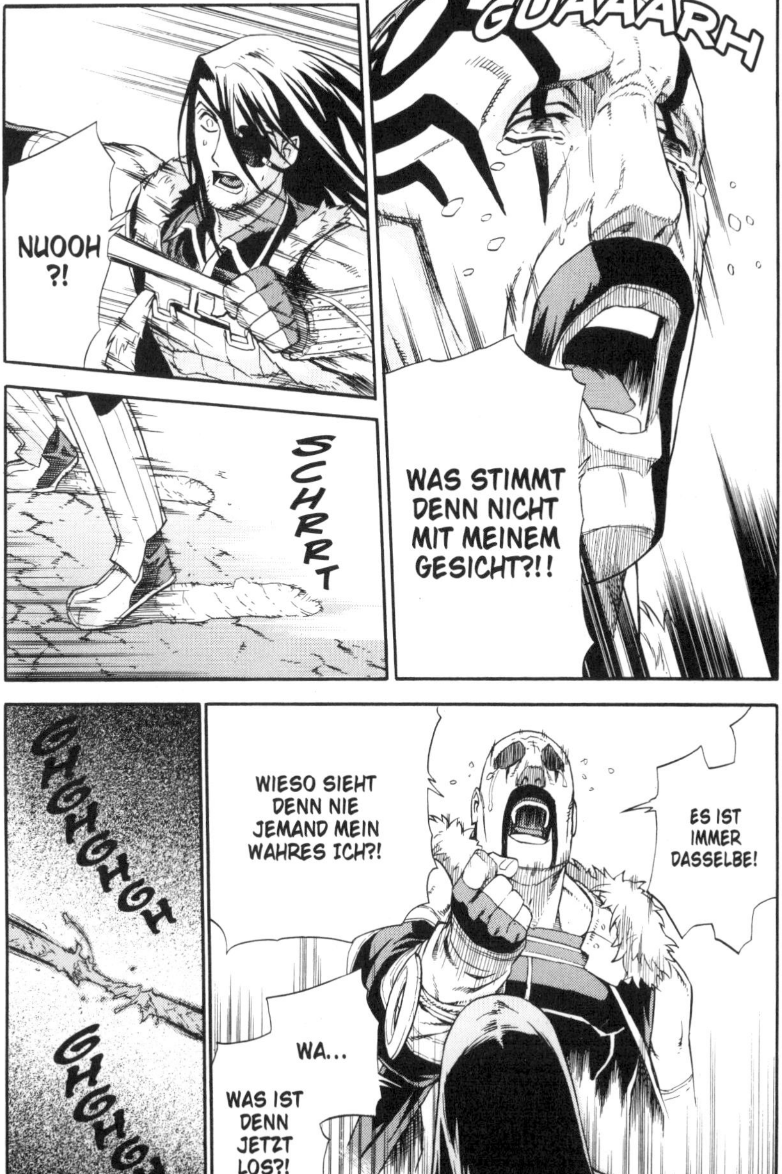
GUAAARH
WAS STIMMT DENN NICHT MIT MEINEM GESICHT?!!
NUOOH ?!
SCHRRRT
ES IST IMMER DASSELBE!
WIESO SIEHT DENN NIE JEMAND MEIN WAHRES ICH?!
WA...
WAS IST DENN JETZT LOS?!
GHGHGHGH
GHGHGH

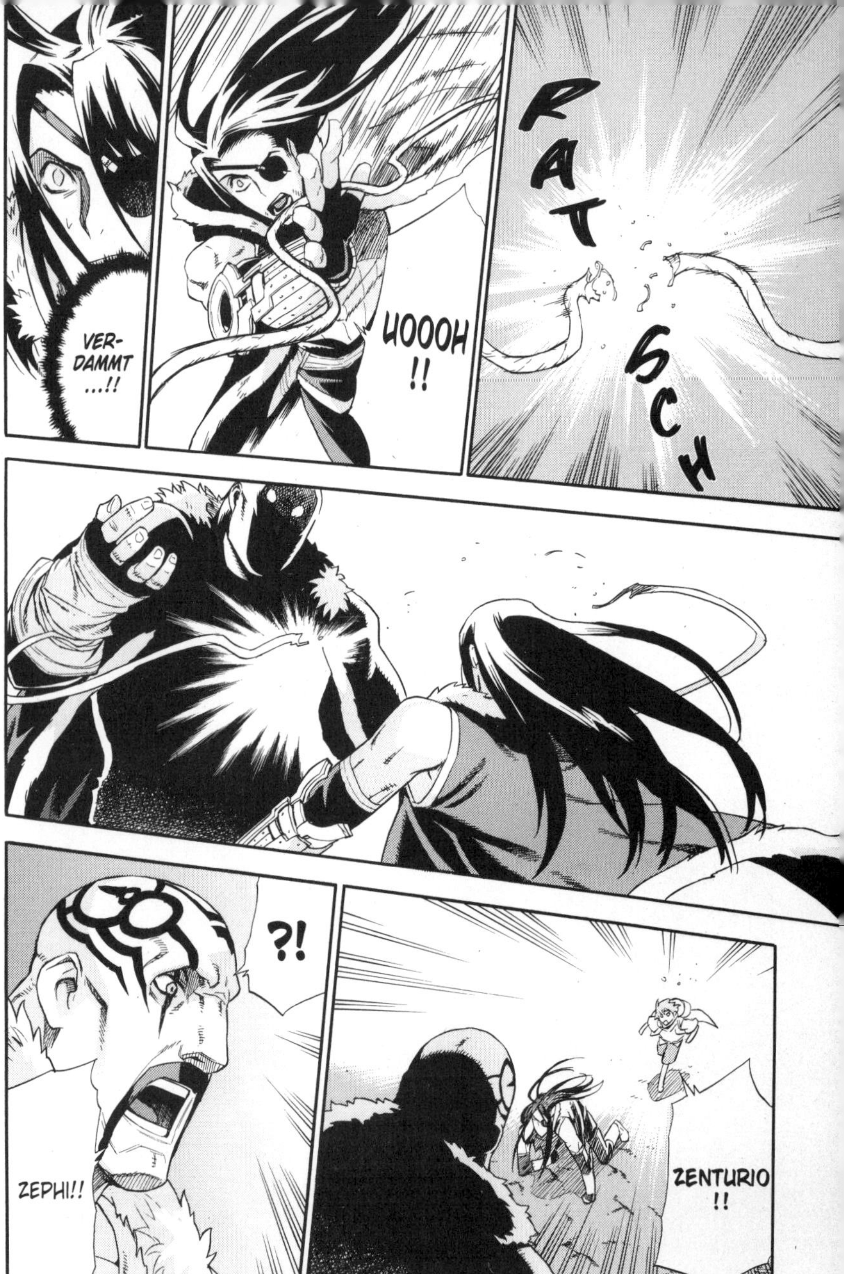
RATSCH
UOOOH !!
VER-DAMMT ...!!
?!
ZENTURIO !!
ZEPHI!!

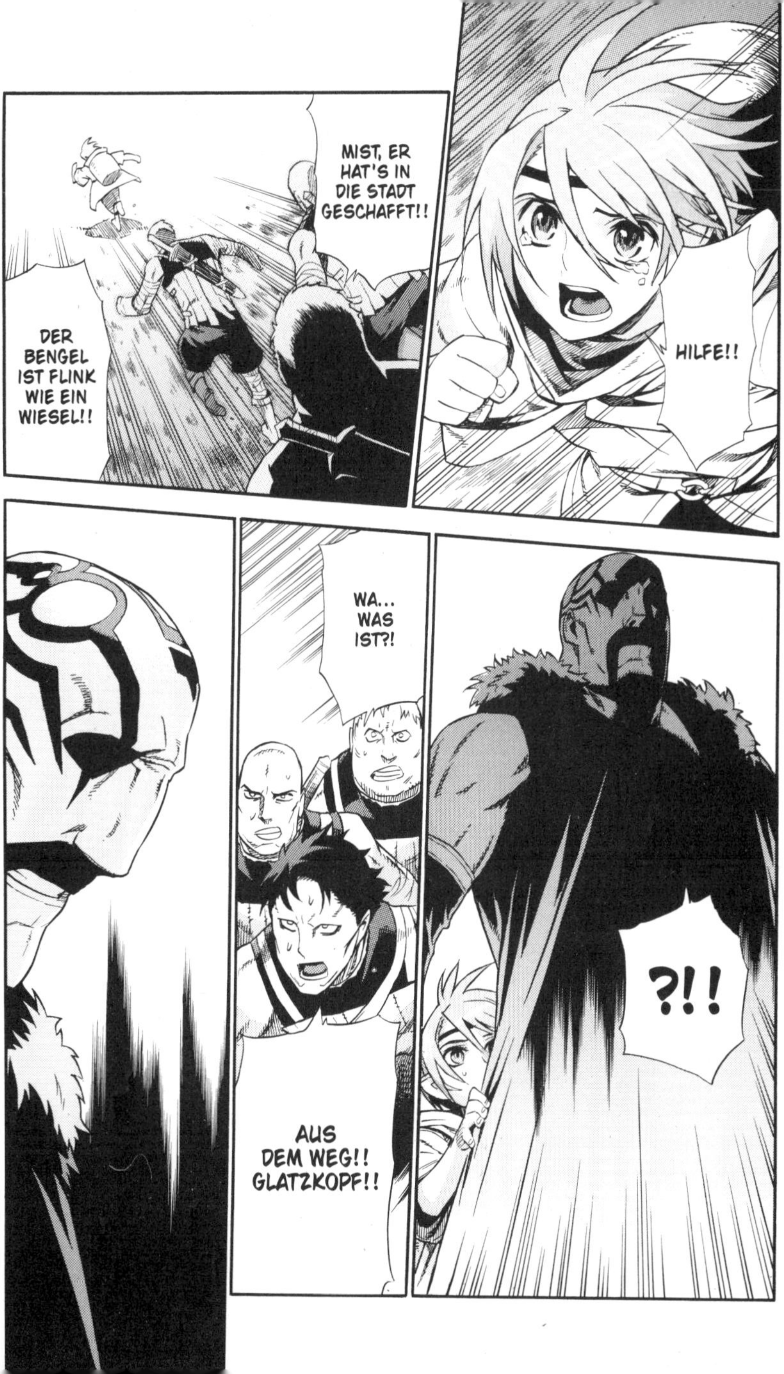
HILFE!!
MIST, ER HAT'S IN DIE STADT GESCHAFFT!!
DER BENGEL IST FLINK WIE EIN WIESEL!!
?!!
WA... WAS IST?!
AUS DEM WEG!! GLATZKOPF!!

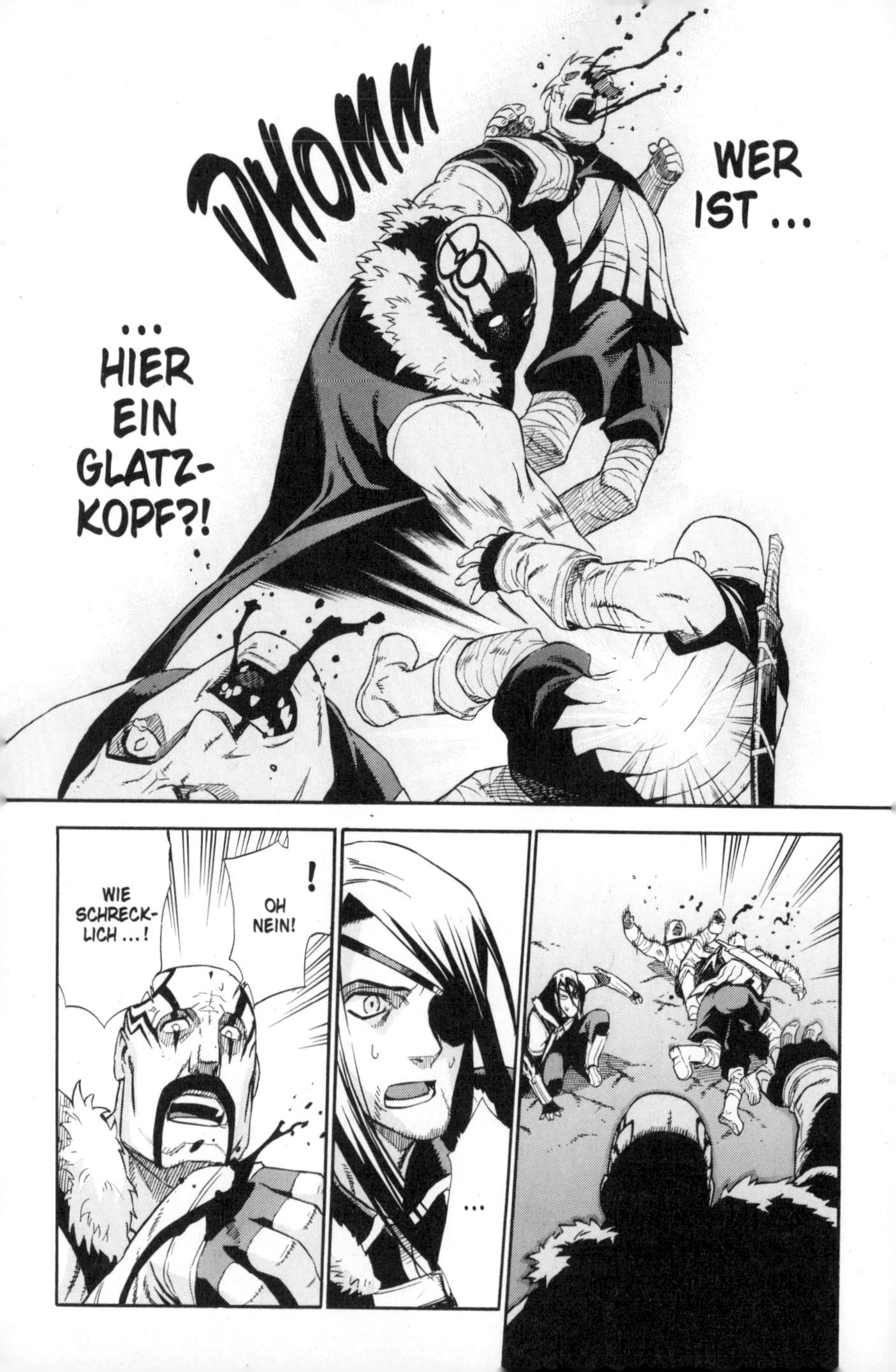
DHOMM
WER IST ...
... HIER EIN GLATZKOPF?!
!
OH NEIN!
...
WIE SCHRECKLICH ...!

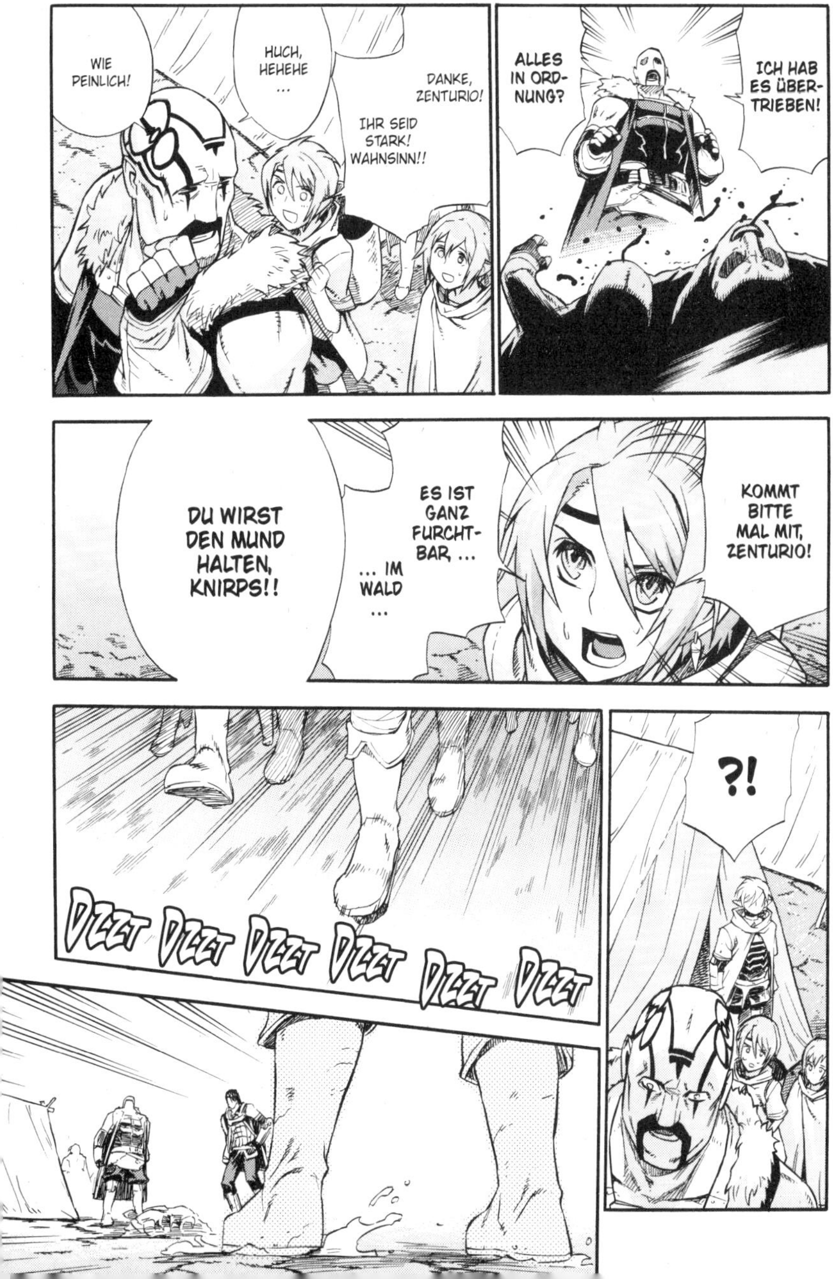
ICH HAB ES ÜBER-TRIEBEN!
ALLES IN ORD-NUNG?
DANKE, ZENTURIO!
IHR SEID STARK! WAHNSINN!!
HUCH, HEHEHE …
WIE PEINLICH!
KOMMT BITTE MAL MIT, ZENTURIO!
ES IST GANZ FURCHT-BAR, …
… IM WALD …
DU WIRST DEN MUND HALTEN, KNIRPS!!
?!
DZZT DZZT DZZT DZZT DZZT DZZT

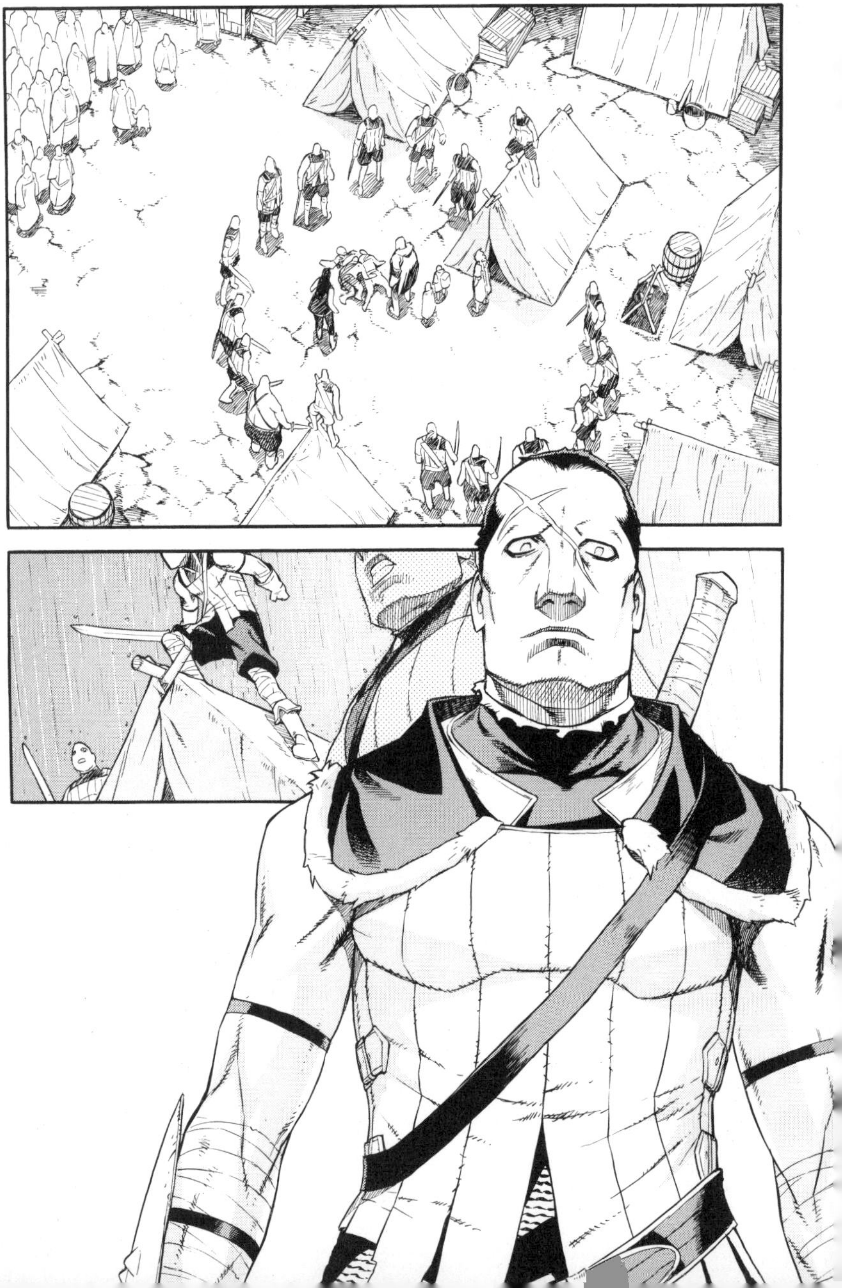

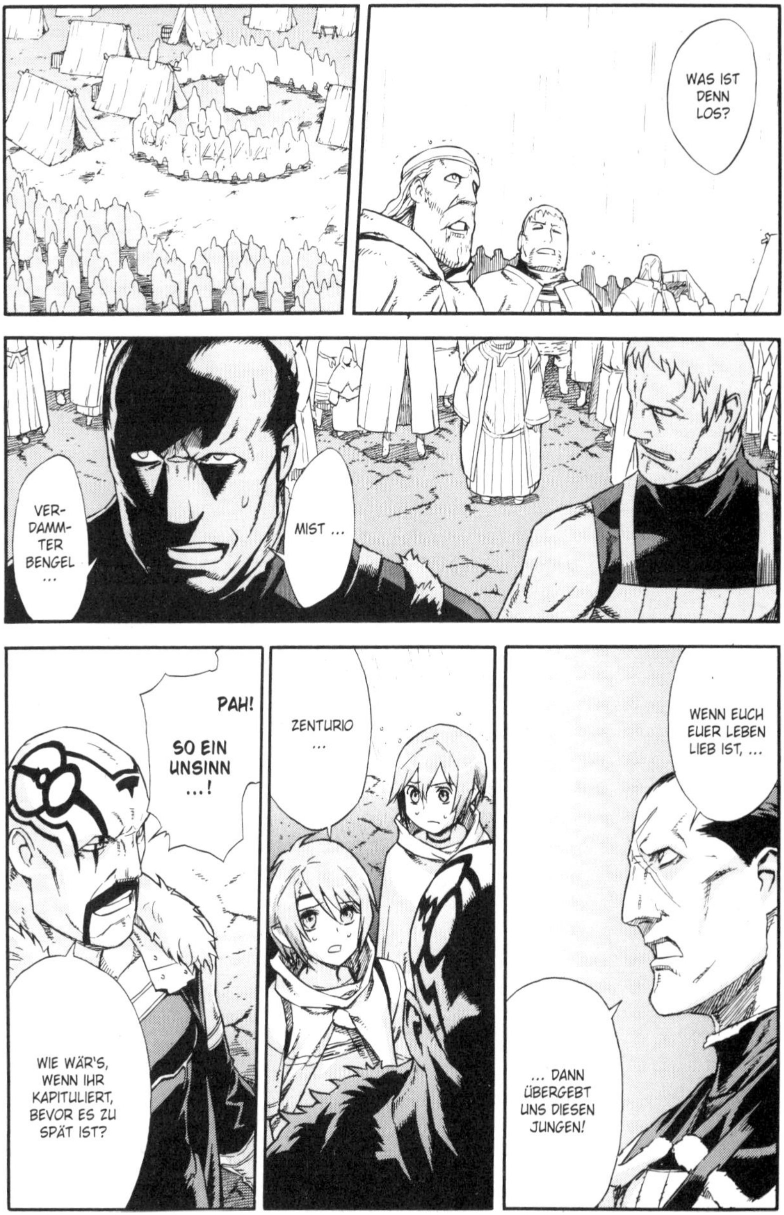
WAS IST DENN LOS?
MIST ...
VERDAMMTER BENGEL ...
WENN EUCH EUER LEBEN LIEB IST, ...
... DANN ÜBERGEBT UNS DIESEN JUNGEN!
ZENTURIO ...
PAH!
SO EIN UNSINN ...!
WIE WÄR'S, WENN IHR KAPITULIERT, BEVOR ES ZU SPÄT IST?

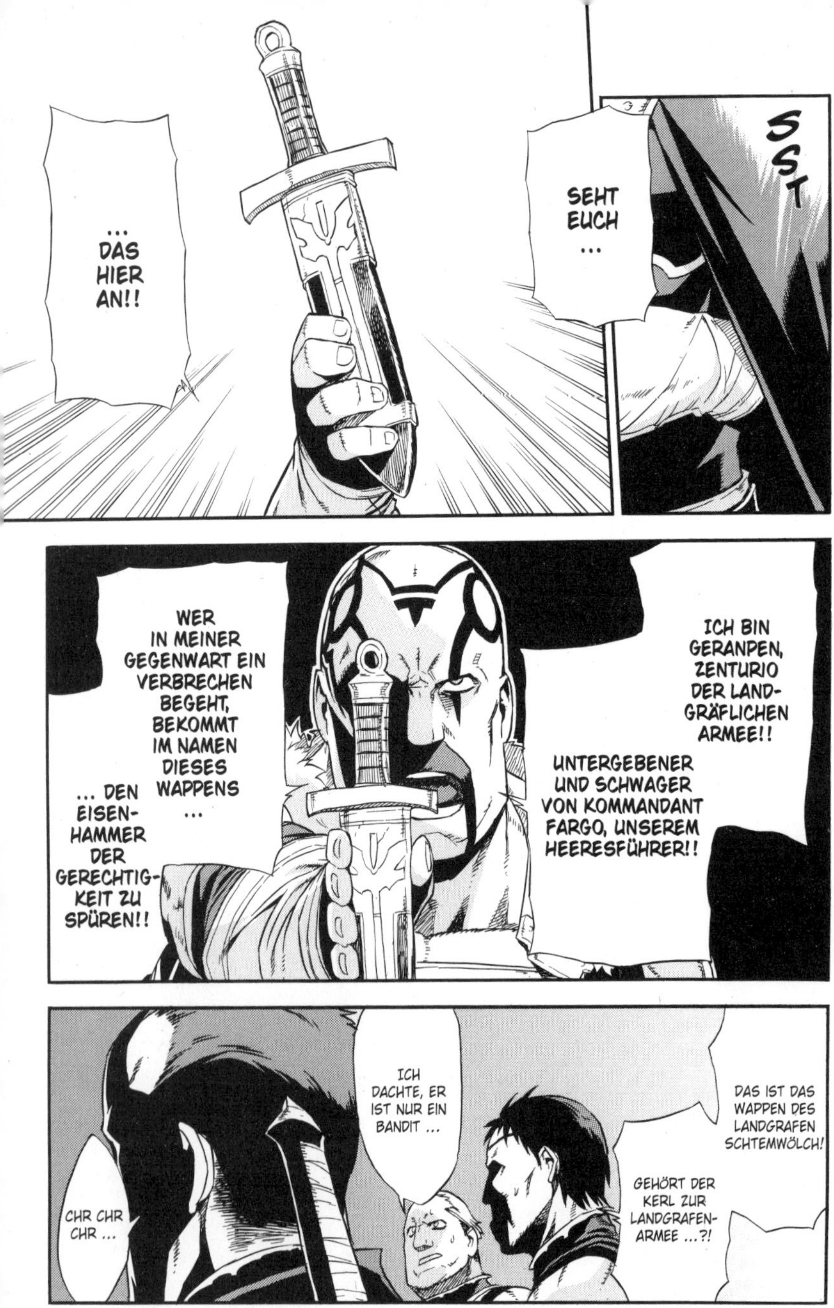
SEHT EUCH ...
SST
... DAS HIER AN!!
ICH BIN GERANPEN, ZENTURIO DER LAND-GRÄFLICHEN ARMEE!!
UNTERGEBENER UND SCHWAGER VON KOMMANDANT FARGO, UNSEREM HEERESFÜHRER!!
WER IN MEINER GEGENWART EIN VERBRECHEN BEGEHT, BEKOMMT IM NAMEN DIESES WAPPENS ...
... DEN EISEN-HAMMER DER GERECHTIG-KEIT ZU SPÜREN!!
DAS IST DAS WAPPEN DES LANDGRAFEN SCHTEMWÖLCH!
GEHÖRT DER KERL ZUR LANDGRAFEN-ARMEE ...?!
ICH DACHTE, ER IST NUR EIN BANDIT ...
CHR CHR CHR ...

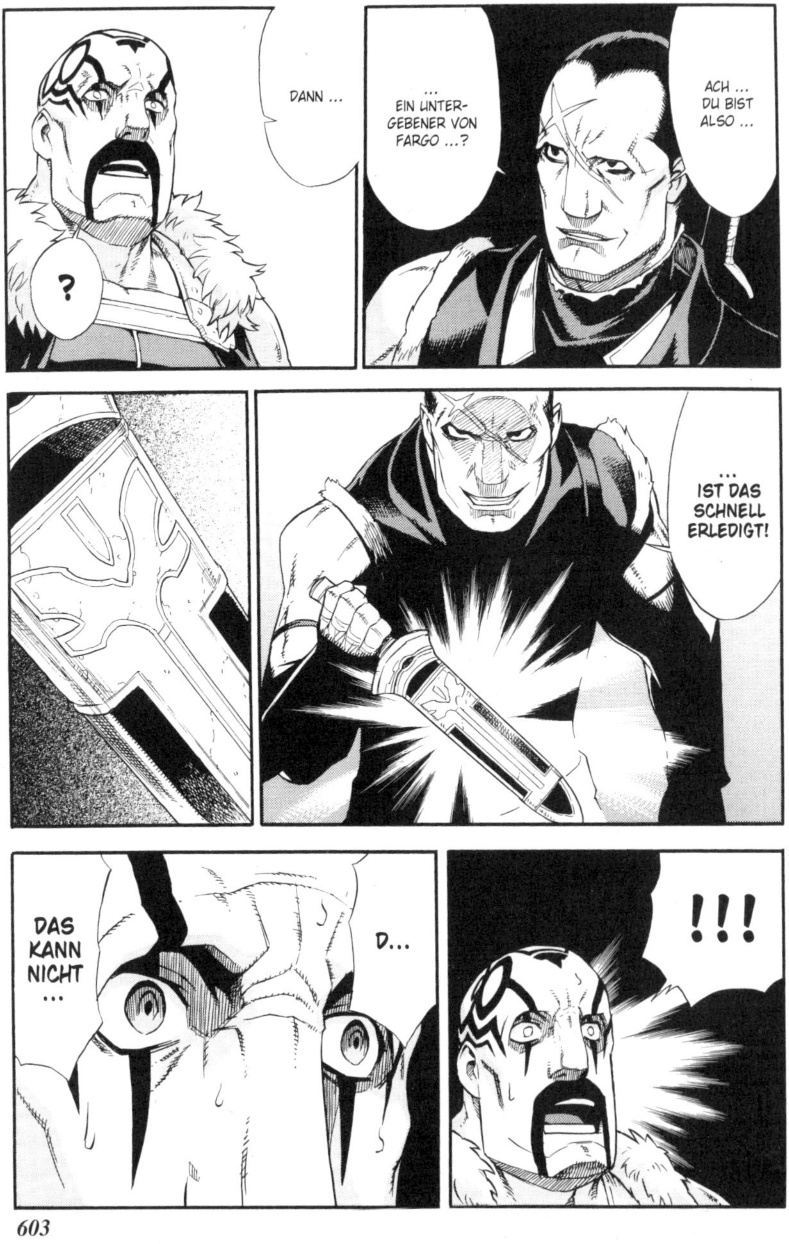
ACH … DU BIST ALSO …
… EIN UNTER-GEBENER VON FARGO …?
DANN …
?
… IST DAS SCHNELL ERLEDIGT!
!!!
D…
DAS KANN NICHT …

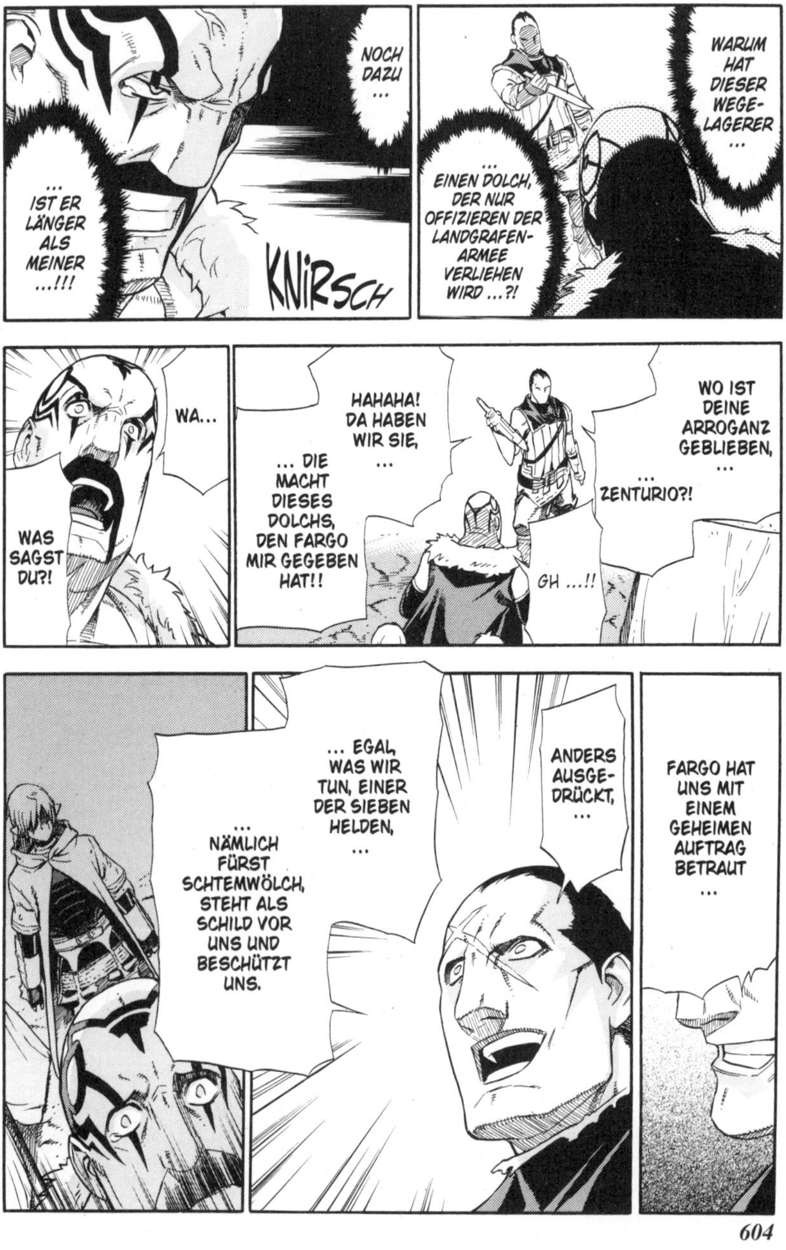
NOCH DAZU …
… IST ER LÄNGER ALS MEINER …!!!
KNIRSCH
WARUM HAT DIESER WEGELAGERER …
… EINEN DOLCH, DER NUR OFFIZIEREN DER LANDGRAFEN-ARMEE VERLIEHEN WIRD …?!
WA…
WAS SAGST DU?!
WO IST DEINE ARROGANZ GEBLIEBEN, …
… ZENTURIO?!
GH …!!
HAHAHA! DA HABEN WIR SIE, …
… DIE MACHT DIESES DOLCHS, DEN FARGO MIR GEGEBEN HAT!!
FARGO HAT UNS MIT EINEM GEHEIMEN AUFTRAG BETRAUT …
ANDERS AUSGE-DRÜCKT, …
… EGAL, WAS WIR TUN, EINER DER SIEBEN HELDEN, …
… NÄMLICH FÜRST SCHTEMWÖLCH, STEHT ALS SCHILD VOR UNS UND BESCHÜTZT UNS.

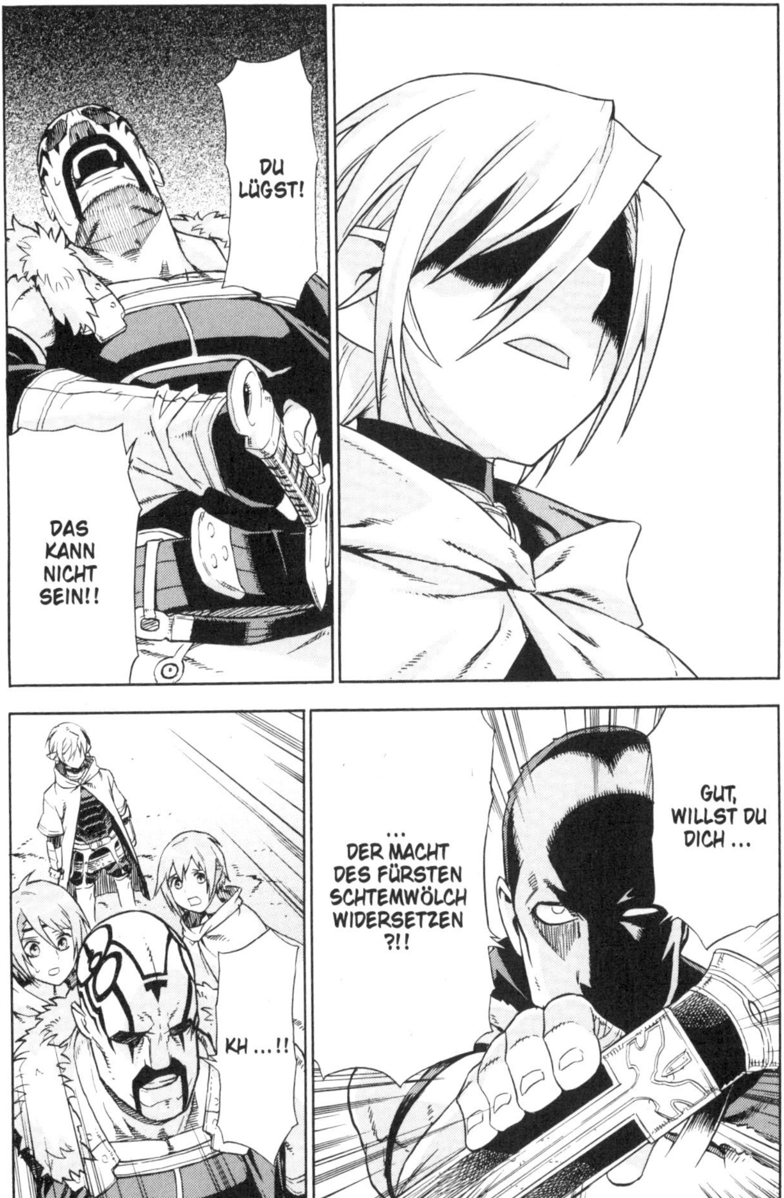
DU LÜGST!
DAS KANN NICHT SEIN!!
GUT, WILLST DU DICH …
… DER MACHT DES FÜRSTEN SCHTEMWÖLCH WIDERSETZEN ?!!
KH …!!

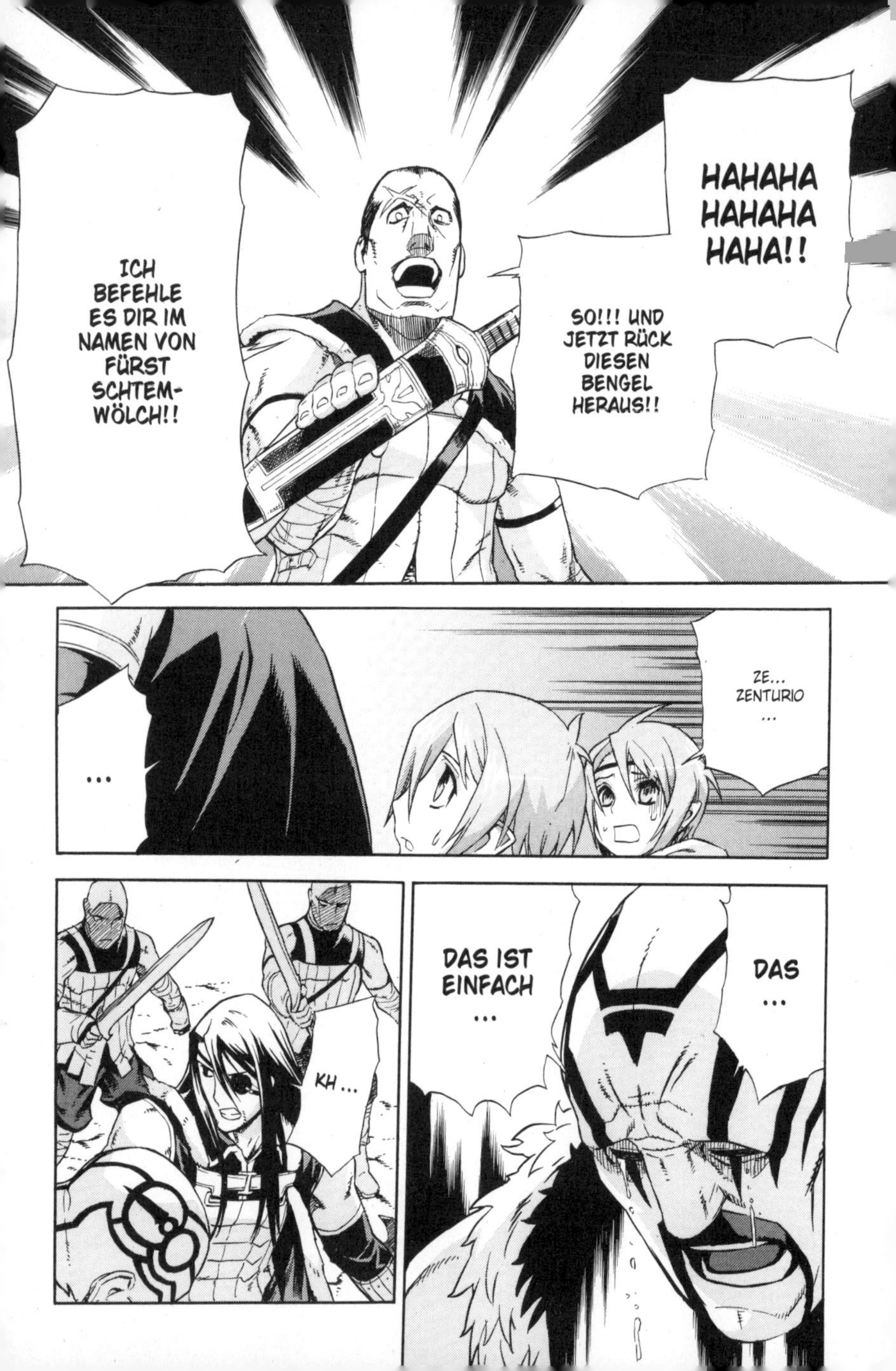
HAHAHA HAHAHA HAHA!!
SO!!! UND JETZT RÜCK DIESEN BENGEL HERAUS!!
ICH BEFEHLE ES DIR IM NAMEN VON FÜRST SCHTEM-WÖLCH!!
ZE… ZENTURIO …
…
DAS …
DAS IST EINFACH …
KH …

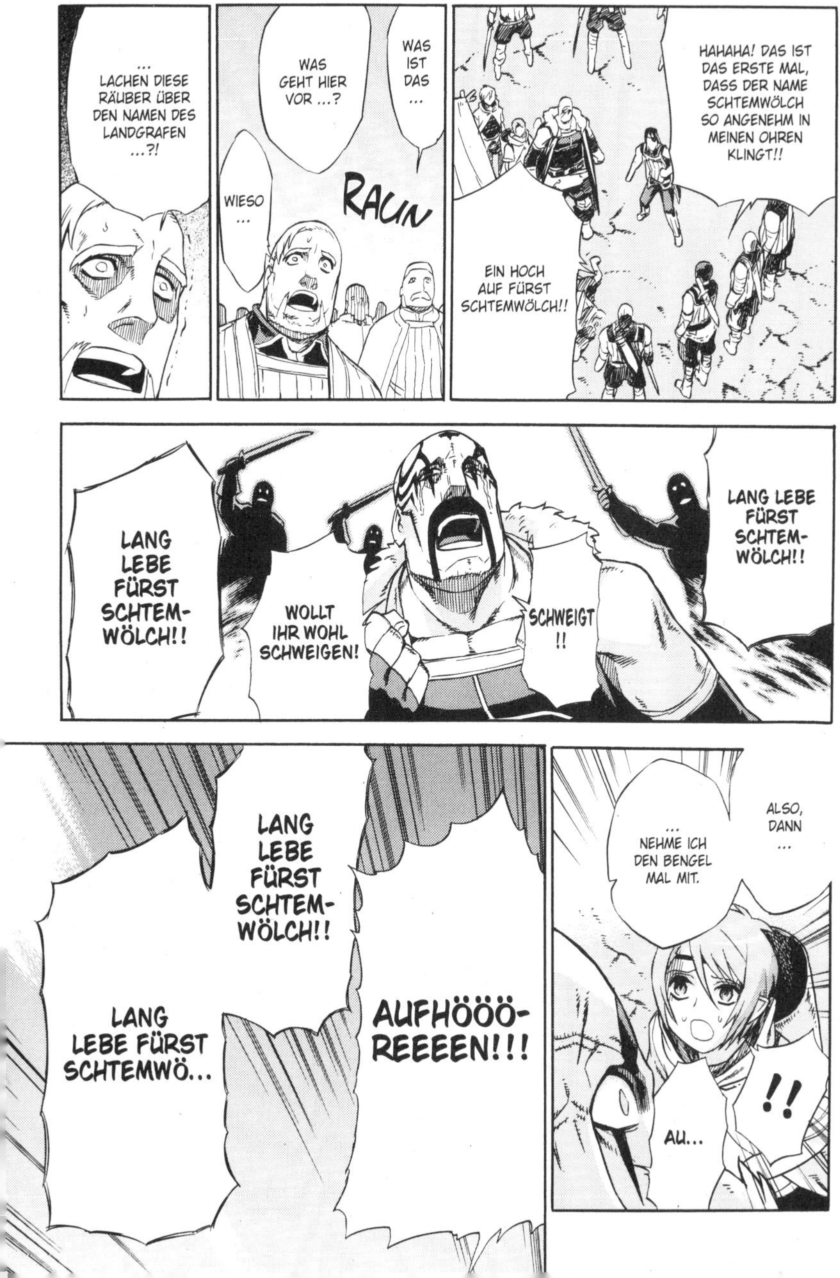
HAHAHA! DAS IST DAS ERSTE MAL, DASS DER NAME SCHTEMWÖLCH SO ANGENEHM IN MEINEN OHREN KLINGT!!
EIN HOCH AUF FÜRST SCHTEMWÖLCH!!
WAS IST DAS …
WAS GEHT HIER VOR …?
RAUN
WIESO …
… LACHEN DIESE RÄUBER ÜBER DEN NAMEN DES LANDGRAFEN …?!
LANG LEBE FÜRST SCHTEM-WÖLCH!!
SCHWEIGT !!
WOLLT IHR WOHL SCHWEIGEN!
LANG LEBE FÜRST SCHTEM-WÖLCH!!
ALSO, DANN …
… NEHME ICH DEN BENGEL MAL MIT.
!!
AU…
LANG LEBE FÜRST SCHTEM-WÖLCH!!
AUFHÖÖÖ-REEEEN!!!
LANG LEBE FÜRST SCHTEMWÖ…

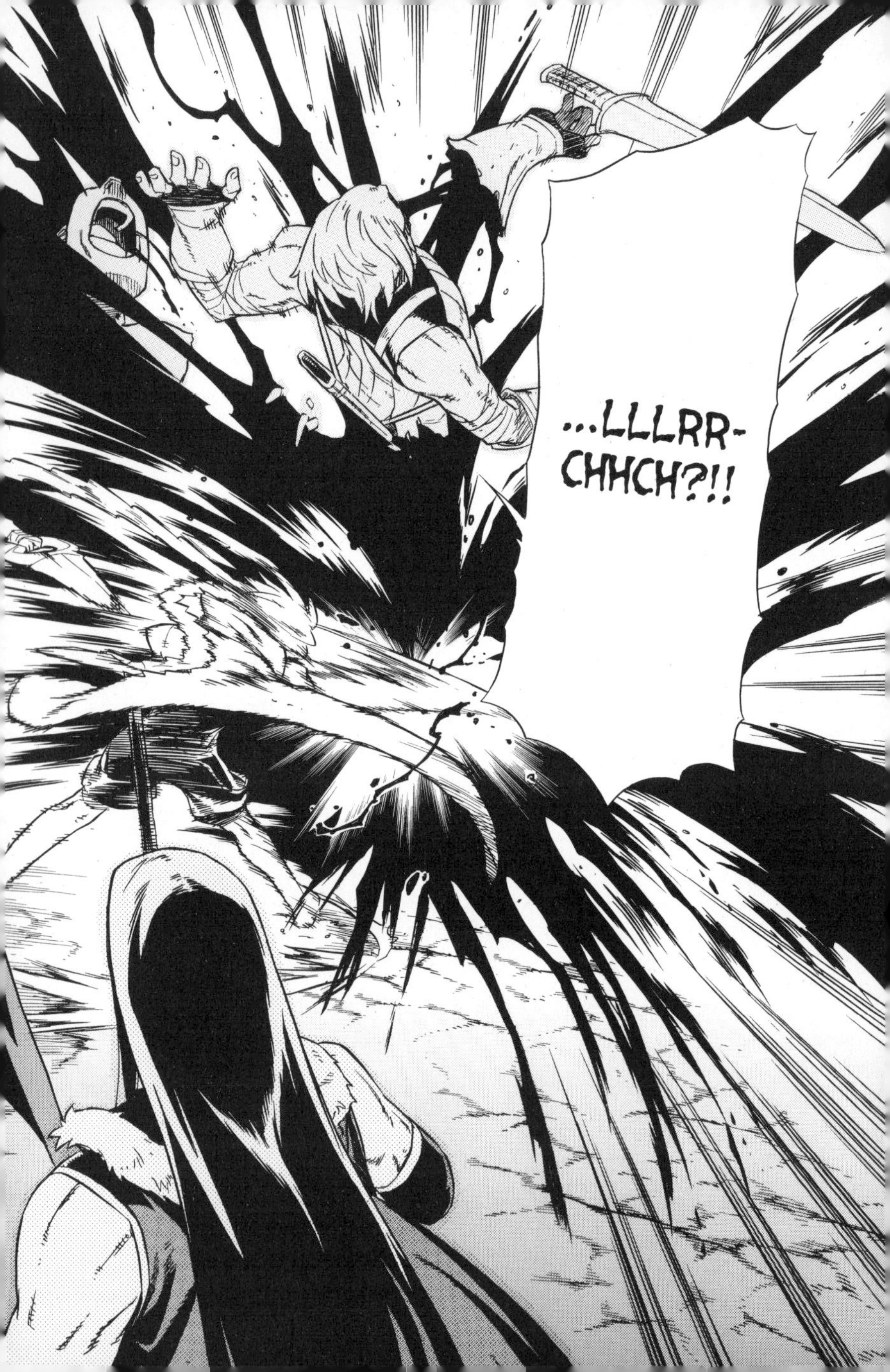
...LLLRR-CHHCH?!!

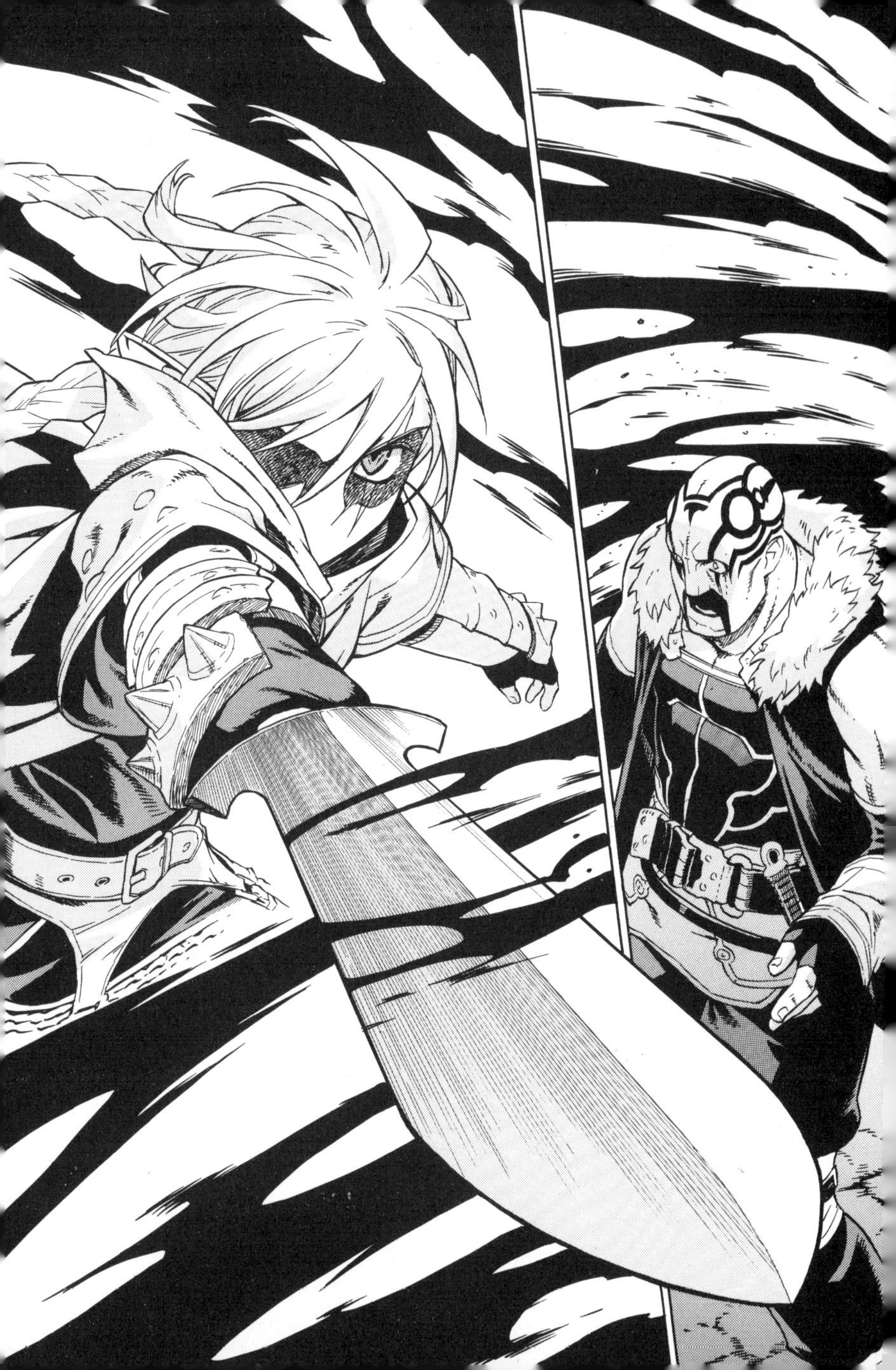

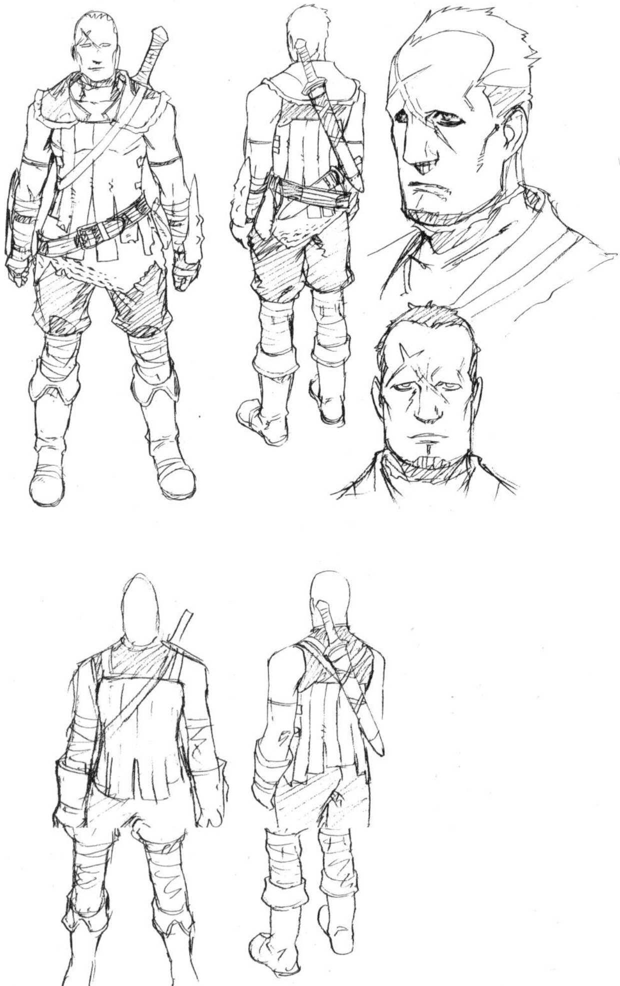

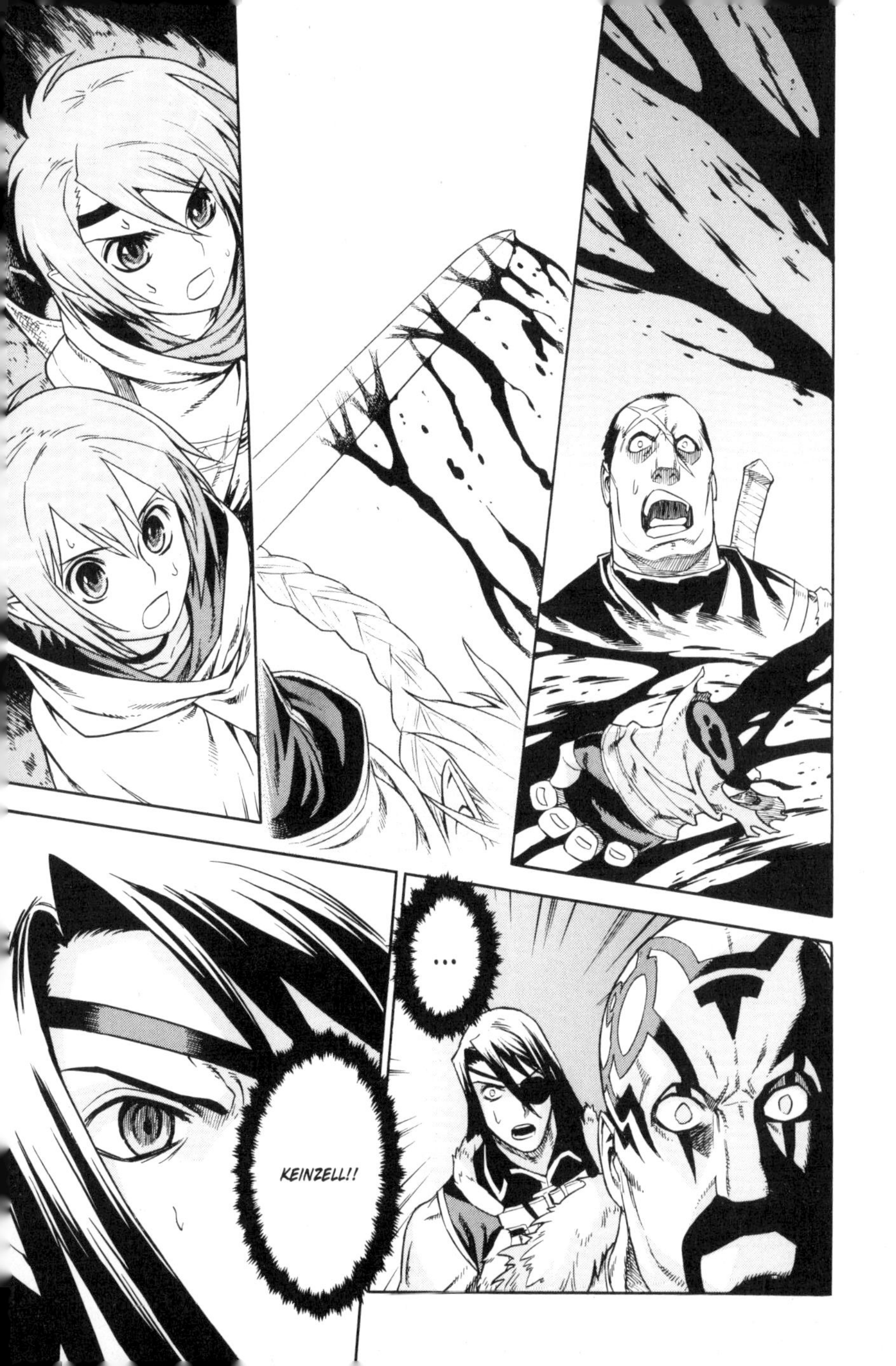
...
KEINZELL!!

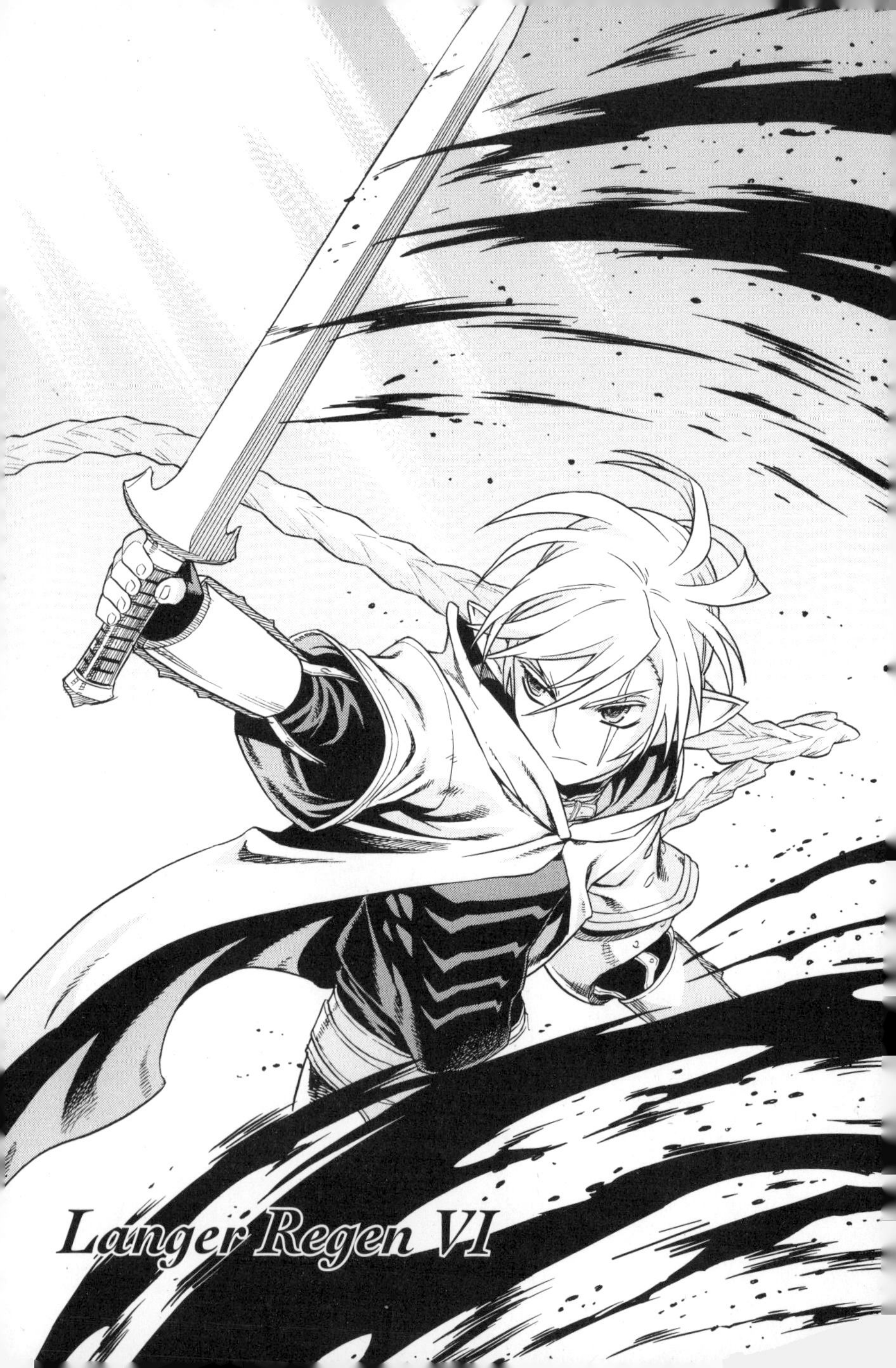
Langer Regen VI

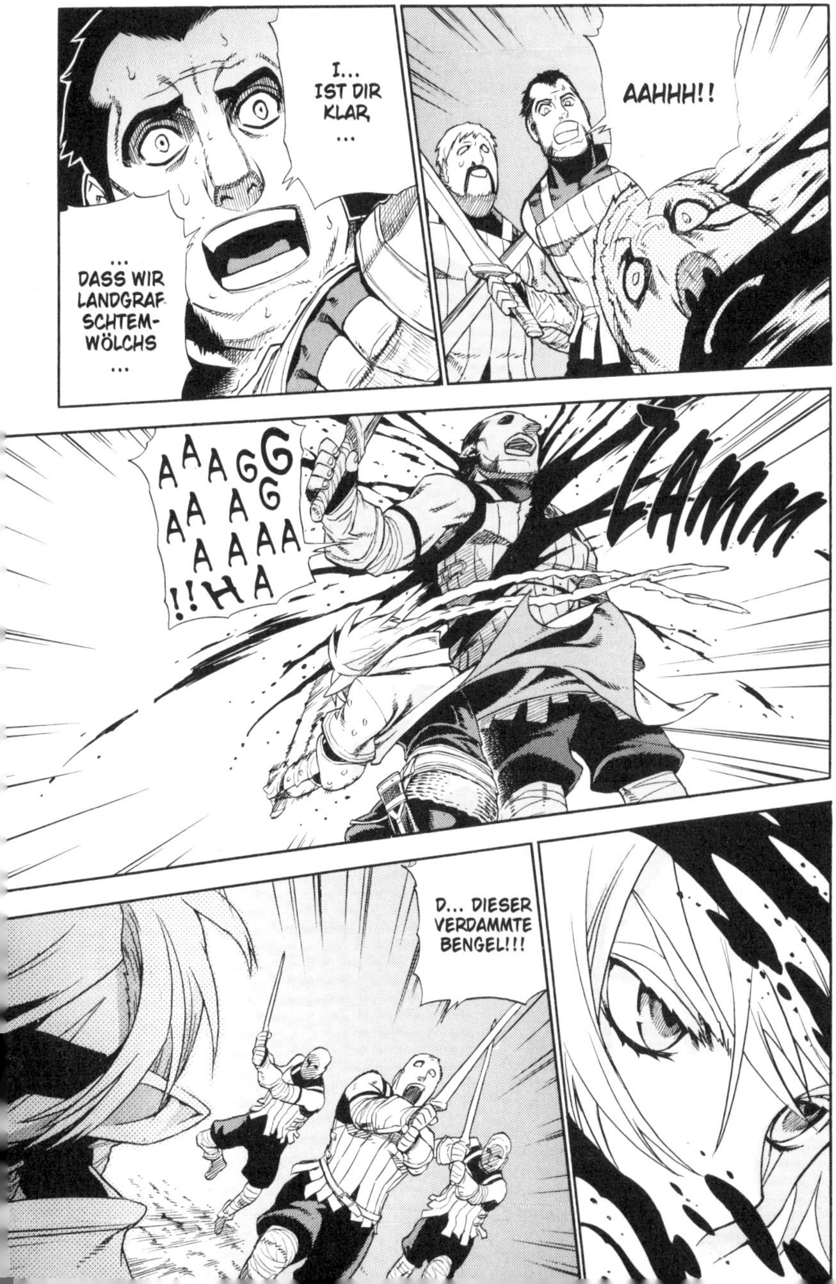
I... IST DIR KLAR ...
... DASS WIR LANDGRAF SCHTEMWÖLCHS ...
AAHHH!!
AAAGGAAAGAAAAAHA!!
ZAMM
D... DIESER VERDAMMTE BENGEL!!!

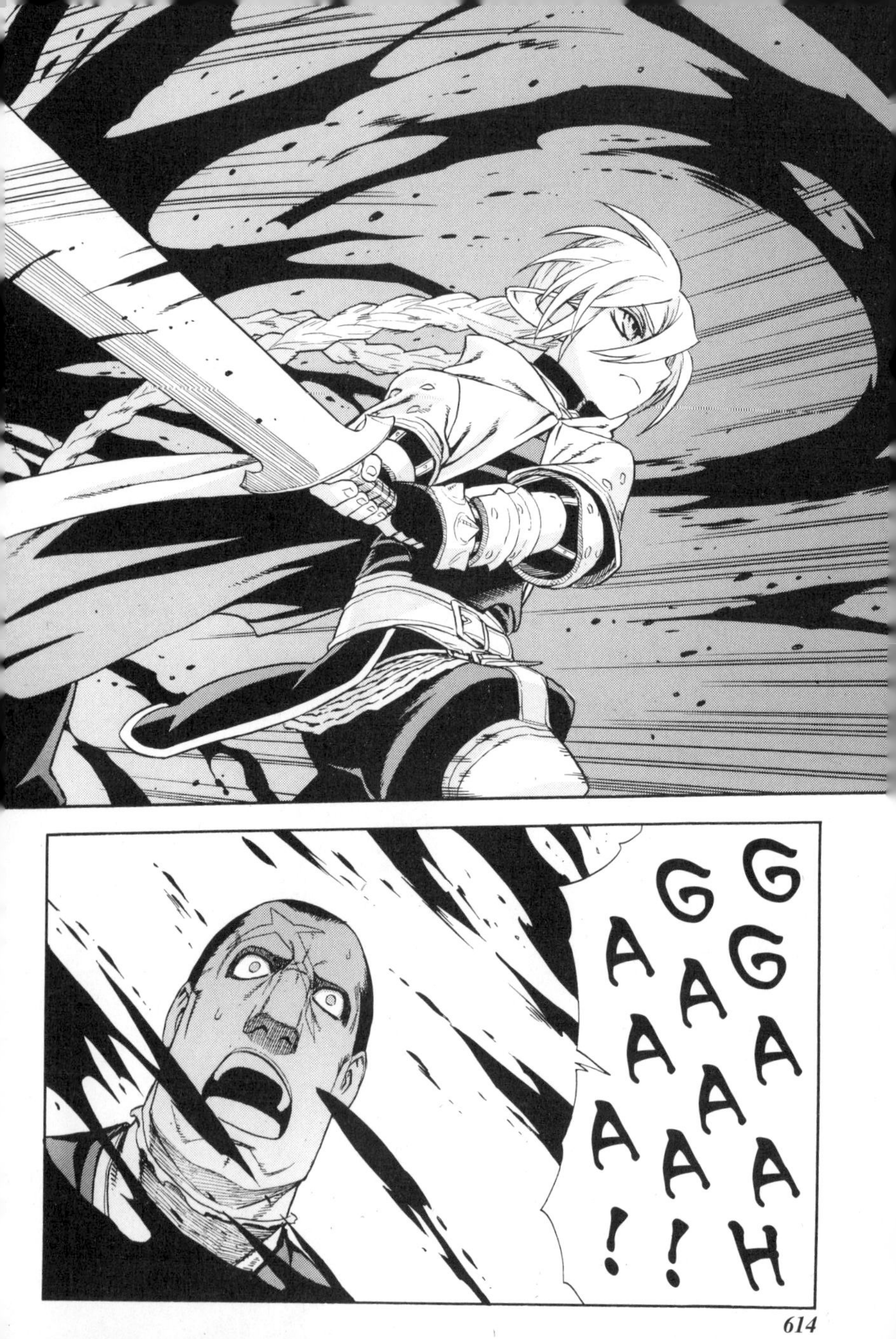
GGAAH
GAAA!
AAA!

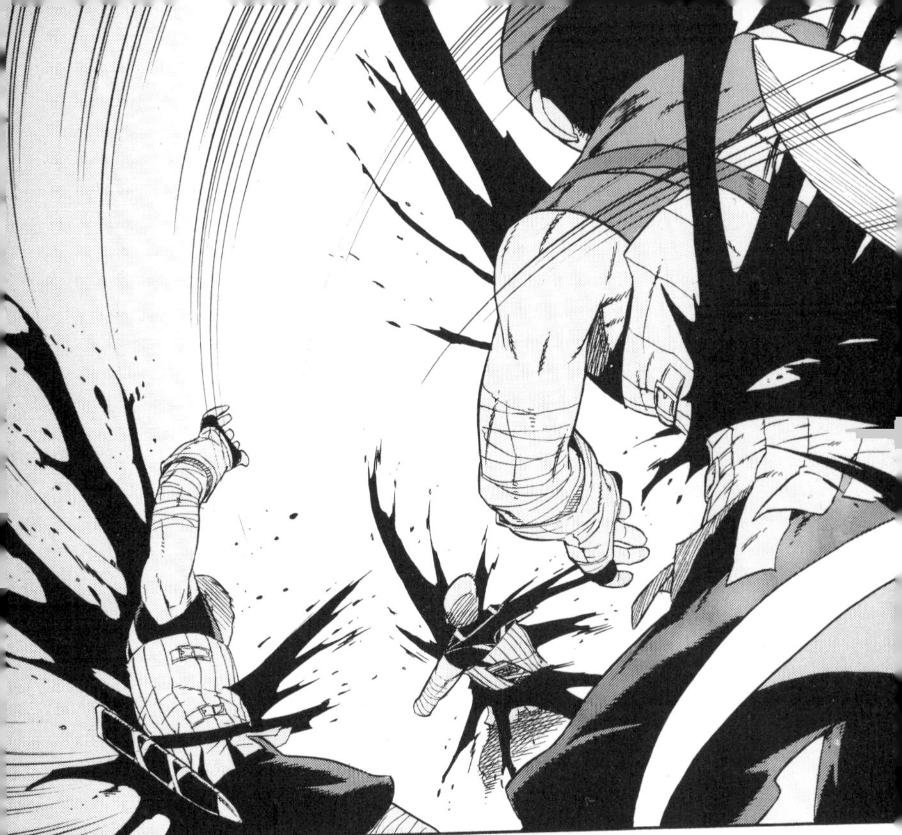

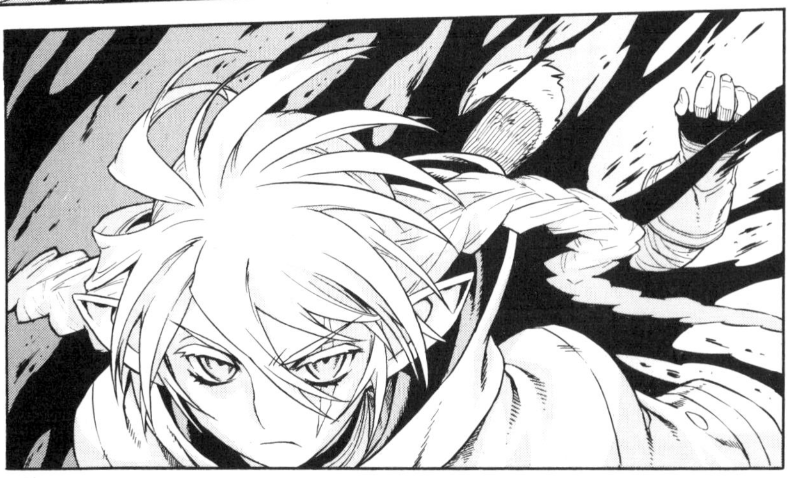

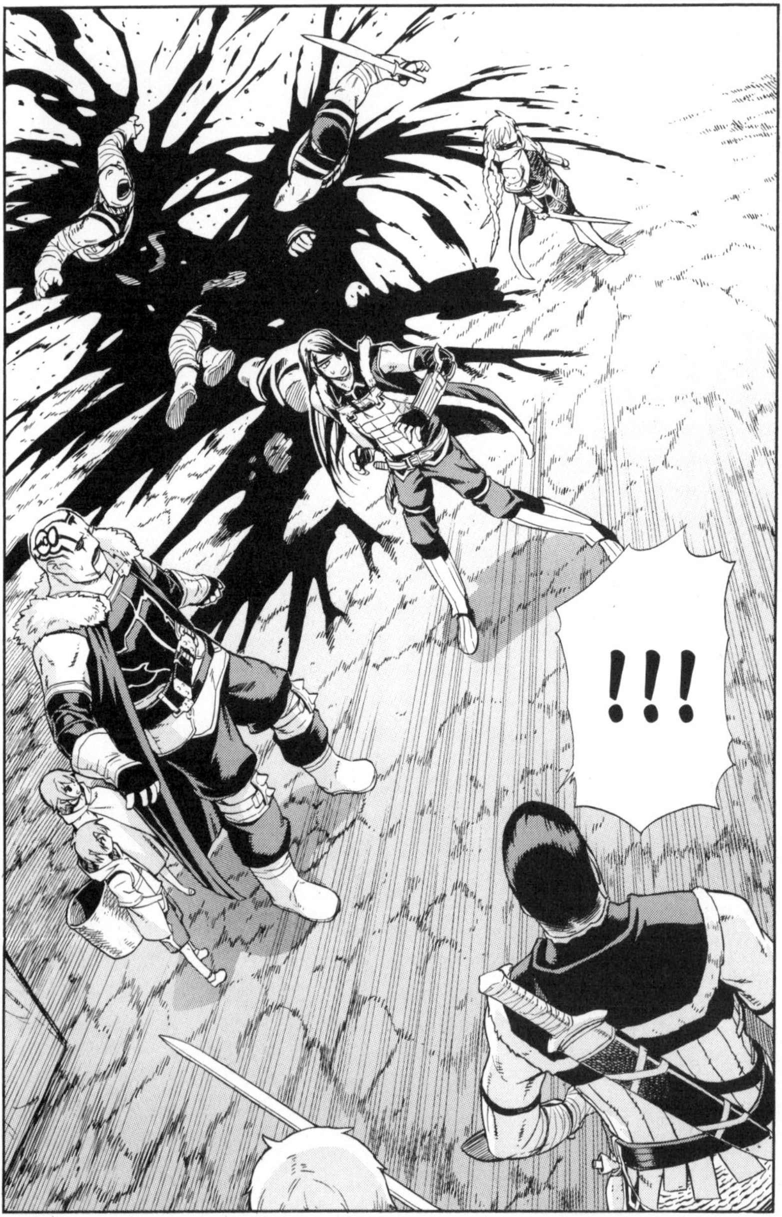

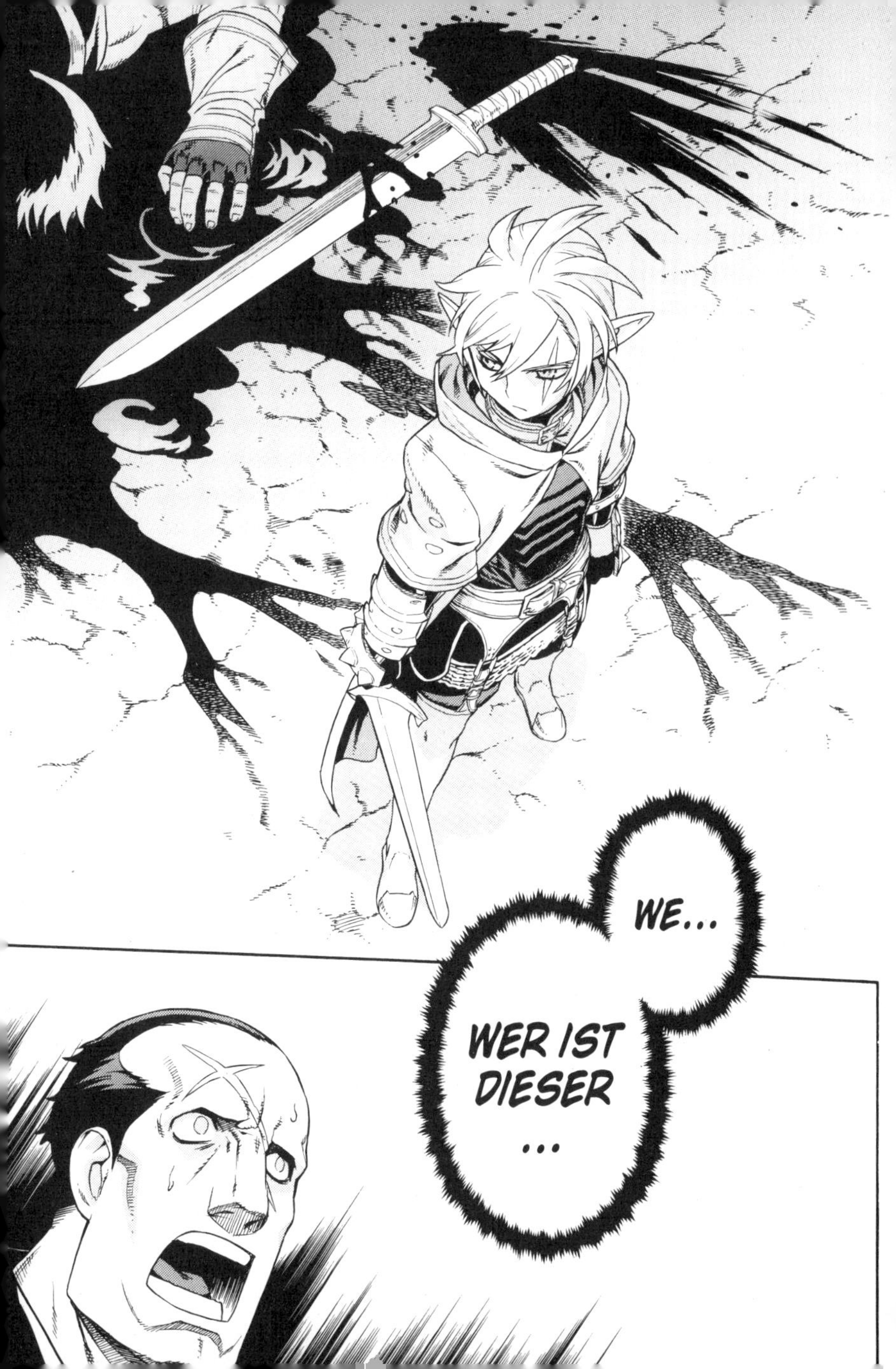
WE...
WER IST DIESER ...

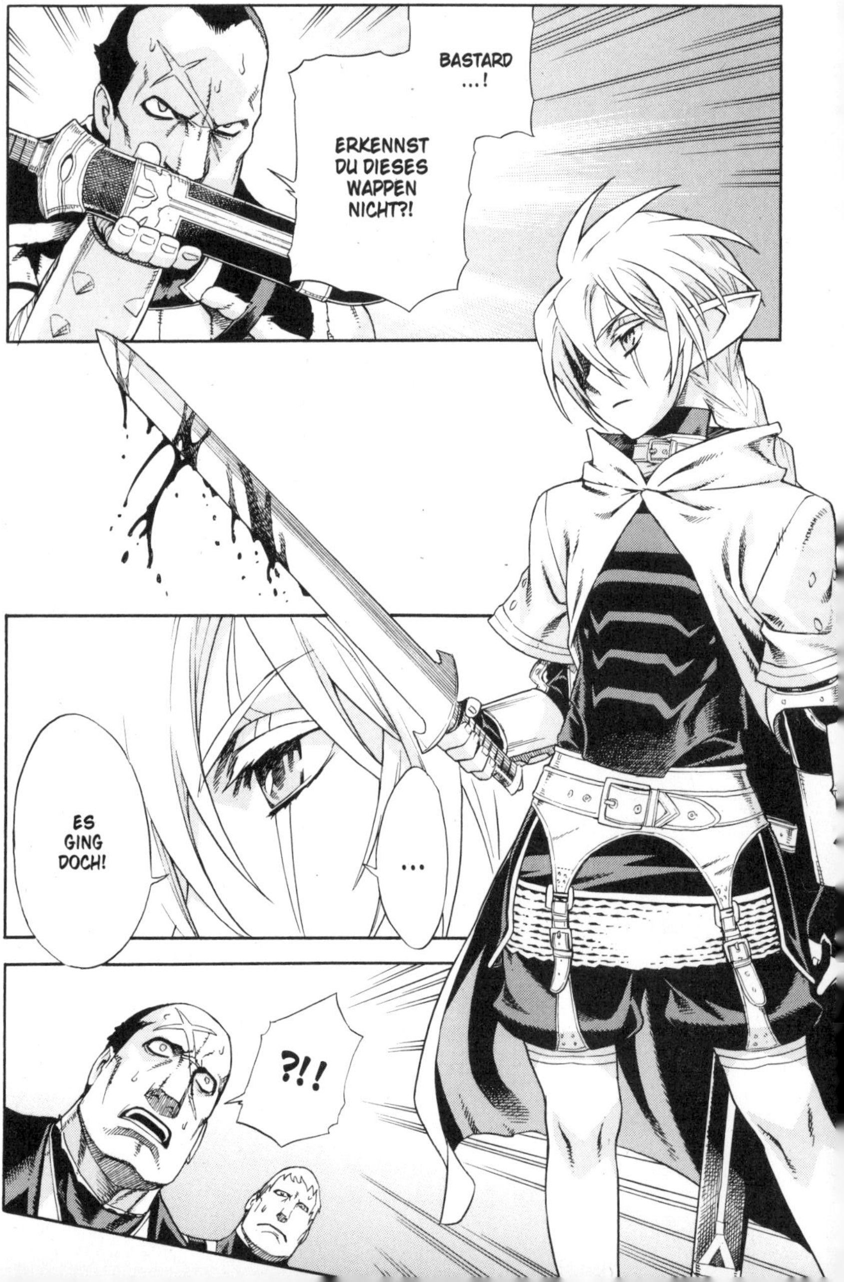
BASTARD ...!
ERKENNST DU DIESES WAPPEN NICHT?!
...
ES GING DOCH!
?!!

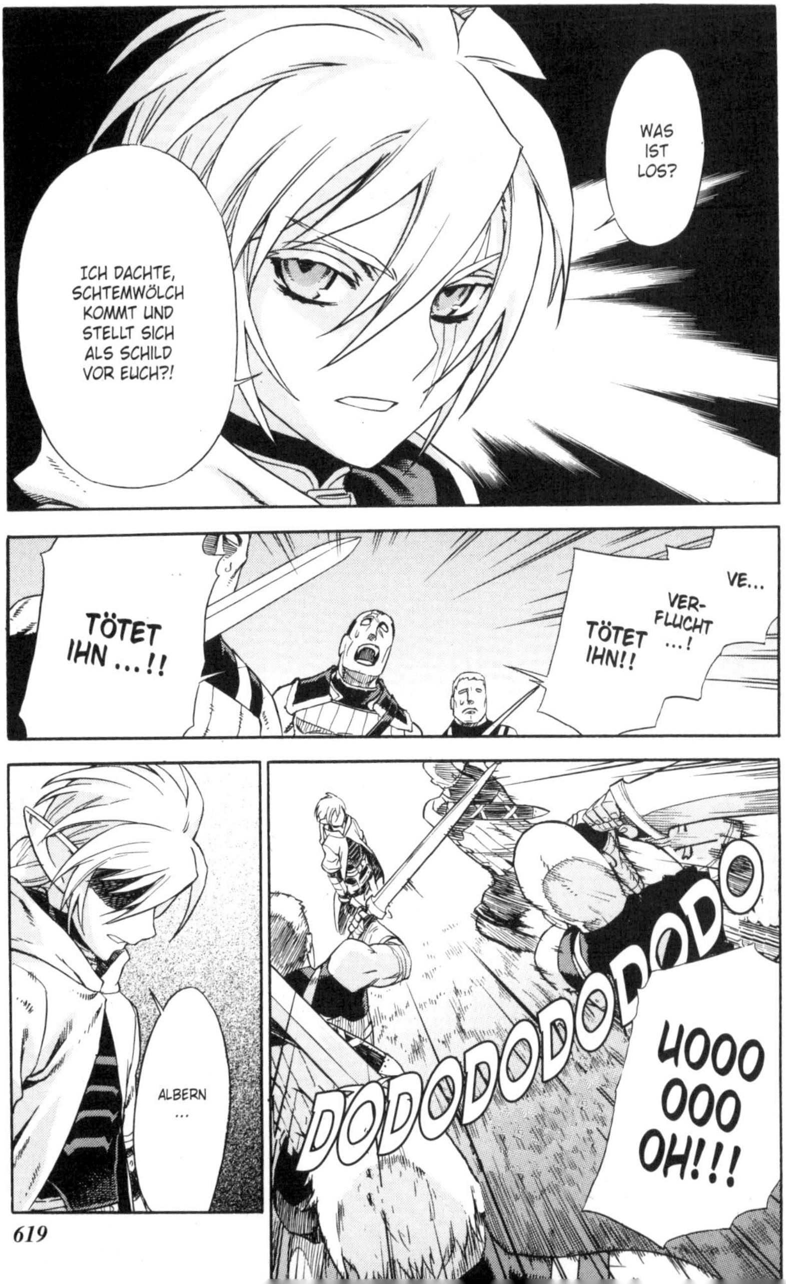
WAS IST LOS?
ICH DACHTE, SCHTEMWÖLCH KOMMT UND STELLT SICH ALS SCHILD VOR EUCH?!
VE...
VER-FLUCHT ...!
TÖTET IHN!!
TÖTET IHN ...!!
DODODODODODODODO
4000000OH!!!
ALBERN ...

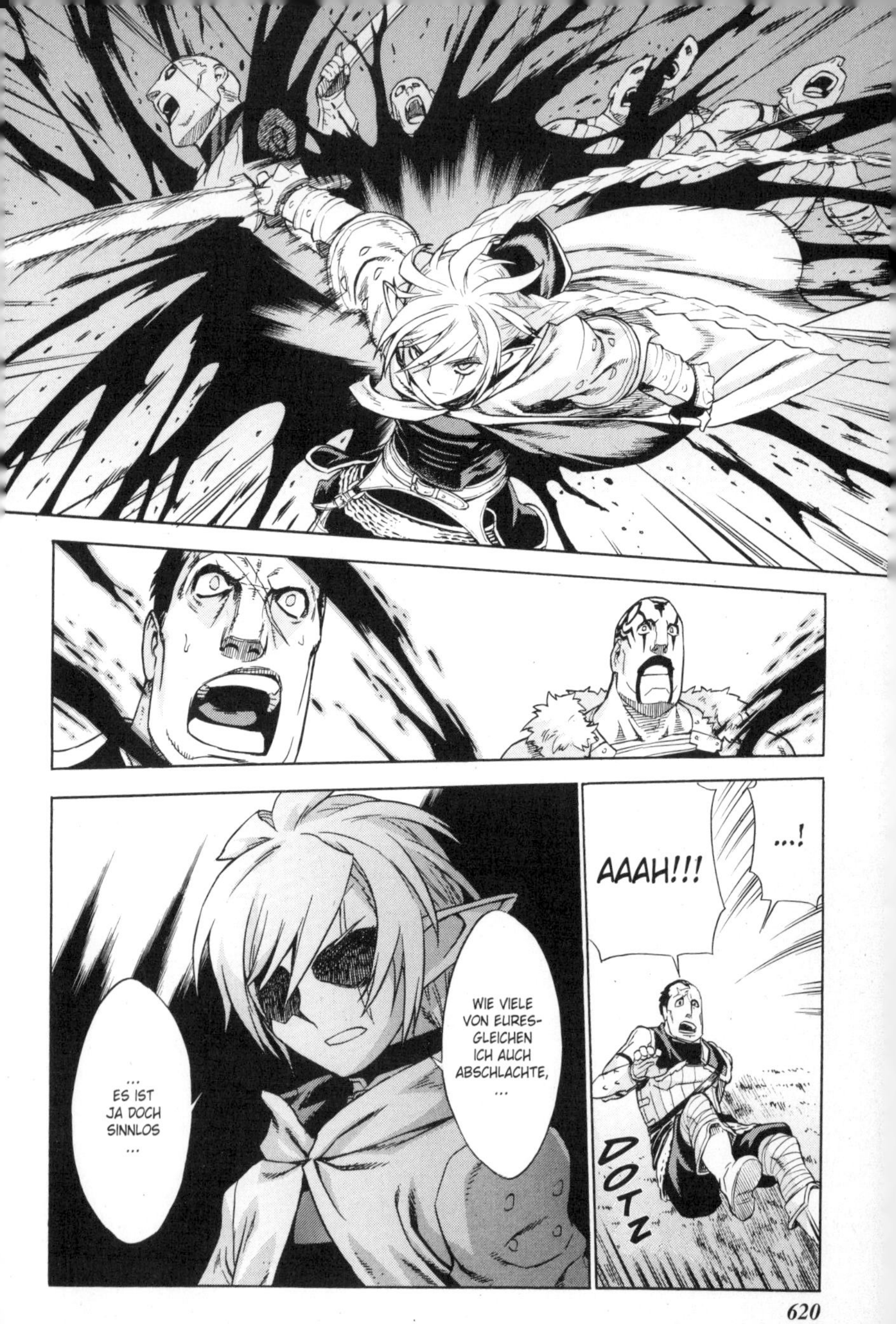
...!
AAAH!!!
DOTZ
WIE VIELE VON EURES-GLEICHEN ICH AUCH ABSCHLACHTE, ...
... ES IST JA DOCH SINNLOS ...

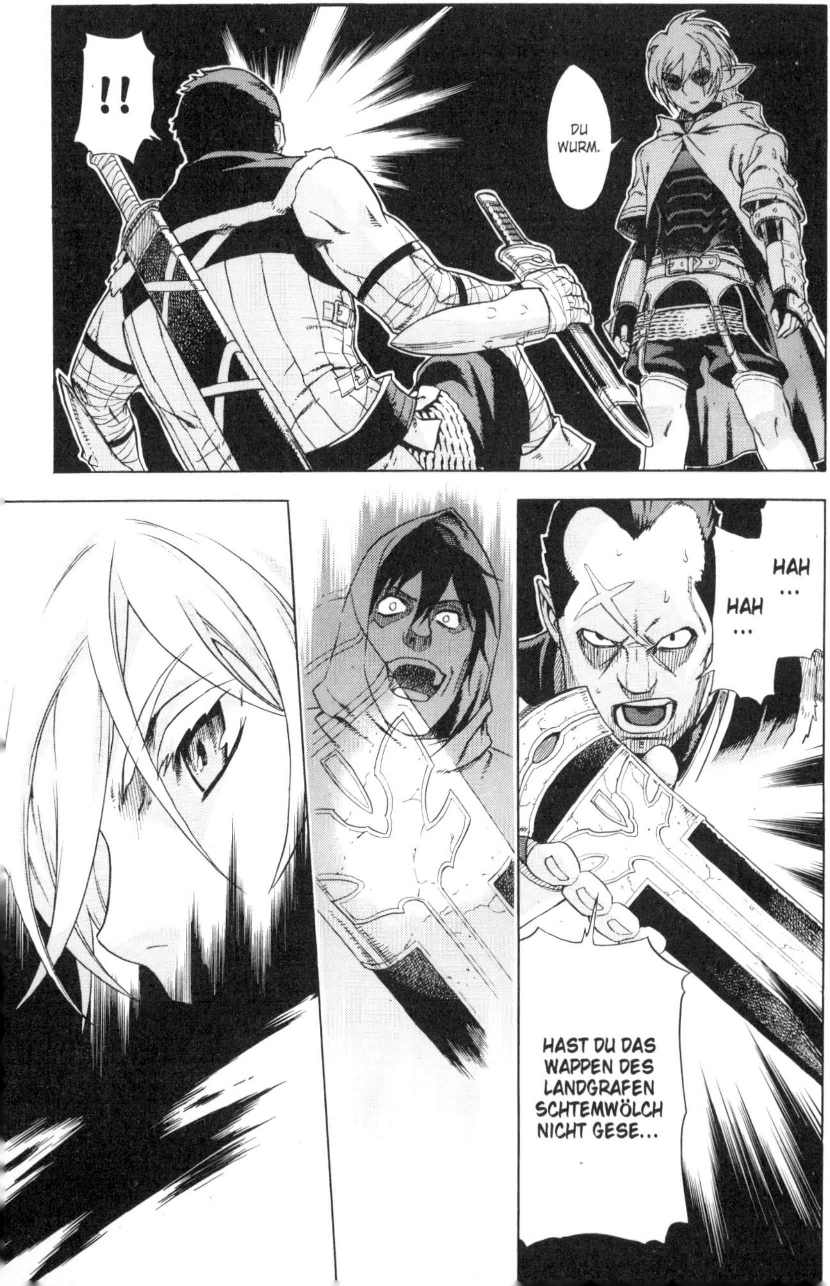

DU WURM.
!!
HAH …
HAH …
HAST DU DAS WAPPEN DES LANDGRAFEN SCHTEMWÖLCH NICHT GESE…

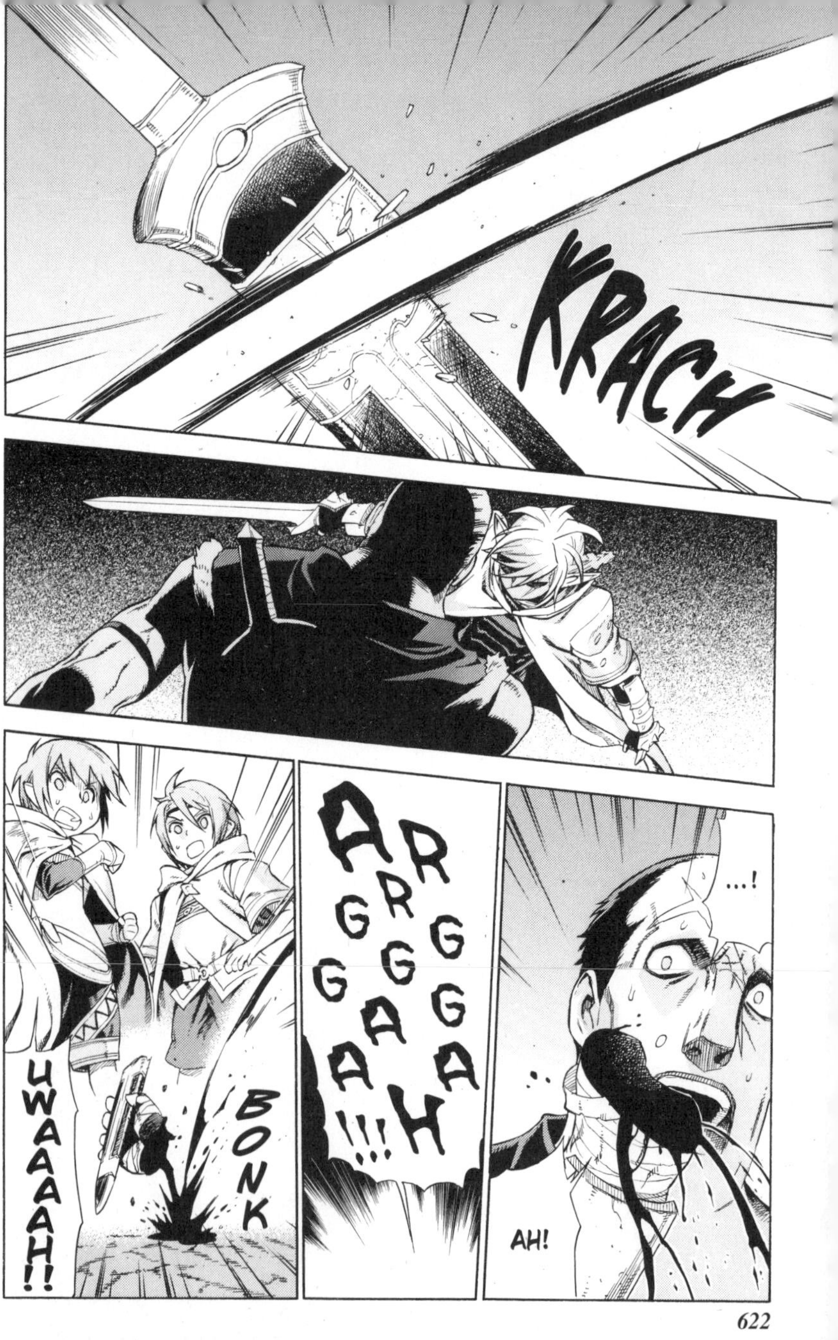
KRACH
...!
AH!
ARRGGGGGAAAH!!!
BONK
UWAAAAAH!!

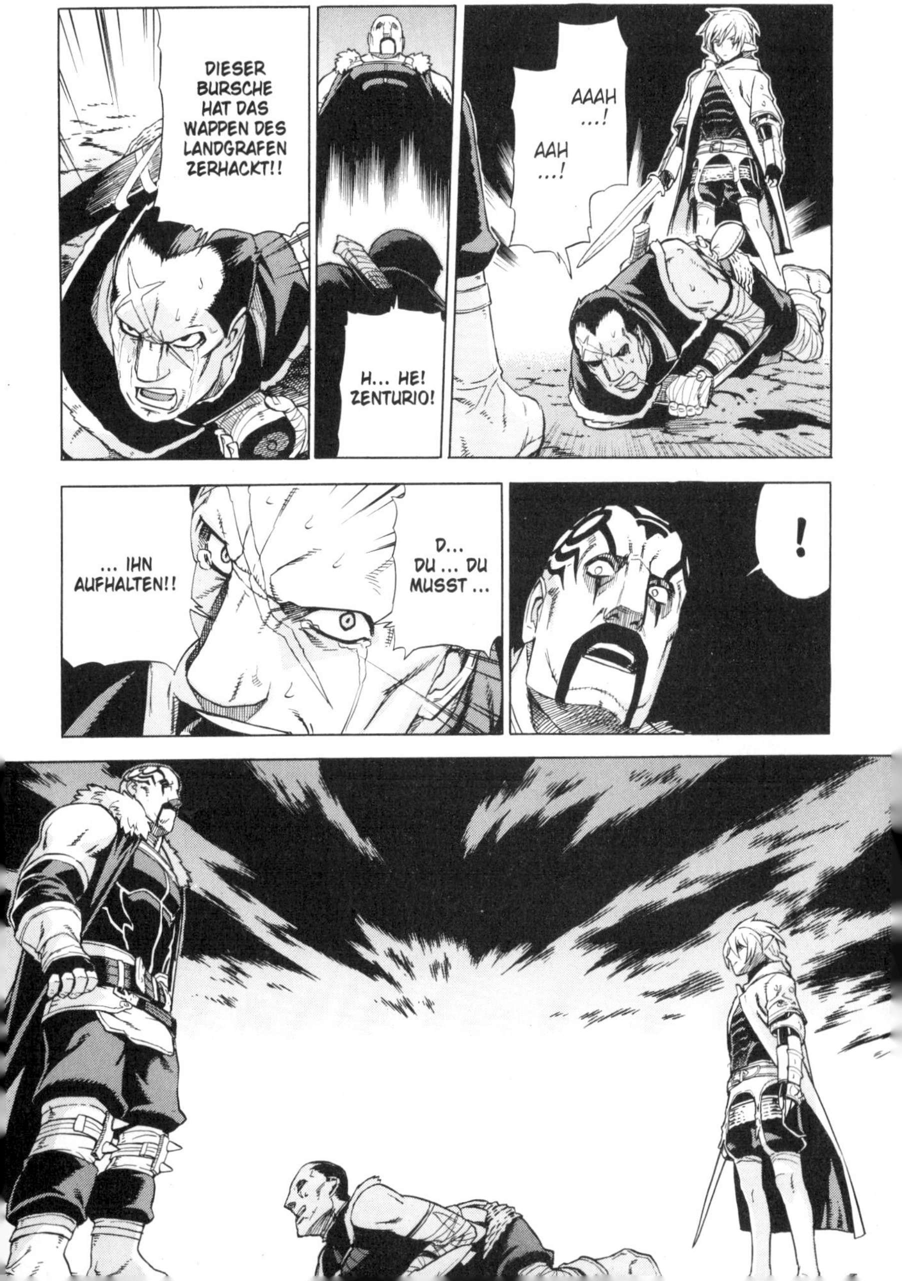
AAAH …!
AAH …!
H… HE! ZENTURIO!
DIESER BURSCHE HAT DAS WAPPEN DES LANDGRAFEN ZERHACKT!!
!
D… DU … DU MUSST …
… IHN AUFHALTEN!!

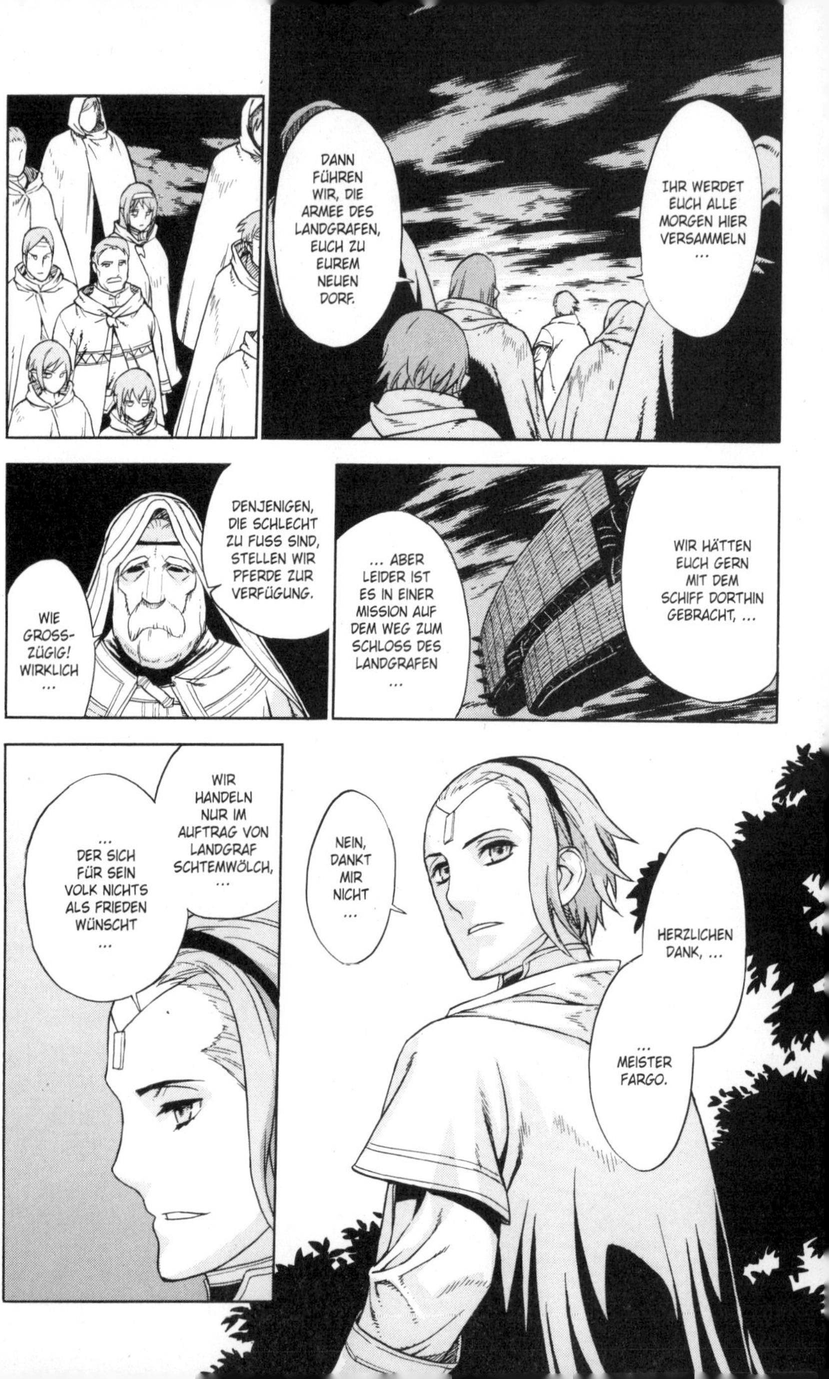
IHR WERDET EUCH ALLE MORGEN HIER VERSAMMELN ...
DANN FÜHREN WIR, DIE ARMEE DES LANDGRAFEN, EUCH ZU EUREM NEUEN DORF.
WIR HÄTTEN EUCH GERN MIT DEM SCHIFF DORTHIN GEBRACHT, ...
... ABER LEIDER IST ES IN EINER MISSION AUF DEM WEG ZUM SCHLOSS DES LANDGRAFEN ...
DENJENIGEN, DIE SCHLECHT ZU FUSS SIND, STELLEN WIR PFERDE ZUR VERFÜGUNG.
WIE GROSS-ZÜGIG! WIRKLICH ...
HERZLICHEN DANK, ...
... MEISTER FARGO.
NEIN, DANKT MIR NICHT ...
WIR HANDELN NUR IM AUFTRAG VON LANDGRAF SCHTEMWÖLCH, ...
... DER SICH FÜR SEIN VOLK NICHTS ALS FRIEDEN WÜNSCHT ...

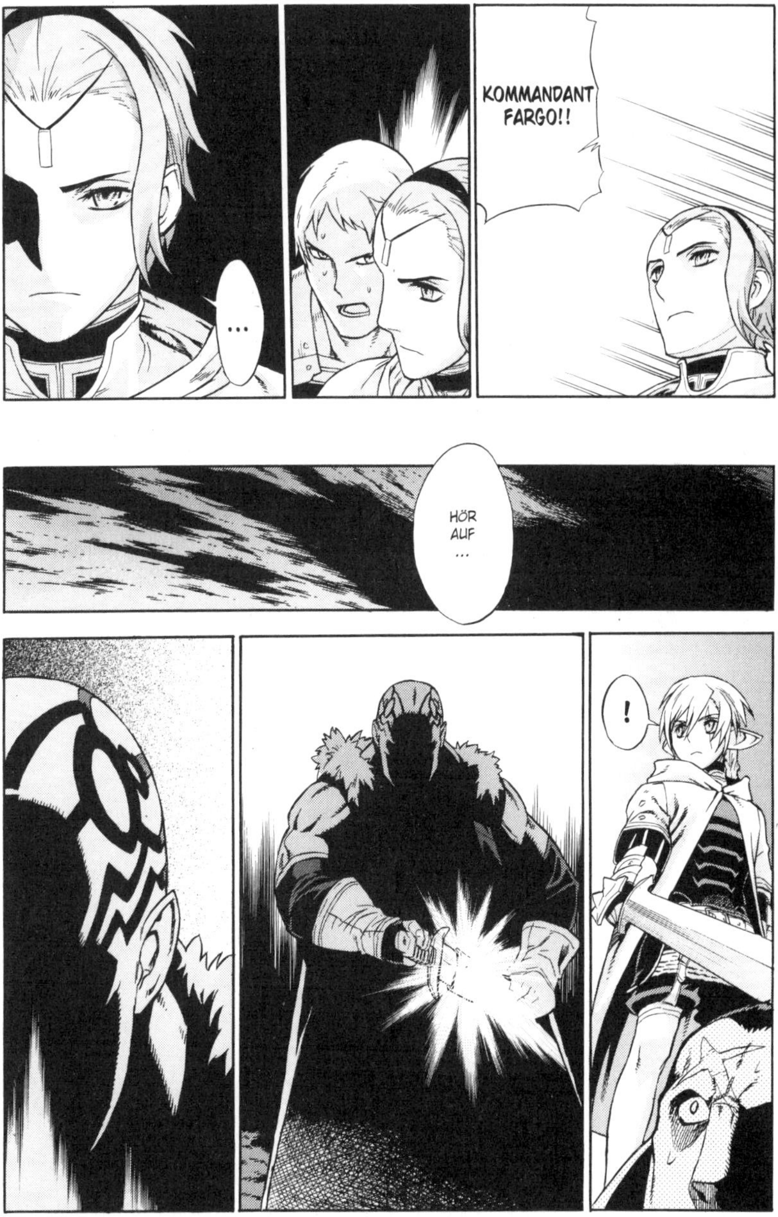
KOMMANDANT FARGO!!
...
HÖR AUF ...
!

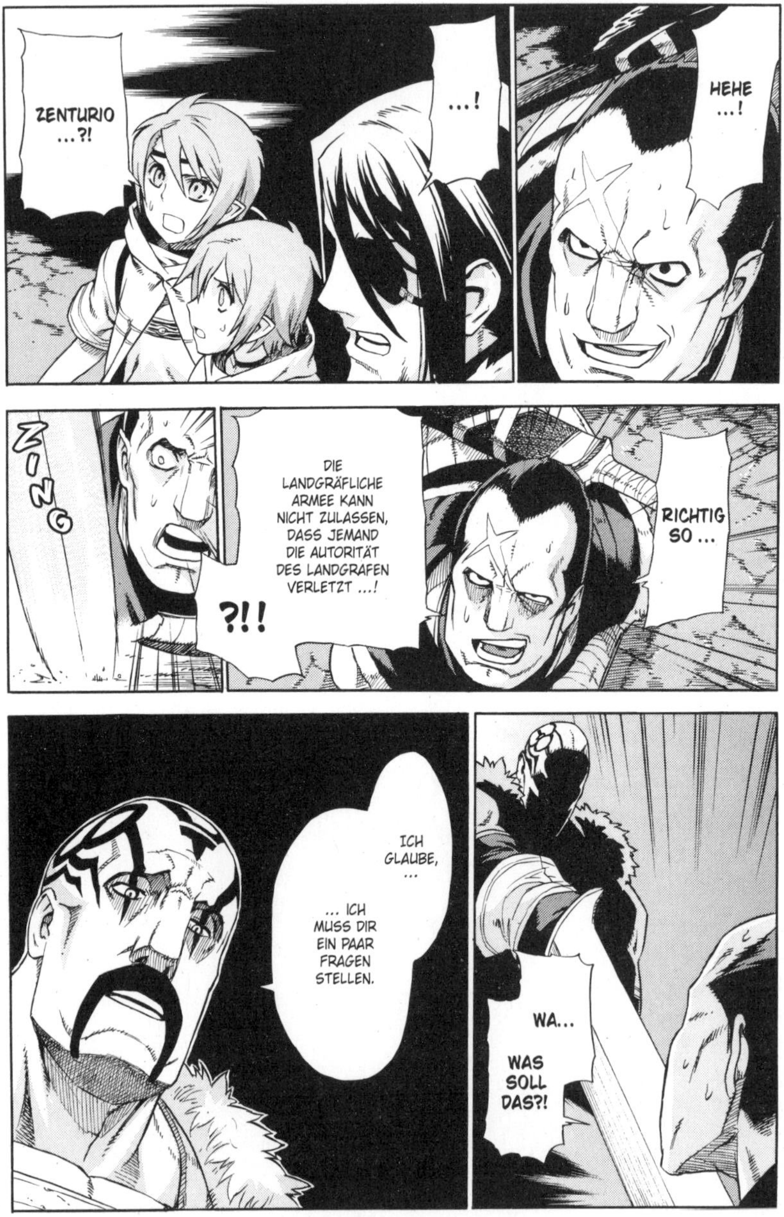
HEHE …!
…!
ZENTURIO …?!
RICHTIG SO …
DIE LANDGRÄFLICHE ARMEE KANN NICHT ZULASSEN, DASS JEMAND DIE AUTORITÄT DES LANDGRAFEN VERLETZT …!
?!!
ZING
WA…
WAS SOLL DAS?!
ICH GLAUBE, …
… ICH MUSS DIR EIN PAAR FRAGEN STELLEN.

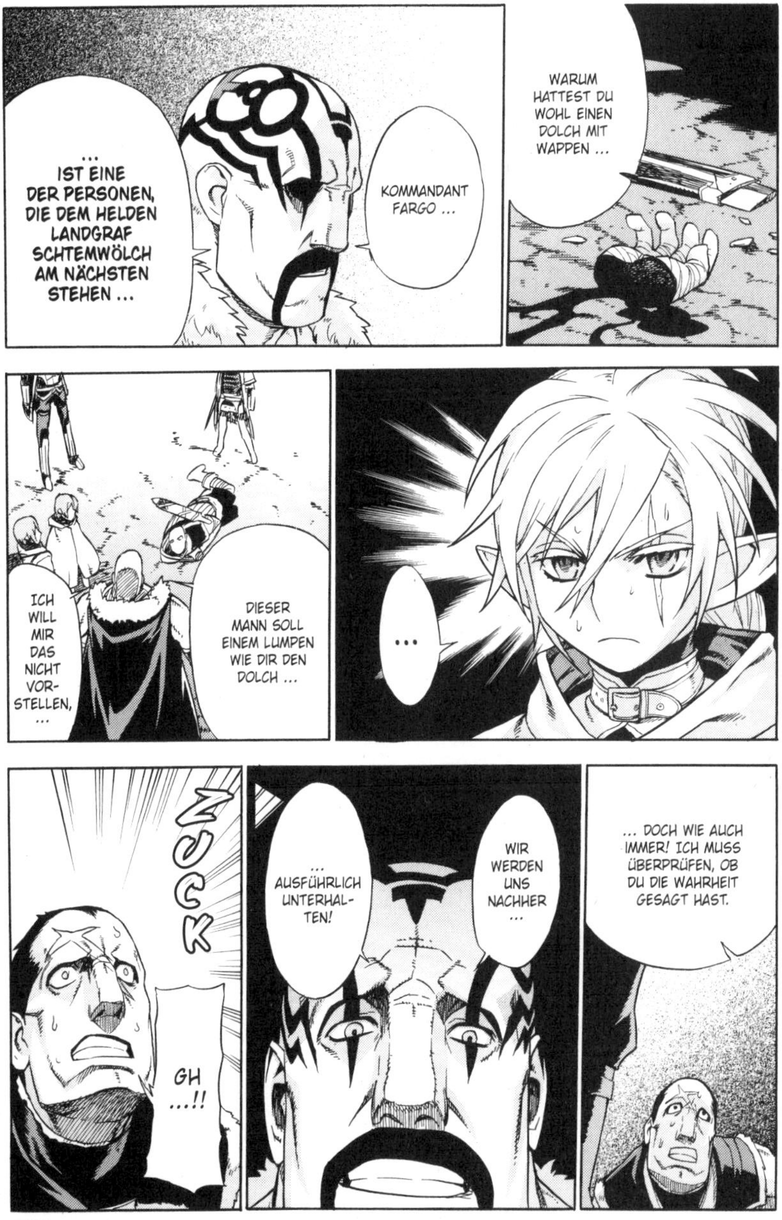
WARUM HATTEST DU WOHL EINEN DOLCH MIT WAPPEN …
KOMMANDANT FARGO …
… IST EINE DER PERSONEN, DIE DEM HELDEN LANDGRAF SCHTEMWÖLCH AM NÄCHSTEN STEHEN …
…
DIESER MANN SOLL EINEM LUMPEN WIE DIR DEN DOLCH …
ICH WILL MIR DAS NICHT VORSTELLEN, …
… DOCH WIE AUCH IMMER! ICH MUSS ÜBERPRÜFEN, OB DU DIE WAHRHEIT GESAGT HAST.
WIR WERDEN UNS NACHHER …
… AUSFÜHRLICH UNTERHAL-TEN!
ZUCK
GH …!!

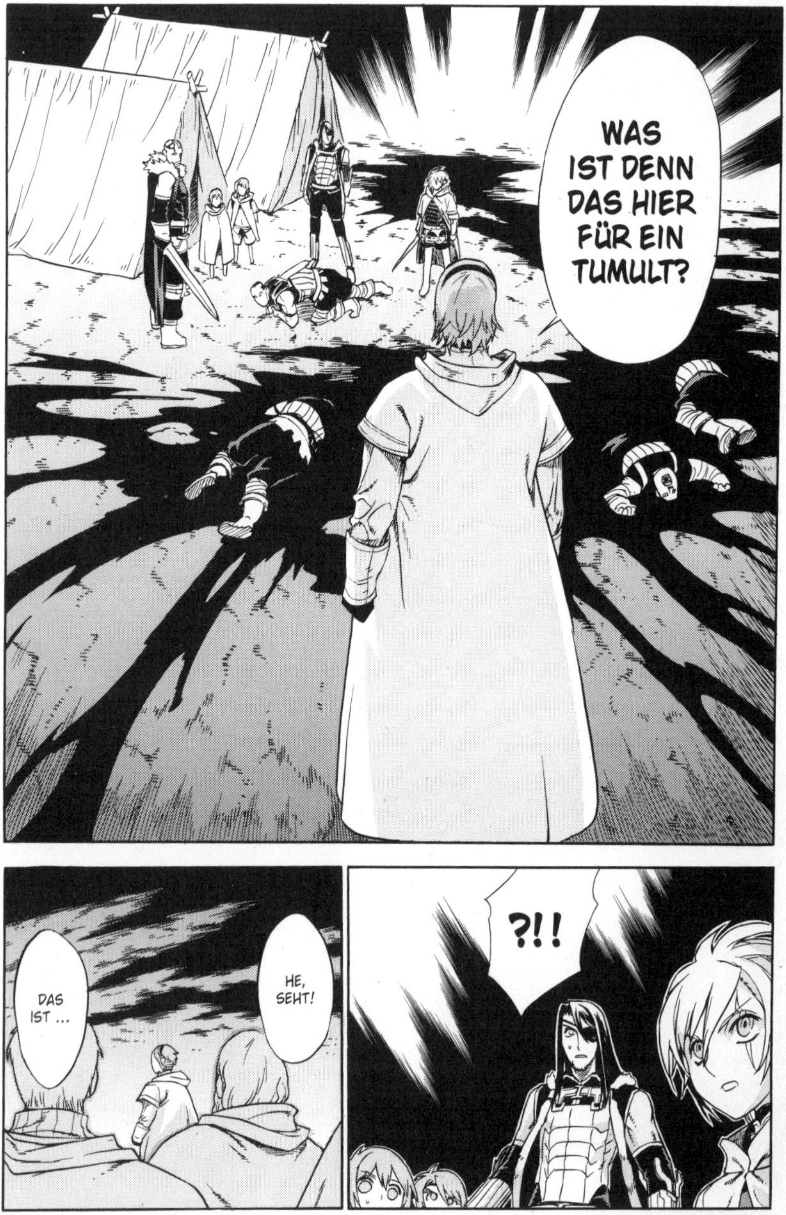
WAS IST DENN DAS HIER FÜR EIN TUMULT?
?!!
HE, SEHT!
DAS IST …

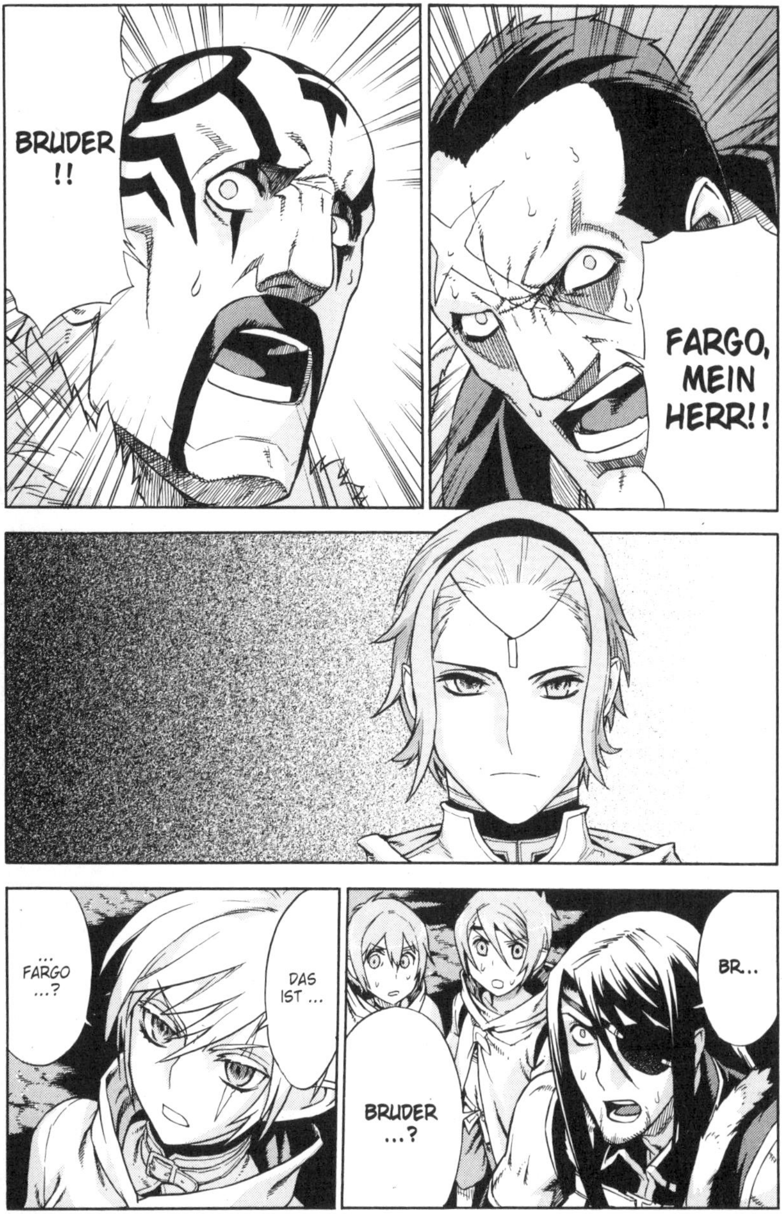
FARGO, MEIN HERR!!
BRUDER !!
BR..
BRUDER ...?
DAS IST ...
... FARGO ...?

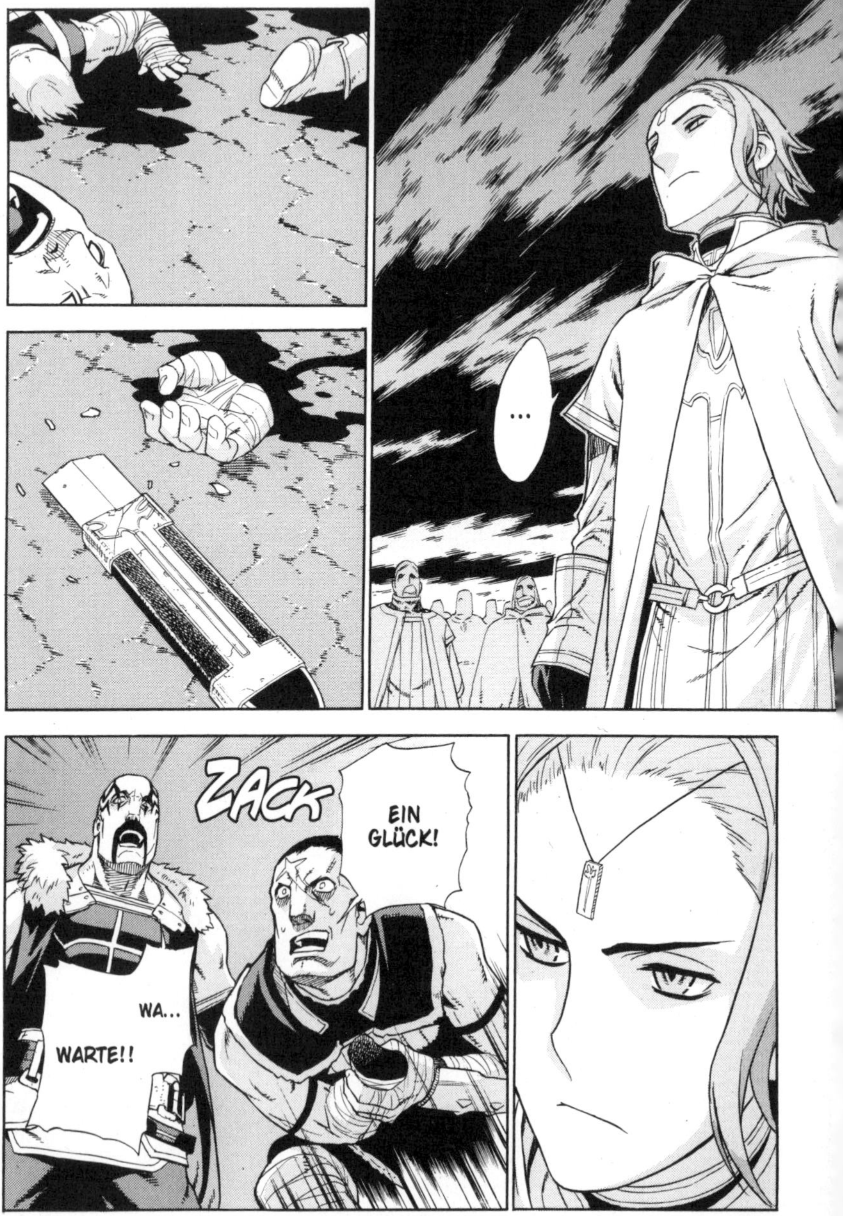
...
EIN GLÜCK!
ZACK
WA...
WARTE!!

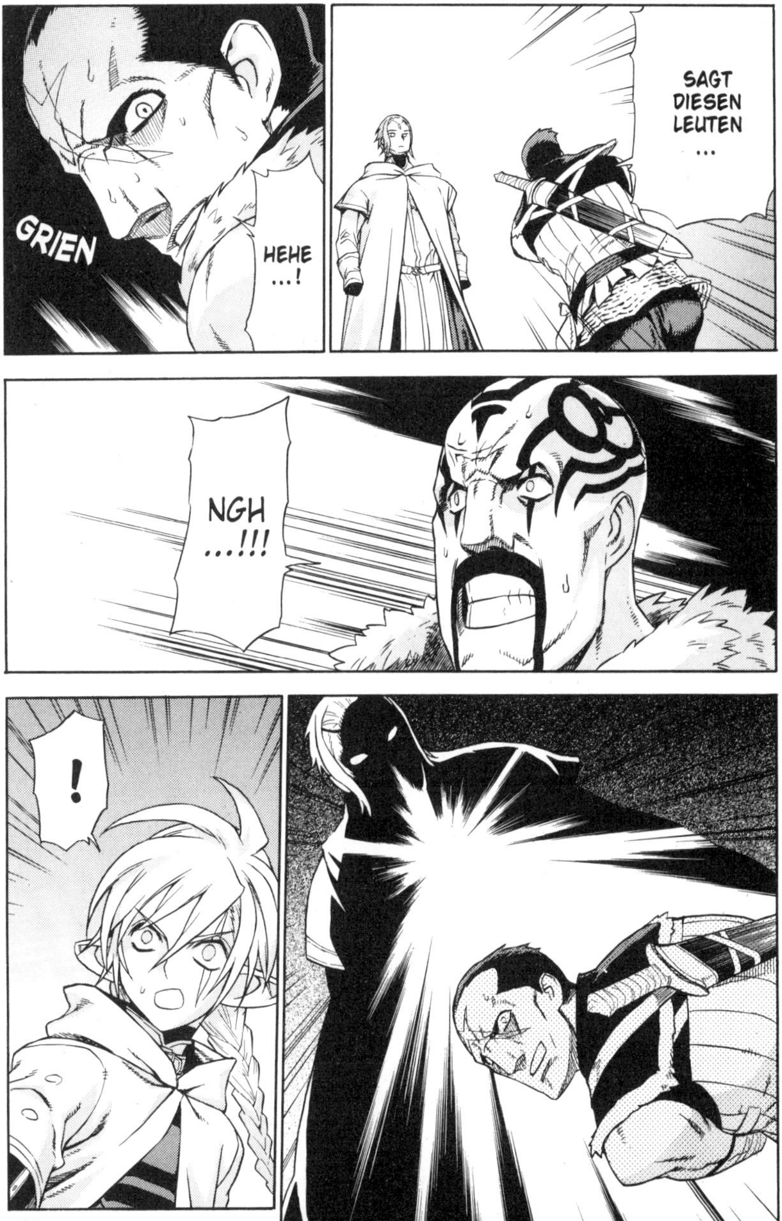
SAGT DIESEN LEUTEN …
HEHE …!
GRIEN
NGH …!!!
!

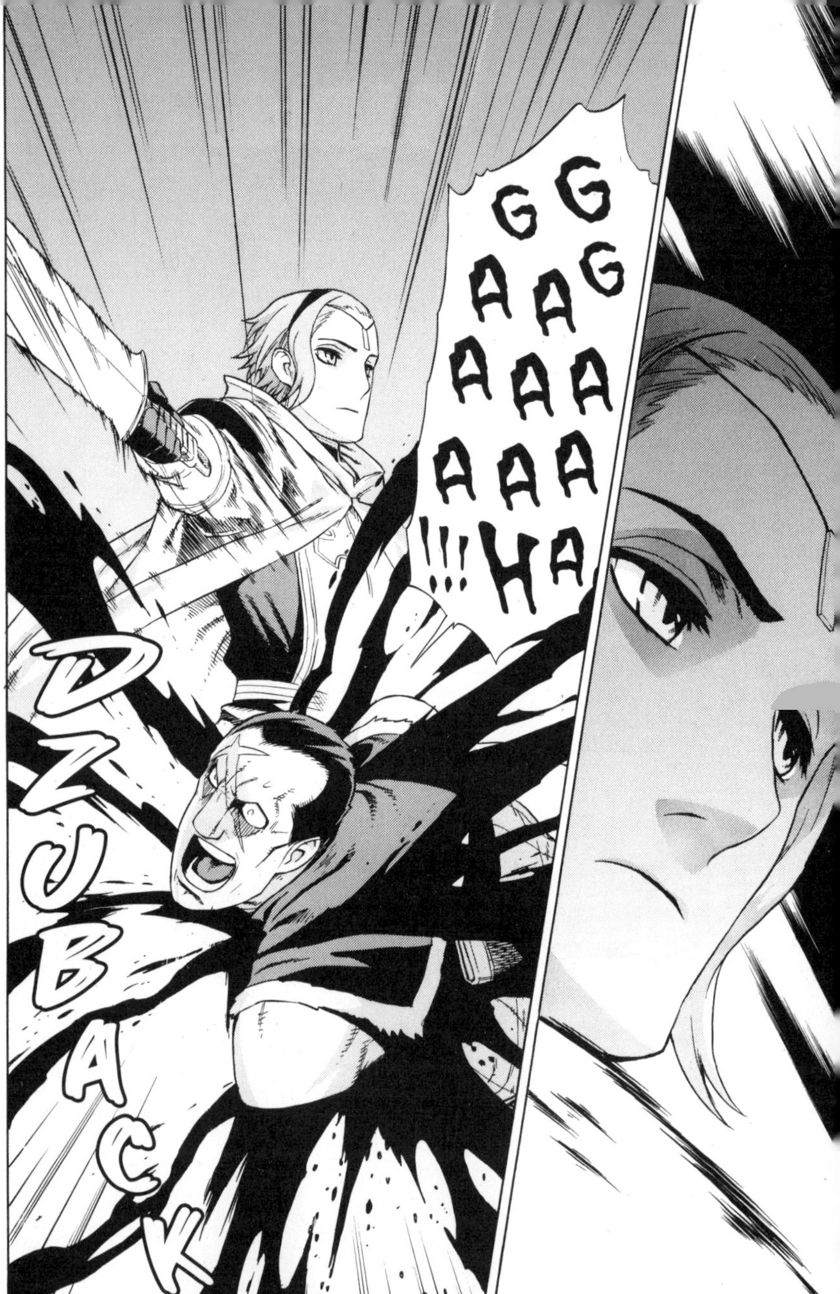
GGAAAAAAAA!!!!
GAAAAHA
DZUBACK

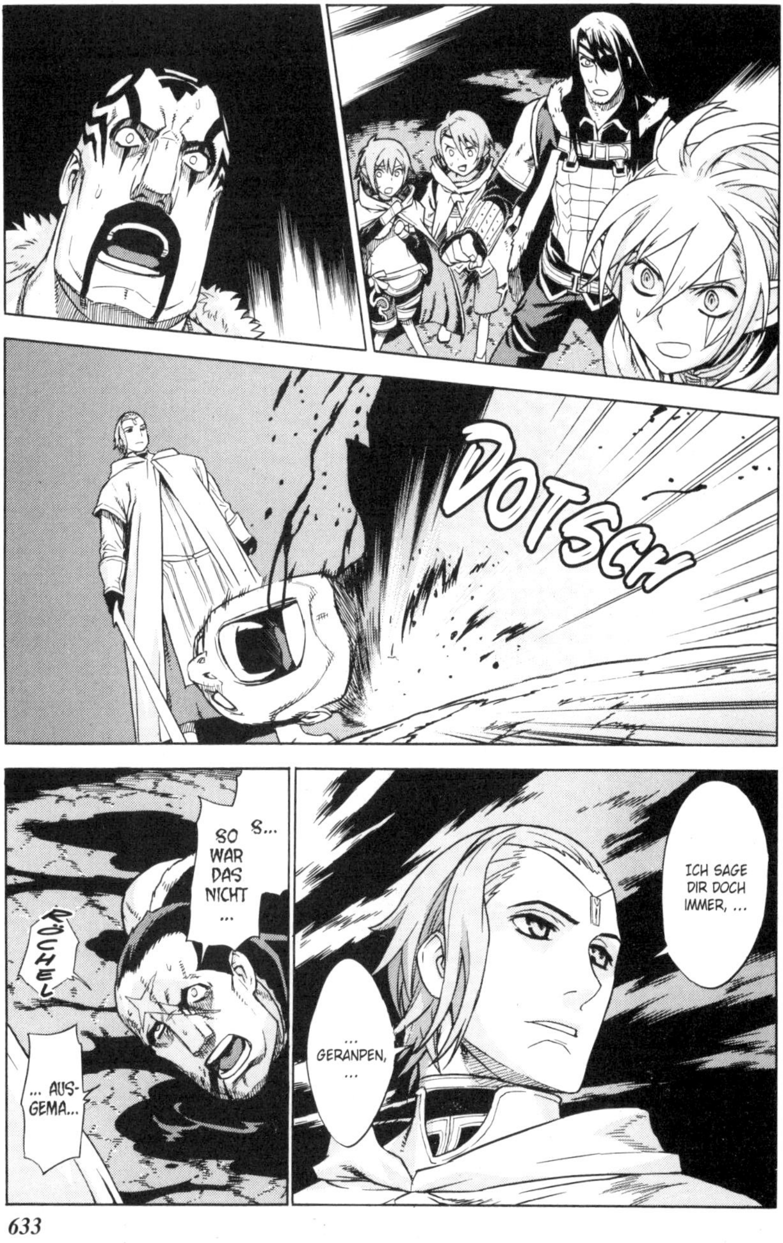
DOTSCH
ICH SAGE DIR DOCH IMMER, ...
... GERANPEN, ...
S... SO WAR DAS NICHT ...
RÖCHEL
... AUS-GEMA...

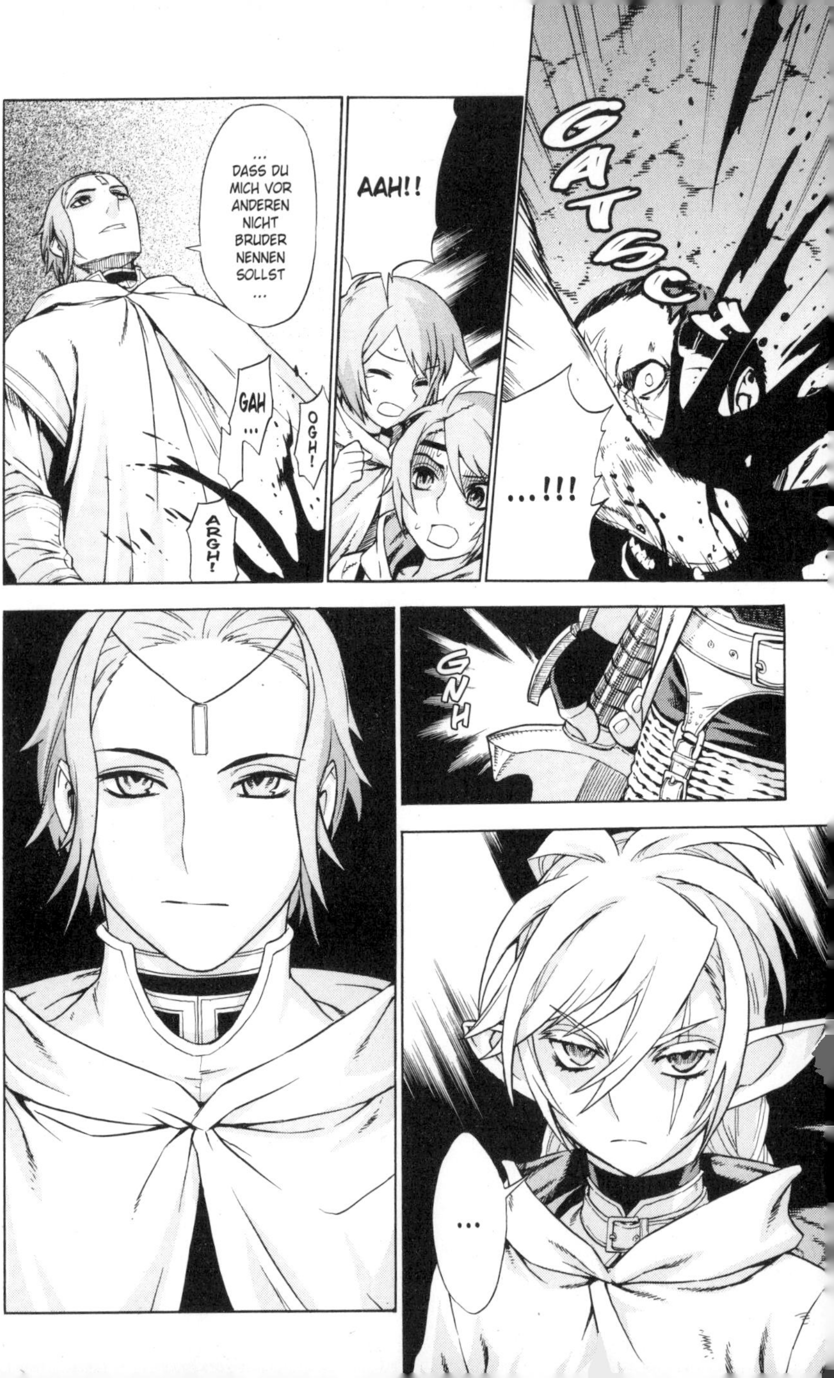
GATSCH
...!!!
AAH!!
... DASS DU MICH VOR ANDEREN NICHT BRUDER NENNEN SOLLST ...
OGH!
GAH ...
ARGH!
GNH
...

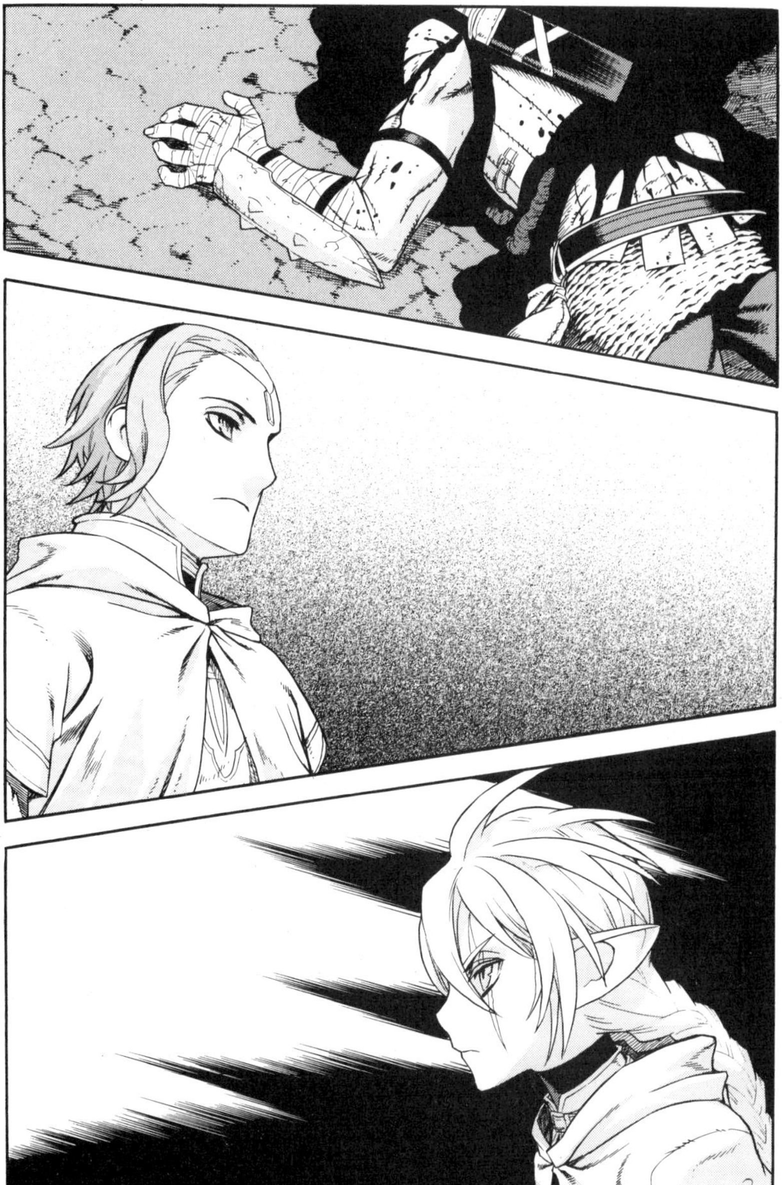

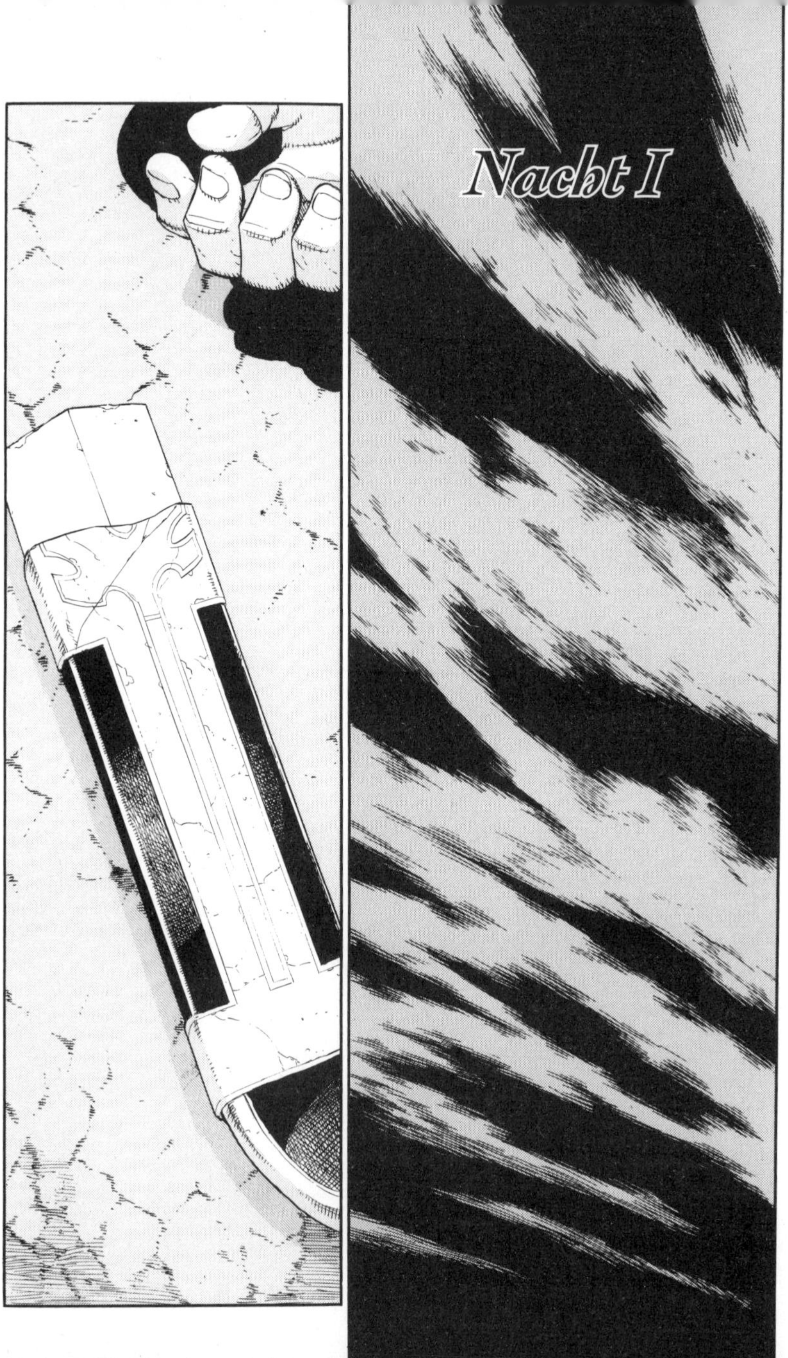
Nacht I

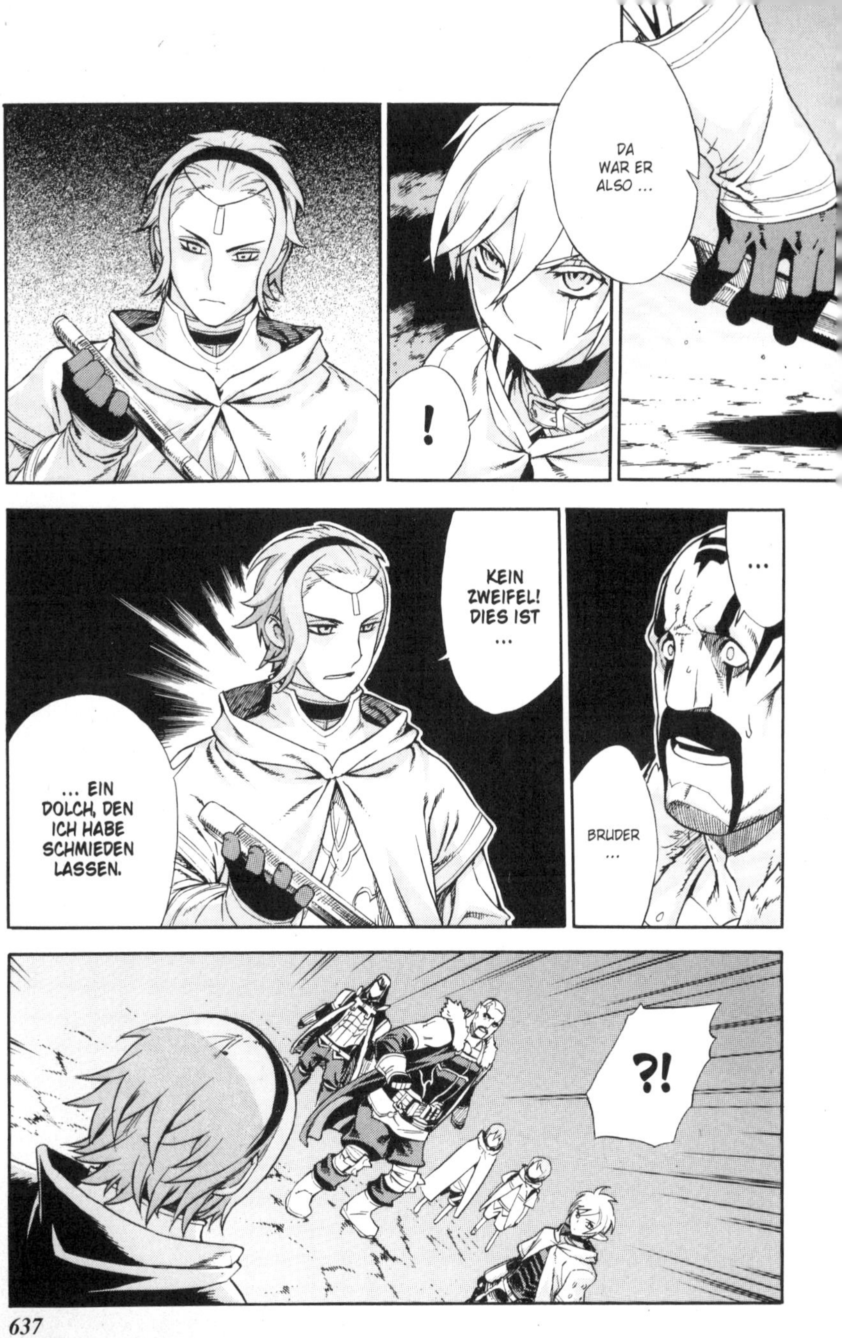
DA WAR ER ALSO ...
!
...
BRUDER ...
KEIN ZWEIFEL! DIES IST ...
... EIN DOLCH, DEN ICH HABE SCHMIEDEN LASSEN.
?!

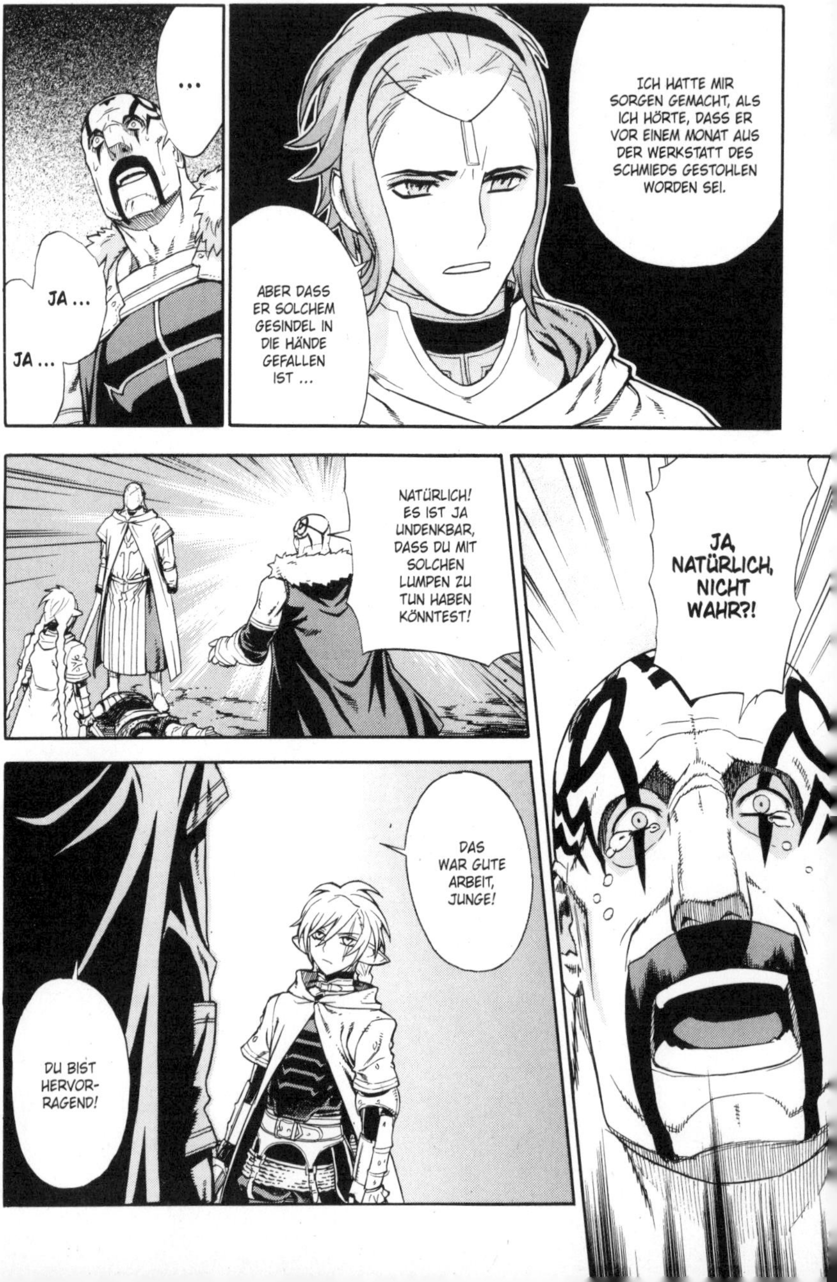
ICH HATTE MIR SORGEN GEMACHT, ALS ICH HÖRTE, DASS ER VOR EINEM MONAT AUS DER WERKSTATT DES SCHMIEDS GESTOHLEN WORDEN SEI.
ABER DASS ER SOLCHEM GESINDEL IN DIE HÄNDE GEFALLEN IST …
…
JA …
JA …
JA, NATÜRLICH, NICHT WAHR?!
NATÜRLICH! ES IST JA UNDENKBAR, DASS DU MIT SOLCHEN LUMPEN ZU TUN HABEN KÖNNTEST!
DAS WAR GUTE ARBEIT, JUNGE!
DU BIST HERVORRAGEND!

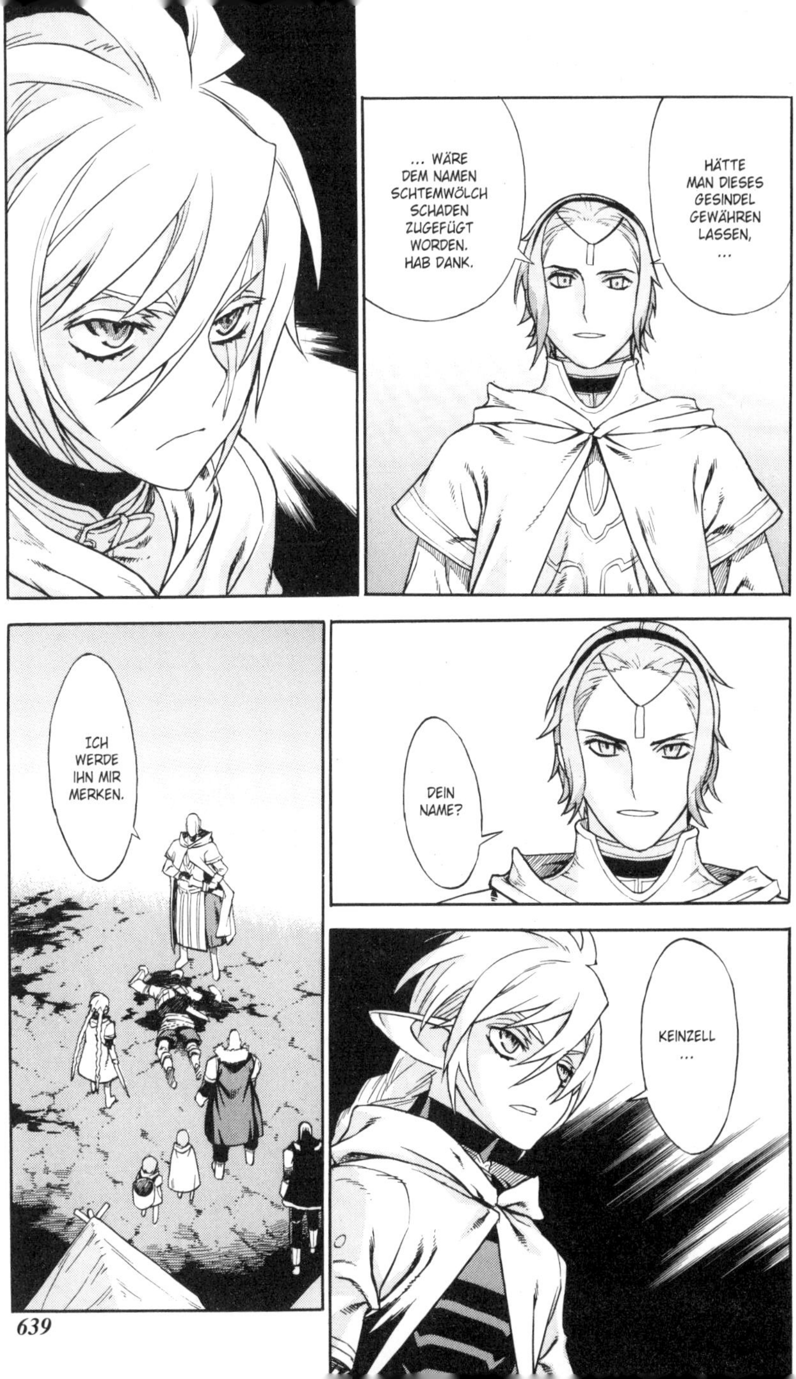
HÄTTE MAN DIESES GESINDEL GEWÄHREN LASSEN, ...
... WÄRE DEM NAMEN SCHTEMWÖLCH SCHADEN ZUGEFÜGT WORDEN. HAB DANK.
DEIN NAME?
KEINZELL ...
ICH WERDE IHN MIR MERKEN.

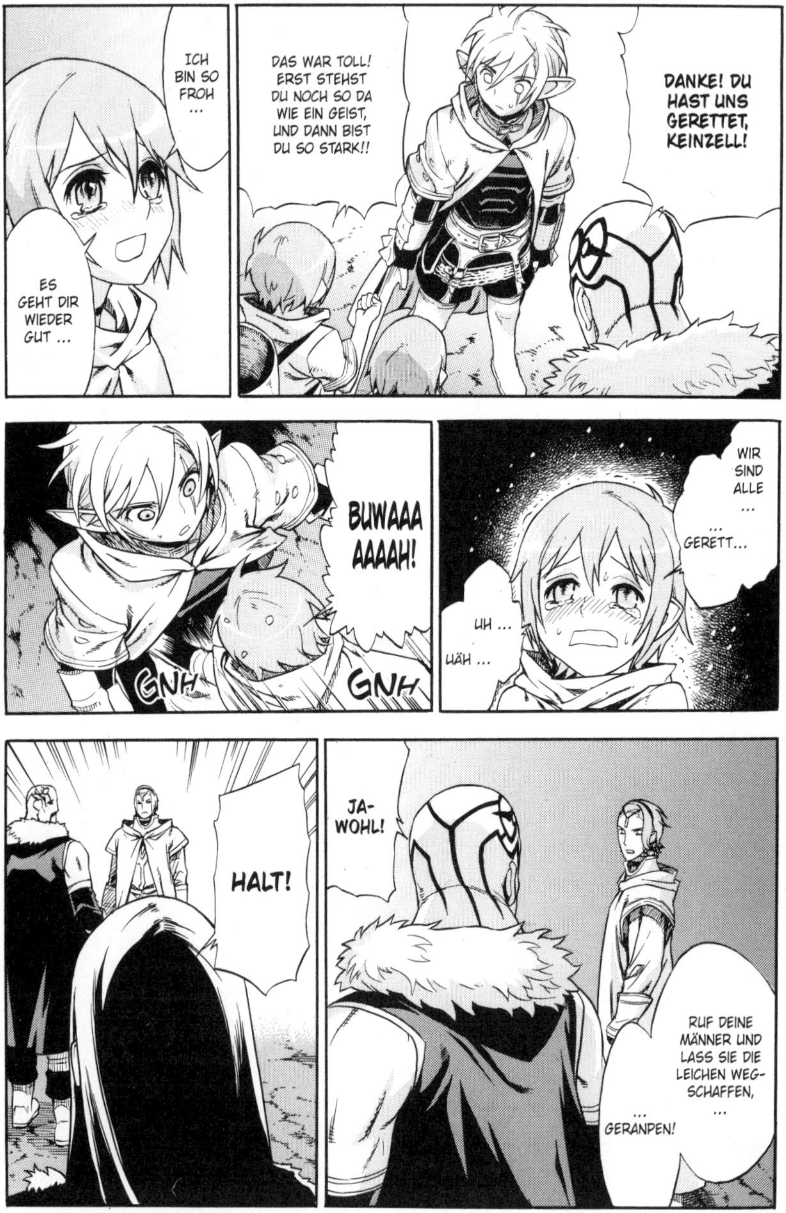
DANKE! DU HAST UNS GERETTET, KEINZELL!
DAS WAR TOLL! ERST STEHST DU NOCH SO DA WIE EIN GEIST, UND DANN BIST DU SO STARK!!
ICH BIN SO FROH ...
ES GEHT DIR WIEDER GUT ...
WIR SIND ALLE ...
... GERETT...
UH ...
HÄH ...
BUWAAA AAAAH!
GNH
GNH
RUF DEINE MÄNNER UND LASS SIE DIE LEICHEN WEG-SCHAFFEN, ...
... GERANPEN!
JA-WOHL!
HALT!

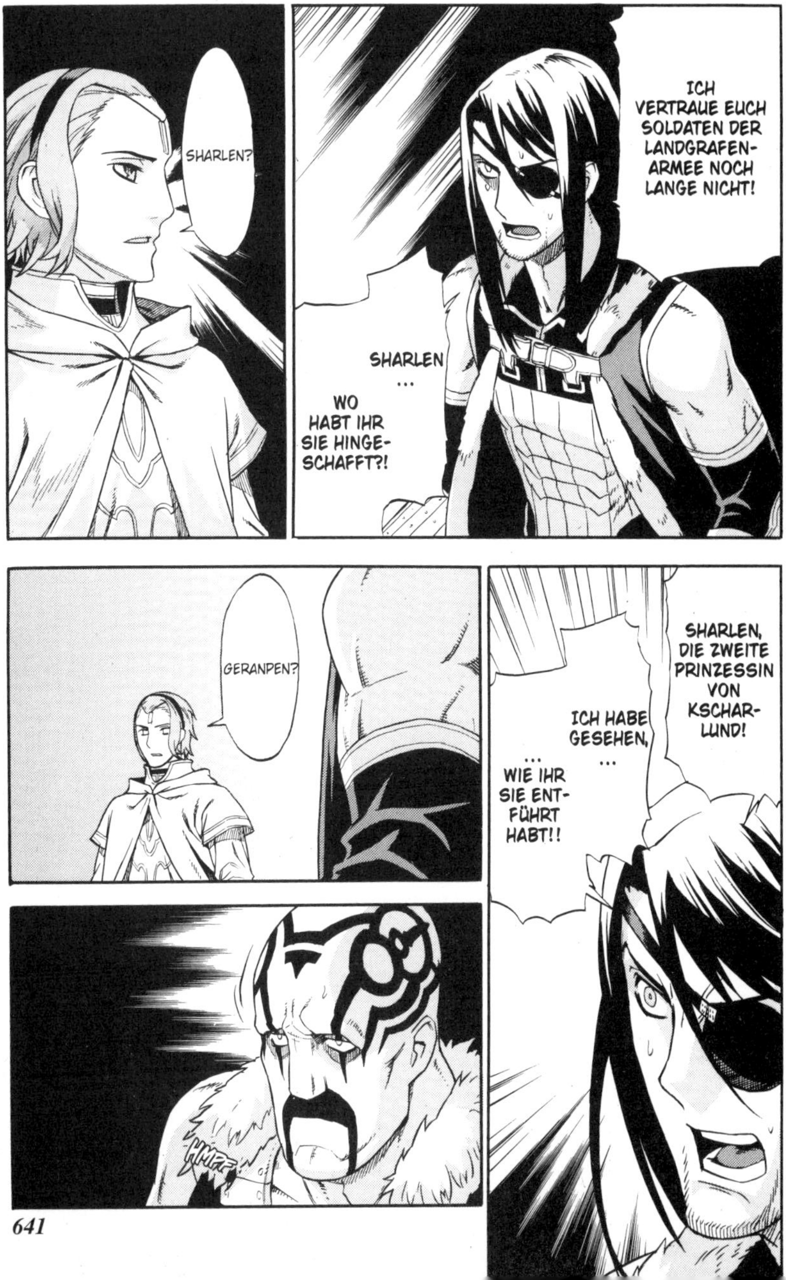
ICH VERTRAUE EUCH SOLDATEN DER LANDGRAFEN-ARMEE NOCH LANGE NICHT!
SHARLEN ...
WO HABT IHR SIE HINGESCHAFFT?!
SHARLEN?
SHARLEN, DIE ZWEITE PRINZESSIN VON KSCHARLUND!
ICH HABE GESEHEN, ...
... WIE IHR SIE ENTFÜHRT HABT!!
GERANPEN?
HMPF

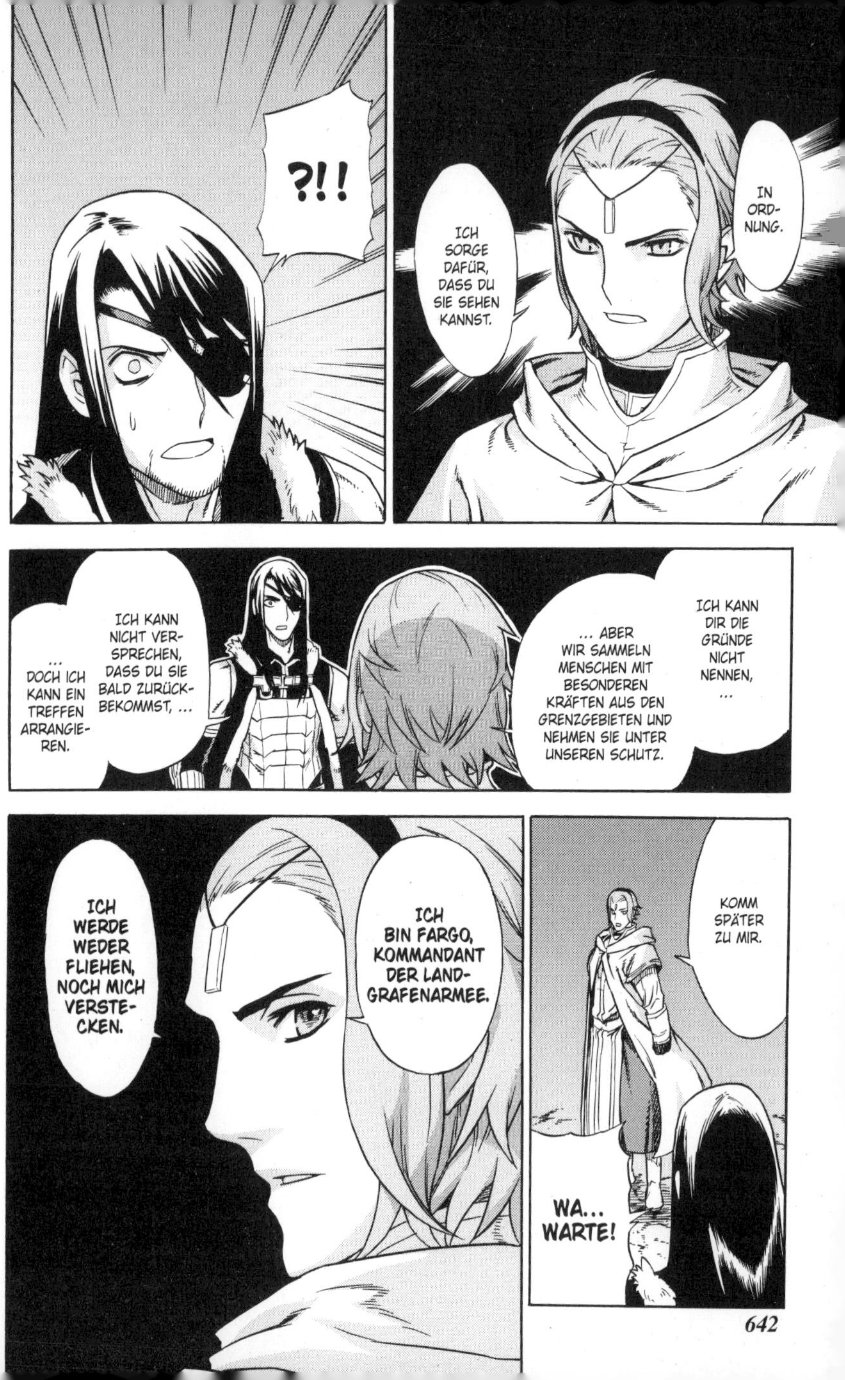

IN ORD-NUNG.
ICH SORGE DAFÜR, DASS DU SIE SEHEN KANNST.
?!!
ICH KANN DIR DIE GRÜNDE NICHT NENNEN, ...
... ABER WIR SAMMELN MENSCHEN MIT BESONDEREN KRÄFTEN AUS DEN GRENZGEBIETEN UND NEHMEN SIE UNTER UNSEREN SCHUTZ.
ICH KANN NICHT VER-SPRECHEN, DASS DU SIE BALD ZURÜCK-BEKOMMST, ...
... DOCH ICH KANN EIN TREFFEN ARRANGIE-REN.
KOMM SPÄTER ZU MIR.
WA... WARTE!
ICH BIN FARGO, KOMMANDANT DER LAND-GRAFENARMEE.
ICH WERDE WEDER FLIEHEN, NOCH MICH VERSTE-CKEN.

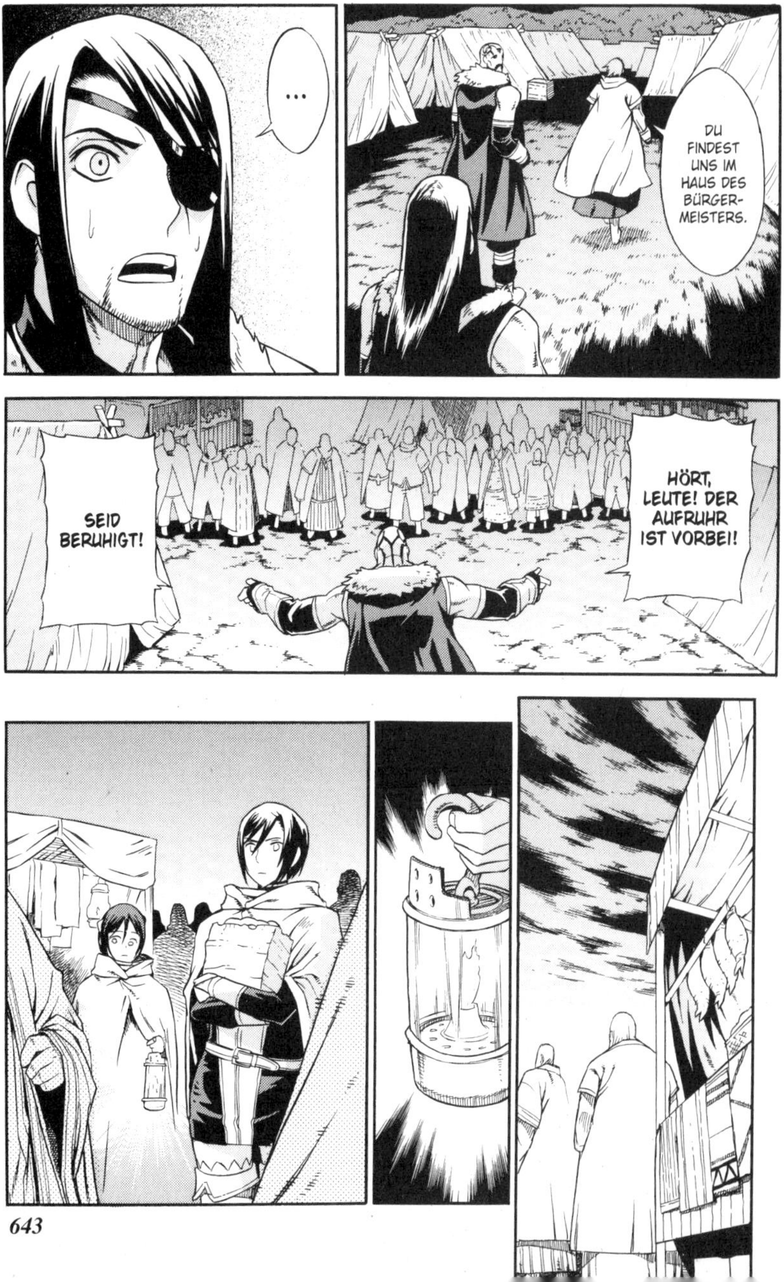
DU FINDEST UNS IM HAUS DES BÜRGER-MEISTERS.
...
HÖRT, LEUTE! DER AUFRUHR IST VORBEI!
SEID BERUHIGT!

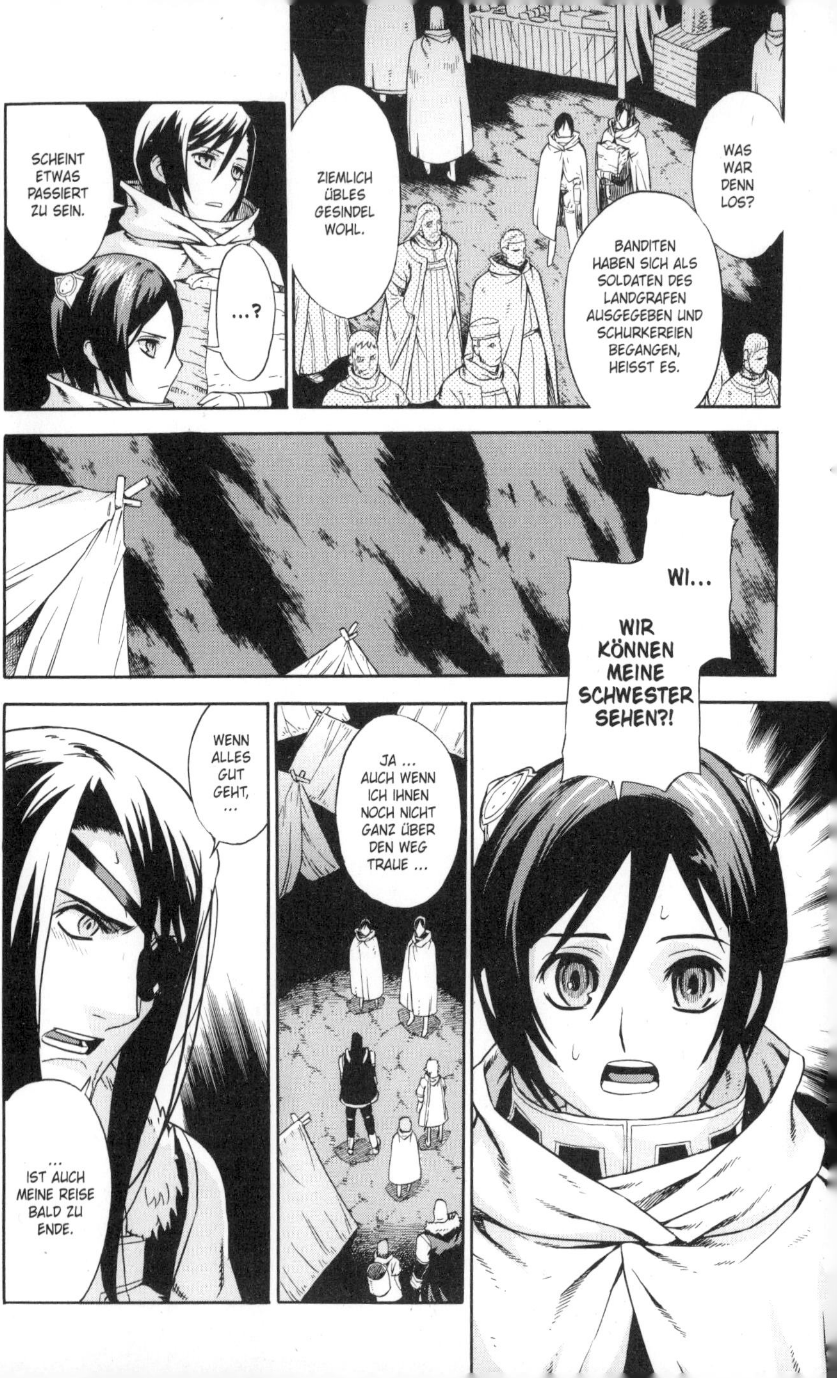
WAS WAR DENN LOS?
BANDITEN HABEN SICH ALS SOLDATEN DES LANDGRAFEN AUSGEGEBEN UND SCHURKEREIEN BEGANGEN, HEISST ES.
ZIEMLICH ÜBLES GESINDEL WOHL.
SCHEINT ETWAS PASSIERT ZU SEIN.
...?
WI...
WIR KÖNNEN MEINE SCHWESTER SEHEN?!
JA ... AUCH WENN ICH IHNEN NOCH NICHT GANZ ÜBER DEN WEG TRAUE ...
WENN ALLES GUT GEHT, ...
... IST AUCH MEINE REISE BALD ZU ENDE.

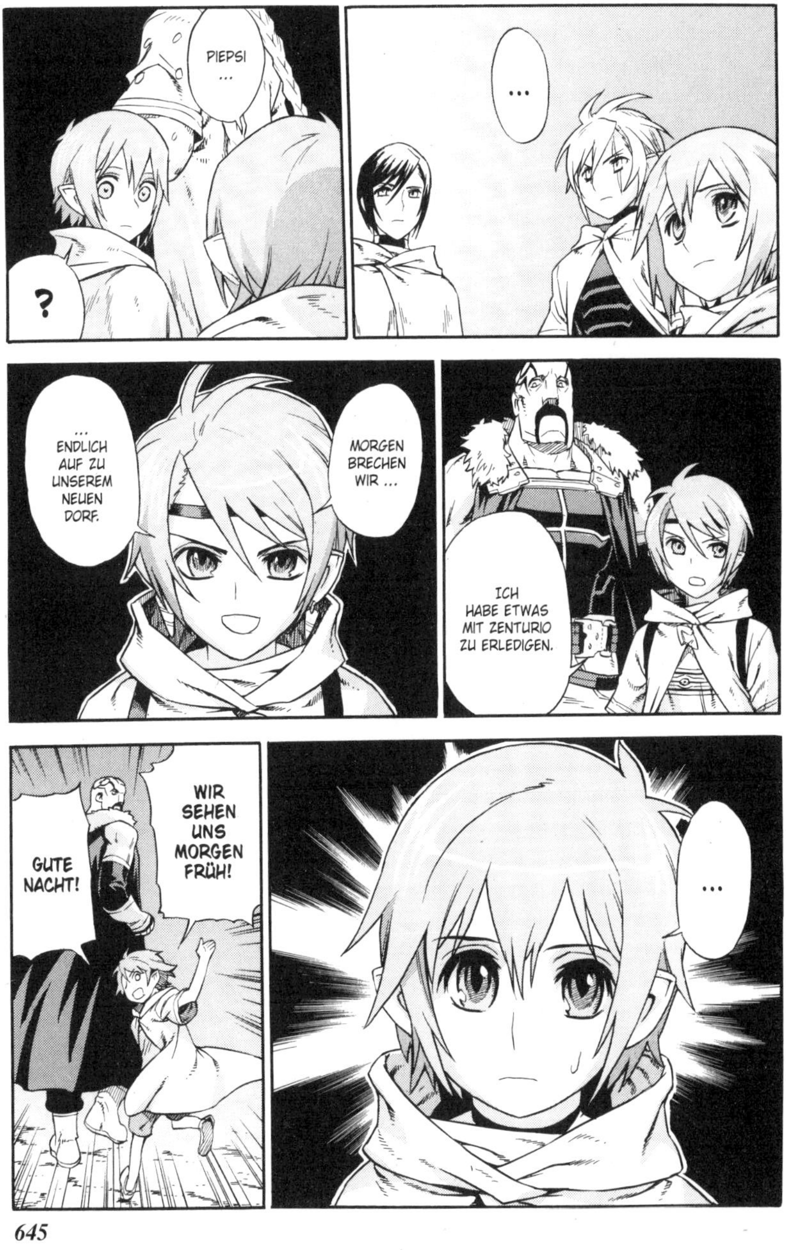
PIEPSI ...
?
...
MORGEN BRECHEN WIR ...
... ENDLICH AUF ZU UNSEREM NEUEN DORF.
ICH HABE ETWAS MIT ZENTURIO ZU ERLEDIGEN.
WIR SEHEN UNS MORGEN FRÜH!
GUTE NACHT!
...

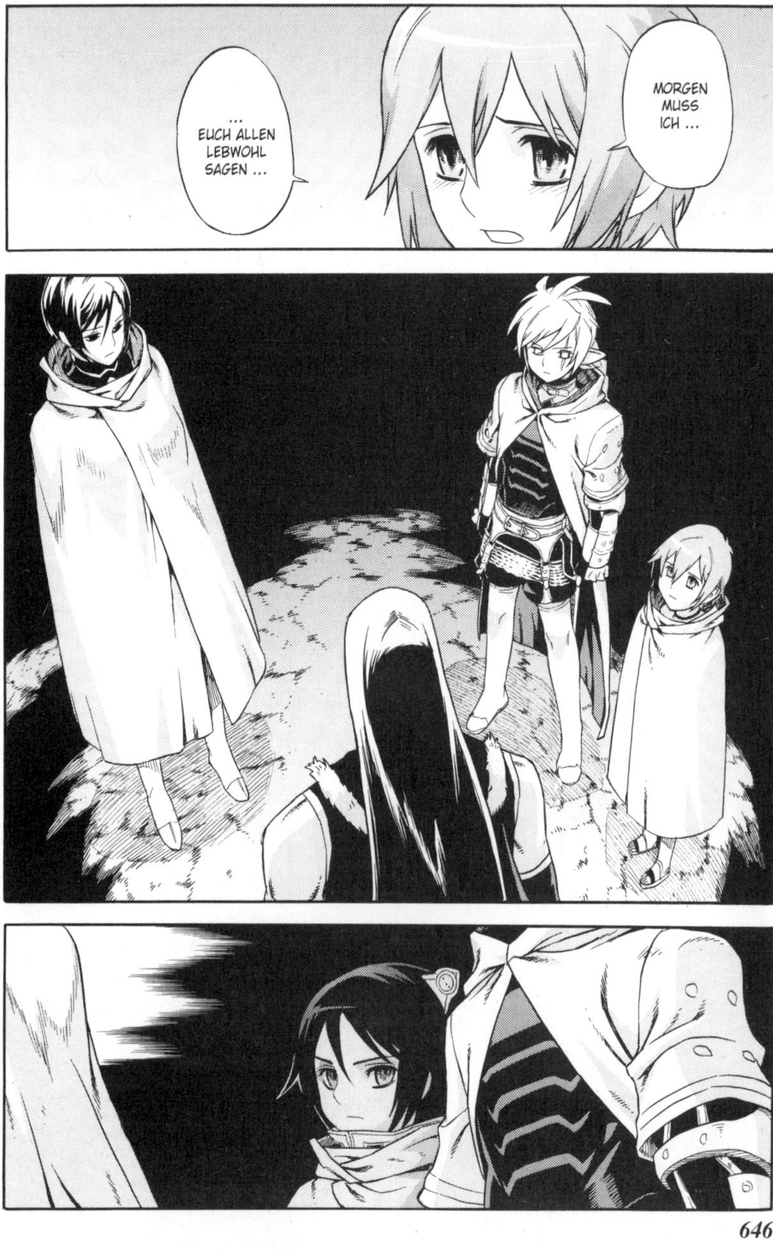
MORGEN MUSS ICH …
… EUCH ALLEN LEBWOHL SAGEN …

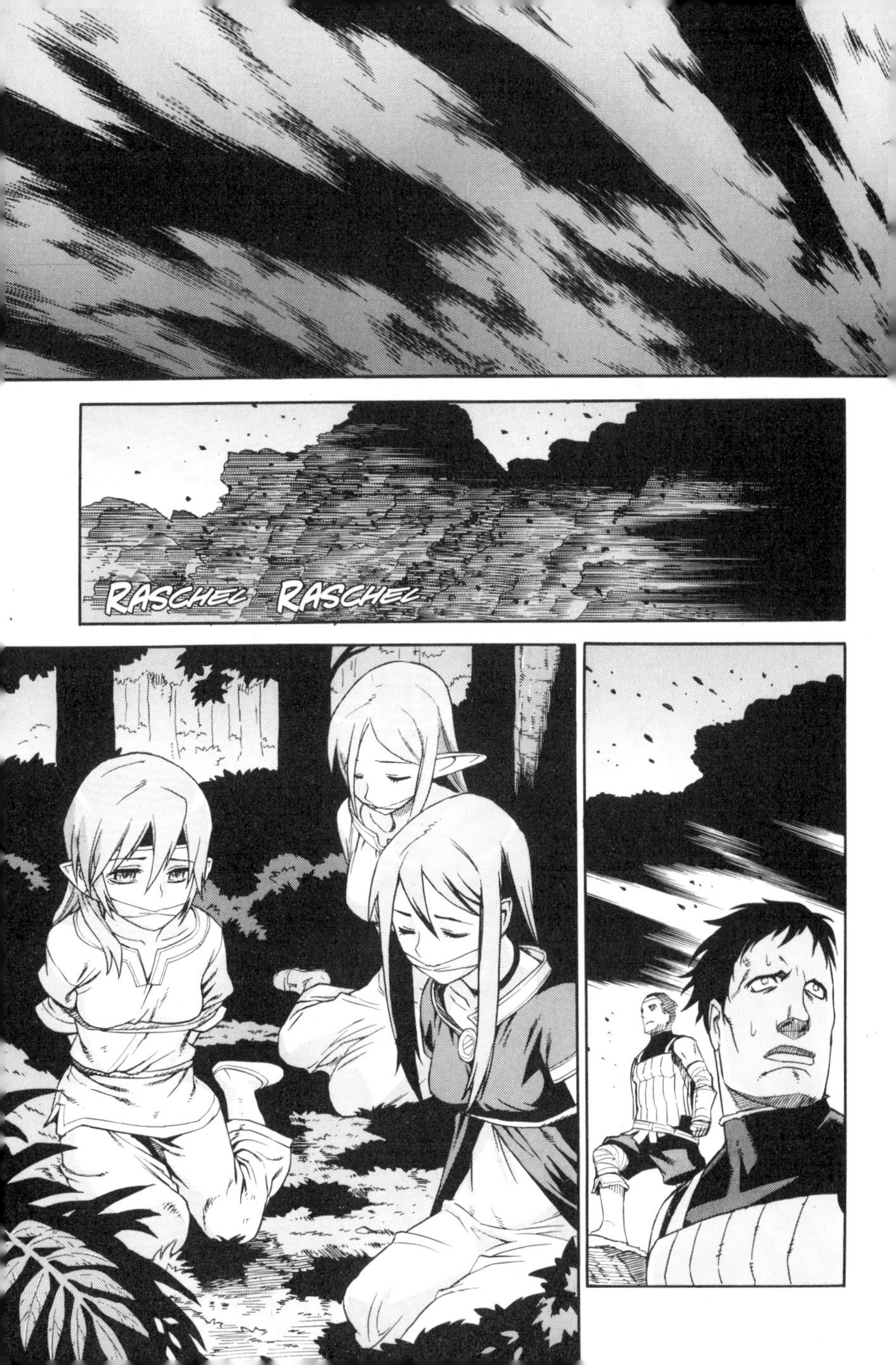
RASCHEL RASCHEL

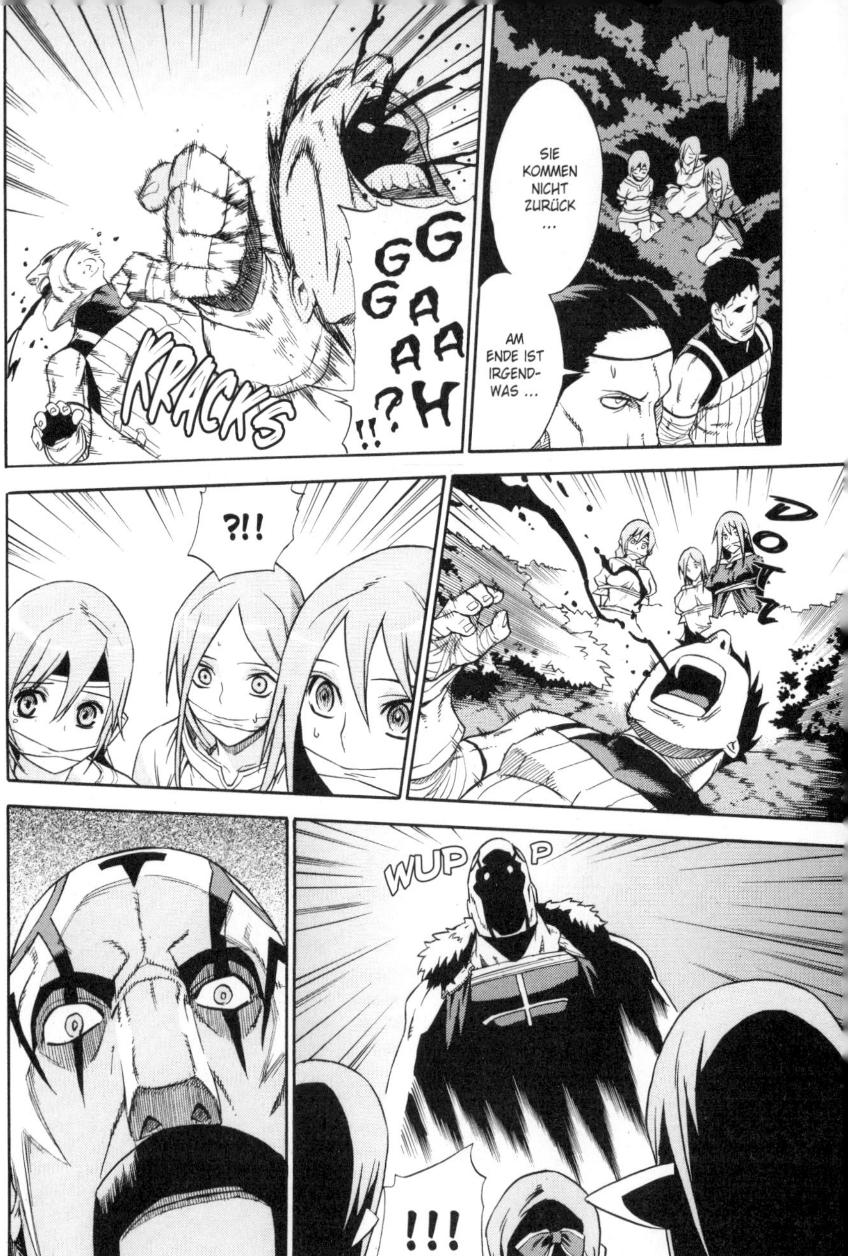
SIE KOMMEN NICHT ZURÜCK …
AM ENDE IST IRGEND-WAS …
GGGAAAH ?!!
KRACKS
DOM
?!!
WUPP
!!!

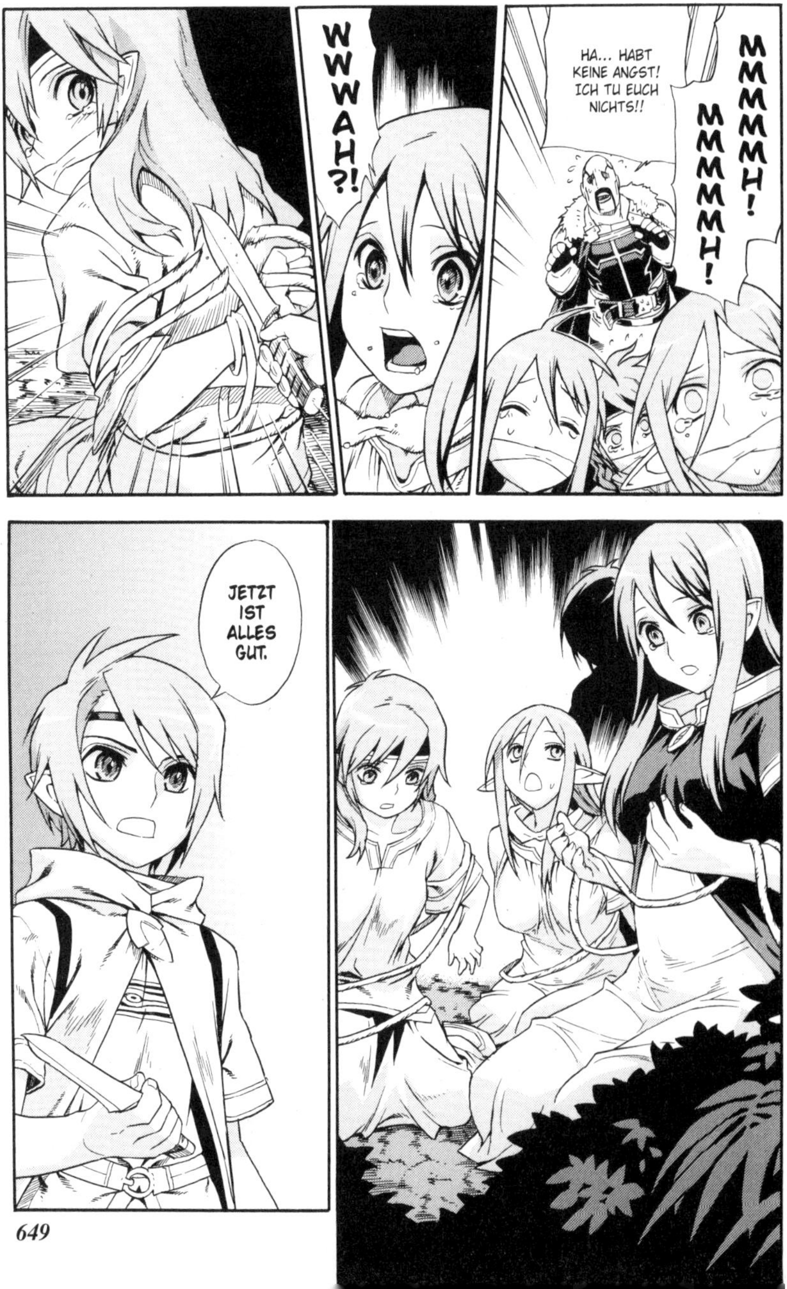
MMMMMH!
MMMMMH!
HA... HABT KEINE ANGST! ICH TU EUCH NICHTS!!
WWWAH?!
JETZT IST ALLES GUT.

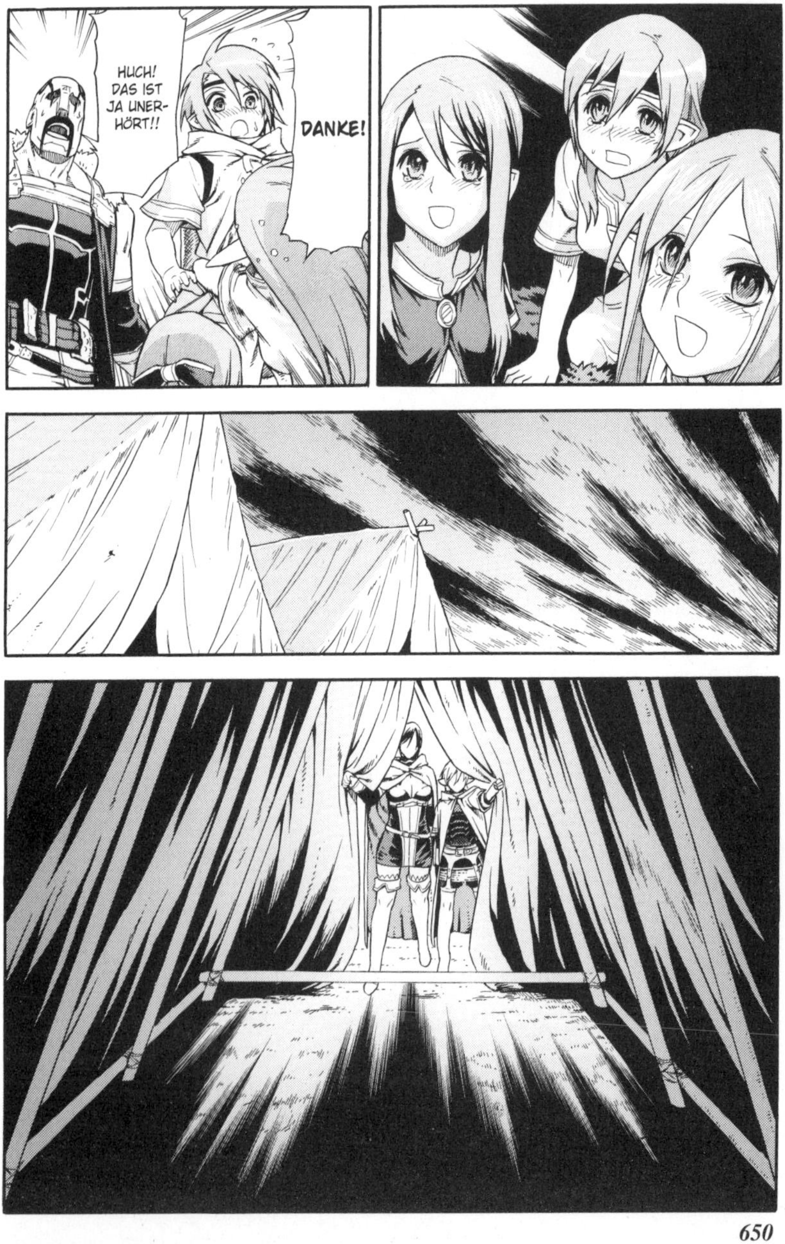
HUCH! DAS IST JA UNERHÖRT!!
DANKE!

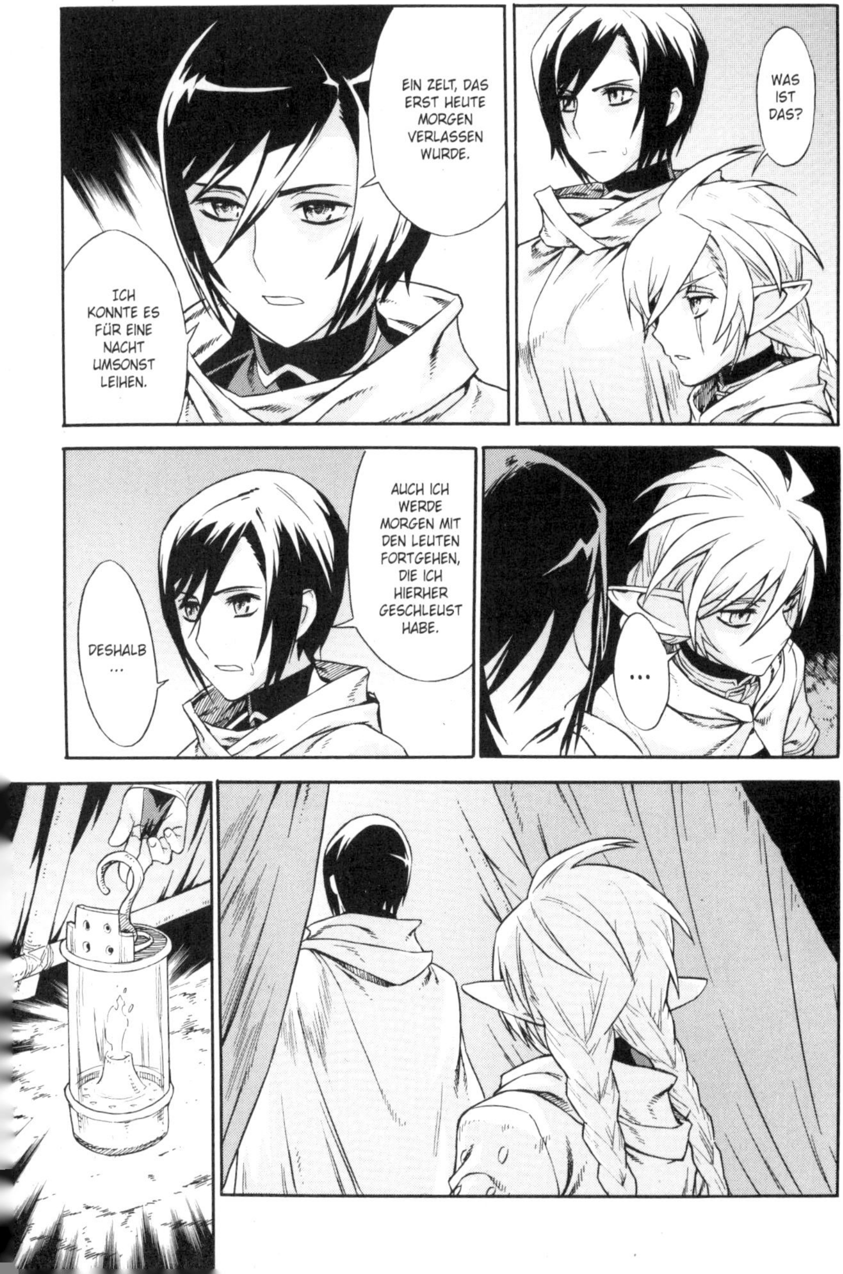
WAS IST DAS?
EIN ZELT, DAS ERST HEUTE MORGEN VERLASSEN WURDE.
ICH KONNTE ES FÜR EINE NACHT UMSONST LEIHEN.
...
AUCH ICH WERDE MORGEN MIT DEN LEUTEN FORTGEHEN, DIE ICH HIERHER GESCHLEUST HABE.
DESHALB ...

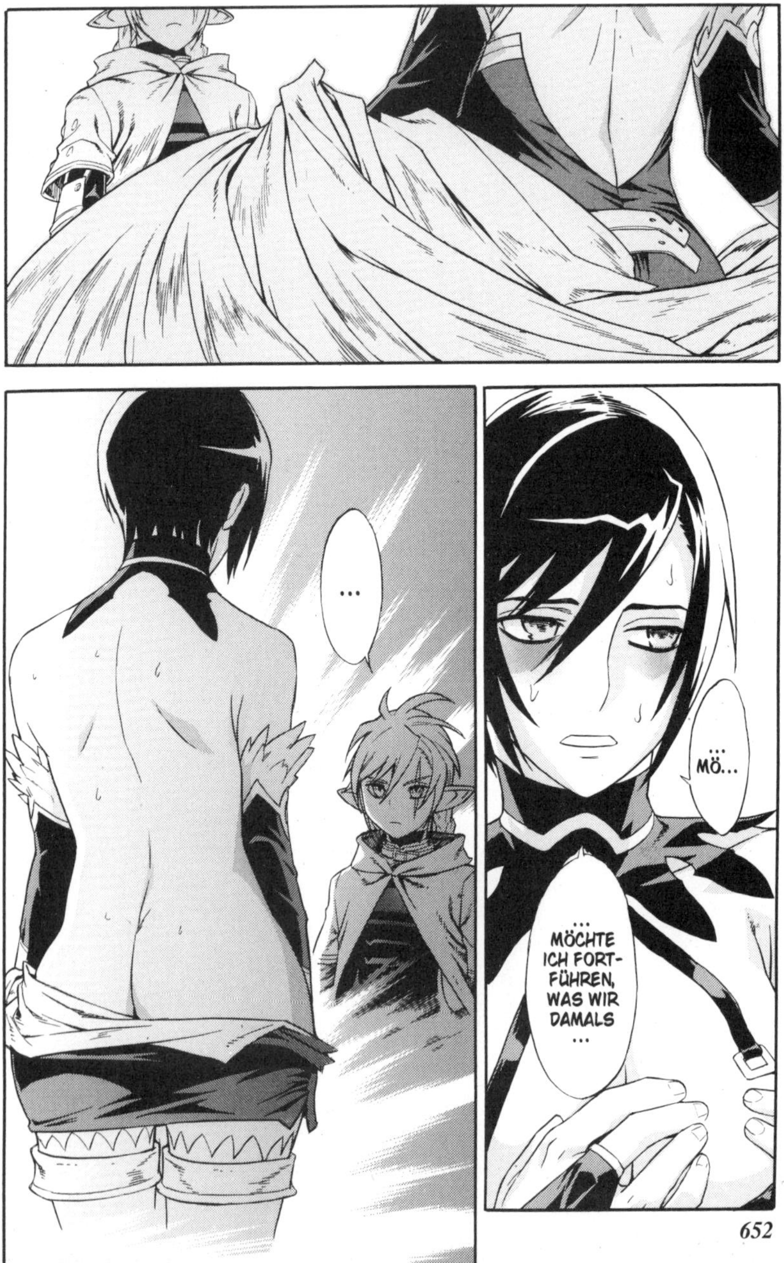
... MÖ...
... MÖCHTE ICH FORT-FÜHREN, WAS WIR DAMALS ...
...

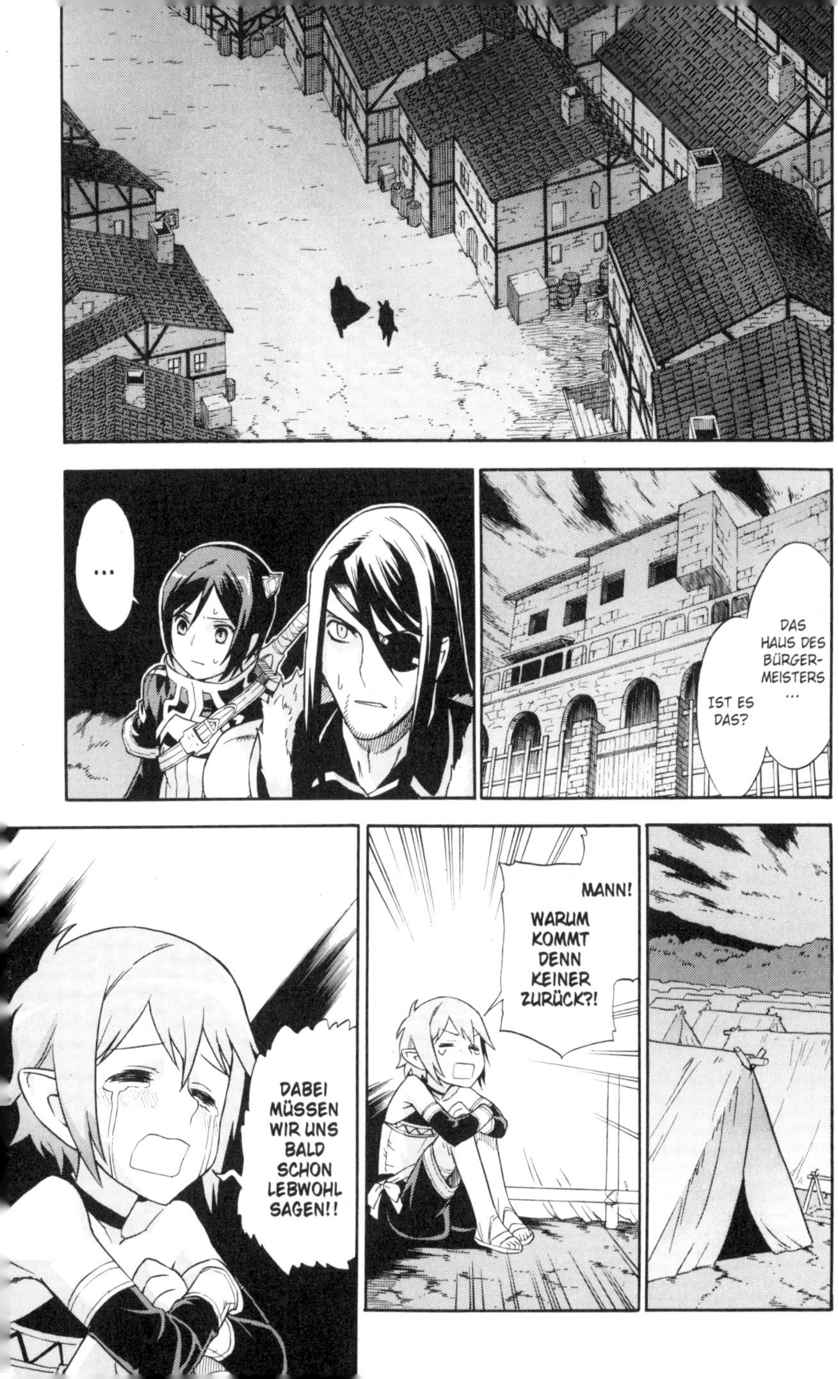
DAS HAUS DES BÜRGER-MEISTERS …
IST ES DAS?
…
MANN!
WARUM KOMMT DENN KEINER ZURÜCK?!
DABEI MÜSSEN WIR UNS BALD SCHON LEBWOHL SAGEN!!

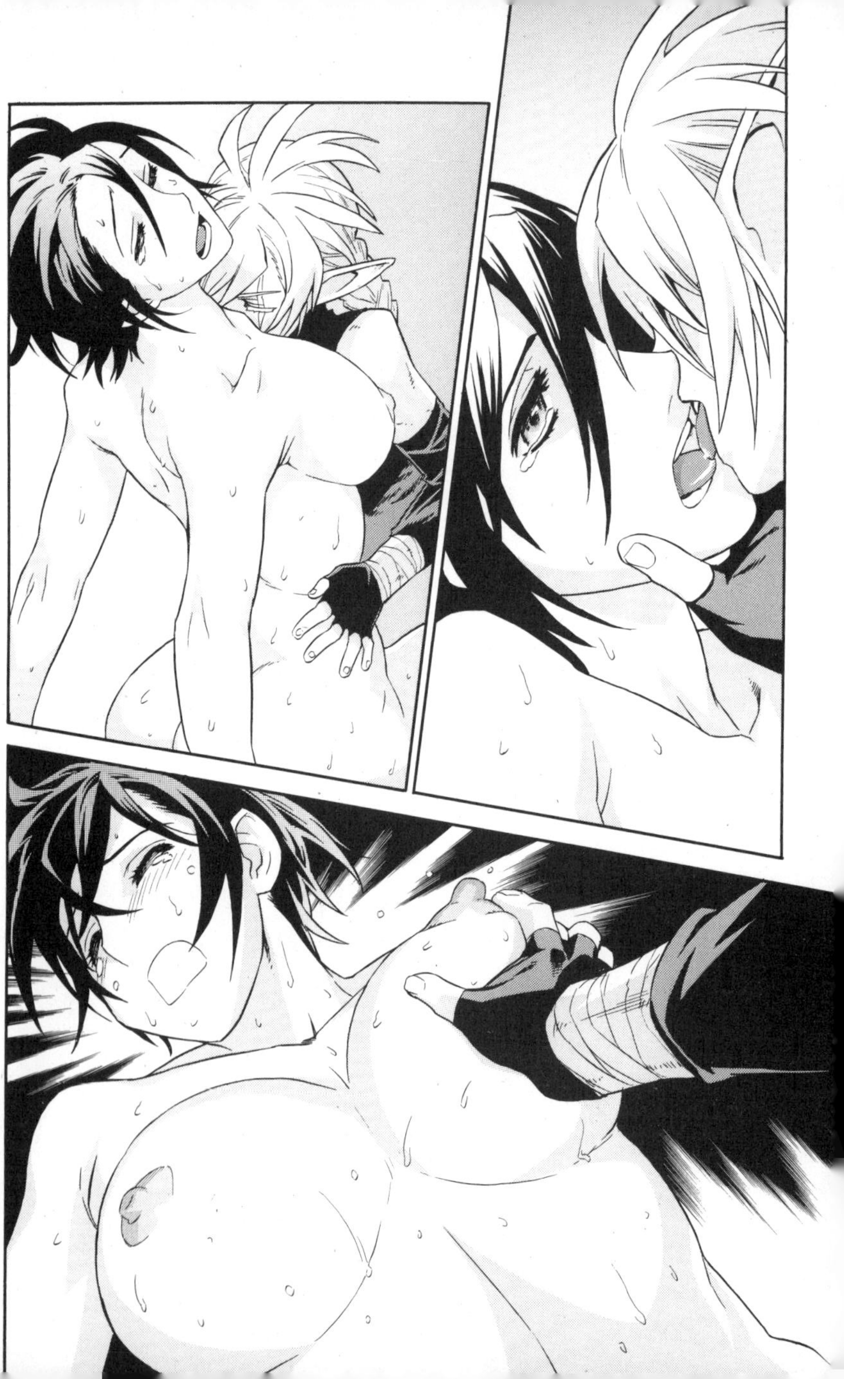

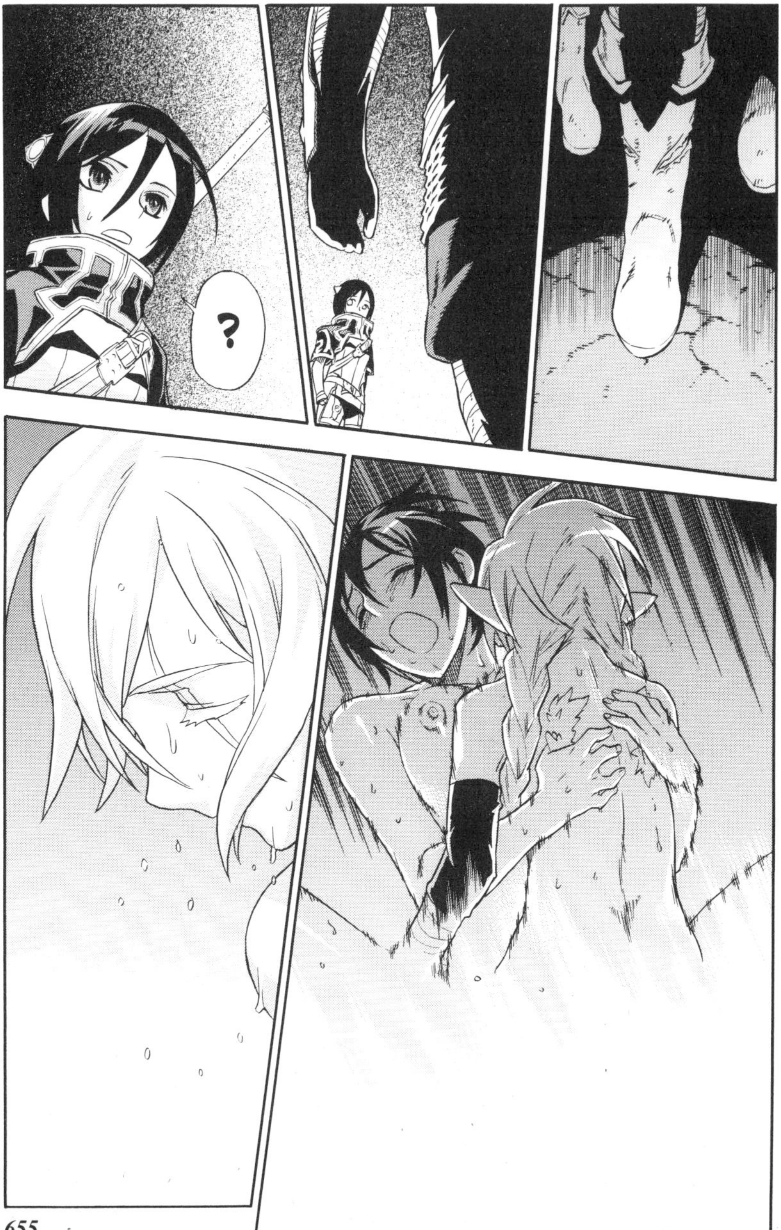

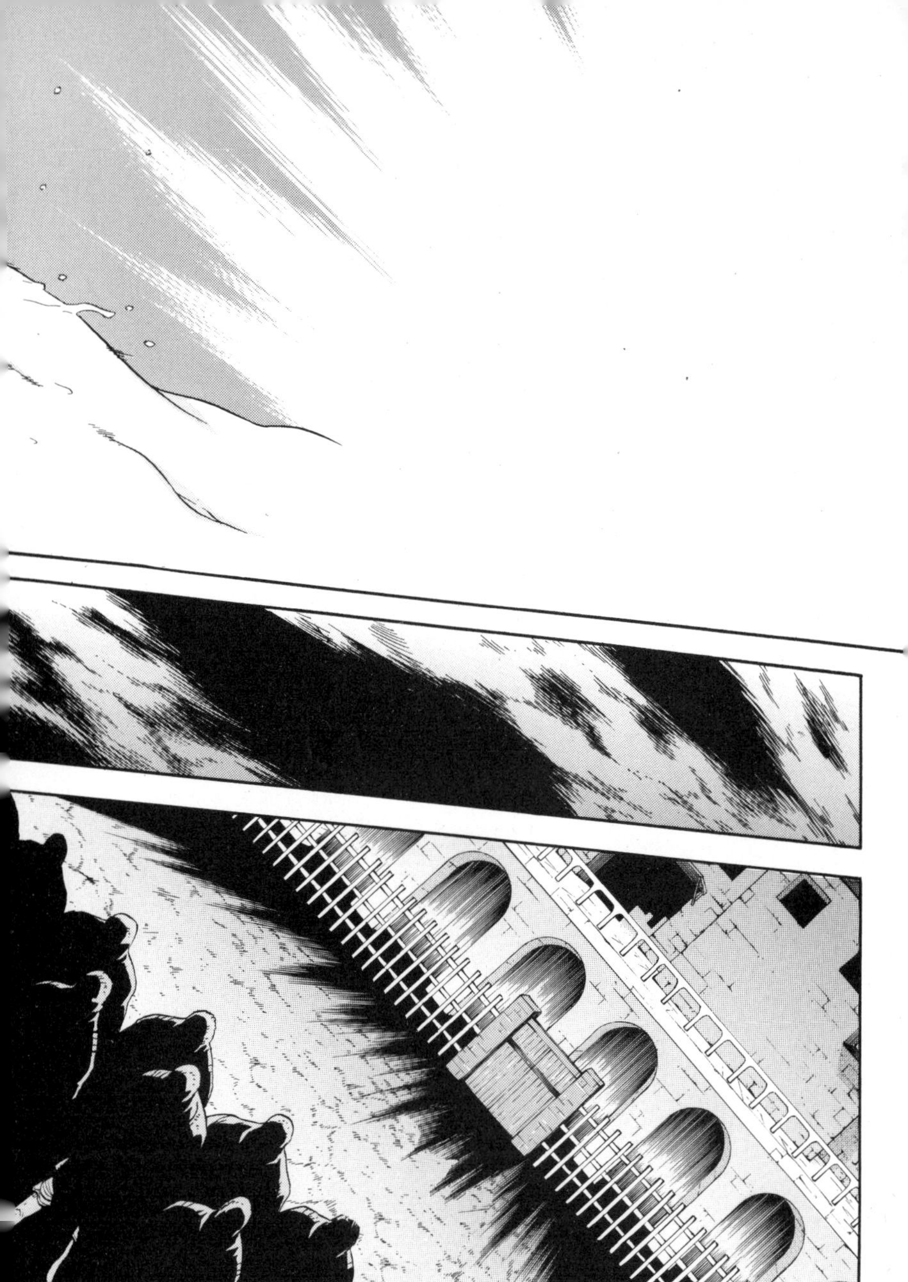

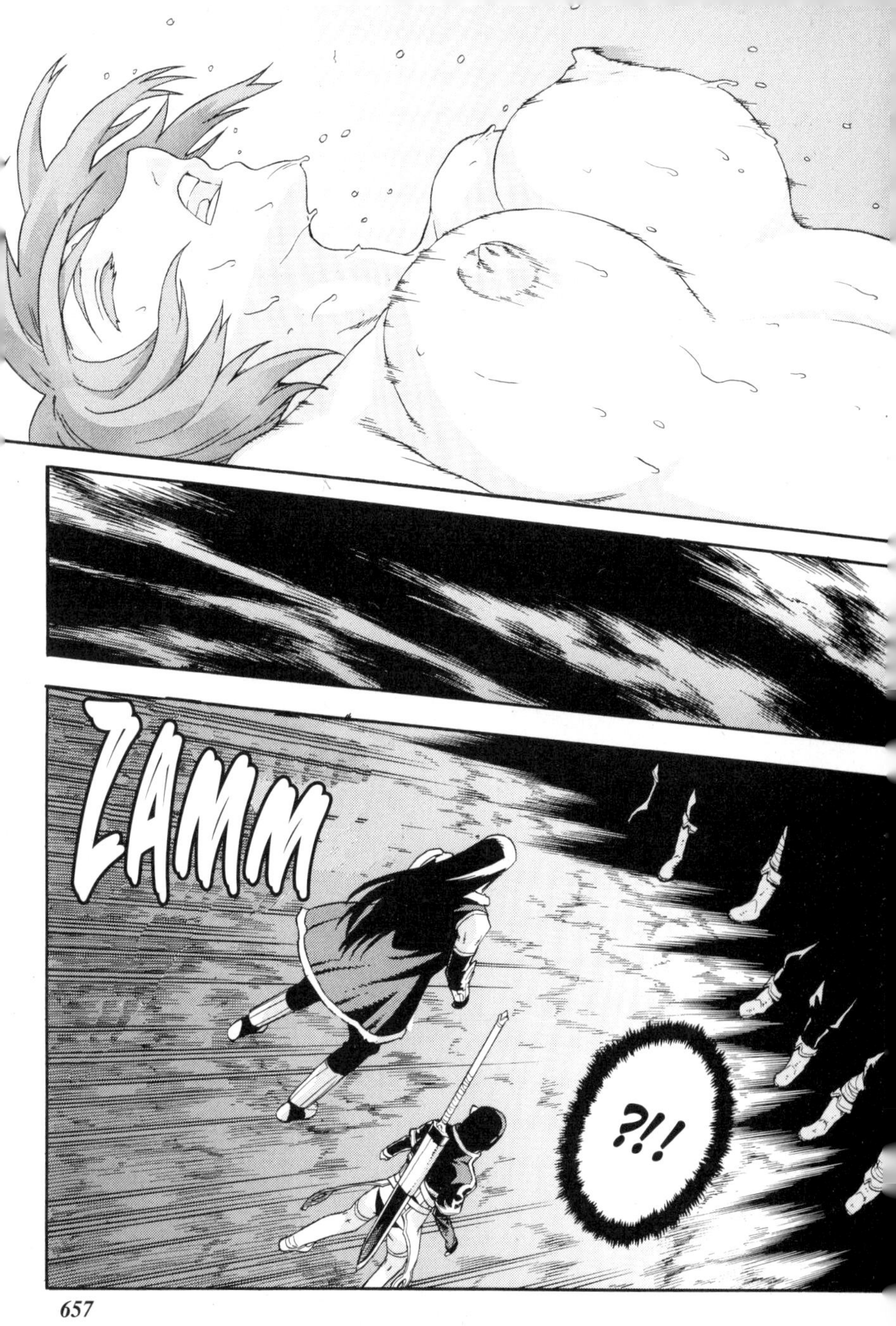
ZAMM
?!!

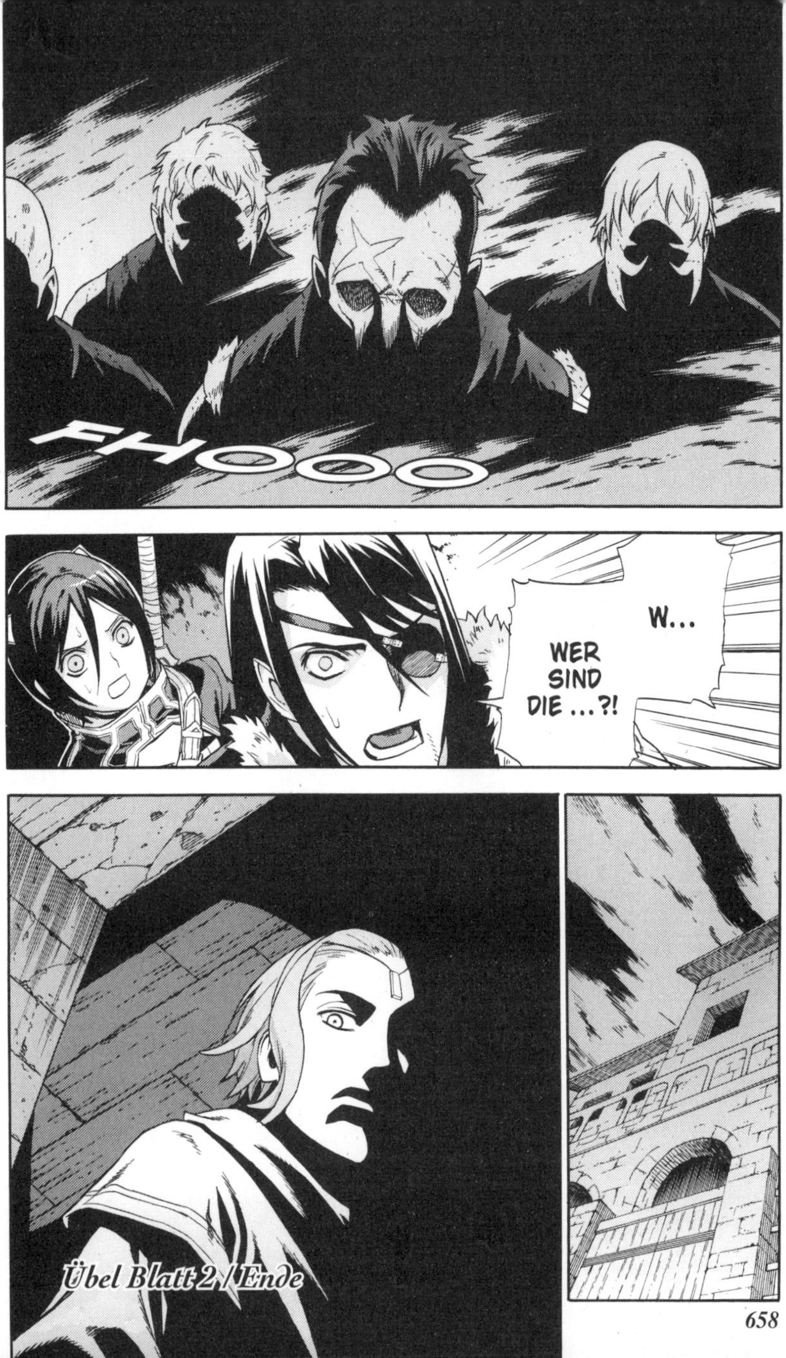

Übel Blatt 2 / Ende